Karl Albrecht Schachtschneider

Freiheit
in der Republik

Duncker & Humblot · Berlin

Bibliografische Information der Deutschen Nationalbibliothek

Die Deutsche Nationalbibliothek verzeichnet diese Publikation in
der Deutschen Nationalbibliografie; detaillierte bibliografische Daten
sind im Internet über http://dnb.d-nb.de abrufbar.

ISBN 978-3-428-12343-8

Gedruckt auf alterungsbeständigem (säurefreiem) Papier
entsprechend ISO 9706 ⊖

Internet: http://www.duncker-humblot.de

Matthias, Bettina,
Hanna und Lydia

Vorwort

Die Sorge um die Freiheit und deren Verwirklichung durch Recht und Staat ist seit dem Erscheinen meines Beitrages zur Freiheits-, Rechts- und Staatslehre „Res publica res populi. Grundlegung einer Allgemeinen Republiklehre", 1994, noch dringlicher geworden. Die ökonomische und politische Entwicklung folgt, verstärkt durch europäische und globale Integration, dem liberalistischen Freiheitsparadigma, das mit dem menschheitlichen Freiheitsprinzip, wie es in Art. 1 der Allgemeinen Erklärung der Menschenrechte zum Ausdruck kommt:

> „Alle Menschen sind frei und gleich an Würde und Rechten geboren. Sie sind mit Vernunft und Gewissen begabt und sollen einander im Geiste der Brüderlichkeit begegnen."

unvereinbar ist. Freiheit ist die Idee der Menschheit des Menschen, des Menschen Würde. Sie ist für alle Menschen gleich. Die Menschen sind darum Brüder und Schwestern und teilen sich nicht in Herren und Knechte, Obrigkeit und Untertanen. Die Einheit von Freiheit, Gleichheit und Brüderlichkeit ist die Grundlage der Gemeinschaft der Menschen. Auf der Idee der Gleichheit in der Freiheit gründet alles Recht, dessen Wirklichkeit vom Staat abhängt, der Republik. Rechtlichkeit des gemeinsamen Lebens ist der Frieden unter den Menschen, aber nur der allgemeine Wille als der Wille aller schafft Recht. Jede anders begründete Verbindlichkeit ist herrschaftliche Willkür. Die äußere Freiheit als die „Unabhängigkeit von eines anderen nötigender Willkür" ist um deren Gleichheit und damit Allgemeinheit willen durch die Rechtlichkeit alles Handelns eingeschränkt. Ohne praktische Vernunft als die innere Freiheit, deren Gesetz der kategorische Imperativ, das Sittengesetz, ist, können Menschen und kann die Menschheit nicht zum Recht finden. Diese Ethik hat Kant grundgelegt und ausgearbeitet. In Deutschland ist ausweislich des Absatzes 1 des Artikels 1 des Grundgesetzes die Menschenwürde unantastbar und alle staatliche Gewalt verpflichtet, diese zu achten und zu schützen. In Absatz 2 des Leitartikels seines Verfassungsgesetzes bekennt sich das Deutsche Volk darum zu unverletzlichen und unveräußerlichen Menschenrechten als Grundlage jeder menschlichen

Gemeinschaft, des Friedens und der Gerechtigkeit in der Welt. Demgemäß ist die Bundesrepublik Deutschland nach Art. 20 Abs. 1 GG ein demokratischer und sozialer Bundesstaat. Nach Art. 20 Abs. 2 GG geht alle Staatsgewalt vom Volk aus und wird vom Volke in Wahlen und Abstimmungen und durch besondere Organe der Gesetzgebung, der vollziehenden Gewalt und der Rechtsprechung ausgeübt. Obwohl diese Grundsätze ausweislich Art. 79 Abs. 3 GG nicht geändert werden dürfen, sind sie durch die Dogmatik liberalistischer Freiheiten und der entsprechenden Praxis im Wesen verändert. Dadurch ist die freiheitliche Republik zu einem herrschaftlichen Parteienstaat entartet. Nur ein republikanisches Freiheitsparadigma wird dem zitierten Weltrechtsprinzip gerecht. Dieser Freiheitsbegriff ist in Absatz 1 des Artikels 2 des Grundgesetzes formuliert:

> „Jeder hat das Recht auf die freie Entfaltung seiner Persönlichkeit, soweit er nicht die Rechte anderer verletzt und nicht gegen die verfassungsmäßige Ordnung oder das Sittengesetz verstößt."

Der Schlüssel zur republikanischen Freiheitslehre ist der vernachlässigte Begriff des Sittengesetzes. Es ist der kategorische Imperativ, das menschheitliche Gebot der Nächstenliebe, das Art. 1 der Allgemeinen Erklärung der Menschenrechte mit der Aufforderung zur Brüderlichkeit ausspricht. Dieses Gebot ist allen Menschen und allen Völkern gemein. Es verpflichtet zur Sittlichkeit, zur praktischen Vernunft, die der Moralität jedes Menschen bedarf. Ohne Eigentum, das den Menschen die erforderliche Selbständigkeit ermöglicht, ist freilich allseitige Vernunft nicht zu gewährleisten. Darum gibt Art. 14 Abs. 1 GG nicht nur ein Recht am Eigentum, sondern auch und vor allem ein Recht auf Eigentum und verpflichtet das Sozialprinzip des Art. 20 Abs. 1 GG zu einer Politik allgemeiner Selbständigkeit. Das Grundgesetz verfaßt einen Bürgerstaat, der den Menschen und ihrem Gemeinwesen die Bürgerlichkeit aufgibt. Um des besonderen Glücks der Menschen, aber auch um deren Freiheit willen gehört zur Bürgerlichkeit die Privatheit der Lebensbewältigung, aber auch Privatheit ist nur freiheitlich, wenn sie dem Sittengesetz gehorcht, zumal das eigentumsgestützte Unternehmertum.

Die deutschen Staatsrechtslehrer halten in ihrer großen Mehrheit eisern daran fest, daß die Ausübung von Staatsgewalt Herrschaft sei, der die Grundrechte als Freiheitsrechte entgegengehalten werden müssen. Diese Doktrin zwingt zur konstitutionalistischen Unterscheidung von Staat und Gesellschaft und entpolitisiert die Menschen, denen denn auch ein Grundrecht der politischen Freiheit in Lehre und Praxis verwehrt wird. Immerhin kennen manche von ihnen den Dualismus liberaler und demokratischer Freiheit, ohne freilich die Herrschaftsdoktrin aufzugeben. Herrschaft ist spätestens seit der Aufklärung nicht mehr legitimierbar. Ein solcher Liberalismus muß das Gesetz als Eingriff in die Freiheiten dogmatisieren. Er propagiert Deregulierung als Freiheitszuwachs zu Lasten der Gleichheit, weil beide Werte in einem Spannungsverhältnis stünden. Selbst das Eigentum wird als eine solche Freiheit verstanden, welche nicht gleich verteilt sein müsse.

Die politische Philosophie hingegen, die sich der Freiheits-, Rechts- und Staatslehre annimmt, folgt, weitgehend gestützt auf Kant, dem republikanischen Paradigma der Freiheit und leistet einen großen Beitrag zur Politik, geradezu eine Hilfe in der Not der deutschen Staatsrechtslehre, die sich von dem weltweiten Kantianismus kaum zu philosophischen Studien verleiten läßt.

„Freiheit in der Republik" will dazu beitragen, die Lehren vom gemeinsamen Leben, die Politik, zusammenzuführen. Als Freiheitslehre ist die Rechts- und Staatslehre praktische Philosophie, freilich mit dem Anspruch, verbindliche Rechtssätze zu entwickeln. „Freiheit in der Republik" ist gewissermaßen der erste Teil der zweiten Auflage von „Res publica res populi", neu geordnet, vielfach verbessert und vor allem vertieft. Die Neuerscheinungen und Neuauflagen zur Staatsrechtslehre und mehr noch zur politischen Philosophie sind, soweit geboten, eingearbeitet. In einem zweiten Teil sollen, wie schon in „Res publica res populi" die republikanische Rechtsetzung, die republikanische Repräsentation und die rechtsetzende Verfassungsgerichtsbarkeit in der Republik, aber auch die für eine freiheitliche Demokratie nicht weniger essentielle Frage der Medien in der Republik und die typische Verfallserscheinung in der Republik, der Parteienstaat, erörtert werden. „Prinzipien des Rechtsstaates", 2006, hat bereits die republikanische Freiheits-, Rechts- und Staatslehre in die vielfältigen für ein freiheitliches Gemeinwesen unverzichtbaren Grundsätze des Rechts umgesetzt.

Für die jahrelange selbstlose Mitarbeit an diesem Buch danke ich der Lehrstuhlsekretärin Else Hirschmann. Ihr Beitrag geht weit über die Textverarbeitung hinaus. Dieses Buch ist auch ihr Werk. Ich danke auch Wanja Dorner, dem unerbittlichen Leser und kritischen Gesprächspartner. Mein Dank gilt auch Dr. Dagmar Siebold, die am Literaturverzeichnis mitgearbeitet hat.

Norbert und Florian Simon, meine Verleger, haben ihre helfenden Hände für die Veröffentlichung und Verbreitung des Buches gereicht. Dafür sage ich ihnen großen Dank.

Nürnberg, im Oktober 2006   *Karl Albrecht Schachtschneider*

Inhaltsübersicht

Inhaltsverzeichnis

Sechstes Kapitel

Kritik der liberalistischen Freiheitslehre   343

Siebtes Kapitel

Gleichheit in der Freiheit als Rechtsprinzip   405

Erstes Kapitel

Aufklärerische Freiheitsidee

1. Das Grundgesetz hat den Freiheitsbegriff der antiken und modernen Aufklärung, den kantianischen Begriff der Freiheit, übernommen. Das grundgesetzliche Freiheitsprinzip ist durchaus „alteuropäisch", um *Niklas Luhmanns* distanzierende Vokabel positiv aufzugreifen[1] und die humanistische, aufklärerische Tradition des Grundgesetzes zu benennen. Dieses Freiheitsprinzip versteht den Menschen als Person, die der Autonomie des Willens fähig und zur Willensautonomie berechtigt ist[2]. Diese Person kann,

---

[1] Etwa *N. Luhmann/K. E. Schorr*, Personale Identität und Möglichkeiten der Erziehung, 1982, S. 227; *N. Luhmann*, Der Gleichheitssatz als Form und als Norm, ARSP 1991, Nr. 77, S. 435 f.; kritisch zu Luhmanns „Systemmenschen" *E. Meinberg*, Das Menschenbild der modernen Erziehungswissenschaften, 1988, S. 212 ff.; kritisch *O. Höffe*, Kategorische Rechtsprinzipien, 1990, S. 53 ff. („Entmoralisierung: eine übereilte Diagnose").

[2] Dazu 2. Kap.; *M. Forschner*, Gesetz und Freiheit. Zum Problem der Autonomie bei I. Kant, 1974; *W. Kersting*, Wohlgeordnete Freiheit. Immanuel Kants Rechts- und Staatsphilosophie, 1984, S. 92 ff.; *ders.*, Recht, Gerechtigkeit und demokratische Tugend, Abhandlungen zur praktischen Philosophie der Gegenwart, 1997, passim; *ders.*, Die politische Philosophie der Gegenwart, in: ders., Politik und Recht. Abhandlungen zur politischen Philosophie der Gegenwart und zur neuzeitlichen Rechtsphilosophie, 2000, S. 43 ff.; *ders.*, Kant über Recht, 2004, S. 22 ff.; *F. Kaulbach*, Immanuel Kants „Grundlegung zur Metaphysik der Sitten", Werkinterpretation, 1988, passim, insb. S. 100 ff., 195 ff.; *J. Habermas*, Erläuterungen zur Diskursethik, in: ders., Erläuterungen zur Diskursethik, 1991, S. 9 ff., 100 ff., 119 ff.; *ders.*, Faktizität und Geltung. Beiträge zur Diskurstheorie des Rechts und des demokratischen Rechtsstaats, 1992, S. 112 ff.; *ders.*, Die Einbeziehung des Anderen, Studien zur politischen Theorie, 1996, S. 87 ff., 237 ff., 277 ff., 293 ff.; *W. Maihofer*, Prinzipien freiheitlicher Demokratie, HVerfR, 2. Aufl. 1994, S. 490 ff.; *ders.*, Realität der Politik und Ethos der Republik, in: K.-O. Apel/M. Kettner, Zur Anwendung der Diskursethik in Politik, Recht und Wissenschaft, 1992, 2. Aufl. 1993, S. 84 ff.; *M. Kriele*, Einführung in die Staatslehre. Die geschichtlichen Legitimationsgrundlagen des demokratischen Verfassungsstaates, 1975, 4. Aufl. 1990, S. 318 ff., 331 ff., 6. Aufl. 2003, S. 177 ff., 204 ff.; *ders.*, Die demokratische Weltrevolution. Warum sich die Freiheit durchsetzen wird, 1987, insb. S. 36 ff., 49 ff.; *K. A. Schachtschneider*, Staatsunternehmen und Privatrecht. Kritik der Fiskustheorie, exemplifiziert an § 1 UWG, 1986, S. 138 ff.; *ders.*, Res publica res populi. Grundlegung einer Allgemeinen Republiklehre. Ein Beitrag zur Freiheits-, Rechts- und Staatslehre, 1994, zur Autonomie des Willens S. 275 ff., 325 ff., 441 ff., 519 ff., zum Personenbegriff S. 211 ff., 666 ff., 725 ff.; so auch *A. Baruzzi*, Frei-

darf und soll sich bilden[3]; jeder hat nämlich „das Recht auf freie Entfaltung seiner Persönlichkeit, soweit … er nicht … das Sittengesetz verletzt" (Art. 2 Abs. 1 GG). Gemäß der ethischen Grundnorm des Sittengesetzes hat jeder das Recht und die Pflicht, eine sittliche Persönlichkeit zu sein, also die Freiheit[4]. Das ist die Logik der Gleichheit aller in der Freiheit oder der allgemeinen Freiheit, „Gleichheit, nämlich Freiheit für alle"[5].

---

heit, Recht und Gemeinwohl. Grundfragen einer Rechtsphilosophie, 1990, S. 32 ff., der allerdings das Sittengesetz in Art. 2 Abs. 1 GG nicht autonomiegemäß formal als kategorischen Imperativ begreift, sondern material als „Sittenordnung" (a.a.O., S. 150 ff.), ein Hegelianismus, der mit dem Konzept des Grundgesetzes unvereinbar ist und den Rechtsstatus der guten Sitten verkennt; dem Recht nahe noch BVerfGE 5, 85 (204 f.).

[3] *Kant*, Metaphysik der Sitten, 1797/98, in: Werke in zehn Bänden, hrsg. v. W. Weischedel, Bd. 7, 1968, Tugendlehre, S. 516 f. („Pflicht: sich aus der Rohigkeit seiner Natur, aus der Tierheit (quoad actum), immer mehr zur Menschheit, durch die er allein fähig ist, sich Zwecke zu setzen, empor zu arbeiten: seine Unwissenheit durch Belehrung zu ergänzen und seine Irrtümer zu verbessern, und dieses ist ihm nicht bloß die technisch-praktische Vernunft zu seinen anderweitigen Absichten (der Kunst) anrätig, sondern die moralisch-praktische gebietet es ihm schlechthin und macht diesen Zweck ihm zur Pflicht, um der Menschheit, die in ihm wohnt, würdig zu sein.", im Interesse der moralischen Kompetenz, „moralisch-praktische Vollkommenheit", Fähigkeit zur Pflicht); zu Rousseaus Erziehungslehre *M. Forschner*, Rousseau, 1977, S. 63 ff.; *I. Fetscher*, Rousseaus politische Philosophie. Zur Geschichte des demokratischen Freiheitsbegriffs, 1960/1975, 5. Aufl. 1988, 195 ff.; *E. Meinberg*, Das Menschenbild der modernen Erziehungswissenschaften, S. 212 ff., in Kritik an N. Luhmann; dazu *L. W. Beck*, Kants „Kritik der praktischen Vernunft", 2. Aufl. 1985, S. 218 ff.; die Notwendigkeit der „moralischen Erziehung", der „Erziehung zur Autonomie", zum „Gerechtigkeitssinn" stellt *J. Rawls*, Eine Theorie der Gerechtigkeit, 1975, S. 128, 282, 498 ff., 559 f. u.ö., heraus; *W. Kersting*, Die politische Philosophie der Gegenwart, S. 55 ff.; zu Friedrich Schillers „ästhetischer Erziehung des Menschen" *D. Borchmeyer*, Kritik der Aufklärung im Geiste der Aufklärung: Friedrich Schiller, in: J. Schmidt (Hrsg.), Aufklärung und Gegenaufklärung in der europäischen Literatur, Philosophie und Politik von der Antike bis zur Gegenwart, 1989, S. 361 ff.; das Recht auf Bildung akzeptieren Art. 26 AEMR 10.12.1948, Art. 2 S. 1 6. Zusatzprotokoll vom 20.3.1952 zur EMRK; Art. 13 des Internationalen Paktes über wirtschaftliche, soziale und kulturelle Rechte vom 19.12.1966; zum Recht auf Bildung *P. Glotz/K. Faber*, Richtlinien und Grenzen des Grundgesetzes für das Bildungswesen, HVerfR, 2. Aufl. 1994, S. 1369 ff.

[4] Zur wertorientierten Persönlichkeitslehre i.d.S. insb. *W. Maihofer*, Rechtsstaat und menschliche Würde, 1968, S. 44 ff., 54, 62 f. u.ö.; *ders.*, HVerfR, S. 427 ff., 490 ff., auch S. 1210 ff.; *E. Benda*, Menschenwürde und Persönlichkeitsrecht, HVerfR, 2. Aufl. 1994, S. 161 ff., 163 ff., 168 ff.; *K. A. Schachtschneider*, Staatsunternehmen und Privatrecht, S. 97 ff., 122 ff.; *ders.*, Res publica res populi, S. 207 ff.; i.d.S. auch BVerfGE 5, 85 (204 f.); 6, 32 (41); 27, 1 (6 ff.); 48, 127 (163); 49, 286 (298); 50, 166 (175); zur sogenannten Persönlichkeitskerntheorie Fn. 1371.

[5] *M. Kriele*, Einführung in die Staatslehre, 4. Aufl. 1990, S. 319, 6. Aufl. 2003, S. 177: „Demokratische Gleichheit bedeutet: ‚Freiheit für alle und nicht nur für einige'".

Die gleiche Freiheit aller ist das abendländische Rechtsfundament, uralt und immer gültig[6], wie die folgende Textauswahl dokumentieren soll:

---

[6] Vgl. *Aristoteles*, Politik, übers. u. hrsg. O. Gigon, 6. Aufl. 1986, S. 116, 1280a 23; *Cicero*, De re publica. Vom Gemeinwesen, ed. Büchner, Reclam, 1979, S. 140 f.; *Rousseau*, Du Contract social ou Principes du Droit Politique, 1762, Vom Gesellschaftsvertrag oder Grundsätze des Staatsrechts, ed. Brockard, 1986, I, 1, S. 5; i.d.S. auch *Hobbes*, Leviathan, ed. Mayer/Dieselhorst, 1970/80, II, 21, II, 21., S. 187 ff.; *Montesquieu*, Vom Geist der Gesetze, 1748, ed. Weigand, Reclam 1965, XI, 3, S. 3 ff., 6, 210 f., 212 ff.; *Locke*, Two Treatises of Government, II, Über die Regierung, The Second Treatise of Government, 1690, ed. P. C. Mayer-Tasch, Reclam, 1974/1983, IV, 22, VIII, 104, S. 19, 79 u.ö.; *Kant*, Grundlegung zur Metaphysik der Sitten, 1785/1786, in: Werke in zehn Bänden, hrsg. v. W. Weischedel, Bd. 6, 1968, S. 66 ff.; *ders.*, Metaphysik der Sitten, S. 345; *ders.*, Zum ewigen Frieden. Ein philosophischer Entwurf, 1795/96, in: Werke in zehn Bänden, hrsg. v. W. Weischedel, Bd. 9, 1968, S. 204; *ders.*, Über den Gemeinspruch: Das mag in der Theorie richtig sein, taugt aber nicht für die Praxis, in: Werke in zehn Bänden, hrsg. v. W. Weischedel, Bd. 9, 1968, S. 145, 150; *F. Kaulbach*, Immanuel Kants „Grundlegung zur Metaphysik der Sitten", S. 195 ff., 209 ff.; *ders.*, Studien zur späten Rechtsphilosophie Kants und ihrer transzendentalen Methode, 1982, S. 30 ff.; *V. Gerhardt*, Immanuel Kants Entwurf „Zum ewigen Frieden", Eine Theorie der Politik, 1995, S. 79 ff.; *H. Arendt*, Vita Activa oder Vom tätigen Leben, 5. Aufl. 1987, S. 34 zur griechischen Polis; *D. Sternberger*, Das Menschenrecht nach Glück zu streben, in: ders., Schriften Bd. IV, 1980, S. 145 f.; zur Isonomie der Griechen auch *W. Henke*, Recht und Staat. Grundlagen der Jurisprudenz, 1988, S. 301 ff., 311; *Ch. Meier*, Freiheit. Die griechische Polis, in: O. Brunner/W. Conze/R. Koselleck (Hrsg.), Geschichtliche Grundbegriffe. Historisches Lexikon zur politisch-sozialen Sprache in Deutschland, Bd. 2, 1975/1979, II, 1, S. 426 ff.; *R. Marcic*, Vom Gesetzesstaat zum Richterstaat. Recht als Maß der Macht. Gedanken über den demokratischen Rechts- und Sozialstaat, 1957, S. 376; *ders.*, Geschichte der Rechtsphilosophie. Schwerpunkte, Kontrapunkte, 1971, S. 73 ff., dazu *A. Verdross*, Statisches und dynamisches Naturrecht, 1971, S. 17, 19 f. (zu Aristoteles), insb. S. 25 ff.; *Ch. Link*, Herrschaftsordnung und bürgerliche Freiheit. Grenzen der Staatsgewalt in der älteren deutschen Staatslehre, 1979, S. 131; *R. Zippelius*, Allgemeine Staatslehre, Politikwissenschaft, 14. Aufl. 2003, S. 354 f.; *M. Kriele*, Einführung in die Staatslehre, 4. Aufl. 1990, S. 318 f., 331 ff., 6. Aufl. 2003, S. 177 ff., 204 ff.; *ders.*, Freiheit und Gleichheit, HVerfR, 1. Aufl. 1983, S. 129 ff.; *ders.*, Die demokratische Weltrevolution, S. 49 ff.; *W. Maihofer*, Die Legitimation des Staates aus der Funktion des Rechts, ARSP, Beiheft Nr. 15, 1981, S. 17 ff.; *ders.* grundlegend, HVerfR, S. 427 ff., 490 ff., 507 ff.; *ders.*, Realität der Politik und Ethos der Republik, S. 101; *H. Hofmann*, Zur Herkunft der Menschenrechtserklärungen, JuS 1988, 841 ff.; *ders.*, Menschenrechtliche Autonomieansprüche, JZ 1992, 168; *J. Habermas*, Faktizität und Geltung, S. 109 ff., 135 ff., 349 ff., insb. 364, 638 u.ö.; *ders.*, Die Einbeziehung des Anderen, S. 120, 126; dazu *K. Stern*, Das Staatsrecht der Bundesrepublik Deutschland, Bd. III, 1, Allgemeine Lehren der Grundrechte, unter Mitwirkung von *M. Sachs*, 1988, § 59, S. 47 ff.; *K. A. Schachtschneider*, Res publica res populi, S. 4 f., 253 ff., 410 ff., 422 ff., 978 ff., 990 ff.; *ders.*, Republikanische Freiheit, in: B. Ziemske/T. Langheid/H. Wilms/G. Haverkate (Hrsg.), Staatsphilosophie und Rechtspolitik, FS M. Kriele (65.), 1997, S. 829 ff.; *ders.*, Prinzipien des Rechtsstaates, 2006, S. 35 ff.; *W. Kersting*, Die politische Philosophie der Gegenwart, S. 43 ff.; *O. Höffe*, Demokratie im Zeitalter der Globalisierung, 1999, S. 46, 201; auch

„Nach dem Naturrecht werden nämlich alle frei geboren; Freilassung war nicht bekannt, weil Sklaverei unbekannt war" (*Ulpian*)[7]. „Der Mensch ist frei geboren und überall liegt er in Ketten" (*Rousseau*)[8]. „Alle Menschen sind von Natur aus gleichermaßen frei und unabhängig und besitzen gewisse angeborene Rechte" (Art. 1 der Bill of Rights of Virginia 1776)[9]. „Freiheit (Unabhängigkeit von eines anderen nötigender Willkür), sofern sie mit jedes anderen Freiheit nach einem allgemeinen Gesetz zusammen bestehen kann, ist dieses einzige, ursprüngliche, jedem Menschen, kraft seiner Menschheit, zustehende Recht" (*Kant*)[10]. „Die Menschen werden frei und gleich an Rechten geboren und bleiben es" (Art. 1 S. 1 Erklärung der Rechte des Menschen und des Bürgers 1789)[11]. „Alle Menschen sind frei und gleich an Würde und Rechten geboren. Sie sind mit Vernunft und Gewissen begabt und sollen einander im Geiste der Brüderlichkeit begegnen" (Art. 1 der Allgemeinen Erklärung der Menschenrechte 1948). „Jeder hat das Recht auf die freie Entfaltung seiner Persönlichkeit, soweit er nicht die Rechte anderer verletzt und nicht gegen die verfassungsmäßige Ordnung oder das Sittengesetz verstößt" (Art. 2 Abs. 1 GG).

„Für die von uns angestrebte demokratische Ordnung sollten Gleichheit und Freiheit der Bürger die oberste Leitlinie sein.", und weiter „... daß dieses Volk einen freiheitlichen Volksstaat will"[12]. Die „freiheitliche Demokra-

---

[7] *R. Hübner*, Die Staatsform der Republik, 1919, S. 39 ff.; auch *J. Rawls*, Eine Theorie der Gerechtigkeit, passim, insb. S. 223 ff., baut seine „Theorie der Gerechtigkeit als Fairneß" darauf auf. Dazu 7. Kap., I, mit Fn. 1908.

[7] Digesten 1, 1, 4. (..., „utpote cum iure naturali omnes liberi nascerentur nec esset nota manumissio, cum servitus esset incognita"), Übersetzung vom Verfasser.

[8] Vom Gesellschaftsvertrag, I, 1, S. 5.

[9] Der Artikel lautet weiter: „deren sie, wenn sie den Status der Gesellschaft annehmen, ihre Nachkommenschaft durch keine Abmachung berauben oder entkleiden können; nämlich das Recht auf Leben und Freiheit und dazu die Möglichkeit, Eigentum zu erwerben und zu behalten und Glück und Sicherheit zu erstreben und zu erlangen.", Übersetzung aus J. Musulin (Hrsg.), Proklamation der Freiheit, 1962, S. 60. Der Artikel ist im Anschluß an Locke formuliert, vgl. *H. Hofmann*, JuS 1988, 843.

[10] Metaphysik der Sitten, S. 345; dazu *W. Kersting*, Wohlgeordnete Freiheit, S. 89 ff., 92; dazu 2. Kap., VI.

[11] *J. Musulin*, Proklamationen der Freiheit. Dokumente von der Magna Charta bis zum ungarischen Volksaufstand, 1959, S. 75. Zum Einfluß der amerikanischen Unabhängigkeitserklärung auf die französische Deklaration *H. Hofmann*, JuS 1988, 844; dazu, viel beachtet, *G. Jellinek*, Die Erklärung der Menschen- und Bürgerrechte, 1885, 3. Aufl. 1919, bearbeitet von W. Jellinek, 4. Aufl. 1927, S. 8 ff.; dazu auch *W. Mager*, Republik, in: O. Brunner/W. Conze/R. Koselleck (Hrsg.), Geschichtliche Grundbegriffe. Historisches Lexikon zur politisch-sozialen Sprache in Deutschland, Bd. 5, 1984, S. 589 ff., 596 ff.

[12] *C. Schmid*, Erinnerungen, 1979, S. 360, 372, *C. Schmid* hat das Grundgesetz wie kein anderer geistig geprägt; vgl. *G. Hirscher*, Carlo Schmid und die Gründung

tie" muß „als Ordnung der Gleichheit in Freiheit aufgefaßt werden", und „die Forderung nach Gleichheit" gehe „aus der vorgängigen Ordnung der Freiheit hervor ...". „Auch unser Grundgesetz ist erfüllt von diesem Geist der Freiheit – Gleichheit – Brüderlichkeit!"[13]. „Zweitens, die Mitglieder einer wohlgeordneten Gesellschaft sind freie und gleiche moralische Personen und betrachten sich selbst und andere in ihren politischen und sozialen Beziehungen (soweit diese für Gerechtigkeitsfragen relevant sind) als solche"[14].

Die sittliche Bestimmung der gleichen Freiheit wird in allen republikanischen Texten hervorgehoben, aber von der liberalistischen Freiheitslehre geleugnet[15]. *Rousseau* hat Gerechtigkeit, Sittlichkeit und Vernunft als Errungenschaften der Bürgerlichkeit herausgestellt:

> „Dieser Übergang vom Naturzustand zum bürgerlichen Stand erzeugt im Menschen eine sehr bemerkenswerte Veränderung, weil dadurch in seinem Verhalten die Gerechtigkeit an die Stelle des Instinkts tritt und seinen Handlungen die Sittlichkeit verliehen wird, die ihnen zuvor mangelte. Erst jetzt, wo die Stimme der Pflicht an die Stelle des körperlichen Triebs und das Recht an die des Begehrens tritt, sieht sich der Mensch gezwungen, der bislang nur sich selbst im Auge hatte, nach anderen Grundsätzen zu handeln und seine Vernunft zu befragen, bevor er seinen Neigungen Gehör schenkt. ... Man könnte nach dem Vorhergehenden zum Erwerb des bürgerlichen Standes noch die sittliche Freiheit hinzufügen, die allein den Menschen zum wirklichen Herrn seiner selbst macht; denn der Antrieb des reinen Begehrens ist Sklaverei, und der Gehorsam gegen das selbstgegebene Gesetz ist Freiheit."[16]

---

der Bundesrepublik. Eine politische Biographie, 1986, S. 1 ff., 282, 292; *ders.*, Carlo Schmid und das Grundgesetz. Der Beitrag Carlo Schmids zur Entstehung der Bundesrepublik Deutschland, Symposium anläßlich seines 100. Geburtstags am 7. Dezember 1996 in Mannheim, 1997, S. 85 ff.; *P. Sauer*, Carlo Schmid und die Entstehung der Verfassung von Württemberg-Baden, daselbst, S. 59 ff.; auch *E. Wolfrum*, Deutschland, Frankreich, Europa – frühe europapolitische Pläne Carlo Schmids, daselbst, S. 43 ff.

[13] *W. Maihofer*, HVerfR, S. 536, bzw. 508; *ders.*, ARSP, Beiheft Nr. 15, 1981, S. 16 in Fn. 3; *P. Häberle*, Die Menschenwürde als Grundlage der staatlichen Gemeinschaft, HStR, Bd. II, 3. Aufl. 2004, § 22, Rdn. 54 f.; *K. A. Schachtschneider*, Frei – sozial – fortschrittlich, Symposium zu Ehren von Werner Thieme, Hamburg, 24. Juni 1988, Die Fortentwicklung des Sozialstaates, 1989, S. 17; *ders.*, Res publica res populi, S. 1 ff., 234 ff.; *ders.*, Prinzipien des Rechtsstaates, S. 22 ff., 42 f., 97 ff.; *J. Rawls*, Eine Theorie der Gerechtigkeit, S. 264, erwartet „Freundschaft zwischen den Bürgern" ... „als Ethos der politischen Kultur", das er als Brüderlichkeit i.S. seines „Unterschiedsprinzips" (S. 95 ff.) begreift.

[14] *J. Rawls*, Kantischer Konstruktivismus in der Moraltheorie, 1980, in: ders., Die Idee des politischen Liberalismus, Aufsätze 1978–1989, hrsg. v. W. Hinsch, 1992, S. 88; zu Rawls Analogie zu Kants politischer Philosophie *ders.*, daselbst S. 82; *ders.*, Das Recht der Völker, 2002, S. 33 ff.

[15] Dazu *K. A. Schachtschneider*, Res publica res populi, S. 441 ff.; dazu 6. Kap.

Die Bill of Rights von Virginia von 1776 hat die moralische Bedingung der Freiheit in Section 15 beschrieben:

„Eine freie Regierung und die Segnungen der Freiheit können einem Volke nur durch strenges Festhalten an den Idealen der Gerechtigkeit, Mäßigung, Enthaltsamkeit, Bescheidenheit und Tugend und durch ein ständiges Besinnen auf die grundlegenden Prinzipien bewahrt bleiben"[17].

Die jakobinische (nicht in Kraft getretene) Verfassung der Französischen Republik von 1793 greift darüber hinaus die auch von *Friedrich dem Großen* als oberste Bürgerpflicht bezeichnete biblische lex aurea[18] auf, die *Kant* mit dem kategorischen Imperativ auf die Formel gebracht hat, welche der Universalisierbarkeit der Maximen gerecht wird, wohl wissend, daß er das mosaische und christliche Liebesgebot, „jenes Gesetz aller Gesetze", das Prinzip der Zehn Gebote, tradiert[19].

---

[16] Vom Gesellschaftsvertrag, I, 8, S. 22, 23; i.d.S. läßt sich auch der Freiheitsbegriff *Montesquieus*, Vom Geist der Gesetze, XI, 3, S. 210, verstehen: „In einem Staat, das heißt einer mit Gesetzen ausgestatteten Gesellschaft, kann Freiheit lediglich bedeuten, daß man zu tun vermag, was man wollen soll, und man nicht zu tun gezwungen wird, was man nicht wollen soll." ... „Freiheit ist das Recht, all das zu machen, was die Gesetze gestatten."; dazu *M. Forschner*, Rousseau, S. 96 ff., 101 ff.; vgl. i.d.S. *W. Maihofer*, HVerfR, S. 442 f., 463 f., der auf das essentielle gesetzgeberische Gleichheitsprinzip bei Montesquieu als Prinzip der Demokratie hinweist, aber eindeutig ist die Formulierung nicht; überzeugend *ders.*, Realität der Politik und Ethos der Republik, S. 84 ff., insb. S. 101 ff.

[17] „That no free government or the blessings of liberty can be preserved to any people, but by a firm adherence to justice, moderation, temperance, frugality and virtue and by frequent recurrence to the fundamental principles" (Übersetzung aus Proklamationen der Freiheit, ed. Janko Musulin, S. 62).

[18] Regierungsformen und Herrscherpflichten, 1777, in: ed. Volz, Die Werke *Friedrichs des Großen*, Bd. 7, 1912, S. 226; Bergpredigt, *Matthäus* 7, 12; auch *Hobbes*, Leviathan, II, 117, S. 151.

[19] Grundlegung zur Metaphysik der Sitten, S. 25 f.; Kritik der praktischen Vernunft, in: Werke in zehn Bänden, hrsg. v. W. Weischedel, Bd. 6, 1968, S. 205 f.; Metaphysik der Sitten, S. 533 ff., 584 ff.; vgl. 3. Mose 19, 18; *Matthäus*, 5, 43; 22, 37–40; Römer 13, 9 und 10; dazu *H. Arendt*, Wahrheit und Lüge in der Politik, 2. Aufl. 1987, S. 66; zum Verhältnis der lex aurea zum kategorischen Imperativ als Formel des christlichen Liebesprinzips *Th. Nisters*, Kants Kategorischer Imperativ als Leitfaden humaner Praxis, 1989, S. 31 ff., 239 ff.; zum Liebesrecht *G. Lübbe-Wolff*, Die Sittlichkeit in der bürgerlichen Gesellschaft, Hegels Wegweisung durch das Nadelöhr, ARSP 1982, Nr. 68, 223 f.; eine Verwandtschaft der lex aurea mit seinem Legitimationsprinzip des „Vorteils für jeden" reklamiert *O. Höffe*, Politische Gerechtigkeit. Grundlegung einer kritischen Philosophie von Recht und Staat, 1987, S. 86 f.; auch *J. Rawls*, Eine Theorie der Gerechtigkeit, S. 219, 517 u. ö., stellt seine Lehre auf das Prinzip der „Menschenliebe"; *P. Häberle*, Ethik „im" Verfassungsrecht, Rechtstheorie 21 (1990), S. 277, nennt die „regula aurea" und den „kategorischen Imperativ Kants" in einem Atemzug; vgl. auch *J. Hruschka*, Die Konkurrenz von Goldener Regel und Prinzip der Verallgemeinerung in der juristischen Diskussion des 17./18. Jahrhunderts als geschichtliche Wurzel von Kants kategorischem

Die Weimarer Reichsverfassung hat die republikanische Grundpflicht in Art. 163 Abs. 1 als Einheit mit der Freiheit wie folgt herausgestellt:

> „Jeder Deutsche hat unbeschadet seiner persönlichen Freiheit die sittliche Pflicht, seine geistigen und körperlichen Kräfte so zu betätigen, wie es das Wohl der Gesamtheit erfordert"[20].

In Art. 163 Abs. 1 WRV wäre die „persönliche Freiheit" des Art. 114 Abs. 1 WRV mit der sittlichen Pflicht gegenüber der Allgemeinheit verbunden gewesen, wenn erstere mit *Gerhard Anschütz* als „Freiheit vom

---

Imperativ, JZ 1987, 941 ff.; zur „Menschenliebe" als christlich weiterentwickelte naturrechtliche Grundlage des Rechts *G. Küchenhoff*, Naturrecht und Liebesrecht, 1948, 2. Aufl. 1962, S. 8 ff., 69 ff., 77 ff.; auch *W. Maihofer*, HVerfR, S. 520, 526, 532 (Nächstenliebe), 455, 468, 501 f. (Goldene Regel und kategorischer Imperativ), 519 ff. (Brüderlichkeit); vgl. auch *J. Habermas*, Vom pragmatischen, ethischen und moralischen Gebrauch der praktischen Vernunft, in: ders., Erläuterungen zur Diskursethik, 1991, S. 107 f.

[20] Dazu i. S. republikanischer Sittlichkeit *H. Preuß*, Deutschlands republikanische Reichsverfassung, 2. Aufl. 1923, S. 94; kritisch wegen der bloßen Sittlichkeit der Pflicht *R. Thoma*, Die juristische Bedeutung der grundrechtlichen Sätze der deutschen Reichsverfassung im allgemeinen, in: H. C. Nipperdey (Hrsg.), Die Grundrechte und Grundpflichten der Reichsverfassung, Bd. 1, 1929, S. 1 ff. (29). *G. Anschütz*, Die Verfassung des Deutschen Reichs vom 11. August 1919. Ein Kommentar für Wissenschaft und Praxis, 14. Aufl. 1933, Anm. 2 zu Art. 163, reduziert die Regelung auf eine sittliche Pflicht zu arbeiten (dagegen *H. Hofmann*, Grundpflichten als verfassungsrechtliche Dimension, VVDStRL 41 (1983), S. 53, 61 f., 67); dazu *K. Stern*, Das Staatsrecht der Bundesrepublik Deutschland, Bd. III, 2, Allgemeine Lehren der Grundrechte, unter Mitwirkung von *M. Sachs*, Das Staatsrecht der Bundesrepublik Deutschland, Allgemeine Lehren der Grundrechte, Bd. III, 2. Halbband, 1994, S. 1011. Allgemein zur Frage von Grundpflichten *R. Zippelius*, Allgemeine Staatslehre, S. 357 ff.; *V. Götz* u. *H. Hofmann*, Grundpflichten als verfassungsrechtliche Dimension, VVDStRL 41 (1983), S. 7 ff., 42 ff., zu Art. 163 *Götz*, S. 11, *Hofmann*, S. 46 f., 58 ff.; zum grundrechtlichen Pflichtethos *R. Smend*, Bürger und Bourgeois im deutschen Staatsrecht, Rede, gehalten bei der Reichsgründungsfeier der Friedrich-Wilhelms-Universität Berlin am 18. Jannuar 1933, in: Staatsrechtliche Abhandlungen und andere Aufsätze, 1955, 2. Aufl. 1968, S. 318 f.; *R. Stober*, Grundpflichten und Grundgesetz, 1979, der eine „sittliche Bürgerpflicht zur Erhaltung der Demokratie" anerkennt (S. 63 ff.), aber das Sittengesetz nicht in seine Überlegungen einbezieht; ebensowenig *H. Bethge*, Grundpflichten als verfassungsrechtliche Dimension, NJW 1982, 2145 ff.; auch *D. Merten*, Grundpflichten im Verfassungssystem der Bundesrepublik Deutschland, BayVBl. 1978, 554 ff.; *H. H. Klein*, Über Grundpflichten, Der Staat 14 (1975), S. 153 ff.; *J. Isensee*, Die verdrängten Grundpflichten. Ein grundgesetzliches Interpretationsvakuum, DÖV 1982, 609 ff.; *O. Luchterhandt*, Grundpflichten als Verfassungsproblem in Deutschland. Geschichtliche Entwicklung und Grundpflichten unter dem Grundgesetz, 1988; umfassend *K. Stern*, Staatsrecht III, 2, § 88, S. 985 ff.; *G. Radbruch*, Republikanische Pflichtenlehre, Rede zur Verfassungsfeier, Kiel 1928, 1929. Ganz ähnlich Art. 117 S. 2 Verf. Bayern; dazu *P. Häberle*, Erziehungsziele und Orientierungswerte im Verfassungsstaat, 1981, S. 237 f.

Staat", als „rechtliche Möglichkeit, alles tun zu dürfen, was kein Gesetz verbietet", hätte verstanden werden müssen[21].

Republikanischen Geist atmet vor allem der zitierte Art. 1 der Allgemeinen Erklärung der Menschenrechte der Vereinten Nationen vom 10. Dezember 1948. Das Grundgesetz definiert die Freiheit als die Würde jedermanns in Art. 2 Abs. 1 wesentlich durch Rechtlichkeit und Sittlichkeit.

Das Prinzip der Gesetzlichkeit der Republik und damit das der allgemeinen Freiheit hat schon *Rousseau* formuliert:

> „Republik nenne ich deshalb jeden durch Gesetze regierten Staat, …" „Jede gesetzmäßige Regierung ist republikanisch."[22]

Der Freiheitsbegriff der Französischen Revolution folgt Rousseau in Art. 4 und 6 S. 1 und 2 Constitution Francaise 1791:

> „Die Freiheit besteht darin, alles tun zu können, was einem anderen nicht schadet. Also hat die Ausübung der natürlichen Rechte jedes Menschen keine Grenzen als jene, die den übrigen Gliedern der Gesellschaft den Genuß der nämlichen Rechte sichern. Diese Grenzen können nur durch das Gesetz bestimmt werden." „Das Gesetz ist der Ausdruck des allgemeinen Willens. Alle Staatsbürger sind befugt, zur Feststellung desselben persönlich oder durch ihren Repräsentanten mitzuwirken."

Die aufklärerische Idee der Freiheit, die ihre menschheitliche Logik in der Gleichheit in der Freiheit hat, ist mit der Brüderlichkeit zu einer Einheit verbunden[23]. Die französische Revolution hat nach dem Ideal liberté, egalité, fraternité dieses Fundament jeder Republik deklariert. Art. 1 der Allgemeinen Erklärung der Menschenrechte hat es zum Weltrechtsprinzip

---

[21] Komm. zur WRV, Anm. 1 u. 2 zu Art. 114, gegen die herrschende Lehre (a. a. O. Fn. 1/2) und gegen den Wortlaut und Sinn insb. von S. 2, der Schranke des Grundrechts; anders heute *H.-U. Erichsen*, Allgemeine Handlungsfreiheit, HStR, Bd. VI, 1989, § 152, Rdn. 1 ff., der auf die Gegenposition nicht hinweist; nicht anders in der Sache *U. Di Fabio*, in: Maunz/Dürig, GG, 2001, Art. 2 Abs. 1, Rdn. 12. Die wortgleiche Nachfolgevorschrift Art. 2 Abs. 2 S. 2 GG: „Die Freiheit der Person ist unverletzlich", wird richtig, wie herrschend Art. 114 Abs. 1 S. 1 WRV, auf das Recht der körperlichen Bewegungsfreiheit als einem Habeas-Corpus-Recht restringiert, wenn auch der Wortlaut eine andere Interpretation zuläßt; dazu zwingt das Verhältnis der Abs. 1 und 2 des Art. 2 GG (*E. Grabitz*, Freiheit der Person, HStR, Bd. VI, 1989, § 130, Rdn. 4 ff.).

[22] Vom Gesellschaftsvertrag, II, 6, S. 41; dazu *M. Forschner*; Rousseau, S. 106 ff.; *I. Fetscher*, Rousseaus politische Philosophie, S. 101 ff., insb. S. 135 ff.; ganz i. d. S. *K. Jaspers*, Wohin treibt die Bundesrepublik?, Tatsachen, Gefahren, Chancen, 1966, 10. Aufl. 1988, S. 127 ff., 145.

[23] Grundlegend *W. Maihofer*, HVerfR, S. 427 ff., insb. S. 519 ff.; so auch *M. Kriele*, Die demokratische Weltrevolution, S. 49 ff.; *W. Kersting*, Die politische Philosophie der Gegenwart, S. 43 ff.; *K. A. Schachtschneider*, Res publica res populi, S. 1 ff., 234 ff.; *ders.*, Prinzipien des Rechtsstaates, S. 22 ff., 97 ff.

erhoben. Die Brüderlichkeit ist im heutigen Sprachgebrauch die Solidarität[24]. Sie ist unabänderliches Verfassungsprinzip[25] und mittels des Sozialprinzips höchstrangiges Prinzip des Verfassungsgesetzes Deutschlands, des Grundgesetzes[26].

2. Die Freiheit ist nicht ein Recht, welches der Staat durch die Verfassung oder Gesetze gewährt, sondern in der aufklärerischen praktischen Philosophie[27] die Idee der menschlichen Vernunft, die Idee des Vermögens des Menschen zum Guten[28].

---

[24] Vgl. etwa *W. Kersting*, Die politische Philosophie der Gegenwart, S. 43 ff.; *W. Maihofer*, HVerfR, S. 519 ff.; *J. Habermas*, Gerechtigkeit und Solidarität. Zur Diskussion über „Stufe 6", 1986, in: *ders.*, Erläuterungen zur Diskursethik, 1991, S. 49 ff. (insb. S. 72); vgl. auch Fn. 1919.

[25] I. d. S. BVerfGE 84, 90 (122).

[26] Dazu *K. A. Schachtschneider*, Das Sozialprinzip. Zu seiner Stellung im Verfassungssystem des Grundgesetzes, 1974; *ders.*, Res publica res populi, S. 234 ff.; *ders.*, Prinzipien des Rechtsstaates, S. 22 ff., 42 f., 97 ff.; *ders.*, Das Recht am und das Recht auf Eigentum. Aspekte freiheitlicher Eigentumsgewährleistung, in: J. Isensee/H. Lecheler (Hrsg.), FS für W. Leisner (70.), 1999, S. 755 (zur sozialen Eigentumslehre, dazu 10. Kap.); *ders.*, Grenzen der Kapitalverkehrsfreiheit, in: ders (Hrsg.), Rechtsfragen der Weltwirtschaft, 2002, S. 289 ff.

[27] Kants praktische Philosophie ist keine Naturlehre, also keine Anthropologie, sondern eine Sittenlehre, die auf a priori in der reinen Vernunft gegebenen Prinzipien beruht, *Kant*, Metaphysik der Sitten, Rechtslehre, S. 345, auch daselbst die Tugendlehre, S. 515; richtig *W. Kersting*, Wohlgeordnete Freiheit, S. 83 ff., 92 f. (zu Kants Menschheitsbegriff); *F. Kaulbach*, Immanuel Kants „Grundlegung zur Metaphysik der Sitten", S. 3 f., 6, 43; auch *O. Höffe*, Politische Gerechtigkeit, S. 102 ff., 104, 108 („transzendentales Vernunftrecht"); *L. W. Beck*, Kants „Kritik der praktischen Vernunft", S. 20; vgl. auch *V. Gerhardt*, Immanuel Kants „Entwurf zum ewigen Frieden", S. 1 ff.

[28] *Kant*, Grundlegung zur Metaphysik der Sitten, S. 41, auch S. 82 ff.; *ders.*, Kritik der reinen Vernunft, 1781/1787, in: Werke in zehn Bänden, hrsg. v. W. Weischedel, Bd. 3 und 4, 1968, S. 495 ff.; *ders.*, Kritik der praktischen Vernunft, S. 174 ff.; zu den Apriori des „bürgerlichen Zustandes", der Freiheit, Gleichheit und Selbständigkeit, *ders.*, Über den Gemeinspruch, S. 145 ff.; in der Nachfolge Kants *K. Jaspers*, Vom Ursprung und Ziel der Geschichte, 1949, S. 196 ff. (Das Ziel: Die Freiheit), S. 218 f.; *L. W. Beck*, Kants „Kritik der praktischen Vernunft", S. 169 ff., 180, 195 u. ö.; *J. Schwartländer*, Die Menschenrechte und die Notwendigkeit einer praktischen Weltorientierung, in: H. Kohlenberger/W. Lutterfelds (Hrsg.), Von der Notwendigkeit der Philosophie in der Gegenwart. FS K. Ulmer (60.), 1976, S. 166 ff., insb. S. 178 ff.; zu Kants Menschheitsbegriff *W. Kersting*, Wohlgeordnete Freiheit, S. 89 ff., der richtig darauf hinweist, daß die Vernunftnatur des Menschen keine Anthropologie ist (S. 32 f.); *F. Kaulbach*, Immanuel Kants „Grundlegung zur Metaphysik der Sitten", S. 17 ff., 120 ff., auch S. 199 ff.; vgl. auch *M. Forschner*, Gesetz und Freiheit, S. 47 ff., insb. S. 180 ff., vgl. weiter *R. Marcic*, Vom Gesetzesstaat zum Richterstaat, S. 84 (die Freiheit sei das Vermögen zum Guten und zum Bösen, *F. W. Schelling*, Philosophische Untersuchungen über das Wesen der menschlichen Freiheit und die damit zusammenhängenden Gegenstände, 1809, Neuabdruck, in: O. Braun, Schellings Philosophie, Berlin 1918, S. 215 ff.); *J. Haber-*

„Eine Verfassung von der größten menschlichen Freiheit nach Gesetzen, welche machen, daß jedes Freiheit mit der andern ihrer zusammen bestehen kann (nicht von der größesten Glückseligkeit, denn diese wird schon von selbst folgen), ist doch wenigstens eine notwendige Idee, die man nicht bloß im ersten Entwurfe einer Staatsverfassung, sondern auch bei allen Gesetzen zum Grunde legen muß, und wobei man anfänglich von den gegenwärtigen Hindernissen abstrahieren muß, die vielleicht nicht sowohl aus der menschlichen Natur unvermeidlich entspringen mögen, als vielmehr aus der Vernachlässigung der echten Ideen bei der Gesetzgebung"[29].

Die „freie Entfaltung seiner Persönlichkeit" (Art. 2 Abs. 1 GG) des Menschen in der menschlichen Gemeinschaft gründet in der Selbstzweckhaftigkeit des Vernunftwesens, also in der Menschheit des Menschen[30], und kann sich folglich als Idee nur in der Herrschaftslosigkeit des gemeinsamen Lebens verwirklichen. Diese Freiheit der Persönlichkeitsentfaltung, dieses Selbstsein und Selbstseindürfen in der Gemeinschaft, die Autonomie des Willens, macht die Würde des Menschen aus und gebietet wegen der Allgemeinheit der Freiheit die demokratische Lebensform der Republik.

---

mas, Erkenntnis und Interesse, 1968, 2. Aufl. 1973, insb. S. 234 ff.; auch *ders.*, Moralbewußtsein und kommunikatives Handeln, 1983, S. 53 ff., 127 ff.; *ders.*, Vom pragmatischen, ethischen und moralischen Gebrauch der praktischen Vernunft, S. 100 ff.; *ders.*, Erläuterungen zur Diskursethik, S. 119 ff.; *W. Maihofer*, HVerfR, S. 427 ff., insb. S. 455 ff., 490 ff., auch S. 1210 ff.; zu den gegenwärtig einflußreichen Anthropologien *E. Meinberg*, Das Menschenbild, S. 27 ff. und zum Soziologismus S. 75 ff., der die Normativität jeder Anthropologie, ihre philosophische, erkenntnistheoretische Grundlegung und ihre praktische oder praktizistische Relevanz herausstellt; *K. A. Schachtschneider*, Staatsunternehmen und Privatrecht, S. 99 ff., zum Menschenbild des Grundgesetzes und zur rechtlichen Fragwürdigkeit empiristischer Menschenbilder; *ders.*, Res publica res populi, S. 253 ff.; *H. H. v. Arnim*, Zur normativen Politikwissenschaft. Versuch einer Rehabilitierung, Der Staat 26 (1987), S. 477 ff., 487 ff.; i. S. d. Textes mit religiöser Begründung auch *W. Leisner*, Das Ebenbild Gottes im Menschen – Würde und Freiheit, in: ders. (Hrsg.), Staatsethik, 1977, S. 81 ff., 84 f.; zur vor allem skeptizistischen Gegenaufklärung außer *J. Habermas* die Beiträge in: J. Schmidt (Hrsg.), Aufklärung und Gegenaufklärung in der europäischen Literatur, Philosophie und Politik von der Antike bis zur Gegenwart, 1989, insb. *I. Fetscher*, Aufklärung und Gegenaufklärung in der Bundesrepublik, in: J. Schmidt (Hrsg.), Aufklärung und Gegenaufklärung in der europäischen Literatur, Philosophie und Politik von der Antike bis zur Gegenwart, 1989, S. 522 ff. (vor allem in Kritik an Adorno, Horkheimer, Gehlen) und *J. Mittelstraß*, Kant und die Dialektik der Aufklärung, in: J. Schmidt (Hrsg.), Aufklärung und Gegenaufklärung in der europäischen Literatur, Philosophie und Politik von der Antike bis zur Gegenwart, 1989, S. 431 ff.; auch *O. Höffe*, Kategorische Rechtsprinzipien, S. 90 ff., insb. S. 100 ff., 111 ff.

[29] *Kant*, Kritik der reinen Vernunft, S. 323 f.

[30] Vgl. *Kant*, Grundlegung zur Metaphysik der Sitten, S. 59 ff.; *F. Kaulbach*, Immanuel Kants „Grundlegung zur Metaphysik der Sitten", S. 73 ff., 86 ff., 100 ff., 191, 197 ff., 206 ff.; *W. Maihofer*, HVerfR, S. 490 ff.

„Im Mittelpunkt der grundgesetzlichen Ordnung stehen Wert und Würde der Person, die in freier Selbstbestimmung als Glied einer freien Gesellschaft wirkt" (BVerfGE 65, 1 (41)).

Diese „Idee der Freiheit"[31] ist die Grundlage der grundgesetzlichen wie jeder Republik und damit auch die Grundlage des Freiheitsschutzes durch die Grundrechte[32]. Diese Freiheit ist die Botschaft vom „alteuropäischen Menschen". Republikanisch ist die „personale, subjektbezogene Anthropologie", wie deren systemtheoretischer Kritiker *Niklas Luhmann* diese „Superanthropologie" bezeichnet[33]. Systemtheoretisch sei der Mensch ein Bündel von Rollen und Funktionen[34]. Die Moral sei außer Kraft gesetzt[35]. Zur „moralischen Anthropologie" *Kants* gehört die platonische „Idee des schlechthin Guten"[36].

Die Idee (das transzendentale Apriori[37]) der Freiheit ist die Verfassung, auf die das Grundgesetz das gemeinsame Leben aufbaut: die Idee der Republik. Das um der Würde des Menschen willen gebotene Bekenntnis zur

---

[31] *Kant*, Kritik der reinen Vernunft, S. 321 ff., 327 ff., insb. S. 338, auch S. 426 ff., 492 ff., 671 ff.; *ders.*, Grundlegung zur Metaphysik der Sitten, S. 82 ff., 84 ff., 88 f., 91 ff., 94 ff., 96 ff.; *ders.*, Kritik der praktischen Vernunft, S. 217 ff., 230 ff.; *ders.*, Metaphysik der Sitten, S. 345; dazu *F. Kaulbach*, Immanuel Kants, „Grundlegung zur Metaphysik der Sitten", S. 120 ff., insb. S. 138, 156, 171, 173, 187; *ders.*, Studien, S. 12, 16; *M. Forschner*, Gesetz und Freiheit, S. 247 f.

[32] Ganz so, kantianisch, *W. Maihofer*, HVerfR, S. 500 ff.; auch *J. Isensee*, Republik – Sinnpotential eines Begriffs. Begriffsgeschichtliche Stichproben, JZ 1981, 8; *ders.*, Staat und Verfassung, HStR, Bd. II, 3. Aufl. 2004, § 15, Rdn. 173, 195; i.d.S. auch *Ch. Starck*, Vom Grund des Grundgesetzes, 1979, S. 46 f.; auch *M. Kriele*, Die demokratische Weltrevolution, S. 36 ff.; *ders.*, HVerfR, S. 129 ff.; *P. Häberle*, Ethik „im" Verfassungsrecht, S. 272 ff.; zur Freiheit als Prinzip der griechischen Polis und der römischen Republik *Ch. Meier* bzw. *J. Bleicken*, Freiheit, Geschichtliche Grundbegriffe, S. 426 ff. bzw. 430 ff.

[33] Etwa Gesellschaftsstruktur und Semantik, Studien zur Wissenssoziologie der modernen Gesellschaft, Bd. 1, 1980, S. 234 („Superanthropologie" ist die „Anthropologie der transzendentalen Subjektivität", richtig!); *ders.*, ARSP 1991, Nr. 77, S. 435 f.; dazu kritisch *E. Meinberg*, Das Menschenbild der modernen Erziehungswissenschaften, S. 212 ff., 219 ff.; auch *O. Höffe*, Politische Gerechtigkeit, S. 171 ff., wirft N. Luhmann „Übervereinfachung" (S. 175) und „eine Theorie der Gerechtigkeit ohne Gerechtigkeit" (S. 185), sowie „Geltung allein kraft Entscheidung" (S. 173) vor, zu Recht; auch i.d.S. *ders.*, Kategorische Rechtsprinzipien, S. 53 ff.

[34] Kritik an Luhmanns Ansatz etwa *E. Meinberg*, Das Menschenbild der modernen Erziehungswissenschaften, S. 212 ff., 219 ff.; *O. Höffe*, Politische Gerechtigkeit, S. 171 ff.; *ders.*, Kategorische Rechtsprinzipien, S. 53 ff.

[35] *O. Höffe*, Paradigm Lost. Die ethische Reflexion der Moral, 1988.

[36] *O. Höffe*, Kategorische Rechtsprinzipien, S. 111 ff.; *J. Schwartländer*, Die Menschenrechte und die Notwendigkeit einer praktischen Weltorientierung, S. 175 ff.; *F. Kaulbach*, Immanuel Kants „Grundlegung zur Metaphysik der Sitten", S. 17 ff., 100 ff., 199 ff.; vgl. *Kant*, Grundlegung zur Metaphysik der Sitten, S. 18; *ders*, Kritik der praktischen Vernunft, S. 174 ff., 191 ff.

Freiheit jedes Menschen reklamiert nicht eine empirische Freiheit und empirische Gleichheit der Menschen, zumal solche nicht erweisbar wären (*Kant, Jaspers, Bloch*)[38]. Die Verfassung beruht vielmehr auf dem Apriori der Menschheit des Menschen als Vernunftwesen; denn die Freiheit ist transzendentale Idee[39] und als solche nicht empirisch beweisbar, im Gegensatz zur praktischen Freiheit, die nach *Kant* durch Erfahrung bewiesen werden kann[40]; denn: „Alle Menschen denken sich dem Willen nach als frei"[41]. Der Vorwurf *Ernst Blochs*, es „sei nicht haltbar, daß der Mensch von Geburt an frei und gleich sei, ... es gebe keine angeborenen Rechte, sie seien alle erworben oder müßten im Kampf noch erworben werden"[42], ist empirisch und damit für die transzendentale Freiheitslehre ohne Stachel. Ein empirisches Naturrecht ist fragwürdig[43]. „Die ‚Naturrechtsrenaissance'

---

[37] Dazu *F. Kaulbach*, Immanuel Kants „Grundlegung zur Metaphysik der Sitten", S. 120 ff.; vgl. auch *ders.*, Studien, S. 17 ff. und passim.

[38] *Kant*, Kritik der reinen Vernunft, S. 323 ff., 426 ff., 492 ff., 495 ff. (500, 505), 671 ff. (674); *ders.*, Grundlegung zur Metaphysik der Sitten, S. 89 ff., 94 ff. (u. ö.); *ders.*, Kritik der praktischen Vernunft, S. 217 ff., 230 ff.; *ders.*, Metaphysik der Sitten, S. 326 ff., 347, 361 f.; *K. Jaspers*, Plato, Augustin, Kant – Drei Gründer des Philosophierens, 1957, S. 275; dazu *D. Henrich*, Ethik der Autonomie, in: ders. Selbstverhältnisse. Gedanken und Auslegungen zu den Grundlagen der klassischen Philosophie, 1982, S. 11 ff.; *E. Bloch*, Naturrecht und menschliche Würde, 1961, 2. Aufl. 1980, S. 184 f., vgl. auch S. 81 ff. zur Allgemeinheit der Freiheit im kantischen Verständnis; dazu *O. Höffe*, Kategorische Rechtsprinzipien, S. 318 ff., in Kritik an Rawls; *L. W. Beck*, Kants „Kritik der praktischen Vernunft", S. 169 ff., insb. zur „Auflösung der dritten Antinomie", S. 177 ff.; *F. Kaulbach*, Immanuel Kants „Grundlegung zur Metaphysik der Sitten", S. 120 ff.

[39] *Kant*, Kritik der reinen Vernunft, S. 335 ff., 385 f., 492 ff.; vgl. auch *ders.*, Kritik der praktischen Vernunft, S. 217 ff., 230 ff.; *ders.*, Grundlegung zur Metaphysik der Sitten, S. 89 ff., 94 ff., u. ö.; *ders.*, Metaphysik der Sitten, S. 331 ff., 347, 361; dazu *M. Forschner*, Gesetz und Freiheit, S. 247 f.; dazu 2. Kap., II mit Hinweisen in Fn. 68.

[40] Kritik der reinen Vernunft, S. 675; vgl. auch, *ders.*, Grundlegung zur Metaphysik der Sitten, S. 91 ff.; *ders.*, Kritik der praktischen Vernunft, S. 107 ff.; dazu *F. Kaulbach*, Immanuel Kants „Grundlegung zur Metaphysik der Sitten", S. 120 ff., insb. S. 127 ff., 166 ff.; *ders.*, Studien, S. 65 ff. (zum „Gewissen als innerem Gerichtshof"); *M. Forschner*, Gesetz und Freiheit, S. 257 bzw. S. 184, 192, auch S. 117; *J. Timmermann*, Sittengesetz und Freiheit. Untersuchungen zu Immanuel Kants Theorie des freien Willens, 2003, S. 140 ff.

[41] *Kant*, Grundlegung zur Metaphysik der Sitten, S. 91; dazu *F. Kaulbach*, Immanuel Kants „Grundlegung zur Metaphysik der Sitten", S. 125 f.

[42] Naturrecht und menschliche Würde, S. 215.

[43] *O. Höffe*, Politische Gerechtigkeit, S. 88 ff., 102 ff., 108 (auch bei Kant hat das Naturrecht normativen Charakter), S. 178; i. d. S. auch *W. Kersting*, Wohlgeordnete Freiheit, S. 92 f.; dazu *E. Bloch*, Naturrecht und menschliche Würde, S. 81 ff.; zur „Frage nach dem Naturrecht" *G. Küchenhoff*, Naturrecht und Liebesrecht, S. 7 ff. mit Hinw. in Fn. 1, der von „einer neuen Blüte" des Naturrechts „in unserer Zeit" spricht und auf *J. Messner*, Das Naturrecht, 3. Aufl. 1958, hinweist; vgl. auch

der ersten Nachkriegsjahre war Episode. Es gibt kein Zurück hinter Kant mehr" (*Arthur Kaufmann*)[44].

Die Rechtsprinzipien a priori folgert *Kant* aus der Ethik als der Freiheitslehre[45]. *Kant* leitet sie nicht aus der empirischen Natur des Menschen, dem homo phaenomenon, ab, die als determiniert erfahren werde[46], sondern aus der Idee des homo noumenon, der Idee der Freiheit, der Idee der Vernunft, die sich uns allerdings im Faktum des Sollens, im Gewissen, offenbare[47]. Das „sittliche Gesetz" sei in der „reinen Philosophie zu suchen"; ohne diese „Metaphysik" könne es keine „Moralphilosophie" geben[48].

„Deshalb hebt Kant zu guter Letzt selbst den Begriff Naturrecht auf; seine Rechtsphilosophie handelt vom Urrecht rein als Vernunftrecht." ... „Ur-recht ist daher nicht sowohl Freiheit des kreatürlichen Individuums (Willkür) als der Gedanke der allen uranfänglich und gleichmäßig beschränkten Freiheit; dies Rechtsgesetz a priori besteht vor allem als Gesellschaftsvertrag." ... „Kant lehnt, wie in seiner Ethik, so in seiner Rechtsphilosophie, den empirischen Trieb als methodisch unrein ab, er verlangt Deduktion des Deduktionsprinzips selber, das heißt Fundierung des naturrechtlichen Bestimmungsgrundes in einem Grundsatz a priori. Dieser Grundsatz aber ist nicht individuelle Freiheit (mit empirischer Glückseligkeit als Zweck), sondern ausschließlich eingeschränkte oder allgemeine Freiheit als das Prinzip jeder möglichen menschlichen Koexistenz"[49].

Die kantianische Ethik und damit Rechtslehre erlaubt es nicht, von einem Sein auf ein Sollen zu schließen[50].

A. Verdross, Statisches und dynamisches Naturrecht, S. 9 f., 11 ff., 59 ff. (gegen H. Kelsens Kritik des Naturrechts), S. 73 (zum Wesen des Menschen).

[44] Rechtsphilosophie in der Nach-Neuzeit, 1990, S. 8.

[45] *Kant*, Grundlegung zur Metaphysik der Sitten, S. 13 ff.; dazu *ders.*, Metaphysik der Sitten, S. 337 f.; *ders.*, Über den Gemeinspruch, S. 144 f., 148; *O. Höffe*, Politische Gerechtigkeit, S. 108; *ders.*, Kategorische Rechtsprinzipien, S. 135 ff.; *E. Bloch*, Naturrecht und menschliche Würde, S. 81 ff. („Kants und Fichtes Naturrecht ohne Natur", „Vernunftrecht a priori"), insb. S. 86 f.; *F. Kaulbach*, Immanuel Kants „Grundlegung zur Metaphysik der Sitten", ... insb. S. 195 ff.; *ders.*, Studien, S. 75 ff., auch S. 191 ff.

[46] *Kant*, Kritik der reinen Vernunft, S. 426 ff., 495 ff., 500, 505; *K. Jaspers*, Plato, Augustin, Kant, S. 275 f.; *E. Bloch*, Naturrecht und menschliche Würde, S. 184; *D. Henrich*, Ethik der Autonomie, S. 11 ff.; *F. Kaulbach*, Immanuel Kants „Grundlegung zur Metaphysik der Sitten", S. 120 ff. u. ö.

[47] Hinweise in Fn. 70.

[48] *Kant*, Grundlegung zur Metaphysik der Sitten, S. 14; dazu (zustimmend) *O. Höffe*, Kategorische Rechtsprinzipien, S. 90 ff., insb. S. 100 ff., 111 ff.

[49] *E. Bloch*, Naturrecht und menschliche Würde, S. 86, 84, 83, dessen distanzierende Formulierung der richtigen Interpretation Kants in seinem marxistischen Ökonomismus begründet ist, der ihn kantianische Formalität als Inhaltslosigkeit verkennen und damit die Imperativität des kantianischen Moralprinzips und deren Bedeutung für die Gesetzgebung mißachten läßt (a. a. O., S. 85 ff.).

„Denn in Betracht der Natur gibt uns Erfahrung die Regel an die Hand und ist der Quell der Wahrheit; in Ansehung der sittlichen Gesetze aber ist Erfahrung (leider!) die Mutter des Scheins, und es ist höchst verwerflich, die Gesetze über das, was ich tun soll, von demjenigen herzunehmen, oder dadurch einschränken zu wollen, was getan wird"[51].

Dem muß jede Rechtslehre folgen[52]. In diesem Sinne nennt *Kant* die Freiheit das „einzige, ursprüngliche", „jedem Menschen, kraft seiner Menschheit, zustehende Recht", insofern also ein „angeborenes Recht"[53]. Mit dem Terminus „Menschheit" ist der Mensch als Vernunftwesen, die „von physischen Bestimmungen unabhängige Persönlichkeit (homo noumenon)" angesprochen[54]. Dem „Naturrechts"charakter der Freiheit mißt *Kant* die Funktion zu, die „Beweisführung (onus probandi)" zugunsten des „angeborenen Rechts der Freiheit" zu verteilen[55].

„Ich sage nun: Ein jedes Wesen, das nicht anders als unter der Idee der Freiheit handeln kann, ist eben darum, in praktischer Rücksicht, wirklich frei, d.i. es gel-

---

[50] *Kant*, Kritik der reinen Vernunft, S. 324 ff., auch S. 498 ff., 701; *ders.*, Grundlegung zur Metaphysik der Sitten, S. 33 ff. u.ö.; dazu *K. Jaspers*, Plato, Augustin, Kant, S. 212 ff., 263 ff.; *L. W. Beck*, Kants „Kritik der praktischen Vernunft", S. 77, 123, 153; *F. Kaulbach*, Studien, S. 147; *R. Marcic*, Geschichte der Rechtsphilosophie, S. 304, 308; *ders.*, Rechtsphilosophie. Eine Einführung, 1969, S. 117 ff.; *W. Maihofer*, Von der Ideologie der Parteien zur Philosophie des Rechts, in: G. Haney/W. Maihofer/G. Sprenger (Hrsg.), Recht und Ideologie, FS H. Klenner, 1996, S. 461 ff., insb. S. 469 ff., in Kritik am Neukantianismus vor allem Radbruchs; *W. Fikentscher*, Methoden des Rechts, Bd. III, 1976, S. 8, 25 ff., 27 ff., 29 ff.; *K. A. Schachtschneider*, Staatsunternehmen und Privatrecht, S. 101; *O. Höffe*, Politische Gerechtigkeit, S. 77, 102 ff., 481 f.; *G. Winkler*, Rechtstheorie und Erkenntnislehre. Kritische Anmerkungen zum Dilemma von Sein und Sollen in der reinen Rechtslehre aus geistesgeschichtlicher und erkenntnistheoretischer Sicht, 1990, S. 126 ff.

[51] *Kant*, Kritik der reinen Vernunft, S. 325.

[52] *K.-O. Apel*, Das Apriori der Kommunikaktionsgemeinschaft und die Grundlagen der Ethik, 1973, in: ders., Transformation der Philosophie, Bd. 2, 3. Aufl. 1984, S. 278, 363 ff., 378; *O. Höffe*, Politische Gerechtigkeit, S. 77, 102 ff., 481 f.; *W. Fikentscher*, Methoden des Rechts, Bd. III, S. 25 ff., 27 ff., 29 ff.; auch *H.-M. Pawlowski*, Methodenlehre für Juristen. Theorie der Norm und des Gesetzes. Ein Lehrbuch, 1981, S. 127 f., 142 ff.; *K. A. Schachtschneider*, Staatsunternehmen und Privatrecht, S. 101; *ders.*, Res publica res populi, S. 172 ff., 520 ff., 540 ff.; gegen den Soziologismus in der Jurisprudenz auch *N. Luhmann*, Rechtssoziologie, Band I und Band II, 1972, S. 354.

[53] Metaphysik der Sitten, S. 345; dazu i.d.S. *W. Maihofer*, HVerfR, S. 490 ff.

[54] Vgl. etwa *Kant*, Grundlegung zur Metaphysik der Sitten, S. 61 („die Menschheit" … „in deiner Person"), 73, 74 („Würde der Menschheit"); *ders.*, Metaphysik der Sitten, S. 345, 347, 517; vgl. *W. Kersting*, Wohlgeordnete Freiheit, S. 89 ff., 92 ff.; *W. Maihofer*, HVerfR, S. 493 ff.; *F. Kaulbach*, Immanuel Kants „Grundlegung zur Metaphysik der Sitten", S. 77, 160.

[55] Vgl. *Kant*, Metaphysik der Sitten, S. 346.

ten für dasselbe alle Gesetze, die mit der Freiheit unzertrennlich verbunden sind, eben so, als ob sein Wille auch an sich selbst, und in der theoretischen Philosophie gültig, für frei erklärt würde. Nun behaupte ich: daß wir jedem vernünftigen Wesen, das einen Willen hat, notwendig auch die Idee der Freiheit leihen müssen, unter der es allein handle. Denn in einem solchen Wesen denken wir uns eine Vernunft, die praktisch ist, d.i. Kausalität in Ansehung ihrer Objekte hat. Nun kann man sich unmöglich eine Vernunft denken, die mit ihrem eigenen Bewußtsein in Ansehung ihrer Urteile anderwärts her eine Lenkung empfinge, denn alsdenn würde das Subjekt nicht seiner Vernunft, sondern einem Antriebe, die Bestimmung der Urteilskraft zuschreiben. Sie muß sich selbst als Urheberin ihrer Prinzipien ansehen, unabhängig von fremden Einflüssen, folglich muß sie als praktische Vernunft, oder als Wille eines vernünftigen Wesens, von ihr selbst als frei angesehen werden; d.i. der Wille desselben kann nur unter der Idee der Freiheit ein eigener Wille sein, und muß also in praktischer Absicht allen vernünftigen Wesen beigelegt werden"[56].

Wegen der für die aufklärerische Rechtslehre grundlegenden Unterscheidung von Sein und Sollen, darf und muß sich die Verfassungsrechtslehre von der Verfassung abhängig machen. Das Argument, die Verwirklichung der Verfassung der Freiheit sei unmöglich, weil sie auf den unüberwindlichen homo phaenomenon stöße, leugnet die Freiheit als Autonomie des Willens und damit entgegen Art. 1 Abs. 1 GG mit der Idee der Freiheit die Würde des Menschen, nämlich dessen Sittlichkeit. *Otfried Höffe* antwortet Niklas Luhmann: „Die Moral – das wiederaufgefundene Paradigma"[57].

---

[56] *Kant*, Grundlegung zur Metaphysik der Sitten, S. 83; dazu *F. Kaulbach*, Immanuel Kants „Grundlegung zur Metaphysik der Sitten", S. 8, 120 ff., 138, 148, 165, 171 f., 184, 187; *M. Forschner*, Gesetz und Freiheit, S. 247 f.; *W. Kersting*, Der Geltungsgrund von Moral und Recht bei Kant, in: ders., Politik und Recht, Abhandlungen zur politischen Philosophie der Gegenwart und zur neuzeitlichen Rechtsphilosophie, 2000, S. 308 ff.

[57] Kategorische Rechtsprinzipien, S. 62; zur Relevanz der Moral für das Recht *J. Habermas*, Faktizität und Geltung, insb. S. 109 ff., 135 ff., 349 ff., 541 ff., der die Moralität diskursethisch konzipiert; vgl. auch *ders.*, Erläuterungen zur Diskursethik, S. 119 ff.; *ders.*, Die Einbeziehung des Anderen, 1996, S. 277 ff. (Drei normative Modelle der Demokratie), S. 293 ff. (Über den internen Zusammenhang von Rechtsstaat und Demokratie); *W. Maihofer*, HVerfR, S. 442, 447, 463 f., 466; *W. Kersting*, Das starke Gesetz der Schuldigkeit und das schwächere der Gütigkeit, 1982, in: Recht, Gerechtigkeit und demokratische Tugend, Abhandlungen zur praktischen Philosophie der Gegenwart, 1997, S. 102 ff., 105 ff.; auch in *ders.*, Kant über Recht, S. 219 ff., vgl. auch daselbst S. 46 ff.; *F. Kaulbach*, Studien, insb. S. 169 ff.; *V. Gerhard*, Immanuel Kants Entwurf „Zum ewigen Frieden", insb. S. 146 ff.

Zweites Kapitel

Freiheitlichkeit, Sittlichkeit, Rechtlichkeit in der Ethik Kants

I. Hobbes, Locke, Rousseau und Kant

1. Kants Lehre von der Freiheit, der Vernunft und dem Recht steht in der Tradition von Hobbes und Locke[58] und folgt Rousseau[59]. Hobbes hat definiert:

> „Durch das Wort Recht ist nichts anderes bezeichnet als die Freiheit, die jeder hat, seine natürlichen Vermögen gemäß der rechten Vernunft zu gebrauchen."[60]

Die *Hobbessche* Konzeption der Freiheit ist insoweit liberalistisch, also herrschaftlich, als sie es den Untertanen erlaubt, zu tun und zu lassen, was sie wollen, soweit der Oberherr das zuläßt[61]. Der *Hobbessche* Freiheitsbegriff ist jedoch zwiespältig und hat auch eine republikanische Ausprägung, die sich in seiner Vertretungslehre zeigt. Das Gesetz, welches der Oberherr gibt, ist das Gesetz jedes Bürgers, dem der Oberherr durch das Gesetz kein

---

[58] Trotz des Unterschiedes zwischen dem Liberalismus Lockes und dem Republikanismus Kants; dazu *J. Habermas*, Faktizität und Geltung, S. 324 f.; vgl. auch *ders.*, Die Einbeziehung des Anderen, S. 299.

[59] Dazu *E. Cassirer*, Kant und Rousseau, 1939, in: ders., Rousseau, Kant, Goethe, ed. R. A. Bast, 1991, S. 3 ff. insb. S. 27 ff. (Recht und Staat); *L. W. Beck*, Kants „Kritik der praktischen Vernunft", S. 172, 189; *W. Maihofers* Lehre von den „Prinzipien der freiheitlichen Demokratie", HVerfR, S. 427 ff., erweist durchgehend die Nähe, wenn nicht Übereinstimmung der politischen Philosophien von Rousseau und Kant; auch *ders.*, Realität der Politik und Ethos der Republik, S. 84 ff.; i. d. S. auch *F. Kaulbach*, Studien, S. 30 ff., 40 ff., 50 ff., 123 u. ö.; *ders.*, Immanuel Kants „Grundlegung zur Metaphysik der Sitten", S. 91 ff., 102 f., 208 f.; *M. Forschner*, Gesetz und Freiheit, S. 96 ff., passim; *ders.*, Rousseau, S. 106 ff.; vgl. auch *J. Habermas*, Faktizität und Geltung, S. 112 ff.; *ders.*, Die Einbeziehung des Anderen, S. 160 ff., 293 ff.; vgl. auch *W. Kersting*, „Die bürgerliche Verfassung in jedem Staate soll republikanisch sein", in: O. Höffe (Hrsg.), Immanuel Kant, Zum ewigen Frieden, 1995, S. 87 ff.; *ders.*, Staatsphilosophie und Weimarer Staatsrechtslehre. Kelsen und Heller über Recht und Staat, in: ders., Politik und Recht. Abhandlungen zur politischen Philosophie der Gegenwart und zur neuzeitlichen Rechtsphilosophie, 2000, S. 394 ff., insb. S. 398 ff.

[60] De cive, ed. mit Scholien von G. Geismann/K. Herb, Hobbes über die Freiheit, eingeleitet und mit Scholien herausgegeben, 1988, S. 119 ff., mit Scholie 193.

[61] Leviathan, II, 21, S. 187 ff., 189 f., 193 f., 196.

Unrecht tun könne. Die Übertragung der Gesetzgebung an den Stellvertreter, den Oberherrn, ist die Begründung der Staatlichkeit. Sie ist für die Wirklichkeit der Freiheit notwendig. Der Stellvertreter herrscht nicht, sondern verwirklicht die allgemeine Freiheit. Das herrschaftliche Element, das Hobbes zu lehren scheint, ist nichts anderes als das Zwangselement der Gesetzlichkeit[62].

Locke hat ebenfalls die Einheit von Freiheit und Gesetzlichkeit herausgestellt:

„Denn der Begriff Gesetz bedeutet im Eigentlichen nicht so sehr die Beschränkung, sondern vielmehr die Leitung des frei und einsichtig Handelnden in seinem eigenen Interesse, und seine Vorschriften reichen nicht weiter, als sie dem allgemeinen Wohl derer, die ihm unterstehen, dienen. ... So ist das Ziel des Gesetzes, mag es auch mißverstanden werden, nicht, die Freiheit abzuschaffen oder einzuschränken, sondern sie zu erhalten und zu erweitern. Denn bei allen Geschöpfen, die zu Gesetzen fähig sind, gilt: Gibt es kein Gesetz, so gibt es auch keine Freiheit. Freiheit nämlich bedeutet frei sein von Zwang und Gewalttätigkeit anderer, was nicht sein kann, wo es keine Gesetze gibt. Doch die Freiheit ist nicht, wie man uns sagt, die Freiheit für jeden, zu tun, was ihm einfällt (denn wer könnte frei sein, wenn ihn die Laune jedes anderen tyrannisieren dürfte), sondern die Freiheit innerhalb der erlaubten Grenzen jener Gesetze, denen er untersteht, über seine Person, seine Handlungen, seinen Besitz und sein gesamtes Eigentum zu verfügen, damit zu tun, was ihm gefällt, und dabei niemandes eigenmächtigem Willen unterworfen zu sein, sondern frei dem eigenen folgen zu können."[63]

Die Gesetze der „bürgerlichen Gesellschaft" begreift *Locke* „als seine eigenen Beschlüsse" des Menschen, der sich mit anderen zu einem „Volk", einer „Gesellschaft" „vereinigt" hat[64].

„Keine Vorschrift irgendeines anderen Menschen, in welcher Form sie auch verfaßt, von welcher Macht sie auch gestützt sein mag, kann die Verpflichtungskraft eines Gesetzes haben, wenn sie nicht durch jene Legislative sanktioniert ist, die von der Allgemeinheit gewählt und ernannt worden ist. Ohne sie könnte das Gesetz nämlich nicht haben, was absolut notwendig ist, um es zum Gesetz zu machen, nämlich die Zustimmung der Gesellschaft"[65].

---

[62] Dazu *O. Höffe*, Politische Gerechtigkeit, S. 130 ff., 332 ff., 403 ff. u.ö.; *ders.*, Gerechtigkeit als Tausch? Zum politischen Projekt der Moderne, 1991, S. 19 ff.; auch *W. Kersting*, Die Verbindlichkeit des Rechts, 1990, in: *ders.*, Recht, Gerechtigkeit und demokratische Tugend, Abhandlungen zur praktischen Philosophie der Gegenwart, 1997, S. 19 ff., insb. S. 27 ff.; *V. Gerhardt*, Immanuel Kants Entwurf „Zum ewigen Frieden", S. 161 ff., der in der Notwendigkeit des Zwanges zur Verwirklichung des Rechts ein Herrschaftsprinzip sieht.

[63] Über die Regierung, VI, 57, S. 43, Locke gibt an dieser Stelle zugleich eine Definition der freiheitlichen Privatheit; dazu *M. Forschner*, Rousseau, S. 101 f.

[64] Über die Regierung, VII, 89 S. 67, vgl. auch VIII, 99 S. 76, XI, 134, S. 101.

[65] *Locke*, Über die Regierung, XI, 134, S. 101.

Rousseau hat ausgesprochen:

> „Die bürgerliche Freiheit" ist „durch den Gemeinwillen begrenzt." ... „zum Er-
> werb des bürgerlichen Standes" gehört „die sittliche Freiheit", „die allein den
> Menschen zum wirklichen Herrn seiner selbst macht ..." ... „der Gehorsam gegen
> das selbstgegebene Gesetz ist Freiheit."[66]

Rousseaus politische Philosophie, die ihren Kern in dem republikanischen
Prinzip der volonté générale hat, ist die Grundlage der Ethik Kants und leitet demgemäß deren Studium.

II. Idee und Bewußtsein der Freiheit,
Kausalität der Vernunft und Faktum des Sollens

1. Empirisch ist die Freiheit genausowenig wie die ihr erwachsenen Gesetze notwendig der bestimmende Aspekt der Handlungen des homo phaenomenon, des Menschen, wie er nun einmal ist. Freiheit und Gesetze sollen
das sein. Die Freiheit ist als Kausalität der Vernunft oder eben der Freiheit
selbst[67] und trotz der Erfahrung des Sollens keine empirische Kategorie,
sondern transzendentale Idee[68]. Jedoch:

> „Die praktische Freiheit kann durch Erfahrung bewiesen werden ... Wir erkennen
> also die praktische Freiheit durch Erfahrung, als eine von den Naturursachen,
> nämlich eine Kausalität der Vernunft in Bestimmung des Willens, indessen daß

---

[66] Vom Gesellschaftsvertrag, I, 8, S. 22 f.; dazu *M. Forschner*, Rousseau,
S. 96 ff., 101 ff.; *I. Fetscher*, Rousseaus politische Philosophie, S. 134 ff.

[67] *Kant*, Kritik der reinen Vernunft, S. 324, 426 ff., 498 ff., 675 f., 679; auch
ders., Grundlegung zur Metaphysik der Sitten, S. 83, 95, 98 f.; *ders.*, Kritik der
praktischen Vernunft, S. 107 ff., 120 f., 141 f., 161, 162, 193 („intellektuelle Kausalität"), 213, 218 ff., 230 ff., 243; *ders.*, Metaphysik der Sitten, S. 326 ff., 361;
dazu *L. W. Beck*, Kants „Kritik der praktischen Vernunft", S. 58 f., 169 f., 177 ff.
(zur Auflösung der dritten Antinomie), auch S. 179 ff.; *M. Forschner*, Gesetz und
Freiheit, S. 163 ff. (166); *F. Kaulbach*, Immanuel Kants „Grundlegung zur Metaphysik der Sitten", S. 125 f., 138, 141, 174, 185 f., 188; *ders.*, Studien, S. 78; *G.
Römpp*, Moralische und rechtliche Freiheiten. Zum Status der Rechtslehre in Kants
praktischer Philosophie, Rechtstheorie 22 (1991), S. 293 ff.; *W. Kersting*, Der Geltungsgrund von Moral und Recht bei Kant, S. 315; genau *J. Timmermann*, Sittengesetz und Freiheit, S. 87 ff., 103 ff., 114 ff., 127 ff., 136 ff. (zum „Ausgleich zwischen Freiheit und Natur", zur dritten Antinomie).

[68] *Kant*, Kritik der reinen Vernunft, S. 325 f., 335 ff., 426 ff. (Dritte Antinomie),
488 ff., 492 ff., 495 ff., 671 ff., 676 ff.; vgl. auch *ders.*, Grundlegung zur Metaphysik der Sitten, S. 82 ff., 88 f., 89 ff., 91 ff., 94 ff. (u.ö.); *ders.*, Kritik der praktischen Vernunft, S. 217 ff., 230 ff.; *ders.*, Metaphysik der Sitten, S. 331 ff., 347, 361;
dazu *M. Forschner*, Gesetz und Freiheit, S. 247 ff.; *F. Kaulbach*, Immanuel Kants
„Grundlegung zur Metaphysik der Sitten", S. 17 f., 120 ff., 138, auch S. 199 ff.;
J. Timmermann, Sittengesetz und Freiheit, S. 116, 136; *Kant* unterscheidet die Freiheit im praktischen Verstande von der in „transzendentaler Bedeutung", Kritik der

die transzendentale Freiheit eine Unabhängigkeit dieser Vernunft selbst (in Ansehung ihrer Kausalität, eine Reihe von Erscheinungen anzufangen) von allen bestimmenden Ursachen der Sinnenwelt fordert, und so fern dem Naturgesetze, mithin aller möglichen Erfahrung, zuwider zu sein scheint, und also ein Problem bleibt. ... Die Frage wegen der transzendentalen Freiheit betrifft bloß das spekulative Wissen, welche wir als ganz gleichgültig bei Seite setzen können, wenn es um das Praktische zu tun ist, und worüber in der Antinomie der reinen Vernunft schon hinreichende Erörterung zu finden ist"[69].

Das Faktum des Sollens[70] erweist die Kausalität der Freiheit oder eben der praktischen Vernunft und damit die praktische Freiheit. Das Sollen gibt dem Menschen das Bewußtsein der Freiheit[71]. Einige Sätze *Kants* zum Faktum des Sollens seien zitiert:

„Freiheit ist aber auch die einzige unter allen Ideen der spek. Vernunft, wovon wir die Möglichkeit a priori wissen, ohne sie doch einzusehen, weil sie die Bedingung des moralischen Gesetzes ist, welches wir wissen"[72]. „Die Freiheit" ist „allerdings die ratio essendi des moralischen Gesetzes, das moralische Gesetz aber die ratio cognoscendi der Freiheit"[73].

„Also ist es das moralische Gesetz, dessen wir uns unmittelbar bewußt werden (so bald wir uns Maximen des Willens entwerfen), welches sich uns zuerst darbietet, und, indem die Vernunft jenes als einen durch keine sinnliche Bedingungen zu überwiegenden, ja davon gänzlich unabhängigen Bestimmungsgrund darstellt, gerade auf den Begriff der Freiheit führt." ... „daß, da aus dem Begriffe der Freiheit in den Erscheinungen nichts erklärt werden kann, sondern hier immer Natur-

---

reinen Vernunft, S. 674 f.; auch *ders.*, Grundlegung zur Metaphysik der Sitten, S. 91 ff.; vgl. *F. Kaulbach*, Studien, S. 79; *J. Timmermann*, a.a.O., S. 140 ff.

[69] *Kant*, Kritik der reinen Vernunft, S. 675 f.; zur praktischen Freiheit Hinweise in Fn. 40.

[70] *Kant*, Kritik der reinen Vernunft, S. 426 ff., 495 ff., 505 f., 674 ff.; *ders.*, Grundlegung zur Metaphysik der Sitten, S. 82 ff., 89 ff., 94 ff. (u. ö.); *ders.*, Kritik der praktischen Vernunft, S. 107 ff., 139 f., 155 ff., 218 ff., 230 ff., 265 u.ö.; *ders.*, Metaphysik der Sitten, S. 326 ff., 333, 347, 361 u.ö.; zur Herleitung der Freiheit aus dem Sollen *K. Jaspers*, Plato, Augustin, Kant, S. 275 ff.; dazu *G. Ellscheid*, Das Problem von Sein und Sollen in der Philosophie Immanuel Kants, 1968, S. 7 ff., 35 ff., insb. S. 49 f.; dazu *W. Kersting*, Wohlgeordnete Freiheit, S. 24 ff.; *L. W. Beck*, Kants „Kritik der praktischen Vernunft", S. 159 ff., 169 ff., 179 ff., insb. S. 185, 189; vgl. *F. Kaulbach*, Studien, S. 55 ff., insb. S. 65 ff., 135 ff., 144; *M. Forschner*, Gesetz und Freiheit, S. 204 f., 260 ff., 266 ff. („Faktum des Sittengesetzes"); *J. Timmermann*, Sittengesetz und Freiheit, S. 37 ff., 83 Fn. 2, 115; diesen Kantianismus übernimmt auch *J. Rawls*, Eine Theorie der Gerechtigkeit, S. 267 f., der auch auf Grenzen hinweist.

[71] *Kant*, Kritik der praktischen Vernunft, S. 108, 139 ff., auch S. 160 f.; i.d.S. auch *ders.*, Kritik der reinen Vernunft, S. 674 f. *J. Timmermann*, Sittengesetz und Freiheit, S. 38.

[72] Kritik der praktischen Vernunft, S. 108; *J. Timmermann*, Sittengesetz und Freiheit, S. 27 f., 36 f.

[73] Kritik der praktischen Vernunft, S. 108.

mechanism den Leitfaden ausmachen muß, überdem auch die Antinomie der reinen Vernunft, wenn sie zum Unbedingten in der Reihe der Ursachen aufsteigen will, sich, bei einem so sehr wie bei dem anderen, in Unbegreiflichkeiten verwickelt, indessen daß doch der letztere (Mechanism) wenigstens Brauchbarkeit in Erklärung der Erscheinungen hat, man niemals zu dem Wagstücke gekommen sein würde, Freiheit in die Wissenschaft einzuführen, wäre nicht das Sittengesetz und mit ihm praktische Vernunft dazu gekommen, und hätte uns diesen Begriff nicht aufgedrungen. Aber auch die Erfahrung bestätigt diese Ordnung der Begriffe in uns." … „Er (sc. „jemand") urteilet also, daß er etwas kann, darum, weil er sich bewußt ist, daß er es soll, und erkennt in sich die Freiheit, die ihm sonst ohne das moralische Gesetz unbekannt geblieben wäre"[74].

„Daß diese Vernunft nun Kausalität habe, wenigstens wir uns eine dergleichen an ihr vorstellen, ist aus den Imperativen klar, welche wir in allem Praktischen den ausübenden Kräften als Regeln aufgeben"[75]. „Wir kennen unsere eigene Freiheit (von der alle moralische Gesetze, mithin auch alle Rechte sowohl als Pflichten ausgehen) nur durch den moralischen Imperativ, welcher ein pflichtgebietender Satz ist, aus welchem nachher das Vermögen, andere zu verpflichten, d.i. der Begriff des Rechts, entwickelt werden kann"[76].

Die Kausalität freien, also praktisch vernünftigen Handelns, also die Möglichkeit der Tat[77], ist als Freiheit logische Voraussetzung der Sittlich-

---

[74] *Kant*, Kritik der praktischen Vernunft, S. 139 f.; zum Bewußtsein der Freiheit auch daselbst, S. 108, 140 ff., 160 f., 223, u. ö.; vgl. *M. Forschner*, Gesetz und Freiheit, S. 204 f., 226 ff., 251, 260 ff., 266 ff.

[75] Kritik der reinen Vernunft, S. 498.

[76] Metaphysik der Sitten, S. 347; dazu *F. Kaulbach*, Studien, S. 144; *W. Kersting*, Wohlgeordnete Freiheit, S. 75 ff., 89 f., sieht die rechtliche Verpflichtung auf eine „rechtliche Fremdverpflichtung" gegründet, der Verpflichtete sei „Objekt", der Verpflichtende „Subjekt", der „als äußerer Gesetzgeber" auftrete, aber „mein alter ego" sei, dessen Fremdverpflichtung stets mögliche Selbstverpflichtung sei (a. a. O., S. 89 f.). *Kersting* bezieht sich auf einen Begriff des „subjektiven Rechts", den Kant als das „(moralische) Vermögen, andere zu verpflichten" definiere. *Kant* spricht jedoch nicht vom subjektiven Recht, sondern teilt die „Rechte" ein. Das angeborene Recht ist nur das der Freiheit. Alle anderen Rechte beruhen auf einem „rechtlichen Akt", also auf „äußerer Gesetzgebung"; denn „das positive (statutarische) Recht" … „geht aus dem Willen eines Gesetzgebers hervor" (Metaphysik der Sitten, S. 345 f.). Ein subjektives Recht außer dem der Freiheit setzt also ein Gesetz bereits voraus. Das Gesetz verpflichtet, nicht das subjektive Recht, welches aus der Pflicht des durch das Gesetz Verpflichteten folgt und dem Berechtigten erlaubt, die Pflichterfüllung des Verpflichteten im Wege des Rechts zu erzwingen. Der „Verpflichtende" ist nicht der „äußere Gesetzgeber", sondern das Gesetz gründet im „vereinigten Willen beider" (Metaphysik der Sitten, S. 3, 83 ff., zur Vertragslehre); vgl. auch *W. Kersting*, Die Verbindlichkeit des Rechts, S. 19 ff., insb. Fn. 18 S. 29; *ders.*, Das starke Gesetz der Schuldigkeit und das schwächere der Gütigkeit, S. 104; *ders.*, Der Geltungsgrund von Moral und Recht bei Kant, S. 321 ff.; *ders.*, Kant über Recht, S. 44 f., 219 ff.

[77] Vgl. *Kant*, Kritik der praktischen Vernunft, S. 107; auch *ders.*, Grundlegung zur Metaphysik der Sitten, S. 95; *K. Jaspers*, Plato, Augustin, Kant, S. 276; ganz so *R. Marcic*, Vom Gesetzesstaat zum Richterstaat, S. 80 ff. (der sich auf *F. W. Schel-*

keit („ratio essendi"), die im Gewissen erfahrbar ist. Das moralische Gesetz, das Sittengesetz, offenbart die Freiheit in der Praxis („ratio cognoscendi"). Die transzendentale Kausalität der Freiheit hat *Kant* vor allem in seiner Kritik der reinen Vernunft dargelegt und in der Kritik der praktischen Vernunft weiterentwickelt[78]. Zum Problem des empirischen Determinismus und zur dritten Antinomie[79] mag man stehen, wie man will[80]. *Kant* sagt selbst, daß wir diese „bloß spekulative Frage" „bei Seite setzen können", „so lange als unsere Absicht auf Tun und Lassen gerichtet" sei. Zur „Freiheit im praktischen Verstande" sei aus dem „Kanon" der Methodenlehre der Kritik der reinen Vernunft zitiert:

„Ob aber die Vernunft selbst in diesen Handlungen, dadurch sie Gesetze vorschreibt, nicht wiederum durch anderweitige Einflüsse bestimmt sei, und das, was in Absicht auf sinnliche Antriebe Freiheit heißt, in Ansehung höherer und entfernterer wirkenden Ursachen nicht wiederum Natur sein möge, das geht uns im Praktischen, da wir nur die Vernunft um die Vorschrift des Verhaltens zunächst befragen, nichts an, sondern ist eine bloß spekulative Frage, die wir, so lange als unsere Absicht aufs Tun oder Lassen gerichtet ist, bei Seite setzen können. Wir erkennen also die praktische Freiheit durch Erfahrung, als eine von den Naturursachen, nämlich eine Kausalität der Vernunft in Bestimmung des Willens, indessen daß die transzendentale Freiheit eine Unabhängigkeit dieser Vernunft

---

ling, Philosophische Untersuchungen über das Wesen der menschlichen Freiheit, 1809, S. 215 ff.: „Aber eben jene innere Notwendigkeit ist selber die Freiheit, das Wesen des Menschen ist wesentlich seine eigene Tat", bezieht); *M. Forschner*, Gesetz und Freiheit, S. 165 ff. (169), 259; *K. A. Schachtschneider*, Der Rechtsbegriff „Stand von Wissenschaft und Technik" im Atom- und Immissionsschutzrecht, in: W. Thieme (Hrsg.), Umweltschutz im Recht, 1988, S. 102.

[78] Kritik der reinen Vernunft, S. 426 ff., 488 ff., 495 ff., 671 ff.; vgl. auch *ders.*, Grundlegung zur Metaphysik der Sitten, S. 82 ff.; *ders.*, Kritik der praktischen Vernunft, insb. S. 107 ff., 155 ff., 217 ff., 222 ff., 230 ff., 243; dazu *L. W. Beck*, Kants „Kritik der praktischen Vernunft", S. 169 ff., 175 ff.; *F. Kaulbach*, Studien, S. 78; *M. Forschner*, Gesetz und Freiheit, S. 166, 184; *J. Timmermann*, Sittengesetz und Freiheit, S. 87 ff., 103 ff., 114 ff., 127 ff., 136 ff.

[79] *Kant*, Kritik der reinen Vernunft, S. 426 ff.; *ders.*, Kritik der praktischen Vernunft, S. 222 ff., 230 ff., 243 ff.; *ders.* auch, Prolegomena zu einer jeden künftigen Metaphysik, die als Wissenschaft wird auftreten können, 1783, in: Werk in zehn Bänden, hrsg. v. W. Weischedel, Bd. 5, § 53, S. 215 ff.; vgl. *J. Habermas*, Treffen Hegels Einwände gegen Kant auch auf die Diskursethik zu?, 1986, in: ders., Erläuterungen zur Diskursethik, 1991, S. 20, der die „Zwei-Reiche-Lehre", das des Intelligiblen und das des Phänomenalen, durch die Diskursethik überwunden sieht; vgl. *M. Forschner*, Gesetz und Freiheit, S. 163 ff.; präzise *J. Timmermann*, Sittengesetz und Freiheit, S. 87 ff.

[80] Tiefgreifende (nicht überzeugende, insbesondere nicht seine „Sollensantinomie", S. 624 ff.) Kritik des „Kantischen Gedankens vom transzendentalen Idealismus" entwickelt *N. Hartmann*, Ethik, 1926, 3. Aufl. 1949, S. 589 ff., 624 ff., der aber den kategorischen Imperativ Kants als Postulat der positiven Freiheit, als Forderung an die Vernunft des Menschen, nicht als „Autonomie der Vernunft" uneingeschränkt befürwortet (S. 594 f.).

selbst (in Ansehung ihrer Kausalität, eine Reihe von Erscheinungen anzufangen) von allen bestimmenden Ursachen der Sinnenwelt fodert, und so fern dem Naturgesetze, mithin aller möglichen Erfahrung, zuwider zu sein scheint, und also ein Problem bleibt. Allein für die Vernunft im praktischen Gebrauche gehört dieses Problem nicht, also haben wir es in einem Kanon der reinen Vernunft nur mit zwei Fragen zu tun, die das praktische Interesse der reinen Vernunft angehen, und in Ansehung deren ein Kanon ihres Gebrauchs möglich sein muß, nämlich: ist ein Gott? ist ein künftiges Leben? Die Frage wegen der transzendentalen Freiheit betrifft bloß das spekulative Wissen, welche wir als ganz gleichgültig bei Seite setzen können, wenn es um das Praktische zu tun ist, und worüber in der Antinomie der reinen Vernunft schon hinreichende Erörterung zu finden ist."[81]

2. Die politische Freiheit jedenfalls ist seit der Aufklärung (eigentlich schon seit der griechischen) die einzig denkbare Würde des Menschen[82]. Kant hat demgemäß die Lehre von der volonté générale in seinem Begriff des allgemeinen Willens fortgeführt, sein Rousseauismus[83], und mit dem kategorischen Imperativ die Formel der allgemeinen Willensautonomie als das Prinzip des Modernen Staates definiert, deren politische Richtigkeit von der empirischen Kausalität der Freiheit unabhängig ist; denn: „Volenti non fit iniuria."[84] „Alle Menschen denken sich dem Willen nach als frei", sagt *Kant*[85]. Wer sollte dem anderen die Freiheit absprechen dürfen. Das ginge nur im Namen eines Gottes. Der Rest ist Logik. Zunächst definiert *Kant* den Willen, „als ein Vermögen, der Vorstellung gewisser Gesetze gemäß sich selbst zum Handeln zu bestimmen"[86], als praktische Vernunft:

> „Ein jedes Ding der Natur wirkt nach Gesetzen. Nur ein vernünftiges Wesen hat das Vermögen, nach der Vorstellung der Gesetze, d. i. nach Prinzipien, zu handeln,

---

[81] *Kant*, Kritik der reinen Vernunft, S. 675 f.; dazu *J. Timmermann*, Sittengesetz und Freiheit, S. 140 ff.

[82] Dazu 1. Kap.

[83] *L. W. Beck*, Kants „Kritik der praktischen Vernunft", S. 189; i. d. S. auch *F. Kaulbach*, Studien, S. 30 ff., 40 ff., 50 ff., 123 u. ö.; *ders.*, Immanuel Kants „Grundlegung zur Metaphysik der Sitten", S. 91 ff., 102 f., 208 f. (insb. zur Würde als Gesetzgeberschaft); *J. Habermas*, Faktizität und Geltung, S. 112 ff., insb. S. 123, 130, der bei Kant eine „liberale", bei „Rousseau eher eine republikanische Lesart der politischen Autonomie" nahegelegt sieht; ebenso *ders.*, Die Einbeziehung des Anderen, S. 298 f.; *M. Forschner*, Gesetz und Freiheit, S. 102 ff. (109); *ders.*, Rousseau, S. 106 ff.

[84] Hinweise in Fn. 164.

[85] Grundlegung zur Metaphysik der Sitten, S. 91; vgl. auch *Hegel*, Grundlinien der Philosophie des Rechts oder Naturrecht und Staatswissenschaft im Grundrisse, Bd. II, Rechtsphilosophie, 1821, ed. K. Löwitz/M. Riedel, 1968, § 4, S. 51: „... der Wille, welcher frei ist, so daß die Freiheit seine Substanz und Bestimmung ausmacht, ..." und „...; denn das Freie ist der Wille. Wille ohne Freiheit ist ein leeres Wort, so wie die Freiheit nur als Wille, als Subjekt wirklich ist."

[86] *Kant*, Grundlegung zur Metaphysik der Sitten, S. 59; dazu *J. Timmermann*, Sittengesetz und Freiheit, S. 66 ff.

oder einen Willen. Da zur Ableitung der Handlungen von Gesetzen Vernunft erfordert wird, so ist der Wille nichts anders, als praktische Vernunft. Wenn die Vernunft den Willen unausbleiblich bestimmt, so sind die Handlungen eines solchen Wesens, die als objektiv notwendig erkannt werden, auch subjektiv notwendig, d. i. der Wille ist ein Vermögen, nur dasjenige zu wählen, was die Vernunft, unabhängig von der Neigung, als praktisch notwendig, d. i. als gut erkennt.“[87]

Aus dem Postulat, daß „der Mensch, und überhaupt jedes vernünftige Wesen, als Zweck an sich selbst existiert, nicht bloß als Mittel zum beliebigen Gebrauch für diesen oder jenen Willen“, folgert *Kant* „die Idee der Würde eines vernünftigen Wesens, das keinem Gesetze gehorcht, als dem, das es zugleich selbst gibt“[88]. Das führt zur Lehre vom „Reich der Zwecke“[89].

Die negative Freiheit sieht *Kant* mit „einem (positiven) Vermögen“ und sogar mit einer „Kausalität der Vernunft verbunden“, „welche wir einen Willen nennen“, so zu handeln, daß das Prinzip der Handlungen der wesentlichen Beschaffenheit einer Vernunftursache, d. i. der Bedingung der Allgemeingültigkeit der Maxime, als eines Gesetzes, gemäß sei“[90].

„Der Wille ist eine Art von Kausalität lebender Wesen, so fern sie vernünftig sind, und Freiheit würde diejenige Eigenschaft dieser Kausalität sein, da sie unabhängig von fremden sie bestimmenden Ursachen wirkend sein kann; so wie Naturnotwendigkeit die Eigenschaft der Kausalität aller vernunftlosen Wesen, durch den Einfluß fremder Ursachen zur Tätigkeit bestimmt zu werden … Da der Begriff einer Kausalität den von Gesetzen bei sich führt, nach welchen durch etwas, was wir Ursache nennen, etwas anderes, nämlich die Folge, gesetzt werden muß: so ist die Freiheit, ob sie zwar nicht eine Eigenschaft des Willens nach Naturgesetzen ist, darum doch nicht gar gesetzlos, sondern muß vielmehr eine Kausalität nach unwandelbaren Gesetzen, aber von besonderer Art, sein; denn sonst wäre ein freier Wille ein Unding. Die Naturnotwendigkeit war eine Heteronomie der wirkenden Ursachen; denn jede Wirkung war nur nach dem Gesetze möglich, daß etwas anderes die wirkende Ursache zur Kausalität bestimmte; was kann denn wohl die Freiheit des Willens sonst sein, als Autonomie, d. i. die Eigenschaft des Willens, sich selbst ein Gesetz zu sein? Der Satz aber: der Wille ist in allen Handlungen sich selbst ein Gesetz, bezeichnet nur das Prinzip, nach keiner anderen Maxime zu handeln, als die sich selbst auch als ein allgemeines Gesetz zum Gegenstande haben kann. Dies ist aber gerade die Formel des kategorischen Imperativs und das Prinzip der Sittlichkeit: also ist ein freier Wille und ein Wille unter sittlichen Gesetzen einerlei“.[91]

---

[87] Grundlegung zur Metaphysik der Sitten, S. 41; vgl. auch *Kant*, Metaphysik der Sitten, S. 317, 332.

[88] Grundlegung zur Metahphysik der Sitten, S. 59 f. bzw. S. 63 f.

[89] Grundlegung zur Metaphysik der Sitten, S. 59 f., 66 f.; dazu 2. Kap., VI, 4.

[90] Grundlegung zur Metaphysik der Sitten, S. 95.

[91] *Kant*, Grundlegung zur Metaphysik der Sitten, S. 81 f.; zur Gesetzlichkeit der Kausalität auch *ders.*, Kritik der praktischen Vernunft, S. 213; grundlegend *ders.*, Kritik der reinen Vernunft, S. 226 ff.; dazu *F. Kaulbach*, Immanuel Kants „Grund-

Aus der Allgemeinheit der Freiheit oder eben der Gleichheit aller in der Freiheit[92] läßt sich das Prinzip der allgemeinen Gesetzlichkeit einfacher begründen als mit der Analogie zum empirischen (und kontingenten) Kausalitätsprinzip[93]. Gesetzlosigkeit weist eine Handlung nicht als solche eines Vernunftswesens aus, sondern als Unvermögen zur Freiheit[94] als der Unabhängigkeit von sinnlichen Antrieben[95]. Die Handlung ist nicht frei, weil sie nicht gesetzlich ist[96].

3. Als letzten Grund der Sittlichkeit und damit der Freiheit lehrt *Kant* das „Ideal des höchsten Guts“, die Unsterblichkeit der Seele und das Dasein Gottes als Postulat der reinen praktischen Vernunft[97].

---

legung zur Metaphysik der Sitten“, S. 123 ff. („Der Handelnde“ ist *freie* Kausalität, d. i. eine solche, die sich durch Selbstgesetzgebung selbst zur Ursache von Wirkungen macht, S. 126); *W. Kersting*, Der Geltungsgrund von Moral und Recht bei Kant, S. 312 ff.; *M. Forschner*, Gesetz und Freiheit, S. 227 ff.; *J. Timmermann*, Sittengesetz und Freiheit, S. 28 f., 95 Fn. 1, 98.

[92] Hinweise in Fn. 6, 1908; dazu 1. Kap., 6. Kap., I.

[93] Zu der Schwierigkeit und Unbegreiflichkeit von Freiheit und ihrem Gesetz, dem Sittengesetz, *Kant* selbst, Grundlegung zur Metaphysik der Sitten, S. 84 ff., 89 ff., 91 ff., 101 f.; auch *ders.*, Kritik der praktischen Vernunft, S. 107 ff.; *ders.*, Die Religion innerhalb der Grenzen der bloßen Vernunft, 1793/94, in: Werke in zehn Bänden, hrsg. v. W. Weischedel, Bd. 7, 1968, S. 841 in Fn.; *M. Forschner*, Gesetz und Freiheit, S. 185, 257, 275; *J. Timmermann*, Sittengesetz und Freiheit, S. 139 (S. 3 zur Analogie der empirischen und transzendentalen Kausalität); *Ch. Ritter*, Der Rechtsgedanke Kants nach den frühen Quellen, 1971, S. 14 ff., weist darauf hin, daß „man sich weitgehend darüber einig“ sei, „daß Kants Rechtsphilosophie, wie sie in der Metaphysik der Sitten niedergelegt ist, den Erfordernissen des philosophischen Kritizismus – nämlich der Sicherung jedes Satzes durch seine strenge Deduktion aus den Bedingungen der Möglichkeit menschlicher Vernunfttätigkeit überhaupt und hier der praktischen Vernunft insbesondere – nicht entspreche; *F. Kaulbach*, Studien, S. 114, Fn. 3, kanzelt diese Position Ritters als „abwegig“ ab; kritisch zur Ableitung der Gesetzlichkeit aus der transzendentalen Kausalität *H. J. Paton*, Der kategorische Imperativ. Eine Untersuchung über Kants Moralphilosophie, 1947, übersetzt von K. Schmidt, 1962, S. 261 f.; auch *M. Forschner*, Gesetz und Freiheit, S. 229 ff.; gegen die bewußtseinsphilosophische „Zwei-Reiche-Lehre“ *J. Habermas*, Treffen Hegels Einwände gegen Kant auch auf die Diskursethik zu?, S. 25; kritisch zur „Kantschen Pflichtethik“ *ders.*, Erläuterungen zur Diskursethik, S. 136, 142, 145 f., der freilich bewußtseinsphilosophische Probleme Kants (Sinnlichkeit einerseits, Intelligenz, Freiheit andererseits) gar nicht aufgreift; kritisch zur Bewußtseinsphilosophie Kants schon *N. Hartmann*, Ethik, S. 589 ff., auch S. 624 ff.

[94] *Kant*, Metaphysik der Sitten, S. 333; dazu *J. Timmermann*, Sittengesetz und Freiheit, S. 139, zur Freiheit als Vermögen zur Vernunft *ders.*, a. a. O., S. 66 ff.

[95] Dazu V, 3 und Hinweise in Fn. 197.

[96] Zum „Grundhandeln“, den „Stand des Selbstgesetzgebers“ einzunehmen, zum „Sich-Stellen-unter die Idee der Freiheit“ als Freiheit *F. Kaulbach*, Immanuel Kants „Grundlegung zur Metaphysik der Sitten“, S. 123 ff.; *M. Forschner*, Gesetz und Freiheit, S. 248 f.; vgl. die Hinweise in Fn. 126.

„Gott also, und ein künftiges Leben, sind zwei von der Verbindlichkeit, die uns reine Vernunft auferlegt, nach Prinzipien eben derselben Vernunft nicht zu trennende Voraussetzungen. ... Ohne also einen Gott, und eine für uns jetzt nicht sichtbare, aber gehoffte Welt, sind die herrlichen Ideen der Sittlichkeit zwar Gegenstände des Beifalls und der Bewunderung, aber nicht Triebfedern des Vorsatzes und der Ausübung, weil sie nicht den ganzen Zweck, der einem jeden vernünftigen Wesen natürlich und durch eben dieselbe reine Vernunft a priori bestimmt und notwendig ist, erfüllen. ... Glückseligkeit also, in dem genauen Ebenmaße mit der Sittlichkeit der vernünftigen Wesen, dadurch sie derselben würdig sein, macht allein das höchste Gut einer Welt aus, darin wir uns nach den Vorschriften der reinen aber praktischen Vernunft durchaus versetzen müssen, und welche freilich nur eine intelligibele Welt ist, da die Sinnenwelt uns von der Natur der Dinge dergleichen systematische Einheit der Zwecke nicht verheißt, deren Realität auch auf nichts andres gegründet werden kann, als auf die Voraussetzung eines höchsten ursprünglichen Guts, da selbständige Vernunft, mit aller Zulänglichkeit einer obersten Ursache ausgerüstet, nach der vollkommensten Zweckmäßigkeit die allgemeine, obgleich in der Sinnenwelt uns sehr verborgene Ordnung der Dinge gründet, erhält und vollführet"[98].

Das führt zur Erkenntnis der Unbegreiflichkeit der „obersten Notwendigkeit" „des obersten Prinzips der Moralität" als „oberstes Gesetz der Freiheit".

„Und so begreifen wir zwar nicht die praktische unbedingte Notwendigkeit des moralischen Imperativs, wir begreifen aber doch seine Unbegreiflichkeit, welches alles ist, was billigermaßen von einer Philosophie, die bis zur Grenze der menschlichen Vernunft in Prinzipien strebt, gefodert werden kann."[99]

4. Die Idee der Freiheit aber verfaßt das gemeinsame Leben und damit ist das Sittengesetz als die Logik allgemeiner Freiheit das Grundgesetz der Republik. Deutschland hat sich mit dem republikanischen Freiheitsbegriff des Art. 2 Abs. 1 GG eine Verfassung der Menschenwürde gegeben, die von dem Weltrechtsprinzip des Art. 1 der Allgemeinen Erklärung der Menschenrechte, von den Idealen der Französischen Revolution: Freiheit, Gleichheit, Brüderlichkeit, gefordert war[100]. Die grundgesetzliche Freiheits-,

---

[97] Kritik der reinen Vernunft, S. 676 ff., insb. S. 681 ff.; auch *ders.*, Kritik der praktischen Vernunft, S. 107 ff., 249 ff., 254 ff., 264 ff.; dazu *F. Kaulbach*, Immanuel Kants „Grundlegung zur Metaphysik der Sitten", S. 22 ff., 190, 193 f. u.ö.; vgl. *K. Jaspers*, Plato, Augustin, Kant, S. 290, zu den „Postulaten der praktischen Vernunft"; *M. Forschner*, Gesetz und Freiheit, S. 218 ff., 250; zum Hoffnungsprinzip Kants *J. Hruschka*, Rechtsstaat und Friedenshoffnung, Jb. für Recht und Ethik, Bd. 3 (1995), S. 235 ff.

[98] *Kant*, Kritik der reinen Vernunft, S. 681, 682, 683.

[99] *Kant*, Grundlegung zur Metaphysik der Sitten, S. 102; dazu *K. Jaspers*, Plato, Augustin, Kant, S. 312 ff.; dazu auch Fn. 93.

[100] Ganz so *W. Maihofer*, HVerfR, S. 454, 463, 466, 497 zur kantianischen Konzeption des Grundgesetzes, S. 470 ff., 519 ff. u.ö. zu den Idealen Freiheit, Gleichheit, Brüderlichkeit; *M. Kriele*, Die demokratische Weltrevolution, S. 49 ff.;

Rechts- und Staatslehre als Philosophie der praktischen Vernunft ist der letztlichen Unbegreiflichkeit der Kausalität durch Vernunft, der Freiheit also, enthoben. Politisch und damit rechtlich ist das Paradigma der Verfassung entschieden, die freiheitliche Sittlichkeit, die Republik. Das Recht der Menschen in Deutschland, in Europa und in der Welt ist auf die Idee der Freiheit gestellt.

III. Recht auf Recht, auf die bürgerliche Verfassung

1. Die Freiheit selbst ist mit dem Menschen (als Vernunftwesen) geboren[101].

> „Freiheit (Unabhängigkeit von eines anderen nötigender Willkür), sofern sie mit jedes anderen Freiheit nach einem allgemeinen Gesetz zusammen bestehen kann, ist dieses einzige, ursprüngliche, jedem Menschen, kraft seiner Menschheit, zustehende Recht"[102].

K. A. Schachtschneider, Prinzipien des Rechtsstaates, S. 22 ff., 30 ff., 42 f., 97 ff.; *ders.*, Res publica res populi, S. 1 ff., 253 ff., 259 ff., 275 ff., passim.; so auch *F. Kaulbach*, Studien, S. 182 f.; *W. Kersting*, Die politische Philosophie der Gegenwart, S. 17 ff., insb. S. 43 ff.; dazu 1. Kap., auch 4. und 5. Kap.

[101] *Hobbes*, Leviathan, II, 21, S. 193; *Rousseau*, Vom Gesellschaftsvertrag, I, 1, S. 5; *Kant*, Über den Gemeinspruch, S. 145; *ders.*, Metaphysik der Sitten, S. 345, auch S. 430; auch *ders.*, Grundlegung zur Metaphysik der Sitten, S. 67 ff.; dazu *W. Kersting*, Wohlgeordnete Freiheit, S. 89 ff.; *W. Maihofer*, HVerfR, S. 496 f., 500 f.; *J. Isensee*, HStR, Bd. II, § 15, Rdn. 173; *H. Hofmann*, VVDStRL 41 (1983), S. 54 u.ö., spricht vom „Urrecht der Freiheit", vom „Verfassungsprinzip der Freiheit"; *P. Häberle*, HStR, Bd. II, § 22, Rdn. 98; *J. Rawls*, Eine Theorie der Gerechtigkeit, S. 1, 66 ff., 560 u.ö., geht von der „Freiheit und Vernunft" im „Urzustand" als dem „Zustand der Gleichheit" (S. 140 ff.) aus; i.d.S. auch *H. Jonas*, Philosophische Untersuchungen und metaphysische Vermutungen, 1994, S. 147 ff. („Rechte, Recht und Ethik …"); *K. A. Schachtschneider*, Res publica res populi, S. 290 ff.; *ders.*, Prinzipien des Rechtsstaates, S. 28 ff.; *ders. (O. Gast)*, Sozialistische Schulden nach der Revolution. Kritik der Altschuldenpolitik. Ein Beitrag zur Lehre von Recht und Unrecht, 1996, S. 29 ff. (insb. S. 34). Konsequent werden die Rechte des Menschen und des Bürgers nicht in den Verfassungen Frankreichs konstituiert, sondern separat deklariert, i.d.S. *W. Leisner*, Volk und Nation als Rechtsbegriff der französischen Revolution, in: K. Obermayer/H. R. Hagemann (Hrsg.), FS H. Liermann (70.), 1964, S. 96 ff., 114, 122 ff.; zum apriorischen Vernunftcharakter des ‚Naturrechts' auf Freiheit *O. Höffe*, Politische Gerechtigkeit, S. 88 ff., 102 ff.; vgl. *F. Kaulbach*, Studien, S. 180; i.d.S. auch BVerfGE 5, 85 (204 f.); so insb. das Weltrechtsprinzip des Art. 1 AEMR.

[102] *Kant*, Metaphysik der Sitten, S. 345; *F. Kaulbach*, Immanuel Kants „Grundlegung zur Metaphysik der Sitten", S. 208 f.; dazu *A. Enderlein*, Der Begriff der Freiheit als Tatbestandsmerkmal der Grundrechte. Konzeption und Begründung eines einheitlichen, formalen Freiheitsbegriffs, dargestellt am Beispiel der Kunstfreiheit, 1995, S. 75 ff.; weitere Hinweise in Fn. 101.

Als „Urrecht"[103], als das „einzige" dem Menschen „angeborene Recht", als „Naturrecht, das auf lauter Prinzipien a priori beruht", ist auch die Freiheit ein Recht. *Kant* spricht davon in der „allgemeinen Einteilung der Rechte":

> „Der Rechte, als (moralischer) Vermögen, andere zu verpflichten, d.i. als einen gesetzlichen Grund zu den letzteren (titulum), von denen die Obereinteilung die in das angeborene und das erworbene Recht ist, deren ersteres dasjenige Recht ist, welches, unabhängig von allem rechtlichen Akt, jedermann von Natur zukommt; das zweite das, wozu ein solcher Akt erfordert wird"[104].

2. Auch die Freiheit ist, wie jedes Recht, „mit der Befugnis zu zwingen verbunden"[105]. Dieses apriorische Recht der Freiheit, aus der Idee der Freiheit geboren und jedenfalls die Verfassung einer Republik, gibt jedermann die Befugnis, von allen anderen, mit denen er in Gemeinschaft lebt, die gemeinsame/allgemeine Gesetzlichkeit, Rechtlichkeit also, zu fordern und diese Forderung durchzusetzen; denn sonst ist ein gemeinsames Leben in allgemeiner Freiheit nicht möglich.

> „Dieses Recht der Freiheit" (sc: „die Rechte desselben", „ein jeder im Staat" nämlich, „durch Gesetze des gemeinsamen Willens zu schützen"), „kömmt ihm, dem Gliede des gemeinen Wesens, als Mensch zu, so fern dieser nämlich ein Wesen ist, das überhaupt der Rechte fähig ist"[106].

Diese Logik der Freiheit hatte bereits *Rousseau* angesprochen:

> „Damit nun aber der Gesellschaftsvertrag keine Leerformel sei, schließt er stillschweigend jene Übereinkunft ein, die allein die anderen ermächtigt, daß, wer immer sich weigert, dem Gemeinwillen zu folgen, von der gesamten Körperschaft dazu gezwungen wird, was nichts anderes heißt, als daß man ihn zwingt, frei zu sein; ..."[107]

---

[103] *E. Bloch*, Naturrecht und menschliche Würde, S. 84, 86; *H. Hofmann*, VVDStRL 41 (1983), S. 54; Hinweise auch in Fn. 6.

[104] Metaphysik der Sitten, S. 345; *F. Kaulbach*, Immanuel Kants „Grundlegung zur Metaphysik der Sitten", S. 208 f.; *W. Kersting*, Der Geltungsgrund von Moral und Recht bei Kant, S. 318, 325 ff.

[105] Vgl. *Kant*, Metaphysik der Sitten, S. 338 ff., 464, auch S. 365 f., 527; *ders.*, Über den Gemeinspruch, S. 144, 169; grundlegend *Rousseau*, Vom Gesellschaftsvertrag, I, 7, S. 21; *W. Maihofer*, HVerfR, S. 454; *K. A. Schachtschneider*, Res publica res populi, S. 553 ff.; *J. Habermas*, Faktizität und Geltung, S. 45 ff.; *ders.*, Die Einbeziehung des Anderen, S. 295; *F. Kaulbach*, Studien, S. 51, 171, 203 f. („Der Zwang im Recht ist dabei als Negation der Negation aufzufassen: als Gegenwirkung gegen die antisozialen Antriebe im Menschen"), auch S. 207; *ders.*, Immanuel Kants „Grundlegung zur Metaphysik der Sitten", S. 209 f.; *W. Kersting*, Wohlgeordnete Freiheit, S. 29 ff.; *ders.*, Die Verbindlichkeit des Rechts, S. 23 ff., 27 ff.; *ders.*, Das starke Gesetz der Schuldigkeit und das schwächere der Gütigkeit, S. 104; *ders.*, Der Geltungsgrund von Moral und Recht bei Kant, S. 316 ff., 318 f.; *ders.*, Kant über Recht, S. 37 ff., 40 ff.; dazu VIII.

[106] *Kant*, Über den Gemeinspruch, S. 146; vgl. *F. Kaulbach*, Immanuel Kants „Grundlegung zur Metaphysik der Sitten", S. 208 f.

[107] Vom Gesellschaftsvertrag, I, 7, S. 21.

Im § 44 der Rechtslehre entwickelt *Kant* im Anschluß an *Hobbes, Locke* und *Rousseau*[108] das Vernunftprinzip des „bürgerlichen Zustandes", der Republik also, aus dem Recht auf Recht:

> „…, so liegt es doch a priori in der Vernunftidee eines solchen (nicht-rechtlichen) Zustandes, daß, bevor ein öffentlich gesetzlicher Zustand errichtet worden, vereinzelte Menschen, Völker und Staaten niemals vor Gewalttätigkeit gegen einander sicher sein können, und zwar aus jedes seinem eigenen Recht, zu tun, was ihm recht und gut dünkt, und hierin von der Meinung des anderen nicht abzuhängen; mithin das erste, was ihm zu beschließen obliegt, wenn er nicht allen Rechtsbegriffen entsagen will, der Grundsatz sei: man müsse aus dem Naturzustande, in welchem jeder seinem eigenen Kopfe folgt, herausgehen und sich mit allen anderen (mit denen in Wechselwirkung zu geraten er nicht vermeiden kann) dahin vereinigen, sich einem öffentlich gesetzlichen äußeren Zwange zu unterwerfen, also in einen Zustand treten, darin jedem das, was für das Seine anerkannt werden soll, gesetzlich bestimmt, und durch hinreichende Macht (die nicht die seinige, sondern eine äußere ist) zu Teil wird, d.i. er solle vor allen Dingen in einen bürgerlichen Zustand treten."[109]

Nach *Kant* besteht im Naturzustand „provisorisch ein äußeres Mein und Dein" und ist der Naturzustand kein „Zustand der Ungerechtigkeit (iniustus), sondern „ein Zustand der Rechtlosigkeit (status iustitia vacuus)"[110].

Aus dem (provisorischen) Rechtscharakter des Mein und Dein folgert *Kant* die Erlaubnis des Subjekts, „jeden anderen, mit dem es zum Streit des Mein und Dein über ein solches Objekt kommt, zu nötigen, mit ihm zusammen in eine bürgerliche Verfassung zu treten," … „worin jenes (sc. das äußere Mein und Dein) gesichert werden kann."[111]

„Der Akt, wodurch sich das Volk selbst zu einem Staat konstituiert, eigentlich aber nur die Idee desselben, nach der die Rechtmäßigkeit desselben allein gedacht

---

[108] *Hobbes*, Leviathan, I, 13, S. 115 f. I, 14, S. 118 f., I, 18, S. 156 ff.; *Locke*, Über die Regierung, VI, 57, VIII, 95, XI, 134, S. 42 f., 73 ff., 101 ff.; *Rousseau*, Vom Gesellschaftsvertrag, I, 8, S. 22 f.; auch *Kant*, Zum ewigen Frieden, S. 203; vgl. *W. Maihofer*, HVerfR, S. 500 ff., insb. S. 503 ff.; *W. Kersting*, Staatsphilosophie und Weimarer Staatsrechtslehre, S. 398 ff.; *ders.*, Kant über Recht, S. 106 ff.; *M. Forschner*, Gesetz und Freiheit, S. 211; vgl. auch *ders.*, Rousseau, S. 93 ff., u.ö.; vgl. auch Fn. 101.

[109] Metaphysik der Sitten, S. 430, auch S. 365 f., 374 ff.; vgl. *W. Kersting*, Kant über Recht, S. 51 ff., 107 ff., 114 ff.

[110] Metaphysik der Sitten, S. 430 f., auch S. 365 ff., 374 ff.; vgl. auch *ders.*, Zum ewigen Frieden, S. 203; *ders.*, Über den Gemeinspruch, S. 143 ff., 169; dazu *W. Kersting*, Transzendentalphilosophische Eigentumsbegründung, 1991, in: ders., Recht, Gerechtigkeit und demokratische Tugend. Abhandlungen zur praktischen Philosophie der Gegenwart, 1997, S. 41 ff., insb. S. 46 ff.; *ders.*, Kant über Recht, S. 106 ff. (insb. S. 112 f.); *F. Kaulbach*, Studien, S. 82 ff., 114 ff.

[111] Metaphysik der Sitten, S. 366; dazu *W. Kersting*, Transzendentalphilosophische Eigentumsbegründung, S. 64 ff., 67 ff., 69 ff.; *ders.*, Kant über Recht, S. 51 ff., 107 ff.

werden kann, ist der ursprüngliche Kontrakt, nach welchem alle (omnes et singuli) im Volk ihre äußere Freiheit aufgeben, um sie als Glieder eines gemeinen Wesens, d.i. des Volks als Staat betrachtet (universi) sofort wieder aufzunehmen, und man kann nicht sagen: der Staat, der Mensch im Staate, habe einen Teil seiner angebornen äußeren Freiheit einem Zwecke aufgeopfert, sondern er hat die wilde gesetzlose Freiheit gänzlich verlassen, um seine Freiheit überhaupt in einer gesetzlichen Abhängigkeit, d.i. in einem rechtlichen Zustande unvermindert wieder zu finden; weil diese Abhängigkeit aus seinem eigenen gesetzgebenden Willen entspringt"[112].

Das provisorische äußere Mein und Dein beruht auf der Verfassung der Freiheit, welche das Recht auf Recht, insbesondere auch auf rechtlich, d.h. staatlich, geschütztes Eigentum, also auf ein Verfassungsgesetz, auf Rechtlichkeit durch Staatlichkeit im engeren Sinne gibt[113]. „Nur in einer bürgerlichen Verfassung kann etwas peremtorisch, …, erworben werden." „Mithin gibt es in Hinsicht auf dieselbe und ihre Stiftung ein wirkliches Rechtsgesetz der Natur; dem alle äußeren Erwerbung unterworfen ist"[114]. Die bürgerliche Verfassung *Kants* ist dieses Verfassungsgesetz, etwa das Grundgesetz, in dem das Recht materialisiert ist[115]. Der „bürgerlich-gesetzliche Zustand" gibt „die erforderliche Sicherheit", lehrt *Kant*:

„Der Mensch aber (oder das Volk) im bloßen Naturzustande benimmt mir diese Sicherheit, und lädiert mich schon durch eben diesen Zustand, indem er neben mir ist, obgleich nicht tätig (facto), doch durch die Gesetzlosigkeit seines Zustandes (statu iniusto), wodurch ich beständig von ihm bedroht werde, und ich kann ihn nötigen, entweder mit mir in einen gemeinschaftlich-gesetzlichen Zustand zu treten, oder aus meiner Nachbarschaft zu weichen. – Das Postulat also, was allen folgenden Artikeln zum Grunde liegt, ist: Alle Menschen, die aufeinander wechselseitig einfließen können, müssen zu irgend einer bürgerlichen Verfassung gehören"[116].

3. Die Rechtlichkeit als Wirklichkeit der allgemeinen Freiheit ist der Frieden. Die allgemeine Gesetzlichkeit ist erzwingbar und muß erzwingbar

---

[112] *Kant*, Metaphysik der Sitten, S. 434; vgl. so *Rousseau*, Vom Gesellschaftsvertrag, I, 8, S. 22; vgl. auch *Locke*, Über die Regierung, IV, 22, XI, 134, S. 19, 101 ff.; *Hobbes*, Leviathan, I, 14, S. 118 ff.; vgl. *W. Maihofer*, HVerfR, S. 460; *W. Kersting*, Staatsphilosophie und Weimarer Staatsrechtslehre, S. 404 f. („Recht auf Staat"); *ders.*, Kant über Recht, S. 111 f., 114 ff., 148; *O. Höffe*, Demokratie im Zeitalter der Globalisierung, S. 102.

[113] *Kant*, Metaphysik der Sitten, S. 366 ff.; *K. A. Schachtschneider*, Res publica res populi, S. 290 ff.; *ders.*, Prinzipien des Rechtsstaates, S. 50 ff., 62 ff.; *ders. (O. Gast)*, Sozialistische Schulden nach der Revolution, S. 29 ff., 50 ff.; *J. Habermas*, Die Einbeziehung des Anderen, S. 167; dazu *W. Kersting*, Transzendentalphilosophische Eigentumsbegründung, S. 64 ff., 67 ff., 69 ff.; *ders.*, Kant über Recht, S. 106 ff.

[114] *Kant*, Metaphysik der Sitten, S. 374 ff. (Zitat S. 374), auch S. 366 ff.

[115] Dazu *K. A. Schachtschneider*, Prinzipien des Rechtsstaates, S. 86 ff.; *ders. (O. Gast)*, Sozialistische Schulden nach der Revolution, S. 29 ff.

[116] Zum ewigen Frieden, S. 203; ebenso *ders.*, Metaphysik der Sitten, S. 429.

sein, wenn ein Gemeinwesen die allgemeine Freiheit, also den Frieden, gewährleisten soll[117]. „Das Recht ist mit der Befugnis zu zwingen verbunden"[118]. Dieser Grundsatz erlaubt es, aus dem angeborenen Recht der Freiheit die Staatlichkeit des Gemeinwesens zu erzwingen, und ermöglicht damit den Frieden. Seine Rechtfertigung aus der Freiheitslehre als „Verhinderung eines Hindernisses der Freiheit" ... „nach dem Satze des Widerspruchs"[119] ist grundlegend, bedeutet aber nicht, daß es ohne gesetzliche Zwangsbefugnis keine juridische Pflicht gebe. Die Juridität der Pflichten ist mit der Äußerlichkeit der Handlungen verbunden[120]. Darum müssen die „Rechtspflichten" für die „Handlungen" auch bestimmt („von enger Verbindlichkeit") sein, während die „ethischen Pflichten" für die „Maximen der Handlungen" „weit" und folglich „unvollkommen" sind[121]. Die Sanktionen, die ein Gesetz oder im Rahmen der Gesetze ein Vertrag definiert, um dessen Vollzug bzw. dessen Erfüllung zu sichern, sind eine Frage des richtigen Maßes, nicht eine solche der freiheitlichen Lehre des Rechts überhaupt, die das Problem des Zwanges klären muß[122]. Kant macht mit dem zitierten Satz die Juridität und damit das Ius nicht davon abhängig, daß das positive Recht zwangsbewehrt ist, sondern klärt die grundsätzliche sittliche Befugnis, unter dem Prinzip der Freiheit das Recht mit dem (notwendigen) Zwang zu bewehren[123]. Dieses Recht der Freiheit auf die bürgerliche Verfassung, auf die allgemeine Gesetzlichkeit oder eben die Republik/den Rechtsstaat, das Recht auf Recht also, bleibt immer mit dem Menschen ver-

---

[117] *Kant*, Metaphysik der Sitten, S. 338 f., auch S. 365 f., 430 f.; ebenso *ders.*, Über den Gemeinspruch, S. 144 f., 148; so auch *Hobbes*, Leviathan, II, 17, 18, S. 151 ff., 156 ff.; *Locke*, Über die Regierung, XI, 135 S. 103 ff.

[118] *Kant*, Metaphysik der Sitten, S. 338; vgl. auch *ders.*, Über den Gemeinspruch, S. 147 f.; dazu *W. Kersting*, Die Verbindlichkeit des Rechts, S. 19, insb. S. 23 ff., 27 ff., 30 ff.; *ders.*, Das starke Gesetz der Schuldigkeit und das schwächere der Gütigkeit, S. 102 ff., 105 ff.; *ders.*, Der Geltungsgrund von Moral und Recht bei Kant, S. 316 ff.; *ders.*, Kant über Recht, S. 37 ff., 40 ff.; *J. Habermas*, Die Einbeziehung des Anderen, S. 295; *ders.*, Faktizität und Geltung, S. 47; *K. A. Schachtschneider*, Res publica res populi, S. 553 ff.; dazu VIII.

[119] *Kant*, Metaphysik der Sitten, S. 338 f.; dazu *G. Maluschke*, Philosophische Grundlagen des demokratischen Verfassungsstaates, 1982, S. 126; *F. Kaulbach*, Studien, S. 51, 135 ff. (insb. S. 142), 171, 207; *ders.*, Immanuel Kants „Grundlegung zur Metaphysik der Sitten", S. 209 f.; *W. Kersting*, Die Verbindlichkeit des Rechts, S. 23 ff., auch 27 ff.; *ders.*, Der Geltungsgrund von Moral und Recht bei Kant, S. 318 f.; *ders.*, Kant über Recht, S. 37 ff., 40 ff.; *W. Maihofer*, HVerfR, S. 454.

[120] *Kant*, Metaphysik der Sitten, S. 318, 508 ff.; *G. Maluschke*, Philosophische Grundlagen des demokratischen Verfassungsstaates, S. 115 ff.

[121] *Kant*, Metaphysik der Sitten, S. 519 f., 520 ff., dazu *W. Kersting*, Das starke Gesetz der Schuldigkeit und das schwächere der Gütigkeit, S. 102 ff., 105 ff.

[122] Dazu *K. A. Schachtschneider*, Res publica res populi, S. 545 ff.; dazu VIII.

[123] Dazu i.d.S. *O. Höffe*, Kategorische Rechtsprinzipien, S. 140 ff.; vgl. auch die Hinweise in Fn. 118.

bunden; denn das ist seine Existenz als homo noumenon, seine Würde als Gesetzgeber also[124]. Dieses wegen der Allgemeinheit der Freiheit allgemeine Recht ist die Verfassung (nicht schon das Verfassungsgesetz[125]) eines jeden Volkes.

IV. Rechtlichkeit als Wirklichkeit der Freiheit

1. Die Gesetze verwirklichen, wenn sie Recht setzen, ihrer republikanischen Idee nach die Freiheit, die wegen ihrer Allgemeinheit auf die allgemeine Gesetzlichkeit des gemeinsamen Lebens eingeschränkt ist[126]; denn: „Der Begriff aber eines äußeren Rechts überhaupt geht gänzlich aus dem Begriffe der Freiheit im äußeren Verhältnisse der Menschen zu einander hervor ...“[127].

„Recht ist die Einschränkung der Freiheit eines jeden auf die Bedingung ihrer Zusammenstimmung mit der Freiheit von jedermann, in so fern diese nach einem

---

[124] Zur Würde *Kant*, Grundlegung zur Metaphysik der Sitten, S. 69; dazu *F. Kaulbach*, Immanuel Kants „Grundlegung zur Metaphysik der Sitten“, S. 91 ff., 102 f., 208 f.; *ders.*, Studien, S. 182 f.; vgl. auch *W. Kersting*, Transzendentalphilosophische Eigentumsbegründung, S. 64 ff., 67 ff., 69 ff.

[125] Dazu *K. A. Schachtschneider*, Prinzipien des Rechtsstaates, S. 86 ff.; *ders. (O. Gast)*, Sozialistische Schulden nach der Revolution, S. 20, 29 ff.

[126] Nach *K. Jaspers*, Vom Ursprung und Ziel der Geschichte, S. 200, verwirklichen und beschränken sie die Freiheit; *M. Riedel*, Moral und Recht in der Philosophie Kants, Diskussion, in: F. Kaulbach, Studien zur späten Rechtsphilosophie Kants und ihrer transzendentalen Methode, 1982, S. 153 („Die Freiheit wird so definiert, daß sie mit sich selbst nach einem allgemeinen Gesetz übereinstimmt. Recht ist für Kant nichts anderes als das Freiheitsgesetz.“); *W. Maihofer*, Realität der Politik und Ethos der Republik, S. 95 ff. („Republik als legalisierte Moralität“); *J. Habermas*, Die Einbeziehung des Anderen, S. 126 f., auch S. 277 ff., 293 ff.; so auch *D. Suhr*, Gleiche Freiheit. Allgemeine Grundlagen und Reziprozitätsdefizite in der Geldwirtschaft, 1988, S. 32 u.ö.; i.S. des Textes *H. Krüger*, Allgemeine Staatslehre, 2. Aufl. 1966, S. 536 ff., weil der Staat, der Bedingung der Freiheit sei, durch Gesetze der Lage gemäß hervorgebracht werde; *P. Häberle*, Die Wesensgehaltsgarantie des Art. 19 Abs. 2 Grundgesetz. Zugleich ein Beitrag zum institutionellen Verständnis der Grundrechte und zur Lehre vom Gesetzesvorbehalt, 1962, 3. Aufl. 1983, S. 161, 225, 229 f., u.ö. („Recht und Freiheit stehen ineinander“); auch *G. Morgenthaler*, Freiheit durch Gesetz Der parlamentarische Gesetzgeber als Erstadressat der Freiheitsgrundrechte, 1999, S. 165 f.; zu Kant *F. Kaulbach*, Studien, S. 75 ff., insb. S. 84 f. (Die „rechtliche Freiheit“ ... „besteht ... in dem vom Rechtsgesetz jeweils mir als dem Rechtssubjekt angewiesenen Stand den anderen Rechtssubjekten und auch der Sache gegenüber“ nicht in einem „Aktionsspielraum“); *ders.* in der Sache, Immanuel Kants „Grundlegung zur Metaphysik der Sitten“, S. 91 ff., 102 f., 123 ff., 208 zur Gesetzgeberschaft als Würde des Menschen; auch *W. Kersting*, Der Geltungsgrund von Moral und Recht bei Kant, S. 316 ff.; *ders.*, Kant über Recht, S. 125 ff., auch S. 21 ff.; *M. Forschner*, Gesetz und Freiheit, S. 232, 248 f.; *ders.*, Rousseau, S. 96 ff., 101 ff.

[127] *Kant*, Über den Gemeinspruch, S. 144.

allgemeinen Gesetze möglich ist; und das öffentliche Recht ist der Inbegriff der äußeren Gesetze, welche eine solche durchgängige Zusammenstimmung möglich machen. Da nun jede Einschränkung der Freiheit durch die Willkür eines anderen Zwang heißt: so folgt, daß die bürgerliche Verfassung ein Verhältnis freier Menschen ist, die (unbeschadet ihrer Freiheit im Ganzen ihrer Verbindung mit anderen) doch unter Zwangsgesetzen stehen:" ... „Denn, da alles Recht bloß in der Einschränkung der Freiheit jedes anderen auf die Bedingung besteht, daß sie mit der meinigen nach einem allgemeinen Gesetze zusammen bestehen könne, und das öffentliche Recht (in einem gemeinen Wesen) bloß der Zustand einer wirklichen, diesem Prinzip gemäßen und mit Macht verbundenen Gesetzgebung ist, vermöge welcher sich alle zu einem Volk Gehörige, als Untertanen, in einem rechtlichen Zustand (status iuridicus) überhaupt, nämlich der Gleichheit der Wirkung und Gegenwirkung einer dem allgemeinen Freiheitsgesetze gemäß einander einschränkenden Willkür (welcher der bürgerliche Zustand heißt) befinden: so ist das angeborne Recht eines jeden in diesem Zustande (d.i. vor aller rechtlichen Tat desselben) in Ansehung der Befugnis, jeden andern zu zwingen, damit er immer innerhalb den Grenzen der Einstimmung des Gebrauchs seiner Freiheit mit der meinigen bleibe, durchgängig gleich"[128].

Kant erläutert den Begriff des Rechts und notwendig zugleich den der äußeren Freiheit. Die Freiheit, die in der menschlichen Gemeinschaft äußerlich ist, ist ihrem Begriff nach durch das Recht als die allgemeine Gesetzlichkeit eingeschränkt[129]; denn diese ist die allgemeine Freiheit. Äußere Freiheit[130] verwirklicht sich somit in Rechtlichkeit. Demgemäß formuliert *Kant* das „Allgemeine Prinzip des Rechts":

„Eine jede Handlung ist recht, die oder nach deren Maxime die Freiheit der Willkür eines jeden mit jedermanns Freiheit nach einem allgemeinen Gesetze zusammen bestehen kann etc."[131]

---

[128] *Kant*, Über den Gemeinspruch, S. 144 f., 148; *ders.*, Kritik der reinen Vernunft, S. 680; *ders.*, Metaphysik der Sitten, S. 337 f., 527 u.ö.; dazu *O. Höffe*, Kategorische Rechtsprinzipien, S. 135 ff.; *G. Maluschke*, Philosophische Grundlagen des demokratischen Verfassungsstaates, S. 113 ff.; *F. Kaulbach*, Studien, S. 30 ff., 50 ff., 75 ff.; vgl. auch *ders.*, Immanuel Kants „Grundlegung zur Metaphysik der Sitten", S. 209 ff.; *W. Kersting*, Der Geltungsgrund von Moral und Recht bei Kant, S. 316 ff., 325 ff.; *ders.*, Kant über Recht, S. 125 f., 126 f.

[129] Zitat mit Hinweisen zu und in Fn. 166; *F. Kaulbach*, Studien, S. 30 ff., 40 ff., 50 ff.; auch *ders.*, Immanuel Kants „Grundlegung zur Metaphysik der Sitten", S. 91 ff., 102 f., 191 ff., 207 ff.; *W. Kersting.*, Kant über Recht, S. 125 f., 126 f.

[130] *Kant*, Metaphysik der Sitten, S. 345; vgl. das Zitat zur Fn. 102.

[131] Metaphysik der Sitten, S. 337; vgl. auch, Über den Gemeinspruch, S. 144 f.; vgl. dazu *F. Kaulbach*, Studien, S 79 f., 135 ff. (142 f.); *W. Kersting*, Der Geltungsgrund von Moral und Recht bei Kant, S. 316 ff.; *ders.*, Kant über Recht, S. 13 ff.; *M. Forschner*, Rousseau, S. 106 ff.; auch *J. Ebbinghaus*, Die Idee des Rechtes, in: ders., Philosophie der Freiheit, Bd. 2: Praktische Philosophie 1929–1954, hrsg. von H. Oberer/G. Geismann, 1986, S. 141 ff. (164 f.); *Hegel*, Rechtsphilosophie, S. 70 (§ 29), kritisiert bekanntlich Kants Freiheits- und Rechtsprinzip als bloß „formelle Allgemeinheit", die den „Willen des Einzelnen" zugrundelege, nicht aber den Wil-

Es folgt „aus dem Begriffe der Freiheit im äußeren Verhältnisse der Menschen zueinander"[132]. Das Recht ist die Bedingung der (politischen) Freiheit aller und damit der Freiheit im Gemeinwesen (in der πόλις) überhaupt, freilich als bürgerliche Freiheit (*Rousseau*), nicht als „wilde, gesetzlose" Freiheit begriffen. Kants Allgemeines Prinzip des Rechts setzt für freie (bürgerliche) Handlungen das allgemeine Gesetz voraus. Das Recht erfordert das geltende allgemeine Gesetz, den wirklichen allgemeinen Willen[133]. Folgende Sätze aus der Schrift *Kants* „Über den Gemeinspruch …" ergänzen die Begründung des vorherigen Zitats:

„Alles Recht hängt nämlich von Gesetzen ab. Ein öffentliches Gesetz aber, welches für alle das, was ihnen rechtlich erlaubt oder unerlaubt sein soll, bestimmt, ist der Actus eines öffentlichen Willens, von dem alles Recht ausgeht, und der also selbst niemand muß Unrecht tun können. Hiezu aber ist kein anderer Wille, als der des gesamten Volks (da alle über alle, mithin ein jeder über sich selbst beschließt), möglich: denn nur sich selbst kann niemand unrecht tun. Ist es aber ein anderer, so kann der bloße Wille eines von ihm Verschiedenen über ihn nichts beschließen, was nicht unrecht sein könnte; folglich würde sein Gesetz noch ein anderes Gesetz erfordern, welches seine Gesetzgebung einschränkte, mithin kann kein besonderer Wille für ein gemeines Wesen gesetzgebend sein. (Eigentlich kommen, um diesen Begriff auszumachen, die Begriffe der äußeren Freiheit, Gleichheit, und Einheit des Willens aller zusammen, zu welcher letzteren, da Stimmgebung erfordert wird, wenn beide erstere zusammen genommen werden, Selbständigkeit die Bedingung

---

len „als an und für sich seyenden"; dem folgt *E. Bloch*, Naturrecht und menschliche Würde, S. 85; gegen den Vorwurf des leeren Formalismus gegen Kants Moralprinzip *K. A. Schachtschneider*, Staatsunternehmen und Privatrecht, S. 104 ff., 109 ff. mit Hinweisen; *J. Habermas*, Treffen Hegels Einwände gegen Kant auch auf die Diskursethik zu?, S. 20 ff.; *W. Kersting*, Kant über Recht, S. 17.

[132] *Kant*, Über den Gemeinspruch, S. 144; dazu *F. Kaulbach*, Studien, S. 79 f., 140 ff.; vgl. auch *ders.*, Immanuel Kants „Grundlegung zur Metaphysik der Sitten", S. 82 ff., 100 ff., 120 ff., 210 f.; *J. Ebbinghaus*, Die Idee des Rechtes, S. 162 ff.; *W. Kersting*, Der Geltungsgrund von Moral und Recht bei Kant, S. 312 ff.

[133] *J. Habermas*, Treffen Hegels Einwände gegen Kant auch auf die Diskursethik zu?, S. 20 ff.; *ders.*, Erläuterungen zur Diskursethik, S. 114, 136, 145, 156 f., 171, kritisiert Kants „Zwei-Reiche-Lehre des Intelligiblen und des Phänomenalen und den daraus folgenden monologischen, vernunftmäßigen, philosophischen Begriff der Autonomie", den erst die Diskursethik überwinde, zu Unrecht (*O. Höffe*, Kants Kritik der reinen Vernunft. Die Grundlegung der modernen Philosophie, 2. Aufl. 2004, S. 340), die „Realisierung der Freiheit aller Personen" (*J. Habermas*, a.a.O., S. 25) leistet das allgemeine Gesetz, das ohne Sittlichkeit und damit Moralität aller nicht hervorgebracht werden kann (dazu VI, VII). Die Diskursethik ist somit die Logik der Rechtslehre Kants. *M. Forschner*, Gesetz und Freiheit, S. 195 ff. (200), 217 ff. (239), 250 ff. (258, 260), hat herausgestellt, daß die kantianischen Positionen zur Natur und Vernunft mit Grenzbegriffen arbeiten und die praktische Vernunft um deren Einheit weiß. Darum ist das Sittengesetz ein Imperativ (*M. Forschner*, a.a.O., S. 208 ff.) und kann nur der „vereinigte Volkswille gesetzgebend sein" (*Kant*, Metaphysik der Sitten, S. 432), „die Einheit des Willens aller" (*Kant*, Über den Gemeinspruch, S. 150).

ist.) Man nennt dieses Grundgesetz, das nur aus dem allgemeinen (vereinigten) Volkswillen entspringen kann, den ursprünglichen Vertrag."[134]

Die allgemeine (politische) Freiheit und damit das allgemeine Gesetz ist ohne den allgemeinen gesetzgebenden Willen nicht denkbar[135]. Das „kann" in der Definition des allgemeinen Rechtsprinzips darf nicht verwirren. Es findet seinen Grund darin, daß *Kant* dieses Prinzip abstrakt für jede denkbare Handlung formuliert, abgesehen davon, daß die allgemeinen Gesetze das Recht auch für die beschließen, die entweder nicht mitstimmen dürfen (bei *Kant* die Unselbständigen[136]) oder nicht miteinstimmen, etwa wegen Irrtums über die Wahrheit und/oder die Richtigkeit. Demgemäß sagt *Kant* zur Rechtslehre, um diese von der Tugendlehre, „die nicht die äußere Freiheit, sondern die innere unter Gesetze bringt", zu unterscheiden: „Die Rechtslehre hatte es bloß mit der formalen Bedingung der äußeren Freiheit (durch die Zusammenstimmung mit sich selbst, wenn ihre Maxime zum allgemeinen Gesetz gemacht *wurde*), d.i. mit dem Recht zu tun"[137]. Jede wirkliche Gesetzgebung ist repräsentative Erkenntnis des Rechts, sei sie unmittelbar oder mittelbar demokratisch, plebiszitär vom Volk selbst oder im engeren Sinne repräsentativ von den Organen des Volkes, etwa der parlamentarischen Legislative, verabschiedet. In der Praxis werden niemals alle an den Erkenntnis- und Beschlußverfahren der Gesetze beteiligt und können das auch nicht, etwa die Kinder oder auch die Nachkommen, für die die Gesetze auch gelten, jedenfalls gelten können. Folglich bleibt die von dem allgemeinen Rechtsprinzip geforderte Prüfung der Rechtmäßigkeit der Handlung notwendig abstrakt[138]. Das enthebt in keiner Weise von der Lega-

---

[134] Über den Gemeinspruch, S. 150 f., vgl. ganz so auch S. 148; vgl. auch *ders.*, Kritik der reinen Vernunft, S. 680 („die durch sittliche Gesetze teils bewegte, teils restringierte Freiheit"); dazu *F. Kaulbach*, Studien, S. 30 f., 135 ff.; *W. Kersting*, Der Geltungsgrund von Moral und Recht bei Kant, S. 330 ff.; *ders.*, Kant über Recht, S. 106 ff. („Kants Kontraktualismus"), insbs. S. 115 ff.

[135] *Rousseau*, Vom Gesellschaftsvertrag, I, 8, S. 22 f. (Zitat oben zu Fn. 16), II, 3, 6, III, 15, 30 ff., 39 ff., 103 f.; *Kant*, Metaphysik der Sitten, S. 430, 432 u.ö.; *ders.*, Über den Gemeinspruch, S. 144, 148, 150; i.d.S. auch *Hobbes*, Leviathan, I, 14, S. 118 ff.; *Locke*, Über die Regierung, IV, 22, VII, 89, XI, 134, S. 19, 67, 101 ff.; *J. Ebbinghaus*, Die Idee des Rechtes, S. 141 ff. (164 ff.); *F. Kaulbach*, Studien, S. 30 ff., 40 ff., 50 ff.; *ders.*, Immanuel Kants „Grundlegung zur Metaphysik der Sitten", S. 91 ff., 102 f., 191 ff., 207 ff.; *W. Kersting*, Der Geltungsgrund von Moral und Recht bei Kant, S. 330 ff.; *ders.*, Kant über Recht, S. 125 f., 126 f.

[136] Metaphysik der Sitten, S. 432 ff.; vgl. auch, Über den Gemeinspruch, S. 150 ff.

[137] Metaphysik der Sitten, S. 509 (Hervorhebung von mir); dazu *F. Kaulbach*, Studien, S. 135 ff. (mit der Diskussion S. 151 ff.), auch S. 169 ff.; *W. Kersting*, Das starke Gesetz der Schuldigkeit und das schwächere der Gütigkeit, S. 105 ff.; *ders.*, Kant über Recht, S. 17, auch S. 136 ff.

[138] Dazu *W. Kersting*, Kant über Recht, S. 136 ff., mit (zu) weitgehenden Folgerungen für die „Herrschaftsform", in welcher nach Kant das Rechtsprinzip „simu-

lität der Handlung und damit von der Pflicht, für diese Legalität durch ein
wirksames allgemeines Gesetz zu sorgen, bevor eine Handlung vollzogen
wird; denn ohne ein wirkliches Gesetz oder gar entgegen einem Gesetz
kann eine Handlung nicht legal sein, nicht dem „(vereinigten) Volkswillen"
entsprechen, von dem doch „alles Recht ausgeht", wie soeben zitiert[139].
Die abstrakte Formulierung des Rechtsprinzips wie auch des kategorischen
Imperativs entbindet nicht von dem Postulat realer Legalität des Handelns.
Sonst würde die (vermeintliche) Tugendlichkeit, d.h. die alleinbestimmte
Übereinstimmung der Handlung mit dem Rechtsprinzip oder dem kategorischen Imperativ, welche im Rahmen der Gesetze/der Legalität durchaus
sittlich/tugendlich ist, das Legalitätsprinzip relativieren. *Jürgen Habermas*
wendet sich gegen eine monologistische Prüfung praktischer Vernunft oder
eben der Universalisierbarkeit der Handlungsmaximen, wenn diese die allgemeinen Handlungsgesetze oder gar die allgemeine Gesetzlichkeit des
Handelns ersetzen soll[140]. Ein solcher Solipsismus müßte zur Ohnmacht des
Sollens, nämlich zur Irrelevanz der individualistischen Handlungsmaximen
führen und die staatliche Gesetzgebung von der Sittlichkeit der Menschen
lösen. Das Gegenteil bezweckt Kant mit dem kategorischen Imperativ und
dem Rechtsprinzip, die ihre Logik in der Lehre vom gesetzgebenden Volkswillen finden. Das Gesetz ist seinem Begriff nach allgemein, nämlich für
alle notwendig oder verbindlich, und deswegen als Verwirklichung der Freiheit das Gesetz aller/jedermanns. Es kann somit nur als Willen aller, als
allgemeiner Wille, verbindlich sein. In diesem Sinne hat die jeweilige Materie des Gesetzes Objektivität, nämlich die Objektivität der praktischen
Vernunft[141], deren Erkenntnis als Akt der Sittlichkeit nur allgemein, also
nur Erkenntnis aller sein kann. Der Solipsismusvorwurf widerspricht dem
Begriff des Gesetzes selbst. Kants „Begriff der Autonomie" ist „intersubjek-
tivistisch" und „trägt der Tatsache Rechnung, daß die freie Entfaltung der
Persönlichkeit eines jeden von der Realisierung der Freiheit aller Personen
abhängt", räumt Habermas ein[142]. Der Wille ist die praktische Vernunft[143],

---

lierbar" sei; das birgt die Gefahr des paternalistischen Moralismus, die Wirklichkeit
der Parteiendemokratie.

[139] *Kant*, Über den Gemeinspruch, S. 150; ebenso *ders.*, Metaphysik der Sitten,
S. 432; Zitat Fn. 134.

[140] Treffen Hegels Einwände gegen Kant auch auf die Diskursethik zu?, S. 20 ff.;
ders., Erläuterungen zur Diskursethik, S. 156 ff.; auch *ders.*, Theorie des kommunikativen Handelns, 2. Band, 1981, S. 145; richtig stellt den Antisolipsismus Kants
heraus *O. Höffe*, Kants Kritik der reinen Vernunft, S. 337 ff.; *ders.*, Eine republikanische Vernunft. Zur Kritik des Solipsismusvorwurfs, in: G. Schönrich/Y. Kato
(Hrsg.), Kant in der Diskussion der Moderne, 1996, S. 396 ff.

[141] *Kant*, Grundlegung zur Metaphysik der Sitten, S. 41.

[142] *J. Habermas*, Treffen Hegels Einwände gegen Kant auch auf die Diskursethik
zu?, S. 25.

die nur in allgemeiner Gesetzlichkeit Wirklichkeit hat, also nicht ohne die Teilnahme aller an der Gesetzgebung und damit nicht ohne allgemeinen Diskurs denkbar ist[144]. Kants Vernunftlehre ist Diskursethik, keinesfalls solipsistisch oder monologistisch, wie (u. a.) ein Zitat aus der transzendentalen Methodenlehre der Kritik der reinen Vernunft erweist:

> „Die Vernunft muß sich in allen ihren Unternehmungen der Kritik unterwerfen, und kann der Freiheit derselben durch kein Verbot Abbruch tun, ohne sich selbst zu schaden und einen ihr nachteiligen Verdacht auf sich zu ziehen. Da ist nun nichts so wichtig, in Ansehung des Nutzens, nichts so heilig, das sich dieser prüfenden und musternden Durchsuchung, die kein Ansehen der Person kennt, entziehen dürfte. Auf dieser Freiheit beruht sogar die Existenz der Vernunft, die kein diktatorisches Ansehen hat, sondern deren Ausspruch jederzeit nichts als die Einstimmung freier Bürger ist, deren jeglicher seine Bedenklichkeiten, ja sogar sein Veto, ohne Zurückhalten muß äußern können."[145]

Habermasens Kantkritik begreift Kants Begriff des Willens nicht kantianisch. Handeln ist nicht sittlich (im Sinne der Ethik), wenn es nicht legal ist. Handeln entspricht nicht dem kategorischen Imperativ und damit nicht dem Rechtsprinzip, wenn es ausgerechnet das postulierte allgemeine Gesetz (als das Gesetz aller), die Legalität also, mißachtet. Legalität ist ein uneingeschränktes Postulat der Sittlichkeit. Weiterhin benennt *Kant* als „unabtrennliches Attribut" des Staatsbürgers vor der „Gleichheit" und der „Selbständigkeit" die „gesetzliche Freiheit, keinem anderen Gesetz zu gehorchen, als zu welchem er seine Beistimmung gegeben *hat*."[146] Eine Ethik der Illegalität würde die „gesetzliche Freiheit", also die Freiheit, aufheben.

---

[143] *Kant*, Grundlegung zur Metaphysik der Sitten, S. 41; *ders.*, Metaphysik der Sitten, S. 317, auch S. 332; *M. Forschner*, Gesetz und Freiheit, S. 194 f.; *J. Timmermann*, Sittengesetz und Freiheit, S. 32, 66 ff., 108, 111; *W. Kersting*, Kant über Recht, S. 21 ff.

[144] *W. Kersting*, „Das starke Gesetz der Schuldigkeit und das schwächere der Gültigkeit", in: ders., Kant über Recht, S. 221 ff. (S. 223 „Priorität des Rechts").

[145] Kritik der reinen Vernunft, S. 630 f.; ganz so *O. Höffe*, Kants Kritik der reinen Vernunft, S. 337 ff. (340, 341), der klarstellt, daß das „Paradigma von Kommunikation und Diskurs" nicht in Frankfurt beginnt, sondern daß „der Geburtsort in Königsberg" liegt; *ders.* schon, Eine republikanische Vernunft, S. 396 ff. (463); dem Solipsismus-Vorwurf versucht *W. Kuhlmann*, Solipsismus in Kants praktischer Philosophie und die Diskursethik, daselbst, S. 360 ff., zu begründen, vergeblich.

[146] Metaphysik der Sitten, S. 432 (Hervorhebung von mir); ebenso *ders.*, Grundlegung zur Metaphysik der Sitten, S. 65 ff. (insb. S. 67); *ders.*, Zum ewigen Frieden, S. 204; ebenso i. d. S. *ders.*, Über den Gemeinspruch, S. 148, 150; ganz so schon *Hobbes*, Leviathan, II, 18, 21, S. 156 ff., 193 ff.; *Locke*, Über die Regierung, VII, 87, XII, 134, S. 65 ff., 101 ff.; *Rousseau*, Vom Gesellschaftsvertrag, II, 3, 6, III, 15, S. 30 ff., 39 ff., 103 f. u. ö.; i. d. S. auch *W. Maihofer*, HVerfR, S. 452 ff., insb. S. 458 f.; *O. Höffe*, Kants Kritik der reinen Vernunft, S. 337 ff.; auch *J. Habermas*, Faktizität und Geltung, S. 151 ff., insb. S. 154; *F. Kaulbach*, Immanuel Kants „Grundlegung zur Metaphysik der Sitten", S. 91 ff., 102 f., 208 f. (zur „Ge-

Kants Rechtsprinzip läßt sich nur verwirklichen, wenn alle bei der gemeinsamen Gesetzgebung dem kategorischen Imperativ gemäß, also sittlich, innerlich frei handeln; denn anders kann das allgemeine Gesetz als das Gesetz aller nicht in Freiheit hervorgebracht werden[147]. Das Rechtsgesetz folgt der Logik des kategorischen Imperativs für das Handeln[148], das seinem Begriff nach äußerlich ist, also auf andere (alle anderen) wirkt[149].

Diese Einschränkung des politischen Freiheitsbegriffs auf die Allgemeinheit dieser Freiheit als Autonomie des Willens, die im Staat nur durch gemeinschaftliche Gesetze verwirklicht werden kann, ist keine liberalistische

setzgeberrolle" der Person als ihrer „Würde"), 209 ff.; *ders.*, Studien, S. 30 ff., 40 ff., 50 ff.; auch *V. Gerhardt*, Immanuel Kants Entwurf „Zum Ewigen Frieden", S. 79 ff.; *W. Kersting*, Kant über Recht, S. 21 ff., 125 ff., 136 ff.

[147] Zur Problematik der allgemeinen Moralität als Voraussetzung der Legalität *G. Geismann*, Ethik und Herrschaftsordnung. Ein Beitrag zum Problem der Legitimation, 1974, insb. S. 55 ff., der diese Einheit ablehnt; nicht recht klar *W. Kersting*, Der Geltungsgrund von Moral und Recht bei Kant, S. 304 ff. (insb. S. 317, 321, 332); wie im Text in der Sache *J. Habermas*, Wie ist Legitimität durch Legalität möglich? Kritische Justiz, 1987, S. 7 ff.; *ders.*, Faktizität und Geltung, insb. S. 109 ff., 349 ff., verschiebt die republikanische, auf der Moralität aufbauende, Konzeption der Politik zu einer solchen „deliberativer Politik", in die er seine Diskurstheorie einbringt; in diskursethischer Präzisierung *ders.*, Erläuterungen zur Diskursethik, S. 120 ff. (137 ff.), ebenso *ders.*, Die Einbeziehung des Anderen, S. 283 ff., 296 ff.; *A. Cortina*, Ethik ohne Moral. Grenzen einer postkantischen Prinzipienethik?, in: K.-O. Apel/M. Kettner (Hrsg.), Zur Anwendung der Diskursethik in Politik, Recht und Wissenschaft, 2. Aufl. 1993, S. 291 ff.; in der Sache wie der Text auch *J. Isensee*, JZ 1981, 8 („Freiheit ist immer sittliche Autonomie." ... „Der demokratische Rechtsstaat lebt aus der ethischen Kultur"); genau *R. Dreier*, Zur Einheit der praktischen Philosophie Kants, Kants Rechtsphilosophie im Kontext seiner Moralphilosophie, 1979, in: ders., Recht-Moral-Ideologie, Studien zur Rechtstheorie, 1981, S. 286 ff., 289 ff., 296 ff.; nach *F. Kaulbach*, Immanuel Kants „Grundlegung zur Metaphysik der Sitten", S. 82 ff., 100 ff., 187 ff., 195 ff., 199 ff.; *ders.*, Studien, S. 30 ff., 140 ff., 169 ff., ist der kategorische Imperativ im Rechtsprinzip Kants enthalten, richtig; wohl auch *W. Kersting*, Kant über Recht, S. 31 ff., 37 ff., 40 ff.; vgl. auch *K. A. Schachtschneider*, Staatsunternehmen und Privatrecht, S. 97 ff., 116; *ders.*, Res publica res populi, S. 275 ff., passim; *J. Rawls*, Eine Theorie der Gerechtigkeit, S. 556 u. ö., „behauptet", ... „daß in einer wohlgeordneten Gesellschaft ein wirksamer Gerechtigkeitssinn zum Wohl eines Menschen gehört" (vgl. auch S. 423 ff.) und lehrt damit der Sache nach den kategorischen Imperativ; *W. Maihofer*, HVerfR, S. 455 mit Fn. 60, spricht von „legalisierter Moralität"; näher *ders.*, Realität der Politik und Ethos der Republik, S. 84 ff., 94 ff.; i. d. S. auch *P. Häberle*, Wesensgehaltsgarantie, S. 159 ff., 222 ff. („... Idee einer sittlichen Beziehung der Freiheit wie die Einbettung des Rechts in die Sittlichkeit ...").

[148] I. d. S. *J. Habermas*, Erläuterungen zur Diskursethik, S. 141 f.; *W. Kersting*, Der Geltungsgrund von Moral und Recht bei Kant, S. 317; *ders.*, Kant über Recht, S. 40 ff.

[149] Dazu *K. A. Schachtschneider*, Der Anspruch auf materiale Privatisierung. Exemplifiziert am Beispiel des staatlichen und kommunalen Vermessungswesens in Bayern, 2005, S. 265 ff. (S. 286 f.); 2. Kap., VI, 2.

Beschränkung einer individualistischen Freiheit, alles zu tun oder zu lassen, was beliebt, also eines Rechts zur Willkür, sondern der republikanische Begriff der Freiheit, die wegen ihrer Allgemeinheit die Bürgerlichkeit allgemeiner Gesetzlichkeit ist[150]; denn eine liberalistische Freiheit bedingt Herrschaft[151]. Die republikanische Freiheit wird durch allgemeine Gesetze verwirklicht, nicht beschränkt, weil sie die allgemeine Gesetzlichkeit in ihren Begriff als politische Freiheit aufnimmt und aufnehmen muß, wenn sie nicht auf untertänige Rechte, auf Freiheiten, reduziert werden will, auf Freiheitssphären, Handlungsspielräume u. ä.[152]. Die Einschränkung der politischen Freiheit auf ihre Allgemeinheit ist die Logik der Republik.

2. Der Autonomielehre Kants wird es nicht gerecht, von der „Rechtsordnung" als dem gesetzlichen Schutz der „äußeren Freiheitssphäre", als „Schutzzone", zu sprechen. *Friedrich Kaulbach* hat erwogen, die äußere Freiheit *Kants* als „Freiheitsspielraum", als „Freiheit des Handlungsspielraums", „freien Handlungsspielraum"[153] zu begreifen, sich aber schließlich davon gelöst[154]. *Günther Maluschke* meint, Kant „antizipiere" „Hegels Begriff des Eigentums als einer äußeren Sphäre der Freiheit"[155]. Das klingt wie eine liberalistische Doktrin, die durch ihren notwendig (räumlich) materialistischen Sphärenbegriff Handlungen erlaubt, die rechtens sind, ohne dem Willen des von der Handlung Betroffenen zu entsprechen. Der Begriff

---

[150] So auch *W. Kersting*, Kant über Recht, S. 125 („Freiheitsrecht" hat „keinen liberalen, sondern einen demokratischen Charakter").

[151] *K. A. Schachtschneider*, Res publica res populi, S. 175 ff., 441 ff.; *W. Kersting*, Kant über Recht, spricht S. 116, 136, 138 ff. u. ö. von Herrschaft, aber S. 141: „Mit der Republik endet die Geschichte der Herrschaft und ihrer rechtsstaatlichen Milderung, … Mit der Republik beginnt die Herrschaft der Vernunft"; dazu auch 3. Kap. und 5. Kap., I, III.

[152] Dazu *K. A. Schachtschneider*, FS M. Kriele, S. 829 ff.; ganz so *P. Häberle*, Wesensgehaltsgarantie, insb. S. 159 ff., 222 ff.; dazu 5. Kap., II.

[153] Studien, S. 51, 53, 75 ff., 79 ff., 181; *ders.*, Immanuel Kants „Grundlegung zur Metaphysik der Sitten", S. 209 f.; *W. Kersting*, Wohlgeordnete Freiheit, S. 7, 15, 45 f., 92 f., u. ö.; *ders.*, Der Geltungsgrund von Moral und Recht bei Kant, S. 318 f., spricht vom „Freiheitsraum"; vgl. auch *K. Jaspers*, Vom Ursprung und Ziel der Geschichte, S. 205, der negative Freiheit als „Spielraum der Willkür" anspricht; auch *R. Dreier*, Zur Einheit der praktischen Philosophie Kants. Kants Rechtsphilosophie im Kontext seiner Moralphilosophie, 1979, in: *ders.*, Recht – Moral – Ideologie. Studien zur Rechtstheorie, 1981, S. 295, 298, spricht von „Freiheitssphäre".

[154] Studien, S. 84 f.

[155] Philosophische Grundlagen des demokratischen Verfassungsstaates, S. 117, 119, 120 für das Eigentum; auch S. 129, 130; vgl. *Hegel*, Grundlinien der Philosophie des Rechts oder Naturrecht und Staatswissenschaft im Grundrisse, 1821, ed. K. Löwitz/M. Riedel, Hegel, Studienausgabe, Bd. II, Rechtsphilosophie, 1968, auch in: Werke in zwanzig Bänden, ed. Suhrkamp, Bd. 7, Grundlinien der Philosophie des Rechts, 2. Aufl. 1989, § 41, S. 80.

Sphäre trägt als Rechtsbegriff ohnehin nicht zur Klarheit bei. Ein Recht zur (freien) Willkür im Rahmen der Gesetze entspricht dem Begriff der äußeren Freiheit *Kants* als „Unabhängigkeit von eines anderen nötigender Willkür, ...“[156] nur, wenn es auf allgemeinen Gesetzen beruht, also freiheitlich/autonom begründet ist[157]. Richtig erfaßt dagegen *Maluschke* das „Kantische Rechtsprinzip als Abwehrprinzip“[158], wenn er damit meint, daß jeder Eingriffe anderer in seine Freiheit abwehren dürfe. Derartige Eingriffe sind die Handlungen, die dieser äußeren Freiheit widersprechen, wenn und weil sie gegen oder ohne den Willen des anderen vollzogen werden. Mit der Verfassung der Freiheit ist ein Begriff äußerer (politischer) Freiheit unvereinbar, der als gesetzlicher Handlungsspielraum definiert ist; denn dieser „Freiheitsspielraum" muß selbst freiheitlich, also in äußerer Freiheit, bestimmt sein und kann darum nur die freiheitliche Privatheit sein[159]. Der Freiheitsbegriff muß auch eine Dogmatik freiheitlicher (positiver) Gesetze leisten, nicht nur die einer Privatheit im Rahmen der Gesetze. Der Freiheitsbegriff darf nicht liberalistisch, sondern muß republikanisch sein[160].

3. *Kant* spricht von „der Einschränkung derselben (sc. „der äußeren Freiheit") durch das bloße Förmliche ihrer durchgängigen Zusammenstimmung“[161]. Dieses Förmliche ist die Allgemeinheit des Gesetzes[162]. Eine Freiheit, gegen die richtigen/allgemeinen/rechtlichen Gesetze zu handeln, schützt kein republikanisches Grundrecht. Wären die Gesetzgebung und der Vollzug der Gesetze, die Gesetzlichkeit also, als solche eine Beschränkung der Freiheit, also freiheitswidrig, so wäre es ein Widerspruch, von einer freiheitlichen demokratischen Grundordnung (Art. 18 und Art. 21 Abs. 2 GG) zu sprechen. Die allgemeinen Gesetze sind der allgemeine Wille, der „Volkswille“[163]. Dadurch schaffen sie Recht, denn: volenti non fit iniuria[164];

---

[156] Metaphysik der Sitten, S. 345.

[157] Zur Einheit privater und politischer Autonomie *J. Habermas*, Faktizität und Geltung, S. 109 ff., insb. S. 123; *ders.*, Die Einbeziehung des Anderen, S. 293 f., 301 ff.

[158] Philosophische Grundlagen des demokratischen Verfassungsstaates, S. 129; i.d.S. auch *W. Kersting*, Der Geltungsgrund von Moral und Recht bei Kant, S. 318 f.

[159] Dazu 8. Kap., II.

[160] Ganz so *W. Kersting*, Kant über Recht, S. 125 f.

[161] Metaphysik der Sitten, S. 527 u.ö.; auch *ders.*, Grundlegung zur Metaphysik der Sitten, S. 63; dazu *F. Kaulbach*, Immanuel Kants „Grundlegung zur Metaphysik der Sitten", S. 91 ff., 100 ff., 195 ff.; *ders.*, Studien, S. 30 ff., 40 ff., 49 ff.; vgl. auch *M. Forschner*, Gesetz und Freiheit, S. 208 ff. („kantische Idee eines Reiches der Vernunft, einer Republik vernünftiger Wesen"); *W. Kersting*, Kant über Recht, S. 136 ff.

[162] *Kant*, Grundlegung zur Metaphysik der Sitten, S. 63, u.ö.

[163] Hinweise in Fn. 139.

d.h. Unrecht ist die Verletzung des Willens anderer Menschen. Es kann keine Freiheit geben, anderen Unrecht zu tun, d.h. deren (gesetzgebenden) Willen zu mißachten. Gemäß seinem allgemeinen Prinzip des Rechts[165] folgert *Kant*:

> „Also ist das allgemeine Rechtsgesetz: handle äußerlich so, daß der freie Gebrauch deiner Willkür mit der Freiheit von jedermann nach einem allgemeinen Gesetze zusammen bestehen könne, zwar ein Gesetz, welches mir eine Verbindlichkeit auferlegt, aber ganz und gar nicht erwartet, noch weniger fordert, daß ich, ganz um dieser Verbindlichkeit willen, meine Freiheit auf jene Bedingungen selbst einschränken solle, sondern die Vernunft sagt nur, daß sie in ihrer Idee darauf eingeschränkt sei und von andern auch tätlich eingeschränkt werden dürfe; und dieses sagt sie als ein Postulat, welches gar keines Beweises weiter fähig ist."[166]

Diese Erkenntnis legitimiert auch die Vertretung in der allgemeinen Gesetzgebung. Die Gesetze müssen (erzwingbares) Recht schaffen, um die allgemeine Freiheit zu verwirklichen, aber die Freiheit verlangt begrifflich nach der allgemeinen Gesetzlichkeit, also nach den Gesetzen, die der Wille aller sind.

Die Gesetze sind Notwendigkeit der Freiheit unter den Menschen. Die Gesetzlichkeit ist die Wirklichkeit der Freiheit[167]. Richtig ist die Formel: Ohne Gesetze keine verwirklichte Freiheit, nicht die Formel: Je mehr Gesetze, desto weniger Freiheit. Freiheit ist also Autonomie des Willens und gibt darin dem Menschen Würde[168]. Die Gesetze beschränken die Alterna-

---

[164] *Kant*, Metaphysik der Sitten, S. 432; *ders.*, Über den Gemeinspruch, S. 150; *Rousseau*, Vom Gesellschaftsvertrag, II, 4, 6, S. 35, 41; i.d.S. auch *Hobbes*, Leviathan, II, 18, 21, S. 160, 189 ff.; i.d.S. auch *Locke*, Über die Regierung, IV, 22, VII, 89, XI, 134, S. 19, 67, 101 ff.; *W. Kersting*, Kant über Recht, S. 136 ff.; vgl. auch *W. Maihofer*, HVerfR, S. 435 ff., auch S. 500 ff.; *ders.*, Realität der Politik und Ethos der Republik, S. 116 ff.; *O. Höffe*, Demokratie im Zeitalter der Globalisierung, S. 45, 107.

[165] Metaphysik der Sitten, S. 337, Zitat zu Fn. 131.

[166] Metaphysik der Sitten, S. 338; dazu *O. Höffe*, Kategorische Rechtsprinzipien, S. 135 ff.; *F. Kaulbach*, Studien, S. 50 f., 79 f., 143; *W. Kersting*, Der Geltungsgrund von Moral und Recht bei Kant, S. 319 ff.

[167] Vgl. *Hegel*, Rechtsphilosophie, S. 52: „System des Rechts ist nichts anderes als System der sich verwirklichenden Freiheit"; vgl. auch *ders.*, Rechtsphilosophie, § 4, S. 51 f.: „... das Rechtssystem das Reich der verwirklichten Freiheit, ...". (für Hegelsätze soll hier allenfalls ein begrenzter Kantianismus reklamiert werden); dazu *Th. Kobusch*, Die Entdeckung der Person. Metyphysik der Freiheit und modernes Menschenbild, 1993, 2. Aufl. 1996, S. 158 ff.; *F. Kaulbach*, Immanuel Kants „Grundlegung zur Metaphysik der Sitten", S. 195 ff.; *ders.*, Studien, S. 169 ff.; *M. Forschner*, Gesetz und Freiheit, S. 208 ff., 232.

[168] Etwa *Kant*, Grundlegung zur Metaphysik der Sitten, S. 67, 72 u.ö.; *F. Kaulbach*, Immanuel Kants „Grundlegung zur Metaphysik der Sitten", S. 91 ff., 102 f., 208 f.; *J. Habermas*, Die Einbeziehung des Anderen, S. 251.

tiven des äußeren Handelns und ermöglichen dadurch das gemeinsame Leben in allgemeiner Freiheit, das Leben des Menschen in Würde[169]. Nicht die empirisch erfaßbaren Möglichkeiten des Handelns machen ethisch und damit auch rechtlich die Freiheit aus[170], sondern die Willensautonomie, um deren Letztbegründung sich die transzendentale Moralphilosophie müht, die aber im Sollen erfahrbar ist[171]. Das allgemeine Gesetz, also das Recht, kann die Freiheit nicht verletzen, wenn und weil Freiheit die Willensauto-

---

[169] Das stellt *W. Maihofer*, ARSP, Beiheft Nr. 15, 1981, S. 22 ff., als die Rechtfertigung des Staates heraus; dahin läßt sich dessen Lehre von den „Einschränkungen der Freiheit" „in einer liberalen Demokratie" deuten, HVerfR, S. 503 ff.; im Sinne des Textes auch *R. Dreier*, Zur Einheit der praktischen Philosophie Kants, S. 298 f.; *L. W. Beck*, Kants „Kritik der praktischen Vernunft", S. 203 („Die wohlgeordnete Freiheit" besteht in der Einheit aller Handlungen unter allgemeinen Gesetzen und bedeutet dasselbe wie Sittlichkeit); i. d. S. auch *F. Kaulbach*, Studien, S. 84 f.

[170] *M. Forschner*, Gesetz und Freiheit, S. 185; vgl. auch *J. Timmermann*, Sittengesetz und Freiheit, S. 45 ff.

[171] Im Sinne der Einheit von äußerer und innerer Freiheit versteht *J. Rawls*, Eine Theorie der Gerechtigkeit, S. 560, Autonomie („Autonom handeln heißt also nach Grundsätzen handeln, denen man als freies und gleiches Vernunftwesen zustimmen würde und die man in diesem Sinne auffassen soll"), also als formale Freiheit, im Gegensatz zu dem materialen Freiheitsbegriff, in dem er „Freiheit" „als ein Gefüge von Rechten und Pflichten, die durch Institutionen festgelegt werden", begreift (S. 270 f.); das sind auch für Rawls „verschiedene Freiheiten", die richtigerweise Freiheitsrechte oder Rechte sind. Das Verhältnis von Freiheit und Gesetz, dem *Kant* die volle Aufmerksamkeit geschenkt hat, bleibt bei Rawls begrifflich ungeklärt (S. 265 ff. zur „Gesetzesherrschaft"), weil die Frage nach der Repräsentation (dazu *K. A. Schachtschneider*, Res publica res populi, S. 637 ff.) nicht näher erörtert wird. Vielmehr begnügt sich Rawls mit der Erörterung der Mehrheitsregel (S. 392 ff.). Er gibt einen gegenständlichen Begriff der Gesetze („Ein Gesetzessystem ist ein System öffentlicher Zwangsregeln, die sich an vernunftbegabte Menschen wenden, um ihr Verhalten zu regeln und einen Rahmen für die gesellschaftliche Zusammenarbeit zu schaffen", S. 266 ff.) und sieht die „Übereinkunft vernünftiger Menschen, sich die größtmögliche gleiche Freiheit zu sichern" durch „den Grundsatz der Gesetzmäßigkeit" (S. 271 u. ö.) erfüllt, aber nicht notwendig durch Gesetze dieser Menschen, eine Lehre, zu der ein materialer Freiheitsbegriff führt. *Rawls* lehrt freilich die „konstitutionelle Demokratie" (S. 223, 252, 275 f.), so daß das Volk und damit die Mehrheit der Gesetzgeber, also der Herrscher, und somit das Problem des Mehrheitsprinzips zu bewältigen ist (S. 392 ff.), das Rawls republikanisch im Sinne eines „idealen Verfahrens" zu mildern bemüht ist (Minderheitenschutz, Kommunikationsfreiheit, „vernunftgeleitete Abgeordnete", „unparteiischer Gesetzgeber", kein „Interessenkampf", „ideale Diskussion", „Schleier des Nichtwissens"); Kritik daran, daß Rawls Kants „Unterscheidung von Recht und Tugend" nicht aufnehme, äußert *O. Höffe*, Kategorische Rechtsprinzipien, S. 329, vgl. auch S. 306 ff.; ähnlich Rawls argumentiert *W. Maihofer*, HVerfR, S. 462 ff., 472 ff. in seiner Lehre von der „eingeschränkten Mehrheitsherrschaft" und S. 500 ff. in der Lehre von der „liberalen Demokratie", herrschaftliche und demgemäß liberalistische Rückstände einer Republiklehre; stärker republikanisch *ders.*, Realität der Politik und Ethos der Republik, S. 94 ff., 121 ff. Zum Faktum des Sollens II mit Fn. 70.

nomie jedes Bürgers ist, die praktische Vernunft oder die Menschheit des Menschen. *Kant* predigt:

„Alle Macht des Himmels steht auf der Seite des Rechts"[172].

V. Freie Willkür der Maximen

1. Der Mensch strebt nach Glück, nach gutem Leben. Darin schützt ihn die Republik. Das ist der Zweck des freiheitlichen Gemeinwesens[173]. Die Frage nach dem Glück hat schon *Aristoteles* in der Nikomachischen Ethik beschäftigt[174].

Kant hat eine Pflicht, das Glück zu suchen, bedacht und mit einem anthropologischen Argument verneint:

„Denn eigene Glückseligkeit ist der Zweck, den zwar alle Menschen (vermöge des Antriebes ihrer Natur) haben, nie aber kann dieser Zweck als Pflicht angesehen werden, ohne sich selbst zu widersprechen. Was ein jeder unvermeidlich schon von selbst will, das gehört nicht unter den Begriff von Pflicht; denn diese ist eine Nötigung zu einem ungern genommenen Zweck. Es widerspricht sich also zu sagen: man sei verpflichtet, seine eigene Glückseligkeit mit allen Kräften zu befördern"[175].

Die Vorstellungen des einzelnen Menschen von seinem Glück, seinem guten Leben, bestimmen die Zwecke seiner Handlungen, seine besonderen

---

[172] Reflexionen, Akademie-Ausgabe, Bd. XIX, 7006; dazu *W. Kersting*, Kant über Recht, S. 48.

[173] *D. Sternberger*, Das Menschenrecht nach Glück zu streben, 1966, in: ders., „Ich wünschte ein Bürger zu sein", Neun Versuche über den Staat, 1967, S. 131 ff., insb. zur amerikanischen Unabhängigkeitserklärung von 1776 („pursuit of happiness"/„Bewerbung um Glückseligkeit", Kant); ganz i.d.S. *J. St. Mill*, Über die Freiheit (On Liberty and other essays), 1859, übersetzt v. F. Wentscher, 1928, ed. Kiepenheuer, 1991, S. 21.

[174] *Aristoteles*, Die Nikomachische Ethik, übers. u. hrsg. v. O. Gigon, 6. Aufl. 1986, 1095 a 15 ff., S. 58: „Welches ist das oberste aller politischen Güter? Im Namen stimmen wohl die meisten überein. Glückseligkeit nennen es die Leute ebenso wie die Gebildeten, und sie setzen das Gut-Leben und das Sich-gut-Verhalten gleich mit dem Glückseligsein".

[175] Metaphysik der Sitten, S. 515 f.; dazu *ders.*, Grundlegung zur Metaphysik der Sitten, S. 47; *ders.*, Kritik der praktischen Vernunft, S. 127 ff., insb. S. 133 ff., 145 ff., 218 ff., 230 ff.; *ders.*, Kritik der teleologischen Urteilskraft, S. 551 ff., 567 f.; *ders*, Über den Gemeinspruch, S. 154 ff.; *ders.*, Zum ewigen Frieden, S. 250 f.; dazu *L. W. Beck*, Kants „Kritik der praktischen Vernunft", S. 99 ff.; zum Glücksprinzip in der Moral-Theorie Kants *H. Lübbe*, Dezisionismus in der Moral-Theorie Kants, in: H. Barion/E.-W. Böckenförde/E. Forsthoff/W. Weber (Hrsg.), Epirrhosis, FG. C. Schmitt (80.), 1968, S. 567 ff.; *M. Forschner*, Gesetz und Freiheit, S. 212 ff., 273 ff.; auch *F. Kaulbach*, Immanuel Kants „Grundlegung zur Metaphysik der Sitten", S. 56 ff., 110 ff.

Interessen. *Kant* definiert „Glückseligkeit" als „die Befriedigung aller unserer Neigungen"[176]. Die Handlungen des Menschen sind dem „Prinzip der Selbstliebe" gemäß klug[177], wenn sie diese Zwecke zu erreichen erlauben. Pragmatische Imperative raten das zweckgerechte Handeln an[178]. Vernünftig oder sittlich sind die Zwecke, wenn die mit ihnen verwirklichten Maximen dem Sittengesetz gehorchen[179]. Maximen, Zwecke und Handlungen sollen pflichtgemäß sein[180]. Das gebietet der kategorische Imperativ, das Gesetz der Sittlichkeit[181]. „Die Übereinstimmung einer Handlung mit dem Pflichtgesetze ist die Gesetzmäßigkeit (legalitas) – die der Maxime der Handlung mit dem Gesetze die Sittlichkeit (moralitas) derselben"[182]. „Sittlichkeit" ist „die Würdigkeit, glücklich zu sein"[183].

Das „ethische Gesetz der Vollkommenheit" ist: „Liebe deinen Nebenmenschen als dich selbst". *Kant* begründet diesen Imperativ:

> „Denn alles moralisch-praktische Verhältnis gegen Menschen ist ein Verhältnis derselben in der Vorstellung der reinen Vernunft, d.i. der freien Handlungen nach Maximen, welche sich zur allgemeinen Gesetzgebung qualifizieren, die also nicht selbstsüchtig (ex solipsismo prodeuntes) sein können. ... Die Maxime

---

[176] Kritik der reinen Vernunft, S. 677; vgl. *M. Forschner*, Gesetz und Freiheit, S. 212.

[177] *Kant*, Grundlegung zur Metaphysik der Sitten, S. 44 ff.; *ders.*, Kritik der praktischen Vernunft, S. 128 ff., 146 ff.; auch *ders.*, Metaphysik der Sitten, S. 515; dazu *L. W. Beck*, Kants „Kritik der praktischen Vernunft", S. 99 ff., 102 ff.; *F. Kaulbach*, Immanuel Kants „Grundlegung zur Metaphysik der Sitten", S. 21, 57 ff., insb. S. 60, auch S. 110 ff.

[178] *Kant*, Grundlegung zur Metaphysik der Sitten, S. 45 ff.; *ders.*, Kritik der praktischen Vernunft, S. 146 ff.; dazu *L. W. Beck*, Kants „Kritik der praktischen Vernunft", S. 87 ff.; *F. Kaulbach*, Immanuel Kants „Grundlegung zur Metaphysik der Sitten", S. 56 ff., auch S. 110 ff.; *J. Timmermann*, Sittengesetz und Freiheit, S. 76 ff.

[179] Kant, Metaphysik der Sitten, S. 519 f.; zum Verhältnis der Maximen und der Zwecke *J. Timmermann*, Sittengesetz und Freiheit, S. 145 ff. (159 ff., 162 ff., 165 f.).

[180] *Kant*, Metaphysik der Sitten, S. 514 f., 519 ff.; dazu *R. Dreier*, Zur Einheit der praktischen Philosophie Kants, S. 297 ff.; *F. Kaulbach*, Immanuel Kants „Grundlegung zur Metaphysik der Sitten", S. 56 ff.; dazu *W. Kersting*, Das starke Gesetz der Schuldigkeit und das schwächere der Gütigkeit, S. 102 ff., 105 ff.; *ders.*, Kant über Recht, S. 46 ff., 221 ff.

[181] *Kant*, Grundlegung zur Metaphysik der Sitten, S. 45 ff., 81 ff.; *ders.*, Kritik der praktischen Vernunft, S. 142 ff., *ders.*, Metaphysik der Sitten, S. 326 ff., auch S. 527; *F. Kaulbach*, Immanuel Kants „Grundlegung zur Metaphysik der Sitten", S. 56 ff., 110 ff., 199 ff.

[182] *Kant*, Metaphysik der Sitten, S. 332.

[183] *Kant*, Kritik der reinen Vernunft, S. 676 ff.; vgl. auch *ders.*, Kritik der praktischen Vernunft, S. 238 ff. („Tugend (als die Würdigkeit glücklich zu sein)"); dazu *F. Kaulbach*, Immanuel Kants „Grundlegung zur Metaphysik der Sitten", S. 23, 111.

des Wohlwollens (die praktische Menschenliebe) ist aller Menschen Pflicht gegen einander."[184]

Demgemäß faßt *Kant* die Tugendpflicht in den Schlagworten „Eigene Vollkommenheit – Fremde Glückseligkeit" zusammen[185]. Die immer zu verwirklichende „fremde Glückseligkeit" ist nichts als die Freiheit des anderen, die das allgemeine Gesetz erfordert[186]. Auch die Tugendpflichtlehre *Kants* kennt für die Zwecksetzung, weil nur „ein Zweck, der zugleich Pflicht ist, Tugendpflicht genannt werden" könne[187], das Prinzip der allgemeinen Gesetzlichkeit, wie es die Logik der allgemeinen Freiheit gebietet.

„Das oberste Prinzip der Tugendlehre ist: handle nach einer Maxime der Zwecke, die zu haben für jedermann ein allgemeines Gesetz sein kann."[188]

2. Es gibt kein (freies) Handeln ohne (materiale) Zwecke. „Keine Handlung kann zwecklos sein"[189].

„Eine jede Handlung hat also ihren Zweck und, da niemand einen Zweck haben kann, ohne sich den Gegenstand seiner Willkür selbst zum Zweck zu machen, so

---

[184] Metaphysik der Sitten, S. 587 (die Satzfolge ist verändert), vgl. i.d.S. auch daselbst S. 318; vgl. zum „Gesetz aller Gesetze" auch *ders.*, Kritik der praktischen Vernunft, S. 205 f.; zum Liebesprinzip bei Kant *Th. Nisters*, Kants Kategorischer Imperativ als Leitfaden humaner Praxis, S. 239 ff.; auch *F. Kaulbach*, Immanuel Kants „Grundlegung zur Metaphysik der Sitten", S. 27.

[185] Metaphysik der Sitten, S. 515 ff.

[186] Dazu *W. Kersting*, Wohlgeordnete Freiheit, S. 75 ff., 84 ff., der die ethische Einheit von innerer und äußerer Freiheit, von Tugendlehre und Rechtslehre auseinanderreißt, obwohl doch beide zur Pflichtenlehre gehören; vgl. auch *ders.*, Der Geltungsgrund von Moral und Recht bei Kant, S. 316 ff.; anders *ders.*, Kant über Recht, S. 46 ff. („Auch Rechtspflichten sind daher indirekt ethische Pflichten"); *Kant*, Metaphysik der Sitten, S. 508; dazu *F. Kaulbach*, Studien, S. 55 ff., 169 ff., insb. S. 178 ff., S. 196 zur „Idee der moralischen Welt", die „sowohl für die Beurteilung moralischen Handelns wie auch für positive Rechtsgesetzgebung und Rechtspraxis orientierend und maßgebend" sei (S. 140 ff.).

[187] Metaphysik der Sitten, S. 512.

[188] Metaphysik der Sitten, S. 526.

[189] *Kant*, Grundlegung zur Metaphysik der Sitten, S. 66 ff.; *ders.*, Kritik der praktischen Vernunft, S. 144 ff.; *ders.*, Metaphysik der Sitten, S. 514 f., 519 f.; so schon *Aristoteles*, Nikomachische Ethik, S. 183, 1139a, 36 ff. *R. Dreier*, Zur Einheit der praktischen Philosophie Kants, S. 296 ff.; *L. W. Beck*, Kants „Kritik der praktischen Vernunft", S. 94, 115; *G. Maluschke*, Philosophische Grundlagen des demokratischen Verfassungsstaates, S. 117; vgl. *F. Kaulbach*, Immanuel Kants „Grundlegung zur Metaphysik der Sitten", S. 56 ff., insb. S. 61, auch S. 206 ff.; vgl. *J. Timmermann*, Sittengesetz und Freiheit, S. 73 ff., 159 ff.; dazu *K. Larenz*, Allgemeiner Teil des deutschen Bürgerlichen Rechts, 1967, S. 68 ff., der auch „zweckfreies und unbedachtes Tun eines Menschen" zu erkennen glaubt, aber kein willenloses Verhalten; das ist widersprüchlich; richtig die finale Handlungslehre von *H. Welzel*, Das Deutsche Strafrecht. Eine systematische Darstellung, 11. Aufl. 1969, S. 33 f.

ist es ein Akt der Freiheit des handelnden Subjekts, nicht eine Wirkung der Natur, irgend einen Zweck der Handlungen zu haben"[190].

Die Zwecke sind die besonderen Interessen der Menschen, die jeweiligen Materialisierungen ihres selbst- und alleinbestimmten Wegs zum Glück. „Nun ist freilich unleugbar," meint *Kant*, „daß alles Wollen auch einen Gegenstand, mithin eine Materie haben müsse;" ... „und sie drehen sich insgesamt um das Prinzip der eigenen Glückseligkeit"[191]. Daß sich aber nach „dem Urteile des Staatsoberhaupts" bestimme, wie die Menschen glücklich werden sollen, ist nach *Kant* der „größte denkbare Despotismus"[192].

Die jeweiligen Zwecke/Interessen des einzelnen Menschen sind subjektiv[193]. Der Mensch bestimmt sie und die zweckgerichteten Handlungen also selbst. Demgemäß sagt *Kant*:

„Es wird jedermanns freier Willkür überlassen, welchen Zweck er sich für seine Handlung setzen wolle"[194].

3. Der Mensch handelt frei nach „subjektiven Prinzipien", eigenen „praktischen Regeln" seines Willens, also nach „Maximen"[195]. Jede Handlung folgt somit einer Maxime des Handelns. Die Maxime besagt, wie der Mensch handeln will. *Kant* definiert:

„Maxime aber ist das subjektive Prinzip zu handeln, was sich das Subjekt selbst zur Regel macht (wie es nämlich handeln will)." „Maxime ist das subjektive Prinzip des Wollens"[196].

---

[190] *Kant*, Metaphysik der Sitten, S. 514; dazu *J. Timmermann*, Sittengesetz und Freiheit, S. 75.

[191] Kritik der praktischen Vernunft, S. 145; vgl. auch *ders.*, Über den Gemeinspruch, S. 145.

[192] Über den Gemeinspruch, S. 146 („Verfassung, die alle Freiheit der Untertanen, die alsdann gar keine Rechte haben, aufhebt."); *W. Maihofer*, HVerfR, S. 457, 509.

[193] *G. Maluschke*, Philosophische Grundlagen des demokratischen Verfassungsstaates, S. 117; *L. W. Beck*, Kants „Kritik der praktischen Vernunft", S. 94, 115; *F. Kaulbach*, Immanuel Kants „Grundlegung zur Metaphysik der Sitten", S. 53 ff., 110 ff.; *M. Forschner*, Gesetz und Freiheit, S. 182 f., 212.

[194] Metaphysik der Sitten, S. 511, vgl. auch S. 337 ff. daselbst; vgl. auch *ders.*, Kritik der praktischen Vernunft, S. 144 ff.; *ders.*, Kritik der (teleologischen) Urteilskraft, S. 553; i.d.S. *W. Maihofer*, Rechtsstaat und menschliche Würde, S. 69; dazu i.d.S. auch *R. Dreier*, Zur Einheit der praktischen Philosophie Kants, S. 296 ff.; *ders.*, Bemerkungen zur Rechtsphilosophie Hegels, in: *ders.*, Recht-Moral-Ideologie, S. 331 f.; *F. Kaulbach*, Immanuel Kants „Grundlegung zur Metaphysik der Sitten", S. 53 ff.; dazu *W. Kersting*, Das starke Gesetz der Schuldigkeit und das schwächere der Gütigkeit, S. 104 f.; *J. Timmermann*, Sittengesetz und Freiheit, S. 75 ff.

[195] *Kant*, Grundlegung zur Metaphysik der Sitten, S. 27, 51 (Definition des Begriffs Maxime); *ders.*, Kritik der praktischen Vernunft, S. 125 ff.; *ders.*, Metaphysik der Sitten, S. 331 f., 511, 519 f.; dazu (fragwürdig) *Th. Nisters*, Kants Kategorischer Imperativ als Leitfaden humaner Praxis, S. 83 ff., 157 ff.; differenziert *J. Timmermann*, Sittengesetz und Freiheit, S. 145 ff.

Auch die Maxime bestimmt der Mensch selbst. Das ist seine Willkür, die nur im sittlichen, im intelligiblen Sinne, frei ist, wenn der Mensch die Allgemeinheit der Freiheit wahrt, wenn die Maximen vernünftig sind; „denn die Freiheit (so wie sie uns durchs moralische Gesetz allererst kundbar wird) kennen wir nur als negative Eigenschaft in uns, nämlich durch keine sinnliche Bestimmungsgründe zum Handeln genötigt zu werden"[197]. In der Kritik der reinen Vernunft hat *Kant* von der „pathologischen" und der „praktischen" Freiheit, die „durch Erfahrung bewiesen werden" könne, gesprochen – im Unterschied zur „transzendentalen Idee" der Freiheit[198].

„Eine Willkür nämlich ist bloß tierisch (arbitrium brutum), die nicht anders als durch sinnliche Antriebe, d.i. pathologisch bestimmt werden kann. Diejenige aber, welche unabhängig von sinnlichen Antrieben, mithin durch Bewegursachen, welche nur von der Vernunft vorgestellet werden, bestimmet werden kann, heißt die freie Willkür (arbitrium liberum), und alles, was mit dieser, es sei als Grund oder Folge, zusammenhängt, wird praktisch genannt"[199].

Der Wille bestimmt die Gesetzgebung für die Maximen der Handlungen, die Maximen aber gehen von der Willkür aus, die der Freiheit, nämlich der praktischen Freiheit, fähig ist[200].

---

[196] Metaphysik der Sitten, S. 332; Grundlegung zur Metaphysik der Sitten, S. 27; Kritik der reinen Vernunft, S. 682; dazu *F. Kaulbach*, Immanuel Kants „Grundlegung zur Metaphysik der Sitten", S. 61, auch S. 82 ff., 122 ff.; *M. Forschner*, Gesetz und Freiheit, S. 208; vgl. auch Fn. 265 *J. Timmermann*, Sittengesetz und Freiheit, S. 149 ff., der auf einen unterschiedlichen Gebrauch des Wortes Maxime durch Kant hinweist.

[197] *Kant*, Metaphysik der Sitten, S. 317 ff., 332 f. (Zitat S. 333); *ders.*, Kritik der reinen Vernunft, S. 489 (Zitat zu Fn. 228); *ders.*, Grundlegung zur Metaphysik der Sitten, S. 81 ff.; *ders.*, Kritik der praktischen Vernunft, S. 218, auch S. 222; ganz so schon *Rousseau*, Vom Gesellschaftsvertrag, I, 8, S. 22 ff.; vgl. auch *Hobbes*, Leviathan, I, 14, S. 118 („Freiheit begreift ihrer ursprünglichen Bedeutung nach die Abwesenheit aller äußeren Hindernisse in sich."), auch II, 21, S. 187 f. im Sinne räumlicher Kategorie; dazu *M. Forschner*, Gesetz und Freiheit, S. 180 ff. (zum „anthropologischen Freiheitsbegriff"); zum negativen Freiheitsbegriff *N. Hartmann*, Ethik, S. 589 ff.; auch *O. Höffe*, Politische Gerechtigkeit, S. 300 ff., 313; *L. W. Beck*, Kants „Kritik der praktischen Vernunft", S. 169 ff., auch S. 180; *F. Kaulbach*, Immanuel Kants „Grundlegung zur Metaphysik der Sitten", S. 123 f., auch S. 172, vgl. auch S. 108 ff. zur Heteronomie; *ders.*, Studien, S. 78 f.; *J. Timmermann*, Sittengesetz und Freiheit, S. 11 ff., 114 ff.

[198] S. 488 f., 674 ff. (675); vgl. *M. Forschner*, Gesetz und Freiheit, S. 183, zum Faktum der Vernunft, S. 250 ff., 260 ff., 266 ff.; dazu II; *J. Timmermann*, Sittengesetz und Freiheit, S. 92 ff., 140 ff.

[199] *Kant*, Kritik der reinen Vernunft, S. 675; *J. Timmermann*, Sittengesetz und Freiheit, S. 140 ff.; zur kantianischen Unterscheidung Hegels von Willkür und Freiheit *Th. Kobusch*, Die Entdeckung der Person, S. 158 ff.; vgl. *Hegel*, Rechtsphilosophie, § 15, S. 61 ff.

[200] *Kant*, Kritik der reinen Vernunft, S. 489; *ders.*, Metaphysik der Sitten, S. 332; *M. Forschner*, Gesetz und Freiheit, S. 182 ff., 208 f.; *J. Timmermann*, Sittengesetz

Kant definiert:

„Der oberste Grundsatz der Sittenlehre ist also: handle nach einer Maxime, die zugleich als allgemeines Gesetz gelten kann. – Jede Maxime, die sich hiezu nicht qualifiziert, ist der Moral zuwider. Von dem Willen gehen die Gesetze aus; von der Willkür die Maximen. Die letztere ist im Menschen eine freie Willkür; der Wille, der auf nichts anderes, als bloß auf Gesetz geht, kann weder frei noch unfrei genannt werden, weil er nicht auf Handlungen, sondern unmittelbar auf die Gesetzgebung für die Maxime der Handlungen (also die praktische Vernunft selbst) geht, daher auch schlechterdings notwendig und selbst keiner Nötigung fähig ist. Nur die Willkür also kann frei genannt werden."[201]

Der „positive Begriff" der „freien Willkür"/der „Freiheit der Willkür" ist nach *Kant* „das Vermögen der reinen Vernunft, für sich selbst praktisch zu sein. Dieses ist aber nicht anders möglich, als durch die Unterwerfung der Maxime einer jeden Handlung unter die Bedingung der Tauglichkeit der ersteren zum allgemeinen Gesetze"[202]. Darum gilt der kategorische Imperativ *Kants*, der in der bekanntesten Formulierung lautet:

„Handle so, daß die Maxime deines Willens jederzeit zugleich als Prinzip einer allgemeinen Gesetzgebung gelten könne"[203].

Das Prinzip der praktischen Vernunft verbindet *Kant* mit der gesetzgebenden Form der Maxime, also, wenn ein allgemeines Gesetz nicht besteht, mit dem Imperativ der Allgemeinheitsfähigkeit der Maxime, also mit dem moralischen Gesetz, dem Sittengesetz[204]. Er folgert dies (u. a.) „aus dem Verhältnis vernünftiger Wesen zueinander, in welchen der Wille eines vernünftigen Wesens jederzeit zugleich als gesetzgebend betrachtet werden muß, weil es sie sonst nicht als Zweck an sich selbst denken könnte"[205].

---

und Freiheit, S. 15 ff., 105 Fn. 2, 139, 146, 196 u. ö. (zur freien Willkür), S. 140 ff. (zur praktischen Freiheit).

[201] Metaphysik der Sitten, S. 332.

[202] *Kant*, Metaphysik der Sitten, S. 318, 519, vgl. auch S. 332 f.; dazu *J. Timmermann*, Sittengesetz und Freiheit, S. 26 ff.

[203] Kritik der praktischen Vernunft, S. 140; in der Sache nicht anders *ders.*, Grundlegung zur Metaphysik der Sitten, S. 51, 69 ff. (3 Formeln); auch *ders.*, Metaphysik der Sitten, S. 331, 526 u. ö.; zu den weiteren Formeln, der Naturgesetzformel, der Mensch/Zweck-Formel und der Autonomieformel mit der Zweckreichformel (*Kant*, Grundlegung zur Metaphysik der Sitten, S. 51, 61, 67, 72) *R. Dreier*, Zur Einheit der praktischen Philosophie Kants, S. 290 f.; *F. Kaulbach*, Immanuel Kants „Grundlegung zur Metaphysik der Sitten", S. 82 ff., 94 ff.; *M. Forschner*, Gesetz und Freiheit, S. 208 ff., 229 f.

[204] Grundlegung zur Metaphysik der Sitten, S. 27, 30, 40, 59 ff., 82 ff. u. ö.; Kritik der praktischen Vernunft, S. 135 ff., 138 ff., 140 ff., 144 ff.; Metaphysik der Sitten, S. 317 ff.; dazu *F. Kaulbach*, Immanuel Kants „Grundlegung zur Metaphysik der Sitten", S. 82 ff., 121 ff., 199 ff.; *J. Timmermann*, Sittengesetz und Freiheit, S. 34, 201.

[205] Grundlegung zur Metaphysik der Sitten, S. 67; dazu *F. Kaulbach*, Immanuel Kants „Grundlegung zur Metaphysik der Sitten", S. 75 ff., 91 ff., 100 ff., 206 ff.; *M. Forschner*, Gesetz und Freiheit, S. 208 ff.

Für die Rechtlichkeit des gemeinsamen Lebens, für die Praxis also, genügt es nicht, daß die Maxime einer Handlung sich für eine allgemeine Gesetzgebung qualifiziere. Diese Qualifizierung ist das Kriterium (allein-bestimmten) tugendhaften Handelns und gehört zur Ethik[206]. Die Ethik muß sich mit Maximen begnügen, deren „einschränkende Bedingung" nur „die Habilität zu einer allgemeinen Gesetzgebung" ist, weil die Tugend nicht erzwingbar ist[207].

> „Die Ethik gibt nicht Gesetze für die Handlungen (denn das tut das ius) sondern nur für die Maximen der Handlungen." … „Die Maximen werden hier als solche subjektive Grundsätze angesehen, die sich zu einer allgemeinen Gesetzgebung bloß qualifizieren; welches nur ein negatives Prinzip (einem Gesetz überhaupt nicht zu widerstreiten) ist."[208]

Die Sittlichkeit aber, die Wirklichkeit der Freiheit, erfordert das allgemeine Gesetz als das wirkliche Gesetz aller, welches nur mittels der gesetzgeberischen Tugend, also nur in Moralität, hervorgebracht werden kann. *Werner Maihofer* begreift demgemäß die „Republik als legalisierte Moralität"[209].

Den Zusammenhang zwischen der Freiheit der Willkür, der Autonomie des Willens, des allgemeinen Prinzips der Sittlichkeit, der eigenen Gesetzgebung und des Reiches der Zwecke verdeutlichen die weiteren *Kant*-Zitate:

> „Die Freiheit der Willkür aber kann nicht durch das Vermögen der Wahl, für oder wider das Gesetz zu handeln (libertas indifferentiae), definiert werden … Die Freiheit, in Beziehung auf die innere Gesetzgebung der Vernunft, ist eigentlich allein ein Vermögen; die Möglichkeit, von dieser abzuweichen, ein Unvermögen"[210] „Denn Freiheit und eigene Gesetzgebung des Willens sind beides Auto-

---

[206] *Kant*, Metaphysik der Sitten, S. 519 f. (Ethik im engeren Sinne der Tugendlehre, nicht im weiteren Sinne als Freiheitslehre oder „Sittenlehre" verstanden, vgl. *Kant*, Grundlegung zur Metaphysik der Sitten, S. 11; *ders.*, Metaphysik der Sitten, S. 508); dazu W. *Kersting*, Das starke Gesetz der Schuldigkeit und das schwächere der Gütigkeit, S. 102 ff., 105 ff.

[207] Metaphysik der Sitten, S. 508 f., 519 ff.; W. *Kersting*, Das starke Gesetz der Schuldigkeit und das schwächere der Gütigkeit, S. 102 ff., 105 ff.; *ders.*, Der Geltungsgrund von Moral und Recht bei Kant, S. 319 ff.

[208] *Kant*, Metaphysik der Sitten, S. 519.

[209] Realität der Politik und Ethos der Republik, S. 95 ff.; im Sinne des Textes „verbindlichkeitstheoretisch" auch W. *Kersting*, Kant über Recht, S. 35 f.; zur Kritik von *J. Habermas*, Fn. 133 und IV.

[210] Metaphysik der Sitten, S. 332 f., der dies damit begründet, daß die Freiheit eine „negative Eigenschaft in uns" sei, „nämlich durch keine sinnliche Bestimmungsgründe zum Handeln genötigt zu werden"; ebenso *ders.*, Grundlegung zur Metaphysik der Sitten, S. 41, 88 f., 95; auch *ders.*, Kritik der reinen Vernunft, S. 429, 489; dazu *F. Kaulbach*, Immanuel Kants „Grundlegung zur Metaphysik der Sitten", S. 45 ff., 53 ff., *ders.*, Studien, S. 30 f.; *M. Forschner*, Gesetz und Freiheit, S. 199 ff. (205 ff.), passim; *J. Timmermann*, Sittengesetz und Freiheit, S. 13; vgl. dagegen *R. Marcic*, Vom Gesetzesstaat zum Richterstaat, S. 84, der mit *F. W. Schel-*

nomie, mithin Wechselbegriffe … Mit der Idee der Freiheit ist nun der Begriff der Autonomie unzertrennlich verbunden, mit diesem aber das allgemeine Prinzip der Sittlichkeit, welches in der Idee allen Handlungen vernünftiger Wesen eben so zum Grunde liegt, als Naturgesetz allen Erscheinungen"[211]. „… diese eigene Gesetzgebung aber der reinen, und, als solche, praktischen Vernunft ist die Freiheit im positiven Verstande", die „Autonomie des Willens"[212]. „…, daß man praktische Freiheit auch durch Unabhängigkeit des Willens, von jedem anderen, außer allein dem moralischen Gesetze, definieren könnte"[213]… „Moralität besteht also in der Beziehung aller Handlung auf die Gesetzgebung, dadurch allein ein Reich der Zwecke möglich ist."[214]

VI. Äußere, negative Freiheit als Recht zur freien Willkür, Allgemeinheit der Gesetzgebung und Reich der Zwecke

1. Freiheit definiert *Kant*, wie zitiert, als „die Unabhängigkeit von eines anderen nötigender Willkür". Das ist die Freiheit unter Menschen, die politische Freiheit[215]. Sie ist das Recht, „welches,…, jedermann von Natur zukommt", „sofern sie mit jedes anderen Freiheit nach einem allgemeinen Gesetz zusammen bestehen kann"[216]. Freiheit ist somit als Recht die Unabhängigkeit aller Menschen von anderer nötigender Willkür. Politische Freiheit ist folglich nichts anderes als das Recht zur freien Willkür[217]. Die freie Willkür (arbitrium liberum) wird durch die allgemeine Gesetzlichkeit

---

ling ein „Vermögen des Menschen zum Guten und Bösen" annimmt; ebenso *L. W. Beck*, Kants „Kritik der praktischen Vernunft", S. 191, der die „böse Willkür" ebenfalls für „frei" hält, S. 192 ff. zum „moralisch Bösen" bei *Kant* in der Religions-Schrift.

[211] *Kant*, Grundlegung zur Metaphysik der Sitten, S. 86, bzw. S. 88 f.; dazu *ders.*, Kritik der praktischen Vernunft, nach § 8, S. 144 ff., passim; dazu *F. Kaulbach*, Immanuel Kants „Grundlegung zur Metaphysik der Sitten", S. 100 ff.; zur Naturgesetzformel als Analogie *M. Forschner*, Gesetz und Freiheit, S. 229 ff.

[212] Kritik der praktischen Vernunft, S. 144; ebenso *ders.*, Grundlegung zur Metaphysik der Sitten, S. 67, 72 u. ö.; *ders.*, Metaphysik der Sitten, S. 318, 333; dazu *F. Kaulbach*, Immanuel Kants „Grundlegung zur Metaphysik der Sitten", S. 100 ff., auch S. 120 ff.; *J. Timmermann*, Sittengesetz und Freiheit, S. 26 ff. (39 ff.).

[213] Kritik der praktischen Vernunft, S. 218; dazu *F. Kaulbach*, Immanuel Kants „Grundlegung zur Metaphysik der Sitten", S. 120 ff., insb. S. 123 f., auch S. 172.

[214] Grundlegung zur Metaphysik der Sitten, S. 67; dazu *F. Kaulbach*, Immanuel Kants „Grundlegung zur Metaphysik der Sitten", S. 82 ff., 100 ff., insb. S. 103.

[215] Zur negativen „Freiheit im praktischen Verstande" als „die Unabhängigkeit der Willkür von der Nötigung durch Antriebe der Sinnlichkeit" (*Kant*, Kritik der reinen Vernunft, S. 489); *J. Timmermann*, Sittengesetz und Freiheit, S. 1 ff., 11 ff.

[216] Metaphysik der Sitten, S. 345; vgl. auch *ders.*, Kritik der praktischen Vernunft, S. 144 ff., 218.

[217] Dazu V, 3.

verwirklicht, weil diese auch das Gesetz des Einzelnen ist, der mit dem Gesetz seinem eigenen Willen folgt. Weil das Gesetz nötigt[218], ist jeder unabhängig von der nötigenden Willkür anderer. Das Recht zur freien Willkür ist um der Personalität jedes Menschen willen die rechtliche Grundlage der Autonomie des Willens, der positiven Freiheit[219]. Die äußere, negative Freiheit also ist die Voraussetzung der inneren, positiven[220]; denn die Nötigung durch heteronome Gesetze würde die Autonomie des Willens als dessen eigene (und zugleich allgemeine) Gesetzgebung ausschließen[221].

> „Die Autonomie des Willens ist das alleinige Prinzip aller moralischen Gesetze und der ihnen gemäßen Pflichten; alle Heteronomie der Willkür gründet dagegen nicht allein gar keine Verbindlichkeit, sondern ist vielmehr dem Prinzip derselben und der Sittlichkeit des Willens entgegen."[222]

Allein der negative Begriff der äußeren Freiheit, der den positiven der inneren Freiheit, den der Sittlichkeit, der praktischen Vernunft oder eben den der Autonomie des Willens, aber auch die Pflicht zur Sittlichkeit (aus dem Gesetz der Freiheit, dem Sittengesetz) impliziert[223], genügt der Allgemeinheit der Freiheit. Freiheit besteht nicht in den tatsächlichen Möglichkeiten

---

[218] *Kant*, Metaphysik der Sitten, S. 328; dazu *F. Kaulbach*, Immanuel Kants „Grundlegung zur Metaphysik der Sitten", S. 53 ff., 83 f.

[219] Hinweise in Fn. 212; vgl. *M. Forschner*, Gesetz und Freiheit, S. 228 f.

[220] *Kant*, Metaphysik der Sitten, S. 527; vgl. *F. Kaulbach*, Immanuel Kants „Grundlegung zur Metaphysik der Sitten", S. 120 ff.; zur Reziprozität von „Freiheit und unbedingt praktischem Gesetz" (*Kant*, Kritik der praktischen Vernunft, S. 139); *J. Timmermann*, Sittengesetz und Freiheit, S. 26 ff.

[221] *Kant*, Grundlegung zur Metaphysik der Sitten, S. 65 f.; *ders.*, Kritik der praktischen Vernunft, S. 144 f.; zur Heteronomie *F. Kaulbach*, Immanuel Kants „Grundlegung zur Metaphysik der Sitten", S. 82 ff., 108 ff. (hypothetische Imperative); vgl. auch *M. Forschner*, Gesetz und Freiheit, S. 212 ff., 227 ff., 250 ff.

[222] *Kant*, Kritik der praktischen Vernunft, S. 144.

[223] *Kant*, Grundlegung zur Metaphysik der Sitten, S. 41 ff.; *ders.*, Metaphysik der Sitten, S. 318, 332 f.; *ders.*, Kritik der praktischen Vernunft, S. 139 ff. (§ 6), 109 ff. (§ 7), 144 ff. (§ 8); vgl. *W. Kersting*, Wohlgeordnete Freiheit, S. 37 ff. (gegen die Unabhängigkeitsthese von Ebbinghaus und Geismann), S. 42 ff. (gegen die Einheit von Moralität und Rechtlichkeit, wie es Kersting nennt, die „moralteleologische Rechtsauffassung"); *ders.*, Die Verbindlichkeit des Rechts, S. 37 ff.; *ders.*, Der Geltungsgrund von Moral und Recht bei Kant, S. 328 ff.; *ders.*, Kant über Recht, S. 23 f.; vgl. *J. Timmermann*, Sittengesetz und Freiheit, S. 20 ff., 26 ff.; *J. Rawls*, Eine Theorie der Gerechtigkeit, S. 229 ff., will sich auf diese begrifflichen Fragen nicht einlassen, das mißlingt, weil es keine Rechtsphilosophie, die nicht lediglich überreden will, sondern zu überzeugen versucht, ohne Begriffe gibt; die begriffliche Weichheit Rawls ist gar nicht Kant abgeschaut, mag aber populärwissenschaftlich opportun sein; zur Einheit von Recht und Moral, die er politisch als Diskursprinzip konzipiert, *J. Habermas*, Erläuterungen zur Diskursethik, S. 119 ff., *ders.*, Faktizität und Geltung, S. 135 ff., der, S. 78 ff., kritisch Rawls Konzept einer „wohlgeordneten Gesellschaft" unter der Überschrift: „Wiederkehr des Vernunftrechts und Ohnmacht des Sollens" vorstellt.

des Handelns[224]. Diese determinieren den Menschen und gehören damit zur Heteronomie[225]. Freiheit ist vielmehr das Vermögen der freien Willkür, also das Vermögen, die Maximen des Handelns am Sittengesetz, dem kategorischen Imperativ, auszurichten, also von einem allgemeinen Gesetz als Gesetz aller bestimmen zu lassen, oder eben die praktische Vernunft. Das aber bedeutet politisch aller „Unabhängigkeit von eines anderen nötigender Willkür"[226]; denn die „transzendentale Freiheit" fordert „eine Unabhängigkeit dieser Vernunft selbst (in Ansehung ihrer Kausalität, eine Reihe von Erscheinungen anzufangen) von allen bestimmenden Ursachen der Sinnenwelt"[227].

„Die Freiheit (Unabhängigkeit), von den Gesetzen der Natur, ist zwar eine Befreiung vom Zwange, aber auch vom Leitfaden aller Regeln." ... „Die Freiheit im praktischen Verstande ist die Unabhängigkeit der Willkür von der Nötigung durch Antriebe der Sinnlichkeit. ... Die menschliche Willkür ist zwar ein arbitrium sensitivum, aber nicht brutum, sondern liberum, weil Sinnlichkeit ihre Handlung nicht notwendig macht, sondern dem Menschen ein Vermögen beiwohnt, sich, unabhängig von der Nötigung durch sinnliche Antriebe, von selbst zu bestimmen"[228].

Nur in der politischen Unabhängigkeit ist auch eine Gleichheit in der Freiheit denkbar. Wenn aber die Unabhängigkeit allgemein sein soll, kann sie nicht zugleich ein positive materiale Handlungsfreiheit sein, die jeden berechtigen soll, zu tun und zu lassen, was er will (im Sinne von: was beliebt)[229], auch wenn sein Handeln andere verletzt, etwa anderen das Leben nimmt. Die anderen nämlich sind dann nicht unabhängig von der nötigenden Willkür des Handelnden und somit nicht frei. Sie sind nicht Subjekte des Geschehens, sondern Objekte des frei genannten Handelns eines anderen[230]. Die

---

[224] *K. A. Schachtschneider*, Res publica res populi, S. 427 ff.; dazu 5. Kap., III, 2.

[225] Dazu *F. Kaulbach*, Immanuel Kants „Grundlegung zur Metaphysik der Sitten", S. 108 ff.; zu den Möglichkeiten als Eigenes oder rechtlich geschützt als Eigentum 9. Kap., I.

[226] *Kant*, Metaphysik der Sitten, S. 345; dazu *W. Kersting*, Wohlgeordnete Freiheit, S. 37 ff.; *F. Kaulbach*, Immanuel Kants „Grundlegung zur Metaphysik der Sitten", S. 123 f., 172.

[227] *Kant*, Kritik der reinen Vernunft, S. 675 f., auch S. 426 ff., 495 ff., 674 ff.; auch *ders.*, Kritik der praktischen Vernunft, S. 144 f. (§ 8); dazu *F. Kaulbach*, Studien, S. 75 ff.; *M. Forschner*, Gesetz und Freiheit, S. 199 ff., 227 ff. (247 f.), 250 ff.; *J. Timmermann*, Sittengesetz und Freiheit, S. 26 ff.; *W. Kersting*, Kant über Recht, S. 25 ff.

[228] *Kant*, Kritik der reinen Vernunft, S. 429 bzw. 489, vgl. auch S. 675.

[229] So aber das BVerfG in st. Rspr. seit BVerfGE 6, 32 (36) und die überwiegende (freiheitswidrige) Freiheitslehre; dazu Hinweise in Fn. 1650 ff. zur liberalistischen Freiheitslehre, kritisch 5. Kap.; *W. Kersting*, Kant über Recht, S. 125.

[230] Zur Zweckformel des kategorischen Imperativs, welche auf dem substantiellen Grund der allgemeinen politischen Freiheit, der Selbstzweckhaftigkeit jedes Menschen, der Personenhaftigkeit jedermanns, beruht, *Kant*, Grundlegung zur Metaphysik der Sitten, S. 59 ff., 61; auch *ders.*, Kritik der praktischen Vernunft, S. 210;

sogenannte materiale Handlungsfreiheit besteht substantiell, wie das Beispiel erweist, nur in den Grenzen der Gesetze. Es gab und gibt keine Freiheit nach dem Begriff der allgemeinen Handlungsfreiheit, also keine Befugnis von irgendjemandem, zu tun und zu lassen, was er will, es sei denn, er ist der alleinige Herr. Herrschaft aber ist nicht Freiheit[231]. In der Republik jedenfalls ist jeder an die allgemeinen Gesetze gebunden, die alle verpflichten. Es gibt nur eine Freiheit, zu handeln, wie es dem Willen aller entspricht, weil der allgemeine Wille das (dem Begriff nach) allgemeine Gesetz gibt. Der Mensch darf eben nicht tun, was er will (im Sinne von: was ihm beliebt), wenn die Gesetze entgegenstehen. Die Gesetze aber, die das Handeln des Menschen weitestgehend bestimmen, bedürfen einer freiheitlichen Grundlage, weil sonst der Mensch nicht frei, nicht Bürger, sondern beherrscht, Untertan ist. Nur die politische Freiheit achtet den Menschen als Vernunftwesen. Die freiheitsgemäße Lehre leistet der rousseauische Kantianismus.

Die gemeinsame, allgemeine Freiheit kann nur in der Einheit von äußerer und innerer Freiheit bestehen. Wenn alle sich dasselbe (allgemeine) Gesetz geben, sind alle unabhängig von der Nötigung anderer. Die Autonomie des Willens ist damit der einzig denkbare Begriff einer gleichen (positiven) Freiheit aller. Ein solcher Freiheitsbegriff ist zwingend formal.

> „Nur ein formales Gesetz, d.i. ein solches, welches der Vernunft nichts weiter als die Form ihrer allgemeinen Gesetzgebung zur obersten Bedingung der Maximen vorschreibt, kann a priori ein Bestimmungsgrund der praktischen Vernunft sein"[232]. „Praktische Prinzipien sind formal, wenn sie von allen subjektiven Zwecken abstrahieren."[233]

Die Formalität ist die Logik der praktischen Vernunft. Weil die Menschen (als) Vernunftwesen (gleich) sind, stimmen ihre gesetzlichen Materialisierungen des praktisch Vernünftigen überein, sind also allgemein, nämlich notwendig, und somit praktische Vernunft, Gesetz[234]. Der Wille ist der all-

---

E. *Cassirer*, Kant und Rousseau, S. 34; dazu *F. Kaulbach*, Immanuel Kants „Grundlegung zur Metaphysik der Sitten", S. 73 ff., 86 ff., 91, 94 f., 100 ff., 197 ff., 206 ff.; *M. Forschner*, Gesetz und Freiheit, S. 210 f.

[231] Dazu 3. Kap.

[232] *Kant*, Kritik der praktischen Vernunft, S. 182, auch S. 125 ff., 135 ff. (138 ff., 144 ff.); ebenso *ders.*, Grundlegung zur Metaphysik der Sitten, S. 70, 81 ff.; *ders.*, Metaphysik der Sitten, S. 318, 337, 519; vgl. *F. Kaulbach*, Immanuel Kants „Grundlegung zur Metaphysik der Sitten", S. 59, 100 ff., 165, 168, 199 ff., 209 ff.; *M. Forschner*, Gesetz und Freiheit, S. 222, 231 f.; *W. Kersting*, Das starke Gesetz der Schuldigkeit und das schwächere der Gütigkeit, S. 103; vgl. dazu Fn. 266; *J. Timmermann*, Sittengesetz und Freiheit, S. 34.

[233] *Kant*, Grundlegung zur Metaphysik der Sitten, S. 59.

[234] *Kant*, Grundlegung zur Metaphysik der Sitten, S. 59; auch *ders.*, Kritik der praktischen Vernunft, S. 144 ff.; *ders.*, Metaphysik der Sitten, S. 317, 332; *M. Forschner*, Gesetz und Freiheit, S. 208 f.

gemeine Wille, der gesetzgebende Wille. Der allgemeine Wille, die volonté générale, ist der (wirkliche) Wille des Menschen als Vernunftwesen. Demgemäß ist „der Wille" „die praktische Vernunft selbst"[235]. „Von dem Willen gehen die Gesetze aus; …"[236]. So wie die Gesetze allgemein sind, so ist es (bereits begrifflich) der Wille; denn die „Freiheit" „ist die Autonomie der reinen praktischen Vernunft"[237]. Folglich ist das Prinzip der praktischen Vernunft die Gesetzlichkeit der Maximen oder eben deren Formalität, die jedes Vernunftwesen und damit jeden Menschen als „Zweck an sich selbst" und somit als Gesetzgeber achtet[238].

Die Formalität ist weder Offenheit noch Inhaltslosigkeit, der ewige Vorwurf gegen Kants Ethik, den *Hegel* erhoben hat und den noch *Ernst Bloch* aufgreift[239]. Formal ist das Sittengesetz, das Prinzip des Rechts, die Gesetze und die Maximen haben Materie zum Gegenstand, wie *Kant* immer wieder herausstellt[240]. „Es ist aber, außer der Materie des Gesetzes, nichts weiter in demselben, als die gesetzgebende Form enthalten."[241] „Form schafft Materie" – plakativ *Jens Timmermann*[242]. Allein die Formalität der praktischen Vernunft schafft eine bürgerliche Verfassung, weil die Bürger sich selbst die Gesetze geben, die sie in der jeweiligen Lage, der in der Theorie erfaßten Wirklichkeit gemäß, für das gute Leben aller in allgemeiner Freiheit für sachgerecht halten[243]. Jede Materialität des Rechtsprinzips hebt die poli-

---

[235] *Kant*, Grundlegung zur Metaphysik der Sitten, S. 41; *ders.*, Metaphysik der Sitten, S. 317, auch S. 332.

[236] *Kant*, Metaphysik der Sitten, S. 332.

[237] *Kant*, Kritik der praktischen Vernunft, S. 144.

[238] *Kant*, Grundlegung zur Metaphysik der Sitten, S. 59 ff. (61), 66 ff.; *ders.*, Kritik der praktischen Vernunft, S. 138 ff., 144 ff., 210; *ders.*, Metaphysik der Sitten, S. 318; *M. Forschner*, Gesetz und Freiheit, S. 210 f.; *W. Kersting*, Kant über Recht, S. 17, 22, auch S. 125 f.

[239] *Hegel*, Rechtsphilosophie, § 29, S. 70; *ders.*, Vorlesung über die Geschichte der Philosophie, ed. E. Moldenhauer/K. M. Michel, Suhrkamp, Werke 20, 1971/1986, S. 366 ff.; *E. Bloch*, Naturrecht und menschliche Würde, S. 85; vgl. *M. Scheler*, Der Formalismus in der Ethik und die materiale Wertethik, Neuer Versuch der Grundlegung eines ethischen Personalismus, 2. Aufl. 1921, S. 1 ff. („Leere", S. 2); *N. Hartmann*, Ethik, S. 197 ff.; richtige Kritik von *J. Habermas*, Treffen Hegels Einwände gegen Kant auch auf die Diskursethik zu?, S. 21 ff.; *ders.*, Erläuterungen zur Diskursethik, S. 151; kritisch auch *K. A. Schachtschneider*, Staatsunternehmen und Privatrecht, S. 104 ff., 109 ff.; *ders.*, Res publica res populi, S. 313 ff.; *K. Dicke*, Menschenrechte und europäische Integration, 1986, S. 101; *W. Kersting*, Kant über Recht, S. 17.

[240] Kritik der praktischen Vernunft, S. 135 ff., 138 ff., 144 ff.; *des.*, Metaphysik der Sitten, S. 318.

[241] *Kant*, Kritik der praktischen Vernunft, S. 138.

[242] Sittengesetz und Freiheit, S. 34.

[243] Zum Verhältnis der Theorie zur praktischen Vernunft *K. A. Schachtschneider*, Der Rechtsbegriff „Stand von Wissenschaft und Technik", S. 100 ff.; dazu auch

tische Freiheit auf und bereitet den Weg für die Herrschaft von Priestern, Richtern oder des Man u. ä. Die Formalität wahrt die Bürgerlichkeit der Menschen, deren Subjekthaftigkeit, deren Personalität. Die Gesetzgebung durch den gemeinsamen Willen aller, durch den Konsens, die „Einstimmung freier Bürger"[244], also, verlangt aber die Moralität aller, die allgemeine Beachtung des kategorischen Imperativs[245]. Demgegenüber ist das ethische Zweckprinzip material. Es kennt aber nur „weite" Verbindlichkeiten, deren Erfüllung nicht erzwingbar ist (Prinzip des Selbstzwanges)[246].

2. Des einen Willkür kann sich nicht von des anderen Willkür abhängig machen müssen, wenn die äußere Freiheit das Recht zur freien Willkür, d.h. das Recht, die Maximen des Handelns selbst zu setzen[247], ist. Darum ist diese äußere, negative (politische) Freiheit, wie gesagt, die „Unabhängigkeit von eines anderen nötigender Willkür"[248]. Die freie Willkür aller und damit aller Recht zur freien Willkür, die negative oder äußere Freiheit also, kann nur durch eine allgemeine Gesetzgebung, durch praktische Ver-

---

M. Forschner, Gesetz und Freiheit, S. 199 ff.; *M. Kriele*, Die demokratische Weltrevolution, S. 174.

[244] *Kant*, Kritik der reinen Vernuft, S. 631; i.d.S. auch *ders.*, Metaphysik der Sitten, S. 432; so *O. Höffe*, Eine republikanische Vernunft, S. 396 ff.; *ders.*, Kants Kritik der reinen Vernunft, S. 337 ff.; weitere Hinweise in Fn. 292.

[245] Vgl. *W. Kersting*, Wohlgeordnete Freiheit, S. 42 ff., 75 ff.; vgl. aber *ders.*, Die Verbindlichkeit des Rechts, S. 19 ff., insb. S. 30 ff., 37 ff.; *ders.*, Der Geltungsgrund von Moral und Recht bei Kant, S. 330 ff., wo er den „ursprünglichen Kontrakt" als „die Operationsregel des Universalismus des Rechts" herausstellt; ebenso *ders.*, Kant über Recht, S. 116 f., 118; auch *F. Kaulbach*, Immanuel Kants „Grundlegung zur Metaphysik der Sitten", u.a. S. 100 ff., 209 ff.; *ders.*, Studien, S. 49 ff., 191 ff.; *K. Dicke*, Menschenrechte und Europäische Integration, S. 100 f.; *J. Habermas*, Faktizität und Geltung, S. 109 ff., 135 ff., konzipiert die „politische Autonomie" als Einheit von „Diskursprinzip" und „Rechtsform", in deren Verschränkung sich das „Demokratieprinzip" verwirkliche (S. 154); vgl. auch *ders.*, Die Einbeziehung des Anderen, S. 293 ff.; in der Sache auch, zu Unrecht kritisch zum kategorischen Imperativ, *ders.*, Erläuterungen zur Diskursethik, S. 119 ff. (145 f., 156 f., u.ö.); vgl. Fn. 132, 140, 143.

[246] *Kant*, Metaphysik der Sitten, S. 508 ff., 511 ff., 520 ff. 527 ff.; *ders.*, Kritik der praktischen Vernunft, S. 202, 206; dazu *W. Kersting*, Das starke Gesetz der Schuldigkeit und das schwächere der Gütigkeit, S. 102 ff., 105 ff.; *ders.*, Der Geltungsgrund von Moral und Recht bei Kant, S. 323 ff.; *F. Kaulbach*, Studien, S. 67 ff.

[247] *Kant*, Metaphysik der Sitten, S. 337, 338, 339, auch S. 511; *ders.*, Kritik der praktischen Vernunft, S. 185 ff.; *M. Forschner*, Gesetz und Freiheit, S. 185; *J. Habermas*, Erläuterungen zur Diskursethik, S. 146 ff.; *ders.*, Die Einbeziehung des Anderen, S. 126; vgl. *R. Dreier*, Zur Einheit der praktischen Philosophie Kants, S. 296 f.; *K. A. Schachtschneider*, Staatsunternehmen und Privatrecht, S. 104 ff.; *J. Timmermann*, Sittengesetz und Freiheit, S. 15 f.

[248] *Kant*, Metaphysik der Sitten, S. 345; vgl. auch *ders.*, Kritik der praktischen Vernunft, S. 144 ff., 218; ganz so *J. Habermas*, Erläuterungen zur Diskursethik, S. 146.

nunft eben, Wirklichkeit finden. Die Handlungen der Menschen sind dadurch frei, daß die deren Zwecke bestimmenden Gesetze dem Willen aller oder eben der Freiheit aller, also der praktischen Vernunft, entsprechen, weil alle Handlungen Wirkungen auf alle haben. Freiheit aller ist nur denkbar, wenn die Willkür aller frei, autonom, sittlich ist. Das ist die Logik der Selbstzweckhaftigkeit jedes Menschen, seine Subjekthaftigkeit als Person, die *Kant* in der Zweckformel des kategorischen Imperativs erfaßt[249]. Selbstzweckhaftigkeit jedes Menschen „ist das sittliche Programm der neuen Zeit und aller Zukunft der Weltgeschichte" (*Hermann Cohen*)[250].

Diese allgemeine Gesetzgebung muß, um nicht fremdbestimmend, d.h. um nicht herrschaftlich, zu sein, Einigung aller über die für alle tragfähigen, also rechtsverbindlichen Maximen des Handelns aller und somit allgemeiner Wille sein. „Das Sittengesetz als Vernunftprinzip impliziert hinsichtlich jeder möglichen wie jeder wirklichen äußeren Gesetzgebung das Konsensprinzip", sagt *Ralf Dreier*[251]. Eine solche Einigung verwirklicht die Freiheit aller; denn die Zwecke jedes einzelnen sind, wenn sie nur, als Handlungen vollzogen, dem Gesetz nicht widersprechen, selbstbestimmt, welches die Zwecke auch sein mögen. Das allgemeine Gesetz allerdings hervorzubringen, erfordert den guten Willen/die praktische Vernünftigkeit jedes einzelnen, also aller, also die allgemeine innere Freiheit. „Autonomie ist zugleich Selbstverpflichtung zur Einnahme eines gemeinsamen Standpunktes"[252]. Die „freie Willkür (arbitrium liberum)" ist darum, wie zitiert, die, „welche unabhängig von sinnlichen Antrieben, mithin durch Bewegursachen, welche nur von der Vernunft vorgestellet werden, bestimmet werden kann"[253]. Diese ist „praktisch"[254].

---

[249] Grundlegung zur Metaphysik der Sitten, S. 59 ff., 61; dazu *F. Kaulbach*, Immanuel Kants „Grundlegung zur Metaphysik der Sitten", S. 73 ff., 86 ff., 94 f., 100 ff., 191, 197 ff., 206 ff.; *M. Forschner*, Gesetz und Freiheit, S. 210 f.; *E. Cassirer*, Kant und Rousseau, S. 34, zeigt, daß Kant auch mit dieser Formel des kategorischen Imperativs der freiheitlichen Philosophie Rousseaus folgt.

[250] Ethik des reinen Willens, 2. Aufl. 1907, S. 303 f.

[251] Recht-Moral-Ideologie, S. 300; vgl. i.d.S. auch *W. Maihofer*, Realität der Politik und Ethos der Republik, S. 95 ff., 99 ff., 101 ff., 105 ff.; auch *J. Habermas*, Vom pragmatischen, ethischen und moralischen Gebrauch der praktischen Vernunft, S. 107 f., 117; *ders.*, Die Einbeziehung des Anderen, S. 242, 251, 294 ff.; vgl. das „Gerechtigkeitskriterium des ursprünglichen Vertrages" bei *W. Kersting*, Der Geltungsgrund von Moral und Recht bei Kant, S. 330 ff., der dieses als „Operationsregel" vorstellt; *ders.*, Kant über Recht, S. 115 ff., 136 f.; *M. Forschner*, Rousseau, S. 146 ff. (zu Rousseaus volonté de tous).

[252] *F. Kaulbach*, Immanuel Kants „Grundlegung zur Metaphysik der Sitten", S. 86 f.

[253] „Praktisch", „d.i. Kausalität in Ansehung ihrer Objekte", *Kant*, Grundlegung zur Metaphysik der Sitten, S. 83.

[254] *Kant*, Kritik der reinen Vernunft, S. 675 (Zitat zu Fn. 201); auch *ders.*, Kritik der praktischen Vernunft, S. 191 ff.; vgl. *F. Kaulbach*, Immanuel Kants „Grundlegung zur

Weil die Begriffe „Freiheit" und „Willen" „so unzertrennlich verbunden sind", könnte man, schlägt *Kant* in der Kritik der praktischen Vernunft (S. 218) vor, „praktische Freiheit auch durch Unabhängigkeit des Willens, von jedem anderen, außer allein dem moralischen Gesetze, definieren".

Frei ist diese Willkür also, wenn die Maxime des Handelns es ausschließt, daß andere Menschen zu einem bestimmten Handeln genötigt werden, welches nicht deren Freiheit entspricht. Die Maxime des Handelns muß somit dem Vorbehalt und dem Vorrang des allgemeinen Gesetzes genügen (Legalität)[255], aber auch darüber hinaus, soweit das Handeln alleinbestimmt, also privat ist[256], vernünftig, also gesetzeshaft, sein (Sittlichkeit). Freiheit kann nämlich nur allgemein, als Freiheit aller also, d.h. für alle gleich, gedacht werden, weil sie jedem Menschen zu eigen ist. Das ist die politische Freiheit im eigentlichen Sinne, die Freiheit in der Polis, also die republikanische Freiheit[257]. Außerdem sind die Tugendpflichten ethische Verbindlichkeiten. Der Freiheit als Autonomie des Willens ist die allgemeine Gesetzlichkeit des Handelns als praktische Vernunft immanent; denn die allgemeine Freiheit ist der Friede oder die Sittlichkeit des gemeinsamen Lebens. Wenn der Mensch sich selbst das Gesetz gibt, ist sein Wille autonom. Das ist wegen der Freiheit der anderen nur möglich, wenn die anderen sich dasselbe Gesetz geben und gemeinsam ein „Reich der Zwecke" schaffen[258]. Anders ist die allseitige „Unabhängigkeit von eines anderen nötigender Willkür" als die äußere Freiheit[259] aller nicht denkbar. Gesetze sind ihrem Begriff nach allgemein und setzen für ihre Verbindlichkeit die allgemeine Gesetzgebung, die Gesetzgebung aller, voraus. *Jürgen Habermas* formuliert diese Einsicht so: „Normativ gesehen gibt es keinen Rechtsstaat ohne Demokratie"[260]. Die Allgemeinheit der Gesetze ist die Notwendigkeit

---

Metaphysik der Sitten", S. 53 ff., insb. S. 60, auch 199 ff. (zur „Gesinnung" und „gutem Willen", auch S. 22 ff.); *M. Forschner*, Gesetz und Freiheit, S. 182 ff.

[255] Dazu *K. A. Schachtschneider*, Prinzipien des Rechtsstaates, S. 105 ff., 110 ff.

[256] Dazu 8. Kap., I, II, III.

[257] Ganz so *K. Jaspers*, Wohin treibt die Bundesrepublik?, S. 129, 169, 206 u.ö.; *J. Habermas*, Faktizität und Geltung, S. 109 ff., insb. S. 127 u.ö.; *ders.*, Die Einbeziehung des Anderen, S. 279, 299; *K. A. Schachtschneider*, Res publica res populi, S. 275 ff., 325 ff.; *ders.*, Vom liberalistischen zum republikanischen Freiheitsbegriff, in: K. A. Schachtschneider (Hrsg.): Wirtschaft, Gesellschaft und Staat im Umbruch, 1995, FS WiSo, S. 418 ff.; *ders.*, FS M. Kriele, S. 829 ff.

[258] *Kant*, Grundlegung zur Metaphysik der Sitten, S. 59 ff., 66 ff.; *F. Kaulbach*, Immanuel Kants „Grundlegung zur Metaphysik der Sitten", S. 82 ff., 102 ff., 206 ff.; *M. Forschner*, Gesetz und Freiheit, S. 210 f.

[259] *Kant*, Metaphysik der Sitten, S. 345.

[260] Die Einbeziehung des Anderen, S. 251, auch S. 277 ff., 293 ff.; i.d.S. auch *ders.*, Faktizität und Geltung, S. 151 ff.; *K. A. Schachtschneider*, Prinzipien des Rechtsstaates, S. 23, 25 f., 298 ff.; *ders.*, Res publica res populi, S. 14 ff., 685 ff.

allgemeiner Freiheit, weil alle (äußeren) Handlungen allgemeine Wirkung haben. Ein Recht zur (tierischen) Willkür (arbitrium brutum)[261], ein Recht zur Beliebigkeit (jeder darf tun und lassen, was ihm beliebt) also, würde die Freiheit noch nicht in ihrem ganzen Begriff erfassen, weil der Begriff der Willkür den anderen Menschen in seiner Gleichheit in der äußeren Freiheit nicht berücksichtigt. Die Willkür bestimmt die Maximen der Handlungen[262] und auch deren Zwecke[263] oder die subjektiven Interessen nach dem Prinzip des eigenen Glücks, unabhängig von der Willkür anderer. Nach *Kant* gehen von „der Willkür die Maximen" aus[264]; die Maxime aber ist „das subjektive Prinzip des Wollens"[265]. Die Willkür des einen kann mit der Willkür des anderen in Widerspruch geraten. Die freie Willkür oder die Freiheit ist dagegen ohne Widerspruch. Einen Widerspruch der Willkür des einen und der des anderen muß der Freiheitsbegriff um der Gleichheit in der Freiheit willen selbst ausschließen. Das Handeln aller Menschen muß um der Freiheit willen miteinander vereinbar sein. Alle selbst- und alleinbestimmten, also freien, Handlungen müssen vollzogen werden können. Sonst wäre der Begriff der Freiheit von dem des guten Lebens oder dem des Glücks gelöst, weil das Leben nicht von allen Menschen selbst- oder alleinbestimmt, nach eigenen Zwecken also, die zu ihrer Verwirklichung der zweckgerichteten Handlungen bedürfen, gelebt werden könnte. Die Allgemeinheit der äußeren Freiheit, die Freiheit aller zwingt zu dem Begriff der inneren Freiheit, der notwendig imperativisch ist und auf die Form des allgemeinen Gesetzes, („die gesetzgebende Form" (*Kant*)), des Gesetzes

---

[261] Die Unerzwingbarkeit der inneren Freiheit, der Sittlichkeit, die von der Moralität abhängt, rechtfertigt es nicht, die äußere Freiheit als „Recht zur Willkür" zu definieren (so noch *K. A. Schachtschneider*, Staatsunternehmen und Privatrecht, S. 104 ff.), weil das Recht der Freiheit nur das zur positiven Freiheit, also zur Autonomie des Willens, ist.

[262] Dazu V, 3.

[263] *Kant*, Metaphysik der Sitten, S. 511.

[264] Metaphysik der Sitten, S. 332; *J. Timmermann*, Sittengesetz und Freiheit, S. 146 f.

[265] Grundlegung zur Metaphysik der Sitten, S. 27, vgl. auch S. 51 und: Kritik der praktischen Vernunft, S. 125 (§ 1 Erklärung), auch S. 185 f.; Metaphysik der Sitten, S. 331 („Die Regel des Handelnden, die er sich aus subjektiven Gründen zum Prinzip macht, heißt Maxime, daher bei einerlei Gesetzen doch die Maximen der Handelnden sehr verschieden sein können."), auch S. 332 (Zitat oben S. 63); auch *ders.*, Kritik der reinen Vernunft, S. 682; dazu *Th. Nisters*, Kants Kategorischer Imperativ als Leitfaden humaner Praxis, S. 83 ff., 157 ff., der sittliche Maximen von praktischen Gesetzen unterscheiden will, also eine „Klasse nicht moralischer praktischer Gesetze" reklamiert (S. 176 ff.), gegen die Äußerungen *Kants*, Metaphysik der Sitten, S. 331 f., die *Nisters* allerdings bei seiner Analyse der „Definitionsversuche des Begriffs ‚Maxime' durch Kant" (S. 157 ff.) nicht berücksichtigt; vgl. richtig *F. Kaulbach*, Immanuel Kants „Grundlegung zur Metaphysik der Sitten", S. 60 f., auch S. 82 ff., 122 ff.; vgl. *J. Timmermann*, Sittengesetz und Freiheit, S. 149 ff.

aller, ausgerichtet ist[266]. Die äußere und innere Freiheit erfaßt der Begriff der Willensautonomie. Ohne die innere Freiheit als der Sittlichkeit/praktischen Vernunft kann nämlich nur Herrschaft ein Miteinander der Menschen sicherstellen, welches nicht in Chaos, in den Naturzustand des bellum omnium contra omnes[267], ausartet. Frieden ist ein solcher Zustand allseitiger Untertänigkeit unter einer Ruhe und Ordnung schaffenden Obrigkeit nicht[268].

3. Der Mensch ist als vernünftiges Wesen (nur) seinen eigenen (selbstgegebenen) Gesetzen unterworfen[269]. Alle positiven Gesetze aber müssen „aus der Idee der Würde eines vernünftigen Wesens, das keinem Gesetze gehorcht, als dem, das es zugleich selbst gibt"[270], Gesetze aller sein.

> „Die moralische Persönlichkeit ist also nichts anders, als die Freiheit eines vernünftigen Wesens unter moralischen Gesetzen (…), woraus dann folgt, daß eine Person keinen anderen Gesetzen, als denen, die sie (entweder allein, oder wenigstens zugleich mit anderen) sich selbst gibt, unterworfen ist"[271].

Erst darin sind sie allgemeine Gesetze im Rechtssinne, ius. Gesetze, die nicht von allen gegeben, die nicht allgemeiner Wille sind, haben keine juri-

---

[266] Zur Form des Gesetzes als Bestimmungsgrund des freien, also sittlichen Willens oder der praktischen Vernunft, *Kant*, Grundlegung zur Metaphysik der Sitten, S. 70, 81 ff., passim; *ders.*, Kritik der praktischen Vernunft, S. 125 ff., 135 ff., insb., 138 ff., 144 ff., 182; *ders.*, Metaphysik der Sitten, S. 318, 337, 519 u. ö.; *F. Kaulbach*, Immanuel Kants „Grundlegung zur Metaphysik der Sitten", S. 59, 100 ff., 168, 199 ff., 209 ff.; *ders.*, Immanuel Kant, 2. Aufl. 1982, S. 221 ff., insb. S. 228 ff.; vgl. dazu auch *M. Forschner*, Gesetz und Freiheit, S. 231 f.; zum imperativischen Charakter des Vernunftprinzips für Menschen *Kant*, Kritik der reinen Vernunft, S. 498, 675, auch S. 701; *ders.*, Grundlegung zur Metaphysik der Sitten, S. 41 ff. (grundlegend), 89 ff.; *ders.*, Kritik der praktischen Vernunft, S. 126, 143, 145 u. ö.

[267] *Hobbes*, Leviathan, II, 17, S. 151; vgl. *Kant*, Metaphysik der Sitten, S. 430, der den Naturzustand als Krieg definiert (Zum ewigen Frieden, S. 203).

[268] BVerfGE 5, 84 (204 f.), Zitat zu Fn. 1400; *M. Kriele*, Die demokratische Weltrevolution, S. 122.

[269] *Kant*, Grundlegung zur Metaphysik der Sitten, S. 64 ff.; dazu *F. Kaulbach*, Immanuel Kants „Grundlegung zur Metaphysik der Sitten", S. 82 ff., 91 ff., 100 ff., 131 f.; 207 ff.; vgl. *ders.*, Studien, S. 140 ff.; *M. Forschner*, Gesetz und Freiheit, S. 211; *W. Kersting*, Kant über Recht, S. 22 f.; dazu 2. Kap., IV.

[270] *Kant*, Grundlegung zur Metaphysik der Sitten, S. 67 u. ö.

[271] *Kant*, Metaphysik der Sitten, S. 329 f.; dazu *F. Kaulbach*, Immanuel Kants „Grundlegung zur Metaphysik der Sitten", S. 82 ff., 100 ff., 131 f., 195 ff., auch S. 209 ff., zur Heteronomie S. 108 ff.; *W. Kersting*, Der Geltungsgrund von Moral und Recht bei Kant, S. 313; *ders.*, Kant über Recht, S. 22 f.; i. d. S. schon *Rousseau*, Vom Gesellschaftsvertrag, II, 6, S. 41 f. („Das den Gesetzen unterworfene Volk muß deren Urheber sein"); vgl. i. d. S. auch *G. Römpp*, Rechtstheorie 22 (1991), S. 291, 297; *W. Maihofer*, HVerfR, S. 436 ff., 438 ff., 458 f., 490 ff.; folgend auch *J. Habermas*, Faktizität und Geltung, S. 153; *ders.*, Die Einbeziehung des Anderen, S. 301, und ständig.

dische Verbindlichkeit[272], sondern, falls sie bloß eigene (wenn auch allgemeine) Gesetze sind, eine ethische Verbindlichkeit, die sich im Bereich der Privatheit als Tugend entfaltet[273]. Die Koexistenz in allgemeiner (äußerer) Freiheit (*Ernst Bloch*)[274] kann nur durch eine allgemeine Gesetzgebung als Gesetzgebung aller, durch (repräsentativen) Konsens[275], verwirklicht werden, welche den kategorischen Imperativ, das gute Leben aller in allgemeiner Freiheit auf der Grundlage der Wahrheit zu verwirklichen, als gesetzgeberisches Rechtsprinzip zugrunde legt. Dieser Imperativ ist identisch mit dem der allgemeinen Gesetzlichkeit, weil die allgemeinen Gesetze die Interessen aller ausgleichen. *Wolfgang Kersting* unterscheidet den kategorischen Imperativ als Operationsregel des Universalismus der Moral von dem ursprünglichen Kontrakt als Operationsregel des Univeralismus des Rechts und sieht den Vertrag als Kriterium der Rechtlichkeit des Gesetzes[276]. Der kategorische Imperativ unterscheidet sich aber hinsichtlich des intendierten Zwecks, der Rechtlichkeit des gemeinsamen Lebens, von dem Imperativ der Vertraglichkeit nicht. Beide Imperative folgen aus der gesetzgeberischen Logik der Gleichheit in der Freiheit, die zu achten die Sittlichkeit der Gesetzgebung ist, welche *Kersting* für die Entstehung und Erhaltung des rechtlichen Zustands jedoch nicht für nötig hält[277]. Die Gesetzgebung bestimmt Maximen der Handlungen, indem sie den allgemeinen Willen materialisiert[278]. Darum lautet der gesetzgeberische kategorische Imperativ: Bilde einen allgemeinen (politischen) Willen (des Volkes), der das gute Leben aller in allgemeiner Freiheit auf der Grundlage der Wahrheit materialisiert. Kants Handlungsprinzip des kategorischen Imperativs impliziert diesen

---

[272] *F. Kaulbach*, Immanuel Kants „Grundlegung zur Metaphysik der Sitten", S. 82 ff., 100 ff., 206 ff.; auch *ders.*, Studien, S. 27 ff., 49 ff. Juridische (äußere) Gesetze der Republik sind nicht heteronom; richtig *R. Dreier*, Zur Einheit der praktischen Philosophie Kants, S. 309 f., in Fn. 28 (gegen *M. Gößl*); vgl. auch *W. Kersting*, Kant über Recht, S. 106 ff., 136 ff.

[273] So auch *F. Kaulbach*, Immanuel Kants „Grundlegung zur Metaphysik der Sitten", S. 87 u. ö.; dazu 8. Kap., II, III.

[274] Naturrecht und menschliche Würde, S. 83 ff.

[275] I. d. S. *F. Kaulbach*, Studien, S. 140 ff., 174, 178 ff.; vgl. *M. Forschner*, Rousseau, S. 146 ff.; *O. Höffe*, Kants Kritik der reinen Vernuft, S. 337 ff.; *ders.*, Eine republikanische Vernunft, S. 396 ff.; dazu *K. A. Schachtschneider*, Res publica res populi, S. 560 ff., 637 ff., 707 ff.

[276] Der Geltungsgrund von Moral und Recht bei Kant, S. 330 ff. (S. 332 f.); *ders.*, Kant über Recht, S. 115 ff., 136 f.

[277] Der Geltungsgrund von Moral und Recht bei Kant, S. 319 ff. (S. 321); *ders.*, Kant über Recht, S. 31 (aber: Einheit von Recht und Moral S. 31 ff.); richtig demgegenüber *J. Habermas*, Erläuterungen zur Diskursethik, S. 120 ff. (137 ff.).

[278] *F. Kaulbach*, Immanuel Kants „Grundlegung zur Metaphysik der Sitten", S. 78, konzipiert die „Handlung im Denken" und die nachfolgende „exekutive Handlung", eigentlich drei ‚Handlungen' (S. 65, 63 ff., insb. S. 65).

gesetzgeberischen kategorischen Imperativ, weil er positive allgemeine Gesetze voraussetzt, wenn die allgemeine Freiheit Wirklichkeit sein soll. Eine Handlung also, deren Maxime nicht die Legalität ist, kann nicht „Prinzip der allgemeinen Gesetzgebung" sein, mag die Maxime auch noch so sehr von der Überzeugung des Handelnden, sie sei wahr und richtig, getragen sein. Derartige Handlungen würden die allgemeine Gesetzlichkeit als das Prinzip der bürgerlichen Verfassung aufheben.

Die äußere allgemeine Gesetzgebung setzt eine innere allgemeine Gesetzgebung voraus. Die äußere Gesetzgebung, die nicht allgemein wäre, würde für den Nötigung bedeuten, der nicht einstimmt. Folglich ist Sittlichkeit als Autonomie des Willens im Sinne des kategorischen Imperativs eine innere eigene Gesetzgebung, die zugleich eine Gesetzgebung aller sein kann und mittels des vom allseitigen guten Willen geleiteten Diskurses im repräsentativen Konsens wird[279]. *Christian Ritter* hat der Herkunft der Grundformel des kategorischen Imperativs aus der vorkritischen Rechtslehre Kants entnommen, daß der kategorische Imperativ nicht das Prinzip spezifisch der Moralität, sondern das Rechtsprinzip, d.h. das Prinzip der Legalität, sei[280]. Das Postulat der gesetzgeberischen Sittlichkeit folgt der Logik freiheitlichen Rechts; sie hat eine konstitutive Funktion. Freiheitliche Rechtlichkeit baut auf der Sittlichkeit (und damit der Moralität)[281] der Gesetzgeber, also auf der inneren Freiheit oder eben Sittlichkeit aller Bürger, auf[282]. Die „positivistische Antithese von Recht und Moral"[283] vermag kei-

---

[279] Etwa und insb. *R. Dreier*, Zur Einheit der praktischen Philosophie Kants, S. 299 f.; vgl. *J. Habermas*, Vom pragmatischen, ethischen und moralischen Gebrauch der praktischen Vernunft, S. 112 ff.; ders., Erläuterungen zur Diskursethik, S. 119 ff.; ders., Die Einbeziehung des Anderen, S. 277 ff., 293 ff., vgl. auch *F. Kaulbach*, Immanuel Kants „Grundlegung zur Metaphysik der Sitten", S. 82 ff., 100 ff., 131 f., 195 ff., 207 ff.; ders., Studien, S. 30 ff., 50 ff., 84, 123, 147.

[280] Der Rechtsgedanke Kants nach den frühen Quellen, S. 78 ff., 225 ff., 268 ff.; dem folgt *R. Dreier*, Zur Einheit der praktischen Philosophie Kants, S. 292; vgl. auch *Kant*, Zum ewigen Frieden, S. 239; vgl. auch *F. Kaulbach*, Studien, S. 191 ff., insb. S. 196; ders., Immanuel Kants „Grundlegung zur Metaphysik der Sitten", S. 192 ff., 209 ff., zur politischen und bürgerlichen Bedeutung des moralischen Gesetzes; auch *W. Kersting*, Der Geltungsgrund von Moral und Recht bei Kant, S. 317; ders., Kant über Recht, S. 21 ff., aber auch S. 115 ff. (Vertrag, Kontraktualismus).

[281] Dazu VII, 2.

[282] I.d.S. *K. Jaspers*, Vom Ursprung und Ziel der Geschichte, S. 205 f.; *G. Maluschke*, Philosophische Grundlagen des demokratischen Verfassungsstaates, S. 116; *W. Maihofer*, Realität der Politik und Ethos der Republik, S. 105 ff., 116 ff.; so verstehe ich auch die Kanterörterung von *J. Habermas*, Strukturwandel der Öffentlichkeit. Untersuchungen zu einer Kategorie der bürgerlichen Gesellschaft, 1962, Neuauflage 1990 (suhrkamp), S. 178 ff., 184 ff.; ders., Wie ist Legitimität durch Legalität möglich?, S. 7 ff., wo er meint, Recht werde bei Kant zu einem defizienten Modus der Moral (dazu das Zitat und die Kritik in Fn. 307); vgl. ders., diskurstheoretisch und überzeugend, Erläuterungen zur Diskursethik, S. 120 ff.; vgl. auch ders.,

nen Grund des Rechts zu benennen als den der Herrschaft, also der Despotie. Die Rechtlichkeit, die juridische Legalität, die sich gesetzgeberischer Sittlichkeit dankt, ist die äußere allgemeine Gesetzlichkeit, das positive Recht[284]. *Jürgen Habermas* sieht den „entscheidenden Gedanken darin, daß sich das Demokratieprinzip der Verschränkung von Diskursprinzip und

Faktizität und Geltung, insb. S. 109 ff., 135 ff.; *ders.*, Die Einbeziehung des Anderen, S. 277 ff., 293 ff.; richtig *A. Cortina*, Ethik ohne Moral, S. 291 ff.; vgl. auch *W. Kersting*, Wohlgeordnete Freiheit, S. 42 ff., der juridisch eine Fremdverpflichtung zur Grundlage des subjektiven Rechts erhebt (S. 75 ff., 89 ff.), die aber auf dem Konsensprinzip beruhen muß, wonach der Wille gesetzgebend ist, also selbst – und notwendig zugleich fremdverpflichtend ist; vgl. auch *ders.*, Das starke Gesetz der Schuldigkeit und das schwächere der Gütigkeit, S. 104; *ders.*, Kant über Recht, S. 31 ff., auch S. 115 ff.; auch *ders.*, Der Geltungsgrund von Moral und Recht bei Kant, S. 321 ff.; zum Text *K. A. Schachtschneider*, Staatsunternehmen und Privatrecht, S. 97 ff., 104 ff.; *ders.*, Das Sittengesetz und die guten Sitten, in: B. Becker/ H. P. Bull/O. Seewald (Hrsg.), FS W. Thieme (70.), 1993, S. 195 ff.; *ders.*, Res publica res populi, S. 279 ff.; i.d.S. auch *Hobbes*, De Cive, 1642, in: G. Geismann/ K. Herb (Hrsg.), Hobbes über die Freiheit, 1988, S. 119 ff. mit Scholie 193; vgl. auch *K. Stern/M. Sachs*, Staatsrecht III, 1, S. 9 f.; dazu auch v. Mangoldt/Klein/ *Starck*, GG, Kommentar, 5. Aufl. 2005, Rdn. 1 ff. zu Art. 1 Abs. 1; vgl. auch die Hinweise in Fn. 284.

[283] Dagegen richtig *H. Hofmann*, VVDStRL 41 (1983), S. 80; *R. Dreier*, Zur Einheit der praktischen Philosophie Kants, S. 286 ff., 296 ff.; *Ch. Ritter*, Der Rechtsgedanke Kants nach den frühen Quellen, S. 15 ff., 22 ff., 78 ff., 225 ff., 268 ff. (Das Moralprinzip ist zuerst Rechtsprinzip, Prinzip der Legalität); *G. Römpp*, Rechtstheorie 22 (1991), S. 287 ff., 297 ff.; so wohl auch *F. Kaulbach*, Studien, S. 135 ff., 140 ff., 178 ff.; i.d.S. auch *G. Maluschke*, Philosophische Grundlagen des demokratischen Verfassungsstaates, S. 113 ff.; *W. Maihofer*, Realität der Politik und Ethos der Republik, S. 95 ff. („Republik als legalisierte Moralität"); *W. Kersting*, Die Verbindlichkeit des Rechts, S. 37 ff.; dazu auch *ders.*, Der Geltungsgrund von Moral und Recht bei Kant, S. 304 ff. (z.T. irritierend); *ders.*, Kant über Recht, S. 31 ff.; sie ist noch heute das wesentliche Argument gegen eine republikanische Rechtslehre, Fn. 147; richtig diskursethisch, *J. Habermas*, Erläuterungen zur Diskursethik, S. 120 ff. (137 ff.); vgl. auch *Kant*, Über den Gemeinspruch, S. 144 f.

[284] I.d.S. *R. Dreier*, Zur Einheit der praktischen Philosophie Kants, S. 286 ff., 289 ff., 296 ff.; *F. Kaulbach*, Studien, S. 135 ff., insb. S. 142 ff. (auch in der Diskussion seines Vortrags: Moral und Recht in der Philosophie Kants, daselbst *Ritter*, S. 151, 155, 164, *Riedel*, S. 153 f., *Ilting*, S. 156 f., *Steinmüller*, S. 157 f.); vgl. *J. Habermas*, Strukturwandel der Öffentlichkeit, S. 184 ff. (191); *ders.*, Wie ist Legitimität durch Legalität möglich?, S. 1 ff., 7 ff., wo er das materialisiert; *ders.*, Faktizität und Geltung, S. 135 ff., insb. S. 154 f., der zu Recht auf das Diskursprinzip hinweist, das im übrigen in der Logik gesetzgeberischer Moralität liegt, vgl. auch S. 109 ff.; diskursethische Präzisierung des kategorischen Imperativs *ders*, Erläuterungen zur Diskursethik, S. 120 ff. (137 ff.); vgl. auch *ders.*, Die Einbeziehung des Anderen, S. 277 ff., 293 ff., u.ö.; *Kant*, Zum ewigen Frieden, S. 228 ff., zur Einheit von Moral und Politik; dazu *Ch. Ritter*, Der Rechtsgedanke Kants nach den frühen Quellen, S. 79 ff., 225 ff., 268 ff.; dazu *V. Gerhardt*, Immanuel Kants Entwurf „Zum ewigen Frieden", S. 163 ff., 166 ff.; klar *W. Maihofer*, Realität der Politik und Ethos der Republik, S. 95 ff. (97); Probleme bereitet das *W. Kersting*,

Rechtsform verdankt"[285] und stellt wie *Werner Maihofer* und *Martin Kriele* die Unparteilichkeit als Kern der Sittlichkeit (zumal der Reziprozität und Universalisierbarkeit) heraus[286]. „Unparteilichkeit ist der Kern der Gerechtigkeit – mit ihr steht und fällt die Möglichkeit rationaler Legitimität"[287].

Die Lehre von der Freiheit als Autonomie des Willens kann nur als eine allgemeine Gesetzgebungslehre verstanden werden. „Die Idee der rechtlichen Autonomie der Bürger verlangt ja, daß sich die Adressaten des Rechts zugleich als dessen Autoren verstehen können" so, ganz rousseauanisch und kantisch, *Jürgen Habermas*[288]. Die positive Gesetzgebung von der Sittenlehre auszunehmen wäre gerade mit dem Prinzip der allgemeinen Gesetzlichkeit als Wirklichkeit der Freiheit, mit dem Sittengesetz, unvereinbar. Wie sollte der einzelne Mensch dem Sittengesetz verpflichtet sein, das ihn an das (von ihm vorgestellte) allgemeine Gesetz bindet, während die allgemein verbindliche positive Gesetzgebung als Rechtsetzung das Sittengesetz nicht zu achten brauchte? Das wäre schon mit dem vom kategorischen Imperativ bestimmten allgemeinen Rechtsprinzip der Metaphysik der Sitten[289] unvereinbar, welches Kriterium auch und vor allem der Rechtlichkeit der positiven Gesetze ist[290]. „Rechtliche Heteronomie ist mit moralischer Autonomie unvereinbar", faßt *Maximilian Forschner* Rousseaus politische Philosophie zusammen[291].

Wohlgeordnete Freiheit, S. 42 ff., 78 ff. u. ö.; *ders.*, Der Geltungsgrund von Moral und Recht bei Kant, S. 304 ff.; vgl. aber *ders.*, Kant über Recht, S. 31 ff.

[285] Faktizität und Geltung, S. 154; vgl. *ders.*, Die Einbeziehung des Anderen, S. 277 ff., 293 ff.; i. d. S. auch *ders.*, Erläuterungen zur Diskursethik, S. 137 ff.

[286] Erläuterungen zur Diskursethik, S. 124 f., 138 f., 145, 155, 164; *ders.*, Treffen Hegels Einwände gegen Kant auch auf die Diskursethik zu?, S. 13 f.; *ders.*, Vom pragmatischen, ethischen und moralischen Gebrauch der praktischen Vernunft, S. 112 ff.; auch *ders.*, Die Einbeziehung des Anderen, S. 120, 122, 297; *W. Maihofer*, Realität der Politik und Ethos der Republik, S. 116 ff., 121 ff.; *ders.*, HVerfR, S. 1709 ff.; *M. Kriele*, Die demokratische Weltrevolution, S. 93, 99 ff. (103 f.); vgl. *K. A. Schachtschneider*, Res publica res populi, S. 547 ff., 810 ff., 1060, 1084 ff., 1113 ff.; *ders.*, Prinzipien des Rechtsstaates, S. 45 ff., 217 ff., 329 ff.

[287] *M. Kriele*, Die demokratische Weltrevolution, S. 93.

[288] Die Einbeziehung des Anderen, S. 301; ebenso *ders.*, Faktizität und Geltung, S. 153, und öfter, der die rousseauanische/kantische Herkunft seiner Positionen nicht zu belegen pflegt; vgl. Fn. 271; auch *W. Kersting*, Der Geltungsgrund von Moral und Recht bei Kant, S. 313; *ders.*, Kant über Recht, S. 22 ff.

[289] S. 337, dazu IV, Zitat zu Fn. 131.

[290] *F. Kaulbach*, Studien, S. 192 ff., insb. S. 196; *W. Maihofer*, Realität der Politik und Ethos der Republik, S. 95 ff.; *M. Forschner*, Rousseau, S. 101 ff.; i. d. S. auch *J. Habermas*, Wie ist Legitimität durch Legalität möglich?, S. 7; in der Sache auch (kontraktualistisch) *W. Kersting*, Kant über Recht, S. 115 ff., 136 ff.; dazu Fn. 307.

[291] Rousseau, S. 103.

„Die gesetzgebende Gewalt kann nur dem vereinigten Willen des Volkes zukommen. Denn, da von ihr alles Recht ausgehen soll, so muß sie durch ihr Gesetz schlechterdings niemand unrecht tun können. Nun ist es, wenn jemand etwas gegen einen anderen verfügt, immer möglich, daß er ihm dadurch unrecht tue, nie aber in dem, was er über sich selbst beschließt (denn volenti non fit iniuria). Also kann nur der übereinstimmende und vereinigte Wille aller, so fern ein jeder über alle und alle über einen jeden ebendasselbe beschließen, mithin nur der allgemein vereinigte Volkswille gesetzgebend sein"[292].

4. Das Allgemeinheits- und damit das Konsensprinzip als das Vernunftprinzip hat *Kant* besonders klar in der Lehre vom „Reich der Zwecke" herausgearbeitet:

„Ich verstehe aber unter einem Reiche die systematische Verbindung verschiedener vernünftiger Wesen durch gemeinschaftliche Gesetze. ... Denn vernünftige Wesen stehen alle unter dem Gesetz, daß jedes derselben sich selbst und alle andere niemals bloß als Mittel, sondern jederzeit zugleich als Zweck an sich selbst behandeln *solle*. Hiedurch aber entspringt eine systematische Verbindung vernünftiger Wesen durch gemeinschaftliche objektive Gesetze, d.i. ein Reich, welches, weil diese Gesetze eben die Beziehung *dieser Wesen* auf einander, als Zwecke und Mittel, zur Absicht haben, ein Reich der Zwecke (freilich nur ein Ideal) heißen kann. Es gehört aber ein vernünftiges Wesen als Glied zum Reiche der Zwecke, wenn es darin zwar allgemein gesetzgebend, aber auch diesen Gesetzen selbst unterworfen ist."[293]

Es ist das „Verhältnis vernünftiger Wesen zueinander", die „Zweck an sich selbst" sind, welche die allgemeine Gesetzgebung durch jeden und für alle zur Pflicht machen, zur Pflicht, weil die Maximen, „als allgemein gesetzgebend, nicht durch ihre Natur schon notwendig einstimmig" sind[294]. Die allgemeine Autonomie des Willens ermöglicht im (repräsentativen) Konsens das „Reich der Zwecke"[295]. Unter Menschen ist dieses „Reich der

---

[292] *Kant*, Metaphysik der Sitten, S. 432; dazu *F. Kaulbach*, Studien, S. 30 ff., 50 ff., 84, 123, 147; für eine Operationsregel der Vertragsidee *W. Kersting*, Der Geltungsgrund von Moral und Recht bei Kant, S. 316 ff., 330 ff., S. 328 ff. „Kritik der moralteleologischen Rechtsauffassung"; *ders.*, Kant über Recht, S. 136 ff.; richtig *J. Habermas*, Erläuterungen zur Diskursethik, S. 137 ff.

[293] *Kant*, Grundlegung zur Metaphysik der Sitten, S. 66; dazu *F. Kaulbach*, Immanuel Kants „Grundlegung zur Metaphysik der Sitten", S. 73 ff., 86 ff., 100 ff., 177 ff., 206 ff., 210 f.; *M. Forschner*, Gesetz und Freiheit, S. 210 f.

[294] *Kant*, Grundlegung zur Metaphysik der Sitten, S. 67; i.d.S. auch *ders.*, Metaphysik der Sitten, S. 430; zur praktischen Einheit von Natur und Vernunft im Menschlichen *M. Forschner*, Gesetz und Freiheit, S. 205 ff. („Begriff des Menschen, der sich selbst als Schnittpunkt zweier Reiche erkennt", S. 209), S. 251 ff.; *J. Timmermann*, Sittengesetz und Freiheit, S. 56 ff., 108, 119; *J. Habermas* kritisiert die Zwei-Reiche-Lehre Kants zu Unrecht, Fn. 133.

[295] Grundlegung zur Metaphysik der Sitten, S. 66; *R. Dreier*, Zur Einheit der praktischen Philosophie Kants, S. 299 f.; *F. Kaulbach*, Immanuel Kants „Grundlegung zur Metaphysik der Sitten", S. 73 ff., 100 ff., 177 ff., 210 f. u.ö.

Zwecke" die Republik[296]. Die Einigkeit, die der kategorische Imperativ gebietet, ist die Notwendigkeit der allgemeinen Freiheit, des gemeinsamen Lebens von Personen, deren Bewußtsein ihre Fähigkeit zur Vernunft[297] und deren Rechtsprinzip die praktische Vernunft ist; denn alle Handlungen wirken auf alle.

> „Nun ist Moralität die Bedingung, unter der allein ein vernünftiges Wesen Zweck an sich selbst sein kann; weil nur durch sie es möglich ist, ein gesetzgebend Glied im Reiche der Zwecke zu sein. Also ist Sittlichkeit und die Menschheit, so fern sie derselben fähig ist, dasjenige, was allein Würde hat"[298].

Eine Handlung ist somit nicht frei, wenn sie nicht dem (allgemeinen) Gesetz entspricht. „Es gibt keinen moralischen Grund, der Rechtsverletzungen rechtfertigen könnte." „Gegen das Recht geschieht nach Kant nichts Gutes"[299]. *Lewis White Beck* spricht von der „Rousseauistischen Wende" Kants, er und *Friedrich Kaulbach* von Kants „kopernikanischer Wendung" in der Ethik: „Kants wichtigste Entdeckung ist, daß das Gesetz nicht eine bloße Beschränkung der Freiheit, sondern selbst ein Produkt der Freiheit ist."[300]

Kant bringt demgemäß den aus der Freiheit folgenden kategorischen Imperativ[301] auf die Formel, mit welcher *Günter Dürig* der Sache nach das

---

[296] *M. Forschner*, Gesetz und Freiheit, S. 211 ff., auch S. 232, 262; i.d.S. auch *W. Maihofer*, Realität der Politik und Ethos der Republik, S. 95 ff.

[297] *Kant*, Kritik der praktischen Vernunft, S. 141 f.; zur Bedeutung des Bewußtseins in Kants Freiheitsphilosophie *M. Forschner*, Gesetz und Freiheit, S. 177, 226 ff. (232 ff., 247 ff.), 250 ff. (251, 255 f.), der von „Spontaneitätsbewußtsein" spricht, u.ö.; kritisch zur Bewußtseinsphilosophie *J. Habermas*, Treffen Hegels Einwände gegen Kant auch auf die Diskursethik zu?, S. 23.

[298] *Kant*, Grundlegung zur Metaphysik der Sitten, S. 68, vgl. auch S. 101; *F. Kaulbach*, Immanuel Kants „Grundlegung zur Metaphysik der Sitten", S. 91 ff., 102 f., 208, 210; auch *ders.*, Studien, S. 182 f.; *M. Forschner*, Gesetz und Freiheit, S. 211.

[299] *W. Kersting*, Das starke Gesetz der Schuldigkeit und das schwächere der Gütigkeit, S. 108 ff. („Ethik dem Recht nachgeordnet"; „Priorität des Rechts", S. 113); bzw. *ders.*, Der Geltungsgrund von Moral und Recht bei Kant, S. 325; *ders.*, Kant über Recht, S. 35 f.

[300] *L. W. Beck*, Kants „Kritik der praktischen Vernunft", S. 172, 189; so auch *F. Kaulbach*, Immanuel Kants „Grundlegung zur Metaphysik der Sitten", S. 101 f. („kategorische Forderung", …, „den Stand des Gesetzgebers einzunehmen …"), auch S. 205, 199 („kopernikanische Revolution in der praktischen Philosophie"); *M. Forschner*, Rousseau, S. 99, für Rousseau („Freiheit wird zur Basis des Rechts").

[301] Insbesondere in der Grundlegung zur Metaphysik der Sitten, insb. S. 28 ff., 41 ff., 51 ff., 66 ff., 81 ff., passim; auch *ders.*, Metaphysik der Sitten, S. 315 ff., 331 ff.; *ders.*, Kritik der praktischen Vernunft, S. 138 ff., 140 ff., passim; vgl. *F. Kaulbach*, Studien, S. 30 ff.; *ders.*, Immanuel Kants „Grundlegung zur Metaphysik der Sitten", S. 123 ff., 182 f.

grundgesetzliche Menschenwürdeprinzip kommentiert, die sogenannte Objektformel[302], besser begriffen als Subjektformel:

> „Der praktische Imperativ wird also folgender sein: Handle so, daß du die Menschheit, sowohl in deiner Person, als in der Person eines jeden anderen, jederzeit zugleich als Zweck, niemals bloß als Mittel brauchest"[303].

Dürigs Formel lautet:

> „Es verstößt gegen die Menschenwürde, wenn der Mensch zum Objekt eines staatlichen Verfahrens gemacht wird."

VII. Innere, positive Freiheit als Autonomie des Willens oder die Sittlichkeit

1. Freiheit verwirklicht sich im vernünftigen Handeln jedermanns, also in der Praxis von Vernunft. Praktische Vernunft als Autonomie des Willens oder eben Sittlichkeit läßt sich nicht „vernünfteln"[304], sondern eben nur durch die allseitige moralische Willenspraxis, also nur durch sittliche Gesetzgebung erreichen[305]. Die Rechtlichkeit im Staat und deren Maß hängen

---

[302] Hinweise in Fn. 579, 1591, 2855, insb. zur Judikatur des Bundesverfassungsgerichts, zuletzt BVerfG 1 BvR 357/05 vom 15.2.2006, Abs. 121; *G. Dürig*, in: Maunz/Dürig, Grundgesetz, Kommentar, 1958, Rdn. 34 zu Art. 1 Abs. I; ganz i. d. S. vor allem der erste Präsident des Bundesverfassungsgerichts *J. Wintrich*, Die Bedeutung der „Menschenwürde" für die Anwendung des Rechts, BayVBl. 1957, S. 139; *R. Marcic*, Vom Gesetzesstaat zum Richterstaat, S. 313 ff.; *P. Häberle*, HStR, Bd. II, § 22, Rdn. 38, u. ö.; dazu auch *E. Fechner*, Menschenwürde und generative Forschung und Technik – eine rechtstheoretische und rechtspolitische Untersuchung, JZ 1986, S. 654; *K. A. Schachtschneider*, Staatsunternehmen und Privatrecht, S. 99 ff.; zum Personenbegriff *ders.*, Res publica res populi, S. 217 f. mit Fn. 64.

[303] *Kant*, Grundlegung zur Metaphysik der Sitten, S. 61, i. d. S. auch S. 66 ff.; *ders.* so auch, Kritik der praktischen Vernunft, S. 210, 263, u. ö.; dazu *F. Kaulbach*, Immanuel Kants „Grundlegung zur Metaphysik der Sitten", S. 73 ff., 82 ff., 94 ff., auch S. 100 ff.; *M. Forschner*, Gesetz und Freiheit, S. 210 f. Diese von ihnen zitierte Formel haben *K. Stern/M. Sachs*, Staatsrecht III, 1, S. 8 f., nicht vor dem Mißverständnis bewahrt, Kant messe nicht „den (einzelnen) Menschen Würde" zu, sondern nur „der Menschheit schlechthin", einem „objektiven Prinzip"; ihre Berufung auf *E. Fechner*, JZ 1986, 654 ff., genügt nicht, um Kants Ethik aus dem Grundgesetz zu verbannen, weil Fechner sich ohne nähere Auseinandersetzung gegen die „Kantsche Vernunftlehre" und für die vorkantische „katholische Soziallehre" als für das Bundesverfassungsgericht und damit das Menschenbild prägend ausspricht, gegen die Entstehungsgeschichte und insbesondere gegen die Religionsfreiheit des Art. 4 Abs. 1 GG, ja gegen die gesamte republikanische Verfassung des Grundgesetzes; das Grundgesetz ist nicht katholisch.

[304] *Kant*, etwa: Kritik der praktischen Vernunft, S. 141; vgl. auch *ders.*, Metaphysik der Sitten, S. 320; vgl. *E. Cassirer*, Kant und Rousseau, S. 51, mit Hinweis auf diese Kritik Rousseaus an den Enzyklopädisten.

somit von der Sittlichkeit und Moralität der Bürger und deren Vertreter in den Ämtern ab, deren guter Wille[306], also deren Freiheit im inneren, positiven Sinne, dem Gesetz die Rechtsqualität verschafft[307]. Freiheit aber

---

[305] *F. Kaulbach*, Immanuel Kants „Grundlegung zur Metaphysik der Sitten", S. 82 ff., 122 ff., 199 ff., 206 ff.; *J. Habermas*, Erläuterungen zur Diskursethik, S. 120 ff. (137 ff.); *W. Kersting*, Kant über Recht, S. 21 ff., 31 ff.; *R. Dreier*, Zur Einheit der praktischen Philosophie Kants, S. 289 ff., 299 f.; *W. Maihofer*, Realität der Politik und Ethos der Republik, S. 105, 116 ff.; das sieht auch *J. Isensee*, Gemeinwohl und Staatsaufgaben im Verfassungsstaat, HStR, Bd. III, 1988, § 57, Rdn. 37 f., 55 f., 73 ff., der sich für den Imperativ, das Gemeinwohl hervorzubringen, richtig auf Kants Postulat der praktischen Vernunft beruft und von der „gemeinsamen Sache aller Bürger" spricht, so daß ein Widerspruch zu Isensees interessenorientiertem Grundrechtsverständnis, welches die Gemeinwohlverantwortung den Amtsträgern vorbehält, bleibt (Rdn. 60 ff., 64 ff., 86 ff., 100 ff., insb. *ders.*, Grundrechtliche Freiheit – Republikanische Tugend, in: E. Geißler (Hrsg.), Verantwortete politische Bildung, 1988, S. 71 ff.); in dieser republikwidrigen Entgegensetzung der bourgeois und der citoyens folgt ihm *R. Gröschner*, Die Republik, HStR, Bd. II, 3. Aufl. 2004, § 23, Rdn. 58, 67.

[306] Dazu *F. Kaulbach*, Immanuel Kants „Grundlegung zur Metaphysik der Sitten", S. 17 ff., 41 ff., 100 ff., 199 ff.; *ders.*, Studien, S. 53 f.; *E. Cassirer*, Kant und Rousseau, S. 41; *A. Cortina*, Ethik ohne Moral, S. 278 ff. (S. 291 ff.); auch *P. Koller*, Moralischer Diskurs und politische Legitimation, in: K.-O. Apel/M. Kettner (Hrsg.), Zur Anwendung der Diskursethik in Politik, Recht und Wissenschaft, 1992, 2. Aufl. 1993, S. 62 ff. (65 ff.); vgl. *W. Kersting*, Der Geltungsgrund von Moral und Recht bei Kant, S. 321, 330 ff., der bei Kant die „Sittlichkeit" für den „rechtlichen Zustand" für irrelevant erklärt, nicht aber das „Gerechtigkeitskriterium des ursprünglichen Vertrags"; auch *ders.*, Kant über Recht, S. 31, aber S. 21 ff., 31 ff., 115 f.

[307] *F. Kaulbach*, Studien, S. 52 ff.; *ders.*, Immanuel Kants „Grundlegung zur Metaphysik der Sitten", S. 41 ff., 199 ff.; dazu *J. Habermas*, Wie ist Legitimität durch Legalität möglich?, S. 7: „Kant macht später die von Hobbes implizit mitgeführten normativen Annahmen explizit und entwickelt seine Rechtslehre von Anbeginn im Rahmen der Moraltheorie. Das allgemeine Rechtsprinzip, das aller Gesetzgebung objektiv zugrundeliegt, ergibt sich aus dem kategorischen Imperativ. ... Während für Hobbes das positive Recht letztlich ein Organisationsmittel der politischen Herrschaft ist, behält es für Kant einen wesentlich moralischen Charakter. Aber auch in diesen ausgereiften Versionen tut sich das Vernunftrecht schwer mit der selbstgestellten Aufgabe, die Legitimitätsbedingungen legaler Herrschaft vernünftig zu erklären. Hobbes opfert die Unverfügbarkeit des Rechts seiner Positivität auf, bei Kant gewinnt das aus praktischer Vernunft apriori abgeleitete natürliche moralische Recht so sehr die Oberhand, daß Recht in Moral überzugehen droht: Recht wird zu einem defizienten Modus der Moral herabgestuft. Kant baut das Moment Unverfügbarkeit in die moralischen Grundlagen des Rechts derart ein, daß das positive Recht dem Vernunftrecht subsumiert wird"; vgl. auch *ders.*, Die Einbeziehung des Anderen, S. 299 (mit anderer Kritik); Recht ist in der Ethik Kants schon deswegen kein „defizienter Modus der Moral", weil das Sittengesetz gebietet, Recht hervorzubringen, aber den Gegenstand des positiven Rechts nicht bestimmt, vielmehr den Diskurs um das richtige Recht impliziert, der nur moralisch geführt werden kann. Die Habermassche Diskursethik ist im kategorischen Imperativ Kants angelegt, der for-

ist die Rechtlichkeit des gemeinsamen Lebens, welche der allgemeinen Gesetzgebung bedarf. Die auf „Autonomie" und „Objektivität" gebaute „wohlgeordnete Gesellschaft", der *John Rawls* die Chance der Gerechtigkeit gibt, bedarf der „guten Menschen", vor allem aber des „Gerechtigkeits-sinns" der Bürger[308], also der kantianischen Moralität. *Rawls* läßt sich auf den Dualismus von äußerer und innerer Freiheit nicht ein[309], konstruiert aber kantisch seine „Theorie", seine „Kantische Deutung der Gerechtigkeit als Fairneß"[310] und folgt *Kants* Einheit von „Freiheit und Vernunft"[311]. Innere Freiheit verwirklicht das Sittengesetz. Dieses begründet die Pflicht zur Sittlichkeit, die Pflicht zur praktischen Vernunft also oder die Pflicht, ein Bürger zu sein, die Pflicht zur Politik im aristotelischen Sinne. Das ist die Pflicht, mit allen anderen Bürgern zusammen die Gesetze zu geben[312].

---

mal ist und mit dem Begriff „Vernunftrecht", wenn dieses material verstanden wird, nicht erfaßt werden kann. Der kategorische Imperativ gebietet praktische Vernunft, um Recht durch Gesetze zu schaffen, ist aber nicht Quelle von Vernunftrecht; i.d.S. entfaltet *ders.*, Erläuterungen zur Diskursethik, S. 120 ff. (insb. S. 137 ff.) Kants kategorischen Imperativ diskursethisch vor allem im Sinne der Unparteilichkeit; richtig *W. Maihofer*, Realität der Politik und Ethos der Republik, S. 105 ff., 116 ff.; kritisch zu Habermas *R. Dreier*, Zur Einheit der praktischen Philosophie Kants, S. 288; kritisch auch *A. Cortina*, Ethik ohne Moral, S. 282 ff.; vgl. auch *P. Koller*, Moralischer Diskurs und politische Legitimation, S. 62 ff. (65 f.), der sich freilich um eine Legitimation von Herrschaft müht; gegen die diskursethische Leseweise Kants *W. Kersting*, Kant über Recht, S. 118 f.

[308] Eine Theorie der Gerechtigkeit, S. 166, 433 ff., 472 ff., 493 ff., 557 ff., passim.

[309] Eine Theorie der Gerechtigkeit, S. 229 ff., 289 f.

[310] Eine Theorie der Gerechtigkeit, S. 283 ff.; zu Recht „differenzierend" zum Kantianismus Rawls' *O. Höffe*, Kategorische Rechtsprinzipien, S. 306 ff., 329 f., der darauf hinweist, daß Rawls „Metaphysik ausdrücklich ablehne", Rawls suche eine Gerechtigkeitstheorie ohne Metaphysik und mit Anthropologie (a.a.O., S. 309, 318 ff.).

[311] Eine Theorie der Gerechtigkeit, S. 560 („Es gibt keinen Gegensatz zwischen Freiheit und Vernunft"); *Kant*, Kritik der reinen Vernunft, S. 426 ff., 488 ff. (zur dritten Antinomie); auch *W. Kersting*, Kant über Recht, S. 21 ff.; Rawls geht von dem Menschen als Vernunftwesen aus, a.a.O., S. 166 ff., 433 ff., 454 ff. (das ist keine „Theorie", sondern eine Lehre).

[312] I.d.S. *Kant*, Grundlegung zur Metaphysik der Sitten, S. 51, 64 ff., 70 ff.; *ders.*, Kritik der praktischen Vernunft, S. 140 ff.; *ders.*, Über den Gemeinspruch, S. 144, 146, 148, 150; *ders.*, Metaphysik der Sitten, S. 332, 503 ff.; *F. Kaulbach*, Immanuel Kants „Grundlegung zur Metaphysik der Sitten", S. 91 ff., 102 f., 208 f.; *ders.*, Studien, S. 30 ff., 40 ff., 50 ff., 84, 123; *W. Kersting*, Kant über Recht, S. 57 (als „innere Rechtspflicht"); *W. Maihofer*, HVerfR, S. 436 ff., 438 ff., 458 ff., 462 ff., im gewissen Widerspruch zu seiner Lehre von der eingeschränkten Mehrheitsherrschaft der „konstitutionellen Demokratie" (S. 462 ff., 472 ff.); vgl. *ders.*, Realität der Politik und Ethos der Republik, S. 94 ff., 101 ff., 121 ff.; *K. A. Schachtschneider*, Staatsunternehmen und Privatrecht, S. 104 ff., *ders.*, FS W. Thieme, S. 195 ff.; *ders.*, Res publica res populi, S. 303 ff., 332 ff., 519 ff., 560 ff., 584 ff.

Das Sittengesetz ist das Baugesetz des „Reichs der Zwecke" (*Kant*)[313], der Republik, des „Zustandes bürgerlicher Gerechtigkeit" (*Ralf Dreier*)[314]. Innere, positive Freiheit besteht in der Erfüllung der Pflicht zur Sittlichkeit, zur Bürgerlichkeit, zur Gesetzlichkeit; sie besteht in der „Achtung fürs Sittengesetz", also in der Sittlichkeit[315]. Der Begriff der inneren Freiheit ist somit auf das gemeinsame Leben bezogen, vor allem auf die Gesetzlichkeit der äußeren Verhältnisse[316], und keineswegs im lutherischen Sinne wesentlich auf den Glauben und somit unpolitisch[317]. Die innere, positive Freiheit, die Sittlichkeit, ist die Autonomie des Willens, „der Wille aber nichts anderes als praktische Vernunft"[318] und die Vernunft „das Vermögen der Prinzi-

---

[313] Grundlegung zur Metaphysik der Sitten, S. 66 ff.; dazu *R. Dreier*, Zur Einheit der praktischen Philosophie Kants, S. 299 f.; *F. Kaulbach*, Immanuel Kants „Grundlegung zur Metaphysik der Sitten", S. 82 ff., 100 ff., 206 ff.; *M. Forschner*, Gesetz und Freiheit, S. 210 f.; dazu 2. Kap., VI, 3.

[314] Recht-Moral-Ideologie, S. 299.

[315] *Kant*, Kritik der praktischen Vernunft, S. 191 ff.; zum „Phänomen der Achtung", zur „Moralischen Motivation" *J. Timmermann*, Sittengesetz und Freiheit, S. 189 ff.

[316] *F. Kaulbach*, Immanuel Kants „Grundlegung zur Metaphysik der Sitten", S. 63 ff.; *ders.*, Studien, S. 30 ff.; *R. Dreier*, Zur Einheit der praktischen Philosophie Kants, S. 289 ff.

[317] *Martin Luther*, Von der Freiheit eines Christenmenschen, in: F. Lau, Der Glaube der Reformatoren; Luther-Zwingli-Calvin, 1964, S. 113 ff.; dazu *G. May*, Freiheit Christliche Freiheit, III, 6, Reformation, in: O. Brunner/W. Conze/R. Koselleck (Hrsg.), Geschichtliche Grundbegriffe. Historisches Lexikon zur politisch-sozialen Sprache in Deutschland, Bd. 2, 1975/1979, S. 443 ff.; zur christlichen Freiheit „des im Glauben von der Welt freien Menschen" *W. Henke*, Recht und Staat, S. 30 ff. (Zitat S. 35); i.S. „sittlich gebundener Autonomie" auch *W. Weber*, Der Mensch: Ein soziales Wesen, in: W. Leisner (Hrsg.), Staatsethik, 1977, S. 24 ff., zur Pastoralkonstitution des II. Vatikanischen Konzils über „Die Kirche in der Welt von heute"; *L. Scheffczyk*, Das Ebenbild Gottes im Menschen – Würde und Freiheit –, daselbst, S. 77 ff., sieht die „Freiheit des Menschen" auf die „Gottebenbildlichkeit" ausgerichtet und darin das „Vernunftsein des Menschen" begründet; ebenfalls gestützt auf die Pastoralkonstitution über „Die Kirche in der Welt von heute" („Es ist darum letztlich eine Freiheit, die den Menschen zur Wahrheit, zum Guten, zur Liebe und das heißt zuletzt: zu Gott ruft"); i.S. religiöser Begründung der Würde des Menschen auch *W. Leisner*, daselbst zum nämlichen Thema, S. 81 ff. („Menschenwürde" ist … „Freiheit zu Höherem"); nicht anders *K. Rahner* (SJ), Demokratie als staatsethisches Prinzip, daselbst, S. 159 ff.; zur Würde als Gottesebenbildlichkeit auch *W. Maihofer*, HVerfR, S. 422; zu Kant problematisch *H. Mandt*, Historisch-politische Traditionselemente im politischen Denken Kants, in: Zwi Batscha (Hrsg.), Materialien zu Kants Rechtsphilosophie, 1976, S. 292 ff., 299 ff.; richtig *R. Dreier*, Zur Einheit der praktischen Philosophie Kants, S. 291.

[318] *Kant*, Grundlegung zur Metaphysik der Sitten, S. 81 bzw. S. 41; auch, Kritik der praktischen Vernunft, S. 140 ff. (142); *ders.*, Metaphysik der Sitten, S. 317; vgl. *L. W. Beck*, Kants „Kritik der praktischen Vernunft", S. 47 ff., 50 f., insb. S. 49 („Der Wille ist praktische Vernunft."); vgl. auch *F. Kaulbach*, Immanuel Kants

pien"[319]. *Jürgen Habermas* formuliert: „Autonom ist der Wille, der sich durch moralische Einsichten binden läßt, obwohl er anders entscheiden könnte"[320]. Das Recht zur Autonomie des Willens, die äußere, die negative Freiheit, ermöglicht die innere Freiheit, die (Erfüllung der Pflicht zur) Sittlichkeit[321]. Ohne die innere, die positive Freiheit, also die Sittlichkeit als Autonomie des Willens, kann die äußere, negative Freiheit nicht allgemein „Unabhängigkeit von eines anderen nötigender Willkür"[322] sein. Die freiheitliche Sittlichkeit als Pflicht, sich selbst und zugleich allen anderen das Gesetz zu geben, ist die Würde des Menschen, die kein Republikaner antasten will (Art. 1 Abs. 1 S. 1 GG). Diese Würde ist die innere Freiheit, die „Autonomie" oder auch die „Autonomie des vernünftigen Wesens"[323], welche die äußere Freiheit voraussetzt und welche verfassungsrechtlich durch das Grundrecht der Unantastbarkeit der Würde des Menschen anerkannt und geschützt ist.

„Grundlegung zur Metaphysik der Sitten", S. 100 ff., 120 ff., 175 ff.; *M. Forschner*, Gesetz und Freiheit, S. 194 f., 209; *R. Dreier*, Zur Einheit der praktischen Philosophie Kants, S. 289 („Freiheit des Willens ist als Gesetzgebung der reinen praktischen Vernunft wirklich."); *W. Kersting*, Kant über Recht, S. 21 ff., 31 ff.; *J. Timmermann*, Sittengesetz und Freiheit, S. 66 ff., 73 ff., 108.

[319] *Kant*, Kritik der reinen Vernunft, S. 312.

[320] Erläuterungen zur Diskursethik, S. 136, auch S. 145, u.ö., Habermas will mit dieser Formulierung einen „Rest von Platonismus verschwinden" lassen, damit der „autonome Wille nicht eo ipso ein repressiver Wille" sei, „der Neigungen zugunsten von Pflichten eliminiert" und mißachtet damit das Menschenbild Kants, das Kant dualistisch erfaßt, ohne den Menschen idealistisch auseinanderzureißen, vgl. *M. Forschner*, Gesetz und Freiheit, S. 258, 260 („Mensch ist Einheit von Natur und Vernunft"); kritisch zur These der „Handlungsalternativen" *J. Timmermann*, Sittengesetz und Freiheit, S. 45 ff.

[321] *K. Jaspers*, Vom Ursprung und Ziel der Geschichte, S. 205 f.; *M. Forschner*, Gesetz und Freiheit, S. 258 („..., also Freiheit in negativer und Autonomie in positiver Bedeutung"); *K. A. Schachtschneider*, Staatsunternehmen und Privatrecht, S. 97 ff., 104 ff.; *ders.*, Res publica res populi, S. 325 ff., 332 ff., 344 ff.; dazu *J. Timmermann*, Sittengesetz und Freiheit, S. 26 ff.

[322] *Kant*, Metaphysik der Sitten, S. 345; i.d.S. auch *ders.*, Kritik der praktischen Vernunft, S. 218; vgl. die Hinweise in Fn. 284, insb. *Ch. Ritter*, Der Rechtsgedanke Kants nach den frühen Quellen, S. 234, auch S. 225 ff.

[323] *Kant*, Grundlegung zur Metaphysik der Sitten, S. 67 ff., 69, passim; bzw. *ders.*, Kritik der praktischen Vernunft, S. 210; vgl. auch *ders.*, in der Sache, Metaphysik der Sitten, S. 317 ff.; *K. Jaspers*, Plato, Augustin, Kant, S. 276 ff.; *F. Kaulbach*, Immanuel Kants „Grundlegung zur Metaphysik der Sitten", S. 102 ff.; *ders.*, Studien, S. 182 f.; *W. Maihofer*, Rechtsstaat und menschliche Würde, S. 48, 67; *ders.*, HVerfR, S. 490 ff.; zur inneren Freiheit vgl. *K. A. Schachtschneider*, Staatsunternehmen und Privatrecht, S. 104 ff., 111, 116 ff., 125 f., 154 ff., 161, 171; *ders.*, Res publica res populi, S. 279 ff., 325 ff.; vgl. auch *W. Kersting*, Wohlgeordnete Freiheit, S. 16 ff., 42 ff.; *ders.*, Der Geltungsgrund von Moral und Recht bei Kant, S. 316 ff.; *ders.*, Kant über Recht, S. 21 ff., 31 ff., der das Verhältnis von Recht und Moral „verwirklichungspraktisch" und „verbindlichkeitstheoretisch" unterschiedlich konzipiert.

Die allseitige Autonomie des Willens verwirklicht sich in den allgemeinen Gesetzen. „Von dem Willen gehen die Gesetze aus"[324]. *Kant* lehrt:

> „…, was kann denn wohl die Freiheit des Willens sonst sein, als Autonomie, d.i. die Eigenschaft des Willens, sich selbst ein Gesetz zu sein? Der Satz aber: der Wille ist in allen Handlungen sich selbst ein Gesetz, bezeichnet nur das Prinzip, nach keiner anderen Maxime zu handeln, als die sich selbst auch als ein allgemeines Gesetz zum Gegenstande haben kann. Dies ist aber gerade die Formel des kategorischen Imperativs und das Prinzip der Sittlichkeit: also ist ein freier Wille und ein Wille unter sittlichen Gesetzen einerlei." … „Freiheit und unbedingtes praktisches Gesetz weisen also wechselsweise auf einander zurück"[325]. „Mit der Idee der Freiheit ist nun der Begriff der Autonomie unzertrennlich verbunden, mit diesem aber das allgemeine Prinzip der Sittlichkeit, …"[326]. „Reine Vernunft ist für sich allein praktisch, und gibt (dem Menschen) ein allgemeines Gesetz, welches wir das Sittengesetz nennen"[327].

„Praktisch ist alles, was durch Freiheit möglich ist"[328]. Nur das gemeinsame Leben kann praktisch vernünftig sein; denn das gemeinsame gute Leben ist die Praxis der Vernunft[329]. Die praktische Vernunft der (gesetzgeberischen) Sittlichkeit liegt in der Logik der Formalität der Idee der Freiheit.

---

[324] *Kant*, Metaphysik der Sitten, S. 332; *ders.* auch, Grundlegung zur Metaphysik der Sitten, S. 71, auch S. 41 f.; vgl. auch *ders.*, Kritik der praktischen Vernunft, S. 140 ff.; dazu *L. W. Beck*, Kants „Kritik der praktischen Vernunft", S. 47 ff.; vgl. *F. Kaulbach*, Immanuel Kants „Grundlegung zur Metaphysik der Sitten", S. 108, 124, 127 ff., 209 ff.; *J. Timmermann*, Sittengesetz und Freiheit, S. 32, 146 f.

[325] Grundlegung zur Metaphysik der Sitten, S. 81 f.; Kritik der praktischen Vernunft, S. 139, vgl. auch i.d.S. S. 125 ff., 138 ff., 141 ff., 144 ff., 191 ff., 218 u.ö.; ebenso i.d.S. *ders.*, Metaphysik der Sitten, S. 332 ff.; vgl. dazu *L. W. Beck*, Kants „Kritik der praktischen Vernunft", S. 169 ff., auch S. 172, 187 ff.; *F. Kaulbach*, Immanuel Kants „Grundlegung zur Metaphysik der Sitten", S. 120 ff.; *J. Timmermann*, Sittengesetz und Freiheit, S. 26 ff.; ganz i.d.S. die „Staats-Sittenlehre" von *R. von Mohl*, Enzyklopädie der Staatswissenschaften, 2. Aufl. 1872, S. 504; dagegen *G. Jellinek*, Allgemeine Staatslehre, 3. Aufl. 1914, 7. Neudruck 1960, S. 99 Fn. 1; vgl. zu Kant *R. Dreier*, Zur Einheit der praktischen Philosophie Kants, Recht-Moral-Ideologie, S. 289 ff.; *K. A. Schachtschneider*, Der Rechtsbegriff „Stand von Wissenschaft und Technik", S. 101 f.

[326] Grundlegung zur Metaphysik der Sitten, S. 88 f.; auch *ders.*, Kritik der praktischen Vernunft, S. 144; dazu *D. Henrich*, Ethik der Autonomie, S. 6 ff.; *J. Mittelstraß*, Kant und die Dialektik der Aufklärung, S. 341 ff.; *L. W. Beck*, Kants „Kritik der praktischen Vernunft", S. 109 ff., 121 ff., 185 ff., 187 ff.; *F. Kaulbach*, Immanuel Kants „Grundlegung zur Metaphysik der Sitten", S. 100 ff.; *M. Forschner*, Gesetz und Freiheit, S. 250, 250 ff.

[327] Kritik der praktischen Vernunft, S. 142; ebenso i.d.S. *ders.*, Metaphysik der Sitten, S. 318.

[328] *Kant*, Kritik der reinen Vernunft, S. 673, auch S. 426 ff., 488 ff.; vgl. auch Kritik der praktischen Vernunft, S. 139, auch S. 161 ff.; *M. Forschner*, Gesetz und Freiheit, S. 192; vgl. auch *J. Timmermann*, Sittengesetz und Freiheit, S. 87 ff., 140 ff.

[329] Vgl. *A. Baruzzi*, Freiheit, Recht und Gemeinwohl, S. 3 f., zu Aristoteles; *dieser*, Politik, S. 52, 1254a 7 f. („Das Leben wiederum ist ein Handeln und kein

Niemand kann den Willen des oder der anderen ersetzen, niemand kann beanspruchen, über ein höheres Maß an Sittlichkeit/praktischer Vernünftigkeit zu verfügen als andere. Gerade das wäre dem Vernunftprinzip zuwider; denn die praktische Vernunft ist ein Vermögen[330], das jedem Menschen kraft seiner Menschheit eignet[331] und als solche durch Art. 1 der Allgemeinen Erklärung der Menschenrechte anerkannt ist, wonach der Mensch „mit Vernunft und Gewissen begabt" ist. Es würde die Gleichheit in der Freiheit leugnen, welche logisch die Vernunftfähigkeit jedermanns postuliert oder eben jedermanns Würde als Mensch, jedermanns Willensautonomie akzeptiert[332]. „Die Fähigkeit zur moralischen Persönlichkeit" ist nach *John Rawls*, der diese Fähigkeit prinzipiell allen Menschen wegen ihres natürlichen Gerechtigkeitssinns zuspricht, „eine hinreichende Bedingung für den Anspruch auf gleiche Gerechtigkeit"[333].

Das Sittengesetz ist darum ein Imperativ („Handle so, daß ...") und die „Notwendigkeit der Handlung" begründet (im Gegensatz zum Naturgesetz) für Menschen, die „durch Sinnlichkeit, als Triebfedern anderer Art, affiziert werden", „nur ein Sollen"[334]. Die anthropologische Dichotomie des Menschen, Natur- und Vernunftwesen zugleich, zwingt zu dem imperativen Charakter des Sittengesetzes[335]. *Kant* faßt zusammen:

> „Das moralische Sollen ist also eigenes notwendiges Wollen als Gliedes einer intelligiblen Welt, auch wird nur so fern von ihm als Sollen gedacht, als er sich zugleich wie ein Glied der Sinnenwelt betrachtet"[336].

Produzieren."); *ders.*, Nikomachische Ethik, S. 186, 1140b 1 ff. („Handeln und Hervorbringen verschiedene Gattungen").

[330] Vgl. *Kant*, Metaphysik der Sitten, S. 318, 333; *ders.* auch, Grundlegung zur Metaphysik der Sitten, S. 41; *ders.*, Kritik der praktischen Vernunft, S. 174; dazu *F. Kaulbach*, Studien, S. 30 ff.; vgl. *J. Timmermann*, Sittengesetz und Freiheit, S. 11 ff., 56 ff., 66 ff., 140 ff.

[331] *Kant*, Kritik der praktischen Vernunft, S. 232 („in ihrem (sc.: der Menschen) Wesen einverleibt"); *M. Forschner*, Gesetz und Freiheit, S. 261 f.

[332] Vgl. dazu *Kant*, Grundlegung zur Metaphysik der Sitten, S. 66 ff. (Lehre vom Reich der Zwecke); dazu *F. Kaulbach*, Immanuel Kants „Grundlegung zur Metaphysik der Sitten", S. 82 ff., 100 ff. („Naturrecht auf Anerkennung seiner Würde", S. 209); *M. Forschner*, Gesetz und Freiheit, S. 210 f.; *V. Gerhardt*, Immanuel Kants Entwurf „Zum ewigen Frieden", S. 85 f., 156 ff.; zur Achtungspflicht der allgemeinen Vernunftfähigkeit *K. A. Schachtschneider*, Staatsunternehmen und Privatrecht, S. 99 ff., 138 ff.

[333] Eine Theorie der Gerechtigkeit, S. 548 ff., auch 565 ff. und 572 u.ö.

[334] *Kant*, Kritik der reinen Vernunft, S. 675, auch S. 676 ff.; *ders.*, Grundlegung zur Metaphysik der Sitten, S. 41 f., 84, auch S. 89 ff.

[335] *Kant*, Kritik der reinen Vernunft, S. 498, 675, 701; *ders.*, Grundlegung zur Metaphysik der Sitten, S. 41 ff., 84, 89 ff.; *ders.*, Kritik der praktischen Vernunft, S. 126, 143, 145 u.ö.; *ders.*, Metaphysik der Sitten, S. 318; *L. W. Beck*, Kants „Kritik der praktischen Vernunft", S. 116, 120, 212 f.; *F. Kaulbach*, Immanuel Kants

Das Sittengesetz ist notwendig ein sittlicher („moralischer"[337]) Imperativ; denn als rechtlicher wäre er juridisch und würde das Gesetz voraussetzen, welches als Recht erst in gleicher Freiheit zu geben ist. Recht und (juridisches) Gesetz verlangen Materialität, also Zwecke außer dem der Subjekthaftigkeit jedermanns[338]. Dem Imperativ genügt, wer sein Handeln von der Personalität (Selbstzweckhaftigkeit) der Mitmenschen, deren gleicher Gesetzgeberschaft[339], der Liebe zum Nächsten, leiten läßt.

Sittlichkeit ist Liebe zur Republik (*Montesquieu*)[340] oder eben, weder zu herrschen noch sich beherrschen zu lassen, weder „Imperans" noch „Subiectus" zu sein (*Kant*)[341]. „Die Mitte des Staates muß die Liebe sein" haben *Günther* und *Erich Küchenhoff* diese Erkenntnis formuliert[342]. Die Nächstenliebe ist die Brüderlichkeit unter den Menschen, die „humane Solidarität", also vorrangig die Sittlichkeit des gemeinsamen Lebens ohne Herrschaft[343], auch in der Privatheit. Die Liebe wahrt die Freiheit des an-

---

„Grundlegung zur Metaphysik der Sitten", S. 53 ff., auch S. 82 ff.; *M. Forschner*, Gesetz und Freiheit, S. 205 ff. (208), 239, 250 ff., 258 ff.; *J. Timmermann*, Sittengesetz und Freiheit, S. 56 ff., 108, 119; *Kant*, Kritik der reinen Vernunft, S. 675, definiert „Imperative" (der Vernunft) als „objektive Gesetze der Freiheit".

[336] Grundlegung zur Metaphysik der Sitten, S. 91.

[337] *Kant*, etwa Metaphysik der Sitten, S. 527.

[338] Diese Materialität berechtigt als Recht auf Freiheit allerdings, die bürgerliche Verfassung zu erzwingen, i.d.S. *R. Dreier*, Zur Einheit der praktischen Philosophie Kants, S. 298 f.; auch *W. Kersting*, Kant über Recht, S. 110 ff., auch S. 115 ff.; dazu *K. A. Schachtschneider*, Res publica res populi, S. 426, 447, 551 ff., 562 f.; *ders. (O. Gast)*, Sozialistische Schulden nach der Revolution, S. 29 ff., 50 ff.; *ders.*, Prinzipien des Rechtsstaates, S. 87 ff.; dazu 2. Kap., III, 5. Kap., III, 3.

[339] *F. Kaulbach*, Immanuel Kants „Grundlegung zur Metaphysik der Sitten", S. 56 ff., 82 ff., 100 ff., 195 ff., 206 f., 210 f. u.ö.; i.d.S. durchaus *W. Kersting*, Der Geltungsgrund von Moral und Recht bei Kant, S. 330 ff.; zum Reich der Zwecke *Kant*, Grundlegung zur Metaphysik der Sitten, S. 66 ff.; im Sinne des Textes *ders.*, Kritik der praktischen Vernunft, S. 210; *M. Forschner*, Gesetz und Freiheit, S. 210 f.

[340] Vom Geist der Gesetze, V, 2, S. 138: „Tugend ist in einer Republik eine sehr einfache Sache: sie ist eben Liebe zur Republik".

[341] Über den Gemeinspruch, S. 148; *M. Forschner*, Rousseau, S. 100, 102.

[342] Allgemeine Staatslehre, 6. Aufl. 1967, S. 80; dazu wesentlich *G. Küchenhoff*, Naturrecht und Liebesrecht, S. 7 ff., 101 ff., 115 ff.; *W. Kersting*, Kant über Recht, S. 57 („Bürger, citoyen").

[343] I.d.S. *G. Küchenhoff*, Naturrecht und Liebesrecht, S. 101 ff.; *W. Maihofer*, HVerfR, S. 519 ff., insb. S. 526, 532; *ders*, Realität der Politik und Ethos der Republik, S. 98; *M. Kriele*, Die demokratische Weltrevolution, S. 31, 49 ff.; *W. Schieder*, Brüderlichkeit, Bruderschaft, Brüderschaft, Verbrüderung, Bruderliebe, in: O. Brunner/W. Conze/R. Koselleck (Hrsg.), Geschichtliche Grundbegriffe. Historisches Lexikon zur politisch-sozialen Sprache in Deutschland, Bd. 1, 1972/1979, S. 563 ff., 573 ff., 578 ff.; *E. Denninger*, Rechtsperson und Solidarität. Ein Beitrag zur Phänomenologie des Rechtstaates unter besonderer Berücksichtigung der Sozialtheorie Max Schelers, 1967, insb. S. 200 ff., 212 ff. (i.S. der materialen Wertethik Max

deren, der durch sie als Bruder (als Mensch) geachtet wird. „Der freie Mensch fühlt sich selbst nur frei, wenn auch die anderen frei sind", sagt *Karl Jaspers*[344]. Das Gesetz der Brüderlichkeit ist Kants kategorischer Imperativ. Es ist, der Logik der gleichen Freiheit folgend, ebenfalls in Art. 1 der Allgemeinen Erklärung der Menschenrechte postuliert. Gemeinsame Freiheit ist Brüderlichkeit, brüderliche Liebe. Im biblischen Gebot: „Du sollst deinen Nächsten lieben wie dich selbst; denn ich bin der Herr" (3. Mose 19, 18), erkennt *Kant* das „Gesetz aller Gesetze"; „das ethische Gesetz der Vollkommenheit"[345]. Diese Liebe bedarf vor allem des „guten Willens" aller[346]. *Kants* Erkenntnis ist:

> „Es ist überall nichts in der Welt, ja überhaupt auch außer derselben zu denken möglich, was ohne Einschränkung für gut könnte gehalten werden, als allein ein guter Wille"[347].

Schelers und somit in Kritik an Kants Formalismus); ebenso *A. Schafft*, Unser Ziel und der Weg. Die Lösung der Brüderlichkeit im Marxismus, in: H. J. Schulz (Hrsg.), Brüderlichkeit. Die vergessene Parole, 1976, S. 78; *K. R. Popper*, Bemerkungen zu Theorie und Praxis des demokratischen Staates, 1988, S. 17 ff.; vgl. auch das Grundsatzprogramm der CDU vom 23.–25. Oktober 1978, Nr. 21 ff.; aus psychosoziologischer Sicht *H. E. Richter*, Lernziel Solidarität, 1974; *J. Habermas*, Faktizität und Geltung, S. 363, nennt neben Geld und administrativer Macht die Solidarität eine der drei Ressourcen, „aus denen moderne Gesellschaften ihren Interpretations- und Steuerungsbedarf befriedigen" („sozialintegrative Kraft der Solidarität"); ebenso *ders.*, Die Einbeziehung des Anderen, S. 288; i. d. S. auch *W. Kersting*, Die politische Philosophie der Gegenwart, S. 43 ff.; vgl. auch *ders.*, Kant über Recht, S. 138 ff., der freilich ständig von Herrschaft spricht (S. 138 ff., u. ö.); gegen die Herrschaftsdoktrin *K. A. Schachtschneider*, Res publica res populi, S. 71 ff.; dazu 3. Kap.

[344] Wohin treibt die Bundesrepublik?, S. 206; i. d. S. auch *M. Forschner*, Gesetz und Freiheit, S. 185; *J. Habermas*, Erläuterungen zur Diskursethik, S. 146 ff., zur „wechselseitigen Achtung der Menschen als Personen wegen der Fähigkeit, autonom zu handeln" (S. 149).

[345] *Kant*, Kritik der praktischen Vernunft, S. 203 ff., bezeichnet das Gebot der Nächstenliebe so (S. 205) und identifiziert es mit dem kategorischen Imperativ, etwa *ders.*, Grundlegung zur Metaphysik der Sitten, S. 25; *ders.*, Kritik der praktischen Vernunft, S. 113; insb. *ders.*, Metaphysik der Sitten, S. 586 ff., auch S. 532 ff.; vgl. *Th. Nisters*, Kants kategorischer Imperativ als Leitfaden humaner Praxis, S. 239 ff.; dazu und i. d. S. *W. Maihofer*, HVerfR, S. 519 ff., 526, 532; vgl. *E. Meinberg*, Das Menschenbild der modernen Erziehungswissenschaften, S. 65 ff.; Prinzip der Versöhnung (J. Habermas); *H. Arendt*, Vita Activa, S. 52 f., weist auf Augustin hin, der empfohlen hat, alle menschlichen Beziehungen aus der Nächstenliebe zu verstehen und auf sie zu gründen; *Thomas von Aquin* (Summa theologica II, 1, Auswahl, Übersetzung und Einleitung von J. Pieper, Thomas von Aquin, qu 100, Art. 3 ad i, Fischer-Bücherei, 1956) sieht im doppelten Liebesgebot die Grundnorm des Naturrechts, die nicht erst aus der Offenbarung stamme; vgl. *A. Verdross*, Statisches und Dynamisches Naturrecht, S. 22; i. d. S. auch das Prinzip der „Menschenliebe" bei *J. Rawls*, Eine Theorie der Gerechtigkeit, S. 219, 517.

[346] *Kant*, Grundlegung zur Metaphysik der Sitten, S. 18, 30, 70, 80; ganz so *K. R. Popper*, Bemerkungen zu Theorie und Praxis des demokratischen Staates, S. 18;

Aus der Formalität oder der (durch die Leitentscheidungen des Verfassungsgesetzes materialisierten) Offenheit des Gemeinwohls[348], dessen also, was dem Zweck des guten Lebens aller in allgemeiner Freiheit genügt, des allgemeinen Besten, der salus publica, folgt die Pflicht, daß jedermann sich für die Vorschläge jedermanns davon öffnet, was auf der Grundlage der Wahrheit richtig sei, um diesen Zweck zu erreichen[349]. Ohne diese Offenheit gibt es keine Einigkeit. Offenheit für alle Meinungen und Pflicht zur Einigkeit für alle sind die Verfassung der allseitigen Freiheit, d. h. der Subjekthaftigkeit jedermanns oder der unantastbaren Menschenwürde. Die Aufgaben, Befugnisse und Verfahren, aber auch die materialen, vor allem grundrechtlichen Entscheidungen werden damit zur juridischen Substanz konsensual-repräsentativer Verfassung[350], aber auch die praktische Vernünftigkeit der Gesetze ist als Wesensgehalt judiziabel[351]. Das faire Verfahren wird Teil des republikanischen Ethos[352]. „Kants Gerechtigkeitsbegriff ist

---

W. Kersting, Wohlgeordnete Freiheit, S. 45; *J. Rawls*, Eine Theorie der Gerechtigkeit, S. 210; vgl. auch *L. W. Beck*, Kants „Kritik der praktischen Vernunft", S. 166 u. ö.; *F. Kaulbach*, Immanuel Kants „Grundlegung zur Metaphysik der Sitten", S. 27, 41 ff., 177 ff., 199 ff. u. ö.; vgl. zum Prinzip der Brüderlichkeit auch *W. Maihofer*, HVerfR, S. 519 ff.; *M. Kriele*, Die demokratische Weltrevolution, S. 49 ff.

[347] Grundlegung zur Metaphysik der Sitten, S. 18; dazu vgl. auch *E. Cassirer*, Kant und Rousseau, S. 41; *F. Kaulbach*, Immanuel Kants „Grundlegung zur Metaphysik der Sitten", S. 17 ff., 41 ff., 100 ff., 199 ff.; *ders.*, Studien, S. 51 ff.

[348] Dazu *K. A. Schachtschneider*, Staatsunternehmen und Privatrecht, S. 236 ff., 247 ff. mit Hinweisen; *ders.*, Res publica res populi, S. 819 ff.; zur Gemeinwohlproblematik *J. Isensee*, HStR, Bd. III, § 57, Rdn. 17 ff., insb. Rdn. 32 ff., 74 ff., 88 ff., zur Offenheit und Ungewißheit; von dem „Grundsatz der Offenheit der Positionen" spricht *J. Rawls*, Eine Theorie der Gerechtigkeit, S. 185; im Sinne der Formalität *J. Habermas*, Erläuterungen zur Diskursethik, S. 151.

[349] *J. Habermas*, Erläuterungen zur Diskursethik, S. 132 ff.

[350] *J. Habermas*, Legitimationsprobleme im modernen Staat, in: Politische Vierteljahresschrift, Sonderheft 7, 1976, S. 43 ff.; *ders.*, Wie ist Legitimität durch Legalität möglich?, S. 14 ff.; *ders.*, Vom pragmatischen, ethischen und moralischen Gebrauch der praktischen Vernunft, S. 117; *ders.*, Die Einbeziehung des Anderen, S. 119 ff., 282, 296 ff.; *K. A. Schachtschneider*, Staatsunternehmen und Privatrecht, S. 170, 242 f., 247 f., 254 f., 265; *ders.*, Res publica res populi, S. 573 ff., 819 ff., 978 ff.; vgl. *ders.*, Der Rechtsbegriff „Stand von Wissenschaft und Technik", S. 111 f.; ganz so für das Gemeinwohlprinzip *J. Isensee*, HStR, Bd. III, § 57, Rdn. 33, 88 ff., 140 ff.

[351] Dazu 7. Kap., II.

[352] Ganz i. d. S. *J. Rawls*, Eine Theorie der Gerechtigkeit, S. 105 ff. (zur „vollkommenen und unvollkommenen Verfahrensgerechtigkeit"), auch S. 396 ff.; die freiheitliche Relevanz der Institutionen, „institutionalisierter öffentlicher Rechtsmacht" stellt auch *O. Höffe*, Politische Gerechtigkeit, S. 324 ff., 428 ff., 431 f., heraus; vgl. *ders.*, Kategorische Rechtsprinzipien, S. 320, zum Prozeduralismus bei Rawls; *J. Habermas*, Erläuterungen zur Diskursethik, S. 127, 164, passim; *ders.*, Treffen Hegels Einwände gegen Kant auch auf die Diskursethik zu?, S. 13 f.; ganz

prozeduraler Natur, ..."[353]. Die Offenheit für die Meinungen des anderen, die Offenheit für das beste Argument, ist die prozedurale Sittlichkeit[354]. Die allgemeine Offenheit führt zum Postulat der Öffentlichkeit der Maximen der Politik als einem Postulat republikanischer Sittlichkeit[355]. *Kant* formuliert die „transzendentale Formel des öffentlichen Rechts": „Alle auf das Recht anderer Menschen bezogene Handlungen, deren Maxime sich nicht mit der Publizität verträgt, sind unrecht"[356], und entwickelt das Publizitätsprinzip zu einem „transzendentalen Prinzip des öffentlichen Rechts", dessen Formel lautet: „Alle Maximen, die der Publizität bedürfen (um ihren Zweck nicht zu verfehlen), stimmen mit Recht und Politik vereinigt zusammen"[357]. Die Öffentlichkeit, die Allgemeinheit der Bürgerschaft, wacht dadurch über die Sittlichkeit der Politik und sichert die Rechtlichkeit der Gesetze.

Der repressionsfreie Dialog, in dem Interesse und Erkenntnis zur Einheit verschmelzen, der emanzipatorische Diskurs, dessen Mühe Freiheit, Wahrheit und Gerechtigkeit gilt, respektiert den anderen als Mitmenschen, um in idealer Sprechsituation zum Konsens, zum Vernünftigen, zu finden[358]. Das ist der „liebende Kampf um Wahrheit in Freiheit"[359].

---

so auch *W. Maihofer*, HVerfR, S. 464 ff., 471 (zur „guten Organisation des Staates" i. S. Kants), auch S. 477 ff. zur Partizipation und Repräsentation; *ders.*, Realität der Politik und Ethos der Republik, S. 94 ff., 99 ff., 105 ff.; auch *W. Kersting*, Der Geltungsgrund von Moral und Recht bei Kant, S. 308 ff., 332; *ders.*, Kant über Recht, S. 84 f.

[353] *W. Kersting*, Kant über Recht, S. 84.

[354] Zu den prozeduralen Gerechtigkeitslehren *A. Kaufmann*, Prozedurale Theorien der Gerechtigkeit, 1989, S. 7 ff. (kantianisch); *ders.*, Rechtsphilosophie in der Nach-Neuzeit, 1990, S. 24 ff., 32 ff.; *R. Alexy*, Theorie der Grundrechte, 1986, S. 498 ff.; *ders.*, Rechtssystem und praktische Vernunft, Rechtstheorie 18 (1987), S. 405 ff., insb. S. 416 ff.; folgend dessen Schüler *A. Tschentscher*, Prozedurale Theorien der Gerechtigkeit. Rationales Entscheiden, Diskursethik und prozedurales Recht, 2000; *J. Habermas*, Faktizität und Geltung, S. 324 ff., 468 ff., 519 ff.; *ders.*, Erläuterungen zur Diskursethik, S. 123, 130, 132 ff., 154, 161, u. ö. *ders.*, Die Einbeziehung des Anderen, S. 119 ff.; folgend dessen Schüler *R. Forst*, Kontexte der Gerechtigkeit. Politische Philosophie jenseits von Liberalismus und Kommunitarismus, 1996, etwa S. 191 ff.; vgl. auch *W. Maihofer*, Realität der Politik und Ethos der Republik, S. 84 ff.; *W. Kersting*, Kant über Recht, S. 122; dazu *K. A. Schachtschneider*, Res publica res populi, S. 598 ff.; weitere Hinweise in Fn. 2004.

[355] *Kant*, Zum ewigen Frieden, S. 244; dazu *W. Maihofer*, Realität der Politik und Ethos der Republik, S. 102 ff.

[356] Zum ewigen Frieden, S. 244 f.

[357] Zum ewigen Frieden, S. 250.

[358] *J. Habermas*, vor allem: Erkenntnis und Interesse, S. 234 ff., 253 ff., 334 ff.; *ders.*, Moralbewußtsein und kommunikatives Handeln, S. 127 ff., 144 ff.; *ders.*, Erläuterungen zur Diskursethik, passim; vgl. auch *ders.*, Faktizität und Geltung,

2. Die Sittlichkeit als Autonomie des Willens, die praktische Vernünftigkeit des gemeinsamen Lebens oder eben die Rechtlichkeit der Gesetzgebung ist ohne den guten Willen des Gesetzgebers, also der Allgemeinheit, der Bürgerschaft, zur Wahrheitlichkeit und Richtigkeit der Gesetze nicht gewährleistet, kurz gefaßt: ohne Moralität keine Sittlichkeit. Die gesetzgeberische Moralität besteht in der Bemühung, den kategorischen Imperativ, das Sittengesetz, bei der Gesetzgebung zu verwirklichen, also als Gesetzgeber Gerechtigkeit gegen jedermann walten zu lassen, Gesetze hervorzubringen, denen jeder zuzustimmen vermag, weil sie das gute Leben aller in Freiheit, Gleichheit und Brüderlichkeit bezwecken[360], niemanden diskriminieren und niemanden privilegieren, im Sinne der Sachlichkeit die allgemeine Gleichheit wahren, eben praktisch vernünftig sind.

Die Moralität im Sinne des formalen Grundsatzes der Ethik: „Handle pflichtmäßig, aus Pflicht", „d. i. aus Achtung fürs Gesetz"[361], gebietet bei der Gesetzgebung, das Sittengesetz als das (freilich formale) Pflichtprinzip zu achten[362]. Das Sittengesetz ist vor allem das gesetzgeberische Rechtsprinzip[363], das Gesetz richtiger Gesetzgebung, der Rechtsgesetzlichkeit, das eigentliche Anliegen der Freiheitslehre Kants als politischer Philosophie. Weil der Gesetzgeber auf keinen materialen Maßstab für die Gesetze des Rechts zurückgreifen kann, sondern nur auf den formalen kategorischen Imperativ, weil (und soweit, insbesondere durch die Verfassung der Menschheit des Menschen, also durch die Menschenrechte, usw.[364]) er somit nicht material in Pflicht genommen ist und werden kann, ist seine Moralität die

---

S. 135 ff., 151 ff., 166 ff., 272 ff., 292 ff., 516 ff.; *ders.*, Die Einbeziehung des Anderen, S. 277 ff., 293 ff. (deliberativistisch); auch *E. Meinberg*, Das Menschenbild der modernen Erziehungswissenschaften, S. 42 ff., 61 ff.; *W. Maihofer*, HVerfR, S. 487 f.; *ders.*, Realität der Politik und Ethos der Republik, S. 110 ff., 116 ff. (120); *F. Kaulbach*, Studien, S. 129; ganz so im griechischen Sinne *H. Arendt*, Vita Activa, S. 30 f.; zum Dialog als Verfahren der Erkenntnis des Rechts *R. Gröschner*, Dialogik und Jurisprudenz. Die Philosophie des Dialogs als Philosophie der Rechtspraxis, 1982, insb. S. 293.

[359] *K. Jaspers*, Vom Ursprung und Ziel der Geschichte, S. 201.

[360] Zu diesem Staatszweck *K. A. Schachtschneider*, Prinzipien des Rechtsstaates, S. 20 ff., 22 ff., 28 ff.; *ders.*, Res publica res populi, S. 567 ff., 978 ff., 990 ff.

[361] *Kant*, Kritik der praktischen Vernunft, S. 191 ff., 203 ff. (Zitat S. 203); *ders.*, Metaphysik der Sitten, S. 521, 523, auch S. 318 f., u. ö.; auch *ders.*, Grundlegung zur Metaphysik der Sitten, S. 26 ff.

[362] Zur „Achtung als Triebfeder der Sittlichkeit" *J. Timmermann*, Sittengesetz und Freiheit, S. 189 ff., insb. S. 194 ff.

[363] Ganz so *W. Maihofer*, Realität der Politik und Ethos der Republik, S. 94 ff.; *J. Habermas*, Erläuterungen zur Diskursethik, S. 128; *W. Kersting*, Kant über Recht, S. 31 ff. (insb. S. 35 f.) „verbindlichkeitstheoretisch"; i. d. S. auch *M. Forschner*, Gesetz und Freiheit, S. 211, vgl. auch Fn. 280, 284; dazu 7. Kap., II.

[364] Dazu *K. A. Schachtschneider*, Prinzipien des Rechtsstaates, S. 86 ff.

einzige Richtigkeitsgewähr für die Rechtlichkeit der Gesetze, für die Sittlichkeit also. *Werner Maihofer* versteht die „Republik" Rousseaus und Kants demgemäß „als legalisierte Moralität"[365].

Dieses Pflichtprinzip wird in Kants Lehre vom Reich der Zwecke in der Grundlegung zur Metaphysik der Sitten besonders deutlich. Dort heißt es:

„Denn vernünftige Wesen stehen alle unter dem Gesetz, daß jedes derselben sich selbst und alle andere niemals bloß als Mittel, sondern jederzeit zugleich als Zweck an sich selbst behandeln solle. ... Nun ist Moralität die Bedingung, unter der allein ein vernünftiges Wesen Zweck an sich selbst sein kann; weil nur durch sie es möglich ist, ein gesetzgebend Glied im Reich der Zwecke zu sein."[366]

Demgemäß definiert *Kant* das „oberste Gesetz" des guten Willens:

„Handle jederzeit nach derjenigen Maxime, deren Allgemeinheit als Gesetzes du zugleich wollen kannst; dieses ist die einzige Bedingung, unter der ein Wille niemals mit sich selbst im Widerstreite sein kann, und ein solcher Imperativ ist kategorisch."[367]

Die Formel des „schlechterdings guten Willens" ist: „Handle nach Maximen, die sich selbst zugleich als allgemeine Naturgesetze zum Gegenstande haben können."[368] Der Wille gibt in der Sprache Kants die Gesetze[369]. Das „Reich der Zwecke" ist durch „die eigene Gesetzgebung aller Personen als Glieder" möglich[370]. „Ein solches Reich der Zwecke würde nun durch Maximen, deren Regeln der kategorische Imperativ aller (Akad. Ausgabe: allen) vernünftigen Wesen vorschreibt, wirklich zu Stande kommen, wenn sie allgemein befolgt würden."[371] Die „Achtung" für diese Idee, die „zur unnachlaßlichen Vorschrift des Willens dienen sollte", macht „die Würdigkeit eines jeden vernünftigen Subjekts, ein gesetzgebendes Glied im Reich der Zwecke zu sein" aus[372]. Schließlich heißt es:

„Moralität ist also das Verhältnis der Handlungen zur Autonomie des Willens, das ist, zur möglichen allgemeinen Gesetzgebung durch die Maximen desselben". ...

---

[365] Realität der Politik und Ethos der Republik, S. 95 ff., 99 ff., 101 ff.

[366] Grundlegung zur Metaphysik der Sitten, S. 66, 68; auch *ders.*, Kritik der praktischen Vernunft, S. 210; dazu *M. Forschner*, Gesetz und Freiheit, S. 210 f.

[367] Grundlegung zur Metaphysik der Sitten, S. 70 f.

[368] Grundlegung zur Metaphysik der Sitten, S. 71; zur Naturgesetzformel *M. Forschner*, Gesetz und Freiheit, S. 229.

[369] *Kant*, Metaphysik der Sitten, S. 332; vgl. auch Grundlegung zur Metaphysik der Sitten, S. 41, 71.

[370] *Kant*, Grundlegung zur Metaphysik der Sitten, S. 72; *M. Forschner*, Gesetz und Freiheit, S. 211.

[371] *Kant*, Grundlegung zur Metaphysik der Sitten, S. 72.

[372] *Kant*, Grundlegung zur Metaphysik der Sitten, S. 73; zur „Achtung fürs moralische Gesetz" *ders.*, Kritik der praktischen Vernunft, S. 191 ff. (Zitat S. 207); auch *ders.*, Kritik der reinen Vernunft, S. 678 ff., 689.

„Der Wille, dessen Maximen notwendig mit den Gesetzen der Autonomie zusammenstimmen, ist ein heiliger, schlechterdings guter Wille. Die Abhängigkeit eines nicht schlechterdings guten Willens vom Prinzip der Autonomie (die moralische Nötigung) ist Verbindlichkeit." … „Die objektive Notwendigkeit einer Handlung aus Verbindlichkeit heißt Pflicht."[373]

Angeführt sei noch:

„Das moralische Sollen ist also eigenes notweniges Wollen als Gliedes einer intelligibelen Welt, und wird nur so fern von ihm als Sollen gedacht, als er sich zugleich wie ein Glied der Sinnenwelt betrachtet."[374]

Der kategorische Imperativ bestimmt somit den Willen des vernünftigen Gesetzgebers. Er ist wegen der sinnlichen Natur des Menschen, der nicht reines Vernunftwesen ist, ein Imperativ „ein Gesetz der Pflicht, der moralischen Nötigung …"[375]. Wer ihm bei der Gesetzgebung gehorcht, wirkt an der Sittlichkeit mit und trägt dazu bei, daß die Gesetze Recht schaffen. Weil derartige gesetzgeberische Handlungen nicht erzwungen werden können, bedarf es des guten Willens zur Sittlichkeit, also der Moralität. Die Moralität der Gesetzgebung unterscheidet sich von der Moralität der Befolgung des Gesetzes, weil die Gesetzlichkeit, die juridische Legalität, wegen ihrer Materialität erzwungen werden kann. Es wäre absurd, den kategorischen Imperativ, der Sittlichkeit gebietet und das Gesetz der Sittlichkeit, aber auch das Prinzip des Rechts ist, nicht auf die Gesetzgebung anzuwenden, welche die Gesetze hervorbringt, die das Handeln der Menschen zu erzwingen erlauben und damit deren Handeln bestimmen, wodurch das „Reich der Zwecke" verwirklicht wird. Wesentlicher Teil der Handlungen des Menschen sind die Gesetze, welche die Handlungen weitgehend material bestimmen. Die Sittlichkeit der Gesetzgebung hängt von der Beachtung des Sittengesetzes ab, von der Achtung fürs Gesetz, besser: fürs Recht, vom guten Willen des Gesetzgebers, von dessen Moralität. Die Sittlichkeit ist die Pflicht der Menschen als Gesetzgeber. Demgemäß weist *Kant* den „politischen Moralisten" zurück und postuliert den „moralischen Politiker", der dem Rechtsprinzip verpflichtet ist[376]. „Die wahre Politik kann also keinen Schritt tun, ohne vorher der Moral gehuldigt zu haben, …"[377].

---

[373] *Kant*, Grundlegung zur Metaphysik der Sitten, S. 73 f.; zur Imperativität *M. Forschner*, Gesetz und Freiheit, S. 208; Hinweise auch in Fn. 93.

[374] *Kant*, Grundlegung zur Metaphysik der Sitten. S. 91.

[375] *Kant*, Kritik der praktischen Vernunft, S. 204; *M. Forschner*, Gesetz und Freiheit, S. 205 ff. (208), auch S. 250 ff. zum Menschen als Natur- und Vernunftwesen; vgl. auch Fn. 334, 335.

[376] Zum ewigen Frieden, S. 232 ff.; dazu *W. Maihofer*, Realität der Politik und Ethos der Republik, S. 101 ff.

[377] *Kant*, Zum ewigen Frieden, S. 243.

Nach *Wolfgang Kersting* ist bei Kant die „Sittlichkeit weder Entstehungsvoraussetzung noch Erhaltungsbedingung eines rechtlichen Zustandes"[378]. Mit Kants Lehre vom Reich der Zwecke, das von der Sittlichkeit getragen ist, wäre diese These schwerlich vereinbar, wenn der „rechtliche Zustand" der freiheitliche Zustand, nicht lediglich der gesetzlich geordnete Zustand sein sollte. So ersetzt denn *Kersting* auch den „kategorischen Imperativ als Moralprinzip der Gesetzmäßigkeit der Maximen" durch den „ursprünglichen Kontrakt als Prinzip der öffentlichen Gerechtigkeit", an dem „die Rechtmäßigkeit positiver Gesetze" gemessen würde. „Der kategorische Imperativ" sei „die Operationsregel des Universalismus der Moral; der ursprüngliche Kontrakt", sei „die Operationsregel des Universalismus des Rechts"[379]. Als sittliches Prinzip des Reiches der Zwecke stellt *Kant* den kategorischen Imperativ zumal in der Selbstzweck-, aber auch in der Naturgesetzformel heraus[380]. Die „Idee der Würde eines vernünftigen Wesens, das keinem Gesetze gehorcht, als dem, das es zugleich selbst gibt"[381], die Idee der allgemeinen Gesetzgeberschaft als der Gesetzgeberschaft aller ist nichts anderes als die Vertragsidee, die Idee der konsensualen Rechtsetzung[382]. Der kategorische Imperativ ist die Logik der Gleichheit in der Freiheit und damit die Logik der allgemeinen Gesetzgeberschaft, die im „Reich der Zwecke" Wirklichkeit zu finden vermag. Diese Logik folgt aus dem Willkürverbot, wonach gewissermaßen Gleiches gleich und Ungleiches ungleich behandelt werden muß[383], was *Kersting* richtig als Logik des Vertragskriteriums erkennt[384]. Das Willkürverbot macht nicht anders als das identische Prinzip des rechten Maßes, das Verhältnismäßigkeitsprinzip, das Prinzip der Sittlichkeit im gewaltenteiligen Rechtsstaat, der auch Gerichtsstaat ist und sein muß[385], zum judiziablen Rechtsprinzip[386]. Es sind die

---

[378] Der Geltungsgrund von Moral und Recht bei Kant. S. 321; Kant über Recht, S. 31.

[379] Der Geltungsgrund von Moral und Recht bei Kant. S. 331 bzw. S. 332; Kant über Recht, S. 116 f.

[380] Grundlegung zur Metaphysik der Sitten, S. 66 ff.; auch, Kritik der praktischen Vernunft, S. 188 f., 210; vgl. *M. Forschner*, Gesetz und Freiheit, S. 210 f., 229.

[381] *Kant*, Grundlegung zur Metaphysik der Sitten, S. 67; i. d. S. auch *ders.*, Kritik der praktischen Vernunft, S. 210.

[382] Dazu *K. A. Schachtschneider*, Res publica res populi, S. 560 ff., 637 ff., insb. S. 666 ff., 718 ff., 725 ff.; zu „Kants Kontraktualismus" *W. Kersting*, Kant über Recht, S. 106 ff.

[383] Das Bundesverfassungsgericht nutzt für die Handhabung des gesetzgeberischen Gleichheitsprinzips Formeln, die mittels der Gerechtigkeit, der Begründbarkeit oder anders angereichert sind, vgl. *K. A. Schachtschneider*, Prinzipien des Rechtsstaates, S. 329 ff.; auch *ders.*, Res publica res populi, S. 990 ff.; dazu 7. Kap., I, 2.

[384] Der Geltungsgrund von Moral und Recht bei Kant, S. 333; Kant über Recht, S. 118.

Prinzipien der praktischen Vernunft, welche das Bundesverfassungsgericht ständig praktiziert[387]. Das Sittengesetz, der kategorische Imperativ, ist somit das bestimmende Rechtsprinzip in der republikanischen Praxis, welche von der ideellen Einheit von Gleichheit, Freiheit und Brüderlichkeit geleitet ist, ein logischer Zusammenhang, den Art. 2 Abs. 1 des Grundgesetzes in seinem Freiheitsgrundrecht klarstellt, der aber von der Rechtslehre selten gesehen wird[388].

„Die Qualität ethischer Partizipation ist allein abhängig von der ethischen Kompetenz der Bürger, und diese ist nicht durch verfassungsrechtliche Prozeduren, sondern allein durch Erziehung zu gewinnen". „Wir bedürfen auch ethisch erzogener Politiker", sagt *Wolfgang Kersting* an anderer Stelle richtig und ruft nach einer neuen Bürgerlichkeit[389]. Er weiß um die Notwendigkeit der auf Moralität angewiesenen Sittlichkeit für die liberale Republik. Den kategorischen Imperativ des großen Lehrers der Sittlichkeit aber drängt er aus der Politik heraus, weil er mit der Teufelsstelle in *Kants* Friedensschrift[390] hadert[391], die der Liberalismus als Irrtum erkannt habe[392]. Die Teufel stellt *Kant* in seiner Lösung des Problems der Staatserrichtung als „eine Menge von vernünftigen Wesen" vor, „die insgesamt allgemeine Gesetze für ihre Erhaltung verlangen, deren jedes aber in Geheim sich davon auszunehmen geneigt ist"[393]. Es bleibt somit beim Prinzip allgemeiner Gesetzgebung und damit beim logisch aus der Gleichheit in der Freiheit folgenden Prinzip der Sittlichkeit, das eine gesetzgeberische Moralität erfordert. Auch das „Volk von Teufeln (wenn sie nur Verstand haben)" ist genötigt, sich „unter Zwangsgesetze zu begeben", um „den Friedenszustand, in welchem die Gesetze Kraft haben" herbeizuführen. Nicht das „Innere der Moralität" ist die Ursache, sich „dem, was die

---

[385] Vgl. *K. A. Schachtschneider*, Prinzipien des Rechtsstaates, S. 118 ff., 167 ff.; auch *ders.*, Res publica res populi, S. 536 ff., 803 ff., 909 ff., 932 ff.

[386] Dazu *K. A. Schachtschneider*, Res publica res populi, S. 978 ff., 990 ff.; dazu 7. Kap., I, 2, II, 1–3.

[387] Vgl. *K. A. Schachtschneider*, Prinzipien des Rechtsstaates, S. 329 ff. (337 ff.), 342 ff.

[388] Dazu 4. Kap.; vgl. etwa *U. Di Fabio*, in: Maunz/Dürig, GG, Kommentierung des Art. 2 Abs. 1, insb. Rdn. 45 f.

[389] Die politische Philosophie der Gegenwart, S. 55, 58.

[390] Zum ewigen Frieden, S. 224.

[391] *W. Kersting*, Der Geltungsgrund von Moral und Recht bei Kant, S. 321; richtig aber *ders.*, Kant über Recht, S. 31 f., wo er das „Werk der Teufel" lediglich als „Koexistenzordnung" begreift.

[392] *W. Kersting*, Die politische Philosophie der Gegenwart, S. 53; anders etwa *W. Maihofer*, ein großer Liberaler im freiheitlichen, also republikanischen Sinne, in: Realität der Politik und Ethos der Republik, S. 99.

[393] Zum ewigen Frieden, S. 224.

Rechtsidee vorschreibt," zu nähern[394] „sondern die moralische Nötigung zur Sittlichkeit", von der *Kant* in gleichem Sachzusammenhang in der Kritik der praktischen Vernunft (S. 143) spricht. Diese „etische Verbindlichkeit" oder „etische Pflicht"[395] ist die der gesetzgeberischen Moralität. In „Kant über Recht" unterscheidet *Kersting* richtig eine „menschliche" von einer „teuflischen Rechtsphilosophie" und räumt ein, daß „Recht und Moral verbindlichkeitstheoretisch unauflöslich miteinander verknüpft" seien[396]. Auch Kant lehrt den „sittlichen Republikanismus", nicht anders als sein Lehrer Rousseau[397].

Innere Freiheit als Sittlichkeit heißt zudem, das Gesetz aus Pflicht zu befolgen, d.h. dem Gesetz zu gehorchen, weil es das Gesetz ist, nicht aus Neigung, etwa aus Furcht vor Strafe. Innere Freiheit gebietet also Moralität[398]. „Handle pflichtmäßig, aus Pflicht"[399], ist der formale Imperativ der Ethik, der die Pflicht zur Legalität einschließt[400]. Die Legalität, d.h. die Achtung der allgemeinen Gesetze, ist ein kategorischer Imperativ, der (logisch) in dem (großen) kategorischen Imperativ enthalten ist[401]; denn

---

[394] *Kant*, Zum ewigen Frieden, S. 224.

[395] Vgl. *Kant*, Metaphysik der Sitten, S. 512.

[396] S. 31 ff. (Zitat S. 32, 36).

[397] *W. Kersting*, Kant über Recht, S. 120 ff., meint, Kant habe sich insofern von der „Rousseauschen Begrifflichkeit täuschen lassen."

[398] *Kant*, Grundlegung zur Metaphysik der Sitten, S. 26 ff.; *ders.*, Kritik der praktischen Vernunft, S. 191 ff., 203, 207, 295; *ders.*, Metaphysik der Sitten, S. 323 ff., 326, 517, 521, 523; dazu *R. Dreier*, Zur Einheit der praktischen Philosophie Kants, S. 293 f., 301 („allgemein ethische Tugendverpflichtung"); *L. W. Beck*, Kants „Kritik der praktischen Vernunft", S. 199, 212 ff.; *W. Kersting*, Wohlgeordnete Freiheit, S. 16 ff., 75 ff.; *ders.*, Das starke Gesetz der Schuldigkeit und das schwächere der Gütigkeit, S. 105 in Fn. 70; *ders.*, Der Geltungsgrund von Moral und Recht bei Kant, S. 323; *ders.*, Kant über Recht, S. 38, 46; *F. Kaulbach*, Studien, S. 136 ff.; *ders.*, Immanuel Kants „Grundlegung zur Metaphysik der Sitten", S. 62, 80 ff., auch zur Kontroverse zwischen Kant und Schiller über die Frage nach der Pflicht oder Neigung als moralischem Antrieb; *J. Timmermann*, Sittengesetz und Freiheit, S. 189 ff. (zur moralischen Motivation/zur Achtung); *J. Habermas*, Erläuterungen zur Diskursethik, S. 120 ff., insb. S. 137 ff., präzisiert diese Moralität als diskursethische Pflichten, insbesondere der zur Unparteilichkeit, argumentativen Offenheit, Begründbarkeit und Begründung (kritisch zum „demokratischen Prozeduralismus" bei Rousseau *W. Kersting*, Kant über Recht, S. 122 f.); dazu auch *D. Henrich*, Ethik der Autonomie, S. 6 ff., 28 ff.; zur Frage der „Pflicht, einem ungerechten Gesetz zu gehorchen", *J. Rawls*, Eine Theorie der Gerechtigkeit, S. 386 ff. (insb. zum „zivilen Ungehorsam", S. 399 ff.).

[399] *Kant*, Kritik der praktischen Vernunft, S. 203; Metaphysik der Sitten, S. 324 f., 508 f., 521 u.ö., vgl. Fn. 398; dazu *F. Kaulbach*, Studien, S. 136 ff., 170 f.; *ders.*, Immanuel Kants „Grundlegung zur Metaphysik der Sitten", S. 62; *W. Kersting*, Der Geltungsgrund von Moral und Recht bei Kant, S. 323.

[400] *W. Kersting*, Das starke Gesetz der Schuldigkeit und das schwächere der Gütigkeit, S. 108 ff.; *ders.*, Kant über Recht, S. 46.

wenn jeder bei seinem Handeln den kategorischen Imperativ ohne Rücksicht auf die allgemeinen Gesetze aller, also allein durch seine „eigenen und dennoch allgemeinen Gesetze"[402], materialisieren wollen würde, wäre eine allgemeine Gesetzgebung nicht möglich; sie würde der Verbindlichkeit entbehren, die im Begriff des Gesetzes liegt.

> „Denn nur das Gesetz führt den Begriff einer unbedingten und zwar objektiven und mithin allgemein gültigen Notwendigkeit bei sich, und Gebote sind Gesetze, denen gehorcht, d.i. auch wider Neigung Folge geleistet werden muß" ... „Gesetz (ein moralisch-praktisches) ist ein Satz, der einen kategorischen Imperativ (Gebot) enthält"[403].

VIII. Freiheit, Recht, Zwang

1. Zwangsgewalt des Staates

Reine Vernunftwesen bedürfen der Sicherung ihrer Freiheit als ihrer Sittlichkeit durch einen Staat nicht. Die Menschen jedoch, die „ungeselligen Gesellen", „habsüchtig, machtsüchtig und ehrsüchtig" (*Kant*, nicht anders *Aristoteles*, *Cicero*, *Hobbes*, u.a.)[404] gefährden die Freiheit anderer, weil sie Gewalt ausüben, nämlich handeln[405], können und nach aller Erfahrung entgegen dem Recht (illegal) zu handeln geneigt sind. Oft töten Menschen Menschen und stets bedrohen sie einander (allein durch ihre Gewaltmög-

---

[401] *R. Dreier*, Zur Einheit der praktischen Philosophie Kants, S. 294; vgl. *Kant*, Metaphysik der Sitten, S. 324 ff., 334.

[402] *Kant*, Grundlegung zur Metaphysik der Sitten, S. 65 u.ö.

[403] Grundlegung zur Metaphysik der Sitten, S. 46 (vgl. auch S. 13), bzw. Metaphysik der Sitten, S. 334; dazu *F. Kaulbach*, Immanuel Kants „Grundlegung zur Metaphysik der Sitten", S. 53 ff.; vgl. i.d.S. *W. Maihofer*, HVerfR, S. 432 ff., 435 ff. (insb. zur Lehre Rousseaus von der volonté générale und zur „Urheberschaft aller Bürger" und zum Prinzip der „Beteiligung Aller an der Herrschaft Aller", S. 436 f.).

[404] *Kant*, Idee zu einer allgemeinen Geschichte in weltbürgerlicher Absicht, in: Werke in zehn Bänden, hrsg. v. W. Weischedel, Bd. 9, 1968, S. 37 f. (aber auch des Nächsten bedürfend und diesen liebend); Aristoteles, Politik, S. 50, 1253a 29 ff.; *Cicero*, De re publica, Liber primus, 28, S. 158 f.; *Hobbes*, Leviathan, II, 17, S. 153; *W. Maihofer*, Die Legitimation des Staates aus der Funktion des Rechts, S. 27 f.; dazu u.a. *D. Suhr*, Gleiche Freiheit, 1988, S. 5 ff.; auch *O. Höffe*, Politische Gerechtigkeit, insb. S. 223 f., 342 ff., legt seiner Lehre diese Anthropologie zugrunde.

[405] Zum Gewaltbegriff als Vermögen zu handeln (δύναμις/potestas) *K. A. Schachtschneider*, Grundgesetzliche Aspekte der freiberuflichen Selbstverwaltung, Die Verwaltung 31 (1998), 151 ff.: genauer *ders.*, Der Anspruch auf materiale Privatisierung, S. 276 ff., 288 ff.; vgl. auch *K.-G. Faber/K.-H. Ilting/Ch. Meier*, Macht, Gewalt, in: O. Brunner/W. Conze/R. Koselleck (Hrsg.), Geschichtliche Grundbegriffe, Historisches Lexikon zur politisch-sozialen Sprache in Deutschland, Bd. 3, 1982, S. 817 ff.

lichkeit) mit dem Tod (*Hobbes, Höffe*)[406]. Vor allem vor der Lebensgefährdung des Menschen durch den Menschen soll der Leviathan schützen. Das „bellum omnium in[407] omnes", der Naturzustand, in dem der „homo homini lupus" ist, soll so weit als möglich unterbunden werden. Aus Furcht vor dem gewaltsamen Tod verbinden sich die Menschen zum Staat, zum Friedenszustand, in dem der „homo homini deus" sein kann[408]. „Der Mensch ... ist von Natur ein Staaten bildendes Lebewesen" lehrt *Aristoteles*[409].

Der Staat soll Schutz geben und Frieden schaffen[410]. Nur wenn für niemanden entgegen dem Recht Gewalt gegen andere zu üben ratsam ist, d. h. wenn die Nachteile, Interessen rechtlos durchzusetzen, die Vorteile derart überwiegen, daß es sich verbietet, ohne oder entgegen dem Recht Handlungsmöglichkeiten für seine Zwecke zu nutzen, hat der Frieden als die allgemeine Freiheit, hat die Sicherheit der Menschen vor der rechtlosen Gewalt anderer Menschen eine Chance. Die alteuropäische Anthropologie, welche auch noch der modernen, vor allem der grundgesetzlichen Staatslehre zugrunde liegt, umschreibt *Aristoteles*:

> „Alle Menschen haben also von Natur den Drang zu einer solchen Gemeinschaft (sc. den Staat), und wer sie als erster aufgebaut hat, ist ein Schöpfer größter Güter. Wie nämlich der Mensch, wenn er vollendet ist, das Beste der Lebewesen ist, so ist er abgetrennt von Gesetz und Recht das Schlechteste von allen. Das Schlimmste ist die bewaffnete Ungerechtigkeit. Der Mensch besitzt von Natur als Waffen die Klugheit und Tüchtigkeit, und gerade sie kann man am allermeisten im verkehrten Sinne gebrauchen. Darum ist der Mensch ohne Tugend das gott-

---

[406] *Hobbes*, Leviathan, I, 13, S. 112 ff.; *O. Höffe*, Politische Gerechtigkeit, S. 307 ff. (zu Hobbes), S. 342 ff., 382 ff.; *ders.*, Gerechtigkeit als Tausch? S. 23, 24 ff. (zu Hobbes).

[407] Vgl. G. Geismann/K. Herb (Hrsg.), Hobbes über die Freiheit, S. 128 f.; meist wird zitiert: bellum omnium contra omnes, etwa *C. Schmitt*, Der Leviathan in der Staatslehre des Thomas Hobbes, S. 47.

[408] *C. Schmitt*, Der Leviathan in der Staatslehre des Thomas Hobbes, S. 47 f.

[409] Politik, S. 49, 1253 a 3 f.

[410] *Hobbes*, Leviathan, I, 13, II, 17, 18, S. 112 ff., S. 151 ff., S. 156 ff.; dazu *O. Höffe*, Politische Gerechtigkeit, S. 307 ff.; *A. Randelzhofer*, Staatsgewalt und Souveränität, HStR, Bd. II, 3. Aufl. 2004, § 17, Rdn. 9, 40; *V. Götz*, Innere Sicherheit, HStR, Bd. III, 1988, § 79, Rdn. 1 ff., 7 ff.; *W. Conze*, Sicherheit, Schutz, in: O. Brunner/W. Conze/R. Koselleck (Hrsg.), Geschichtliche Grundbegriffe. Historisches Lexikon zur politisch-sozialen Sprache in Deutschland, Bd. 5, 1984, S. 831 ff.; zu den Staatszwecken vgl. die Verhandlungen der Deutschen Staatsrechtslehrer 1989 in Hannover, insb. die Berichte von *Ch. Link* und *G. Ress*, Staatszwecke im Verfassungsstaat – nach 40 Jahren Grundgesetz, VVDStRL 48 (1990), S. 7 ff., 27 ff., bzw. S. 56 ff., 83 ff.; vgl. auch *H. P. Bull*, Staatszwecke im Verfassungsstaat, NVwZ 1989, 801 ff.; *H. Bethge*, Staatszwecke im Verfassungsstaat – 40 Jahre Grundgesetz, DVBl. 1989, 841; *K. Stern*, Staatsrecht III, 2, S. 1026 f.; zum Friedenszweck vgl. die Hinw. in Fn. 431, auch Fn. 417.

loseste und wildeste aller Wesen und in Liebeslust und Eßgier das Schlimmste. Die Gerechtigkeit dagegen ist der staatlichen Gemeinschaft eigen. Denn das Recht ist die Ordnung der staatlichen Gemeinschaft, und die Gerechtigkeit urteilt darüber, was gerecht sei."[411]

Alle Menschen gemeinsam, als Bürger vereinigt zum Staat, sollen jedem Einzelnen überlegen sein, damit das Recht als die Verwirklichung der allgemeinen Freiheit erzwungen werden kann[412]. Die unwiderstehliche, die höchste Gewalt des Staates, das fälschlich so genannte Gewaltmonopol des Staates[413], ist ein fundamentales Prinzip der Republik[414]. Es gibt kein Gewaltmonopol des Staates und kann keines geben, weil jeder Mensch Gewalt (Vermögen zu handeln) hat und diese Gewalt nach Maßgabe der allgemeinen Gesetze nutzen darf und soll. Der Mensch handelt mit Wirkung auf alle. Diese Gewalt wird durch die allgemeinen Gesetze um der Freiheit aller willen befriedet. Gewaltausübung unterliegt dem Prinzip der Gesetzlichkeit, auch die des Staates. Aber bewaffnete Gewalt gegen den Staat zu üben oder auch nur vorzubereiten, etwa Festungen zu bauen, wie in den achtziger Jahren in einigen Häusern der Hamburger Hafenstraße, ist rechts- und staatswidrig[415]. Die Prinzipien des staatlichen Vorrangs und Vorbehalts der Zwangsgewalt[416] gehören zu den grundlegenden Erkenntnissen vom

---

[411] Politik, S. 50, 1253a 29 ff.

[412] Vgl. *Locke*, Über die Regierung, XI, 134 ff., S. 101 ff.

[413] Dazu *K. A. Schachtschneider*, Die Verwaltung, 31 (1998), S. 148 ff., 151 ff.; *ders.*, Der Anspruch auf materiale Privtatisierung, S. 265 ff.

[414] *H. Krüger*, Allgemeine Staatslehre, S. 818 ff., insb. S. 847 ff. (zur „Einzigkeit der Staatsgewalt"); *K. Stern*, Das Staatsrecht der Bundesrepublik Deutschland, Bd. II, Grundbegriffe und Grundlagen des Staatsrechts, Strukturprinzipien der Verfassung, 2. Aufl. 1984, S. 513 ff. (insb. zur Teilung und Hemmung staatlicher Gewalten"); *M. Kriele*, HVerfR, S. 136 f.; *J. Isensee*, HStR, Bd. II, § 15, Rdn. 82 ff.; *D. Merten*, Rechtsstaat und Gewaltmonopol, 1975, S. 29 ff., 32 ff.; *R. Zippelius*, Allgemeine Staatslehre, S. 58 ff., 134 ff.; *W. Maihofer*, Die Legitimation des Staates aus der Funktion des Rechts, S. 29 f., 31; *V. Götz*, HStR, Bd. III, § 79, Rdn. 29 ff., der richtig den Ausdruck „Monopol" kritisiert und durch „Hoheit" zu ersetzen vorschlägt (Fn. 101); *H. Bethge*, DVBl. 1989, 844 f.; *Ch. Link*, VVDStRL 48 (1990), S. 28 ff.; *G. Ress*, VVDStRL 48 (1990), S. 83 f.

[415] *D. Merten*, Rechtsstaat und Gewaltmonopol, S. 42 f.; *ders.*, Konstruktionsprinzipien staatlicher Gewalt im Verfassungsstaat der Bundesrepublik, in: A. Randelzhofer/W. Süß (Hrsg.), Konsens und Konflikt, 35 Jahre Grundgesetz, 1986, S. 324 ff., 332 ff.; i. d. S. auch *K. Kröger*, Die vernachlässigte Friedenspflicht des Bürgers, JuS 1984, 172 ff.; *H. Hofmann*, VVDStRL 41 (1983), S. 56; *M. Kriele*, HVerfR, S. 136 f.; *J. Isensee*, HStR, Bd. II, § 15, Rdn. 86; *V. Götz*, HStR, Bd. III, § 79, Rdn. 31; *Ch. Link*, VVDStRL 48 (1990), S. 28 f., Ls. 11; *G. Ress*, VVDStRL 48 (1990), S. 86, Ls. 14; zur Unentbehrlichkeit der „Gewalt" für das Recht auch *N. Luhmann*, Rechtssoziologie, Bd. 1, S. 106 ff.

[416] Die deutsche Sprache verwendet das Wort Gewalt mehrdeutig, zum einen im Sinne des Waltens und Handelns wie im Begriff „Staatsgewalt" des Art. 20 Abs. 2 S. 1 GG mit der Bedeutung: Vermögen zu handeln (δύναμις, potestas), zum ande-

modernen Staat (*Bodin*, 1576/7, *Hobbes*, 1647)[417]. „Spezifische Erscheinungsform des Rechts ist hier (sc. im Gesetzgebungsstaat) das Gesetz; spezifische Rechtfertigung des staatlichen Zwanges die Legalität." faßt *Carl Schmitt*[418] zusammen. Auf dieser Erkenntnis hat schon *Rousseau* seine Lehre vom Gesellschaftsvertrag aufgebaut:

> „Da die Menschen nun keine neuen Kräfte hervorbringen, sondern nur die vorhandenen vereinen und lenken können, haben sie kein anderes Mittel, sich zu erhalten, als durch Zusammenschluß eine Summe von Kräften zu bilden, stärker als jener Widerstand, und diese aus einem einzigen Antrieb einzusetzen und gemeinsam wirken zu lassen."[419]

Kant erfaßt diesen modernen Staat als den „bürgerlichen Zustand", als „eine allgemeine äußere (d.i. öffentliche) mit Macht begleitete Gesetzgebung", als „bürgerliche" oder auch „staatsbürgerliche Verfassung"[420]. *Kant*

---

ren im Sinne der körperlichen (physischen) Kraft (βία, vis), mittels derer Zwang in einer Weise ausgeübt wird, die dem Gezwungenen sein Vermögen zu handeln nimmt oder schmälert, wie Gewalt etwa im Strafgesetzbuch (etwa §§ 81 f. Hochverrat; §§ 105 f. Nötigung von Verfassungsorganen, des Bundespräsidenten etwa, von Mitgliedern eines Verfassungsorganes; § 104 Wahlbehinderung; § 108 Wählernötigung; § 113 Widerstand gegen Vollstreckungsbeamte; § 177 Vergewaltigung; § 178 Sexuelle Nötigung; § 181 Menschenhandel; § 234 Menschenraub; § 234a Verschleppung; § 235 Kindesentziehung; § 237 Entführung gegen den Willen der Entführten; § 240 Nötigung; § 249 Raub; § 253 Erpressung; § 255 Räuberische Erpressung) benutzt wird; hier wird dafür das Wort Zwangsgewalt oder kurz Zwang gebraucht. Zum Gewaltbegriff auch Hinweise in Fn. 405.

[417] *J. Bodin*, De republica libri sex, 1576, ed. Mayer-Tasch, Beck, 1981, I 8, S. 205 ff.; *Hobbes*, Leviathan, II, 17, S. 151 ff.; *M. Weber*, Wirtschaft und Gesellschaft. Grundriß der verstehenden Soziologie, ed. Johannes Winkelmann, 1964, auch 5. Aufl. 1972, S. 29 f.; *R. Hübner*, Die Staatsform der Republik, S. 25 ff.; *H. Krüger*, Allgemeine Staatslehre, S. 818 ff.; *H. Quaritsch*, Staat und Souveränität, Bd. 1: Die Grundlagen, 1970, S. 234; *E.-W. Böckenförde*, Der Staat als sittlicher Staat, 1978, S. 15; *J. Isensee*, HStR, Bd. II, § 15, Rdn. 83 ff.; *A. Randelzhofer* HStR, Bd. II, 3. Aufl. 2004, § 17, Rdn. 13 ff. (auch zu den Vorläufern von Bodin); *D. Merten*, Rechtsstaat und Gewaltmonopol, S. 29 ff., 32 ff.; *D. Willoweit*, Die Herausbildung des staatlichen Gewaltmonopols im Entstehungsprozeß des modernen Staates, in: A. Randelzhofer/W. Süß (Hrsg.), Konsens und Konflikt. 35 Jahre Grundgesetz, 1986, S. 313 ff.; *M. Kriele*, Einführung in die Staatslehre, 4. Aufl. 1990, S. 68 ff., 6. Aufl. 2003, S. 36 f., 44 ff., 79 ff., 87 ff., 99 ff.; *R. Zippelius*, Allgemeine Staatslehre, S. 58 ff., 134 ff.; *V. Götz*, HStR, Bd. III, § 79, Rdn. 8; *O. Höffe*, Politische Gerechtigkeit, S. 307 ff. (zu Hobbes) S. 428, zum „Staat der Gerechtigkeit" mit öffentlicher Zwangsgewalt; *ders.*, Demokratie im Zeitalter der Globalisierung, S. 40 f., 95 ff.; dazu auch *K. A. Bettermann*, Der totale Rechtsstaat, Glanz und Elend des Rechtsstaats, 1986, S. 18 ff.; *Ch. Link*, VVDStRL 48 (1990), S. 28 ff., Ls. 11; *K. A. Schachtschneider*, Res publica res populi, S. 270, 548 ff.

[418] Legalität und Legitimität, S. 8.

[419] Vom Gesellschaftsvertrag, I, 6, S. 16 f.

[420] Metaphysik der Sitten, S. 366; auch *ders.*, Idee, S. 39 („unwiderstehliche Gewalt"); auch *ders.*, Über den Gemeinspruch, S. 148, 156, auch S. 169; dazu

hat in der Einleitung der Rechtslehre in § D klargestellt, daß „das Recht mit der Befugnis zu zwingen verbunden" sei.

> „Der Widerstand, der dem Hindernis einer Wirkung entgegengesetzt wird, ist eine Beförderung dieser Wirkung und stimmt mit ihr zusammen. Nun ist alles, was Unrecht ist, ein Hindernis der Freiheit nach allgemeinen Gesetzen; der Zwang aber ist ein Hindernis oder Widerstand, der der Freiheit geschieht. Folglich: wenn ein gewisser Gebrauch der Freiheit selbst ein Hindernis der Freiheit nach allgemeinen Gesetzen (d.i. unrecht) ist, so ist der Zwang, der diesem entgegengesetzt wird, als Verhinderung eines Hindernisses der Freiheit mit der Freiheit nach allgemeinen Gesetzen zusammen stimmend, d.i. recht: mithin ist mit dem Rechte zugleich eine Befugnis, den, der ihm Abbruch tut, zu zwingen, nach dem Satze des Widerspruchs verknüpft."[421]

Kant bildet „viererlei Kombinationen" der Gewalt mit Freiheit und Gesetz, nämlich:

A. Gesetz und Freiheit, ohne Gewalt (Anarchie).

B. Gesetz und Gewalt, ohne Freiheit (Despotism).

C. Gewalt, ohne Freiheit und Gesetz (Barbarei).

D. Gewalt, mit Freiheit und Gesetz (Republik)[422].

Gewalt ist in diesen Formeln die Zwangsgewalt. Die Formel D für die Republik antwortet auf die Frage, die *Rousseau* gestellt hat und selbst mit seiner republikanischen Freiheits-, Rechts- und Staatslehre gelöst hat:

> „Finde eine Form des Zusammenschlusses, die mit ihrer ganzen gemeinsamen Kraft die Person und das Vermögen jedes einzelnen Mitglieds verteidigt und schützt und durch die doch jeder, indem er sich mit allen vereinigt, nur sich selbst gehorcht und genauso frei bleibt wie zuvor."[423]

Wenn ein Staat noch nicht oder nicht mehr besteht, darf der Weg zum Frieden, die Staatlichkeit nämlich oder eben die bürgerliche Verfassung, erzwungen werden. *Kant* klärt:

> „Wenn es rechtlich möglich sein muß, einen äußeren Gegenstand als das Seine zu haben: so muß es auch dem Subjekt erlaubt sein, jeden anderen, mit dem es zum

---

W. *Kersting*, Wohlgeordnete Freiheit, S. 199 ff., 205 ff., insb. S. 209 ff., auch S. 215 ff.

[421] Metaphysik der Sitten, S. 338 f., 464 („Freiheit" – „Prinzip", ja „Bedingung alles Zwanges"); zustimmend J. *Habermas*, Faktizität und Geltung, S. 45 ff.; *ders.*, Die Einbeziehung des Anderen, S. 295; W. *Kersting*, Kant über Recht, S. 37 ff., 40 ff.

[422] Anthropologie in pragmatischer Hinsicht, 1793/94, in: Werke in zehn Bänden, hrsg. v. W. Weischedel, Bd. 10, S. 686.

[423] Vom Gesellschaftsvertrag, I, 6, S. 17.

Streit des Mein und Dein über ein solches Objekt kommt, zu nötigen, mit ihm zusammen in eine bürgerliche Verfassung zu treten."[424]

Nur im Staat finden die Menschen Frieden und Freiheit. Gesetzgebung, Gesetzesvollzug und Rechtsprechung sind darum Pflicht des Staates. *Kant* stellt wiederum klar:

> „Der Satz: Salus publica suprema civitatis lex est, bleibt in seinem unverminderten Wert und Ansehen; aber das öffentliche Heil, welches zuerst in Betrachtung zu ziehen steht, ist gerade diejenige gesetzliche Verfassung, die jedem seine Freiheit durch Gesetze sichert: ..."[425]

„... und das Gesetz nur kann uns Freiheit geben", erkennt *Johann Wolfgang v. Goethe*[426] und *Friedrich Schiller* läßt den Marquis von Posa zu König Philipp von Spanien[427] kantianisch sagen: „Ich genieße die Gesetze" ... „Sire, ich bin zufrieden".

Die bürgerliche Verfassung/der Staat ist erst erzwungen, wenn jeder mögliche Streit einer befriedenden, also gesetzesgebundenen Entscheidung durch Gerichte zugeführt werden kann (Justizgewährleistungsanspruch)[428]. Dem Vorrang und Vorbehalt staatlicher Zwangsgewalt korrespondiert der

---

[424] Metaphysik der Sitten, S. 366; i.d.S. auch *ders.*, Zum ewigen Frieden, S. 203; auch *ders.*, Der Streit der Fakultäten, 1789, in: Werke in zehn Bänden, hrsg. v. W. Weischedel, Bd. 9, 1968, S. 364; dazu *W. Kersting*, Wohlgeordnete Freiheit, S. 205 ff.; *O. Höffe*, Demokratie im Zeitalter der Globalisierung, S. 102; anders insofern *Rousseau*, Vom Gesellschaftsvertrag, IV, 2, S. 115 f., der für den Gesellschaftsvertrag, „seiner Natur nach einstimmige Annahme" fordert, weil „die bürgerliche Vereinigung der freieste Akt der Welt" sei; „da jeder Mensch frei und als Herr seiner selbst geboren" sei, könne „ihn niemand ohne seine Einwilligung zum Untertan machen, unter welchem Vorwand auch immer", der aber „Andersdenkende" „als Fremde unter den Bürgern" einstuft, d.h. sie aussondert und ihnen damit auch Zwang antut.

[425] Über den Gemeinspruch, S. 154 f., weiter heißt es dort klärend: „..., wobei es ihm unbenommen bleibt, seine Glückseligkeit auf jedem Wege, welcher ihm der beste dünkt, zu suchen, wenn er nur nicht jener allgemeinen gesetzmäßigen Freiheit, mithin dem Rechte anderer Mituntertanen, Abbruch tut".

[426] „Natur und Kunst", Goethes Werke, Insel Verlag, Erster Band, 1965, S. 152 f.; darauf weist *K. A. Bettermann*, Der totale Rechtsstaat, S. 9, hin.

[427] Don Carlos; Zehnter Auftritt; darauf weist *K. A. Bettermann*, Der totale Rechtsstaat, S. 9, hin.

[428] So insb. *Hobbes*, Leviathan, II, 18, S. 162; heute: *K. Stern*, Das Staatsrecht der Bundesrepublik Deutschland, Bd. I, Staatsorgane, Staatsfunktionen, Finanz-und Haushaltsverfassung, Notstandsverfassung, 1980, S. 838 ff.; *E. Schmidt-Aßmann*, Der Rechtsstaat, HStR, Bd. II, 3. Aufl. 2004, § 26, Rdn. 70 ff.; *H.-J. Papier*, Justizgewähranspruch, HStR, Bd. VI, 1989, § 153, S. 1221 ff.; *H. Bethge*, DVBl. 1989, 846 f.; *G. Ress*, VVDStRL 48 (1990), S. 92 f.; *B. Kressel*, Parteigerichtsbarkeit und Staatsgerichtsbarkeit, 1998, S. 22 ff.; BVerfGE 54, 277 (291 f.); dazu auch *K. A. Schachtschneider*, Res publica res populi, S. 361 ff., 872 ff., 1169 ff.; *ders.*, Prinzipien des Rechtsstaates, S. 130 f.

umfassende staatliche Rechtsschutz[429]. Es ist grundsätzlich verboten, Zwangsgewalt zu üben[430]. Aber der staatliche Rechtsschutz soll private Gewalt nach Möglichkeit erübrigen, indem Streit unter den Bürgern nach ihren eigenen Gesetzen durch die Erkenntnis der Gerichte, was rechtens ist und notfalls durch staatliche Zwangsmaßnahmen befriedet wird. Diese Friedensfunktion ist die eigentliche Rechtfertigung des modernen Staates[431]. *Hobbes* hat gemahnt: „Friede und Schutz sind der allgemeine Endzweck der Errichtung eines Staates."[432] *Hobbes* sagt:

> „Die Verpflichtung der Bürger gegen den Oberherrn kann nur solange dauern, als dieser imstande ist, die Bürger zu schützen; denn das natürliche Recht der Menschen, sich selbst zu schützen, falls es kein anderer tun kann, wird durch keinen Vertrag vernichtet. Der Zweck des Gehorsams ist Schutz. ... "[433].

---

[429] *Ch. Link*, VVDStRL 48 (1990), S. 31; dazu die Hinweise in Fn. 428.

[430] *K. A. Bettermann*, Der totale Rechtsstaat, S. 20, geht mit dem folgenden Satz zu weit: „Für private Gewalt ist im Rechtsstaat kein Platz", richtig ist aber sein Verdikt gegen „Gegengewalt" gegen die Staatsgewalt; so auch *Ch. Link*, VVDStRL 48 (1990), S. 27, 28 f., Ls. 11; *G. Ress*, VVDStRL 48 (1990), S. 84 und ff., Ls. 13; *H. Bethge*, DVBl. 1989, 845; *K. A. Schachtschneider*, Der Anspruch auf materiale Privatisierung, S. 276 ff.; zum Recht auf private Gewalt vgl. Fn. 1273; dazu *P. Stoll*, Sicherheit als Aufgabe von Staat und Gesellschaft, 2003, S. 17, auch S. 408 ff.

[431] Siehe die Hinweise oben in Fn. 410, 417; BVerfGE 54, 277 (292); insb., *Hobbes*, Leviathan, I, 13, II, 17, 18 S. 115 ff., 155 f., 160, 162; *Locke*, Über die Regierung, VIII, 95, XI, 134 f., S. 73, 101 ff.; *Kant*, Metaphysik der Sitten, S. 429 f.; heute: *E. Schmidt-Aßmann*, HStR, Bd. II, § 26, Rdn. 70 ff.; *V. Götz*, HStR, Bd. III, § 79, Rdn. 8; *A. Randelzhofer*, HStR, Bd. II, § 17, Rdn. 9, 40; *K. A. Bettermann*, Der totale Rechtsstaat, S. 3 ff., 20 f.; *H. Bethge*, DVBl. 1989, 842 f., 844 ff.; *Ch. Link*, VVDStRL 48 (1990), S. 27 ff., Ls. 5; *G. Ress*, VVDStRL 48 (1990), S. 83 ff., Ls. 5.

[432] Leviathan, II, 21, S. 193.

[433] Leviathan, II, 21, S. 197. Die Pflicht des Staates, insb. das Leben und die körperliche Unversehrtheit zu schützen, muß darum nicht erst aus Art. 2 Abs. 2 S. 1 GG herausgelesen werden; so aber die Schutzpflichtdogmatik des Bundesverfassungsgerichts, vgl. BVerfGE 39, 1 (41 ff.); 46, 160 (164); 49, 24 (53); 49, 89 (140 ff.); 53, 30 (57); 56, 54 (73 ff.); 77, 170 (214 ff.); 88, 203 (251 ff.); dazu *V. Götz*, HStR, Bd. III, § 79, Rdn. 10 ff.; *D. Lorenz*, Recht auf Leben und körperliche Unversehrtheit, HStR, Bd. VI, 1989, § 128, Rdn. 43 ff.; *E. Klein*, Grundrechtliche Schutzpflichten des Staates, NJW 1989, 1633 ff.; *G. Ress*, VVDStRL 48 (1990), S. 83 ff., 90 ff. („Subiectio trahit protectionem"); *Ch. Link*, VVDStRL 48 (1990), S. 27, 31, 52; *H. H. Klein*, Die grundrechtliche Schutzpflicht, DVBl. 1994, 489 ff.; *G. Hermes*, Das Grundrecht auf Schutz von Leben und Gesundheit. Schutzpflicht und Schutzanspruch aus Art. 2 Abs. 2 S. 1 GG, 1987, S. 50 f., 261 ff. u. ö.; *G. Robbers*, Sicherheit als Menschenrecht. Aspekte der Geschichte, Begründung und Wirkung einer Grundrechtsfunktion, 1987; vgl. auch *K. A. Schachtschneider*, Der Rechtsbegriff „Stand von Wissenschaft und Technik", S. 83 ff.; *ders.*, Umweltschutz (FCKW-Verbot), in: ders., Fallstudien zum Öffentlichen Wirtschaftsrecht, 3. Aufl. 2003, S. 303 ff.; *v. Mangoldt/Klein/Starck*, GG, Rdn. 163 ff. zu Art. 2 Abs. 1; *D. Rauschning*, Staatsaufgabe Umweltschutz, VVDStRL 38

Das „Prinzip einer freiheitlichen Demokratie" bestimmt *Werner Maihofer* in einer „ersten Hinsicht einer Ordnung der Freiheit insgesamt" als „Ordnung größtmöglicher und gleichmäßiger Freiheit des Einzelnen bei notwendiger Sicherheit Aller."[434] Streit unter den Menschen ist eine conditio humana; aber im Staat bedarf es entgegen der Sorge *Wilhelm Henkes* für den Frieden keiner Herrschaft[435], sondern eben der Gesetzlichkeit, die freiheitlich sein kann und sein soll. Die staatliche Bewältigung der Konflikte nach den Gesetzen der Freiheit ist entgegen auch *Otfried Höffes* Sprache keine „Herrschaft", selbst nicht, wenn Zwang erforderlich ist[436].

Otfried Höffe geht von einem positiv-materialen Begriff der Handlungsfreiheit aus, nicht wie *Kant* von einem negativ-formalen Begriff äußerer Freiheit, der mit der positiven Freiheit der Sittlichkeit eine Einheit bildet[437]. *Höffe* sieht folglich in jeder „Freiheitseinschränkung", auch in der durch „Freiheitsverzicht", Zwang und damit Herrschaft, weil sie „von außen komme". Die aus der bloßen Koexistenz in derselben Außenwelt drohenden Konflikte haben als solche die Bedeutung eines „sozialen Zwanges" meint *Höffe*[438].

Die conditio humana gemeinsamen Lebens führt zur Ethik der Autonomie des Willens als der Lehre von der Freiheit als allgemeiner Freiheit[439]. *Höffes* Freiheitsbegriff bleibt liberalistisch, so daß er jede Einschränkung der Handlungsmöglichkeiten des Einzelnen als Zwang begreift, der gerechtfertigt werden müsse. *Höffe* hat ausgearbeitet, was viele, einschließlich dem Bundesverfassungsgericht, ihrer freiheitsrechtlichen Dogmatik zugrundelegen: Jeder darf tun und lassen, was er will. Gesetze greifen in die Freiheit ein[440]. Art. 2 Abs. 1 GG hat die Freiheit so gerade nicht definiert.

(1980), S. 177 ff. (zurückhaltend); *H. Bethge*, DVBl. 1989, 848 f.; *K. Stern*, Staatsrecht II, 2, S. 1804 ff., auch S. 1186 ff., 1733 ff., 1769 ff. u. ö. (nicht ohne Kritik); kritisch zur Schutzpflichtdogmatik *J. Schwabe*, Probleme der Grundrechtsdogmatik, 1977, S. 211 ff.; *ders.*, Grundrechtlich begründete Pflichten des Staates zum Schutz gegen staatliche Bau- und Anlagengenehmigungen?, NVwZ 1983, 523 ff.

[434] HVerfR, S. 500 ff., Zitat S. 504.

[435] *W. Henke*, Recht und Staat, S. 399.

[436] *O. Höffe*, Politische Gerechtigkeit, S. 63 ff., 204 ff., 289 ff., 328 ff.; *ders.*, Demokratie im Zeitalter der Globalisierung, S. 40 f., 95 ff.; dazu 3. Kap., V, 1.

[437] Politische Gerechtigkeit, u.a. S. 338 ff., 382 ff.; *ders.* auch, Demokratie im Zeitalter der Globalisierung, S. 66 ff., vgl. auch S. 95 ff.; zu *Kant*, VI und VII.

[438] Politische Gerechtigkeit, S. 63 ff., 168 ff., 438 ff., insb., S. 67, 71, 332 f., 348 ff., 403 ff. u. ö.

[439] Dazu VI, VII.

[440] Dazu 6. Kap.; *O. Höffe*, Demokratie im Zeitalter der Globalisierung, S. 40 f.

Der Zwang wird durch Androhung und letztlich Ausübung von körperlicher Gewalt (βία, vis)[441] bewirkt, auf die wegen der Neigung des Menschen zum Bösen, zum Unrecht also, als Mittel, um das Recht durchzusetzen, nicht verzichtet werden kann. In der Republik ist Zwang „ultima ratio, wenn andere Mittel versagen"[442]. Der Zwang, der die Rechtsverletzung unterbindet oder, etwa als Strafvollzug oder Vollstreckung eines Schadenersatzanspruches (Naturalrestitution), kompensiert, ist somit die Verwirklichung der (äußeren) Freiheit[443], nicht Herrschaft. In der Sache ist das auch das Konzept *Hobbes'*, der in der uneingeschränkten Gewalt des Leviathan, des Staates, die Notwendigkeit des Friedens, des Schutzes und der Freiheit sieht; sonst wäre seine Vertretungslehre unerklärlich[444]. Auch *Hobbes* will die Selbstherrschaft und gründet seine Lehre auf den Grundsatz allgemeiner Freiheit: volenti non fit iniuria[445]. *Höffe* sieht in dem unentrinnbaren Zwang zur Freiheitsbeschränkung, dem die Menschen als soziale Wesen unterliegen, den Herrschaftscharakter jeder „politischen Gemeinschaft"[446]. Die „öffentliche Zwangsordnung" identifiziert er mit „politischer Herrschaft"[447]. Der Zwang ist jedoch kein „Freiheitsverzicht"[448], sondern verwirklicht die Freiheit, weil er den Verbindlichkeiten den unverzichtbaren juridischen (staatlichen) Charakter gibt. Das Recht auf staatlichen Rechtsschutz einschließlich des staatlichen Zwanges ist ein Anspruch aus der Freiheit, der freilich nur in Gegenseitigkeit und damit Allseitigkeit freiheitlich ist; denn die Idee der Freiheit führt zur allgemeinen Freiheit, zur Freiheit aller[449]. Wäre die Freiheit und damit der Zwang als eine „Verhinderung

---

[441] Dazu *D. Merten*, Konstruktionsprinzipien staatlicher Gewalt, S. 324 ff., der richtig Herrschaft und Zwang unterscheidet (S. 325).

[442] *M. Weber*, Wirtschaft und Gesellschaft, S. 29 (für „politische Verbände"); *D. Merten*, Rechtsstaat und Gewaltmonopol, S. 30 f.; *ders.*, Konstruktionsprinzipien staatlicher Gewalt, S. 329 ff., 331 ff., 335; i.d.S. auch *H. Bethge*, DVBl. 1989, 849.

[443] Nicht anders *Rousseau*, Vom Gesellschaftsvertrag, I, 1, S. 21, IV, 2, S. 116; i.d.S. auch *Montesquieu*, Vom Geist der Gesetze, XII, 2, S. 250 f.; dazu *J. Habermas*, Strukturwandel der Öffentlichkeit, S. 179; so *Kant*, Metaphysik der Sitten, S. 338 ff., 464, 527; *ders.*, Über den Gemeinspruch, S. 144, 169; dazu *W. Kersting*, Wohlgeordnete Freiheit, S. 29 ff.; *ders.*, Kant über Recht, S. 37 ff., 40 ff. (46).

[444] Leviathan, II, 18, 21, S. 156 ff., 187 ff., für die Vertretungsdogmatik etwa II, 17, S. 155.

[445] Leviathan, II, 17, 21, S. 155, 193.

[446] Politische Gerechtigkeit, S. 348 ff.

[447] Gerechtigkeit als Tausch?, S. 30 u.ff.; so auch *W. Weiß*, Privatisierung und Staatsaufgaben. Privatisierungsentscheidungen im Lichte einer grundrechtlichen Staatsaufgabenlehre unter dem Grundgesetz, 2002, S. 21 (gegen meine Herrschaftskritik).

[448] *Rousseau*, Vom Gesellschaftsvertrag, I, 4, S. 11, hat den Verzicht auf Freiheit als den Verzicht auf die Eigenschaft als Mensch kritisiert (!).

eines Hindernisses der Freiheit"[450] nicht allgemein, d.h. die Gesetzlichkeit nicht bestmöglich gesichert, so würden die einen allerdings über die anderen herrschen. Die Defizite der Gesetzlichkeit sind somit ihrer Wirkung nach Herrschaft, vielfach korrupt. Das Gesetz ist *Höffe* Ausdruck der Herrschaft[451], obwohl es, wenn es Recht setzt, die Wirklichkeit der Freiheit ist[452]. Dennoch sind die Lehren *Höffes* und *Hobbes'*, auf den sich *Höffe* wesentlich stützt, verwandt.

Der Zwang nach dem Recht und für das Recht ist, wie gesagt, keine Herrschaft, sondern Vollzug der Freiheit; „denn der Gehorsam gegen das selbstgegebene Gesetz ist Freiheit."[453] Der „Gesellschaftsvertrag" schließt, „um keine Leerformel zu sein", „stillschweigend jene Übereinkunft ein, die allein die anderen ermächtigt, daß, wer immer sich weigert, dem Gemeinwillen zu folgen, von der gesamten Körperschaft dazu gezwungen wird, was nichts anderes heißt, als daß man ihn zwingt, frei zu sein" (*Rousseau*)[454].

Kant vermeidet in seiner Definition der republikanischen Verfassung, die „aus dem reinen Quell des Rechtsbegriffs entsprungen" sei[455], das Wort ‚herrschen':

„Die erstlich nach Prinzipien der Freiheit der Glieder einer Gesellschaft (als Menschen); zweitens nach Grundsätzen der Abhängigkeit aller von einer einzigen ge-

---

[449] I.d.S. *Kant*, Metaphysik der Sitten, S. 365 f.; vgl. dazu auch S. 347, wonach der „Begriff des Rechts" als „das Vermögen, andere zu verpflichten" definiert wird, d.h. die „bürgerliche Verfassung" und damit die staatliche Zwangsmöglichkeit zu schaffen.

[450] *Kant*, Metaphysik der Sitten, S. 338.

[451] Politische Gerechtigkeit, S. 63 ff., 168 ff., 332 ff., 438 ff., 441 ff. zum „Gerechtigkeitsbegriff des Gesellschaftsvertrages"; *ders.*, Gerechtigkeit als Tausch?, S. 30 ff.

[452] Dazu IV.

[453] *Rousseau*, Vom Gesellschaftsvertrag, I, 8, S. 23; *W. Maihofer*, Die Legitimation des Staates aus der Funktion des Rechts, S. 21, spricht von „Selbstbeherrschung", das aber ist Freiheit als Autonomie des Willens; ebenso *ders.*, HVerfR, S. 461, 479 u.ö.; i.d.S. auch *K. A. Bettermann*, Der totale Rechtsstaat, S. 20, der freilich den Gewaltbegriff in dem folgenden Satz nicht differenziert: „Die öffentliche Gewalt ist Rechtsmacht, ihr Gebrauch also Ausübung von Recht, nicht Gewalt".

[454] Vom Gesellschaftsvertrag, I, 7, S. 21; i.d.S. auch *Kant*, Über den Gemeinspruch, S. 144 f.; vgl. auch *O. Höffe*, Politische Gerechtigkeit, S. 441 ff.; i.d.S. schon *Hobbes*, Leviathan, II, 21, S. 193 ff. („Ich bin der Urheber aller Handlungen dessen, dem wir die höchste Gewalt übergeben haben", S. 194, oder: „Alles, was er (sc. der Oberherr) vermöge der höchsten Gewalt fordert, fordert er als Bevollmächtigter des Bürgers selbst", S. 196). Die Logik *Rousseaus*, mit der er den Zwang freiheitlich begründet, erreicht *H. Kelsen*, Vom Wesen und Wert der Demokratie, 2. Aufl. 1929, S. 13, nicht, der Rousseaus Erkenntnis für seine herrschaftliche Lehre von der Demokratie reklamiert.

[455] Zum ewigen Frieden, S. 205.

meinsamen Gesetzgebung (als Untertanen); und drittens, die nach dem Gesetz der Gleichheit derselben (als Staatsbürger) gestiftete Verfassung – die einzige, welche aus der Idee des ursprünglichen Vertrags hervorgeht, auf der alle rechtliche Gesetzgebung eines Volks gegründet sein muß – ist die republikanische."[456]

Otfried Höffe widerlegt schließlich seine Lehre von der unvermeidlichen Herrschaft wegen des freiheitsbeschränkenden Zwanges menschlicher Koexistenz mit dem „Paradoxon" des „zwangsfreien Zwanges" der „legitimen Herrschaft ... öffentlicher Zwangsmacht", wegen des „Freiheitsverzichts aus Freiheitsinteresse"[457]. *Höffes* Lehre erreicht *Kants* kategorischen Imperativ, den *Höffe* bestens kennt[458], nicht, weil sie den utilitaristischen Ansatz des „Vorteils" nicht aufgibt und nicht zum formalen Freiheitsbegriff findet.

Der staatliche Zwang ist eine Notwendigkeit des Rechts und damit der Freiheit, die sich in den Rechtsgesetzen verwirklicht. Auch eine Republik kann des Zwangs nicht entsagen. Republikanische Rechtsstaatlichkeit ist wegen des Rechtsinstituts des Zwangs aber nicht Herrschaft. *Jürgen Habermas* formuliert:

„Rechtsnormen sind unter jeweils verschiedenen Aspekten zugleich Zwangsgesetze und Gesetze der Freiheit."[459]

2. Rechtfertigung des Zwanges

a) Recht kann des Zwanges nicht entsagen. Ohne Zwangsgewalt vermag der Staat die allgemeine, also rechtliche Gesetzlichkeit als die Wirklichkeit der Freiheit nicht zu gewährleisten, d.h. nicht den Schutz zu geben, der sein Zweck ist[460]. „Die Gewalt ist unumgänglich," konstatiert *Karl Jaspers*[461]. *Niklas Luhmann* räumt ein: „Recht kann nicht Recht bleiben,

---

[456] *Kant*, Zum ewigen Frieden, S. 204. Im Ergebnis legitimiert auch *O. Höffe*, Politische Gerechtigkeit, S. 441 ff., 446 ff., Zwang und Herrschaft aus der „Selbsteinschränkung der Freiheit" aus der „Selbstverpflichtung", aus „einem universalen Vorteil bzw. Konsens" (auch S. 395); nicht anders *ders.*, Gerechtigkeit als Tausch?, S. 24 ff.; auch *ders.*, Demokratie im Zeitalter der Globalisierung, S. 40 f., 69 u.ö.; vgl. auch *W. Kersting*, Kant über Recht, S. 106 ff., zum Kontraktualismus.

[457] Politische Gerechtigkeit, S. 395 f., 438 ff., 440.

[458] Etwa: *O. Höffe*, Immanuel Kant, Leben, Werk, Wirkung, 1983, 2. Aufl. 1988, 4. Aufl. 1996, u.ö.

[459] Faktizität und Geltung, S. 47; *ders.*, Die Einbeziehung des Anderen, S. 295; auch *W. Kersting*, Kant über Recht, S. 40 ff.

[460] Zum Sicherheitszweck des Staates Hinweise in Fn. 410, 417, 431, 433.

[461] *K. Jaspers*, Vom Ursprung, S. 202; so auch *H. Krüger*, Allgemeine Staatslehre, S. 838 f. (zum Zwecke der staatsnotwendigen „Unwiderstehlichkeit"); *J. Isensee*, HStR, Bd. II, § 15, Rdn. 83 ff.; *D. Merten*, Rechtsstaat und Gewaltmonopol, S. 29 ff., 54 f.; *W. Maihofer*, Die Legitimation des Staates aus der Funktion des

wenn die physische Gewalt auf der Seite steht."[462] Die Legitimation des Zwanges ist für *Otfried Höffe* die Kernfrage der politischen Gerechtigkeit, die er in der „allseits vorteilhaften Freiheitseinschränkung" sieht. Er meint: „Fundamental rechtens ist ein Zwang von Menschen gegen Menschen nur so weit, wie die distributiv verteilten Freiheitsverzichte, die Grundfreiheiten, reichen."[463] *Kant* hat den Zwang freiheitlich mit dem Satz des Widerspruchs als „Verhinderung eines Hindernisses der Freiheit" erklärt und daraus den Schluß gezogen, daß „das Recht mit der Befugnis zu zwingen verbunden" sei[464]. *Wilhelm von Humboldt* definiert demgemäß die Sicherheit als „die Gewißheit der gesetzmäßigen Freiheit"[465].

Jedenfalls widerspricht Zwang, um das Recht durchzusetzen, nicht ohne weiteres der Freiheit und ist eine unentbehrliche Art, die Rechtlichkeit des menschlichen Handelns sicherzustellen. Staatlicher Zwang ist also durch das Prinzip des Rechts gerechtfertigt, ja mit dem Prinzip Recht angesichts des Menschen, wie er nun einmal ist, notwendig verbunden. Die Zwangsbefugnis als Begriffsmerkmal des Rechts zu konzipieren, so daß die nicht erzwingbaren Handlungsbestimmungen unter die bloß moralische Verbindlichkeit der Ethik fallen, selbst wenn sie in der Form eines Gesetzes festgestellt oder in der Form eines Vertrages abgesprochen sind und ein Gericht

---

Rechts, S. 17 f. (mit Bezug auf Max Weber, Wirtschaft und Gesellschaft, Studienausgabe Winckelmann, 1964, S. 22 ff., 29 f., 31); *V. Götz*, HStR, Bd. III, § 79, Rdn. 29; *U. Matz*, Zur Legitimation staatlicher Gewaltanwendung in der Bundesrepublik Deutschland, in: A. Randelzhofer/W. Süß (Hrsg.), Konsens und Konflikt: 35 Jahre Grundgesetz, 1986, S. 336 ff.

[462] Rechtssoziologie, Bd. 1, S. 109.

[463] Politische Gerechtigkeit, passim, S. 328 ff., 382 ff., 403 ff., Zitat S. 405; ebenso *ders.*, Gerechtigkeit als Tausch?, S. 19 ff., 24 ff.; auch *ders.*, Demokratie im Zeitalter der Globalisierung, S. 40 f., 48 ff., 53 ff.

[464] Metaphysik der Sitten, S. 338 ff., 464, auch S. 527; *ders.*, Über den Gemeinspruch, S. 144, 169; dazu *W. Kersting*, Wohlgeordnete Freiheit, S. 29 ff.; *ders.*, Kant über Recht, S. 37 ff., 40 ff.; dazu auch *K. A. Schachtschneider*, Staatsunternehmen und Privatrecht, S. 127, Fn. 137; *ders.*, Res publica res populi, S. 553 ff.; *J. Rawls*, Eine Theorie der Gerechtigkeit, S. 266 f. („Ein Gesetzessystem ist ein System öffentlicher Zwangsregeln, …"); *J. Habermas*, Faktizität und Geltung, S. 45 ff.; *H. Heller*, Staatslehre, 1934, 2. Aufl. 1961, S. 188, ist skeptisch, daß der Zwang Begriffsmerkmal des Rechts sei, weil der Zwang auch Konventionen nicht unbekannt sei; auch Konventionen haben als private Übereinkünfte Rechtscharakter (*K. A. Schachtschneider*, Staatsunternehmen und Privatrecht, S. 421 ff.; *ders*, FS W. Thieme, S. 206 ff., 220), aber richtig ist, daß es Recht gibt, dessen Verbindlichkeit nicht mit Zwang durchgesetzt werden kann, insb. im Völkerrecht, aber auch im völkerrechtlich geprägten Europarecht (dazu *O. Kimminich/St. Hobe*, Einführung in das Völkerrecht, 7. Aufl. 2000, S. 17 ff., 225 ff.; *A. Verdross*, Völkerrecht, 5. Aufl. 1964, S. 107 ff., 186 ff., 122 ff.).

[465] Ideen zu einem Versuch, die Gränzen der Wirksamkeit des Staates zu bestimmen, 1851 (1792), S. 100 ff., 103.

zu klären die Aufgabe hat, ein Problem vor allem des Völkerrechts[466], verkennt, daß die Verbindlichkeit dem Willen erwächst, der sich selbst Gesetz ist (Autonomie des Willens), nicht dem Zwang des Staates. Das Gesetz ist durch seine Allgemeinheit und Notwendigkeit definiert[467]. Die autonome Gesetzlichkeit ist gerade die Freiheit des Menschen als Vernunftwesen. Würde die Verbindlichkeit staatlichem Zwang erwachsen, wäre sie heteronom, wenn auch die Materie der Verpflichtung autonom bliebe. Wegen der Autonomie ist die Rechtfertigung des Zwanges ein Problem der Rechtslehre, dessen Lösung aus der Allseitigkeit des Gesetzes oder der Gegenseitigkeit des Vertrages folgt. Der Rechtsbruch macht die Verwirklichung der Autonomie des Willens, die Freiheit, unmöglich, verletzt die äußere Freiheit, weil er nötigt, ist gewissermaßen ein Rückfall in den Naturzustand des bellum omnium in omnes, wie *Kant* sagt, ein „Hindernis der Freiheit"[468]. Spezifisch gegen diese Behinderung vereinigen sich die Menschen zum Staat. Zweck des Staates ist somit die Verwirklichung der Freiheit gegen den Rechtsbruch. Der Staat ist notwendig, weil die Moralität allein die Legalität und damit die allgemeine Freiheit nicht sicherstellt. Die Verbindlichkeit der Pflichten aus dem Gesetz erwächst folglich aus der sittlichen Persönlichkeit des Menschen, also ethisch aus seiner Freiheit. Aber der Staat ermöglicht die freiheitliche Gemeinschaft, die allgemeine Freiheit. Seine Zwangsbefugnis, die nicht anderes ist als die Sicherstellung der Gesetzlichkeit als der allgemeinen Freiheit durch alle Bürger, fügt der ethischen Pflicht die Pflicht gegenüber der Allgemeinheit hinzu, das Gesetz einzuhalten, dem eigenen verbindlichen Willen zu folgen, vernünftig zu sein. Das Sittliche gewinnt dadurch staatliche Verbindlichkeit als Materialisierung der Verbindlichkeit gegenüber der Allgemeinheit. Im Staat ist somit Recht mit der Befugnis zu zwingen verbunden. Ohne Staat gibt es ein Recht auf dieses Recht, also ein Recht auf den Staat[469].

Die (staatliche) Verbindlichkeit der allgemeinen Gesetze beruht auf dem allgemeinen Willen des Volkes. Sie ist ethisch im Sinne des Sittengesetzes und zugleich juridisch um der allgemeinen Freiheit willen[470]. Aus dem Sit-

---

[466] Zum Rechtscharakter des Völkerrechts etwa *A. Verdross*, Völkerrecht, S. 107 ff., zu den „Leugnern des Völkerrechts"; *O. Kimminich/St. Hobe*, Einführung in das Völkerrecht, S. 167 ff.; *A. Emmerich-Fritsche*, Recht und Zwang im Völkerrecht, insbesondere im Welthandelsrecht, in: K. A. Schachtschneider (Hrsg.), Rechtsfragen der Weltwirtschaft, 2002, S. 123 ff.; *dies.*, Vom Völkerrecht zum Weltrecht, 2. Teil, B, III, VI, 3. Teil, C, IX, 4. Teil, A, IV, 4.

[467] *Kant*, Grundlegung zur Metaphysik der Sitten, S. 46, 63 ff., 70 f., 101 f.; *ders.*, Kritik der praktischen Vernunft, S. 145 f.

[468] *Kant*, Metaphysik der Sitten, S. 338.

[469] Dazu III; *O. Höffe*; Demokratie im Zeitalter der Globalisierung, S. 102; *K. A. Schachtschneider*, Prinzipien des Rechtsstaates, S. 50 ff., 62 ff.

[470] Dazu VII, VII.

tengesetz als dem Grundgesetz der Ethik folgt das Prinzip der juridischen Verbindlichkeit.

Das Recht ist also die Wirklichkeit der Freiheit, nicht jedoch Herrschaft.

b) Der Zwang unterliegt selbst dem Prinzip der Gesetzmäßigkeit, welches das freiheitliche Prinzip der Verhältnismäßigkeit einbezieht[471]. Das Gesetz muß auch die Mittel des Zwanges als instrumentelle Befugnisse regeln. Der Zweck des Zwanges, das Gesetz und damit die allgemeine Freiheit zu verwirklichen, rechtfertigt nicht jedes Mittel. Allerdings müssen die Vollzugsinstrumente Effektivität ermöglichen. Das Verhältnismäßigkeitsprinzip wäre mißverstanden, wenn es dafür herhalten sollte, daß Unrecht geduldet werde müsse, weil die Verteidigung des Rechts Opfer kostet, welche die notwendige Folge körperlicher Gewalt sind. Den mächtigen Rechtsbruch hinzunehmen ist staatswidrig, rechtswidrig und freiheitswidrig. Das Recht darf privater Gewalt nicht weichen müssen[472]. Die Verwirklichung des Rechts ist im Verhältnis zu den Opfern, die das kostet, niemals übermäßig. Allerdings widerspricht ein Gesetz, dessen Vollzug übermäßige Opfer kostet, der praktischen Vernunft und ist deswegen verfassungswidrig. Die Zweck-Mittel-Relation ist vom Gesetzgeber einzuschätzen und abwägend zu entscheiden. Ihre praktische Vernünftigkeit wird von den Verfassungsgerichten überprüft und verantwortet[473]. Wenn der allgemeine Vollzug eines Gesetzes nicht ohne übermäßige Opfer möglich erscheint, darf das Gesetz nicht wegen seiner begrenzten Wirkung, insbesondere wegen der Illegalisierung in der Praxis geduldeter Handlungen, dennoch eingeführt werden. Das Prinzip der Gleichheit vor dem Gesetz (Art. 3 Abs. 1 GG) wäre verletzt[474].

Notwendig ist es nicht, das Recht unverzüglich durchzusetzen, wenn es geringere Opfer kostet, das Recht zögerlich, aber ohne körperliche Gewalt zu verwirklichen. Insbesondere muß die Gesetzlichkeit des Gesetzesvollzugs hinreichend sichergestellt sein. Dem dienen angemessene Verfahren. Prozesse kosten Zeit. Das Recht muß warten, bis es geklärt ist. Eiligkeit rechtfertigt nicht, Recht durch Unrecht zu verdrängen. Der Rechtsstaat vor

---

[471] *D. Merten*, Rechtsstaat und Gewaltmonopol, S. 62 ff.; *ders.*, Konstruktionsprinzipien staatlicher Gewalt, S. 329, 331 ff.; *K. A. Bettermann*, Der totale Rechtsstaat, S. 20; *J. Isensee*, HStR, Bd. II, § 15, Rdn. 90; *Ch. Link*, VVDStRL 48 (1990), S. 28, Ls. 10; auch *O. Höffe*, Gerechtigkeit als Tausch?, S. 34.

[472] *D. Merten*, Rechtsstaat und Gewaltmonopol, S. 62 ff.; *ders.*, Konstruktionsprinzipien staatlicher Gewalt, S. 323; *K. A. Bettermann*, Der totale Rechtsstaat, S. 20; *V. Götz*, HStR, Bd. III, § 79, Rdn. 29 ff. („Untermaßverbot"); *G. Ress*, VVDStRL 48 (1990), S. 83 ff.; *Ch. Link*, VVDStRL 48 (1990), S. 27, 28 ff., Ls. 11; i. d. S. auch *O. Höffe*, Gerechtigkeit als Tausch?, S. 39 ff.

[473] Dazu 7. Kap., II, 2.

[474] Zur Rechtsanwendungsgleichheit *K. A. Schachtschneider*, Res publica res populi, S. 366 ff.; *ders.*, Prinzipien des Rechtsstaates, S. 329 f.

allem als Gerichtsstaat ist derart aufwendig geworden, daß *Karl August Bettermann* dessen früherem Glanz nachtrauert und dessen heutiges Elend beklagt[475], nicht zu Unrecht. Der Verfall des Rechtsstaates ist weiter fortgeschritten. Nur liegen die Gründe des Elends in der republikwidrigen Parteienherrschaft, welche auch das Gerichtswesen in Not gebracht hat[476], und in der Internationalisierung der Politik[477]. Keinesfalls jedoch darf Unrecht dauerhaft geduldet werden.

---

[475] Der totale Rechtsstaat, Glanz und Elend des Rechtsstaats, S. 18 ff.

[476] Dazu *K. A. Schachtschneider*, Res publica res populi, S. 939 ff., 1131 ff.; *K. A. Bettermann*, Der totale Rechtsstaat, S. 24 ff., ist einzuräumen, daß die Verfassungsbeschwerde angesichts der material offenen oder formalen Grundrechtstatbestände (dazu *K. A. Schachtschneider*, Res publica res populi, S. 847 ff.) die Entwicklung vom Gesetzes- zum Richterstaat (a. a. O., S. 15) fördert; dies ist aber i. S. d. allgemeinen Verantwortung der ganzen Bürgerschaft und vor allem der Richterschaft für Vernunft und Verfassung nicht beklagenswert, sondern verfassungsgewollt.

[477] Dazu *K. A. Schachtschneider*, Rechtsstaatlichkeit als Grundlage des inneren und äußeren Friedens, in: Mut zur Ethik. Grundrechte, Rechtsstaatlichkeit und Völkerrecht versus Krieg, 2002, S. 61 ff. (S. 75 ff.).

Drittes Kapitel

Republikwidrigkeit der Herrschaftsdoktrin

„Herrschaft ist Sünde" (*Augustinus*)[478].

I. Herrschaftsideologie der deutschen Staatslehre

1. Daß der Staat herrsche und herrschen müsse, ist eine Annahme der Staats- und Staatsrechtslehre, welche unumstößlich erscheint[479]. *Carl Friedrich von Gerber* identifiziert 1865 die Staatsgewalt mit der Beherrschung:

---

[478] Vgl. *D. Sternberger*, Der alte Streit um den Ursprung der Herrschaft, 1977, in: ders., Herrschaft und Vereinbarung, 1986, S. 30.

[479] *C. F. v. Gerber*, Grundzüge eines Systems des deutschen Staatsrechts, 1865, 2. Aufl. 1869, S. 1 ff., 21 f.; *G. Jellinek*, Allgemeine Staatslehre, S. 429 f.; *C. Schmitt*, Verfassungslehre, 1928, 4. Aufl. 1964, S. 4 f., 204 ff., 224 ff. u. ö.; *H. Kelsen*, Vom Wesen und Wert der Demokratie, S. 11 f., 53 ff., 84 ff., für die „reale Demokratie" entgegen der „illusionären" „Idee der Demokratie"; *ders.*, Allgemeine Staatslehre, 1925, S. 10, 98 ff., 321, 325 (vgl. auch die „Belege und Verweise" S. 390 ff.), der aber bekanntlich den „Staat" auch i. S. der „Staatsgewalt", der „Staatsherrschaft", als „Rechtsordnung", als „Normunterworfenheit" begreift (etwa a. a. O., S. 99); *H. Heller*, Staatslehre, S. 175 f., 181, 191 f., 228 ff., 237 ff.; *M. Hättich*, Demokratie als Herrschaftsordnung, 1967, S. 25 ff., insb. S. 34 m. w. H. und Zitaten auf politikwissenschaftliche Literatur, S. 172 ff., passim; *J. Isensee*, HStR, Bd. II, § 15, Rdn. 154 ff.; *ders.*, Grundrechte und Demokratie. Die polare Legitimation im grundgesetzlichen Gemeinwesen, 1981, S. 7 ff., u. ö.; *E.-W. Böckenförde*, Demokratie als Verfassungsprinzip, HStR, Bd. II, 3. Aufl. 2004, § 24, Rdn. 8 f.; *K. Hesse*, Staat und Gesellschaft, S. 497; *H. H. Rupp*, Die Unterscheidung von Staat und Gesellschaft, HStR, Bd. II, 3. Aufl. 2004, § 31, Rdn. 20; *P. Kirchhof*, Die Identität der Verfassung, HStR, Bd. II, 3. Aufl. 2004, § 21, Rdn. 9; *ders.*, Mittel staatlichen Handelns, HStR, Bd. III, 1988, § 59, Rdn. 57 f. („Ein Staat handelt, indem er herrscht", „Der Staat ist Herrschaftsverband", „Die Staatsgewalt" (Art. 20 Abs. 2 S. 1 GG) beansprucht Herrschaft ..."); *Ch. Starck*, Grundrechtliche und demokratische Freiheitsidee, HStR, Bd. III, 3. Aufl. 2004, § 33, Rdn. 8 ff.; *K. Stern*, Staatsrecht I, S. 592 ff. („Volksherrschaft"), S. 962 u. ö.; *W. Henke*, Recht und Staat, S. 299 f., 387 ff., 610 (Herrschaft des Staates durch die Ämter, der darin Republik oder Ämterstaat sei, daß die Ämter der Gerechtigkeit verpflichtet seien, dem Dienst); *Ch. Link*, VVDStRL 48 (1990), S. 15 f.; *D. Grimm*, Politische Parteien, HVerfR, 2. Aufl. 1994, § 14, S. 602; sogar *W. Maihofer*, HVerfR, S. 462 ff., 472 ff., der zu Unrecht im Gesellschaftsvertrag Rousseaus eine demokratische „rationale: formale und materiale" Legitimation von Herrschaft von Menschen über und für Menschen" (S. 182) sucht, die er als „Herrschaft der Gesetze" vorstellt; *ders.*, ARSP, Beiheft

„Hierbei verlegen wir die rechtliche Natur der Staatsgewalt, als der Willensmacht des Staates, in den Begriff des Beherrschens. Beherrschung ist die umfassendste Art der Willensfähigkeit, welche das Recht überhaupt kennt"[480].

Georg Jellinek folgt 1900 in seiner wirkungsmächtigen Allgemeinen Staatslehre *Carl Friedrich von Gerber*, wie es dem vom monarchischen Prinzip bestimmten deutschen Konstitutionalismus entspricht:

„Herrschergewalt hingegen ist unwiderstehliche Gewalt. Herrschen heißt unbedingt befehlen und Erfüllungszwang üben können." ... „Herrschen ist das Kriterium, das die Staatsgewalt von allen anderen Gewalten unterscheidet"[481].

2. Die Republik ist wie die Politie keine Staatsform der Herrschaft, sondern die politische Form der Freiheit und damit die der Liebe unter den Menschen, der Sittlichkeit eben, der praktischen Vernunft. Das Bundesverfassungsgericht hat demgegenüber bereits im SRP-Urteil 1952 in BVerfGE 2, 1 (12 f.) die „freiheitliche demokratische Grundordnung" als eine Ordnung definiert, „die unter Ausschluß jeglicher Gewalt- und Willkürherrschaft eine rechtsstaatliche Herrschaftsordnung auf der Grundlage der Selbstbestimmung des Volkes nach dem Willen der jeweiligen Mehrheit und der Freiheit und Gleichheit darstellt".

Das Gericht hat damit dem Grundgesetz ein liberalistisches, Herrschaft und Freiheit verbindendes, nach wie vor dualistisches Verfassungsverständnis unterschoben, welches von dem grundgesetzlichen Konzept der Republik ablenkt. Im KPD-Urteil 1956 in BVerfGE 5, 85 (197) hat das Bundesverfassungsgericht ausgeführt:

„Das Grundgesetz bezeichnet die von ihm geschaffene Staatsordnung als eine freiheitliche Demokratie. Es knüpft damit an die Tradition des ‚liberalen bürgerlichen Rechtsstaats' an, wie er sich im 19. Jahrhundert allmählich herausgebildet hat und wie er in Deutschland schließlich in der Weimarer Verfassung verwirklicht worden ist."

Die Verfassung des deutschen Reiches vom 11. August 1919 hat laut Art. 1 Abs. 1 „eine Republik" verfaßt, nicht einen liberalen bürgerlichen Rechtsstaat, der ein herrschaftliches, etwa das monarchische, Prinzip voraussetzt, das in der Verfassung von Weimar nicht aufzufinden ist[482]. Von „frei-

---

Nr. 15, 1981, S. 15 ff.; BVerfGE 2, 1 (12 f.); 83, 37 (52); 83, 60 (72); weitere Hinweise in Fn. 484.

[480] Grundzüge eines Systems des deutschen Staatsrechts, S. 1 ff., 7 ff. (Zitat S. 9), 21 f.; vgl. dazu *P. v. Oertzen*, Die soziale Funktion des staatsrechtlichen Positivismus, 1974, S. 163 ff., 170 ff., 175 ff.

[481] Allgemeine Staatslehre, S. 429, 430, mit Bezug auf C. F. v. Gerber; zum Begriff der Staatsgewalt *K. A. Schachtschneider*, Der Anspruch auf materiale Privatisierung, S. 265 ff.; *ders.*, Die Verwaltung 31 (1998), S. 148 ff.

heitlicher Demokratie" ist im Grundgesetz nirgends die Rede. Das Wort „Demokratie" wird nicht verwendet. Das Grundgesetz kennt nur das Adjektiv „demokratisch". Nach wie vor versteht das Bundesverfassungsgericht die Ausübung der Staatsgewalt durch die Organe des deutschen Volkes als „staatliche Herrschaft"[483]. Die ganz überwiegende Staatsrechtslehre[484] folgt

---

[482] *C. Schmitt*, Verfassungslehre, S. 224 f., sieht genau umgekehrt in der Entscheidung der Weimarer Verfassung für die Demokratie als politische Form die Entscheidung für die Herrschaft des Volkes, nicht freiheitlich, sondern gleichheitlich, d. h. durch Führer und Akklamation, die liberal-rechtsstaatlich, also bürgerlich, durch den Schutz einer privaten Sphäre gemäßigt sei.

[483] BVerfGE 83, 37 (52); 83, 60 (72), jeweils zum Ausländerwahlrecht; BVerfGE 95, 1 (15); im Maastricht-Urteil, BVerfGE 89, 155 (188 ff.), hat das Gericht den Begriff Herrschaft vermieden und insoweit von Souveränität gesprochen.

[484] Etwa *E.-W. Böckenförde*, HStR, Bd. II, § 24, Rdn. 36, 49 ff. („Demokratie ist politische Herrschaft", gekennzeichnet durch „Über- und Unterordnung, Befehl und Gehorsam"); *R. Herzog*, Allgemeine Staatslehre, 1971, S. 102 ff., 160 ff.; *K. Stern*, Staatsrecht I, S. 592 ff., 962 u. ö.; *P. Badura*, Die parlamentarische Demokratie, HStR, Bd. II, 3. Aufl. 2004, § 25, Rdn. 27, 34 ff. („Da eine herrschaftslose Organisation der Gesellschaft nicht möglich ist."; „Nur eine repräsentative Ausübung politischer Gewalt ermöglicht eine Herrschaft nach Rechtsgesetzen", Rdn. 35); *Ch. Starck*, HStR, Bd. III, § 33, Rdn. 8 ff.; *H.-F. Zacher*, HStR, Bd. II, 3. Aufl. 2004, § 28, Rdn. 101; *P. Kirchhof*, HStR, Bd. III, § 59, Rdn. 57 f.; *K. Hesse*, Staat und Gesellschaft, S. 497 („... weil auch Demokratie Herrschaft von Menschen über Menschen ist"); *ders.*, Grundzüge des Verfassungsrechts der Bundesrepublik Deutschland, 20. Aufl. 1995, Rdn. 134, S. 61, trotz republikanischer Tendenz, etwa Rdn. 118 ff., S. 56 f., Rdn. 287, S. 130 f., Rdn. 133, S. 61, Rdn. 138, S. 62 f.; *D. Grimm*, Verfassung, in: ders., Die Zukunft der Verfassung, 1991, S. 11 ff. (26), u. ö.; ebenso *O. Stammer*, Politische Soziologie, in: A. Gehlen/H. Schelsky (Hrsg.), Soziologie – Ein Lehr- und Handbuch für modernen Gesellschaftskunde, 1955, S. 256 ff., insb. S. 261; auch im Widerspruch zu seinem Republikanismus *W. Maihofer*, Prinzipien freiheitlicher Demokratie, HVerfR, S. 462 ff., 472 ff.; *M. Kriele*, Einführung in die Staatslehre, 6. Aufl. 2003, S. 68 f.; *W. Henke*, Die politischen Parteien zwischen Staat und Gesellschaft, 1972, in: E.-W. Böckenförde (Hrsg.), Staat und Gesellschaft, 1976, S. 376; *ders.*, Recht und Staat, S. 251 ff., 299, 387 ff., 610 („Handeln im Amt ist Herrschaft", S. 389; „Illusion der Herrschaftsfreiheit", S. 610); *R. Zippelius*, Allgemeine Staatslehre, S. 58 ff. (S. 81 „Staatsgewalt ist immer Herrschaft über Menschen"); auch *J. Isensee*, JZ 1981, 3 („Res publica bedeutet Herrschaft für das Volk"); *ders.*, HStR, Bd. II, § 15, Rdn. 171 ff., beschreibt die Verfassungswirklichkeit, dogmatisiert aber nicht das Verfassungsprinzip der Republik; v. Mangoldt/Klein/*Starck*, GG, Art. 1 Abs. 3, Rdn. 185; *Ch. Link*, VVDStRL 48 (1990), S. 15 f.; *M. Jestaedt*, Demokratie und Kondominialverwaltung. Die Entscheidungsteilhabe Privater an der öffentlichen Verwaltung auf dem Prüfstand des Verfassungsprinzips Demokratie, 1993, S. 204 ff. (etwa S. 207, 225, 226, 234); *W. Schmitt Glaeser*, Die grundrechtliche Freiheit des Bürgers zur Mitwirkung an der Willensbildung, HStR, Bd. III, 3. Aufl. 2005, § 38, Rdn. 30 ff.; *A. v. Bogdandy*, Gubernative Rechtsetzung. Eine Neubestimmung der Rechtsetzung und des Regierungssystems unter dem Grundgesetz in der Perspektive gemeineuropäischer Dogmatik, 2000, S. 24 ff., 28 ff. („hoheitlicher Herrschaftsverband", „politische Herrschaft", S. 29, Europäische Union – „gemeinsamer Herrschaftsverband", S. 12);

diesem, dem monarchischen Konstitutionalismus verhafteten liberalistischen Staatsverständnis des Bundesverfassungsgerichts. Dieses prägt den bundesdeutschen Parteienstaat[485]. Die Verfassungswirklichkeit ist nicht notwendig

---

W. Weiß, Privatisierung und Staatsaufgaben, S. 20 f.; *H.-G. Dederer*, Korporative Staatsgewalt. Integration privat organisierter Interessen in die Ausübung von Staatsfunktionen. Zugleich eine Rekonstruktion der Legitimationsdogmatik, 2004, S. 10 ff.; *F. Becker*, Kooperative und konsensuale Strukturen in der Normsetzung, 2005, S. 81 ff.; *U. Schliesky*, Souveränität und Legitimität von Herrschaft. Die Weiterentwicklung von Begriffen der Staatslehre und des Staatsrechts im europäischen Mehrebenensystem, 2004, S. 36 ff., 123 ff., 236, 361 ff., 529 ff., 556 ff., durchgehend; *U. Di Fabio*, Die Kultur der Freiheit, 2005, S. 185, 190 ff.; auch noch *K. A. Schachtschneider*, Die Entscheidung des Grundgesetzes für die Demokratie, JA 1979, 513 ff.; letztlich auch *H. H. Rupp*, HStR, Bd. II, § 31, Rdn. 20, 26, 30; scharf 1890 und noch 1919 *E. Bernatzik*, Republik und Monarchie, 2. Aufl. 1919, S. 33 f. („Herrschaft gibt es auch in der Republik", denn ein „Staat ohne Herrschaft" sei eine „anarchistische" „Geisteskrankheit", verrate eine Vorstellung, bei der „die Jurisprudenz aufhöre"); gegen die Gefahr der Anarchie verteidigt (groß angelegt) die Herrschaft *W. Leisner*, Die Demokratische Anarchie. Verlust der Ordnung als Staatsprinzip?, 1982; prägnant *C. Schmitt*, Verfassungslehre, S. 5, aber anders S. 139 für den bürgerlichen Rechtsstaat; *ders.*, Legalität und Legitimität, 1932, 2. Aufl. 1968, S. 8, stellt den Widerspruch von Gesetzlichkeit und Herrschaft klar heraus. Richtig *D. Sternberger*, Der alte Streit um den Ursprung der Herrschaft, in: *ders.*, Herrschaft und Vereinbarung, Schriften Bd. III, 1980, S. 9 ff.; *ders.*, Herrschaft und Vereinbarung, Über bürgerliche Legitimität in: ders., Herrschaft und Vereinbarung, Schriften Bd. III, 1980, S. 113 ff.; *ders.*, Das angebliche Unrecht der Parteienregierung, 1962, in: K. Kluxen, Hrsg., Der Parlamentarismus, 3. Aufl. 1971, S. 374 ff., 389; *ders.*, Drei Wurzeln der Politik, in: ders., Schriften II, 1, 1978, durchgehend; für die Polis *H. Arendt*, Vita Activa, S. 28 ff., 33; *Ch. Meier*, Demokratie, in: O. Brunner/W. Conze/R. Koselleck (Hrsg.), Geschichtliche Grundbegriffe. Historisches Lexikon zur politisch-sozialen Sprache in Deutschland, Bd. 1, 1972/1979, S. 827 ff., für die Politie als gute Form der Demokratie; anders *ders.*, Freiheit, S. 426 ff.; *J. Habermas*, Die Utopie des guten Herrschers, 1972, in: G. Roellecke (Hrsg.), Rechtsphilosophie oder Rechtstheorie, 1988, S. 327 ff., auch in: R. Spaemann, Zur Kritik der politischen Utopie, 1977, der allerdings in: Faktizität und Geltung, S. 176 ff., die Staatsgewalt als „politische Herrschaft" versteht; folgend *V. Hösle*, Moral und Politik. Grundlagen einer politischen Ethik für das 21. Jahrhundert, 1997, S. 576 ff. (S. 578 f.); zum kantianischen Republikverständnis, das Herrschaft durch die Republik überwinde, *W. Kersting*, Wohlgeordnete Freiheit, S. 279 ff., 291 ff.; *ders.*, Kant über Recht, S. 126, wo er von der „Empirie staatlicher Herrschaft" spricht, S. 138 ff. („Republikanismus und Republik", S. 141; die Idee der Herrschaftslosigkeit reklamiert *H. Kelsen*, Vom Wesen und Wert der Demokratie, S. 3 ff., 12 u.ö., für die Demokratie. I. S. d. Textes *G.* und *E. Küchenhoff*, Allgemeine Staatslehre, 6. Aufl. 1967, S. 54 ff., 78 ff.; *G. Küchenhoff*, Naturrecht und Liebesrecht, 2. Aufl. 1962, S. 7 ff., 101 f.; mit Berufung auf Rawls und Habermas *H. H. v. Arnim*, Der Staat 26 (1987), S. 490 ff.; richtig *W. Leisner*, Staatseinung, S. 139 ff., 160 ff.; richtig unterscheidet auch *F. A. Hermens*, Verfassungslehre, 1968, S. 30 ff., 38 ff., zwischen demokratischer Führung und Herrschaft; dagegen *M. Hättich*, Demokratie als Herrschaftsordnung, S. 127; zu dem „Ideal des staats- oder herrschaftslosen Zustandes" insbesondere christlicher, liberaler und sozialistischer Art, das aber im Gegensatz zur hier vertretenen Lehre auf

Ausdruck der Verfassungsprinzipien. Der Begriff der Freiheit ist im 2. und 5. Kapitel als die Autonomie des Willens vorgestellt. Der Begriff der Herrschaft ist überaus vieldeutig, wie das Studium seiner Begriffsgeschichte erweist[486].

Herrschaft ist kein Begriff des grundgesetzlichen Textes, aber auch kein Begriff der grundgesetzlichen Verfassung. Die Begriffe „Staatsgewalt" in Art. 20 Abs. 2 S. 1 GG und „staatliche Gewalt" in Art. 1 Abs. 1 S. 2 GG lassen sich wegen der durch das Grundgesetz verfaßten Republik, aber auch begriffsgeschichtlich nicht als Herrschaft begreifen[487]. Der republikanische Staat hat nicht „Herrschergewalt", wie es *Georg Jellinek* für den monarchischen Staat sagen konnte, den er „als die mit ursprünglicher Herrschermacht ausgerüstete Verbandseinheit seßhafter Menschen" definiert hat[488].

„Staatsgewalt ist" nicht „immer Herrschaft über Menschen", anders als *Konrad Hesse, Roman Herzog, Klaus Stern, Josef Isensee, Hans Heinrich Rupp, Reinhold Zippelius, Ernst-Wolfgang Böckenförde, Wilhelm Henke, Dieter Grimm, Heinz-Christoph Link*, ja sogar *Werner Maihofer, Peter Häberle* und *Paul Kirchhof* und auch *Otfried Höffe*, ebenso wie *Carl Friedrich von Gerber, Paul Laband, Georg Jellinek, Carl Schmitt, Hans Kelsen, Hermann Heller* lehren bzw. gelehrt haben[489]. Das Verdikt, Herrschaftslosigkeit

---

politische Gesetzlosigkeit ausgerichtet sei, *H. Krüger*, Allgemeine Staatslehre, S. 654 ff., 662 ff., 669 ff.

[485] Dazu *K. A. Schachtschneider*, Res publica res populi, S. 45 ff., 159 ff., 772 ff., 1045 ff.; *ders.*, Prinzipien des Rechtsstaates, S. 45 ff., 176 ff., 298 ff.; *J. Heinrichs*, Revolution der Demokratie. Eine Realutopie, 2003, S. 272 ff.

[486] Vgl. die Abhandlung zum Begriff Herrschaft von *H. Günther, D. Hilger, K.-H. Ilting, R. Koselleck* und *P. Moraw*, in: O. Brunner/W. Conze/R. Koselleck (Hrsg.), Geschichtliche Grundbegriffe. Historisches Lexikon zur politisch-sozialen Sprache in Deutschland, Bd. 3, 1982, S. 1 ff.; vgl. auch *W. Henke*, Recht und Staat, S. 251 ff., der auf die Unterschiedlichkeit der Menschen hinweist und darin eine Herrschaft legitimierende Ungleichheit sieht, so daß er sogar das Verhältnis der Eltern zu ihren Kindern als Herrschaftsverhältnis einstuft (S. 259), wodurch er den antiken, despotischen oder paternalistischen Charakter seines Herrschaftsbegriffs deutlich macht; gegen dieses alte Argument schon *M. Hättich*, Demokratie als Herrschaftsordnung, S. 139 ff., 150 f., der die Abhängigkeit des Gleichheitsprinzips von der Freiheitsidee zu Recht gegen diesen Versuch, Herrschaft zu legitimieren, einbringt.

[487] Anders *E.-W. Böckenförde*, HStR, Bd. II, § 24, Rdn. 8 f.; anders auch BVerfGE 83, 37 (52) („staatliche Herrschaft"); ebenso BVerfGE 83, 60 (73); *J. Habermas*, Faktizität und Geltung, S. 176 ff.; *V. Hösle*, Moral und Politik, S. 576 ff.; zum Verhältnis und Unterschied von Staatsgewalt und Herrschaft in der Staatslehre des monarchischen Prinzips *P. v. Oertzen*, Die soziale Funktion des staatsrechtlichen Positivismus, S. 72 ff.

[488] Allgemeine Staatslehre, S. 180 f., auch S. 427 ff.

[489] *K. Hesse*, Staat und Gesellschaft, S. 497; i.d.S. *ders.*, Grundzüge des Verfassungsrechts, Rdn. 131, 134, S. 52, 53; *R. Herzog*, Allgemeine Staatslehre, S. 102 ff.,

sei utopisch, stammt von *Max Weber* und hat die Wirkung, welche *Webers* Lehren nun einmal in Deutschland entfalten, seien sie wahr oder unwahr, richtig oder falsch, begründet oder unbegründet – ein besonderes, sozio-psychologisch reizvolles Thema der deutschen Staatswissenschaft[490]. Was ist schon der Text eines Verfassungsgesetzes gegen *Webers* Texte, vor allem dem von „Wirtschaft und Gesellschaft"[491], vielleicht wegen dessen geset-zeshaften Definitionen? *Max Weber* hat in einem Brief an *Robert Michels* verlautbart:

> „Jeder Gedanke, ... durch noch so ausgetüftelte Formen der ‚Demokratie' die Herrschaft des Menschen über den Menschen zu beseitigen, ist eine Utopie."[492]

---

160 ff.; *K. Stern*, Staatsrecht I, S. 592 ff., 962 u. ö.; *J. Isensee*, HStR, Bd. II, § 15, Rdn. 154 ff. u. ö.; *H. H. Rupp*, HStR, Bd. II, § 31, Rdn. 20; *R. Zippelius*, Allge-meine Staatslehre, S. 58 ff., 81; im Anschluß an *H. Heller*, Staatslehre, S. 238 f., dessen Lehre von „der Staatsgewalt als politischer Wirklichkeit" sich als Herr-schaftslehre versteht, s. u.; *E.-W. Böckenförde*, HStR, Bd. II, § 24, Rdn. 3, 8 f. u. ö.; *W. Henke*, Recht und Staat, insb. S. 299, in der Sache; *D. Grimm*, Verfassung, S. 11 ff.; *Ch. Link*, VVDStRL 48 (1990), S. 15 f.; *W. Maihofer*, HVerfR, S. 462 ff., 472 ff.; *ders.*, ARSP, Beiheft Nr. 15, 1981, S. 15 ff.; *P. Häberle*, HStR, Bd. II, § 22, Rdn. 63 (i. d. S.); *P. Kirchhof*, Der allgemeine Gleichheitssatz, HStR, Bd. V, 1992, § 124, Rdn. 63, 185; *O. Höffe*, Demokratie im Zeitalter der Globalisierung, S. 95 ff. („Staatsgewalt" – „politische Herrschaft"), S. 107 ff., u. ö.; *ders.*, Wirt-schaftsbürger, Staatsbürger, Weltbürger. Politische Ethik im Zeitalter der Globalisie-rung, 2004, S. 90; *C. F. v. Gerber*, Grundzüge eines Systems des deutschen Staats-rechts, 2. Aufl. 1869, S. 1 ff., 21 f.; *G. Jellinek*, Allgemeine Staatslehre, S. 429 f.; *C. Schmitt*, Verfassungslehre, S. 4 ff., 204 ff., 224 ff. u. ö.; *H. Kelsen*, Allgemeine Staatslehre, S. 10, 98 ff., 321 u. ö.; *H. Heller*, Staatslehre, S. 175 f., 181, 191 f., 228 ff., 237 ff., für die große Mehrheit der deutschen Staatsrechtslehrer; durchaus kritisch *W. Leisner*, Staatseinung, S. 139 ff.; kritisch *K. Dicke*, Menschenrechte und europäische Integration, S. 37 ff.; ablehnend *K. A. Schachtschneider*, Res publica res populi, S. 71 ff.

[490] „Psychoanalytisch" untersucht *N. Sombart*, Die deutschen Männer und ihre Feinde. Carl Schmitt – ein deutsches Schicksal zwischen Männerbund und Matriar-chatsmythos, 1991, das herrschaftliche Staatsverständnis in Deutschland vor allem an Hand des Lebens und der Werke Carl Schmitts, des „geschichtsphilosophischen Rechtsgelehrten", und „eines Jahrhunderts deutscher Geschichte", das Schmitt kom-mentiert habe, insbesondere des „wilhelminischen Deutschlands".

[491] 5. Aufl. 1972, besorgt von *J. Winckelmann*.

[492] Zitiert bei *W. Mommsen* aus einem Brief an Robert Michels aus dem Jahre 1908, Römisches Staatsrecht, II, S. 392; vgl. *D. Sternberger*, Max Weber und die Demokratie, in: ders., Herrschaft und Vereinbarung, Schriften Bd. III, 1980, S. 154, der Webers Herrschaftsfixierung vor Augen führt („Da treffen wir auf den Kern sei-ner Gesinnung, und sie macht sich im gelehrten Werk ebenso geltend wie in seinen politischen Äußerungen." vgl. auch S. 137 ff.); zu den Utopien der Herrschaftslosig-keit als Gesetz- und Staatslosigkeit *H. Krüger*, Allgemeine Staatslehre, S. 654 ff.; den Utopievorwurf erhebt wirkungsvoll *R. Spaemann*, Die Utopie der Herrschafts-freiheit, in: ders., Zur Kritik der politischen Utopie, 1977, insb. 104 ff.; dagegen *J. Habermas*, Die Utopie des guten Herrschers, S. 327 ff.

Für die Wissenschaft von der Politik sei *Manfred Hättich* genannt, dessen Lehre von der „Demokratie als Herrschaftsordnung" auf der Position: „Herrschaftslosigkeit ist utopisch", aufbaut.

> „Politische Herrschaft und Staat synonym genommen, wird man all denen recht geben müssen, welche die Notwendigkeit von Herrschaft betonen, was mit einer Verwerfung des Demokratiebegriffs als herrschaftslose Ordnung gleichbedeutend ist." ... „Staat ist auf jeden Fall immer Herrschaftsordnung" ... „Politische Willensbildung ist die auf die politische Herrschaft hingeordnete Willensbildung. Immer mündet sie in einen Herrschaftsakt, und es ist der Sinn, in diesen zu münden."[493]

Herbert Krüger hat die „Staatsgewalt" durch ihre „Unwiderstehlichkeit, Einzigkeit und Einseitigkeit", vor allem gegründet auf „Untertanengehorsam", gekennzeichnet. Er identifiziert „Herrschaftslosigkeit" mit Anarchie, Herrschaftlichkeit aber, die er durch die „Überordnung-Unterordnung" kennzeichnet, mit Staatlichkeit[494]. *Manfred Hättich* versteht den Staat als die „politische Herrschaft", die er als seinsmäßige „totale und dominierende Herrschaft", als „die institutionalisierte Ordnungsmacht der Gesellschaft" kennzeichnet. Das Politische und der Staat seien „vor allem Macht und Herrschaft"[495]. Das lehrt *Siegfried Landshut* nicht anders:

> „Mögen die Menschen sonst in jeder anderen Hinsicht gleich sein, als Mitglieder des politischen Gemeinwesens sind sie es nicht. So ist der gewählte Repräsentant vor anderen Bürgern auch dadurch herausgehoben, daß für ihn besondere Rechtsregeln gelten (Immunität). Denn hier ist das Gemeinwesen nicht aufgefaßt als ein Verband von Gleichen, in dem der jeweilige Wille der Mehrheit durch Beauftragte ausgeführt wird, sondern als ein Herrschaftsverband, in dem es Herrschende und Beherrschte gibt."[496]

---

[493] Demokratie als Herrschaftsordnung, S. 25 ff. (Zitate S. 34, 35, 97, 129, mit weiteren Belegen und Zitaten S. 64, 147), S. 88 ff., 94 ff., 97 ff., der Gewalt, Zwang und schließlich Ordnung mit Herrschaft identifiziert (S. 139, 176); ebenso *W. Schmitt Glaeser*, HStR, Bd. III, § 38, Rdn. 30.

[494] Allgemeine Staatslehre, S. 188 f., 671, 818 ff., 837 ff., 847 ff., 879 ff., 908 ff., 940 f., zur Idee und Utopie der Herrschaftslosigkeit, S. 654 ff.; *A. Randelzhofer*, HStR, Bd. II, § 17, Rdn. 35 ff., schließt sich *Krüger* im wesentlichen an; ebenso sieht *M. Hättich*, Demokratie als Herrschaftsordnung, S. 36, „im Staat wesentlich die Herrschaftsordnung der Gesellschaft", auch S. 49, 55, 82 f., 88, 94, 97 f.; zur Anarchiephobie der „deutschen Männer" *N. Sombart*, Die deutschen Männer und ihre Feinde, S. 82 ff. („Die Angst vor dem Chaos").

[495] Demokratie als Herrschaftsordnung, S. 88 ff., 94 ff., 97 ff., 129 u. ö.; zum sog. Gewaltmonopol des Staates *K. A. Schachtschneider*, Res publica res populi, S. 548 ff., das zwar Zwangsbefugnisse enthält, aber nicht Herrschaft sein muß; *ders.*, Der Anspruch auf materiale Privatisierung, S. 265 ff. (S. 268 ff., 276 ff., 288 ff.).

[496] Der politische Begriff der Repräsentation, S. 490.

Aus der Logik eines „Herrschaftsverbandes" schließt *Landshut* auf die politische Ungleichheit, gegen jede Demokratielehre, ebenso fiktiv wie zirkulär. Vorsichtiger, aber ähnlich argumentiert *Wilhelm Henke*:

> „Keine Ideologie oder Utopie und keine staatspolitische Deutung kann die Tatsache aus der Welt schaffen, daß das Verhältnis zwischen den Amtsträgern und den anderen Bürgern ein Verhältnis der Unterordnung ist, in dem Befehl und Gehorsam, mögen sie auch im Alltag meist weit hinausgeschoben oder ganz vermieden werden, die Beziehung am Ende bestimmen."[497]

Das ist nicht einmal empirisch richtig, jedenfalls kann es und nach dem Grundgesetz soll es anders sein; denn Gesetzgebung und Gesetzesvollzug sind, wenn sie denn dem Recht dienen, nicht Herrschaft, sondern Verwirklichung der Freiheit[498]. Für *Henke* jedoch hat die Gesetzlichkeit nur eine instrumentelle Funktion für das Recht, die „Allgemeinheit des Gesetzes" keinen „Vorrang vor der Entscheidung des Einzelfalles"; der Streit wird durch einen „Akt der Herrschaft" des Richters, wenn es gut geht, der Lage der Streitparteien gerecht, paternalistisch, wenn und weil mangels Gesetzes rechtlos, also im eigentlichen Sinne des Begriffs despotisch, befriedet[499].

Herrschaft unter Menschen und damit auch im Staat kann empirisch nicht bestritten werden. Sie kann als Vergewaltigung des Willens, eben als Heteronomie desselben, bestimmt werden[500]. Der „uralte Kampf der Geschichte" ist der „zwischen Gesetzlichkeit und Gewaltsamkeit … Machtwille und Gewalt sind ständig auf dem Sprung einzugreifen"[501]. *Hans Kelsen* war sehr klar:

> „Denn soziale Realität ist Herrschaft und Führerschaft … Die besondere Funktion der demokratischen Ideologie ist: die Illusion der in der sozialen Wirklichkeit unrettbaren Freiheit aufrecht zu erhalten."[502]

Herrschaft ist aber nicht das Sollen des Staates. Als staatsrechtliche Position ist Herrschaft eine das Prinzip der demokratischen Republik verzerrende, ja leugnende Ideologie. Es ist logisch, daß Herrschaftslehren gegen den freiheitlichen Demokratiebegriff den Ideologievorwurf erheben. Sie stärken

---

[497] Recht und Staat, S. 389, auch S. 567 u. ö.

[498] Dazu *K. A. Schachtschneider*, Res publica res populi, passim; *ders.*, Prinzipien des Rechtsstaates, S. 20 ff., 50 ff., 94 ff., 118 ff., 149 ff., passim; vgl. 2. Kap., IV, 5. Kap., II, 3, 7. Kap., II, 1.

[499] Recht und Staat, S. 217 ff., 620 ff., 648 ff., durchgehend gegen Rousseaus Lehre von der volonté générale (vgl. auch S. 399 ff. u. ö.).

[500] Dazu *K. A. Schachtschneider*, Res publica res populi, S. 19 ff., 76, 79 ff., 275 f.

[501] *K. Jaspers*, Vom Ursprung und Ziel der Geschichte, 1949, S. 202 bzw. 218.

[502] Vom Wesen und Wert der Demokratie, S. 78; *ders.*, Allgemeine Staatslehre, S. 325; i. d. S. nicht anders die Utopiethese, etwa *M. Hättich*, Demokratie als Herrschaftsordnung, S. 25 ff. u. ö.; *F. Scharpf*, Demokratietheorie zwischen Utopie und Anpassung, 1970, S. 21 ff., 54 ff.; *R. Spaemann*, Die Utopie der Herrschaftsfreiheit, S. 104 ff.; zu *M. Webers* Utopievorwurf vgl. das Zitat zu Fn. 492.

damit die These der Unvereinbarkeit von Freiheit und Herrschaft. Freiheit und Herrschaft sind Kategorien des Sollens[503]. Als solche sind sie widersprüchlich. Die Sollenswidrigkeit des Seins, zumal eine republikwidrige Herrschaft, ist das ewige Schicksal des Menschen, dieses vernunftbegabten Tieres. Diese Wirklichkeit jedoch legitimiert Herrschaft von Menschen über Menschen nicht; denn Herrschaft ist der Würde des Menschen zuwider.

Keine Herrschaftsdogmatik hält die freiheitliche Unterscheidung der „respublica noumenon" von der „respublica phaenomenon" durch[504], deren Notwendigkeit *Kant* klargestellt hat[505]. Die meist empiristischen Herrschaftslehren stilisieren das ewige Phänomen der Herrschaft von Menschen über Menschen zu einer legitimierenden oder auch denunzierenden Ideologie von Herrschaft. Dem Begriff Herrschaft gebührt jedoch neben dem der Freiheit keine normative Kraft (des Faktischen)[506]. Vielmehr darf keine Mühe gescheut werden, die Wirklichkeit dem Recht, also der allgemeinen Freiheit, anzupassen, d.h. „Herrschaft von Menschen über Menschen"[507] zu bekämpfen[508]. Das aber erfordert eine Lehre von einem herrschaftsfreien Gemeinwesen, von der Republik[509]. Jede Herrschaftsideologie gibt die Chance irrationaler Argumentation. Darin liegt ihr verführerischer Reiz, aber: „Mit der Republik endet die Geschichte der Herrschaft und ihrer rechtsstaatlichen Milderung, endet gleichsam die republikanische Embryologie. Mit der Republik beginnt die Geschichte der Vernunft".[510]

---

[503] Zum Faktum des Sollens 2. Kap., II.

[504] Typisch *O. Höffe*, Politische Gerechtigkeit, 1987, passim.

[505] Dazu *W. Kersting*, Wohlgeordnete Freiheit, S. 288 ff.; *Kant* etwa, Der Streit der Fakultäten, S. 364.

[506] Zu diesem verfehlten Argumentationsgesichtspunkt *G. Jellinek*, Allgemeine Staatslehre, S. 337 ff.; auch *W. Henke*, Die politischen Parteien zwischen Staat und Gesellschaft, S. 374 ff., will die „Staatsrechtslehre" als „Wirklichkeits"-wissenschaft betreiben, deren „Gegenstand" „Erfahrungen auf dem Gebiete des menschlichen Daseins, das man Staat nennt", seien, nicht „Normen oder Werte"; das führt zur Kontingenz der Erkenntnisse, die denn auch der Lehre vom Parteienstaat zugute kommen; ebenso *ders.*, Recht und Staat, S. 51 ff., passim, ohne daß Henke auf Imperative der Liebe verzichtet, wie vor allem den, „der Lage des anderen zu entsprechen", „hinzusehen und vernünftig zu urteilen", wenn „Gerechtigkeit" erreicht werden solle (S. 173 ff.), ohne damit das im kategorischen Imperativ Kants formelhaft erfaßte christliche Liebesgebot zu erreichen; Staatslehre ist auch Wirklichkeitswissenschaft (*H. Heller*, Staatslehre, S. 37 ff.), Staatsrechtslehre macht Sollen (notwendig auf der Grundlage des Seins) zu ihrem Gegenstand.

[507] Davon spricht selbst *W. Maihofer*, HVerfR, S. 472 ff. u.ö., in seiner Lehre von der „durch Republik gebändigten Demokratie".

[508] Dazu fordert *D. Sternberger*, Der alte Streit um den Ursprung der Herrschaft, S. 26 f. (Zitat zu Fn. 587) auf.

[509] Ganz i.d.S. *Kant*, Idee, S. 40 f.; auch *ders.*, Zum ewigen Frieden, S. 204 ff.

[510] *W. Kersting*, Kant über Recht, S. 141.

Karl Jaspers hat 1948 ermutigt:

„Notwendig ist *die Sorge aller für die Freiheit.* … Denn die Freiheit ist immer in der Defensive und daher in Gefahr. Wo die Gefahr in einer Bevölkerung nicht mehr gespürt wird, ist die Freiheit fast schon verloren. … Gegen das politische Ideal der Freiheit gibt es wie gegen jedes Ideal gewichtige Gegeninstanzen aus der Realität: Freiheit habe sich als unmöglich erwiesen. … Der Unterschied ist, ob wir aus dem Glauben an Gott und im Bewußtsein der Aufgabe der Menschenwürde den Weg der Freiheit wählen und in grenzenloser Geduld durch alle Enttäuschungen hindurch festhalten, oder ob wir im verkehrenden Triumph nihilistischer Leidenschaft uns dem Verhängnis überlassen, als Menschen durch Menschen in unserem Wesen zerstört zu werden. Das entscheidende Merkmal freier Zustände ist *der Glaube an die Freiheit.* Es ist genug, daß Annäherungen an das Ideal politischer Freiheit versucht, und, wenn auch mit großen Mängeln, gelungen sind. Daraus entspringt die Ermutigung für die Zukunft."[511]

„Das utopische Ziel der Abschaffung von Herrschaft diene gerade der unkontrollierten Herrschaft selbsternannter Aufklärer zur Legitimation", wirft *Robert Spaemann* der Diskursethik von *Jürgen Habermas* vor[512]. *Jürgen Habermas* antwortet:

„Aufklärung, die nicht in Einsicht, d.h. in zwanglos akzeptierten Deutungen terminiert, ist keine. … Analytische Gespräche und Ideologiekritik haben gemeinsame Strukturen – beide, so können wir sagen, organisieren Aufklärung. Aber die politische Praxis kann dem Muster der Therapie schon deshalb nicht folgen, weil Organisation der Aufklärung und strategisches Handeln zweierlei sind und niemals *uno actu* vollzogen werden können."[513]

3. Die Menschen übertragen der Idee der Republik nach ihre Möglichkeit, andere zu beherrschen, nicht auf den Staat und auch nicht auf dessen Repräsentanten. Der Staat ist keine natürliche Person, die herrschen könnte. Der Staat ist auch nicht als „anonyme Person … Subjekt der Herrschaft", wie *Hans Kelsen* meint[514]. Nur Menschen können über Menschen herrschen. Richtig erkennt *Kelsen* den ideologischen Charakter der Staatspersonifizierung, der „das dem demokratischen Empfinden unerträgliche Faktum einer Herrschaft von Mensch über Mensch" verschleiern soll[515]; aber *Kelsen* vollendet die demokratistische Herrschaftslehre zu einer paradoxen Definition des „Freistaates" als „freiem Staat", in dem „nicht der einzelne Staatsbürger, sondern die Person des Staates frei sei", in dem „an die Stelle der Freiheit des Individuums die Souveränität des Volkes" trete[516]. Der Freistaat

---

[511] Vom Urspung und Ziel der Geschichte, S. 217, Herv. v. *K. Jaspers.*
[512] Die Utopie der Herrschaftsfreiheit, S. 116 ff.
[513] Die Utopie des guten Herrschers, S. 336.
[514] Vom Wesen und Wert der Demokratie, S. 11; *ders.*, Allgemeine Staatslehre, S. 325 („Personifikation des Staates").
[515] Vom Wesen und Wert der Demokratie, S. 11 f.; vgl. auch *ders.*, Allgemeine Staatslehre, S. 325.

ist die Republik freier Menschen, von Bürgern also. In der Republik, ihrem Staat, verwirklichen die Menschen ihre Freiheit[517]. *Kelsen* offenbart seinen demokratistischen Volksbegriff des Volkes als politischer Einheit, der freilich, wie gesagt, zur Herrschaft über die Bürger führt; denn „das Volk als Einheit" wird nach *Kelsen* „Subjekt der Herrschaft"[518]. *Rousseaus* republikanische Freiheitslehre hat *Kelsen* demokratistisch interpretiert[519], Freiheit in Untertänigkeit umgewandelt und damit seiner Demokratielehre gefügig gemacht. Die Realität des Volkes und damit der Freiheit findet *Kelsen* schließlich in den Parteien und deren Herrschaft[520]; denn das Volk ist frei und „das Volk integriert sich zu politischen Parteien". Auf *Rousseau* kann sich *Kelsen* dafür nicht berufen, aber dem Parteienstaat hat *Kelsen* die demokratistische Ideologie geliefert, die sogar die „Idee der Freiheit" vereinnahmt.

Bereits *Hobbes* hat den Staat als „künstlichen Menschen", als eine „Vereinigung in einer Person", durch die „alle einzelnen eine Person" werden und „Staat oder Gemeinwesen" heißen, bezeichnet. Dieser „Leviathan" oder „sterbliche Gott" besitze zwar die „höchste Gewalt"[521], die unbeschränkt sei, solange er den Frieden sichere, d.h. die Menschen wirksam voreinander schütze, aber diese „höchste Gewalt" ist keine Herrschaft des Einen über den Anderen, sondern der Staat ist die Form der gemeinsamen Herrschaft der Menschen über sich selbst[522]. Der „Stellvertreter des Staates" sei der

---

[516] Vom Wesen und Wert der Demokratie, S. 12 f.; *ders.*, Allgemeine Staatslehre, S. 321, 325 f.; dem folgt gewissermaßen *E.-W. Böckenförde*, HStR, Bd. II, § 24, Rdn. 3 ff., 38.

[517] *K. A. Schachtschneider*, Prinzipien des Rechtsstaates, S. 50 ff.; *ders.*, Res publica res populi, S. 519 ff.; so auch *W. Kersting*, Kant über Recht, S. 135 ff. (141); dazu 2. Kap., III, 5. Kap., II.

[518] Zum Volksbegriff *H. Kelsen*, Vom Wesen und Wert der Demokratie, S. 14 ff., wo er allerdings Volk als ein „System von einzelnen menschlichen Akten, die durch die staatliche Rechtsordnung bestimmt sind", definiert und Volk dabei selbst apostrophiert; zum Volk als politischer Einheit in der Verfassungslehre C. Schmitts *K. A. Schachtschneider*, Res publica res populi, S. 735 ff.

[519] Vom Wesen und Wert der Demokratie, S. 12 f.

[520] Vom Wesen und Wert der Demokratie, S. 12 f., 18 ff., 23 ff.

[521] *Hobbes*, Leviathan, II, 17, 21, S. 155 f., 189; nicht anders *Locke*, Über die Regierung, VIII, 95 ff., S. 73 ff. („Gemeinschaft" wird zu „einem einzigen Körper", in dem allerdings das Mehrheitsprinzip gilt, S. 74 f.).

[522] *Hobbes*, Leviathan, II, 17, 18, 21, S. 155 ff., 160 ff., 189 ff.; ganz so *Rousseau*, Vom Gesellschaftsvertrag, I, 8, IV, 2, S. 22 f., 116; auch *Montesquieu*, Vom Geist der Gesetze, XI, 6, S. 215 f.; *Kant*, Über den Gemeinspruch, S. 143 ff. (zu Hobbes); so auch *W. Maihofer*, ARSP, Beiheft Nr. 15, 1981, S. 21; *ders.*, HVerfR, S. 427 ff., insb. S. 461, 494; *E.-W. Böckenförde*, HStR, Bd. II, § 24, Rdn. 35 f.; zur Hobbesschen Repräsentationslehre genau *H. Hofmann*, Repräsentation, Studien zur Wort- und Begriffsgeschichte von der Antike bis ins 19. Jahrhundert, 1974, 2. Aufl.

„allgemeine Stellvertreter" der Menschen, die „Urheber aller Handlungen dessen" seien, dem sie „höchste Gewalt" übertragen hätten. „Sich selbst aber kann niemand Unrecht zufügen"[523]. *Locke* ist Hobbes (auch) in dieser Dogmatik gefolgt: „In Wahrheit sind es ja seine eigenen Urteile, da sie von ihm selbst oder von seinen Vertretern gefällt werden"[524]. Die Hobbessche wie die Lockesche Stellvertretung ist darum keine Herrschaft, sondern die Wirklichkeit der Freiheit[525], bei *Hobbes* Friede und Schutz, bei *Locke* Freiheit und Eigentum[526]. So ist die rechtliche Konstruktion des Sollens. Auf die herrschaftliche Wirklichkeit des Seins kommt es hier nicht an. Eine solche ist mit allen Kräften zu ver-, wenigstens zu behindern.

Carl Schmitt verzerrt die Hobbessche Stellvertretung zur Repräsentation eines Staates, welcher nicht lediglich die Vereinigung von Menschen, sondern das Volk als eine „politische Einheit", unabhängig von den einzelnen Bürgern, sei. Die Repräsentanten eines solchen Volkes sind Herrscher über das Volk als Bürgerschaft. „Das Persönliche des Staates liegt nicht im Staatsbegriff, sondern in der Repräsentation" (*Carl Schmitt*)[527].

4. Wer Staat und Gesellschaft trennt oder auch nur freiheitsdogmatisch unterscheidet[528], lehrt einen Staat, zu dessen Begriff die Überordnung über die Gesellschaft und damit über die Bürger oder Menschen als Untertanen gehört, der seinem Begriff nach herrscht, wenn auch die Herrschaft von Menschen im Staat dem Staat als juristischer Person zugerechnet wird. Diese Begrifflichkeit ist geradezu mit den Begriffen Staatslehre und Staatsrechtslehre verbunden, welche sich eben mit dem Staat befassen, nicht mit der Gesellschaft und schon gar nicht mit dem Bürger[529]. Wenn die Menschen als Bürger in den Mittelpunkt der Lehre des gemeinsamen Lebens

---

1990, S. 382 ff., der den Herrschaftscharakter der Stellvertretung durch den Leviathan herauszustellen unternimmt.

[523] *Hobbes*, Leviathan, II, 17, 18, 21, S. 156, 160, 193 f.; weitere Hinweise zu diesem republikanischen Grundsatz in Fn. 980.

[524] Über die Regierung, VII, 88 f. S. 66 f.

[525] Zur republikanischen Vertretung des Volkes *K. A. Schachtschneider*, Res publica res populi, S. 637 ff.

[526] *Hobbes*, Leviathan, II, 17, S. 151 ff., 155 f.; *Locke*, Über die Regierung, IX, 123 ff., XI, 134 ff., S. 95 ff., 101 ff. (zum Eigentum gehören nach Locke „Leben, Freiheit und Besitz", a.a.O., VII, 87, XI, 137, S. 65, 105).

[527] Verfassungslehre, S. 214, unter Berufung auf Hobbes, dessen Lehre Schmitt nicht gerecht wird; vgl. *ders.*, Der Leviathan, 1938, S. 99 ff., insb. S. 111 ff.; dazu *K. A. Schachtschneider*, Res publica res populi, S. 735 ff., auch S. 100 ff., 139 ff.

[528] Dazu *K. A. Schachtschneider*, Res publica res populi, S. 159 ff., 175 ff.; dazu IX.; auch *M. Hättich*, Demokratie als Herrschaftsordnung, S. 39 f., 49 f. u.ö.

[529] Dazu *K. A. Schachtschneider*, Res publica res populi, S. 207 ff.; dazu 11. Kap., I und II; geradezu eine Wende der Staatsrechtslehre leitet *W. Leisner*, Staatseinung, S. 22 ff., 31 ff., 80 ff., u.ö., ein.

gestellt werden, liegen die Begriffe der bürgerlichen Verfassungslehre nahe, die aber auch republikanische Verfassungslehre heißen kann; denn: „Die bürgerliche Verfassung in jedem Staat soll republikanisch sein"[530].

Die Verfassung regelt das gemeinsame Leben der Bürger, also das Politische. Richtig ist der Begriff des Politischen, wenn von Freiheit, Recht und Staat die Rede ist. Die Lehre davon ist die Lehre des Politischen[531]. Der aristotelische Lehrer der „bürgerlichen Legitimität", des „Bürger-Staates", *Dolf Sternberger*, stellt denn auch die „bürgerliche Rechtmäßigkeit" nicht auf „Herrschaft", sondern auf „Vereinbarung", „Übereinkunft"[532].

II. Herrschaft und Untertänigkeit

1. Für die republikanische Freiheits-, Rechts- und Staatslehre, die Lehre von der Politik also, genügt eine begriffliche Orientierung des Aspekts Herrschaft, weil ein Begriff Herrschaft ohne verfassungsgesetzliche Verankerung keine verfassungsinterpretatorische Relevanz beanspruchen kann. Die demokratistischen Herrschaftslehren bieten keine Definitionen eines Begriffs Herrschaft, welche rechtlichen Regelungscharakter beanspruchen könnten, und können darum auch nur von ihrer bloß auf Legitimationswirkung, vor allem einer solchen der Parteienoligarchie, ausgerichteten Begriffsorientierung her kritisiert werden.

Herrschaft läßt sich als Negation der äußeren Freiheit, als „nötigende Willkür" eines Menschen über einen anderen oder mehrere andere Menschen verstehen; denn ähnlich *Locke* definiert *Kant* die äußere, negative

---

[530] *Kant*, Zum ewigen Frieden, S. 204.

[531] Ganz so *Ch. v. Krockow*, Staat, Gesellschaft, Freiheitswahrung, 1972, in: E.-W. Böckenförde (Hrsg.), Staat und Gesellschaft, 1976, S. 436 f. (auch Kritik am Begriff der Staatslehre, Staatsrechtslehre); *D. Sternberger*, Machiavellis „Principe" und der Begriff des Politischen, in: ders., Herrschaft und Vereinbarung, Schriften, Bd. III, 1980, S. 31 ff., insb. S. 54 f.; i.d.S. auch *H. Ehmke*, „Staat" und „Gesellschaft" als verfassungstheoretisches Problem, in: in: E.-W. Böckenförde (Hrsg.), Staat und Gesellschaft, 1976, S. 267 ff. („politisches Gemeinwesen").

[532] Herrschaft und Vereinbarung, S. 113 ff., 130 f.; auch *ders.*, Der alte Streit um den Ursprung der Herrschaft, S. 11 ff., 26 f.; anders die republikanisch demokratistische Lehre vom Bürgerstaat *W. Maihofers*, HVerfR, S. 427 ff., insb. S. 449 ff., 462 ff., 472 ff., die sich vom Liberalismus nicht löst, insb. S. 500 ff., 507 ff., 519 ff.; *O. Höffe*, Demokratie im Zeitalter der Globalisierung, S. 107 ff., konzipiert Herrschaft auf der Grundlage der Vereinbarung, des Rechtsvertrages – ein Widerspruch; zum Kontraktualismus *W. Kersting*, Kant über Recht, S. 98 ff. (106 f.), 155 f.; *ders.*, Vertrag, Gesellschaftsvertrag, Herrschaftsvertrag, in: O. Brunner/ W. Conze/Koselleck (Hrsg.), Geschichtliche Grundbegriffe. Historisches Lexikon zur politisch-sozialen Sprache in Deutschland, Bd. 6, 1990/2004, S. 901 ff., insb. S. 932 ff.

Freiheit als die „Unabhängigkeit von eines anderen nötigender Willkür"[533]. *Manfred Hättich* beispielsweise definiert Freiheit (u. a.) als Macht, die er, mit *Max Weber*, „als die Möglichkeit" versteht, „seinen Willen notfalls auch gegen den Willen anderer durchzusetzen, gleichviel worauf diese Chance beruhe"[534], und stellt mit diesem schon in sich herrschaftlichen Freiheitsbegriff einen Gegensatz von Herrschaft und Freiheit heraus:

> „Bloße Macht verschafft mir Freiheitsraum als Begrenzung der Freiheitsräume anderer. Im zweiten Falle kann ich über andere bestimmen, sie zu einem bestimmten Verhalten zwingen, nicht nur den Spielraum ihres Verhaltens eingrenzen. Diesen zweiten Fall wollen wir Herrschaft nennen. … Herrschaft ist immer Macht, aber Macht ist noch nicht immer auch schon Herrschaft"[535].

Hättich identifiziert damit Herrschaft mit der Freiheit, einen anderen zu nötigen. Dieser positive Freiheitsbegriff nährt sich aus der Unfreiheit des anderen. Eine solche Freiheit wäre nicht nur nicht allgemein, sondern soll ausgerechnet die Herrschaft von Menschen über Menschen als Freiheit legitimieren. Diese Herrschaftslehre mißachtet den bürgerlichen Freiheitsbegriff, die Einheit der negativen äußeren und der positiven inneren Freiheit[536].

Die nötigende Willkür ist Kennzeichen der Über- und Unterordnung zwischen Menschen, von denen einer, der Herr, zu befehlen die Möglichkeit, während der andere, der Untertan, Knecht, Sklave, der Beherrschte also, zu gehorchen hat. Eine solche Ordnung ist nach *Carl Schmitt* „politische Herrschaft"[537]. *Ernst-Wolfgang Böckenförde*[538] folgt begrifflich Carl Schmitt. Die Vorstellung eines Verhältnisses der Über- und Unterordnung dürfte

---

[533] Metaphysik der Sitten, S. 345; *Locke*, Über die Regierung, IV, 22, S. 19 („nicht dem unbeständigen, ungewissen, unbekannten, eigenmächtigen Willen eines anderen Menschen unterworfen zu sein –"), auch VI, 54, S. 41; dazu 2. Kap., VI.

[534] *M. Weber*, Wirtschaft und Gesellschaft, S. 28 ff., auch S. 542; nicht anders *G. Jellinek*, Allgemeine Staatslehre, S. 180, 427 ff.; *M. Hättich*, Demokratie als Herrschaftsordnung, S. 175.

[535] Demokratie als Herrschaftsordnung, S. 176, gestützt auf Max Weber; zu drei weiteren Freiheitsbegriffen *Hättich*, a. a. O., S. 145.

[536] Dazu 2. Kap., VI, VII. *M. Hättich* bietet dann, S. 144 f. a. a. O., auch gleich drei verschiedene Freiheitsbegriffe zusätzlich, was den Stand seiner Freiheitslehre und die Verwirrungen seiner „demokratischen Ideenlehre", a. a. O., S. 138 ff., auch S. 25 f., aufhellt; ohne Freiheitslehre läßt sich zur Demokratielehre nichts beitragen, *Hättich* selbst hat die „Freiheit, nicht die Demokratie" als „Kern des Denkens über die Demokratie", provoziert durch den Totalitarismus, erkannt (S. 12); zur Kritik des Begriffs „Freiheitsraum" 6. Kap., I, 1.

[537] Verfassungslehre, S. 4 f., 200 ff., 223 ff.; *H. Heller*, Staatslehre, S. 266 u. ö., weicht insofern nicht von Schmitt ab, vgl. auch S. 191 ff., 228 ff., 237; in der Sache ebenso *M. Hättich*, Demokratie als Herrschaftsordnung, S. 113, 144, 175 f.; *W. Henke*, Recht und Staat, S. 389 u. ö.

[538] HStR, Bd. II, § 24, Rdn. 36; nicht anders auch *W. Henke*, Recht und Staat, S. 299, 389 u. ö.; in der Sache fast die ganze Staatsrechtslehre zum Grundgesetz,

heute den Sprachgebrauch des Wortes Herrschaft dominieren, nachdem *Max Weber* Herrschaft wenig spezifisch als die „Chance" definiert hat, „für einen Befehl bestimmten Inhalts bei angebbaren Personen Gehorsam zu finden", „innerhalb einer sozialen Beziehung den eigenen Willen auch gegen Widerstreben durchzusetzen"[539]. Wer herrscht, kann seinen Willen durchsetzen, ohne auf den Willen des Beherrschten Rücksicht nehmen zu müssen[540]. *Hermann Heller* definiert: „Herrschaft heißt Gehorsam finden und zwar ohne Rücksicht auf die vom Gehorchenden vorgestellte Interessenförderung." ... „Denn erst die Gefolgschaft macht den Führer, erst der Gehorsam den Herrscher."[541] *Wilhelm Henke* lehrt: „Herrschaft ist gerade dadurch charakterisiert, daß das Urteil des Herren darüber, was gerecht sei, nicht aber das des Beherrschten maßgebend ist."[542]

Eindeutiger kann der Gegensatz von Freiheit als Autonomie des Willens und Herrschaft als Heteronomie des Willens nicht formuliert werden. Eine Herrschaftslehre wie die *Wilhelm Henkes* kann auf das allgemeine Gesetz verzichten und ist darum weder demokratisch noch republikanisch. Sie bedarf nur des Streitschlichters, des herrschaftlichen Juristen, den *Henke* zur Leitfigur seiner Lehre von Recht und Staat erhebt[543]. Herrschaft ist somit

---

vgl. die Hinweise in Fn. 484; so auch *G. Jellinek*, Allgemeine Staatslehre, S. 429 f.; *H. Kelsen*, Allgemeine Staatslehre, S. 10, 98 f.

[539] Wirtschaft und Gesellschaft, S. 28, 182, vgl. auch S. 541 ff.; Weber folgend *M. Hättich*, Demokratie als Herrschaftsordnung, S. 175 f.; in der Sache nicht anders *G. Jellinek*, Allgemeine Staatslehre, S. 180, 427 ff.; *C. Schmitt*, Verfassungslehre, S. 4 f., 200 ff., 223 ff.; auch *H. Heller*, Staatslehre, S. 191 ff., 228 ff., 237, 266; *H. Krüger*, Allgemeine Staatslehre, S. 188 f., 671, 818 ff., 837 ff., 847 ff., 879 ff., 908 ff., 940 f.; *F. A. v. Hayek*, Die Verfassung der Freiheit, 1960/1971, 3. Aufl. 1991, S. 161, der das „Zwang" nennt; *W. Henke*, Recht und Staat, S. 251 ff., 299 u. st., der von „Herrschaft im Sinne der Über- und Unterordnung" spricht (S. 276 u. ö.); i. d. S. auch *R. Herzog*, Allgemeine Staatslehre, 1971, S. 160, auch S. 168 Fn. 28; dazu begriffsgeschichtlich *D. Hilger*, Herrschaft, S. 98 f.; kritisch zu Webers vagem Universalbegriff der ‚Herrschaft' *D. Sternberger*, Kritik der dogmatischen Theorie der Repräsentation, in: ders., Herrschaft und Vereinbarung, Schriften, Bd. III, 1980, S. 196; ders., Max Weber und die Demokratie, S. 137 ff., insb. S. 152 ff., der „Webers generelle Fixierung an ‚Herrschaft'", dessen „Vexiertheit von Herrschaft" kritisiert; ders., Herrschaft und Vereinbarung, S. 117; kritisch auch *O. Höffe*, Politische Gerechtigkeit, S. 205 ff.

[540] I. d. S. *G. Jellinek*, Allgemeine Staatslehre, S. 180; ähnlich *H. Heller*, Die Souveränität. Ein Beitrag zur Theorie des Staats- und Völkerrechts, 1927, S. 35; *Th. Würtenberger*, Die Legitimität staatlicher Herrschaft. Eine staatsrechtlich-politische Begriffsgeschichte, 1973, S. 17; so auch *W. Henke*, Recht und Staat, S. 253, mit Bezug auf M. Weber.

[541] Staatslehre, S. 191 f., 237; vgl. auch *ders.*, Souveränität, S. 35 ff.; ähnlich *M. Imboden*, Die politischen Systeme, 1962, S. 109 f.

[542] Recht und Staat, S. 261. Der mittelalterliche Herr ist immer auch Richter.

[543] Recht und Staat, S. 217 ff., 648 ff.

Heteronomie des Willens[544]. Gegen den Herren (als solchen) gibt es kein Recht.

Walter Leisner spricht von „Herrschaftsobjekten" („selbst noch in der Demokratie"), „den Menschen":

> „Aus ihr (sc. ‚dieser göttlichen Ordnung') kann gleichermaßen ein ‚Recht der Personen', wie ein ‚Recht der Sachen', nebeneinander, fließen, das öffentliche Herrschaftsrecht ist, im letzten, stets als ein Sachenrecht zu begreifen, so wie man noch spät im Staats- und noch später im Völkerrecht sagen konnte: Quidquid est in territorio est etiam de territorio – eben die Herrschaftsobjekte."[545]

2. Die Vorstellung von Herrschaft orientiert sich damit an der antiken Herrschaft im Hause, der Despotie oder potestas[546], dem Paternalismus, welche der staatlichen Herrschaft auch noch gemäß dem monarchischen Prinzip des Konstitutionalismus Orientierung gab[547]. Die Despotie ist durch die Rechtlosigkeit gekennzeichnet. Dieser Herrschaftsbegriff ist mehr am dominium, als am imperium ausgerichtet[548]. Die römische Republik kannte Herrschaft als dominium nur im Hause, nicht aber in politicis. Potestas als eigentlich private Hausherrschaft wird in das Amt eingebracht und im Politischen zur Amtsgewalt, die von der auctoritas der Senatoren gestärkt sein

---

[544] Ganz so *M. Hättich*, Demokratie als Herrschaftsordnung, S. 43 u.ö., der eine Menschheit ohne Fremdbestimmung für „reine Utopie" hält, die „nicht Grundlage einer klaren hic et nunc gestaltbaren Ordnung sein" könne (S. 64), aber „Mehrheitsverfahren" als „Herrschaftsverfahren" begreift, weil nur reale Einstimmigkeit herrschaftslos sei (S. 42 f.) – in Unkenntnis der Vertretungslehre (dazu *K. A. Schachtschneider* Res publica res populi, S. 637 ff., 707 ff.); nicht anders in der Sache *F. Scharpf*, Demokratietheorie zwischen Utopie und Anpassung, S. 25 ff., 54 ff.

[545] Staatseinung, S. 139 f. Hingewiesen sei auf die eigentumsmäßige Dogmatik *Kants*, Metaphysik der Sitten, S. 388 ff., von den „auf dingliche Art persönlichen Rechten", welche die familiären und häuslichen Rechtsverhältnisse (fragwürdig) wie Verhältnisse des Sachherren konzipiert, dazu *W. Kersting*, Kant über Recht, S. 88 ff.

[546] Vgl. *H. Günther*, Herrschaft, in: O. Brunner/W. Conze/R. Kosellek, Geschichtliche Grundbegriffe, Historisches Lexikon zur politisch-sozialen Sprache in Deutschland, Bd. 3, 1982, S. 39 ff.; *Ch. Meier*, Macht, Gewalt, daselbst, S. 820 f.; *M. Riedel*, Der Begriff der „Bürgerlichen Gesellschaft" und das Problem seines geschichtlichen Ursprungs, 1962/1969, in: E.-W. Böckenförde (Hrsg.), Staat und Gesellschaft, 1976, S. 86 f.; *D. Sternberger*, Der alte Streit um den Ursprung der Herrschaft, S. 26 ff.

[547] Vgl. *H. Günther*, Herrschaft, S. 41 ff.; paternalistisch ist das Herrschaftsverständnis *W. Henkes*, Recht und Staat, S. 251 ff., noch heute und wohl unvermeidlich.

[548] Vgl. dazu *K. H. Ilting*, Herrschaft, in: O. Brunner/W. Conze/R. Kosellek (Hrsg.), Geschichtliche Grundbegriffe. Historisches Lexikon zur politisch-sozialen Sprache in Deutschland, Bd. 3, 1982, S. 36; *G. Jellinek*, Allgemeine Staatslehre, S. 398 ff., 405 f.; dazu auch *H. Krüger*, Allgemeine Staatslehre, S. 820 f.; *O. Höffe*, Politische Gerechtigkeit, S. 207 f.

konnte und gegebenenfalls das imperium umfaßte[549]. „Römisch gesprochen: imperium ist nicht dominium", sagt *Dolf Sternberger*[550].

Wilhelm Henke begreift die staatliche Herrschaft auch heute noch wie die durch „rechtliche Bindung ... in Amtsgewalt verwandelte Herrschaft" (vermeintlich) der römischen Republik[551]. Mit dem grundgesetzlichen Prinzip der Gesetzlichkeit ist das unvereinbar, aber es ist auch nicht römisch-republikanisch, wie *Dolf Sternberger* klarstellt.

> „Nein, das ist wahrhaftig weder griechisch noch römisch. Niemals würde ein Amtsinhaber der Republik als ,Herr' bezeichnet oder angeredet worden sein. Noch Cäsar hatte es sich ganz entschieden verbeten, von Schmeichlern mit dem Titel dominus, Herr, angeredet zu werden. Er hatte gewiß eine große, bis dahin unbekannte Machtfülle auf sich vereinigt, aber das war immer noch Amtsmacht, nicht Herrschaft"[552].

3. Jede Art der Über- und Unterordnung widerspricht der Gleichheit aller in der Freiheit, der Bürgerlichkeit[553] und damit der Brüderlichkeit[554]. Diese Gleichheit ist das fundamentale Prinzip, auf dem alle Kritik an Herrschaft gründet[555]. *Wilhelm Henke* begründet denn auch seine Herrschaftslehre allein mit der Ungleichheit der Menschen, damit, daß es „überlegene und unterlegene Menschen" gebe, und weigert sich, „Ideen oder Ideale" als „Grundlagen der Jurisprudenz" anzuerkennen[556]. Einer solchen Herrschaft des Stärkeren setzt die christlich fundierte Aufklärung die Prinzipien Freiheit, Gleichheit und Brüderlichkeit[557] entgegen und versucht, die Republik

---

[549] *W. Henke*, Recht und Staat, S. 319 ff., 328 ff.; zur Begriffsgeschichte *Ch. Meier*, Macht, Gewalt, S. 817 ff., insb. S. 830 ff.; *D. Sternberger*, Der alte Streit um den Ursprung der Herrschaft, S. 21, 26; *ders.*, Max Weber und die Demokratie, S. 152 f.

[550] Der alte Streit um den Ursprung der Herrschaft, S. 26; Max Weber und die Demokratie, S. 152; ebenso *Ch. Meier*, Macht, Gewalt, S. 830.

[551] Recht und Staat, S. 328 ff., 387 ff., Zitat S. 389; dazu *K. A. Schachtschneider* Res publica res populi, S. 133 ff.; vgl. das Zitat zu Fn. 897.

[552] Der alte Streit um den Ursprung der Herrschaft, S. 21, beachtlich auch die weiteren Sätze und Seiten; Max Weber und die Demokratie, S. 152 f. (mit Hinweis auf Ovid, von *Th. Mommsen*, Römisches Staatsrecht, 3. Aufl. 1887, Nachdruck 1971, S. 769, zitiert, Fn. 18).

[553] Dazu *K. A. Schachtschneider* Res publica res populi, S. 1 ff., 175 ff., 211 ff. (218 ff.); insb. *D. Sternberger*, Herrschaft und Vereinbarung, S. 115 ff.; *ders.*, Max Weber und die Demokratie, S. 137 ff.; dazu 11. Kap., I.

[554] Vgl. *H. Krüger*, Allgemeine Staatslehre, S. 671, 672 f.; zum Prinzip der Brüderlichkeit *K. A. Schachtschneider*, Res publica res populi, S. 234 ff. (241 ff.); dazu 11. Kap., I.

[555] Dazu *D. Hilger*, Herrschaft, S. 64 f.; *H. Krüger*, Allgemeine Staatslehre, S. 670.

[556] Recht und Staat, S. 251 ff., 255, 275 u. ö., und der Untertitel des Buches.

[557] Dazu 1. Kap.

9*

zu gestalten; denn die Hoffnung auf die Güte des Herren, der dem Schwachen gerecht werde[558], hat sich allzu oft als trügerisch erwiesen. Herrschaft verletzt die Gleichheit aller in der Freiheit und fördert die Ungleichheit, die Privilegien. kann aber Herrschaft nicht legitimieren, weil sie rechtlich relevant nur auf Gesetzen beruhen kann. Die Gleichheitlichkeit der Menschen bleibt von ihrer Unterschiedlichkeit und der Unterschiedlichkeit ihrer Lage, die man als sachliche Ungleichheit bezeichnen mag[559], unberührt. In der sachgerechten Unterschiedlichkeit der Ordnungen verwirklicht sich die Gleichheit der Menschen in ihrer Freiheit, die politische Gleichheit.

Manfred Hättich leitet aus der „politischen Gleichheit in freiheitlicher Demokratie", aus der „Idee der Gleichheit" als „abgeleitete Idee" der „sozialisierten Freiheit" her, „daß alle Mitglieder des Gemeinwesens zur politischen Herrschaft im grundsätzlich gleichen Verhältnis" stünden, daß „grundsätzlich jedes Gesellschaftsmitglied in gleicher Weise herrschaftsbefugt" sei[560]. Den Widerspruch des eigenen Herrschaftsbegriffs der Überordnung von Menschen über Menschen zu einer solchen Allgemeinheit der Herrschaft muß ignorieren, wer die Herrschaftsideologie zur Grundlage seiner Lehre macht. *Hättich* offenbart sein Allgemeinheitsdilemma mit der frappierenden Erkenntnis: „Die Menschen sind sich also nicht zuletzt darin gleich, daß sie ungleich sind"[561]. Dieser Satz verwechselt Ungleichheit mit Unterschiedlichkeit; denn Gleichheit kann nur an Hand von Maßstäben, etwa Gesetzen, erfaßt werden. Das weiß *Hättich* an sich[562], zieht aber daraus keine Konsequenzen, weil das seine Ideologie ins Wanken bringen würde. Die Gleichheit aller in der Freiheit[563] ist das Grundprinzip einer Demokratie, die jede Art von Herrschaft ins Unrecht setzt, das Grundprinzip des Politischen im bürgerlichen Sinne, der Politie und damit der Republik[564].

---

[558] So *W. Henkes* „personale" Lehre, Recht und Staat, S. 162 ff., 251 ff., insb. S. 258 u. ö.

[559] Dazu 7. Kap.

[560] Demokratie als Herrschaftsordnung, S. 150; in der Sache nicht anders *F. Scharpf*, Demokratietheorie zwischen Utopie und Anpassung, S. 25 f., 55, 66.

[561] Demokratie als Herrschaftsordnung, S. 151, mit fragwürdiger Berufung auf *R. Dahrendorf*, Über den Ursprung der Ungleichheit unter den Menschen, 1961 (ohne Seitenangabe!), *Dahrendorf* vertritt einen normativen Gleichheitsbegriff und verwechselt nicht Unterschiedlichkeit mit Ungleichheit, vgl. 2. Aufl. 1966 der genannten Schrift, S. 126 ff.

[562] Demokratie als Herrschaftsordnung, S. 151 (Beispiele); dazu 7. Kap., II.

[563] Hinweise in Fn. 6, 1908.

[564] Vgl. insb. *Aristoteles*, Politik, S. 203, 1317 b, 38 ff.; aristotelisch *D. Sternberger*, Der alte Streit um den Ursprung der Herrschaft, S. 11 ff.; *ders.*, Max Weber und die Demokratie, S. 153 f.; *ders.*, Herrschaft und Vereinbarung, S. 115 ff.; *W. Henke*, Recht und Staat, S. 590 f. u. ö., akzeptiert die Logik der Freiheit und

„Alle diejenigen nun, die meinen, daß ein Staatsmann, ein Fürst, ein Hausverwalter und ein Herr dasselbe seien, irren sich"[565]

Wer die Möglichkeit leugnet, daß politische Herrschaft zu überwinden möglich ist, leugnet zugleich die Sittlichkeit der Menschen und damit des Menschen Würde. Fast die gesamte Staats(rechts)lehre steht einem Staat ohne Herrschaft skeptisch gegenüber[566]. Diese Skepsis ist empirisch wohl begründet, darf aber die Idee der allgemeinen Freiheit nicht aufgeben, weil diese die Würde des Menschen ausmacht. Die Lehre von der Freiheit muß das Sollen vom Sein trennen. Keinesfalls darf sie ihre Idee, die Freiheit, empiristisch desavouieren und sich kleinmütig in eine Herrschaftslehre verwandeln. Damit wird zugleich das Prinzip Recht aufgegeben. Wer den Begriff Staat einem Herrschaftsgefüge vorbehalten will[567], kann sich jedenfalls auf die lebhafte Begriffsgeschichte des Wortes Staat schlecht berufen[568], schon gar nicht auf die Worte status oder lo stato, die zunächst den Stand, den Zustand bezeichnen, aber auch den Staat, etwa bei Machiavelli, der die Staaten in Republiken oder Fürstentümer teilt, welche jeweils das „imperium" ausüben[569]. Imperium ist keine Herrschaft. Richtig nennt *Horst Ehmke* den freiheitlichen demokratischen Staat das „politische Gemeinwesen"[570], das ist die Politie oder die Republik. „Gemeinwesen" nennt auch *Dolf Sternberger* den „Staat der Freien"[571].

Gleichheit, nimmt sie aber nicht an, weil sie der Wirklichkeit der Ungleichheit der Menschen, aus der sich die Herrschaft ergebe, nicht entspreche.

[565] *Aristoteles*, Politik, S. 47, 1252a, 7 ff.; darauf weist auch *D. Sternberger*, Max Weber und die Demokratie, S. 153 f., hin (in anderer Übersetzung); ebenso *R. Marcic*, Rechtsphilosophie, S. 220.

[566] Vgl. Hinweise in Fn. 484; auch *R. Dahrendorf*, Über den Ursprung der Ungleichheit unter den Menschen, S. 32 ff.; den Widerspruch von Herrschaft und Einung stellt *W. Leisner*, Staatseinung, S. 139 ff., heraus.

[567] Hinweise in Fn. 484; insb. *M. Hättich*, Demokratie als Herrschaftsordnung, S. 34 u. ö.

[568] Vgl. auch *P. v. Oertzen*, Die soziale Funktion des staatsrechtlichen Positivismus, S. 72 ff.; zur Begriffsgeschichte des Staates *W. Conze/R. Koselleck/G. Haverkate/D. Klippel*, Staat und Souveränität, in: Geschichtliche Grundbegriffe. Historisches Lexikon zur politisch-sozialen Sprache in Deutschland, Bd. 6, 1990/2004, S. 1 ff.

[569] Dazu *R. Smend*, Staat und Politik, WS 1945/46 (!), in: Staatsrechtliche Abhandlungen und andere Aufsätze, 1955, 2. Aufl. 1968, S. 367, im übrigen gegen die Machtlehren J. Burckhardts (S. 364 ff.) und M. Webers (370 ff.); *W. Conze*, Staat und Souveränität, in: Geschichtliche Grundbegriffe, Bd. 6, S. 1 ff., 7 ff.; *N. Machiavelli*, Il principe/Der Fürst, 1, 1, 1513/1532, übersetzt und herausgegeben v. R. Zorn, 6. Aufl. 1978, S. 3.

[570] „Staat" und „Gesellschaft", S. 267 ff.

[571] Der alte Streit um den Ursprung der Herrschaft, S. 27.

4. Herrschaft ist ein freiheitswidriger Status[572]. Das ist die logische Folge aus der Subjekt- oder Selbstzweckhaftigkeit jedes Menschen[573]; denn Herrschaft von Menschen über Menschen degradiert die beherrschten Menschen, soweit die Herrschaft reicht, zu rechtlosen Objekten der herrschenden Menschen[574]. Der Staat der praktischen Vernunft kennt keine persönlichen Untertanen[575], sondern, wenn man sich von dem Wort nicht lösen

---

[572] Aristotelisch D. *Sternberger*, Der alte Streit um den Ursprung der Herrschaft, S. 9 ff., insb. S. 24; *ders.*, Machiavellis „Principe" und der Begriff des Politischen, S. 38, 54; für Rousseau M. *Forschner*, Rousseau, S. 99 ff.; H. *Kelsen*, Vom Wesen und Wert der Demokratie, S. 3 ff., akzeptiert das folgenlos als Idee; nicht anders M. *Hättich*, Demokratie als Herrschaftsordnung, S. 25 ff., 33 ff., 144 ff. („Utopie" der „Herrschaftslosigkeit", aber „Idee der Freiheit"); K. A. *Schachtschneider*, Staatsunternehmen und Privatrecht, S. 116 ff.; *ders.*, Res publica res populi, S. 71 ff.; so auch für Kant W. *Kersting*, Wohlgeordnete Freiheit, S. 291 ff.; richtig im Begriff W. *Leisner*, Der Gleichheitsstaat. Macht durch Nivellierung, 1980, S. 23; i. d. S. *ders.*, Staatseinung, S. 22 ff., 40 ff.; H. *Arendt*, Vita Activa, S. 28 ff., legt den Unterschied zwischen der freiheitlichen Politik und der herrschaftlichen Ökonomik der Griechen dar; *dies.*, Was ist Politik? Fragmente aus dem Nachlaß, hrsg. v. U. Ludz, 1993, S. 35 ff., insb. S. 39; vgl. zum Verhältnis von politischer Freiheit und Herrschaft in Athen auch W. *Henke*, Recht und Staat, S. 301 ff.; vgl. auch A. *Pabst*, Die athenische Demokratie, 2003, S. 9 ff.

[573] BVerfGE 5, 85 (204 f.); 50, 166 (175); st. Rspr.; Hinweise in Fn. 579, 1591; dazu auch 2. Kap., VI, auch 5. Kap., II.

[574] Eindrucksvoll insoweit R. *Marcic*, Rechtsphilosophie, S. 216, 269 f.; i. d. S. auch P. *Häberle*, HStR, Bd. II, § 22, Rdn. 31 ff., 46 ff., der dennoch an der Formel „Herrschaft durch das Volk und für das Volk" festhält (Rdn. 62); i. S. des Textes auch J. *Rawls*, Eine Theorie der Gerechtigkeit, S. 205 ff.

[575] Zum Staatsbürger als Untertanen *Kant*, Über den Gemeinspruch, S. 146 f. („Es ist aber alles, was unter Gesetzen steht, in einem Staate Untertan, mithin dem Zwangsrechte, gleich allen andern Mitgliedern des gemeinen Wesens, unterworfen"; damit ist keine personale Herrschaft gemeint, keine subiectio servilis, sondern die subiectio civilis, dazu D. *Sternberger*, Der alte Streit um den Ursprung der Herrschaft, S. 33); ebenso *ders.*, Zum ewigen Frieden, S. 204 ff.; auch *ders.*, Metaphysik der Sitten, S. 464 u. ö.; i. d. S. auch H. *Kelsen*, Vom Wesen und Wert der Demokratie, S. 4; *ders.*, Allgemeine Staatslehre, S. 98 ff., 321; auch H. *Krüger*, Allgemeine Staatslehre, S. 940 ff., definiert den „Untertan" der Sache nach republikanisch. Für *Hobbes*, Leviathan, II, 17, S. 156, sind alle „Untertanen" Bürger, die nicht als „Stellvertreter des Staates" die „höchste Gewalt besitzen". *Rousseau*, Vom Gesellschaftsvertrag, I, 6, S. 19 ff., 62 ff. u. ö., unterscheidet den Bürger vom Untertan. Als Bürger ist der Mensch ein Teil des Souveräns; als Untertan ist er dem Gesetz unterworfen. Sowohl als Bürger als auch als Untertan ist er frei (etwa I, 7, III, 1, S. 21, 64). Nach *Heinrich Manns* „Der Untertan". Roman des Bürgertums, 1914/18, ist das obrigkeitliche Wort Untertan nicht mehr geeignet, die Freiheit durch Gesetzlichkeit, also auch durch die Verwirklichung des Gesetzes, sprachlich zu erfassen. Das Wort Bürger (i. S. v. citoyen) genügt den sprachlichen Anforderungen der Republik, die sowohl die Kompetenz der Menschen zur Gesetzgebung als auch deren Pflicht, den Gesetzen Folge zu leisten, erfaßt. Wenn die Beachtung des Gesetzes durch den Staat von einem Bürger erzwungen werden muß, wird er dadurch nicht

will, *nur* Herren[576], besser: nur Bürger[577]. *Dolf Sternberger* lehrt aristotelisch den „Bürger-Staat", in dem das „Politische" das „Staatliche, Bürgerliche, Freiheitliche und Gemeinschaftliche, das Geordnete und Gesetzliche" und „Politik" die „Erkenntnis der Grundbestimmungen menschlichen Zusammenlebens" ist[578].

Den Menschen zum Objekt eines staatlichen Verfahrens zu machen, verletzt die Würde des Menschen[579]. Konsensuale Ordnung ist keine Herrschaft[580], auch nicht, wenn die Erkenntnisse des Wahren und Richtigen von

---

Untertan; er bleibt frei. Das Wort Untertan korrespondiert mit den Worten Herrschaft der Gesetze. Diese Worte verzerren sprachlich die Freiheit der Bürger.

[576] So *W. Kersting*, Wohlgeordnete Freiheit, S. 291 ff., zum kantianischen Republikverständnis; i.d.S. vor allem *W. Maihofer*, ARSP, Beiheft Nr. 15, 1981, S. 20 ff.; *ders.*, HVerfR, S. 462 ff., 472 ff., der sich selbst nicht konsequent von einem herrschaftlichen Charakter der „Herrschaft der Gesetze" als „Selbstherrschaft" löst; so auch *E.-W. Böckenförde*, HStR, Bd. II, § 24, Rdn. 36; *A. Schüle*, Demokratie als politische Form und Lebensform, in: E. Kaufmann/U. Scheuner/W. Weber (Hrsg.), Rechtsprobleme in Staat und Kirche, FS R. Smend (70.), 1952, S. 334; auch *W. Leisner*, Staatseinung, S. 22 ff.

[577] Zum Begriff des Bürgers *K. A. Schachtschneider*, Res publica res populi, S. 211 ff.; dazu 11. Kap., I.

[578] Herrschaft und Vereinbarung, S. 118, 121; *ders.*, Machiavellis „Principe" und der Begriff des Politischen, S. 54 f.; auch *W. Maihofer*, HVerfR, S. 427 ff., insb. S. 449 ff., 462 ff., 534 ff., auch S. 1202, lehrt er prononciert den „Bürgerstaat"; vgl. auch trotz seiner Herrschaftslehre *O. Höffe*, Demokratie im Zeitalter der Globalisierung, S. 190 ff. (195); dazu auch 11. Kap., I.

[579] *G. Dürig*, in: Maunz/Dürig, GG, Rdn. 28, 34 zu Art. 1 Abs. I (1958); *ders.*, Der Grundrechtssatz von der Menschenwürde, AöR 81 (1956), S. 117 ff.; ihm ist das Bundesverfassungsgericht in seiner Würderechtsprechung gefolgt, BVerfGE 5, 85 (204); 7, 198 (205); 9, 89 (95); 27, 1 (6 f.); 30, 1 (25 f.); 50, 166 (175); 63, 133 (143); 87, 209 (228)), etwa BVerfGE 27, 1 (6); 45, 187 (228); 87, 209 (228); 96, 375 (399); 109, 279 (311 ff.); BVerfG, 1 BvR 357/05 vom 15.2.2006, Abs. 121; dazu, „Dürigs Objektformel" herausstellend, *P. Häberle*, HStR, Bd. II, § 22, Rdn. 9, 38, 43 u.ö.; *K. A. Schachtschneider*, Prinzipien des Rechtsstaates, S. 33; so auch *P. Kirchhof*, HStR, Bd. II, § 21, Rdn. 87; i.d.S. auch *J. Rawls*, Eine Theorie der Gerechtigkeit, S. 205 ff.; vgl. auch Fn. 2870.

[580] *R. Dahrendorf*, Über den Ursprung der Ungleichheit unter den Menschen, S. 32, der sich auf *M. Weber*, Wirtschaft und Gesellschaft, S. 27, § 13, bezieht; *D. Sternberger*, Max Weber und die Demokratie, S. 135 ff., stellt Webers „generelle Fixierung" an „Herrschaft" heraus, S. 152, 154, und stellt selbst „Herrschaft und Vereinbarung" gegeneinander, etwa, Herrschaft und Vereinbarung, S. 115 ff., 138 f.; demgegenüber *C. Schmitt*, Verfassungslehre, S. 4 f., für den jede Ordnung eine Form der Herrschaft ist, der aber auch die Freiheit als „politisches Formprinzip", jedenfalls der Demokratie, zurückweist, konsequent, wenn „der Staat die politische Einheit des Volkes" als ein eigenständiges Sein ist (S. 4 f., 204 ff.); i.d.S. nicht anders *M. Hättich*, Demokratie als Herrschaftsordnung, S. 33 ff., 149; auch *P. Kirchhof*, HStR, Bd. V, § 124, Rdn. 63 ff., 185, versteht die notwendige Ordnung als Herrschaft.

Vertretern des Volkes verbindlich gemacht werden[581]. Übereinkunft allein vermag Recht zu begründen[582] oder, wie *Dolf Sternberger* sagt, die „bürgerliche Legitimität ... der Verfassungssysteme der westlichen Welt"[583]. *René Marcic* nennt ganz im Sinne des *Augustinus*[584] als Urnorm: „Du sollst über Deinen Nächsten nicht herrschen."[585]

> „Von der Schöpfung bis zum Sündenfall war Freiheit und nichts als Freiheit. Seither ist Herrschaft und nichts als Herrschaft oder, was dasselbe ist, Knechtschaft und nichts als Knechtschaft."

So faßt *Dolf Sternberger* die augustinische Position im alten Streit um den Ursprung der Herrschaft[586] zusammen. Das heißt aber, frei kann der Mensch nur im Status der Sittlichkeit sein, als Vernunftwesen, das aufklärerisch frei von Sünde ist. „Im Stile des Thomas von Aquin, des heiligen Aristotelikers", sagt *Sternberger*, ein Lehrer der Republik:

> „‚Respondeo, quod dominium hominis supra hominem, si non destructum, destruendum sit'; ‚ich antworte, daß Herrschaft von Menschen über Menschen in der Tat abzubauen sei, soweit sie nicht schon abgebaut ist', ‚sed civitas liberorum vel res publica semper est restituenda atque praeservanda' – zu deutsch: aber der Staat der Freien oder das Gemeinwesen soll immer wieder neu hergestellt und bewahrt werden."[587]

III. Demokratie als Herrschaft und Führung des Volkes

1. Nur wenn man die Demokratie zur Staatsform nach dem Grundgesetz deklariert[588] und das grundgesetzliche Demokratieprinzip herrschaftlich be-

---

[581] Dazu *K. A. Schachtschneider*, Res publica res populi, S. 637 ff., insb. S. 644 ff., 685 ff., 707 ff.

[582] Dazu *K. A. Schachtschneider*, Res publica res populi, S. 560 ff.; vgl. *W. Kersting*, Kant über Recht, S. 106 ff., 114 ff.; auch 5. Kap., IV.

[583] Max Weber und die Demokratie, S. 149, gegen dessen „charismatische Legitimität"; auch *ders.*, Herrschaft und Vereinbarung, S. 117 f., 120 f.

[584] De civitate Dei, 19. Buch, 15–16, auch 11–12.

[585] Rechtsphilosophie, S. 216; kritisch *O. Höffe*, Politische Gerechtigkeit, S. 322 ff., der sich von dem Topos Herrschaft nicht zu lösen vermag, vgl. *ders.*, Demokratie im Zeitalter der Globalisierung, S. 107 ff.; *ders.*, Wirtschaftsbürger, Staatsbürger, Weltbürger, S. 90.

[586] S. 11 ff., Zitat S. 24.

[587] Der alte Streit um den Ursprung der Herrschaft, S. 26 f.

[588] *E.-W. Böckenförde*, HStR, Bd. II, § 24, Rdn. 8 f. (und auch „Regierungsform"); *P. Badura*, HStR, Bd. II, § 25, Rdn. 27 ff.; auch BVerfGE 83, 37 (51), wenn auch nicht auf der Grundlage einer Problemformulierung; ebenso BVerfGE 83, 60 (71: „In der durch das Grundgesetz verfaßten freiheitlichen Demokratie ..."); zur repräsentativen Demokratie als Staats- und Regierungsform nach dem Grundgesetz kritisch *K. A. Schachtschneider*, Res publica res populi, S. 692 ff. mit Hinweise in Fn. 307, auch S. 23 ff.

stimmt[589], kann man ein „Prinzip der Volkssouveränität" in Art. 20 Abs. 1 und 2 GG verankert sehen und dieses „als politische Herrschergewalt", „als Herrschaft von Menschen über Menschen" mißdeuten[590].

Der Begriff Demokratie muß auch wegen seiner irreführenden Übersetzung als Volksherrschaft seit eh und je herhalten, Herrschaft zu legitimieren, obwohl eine Herrschaft des Volkes als Gesamtheit der Bürger unmöglich ist[591]. Auch die Republik ist demokratisch, nämlich res populi, in dem Sinne, daß „alle Staatsgewalt vom Volke ausgeht" (Art. 20 Abs. 2 S. 1 GG). Ein Unterschied der Lebensformen Demokratie und Republik läßt sich mit dem Volksbegriff verbinden[592]. Nur eine Demokratielehre, die

---

[589] Dazu *K. A. Schachtschneider*, Res publica res populi, S. 40 ff., 71 ff., 92 ff., 772 ff.

[590] *E.-W. Böckenförde*, HStR, Bd. II, § 24, Rdn. 3, 8 f.; *P. Badura*, HStR, Bd. II, § 25, Rdn. 27 ff., 40, der aber selbst auf das Ideal der Herrschaftslosigkeit hinweist; i.d.S. auch *K. Hesse*, Grundzüge des Verfassungsrechts der Bundesrepublik Deutschland, 20. Aufl. 1995, Rdn. 131, 134, S. 52, 53; vgl. auch *K. Stern*, Staatsrecht II, S. 20 ff.; *W. Henke*, Recht und Staat, S. 251 ff., 299, 387 ff., 607 ff. u.ö., genügen zur Begründung der Herrschaftsdoktrin durchaus kontingente Empirismen und der Vorwurf der „Ideologie", „Utopie" und „Illusion" (S. 389, 610 u.ö.) gegen die Lehre von der Herrschaftsfreiheit des gemeinsamen Lebens, deren Sollenscharakter er nicht aufgreifen kann, weil er die Unterscheidung von Sein und Sollen zurückweist (S. 88 gegen Kant u.ö.); den Utopievorwurf gegen die Idee der Herrschaftslosigkeit erhebt durchgehend auch *M. Hättich*, Demokratie als Herrschaftsordnung, etwa S. 25 ff., 35, 64, 147 u.ö., obwohl er die Demokratie freiheitlich bestimmt sieht (S. 144 ff.), ein Widerspruch, der daraus erwächst, daß *Hättich* seine Freiheitsbegriffe konstruktiv nicht in seine Herrschaftslehre einbringt; *F. Scharpf*, Demokratietheorie zwischen Utopie und Anpassung, S. 25 ff., 54 ff., behandelt „Partizipation aller an allen Entscheidungsprozessen" als „utopisches Modell einer Partizipation", das von „einem fundamentalen menschlichen Interesse an politischer Selbstbestimmung und von der prinzipiellen Aufhebbarkeit der Herrschaft von Menschen über Menschen" ausgehe (a.a.O., S. 59, 57), und übersieht, daß die Vertretung des Volkes nicht Herrschaft ist (dazu *K. A. Schachtschneider*, Res publica res populi, S. 637 ff., 730 ff.); auch *W. Maihofer*, HVerfR, S. 462 ff., 472 ff., konzipiert Demokratie als Mehrheitsherrschaft, als „Herrschaft von Menschen über Menschen"; i.d.S. *O. Höffe*, Demokratie im Zeitalter der Globalisierung, S. 41, 107 ff.; *ders.*, Wirtschaftsbürger, Staatsbürger, Weltbürger, S. 90 („Ideal der Demokratie", „reale Herrschaft des Volkes").

[591] Richtige Kritik daran vor allem von *K. R. Popper*, Bemerkungen zu Theorie und Praxis des demokratischen Staates, S. 10 ff.; so auch *M. Hättich*, Demokratie als Herrschaftsordnung, S. 27 f. (mit Zitaten); grundlegend *D. Sternberger*, Kritik der dogmatischen Theorie der Repräsentation, S. 175 ff., insb. S. 189 ff.; herrschaftlich auch *W. Maihofer*, HVerfR, S. 462 ff., 472 ff.

[592] Vgl. *E.-W. Böckenförde*, HStR, Bd. II, § 24, Rdn. 26 ff. („Der demokratische Begriff des Volkes: „Das Staatsvolk als Personenverband und Schicksalgemeinschaft", Rdn. 28 als politische Schicksalsgemeinschaft", aber auch: „Staatsvolk, d.h. derjenigen Gesamtheit von Menschen, die im Staat als politischer Handlungs- und Wirkeinheit zusammengeschlossen sind und ihn tragen", Rdn. 26, beide Begriffe

das Volk als Einheit und die Bürgerschaft als Vielheit unterscheidet, kann und muß eine Herrschaft des Volkes, wie auch immer durch Führer repräsentiert[593], über die Bürgerschaft vertreten. Daß die Bürgerschaft über die Bürgerschaft herrsche, ist begriffs- und damit republikwidrig. „In der Tat wäre Demokratie in des Wortes eigentlicher Bedeutung eine herrschaftslose Ordnung"[594].

John Rawls nennt seine „wohlgeordnete Gesellschaft" eine „konstitutionelle Demokratie"[595]. Selbst *Werner Maihofer* benutzt diesen auch von *Carl Schmitt* verwendeten Begriff „konstitutionelle Demokratie", obwohl er wie *John Rawls*, aber entgegen *Carl Schmitt*, den Staat auf der gleichen Freiheit aller aufbaut[596]. Rousseauanisch und kantianisch begreift *Maihofer* „den Staat als Herrschaft des Menschen über sich selbst"[597], also eigentlich als Republik und fragt nach den „Bedingungen der Legitimität einer solchen Herrschaft in Freiheit", die er in der „Herrschaft der Gesetze" zu finden meint[598]. *Carl Schmitt* versteht demgegenüber die „konstitutionelle Demokratie" als eine Herrschaftsform[599]. *Werner Maihofer* spricht von dem Menschen, *Carl Schmitt* von dem Volk. Das Volk ist für *Carl Schmitt* „die politische Einheit als Ganzes", „die Nation, das Volk als Ganzes", ein eigenes existentielles Sein[600], während *Werner Maihofer* mit *Kant* „den Staat als

---

klingen durchaus republikanisch); *P. Badura*, HStR, Bd. II, § 25, Rdn. 28, begreift aber den „Willen des Volkes" … „metaphorisch", in: „Analogie zur natürlichen Person", als „ideelle oder normative und zugleich reale in bestimmten Äußerungen und Verfahren wirksame Größe", somit demokratistisch; seine Lehre von der „repräsentativen Demokratie", Rdn. 34 ff., ist denn auch parteienstaatlich geprägt; dazu *K. A. Schachtschneider*, Res publica res populi, S. 14 ff.

[593] Dazu *K. A. Schachtschneider*, Res publica res populi, S. 43 f., 101 ff., 735 ff.; *ders.*, Prinzipien des Rechtsstaates, S. 178; insb. *C. Schmitt*, Verfassungslehre, S. 223 ff.

[594] *M. Hättich*, Demokratie als Herrschaftsordnung, S. 33; i.d.S. auch *F. Scharpf*, Demokratietheorie zwischen Utopie und Anpassung, S. 21 ff.; i.d.S. auch *W. Leisner*, Staatseinung, S. 31.

[595] Eine Theorie der Gerechtigkeit, S. 21, 223, 252, 275 f., 493 ff.

[596] *W. Maihofer*, ARSP, Beiheft Nr. 15, 1981, S. 19 ff.; *ders.*, HVerfR, S. 428 ff., 462 ff.; *ders.*, Realität der Politik und Ethos der Republik, S. 123 f.; *J. Rawls*, Eine Theorie der Gerechtigkeit, S. 140 ff., 223 ff.; *C. Schmitt*, Verfassungslehre, S. 224 f., der „Freiheit als ein liberales Prinzip", nicht aber als ein „politisches Formprinzip" in Betracht zieht, gerade weil „alle ‚gleich frei' sein" würden. *K. A. Schachtschneider*, Res publica res populi, S. 35 ff., 426; zum Prinzip der Gleichheit in der Freiheit Hinweise in Fn. 6, 1908; dazu 7. Kap.; insb. BVerfGE 5, 85 (205).

[597] ARSP, Beiheft Nr. 15, 1981, S. 19 ff., 21; HVerfR, S. 461 f., 463, 479 u.ö.; auch, Realität der Politik und Ethos der Republik, S. 95 ff. („Republik als legalisierte Moralität"), auch S. 101; zur inneren Freiheit 2. Kap., VII.

[598] ARSP, Beiheft Nr. 15, 1981, S. 15 ff.; HVerfR, S. 436 ff., 438 ff., 458 ff., 463; so auch *E.-W. Böckenförde*, HStR, Bd. II, § 24, Rdn. 36 f.; vgl. dazu VIII.

[599] Verfassungslehre, S. 200 ff., insb. S. 200, 216, 234 ff., 246 ff.

die Vereinigung einer Menge von Menschen unter Rechtsgesetzen" definiert[601]. Das Volk ist für *Maihofer* somit die unter Rechtsgesetzen vereinigte Menge von Menschen, nicht aber eine „politische Einheit", die ein von den einzelnen Bürgern unabhängiges Sein hat. *Werner Maihofer* vertritt den republikanischen, *Carl Schmitt* den demokratistischen Volksbegriff[602]. Der republikanische Volksbegriff ist demokratisch im Sinne des altgriechischen Begriffs der Demokratie, des Volksstaates (also der Republik), der Abwehr jeder Herrschaft über das Volk[603]. Herrschaftliche Demokratielehre nenne ich demokratistisch, weil sie der Idee der Demokratie, der Herrschaftslosigkeit, untreu ist[604]. Die gegenwärtige Staatsrechtslehre folgt im Widerspruch zur breit akzeptierten Lehre von der Gleichheit aller in der Freiheit[605] in der Herrschaftsideologie überwiegend *Carl Schmitt*[606]. Wie *Carl Schmitt* selbst

---

[600] Verfassungslehre, S. 205, 212 ff.; dazu *K. A. Schachtschneider*, Res publica res populi, S. 735 ff.; ebenso heute noch *K. Stern*, Staatsrecht I, S. 961 ff.; vgl. *ders.*, Staatsrecht II, S. 4 ff., differenziert zum Begriff des Volkes; ähnlich auch *P. Badura*, HStR, Bd. II, § 25, Rdn. 28; davon löst sich, trotz gewisser Relativierung, nicht *J. Isensee*, Verfassungsrecht als „politisches Recht", HStR, Bd. VII, 1992, § 166, Rdn. 102 ff. (Volk – „politische Einheit"); dagegen *W. Henke*, Recht und Staat, S. 370 f.; *D. Sternberger*, Kritik der dogmatischen Theorie der Repräsentation, S. 175, 202, 214, 215.

[601] *Kant*, Metaphysik der Sitten, S. 431; *W. Maihofer*, ARSP, Beiheft Nr. 15, 1981, S. 22 ff.; *ders.*, HVerfR, S. 461 u. ö.; i. d. S. auch *K. Stern*, Staatsrecht II, S. 6 für das „Staatsvolk"; ähnlich *W. Henke*, Recht und Staat, S. 370 f., der von „Gesellschaft" zu sprechen vorschlägt und auf Grund seiner Gerechtigkeitslehre nicht auf die Gesetzlichkeit der Vereinigung abstellt.

[602] Dieser Unterscheidung haftet die Unsicherheit der Begriffsbildung jeder Demokratie an; dazu *K. A. Schachtschneider*, Res publica res populi, S. 14 ff.

[603] Dazu *K. A. Schachtschneider*, Res publica res populi, S. 14 ff.; vgl. zur griechischen Begriffsgeschichte des Wortes Demokratie *Ch. Meier*, Demokratie, S. 821 ff., i. d. S. *D. Sternberger*, Der alte Streit um den Ursprung der Herrschaft, S. 18 ff.; vgl. *V. Hösle*, Moral und Politik, S. 94 ff.

[604] Dazu *K. A. Schachtschneider*, Res publica res populi, S. 23 ff.; vgl. insb. den Widerspruch von Demokratieidee und Demokratielehre bei *H. Kelsen*, Vom Wesen und Wert der Demokratie, passim, den Kelsen selbst herausstellt; zur Idee der Herrschaftslosigkeit und ihrer religiösen Geschichte *H. Krüger*, Allgemeine Staatslehre, S. 654 ff.; *W. Maihofer*, HVerfR, S. 462 ff., 472 ff., vertritt eine quasi herrschaftliche Freiheitslehre, an sich ein Widerspruch; *F. Scharpf*, Demokratietheorie zwischen Utopie und Anpassung, S. 21 ff., 29 ff., 54 ff., 66 ff., untersucht an Hand amerikanischer Studien, ob sich eine herrschaftslose Partizipation konzipieren läßt, ein Ansatz, der Herrschaftslosigkeit mit unmittelbarem Konsens gleichsetzt und scheitern muß; ebenso *M. Hättich*, Demokratie als Herrschaftsordnung, S. 43, 154 u. ö.

[605] Dazu Hinweise in Fn. 6, 1908; insb. BVerfGE 5, 85 (205).

[606] Vgl. *E.-W. Böckenförde*, Der Begriff des Politischen als Schlüssel zum staatsrechtlichen Werk Carl Schmitts, in: H. Quaritsch (Hrsg.), Complexio Oppositorum. Über Carl Schmitt, 1988, S. 283 ff., zum Begriff der politischen Einheit bei *C. Schmitt*; vgl. die Hinweise in Fn. 484; anders etwa *H. Ehmke*, „Staat" und „Ge-

erkannt hat[607], kann eine Demokratie, wie er sie begreift, nicht im politischen Sinne freiheitlich sein, weil das eine eigenständige politische Existenz[608] des Volkes als Ganzem verbietet. Politische Existenz haben in einem freiheitlichen Gemeinwesen nur die Bürger, die zur Einigkeit finden müssen und in dieser Einigkeit zur Einheit finden[609]. Wenn der demokratistische Volksbegriff *Carl Schmitts* zugrundegelegt wird, kann eine „freiheitliche Demokratie" nur liberale, nicht aber republikanische Prinzipien haben[610]. *Schmitt* ist konsequent. Er lehnt die Freiheit als „politisches Formprinzip" ab; sie sei nur ein „liberales Prinzip", nur „rechtsstaatlicher Bestandteil der modernen Verfassung", während die „Gleichheit" „demokratisches Prinzip" sei[611]. „Der Staat ist der Hüter dieser freien Gesellschaft und der gesellschaftlichen Freiheit, deren einziges Ordnungsprinzip eben die Freiheit ist" (*Carl Schmitt*)[612]. Aber der Staat sei eben von dieser Gesellschaft unterschieden und folge einem politischen, nicht gesellschaftlichen Formprinzip[613]. Das halten *Gerhard Leibholz* und *Josef Isensee* auch unter dem Grundgesetz für richtig: „Das Rechtsprinzip des demokratischen Staates bildet die Gleichheit, das Rechtsprinzip der Gesellschaft die Freiheit"[614]. *Hermann Heller* hat

---

sellschaft", S. 265 ff., mit seiner Lehre vom „politischen Gemeinwesen"; anders auch *W. Henke*, Recht und Staat, S. 370 f.; grundlegend anders vor allem *D. Sternberger*, Der alte Streit um den Ursprung der Herrschaft, S. 11 ff.

[607] Verfassungslehre, S. 224 f.

[608] Zu *Schmitts* politischem Existentialismus *K. A. Schachtschneider*, Res publica res populi, S. 735 ff., insb. S. 748 ff.

[609] Ganz so *W. Leisner*, Staatseinung, S. 22 ff., 139 ff.

[610] So *C. Schmitt* selbst, Verfassungslehre, S. 224 f.

[611] Verfassungslehre, S. 224 f., S. 125 ff. (in Verkennung des republikanischen Freiheitsbegriffs Kants, auf den *Schmitt* sich für seinen Liberalismus S. 126 zu Unrecht bezieht); Grundrechte und Grundpflichten, 1932, in: ders., Verfassungsrechtliche Aufsätze aus den Jahren 1924–1954, 1958, S. 189 ff., 207 ff.; so auch *Montesquieu*, Vom Geist der Gesetze, V, 3, VIII, 2, S. 139, 180 ff.; vgl. *W. Maihofer*, HVerfR, S. 441 ff., der eine „liberale und soziale Demokratie" als „eingeschränkte Mehrheitsherrschaft", eine „konstitutionelle Demokratie" lehrt (S. 462 ff., 472 ff., 500 ff., 507 ff.); weitere Hinweise zu dieser Position in Fn. 614.

[612] Grundrechte und Grundpflichten, S. 192; i.d.S. auch *ders.*, Der Hüter der Verfassung, S. 78 ff.; dem folgt *M. Hättich*, Demokratie als Herrschaftsordnung, S. 97, 144 f., 149.

[613] Zur Unterscheidung von Staat und Gesellschaft *K. A. Schachtschneider*, Res publica res populi, S. 159 ff.; dazu 11. Kap., II.

[614] *G. Leibholz*, Das Wesen der Repräsentation und der Gestaltwandel der Demokratie im Zwanzigsten Jahrhundert, 1929, 2. Aufl. 1960, 3. Aufl. 1966 unter dem Titel: Die Repräsentation der Demokratie, S. 219 ff.; *ders.*, Die politischen und juristischen Hauptformen der Demokratie, 1956, in: ders., Verfassungsstaat – Verfassungsrecht, 1973, S. 59 ff., 62 ff.; *J. Isensee*, Subsidiaritätsprinzip und Verfassungsrecht. Eine Studie über das Regulativ des Verhältnisses von Staat und Gesellschaft, 1968, S. 149 ff., ebenso *ders.*, Der Dualismus von Staat und Gesellschaft, Subsidia-

schon klargestellt: „Über den Mitgliedern (sc. des Volkes) und außerhalb ihrer gibt es kein Volk"[615]. Er hat darum den Staat „als organisierte Entscheidungs- und Wirkungseinheit des Volkes vom Volk unterschieden"[616].

2. Die zur Einigkeit verfaßten Bürger sind die Bürgerschaft. Das Landesparlament der Freien und Hansestadt Hamburg ist nach Art. 6 Abs. 1 der Verfassung Hamburgs die „Bürgerschaft". Dieser Name erfaßt die, wenn man so will, repräsentative Identität[617] des Volkes und der „Vertreterinnen und Vertreter des Volkes" (Art. 7 HambVerf) jeweils als Bürgerschaft, die der republikanischen Tradition Hamburgs entspricht. Die Bürgerschaft als Parlament ist die durch ihre Vertreter versammelte Bürgerschaft Hamburgs[618].

Versteht man aber das Volk mit *Werner Maihofer* und *Dolf Sternberger* im Sinne des *Aristoteles* und dessen Schüler *Marsilius von Padua* („universitas civium"/Gesamtheit der Bürger)[619] als Bürgerschaft, so wird aus der „bürgerlichen Demokratie" (*Jürgen Habermas*)[620] eine Republik. Dennoch bleibt der Begriff Demokratie wegen seiner Vieldeutigkeit schillernd. Er vermag Verhältnisse zu legitimieren, die mit der Idee der Republik unvereinbar sind, insbesondere die Parteienstaatlichkeit und die Interessenhaftigkeit des Politischen. Die „Herrschaft des Volkes" jedenfalls ist keine Republik. Bekanntlich hat *Kant* eine republikanische Regierungsart in der „Demokratie" für unmöglich gehalten:

„Unter den drei Staatsformen ist die der Demokratie, im eigentlichen Verstande des Worts, notwendig ein Despotism, weil sie eine exekutive Gewalt gründet, da alle über und allenfalls auch wider Einen (der also nicht mit einstimmt), mithin alle, die doch nicht alle sind, beschließen; welches ein Widerspruch des allgemeinen Willens mit sich selbst und mit der Freiheit ist"[621].

---

ritätsprinzip und Verfassungsrecht, in: E.-W. Böckenförde (Hrsg.), Staat und Gesellschaft, 1976, S. 320 f.; weitere Hinweise in Fn. 1934.

[615] Staatslehre, S. 161.

[616] Staatslehre, S. 163 ff., 228 ff.; dem folgt (wie viele) *R. Zippelius*, Allgemeine Staatslehre, S. 71 f.

[617] Zur Problematik der Begriffe Identität und Repräsentation *K. A. Schachtschneider*, Res publica res populi, S. 662 ff., 735 ff., 763 ff., auch S. 101 ff., 142 ff.; *M. Kriele*, Einführung in die Staatslehre, 6. Aufl. 2003, S. 257 ff.

[618] Ganz so versteht *D. Sternberger*, Herrschaft und Vereinbarung, S. 127 f., die Formel von Sir Thomas Smyth für Repräsentation i.S. des „Bürgerstaates"; i.d.S. auch *Locke*, Über die Regierung, VIII, 88, 89, S. 66 f.

[619] *D. Sternberger*, Herrschaft und Vereinbarung, S. 121 ff.; *W. Maihofer*, HVerfR, S. 452 ff., 500 ff.; ders., ARSP, Beiheft Nr. 15, 1981, S. 22 ff.; *Aristoteles*, Politik, S. 118 ff., 1280a 1 ff., insb. S. 125, 1284a 40 ff.; *M. v. Padua*, Defensor pacis, Der Verteidiger des Friedens, 1324, ed. H. Kusch/H. Rausch, Reclam, 1. Teil, Kap. VIII, § 3, S. 31.

[620] Die Utopie des guten Herrschers, S. 332.

[621] Zum ewigen Frieden, S. 207; dazu i.S. des Textes *D. Hilger*, Herrschaft, S. 70 f.; auch *W. Maihofer*, Realität der Politik und Ethos der Republik, S. 109 Fn. 8.

Nach dem Grundgesetz soll demgegenüber die Republik demokratisch sein (Art. 20 Abs. 1 GG)[622]. Weil eine Republik keine Form der Herrschaft ist, vermag das demokratische Prinzip der Republik Herrschaft genausowenig zu rechtfertigen, wie es ein monarchisches Prinzip einer Republik vermöchte.

3. Typisch setzt sich etwa *Walter Schmidt* über die Bemühungen von *Jürgen Habermas* um den „herrschaftsfreien Diskurs" und die „Gewalt des besseren Arguments"[623] mit der empiristischen „Einsicht in die Notwendigkeit von Herrschaft auch und gerade in der Demokratie" hinweg und zeiht Habermas gar eines „vorpolitischen Begriffs von Demokratie" und einer „tendenziell anarchistischen Utopie der herrschaftsfreien Diskussion"[624]. *Walter Schmidt* bekümmert dabei der Unterschied zwischen Politie, nämlich freiheitlicher Demokratie, und uneigentlicher, nämlich herrschaftlicher Demokratie, den *Aristoteles* gelehrt hat[625], sowie der von Anarchie und Freiheit[626] nicht. Richtig klärt *Walter Leisner*: „Von nun an kann Staatlichkeit nur mehr in Einungen wachsen, aus ihnen Kräfte gewinnen, der Ent-Einung der Anarchie entgehen …"[627].

Auch *Walter Schmitt Glaeser*, der die Volkswillensbildung durchaus kommunikations- und diskursethisch begreift[628], sieht „in der freiheitlichen Demokratie des Grundgesetzes Herrschaft konstituiert", welche durch das „streng kanalisierte Verfahren der Volkswahl legitimiert" sei. „Abgelehnt wird die utopische Konzeption einer Demokratie als herrschaftsfreie Ordnung und die damit einhergehende Identifikation von Staat und Gesell-

---

[622] *K. A. Schachtschneider*, Res publica res populi, S. 14 ff.

[623] *J. Habermas*, etwa, Moralbewußtstein und kommunikatives Handeln, S. 77, 115, 140 ff.; *ders.*, Erläuterungen zur Diskursethik, S. 154, 161, 164 ff., 178 u.ö:; *ders.*, Faktizität und Geltung, S. 133, 339; dazu *K. A. Schachtschneider*, Res publica res populi, S. 584 ff., 701.

[624] Organisierte Einwirkung auf die Verwaltung, VVDStRL 33 (1975), S. 197; zu den vornehmlich sozialistischen Lehren von der Herrschaftslosigkeit i.S. der Anarchie *H. Krüger*, Allgemeine Staatslehre, S. 654 ff.; vgl. die Widerlegung des Utopievorwurfs durch *J. Habermas*, Die Utopie des guten Herrschers, S. 327 ff.

[625] Politik, S. 114, 1279b 6, S. 143 f., 1292a 5 ff. u. ö.; dazu *K. A. Schachtschneider*, Res publica res populi, S. 14 ff.

[626] Dazu *O. Höffe*, Politische Gerechtigkeit, S. 189 ff. („Zur Kritik des Anarchismus"); *R. Zippelius*, Allgemeine Staatslehre, S. 150 ff.; *Kant*, Anthropologie in pragmatischer Hinsicht, S. 686; weit- und tiefgehend *W. Leisner*, Die Demokratische Anarchie, 1982; diesen Unterschied vernachlässigt auch *H. Krüger*, Allgemeine Staatslehre, S. 654 ff.

[627] Staatseinung, S. 80.

[628] Die grundrechtliche Freiheit des Bürgers zur Mitwirkung an der Willensbildung, HStR, Bd. III, § 38, Rdn. 1 ff., 21 ff.; dazu *K. A. Schachtschneider*, Res publica res populi, S. 584 ff.

schaft", meint *Schmitt Glaeser*[629]. Nur verfaßt das Grundgesetz nicht eine „freiheitliche Demokratie" der Herrschaft, sondern gibt der Republik eine „freiheitliche demokratische Grundordnung". Diese Formulierung in Art. 18, Art. 21 Abs. 2 und Art. 91 Abs. 1 GG kann als der die grundgesetzliche Verfassung umfassende Begriff akzeptiert werden[630], wenn Freiheit gerade nicht als Herrschaft, sondern im Sinne eines richtig, d.h. vor allem vollständig, gelesenen Art. 2 Abs. 1 GG verstanden wird[631]. Freiheit und Herrschaft sind Widersprüche. Nur eine Republik ist freiheitlich. Sie muß, wie gesagt, demokratisch sein, ist aber keine herrschaftliche Demokratie. Deren Ideologie von der (republikwidrigen) Mehrheitsherrschaft teilt auch *Schmitt Glaeser*[632]. Die akklamierende öffentliche Meinung zur parteilichen Führung des plebiszitaristischen Parteienstaates ist die Wirklichkeit einer solchen Demokratie (*Carl Schmitt*)[633].

Walter Schmitt Glaeser ist wegen seines demokratistischen Herrschaftsprinzips denn auch nicht in der Lage, die Identität der Volks- und der Staatswillensbildung zu erkennen[634], die in Art. 21 Abs. 1 GG angesprochen ist. Zur Politik gehört der Diskurs um die Gesetze zur Verwirklichung des guten Lebens aller in allgemeiner Freiheit[635]. In diesem Sinne sind das Politische, das Freiheitliche, das Gesetzliche und das Staatliche, eben das Rechtliche, identisch[636]. Politik darf nicht mit Despotie verwechselt werden, wenn auch Despoten sich gern Politiker nennen. Allein die Mühe, das gute Leben aller in allgemeiner Freiheit zu verwirklichen, vermag zu legitimieren. Politik und Despotie kennzeichnen vielmehr, griechisch und freiheitlich verstanden, die Gegensätze von Rechtlichkeit und Rechtlosigkeit. *Schmitt Glaeser* bleibt bei der Trennung von Staat und Gesellschaft, obwohl er richtig die Verschränkung der Willensbildung des Volkes und der des Staates anspricht[637]. *Carl Schmitt* hat demgegenüber darauf hingewiesen, daß, „als der Dualismus von

---

[629] HStR, Bd. III, § 38, Rdn. 30.

[630] Dazu *K. A. Schachtschneider*, Res publica res populi, S. 32 ff. (40); *R. Gröschner*, HStR, Bd. II, § 23, Rdn. 45.

[631] Dazu 4. und 5. Kap.

[632] HStR, Bd. III, § 38, Rdn. 37; dazu IV.

[633] Verfassungslehre, S. 223 ff., 346 ff.

[634] HStR, Bd. III, § 38, Rdn. 32 ff., gestützt auf BVerfGE 20, 56 (97 ff.).

[635] Dazu *K. A. Schachtschneider*, Res publica res populi, S. 584 ff.

[636] Ganz so *D. Sternberger*, Machiavellis „Principe" und der Begriff des Politischen, S. 54; *J. Habermas*, Die Utopie des guten Herrschers, S. 329 ff.; vgl. auch *H. Kelsen*, Allgemeine Staatslehre, S. 44, der in der Logik seiner Rechtslehre sagt: „Der Staat ist diese Freiheit, weil er das Rechtsgesetz ist"; dazu *K. A. Schachtschneider*, Res publica res populi, S. 519 ff.; *ders.*, Prinzipien des Rechtsstaates, S. 50 ff.

[637] HStR, Bd. III, § 38, Rdn. 34 ff., wiederum gestützt auf BVerfGE 20, 56 (97 ff.) und BVerfGE 44, 125 (139 ff.).

Staat und Gesellschaft und damit zugleich die dualistische Struktur der konstitutionellen Monarchie beseitigt" war, „mit demokratischer Konsequenz
Staatswille und Volkswille identisch gemacht waren"[638].

Auch *Manfred Hättich* spricht für die Identität von politischer und staatlicher Willensbildung[639]. In der Republik ist der Einfluß der Bürger auf die
Willensbildung der staatlichen Organe und Ämter kompetenz- und verfah-
rensmäßig zu bestimmen[640]. Das Bundesverfassungsgericht hat im übrigen
die „Willensbildung des Volkes und die Bildung des staatlichen Willens
durch seine verfaßten Organe" unterschieden (BVerfGE 20, 56 (98)) und
durch diesen Satz klargestellt, daß die staatliche Willensbildung eine solche
des Volkes ist; denn das „seine" bezieht sich auf das Volk.

> „Dieser Zurechnungszusammenhang zwischen Volk und staatlicher Herrschaft
> wird vor allem durch die Wahl des Parlaments, durch die von ihm beschlossenen
> Gesetze als Maßstab der vollziehenden Gewalt, durch den parlamentarischen
> Einfluß auf die Politik der Regierung sowie durch die grundsätzliche Weisungs-
> gebundenheit der Verwaltung gegenüber der Regierung hergestellt" (BVerfGE 83,
> 60 (72)).

Das Bundesverfassungsgericht macht den „hinreichenden Gehalt an demokratischer Legitimation" von dem „Zusammenwirken" der unterschiedlichen
„Formen der institutionellen, funktionellen, sachlich-inhaltlichen und der
personellen Legitimation" abhängig. Dabei entscheide nicht „die Form der
demokratischen Legitimation staatlichen Handelns, sondern deren Effektivität"; „notwendig" sei „ein bestimmtes Legitimationsniveau"[641].

Jeder Willensbildungsprozeß des Volkes gehört im weiteren Sinne zur
Ausübung der Staatsgewalt, nicht nur „wenn das Volk als Verfassungs- oder
Kreationsorgan durch Wahlen und Abstimmungen selbst die Staatsgewalt
ausübt" (BVerfGE 20, 56 (98)). Entgegen Schmitt Glaeser sind nicht der
„Volks- und der Staatswillensbildungsprozeß" und damit das Volk und der

---

[638] Legalität und Legitimität, S. 27, allerdings mit dem demokratistischen Volksbegriff, nicht dem republikanischen i.S. der Bürgerschaft; vgl. auch Verfassungslehre, S. 146; i.d.S. auch *W. Leisner*, Staatseinung, S. 80 ff., insb. S. 95 ff., in seiner Lehre vom „Einungsbürger".

[639] Demokratie und Herrschaftsordnung, S. 129 (Zitat), 88 ff., 94 ff., 97 ff. u.ö.

[640] I.d.S. auch *W. Schmitt Glaeser*, HStR, Bd. III, § 38, Rdn. 35, selbst, aber
ohne das unverzichtbare ethische Bindeglied der bürgerlichen Pflicht zur Sittlichkeit; *J. Habermas*, Erläuterungen zur Diskursethik, S. 164 ff.; *ders.*, Faktizität und
Geltung, S. 109 ff., 151 ff., 324 ff., 349 ff., 516 ff.; *K. A. Schachtschneider*, Res
publica res populi, S. 598 ff.; zum Prozeduralismus weitere Hinweise in Fn. 354,
2004; dazu 2. Kap., VII.

[641] BVerfGE 83, 60 (72), in Abkehr von BVerfGE 47, 253 (275), wo allein eine
unmittelbare oder mittelbare personelle Legitimation durch Wahl und/oder Berufung
postuliert war; vgl. auch BVerfGE 52, 95 (112, 120, 130); 77, 1 (40); bestätigt in
BVerfGE 89, 155 (182).

Staat gegeneinanderzustellen, sondern das Staatliche im weiteren und im engeren Sinne. Der allgemeine Diskurs um das Richtige für das gute Leben aller in allgemeiner Freiheit auf der Grundlage der Wahrheit gehört zur „politischen Willensbildung des Volkes" (Art. 21 Abs. 1 S. 1 GG) und ist im weiteren Sinne staatlich, nämlich politisch[642]. Die Staatsgewalt wird demgegenüber „vom Volk in Wahlen und Abstimmungen und durch besondere Organe der Gesetzgebung, der vollziehenden Gewalt und der Rechtsprechung ausgeübt" (Art. 20 Abs. 2 S. 2 GG). Dies ist die Staatlichkeit im engeren Sinne[643].

4. *Carl Schmitt* sieht in der Demokratie, die er „als Herrschaft des Volkes über sich selber"[644] im Gegensatz zum herrschaftslosen „parlamentarisch-demokratischen Gesetzgebungsstaat" oder „Rechtsstaat"[645] definiert, das „politische Formprinzip" der „substantiellen Gleichheit" als der „Homogenität und Identität des Volkes mit sich selbst"[646]. Weil das Volk nur akklamieren könne, sei das Kennzeichen der Demokratie die „öffentliche Meinung" als die moderne Form der Akklamation und des Führertums[647]. „Das Volk wählt seine Führer, damit sie führen"[648]. Die Führung ist für

---

[642] Dazu *K. A. Schachtschneider*, Res publica res populi, S. 584 ff.

[643] Dazu *K. A. Schachtschneider*, Res publica res populi, S. 14 ff.; *ders.*, Prinzipien des Rechtsstaates, S. 94 ff., 118 ff., 149 ff., passim; diese ist bei *W. Schmitt Glaeser*, HStR Bd. II, § 38, Rdn. 25 ff., „Staatswillensbildung".

[644] Verfassungslehre, S. 200 ff., 223 ff., 234 ff. (Zitat S. 235).

[645] Legalität und Legitimität, S. 20 ff. (Zitat S. 28), auch Verfassungslehre, S. 125 ff.

[646] Verfassungslehre, S. 223 ff., auch S. 200 ff.; dem stimmt *E.-W. Böckenförde* explizit zu, HStR, Bd. II, § 24, Rdn. 49.

[647] Verfassungslehre, S. 83 f., 223 ff., 243, 246 ff., 346 f., 350 f.; auf Rousseau kann sich *C. Schmitt* nicht berufen, weil Rousseau die Akklamation zurückgewiesen hat, Vom Gesellschaftsvertrag, IV, 2, S. 115; zur Illegitimität von Herrschaft, die auf Akklamation beruht, *J. Habermas*, Legitimationsprobleme im modernen Staat, S. 57; *D. Sternberger*, Max Weber und die Demokratie, S. 143 f.; auch *P. Badura*, HStR, Bd. II, § 25, Rdn. 39, warnt vor einem „plebiszitären Cäsarismus" eines „Volksführers", besonders durch die politischen Parteien; deutlich zur Würdelosigkeit der Akklamation *M. Kriele*, Die demokratische Weltrevolution, S. 36 ff.; gegenwärtig gerät die Vokabel „Sichwiederfindenkönnen" in den Handlungen der Repräsentation in die Nähe der Schmittschen Akklamationslehre, etwa *E.-W. Böckenförde*, HStR, Bd. II, § 24, Rdn. 49, 51 ff.; *ders.*, Demokratische Willensbildung und Repräsentation, HStR, Bd. III, 3. Aufl. 2005, § 34, Rdn. 26 ff.; *ders.*, Demokratie und Repräsentation. Zur Kritik der heutigen Demokratiediskussion, 1983, S. 19; *H. Hofmann/H. Dreier*, Repräsentation, Mehrheitsprinzip und Minderheitenschutz, in: H.-P. Schneider/W. Zeh (Hrsg.), Parlamentsrecht und Parlamentspraxis in der Bundesrepublik Deutschland, 1989, S. 176 (mit Bezug auf Böckenförde); dazu *K. A. Schachtschneider*, Res publica res populi, S. 741 ff., 754 ff., zur Problematik der öffentlichen Meinung S. 602 ff.

[648] Verfassungslehre, S. 351; vgl. auch *ders.*, Staat, Bewegung, Volk. Die Dreigliederung der politischen Einheit, 1933, S. 42.

Carl Schmitt die besondere Herrschaftsform der Demokratie[649]. Die Akklamation legitimiert spezifisch die dezisionistische Demokratie[650]. Das „Volk", „der zentrale Begriff der Demokratie", sei „nur in der Sphäre der Öffentlichkeit existent". „Solange die demokratische Gleichartigkeit der Substanz nach vorhanden" sei, „und das Volk politisches Bewußtsein" habe, könne es „Freund und Feind unterscheiden". Es gebe „keine Demokratie ohne Parteien, aber nur, weil es keine Demokratie ohne öffentliche Meinung und ohne das stets anwesende Volk" gebe. Die „Parteiorganisationen" seien dem Parlament überlegen, weil sie „dem demokratischen Prinzip der Identität insofern" entsprächen, „als sie, wie das Volk, stets anwesend und vorhanden" seien, „ohne zu repräsentieren, während das Parlament seinen Sinn nur in der Repräsentation, seinen repräsentativen Charakter jedoch tatsächlich verloren" habe. Es sei „natürlich, daß eine echte Identität (selbst eines großen Teiles des Volkes) einer unechten Repräsentation überlegen" sei[651]. Was kann das (wirklich versammelte) Volk? *Carl Schmitt* antwortet: „Es kann ... einem Führer oder einem Vorschlag zujubeln ... oder durch

---

[649] Begriffsgeschichtlich zur Führung als Substitut von Herrschaft *D. Hilger*, Herrschaft, S. 94 ff.; kritisch zur „charismatischen Führerschaft" bei *M. Weber* (Wirtschaft und Gesellschaft, S. 179 ff., 182 ff., 832 ff.), für den die Demokratie nur ein „verdrehtes Nebenprodukt" sei, *D. Sternberger*, Max Weber und die Demokratie, S. 143 ff.; *ders.*, Herrschaft und Vereinbarung, S. 117; dazu auch *W. Henke*, Recht und Staat, S. 380 ff., dessen zurückhaltende Kritik an den Parteiführern den Verzerrungen der Verfassung durch die Parteienoligarchie nicht gerecht wird, zumal er die Führung im Alltag als gute Herrschaft einstuft (S. 266 ff.).

[650] Zum dezisionistischen Charakter des modernen exekutivischen Staates *C. Schmitt*, Die Diktatur, Von den Anfängen des modernen Souveränitätsgedankens bis zum proletatischen Klassenkampf, 1921, 3. Aufl. 1963, S. 23 („Dem Gesetz, das seinem Wesen nach ein Befehl ist, liegt eine Entscheidung über das staatliche Interesse zugrunde, aber das staatliche Interesse besteht erst dadurch, daß der Befehl ergeht. Die im Gesetz liegende Entscheidung ist, normativ betrachtet, aus einem Nichts geboren. Sie wird begriffsnotwendig ‚diktiert'", zu Hobbes und de Maistre); *ders.*, Das Reichsgericht als Hüter der Verfassung, 1929, in: *ders.*, Verfassungsrechtliche Aufsätze aus den Jahren 1924–1954, 1958, S. 79, 81 f.; *ders.*, Politische Theologie, Bd. 1: Vier Kapitel zur Lehre von der Souveränität, 1922, 2. Aufl. 1934/1990, S. 69 ff.; zur „Entscheidung" für die Verfassung *ders.*, Verfassungslehre, S. 21 ff.; vgl. auch *W. Leisner*, Der Führer. Persönliche Gewalt – Staatsrettung oder Staatsdämmerung? 1983, S. 58 ff.; kritisch *H. Heller*, Staatslehre, S. 253, 264 f.; *ders.*, Souveränität, S. 69; *H. Hofmann*, Legitimität gegen Legalität. Der Weg der politischen Philosophie Carl Schmitts, 1964, S. 41 ff., 53 ff., 85 ff.; psychoanalytische Kritik von *N. Sombart*, Die deutschen Männer und ihre Feinde, S. 155 ff. („Der Begriff des Politischen"); zur notwendigen Dezision *M. Kriele*, Theorie der Rechtsgewinnung. Entwickelt am Problem der Verfassungsinterpretation, 1967, 2. Aufl. 1976, S. 51, 191 ff.; zur Akklamation die Hinweise in Fn. 647.

[651] Verfassungslehre, S. 235, 247 f.; auch *G. Leibholz* hat den plebiszitären Charakter der Parteiendemokratie herausgestellt, vgl.: Zum Begriff und Wesen der Demokratie, in: Strukturprobleme der modernen Demokratie, 1958, 3. Aufl. 1967/1974, S. 146 u.ö.; kritisch *M. Kriele*, Einführung in die Staatslehre 6. Aufl. 2003,

Schweigen oder Murren die Akklamation verweigern"[652]. *Martin Kriele* hat in seiner „Demokratischen Weltrevolution", den herrschaftlichen Charakter des Akklamationsprinzips als eine Akzeptanz der Fremdbestimmung" herausgestellt:

> „Diese Akzeptanz mag der einzelne mit allerlei Gründen erklären – etwa: der Herr kämpfe gegen Feinde, die auch seine Feinde seien, oder: er sei ein genialer Führer, der schon wisse, was er tue, oder: es gehe sozial und wirtschaftlich aufwärts. Was im Verzicht auf demokratische Selbstbestimmung zum Ausdruck kommt, ist trotzdem nicht die dem Menschen eigene Vernunftnatur, sondern der Durchbruch der dem Menschen freilich auch zugehörigen tierischen Natur, also nicht die menschliche Würde des aufrechten Ganges, sondern die hündische Unterwürfigkeit unter den Herren. Je freudiger die Identifikation mit dem Herren, desto eindeutiger die Würdelosigkeit des Verzichts auf freie Selbstbestimmung und desto eindeutiger auch die Mißachtung der Würde der anderen, die an dieser Identifikation nicht teilhaben und rechtlos sind"[653].

Auch die parlamentarische Repräsentation stuft *Carl Schmitt* im übrigen als Herrschaftsform ein[654], wie *Schmitt* überhaupt die „Verfassung" u.a. als „die besondere Form der Herrschaft, die zu jedem Staat" gehöre „und von seiner politischen Existenz nicht zu trennen" sei, als die „konkrete Art der Über- und Unterordnung, weil es in der sozialen Wirklichkeit keine Ordnung ohne Über- und Unterordnung" gebe, begreift[655]. Die Repräsentation gilt in der gegenwärtigen Staatsrechtslehre ganz überwiegend als das Verfassungsinstitut der staatlichen Herrschaft. Diese die freiheitliche Vertretung des ganzen Volkes verzerrende Ideologie soll die Unterwerfung des Volkes unter die Parteienoligarchie legitimieren[656].

Die Beobachtungen Schmitts sind schlecht bestreitbar. *Aristoteles* hat das für die Form der Demokratie, „in der das Volk und nicht das Gesetz entscheidet", nicht anders gesehen. In dieser plebiszitären Demokratie der Volksabstimmungen gäbe es „Volksführer"; „wenn das Volk Herr über alles" sei, seien diese „Herr über die Meinung des Volkes"; „denn das Volk gehorche ihnen". Eine „solche Demokratie sei überhaupt keine Verfassung"[657].

S. 254 ff., 257 ff., 259 ff.; dazu *K. A. Schachtschneider*, Res publica res populi, S. 735 ff., 763 ff.

[652] Verfassungslehre, S. 243 f., auch S. 277, 315; vgl. *ders.*, Die geistesgeschichtliche Lage des heutigen Parlamentarismus, 1923, 4. Aufl. 1969, S. 35 ff.

[653] Die demokratische Weltrevolution, 1987, S. 37.

[654] Verfassungslehre, S. 212 ff.; dazu *K. A. Schachtschneider*, Res publica res populi, S. 737 ff.

[655] Verfassungslehre, S. 4 f., 200 ff., 223 ff.

[656] Dazu kritisch *K. A. Schachtschneider*, Res publica res populi, S. 685 ff., 772 ff., 1060 ff.

[657] Politik, S. 143 f., 1292a 4 ff.; i.d.S. *W. Leisner*, Der Führer, S. 170 f., der „im Namen des Bürgers" warnt vor „Führer und Volk".

Auch *Hans Kelsen* läßt die Freiheit des Menschen in der Demokratie im „Freistaat" untergehen, der sich als die Herrschaft der Parteiführer, mittels des Mehrheitsprinzips ideologisch legitimiert, realisiert[658]. *Hans Kelsen* resigniert: „Der Idee der Demokratie entspricht Führerlosigkeit"; aber: „Soziale Realität ist Herrschaft und Führerschaft"[659]. Führung ist aber nur gut, wenn sie keine Herrschaft ist. *Dolf Sternberger* sagt es: „Führung ist nicht Herrschaft. Herrschaft muß nicht sein, aber Führung muß sein"[660].

Ernst-Wolfgang Böckenförde lehrt ein herrschaftliches „Regierungsprinzip der Führerschaft", das sich auf die „Anerkennung und Zustimmung der Beherrschten" stütze[661], also der Sache nach auf Akklamation und öffentliche Meinung. Er sieht darin „die vielberufene Einheit von Herrschern und Beherrschten, welche die Demokratie kennzeichnen" soll[662], und erweist sich als Schmittianer. Republikanisch ist Führung nur, wenn sie argumentiert, d.h. wenn sie sich auf den Diskurs um Wahrheit und Richtigkeit einläßt[663] und dadurch zur geistigen Führung in Freiheit, also zur vorbildlichen Sittlichkeit durch Moralität wird.

Zur basisdemokratischen Konzeption sagt *Jürgen Fijalkowski*, vor den „cäsaristischen Zügen ... plebiszitärer Äußerungen des Volkswillens" mit Hinweis auch auf den Hitlerismus warnend: „Ein Führer verkörpert den Volkswillen und gewinnt seine Autorität aus Akklamation"[664]. Das ist die Wirklichkeit jeder herrschaftlichen Demokratie. Der Gegensatz zur Republik als freiheitlicher Form der Demokratie, deren Charakteristikum die erkenntnishafte praktische Vernünftigkeit des Gesetzes als des Richtigen für das gute Leben aller in allgemeiner Freiheit auf der Grundlage der Wahrheit ist, wird durch die Begriffe Carl Schmitts deutlich. Die demokratistischen Essentialia Akklamation und herrschaftliche Führung stehen im Ge-

---

[658] Vom Wesen und Wert der Demokratie, S. 11 f., 14 ff., 53 ff., 78 ff., 84 ff.; *ders.*, Allgemeine Staatslehre, S. 322 ff.; kritisch zu derartigem Realismus *K. Jaspers*, Vom Ursprung und Ziel der Geschichte, S. 217.

[659] Vom Wesen und Wert der Demokratie, S. 79, auch S. 91, der, wie viele Lehren der Demokratie, republikanische, freiheitliche Aspekte in seine Demokratielehre einbezieht.

[660] Kritik der dogmatischen Theorie der Repräsentation, S. 196; i.d.S. auch *F. A. Hermens*, Verfassungslehre, S. 38 ff.; vgl. *W. Leisner*, Der Führer, S. 20 ff., 28 ff., passim, der Führung durch „Persönliche Gewalt" kennzeichnet, also herrschaftlich versteht; *M. Hättich*, Demokratie als Herrschaftsordnung, S. 127, identifiziert Herrschaft und Führung weitgehend.

[661] HStR, Bd. II, § 24, Rdn. 49, auch Rdn. 51; kritisch dazu *W. Maihofer*, HVerfR, S. 473 mit Fn. 101.

[662] HStR, Bd. II, § 24, Rdn. 49.

[663] Dazu *K. A. Schachtschneider*, Res publica res populi, S. 564 ff., 584 ff.

[664] Neuer Konsens durch plebiszitäre Öffnung? in: A. Randelzhofer/W. Süß (Hrsg.), Konsens und Konflikt, 35 Jahre Grundgesetz, 1986, S. 249.

gensatz zu den republikanischen Grundsätzen Erkenntnis und Einigkeit, also im Gegensatz zum Prinzip der praktischen Vernunft oder der Sittlichkeit. Der entwickelte Parteienstaat der parteilichen Parteien ist im Sinne Schmitts demokratistisch, herrschaftlich[665], wenn auch durch das Kräftefeld der grundgesetzlichen Verfassung moderiert, vor allem durch dessen richterstaatlichen Kräfte[666]. Dieser entwickelte Parteienstaat zeigt sich in der einfachgesetzlich gestützten Verfassungswirklichkeit; er ist nicht im Grundgesetz angelegt[667]. *Schmitts* herrschaftliche Demokratielehre ist die Logik seines bellizistischen Volksbegriffs als „politischer Einheit"[668]. Das Volk als Bürgerschaft ist durch die Bürgerlichkeit oder die Sittlichkeit der Bürger bedingt und mit der Parteilichkeit und demgemäß dem Parteienstaat unvereinbar[669].

5. Führung ist im demokratischen Parteienstaat wechselnde parteiliche Führung. Sie ist dennoch ein Widerspruch zur republikanischen Ethik. Im entwickelten Parteienstaat verlieren Wahlen ihren republikanischen Sinn, den der Auswahl der Besten. *Karl Jaspers* hat das klargestellt: „Selbst die Wahlen sind keine eigentlichen Wahlen, sondern Akklamation zur Parteienoligarchie"[670].

„Persönliche Gewalt", die „den Führer" definiert (*Walter Leisner*)[671], widerspricht der äußeren Freiheit als der „Unabhängigkeit von eines anderen nötigender Willkür" (*Kant*)[672]. Kein republikanisches Amt gibt die Aufgabe oder Befugnis, „Persönliche Gewalt" zu üben, sondern allein die, das Gesetz zu erkennen und zu vollziehen, die Befugnis, wie *Walter Leisner* es nennt, zum „demokratischen Normativismus"[673]. Empirisch gibt es Führung und damit Führer, empirisch bestimmt ständig und allerorts „Persönliche Gewalt" das gemeinsame Leben. Der Imperativ ist diskursiv erzielte Einig-

---

[665] Dazu *K. A. Schachtschneider*, Res publica res populi, S. 736 ff., 1060 ff.

[666] Dazu *K. A. Schachtschneider*, Res publica res populi, S. 536 ff., 858 ff., 909 ff., 932 ff., 963 ff., 1131 ff.; *ders.*, Rechtsstaatlichkeit als Grundlage des inneren und äußeren Friedens, S. 61 ff. (75 ff.); *ders.*, Prinzipien des Rechtsstaates, S. 45 ff., 186 ff., 244 ff.

[667] *K. A. Schachtschneider*, Res publica res populi, S. 1147 ff.

[668] Dazu *K. A. Schachtschneider*, Res publica res populi, S. 735 ff., insb. S. 752; *H. Hofmann*, Legitimität gegen Legalität, S. 101 ff.; *W. Mantl*, Repräsentation und Identität. Demokratie im Konflikt. Ein Beitrag zur modernen Staatsformenlehre, 1975, S. 126, 147, Fn. 110.

[669] Dazu *K. A. Schachtschneider*, Res publica res populi, S. 45 ff., 159 ff., 211 ff., 1060 ff.; *ders.*, Prinzipien des Rechtsstaates, S. 45 ff., 176 ff.

[670] Wohin treibt die Bundesrepublik?, S. 131; dazu auch *K. A. Schachtschneider*, Res publica res populi, S. 1113 ff., 1147 ff.

[671] Der Führer, S. 28 ff.

[672] Metaphysik der Sitten, S. 345.

[673] Der Führer, S. 19 ff., 47, 368 ff., passim (meistens: „normative Demokratie").

keit[674], welche mit der Autonomie des Willens die Würde des Menschen, jedenfalls wie sie das Grundgesetz versteht, wahrt. In dieser Einigkeit verwirklicht sich praktisch die Vernunft[675].

Die demokratistischen Führungslehren sind eng verbunden mit den Lehren von der akklamativen Mehrheitsherrschaft in der Demokratie, welche im Folgenden kritisiert werden.

IV. Demokratie als Herrschaft der Mehrheit

1. Herrschaftliches Mehrheitsprinzip

a) „Mehrheit entscheidet" befindet Art. 2 Abs. 2 S. 2 BV[676]. „Demokratie bedeutet Herrschaft der Mehrheit"[677].

---

[674] Eine Einungslehre entwickelt *W. Leisner* in: Staatseinung, Ordnungskraft föderaler Zusammenschlüsse, 1991, insb. S. 22 ff., 31 ff., 36 ff., 80 ff., 139 ff.

[675] *Kant*, Kritik der reinen Vernunft, S. 630 f.; dazu *K. A. Schachtschneider*, Res publica res populi, S. 560 ff., 584 ff.

[676] Dazu BayVerfGH 21, 110 (117 f.); 52, 104 (131 f.); *M. Kriele*, Einführung in die Staatslehre, 6. Aufl. 2003, S. 261.

[677] *E. Friesenhahn*, Parlament und Regierung im modernen Staat, VVDStRL 16 (1958), S. 16; *R. Herzog*, in: Maunz/Dürig, GG, 1978, Rdn. 14 zu Art. 20; *U. Scheuner*, Der Mehrheitsentscheid im Rahmen der demokratischen Grundordnung, FS Werner Kägi, 1979, S. 316; *M. Hättich*, Demokratie als Herrschaftsordnung, S. 41 ff., 114 u. ö.; so schon *R. Hübner*, Die Staatsform der Republik, S. 74; *F. A. v. Hayek*, Die Verfassung der Freiheit, S. 125 ff. (kritisch); zum Mehrheitsprinzip, jeweils unterschiedlich moderiert gegen eine reine Mehrheitsherrschaft, aber für die notwendige Mehrheitsregel *H. Kelsen*, Vom Wesen und Wert der Demokratie, S. 53 ff. (i. S. eines „Majoritäts-Minoritätsprinzips" des „Kompromisses"); *K. Stern*, Staatsrecht I, S. 610 ff.; *K. Jaspers*, Wohin treibt die Bundesrepublik?, S. 144 (eingebettet in republikanische Verhältnisse); *H. Krüger*, Allgemeine Staatslehre, S. 223 ff., 283 ff. (abgewogen); *K. A. Schachtschneider*, JA 1979, 515 ff., 570; *P. Badura*, Staatsrecht, 1986, S. 9, 13; *ders.*, HStR, Bd. II, § 25, Rdn. 31; *E.-W. Böckenförde*, HStR, Bd. II, § 24, Rdn. 52 ff.; *Ch. Starck*, HStR, Bd. III, § 33, Rdn. 34; *W. Schmitt Glaeser*, HStR, Bd. III, § 38, Rdn. 30, 37; *K. Hesse*, Grundzüge des Verfassungsrechts, S. 55 f., Rdn. 140 ff.; auch *W. Henke*, Recht und Staat, S. 399 ff.; *ders.*, Die Republik, HStR, Bd. I, 1987, § 21, Rdn. 25; *J. Isensee*, HStR, Bd. II, § 15, Rdn. 157 (beinahe i. S. einer Mehrheitsherrschaft); *D. Grimm*, HVerfR, S. 603, 605; der Sache nach auch *Th. Eschenburg*, Der Mechanismus der Mehrheitsentscheidung, 1970, S. 15 ff., 39 ff.; *M. Stolleis*, VVDStRL 44 (1986), S. 24, 43, versteht gar die „parteigeborenen parlamentarischen Mehrheiten als temporär begrenzte Hüter des Gemeinwohls" und markiert damit den Empirismus der parteienstaatlichen Mehrheitsideologie; ebenso *G. Leibholz*, u. a., Der moderne Parteienstaat, 1960, in: Verfassungsstaat – Verfassungsrecht, 1973, S. 82 ff.; zu weitgehend auch *M. Kriele*, Einführung in die Staatslehre, 4. Aufl. 1990, S. 245 f., 6. Aufl. 2003, S. 232 ff.; *R. Scholz*, Deutschland – In guter Verfassung? 2004, S. 139 f.; unkritisch *H.-G. Dederer*, Kooperative Staatsgewalt, S. 330 ff.; kritisch zum Mehrheitsprinzip i. S. einer Mehrheitsherrschaft

Aristoteles hat die Demokratie als die Herrschaft der wesensgemäß armen Mehrheit im Gegensatz zur Oligarchie als der Herrschaft der wesensgemäß reichen Minderheit und zur Tyrannis als der Alleinherrschaft zum Nutzen des jeweiligen Herrschers definiert[678]. Die Oligarchie sei die Fehlform der Aristokratie; denn sie sei eine Herrschaft zum Nutzen der Reichen. Die Demokratie sei eine Fehlform der Politie; denn sie sei eine Herrschaft zum Nutzen der Armen. Keine der Fehlformen denke an den gemeinsamen Nutzen aller[679].

Als der Staatsphilosoph des Mehrheitsprinzips gilt *John Locke*. Er begreift die Gemeinschaft als „einzigen Körper", der sich „notwendigerweise nur in eine Richtung bewegen" könne, also dorthin, „wohin ihn die größte Kraft treibt", und das sei „die Übereinkunft der Mehrheit". „Der Beschluß der Mehrheit gelte als Beschluß aller", wenn bei Versammlungen keine „bestimmte Zahl vorgeschrieben sei"[680]. „Von allen Menschen, die sich aus dem Naturzustand zu einer Gemeinschaft vereinigen, muß daher vorausgesetzt werden, daß sie die ganze Gewalt, die für das Ziel ihrer Vereinigung in die Gesellschaft notwendig ist, an die Mehrheit jener Gemeinschaft

---

H. H. v. Arnim, Der Staat 26 (1987), S. 484; *H. H. Rupp*, HStR, Bd. II, § 31, Rdn. 18, warnt vor der „Diktatur der Mehrheitsherrschaft", legt aber das Mehrheitsprinzip zugrunde; kritisch und die Voraussetzungen und Grenzen aufzeigend *W. Steffani*, Mehrheitsentscheidungen und Minderheiten in der pluralistischen Verfassungsdemokratie, ZParl. 1986, 569 ff.; einschränkend *J. P. Müller*, Demokratische Gerechtigkeit. Eine Studie zur Legitimität rechtlicher und politischer Ordnung, 1993, S. 149 ff.; vgl. kritisch weiter die Beiträge in: B. Guggenberger/C. Offe (Hrsg.), An den Grenzen der Mehrheitsdemokratie – Politik und Soziologie der Mehrheitsregel, 1984; kritisch auch *I. Fetscher*, Zum Verhältnis von Mehrheitsprinzip und Demokratie, in: Ch. Broda/E. Deutsch/H. L. Schreiber/H.-J. Vogel (Hrsg.), FS R. Wassermann (6o.), 1985, S. 317 ff.; kritisch auch *W. Maihofer*, HVerfR, S. 1716 ff., der jedoch S. 462 ff., 472 ff., die „freiheitliche Demokratie als durch Verfassungsgrundsätze eingeschränkte Mehrheitsherrschaft" begreift und eine „durch Demokratie vollendete Republik" und „durch Republik gebändigte Demokratie" lehrt; kritisch (eigenständig) *W. Leisner*, Staatseinung, S. 161 ff., 172 ff., 177 ff.; *ders.*, Die Demokratische Anarchie, S. 108 ff. („Mehrheitsgrundsatz als Rechtprinzip der Anarchie"); moderat *R. Zippelius*, Allgemeine Staatslehre, S. 5 f., 142 ff., 274 ff.; grundlegend *ders.*, Zur Rechtfertigung des Mehrheitsprinzips in der Demokratie, 1987, S. 5 ff.; gegen einen „grenzenlosen Mehrheits-Relativismus auch *H. Hofmann*, VVDStRL 41 (1983), S. 70; grundlegende Kritik des Satzes „Mehrheit entscheidet" von *C. Schmitt*, Verfassungslehre, S. 224 ff., 278 ff.; *ders.*, Legalität und Legitimität, S. 27 (ohne Kritik); vgl. auch *W. Heun*, Das Mehrheitsprinzip in der Demokratie, Grundlagen, Struktur, Begrenzungen, 1983, S. 40; zur Begriffsgeschichte *W. Jäger*, Mehrheit, Minderheit, Majorität, Minorität, in: O. Brunner/W. Conze/R. Koselleck (Hrsg.), Geschichtliche Grundbegriffe. Historisches Lexikon zur politisch-sozialen Sprache in Deutschland, Bd. 3, 1982, S. 1021 ff.

[678] Politik, S. 115, 1280a 27 ff.

[679] Politik, S. 114, 1279b 4 ff.; auch S. 137, 1290a 13 ff.

[680] Über die Regierung, VIII, 96, 99 ff., S. 74.

abtreten – es sei denn, man hätte sich ausdrücklich auf eine größere Zahl als die Mehrheit geeinigt"[681].

Carl Schmitts Demokratielehre hat den ideologischen Charakter des Satzes: Mehrheit entscheidet, erwiesen. Man könne ebensogut sagen: „Mehrheit entscheidet *nicht*."[682] Er hat aber den demokratischen Gesetzesbegriff als Willen der Mehrheit definiert:

> „Gesetz ist in einer Demokratie der jeweilige Wille des jeweilig vorhandenen Volkes, das heißt praktisch der Wille der jeweiligen Mehrheit der abstimmenden Staatsbürger; lex est, quod populus jubet." … „Der demokratische Gesetzesbegriff ist ein politischer, kein rechtsstaatlicher Gesetzesbegriff; er geht aus von der potestas des Volkes und besagt, daß Gesetz alles ist, was das Volk will; lex est quod populus jussit"[683].

Die reine Demokratie mag eine Herrschaft der Mehrheit sein, wenn man Akklamation, insbesondere durch Schweigen, als Herrschaftsweise versteht[684]. Eine solche Demokratie kann nicht zugleich die „Herrschaft des Rechts" sein. Sie wäre weder rechtsstaatlich, nicht einmal funktionenteilig[685], noch republikanisch. Sie wäre nicht freiheitlich, weil Akklamation kein Verfahren ist, das der Freiheit des Menschen genügen kann, zumal Akklamation Führer voraussetzt[686]. *Gerhard Leibholz* ist auch in der Mehrheitsfrage *Carl Schmitt* gefolgt: „Unter demokratischen Gesichtspunkten ist es allein die Macht, die hinter der Mehrheit steht, die die Mehrheitsentscheidung rechtfertigt"[687]. Ähnlich sieht *Manfred Hättich* die Mehrheit als ein Herrschaftsprinzip: „Auch das Mehrheitsverfahren ist ein Herr-

---

[681] *Locke*, Über die Regierung, VIII, 99, S. 75 ff.

[682] Verfassungslehre, S. 278 ff. (Zitat S. 281, kursiv bei C. Schmitt).

[683] Legalität und Legitimität, S. 27, bzw. *ders.*, Verfassungslehre, S. 258, vgl. auch S. 146, 224.

[684] Dazu *C. Schmitt*, Verfassungslehre, S. 223 ff., 243, 258 f., 278 ff., 346 ff., 350 f., der nicht auf die Akklamation der Mehrheit, sondern des Volkes abstellt; zur Illegitimität von Herrschaft, die auf Akklamation beruht, *J. Habermas*, Legitimationsprobleme im modernen Staat, S. 57; *M. Kriele*, Die demokratische Weltrevolution, S. 37 (vgl. das Zitat zu Fn. 653); auch *P. Badura*, HStR, Bd. II, § 25, Rdn. 39 a. E., warnt vor einem „plebiszitären Cäsarismus eines „Volksführers", besonders durch die politischen Parteien; ebenso *J. Fijalkowski*, Neuer Konsens durch plebiszitäre Öffnung? S. 249 f., 263; *Rousseau*, Vom Gesellschaftsvertrag, IV, 2, S. 115, hat die Akklamation als Entscheidungsweise zurückgewiesen („Man entscheidet nicht mehr, man betet an, oder verflucht."); dazu *K. A. Schachtschneider*, Res publica res populi, S. 43 ff., 101 ff., 589 ff., 602 f., 691 ff., 741 ff., 754 ff.

[685] BVerfGE 69, 315 (347); *C. Schmitt*, Verfassungslehre, S. 258 f.; schon deswegen hat *Kant*, Zum ewigen Frieden, S. 206 f., die „Staatsform der Demokratie" als „Despotie" eingestuft.

[686] Dazu III, 4; etwa *R. Zippelius*, Geschichte der Staatsideen, S. 114 ff., nach de Lohne.

[687] VVDStRL 29 (1971), S. 104 (Aussprache); auch *F. A. v. Hayek*, Verfassung der Freiheit, S. 125 ff.

schaftsverfahren. Es bedeutet einen Herrschaftsakt der Mehrheit gegenüber der Minderheit"[688].

Werner Maihofer unterscheidet die, wie er meint, rousseauistische „absolute Demokratie" als die „uneingeschränkte Mehrheitsherrschaft" von der „konstitutionellen Demokratie" als der „eingeschränkten Mehrheitsherrschaft"[689], für die er sich schwerlich auf Kant berufen kann, dessen republikanische Freiheitslehre im übrigen die Grundlage der Rechts- und Staatsphilosophie *Maihofers* ist. Der „Entscheidung durch Mehrheit" komme aber nur die „relative Legitimität einer Notlösung im Falle unerreichbarer Einigung zu"; denn die „freie Einigung" sei „der aus dem republikanischen Prinzip folgende Gedanke"[690].

b) Das Mehrheitsprinzip gilt als Fundamentalprinzip der Demokratie[691]. Soll es mehr als die Mehrheitsregel besagen, soll es nämlich eine Herrschaft der Mehrheit reklamieren[692], so hat es weder Wirklichkeit, noch läßt es sich rechtfertigen, auch nicht als Prinzip der freiheitlichen demokratischen Grundordnung[693]. Nicht einmal akklamativ wäre das Mehrheitsprinzip eine Mehrheitsherrschaft, weil nur selten die wirkliche Mehrheit akklamiert. Die wirkliche Mehrheit schweigt. Im Berliner Sportpalast war nur ein verschwindend kleiner Teil der deutschen Bevölkerung, ausgewählte Parteigänger der NSDAP, versammelt, als *Josef Goebbels'* „Wollt Ihr den totalen Krieg" bejubelt wurde. Entscheidungen wurden in einem großen Gemeinwesen niemals von der Mehrheit des Volkes getroffen, schon gar nicht auf Grund von Erkenntnissen. Eine Befugnis des Volkes, durch Mehrheitsentscheidungen zu herrschen, würde die republikanische Sittlichkeit des-

---

[688] Demokratie als Herrschaftsordnung, S. 41.

[689] ARSP, Beiheft Nr. 15, 1981, S. 15 ff., 19 ff.; ebenso *ders.*, HVerfR, S. 466 ff., 472 ff.; *ders.*, Realität der Politik und Ethos der Republik, S. 123 f.; so auch schon *C. Schmitt*, Verfassungslehre, S. 216, 258 f.

[690] HVerfR, S. 476 f.; *ders.*, Realität der Politik und Ethos der Republik, S. 121 ff. („Soviel Einheit wie möglich, soviel Mehrheit wie nötig", S. 124), diskursethisch; ähnlich *J. P. Müller*, Demokratische Gerechtigkeit, S. 149 ff. („Mehrheitsentscheide" – „Notbehelfe").

[691] Vgl. die Hinw. in Fn. 677; vor allem *H. Kelsen*, Vom Wesen und Wert der Demokratie, S. 53 ff.; *M. Hättich*, Demokratie als Herrschaftsordnung, S. 41 ff.; *W. Leisner*, Staatseinung, S. 177 ff.

[692] So insb. *M. Hättich*, Demokratie als Herrschaftsordnung, S. 41 ff.; wohl auch *W. Maihofer*, HVerfR, S. 462 ff., 472 ff.; vorsichtiger (diskursethisch) *ders.*, Realität der Politik und Ethos der Republik, S. 121 ff.

[693] BVerfGE 2, 1 (12 f.); 5, 85 (198 f.) lassen sich nicht als Aussage für ein solches, akklamatives, Mehrheitsprinzip verstehen, vielmehr soll der „Mehrheitsentscheidung die freie Diskussion vorausgehen" (BVerfG a.a.O.); BVerfGE 44, 125 (142) bettet das Mehrheitsprinzip geradezu in eine Diskursethik ein; i.d.S. *J. Habermas*, Faktizität und Geltung, S. 220 f., 613; *J. P. Müller*, Demokratische Gerechtigkeit, S. 149 ff.

avouieren. Nur Erkenntnisakte, also Akte allgemeiner Freiheit, können Recht schaffen. Ein Mehrheitsprinzip im Sinne einer Mehrheitsherrschaft wäre republikwidrig[694]. Wenn dem Volk die Entscheidung zwischen alternativen Erkenntnissen, die der Sache verpflichtet sind, also in kognitiven Verfahren, gewonnen wurden, übertragen wird, ist das mit dem Prinzip der Republik vereinbar und verwirklicht deren demokratisches Prinzip allemal besser als die fraktionsabhängige Entscheidung des parteienstaatlichen Parlaments[695]. Schließlich hat Art. 20 Abs. 2 S. 2 GG „Abstimmungen" des Volkes institutionalisiert, nicht nur im Falle von Neugliederungen des Bundesgebietes nach Art. 29 GG und nicht nur in den Ländern und Gemeinden.

Die Formel von der Herrschaft der Mehrheit verschleiert denen die oligarchischen, meist faktiösen (*Cicero, Michels, Jaspers*[696]), Herrschaftsverhältnisse in der plebiszitären und damit, wie *Gerhard Leibholz* nachgewiesen hat[697], parteienstaatlichen Demokratie, die nicht bedenken, daß es keine demokratische Akklamation ohne Führer gibt[698]. *Kant* hat die demokratische Regierungsart wegen der Verletzung des republikanischen Gewaltenteilungsprinzips, aber auch, weil sie nicht repräsentativ sei, als Despotie eingestuft[699]. *Hannah Arendt* sieht „eine nahezu automatische Tendenz zu despo-

---

[694] *K. A. Schachtschneider*, Staatsunternehmen und Privatrecht, S. 157 f.; *ders.*, Res publica res populi, S. 106 ff.; die Realität einer demokratiegemäßen Mehrheitsherrschaft bestreitet auch *G. Jellinek*, Allgemeine Staatslehre, S. 718; kritisch auch *R. Zippelius*, Geschichte der Staatsideen, S. 114 ff.; kritisch auch *W. Leisner*, Staatseinung, S. 161 ff., der die „Mehrheitsentscheidung als Einung" konzipiert.

[695] *W. Maihofer*, HVerfR, S. 477 f., 1714 („Soviel Partizipation wie *möglich*, soviel Repräsentation wie *nötig*"); *ders.*, Rechtsstaat und menschliche Würde, S. 93 ff.; dazu *K. A. Schachtschneider*, Res publica res populi, S. 637 ff. (644 ff., 650 ff.), S. 707 ff., 772 ff. (810 ff.).

[696] *Cicero*, De re publica, S. 170 f., 292 f.; ganz so *K. Jaspers*, Wohin treibt die Bundesrepublik? S. 128 ff. (Von der Demokratie zur Parteienoligarchie, klar und richtig); *R. Michels*, Zur Soziologie des Parteiwesens in der modernen Demokratie. Untersuchungen über die oligarchischen Tendenzen des Gruppenlebens, 1911, 2. Aufl. 1925/1970, passim, insb. S. 351 ff.; so auch *J. Fijalkowski*, Neuer Konsens durch plebiszitäre Öffnung? S. 245, 249, 263.

[697] Etwa, Der moderne Parteienstaat, S. 188 ff.; auch *ders.*, Strukturprinzipien des modernen Verfassungsstaates, 1963, in: *ders.*, Verfassungsstaat – Verfassungsrecht, 1973, S. 10 ff., 25 ff., u. st.; *P. Badura*, HStR, Bd. II, § 25, Rdn. 57, macht sich das zu eigen; so auch *H. Bethge*, DVBl. 1989, 850, beide nicht unkritisch, aber doch ohne Kritik im Grundsatz; BVerfGE 11, 266 (273) hat angesprochen, daß „ein radikal zu Ende gedachter Parteienstaat" „von Art. 38 GG und … Art. 28 GG verfassungskräftig abgewehrt" werde.

[698] Dazu III, 4; so auch *J. Fijalkowski*, Neuer Konsens durch plebiszitäre Öffnung? S. 249; *R. Zippelius*, Geschichte der Staatsideen, S. 114 ff.

[699] Zum ewigen Frieden, S. 206 ff.; dazu *W. Kersting*, Wohlgeordnete Freiheit, S. 279 ff.; *W. Maihofer*, Realität der Politik und Ethos der Republik, S. 109, Fn. 8; die oben skizzierte Demokratielehre *C. Schmitts*, Verfassungslehre, S. 223 ff.,

tischen Herrschaftsformen" bei „großen Anhäufungen von Menschen", sei es „nur die despotische Herrschaft eines Mannes oder der Despotismus von Majoritäten"[700]. Auch *Karl R. Popper* geißelt die „zynischen, unmenschlichen, unentschuldbaren Beschlüsse der Mehrheit", von denen *Thukydides* berichtet[701]. Das demokratische Mehrheitsprinzip kann als Akklamation mehr oder weniger organisierter Volksteile Wirklichkeit entfalten, insbesondere wenn die Wahl der Führer des Volkes in einen Akt der Akklamation umfunktioniert worden ist. Der Hitlerismus hat das bewiesen. Zur Mehrheit eines solchen Mehrheitsprinzips gehört der Teil des Volkes, der schweigt, der nicht widerspricht, der sich der bürgerlichen Pflicht zur Politik versagt. An *Martin Krieles* Verdikt der Akklamation in seiner „Demokratischen Weltrevolution" (S. 37), das oben zu Fn. 653 zitiert ist, sei erinnert.

Niemals wieder sollte ein solches akklamatives Mehrheitsprinzip in Deutschland wirksam sein und werden. Dieses Mehrheitsprinzip ist aber im Laufe der mehr als fünfzigjährigen Geschichte der Bundesrepublik Deutschland zunehmend zur Ideologie des demokratischen Parteienstaates geworden, welche die oligarchische, parteiliche Herrschaft von Parteien[702] legitimieren soll, ohne daß schon von einer Mehrheitsherrschaft die Rede sein kann, weil Ergebnisse von Meinungsumfragen (zunehmend) in die Entscheidungsfindung der Parteioligarchien eingehen.

Wer der Republik eine Chance geben will, muß bemüht sein, die Ordnung des gemeinsamen Lebens durch die Gesetze zu verfeinern, d. h. einem mehrheitsherrschaftlichen Mehrheitsprinzip entgegenzuwirken. Das Bundesverfassungsgericht schränkt das Mehrheitsprinzip ein:

„Und nur wenn die Mehrheit aus einem freien offenen, regelmäßig zu erneuernden Meinungs- und Willensbildungsprozeß, an dem grundsätzlich alle wahlmündigen Bürger zu gleichen Rechten teilhaben können, hervorgegangen ist, wenn sie bei ihren Entscheidungen das – je und je zu bestimmende – Gemeinwohl im Auge hat, insbesondere auch die Rechte der Minderheit beachtet und ihre Interessen mitberücksichtigt, ihr zumal nicht die rechtliche Chance nimmt oder verkürzt, zur Mehrheit von morgen zu werden, kann die Entscheidung der Mehrheit bei Ausübung von Staatsgewalt als Wille der Gesamtheit gelten und nach der Idee der freien Selbstbestimmung aller Bürger Verpflichtungskraft für alle entfalten" (BVerfGE 44, 125 (142))[703].

---

258 f., beweist die Richtigkeit des Verdikts Kants gegen die wohlgemerkt unmittelbare, auch die vollziehende Gewalt umfassende, Demokratie.

[700] Vita Activa, S. 43 f.

[701] Bemerkungen zu Theorie und Praxis des demokratischen Staates, S. 9 f.

[702] Dazu *K. A. Schachtschneider*, Res publica res populi, S. 1086 ff.; insoweit kritisch *W. Maihofer*, HVerfR, S. 483 ff., auch S. 1701 ff.; *ders.*, Realität der Politik und Ethos der Republik, S. 108 ff., 116 ff.

[703] Das übernimmt auch *Ch. Starck*, HStR, Bd. III, § 33, Rdn. 34, für sein Verständnis des Mehrheitsprinzips; ebenso *R. Zippelius*, Allgemeine Staatslehre, S. 143,

Die Problematik des Mehrheitsprinzips hat *Hans Kelsen* nicht anders gesehen:

> „Gerade weil der Kompromiß die reale Annäherung an die von der Idee der Freiheit geforderte Einstimmigkeit in der Erzeugung der sozialen Ordnung durch die dieser Ordnung Unterworfenen ist, bewährt sich das Majoritätsprinzip auch nach dieser Richtung im Sinne der Idee der politischen Freiheit"[704].

So richtig das ist, das Sollen muß der Freiheit entsprechen, nicht nur sich dieser nähern. Der Kompromiß ist meist die Realität des Gesetzes, nicht aber das Ideal des Rechts. Der Kompromiß als Prinzip dogmatisiert eine interessenhafte[705] Machtlehre, nicht eine Freiheitslehre des Wahren und Richtigen. *Kelsens*, aber auch *Eschenburgs* u. a., Demokratielehre ist praktizistisch, nicht praktisch.

c) Die Worte „Mehrheit" und „Minderheit", die das Bundesverfassungsgericht u. a. benutzen, haben allenfalls ideologischen Gehalt. Wie sollten Minderheiten zur Mehrheit werden, wenn auf die Zahl der Bürger abgestellt wird. Nationale/ethnische Minderheiten können als solche nicht zur Mehrheit werden. Sie sind mit der Mehrheits-/Minderheitenideologie auch nicht gemeint. Allenfalls kann die eine oder andere Meinung einer Minderheit die Mehrheit finden. In den verschiedenen Sachfragen dürften die Meinungsmehrheiten regelmäßig unterschiedlich sein. Darauf kommt es nach *Hans Kelsen*[706] auch gar nicht an: „Bei voller Anerkennung des Majoritätsprinzips … kann auch die ziffernmäßige Minderheit über die ziffernmäßige Mehrheit herrschen." Den ideologischen Charakter des Mehrheitsprinzips hebt *Kelsen* selbst hervor. Er reklamiert das „Majoritätsprinzip"[707] für die Demokratie, weil die Freiheit die „Ideologie" der „parlamentarischen Demokratie", nicht aber deren „soziale Realität" sei[708]. Das ist so, wenn man „Parteienstaatlich-

---

auch S. 274 ff.; *K. Stern*, Staatsrecht I, S. 613; *K. Hesse*, Verfassungsrecht, Rdn. 143, S. 64; auch *P. Kirchhof*, HStR, Bd. V, § 124, Rdn. 188; auch *W. Maihofer*, HVerfR, S. 476; *D. Grimm*, HVerfR, S. 603, 605. Das „Majoritäts-Minoritätsprinzip", das es um des Friedens willen der Mehrheit gebietet, den Kompromiß mit der Minderheit zu suchen, hat *H. Kelsen*, Vom Wesen und Wert der Demokratie, S. 53 ff., entwickelt; ähnlich *K. Jaspers*, Wohin treibt die Bundesrepublik?, S. 144; i. d. S. auch *J. P. Müller*, Demokratische Gerechtigkeit, S. 152 f.; vgl. auch BVerfGE 5, 85 (199): „Was die Mehrheit will, wird jeweils in einem sorgfältig geregelten Verfahren ermittelt."

[704] Vom Wesen und Wert der Demokratie, S. 67.

[705] So durchgehend *H. Kelsen*, Vom Wesen und Wert der Demokratie, insb. S. 53 ff.; auch *Th. Eschenburg*, Der Mechanismus der Mehrheitsentscheidung, S. 12 f., 45; zum Interessen- und Kompromißprinzip *K. A. Schachtschneider*, Res publica res populi, S. 622 ff., 655 ff.

[706] Vom Wesen und Wert der Demokratie, S. 55 f.

[707] Vom Wesen und Wert der Demokratie, S. 53 ff.

[708] Vom Wesen und Wert der Demokratie, S. 68, 78 u. ö.; auch *H. Heller*, Staatslehre, S. 248 ff., 259 ff., räumt dem Sein relativierenden Einfluß auf das Sollen ein.

keit" und „kompromißhafte" „Herrschaft der Mehrheit über die Minderheit" als Notwendigkeit bzw. Prinzip der Demokratie akzeptiert, Gesichtspunkte, die von „Ideal- zu ‚Realbegriffen' des Volkes", der „Herrschaft" und der „Führerschaft" „vordringen" wollen, ohne eine begriffliche Verbindung mit den „Ideen" „Freiheit", „Führerlosigkeit", „Herrschaftslosigkeit", „Selbstbestimmung", „Übereinstimmung" zu versuchen[709].

Überhaupt verkennt es die Bürgerlichkeit der Bürger, Gruppen derselben lagerhaft als Mehrheit oder Minderheit(en) zu personifizieren, als wären diese Gruppen festgefügte politische Einheiten, die gegeneinander stehen. Solche Lagertheorie bleibt dem Schmittschen Freund-Feind-Schema des Politischen verhaftet[710], das es im Kompromiß besänftigen möchte. *Carl Schmitt* hat das Legalitätsargument der „gleichen Chance politischer Machtgewinnung" als „gegenstandslosen, inhaltsleeren Funktionalismus rein arithmetischer Mehrheitsfeststellungen", „als Gegenteil von Neutralität und Objektivität", „als die quantitativ größere oder geringere Vergewaltigung der überstimmten und unterdrückten Minderheit" kritisiert, wenn nicht „eine substantielle Gleichartigkeit des ganzen Volkes vorausgesetzt werden könne"[711]; völlig zu Recht. *Schmitts* Satz: „Die Mehrheit befiehlt, und die Minderheit hat zu gehorchen"[712], kritisiert jeden Dezisionismus, weil nur die sittliche Kompetenz der Repräsentanten das Volk befrieden kann[713], nicht aber eine ungewisse Chance, die Machtverhältnisse zu revidieren. Die besagte Chance ist eher das Kriterium, welches den Widerstand verbietet[714]. Heute gilt es, die Grobheiten des Parteienstaates, der modernen Form der sanften Despotie, zu korrigieren. Vor allem bedarf es der Entwicklung eines Parteien-

---

[709] *H. Kelsen*, Vom Wesen und Wert der Demokratie, S. 18 ff., 53 ff., 78 ff.

[710] Vgl. *C. Schmitt*, Der Begriff des Politischen, 1932, 1963, S. 26 ff.; dazu *K. A. Schachtschneider*, Res publica res populi, S. 748 ff.; ähnlich *H. Kelsen*, Vom Wesen und Wert der Demokratie, S. 55 ff. (Gliederung in „zwei Gruppen", „die Majorität" und die „Minorität", S. 57).

[711] Legalität und Legitimität, S. 30 ff.; auch *H. Kelsen*, Vom Wesen und Wert der Demokratie, S. 65 f., weiß um die Homogenität als Voraussetzung seiner Majoritätslehre; zum Homogenitätsprinzip *K. A. Schachtschneider*, Res publica res populi, S. 1177 ff.

[712] Legalität und Legitimität, S. 31 ff.

[713] Dazu *K. A. Schachtschneider*, Res publica res populi, S. 677 ff., 810 ff., auch S. 560 ff., 584 ff., 963 ff.

[714] I. d. S. *R. Zippelius*, Allgemeine Staatslehre, S. 164 ff., 274 ff.; auch *C. Schmitt*, Legalität und Legitimität, S. 30 ff., behandelt die Frage als Widerstandsproblem; *W. Leisner*, Staatseinung, S. 185 f., sieht im „Machtwechsel" ein „Einungsinstrument der Demokratie", richtig, wenn Macht ein Kriterium der Staatsform ist (für die Republik gilt das nicht); in der Chance des unblutigen Regierungswechsels sieht *K. R. Popper*, Bemerkungen zu Theorie und Praxis des demokratischen Staates, S. 10 ff., 14 ff., 17, das Wesen der Demokratie; zum Widerstandsrecht *K. A. Schachtschneider*, Res publica res populi, S. 249 f., 581 ff.

rechts, welches der Herrschaft der Parteien Grenzen zieht, wie es dem Wirtschaftsrecht (vor den internationalistischen Deregulierungen) gelungen war,
unternehmerischer Ausbeutung Schranken zu setzen. Die Sittlichkeit der Parteioligarchien muß durch ein rechtliches Korsett gestützt werden, welches das
Parteiengesetz von 1967 nur in mehr als dürftigen Ansätzen bereithält[715].

d) Die demokratistische Ideologie lautet: Mehrheit entscheidet, oder:
Mehrheit ist Mehrheit[716]. Der mehrheitsideologischen, der im aristotelischen
Verständnis „reinen" Demokratie als der Fehlform der aristotelischen Politie[717] mangelt es vor allem an dem aristokratischen Amtsprinzip der Republik, welches insbesondere im Interesse des Gemeinwohls die formelle von
der materiellen Kompetenz abhängig macht[718]. Das vor allem die römische

---

[715] Auch *R. Herzog*, Ziele, Vorbehalte und Grenzen der Staatlichkeit, HStR,
Bd. III, 1988, § 58, Rdn. 86, hält das gegenwärtige Parteienrecht für unzulänglich;
weitere Hinweise dazu *K. A. Schachtschneider*, Res publica res populi, S. 1147 ff.

[716] *W. Leisner*, Zur Legitimität politischen Entscheidungshandelns. – Vom Mehr-
heits- zum Minderheitsprinzip? in: A. Randelzhofer/W. Süß (Hrsg.), Konsens und
Konflikt, 35 Jahre Grundgesetz, 1986, S. 287 ff.; insb. *C. Schmitt*, Verfassungslehre,
S. 278 ff. (kritisch); *ders.*, Legalität und Legitimität, S. 27, 30 ff., übt scharfe Kritik
an der Legalität auf Grund einer „Willensbildung durch einfache Mehrheitsfest-
stellung" ohne „substanzielle Gleichartigkeit des ganzen Volkes" (S. 31); i.d.S.
kritisiert *H. H. v. Arnim*, Der Staat 26 (1987), S. 484 f., den Relativismus in der
Demokratie, der zum ,juristischen Positivismus' des Satzes: „Gesetz ist Gesetz"
führe; kritisch auch *B. Guggenberger/C. Offe*, An den Grenzen der Mehrheitsdemokratie, Einl. S. 12; *W. Steffani*, ZParl. 1986, 570 ff., m.w.H. auf die politologische
Diskussion des Mehrheitsproblems; den ideologischen Charakter des Mehrheitsprinzips benennt außer *W. Leisner*, a.a.O., auch *K. R. Popper*, Bemerkung zur Theorie
und Praxis des demokratischen Staates, S. 10 ff., 14 f.; kritisch im Anschluß an
C. Schmitt auch *K. Stern*, Staatsrecht I, S. 611 f.; *W. Leisner*, Staatseinung,
S. 161 ff., versucht, der „Mehrheitsentscheidung als Einung" den rousseauschen
Charakter zurückzugeben.

[717] *Aristoteles*, Politik, S. 114 f., 1279b 1 ff., S. 137, 1289a 25 ff., S. 143, 1292a
7 ff., S. 143, 1292a 7 ff., S. 144, 1292a 15 ff., dessen Kritik an der reinen Demokratie, weil diese zur despotischen Herrschaft der Volksführer und Schmeichler und
zur Auflösung der Ämter führe, unüberholt ist; zur Aristokratie weiter *Aristoteles*,
Politik, S. 147 ff., sub 8, 1293b 21 ff.

[718] I.d.S. *Aristoteles*, Politik, S. 144, 1292a 25 ff., S. 207, 1319a 32 ff.; *W. Hennis*, Amtsgedanke und Demokratiebegriff, 1962, in: ders., Die mißverstandene
Demokratie, 1973, S. 9, der mit seinem richtigen Amtsgedanken seinerseits die Demokratie mißversteht, weil der Amtsgedanke spezifisch republikanisch ist; ähnlich
K. Jaspers, Vom Ursprung und Ziel der Geschichte, S. 208, der ebenfalls die „politische Elite" demokratisch konzipiert; vgl. auch *ders.*, Wohin treibt die Bundesrepublik?, S. 139; *H. Krüger*, Allgemeine Staatslehre, S. 251 f., 253 ff.; *W. Henke*, Zum
Verfassungsprinzip der Republik, JZ 1981, 249 f.; *ders.*, HStR, Bd. I, § 21, Rdn. 18,
25; *ders.*, Recht und Staat, S. 387 ff.; *H. H. v. Arnim*, Der Staat 26 (1987), S. 487 f.;
K. A. Schachtschneider, Der Rechtsbegriff „Stand von Wissenschaft und Technik",
S. 81 ff., 117 ff.; *ders.*, JA 1979, 516; *R. Herzog*, in: Maunz/Dürig, Rdn. 19 f.,
49 ff. zu Art. 20 GG, der richtig darauf hinweist, daß der Amtsbegriff nicht demo-

Republik kennzeichnende Amtsprinzip[719], das aber auch für die Verfassungslehre des *Aristoteles* wesentlich war („denn die Verfassung ist die Ordnung
der Ämter"[720]), rücken mehr als andere *Herbert Krüger, Wilhelm Henke* und
Josef Isensee in den Vordergrund der Staatslehre[721]. *Aristoteles* differenziert:

> „Aristokratie scheint am ehesten dort zu bestehen, wo die Ämter nach der Tugend
> verteilt sind. Denn Maßstab der Aristokratie ist die Tugend, der Oligarchie der
> Reichtum, der Demokratie die Freiheit"[722].

Auch *Krüger, Isensee* und *Henke* heben die Tugendpflicht des Amtsprinzips hervor[723].

Der bloße Begriff der Demokratie erfaßt die Einheit von Sittlichkeit,
Moralität und Legalität nicht[724]. Er berücksichtigt nicht, daß Freiheit nichts
als Sittlichkeit oder eben praktische Vernünftigkeit, Nächstenliebe, ist[725].
Walter Leisner hat das erfaßt:

> „Dies ist vielleicht die größte Herausforderung der Staatseinung an die Demo-
> kratie: daß sie in Bürger-Aristokratisierung Rousseau und seine volonté générale
> neu entdecke"[726].

---

kratischen Ursprungs ist, aber ,demokratisiert' worden sei, m.E. nicht zum Nutzen
der Republik, weil nun jeder meint, jedes Amt unabhängig von seiner Kompetenz
ausüben zu können; *J. Isensee*, HStR, Bd. II, § 15, Rdn. 130 f.; *ders.*, HStR, Bd. III,
§ 57, Rdn. 60 ff., 100 ff.; *ders.*, Grundrechtliche Freiheit – Republikanische Tugend, S. 74 (zum republikanischen Amtsethos, welches er als „schlechthinnige Unfreiheit der Amtsträger" mißversteht; auch die Amtswalter sind in ihrer Gesetzesbindung Bürger, also frei); *ders.*, Der öffentliche Dienst, HVerfR, S. 1534 ff. („Wer die
rechtlichen Bedingungen der Freiheit zu gewährleisten hat, kann selbst nicht frei
sein.", S. 1536, das Gegenteil ist richtig); vgl. auch *W. Maihofer*, HVerfR, S. 484;
anders *H. Heller*, Politische Demokratie und soziale Homogenität, 1928, Ges.
Schriften, Bd. 2, 2. Aufl. 1971, S. 426 f. („repräsentative Volksherrschaft").

[719] Vgl. *W. Henke*, HStR, Bd. I, § 21, Rdn. 10 ff., 29 f.; *ders.*, Recht und Staat,
S. 321 f., 329 ff., 335 f.

[720] Politik, S. 139, 1290 a 7 f.; das vierte Buch der Politik, S. 136 ff., ist von der
Problematik der Ämter bestimmt; zur athenischen Amtsverfassung der ἀρχόντες
A. Pabst, Die athenische Demokratie, S. 22 ff., die freilich wie fast alle ἀρχή als
Herrschaft mißversteht.

[721] Vgl. die Hinw. in Fn. 718; dazu *O. Deppenheuer*, Das öffentliche Amt, HStR,
Bd. III, 3. Aufl. 2005, § 36, insb. Rdn. 1 ff., 47 ff.

[722] Politik, S. 148, 1294a 9 ff.; zur Notwendigkeit einer führenden Schicht
K. A. Schachtschneider, Res publica res populi, S. 679 ff.

[723] *H. Krüger*, Allgemeine Staatslehre, S. 265 ff.; *J. Isensee*, HStR, Bd. II, § 15,
Rdn. 130 f.; *ders.*, HStR, Bd. III, § 57, Rdn. 100 ff.; *ders.*, Grundrechtliche Freiheit
– Republikanische Tugend, S. 74; *ders.*, HVerfR, S. 1534 ff.; *W. Henke*, HStR,
Bd. I, § 21, Rdn. 18 f., *ders.*, Recht und Staat, S. 327 ff.

[724] Dazu 2. Kap., VI und VII.

[725] Vor allem *Kant*, Metaphysik der Sitten, S. 532 ff.; *K. Jaspers*, Vom Ursprung
und Ziel der Geschichte, S. 197 ff.; auch *J. Isensee*, Grundrechtliche Freiheit – Republikanische Tugend, S. 65 ff., der freiheitsrechtlich Recht und Moral trennt, nicht

e) Das Bekenntnis zur Freiheit führt zur Republik als der spezifischen Form der freiheitlichen, genauer der herrschaftsfreien Demokratie[727], wenn Freiheit, Autonomie des Willens also, nicht mit dem Recht verwechselt wird, die eigenen Interessen durchzusetzen[728]. *Hans Kelsen* stellt die „Idee der Demokratie" auf die „Idee der Freiheit", und zwar die „antike Freiheitsidee", „die Freiheit als politische Selbstbestimmung des Bürgers"[729]. Seine Lehre vom Kompromiß zwischen der Majorität und der Minorität[730] aber hat nur die Interessen im Auge, sucht die „Realität des Friedens" und opfert die Freiheit als „Ideologie", als „Fiktion"[731]. Das „Prinzip der absoluten Majorität" bedeute „die relativ größte Annäherung an die Idee der Freiheit", die an sich durch „Stimmeneinhelligkeit" verwirklicht würde. *Hans Kelsen* verteidigt das Mehrheitsprinzip:

„Nur der Gedanke, daß – wenn schon nicht alle – so doch möglichst viel Menschen frei sein, d.h. möglichst wenig Menschen mit ihrem Willen in Widerspruch

---

aber amtsrechtlich, fügt sich empiristisch der verbreiteten Moralvergessenheit und fördert sie dogmatisch; selbst *W. Henke*, Recht und Staat, S. 7 ff., blendet die Moral aus seiner Freiheitslehre aus und mißversteht Freiheit als Wahl unter den unendlichen Möglichkeiten des Menschen, als unendliche Freiheit (S. 44 ff.); *E.-W. Böckenförde*, HStR, Bd. II, § 24, Rdn. 80, mit Fn. 165, gesteht dem „Staatsbürger" („citoyen") nicht zu, ohne Einschränkung „Interessenbürger" („homme") zu sein; *W. Maihofer*, ARSP, Beiheft Nr. 15, 1981, S. 32 f., erkennt, daß die „formale Rationalität" „die logische Konsequenz aus der fundamentalen Prämisse der Freiheit und Gleichheit jedes Menschen" sei, welche „in der Epoche der Moderne" „die Setzung wie die Durchsetzung allen Rechts" bestimme, daß also „das Prinzip der Allseitigkeit (der sog. Kategorische Imperativ)" unverzichtbar sei, weil sich „ein als verbindendes Wollen von Freien und Gleichen aufgefaßtes Recht nicht anders juridisch konstruieren läßt", argumentiert also republikanisch, nennt aber das von ihm skizzierte politische System „konstitutionelle Demokratie" (S. 19 ff.) und meint, daß sich durch „Rationalität" „der demokratische Staat (der Mehrheitsherrschaft)" legitimiere; darin steckt ein Widerspruch; *ders.*, HVerfR, S. 455, 468, 501 f., stellt die Demokratie auf die Nächstenliebe und den kategorischen Imperativ; *ders.*, Realität der Politik und Ethos der Republik, S. 84 ff., 94 ff.; auch *J. Rawls*, Eine Theorie der Gerechtigkeit, S. 514 ff. u.ö., weiß um die Unverzichtbarkeit „grundsatzorientierter Moralität", des „Gerechtigkeitssinns" (S. 493 ff.), und deren Grundlage, die „Menschenliebe" (S. 517); *Aristoteles*, Politik, S. 152, 1295b 23, weist auf den „Freundschaftscharakter" der „politischen Gemeinschaft", der Politie also, hin.

[726] Staatseinung, S. 174.

[727] Dazu *K. A. Schachtschneider*, Res publica res populi, S. 14 ff., insb. S. 62 ff.

[728] Dazu *K. A. Schachtschneider*, Res publica res populi, S. 153 ff., 211 ff., 617 ff.

[729] Vom Wesen und Wert der Demokratie, S. 3 f., 5.

[730] Vom Wesen und Wert der Demokratie, S. 22, 53 ff.

[731] Vom Wesen und Wert der Demokratie, S. 22, 53 ff. zur Interessenhaftigkeit, S. 68, 85 zur Freiheit als Ideologie und Fiktion; dagegen mahnt *K. Jaspers*, Vom Ursprung und Ziel der Geschichte, S. 217, den „Glauben an die Freiheit" an. Zum Kompromiß als Interessenausgleich und dessen Politik unter republikanischen Aspekten *K. A. Schachtschneider*, Res publica res populi, S. 622 ff.

zu dem allgemeinen Willen der sozialen Ordnung geraten sollen, führt auf einem vernünftigen Wege zum Majoritätsprinzip"[732].

Alle Erfahrung der Kompromißhaftigkeit dieses „Majoritäts-Minoritätsprinzips", wie es *Kelsen* nennt[733], ändert nichts daran, daß ein interessenhaftes Mehrheitsprinzip die Gleichheit aller in der Freiheit, von der auch *Kelsen* ausgeht[734], aufgibt. *Kelsen* meint, diese Desillusionierung der Realität schuldig zu sein, löst sich selbst aber mit seiner Lagertheorie von der Majorität und der Minorität als „Gruppen"[735] von der Realität; denn in der Demokratie, wie sie *Kelsen* versteht, herrschen Parteioligarchien, nicht die Mehrheit des Volkes; denn einerseits sei „die Demokratie [...] notwendig und unvermeidlich ein Parteienstaat"[736] und habe ... „die reale Demokratie" eine „Fülle von Führern"[737]; und andererseits gelte:

„Bei der nun einmal in der Erfahrung gegebenen und hier unvermeidlichen Interessengegensätzlichkeit kann der Gemeinschaftswille, wenn er nicht einseitig das Interesse nur einer Gruppe ausdrücken will, nichts anderes als die Resultante, der Kompromiß zwischen entgegengesetzten Interessen sein"[738].

Diese zweifelhaften Empirismen des Reinen Rechtslehrers kehren jedoch ihren ideologischen, aber ideenwidrigen Standpunkt selbst hervor:

„Man möchte glauben, daß es geradezu die besondere Funktion der demokratischen Ideologie ist: die Illusion der in der sozialen Wirklichkeit unrettbaren Freiheit aufrecht zu erhalten; so wie wenn die hell klingende, der ewigen Menschheitssehnsucht entsprungene Freiheitsmelodie das dumpfere Motto übertönen wollte, in dem die ehernen Ketten der sozialen Wirklichkeit dröhnen. Und die Freiheitsideologie der Demokratie scheint gegenüber der ihr zugeordneten Realität

---

732 Vom Wesen und Wert der Demokratie, S. 9 f., 55 (als „Ideologie" qualifiziert); das Argument wird oft wiederholt, etwa *K. Stern*, Staatsrecht I, S. 459; *G. Leibholz*, Das demokratische Prinzip im Grundgesetz, Aussprache, VVDStRL 29 (1971), S. 104; kritisch *H. Krüger*, Allgemeine Staatslehre, S. 283 f.; ablehnend auch *K. A. Schachtschneider*, Staatsunternehmen und Privatrecht, S. 165; *K. Jaspers*, Vom Ursprung und Ziel der Geschichte, S. 216, plädiert aus Respekt vor jedem anderen für das Majoritätsprinzip, verbindet aber diese Lehre mit der von „der Notwendigkeit" einer wechselnden „aristokratischen Schicht", einer „politischen Elite", a. a. O., S. 208.; ähnlich *W. Maihofer*, Realität der Politik und Ethos der Republik, S. 123 f. („Notlösung" der Mehrheitsentscheidung).

733 Vom Wesen und Wert der Demokratie, S. 57.

734 Vom Wesen und Wert der Demokratie, S. 3 ff., 93 ff.

735 Vom Wesen und Wert der Demokratie, S. 55 ff., 67 („zwei Gruppen als unterschiedliche Klassen"), S. 68.

736 Vom Wesen und Wert der Demokratie, S. 20; ganz entgegengesetzt insb. *K. Jaspers*, Wohin treibt die Bundesrepublik?, S. 128 ff., dessen Demokratielehre aber auch republikanisch ist.

737 Vom Wesen und Wert der Demokratie, S. 82.

738 Vom Wesen und Wert der Demokratie, S. 22 und S. 53 ff., 58 ff.; in der Sache nicht anders *Th. Eschenburg*, Der Mechanismus der Mehrheitsentscheidung, S. 12 f., 45.

sozialer Bindung eine ähnliche Rolle zu spielen wie die ethische Illusion der Willensfreiheit gegenüber der durch die psychologische Erkenntnis festgestellten, unentrinnbaren kausalen Gebundenheit alles menschlichen Wollens"[739].

Dieser deterministische Realismus gibt die Sorge für das Recht auf und fügt sich in den Kampf um die Macht; denn das Prinzip Recht steht und fällt mit dem Prinzip Freiheit[740]. Das Sein nimmt dem (seinsgemäßen) Sollen keinerlei Legitimation, wie man gerade von *Hans Kelsen* lernen kann[741].

In der herrschaftlichen Demokratie ist das besondere Interesse legitim[742]. Wer das besondere Interesse durchsetzen will, kann dem kategorischen Imperativ nicht genügen. Sein Handeln nötigt oder täuscht; es verletzt die äußere Freiheit anderer, deren Unabhängigkeit von anderer nötigender Willkür[743]. In der Republik legitimiert nur das Bemühen um Wahrheit und Richtigkeit, Sittlichkeit durch Moralität also[744], oder „öffentliche Tugend"[745]. Der Abgeordnete ist nach Art. 38 Abs. 1 S. 2 GG seinem „Gewissen unterworfen", um als „Vertreter des ganzen Volkes" der Pflicht zur Sittlichkeit genügen zu können, um sein Mandat sittlich, also in Moralität, ausüben zu können[746]. Diese Repräsentation ist republikanische Institution der praktischen Vernunft, vornehmlich im Gesetzgebungsverfahren[747], nicht anders als die ebenfalls repräsentierende Rechtsprechung vor allem des Bundesverfassungsgerichts mit seiner gesetzgebenden Funktion[748]. Sie finden im Begriff „mittelbare Demokratie" ebensowenig eine adäquate Erklärung wie in dem der „repräsentativen Demokratie"[749], wenn Demokratie

---

[739] Vom Wesen und Wert der Demokratie, S. 78; zur naturgesetzlichen Determiniertheit menschlichen Handelns 1. und 2. Kap., I, mit Fn. 46, 67 f.

[740] Zur Idee der Freiheit als der Letztbegründung des Rechts 2. Kap., 5. Kap., II, 7. Kap., II; zur notwendigen Sorge aller um die Freiheit *K. Jaspers*, Vom Ursprung und Ziel der Geschichte, S. 217 (Zitat zu Fn. 511).

[741] Hauptprobleme der Staatsrechtslehre, S. 3 ff.

[742] Typisch die Kompromißlehre *H. Kelsens*, Vom Wesen und Wert der Demokratie, S. 22, 53 ff. u.ö.; auch *Th. Eschenburg*, Der Mechanismus der Mehrheitsentscheidung, S. 12 ff., 45; dazu kritisch *E.-W. Böckenförde*, HStR, Bd. II, § 24, Rdn. 77 ff.; dazu auch *K. A. Schachtschneider*, Res publica res populi, S. 617 ff., 658 ff.

[743] Zur äußeren Freiheit 2. Kap., VI.

[744] Dazu 2. Kap., VII, 7. Kap., II.

[745] So *W. Henke*, HStR, Bd. I, § 21, Rdn. 35.

[746] Dazu *K. A. Schachtschneider*, Res publica res populi, S. 526 ff., 657 ff., 772 ff., insb. S. 810 ff., auch S. 1086 ff.

[747] Zu Kants Repräsentationslehre *W. Kersting*, Wohlgeordnete Freiheit, S. 305 ff.; *Kant*, Zum ewigen Frieden, S. 206 ff.; *ders.*, Metaphysik der Sitten, S. 464.

[748] Dazu *K. A. Schachtschneider*, Res publica res populi, S. 858 ff.

[749] Insb. *E.-W. Böckenförde*, Mittelbare/repräsentative Demokratie als eigentliche Form der Demokratie, in: G. Müller (Hrsg.), Staatsorganisation und Staatsfunktion

eine Herrschaftsform und als solche auch ein Verfahren des Ausgleichs der besonderen Interessen ist[750].

2. Freiheitliche Mehrheitsregel

Die Mehrheitsregel als Entscheidungsmodus ist unausweichlich, wenn gleichberechtigte Menschen eine Entscheidung treffen müssen und nicht auf die Zustimmung aller abgestellt werden kann (vgl. etwa Art. 42 Abs. 2, Art. 63 Abs. 2–4, Art. 67 Abs. 1, Art. 52 Abs. 3, Art. 54 Abs. 6 GG)[751]. Schon *Aristoteles* hat auf die Mehrheitsregel hingewiesen:

„Daß die Mehrheit entscheidet, findet sich bei allen. Auch in der Oligarchie, der Aristokratie und der Demokratie gilt, daß die Mehrheit der Regimentsberechtigten beschließt"[752].

Zur „Demokratie" als „Staatsform der Freiheit", in der „man abwechselnd regiert und regiert wird", sagt Aristoteles: „..., und was die Mehrzahl billigt, das muß das Gültige und das Gerechte sein. Man sagt nämlich, es sei gerecht, daß jeder Bürger das Gleiche habe."[753]

Die Mehrheitsregel ist auch das Entscheidungskriterium im Gesetzgebungsverfahren *Rousseaus*[754] und wohl auch im Beschlußverfahren *Lockes*;

---

im Wandel, FS Kurt Eichenberger (60.), 1982, S. 301 ff.; *ders.*, HStR, Bd. II, § 24, Rdn. 1 ff., 9 ff.; *ders.*, HStR, Bd. III, § 34, Rdn. 13 ff.; dazu *K. A. Schachtschneider*, Res publica res populi, S. 14 ff., 685 ff.

[750] Etwa *Th. Eschenburg*, Der Mechanismus der Mehrheitsentscheidung, S. 12 f., 45.

[751] So versteht *W. Henke*, HStR, Bd. I, § 21, Rdn. 25, das Mehrheitsprinzip als einen „Teil des republikanischen Amtsprinzips"; weniger klar *ders.*, Recht und Staat, S. 399 f.; auch *K. Stern*, Staatsrecht I, S. 610 ff.; i.d.S. auch *E.-W. Böckenförde*, HStR, Bd. II, § 24, Rdn. 52 ff., allerdings als demokratisches Prinzip; auch *P. Badura*, HStR, Bd. II, § 25, Rdn. 31 ff.; nicht anders *W. Steffani*, ZParl. 1986, 574 f.; in diese Gruppe ordne ich trotz des Wortes „Mehrheitsherrschaft" wegen der republikanischen Einbindung dieser „Notlösung" auch *W. Maihofer*, HVerfR, S. 462 ff., 472 ff.; deutlicher noch *ders.*, Realität der Politik und Ethos der Republik, S. 123 f.; i.d.S. auch BVerfGE 5, 85 (198 f.); 44, 123 (141); auch BVerfGE 1, 298 (315); 2, 1 (12 f.); BVerfGE 29, 154 (165) spricht allerdings vom „Mehrheitsprinzip" als fundamentalem Prinzip der Demokratie; wie im Text auch *Kant*, Über den Gemeinspruch, S. 152 f.; dazu i.d.S. *W. Kersting*, Wohlgeordnete Freiheit, S. 306, der den Unterschied zum Mehrheitsprinzip nicht erkennen läßt; vgl. *O. Höffe*, Politische Gerechtigkeit, S. 448; auch *J. Rawls*, Eine Theorie der Gerechtigkeit, S. 392 ff., handelt von der Mehrheitsregel, nicht vom Mehrheitsprinzip; wohl auch *J. Habermas*, Faktizität und Geltung, S. 220 f., 613; *M. Kriele*, Einführung in die Staatslehre, 6. Aufl. 2003, S. 261; vgl. auch *W. Heun*, Das Mehrheitsprinzip in der Demokratie, S. 23 ff.

[752] Politik, S. 148, 1294a 12 ff.

[753] Politik, S. 203, 1317b 1 ff.; dazu und i.d.S. *R. Marcic*, Rechtsphilosophie, S. 205 ff.

[754] Vom Gesellschaftsvertrag, IV, 2, S. 116 f.

denn *Locke* begreift die von Menschen gebildete „Gemeinschaft" als einen „einzigen Körper", der sich nur „in eine Richtung bewegen", d.h. nur einen einzigen Willen haben könne[755]. Die Mehrheitsregel folgt aus der Gleichheit in der Freiheit selbst; denn die Einstimmigkeitsregel privilegiert den, der ablehnt, ein höheres Quorum als die einfache Mehrheit die Minderheit, deren Stimmen ein höheres Gewicht für die Entscheidung entfalten als die der Mehrheit[756]. Im Mehrheitsprinzip sieht *Hans Kelsen* demgegenüber, wie schon berichtet, „die relativ größte Annäherung an die Idee der Freiheit"[757]. Diese Ideologie legitimiert schließlich die Herrschaft von Parteiführern als reale Demokratie[758] und gibt „die, im Grunde genommen, unmögliche Freiheit des Individuums … als Illusion" auf, „die allmählich in den Hintergrund … der Freiheit des sozialen Kollektivums" trete[759]. Die eigentliche Idee der Freiheit bleibt *Kelsen* fremd, weil er sich der kantianischen Freiheitslehre versagt[760], aber wohl auch, weil die Idee der Freiheit die demokratistische Apologie des Parteienstaates nicht zuläßt.

Die Mehrheitsregel ist unter freien Menschen überhaupt nur akzeptabel, weil die Mehrheit im Organ, sei dies auch das Volk, keine Herrschaft ausüben, sondern das Richtige für das gute Leben aller in allgemeiner Freiheit auf der Grundlage der Wahrheit erkennen soll. In diesem Sinne repräsentativer Hervorbringung des Richtigen verstehen *Karl Jaspers*, *Herbert Krüger* und *Werner Maihofer*, aber auch das Bundesverfassungsgericht in BVerfGE 44, 125 (142) das Mehrheitsprinzip[761]. Nur wegen dieser Erkenntnishaftigkeit der volonté générale konnte *Rousseau* sagen, die Minderheit habe sich geirrt, als sie gegen das Gesetz gestimmt habe, und sei frei unter dem Ge-

---

[755] Über die Regierung, VIII, 96 f., S. 74 ff.

[756] *W. Steffani*, ZParl. 1986, 574 f.; i.d.S., also gleichheitsdogmatisch, auch *E.-W. Böckenförde*, HStR, Bd. II, § 24, Rdn. 42 ff., 52 ff., 54; i.d.S. auch *J. Rawls*, Eine Theorie der Gerechtigkeit, S. 392; zur Kritik des Satzes: „Mehrheit entscheidet", *C. Schmitt*, Verfassungslehre, S. 278 ff., vgl. auch S. 224.

[757] Vom Wesen und Wert der Demokratie, S. 9 f.; siehe das ausführliche Zitat zu Fn. 732.

[758] *H. Kelsen*, Vom Wesen und Wert der Demokratie, S. 78 ff.

[759] Vom Wesen und Wert der Demokratie, S. 11, auch S. 80 ff.

[760] Daß *H. Kelsen* kein Kantianer war, hat *G. Winkler*, Rechtstheorie und Erkenntnislehre, S. 126 ff., richtig herausgestellt („… bis in das Grundsätzliche reichende Mißverständnis von Kant bei Kelsen. Kant hat keineswegs so gedacht, wie es Kelsen annimmt. Aus Kants Lehre läßt sich kaum etwas von dem, was Kelsen erkenntnistheoretisch so eigenwillig entwickelt hat, ernsthaft begründen.").

[761] *K. Jaspers*, Wohin treibt die Bundesrepublik? S. 144; *H. Krüger*, Allgemeine Staatslehre, S. 232 ff., 283 ff.; *W. Maihofer*, Realität der Politik und Ethos der Republik, S. 123 f. („größtmögliche und höchstmögliche Interessen- und Willenseinheit", „Notlösung", „republikanischer Diskurs eines Parteienstaates"); i.d.S. wohl auch *W. Henke*, HStR, Bd. I, § 21, Rdn. 24; den erkenntnistheoretischen Aspekt stellt auch *W. Steffani*, ZParl. 1986, 577, heraus.

setz, das die Mehrheit gefunden habe[762]. Irren kann nur, wer zu erkennen versucht. Erkennen ist nicht Herrschen[763]. Auch wer sich irrt, sucht die Wahrheit und will das Richtige. Kein Bürger kann beanspruchen, daß seine Meinung irrtumsfrei sei. Darum kann nur darauf abgestellt werden, welche Meinung die Mehrheit gefunden hat. Voraussetzung einer solchen Regel ist die Moralität des Bemühens um die Wahrheit und die Richtigkeit, welches sich von jedem eigenen Interesse frei macht, das Ethos der Gleichheit in der Freiheit, die innere Bürgerlichkeit[764]. Voraussetzung dafür ist weiter eine hinreichende Homogenität der Bürger[765]. Richtig hat *Carl Schmitt* „die Voraussetzung des parlamentarisch-demokratischen Gesetzgebungsstaates" herausgestellt: „Das Vertrauen auf gewisse, Recht und Vernunft garantierende Qualitäten des Parlaments, der Parlamentarier und des parlamentarischen, durch Diskussion und Öffentlichkeit ausgezeichneten Verfahrens"[766], die Moralität der Parlamentarier also. Nur unter der Voraussetzung des „Vertrauens auf die Übereinstimmung von Parlamentsmehrheit und homogenen Volkswillen" sei „ein ‚formaler‘ Gesetzesbegriff denkbar und erträglich"[767]. Für die Republik kommt somit alles auf die allgemeine Sittlichkeit an, insbesondere aber die der Vertreter des Volkes in den Parlamenten, in den Ämtern und in den Gerichten. *Carl Schmitt* hat erkannt:

> „Keine Demokratie besteht ohne die Voraussetzung, daß das Volk gut ist, und sein Wille infolgedessen genügt. Il suffit qu'il veut. In der parlamentarischen

---

[762] Vom Gesellschaftsvertrag, IV, 2, S. 116 f.; i.d.S. *W. Leisner*, Zur Legitimität politischen Entscheidungshandelns, S. 287 ff.; *G. Leibholz*, Der moderne Parteienstaat, S. 82 f. u.ö., mißversteht Rousseaus Lehre von der Republik als eine von der „plebiszitären Demokratie" und nimmt ausgerechnet Rousseau für die parteienstaatliche Demokratie in Anspruch; auch *W. Maihofer*, ARSP, Beiheft Nr. 15, 1981, S. 19 ff., interpretiert Rousseau demokratistisch; ebenso schon *H. Kelsen*, Vom Wesen und Wert der Demokratie, S. 12 f.

[763] *R. Marcic*, Rechtsphilosophie, S. 230; *K. Jaspers*, Vom Ursprung und Ziel der Geschichte, S. 197 ff.; *W. Steffani*, ZParl. 1986, 577 („Wahrheit ist eine Frage der Erkenntnis und kein Gegenstand interessierter Beschlußfassung"); *K. A. Schachtschneider*, Der Rechtsbegriff „Stand von Wissenschaft und Technik", S. 128; *ders.*, Res publica res populi, S. 564 ff.; so vor allem die kommunikative Diskursethik von *J. Habermas*, etwa: Erkenntnis und Interesse, S. 344; *ders.*, Erläuterungen zur Diskursethik, S. 119 ff (u.ö., vgl. die Hinweise in Fn. 358, 1026, 2630); *E. Meinberg*, Das Menschenbild der modernen Erziehungswissenschaften, S. 42 ff.

[764] Vgl. *K. A. Schachtschneider*, Res publica res populi, S. 58 f., 525 ff., 564 ff., 584 ff. (612 ff.); dazu 2. Kap., VII, 7. Kap., I, 1, II, 1, III; insb. *Montesquieu*, Vom Geist der Gesetze, III, 3, S. 118 u.ö.; *Rousseau*, Vom Gesellschaftsvertrag, III, 4, S. 73; *Aristoteles*, Politik, S. 147 u.ö.

[765] Dazu *K. A. Schachtschneider*, Res publica res poopuli, S. 1177 ff.

[766] Legalität und Legitimität, S. 20 ff., 28; so auch *ders.*, Die geistesgeschichtliche Lage des heutigen Parlamentarismus, S. 5 ff., 30 ff., insb. S. 41 ff.; auch *ders.*, Verfassungslehre, S. 310 ff., insb. S. 318 f.

[767] Legalität und Legitimität, S. 28.

Demokratie wird der Wille des Parlaments mit dem Willen des Volkes identifiziert"[768].

Prinzipiell setzt die Mehrheitsregel die Amtshaftigkeit des staatlichen Entscheidens voraus[769]. Bei der Wahl zu den staatlichen Organen sind die Wähler im Amt; denn sie entscheiden staatlich über ihre Vertreter. Als Wähler sind sie Staatswalter[770], wie es Art. 20 Abs. 1 S. 2 GG klarstellt, der die Wahlen als Ausübung der Staatsgewalt regelt. Die Wählerschaft in ihrer Gesamtheit ist Staatsorgan. Das Amt der Wähler ist es, die Besten in die Parlamente zu entsenden, die allein zu gewährleisten vermögen, daß die Parlamente jenes Richtige auf der Grundlage der Wahrheit erkennen und wiederum die Besten in die staatlichen Ämter berufen[771]. Die allgemeine Freiheit liegt in der allgemeinen Erkenntnis des Wahren und der allgemeinen Beratung des Richtigen. Die Erkenntnisse und Ratschlüsse anderer kann frei nur hinnehmen, wer dem, der kompetent ist, das Amt gegeben hat, ihn in der Erkenntnis und in der Beratung zu vertreten. *Aristoteles* hat

---

[768] Legalität und Legitimität, S. 27 f.; *Carl Schmitt* hat in: Die geistesgeschichtliche Lage des heutigen Parlamentarismus, S. 62 f., freilich diese parlamentarische Demokratie für nicht mehr herstellbar erklärt, weil deren „ratio" verloren sei, insbesondere wegen der parteilichen Parteien; nicht anders *ders.*, Verfassungslehre, S. 318 f.; dazu *K. A. Schachtschneider*, Res publica res populi, S. 735 ff.; die „Deformation und Perversion" der Republik und der Demokratie im „Parteienstaat der Gegenwart" kritisiert ähnlich *W. Maihofer*, HVerfR, S. 481 ff., 1706 ff.; *ders.*, Realität der Politik und Ethos der Republik, S. 116 ff., 121 ff.

[769] So *W. Henke*, HStR, Bd. I, § 21, Rdn. 25; zum Amtsprinzip *K. A. Schachtschneider*, Prinzipien des Rechtsstaates, S. 310 ff.

[770] Ganz so *R. Redslob*, Die Staatstheorien der französischen Nationalversammlung von 1789. Ihre Grundlagen in der Staatslehre der Aufklärungszeit und in den englischen und amerikanischen Verfassungsgedanken, 1912, S. 143; *R. Hübner*, Die Staatsform der Republik, S. 71 f.; so auch für die Demokratie *C. Schmitt*, Verfassungslehre, S. 207; i.d.S. auch *H. Krüger*, Allgemeine Staatslehre, S. 241, 248 ff. („Wähler als Repräsentant", nicht ein „Phainomenon", sondern ein „Noumenon", S. 251); i.d.S. auch *E. W. Böckenförde*, HStR, Bd. II, § 24, Rdn. 80 („citoyen"); i.d.S. auch *W. Leisner*, Staatseinung, etwa S. 95 ff. („Einungsbürger"), auch S. 161 ff.; a.A. etwa *W. Henke*, Recht und Staat, S. 388; *ders.*, HStR, Bd. I, § 21, Rdn. 25, rechnet die Wahlen der Amtswalter nach dem Mehrheitsprinzip zum Amtsprinzip, erklärt aber die Wähler nicht zu Amtswaltern; unklar *J. Isensee*, Grundrechtliche Freiheit – Republikanische Tugend, S. 72 f., der nicht definiert, wer „der politisch handelnde Bürger" und der „Politiker" wohl seien. Den citoyen begreift auch *Kant*, Über den Gemeinspruch, S. 151, als den Bürger, der das Stimmrecht in der Gesetzgebung habe, und unterscheidet diesen vom Stadtbürger, den bourgeois, dazu *K. A. Schachtschneider*, Res publica res populi, S. 211 ff.; II, 1 im 11. Kapitel.

[771] Zum aristokratischen Prinzip der echten Repräsentation, das im Parteienstaat verloren geht, *C. Schmitt*, Verfassungslehre, S. 219 f.; *H. Krüger*, Allgemeine Staatslehre, S. 251 f., 253 ff.; i.d.S. auch *G. Leibholz*, Der moderne Parteienstaat, S. 82 f. u.ö.; deutlich vor allem *K. Jaspers*, Wohin treibt die Bundesrepublik?, S. 138 ff.; dazu zu *K. A. Schachtschneider*, Res publica res populi, S. 662 ff., 674 ff.

das aristokratische Prinzip der freiheitlichen Demokratie herausgestellt:
„Denn in den nach dem Gesetz regierten Demokratien gibt es keine Volksführer, sondern den Vorsitz führen die Besten unter den Bürgern"[772]. *Karl
R. Popper* ruft die von *Thukydides* berichtete Erkenntnis des *Perikles* in
Erinnerung: „Wenn auch nur wenige von uns imstande sind, eine Politik zu
entwerfen oder durchzuführen, so sind wir doch alle imstande, eine Politik
zu beurteilen"[773]. Diese Erkenntnis übernimmt *Montesquieu*:

> „Die Mehrzahl der Bürger ist durchaus geeignet auszuwählen, nicht aber, gewählt
> zu werden. Ebenso hat das Volk Fähigkeit genug, sich über die Amtsführung der
> anderen Rechenschaft zu geben, taugt aber nicht zu eigener Amtsführung"[774].

Rousseau greift diese Erkenntnis in seinen Institutionen des législateur
und der volonté générale auf[775]. Die Parteien machen es den Wählern so
gut wie unmöglich, ihres Amtes, die Besten auszuwählen, zu walten. Die
Parteien haben faktisch ein Monopol, Kandidaten zu nominieren[776]. Zum
ewigen Gesetz der parteiinternen Oligarchie gehört auch, gemessen am
Prinzip der Bestenauslese, die Negativauslese der parteilichen Mandatsbe-
werber[777]. Das (personalisierte) Verhältniswahlsystem ist dem Staatsamt der

---

[772] Politik, S. 143 f., 1292a 7 ff.

[773] Bemerkungen zu Theorie und Praxis des demokratischen Staates, S. 17 f.

[774] Vom Geist der Gesetze, II, 2, auch XI, 6, S. 106 f., 216 f.

[775] Vom Gesellschaftsvertrag, II, 1 ff., 7, S. 27 ff., 43 ff.

[776] BVerfGE 41, 399 (413 ff.); 44, 125 (182) – Sondervotum *Rottmann*; Wahlprü-
fungsgericht Berlin NJW, 1976, 560 ff.; *D. Sternberger*, Vorschlag und Wahl, in:
ders., Herrschaft und Vereinbarung, 1986, S. 402; *K. A. Schachtschneider*, Das Nominationsmonopol der Parteien in Berlin, JR 1975, 89 ff., gegen ein rechtliches Nominationsmonopol; *Ph. Kunig*, Parteien, HStR, Bd. III, 3. Aufl. 2005, § 40, Rdn. 19;
W. Henke, GG, Bonner Komm., Rdn. 91 zu Art. 21; *K. Jaspers*, Wohin treibt die
Bundesrepublik? S. 130; *Th. Eschenburg*, Der Mechanismus der Mehrheitsentscheidung, S. 38; *H. H. v. Arnim*, Entmündigen die Parteien das Volk? Parteienherrschaft
und Volkssouveränität, Aus Politik und Zeitgeschichte, B 21/90, S. 31; *ders.*, Das
System. Die Machenschaften der Macht, 2001/2004, S. 262 ff.; *B. Zeuner*, Wahlen
ohne Auswahl – Die Kandidatenaufstellung zum Bundestag, in: W. Steffani (Hrsg.),
Parlamentarismus ohne Transparenz, 1971, S. 165 ff.; *H. Hamm-Brücher*, Abgeordneter und Fraktion, in: H.-P. Schneider/W. Zeh (Hrsg.), Parlamentsrecht und Parlamentspraxis in der Bundesrepublik Deutschland, 1989, S. 697; *R. Wassermann*, Die
Zuschauerdemokratie, 1986/89, S. 87 f., 166 ff.; vgl. auch *M. Hättich*, Demokratie
als Herrschaftsordnung, S. 124; für ein Nominationsmonopol *R. Mußgnug*, Das Vorschlagsmonopol der politischen Parteien bei den Parlamentswahlen, JR 1976, 353 ff.;
dazu *K. A. Schachtschneider*, Res publica res populi, S. 1113 ff., 1120 ff.

[777] *R. Michels*, Zur Soziologie des Parteiwesens, S. 316 ff., 369 ff.; *C. Schmitt*,
Verfassungslehre, S. 278 ff.; *H. Heller*, Staatslehre, S. 247; auch *Club Jean Moulin*,
Staat und Bürger, 1961/1964, S. 114, 130 ff.; *K. Jaspers*, Wohin treibt die Bundesrepublik? S. 130 ff.; *D. Sternberger*, Vorschlag und Wahl, S. 411; *M. Hättich*,
Demokratie als Herrschaftsordnung, passim, S. 127 (dessen Herrschaftslegitima-
tionslehre eine Oligarchisierungsrechtfertigung ist und der Führung und Herrschaft
weitgehend identifiziert); dazu *F. A. Hermens*, Verfassungslehre, S. 38 ff., 184 (mit

Wähler inadäquat, weil es die materielle Interessiertheit der Wähler und damit die Parteilichkeit der Parteien stützt[778]. Richtig bezeichnet *Hans Kelsen* „die Kreation dieser vielen Führer" als „Kernproblem der realen Demokratie", deren „Idee" „die Führerlosigkeit" entspreche, falsch aber das „Schlagwort von der Herrschaft der Besten" „als elende Tautologie"[779]. Der Begriff der Besten ist von den Formen des gemeinsamen Lebens abhängig. In der Republik sind die Besten die Bürger mit der größten sittlichen Kompetenz, die Bürger mit dem größten Wissen[780] und dem meisten Anstand. Deren Gewissen verdient das Vertrauen der Bürgerschaft. Im Parteienstaat funktioniert der Opportunist am besten. Bei der Auswahl der Besten muß der Par-

---

der Untersuchung von demokratiegerechter Herrschaft und Führung); *B. Zeuner*, Innerparteiliche Demokratie, Aus Politik und Zeitgeschichte, 33/34, 1969, S. 99 ff.; *G. Teubner*, Organisationsdemokratie und Verbandsverfassung. Rechtsmodelle für politisch relevante Verbände, 1978, S. 84 ff., 159 ff. (verbandssoziologisch fundiert); zur Oligarchisierung auch *P. Badura*, HStR, Bd. II, § 25, Rdn. 39 f.; *Ph. Kunig*, HStR, Bd. III, § 40, Rdn. 20; *W. Leisner*, Zur Legitimität politischen Entscheidungshandelns – Vom Mehrheits- zum Minderheitsprinzip?, S. 287 ff.; *D. Grimm*, HVerfR, S. 623 f.; *W. Henke*, GG, Bonner Komm., Rdn. 263 zu Art. 21, den das nicht irritiert; *R. Dahrendorf*, ‚Die Zeit' vom 19.8.1988, S. 3; eindrucksvoll die Fallstudie zur Beherrschung der Jungen Union und später der CDU Hamburgs durch die Gruppe Jürgen Echternach von *D.-E. Becker*, Die Liquidation der innerparteilichen Demokratie, in: ders./E. Wiesendahl, Ohne Programm nach Bonn oder die Union als Kanzlerwahl-Verein, 1972; auch *D. Preuße*, Gruppenbildung und innerparteiliche Demokratie. Am Beispiel der Hamburger CDU, 1981; dazu *P. Haungs*, Persönliche und politische Parteien – eine Alternative?, in: ders.,/ K. M. Graß/M. Maier/H.-J. Vehn (Hrsg.), Civitas, Widmungen für B. Vogel (60.), 1992, S. 573 ff. („personal party"); *R. Wassermann*, Die Zuschauerdemokratie, S. 166 ff.; *R. Wildenmann*, Volkparteien – Ratlose Riesen?, 1989, S. 98 f., 106 (der allerdings zu Unrecht behauptet, „die Zirkulation der Eliten, (…), war groß", S. 99); *O. Niedermayer*, Innerparteiliche Partizipation, 1989, S. 55 ff., der die Oligarchisierung u.a. mit der „mangelnden Bereitschaft der Parteimitglieder, eine Funktion zu übernehmen", zu erklären versucht (mit Hinweis auf *Mayntz, Naßmacher, Lohmar, Schmitz, Kaack*), irrig, weil die Oligarchisierungsthese sich auf die einflußreichen Führungsämter bezieht, nicht auf subalterne Hilfsfunktionen, und spezifisch kompetente Bürger ferngehalten werden, welche Ortsvorsitzenden und Abgeordneten Konkurrenz machen könnten; wenn auch zwischen großen und kleinen Parteien Unterschiede bestehen dürften; *E. Wiesendahl*, Der Marsch aus den Institutionen, in: Aus Politik und Zeitgeschehen, B 21/90, S. 13; *E. K. u. U. Scheuch*, Cliquen, Klüngel und Karrieren, Über der Verfall der politischen Parteien, 1992, passim; dazu *K. A. Schachtschneider*, Res publica res populi, S. 677 ff., 1113 ff.

[778] Dazu *K. A. Schachtschneider*, Res publica res populi, S. 1060 ff., 1147 ff.; kritisch auch *R. Scholz*, Deutschland – In guter Verfassung? S. 97 ff., 128.

[779] Vom Wesen und Wert der Demokratie, S. 79, 84 ff., Zitate S. 84, 89.

[780] *Lisa Maria* schlägt vor, daß die sechs Besten, ermittelt in einer geeigneten Fachprüfung, gleichgestellt und gemeinsam beschließend, das Gemeinwesen leiten und die dreißig nächst Besten diese sechs kontrollieren (Gespräch am Sylvesterabend 2005). *Thomas von Aquin*, Summa theologica, I, II, 56, 2 ad 2, S. 70 (272): „Sittliche Tugend setzt Wissen voraus".

teienstaat versagen, weil Parteilichkeit der Sittlichkeit zuwider ist. Parteilichkeit ist die republikanische Unanständigkeit an und für sich. Besondere Bündnisse lassen der Sittlichkeit und der Moralität keine Chance[781].

Eine durch das Rechtsprinzip moderierte konstitutionelle Demokratie, die dem Mehrheitsprinzip verpflichtet bleibt, wenn sie auch die Minderheiten rechtlich schützt[782], erreicht nicht das Prinzip der Republik, nicht die Staatsform der Freiheit. Die freiheitliche demokratische Ordnung vollendet sich als gemeinsames Leben ohne Herrschaft, als sittliche Republik. Die Freiheit aller besteht in der allgemeinen Gesetzlichkeit, die es jedem ermöglicht, Herr über sich selbst zu sein. Die Herrschaft der einen über die anderen (von Menschen über Menschen[783]) widerspricht der Logik der Republik; denn kein Bürger darf abhängig sein „von eines anderen nötigender Willkür"[784]. In der allgemeinen Gesetzlichkeit ereignet sich, wenn man so will, die bürgerliche Identität des homo noumenon und des homo phaenomenon. Die Menschen als Vernunftwesen regieren sich selbst und zugleich ihre Mitmenschen als Triebwesen[785]. Nur diese Identität ist Freiheit im Sinne der Autonomie des Willens. Sie verträgt keinerlei Ideologisierung, mittels derer personale Herrschaft von Führern oder Parteioligarchien oder gar eine Parteienoligarchie legitimiert werden könnte.

3. Grundrechtlicher Minderheitenschutz in der Republik

a) Grundrechte, meint, wie viele, *Herbert Krüger*, könnten in der Demokratie nur vor Mehrheiten oder auch Minderheiten schützen[786]. So hat das

---

[781] Dazu *K. A. Schachtschneider*, Res publica res populi, S. 1068 ff., 1086 ff.

[782] *W. Maihofer*, ARSP, Beiheft Nr. 15, 1981, S. 19 ff.; ebenso *ders.*, HVerfR, S. 462 ff., 472 ff., 476; genauso *J. Rawls*, Eine Theorie der Gerechtigkeit, S. 223, 252, 275 f., passim; schon *C. Schmitt*, Verfassungslehre, S. 216, spricht von „konstitutioneller Demokratie" und dürfte ein gänzlich anderes Gemeinwesen im Auge haben als W. Maihofer und J. Rawls; zum Minderheitenschutz *K. A. Schachtschneider*, Res publica res populi, S. 513 ff.

[783] *W. Maihofer*, HVerfR, S. 472 ff. u. ö.; *ders.*, Realität der Politik und Ethos der Republik, S. 124.

[784] *Kant*, Metaphysik der Sitten, S. 345; dazu 2. Kap., VI.

[785] Zum Begriff Identität als Gegenbegriff zur Repräsentation *K. A. Schachtschneider*, Res publica res populi, S. 735 ff.

[786] Allgemeine Staatslehre, S. 536 f.; so auch *H. H. Rupp*, Vom Wandel der Grundrechte, AöR 101 (1976), S. 167; *ders.*, HStR, Bd. II, § 31, Rdn. 18 ff. („Bürgerliche Freiheitsgrundrechte" gegen „die Diktatur der Mehrheitsherrschaft"); *R. Herzog*, Allgemeine Staatslehre, S. 536 ff.; *W. Zeidler*, Ehe und Familie, HVerfR, 1983, S. 563 f.; *W. Leisner*, Zur Legitimität politischen Entscheidungshandelns, S. 289 f.; *E.-W. Böckenförde*, HStR, Bd. II, 24, Rdn. 54 ff.; *K. A. Schachtschneider*, Staatsunternehmen und Privatrecht, S. 156 ff., 163 ff.; i. d. S. auch *W. Maihofer*, HVerfR, S. 476; BVerfGE 5, 85 (197 ff.); 44, 123 (140 ff.); auch 69, 315 (347); so

auch *Carlo Schmid* bei der Erarbeitung der Grundrechte im Parlamentarischen Rat gesehen[787]. Mehrheiten und Minderheiten des Volkes sind mangels plebiszitärer Abstimmungen nicht rechtserheblich. Der Minderheitenschutz setzt nicht nur ein Prinzip der Mehrheitsherrschaft voraus, welches das Grundgesetz nicht kennt[788], sondern auch die Annahme, die Mehrheit würde die Grundrechte ignorieren dürfen, wenn es die Minderheit nicht gäbe. Es geht jedoch um die Richtigkeit der Gesetze für alle, um das Gemeinwohl, um die praktische Vernunft, um das Recht. Die Grundrechte sollen eine variabel und dynamisch bestimmte Richtigkeit der Gesetze gewährleisten. Sie bezwecken nicht den Minderheitenschutz, selbst wenn ihre Wirkung so erscheinen mag.

Minderheitenschutz setzt im übrigen stetige Minderheiten voraus. Die gibt es in der Republik im Prinzip nicht. Im Sinne des Rechts gibt es nur Menschen und Bürger in der Republik. Einem Aspekt Minderheit widerspricht die allgemeine Freiheit, die Gleichheit der Bürger in der Bürgerlichkeit, das Verbot der Herrschaft[789]. Das freiheitsrechtliche Vertretungsprinzip, die Notwendigkeit der Repräsentation also[790], verbietet es, stetige Mehrheiten und stetige Minderheiten zu unterscheiden. Die vereinfachende minderheitsschutzideologische Unterscheidung stimmt weder empirisch noch gar rechtlich; denn die Abgeordneten sind Vertreter des ganzen Volkes (Art. 38 Abs. 1 S. 2 GG)[791]. Die freiheitliche Demokratie ist nicht die Herrschaft der Mehrheit[792], sondern die allgemeine Sittlichkeit als allgemeine Gesetzlichkeit. Die vermeintliche Mehrheit ist im übrigen nicht berechtigt, auf die Wirkung der Grundrechte zu verzichten[793]. Die grundrechtlichen Leitentscheidungen sind für alle verbindlich; denn sie verwirklichen die Freiheit aller. Minderheitenschutz sind die Grundrechte auch nicht als Schutz der Privatheit; denn die Rechte zur Privatheit stehen, je nach dem Tatbestand, jedem Bürger oder Menschen zu. Die politische Kompetenz des Bundesverfassungsgerichts steht nicht zur Disposition von Mehrheiten oder Minderheiten, wenn auch wegen des Grundsatzes der Passivität der Recht-

---

auch schon *C. Schmitt*, Legalität und Legitimität, S. 47 ff.; *H. Kelsen*, Vom Wesen und Wert der Demokratie, S. 53 ff., 75 f.; richtiger lehrt *R. Alexy*, Theorie der Grundrechte, S. 223 f., 407 ff., 466, daß Grundrechte festlegen würden, was nicht der einfachen Mehrheit überlassen werden solle.

[787] Erinnerungen, S. 372.

[788] Dazu 1.

[789] Zur Gleichheit aller in der Freiheit Hinweise in Fn. 6, 1908.

[790] Dazu *K. A. Schachtschneider*, Res publica res populi, S. 644 ff., 703 ff., auch S. 981.

[791] Dazu *K. A. Schachtschneider*, Res publica res populi, S. 655 ff., 707 ff., 772 ff. (insb. S. 810 ff.).

[792] A. A. *W. Maihofer*, HVerfR, S. 462 ff., 472 ff.; dazu 1.

[793] Zum Verbot des Grundrechtsverzichts allgemein Hinweise in Fn. 1751.

sprechung das Gericht nicht aus eigener Initiative zu entscheiden hat. Ne procedat iudex ex officio. Wo kein Kläger, da kein Richter[794]. Jeder Richter aber hat nicht nur das Normenkontrollinitiativrecht, sondern auch die Initiativpflicht, wenn er ein Gesetz, auf dessen Gültigkeit es bei seiner Entscheidung ankommt, für verfassungswidrig hält (Art. 100 Abs. 1 S. 1 GG)[795].

Die Parteien vermitteln nicht dadurch Mehrheiten für Sachentscheidungen, daß ihre Kandidaten bei den Parlamentswahlen die Mehrheit der Sitze errungen haben. Die republikwidrige Fraktionierung[796] des Parlaments erweckt den Eindruck eines herrrschaftlichen Mehrheitsprinzips, welches durch einen Minderheitenschutz kompensiert werden soll. Man kann tatsächlich im Parteienstaat wegen der parteilichen Fraktionierung von parlamentarischen Mehrheiten und Minderheiten sprechen, die von Fall zu Fall vermuten lassen, daß sie sich an mehr oder weniger fragwürdig ermittelten Mehrheiten des Volkes orientieren.

b) Meinungsumfragen können Abstimmungen nicht ersetzen. Sie sind mangels rechtlich geregelter Verfahren nicht rechtlich repräsentativ, sondern verletzten das republikanische Vertretungsprinzip, insbesondere dessen sittlichen Imperativ. Die Demoskopie stellt Herrschaftswissen bereit und schadet dadurch der Freiheit[797]. Die Öffentlichkeit der Umfrageergebnisse kann das republikanische Defizit der Meinungsausforschung mindern. Die öffentliche Meinung[798], welche nicht identisch mit der immer unbekannten Meinung der Mehrheit ist, entfaltet auch für die Politik des Bundesverfassungsgerichts Relevanz[799], aber trotz aller Orientierung an Meinungsumfragen bestimmen nicht Mehrheiten der Bürger oder auch nur der Wähler die Entscheidungen des Parlaments, sondern Parteienoligarchien, d.h. eine extreme Minderheit in der classa politica. Die Grundrechte schützen somit (u.a.) die große Mehrheit im Volk vor den wenigen, die sich mittels der Parteien in die

---

[794] A. *Blomeyer*, Zivilprozeßrecht, Erkenntnisverfahren, 1963, S. 63 ff.

[795] Dazu W. *Löwer*, Zuständigkeiten und Verfahren des Bundesverfassungsgerichts, HStR, Bd. III, 3. Aufl. 2005, § 70, Rdn. 79 ff.; zur Normprüfungspflicht der Gerichte K. A. *Schachtschneider*, Res publica res populi, S. 901 ff., insb. S. 902.

[796] Dazu K. A. *Schachtschneider*, Res publica res populi, S. 1057, 1060 f., 1086 ff.

[797] Zur Kritik an der politischen Relevanz der Demoskopie K. A. *Schachtschneider*, Res publica res populi, S. 610 ff.

[798] Zum Begriff der öffentlichen Meinung E. *Noelle-Neumann*, Öffentliche Meinung. Die Entdeckung der Schweigespirale, 3. Aufl. 1991, insb. S. 84 ff. („fünfzig Definitionen"); *dies.*, Öffentliche Meinung, in: E. Noelle-Neumann/W. Schulz/ J. Wilke (Hrsg.), Publizistik. Massenkommunikation, 2002, S. 392 ff.; *Th. Koch*, Die Zeitung in der Republik, Diss. Erlangen-Nürnberg, 2006, D, I, 2; vgl. auch BVerfGE 8, 104 (113); dazu K. A. *Schachtschneider*, Res publica res populi, S. 602 ff.; zur „Herrschaft" der öffentlichen Meinung J. *Ortega y Gasset*, Aufstand der Massen, 1930, rororo 1956, S. 93 ff.

[799] Dazu K. A. *Schachtschneider*, Res publica res populi, S. 956 ff.

Herrschaft eingeschlichen haben[800]. Die Abwehrfunktion der Grundrechte ist somit ein dem Herrschaftsprinzip verhafteter Gesichtspunkt, der auf dem Mißverständnis von Demokratie als parteienstaatlicher Herrschaft der Mehrheit beruht[801]. Die Lehre vom grundrechtlichen Minderheitenschutz folgt der Logik des demokratistischen Prinzips der Mehrheitsherrschaft, das es nur als Ideologie gibt[802].

Grundrechte bezwecken auch, repräsentative Entscheidungen über die Menschen zu unterbinden, die nicht mitbestimmen können, weil sie noch nicht leben. Grundrechte legen des weiteren den Bereich fest, für den Einigkeit besteht, daß er den Entscheidungen der Vertreter des Volkes nicht ausgesetzt werden soll, zumal das in praxi oft nur als Mehrheitswillen ideologisierte Minderheitsentscheidungen sind. Man spricht von der Einigkeit über die Unregelbarkeit. Dazu gehört weitgehend das Religiöse[803]. Der Schutz auch dieser Grundrechte ist der praktischen Vernunft, also der gesetzgebenden Politik des Bundesverfassungsgerichts überantwortet[804].

Vor allem sollen die Grundrechte dem Bürger die Bürgerlichkeit ermöglichen, also eine politische Willensbildung in Freiheit sicherstellen, insbesondere durch die Kommunikationsgrundrechte, die Parteienfreiheit, die Wahlrechtsgrundsätze, usw.[805].

Die vielfältigen Grundrechtsaspekte können hier genausowenig ausgebreitet werden wie eine Kritik der vielfältigen weiteren Grundrechtsvoraussetzungen, Grundrechtsfunktionen und Grundrechtswirkungen nach den mannigfachen Grundrechtslehren[806].

---

[800] Zur Parteienoligarchie *K. A. Schachtschneider*, Res publica res populi, S. 45 ff., 71 ff., 92 ff., 100 ff., 106 ff., 159 ff., 196 ff., 685 ff., 772 ff., 1060 ff., 1086 ff., 1113 ff.

[801] Zur herrschaftsabwehrenden Grundrechtsfunktion 6. Kap., I, 1, 3.

[802] Dazu 1.

[803] *H. Krüger*, Allgemeine Staatslehre, S. 541; *E.-W. Böckenförde*, HStR, Bd. II, § 24, Rdn. 65 f.; i. d. S. auch *J. Schwabe*, Probleme der Grundrechtsdogmatik, S. 47; auch *R. Alexy*, Theorie der Grundrechte, S. 223, 407 ff., 466.

[804] Dazu *K. A. Schachtschneider*, Res publica res populi, S. 819 ff., 824 ff., 831 ff., 847 ff., 858 ff., 909 ff., 978 ff., 990 ff., 1027 ff., 1033 ff.

[805] I. d. S. *H. Krüger*, Allgemeine Staatslehre, S. 536 ff.; *P. Häberle*, Wesensgehaltsgarantie, S. 17 ff.; *ders.*, Öffentlichkeit im demokratischen Staat, in: Die Verfassung des Pluralismus, Studien zur Verfassungstheorie der offenen Gesellschaft, 1980, S. 138 ff. („öffentliche Freiheit"); *E.-W. Böckenförde*, Grundrechtstheorie und Grundrechtsinterpretation, NJW 1974, 1534 f.; *ders.*, HStR, Bd. II, § 24, Rdn. 41 ff.; *Ch. Starck*, HStR, Bd. III, § 33, Rdn. 29 ff. (demokratischer Freiheitsaspekt); so auch *P. Badura*, HStR, Bd. II, § 25, Rdn. 32, 42; *H. H. Rupp*, HStR, Bd. II, § 31, Rdn. 18 ff.; *Ch. Link*, VVDStRL 48 (1990), S. 43; BVerfGE 7, 198 (208); 57, 295 (319 f.) für Art. 5 Abs. 1 S. 2 GG; i. d. S. auch *J. Rawls*, Eine Theorie der Gerechtigkeit, S. 251 ff.; *J. Habermas*, Faktizität und Geltung, S. 333 ff.

V. Einheit von Freiheit und Herrschaft

1. „Politische Gerechtigkeit" erwächst, lehrt *Otfried Höffe*, aus „dem allseitigen Freiheitsverzicht"; das aber sei „Herrschaft". „Gerechtigkeit" sei „die allseits vorteilhafte Freiheitseinschränkung", nicht aber der „einseitige Freiheitsverzicht". Der „soziale Zwang" „zum freiheitsbeschränkenden Freiheitsverzicht" sei die unvermeidbare Herrschaft. Die „freie Zustimmung" aller sei von dem „allseitigen Vorteil der Betroffenen" getragen[807]. Einigkeit ist das Prinzip des Politischen[808] und durchaus, wie *Höffe* meint, Ausdruck „allseitigen Vorteils". Der Konsens jedenfalls erlaubt wegen des Grundsatzes volenti non fit iniuria[809] den Vorwurf des Unrechts nur, wenn das Gesetz den Grundprinzipien des Rechts, den Menschenrechten oder der Menschheit des Menschen widerspricht. *Höffe* identifiziert „Rationalität"

---

[806] Zur variantenreichen Grundrechtsdogmatik in Lehre und Rechtsprechung, die notwendig abhängig vom jeweiligen Freiheits- und Staatsbegriff ist *P. Häberle*, Die Wesensgehaltsgarantie des Artikel 19 Absatz 2 GG, 1962, 3. Aufl. 1983 (eigenständig, vor allem die „institutionelle Grundrechtslehre"); *E.-W. Böckenförde*, Grundrechtstheorie und Grundrechtsinterpretation, NJW 1974, 1529 ff., der zu Recht den Wechsel zwischen Grundrechtstheorien kritisiert, weil nur eine dem Grundgesetz entsprechen könne, wenn verschiedene zu unterschiedlichen Ergebnissen führen (S. 1536); *E. Grabitz*, Freiheit und Verfassungsrecht, Kritische Untersuchungen zur Dogmatik und Theorie der Freiheitsrechte, 1976; *J. Schwabe*, Probleme der Grundrechtsdogmatik, 1977; *K. Hesse*, Grundrechte, Bestand und Bedeutung, HVerfR, S. 79 ff., 90 ff., 2. Aufl. 1994, Bedeutung der Grundrechte, S. 127 ff.; *A. Bleckmann*, Staatsrecht II, Allgemeine Grundrechtslehren, 3. Aufl. 1991, insb. S. 171 ff.; *R. Alexy*, Theorie der Grundrechte, S. 28 ff., passim; *K. Stern/M. Sachs*, Staatsrecht III, 1, Allgemeine Lehren der Grundrechte, §§ 63 ff., S. 316 ff., insb. § 67, S. 690 ff., § 68, S. 754 ff., § 69, S. 890 ff.; *K. Stern*, Staatsrecht III, 2, § 95 III, S. 1678 ff.; v. Mangoldt/Klein/*Starck*, GG, Art. 1 Abs. 3, Rdn. 151 ff.; *G. Lübbe-Wolff*, Die Grundrechte als Eingriffsabwehrrechte, Struktur und Reichweite der Eingriffsdogmatik im Bereich staatlicher Leistungen, 1988, insb. S. 205 ff.; kritisch *H. Rupp*, Vom Wandel der Grundrechte, AöR 101 (1976), S. 161 ff.; *Ch. Steinbeiß-Winkelmann*, Grundrechtliche Freiheit und staatliche Freiheitsordnung. Funktion und Regelungsgehalt verfassungsrechtlicher Freiheitsgarantien im Lichte neuer Grundrechtstheorien, 1986; *J. Isensee/P. Kirchhof* (Hrsg.), HStR, Allgemeine Grundrechtslehren, Bd. V, 1992; *H. Bethge/B. Weber-Dürler*, Der Grundrechtseingriff, VVDStRL 57 (1998), S. 7 ff., 57 ff.

[807] Politische Gerechtigkeit, S. 63 ff., 328 ff., 382 ff., 404 ff., 407, 438 ff., 440, 441 ff.; *ders.*, Gerechtigkeit als Tausch? insb. S. 19 ff.; herrschaftslegitimierend auch *ders.*, Demokratie im Zeitalter der Globalisierung, S. 40 ff. (53 ff.), 107 f.; in diese Richtung geht auch der freilich weniger präzise Versuch *M. Hättichs*, Demokratie als Herrschaftsordnung, insb. S. 144 f., 152 ff., die Herrschaft freiheitlich zu begründen: „Indem Herrschaft als Freiheitsschutz für Bürger und Volk gedacht wird, findet die demokratische Legitimierung erst zu ihrem Sinn" (S. 149).

[808] Dazu *K. A. Schachtschneider*, Res publica res populi, S. 560 ff., 584 ff., 617 ff.

[809] Hinweise in Fn. 980.

mit dem „Prinzip Vorteil"[810]. Der Gesichtspunkt „Selbstinteresse" jedoch, auf den *Höffe* abhebt, um „Vorteil" zu bestimmen, orientiert sich an angelsächsischem Freiheitsdenken[811]. „Vorteil" und „Interesse" sind empirische Kriterien, welche sich am homo phaenomenon ausrichten, während die grundgesetzliche Ethik auf den homo noumenon abstellt, nämlich auf die Würde des Menschen[812]. Trotz des empiristischen Ansatzes sind die Begriffe *Höffes* empirisch nicht fundiert. Sie leugnen lediglich die transzendentale Letztbegründung der Ethik und damit des Rechts[813]. Nur wenn das Interesse im Sinne von *Jürgen Habermas* das an der Erkenntnis[814], nämlich der Erkenntnis des Richtigen für die allgemeine Freiheit auf der Grundlage der Wahrheit, nur wenn Politik bürgerliche Erkenntnis ist[815], durchaus im Interesse des guten Lebens aller, dient es dem „allgemeinen Vorteil". Der allgemeine Vorteil ist das Recht, nicht die Herrschaft. Das Recht freilich kann des Zwanges nicht entraten[816]. *Höffe* aber erfaßt den sozialen Zwang zum „freiheitsbeschränkenden Freiheitsverzicht", wie gesagt, als Herrschaft[817]. Recht jedoch ist Freiheitsverwirklichung. *Höffe* überwindet das Prinzip Herrschaft nicht, weil er Freiheit nicht formal, sondern material, nämlich als unbeschränkte materiale Handlungsmöglichkeit (miß)versteht[818]. Das führt zu der Vorstellung, das Gesetz schränke die Freiheit ein und verwirkliche einen „Freiheitsverzicht". Ein solcher sei Herrschaft, weil die Willkür des Menschen letztlich gewaltbewehrt beschränkt werde. Freiheit als ein Verhältnis von Menschen ist auf ihre Allgemeinheit eingeschränkt

---

[810] Politische Gerechtigkeit, S. 417.

[811] Vgl. *J. Isensee*, Grundrechtliche Freiheit – Republikanische Tugend, S. 68 ff.

[812] Dazu 1. Kap., 2. Kap.

[813] Dazu 2. Kap., II.

[814] Erkenntnis und Interesse, S. 234 ff.; vgl. i. d. S. auch *ders.*, Die Utopie des guten Herrschers, S. 327 ff.; *ders.* auch, Moralbewußtsein und kommunikatives Handeln, S. 73 ff.; *ders.*, Erläuterungen zur Diskursethik, S. 119 ff., 161 ff.; *ders.*, Faktizität und Geltung, S. 135 ff. (147 ff.), 349 ff., 435 ff.

[815] Ganz so *D. Sternberger*, Machiavellis „Principe" und der Begriff des Politischen, 1974, S. 54 f.; zum Verhältnis von Wille und Erkenntnis in der Philosophiegeschichte *H. Heimsoeth*, Die sechs großen Themen der abendländischen Metaphysik und der Ausgang des Mittelalters, 1922, 4. Aufl. 1958, S. 204 f.; zum Kognitivismus der Politik *K. A. Schachtschneider*, Res publica res populi, S. 560 ff., 584 ff., 657 ff., 707 ff.

[816] Dazu *K. A. Schachtschneider*, Res publica res populi, S. 548 ff.; 2. Kap., VIII.

[817] Politische Gerechtigkeit, S. 63 ff., 328 ff., 382 ff., passim; *ders.*, Demokratie im Zeitalter der Globalisierung, S. 40 f.; dazu kritisch *K. A. Schachtschneider*, Res publica res populi, S. 553 ff.; vgl. auch 2. Kap., VIII.

[818] Dazu 5. Kap., III, 3; *O. Höffe* etwa, Politische Gerechtigkeit, S. 382 ff.; vgl. auch *ders.*, Demokratie im Zeitalter der Globalisierung, S. 71 ff. (näher am formalen Freiheitsbegriff).

und verwirklicht sich deswegen in allgemeiner Gesetzlichkeit[819]. Das gemeinsame Leben soll jedoch in Liebes-, nicht in Herrschaftsverhältnissen
geordnet sein: „Liebe deinen Nächsten als dich selbst", bezeichnet *Kant* als
„jenes Gesetz aller Gesetze."[820] Nur die Liebe vermag Herrschaft zu erübrigen. Das Prinzip des Rechts oder mit *Höffe* der Gerechtigkeit ist die Liebe
unter den Menschen. Das Liebesprinzip verwirklicht sich im Konsens, im
Gesetz. *Dolf Sternberger* sagt: „Übereinkunft" ist nicht „Herrschaft"[821].

Selbstgesetzlichkeit, Autonomie des Willens, ist Freiheit, auch im Zwang
zur Gesetzlichkeit, wie *Locke, Montesquieu, Rousseau* und ihnen folgend
Kant geklärt haben[822]. Wenn das Gesetz die Freiheit verwirklicht, so auch
die Gesetzlichkeit, sei letztere auch erzwungen; denn wer das Prinzip der
Gesetzlichkeit mißachtet, verletzt die Freiheit aller, auch die eigene, der
handelt gegen die Vernunft, die in den Gesetzen ihre Verwirklichung sucht.
Die Republik als freiheitliches Gemeinwesen, als Freistaat, läßt sich nur
mittels des negativen äußeren und des positiven inneren Freiheitsbegriffs
des Grundgesetzes, den wir Rousseau und Kant danken[823], konstruieren.
Dieser Freiheitsbegriff läßt es nicht zu, Freiheit als Herrschaft zu begreifen,
weil die Pflichterfüllung erzwungen werden muß, wenn die Moral des Verpflichteten versagt. Die Gesetzlichkeit des gemeinsamen Lebens ist gerade
die allgemeine Freiheit der Republik, im Rahmen derer sich die besondere
Freiheit, die Privatheit, entfaltet[824]. Weil aber Gesetzlichkeit auch Legalität
ist, sei es aus Moralität im Sinne des „allgemeinen ethischen Gebots":

---

[819] Dazu 2. Kap., IV, VI, 5. Kap., II, 3, IV, 7. Kap., II; *K. A. Schachtschneider*,
Res publica res populi, S. 519 ff.; *ders.*, Prinzipien des Rechtsstaates, S. 50 ff.

[820] *Kant*, Kritik der praktischen Vernunft, S. 205 f. und *ders.*, Metaphysik der Sitten, S. 586 ff.; auch schon *Locke*, Über die Regierung, II, 5, S. 5 f. (mit Bezug auf
R. Hooker, 1554–1600); vgl. zum Ideal der Liebe als Prinzip der Herrschaftslosigkeit *H. Krüger*, Allgemeine Staatslehre, S. 659, 672; zum christlichen Liebesprinzip
im Alten und Neuen Testament als Grundprinzip des Rechts *G. Küchenhoff*, Naturrecht und Liebesrecht, S. 69 ff.; dazu 2. Kap., VII.

[821] Herrschaft und Vereinbarung, S. 131.; ganz so *H. Arendt*, Was ist Politik?,
S. 35 ff., insb. S. 39; i.d.S. auch *R. Marcic*, Rechtsphilosophie, S. 208 ff., dessen
rechtliches Grundprinzip des Verbots zu herrschen (S. 216) nichts anderes ist als das
christliche Liebesprinzip.

[822] *Locke*, Über die Regierung, IV, 22, VII, 88, XI, 134, S. 19, 66 f., 101 ff.;
Montesquieu, Vom Geist der Gesetze, XII, 2, S. 250 f.; *Rousseau*, Vom Gesellschaftsvertrag, I, 8, S. 23; *Kant*, Metaphysik der Sitten, S. 338 ff., 464; *ders.*, Über
den Gemeinspruch, S. 169; i.d.S. auch *Hobbes*, Leviathan, II, 17, S. 155 ff.; vgl.
dazu *W. Kersting*, Wohlgeordnete Freiheit, S. 29 ff.; *ders.*, Kant über Recht,
S. 40 ff.; ebenso *J. Rawls*, Eine Theorie der Gerechtigkeit, S. 271 f., im „Interesse
der Stabilität der gesellschaftlichen Zusammenarbeit"; dazu *K. A. Schachtschneider*,
Res publica res populi, S. 145 ff., 545 ff.; dazu 2. Kap., VIII.

[823] Dazu 2. Teil, VI und VII.

[824] Dazu 11. Kap., II, 8. Kap.

„Handle pflichtmäßig, aus Pflicht"[825], sei es erzwungen, ist auch der Zwang zur Pflichterfüllung freiheitlich. Er verwirklicht die Freiheit aller, auch derer, die zur Sittlichkeit unvermögen sind. Gesetzlichkeit ist Freiheit[826], vorausgesetzt, das Gesetz ist Recht[827]. „..., und der Gehorsam gegen das selbstgegebene Gesetz ist Freiheit"[828]. Solche Gesetzlichkeit ist die christliche Nächstenliebe[829]. Sie ist das Gegenteil von Herrschaft[830]. Wesentlich ist *Dolf Sternbergers* Satz: „Imperium ist nicht dominium"[831].

Nächstenliebe ist nicht etwa die Ungesetzlichkeit[832]. Eine solche ist Anarchie[833]. Die politische Gesetzlosigkeit, verbunden mit der Einsicht in die empirischen Gesetzlichkeiten des gemeinsamen Lebens, also in die Möglichkeit und damit Notwendigkeit, den Menschen vom Bösen zum Guten zu führen, ist die anthropologische Ideologie des Sozialismus[834]. Sie hat zur Parteilichkeit der sozialistischen Gesetzlichkeit, eine Form der Rechtlosigkeit, zur Despotie, des (vermeintlich) wesentlichen Materialismus durch eine Partei geführt, deren Macht auf Gewalt gestützt war[835]. Selbst

---

[825] *Kant*, Metaphysik der Sitten, S. 318, 324, 331 f., 521 u. ö.; *ders.*, Kritik der praktischen Vernunft, S. 203; dazu 2. Kap., VII.

[826] *Locke*, Über die Regierung, IV, 22, auch XI, 134, S. 19, 101 ff.; *Kant*, Metaphysik der Sitten, S. 338 f., 527; *Rousseau*, Vom Gesellschaftsvertag, I, 8, S. 23; *Montesquieu*, Vom Geist der Gesetze, XII, 2, S. 250 f. (auch wenn die gesetzesgemäße Todesstrafe vollzogen werde).

[827] Dazu 2. Kap., IV, 5. Kap., II, 3, 7. Kap., II.

[828] *Rousseau*, Vom Gesellschaftsvertrag, I, 8, S. 23.

[829] *Kant*, Kritik der praktischen Vernunft, S. 203 f.; *ders.*, Metaphysik der Sitten, S. 586 ff.; i.d.S. auch *Locke*, Über die Regierung, II, 5, S. 5 f.; i.d.S. auch *G. Küchenhoff*, Naturrecht und Liebesrecht, S. 7 ff., 73, 75 ff., der das Liebesprinzip als Prinzip der Menschenliebe zum Leitgedanken der Rechtsordnung erhebt, zu Recht; vgl. 2. Kap., VI.

[830] So i.S. *Kants W. Kersting*, Wohlgeordnete Freiheit, S. 279 ff., 291 ff.; ganz so in der Sache auch *D. Sternberger*, Herrschaft und Vereinbarung, S. 130 f. (Zitat zu Fn. 928); *ders.*, Der alte Streit um den Ursprung der Herrschaft, S. 25 f.

[831] Der alte Streit um den Ursprung der Herrschaft, S. 26; *ders.*, Max Weber und die Demokratie, S. 152.

[832] Zu derartigen Idealen *H. Krüger*, Allgemeine Staatslehre, S. 654 ff.

[833] Vgl. *Kant*, Anthropologie, S. 686 („Gesetz und Freiheit, ohne Gewalt (Anarchie))"; vgl. *W. Maihofer*, HVerfR, S. 465 mit Fn. 82.

[834] Dazu *H. Krüger*, Allgemeine Staatslehre, S. 665 ff.

[835] *G. Brunner*, Einführung in das Recht der DDR, 1975, 2. Aufl. 1979, S. 1 ff.; *ders.*, Das Staatsrecht der Deutschen Demokratischen Republik, HStR, Bd. I, 3. Aufl. 2003, § 11, Rdn. 21 ff.; zur systembestimmenden Parteilichkeit auch *R. Dolzer*, Die Verantwortlichkeit für die Hinterlassenschaft der DDR, HStR, Bd. VIII, 1995, § 195, Rdn. 10 ff.; *W. Eichhorn*, Anmerkungen zum Demokratiebegriff, in: U.-J. Heuer (Hrsg.), Überlegungen zur sozialistischen Demokratie, 1987, S. 41 ff. („Wenn ‚Demokratie' in erster Linie, zunächst und vor allem ein Klassenbegriff, ein Begriff des Klassenkampfes ist – und das ist eben meiner Meinung nach conditio sine qua non des marxistischen Herangehens an die Problematik –, dann ist

Otfried Höffe anerkennt den Zwang als eine „Forderung der Moral"[836].
Max Weber definiert das Recht als eine Ordnung, die „äußerlich garantiert"
sei „durch die Chance (physischen und psychischen) Zwanges, durch ein
auf Erzwingung der Innehaltung oder Ahndung der Verletzung gerichtetes
Handeln eines eigens darauf eingestellten Stabes von Menschen"[837]. Das
übernimmt *Werner Maihofer*[838]. Gewalt ist nicht schon Herrschaft, nämlich
nicht, wenn sie rechtens ist[839]. Aber Ordnung ist nicht schon Recht[840].

2. „Eine Rechtmäßigkeit der Herrschaft von Menschen über Menschen"
läßt sich entgegen *Werner Maihofer* auch und gerade nicht aus dem „Vorrang des Prinzips der Freiheit ... begründen und rechtfertigen"[841]. In der
Republik kann der Begriff Herrschaft nur beanspruchen, die freiheitswidrige
Wirklichkeit, etwa die des Parteienstaates, zu erfassen. Derartige Feststellung ist, im Gegensatz zu *Carl Friedrich von Gerber* und seiner immer
noch herrschenden Lehre von der Herrschaft als Rechtsprinzip[842], zugleich
Aufforderung, die Herrschaft zu überwinden, um die Freiheit, also das
Recht, zu gewinnen[843].

Richtig beantwortet *Manfred Hättich* die Frage, warum die herrschende
Gruppe herrscht: „Sie tut es, weil sie kann; ..."[844] Aus dieser Erkenntnis

---

und bleibt sie inhaltlich wesensgleich mit ‚Diktatur': mit realer Macht von Klassen",
S. 43 f.); insbesondere bedeutet „Diktatur des Proletariats" seit Lenin und Trotzki
eine Diktatur der Partei(-Führung), vgl. *I. Fetscher*, Der Marxismus, Bd. III, 1965,
S. 190 ff., 392 ff.; *K. A. Schachtschneider (O. Gast)*, Sozialistische Schulden nach
der Revolution, S. 28 ff., 97 ff., mit Hinweisein in Fn. 187, 324.

836 Politische Gerechtigkeit, S. 426, auch S. 403, wo *Höffe* den „Anspruch" als
eine „moralische Zwangsbefugnis" definiert; vgl. auch *ders.*, Demokratie im Zeitalter der Globalisierung, S. 40 f.

837 *M. Weber*, Wirtschaft und Gesellschaft, S. 17, auch S. 181 ff.

838 *W. Maihofer*, ARSP, Beiheft Nr. 15, 1981, S. 18; i.d.S. auch *J. Rawls*, Eine
Theorie der Gerechtigkeit, S. 271 f. („Hobbessche These").

839 *D. Sternberger*, Herrschaft und Vereinbarung, S. 130 f. (Zitat zu Fn. 928);
ders., Der alte Streit um den Ursprung der Herrschaft, S. 25 f.; *ders.*, Max Weber
und die Demokratie, S. 152 ff.; viele identifizieren mit M. Weber Gewalt, Zwangsbefugnis und Herrschaft, etwa M. Hättich, Demokratie als Herrschaftsordnung,
S. 154, 172 ff., auch S. 25 ff., der Weg in den ethischen Skeptizismus; zur Gewalt-
lehre *K. A. Schachtschneider*, Der Anspruch auf materiale Privatisierung, S. 265 ff.,
insb. S. 276 ff., 281 ff.

840 *K. A. Schachtschneider (O. Gast)*, Sozialistische Schulden nach der Revolution, S. 98, auch S. 28 ff.

841 HVerfR, S. 446 (bei *Maihofer* verschwimmt der Unterschied von Liberalismus
und Republikanismus), vgl. auch S. 452 ff., 462 ff., 472 ff., 489 ff.; vgl. *ders.*, Realität der Politik und Ethos der Republik, S. 84 ff., wo er die republikanischen Prinzipien noch stärker hervorhebt.

842 Dazu die Hinw. in Fn. 479, 484.

843 Ganz so *D. Sternberger*, Herrschaft und Vereinbarung, S. 130 f.; *ders.*, Der
alte Streit um den Ursprung der Herrschaft, S. 26 f. (Zitat zu Fn. 928).

folgt der bürgerliche Imperativ, Herrschaft unmöglich zu machen. Er ist identisch mit dem kategorischen Imperativ, der darum auch von allen Herrschaftslehren, auch von der Hättichs, gemieden wird.

Wenn sich Menschen noch so willig der Herrschaft unterwerfen, legitimiert das Herrschaft nicht[845]; denn der Mensch darf „das Subjekt der Sittlichkeit in seiner eigenen Person", „die Menschheit in seiner Person (homo noumenon) nicht abwürdigen"; denn die Freiheit ist das „einzige, ursprüngliche, jedem Menschen kraft seiner Menschheit zustehende Recht"[846]. Darum ist *Kant Rousseau* gefolgt, der die Sittlichkeit als Substanz der Freiheit erkannt hat:

> „Man könnte ... zum Erwerb des bürgerlichen Standes noch die sittliche Freiheit hinzufügen, die allein den Menschen zum wirklichen Herrn seiner selbst macht; denn der Antrieb des reinen Begehrens ist Sklaverei, und der Gehorsam gegen das selbstgegebene Gesetz ist Freiheit." ... „Auf seine Freiheit verzichten heißt auf seine Eigenschaft als Mensch, auf seine Menschenrechte, sogar auf seine Pflichten verzichten." ... „Ein solcher Verzicht ist unvereinbar mit der Natur des Menschen; seinem Willen jegliche Freiheit nehmen heißt seinen Handlungen jede Sittlichkeit nehmen"[847].

Selten sind die Untertanen gefragt worden, ob sie ihre Freiheit aufgeben wollen. Sie akklamieren zwar den Herren, aber um (vermeintlicher) Vorteile willen, nicht als Bürger, sondern als erniedrigte, geknechtete, verlassene, verächtliche Wesen (*Karl Marx*[848]), betrogen und belogen, heute durch die sanften Machiavellismen der herrschenden Parteien[849]. Herrschaft nimmt dem Menschen die sittliche Existenz, die Würde.

3. Die Formel: „Herrschaft des Volkes ist Herrschaft des Rechts", welche *Martin Kriele* und *Hans F. Zacher*[850] verwenden, genügt dem Prinzip der

---

[844] Demokratie als Herrschaftsordnung, S. 103.

[845] Vgl. die Hinweise in Fn. 847; dazu auch *K. A. Schachtschneider*, Res publica res populi, S. 189 ff.; dazu II, III, 4; so aber *M. Hättich*, Demokratie als Herrschaftsordnung, S. 43.

[846] *Kant*, Metaphysik der Sitten, Tugendlehre, S. 555, bzw. Metaphysik der Sitten, S. 345; dazu 2. Kap., III, VI, 5. Kap., II, 1.

[847] Vom Gesellschaftsvertrag, I, 8 bzw. I, 4, S. 23 bzw. S. 11; auch *W. Maihofer*, HVerfR, S. 500 mit Fn. 158, nimmt diese Stellen in Bezug; i. d. S. auch *W. Leisner*, Staatseinung, S. 55 („Selbstand" „der autonomen Träger" des „gemeinsamen Willens").

[848] Zur Kritik der Hegelschen Rechtsphilosophie, 1843/44, MEW, Bd. 1, 1964, S. 385, noch kantianisch, vor seinen ökonomistischen Irrtümern; dazu *U.-J. Heuer*, Marxistische Theorie und Demokratie, KJ 23 (1990), S. 205 f.; auf das Marx-Zitat nimmt auch Bezug *W. Maihofer*, HVerfR, S. 525 f., der den Imperativ Marxens verstärkt.

[849] *K. A. Schachtschneider*, Res publica res populi, S. 1113 ff.

[850] *M. Kriele*, Das demokratische Prinzip im Grundgesetz, VVDStRL 29 (1971), S. 49 ff., 81; ihm folgen *H. F. Zacher*, daselbst, Aussprache, S. 134 f. („Möge Herr-

demokratischen Republik, ebenso wie die Formel „Herrschaft des Rechts –
Wirklichkeit der Freiheit" von *Josef Isensee*[851], nur, wenn mit dem Wort
„Herrschaft" im Sinne der „Selbstherrschaft"[852] die noumenale Autonomie
des Willens gemeint ist. Sonst widersprechen sich die Begriffe Herrschaft
einerseits und Recht bzw. Freiheit anderseits. *Ernst-Wolfgang Böckenförde*
greift das kantianische Verständnis der Freiheit als Autonomie des Willens
auf. Sein Versuch jedoch, Freiheit im Sinne der Autonomie mit Demokratie
zu verbinden[853], bleibt widersprüchlich, weil „der einzelne" nicht „Herr seiner selbst", „sein eigener Gesetzgeber" und zugleich „Staatsgewalt" „Herrschaft von Menschen über Menschen" sein kann. Herrschaft löse sich nicht
in herrschaftsfreien Diskurs, in „einer (falsch verstandenen) Identität von
Regierenden und Regierten", auf[854]:

> „Für diesen Freiheitsbegriff (sc. im Sinne der „Autonomie") erscheint die Demo-
> kratie als die freiheitsgemäße Form politischer Herrschaft: Die geltende Ordnung
> wird, dem neuzeitlichen Autonomiedenken entsprechend, von denjenigen erzeugt,
> die ihr unterworfen sind. Demokratie vermag daher das Bestehen politischer
> Herrschaft, von Über- und Unterordnung, Befehl und Gehorsam, mit dem Prinzip
> individueller Freiheit und Selbstbestimmung zu vermitteln"[855].

Wie „Autonomie" und „politische Herrschaft" im Sinne von „Über- und
Unterordnung, Befehl und Gehorsam", also Heteronomie, „vermittelt" werden sollen, klärt *Böckenförde* nicht. Es bleibt auch ein unüberwindlicher
Widerspruch. Die „Anerkennung und Zustimmung der Beherrschten" zur
„Ausübung der politischen Herrschaft", in der *Böckenförde* unter Berufung
auf *Carl Schmitt* und *Hans Kelsen*[856] die identitäre „Einheit von Herrschern
und Beherrschten" sieht, ist die Unterwerfung der Untertanen unter die
(heute parteienstaatliche) Obrigkeit, die schon deswegen keine Legitimation
hat oder gar gibt, weil sie die Willensautonomie aufgibt und damit die

---

schaft des Volkes Herrschaft des Rechts bleiben"); *J. Isensee*, Verfassungsgarantie
ethischer Grundwerte und gesellschaftlicher Konsens, NJW 1977, 548; i.d.S. auch
R. Marcic, Rechtsphilosophie, S. 232 ff.; auch *K. A. Schachtschneider*, JA 1979, 518.

[851] HStR, Bd. II, § 15, Rdn. 171 ff.

[852] *W. Maihofer*, ARSP, Beiheft Nr. 15, 1981, S. 21; *ders.*, HVerfR, S. 428 ff.,
432 ff.; *ders.*, Realität der Politik und Ethos der Republik, S. 101 f.; auch *Kant*, Metaphysik der Sitten, S. 464, benutzt dieses Wort.

[853] HStR, Bd. II, § 24, Rdn. 36.

[854] HStR, Bd. II, § 24, Rdn. 9.

[855] *E.-W. Böckenförde*, HStR, Bd. II, § 24, Rdn. 36, vgl. auch Rdn. 49 ff.; *ders.*,
Demokratie und Repräsentation, S. 21 ff.; i.d.S. auch *M. Hättich*, Demokratie als
Herrschaftsordnung, S. 144 ff., 152 ff. u.ö.; ebenso widersprüchlich *W. Maihofer*,
HVerfR, S. 462 ff., 472 ff.

[856] Verfassungslehre, S. 234, bzw. Vom Wesen und Wert der Demokratie, S. 14;
dazu kritisch *M. Kriele*, Einführung in die Staatslehre, 6. Aufl. 2003, S. 254 ff.,
257 ff., 259 ff.

Würde verletzt[857]. Oboedientia facit imperantem ist nicht das Prinzip der Freiheit, auch nicht, wenn die Herrschaft zeitlich beschränkt ist. Es ist allenfalls ein Prinzip herrschaftlicher Demokratie, zumal die Parteienoligarchie nicht auf Zeit herrscht, sondern mit wechselnden Rollen insgesamt dauerhaft. Der Einfluß der Wählerschaft hat in den Jahrzehnten des bundesdeutschen Nachkriegsparteienstaates die Herrschaft der Mehrparteienoligarchie kaum tangiert, wenn auch moderiert.

Ernst-Wolfgang Böckenförde sieht den Staat als „Herrschaftsordnung", der darin zugleich „Freiheitsordnung" sei[858]. Ordnung ist jedoch nicht notwendig mit Herrschaft verbunden, nicht notwendig „Über- und Unterordnung"[859], nicht „dominierende Herrschaft"/„politische Herrschaft", wie *Manfred Hättich* meint[860]. „Wohlgeordnete Freiheit" hat *Wolfgang Kersting* seine Schrift zur „philosophischen Rehabilitierung" von „Immanuel Kants Rechts- und Staatsphilosophie", 1984, genannt. *John Rawls* beruft sich für seine „Theorie der Gerechtigkeit" auf Kant und hat eine weltweit einflußreiche Lehre von der „wohlgeordneten Gesellschaft" entwickelt, welche auf den Begriff Herrschaft verzichtet[861]. „Es wird zwischen notwendiger Ordnung und Unterdrückung unterschieden" (BVerfGE 5, 85 (205)). Wenn auch dieses Verdikt gegen Unterdrückung nicht schon Herrschaft inkriminiert, so zeigt doch die auf derselben Seite angesprochene Ablehnung einer für „das Wohl von ‚Untertanen' noch so gut sorgenden Obrigkeit", daß das Bundesverfassungsgericht im KPD-Urteil die „freiheitliche Demokratie" entgegen

---

[857] Dazu 1. und 2. Kap., 5. Kap., II; i.d.S. *D. Sternberger*, Der alte Streit um den Ursprung der Herrschaft, S. 11 ff.; *ders.*, Max Weber und die Demokratie, S. 137 ff. (vor allem zur „bürgerlichen Legitimität").

[858] Der Staat als sittlicher Staat, S. 16 f., gegen J. Habermas, mit *R. Spaemann* (Die Utopie der Herrschaftsfreiheit, 1972); grundsätzlich zur demokratiehaften Lehre der freiheitlichen Herrschaftsordnung auch *ders.*, HStR, Bd. II, § 24, Rdn. 4 ff., 35 ff.; ähnlich *W. Maihofer*, HVerfR, S. 427 ff., 462 ff., 472 ff., 500 ff., 507 ff.; *ders.*, Realität der Politik und Ethos der Republik, S. 101 ff., 116 ff., 121 ff.; freiheitlich, wenn auch mit einem herrschaftlichen Staat verbunden, *O. Asbach*, Die Konstitution politischer Freiheit. Grundlagen, Probleme und Aktualität der politischen Theorie der Aufklärung, in: Politisches Denken, 2004, S. 77 ff. (S. 83 ff., 98 ff.).

[859] *D. Sternberger*, Herrschaft und Vereinbarung, S. 115 ff., 130 f.; anders *C. Schmitt*, Verfassungslehre, S. 4 f.; *M. Hättich*, Demokratie als Herrschaftsordnung, S. 34 f., auch S. 60 f. (liberalistisch), S. 87 ff.; *W. Henke*, Recht und Staat, S. 387 ff., 609 ff., sieht nicht den Staat, sondern den Amtswalter übergeordnet, als den Herrn über den Bürger also; *R. Gröschner*, Das Überwachungsrechtsverhältnis. Wirtschaftsüberwachung in gewerbepolizeirechtlicher Tradition und wirtschaftsverwaltungsrechtlichem Wandel, 1992, S. 49 ff., 119 ff., zeigt, daß die Rechtsverhältnislehre auf eine Dogmatik der Überordnung des Staates über den Bürger nicht angewiesen ist; ebenso *ders.*, HStR, Bd. II, § 23, Rdn. 53 ff.

[860] Demokratie als Herrschaftsordnung, S. 88 f.

[861] Vor allem S. 493 ff.

der Definition im SRP-Urteil (BVerfGE 2,1 (12 f.))[862] nicht als Herrschafts-ordnung verstanden hat.

4. Die herrschaftsideologische Trennung von Staat und Gesellschaft[863] folgt auch für *Manfred Hättich* dem Prinzip der Über- und Unterordnung, das *Ernst-Wolfgang Böckenförde* wieder in der Staatsrechtslehre etabliert habe. „Wo Freiheitsbereiche gesichert werden sollen, kann dies letzten Endes mit realer Sicherheit wiederum nur durch die Herrschaft geschehen", meint *Hättich*[864].

Der Widerspruch dieses Satzes ist nur mit der Schmittschen Entpolitisie-rung der Freiheit zu beheben, die *Hättich* aber nicht zugesteht, der neben der „politischen" die „persönliche Freiheit" als die „herrschaftsfreie Lebens-sphäre", aber drittens auch die „politische Freiheit des Volkes in seiner Ganzheit" kennt, die nicht „gleich der Freiheit des Menschen" sei[865]. Vor allem der dritte Freiheitsbegriff erlaubt es, darauf Herrschaft aufzubauen, wie *Hans Kelsen* vorgeführt hat[866].

Frei ist weder, wer sich beherrschen läßt, noch wer andere beherrscht[867]. *Kant* bleibt dem Rechtsprinzip treu: „Dies ist die einzige bleibende Staats-verfassung, wo das Gesetz selbstherrschend ist, und an keiner besonderen Person hängt"[868].

Dolf Sternberger hat den freiheitlichen Begriff des Politischen im aristote-lischen Verständnis, auf dem der Republikbegriff des modernen Verfassungs-

---

[862] Zitat in I, 2.

[863] Dazu *K. A. Schachtschneider*, Res publica res populi, S. 159 ff.; dazu IX.

[864] Demokratie als Herrschaftsordnung, S. 97, auch S. 93 ff.; *E.-W. Böckenförde*, Die Bedeutung der Unterscheidung von Staat und Gesellschaft im demokratischen Sozialstaat der Gegenwart, 1972, in: ders. (Hrsg.), Staat und Gesellschaft, 1976, S. 395 ff., 411 ff.; dazu *K. A. Schachtschneider*, Res publica res populi, S. 175 ff.

[865] Demokratie als Herrschaftsordnung, insb. S. 144 ff.

[866] Vom Wesen und Wert der Demokratie, S. 3 ff., 12 f.; *ders.*, Allgemeine Staatslehre, S. 321, 325 f.; dazu III.

[867] *H. Arendt*, Vita Activa, S. 34, für die Griechen; i.d.S. auch *Ch. Meier*, Frei-heit, S. 428; fragwürdig *A. Pabst*, Die athenische Demokratie, S. 17 ff.; ganz wie der Text *Rousseau*, Vom Gesellschaftsvertrag, I, 1, II, 1, S. 5, 28 (Zitate in Fn. 893); *H. Kelsen*, Vom Wesen und Wert der Demokratie, S. 3 ff., 79 f., greift die Idee der Herrschaftslosigkeit als die Idee der Freiheit auf, läßt sie aber als demokratische Ideologie in der parteienstaatlichen, führerbestimmten demokratischen Realität ver-kümmern; ähnlich *M. Hättich*, Demokratie als Herrschaftsordnung, S. 25 ff., 144 ff., der das nicht zu akzeptieren vermag und darum das Prinzip Demokratie zu einem Prinzip der Herrschaftslegitimation (auch S. 18 f., 139 ff.) degradiert, das sich „als Unterscheidung von Staatsformen nicht eigne" (S. 33); denn Herrschaft erscheint auch ihm notwendig, etwa S. 34 mit Hinweisen und Zitaten; vgl. i.d.S. auch *I. Fet-scher*, Rousseaus politische Philosophie, S. 155.

[868] Metaphysik der Sitten, S. 464; zur „Herrschaft der Gesetze" Hinweise in Fn. 953; dazu auch VIII.

staates gründet, dem herrschaftlichen, der auf die Herrschaft im Hause, die Despotie im οἶκος bei *Aristoteles*, das dominium Roms, zurückgeht, gegenübergestellt[869]. Herrschaft ist und bleibt Despotie. Herrschaft ist Rechtlosigkeit, nicht Gesetzlosigkeit; denn Gesetze müssen nicht Recht schaffen. Recht setzt die politische Freiheit voraus[870]. Darum sind nur Rechtsstaaten Staaten im modernen Sinne; denn Staaten müssen von gesetzeshaft organisierten Despotien unterschieden werden, wie es etwa die DDR war[871]. Das rechtfertigt einen materialen, nämlich freiheitlichen Staatsbegriff.

Der Begriff Herrschaft muß sich gefallen lassen, im modernen Staat, der das Gemeinwesen auf der Würde des Menschen aufzubauen versucht, jedes Legitimationspotential, um das sich *Max Webers* „Soziologie der Herrschaft" so erfolg- wie folgenreich bemüht hat[872], verloren zu haben. Das Wort Despotie bringt das klar zur Sprache. *Kant* hat die Formel genannt:

„Gesetz und Gewalt, ohne Freiheit (Despotism)"[873]

VI. Wilhelm Henkes Lehre von der guten Herrschaft

Wilhelm Henke, dem die Herrschaft von Menschen über Menschen wegen deren Ungleichheit unabänderlich erscheint, unterscheidet die böse von der guten Herrschaft. Der gute Herr werde der Lage des Unterlegenen gerecht, sei „dem Beherrschten in Gerechtigkeit zugewandt"[874].

---

[869] Drei Wurzeln der Politik, insb. S. 87 ff.; *ders.*, Herrschaft und Vereinbarung, S. 115 ff.; *ders.*, Der alte Streit um den Ursprung der Herrschaft, S. 11 ff.; *ders.*, Max Weber und die Demokratie, S. 137 ff.; *ders.*, Machiavellis „Principe" und der Begriff des Politischen, S. 31 ff.; ebenso *H. Arendt*, Was ist Politik?, S. 35 ff.; ganz i. d. S. *Ch. v. Krockow*, Staat, Gesellschaft, Freiheitswahrung, S. 438 ff.; *E. Vollrath*, Grundlegung einer philosophischen Theorie des Politischen, 1987, S. 304 ff.

[870] Dazu 2. Kap., IV, 5. Kap., II und IV; *K. A. Schachtschneider*, Res publica res populi, S. 519 ff.

[871] Die die Lehre des Staatsbegriffs dominierende völkerrechtliche Drei-Elemente-Lehre (vgl. etwa *R. Grawert*, Staatsvolk und Staatsangehörigkeit, HStR, Bd. II, 3. Aufl. 2004, § 16, Rdn. 4; *J. Isensee*, HStR, Bd. II, § 15, Rdn. 24 ff., 49 ff.; BVerfGE 2, 266 (277); 3, 58 (88 f.); 36, 1 (16 f.)) folgt dem Zweck, Kriege zu vermeiden und damit dem Nichteinmischungsdogma, dem zunehmend die Universalität der Menschenrechte entgegengestellt wird, für die die Weltgemeinschaft verantwortlich ist, zu Recht, wenn sie die Menschenrechte ohne Schaden für die unterdrückten Völker verwirklichen kann. Zur Verfassungswidrigkeit, Rechtlosigkeit und Unstaatlichkeit der DDR *K. A. Schachtschneider (O. Gast)*, Sozialistische Schulden nach der Revolution, S. 29 ff.; vgl. auch *ders.*, Prinzipien des Rechtsstaates, S. 19 ff., 50 ff.; a. A. BVerfGE 95, 267 (306 ff.); weitere Hinweise in Fn. 835.

[872] Wirtschaft und Gesellschaft, S. 19, 122 ff.; dazu kritisch *D. Sternberger*, Max Weber und die Demokratie, S. 137 ff.

[873] Anthropologie, S. 686; vgl. dazu *W. Maihofer*, HVerfR, S. 465 mit Fn. 82.

[874] Recht und Staat, S. 251 ff., 258, 266 (Zitat).

„Wer hinsieht und vernünftig beurteilt, was die Lage des anderen fordert, handelt gerecht" ... „Was geschehen soll, wenn Gerechtigkeit verlangt wird, ist, daß einer mit dem, was er tut, der Lage des anderen entspricht, sonst nichts." ... „Was die Lage fordert und wie man ihr entspricht, ist selten eindeutig und oft von Wünschen und Wollen getrübt. Die allgemeine Frage nach der Gerechtigkeit richtet sich aber gerade darauf zu wissen, was für beide verbindlich gerecht sei, damit der eine es wirklich verlangen kann und der andere wirklich verpflichtet ist, es zu tun"[875].

Henkes Lehre von der guten Herrschaft, die sich als Lehre der Sachgerechtigkeit vorstellt, weil die Sachen, und dazu würde auch das Recht gehören, „ihren Maßstab in sich selbst trügen"[876], führt zur Herrschaft der Juristen, „denn in der Lebenswelt" sei „die personale Wirklichkeit, in der es um Gut und Böse gehe, das von der Jurisprudenz bestellte Feld"[877]. Darum ist *Henkes* empiristische Lehre mit den Prinzipien eines modernen Staates, der auf der Idee der gleichen Freiheit aller gegründet ist[878], unvereinbar, abgesehen davon, daß *Henkes* Vorstellungen von der personalen oder dialogischen Wirklichkeit der Lebenswelt allenfalls einen Aspekt des menschlichen Miteinanders, das jeweilige „Zwischen" sich begegnender Menschen[879], erfassen, während das Gesetz dem gemeinsamen Leben in seiner Vielfalt und Gesamtheit gerecht werden muß, wenn man so will, der Masse[880], besser: den „Vielen"[881], der „Menge von Menschen", die sich unter Rechtsgesetzen zu einem Staat vereinigt haben[882]. Vor allem kommt *Henke* aber ohne ein formales moralisches Prinzip nicht aus, den Imperativ der Gerechtigkeit nämlich, der Lage des anderen gerecht zu werden. Die Nähe dieses Imperativs zum christlichen Liebesprinzip drängt sich auf. Die Logik des Liebesprinzips hat *Kant* im kategorischen Imperativ entfaltet[883]; denn der Mensch lebt in einer vielköpfigen Gemeinschaft, bestenfalls in der Republik, welche ohne allgemeines Gesetz nicht zur Gerechtigkeit finden kann. In der Republik sind alle Bürger voneinander abhängig, ohne durchgehend personale Verhältnisse zueinander zu haben. Die meisten Bürger bleiben einander unbekannt. *Henke* hat die Ethik Kants jedoch schroff zurückgewiesen[884]. Der Republikanismus Kants erlaubt es allerdings nicht,

---

[875] Recht und Staat, S. 173 ff., Zitate S. 180, 175, 179.

[876] Recht und Staat, S. 650 f. u. ö.

[877] Recht und Staat, S. 249 ff., 651 (Zitat).

[878] Dazu 1. und 2. Kap., 5. Kap., II, IV, 7. Kap.; dazu *W. Henke* selbst, Recht und Staat, S. 590 ff.

[879] *W. Henke*, Recht und Staat, S. 70 ff., 76 ff. u. ö.

[880] Dazu *W. Henke* selbst, Recht und Staat, S. 80 f.

[881] *W. Leisner*, Staatseinung, S. 27, 31 f., 63 f.

[882] Vgl. die Definition des Staates von *Kant*, Metaphysik der Sitten, S. 345.

[883] Dazu 2. Kap., II, VI, VII, 3. Kap., VI.

[884] Recht und Staat, S. 88, 135, 591 u. ö.

eine Herrschaftslehre als „Grundlage der Jurisprudenz" zu verteidigen. Die Väter des Grundgesetzes hatten das verstanden.

Wilhelm Henke wirbt für die gute Herrschaft. Er muß zu diesem Zweck die Aufklärung diffamieren[885], die jeden Menschen auffordert, aufrechten Ganges als Bürger, als Herr seiner selbst, mündig also, durch das Leben zu gehen. Nichts ist dem so abträglich wie der Paternalismus, den auch *Henke* lehrt[886], die Despotie schlimmster Art in der Sicht des Aufklärers *Kant*:

> „Eine Regierung, die auf dem Prinzip des Wohlwollens gegen das Volk als eines Vaters gegen seine Kinder errichtet wäre, d.i. eine väterliche Regierung (imperium paternale), wo also die Untertanen als unmündige Kinder, die nicht unterscheiden können, was ihnen wahrhaftig nützlich oder schädlich ist, sich bloß passiv zu verhalten genötigt sind, um, wie sie glücklich sein sollen, bloß von dem Urteile des Staatsoberhaupts, und, daß dieser es auch wolle, bloß von seiner Gütigkeit zu erwarten: ist der größte denkbare Despotismus (Verfassung, die alle Freiheit der Untertanen, die alsdann gar keine Rechte haben, aufhebt)"[887].

Das christliche Liebesprinzip, das Gesetz aller Gesetze, welches *Kant* als den kategorischen Imperativ formuliert hat, ist das Prinzip der Herrschaftslosigkeit unter den Menschen, das Prinzip der Freiheit, Gleichheit und Brüderlichkeit aller[888]; denn für den Christen gibt es nur einen Herren, Gott. Die Säkularisierung christlicher Lehre kann Gott nicht verweltlichen und darum auch nicht Stellvertreter Gottes auf Erden zu weltlichen Herren erklären, seien es Fürsten, Priester, Führer oder Richter[889]. Entgegen *Hobbes* ist der Staat nicht „der sterbliche Gott"[890], sondern die Gesetzlichkeit als ein menschliches „Werk der Kunst", wie ebenfalls *Hobbes* sagt[891]. Die

---

[885] Recht und Staat, S. 88, 399, 591 f., 609 f., 620 f. u. ö.

[886] Recht und Staat, S. 251 ff., 259 ff.

[887] Über den Gemeinspruch, S. 145 f.; so auch *W. Maihofer*, HVerfR, S. 457, 509 f.

[888] Dazu 1. Kap.; insb. *Kant*, Metaphysik der Sitten, S. 584 ff.; auch schon *Locke*, Über die Regierung, II, 5, VIII, 95, S. 5, 73 („Die Menschen sind ... von Natur alle frei, gleich und unabhängig, ..."); vor allem *Th. von Aquin*, Summa theologica II, 1. qu 100, Art. 3 ad i; so auch *W. Maihofer*, HVerfR, S. 519 ff., auch S. 490 ff. u. ö.; vgl. *H. Krüger*, Allgemeine Staatslehre, S. 659, 672; ganz i. S. des Textes aus christlicher Sicht *G. Küchenhoff*, Naturrecht und Liebesrecht, S. 7 ff., 101 f., der das Argument der Ungleichheit zurückweist.

[889] Zur „Stellvertretung Gottes auf Erden" anders *R. Marcic*, Vom Gesetzesstaat zum Richterstaat, S. 260; *W. Leisner*, Der Führer, S. 120 ff.; kritisch zur religiösen Herrschaftslegitimation *M. Hättich*, Demokratie als Herrschaftsordnung, S. 139 ff.; *H. Krüger*, Allgemeine Staatslehre, S. 659 f.

[890] Leviathan, II, 17, S. 155.

[891] Leviathan, II, 17, S. 154; ebenso alle Lehren von der Republik, *W. Jens*, Stadt und Staat als Kunstwerk, 1977, in: ders., Feldzüge eines Republikaners. Ein Lesebuch, 1988, S. 167 ff., 172 ff.; *H. Krüger*, Allgemeine Staatslehre, S. 807; schon *Rousseau*, Vom Gesellschaftsvertrag, III, 11, S. 97; *K. A. Schachtschneider*, Res publica res populi, S. 1174.

Menschen bleiben sich als Personen gleich. „Personales Denken", welches Herrschaft von Menschen über Menschen wie *Wilhelm Henke* mit einer Ungleichheit derselben zu begründen versucht[892], mißachtet die sittliche und rechtliche Unterscheidung von Mensch und Person, von homo phaenomenon und homo noumenon, mißachtet letztlich die Würde aller Menschen, welche es verbietet, die einen zu den Herren, die anderen zu den Untertanen zu ordnen[893], schon gar nicht, weil die einen überlegen, die anderen unterlegen seien[894]. Empirismus jedoch vermag die Idee der Gleichheit in der Freiheit nicht zu erschüttern. Herrschaft, auch vermeintlich gute Herrschaft, und Aufklärung sind unvereinbar[895]. Für den aufklärerischen Menschen, die sittliche Persönlichkeit im Sinne des Humanismus also, ist Herrschaft als solche böse; denn sie entwürdigt den Menschen zum Tier. *Karl R. Popper* faßt zusammen:

> „Wen immer man zum Volke zählt, ob das Militär, die Beamten, die Politiker, die Arbeiter und Angestellten, die Priester, die Schriftgelehrten, die Terroristen, die Halbwüchsigen – wir wollen nicht ihre Macht, nicht ihre Herrschaft. Wir wollen sie nicht fürchten und schon gar nicht fürchten müssen. … Das ist das Ziel unserer westlichen Regierungsformen, die wir aus einem verbalen Mißverständnis heraus oder aus Gewohnheit ,Demokratien' nennen und die die persönliche Freiheit schützen wollen vor allen Formen der Herrschaft, mit einer Ausnahme: der Souveränität, der Herrschaft des Gesetzes"[896].

Wilhelm Henke verbindet seine Lehre von der guten Herrschaft mit dem an sich republikanischen Amtsprinzip:

> „Handeln im Amt ist Herrschaft", gewandelt zu „Pflicht und Befugnis;" … „Sinn des Amtes" ist die „Umwandlung von Herrschaft in Dienst." … „Nicht wer im Namen des souveränen Volkes auftritt, sondern wer seine eigene Herrschaft zur Wahl stellt und sie in Ämter einbringt, schafft und erhält den Staat." … „Herrschaft" ist durch „das öffentliche Recht zur Amtsgewalt gewandelt"[897].

Diese Sätze fügen weder Art. 38 Abs. 1 S. 2 GG noch gar das grundgesetzliche Sittengesetz in das Prinzip der Republik ein. *Henkes* Beobachtung

---

[892] Recht und Staat, S. 70 ff., 251 ff. u. st.

[893] „Einer hält sich für den Herrn der anderen und bleibt doch mehr Sklave als sie;" … „In dem Augenblick, in dem es einen Herren gibt, gibt es keinen Souverän mehr, und von da an ist der politische Körper zerstört", *Rousseau*, Vom Gesellschaftsvertrag, I, 1, II, 1, S. 5, 28.

[894] So aber *W. Henke*, Recht und Staat, S. 251 ff., 299, 389 u. ö.; dagegen schon *M. Hättich*, Demokratie als Herrschaftsordnung, S. 139 ff., 150 f., trotz seiner Herrschaftsideologie.

[895] *J. Habermas*, Die Utopie des guten Herrschers, S. 327 ff., insb. S. 335 f.

[896] Bemerkungen zu Theorie und Praxis des demokratischen Staates, S. 14; i. d. S. *Aristoteles*, Politik, 1292 a 1 ff., S. 143 f.; *Kant*, Metaphysik der Sitten, S. 464 u. ö.

[897] Recht und Staat, S. 389 bzw. 398, 440, auch S. 610.

mag empirisch bemerkenswert sein; sie bleibt aber wie jede empiristische Rechtslehre beliebig. Vor allem legitimiert *Henkes* Lehre republikwidrige Herrschaft der Parteien. Auf die Mehrheitsideologie kann *Henke* denn auch nicht verzichten[898], obwohl er die Herrschaft der Ämter durch ein Gerechtigkeitsprinzip moderieren will und die Widersprüchlichkeit von Herrschaft und Gerechtigkeit einräumt[899]. Amtlichkeit und Herrschaftlichkeit widersprechen sich, jedenfalls in der Republik[900]. Für seine Gerechtigkeitslehre[901] bedarf *Henke* des Gesetzes nicht; selbst das Recht erreicht nach *Henke* die Gerechtigkeit nicht:

> „Das Ende des Streites, der Frieden, wird mit einer gebrochenen Gerechtigkeit erkauft, und damit beginnt das Recht. … für den Richterspruch muß etwas von der reinen, personalen Gerechtigkeit hingegeben werden". … „Eine höhere oder gewissere Gerechtigkeit, als die durch die Lage des einen gefordert wird und durch Hinsehen und vernünftiges Urteilen des anderen tatsächlich zustande kommt, gibt es nicht"[902].

Wer Herrschaft mit der Ungleichheit der Menschen begründet[903], kann im allgemeinen Gesetz der Bürger nicht die Gerechtigkeit verwirklicht sehen, weil die Bürgerlichkeit durch die Gleichheit in der Freiheit definiert ist[904], welche, wie es *Henke* selbst einräumt, Herrschaft ausschließt[905]. *Henkes* Lehre vom Recht und vom Staat ist eine Herrschaftslehre, welche um ihrer Logik willen die Freiheit nicht politisch begreifen kann. *Henke* beschreibt sie empiristisch im Sinne einer unendlichen Freiheit der Möglichkeiten des Lebens[906]. Diese Lehre distanziert sich von der Idee der Freiheit als transzendentaler Letztbegründung des Rechts und damit von der Ethik des Grundgesetzes. Wie jeder Empirismus weist sie die Unterscheidung von Sein und Sollen zurück:

> „Statt dessen hat man mit Kant das pure Sollen von allem Wirklichen abgelöst und in einem ganz formalen und abstrakten ‚kategorischen Imperativ' formuliert,

---

[898] Recht und Staat, S. 399 ff.; dazu IV, 1.

[899] Recht und Staat, S. 387 ff., 395, 403.

[900] Ganz so D. *Sternberger*, Der alte Streit um den Ursprung der Herrschaft, S. 25 f.

[901] Recht und Staat, S. 162 ff.

[902] Recht und Staat, S. 231 bzw. S. 179.

[903] W. *Henke*, Recht und Staat, S. 251 ff.; dazu das Zitat zu Fn. 497; umgekehrt begründet S. *Landshut*, Der politische Begriff der Repräsentation, 1964, in: H. Rausch (Hrsg.), Zur Theorie und Geschichte der Repräsentation und Repräsentativverfassung, 1968, S. 490, die politische Ungleichheit unter den Menschen mit dem Herrschaftscharakter der Repräsentation.

[904] Dazu Hinweise in Fn. 6, 1908.

[905] Recht und Staat, S. 254, 590 ff.

[906] Recht und Staat, S. 7 ff., insb. S. 44 ff.

der niemandem hilft, der nicht weiß, wie er sich verhalten soll, und auch als theoretische Begründung der guten Tat untauglich ist, beides weil er von dem, worauf es ankommt, dem Verhältnis zwischen Menschen, gänzlich absieht"[907].

Henke verkennt den kategorischen Imperativ, insbesondere dessen Imperativität, obwohl ausgerechnet sein Gerechtigkeitspostulat dem moralischen Prinzip, das Kant mit dem kategorischen Imperativ auf die unüberholte Formel gebracht hat, nahekommt. Kant ging es um nichts anderes als um das Verhältnis unter den Menschen, freilich um ein würdiges, also freies Miteinander der Menschen, nicht um die Herrschaft des einen über den anderen. Das Grundgesetz ist Kant gefolgt, dem Schüler Rousseaus. Gegen beide richtet sich die Lehre *Henkes*[908]. Vom Grundgesetz allerdings handelt *Henke* nur beiläufig; er lehrt nach dem Untertitel seines Buches „Grundlagen der Jurisprudenz". Rechtlichkeit ist das Gegenprinzip zur Herrschaft, zur Despotie. Der ewige Widerspruch von Sein und Sollen läßt sich mit Kant, urmenschlicher Weisheit gemäß, ausschließlich durch die Sittlichkeit, durch die Praxis der Vernunft, durch die Liebe unter den Menschen, überwinden. Dazu ist jeder Mensch aufgefordert. Das ethische Gesetz der Freiheit ist darum der kategorische Imperativ, das Sittengesetz, wie es die Väter des Grundgesetzes wußten[909], aber wenige ihrer Interpreten verstehen.

„Der altruistischen Tugend" sieht *Josef Isensee* ähnlich *Wilhelm Henke* die Amtsträger, nicht auch die Bürger verpflichtet[910]. *Isensee* läßt die tugendverpflichteten Amtsträger über die egoistischen Bürger, gestützt durch irrationale Kräfte eines „säkularisierten, politischen Mönchstums"[911] herrschen. Amtswalter sind auch Menschen mit (im Sinne Kants tierischen) Interessen. *Isensee* fordert die Amtswalter zur Tugend auf[912]. *Henke* mahnt, „Herrschaft in Dienst" zu wandeln[913], und gibt den Amtswaltern damit einen moralisierenden Imperativ.

---

[907] Recht und Staat, S. 88; zum Verhältnis von Sollen und Sein 1. Kap.; *K. A. Schachtschneider*, Res publica res populi, S. 172 f., 520 ff., 757 f.

[908] Recht und Staat, S. 88, 399, 591 f., 609 f., 620 f. u. ö.

[909] Dazu 4. Kap.

[910] Grundrechtliche Freiheit – Republikanische Tugend, S. 68 ff.; ebenso *ders.*, Öffentlicher Dienst, HVerfR, 2. Aufl. 1994, § 32, S. 1534 ff.; dazu *K. A. Schachtschneider*, Res publica res populi, S. 261 ff., 620 ff.

[911] Grundrechtliche Freiheit – Republikanische Tugend, S. 76.

[912] Grundrechtliche Freiheit – Republikanische Tugend, S. 68 ff.

[913] Recht und Staat, S. 389, 610 u. ö.

VII. Regieren ist nicht Herrschen

1. Regieren ist nicht Herrschen[914]. „Es geht nicht ums Herrschen …, sondern ums Regieren"[915].

Kant hat in der Schrift Zum ewigen Frieden die „Form der Beherrschung (forma imperii)" der „Form der Regierungsart (forma regiminis)", die Möglichkeiten, Staatsformen zu unterscheiden, entgegengestellt. Wenn „die Herrschergewalt", „die oberste Staatsgewalt", „alle zusammen, welche eine bürgerliche Gesellschaft ausmachen, besitzen", spricht auch *Kant* von einer „Demokratie", „der Volksgewalt".

„Die zweite ist die Form der Regierung (forma regiminis), und betrifft die auf die Konstitution (den Akt des allgemeinen Willens, wodurch die Menge ein Volk wird) gegründete Art, wie der Staat von seiner Machtvollkommenheit Gebrauch macht: und ist in dieser Beziehung entweder republikanisch oder despotisch. Der Republikanism ist das Staatsprinzip der Absonderung der ausführenden Gewalt (der Regierung) von der gesetzgebenen; der Despotism ist das der eigenmächtigen Vollziehung des Staats von Gesetzen, die er selbst gegeben hat, mithin der öffentliche Wille, sofern er von dem Regenten als sein Privatwille gehandhabt wird. – Unter den drei Staatsormen (sc.: Autokratie, Aristokratie und Demokratie, Fürstengewalt, Adelsgewalt und Volksgewalt) ist die der Demokratie, im eigentlichen Verstande des Worts, notwendig ein Depotism, weil sie eine exekutive Gewalt gründet, da alle über und allenfalls auch wider Einen (der also nicht mit einstimmt), mithin alle, die doch nicht alle sind, beschließen; welches ein Widerspruch des allgemeinen Willens mit sich selbst und mit der Freiheit ist."[916]

Das hat *Aristoteles* nicht anders gesehen, wenn nicht das „Gesetz herrscht"[917].

---

[914] *D. Sternberger*, Der alte Streit um den Ursprung der Herrschaft, S. 20, 25 f.; *ders.*, Herrschaft und Vereinbarung, S. 130 f. (Zitat zu Fn. 928); *C. Schmitt*, Verfassungslehre, S. 216, 234 u.ö., identifiziert (folgenreich) Herrschen und Regieren; ebenso *M. Hättich*, Demokratie als Herrschaftsordnung, etwa S. 28 f., 35; *W. Henke*, HStR, Bd. I, § 21, Rdn. 31; *E.-W. Böckenförde*, HStR, Bd. II, § 24, Rdn. 8 ff., unterscheidet Herrschen und Regieren; *P. Kirchhof*, HStR, Bd. V, § 124, Rdn. 63 ff., konzipiert die Herrschaft als Ordnung der Gleichheit; zur Differenz zwischen Herrschen und Regieren in der Begriffsgeschichte *D. Hilger*, Herrschaft, S. 68 ff., auch *K. H. Ilting*, Herrschaft, daselbst, S. 51 ff.

[915] *K. R. Popper*, Bemerkungen zu Theorie und Praxis des demokratischen Staates, S. 14.

[916] Zum ewigen Frieden, S. 206 f.; zu den Staatsformen und zum „vereinigten Willen" des Volkes als „Souverän" *ders.*, Metaphysik der Sitten, S. 461 f., auch S. 462 ff.; dazu *W. Kersting*, Wohlgeordnete Freiheit, S. 275 ff.; *ders.*, „Die bürgerliche Verfassung in jedem Staat soll republikanisch sein", in: *O. Höffe*, Immanuel Kant. Zum ewigen Frieden, 1995, S. 87 ff.; *ders.*, Kant über Recht, S. 138 ff.; zur Problematik der Demokratie *D. Sternberger*, Edmund Burkes Verteidigung der Repräsentation gegen die Demokratie, 1967, in: ders., Herrschaft und Vereinbarung, 1980, S. 229 ff.; dazu *K. A. Schachtschneider*, Res publica res populi, S. 14 ff.

Den Begriff der „Herrschergewalt (Souveränität)" bestimmt *Kant* in der Metaphysik der Sitten als die Gewalt „des Gesetzgebers"[918]. Dieser Gesetzgeber, dieser „Beherrscher des Volkes", ist aber das Volk selbst, dessen „vereinigter Wille"[919], repräsentativ, „im Namen des Volkes", „vermittelst ihrer Abgeordneten (Deputierten)"[920], und darum autonom die Gesetze gibt. Weil das Volk nicht ohne Despotie regieren kann[921], kann um der Gewaltenteilung willen nach Vernunftprinzipien nur das Volk der Gesetzgeber sein[922]. *John Locke* hat das ebenso konzipiert:

> „Diese legislative Gewalt ist nicht nur die höchste Gewalt des Staates, sondern sie liegt auch geheiligt und unabänderlich in jenen Händen, in die die Gemeinschaft sie einmal gelegt hat. Keine Vorschrift irgendeines anderen Menschen, in welcher Form sie auch verfaßt, von welcher Macht sie auch gestützt sein mag, kann die Verpflichtungskraft eines Gesetzes haben, wenn sie nicht durch eine Legislative sanktioniert ist, die von der Allgemeinheit gewählt und ernannt worden ist. Ohne sie könnte das Gesetz nämlich nicht haben, was absolut notwendig ist, um es zum Gesetz zu machen, nämlich die Zustimmung der Gesellschaft."...
> „Sie (sc. die Legislative) ist nichts als die vereinigte Gewalt aller Mitglieder jener Gesellschaft, die derjenigen Person oder Versammlung übertragen wurde, die der Gesetzgeber ist, und kann folglich nicht größer sein als die Gewalt, die jene Menschen im Naturzustand besaßen, bevor sie in die Gesellschaft eintraten, und die sie an die Gemeinschaft abtraten"[923].

Solange die „respublica noumenon" als die „ewige Norm für alle bürgerlichen Verfassungen überhaupt" noch nicht bestehe, erklärt *Kant* es „zur Pflicht der Monarchen", „ob sie gleich autokratisch herrschen, dennoch republikanisch (nicht demokratisch) zu regieren, d.i., das Volk nach Prinzipien zu behandeln, die dem Geist der Freiheitsgesetze (wie ein Volk mit reifer Vernunft sie sich selbst vorschreiben würde) gemäß sind, wenn gleich dem Buchstaben nach es um seine Einwilligung nicht befragt wurde"[924]. *Kant* unterscheidet das Herrschen vom Regieren, auch, um trotz der möglichen und zu seiner Zeit bestehenden monarchischen Herrschaft

---

[917] Politik, 1292a 1 ff., S. 143 f.; Zitat zu Fn. 957.

[918] Metaphysik der Sitten, S. 431.

[919] *Kant*, Metaphysik der Sitten, S. 432, 436, 462; *W. Kersting*, „Die bürgerliche Verfassung in jedem Staat soll republikanisch sein", S. 103, 104; *ders.*, Kant über Recht, S. 139.

[920] *Kant*, Metaphysik der Sitten, S. 464.

[921] *Kant*, Zum ewigen Frieden, S. 207.

[922] *Kant*, Metaphysik der Sitten, S. 464 f.; dazu *W. Kersting*, Wohlgeordnete Freiheit, S. 274, 275 ff., der die republikanische Regierungslehre Kants für unterentwickelt hält; *ders.*, „Die bürgerliche Verfassung in jedem Staat soll republikanisch sein", S. 99, spricht zu Recht von einer „äußerst gedrängten und sehr undeutlichen verfassungstheoretischen Skizze".

[923] Über die Regierung, XI, 134, 135, S. 101, 103.

dem republikanischen Prinzip eine möglichst große Chance durch Reform zu schaffen[925]. Erst ohne Herrschaft ist das Gemeinwesen eine Republik[926]. Eine solche Verfassung der Republik ist auch *Kants* Ziel, wie das Zitat beweist. Noch deutlicher spricht Kant das Ziel in der Metaphysik der Sitten aus:

> „Dies ist die einzige bleibende Staatsverfassung, wo das Gesetz selbstherrschend ist, und an keiner besonderen Person hängt; der letzte Zweck alles öffentlichen Rechts, der Zustand, in welchem allein jedem das Seine peremtorisch zugeteilt werden kann; indessen, daß, so lange jene Staatsformen dem Buchstaben nach eben so viel verschiedene, mit der obersten Gewalt bekleidete, moralische Personen vorstellen sollen, nur ein provisorisches inneres Recht, und kein absolut-rechtlicher Zustand, der bürgerlichen Gesellschaft zugestanden werden kann"[927].

Dolf Sternberger sieht ganz klar:

> Der Staat ist „dieses einzige Gebilde, das seinem Wesen nach von der Sünde der Herrschaft frei ist." … „Jeder Mißbrauch des anvertrauten Amtes im Sinne einer Etablierung auf Dauer führt daher einen Verlust an Legitimität herbei. Auch eine Regierung des bürgerlichen Einverständnisses und der bürgerlichen Anvertrauung erteilt Befehle und übt Zwang, aber sie tut es vermöge einer fundamentalen Vereinbarung – wir nennen sie die Verfassung. Sie herrscht nicht über Menschen. Regierung ist nicht Herrschaft. Wo immer sie in Herrschaft übergeht – was übrigens nicht notwendig im Eklat des Staatsstreiches, vielmehr auch unmerklich und allmählich sich vollziehen kann, nicht notwendig über Nacht also, sondern ebenso – wohl am hellen Tage, im unscheinbaren Alltag –, da büßt sie ihre bürgerliche Rechtmäßigkeit unweigerlich ein. Denn diese haftet gerade nicht an der Herrschaft, sondern an der Vereinbarung, an der Übereinkunft"[928].

2. *Carl Schmitt* identifiziert das Regieren und das Herrschen, meist auch das Befehlen[929]. Den Staat begreift er als „den Status politischer Einheit des Volkes", die in jeder Staatsform als der „besonderen Art der Gestaltung dieser Einheit", sei es eine Monarchie, eine Aristokratie oder eine Demo-

---

[924] Der Streit der Fakultäten, S. 364 f.; dazu *W. Kersting*, „Die bürgerliche Verfassung in jedem Staat soll republikanisch sein", S. 103 f., 104 ff.; *H. Hofmann*, Repräsentation, S. 411 ff.

[925] *W. Kersting*, „Die bürgerliche Verfassung in jedem Staat soll republikanisch sein", S. 102 ff., 104 ff.

[926] *W. Kersting*, „Die bürgerliche Verfassung in jedem Staat soll republikanisch sein", S. 104 ff. (106); *ders.*, Kant über Recht, S. 138 ff. (140 f.).

[927] S. 464.

[928] Der alte Streit um den Ursprung der Herrschaft, S. 26 (vgl. auch S. 20, 25 f.) bzw. Herrschaft und Vereinbarung, S. 130 f.; ganz so *W. Leisner*, Staatseinung, S. 22 ff., 31 ff., 80 ff. u.ö.

[929] Verfassungslehre, S. 215 f., 234 f.; dagegen vor allem *D. Sternberger*, Der alte Streit um den Ursprung der Herrschaft, S. 25 f.; *ders.*, Herrschaft und Vereinbarung, S. 130 f. (Zitat zu Fn. 928); dazu *K. A. Schachtschneider*, Res publica res populi, S. 735 ff.

kratie, „repräsentiert" werden müsse[930]. „Repräsentiert" werde „die politische Einheit als Ganzes", „die Nation, d.h. das Volk als Ganzes"[931]. Ein solches Wesen Staat ist seinem Begriff nach den Menschen übergeordnet; denn die „Identität von Herrscher und Beherrschten, Regierenden und Regierten, Befehlenden und Gehorchenden", welche „die Demokratie als Staatsform wie als Regierungs- oder Gesetzgebungsform" definiere[932], erfasse die „substantielle Gleichartigkeit des Volkes, dürfe aber nicht die „Verschiedenheit von Regierenden und Regierten" verkennen; denn es müsse, „solange überhaupt regiert und befohlen werde", d.h. „solange der demokratische Staat als Staat vorhanden" sei, zwischen den Regierten und den Regierenden, zwischen den Befehlenden und den Gehorchenden differenziert werden. Die „Herrschaft der Personen, die regieren und befehlen", könne „strenger und härter, ihre Regierung entschiedener sein, als die irgendeines patriarchalischen Monarchen oder einer vorsichtigen Oligarchie", wenn sie „die Zustimmung und das Vertrauen des Volkes, zu dem sie gehören", hätten[933].

Die „politische Einheit" Volk, die diese Art der Herrschaft legitimiere, habe nur ein „unsichtbares Sein" und müsse deswegen repräsentiert werden; denn „Repräsentieren" heiße „ein unsichtbares Sein durch ein öffentlich anwesendes Sein sichtbar machen und vergegenwärtigen"[934]. *Carl Schmitt* erkennt darin „etwas Existentielles"[935]. *Carl Schmitt* ist *der* Begriffsjurist

---

[930] Verfassungslehre, S. 3 ff., 205, 212 ff.; vgl. auch *ders.*, Der Begriff des Politischen, S. 30 f., 44.

[931] Verfassungslehre, S. 212, 213; dazu *K. A. Schachtschneider*, Res publica res populi, S. 735 ff.; i.d.S. schon für die Demokratie, in der nicht das Gesetz entscheide, *Aristoteles*, Politik, S. 144, 1292a 11 ff. („Demnach ist das Volk Alleinherrscher, wenn auch ein aus vielen Einzelnen zusammengesetzter. Die Menge ist ja Herr, nicht als jeder Einzelner, sondern als Gesamtheit. ... Ein solches allein herrschendes Volk ... wird despotisch").

[932] *C. Schmitt*, Verfassungslehre, S. 234 f.

[933] *C. Schmitt*, Verfassungslehre, S. 236. *Schmitt* kennt auch den „parlamentarisch-demokratischen Gesetzgebungsstaat", der „auf Gerechtigkeit und Vernunft" ausgerichtet sei und seine Nähe zur Republik nicht verleugnen könne, Legalität und Legitimität, S. 8 f., 21 ff., aber wegen der „geistesgeschichtlichen Lage des heutigen Parlamentarismus", vgl. die Schrift mit diesem Titel, 1923, 4. Aufl. 1969, S. 5 ff., 20 ff., 41 ff., insb. S. 62 f., keine Wirklichkeit finden könne.

[934] *C. Schmitt*, Verfassungslehre, S. 209; i.d.S. auch *G. Leibholz*, Das Wesen der Repräsentation, S. 25 ff., insb. S. 26; dazu *K. A. Schachtschneider*, Res publica res populi, S. 735 ff.; das übernimmt *K. Stern*, Staatsrecht I, S. 960 f.; i.d.S. auch *M. Hättich*, Demokratie als Herrschaftsordnung, S. 176 ff.; gegen diesen Repräsentationsbegriff *W. Henke*, Recht und Staat, S. 372.

[935] Verfassungslehre, S. 209; zum Schmittschen „politischen Existentialismus" *H. Hofmann*, Legitimität gegen Legalität, S. 85 ff.; *W. Mantl*, Repräsentation und Identität, S. 121 ff.; *V. Hartmann*, Repräsentation in der politischen Theorie und Staatslehre in Deutschland. Untersuchung zur Bedeutung und theoretischen Bestim-

des Rechts der Politik. *Dolf Sternberger* nennt ihn einen „Begriffs-Chirurgen"[936]. Seine Begriffe machen sich nicht vom Gesetz abhängig, sondern dogmatisieren Ideologie[937]. In der nationalsozialistischen Begrifflichkeit ist denn auch das „Volk das organisch Gewachsene", „selbst eine Person, ein biologisches Wesen mit Gliedern, Händen und Füßen und – vor allem! einem führenden Haupt, das für alle Glieder dachte und plante", „das anbetungswürdige Über-Ich"... „Das ‚Volk' setzt sich ab von der Republik, dem Weimarer System"[938].

Dieses ‚Volk' ist nichts als Ideologie, welche Herrschaft zu legitimieren und Freiheit zu ruinieren geeignet ist. Der Staat ist kein als „politische Einheit existierendes Volk", welches „eine höhere und gesteigerte, intensivere Art Sein gegenüber dem natürlichen Dasein einer irgendwie zusammenlebenden Menschengruppe hat", wie *Schmitt* meint[939], sondern die Wirklichkeit gerade dieses gemeinsamen Lebens, idealiter in Freiheit, also die Gesetzlichkeit unter den Menschen. Die Lehre *Carl Schmitts* findet in der nationalsozialistischen Propagandaformel: „Du bist nichts – Dein Volk ist alles!"[940] ihre populistische Übersteigerung, die ihre menschenverachtende Wirkung in der Hitlerischen schnellstens zur mörderischen Tyrannis gewordenen plebiszitären Führerdemokratie[941] gefunden hat. Der Leitgedanke der grundgesetzlichen Republik, der nach dem Entwurf von Herrenchiemsee die Verfassung einleiten sollte, ist umgekehrt: „Der Staat ist um der Menschen willen da, nicht der Mensch um des Staates willen"[942].

---

mung der Repräsentation in der liberalen Staatslehre des Vormärz, der Theorie des Rechtspositivismus und der Weimarer Staatslehre, 1979, S. 213 ff.; *K. A. Schachtschneider*, Res publica res populi, S. 735 ff., 747 ff.

[936] Kritik der dogmatischen Theorie der Repräsentation, S. 211; dazu auch *H. Hofmann*, Legitimität gegen Legalität, S. 85 ff. („Begriffsbildung" als „formaler Eingriff", S. 88); *W. Mantl*, Repräsentation und Identität, S. 148.

[937] Dazu (auch psychoanalytisch) *N. Sombart*, Die deutschen Männer und ihre Feinde. Carl Schmitt – ein deutsches Schicksal zwischen Männerbund und Matriarchatsmythos, 1991.

[938] *H. Hattenhauer*, Zwischen Hierarchie und Demokratie. Eine Einführung in die geistesgeschichtlichen Grundlagen des geltenden deutschen Rechts, 1971, S. 239.

[939] Verfassungslehre, S. 210, gegen einen solchen Volksbegriff, der „in das Reich schlechter Metaphysik" gehöre, deutlich *H. Heller*, Staatslehre, S. 158 ff.; dagegen auch *W. Henke*, Recht und Staat, S. 370 f.; *K. A. Schachtschneider*, Res publica res populi, S. 735 ff., insb. S. 759 ff.

[940] Vgl. mit Hinw. *I. v. Münch*, GG, Rdn. 2 zu Art. 1.

[941] Ähnlich bewertet auch *J. Fijalkowski*, Neuer Konsens duch plebiszitäre Öffnung? S. 249, 263, den akklamativen, plebiszitären Führerstaat Hitlers.

[942] Diesen Leitgedanken legt auch *W. Maihofer*, Rechtsstaat und menschliche Würde, S. 9 ff.; *ders.*, ARSP, Beiheft Nr. 15, 1981, S. 19 ff.; *ders.*, HVerfR, S. 490, 536; *ders.*, Realität der Politik und Ethos der Republik, S. 108, seiner Lehre zugrunde.

3. *Ernst-Wolfgang Böckenförde*, der die Demokratie durch Art. 20 Abs. 2 GG sowohl als Staats- als auch als Regierungsform eingerichtet sieht[943], findet zu dem Satz: „Das Volk herrscht nicht nur, es regiert auch"[944]. Empiristisch, wie sie formuliert ist, ist diese Feststellung evident unrichtig; normativ entspricht sie nur dem Grundgesetz, wenn die Vertreter des Volkes mit dem Volk identifiziert werden[945]. Eine Regierung des Volkes wäre despotisch und die Staatsform nach dem Grundgesetz ist die Republik, die, wenn auch demokratisch, so doch keine Herrschaftsform ist.

Der Grundsatz der Französischen Republik nach Art. 2 Abs. 5 der Verfassung vom 4. Oktober 1958 ist: „Regierung des Volkes, durch das Volk und für das Volk". Den Grundsatz hat als erster *Abraham Lincoln* am 13. November 1863 in Gettysburg ausgesprochen[946]. Ganz anders lautet die Formel, mit der *Josef Isensee* den grundgesetzlichen Verfassungsstaat erfassen will, nämlich: „Die Demokratie, als Staats- und Regierungsform Herrschaft durch das Volk, weist sich in ihrer republikanischen Dimension als Herrschaft für das Volk aus"[947]. Die Formel „für das Volk" ist paternalistisch, obrigkeitsstaatlich und vermag die republikanische Repräsentation nicht zu erfassen, wenn sie auch die Wirklichkeit der parteienstaatlichen Herrschaft über das Volk richtig beschreibt. *Wolfgang Kersting* weist zu Recht den „Irrtum, demokratische Herrschaft sei eo ipso gerechte Herrschaft" zurück[948], und stellt mit dem Hinweis auf die Unterscheidung *Kants* zwischen der republikanischen Regierungsart und der Republik heraus, daß die Republik, wenn sie einmal erreicht sein wird, für *Kant* keine Staatsform der Herrschaft, sondern eine der Freiheit sei[949]. *Kant* definiert: Wenn „alle zusammen" „die Herrschergewalt besitzen" („Demokratie", „Volksgewalt"), „macht das die bürgerliche Gesellschaft aus"[950]. Die bürgerliche

---

[943] HStR, Bd. II, § 24, Rdn. 9 ff.; ähnlich *P. Badura*, HStR, Bd. II, § 25, Rdn. 27; *A. Mintzel*, Großparteien im Parteienstaat der Bundesrepublik, in: Aus Politik und Zeitgeschichte, B 11/89, S. 8.

[944] HStR, Bd. II, § 24, Rdn. 8.

[945] Dazu *K. A. Schachtschneider*, Res publica res populi, S. 637 ff., 727 ff., 810 ff.

[946] Government of the people, by the people, for the people.

[947] Republik, Staatslexikon, S. 585; ebenso HStR, Bd. III, § 57, Rdn. 97, 100; ebenso *E.-W. Böckenförde*, Demokratie und Repräsentation, S. 14 ff., 21; *ders.*, HStR, Bd. III, § 34, Rdn. 35 („wiederfinden"); kritisch *K. A. Schachtschneider*, Regieren für statt durch das Volk? Demokratiedefizite in der Europäischen Union?, in: H. H. v. Arnim (Hrsg.), Adäquate Institutionen: Voraussetzungen für „gute" und bürgernahe Politik?, 1999, S. 203 ff.

[948] Wohlgeordnete Freiheit, S. 310.

[949] Wohlgeordnete Freiheit, S. 275 ff.; *ders.*, Kant über Recht, S. 138 ff. (141); *ders.*, „Die bürgerliche Verfassung in jedem Staat soll republikanisch sein", S. 104 ff.; *Kant*, Zum ewigen Frieden, S. 206 f.; *ders.*, Streit der Fakultäten, S. 364 f.

[950] Zum ewigen Frieden, S. 206; i.d.S. auch *Kant*, Metaphysik der Sitten, S. 464.

Gesellschaft im Sinne Kants ist durch das Autonomieprinzip charakterisiert. Das Gesetz ist Ausdruck der praktischen Vernunft, der Herrschaft des homo noumenon über den homo phaenomenon. Diese Art der Herrschaft des Menschen über sich selbst ist die Freiheit. Eine so verstandene „Herrschaft des Gesetzes" ist in der Republik die Wirklichkeit der Freiheit[951]. (Personale) Herrschaft ist „Hochverrat an der Vernunft" (*Johann Gottfried Seume*)[952].

VIII. Herrschaft der Gesetze

1. Rechtlichkeit durch freiheitliche Gesetzlichkeit

a) Die sogenannte „Herrschaft des Gesetzes"[953] ist keine (personale) Herrschaft im skizzierten Sinne der Über- und Unterordnung, der nötigenden Willkür, wenn das Gesetz der Wille aller, wenn das Gesetz autonomer Wille ist. Das Konsensprinzip ist der Gegensatz zum Herrschaftsprinzip[954].

---

[951] I. d. S. *Kant*, Metaphysik der Sitten, S. 464; *W. Kersting*, „Die bürgerliche Verfassung in jedem Staat soll republikanisch sein", S. 106; *ders.*, Kant über Recht, S. 140.

[952] Zitiert nach *K.-H. Ilting*, Herrschaft, S. 53.

[953] I. d. S. *Aristoteles*, Die Nikomachische Ethik, 1134a 30 ff., S. 168; *ders.*, Politik, 1253a, S. 49 ff.; *Cicero*, De re publica, I, 32, S. 144/145; *Locke*, Über die Regierung, VI, 57, VII, 87 ff., VIII, 96, XI, 134 ff., S. 42 f., 65 ff., 74 f., 101 ff.; *Rousseau*, Vom Gesellschaftsvertrag, I, 4, II, 6, S. 12., 41 f.; insb. *Kant*, Zum ewigen Frieden, S. 204 ff.; *ders.*, Metaphysik der Sitten, S. 431 ff., 464; *C. Schmitt*, Verfassungslehre, S. 138 ff.; *R. Marcic*, Rechtsphilosophie, S. 205 ff., 219, 227, 232 ff.; *ders.*, Vom Gesetzesstaat zum Richterstaat, S. 89; *K. R. Popper*, Bemerkungen zu Theorie und Praxis des demokratischen Staates, S. 14 ff.; *K. Jaspers*, Vom Ursprung und Ziel der Geschichte, S. 200; dazu *W. Maihofer*, HVerfR, S. 427 ff., 462 ff., 472 ff.; *ders.*, ARSP, Beiheft Nr. 15, 1981, S. 15 ff.; *ders.*, Realität der Politik und Ethos der Republik, S. 101 f., der Freiheit und Herrschaft in den Begriffen „Selbstherrschaft und Selbstbeherrschung" (durch allgemeine Gesetze) verbinden will (HVerfR, S. 442); *F. A. v. Hayek*, Die Verfassung der Freiheit, S. 161 ff., insb. S. 195 ff., 246 ff.; *H. Krüger*, Allgemeine Staatslehre, S. 277 ff.; *K. Stern*, Staatsrecht I, S. 764 ff.; *M. Kriele*, Einführung in die Staatslehre, 4. Aufl. 1990, S. 104 ff., 6. Aufl. 2003, S. 79 ff., handelt richtig von der „Herrschaft des Rechts" als einem Prinzip der Freiheit; i. d. S. auch *P. Kirchhof*, HStR, Bd. II, § 21, Rdn. 35; *O. Höffe*, Politische Gerechtigkeit, S. 63 ff., 168 ff., 438 ff., insb., S. 67, 71, 332 f., 403 ff. u. ö.; *W. Kersting*, „Die bürgerliche Verfassung in jedem Staat soll republikanisch sein", S. 106; *ders.*, Kant über Recht, S. 138 ff., 141 ff.; dazu *K. A. Schachtschneider*, Res publica res populi, S. 35 ff., 145 ff., 279 ff., 519 ff., 936 ff.

[954] Dazu *K. A. Schachtschneider*, Res publica res populi, S. 560 ff.; so etwa *M. Hättich*, Demokratie als Herrschaftsordnung, S. 27 ff., 43 ff., der das Ideal der „Einstimmigkeit" als „ideologisches Demokratieverständnis" kritisiert, aber mangels Vertretungslehre (dazu *K. A. Schachtschneider*, a. a. O., S. 637 ff., 707 ff.) die Realisierungschance des Ideals nicht erkennt, obwohl er den „Konsens im Herrschaftsver-

Eine „Herrschaft nach Rechtsgesetzen"[955] ist ein Widerspruch. Der Herrschaft die Gesetzlichkeit (soweit Freiheit und Eigentum der Bürger betroffen sind) entgegenzustellen, kennzeichnete gerade den deutschen Konstitutionalismus, wie überhaupt den Liberalismus, und ist die Idee des Rechtsstaates als Gesetzesstaat[956]. Bereits *Aristoteles* hat die Demokratien danach unterschieden, ob „nach dem Gesetz regiert" werde und damit „die Besten unter den Bürgern den Vorsitz führen" würden oder ob es „nach der Absicht der Volksführer auf die Abstimmungen ankomme und nicht auf das Gesetz."

> „Wo aber die Gesetze nicht entscheiden, da gibt es Volksführer. Denn da ist das Volk Alleinherrscher, wenn auch ein aus vielen Einzelnen zusammengesetzter. Die Menge ist ja Herr, nicht als jeder Einzelne, sondern als Gesamtheit (...). Ein solches alleinherrschendes Volk sucht zu herrschen, weil es nicht von Gesetzen beherrscht wird, und wird despotisch, wo denn die Schmeichler in Ehren stehen, und so entspricht denn diese Demokratie unter den Alleinherrschaften der Tyrannis. Der Charakter ist auch derselbe, beide herrschen despotisch über die Besseren; die Volksbeschlüsse wirken hier, wie dort die Befehle, und der Volksführer und der Schmeichler entsprechen einander genau. Und diese beiden haben je die größte Macht, die Schmeichler bei den Tyrannen und die Volksführer bei einem solchen Volke"[957].

Besser kann die Herrschaft populistischer Parteiführer kaum beschrieben werden. Herrschaft des Gesetzes darf nicht Herrschaft der Volksvertretung, d.h. der Parteienoligarchie, sein[958]. Die „vollziehende Gewalt" herrscht

---

fahren" für möglich hält (a.a.O., S. 47 f.); ebenso *F. Scharpf*, Demokratietheorie zwischen Utopie und Anpassung, S. 25 ff., 54 ff.

[955] *P. Badura*, HStR, Bd. II, § 25, Rdn. 35.

[956] *C. Schmitt*, Verfassungslehre, S. 138 ff.; vgl. *P. v. Oertzen*, Die soziale Funktion des staatsrechtlichen Positivismus, S. 72 ff., 96 ff.; vgl. *E. Schmidt-Aßmann*, HStR, Bd. II, § 26, Rdn. 2 ff., 17 ff., der auf die Herrschaftsproblematik nicht zu sprechen kommt; *F. A. v. Hayek*, Die Verfassung der Freiheit, S. 195 ff., 246 ff.; *M. Kriele*, Einführung in die Staatslehre, 4. Aufl. 1990, S. 104 ff., 6. Aufl. 2003, S. 79 ff., 287 ff. zur „rule of law"; *K. Stern*, Staatsrecht I, S. 781; *K. A. Schachtschneider*, Vom liberalistischen zum republikanischen Freiheitsbegriff, S. 418 ff.; zum Rechtsstaatsprinzip *ders.*, Res publica res populi, S. 519 ff.; *ders.*, Prinzipien des Rechtsstaates, S. 19 ff., 50 ff., 94 ff. Den amerikanischen Begriff des Liberalismus, der derzeit als Gegenbegriff zum Kommunitarismus diskutiert wird (dazu *W. Kersting*, Politische Philosophie der Gegenwart, in: ders., Politik und Recht, 2000, S. 34 ff.; *ders.*, Recht, Gerechtigkeit und demokratische Tugend, S. 397 ff. („Liberalismus und Kommunitarismus"), S. 436 ff. („Freiheit und Tugend"), S. 459 ff. („Liberalismus und soziale Einheit") beziehe ich in diese Bemerkung nicht ein, ohne ihn jedoch auszuschließen.

[957] *Aristoteles*, Politik, 1292a 5 ff., S. 143 f.; vgl. *C. Schmitt*, Verfassungslehre, S. 139, der Volksführer durchaus treffend mit „Demagoge" übersetzt.

[958] Vgl. schon *C. Schmitt*, Verfassungslehre, S. 148, zu dieser Fehlentwicklung; ebenso *ders.*, Legalität und Legitimität, S. 8, 22 ff.; auch *ders.*, Der Hüter der Verfassung, 1931, S. 77 f.

13*

nicht; denn die Verbindlichkeit der Gesetze liegt im Begriff der Gesetzlichkeit; der Gesetzesvollzug ist Gesetzesverwirklichung, also Verwirklichung der Freiheit, nicht Herrschaft[959]. Die *Aristotelische* Lehre bleibt wegweisend. Freiheitlichkeit hängt davon ab, daß die Gesetze „herrschen", ohne daß Führer, Menschen also, herrschen. Das ist nur denkbar, wenn die Gesetze erkannt werden; denn Erkenntnis ist nicht Herrschaft[960]. Daß Erkenntniskompetenz zur Herrschaft mißbraucht werden kann, zwingt, das Mißtrauen zu institutionalisieren, also die Verfahren sachlicher Erkenntnis bestmöglich zu gestalten und den Besten die Erkenntnis zu übertragen. Die Idee der Freiheit durch Erkenntnis der Gesetze wird dadurch nicht zur Utopie oder gar Ideologie, wie *Manfred Hättich* meint[961]. Die Herrschaft der Gesetze darf nicht die Herrschaft des Gesetzgebers, d.h. heute der Parteienoligarchie, sondern muß die Wirklichkeit der praktischen Vernunft, der allgemeinen Freiheit also, sein[962].

b) *Carl Schmitt* weist darauf hin, daß „die rechtsstaatliche Grundvorstellung" der „bürgerlichen Freiheit" und damit der „Herrschaft des Gesetzes ... die Ablehnung der Herrschaft von Menschen" sei. Eigenschaften des „rechtsstaatlichen Gesetzesbegriffs" seien vielmehr „Richtigkeit, Vernünftigkeit, Gerechtigkeit usw." ... „Gesetz" sei nicht der Wille eines oder vieler Menschen, sondern etwas Vernünftig-Allgemeines; nicht voluntas, sondern ratio"[963]. *Carl Schmitt* hat das „Generelle" als Charakteristikum des „rechts-

---

[959] Dazu *K. A. Schachtschneider*, Res publica res populi, S. 519 ff., 536 ff.

[960] Dazu *K. A. Schachtschneider*, Res publica res populi, S. 560 ff.; dazu auch 5. Kap., VI, 2.

[961] Demokratie als Herrschaftsordnung, S. 25 ff., 42 ff.; dagegen richtig *J. Habermas*, Die Utopie des guten Herrschers, S. 327 ff.; *ders.*, Erläuterungen zur Diskursethik, S. 119 ff., 161 ff.; *ders.*, Faktizität und Geltung, S. 135 ff. (147 ff.), 193, 349 ff., 435 ff.; den Erkenntnisaspekt hat auch *F. Scharpf*, Demokratietheorie zwischen Utopie und Anpassung, S. 25 ff., 54 ff., 66 ff., nicht gesehen, der darum Rousseaus Irrtumslehre mißversteht; die „Identifikation" von totalitärer Herrschaft und Freiheit, die mit Rousseaus Lehre verbunden wird, kritisiert Scharpf nicht, wenn er auch auf die Widerlegung derartiger Verfälschung der Lehre Rousseaus von der volonté générale als Lehre von der „totalitären Demokratie" durch *I. Fetscher*, Rousseaus politische Philosophie, S. 259 ff., hinweist; Demokratie untersucht *Scharpf* ausschließlich als Interessenkampf (S. 21 ff., 29 ff., 54 ff., 66 ff.), wie es bei empiristischen Ansätzen kaum anders zu erwarten ist.

[962] I.d.S. *C. Schmitt*, Legalität und Legitimität, S. 22 ff.; *H. Krüger*, Allgemeine Staatslehre, S. 306 ff.; *K. A. Schachtschneider*, Res publica res populi, S. 560 ff.; dazu auch 7. Kap., I, II, III.

[963] Verfassungslehre, S. 138 f.; *ders.*, Die geistesgeschichtliche Lage des heutigen Parlamentarismus, S. 52 ff.; *ders.*, Legalität und Legitimität, S. 7 ff., 20 ff., jeweils zum Gesetzesbegriff des Parlamentarismus; dem folgt *H. Krüger*, Allgemeine Staatslehre, S. 306 ff., der auf die Verallgemeinerungsfähigkeit abstellt; auch *H. Kelsen*, Vom Wesen und Wert der Demokratie, S. 12, 78 ff. u.ö., weiß um die

staatlichen Gesetzesbegriffs" herausgestellt[964]. Diesem „rechtsstaatlichen", durchaus „republikanischen" Gesetzesbegriff stellt *Schmitt* seinen „politischen Gesetzesbegriff" gegenüber. Gesetz in diesem Sinne sei „konkreter Wille und Befehl", „ein Akt der Souveränität"[965]. „Gesetz in einer Demokratie ist der Wille des Volkes"; „lex est quod populus jussit". Das Volk aber kann, so *Carl Schmitt*, nur einem Führer akklamieren[966].

Gesetzlichkeit wird nur zur Herrschaft, wenn sie das Recht verfehlt, wie etwa die durch ihre Parteilichkeit gekennzeichnete sozialistische Gesetzlichkeit der DDR[967]. Herrschaft ist die Unabhängigkeit vom Recht. Herrschaft ist in der Republik nicht nur rechtlos, sondern Unrecht. Recht schaffen die Gesetze[968], wenn sie allgemein im personalen, formalen und dadurch materialen Sinne sind[969]. Die Rechtlichkeit der Gesetze liegt in der Verantwortung der Hüter der praktischen Vernunft, vor allem in der des Gesetzgebers und der des Bundesverfassungsgerichts, letztlich in der des Volkes als der

---

Idee der Herrschaftslosigkeit, die seine Demokratielehre nicht beeinflußt, sondern als „Illusion" (S. 78) der vermeintlichen Realität geopfert wird; vgl. zum Gegensatz von Gesetzlichkeit und Herrschaft unter dem monarchischen Prinzip *P. v. Oertzen*, Die soziale Funktion des staatsrechtlichen Positivismus, S. 72 ff.

[964] Verfassungslehre, S. 138 ff.

[965] Verfassungslehre, S. 146; *ders.*, Legalität und Legitimität, S. 26 ff.; zum Dezisionismus C. Schmitts *H. Heller*, Staatslehre, S. 264 f.; *H. Hofmann*, Legitimität gegen Legalität, S. 124 ff., 131 ff., 142 ff., 161 ff.; *W. Mantl*, Repräsentation und Identität, S. 130 ff.; vgl. *K. A. Schachtschneider*, Res publica res populi, S. 735 ff. (746 ff.); dazu vor allem psychoanalytische Kritik von *N. Sombart*, Die deutschen Männer und ihre Feinde, S. 233 ff.

[966] *C. Schmitt*, Verfassungslehre, S. 83 f., 146, 246 ff., auch S. 350 ff.; auch *W. Schmitt Glaeser*, HStR, Bd. III, § 38, Rdn. 32, sieht in der „öffentlichen Meinung" als „moderner Art der Akklamation" mit C. Schmitt „ein Stück informell-unmittelbarer Demokratie"; dazu *K. A. Schachtschneider*, Res publica res populi, S. 741 ff., 754 ff.

[967] *K. A. Schachtschneider (O. Gast)*, Sozialistische Schulden nach der Revolution, S. 39 f. mit Hinw. in Fn. 187; *G. Brunner*, Einführung in das Recht der DDR, S. 1 ff.; *ders.*, HStR, Bd. I, § 11, Rdn. 17 ff., 28 ff.; *M. Kriele*, Menschenrechte und Friedenspolitik, FS K. Carstens, 1984, Bd. 2, S. 671 ff.; *Ch. Starck*, Der Rechtsstaat und die Aufarbeitung der vor-rechtsstaatlichen Vergangenheit, VVDStRL 51 (1992), S. 16 f.; *W. Berg*, Der Rechtsstaat und die Aufarbeitung der vor-rechtsstaatlichen Vergangenheit, VVDStRL 51 (1992), S. 49 f.; *J. Isensee*, HStR, Bd. VII, § 162, Rdn. 29; *R. Dolzer*, HStR, Bd. VIII, § 195, Rdn. 10; BGHSt 40, 30 (34 ff.); 40, 169 (174 ff.); a. A. im Sinne eines extremen Positivismus BVerfGE 95, 267 (306 ff.).

[968] So auch *Hobbes*, Leviathan, II, 18, S. 162; *Locke*, Über die Regierung, XI, 134 ff., S. 101 ff.; darauf stellt auch *C. Schmitt*, Die Diktatur, S. 22, ab; ebenso *ders.*, Legalität und Legitimität, S. 20 ff., für den Gesetzgebungsstaat; *K. A. Schachtschneider*, Res publica res populi, S. 519 ff.; *ders.*, Prinzipien des Rechtsstaates, S. 20 ff., 53 f., 94 ff.; dazu 5. Kap., II, 3.

[969] *H. Krüger*, Allgemeine Staatslehre, S. 294 ff., 296 ff.; dazu 2. Kap., IV, VI, 5. Kap., II, 3, IV, 7. Kap., I, II.

Bürgerschaft selbst[970]. Niemals kann sichergestellt werden, daß die Gesetze Recht schaffen; das aber ist bestmöglich zu fördern. Die Gesetze materialisieren und substituieren somit das Recht. Sie müssen freilich den Prinzipien der Verfassung und des Verfassungsgesetzes genügen (Art. 20 Abs. 3 GG), ja sollen diese bestmöglich entfalten. Der Staat ist aber nicht unabhängig vom Gesetz. Staatlichkeit ist vielmehr Gesetzlichkeit[971], nicht aber Herrschaft. „Der Staat ist Gesetz, das Gesetz ist der Staat" und „Recht = Gesetz; Gesetz = die unter Mitwirkung der Volksvertretung zustande gekommene staatliche Regelung", nennt *Carl Schmitt* als Formel des „parlamentarischen Gesetzgebungsstaates", der „nur Legalität, nicht Autorität oder Befehl von oben" kenne[972]. Diese ebenso positivistischen wie liberalistischen und konstitutionellen Formeln[973] werden zu republikanischen Formeln, wenn die Sittlichkeit und Moralität des Gesetzgebers zum Kriterium der Rechtlichkeit der Gesetze erhoben werden, die zwar als solche nicht juridisch sind, aber durch jeweils geeignete Maßnahmen gefördert werden können und müssen, vor allem durch Institutionen, wie sie das Grundgesetz durch die Verantwortung der Rechtsprechung für die Richtigkeit/Rechtlichkeit der Gesetze geschaffen hat[974]. Die Achtung vor dem kategorischen Imperativ, der gute Wille des Gesetzgebers also[975], macht aus Gesetzen Recht. Kriterium ist somit die Verallgemeinerungsfähigkeit der Materie des Gesetzes, dessen praktische Vernünftigkeit, welche die theoretische Vernünftigkeit voraussetzt[976]. Dieses Kriterium kennt auch *Carl Schmitt*[977], der aber seine Identifikationen in den Vordergrund stellt. Die Sittlichkeit der Gesetze ist nicht verbindlich feststellbar. Sie folgt aus der Moralität der Gesetzgeber, des Volkes und seiner Vertreter. Letztere muß, dem Wesen des kategorischen Imperativs gemäß, gelebt werden. Allein die Moralität der Bürger und das Gewissen der Abgeordneten, der Beamten und der Richter sichert

---

[970] Dazu 5. Kap., II, 7. Kap., II.

[971] *K. A. Schachtschneider*, Res publica res populi, S. 519 ff., passim; *ders.*, Prinzipien des Rechtsstaates, S. 20 f., 50 ff., 95 ff.

[972] Legalität und Legitimität, S. 21 f.; vgl. auch *ders.*, Verfassungslehre, S. 138 ff., zum „rechtsstaatlichen Gesetzesbegriff".

[973] *K. A. Schachtschneider*, Vom liberalistischen zum republikanischen Freiheitsbegriff, S. 418 ff.; *ders. (O. Gast)*, Sozialistische Schulden nach der Revolution, S. 9 ff.

[974] Dazu *K. A. Schachtschneider*, Res publica res populi, S. 819 ff.; *ders.*, Prinzipien des Rechtsstaates, S. 244 ff.; dazu 7. Kap., II.

[975] *Kant*, Grundlegung zur Metaphysik der Sitten, S. 18 u.ö.; *K. A. Schachtschneider*, Res publica res populi, S. 560 ff., 584 ff., 637 ff., 707 ff.; dazu auch 2. Kap., VII.

[976] *H. Krüger*, Allgemeine Staatslehre, S. 306 ff.; *K. A. Schachtschneider*, Res publica res populi, S. 560 ff.

[977] Legalität und Legitimität, S. 20 ff., 24, 28.

die Sittlichkeit der Gesetze und damit deren Rechtlichkeit (Art. 2 Abs. 1 und 38 Abs. 1 S. 2 GG)[978]. Wer ein Gesetz für rechtlos hält, muß die Initiative zu dessen Änderung ergreifen. Das ist seine bürgerliche Pflicht, sein Amt als Politiker, von dem sich kein Bürger suspendieren darf. Sein Mittel ist die Meinungsäußerung, notfalls der Widerstand[979].

Das sittliche Gesetz kann in der Republik (juridisch) kein Unrecht sein. Das Gesetz ist für *Hobbes*, *Locke*, *Rousseau*, *Montesquieu* und *Kant* der Wille aller, also auch der Wille jedes einzelnen. Die republikanische Freiheits-, Rechts- und Staatslehre, die Lehre des Politischen also, fußt auf dem Satz: volenti non fit iniuria[980]. Darum ist staatliche Gesetzgebung in der republikanischen Logik keine Herrschaft, sondern Verwirklichung von Freiheit, vorausgesetzt, sie ist sittlich. Eine herrschaftliche Lehre von der Freiheit führt zu einem herrschaftlichen Begriff der Herrschaft der Gesetze und verfehlt dessen eigentliche Aussage, die Entscheidung gegen die Herrschaft von Menschen über Menschen. Eine Herrschaft in Freiheit ist nicht legitimierbar, sondern ein Widerspruch. *Werner Maihofer* fragt vergeblich nach den Bedingungen einer solchen Legitimation[981]. Ein Staat, als Überwindung des Naturzustandes, macht institutionell die gemeinsame, allseitige Freiheit möglich, indem alle Bürger, soweit es geht, des privaten Zwanges entsagen und sich einigen, Zwang prinzipiell nur staatlich, d.h. dem gemeinsamen Gesetz gemäß, als Rechtlichkeit zu üben[982]. Als Republik ist der Staat „die organisierte Entscheidungs- und Wirkungseinheit",

---

[978] Dazu *K. A. Schachtschneider*, Res publica res populi, S. 219 ff., 560 ff., 584 ff., 810 ff., u.ö.; vgl. auch 2. Kap., VI, VII.

[979] Dazu *K. A. Schachtschneider*, Res publica res populi, S. 249 ff., 417 ff., 961 f.

[980] *Hobbes*, Leviathan, II, 18, 21, S. 156, 160, 193 f.; *Locke*, Über die Regierung, IV, 22, VII, 88 f., VIII, 95 ff., XI, 134, S. 19, 66 f., 73 ff., 101 f.; *Rousseau*, Vom Gesellschaftsvertrag, II, 6, S. 41 u.ö.; i.d.S. auch *Montesquieu*, Vom Geist der Gesetze, XI, 3, S. 210; grundlegend *Kant*, Metaphysik der Sitten, S. 432, 462, 464 u.ö.; *ders.*, Zum ewigen Frieden, S. 207; i.d.S. auch *W. Leisner*, Staatseinung, S. 44, 55 u.ö.; *H. Krüger*, Allgemeine Staatslehre, S. 294 ff.

[981] HVerfR, S. 427 ff., 462 ff., 472 ff.; *ders.*, Realität der Politik und Ethos der Republik, S. 121 ff. („Notlösung", S. 124); *ders.*, ARSP, Beiheft Nr. 15, 1981, S. 15 ff.

[982] *Rousseau*, Vom Gesellschaftsvertrag, I, 7, S. 21; *Kant*, Metaphysik der Sitten, § 44, S. 430 f., § 52, S. 462 ff.; *ders.*, Über den Gemeinspruch, S. 169; *ders.*, Zum ewigen Frieden, S. 203; i.d.S. auch *Montesquieu*, Vom Geist der Gesetze, XI, 6, XII, 2, S. 215, 250 f.; in der Sache schon *Hobbes*, Leviathan, II, 17, S. 155 f., der allerdings den Aspekt Schutz, nicht den Aspekt Freiheit herausstellt; *Locke*, Über die Regierung, IV, 22 f., VIII, 95 f., XI, 134 ff., S. 19 f., 73 ff., 101 ff.; ganz so *W. Maihofer*, ARSP, Beiheft Nr. 15, 1981, S. 17 ff., 20 ff.; *V. Götz*, HStR, Bd. III, § 79, Rdn. 21 ff., 29 ff., 32 ff.; *K. A. Schachtschneider*, Der Anspruch auf materiale Privatisierung, S. 276 ff.; zum sogenannten Gewaltmonopol auch *ders.*, Res publica res populi, S. 548 ff.

als die *Hermann Heller* den Staat gegen alle Lehren von dessen Personenhaftigkeit beschrieben hat[983].

c) Nur wenn im übertragenen Sinne die Gesetzlichkeit als „Herrschaft
der Gesetze"[984] bezeichnet wird, ist nicht personale Herrschaft, sondern
eben Freiheit gemeint. Das Wort Herrschaft ist auch in dieser Formulierung
irreführend, weil in dem Wort sprachlich die personale Über- und Unterordnung anklingt. *Carl Schmitt* selbst hat klargestellt, daß im „Gesetzgebungsstaat" „die Gesetze nicht herrschen", sondern „nur als Normen gelten".

> Im „Gesetzgebungsstaat" „herrschen nicht Menschen und Personen." ... „Der
> letzte, eigentliche Sinn des fundamentalen ‚Prinzips der Gesetzmäßigkeit' allen
> staatlichen Lebens liege darin, daß schließlich überhaupt nicht geherrscht und
> befohlen wird, weil nur unpersönlich geltende Normen geltend gemacht werden."
> ... „Spezifische Erscheinungsform des Rechts ist hier das Gesetz, spezifische
> Rechtfertigung des staatlichen Zwanges die Legalität"[985]:

Diese Sätze passen zur republikanischen Autonomielehre, sind aber im
Gegensatz zu *Schmitts* demokratistischer Herrschaftslehre[986] kaum rezipiert.
Dolf Sternberger hat, wie schon gesagt, diesen Gedanken auch in seinem
„römisch gesprochenen" Schlagwort erfaßt:

> „In der Tat gibt es keine Herrschaft ohne Entscheidungsmacht und Befehlsgewalt.
> Aber es gibt sehr wohl Entscheidungsmacht und Befehlsgewalt ohne Herrschaft
> und jenseits von Herrschaft, nämlich eben bei anvertrauten Ämtern. Römisch ge-
> sprochen: imperium ist nicht dominium"[987].

Carl Schmitt lehrt, daß der „Gesetzgebungsstaat" mit dem „Vertrauen auf
die Gerechtigkeit durch Vernunft des Gesetzgebens selbst und aller am
Gesetzgebungsverfahren beteiligten Instanzen" stehe und falle[988], also mit

---

[983] Staatslehre, S. 228 ff.; dem folgen *E.-W. Böckenförde*, Die Bedeutung der Unterscheidung von Staat und Gesellschaft, S. 405; *K. Hesse*, Staat und Gesellschaft,
S. 489.

[984] Vgl. die Hinweise in Fn. 953; *W. Maihofer*, HVerfR, S. 427 ff., 436 ff.,
472 ff., versucht, „Herrschaft der Gesetze" als Herrschaft des Volkes freiheitlich
und damit gleichheitlich zu legitimieren; ebenso *ders.*, ARSP, Beiheft Nr. 15, 1981,
S. 15 ff.; *ders.*, Realität der Politik und Ethos der Republik, S. 101 ff., 121 ff.;
auch, weniger konsistent, *M. Hättich*, Demokratie als Herrschaftsordnung, S. 144 ff.,
vgl. auch S. 25 ff.

[985] *C. Schmitt*, Legalität und Legitimität, S. 8; vgl. auch *ders.*, Verfassungslehre,
S. 138 ff.

[986] Vgl. die Hinweise in Fn. 484; dazu *K. A. Schachtschneider*, Res publica res
populi, S. 735 ff.

[987] *D. Sternberger*, Der alte Streit um den Ursprung der Herrschaft, S. 25 f.; auch
ders., Max Weber und die Demokratie, S. 152.

[988] Legalität und Legitimität, S. 20 ff., zum Legalitätssystem des parlamentarischen Gesetzgebungsstaates insb. S. 24 ff.; auch *ders.*, Verfassungslehre, S. 138 ff.;
ders., Grundrechte und Grundpflichten, S. 200; *ders.*, Das Reichsgericht als Hüter
der Verfassung, S. 67.

der Sittlichkeit durch Moralität des Gesetzgebers, aber auch der Beamten und der Richter und überhaupt des ganzen Volkes, welche das Gemeinwesen zur Republik erhebt. Dieses Prinzip der stellvertretenden Sittlichkeit[989] erfaßt *Dolf Sternberger* im Begriff der „Anvertrauung"[990]. Das Wort Herrschaft ideologisiert entgegen dem Prinzip der Republik persönliche Über- und Unterordnung, um diese zu legitimieren; denn Herrschaft im eigentlichen Sinne ist die „nötigende Willkür" des einen über den anderen[991]. In diesem Sinne wird das Wort Herrschaft in der Staatslehre auch meist gebraucht[992]. Der (ohnehin fragwürdige) Begriff der Herrschaft in der Formel von der Herrschaft der Gesetze widerspricht dem der Gesetze und weist durch die widersprüchliche Begriffsbildung jede Art von Herrschaft von Menschen über Menschen zurück[993]. *Aristoteles* hat schon die Demokratien danach unterschieden, ob „nach dem Gesetz regiert" werde oder nicht, und letztere nicht als „eigentliche Demokratie" anerkannt, weil „keine Verfassung" sei, „wo keine Gesetze regieren"[994]. Über die Amtswalter soll das Gesetz „herrschen", d. h. es soll keine Herren geben. Dienst soll keine Herrschaft sein, auch nicht gerechte Herrschaft im Amt, wie *Wilhelm Henke* den Dienst begreift[995]. Dienst im Amt ist in der modernen Republik vielmehr Beitrag zur Verwirklichung des guten Lebens aller in allgemeiner Freiheit durch Gesetzlichkeit, vor allem durch pünktlichen Vollzug der Gesetze. „Regierung ist nicht Herrschaft", um diese *aristotelische* Position zu wiederholen[996]. *Karl Jaspers* definiert:

„Die Freiheit des Menschen beginnt mit der Geltung aufgezeichneter Gesetze des Staates, in dem er lebt. Diese Freiheit heißt politische Freiheit. Der Staat, in dem Freiheit durch Gesetze herrscht, heißt Rechtsstaat"[997].

---

[989] *K. A. Schachtschneider*, Res publica res populi, S. 637 ff. (707 ff.), 772 ff. (810 ff.).

[990] Der alte Streit um den Ursprung der Herrschaft, S. 25.

[991] Diese Definition nutzt den kantianischen Begriff der äußeren Freiheit, Metaphysik der Sitten, S. 345: „Freiheit (Unabhängigkeit von eines anderen nötigender Willkür)"; dazu II, auch 2. Kap., VI.

[992] Dazu II; etwa *M. Hättich*, Demokratie als Herrschaftsordnung, S. 175 f., im Anschluß an *M. Weber*, Wirtschaft und Gesellschaft, S. 28 f.; *W. Henke*, Recht und Staat, S. 251 ff., der explizit Herrschaft dadurch kennzeichnet, daß der Herr „das eigene Urteil über gerecht und ungerecht durchzusetzen", also seine Willkür nötigend zu gebrauchen vermag, was Henke mit dem Spruch: „streng, aber gerecht" beschönigt.

[993] So auch *C. Schmitt*, Verfassungslehre, S. 139; *ders.*, Legalität und Legitimität, S. 8, 21 ff.; *K. R. Popper*, Bemerkungen zu Theorie und Praxis des demokratischen Staates, S. 10 ff.; *H. Krüger*, Allgemeine Staatslehre, S. 277 ff.

[994] Politik, S. 143 f., 1292a 5 ff.

[995] Recht und Staat, S. 387 ff.; dazu VI.

[996] Vgl. VII.

[997] Vom Ursprung und Ziel der Geschichte, S. 202 (Hervorhebung bei Jaspers).

Karl Jaspers vertritt, ähnlich *Werner Maihofer* und *Karl R. Popper*, aber auch *Jürgen Habermas*, eine konsequent kommunikative Rechtslehre; denn er sagt: „Freiheit fällt zusammen mit der innerlich gegenwärtigen Notwendigkeit des Wahren"[998] und, nicht anders als *Jürgen Habermas*: „Die Wahrheit hört auf … mit dem Abbruch der Kommunikation"[999].

Das Gesetz begründet eine Verbindlichkeit, die auf Freiheit gründet; denn Freiheit ist Autonomie des Willens[1000]. Ein Gesetz begründet weder eine Über- noch eine Unterordnung, sondern scheidet in Erkenntnis des Guten für alle, des Gemeinwohls[1001], zwischen Recht und Unrecht, gibt Rechte und schafft Pflichten. Der Begriff Herrschaft deckt eine freiheitswidrige Wirklichkeit mit der empiristischen Theorie, die Herrschaft von Menschen über Menschen sei unvermeidlich[1002] und verzerrt als Verfassungsideologie das Verfassungsrecht. Das Instrument des Gesetzes kann freilich zur Herrschaft mißbraucht werden. Das ist zu erwarten, wenn der Gesetzgeber von dem Herrscher oder den Herrschern abhängig ist wie in der Parteienoligarchie. Parteienstaatliche Gesetze sind Maßnahmen, vornehmlich um die Herrschaft zu erhalten, weil und solange diese von Wahlen abhängig ist.

---

[998] *K. Jaspers*, Vom Ursprung und Ziel der Geschichte, S. 196 ff., 202; *W. Maihofer*, ARSP, Beiheft Nr. 15, 1981, S. 21; *ders.*, HVerfR, S. 487 f.; *K. R. Popper*, Bemerkungen zu Theorie und Praxis des demokratischen Staates, S. 14; vgl. dazu *P. v. Oertzen*, Die soziale Funktion des staatsrechtlichen Positivismus, S. 72 ff., 96 ff.; vgl. auch *C. Schmitt*, Verfassungslehre, S. 138 ff.; *ders.*, Legalität und Legitimität, S. 7 ff., 20 ff.; *K. A. Schachtschneider*, Res publica res populi, S. 585 in Fn. 375; vgl. Fn. 815.

[999] *K. Jaspers*, Wahrheit, Freiheit und Friede, 1958, in: *ders.*, Lebensfragen der deutschen Politik, 1963, S. 161; i.d.S. *J. Habermas*, Die Utopie des guten Herrschers, S. 329 ff.

[1000] *H. Hofmann*, VVDStRL 41 (1983), S. 54, 74; i.d.S. auch *J. Habermas*, Strukturwandel der Öffentlichkeit, S. 178 ff. (183 ff.); *K. A. Schachtschneider*, Staatsunternehmen und Privatrecht, S. 125 ff., 153 ff.; i.d.S. auch *W. Leisner*, Staatseinung, S. 54 ff. („Einung als Zusammenwirken von Autonomien"); dazu 2. Kap., V, VI, VII, 5. Kap., auch dieses Kap. VIII, 2.

[1001] Dazu *K. A. Schachtschneider*, Res publica res populi, S. 655 ff.; *ders.*, Der Anspruch auf materiale Privatisierung, S. 308 ff.

[1002] *C. Schmitt*, Verfassungslehre, S. 4 f., 205 ff., 224 ff. u.ö.; der jedoch selbst den „Gesetzgebungsstaat" als „Staatswesen" ohne Herrschaft charakterisiert, Legalität und Legitimität, S. 8; in der Sache nicht anders *H. Kelsen*, Vom Wesen und Wert der Demokratie, S. 11 f., 53 ff., 84 ff. u.ö., dessen reale Demokratie trotz der sie legitimierenden „Idee der Freiheit" zur Herrschaft der Parteiführer wird; *M. Hättich*, Demokratie als Herrschaftsordnung, S. 34 f. (mit Zitaten); *H. Krüger*, Allgemeine Staatslehre, S. 188 f., 818 ff. („Staatsgewalt und Untertanengehorsam"), auch S. 654 ff.; *W. Henke*, Recht und Staat, S. 251 ff., 299 f., 387 ff.; auch *W. Maihofer*, HVerfR, S. 462 ff., 472 ff. (als Notlösung, S. 477); *ders.*, Realität der Politik und Ethos der Republik, S. 121 ff. zu diskursgerechten Institutionen *J. Habermas*, Die Utopie des guten Herrschers, S. 330 ff.; weitere Hinweise in Fn. 484.

Diese Maßnahmen haben nicht die Vermutung für sich, Recht zu erkennen, können aber das Recht verwirklichen.

2. Freiheitliche Ordnung durch Autonomie des Willens

Kant hat eingesehen: „Der Mensch ist ein Tier, das, wenn es unter anderen seiner Gattung lebt, einen Herrn nötig hat"[1003]. Diese Einsicht ist anthropologisch. *Kant* begründet seine Theorie mit dem unausrottbaren Mißbrauch der Freiheit, „verleitet" durch die „selbstsüchtige tierische Neigung" des Menschen. Nur kann im Sinne *Kants* der „Herr" nur der homo noumenon, der Mensch als Vernunftwesen sein, der über den Menschen als homo phaenomenon, das „Tier", herrscht[1004]. *Kant* lehrt die Autonomie des Willens[1005], also, wenn man so will, die Herrschaft des Menschen über sich selbst. *Kants* Theorie von der tierischen Natur des Menschen rechtfertigt nicht die Herrschaft von Menschen über Menschen, weil alle Menschen diese Natur haben und jeder, der Herr wäre, selbst einen Herren nötig hätte, wie *Kant* selbst darlegt[1006]. Die Lösung dieses „schwersten Problems" ist die transzendentale Idee der Freiheit und damit die des Rechts und der Republik. Nur die „Annäherung zu dieser Idee" sei uns „von der Natur auferlegt"; denn „aus so krummen Holze, als woraus der Mensch gemacht ist, kann nichts ganz Gerades gezimmert werden"[1007]. Dennoch baut *Kant* auf die Hoffnung, die Idee der allgemeinen Freiheit könne verwirklicht werden, nicht anders als *Karl Jaspers*, *Karl R. Popper* und *Werner Maihofer*[1008] und der Sache nach auch *Jürgen Habermas*[1009]. *Kant* setzt auf den „guten Willen"[1010]. *Kants* Republik ist keine Form der Herrschaft, sondern die Form

---

[1003] Idee, S. 40 f.

[1004] Der junge *Hegel* wirft in seiner Lehre vom Liebesgebot Kant eine Moralität der Trennung vor, die den Menschen nach *Ch. Taylor*, Hegel, 1975, S. 93, zum eigenen Knecht mache, Der Geist des Christentums und sein Schicksal 1798–1800, ed. Suhrkamp, Bd. 1, 1971/1986, S. 317 ff., insb. S. 324.

[1005] Dazu 2. Kap., II, V, VI, VII; vgl. auch 5. Kap.

[1006] Idee, S. 40 f.

[1007] *Kant*, Idee, S. 41; dem folgt *W. Maihofer*, ARSP, Beiheft Nr. 15, 1981, S. 39.

[1008] *Kant*, Idee, S. 41 ff.; *ders.* auch, Zum ewigen Frieden, S. 251; *K. Jaspers*, Vom Ursprung und Ziel der Geschichte, S. 196 ff. („Wahrheit ist mit der Freiheit auf dem Wege", S. 198, „Das entscheidende Merkmal freier Zustände ist der Glaube an die Freiheit", S. 217, vgl. das ausführliche Zitat zu Fn. 565); *K. R. Popper*, Bemerkungen zu Theorie und Praxis des demokratischen Staates, S. 29 ff.; *W. Maihofer*, ARSP, Beiheft Nr. 15, 1981, S. 39.

[1009] Vgl. die Hinweise in Fn. 1026.

[1010] *Kant*, Grundlegung zur Metaphysik der Sitten, S. 18, 30, 70, 80; ganz so *K. R. Popper*, Bemerkungen zu Theorie und Praxis des demokratischen Staates, S. 18; *J. Rawls*, Eine Theorie der Gerechtigkeit, S. 210; vgl. *W. Kersting*, Wohlgeordnete Freiheit, S. 45.

der Freiheit[1011], die Form des Politischen und damit des Moralischen und die Form der Sittlichkeit[1012], der Rechtsstaat, gegründet auf politische Freiheit[1013]. Die Idee der Freiheit als „selbstauferlegtem Gehorsam" leitet auch das Repräsentationsprinzip *Herbert Krügers*:

> „Die Identität zwischen Befehlenden und Gehorchenden kann auch und gerade in der Demokratie nur darauf beruhen, daß das bessere Ich seinem natürlichen Ich befiehlt und das natürliche Ich seinem besseren Ich gehorcht"[1014].

„Freiheit ist Herrschaft des Gewissens", präzisiert *Ernst Bloch* diese Erkenntnis[1015].

Auch *Carl Schmitt* hat im Gesetzgebungsstaat die „Selbstorganisation der Gesellschaft" gesehen[1016]. Das *aristotelische* Verständnis der Politie und das *kantianische* der Republik hat er ohne jedes Argument mit dem Hinweis auf die begriffliche Differenzierung *Machiavellis* zwischen Monarchie und Republik, ignorant gegenüber der reichen Begriffsgeschichte des Wortes Republik[1017], zurückgewiesen. *Carl Schmitt* dekretiert: „Republik bezeichnet heute nicht mehr (gleich „Politie") den im Sinne von Aristoteles und Thomas idealen Staat"[1018]. Die Idee der Freiheit gebiert aber die Idee der Republik. Diese Freiheit ist eine solche des einzelnen Menschen und Bürgers und damit aller Bürger, nicht eine Freiheit des Volkes als „politischer Einheit". Ziel aller Ethik ist die „res publica noumenon", „die ewige Norm für alle bürgerliche Verfassung überhaupt. ... Die Wissenschaft von der Freiheit ist die Ethik", die „Sittenlehre"[1019]. Freiheit als Autonomie des Willens verwirklicht sich in der Republik, der Form der herrschaftsfreien

---

[1011] Dazu i.d.S. *W. Kersting*, Wohlgeordnete Freiheit, S. 288 ff.; *ders.*, Kant über Recht, S. 138 ff. (141); auch *H. Hofmann*, Repräsentation, S. 411 ff.

[1012] Vgl. vor allem: Zum ewigen Frieden, S. 228 ff.; zum Verhältnis von Moral und Politik *K. A. Schachtschneider*, Res publica res populi, S. 637 ff., 729 ff., 772 ff. (810 ff.), auch S. 560 ff., 584 ff., 909 ff., 963 ff.

[1013] *K. Jaspers*, Vom Ursprung und Ziel der Geschichte, S. 202.

[1014] Allgemeine Staatslehre, S. 981, dessen Untertanenlehre, S. 188 f., 818 ff., zu solchen Sätzen nicht recht passen will, der S. 294 ff. die dementsprechende Lehre vom allgemeinen Gesetz entwickelt; mit Unverständnis begegnet dieser dualistischen, für die Ethik grundlegenden transzendentalen Anthropologie etwa *M. Hättich*, Demokratie als Herrschaftsordnung, S. 133, 182, 184.

[1015] Naturrecht und menschliche Würde, S. 185, der fortsetzt: „insofern wohnt sie in unserem übernatürlichen Teil, und insofern ist Kants Freiheitsbegriff ebenfalls ein religiöser".

[1016] Der Hüter der Verfassung, S. 78, 82 f. (kritisch) u.ö.

[1017] Dazu *W. Mager*, Republik, S. 549 ff.; *W. Maihofer*, Realität der Politik und Ethos der Republik, S. 84 ff.; tendenziös *R. Gröschner*, Die Republik, HStR, Bd. II, § 28, Rdn. 13 ff.

[1018] Verfassungslehre, S. 223 f.

[1019] *Kant*, Der Streit der Fakultäten, S. 364, bzw. *ders.*, Grundlegung zur Metaphysik der Sitten, S. 11; ganz i.d.S. *K. Jaspers*, Vom Ursprung und Ziel der Ge

Demokratie. „Herrschaft des Rechts" erfordert als Gesetzgebung Erkenntnis des Rechts auf der Grundlage der Wahrheit, verlangt, daß die Rechtlichkeit durch Gesetzlichkeit durchgehend kompetenzhaftig, amtshaftig, prozeßhaftig durch das Volk und die Volksvertreter verwirklicht wird[1020], sei es durch die Gesetzgebung, sei es durch die Rechtsprechung oder sei es durch den Gesetzesvollzug der Verwaltung. Dabei sind die Gesetzgeber (einschließlich der funktional gesetzgebenden Rechtsprechung[1021]) an die Verfassung und das Verfassungsgesetz, ethisch auch an das Sittengesetz, die Richter und die Beamten an die Gesetze und das Recht gebunden (Art. 20 Abs. 3 GG). *Martin Kriele* und *John Rawls*, aber auch *Jürgen Habermas* mahnen dafür das Ethos der Unparteilichkeit, das Ethos des Imperativs: audiatur et altera pars, an, die Richtertugend also, die im Rechtsstaat um der Gesetzlichkeit willen alle Staatswalter, also auch alle Bürger, in welcher Funktion auch immer, leiten sollen[1022]. Parteilichkeit ist der Gegensatz von Rechtlichkeit. In der „wohlgeordneten Gesellschaft" soll „der politisch interessierte Bürger" „ein gerechter Mensch" sein[1023]. Das gilt der Idee der Republik nach für alle Bürger. *Karl Jaspers* sagt:

> „Bewahrung der Freiheit setzt voraus ein zur selbstverständlichen Natur gewordenes Ethos gemeinschaftlichen Lebens; den Sinn für Formen und Gesetze, natürliche humane Umgangsweisen, Rücksicht und Hilfsbereitschaft, ständige Beachtung der Rechte anderer, nie versagende Bereitschaft zum Kompromiß in bloßen Daseinsfragen, keine Vergewaltigung von Minoritäten"[1024].

---

schichte, S. 197 ff., 202 ff.; in der Tugendlehre der Metaphysik der Sitten verwendet *Kant* den Begriff Ethik enger als Gegenbegriff zur Rechtslehre (ius), S. 508 ff.

[1020] *K. Jaspers*, Vom Ursprung und Ziel der Geschichte, S. 197 ff., 205 ff. (i.S. einer demokratischen Kommunikationslehre); *M. Kriele*, VVDStRL 29 (1971), S. 59 ff.; *ders.*, Theorie der Rechtsgewinnung, insb. S. 157 ff.; i.d.S. auch *W. Maihofer*, ARSP, Beiheft Nr. 15, 1981, S. 31; zur Kompetenz- und Verfahrenshaftigkeit der Gemeinwohl- und damit Rechtsverwirklichung *K. A. Schachtschneider*, Staatsunternehmen und Privatrecht, S. 247 ff., 254 f., 444 f. u.ö.; *ders.*, Prinzipien des Rechtsstaates, S. 295 ff., 310 ff.; auch *J. Isensee*, HStR, Bd. III, insb. § 57, Rdn. 90 ff.; *K. Hesse*, HVerfR, S. 146 ff.; i.d.S. auch *D. Sternberger*, Der alte Streit um den Ursprung der Herrschaft, S. 25 f.

[1021] Dazu *K. A. Schachtschneider*, Res publica res populi, S. 858 ff.

[1022] *M. Kriele*, VVDStRL 29 (1971), S. 52; *ders.*, Die demokratische Weltrevolution, S. 93; *ders.*, Menschenrechte und Friedenspolitik, S. 665 ff., 671 ff.; *J. Rawls*, Eine Theorie der Gerechtigkeit, S. 19 ff., 34 ff., 211 ff., 217 ff., 513 f., 550; *J. Habermas*, Wie ist Legalität möglich?, S. 12 ff.; *ders.*, Erläuterungen zur Diskursethik, S. 124 f., 138 f., 145, 152 ff., 164; *ders.*, Faktizität und Geltung, S. 138, 140, 145, u.ö.; *K. A. Schachtschneider*, Res publica res populi, S. 1060 ff. (1083 f.), auch S. 772 ff.; *ders.*, Prinzipien des Rechtsstaates, S. 325 ff.; *ders. (O. Gast)*, Sozialistische Schulden nach der Revolution, S. 39 ff.

[1023] *J. Rawls*, Eine Theorie der Gerechtigkeit, S. 514.

[1024] Vom Ursprung und Ziel der Geschichte, S. 211, auch S. 213, gegen die bloß „formale Demokratie".

Jürgen Habermas' Diskursethik orientiert sich am Leitbild der „herrschaftsfreien Verständigung", die allein den „Zwang des besseren Arguments" gelten läßt[1025]. Die durchaus notwendigen „Institutionen" „verzerren" „die Kommunikation" und „entfremden" dadurch den Menschen; sie machen ihn „unmündig", weil sie die „ideale Sprechsituation" verhindern. In der „Selbstreflexion", die hohe moralische Kompetenz erfordere, vermag sich der Mensch zu „emanzipieren". Die „gesellschaftlichen Beziehungen" finden ihre „Versöhnung" im in „herrschaftsfreier Kommunikation erzielten Konsens"[1026]. „Politisch zu sein", hieß den Griechen, „alle Angelegenheiten vermittels der Worte, die überzeugen können", zu regeln, „nicht durch Zwang oder Gewalt"; „Bürger sein: Miteinander-Sprechen"[1027]. *René Marcic* weist auf den sprachlichen Zusammenhang von Sache und Rede, also von Sachlichkeit hin:

[1025] Erläuterungen zur Diskursethik, S. 123, 130, 132, 154, 161; Faktizität und Geltung, S. 127, 133, 187 ff., 206, 339, 349 ff. zur deliberativen Diskurstheorie allgemein; weitere Hinweise in Fn. 1026; dem folgt auch *H. H. v. Arnim*, Der Staat 26 (1987), S. 493; auch *M. Kriele*, VVDStRL 29 (1971), S. 59 ff.; *ders.*, Einführung in die Staatslehre, 6. Aufl. 2003, S. 216; i. d. S. insb. auch *K. Jaspers*, Wahrheit, Freiheit und Friede, S. 161; *ders.*, Vom Ursprung und Ziel der Geschichte, S. 200 ff., 219; dagegen *R. Spaemann*, Die Utopie der Herrschaftsfreiheit, 1971, in: ders., Zur Kritik der politischen Utopie, 1977, S. 117 ff.; dazu *J. Habermas*, Die Utopie des guten Herrschers, daselbst, S. 127 ff., insb. S. 130 ff.; *E.-W. Böckenförde*, Der Staat als sittlicher Staat, S. 16 f. mit Fn. 13; gegen Habermas explizit auch *W. Schmidt*, Organisierte Einwirkungen auf die Verwaltung. Zur Lage der zweiten Gewalt, VVDStRL 33 (1975), S. 197; skeptisch auch *M. Kriele*, Einführung in die Staatslehre, 4. Aufl. 1990, S. 165 ff. gegen C. Schmitts Parlamentarismuskritik: „Wahrheit durch öffentliche Diskussion?", S. 324 ff., auch S. 169 ff., 172 ff., 177 ff., 181 ff., 184 ff., der seine Abwägungen zwischen den Interessen und dem Wahrheitsaspekt in seiner Parteienlehre nicht recht durchhält (S. 321 ff.); zur Diskursethik *K. A. Schachtschneider*, Res publica res populi, S. 584 ff.; vgl. *R. Alexy*, Theorie der juristischen Argumentation. Die Theorie des rationalen Diskurses als Theorie der juristischen Begründung, 1978, S. 32 ff., 263 ff., 349 ff.; *ders.*, Theorie der Grundrechte, S. 498 ff.; *M. Kriele*, Recht und praktische Vernunft, 1979, S. 30 ff.

[1026] *J. Habermas*, Theorie der Gesellschaft oder Sozialtechnologie – Was kostet die Systemforschung?, mit *N. Luhmann*, 1971, S. 123 ff., 136 ff.; *ders.*, Erkenntnis und Interesse, S. 344; *ders.*, Protestbewegung und Hochschulreform, 1969, S. 123 f.; *ders.*, Die Utopie des guten Herrschers, S. 127 ff.; *ders.*, Erläuterungen zur Diskursethik, S. 161 f.; vgl. auch schon, Strukturwandel der Öffentlichkeit, S. 178 ff.; als Deliberalismus *ders.*, Faktizität und Geltung, S. 187 ff., 349 ff. ü. ö.; dazu *E. Meinberg*, Das Menschenbild der modernen Erziehungswissenschaften, S. 42 ff.; zum diskursiven Deliberalismus bereits *C. Schmitt*, Die geistesgeschichtliche Lage des heutigen Parlamentarismus, S. 58 ff.

[1027] *H. Arendt*, Vita Activa, S. 30 f.; ganz i. d. S. *D. Sternberger*, Herrschaft und Vereinbarung, S. 115 ff. u. ö.; i. d. S. *E. Vollrath*, Grundlegung einer philosophischen Theorie des Politischen, S. 300 ff.; auch *H. Steinmann*, Begründungsprobleme der Unternehmensethik, Vortrag in Zürich vom 18. Mai 2000.

„Res ist dasjenige, was in Rede steht, res publica also, was öffentlich in Rede steht, weil es alle angeht und darum res populi ist"[1028].

Zum Schluß dieses Abschnitts ein Zitat des großen Kantianers *Karl Jaspers*:

„Freiheit ist aber auch Überwindung der eigenen Willkür. Freiheit fällt zusammen mit der innerlich gegenwärtigen Notwendigkeit des Wahren." … „Der Anspruch an die Freiheit ist daher, weder aus Willkür, noch aus blindem Gehorsam zu handeln, sondern aus Einsicht." … „Zugunsten gegründeter Einsicht schmilzt die bloße Meinung ein im liebenden Kampf zwischen den Nächsten. Zum Bewußtsein objektiver Wahrheit verwandelt sie sich im gemeinsamen gesellschaftlich-politischen Zustand durch Publizität des Meinungsstreits in Anerkennung von Meinungen, aber nur in der Bewegung der Auseinandersetzung. Die Freiheit fordert beides: die Tiefe menschlicher Kommunikation selbst seiender Einzelner, und die bewußte Arbeit an der Freiheit der öffentlichen Zustände durch die Formen gemeinschaftlicher Einsicht und Willensbildung." … „Wahrheit ist mit Freiheit immer auf dem Wege." … „Freiheit ist die Vernunft grenzenloser Offenheit und das Hörenkönnen und Freiheit ist in diesem wahrhaft offenen Raum weitesten Bewußtseins die Entschiedenheit geschichtlicher Entscheidung." … „Die Menschheit zur Freiheit zu bringen, das heißt sie zum Miteinanderreden zu bringen." … „Nur in restloser Offenheit von beiden Seiten erwächst Wahrheit in Gemeinschaft." … „Wahrheit suchen, das heißt immer, zur Kommunikation bereit sein, Kommunikation auch von anderen zu erwarten." … „Der Kampf um die Wahrheit in Freiheit ist liebender Kampf"[1029].

IX. Herrschaftsdogmatische Unterscheidung von Staat und Gesellschaft

1. Differenzierte Staatlichkeit des Gemeinwesens

Herrschaft wird erträglich, wenn sie Freiheiten läßt. Wenn die Ausübung der Staatsgewalt, wie meist gelehrt wird[1030], Herrschaft ist, demokratisch legitimiert[1031], ist es logisch, die Grundrechte einschließlich Art. 2 Abs. 1 GG, das allgemeine Freiheitsrecht, liberalistisch als Freiheiten zu dogmatisieren, welche den Einzelnen, den Untertanen der Herrschaft also, diese Herrschaft in gewisser Weise abzuwehren erlauben, welche eine „private Sphäre" vor Einwirkungen des herrschaftlichen Staates schützen. Freiheiten wären in diesem liberalistischen Sinne staatsabwehrende Rechte, die durch ihren verfassungsgesetzlichen Schutz zu Grundrechten erstarkt sind[1032]. Die

---

[1028] Vom Gesetzesstaat zum Richterstaat, S. 329 (nach Martin Heidegger).

[1029] Vom Ursprung und Ziel der Geschichte, S. 197 ff. Zur Diskursethik ist damit das Wesentliche gesagt.

[1030] Hinweise in Fn. 479 ff.

[1031] Dazu III, IV.

Logik staatlicher Herrschaft und privater Freiheiten, also die Logik des (individualistischen[1033]) Liberalismus vor allem des 19. Jahrhunderts, gebietet eine Lehre der Trennung, jedenfalls der Unterscheidung von Staat und Gesellschaft[1034]. Diese Logik hätte aber nur eine Grundlage im Verfassungsgesetz, wenn die Staatlichkeit als Herrschaft verfaßt wäre, nicht schon, wenn lediglich die Wirklichkeit des Gemeinwesens herrschaftlich ist, das Recht aber freiheitlich sein soll. Eine herrschaftliche Wirklichkeit ist rechtswidrig, also dem Recht gemäß zu verändern. Keinesfalls vermag die Unterscheidung von Staat und Gesellschaft in der Verfassung der Menschheit der Menschen[1035] eine Rechtfertigung zu finden; denn Freiheit und Herrschaft sind unvereinbar. Das wurde in den vorherigen Abschnitten dieses Kapitels zu begründen versucht. Der Parteienstaat ist herrschaftlich[1036]. Die Trennung/Unterscheidung von Staat und Gesellschaft hat sich in der Wirklichkeit des bundesdeutschen Gemeinwesens erneut etabliert und wird, nachdem sie dogmatisch überwunden schien[1037], seit Beginn der siebziger Jahre des vorigen Jahrhunderts wieder gelehrt[1038], ein Zeichen für einen Wandel der Verfassungswirklichkeit, der seine Stabilisierung im gelehrten und gelebten Verfassungsrecht findet, eine mißlungene Renaissance einer Staatsform[1039], der es entgegenzuwirken gilt. Die folgenden Aspekte der freiheitswidrigen Parteienherrschaft sollen, ohne daß sie auch nur eine Skizze des gesamten Phänomens zu sein beanspruchen, die Wirklichkeit des Gemeinwesens vor Augen führen, welche die Dogmatik der Unterscheidung/Trennung von Staat und Gesellschaft wiederbelebt hat, eine Dogmatik, welche

---

[1032] Dazu auch 6. Kap.

[1033] Den individualistischen vom universalistischen Liberalismus unterscheidet *W. Kersting*, Pluralismus und soziale Einheit – Elemente politischer Vernunft, in: H. F. Fulda/R.-P. Horstmann (Hrsg.), Vernunftbegriffe in der Moderne, 1994, S. 627 ff.; *ders.*, Liberalismus und Kommunitarismus, in: *ders.*, Recht, Gerechtigkeit und demokratische Tugend, S. 404 f., auch *ders.*, Freiheit und Tugend, daselbst, S. 436 ff.; letzterer ist der Republikanismus im Sinne Kants, der in diesem Buch dogmatisiert wird.

[1034] Hinweise in Fn. 1129 ff.

[1035] Zum Unterschied von Verfassung und Verfassungsgesetz *K. A. Schachtschneider*, Prinzipien des Rechtsstaates, S. 83 ff.; *ders. (O. Gast)*, Sozialistische Schulden nach der Revolution, S. 29 ff.

[1036] Dazu *K. A. Schachtschneider*, Res publica res populi, S. 45 ff., 772 ff., 1045 ff.; *ders.*, Der republikwidrige Parteienstaat, in: Dietrich Murswiek/Ulrich Storost/Heinrich A. Wolff (Hrsg.), Staat – Souveränität – Verfassung, FS für H. Quaritsch (70.), 2000, S. 151 ff.; *ders.*, Prinzipien des Rechtsstaates, S. 45 ff., 176 ff.; *J. Heinrichs*, Revolution der Demokratie, S. 162 ff., 273 ff.

[1037] Hinweise in Fn. 1120, 1240.

[1038] Dazu Fn. 1129 ff.

[1039] Zur Renaissance von Staatsformen *W. Leisner*, Staatsrenaissance, Die Wiederkehr der „guten Staatsformen", 1987.

trotz ihrer Liberalität nicht die richtige Reaktion auf den republikwidrigen Parteienstaat ist, sondern vor dem Verfassungsbruch resigniert.

Die Staatsgewalt wird vom Volke „in Wahlen und Abstimmungen und durch besondere Organe der Gesetzgebung, der vollziehenden Gewalt und der Rechtsprechung ausgeübt", lautet Art. 20 Abs. 2 S. 2 GG. In den besonderen Organen wirken die Vertreter des ganzen Volkes, die Abgeordneten, die Beamten und die Richter[1040]. Auch die Vertreter des ganzen Volkes sind Bürger. Die gesetzlich bestimmten Aufgaben und Befugnisse dieser Bürger machen diese nicht zu den Herren über das Volk. Vertretung und Organschaft sind nicht Herrschaft[1041]. Die Amtswaltung der Abgeordneten, Beamten oder Richter ist nicht etwa deswegen als Herrschaft über das Volk zu begreifen, weil die Aufgaben verfehlt oder die Befugnisse mißbraucht werden können, weil die Amtswalter herrschen, obwohl sie die Freiheit verwirklichen sollen. Die Verwirklichung der Freiheit kann nicht zur Herrschaft werden. Kein Bürger ist des anderen Untertan. Alle Bürger sind, unabhängig davon, wer welches Amt wahrnimmt, für das Gemeinwesen, also das Gemeinwohl, verantwortlich und in diesem Sinne Politiker; denn sie leben miteinander in gleicher Freiheit[1042]. Wenn Amtswaltung zur Herrschaft wird, so klärt derartiges Sein nichts für das Sollen herrschaftsloser Demokratie, also der Republik[1043], des freiheitlichen Gemeinwesens.

[1040] Die nichtbeamteten öffentlich Bediensteten sind ebenfalls Vertreter des ganzen Volkes, die allerdings in einem republikwidrigen Dienstverhältnis beschäftigt sind, wie Art. 33 Abs. 4 GG, in richtiger Interpretation, ergibt. „Öffentliche Ämter" (Art. 33 Abs. 2 und 3 GG) dürfen in der Republik prinzipiell nicht in privatrechtlichen Arbeitsverhältnissen ausgeübt werden, weil die privatrechtliche Verpflichtung der Ausübung von Staatsgewalt inadäquat ist (Art. 33 Abs. 4 GG). Das Bundesverfassungsgericht hat die privatrechtlichen Arbeitsverhältnisse im öffentlichen Dienst zugelassen und mißt deren Regelungen nicht an Art. 33 Abs. 5 GG (BVerfGE 3, 162 (186); i.d.S. auch BVerfGE 44, 249 (262 f.)). Das hat in der Praxis auch zum Streik öffentlich Bediensteter geführt, der genauso verfassungswidrig ist wie der Streik von Beamten (BVerfGE 8, 1 (17)); denn der Vollzug der Gesetze muß jederzeit gewährleistet sein. Die Verwirklichung der Freiheit durch Gesetzlichkeit darf nicht um der Interessen der öffentlich Bediensteten willen unterbrochen oder auch nur behindert werden. Amtswaltung und Arbeitskampf widersprechen sich; dazu i.d.S. *H. Lecheler*, Der öffentliche Dienst, HStR, Bd. III, 1988, § 72, Rdn. 132 ff.; *R. Scholz*, Koalitionsfreiheit, HStR, Bd. VI, § 151, Rdn. 110; *J. Isensee*, HVerfR, S. 1564 ff.; *K. A. Schachtschneider*, Streik im öffentlichen Dienst, in: ders., Fallstudien zum Öffentlichen Wirtschaftsrecht, 3. Aufl. 2003, S. 260 ff. (265 ff., 269 f.).

[1041] Dazu *K. A. Schachtschneider*, Res publica res populi, S. 153 ff., 637 ff., 707 ff.

[1042] Dazu II; *K. A. Schachtschneider*, Res publica res populi, S. 4 ff., 177 ff., 410 ff., 978 ff., 990 ff.; *ders.*, Prinzipien des Rechtsstaates, S. 35 ff.; Hinweise in Fn. 6, 1908.

[1043] Vor allem *W. Henke*, Recht und Staat, S. 251 ff., 294 ff., 387 ff., beschreibt den Herrschaftscharakter aller personalen Verhältnisse und damit auch der Amts-

Die im engeren Sinne staatlichen Organe des Volkes lassen sich genauso unterscheiden wie jeder einzelne Bürger und jede einzelne Vereinigung oder Gesellschaft von Bürgern. Diese staatlichen Organe sind institutionell differenziert, haben Aufgaben, Befugnisse und Mittel und prozedieren nach Verfahrensvorschriften. Die Gesamtheit dieser Institutionen der engeren Staatlichkeit oder der Staatsgewalt läßt sich als der Staat im engeren Sinne bezeichnen[1044]. Der Begriff Staat ist aber nur eine zusammenfassende Bezeichnung für die Vielheit der Institutionen der Staatlichkeit in Bund, Ländern, Gemeinden, Körperschaften, Anstalten und sonstigen juristischen Personen des öffentlichen Rechts[1045] bis hin zu den Organen der Europäischen Gemeinschaft, die aufgrund des grundgesetzlichen Integrationsprinzips und der den Staatenverbund begründenden Gemeinschaftsverträge (auf der Agenda: Vertrag über eine Verfassung für Europa[1046]) auch deutsche Staatsgewalt ausüben[1047]. Das Volk ist verfaßte Einheit als Staat im weiteren Sinne[1048]

waltung, die um Gerechtigkeit bemüht sein solle und dadurch zum Dienst werde; *Henkes* erklärter, wenn auch durch den moralischen Anspruch, der Lage des anderen gerecht werden zu sollen (S. 173 ff. u. ö.), moderierter Empirismus vermag eine Sollenslehre mangels einer Rechtsidee nicht zu begründen, zumal Empirismus notwendig kontingent ist; vgl. auch *ders.*, HStR, Bd. I, § 21, Rdn. 18 f., 25; zu Henke VI, zur freiheitlichen Demokratie auch III, IV; *K. A. Schachtschneider*, Res publica res populi, S. 14 ff., 35 ff., zur Kritik jedweder empiristischen Rechtslehre daselbst, S. 520 ff., 545.

[1044] Dazu *K. A. Schachtschneider*, Staatsunternehmen und Privatrecht, S. 175 ff.; *ders.*, Res publica res populi, S. 14 ff., 161 ff.; *ders.*, Der Anspruch auf materiale Privatisierung, S. 33 ff., 53 ff.; *ders.*, Prinzipien des Rechtsstaates, S. 58 ff., 191 ff.; ebenso *K. Hesse*, Unterscheidung von Staat und Gesellschaft, S. 489 f., 498; *ders.*, Grundzüge des Verfassungsrechts, Rdn. 5 ff., S. 5 ff.; i. d. S. *J. Isensee*, HStR, Bd. II, § 15, Rdn. 145 ff.; *ders.*, HStR, Bd. III, § 57, Rdn. 1 ff., insb. Rdn. 156 ff.; *H. Ehmke*, „Staat" und „Gesellschaft", S. 268, die sich auf den Staatsbegriff *H. Hellers* als „organisierte Entscheidungs- und Wirkungseinheit", Staatslehre, S. 228 ff., 238 ff., 242 ff., beziehen.

[1045] *J. Isensee*, HStR, Bd. II, § 15, Rdn. 149; *K. Hesse*, Grundzüge des Verfassungsrechts, Rdn. 10, S. 8; weitere Hinweise in Fn. 1044.

[1046] Die Franzosen und die Niederländer haben den Verfassungsvertrag mit Volksentscheiden vom 29. Mai 2005 bzw. 1. Juni 2005 abgelehnt. In Deutschland wird das Bundesverfassungsgericht (Zweiter Senat) aufgrund der Verfassungsklage des Bundestagsabgeordneten Dr. Peter Gauweiler vom 27. Mai 2005, die ich vertrete (Organklage 2 BvE 2/05, Verfassungsbeschwerde 2 BvR 839/05), über den Verfassungsvertrag entscheiden, wenn es bei dem Vertrag bleibt, Text der Verfassungsklage www.KASchachtschneider.de/Schriften.

[1047] Dazu *K. A. Schachtschneider*, Die Staatlichkeit der Europäischen Gemeinschaft, in: M. Brunner (Hrsg.), Kartenhaus Europa? 1994, S. 124 ff.; *ders.*, Die Europäische Union und die Verfassung der Deutschen, in: Aus Politik und Zeitgeschichte, B 28/93, S. 3 ff., insb. S. 6 ff.; *ders.*, Die Republik der Völker Europas, in: R. Gröschner/M. Morlok (Hrsg.), Rechtsphilosophie und Rechtsdogmatik in Zeiten des Umbruchs, ARSP, Beiheft 71 (1997), S. 153 ff., insb. S. 161 ff.; *ders./ A. Emmerich-Fritsche/Th. C. W. Beyer*, Der Vertrag über die Europäische Union

und ordnet seine Staatlichkeit in ihrer Vielfalt als Ausübung der Staatsgewalt durch das Verfassungsgesetz[1049]. Den durch das monarchische Prinzip definierten Staat im hegelianisch-existentiellen Sinne, der den ‚Bürgern‘ als Untertanen gegenüberstand, gibt es nicht mehr[1050], sondern die Staatlichkeit des Gemeinwesens, die res publica als die „Vereinigung einer Menge von Menschen unter Rechtsgesetzen"[1051]. *Josef Isensee* versucht, den „Staat" als „Wirklichkeit" zu „rekonstruieren"[1052]. Die allgemeine Freiheit der Bürger verfaßt das Gemeinwesen[1053] und aus dieser Verfassung folgt das Recht auf Recht und Staat, Rechtlichkeit und Staatlichkeit[1054]. In diesem Sinne kennt auch *Isensee* „den Staat als die Einheit von Staat und Gesellschaft",

---

und das Grundgesetz, JZ 1993, 751 ff., 754 f.; *ders.*, Prinzipien des Rechtsstaates, S. 66 ff.; i. d. S. auch das Maastricht-Urteil, BVerfGE 89, 155 (190), in dem es die „Einräumung von Hoheitsbefugnissen" der Gemeinschaft demokratisch-legitimatorisch von den Völkern der Mitgliedsstaaten her konstruiert und die „Gemeinschaftsgewalt" vom „Willen zur langfristigen Mitgliedschaft" der Mitgliedstaaten als der „Herren der Verträge" abhängig sieht; dazu *K. A. Schachtschneider*, Die existentielle Staatlichkeit der Völker Europas und die staatliche Integration der Europäischen Union, in: W. Blomeyer/ders. (Hrsg.), Die Europäische Union als Rechtsgemeinschaft, 1994, S. 75 ff., insb. S. 87 ff.; vgl. auch *ders.*, Deutschland nach dem Konventsentwurf einer „Verfassung für Europa", in: W. Hankel, K. A. Schachtschneider, J. Starbatty (Hrsg.), Der Ökonom als Politiker – Europa, Geld und die soziale Frage, FS W. Nölling (70.), 2003, S. 279 ff. (S. 297 ff., 308 ff.); *ders.*, Das europäisierte Deutschland nach dem Konventsentwurf einer „Verfassung für Europa", in: Recht und Politik, 4/2003, S. 202 ff.

[1048] *K. A. Schachtschneider*, Res publica res populi, S. 16 ff., 100; *ders.*, Die existentielle Staatlichkeit der Völker Europas, S. 76 f.; *ders.*, Prinzipien des Rechtsstaates, S. 58 f.; ganz so *Kant*, Metaphysik der Sitten, S. 431 (Staatsbegriff); i. d. S. BVerfGE 83, 37 (50 ff.); 83, 60 (71 ff.); 89, 155 (184 ff.); vgl. *G. Jellinek*, Allgemeine Statslehre, 3. Aufl. 1914, 7. Neudruck 1960, S. 426.

[1049] *K. A. Schachtschneider (O. Gast)*, Sozialistische Schulden nach der Revolution, S. 29 ff., 50 ff.; *ders.*, Prinzipien des Rechtsstaates, S. 86 ff.; zur Problematik der Verfassung *J. Isensee*, Das Volk als Grund der Verfassung. Mythos und Relevanz der Lehre von der verfassunggebenden Gewalt, 1995.

[1050] So schon *C. Schmitt*, Der Begriff des Politischen, Vorwort 1963, S. 10 f. („Die Epoche der Staatlichkeit geht nun zu Ende. Darüber ist kein Wort mehr zu verlieren"); *E. Forsthoff*, Der Staat der Industriegesellschaft. Dargestellt am Beispiel der Bundesrepublik Deutschland, 2. Aufl. 1971, S. 11 ff. („Erinnerung an den Staat"); vgl. dazu *J. Isensee*, HStR, Bd. II, § 15, Rdn. 61 ff.; *K. A. Schachtschneider*, Vom liberalistischen zum republikanischen Freiheitsbegriff, S. 418 ff.; *ders.*, Res publica res populi, S. 71 ff., 159 ff.

[1051] *Kant*, Metaphysik der Sitten, S. 431; *W. Maihofer*, HVerfR, S. 454, 461, 465, 468; *K. A. Schachtschneider*, Res publica res populi, S. 519 ff.; *ders.*, Prinzipien des Rechtsstaates, S. 56.

[1052] HStR, Bd. II, § 15, Rdn. 1 ff., 29, 46.

[1053] Vgl. *J. Isensee*, HStR, Bd. II, § 15, Rdn. 75 ff., 166 ff.; *ders.*, Das Volk als Grund der Verfassung, S. 10 ff.; *K. A. Schachtschneider*, Prinzipien des Rechtsstaates, S. 86 ff.

die „republikanische Tradition", den Staat „im weiteren Sinne" als staatlich verbundene, integrale „Allgemeinheit", die er von dem Staat „im engeren Sinne" als die „Herrschaftsorganisation" unterscheidet[1055].

Wer welche staatlichen Aufgaben, insbesondere mit welchen staatlichen Befugnissen und Mitteln, wer also welche staatlichen Funktionen in Vertretung des ganzen Volkes, wer somit Staatsgewalt auszuüben hat, ist durch Verfassungsgesetz oder Gesetze genau bestimmt, ein striktes Gebot des Rechtsstaates[1056]. Die institutionelle und funktionelle Unterscheidbarkeit des Staatlichen ergibt keine Unterscheidbarkeit des Staates von der Gesellschaft; denn staatlich ist auch die Bürgerschaft. Das Volk ist bei Wahlen und Abstimmungen Organ des Staates im engeren Sinne; im übrigen ist es wie die Parteien, ja wie jeder Bürger, im weiteren Sinne staatlich[1057].

Der Lehre von der Unterscheidung von Staat und Gesellschaft geht es darum, einen Bereich des Lebens auszugrenzen, den eine Herrschaft des Staates nicht erreichen könne oder den letztere nicht erobern dürfe[1058]. Einen Bereich, der nicht auch staatlich wäre, kann es jedoch in einer Republik nicht geben, weil das Republikprinzip keinen politisch und damit rechtlich relevanten Begriff der Gesellschaft erlaubt. Ein Begriff einer staatsfreien Gesellschaft verkennt, daß es kein staatsfreies Handeln des Menschen im Staat gibt[1059]. Jeder Vertrag ist von staatlichen Gesetzen beeinflußt, wie § 134 BGB erhellt. Jedes Arbeitsverhältnis, jedes Mietverhält-

---

[1054] *K. A. Schachtschneider*, Res publica res populi, S. 290 ff., 325 ff., 519 ff.; *ders. (O. Gast)*, Sozialistische Schulden nach der Revolution, S. 29 ff., 50 ff.; *ders.*, Prinzipien des Rechtsstaates, S. 50 ff., 62 ff.; dazu 2. Kap., III, 5. Kap., II; vgl. *M. Kriele*, Einführung in die Staatslehre, 4. Aufl. 1990, S. 81 ff., 84 ff., 104 ff.; *R. Zippelius*, Allgemeine Staatslehre, S. 52 ff.; i.d.S. schon *Aristoteles*, Politik, S. 107, 1276b 1 ff.; *Cicero*, De re publica, 1, 32, S. 140 ff.

[1055] HStR, Bd. II, § 15, Rdn. 151 ff.; *ders.*, HStR, Bd. III, § 57, Rdn. 7 f.; ganz so auch *K. Hesse*, Grundzüge des Verfassungsrechts, Rdn. 5 ff., S. 5 ff.; *P. Kirchhof*, HStR, Bd. III, § 59, Rdn. 57 f.

[1056] *K. Hesse*, Unterscheidung von Staat und Gesellschaft, S. 198; *H. Ehmke*, „Staat" und „Gesellschaft", S. 273 f.; *K. A. Schachtschneider*, Staatsunternehmen und Privatrecht, S. 242 ff., 247 f., 253 ff.; *ders.*, Prinzipien des Rechtsstaates, S. 295 ff.; *J. Isensee*, HStR, Bd. III, § 57, Rdn. 132 ff.; zum rechtsstaatlichen Prinzip der Kompetenzbestimmung und Verfahrensregulierung (Prozeduralismus) *K. A. Schachtschneider*, Res publica res populi, S. 598.

[1057] Dazu *K. A. Schachtschneider*, Res publica res populi, S. 14 ff., 96 ff., 211 ff., 1045 ff.; dazu 11. Kap.

[1058] Typisch *J. Isensee*, HStR, Bd. II, § 15, Rdn. 145 ff.; *ders.*, HStR, Bd. III, § 57, Rdn. 82 ff.; *ders.*, Subsidiaritätsprinzip und Verfassungsrecht, S. 313 ff.; *ders.*, Der Dualismus von Staat und Gesellschaft, S. 321 f.; *E.-W. Böckenförde*, Staat und Gesellschaft im demokratischen Sozialstaat, S. 411 ff.; zum grundrechtlichen Schutz der Privat- oder gar Intimsphäre 11. Kap., II, zu Fn. 2944 ff.

[1059] Dazu II, III, auch IX, 6.

nis usw. ist ein Politikum. Schließlich gibt es Ämter, die sich um die Arbeit, das Wohnen usw. der Menschen im Lande bekümmern. Die Arbeitslosigkeit ist in Deutschland zur Zeit die größte politische Sorge. Sogar der Familie nimmt sich der Staat an, bis hin zur ‚Aufklärung' über die Art und Weise des ehelichen oder auch nichtehelichen Verkehrs, eine glatte Kompetenzüberschreitung, zumal ohne gesetzliche Grundlage, jedenfalls des Bundes[1060]. Richtig spricht *Josef Isensee* von der „virtuellen Allzuständigkeit" des Staates im Säkularen, die gerade das „Subsidiaritätsprinzip" zu beachten gebiete[1061]. Die grundrechtlich oder gesetzlich geschützte Privatheit wehrt den Staat (im engeren Sinne) nicht von Lebensbereichen ab, sondern verwehrt ihm bestimmte und weitgehend bestimmungsbedürftige Regelungsbefugnisse, überantwortet also die Bestimmung von Handlungsmaximen der Privatheit (Privatheitsprinzip)[1062].

Die Unterscheidung von Staat und Gesellschaft, welche keinesfalls identisch ist mit einer Unterscheidung des Staatlichen und Privaten als der allgemeinen bzw. besonderen Handlungsmaximen oder der Unterscheidung des Öffentlichen und Privaten oder gar der des Staates und des Bürgers[1063], hat nur einen Sinn, wenn Lebensbereiche differenziert werden, mögen die wechselseitigen Einflüsse, die niemand verkennt[1064], auch noch so intensiv sein. *Niklas Luhmann* hat als das Entscheidende der „Trennung im Sinne funktionaler Differenzierung" eine verstärkte wechselseitige Abhängigkeit

---

[1060] Diese sog. Aufklärung kann Information oder Propaganda sein. Eine Informationsaufgabe bedarf der Zuständigkeit. Der Bund hat eine solche für die Aidskampagne nicht (dazu wohl a.A. *Ch. Gramm*, Rechtsfragen der staatlichen Aids-Aufklärung, NJW 1989, 2917 ff., 2920). Zur informationellen Ordnung, insbesondere zum Gesetzesvorbehalt, *K. A. Schachtschneider*, Produktwarnung der Bundesregierung (Glykol-Skandal), in: ders., Fallstudien zum Öffentlichen Wirtschaftsrecht, 3. Aufl. 2003, S. 161 ff.; grundrechtsfern BVerfGE 105, 252 ff. (264 ff.).

[1061] HStR, Bd. III, § 57, Rdn. 156 ff., 165 ff.

[1062] Zum Privatheitsprinzip 8. Kap., IV; zu den Grundrechten als negative Kompetenzregelungen Hinweise in Fn. 1729, 2144.

[1063] Derartige Gleichsetzung lehnt auch ab *W. Schmitt Glaeser*, HStR, Bd. III, § 38, Rdn. 2; ebenso *Ch. v. Krockow*, Staat, Gesellschaft, Freiheitswahrung, S. 476; anders *E.-W. Böckenförde*, Die verfassungstheoretische Unterscheidung von Staat und Gesellschaft als Bedingung der individuellen Freiheit, 1973, S. 25, 31, 44; vgl. auch *K. Hesse*, Unterscheidung von Staat und Gesellschaft, S. 491; eine Dreiteilung von Staat, Privatem und Öffentlichem konzipiert *J. Heinrichs*, Revolution der Demokratie, S. 233 ff.; i.d.S. schon *U. K. Preuß*, Zum staatsrechtlichen Begriff des Öffentlichen. Untersucht am Beispiel des verfassungsrechtlichen Status kultureller Organisationen, 1969; kritisch *W. Martens*, Öffentlich als Rechtsbegriff, 1969, insb. S. 81 ff., 110 ff., 135 ff.; grundlegend *J. Habermas*, Strukturwandel der Öffentlichkeit, insb. § 16, S. 225 ff.; vgl. *K. A. Schachtschneider*, Staatsunternehmen und Privatrecht, S. 178 mit Fn. 21.

[1064] Vgl. etwa *W. Brohm*, Sachverständige Beratung des Staates, HStR, Bd. II, 1987, § 36, Rdn. 36 f.

des Getrennten" bezeichnet, weil „Trennung und Abhängigkeit sich nicht gegeneinander aufhöben, sondern miteinander wüchsen"[1065]. Zu Recht rügt *Luhmann* als Manko der Trennungsthese, nicht begrifflich zu erläutern, „was denn nun eigentlich getrennt" werde: „Handlungen oder Erwartungen, Systeme oder Institutionen, Gruppen oder Loyalitäten"[1066]. Die „funktionale Systemtheorie" sieht nach *Niklas Luhmann* „den neuzeitlichen Staat … als Untersystem der Gesellschaft, das eine spezifische Funktion in der Gesamtordnung erfülle und dafür ausdifferenziert und freigestellt" sei[1067]. Das ist in der Sache republikanisch konzipiert.

Der Staat ist, wie es *Carl Schmitt* in Anlehnung an *Hermann Heller* formuliert hat, „die Selbstorganisation der Gesellschaft"[1068]. *Schmitt* hat ausgesprochen, was im Gemeinwesen unserer Zeit tagtägliche Wirklichkeit aller Staaten ist:

> „Organisiert sich die Gesellschaft selbst zum Staat, sollen Staat und Gesellschaft grundsätzlich identisch sein, so werden alle sozialen und wirtschaftlichen Probleme unmittelbar staatliche Probleme und man kann nicht mehr zwischen staatlich-politischen und gesellschaftlichen-unpolitischen Sachgebieten unterscheiden … Die zum Staat gewordene Gesellschaft wird ein Wirtschaftsstaat, Kulturstaat, Fürsorgestaat, Wohlfahrtsstaat, Versorgungsstaat; der zur Selbstorganisation der Gesellschaft gewordene, demnach von ihr in der Sache nicht mehr zu trennende Staat ergreift alles Gesellschaftliche, d.h. alles, was das Zusammenleben der Menschen angeht … In dem zur Selbstorganisation der Gesellschaft gewordenen Staat gibt es eben nichts, was nicht wenigstens potentiell staatlich und politisch wäre"[1069].

„Nicht nur – wie man ‚Demokratie' in den Verfassungen zu umschreiben pflegt – die Staatsgewalt, sondern vor allem der Staat selbst geht hier vom Volke aus", hat *Herbert Krüger* festgestellt[1070].

Horst Ehmke hat vorgeschlagen, anstelle von Staat und Gesellschaft vom „politischen Gemeinwesen" zu sprechen, das „ein menschlicher Verband" sei, „zu dessen Verdoppelung oder Teilung in ‚Staat' und ‚Gesellschaft' keinerlei Anlaß bestehe". Das Politische sieht *Ehmke* in der „guten Ordnung des Gemeinwesens", die als eine „Wirkungs- und Entscheidungseinheit" im Sinne *Hermann Hellers* organisiert sei, welche die „nach innen und außen

---

[1065] Die Legeshierarchie und die Trennung von Staat und Gesellschaft, S. 275 ff., 280.

[1066] Die Legeshierarchie, S. 280.

[1067] Die Legeshierarchie, S. 280 f.; dazu begriffskritisch *E.-W. Böckenförde*, Staat und Gesellschaft im demokratischen Sozialstaat, S. 408; kritisch auch *J. Isensee*, HStR, Bd. II, § 15, Rdn. 11.

[1068] *C. Schmitt*, Der Hüter der Verfassung, S. 78 f.; *H. Heller*, Staatslehre, S. 228 ff., 238 ff.

[1069] Der Hüter der Verfassung, S. 79; zur Totalität des Politischen 6.

[1070] Allgemeine Staatslehre, S. 341.

gestellten gemeinsamen Aufgaben" zu erfüllen geschaffen sei[1071]. Ehmke will mit seinem Begriff des politischen Gemeinwesens den amerikanischen Begriff „government" übernehmen; zugleich knüpft er aber an die von *Manfred Riedel* skizzierte alteuropäische Tradition an und bietet einen deutschsprachigen Begriff für die res publica an. *Heller* hat den „Staat als organisierte Entscheidungs- und Wirkungseinheit" definiert[1072].

In der Sache hat das schon Aristoteles gelehrt:

> „Da nämlich der Staat eine Gemeinschaft ist, und zwar eine solche von Staatsbürgern in einer bestimmten Verfassung, so scheint auch der Staat nicht mehr derselbe sein zu können, wenn die Verfassung ihrer Art nach eine andere wird und sich wandelt."[1073]

Niemand bestreitet mannigfache rechtlich relevante Differenzierungen des gemeinsamen Lebens, welche sich durchgehend als Rechtsverhältnisse begreifen lassen[1074]. Wenn jedoch die Unterscheidung von Staat und Gesellschaft einen Sinn haben soll, kann nicht staatlich sein, was gesellschaftlich ist und umgekehrt. Lebensbereiche lassen sich so nicht unterscheiden, weil das Staatliche sich in allen Lebensbereichen entfaltet, die jedoch durchgehend zugleich auch privat bestimmt sind, wenn man einmal die Gesellschaft als die Gesamtheit der Bürger, die immer auch privat sind, begreifen will[1075]. Alles menschliche Handeln folgt allgemeinen Gesetzen und zugleich besonderen Maximen, die nicht von allgemeinem Belang sind. Die besonderen Maximen sind Ausdruck des Privaten[1076]. Ein Beispiel möge das verdeutlichen: Es ist von allgemeinem Belang, daß jeder eine Wohnung hat. Jeder ist darum staatlich verpflichtet, eine Wohnung zu nehmen. Obdachlosigkeit ist polizeiwidrig[1077]. Welche Wohnung jemand nimmt, ist nicht von allgemeinem Belang. Das ist seine private Angelegenheit. Der

---

[1071] „Staat" und „Gesellschaft", S. 265 ff., Zitate S. 267 f.

[1072] *H. Heller*, Staatslehre, S. 228 ff., 238 ff., 242 ff.; den Hellerschen Staatsbegriff übernimmt wie viele *K. Hesse*, Unterscheidung von Staat und Gesellschaft, S. 489; klar *ders.*, Grundzüge des Verfassungsrechts, Rdn. 10 ff., S. 8 ff.; auch *E.-W. Böckenförde*, Staat und Gesellschaft im demokratischen Sozialstaat, S. 405 f., baut seine Herrschaftslehre auf dem Hellerschen Staatsbegriff auf.

[1073] *Aristoteles*, Politik, 1276b 1 ff., S. 107.

[1074] *W. Henke*, GG, Bonner Komm., Rdn. 58 zu Art. 21; grundlegend *ders.*, Das subjektive Recht im System des öffentlichen Rechts, DÖV 1980, 621 ff.; dazu *R. Gröschner*, Das Überwachungsrechtsverhältnis, S. 67 ff., insb. S. 101, der selbst einen engeren Begriff des Rechtsverhältnisses vertritt, welches erst durch einen Streit ausgelöst werde; grundlegend *H. H. Rupp*, Grundfragen der heutigen Verwaltungsrechtslehre. Verwaltungsnorm und Verwaltungsrechtsverhältnis, 1965, 2. Aufl. 1991, S. 104 ff.; vgl. auch *K. A. Schachtschneider*, Staatsunternehmen und Privatrecht, S. 129.

[1075] Dazu 11. Kap., II, 2, 8. Kap., I.

[1076] Dazu 8. Kap., II.

private Mietvertrag erfüllt zugleich eine Verpflichtung der Allgemeinheit
gegenüber und ist somit auch ein staatlich relevanter Rechtsakt. Die bürgerliche Verwirklichung der staatlichen Gesetze ist (funktional) staatliches
Handeln der Bürger.

2. Parteienoligarchie – liberalistisch moderierte Deformation der Republikanität

a) Mit dem Versagen von Amtswaltern im Amt zu rechnen, lehrt die
Erfahrung. Die Pflichtvergessenheit von Amtswaltern ist eine besondere
Gefahr der Republik, die ohne das aristokratische Prinzip der Ehre[1078] auskommen muß und wirksame Sanktionen gegen Amtsverfehlungen kaum bereithält. Die Gefahr ist im entwickelten Parteienstaat[1079] eben durch das
Prinzip der Parteilichkeit noch verstärkt, zumal der Parteienstaat gegen das
spezifische Unrecht der Parteilichkeit der Parteipolitiker keine Sanktionen
institutionalisiert hat. Der Parteienstaat etabliert sich typisch in der Republik, aber entgegen der Verfassung der Republik, deren Lebensprinzip die
Sittlichkeit durch Moralität der Bürger ist und die gegen das moralische
und darum sittliche Versagen dem Prinzip der Moralität[1080] gemäß keine
Sanktionen einrichten kann. Es gibt beispielsweise bisher keine eigenen
Sanktionen gegen Wählertäuschungen, soweit diese nicht (in engsten Grenzen) tatbestandlich in allgemeinen Strafgesetzen erfaßt sind.

Die Parteienherrschaft institutionalisiert die Mißachtung des Sittengesetzes in der bündnishaften Parteilichkeit. Das Bündnis unterdrückt wirksam
die Moralität der parteilich gebundenen Vertreter des Volkes[1081]. Parteiliche
Bündnisse mißbrauchen das seinem Wesen nach sanktionslose republikanische Moralprinzip und sind darum die spezifische Gefährdung der auf
Moralität jedes Bürgers und insbesondere der Organwalter angewiesenen
Republik. Die Parteioligarchien treffen die Republik an ihrer verletzlichsten

---

[1077] V. Götz, Allgemeines Polizei- und Ordnungsrecht, 11. Aufl. 1993, S. 57,
128 ff.; K. H. Friauf, Polizei- und Ordnungsrecht, in: I. v. Münch/E. Schmidt-Aßmann (Hrsg.), Besonderes Verwaltungsrecht, 9. Aufl. 1992, S. 129, 142.

[1078] Zu den spezifischen Tugenden der verschiedenen Staatsformen Montesquieu,
Vom Geist der Gesetze, III, 1 ff., V, 1 ff., S. 117 ff., 124 ff., 138 ff.

[1079] Zum Begriff des Parteienstaates K. A. Schachtschneider, Res publica res
populi, S. 45 ff., 772 ff., 1045 ff.; vgl. auch ders., Der republikwidrige Parteienstaat, FS H. Quaritsch, S. 151 ff.; ders., Prinzipien des Rechtsstaates, S. 45 ff.,
176 ff., 298 ff.

[1080] Dazu 2. Kap., VII.

[1081] Dazu K. A. Schachtschneider, Res publica res populi, S. 166 ff., 1060 ff.,
1086 ff.; ders., Prinzipien des Rechtsstaates, S. 46 ff., 176 ff.; ders., FS H. Quaritsch, S. 151 ff.; W. Maihofer, HVerfR, S. 481 ff., 1701 ff., 1709 ff.; J. Heinrichs,
Revolution der Demokratie, S. 162 ff., 273 ff.

Stelle, nämlich der bürgerlichen Pflicht zur Moralität, weil diese nicht erzwingbar ist[1082]. Parteiführer verschaffen sich Macht und üben diese aus, anstatt dafür zu sorgen, daß die Besten des Volkes sich mühen, die Gesetze der Freiheit zu erkennen. Parteienstaaten führen nach aller Erfahrung in die allseitige Korruption, weil Sittlichkeit und Moralität allzu große Opfer kosten.

Die Wirklichkeit der Parteienherrschaft definiert nicht den Staat, etwa als ein Herrschaftsgebilde; denn den Begriff des Staates und des Staatlichen bestimmen die Verfassung und Verfassungsgesetze, nicht die Wirklichkeit[1083]. *Werner Maihofer* geißelt „die Deformation und Perversion von Prinzipien der Demokratie wie der Republik im Parteienstaat der Gegenwart"[1084]. Das Grundgesetz ist zu Recht vom Mißtrauen gegen die Volksvertreter, vor allem gegen die Abgeordneten, getragen und begrenzt darum deren Befugnisse als Gesetzgeber insbesondere durch die Grundrechte, zusammengefaßt durch das institutionell judiziable Prinzip der praktischen Vernunft, das seinen Ausdruck in dem die Praxis des Bundesverfassungsgerichts bestimmenden Verhältnismäßigkeitsgrundsatz, aber auch im Willkürverbot, allgemein im Grundsatz der Sachlichkeit, findet[1085]. Die verfassungsgerichtliche, funktional gesetzgeberische Rechtserkenntniskompetenz[1086] richtet sich vor allem gegen die Gefahr der Herrschaft und des Irrtums der parteigebundenen Parlamentarier, weil spezifisch die parteiliche Fraktionierung die Parlamente als Institutionen der Verwirklichung der Freiheit durch Erkenntnis des Wahren und Richtigen zu ruinieren die Gefahr birgt, welche sich auch unter dem Grundgesetz realisiert hat[1087]. Wenn faktisch die politischen Entscheidungen von wenigen Parteiführern getroffen werden, ist nicht nur die Gefahr des Irrtums, sondern vor allem die Gefahr der Herrschaft, aber auch die der Korruption besonders groß. Augenscheinlich vermögen die Parteienoligarchien sich nicht von der Bevormundung durch die Banken, die Industrie und die Verbände, die ihre

---

[1082] Dazu *K. A. Schachtschneider*, Res publica res populi, S. 230 ff., 810 ff.; dazu 2. Kap., VII, 11. Kap., II.

[1083] Eine wirklichkeitsgemäße, das Sein und das Sollen integrierende, Staatslehre hat *H. Heller*, Staatslehre, geschrieben, die trotz ihrer tiefen Erkenntnisse vom staatlichen Gemeinwesen wegen ihres Soziologismus für die Lehre von der Freiheit, die Ethik, und damit für die Lehre von der Republik nur begrenzt Hilfe bietet.

[1084] HVerfR, S. 1701 ff., 1709 ff.; vgl. auch *J. Heinrichs*, Revolution der Demokratie, S. 162 ff. (S. 167 „Halbdemokratie").

[1085] Dazu 7. Teil, II; zu den Grundrechten als negativen Kompetenzen Hinweise in Fn. 1729, 2144.

[1086] *K. A. Schachtschneider*, Res publica res populi, S. 858 ff.; *ders.*, Prinzipien des Rechtsstaates, S. 207 ff.

[1087] Dazu *K. A. Schachtschneider*, Res publica res populi, S. 772 ff., 937 ff., 943 ff., 967 ff.; *W. Maihofer*, HVerfR, S. 1710.

Interessen auch mit unlauteren Mitteln zu fördern gewohnt sind (politisches Kapital/Parteispenden, Beraterverträge, Vorstandsposten u. a.), zu befreien. Auch fremde Mächte können auf wenige Parteiführer allzu leicht Einfluß gewinnen, zumal in der integrierten Welt die internationalen Bindungen die Politik nachhaltig und tiefgreifend bestimmen. Vor allem die Industrie ködert mit Vorteilen, welche jedenfalls der typischen Habsucht des ohnehin wenig um Sittlichkeit bemühten und noch weniger in Sittlichkeit geübten Parteigängers sehr entgegenkommen. Auf die Unbestechlichkeit der öffentlichen Amtswalter kann sich auch in Deutschland niemand mehr verlassen[1088].

b) Auch die wichtigste Institution gegen die Herrschaft, die Teilung der staatlichen Gewaltausübung/die Funktionenteilung oder Gewaltenteilung[1089], wie traditionell gesagt wird, wird durch die Parteilichkeit der Parteien unterminiert[1090], wenn auch die Judikative, jedenfalls die Zivil- und Strafgerichtsbarkeit, die Unabhängigkeit von den Parteien noch weitgehend bewahren konnte, aber nicht die Verfassungsgerichtsbarkeit[1091]. Die Erfahrungen jedes Volkes und aller Zeiten mit dem Mißbrauch von Ämtern zur Herrschaft ist ein wesentlicher Grund, die Ausübung der staatlichen Gewalt unter besonderen Organen zu teilen[1092]; denn die ungeteilte Möglichkeit, Gewalt auszuüben, also das Volk in allen Funktionen der Gesetzlichkeit zu vertreten, verstärkt die Gefahr der Despotie und Tyrannei, ja kann als sicherer Weg in die Unterdrückung des Volkes gelten. Persönliche Gewalt eines Führers[1093] kann sich im Parteienstaat entfalten, wenn ein Parteiführer die gesetzes- und verfassungsgebundenen Organe beherrscht.

[1088] *E. K.* u. *U. Scheuch*, Cliquen, Klüngel und Karrieren, S. 24, auch S. 67, 171 u. ö.; *P. Eigen*, Das Nord-Süd-Gefälle der Korruption, Kursbuch 120, Korruption, Juni 1995, S. 155 ff., insb. S. 163 ff.; Der Spiegel Nr. 50 vom 12.12.1994, S. 114; *W. Vahlenkamp/I. Knauß*, Korruption – hinnehmen oder handeln? BKA 2. Aufl 1997; *H. H. v. Arnim* (Hrsg.), Korruption. Netzwerke in Politik, Ämtern und Wirtschaft (mit Beiträgen von Peter Eigen, Hans Leyendecker, Winfried Maier, Wolfgang J. Schaupensteiner, Erwin K. Scheuch u. a.), 2003; *ders.*, Das System, S. 172 ff. („Korruption: die Seele des Systems").

[1089] *Kant*, Zum ewigen Frieden, S. 206 f.; *ders.*, Metaphysik der Sitten, S. 431 f., 432 ff.; *W. Kersting*, „Die bürgerliche Verfassung in jedem Staat soll republikanisch sein", S. 103; *ders.*, Kant über Recht, S. 134 ff.

[1090] *K. A. Schachtschneider*, Prinzipien des Rechtsstaates, S. 176 ff., auch S. 298.

[1091] Zur zunehmenden Richterpatronage der Parteien *R. Wassermann*, die Zuschauerdemokratie, S. 137 f., 174; *W. Schmidt-Hieber/E. Kieswetter*, Parteigeist und politischer Geist in der Justiz, NJW 1992, 1790 ff.; *K. A. Schachtschneider*, Res publica res populi, S. 963 f., 970, 1131 f.; vgl. *ders.*, Prinzipien des Rechtsstaates, S. 187 ff.

[1092] Zur Teilung der Ausübung der Staatsgewalt (Gewaltenteilung) Hinweise in Fn. 1101.

[1093] *W. Leisner*, Der Führer, S. 28 ff.

Eine solche Führung offenbart Konstruktionsfehler der Verfassung. Der „demokratische Zentralismus" der untergegangenen DDR (Art. 47 Abs. 2 der sogenannten Verfassung von 1968), das Gegenprinzip zur Gewaltenteilung, hat hinreichend Anschauungsmaterial geliefert[1094]. Richtig definiert *Martin Kriele*: „Republik ist also nicht, wie heute üblich, der Gegenbegriff zur Monarchie, sondern zur Gewaltenkonzentration, die die Aufklärer als ‚Despotie' bezeichneten"[1095]. Die geteilte Ausübung der Gewalt des Staates ist für die reale Freiheit derart unverzichtbar, daß Art. 16 der Erklärung der Rechte des Menschen und des Bürgers von 1789 ausgesprochen hat: „Eine jede Gesellschaft, in der weder die Gewährleistung der Rechte zugesichert noch die Trennung der Gewalten festgelegt ist, hat keine Verfassung"[1096]. *Montesquieu* hat gelehrt: „Sobald in ein und derselben Person oder derselben Beamtenschaft die legislative Befugnis mit der exekutiven verbunden ist, gibt es keine Freiheit ... Freiheit gibt es auch nicht, wenn die richterliche Befugnis nicht von der legislativen und von der exekutiven Befugnis geschieden wird"[1097]. *Diderot* hat gesagt: „Es gibt kein Gesetz in den Staaten, in denen legislative und exekutive Gewalt in der gleichen Hand liegen; erst recht dort nicht, wo die richterliche Gewalt mit der legislativen und exekutiven verbunden ist"[1098]. *Kant* hat die „Absonderung der ausführenden Gewalt (der Regierung) von der gesetzgebenden" zum „Staatsprinzip" des „Republikanism" erklärt und „alle Regierungsform" ... „die nicht repräsentativ ist" als „eigentlich eine Unform, weil der Gesetzgeber in einer und derselben Person zugleich Vollstrecker seines Willens (...) sein" könne, bezeichnet[1099].

Die Lehre von der geteilten Ausübung der staatlichen Gewalt (gewaltenteilige Funktionenordnung), meist, angesichts der Einheit der Staatsgewalt des Volkes (Art. 20 Abs. 2 S. 1 GG) ein wenig irreführend, aber der Geschichte der Institution gemäß, Gewaltenteilung genannt[1100], ist, weil

---

[1094] Dazu *K. A. Schachtschneider (O. Gast)*, Sozialistische Schulden nach der Revolution, S. 30 f., 38 ff.

[1095] Die demokratische Weltrevolution, S. 33 ff.; vgl. *ders.*, Einführung in die Staatslehre, 4. Aufl. 1990, S. 104 ff., 315 ff., 318 ff., 335 ff., 6. Aufl. 2003, S. 189 f.; *ders.*, Menschenrechte und Friedenspolitik, S. 661 ff., 665 ff.

[1096] Dazu i.d.S. *J. Isensee*, HStR, Bd. II, § 15, Rdn. 166; *K. Stern*, Staatsrecht I, S. 792 ff.; *K. A. Schachtschneider (O. Gast)*, Sozialistische Schulden nach der Revolution, S. 30 f.

[1097] Vom Geist der Gesetze, XI., 6, S. 212 f.

[1098] Zitiert bei *M. Kriele*, Die demokratische Weltrevolution, S. 34, Fn. 1.

[1099] Zum ewigen Frieden, S. 206 f.; zu den einzelnen Gewalten *ders.*, Metaphysik der Sitten, S. 431 ff., § 45 ff.; dazu *W. Kersting*, Wohlgeordnete Freiheit, S. 279 ff.; auch *ders.*, Kant über Recht, S. 134 ff.

[1100] Dazu *K. Stern*, Staatsrecht II, S. 521 f. mit Fn. 50, der zu Recht von Funktionenteilung spricht, aber den allgemeinen Sprachgebrauch akzeptiert; *K. Hesse*,

wesentlich in Art. 1 und Art. 20 GG verankert, nach Art. 79 Abs. 3 unverrückbares Verfassungsprinzip des Grundgesetzes[1101], ja darüber hinaus ein Prinzip der Freiheit und damit jeder Verfassung des Rechts. Dennoch wird die Teilung der Gewalt gegen den Parteienstaat nicht konsequent verteidigt. Die Macht der Parteienoligarchie, notdürftig legitimiert durch die Ideologie, die Demokratie sei notwendig ein Parteienstaat[1102], ist stärker als die staatswissenschaftlichen Erkenntnisse von Jahrhunderten. Die Funktionenteilung, welche die Herrschaftsmöglichkeiten bändigen soll, versagt im Parteienstaat weitestgehend, weil die Legislative der Macht der Parteienoligarchie ausgeliefert ist[1103]. Die Freiheit, immer durch die Exekutive gefährdet, findet in der parteienstaatlichen Verfassungswirklichkeit keinen Schutz in der exekutivistischen Legislative, die ihre Bürgerlichkeit und damit ihre freiheitliche Funktion eingebüßt hat[1104]. Der Exekutivismus ist in der Gemeinschaftsrechtsetzung der Europäischen Union verstärkt, in der das Europäische Parlament nur einen begrenzten Einfluß auf die Rechtsetzung hat, die von der

---

Grundzüge des Verfassungsrechts, Rdn. 475 ff., S. 207 ff., insb. Rdn. 484 ff., S. 210 ff., stellt die Einheit der Staatsgewalt zu wenig in Rechnung, die es nicht zuläßt, die organschaftlichen Funktionsträger als Gewalten zu verstehen; zur Begriffsgeschichte *H. Fenske*, Gewaltenteilung, in: O. Brunner/W. Conze/R. Koselleck (Hrsg.), Geschichtliche Grundbegriffe. Historisches Lexikon zur politisch-sozialen Sprache in Deutschland, Bd. 2, 1975/1979, S. 923 ff.

[1101] Zur Lehre von der Gewaltenteilung, außer den im Text zitierten Autoren, *Aristoteles*, Politik, 1298a 1 f., S. 157; *G. Jellinek*, Allgemeine Staatslehre, S. 595 ff. („Die Funktionen des Staates"); *C. Schmitt*, Verfassungslehre, S. 182 ff.; *H. Krüger*, Allgemeine Staatslehre, S. 918 ff.; *M. Kriele*, Einführung in die Staatslehre, 4. Aufl. 1990, S. 298 ff., 6. Aufl. 2003, S. 101 ff., 188 ff., 319; *R. Zippelius*, Allgemeine Staatslehre, S. 319 ff.; *K. Hesse*, Grundzüge des Verfassungsrechts, Rdn. 475 ff., S. 207 ff.; *E. Schmidt-Aßmann*, HStR, Bd. II, § 26, Rdn. 46 ff.; *K. Stern*, Staatsrecht I, S. 792 ff.; *ders.*, Staatsrecht II, S. 511 ff.; *Ph. Kunig*, Das Rechtsstaatsprinzip. Überlegungen zu seiner Bedeutung für das Verfassungsrecht der Bundesrepublik Deutschland, 1986, S. 75 ff., 153 ff., 168 ff., 172 ff., 414 ff. u.ö.; *K. A. Schachtschneider*, Res publica res populi, S. 168 ff.; *ders.*, Prinzipien des Rechtsstaates, S. 167 ff.; *O. Höffe*, Demokatie im Zeitalter der Globalisierung, S. 104 ff.; das Bundesverfassungsgericht hat die Relevanz des Gewaltenteilungsprinzips ständig betont, etwa BVerfGE 2, 1 (LS. 2, 13); 3, 225 (247); 5, 85 (140); 7, 183 (188); 9, 268 (279); 18, 52 (59); 22, 106 (111); 34, 52 (59); 68, 1 (85 f.); 95, 1 (15); zur Entstehungsgeschichte des Art. 20 Abs. 2 S. 2 GG vgl. *W. Matz*, JöR N.F. Bd. 1 (1951), S. 195 ff. (während der Erörterungen des Parlamentarischen Rates ist die Einheit der Staatgewalt betont, der Ausdruck Gewaltenteilung vermieden und der funktionale Charakter der unterschiedlichen Organe der „Gesetzgebung, Verwaltung und Rechtsprechung" herausgestellt worden).

[1102] Zur Parteienstaatsideologie *K. A. Schachtschneider*, Res publica res populi, S. 1054 ff.

[1103] Ganz so *W. Maihofer*, HVerfR, S. 481 ff., 1709 f.; *ders.*, Realität der Politik und Ethos der Republik, S. 116 ff., 121 ff.

[1104] Dazu *K. A. Schachtschneider*, Res publica res populi, S. 772 ff.

Kommission und dem Rat dominiert wird (vgl. Art. 251, 252 EGV)[1105]. Der Vertrag über eine Verfassung für Europa ändert an dem Exekutivismus der Rechtsetzung nichts Wesentliches, obwohl und weil dessen Art. I-20 Abs. 1 und Art. I-23 Abs. 1 das „Europäische Parlament" und den „Ministerrat" als „gemeinsame" „Gesetzgeber" bezeichnen und ein „ordentliches Gesetzgebungsverfahren" nach Art. III-396 das Parlament mit der „Mehrheit seiner Mitglieder" einen vorgeschlagenen Rechtsakt scheitern lassen kann. Das demokratische und rechtsstaatliche Defizit der Unionsrechtsetzung kann durch das Europäische Parlament nicht gemindert werden, weil dieses kein Parlament im republikanischen Sinne ist, solange dessen Abgeordnete nicht gleichheitlich gewählt werden[1106]. Der Schutz von Freiheit und Eigentum ist ganz auf die Judikative verwiesen und hängt von deren Unabhängigkeit von der Parteienoligarchie ab[1107]. Das motiviert eine Dogmatik von Staat und Gesellschaft, welche die Gesellschaft weitestgehend dem Schutz der Judikative überantwortet, weil die Legislative als Institution ihres Schutzes, wie sie bürgerlich konzipiert ist, im Parteienstaat versagt[1108]. Republikanisch ist diese Konzeption nicht, aber sie wirft einen Rettungsanker[1109]. Die Rechtsprechung in den großen Fragen des Rechts ist allerdings in die Verantwortung des Europäischen Gerichtshofs geraten, dem dafür die demokratische Legitimation fehlt, so daß er der republikanischen Verfassungsgerichtsqualität entbehrt[1110].

c) Trotz aller Erfahrung von Herrschaft derer, die durch ihr Amt die Möglichkeit zu herrschen haben, ist die Ausübung der Staatsgewalt in der

---

[1105] Dazu *K. A. Schachtschneider*, Demokratiedefizite in der Europäischen Union, in: W. Nölling/K. A. Schachtschneider/J. Starbatty (Hrsg.), Währungsunion und Weltwirtschaft, FS W. Hankel (70.), 1999, S. 139 ff.; *ders.*, Prinzipien des Rechtsstaates, S. 195 ff.; *ders.*, Das Verfassungsrecht der Europäischen Union, Lehrstuhl 2005, § 7 (Das Europäische Parlament), § 8 (Der Rat), § 9 (Die Kommission).

[1106] *K. A. Schachtschneider*, Verfassungsklage Dr. P. Gauweiler, 2. Teil, K; *ders.*, Das Europäische Parlament, in: K. A. Schachtschneider, Das Verfassungsrecht der Europäischen Union, Lehrstuhl 2005, § 7.

[1107] Ganz so *M. Kriele*, Einführung in die Staatslehre, 4. Aufl. 1990, S. 117 f.; *K. A. Schachtschneider*, Prinzipien des Rechtsstaates, S. 186 ff.; grundlegend *R. Marcic*, Vom Gesetzesstaat zum Richterstaat, S. 263 ff.

[1108] Dazu *K. A. Schachtschneider*, Vom liberalistischen zum republikanischen Freiheitsbegriff, S. 418 ff.

[1109] Zur Abwehrfunktion der Grundrechte gegen Herrschaft 6. Kap., I, 3, auch dieses Kap., I, 3, c.

[1110] *K. A. Schachtschneider*, Prinzipien des Rechtsstaates, S. 131 ff., 212 ff.; *ders.*, FS W. Hankel, S. 137 ff.; *ders.*, Rechtsstaatlichkeit als Grundlage des inneren und äußeren Friedens, S. 75 ff.; *ders.*, Demokratierechtliche Grenzen der Gemeinschaftsrechtsprechung, in: St. Brink/H. A. Wolff (Hrsg.), Gemeinwohl und Verantwortung, FS H. H. v. Arnim, 2004, S. 779 ff.; *ders.*, Verfassungsklage Dr. P. Gauweiler, 2. Teil, F, VI; *T. Mähner*, Der Europäische Gerichtshof als Gericht, 2005, S. 211 ff.

Republik, die republikanische Staatlichkeit also, wie sie sein soll, nicht Herrschaft, sondern als Gesetzlichkeit die Wirklichkeit der Freiheit.

Die Gesetzlichkeit erzwingen zu können, erfordert die Einzigkeit einer unwiderstehlichen Gewalt, das sogenannte Gewaltmonopol des Staates[1111]. Diese Gebietshoheit ist zwar Kriterium der notwendig verfaßten Staatlichkeit und damit des Staates im engeren Sinne[1112], nicht aber Herrschaft. Als Hindernis von Unrecht dient sie vielmehr der Freiheit nach allgemeinen Gesetzen und ist damit, wie *Kant* klargestellt hat, als „Verhinderung eines Hindernisses der Freiheit" nach dem Satz vom Widerspruch mit der Freiheit notwendig verbunden[1113]. Die gewaltsame Erzwingung der Gesetzlichkeit ist somit Verwirklichung der Freiheit, nicht aber Herrschaft.

Die Gebietshoheit oder auch nur die Wirklichkeit von Herrschaft wird von der Staatsrechtslehre fast durchgehend zu einem Herrschaftsprinzip ideologisiert[1114]. Diese Ideologie ist die Grundlage der die Praxis bestimmenden Lehrgebäude des Staatsrechts, welche vor allem die demokratistische Herrschaft der Parteienoligarchie zu legitimieren versuchen und dadurch die das Prinzip des Rechts tragende Unterscheidung von Sein und Sollen vernachlässigen. Die Ideologie der Herrschaft dient der Rechtfertigung der parteienstaatlichen Wirklichkeit. Die Idee der Freiheit jedoch gebietet, der Herrschaft der Parteien die Legitimation abzusprechen. Auch die Entwicklung liberalistischer Freiheitsrechte/Freiheiten gegen die parteienstaatliche Herrschaft[1115] stabilisiert den herrschaftlichen Parteienstaat, gerade weil sie die Herrschaftsideologie nicht nur nicht antastet, sondern zur Grundlage der Freiheitslehre macht.

Um die parteienstaatliche Herrschaft zurückdrängende Liberalität geht es der neueren Lehre von der Unterscheidung von Staat und Gesellschaft, welche jedoch trotz ihrer verbalen Distanz ein herrschaftliches Dogma der Trennung von Staat und Gesellschaft bleibt. Dieses Dogma kapituliert vor dem sollenswidrigen Sein.

Dogmen dürfen aber nur auf das verfassungs- oder gesetzesbefohlene Sollen abstellen. Dieses Sollen kann ohne Kenntnis des Seins nicht verstan-

---

[1111] Dazu insb. *H. Krüger*, Allgemeine Staatslehre, S. 818 ff.; *K. Stern*, Staatsrecht II, S. 513 ff.; *K. A. Schachtschneider*, Res publica res populi, S. 545 ff.; *ders.*, der Anspruch auf materiale Privatisierung, S. 268 ff.; *ders.*, Prinzipien des Rechtsstaates, S. 118 ff.

[1112] Dazu *K. A. Schachtschneider*, Die Staatlichkeit der Europäischen Gemeinschaft, S. 119 ff.; *ders.*, Die existentielle Staatlichkeit der Völker Europas, S. 81 ff.; *ders.*, Prinzipien des Rechtsstaates, S. 59 f.

[1113] Metaphysik der Sitten, S. 338 f.; dazu 2. Kap., VIII.

[1114] Dazu I mit Fn. 479, 484; etwa *M. Kriele*, Einführung in die Staatslehre, 6. Aufl. 2003, S. 68 f.

[1115] Dazu 6. Kap., I, 3.

den werden[1116]. Das Sein darf aber nicht empiristisch das Sollen bestimmen; denn sonst wäre ein Sollenssatz, ein Gesetz also, denkwidrig. Das Sein kann dem Sollen widersprechen. Das Sollen hingegen kann sinnlos sein, nämlich Unmögliches vorschreiben[1117]. Die Erkenntnisse des Sollens, die Urteile vom Richtigen, sollen die Erkenntnisse des Seins, die Theorien von der Wirklichkeit also, theoretische Vernunft, zugrundelegen. Ohne Theorien vom Sein gibt es kein praktisch vernünftiges Sollen. Die Theorie selbst ist aber nicht praktisch. Praktisch ist nur das Handeln[1118]. Dessen Maximen können nicht theoretisiert werden, sie sollen vielmehr sittlich, praktisch vernünftig, d.h. gesetzlich und gesetzeshaft, sein[1119]. Das bedarf der Lehren.

[1116] *H. Heller*, Staatslehre, S. 37 ff., 259 ff., hat den seiner Meinung nach „unhaltbaren Dualismus" dadurch zu überwinden gesucht, daß er „Wirklichkeitszusammenhänge" zwischen Sein und Sollen aufweist, der richtige Ansatz, der die Unterscheidung von „Sinneswissenschaft und Wirklichkeitswissenschaft, dogmatische Jurisprudenz und Staatslehre ... klar ... nach Gegenständen und Methoden ... voneinander geschieden" sieht (a.a.O., S. 46); auch *G. Radbruch*, HbdDStR, Bd. 1, S. 285 ff., opfert seine richtigen Erkenntnisse als „demokratische Ideologie" einer parteienstaatlichen „Soziologie der Demokratie"; nicht anders *H. Kelsen*, Vom Wesen und Wert der Demokratie, insb. S. 14 ff., 78 ff.; vgl. grundätzlich zur Einheit von „Humanität und Realismus" als „praktischer Vernunft" *M. Kriele*, Einführung in die Staatslehre, 4. Aufl. 1990, S. 15 ff., 38 ff., 6. Aufl. 2003 S. 25 ff., 27 ff., aber S. 208 ff. Verteidigung der Parteien und Fraktionen mit dem „dialektischen Begriff der Diskussion", wonach der „Parteienkampf zum Wesen des Parlamentarismus" gehöre; problematisch auch *W. Henke*, Die politischen Parteien zwischen Staat und Gesellschaft, S. 367 ff., 374; vgl. auch dessen empiristische Herrschaftslehre, Recht und Staat, S. 51 ff., 251 ff., 387 ff., gegen ein eigenständiges Sollen etwa S. 144 ff.; so auch *ders.*, GG, Bonner Komm., Rdn. 63 zu Art. 21 (für „juristisches Staatsrecht" (?) gegen „Verfassungsrecht", „Staatslehre", „Politik", „Staatstheorie", gegen „Utopie", „Ideologie", in Rdn. 67 für „juristische Sicht der wirklichen Lebensverhältnisse", gegen „Übermaß an Willen zu Freiheit und Gleichheit ohne Rücksicht auf andere Erfordernisse des menschlichen Daseins", und damit für „Gebundenheit und Unterordnung", für parteiliche „Geschlossenheit" und „Führung" (Rdn. 268, 272, 275, 279) u.a., alles „juristisch" unausweichliche Positionen (?); zur Dichotomie von Sein und Sollen auch 1. Kap. in und zu Fn. 50 ff.; auch *K. A. Schachtschneider*, Res publica res populi, S. 520 ff., 542 ff., 757 ff.

[1117] Zum Grundsatz, daß Unmögliches nicht vorgeschrieben werden darf (ultra posse nemo obligatur oder: Inpossibilium nulla est obligatio) *A. Brecht* Politische Theorie. Die Grundlagen politischen Denkens im 20. Jahrhundert, 1961, S. 503 ff.

[1118] πράττειν = handeln; zum kantianischen Unterschied von theoretischer und praktischer Vernunft *A. Brecht*, Politische Theorie, S. 453; dazu *K. A. Schachtschneider*, Res publica res populi, S. 567 ff.; dazu auch 2. Kap., VII, vgl. zum Handeln 5. Kap., III, 1, 5.

[1119] Dazu *K. A. Schachtschneider*, Res publica res populi, S. 284 ff., 318 ff., 598 ff.; auch *ders.*, Der Rechtsbegriff „Stand von Wissenschaft und Technik", S. 100 ff., zur „Theoriehaftigkeit praktischer Vernunft"; 5. Kap., III, 5, 7. Kap., II, 2, d.

d) Dogmatisch war geklärt, daß mit der Entscheidung für die demokratische Republik der vom monarchischen Prinzip und der hegelianischen Staatslehre bestimmte Dualismus von Staat und Gesellschaft vor allem des 19. Jahrhunderts keine Grundlage mehr hat[1120], weil der Staat eine Einrichtung der Bürger für deren allgemeines Wohl, besser: für deren gutes Leben in allgemeiner Freiheit (als allgemeiner Gesetzlichkeit) ist[1121], weil es keine persönliche Differenz zwischen dem Staat und den Bürgern geben kann. Wenn der Staat auch rechtstechnisch als juristische Person behandelt wird, so hat er doch keine Persönlichkeit[1122], schon gar nicht als die „politische

---

[1120] *C. Schmitt*, Legalität und Legitimität, S. 27 („Identität von Staats- und Volkswille" ist „demokratische Konsequenz"); *ders.*, Der Hüter der Verfassung, S. 73 ff., 78 f., 82; *E. Forsthoff*, Begriff und Wesen des sozialen Rechtsstaates, VVDStRL 12 (1954), S. 27; *ders.*, Der Staat der Industriegesellschaft, S. 21 ff.; *H. Ehmke*, Wirtschaft und Verfassung. Die Verfassungsrechtsprechung des Supreme Court zur Wirtschaftsregulierung, 1961, S. 5 f.; *ders.*, „Staat" und „Gesellschaft", S. 240 ff., insb. S. 265 ff.; *H. Krüger*, Allgemeine Staatslehre, S. 342 ff. („Immanenz des Staates im Volk"); *M. Kriele*, Einführung in die Staatslehre, 4. Aufl. 1990, S. 309 ff.; *D. Jesch*, Gesetz und Verwaltung. Eine Problemstudie zum Wandel des Gesetzmäßigkeitsprinzips, 1961, 2. Aufl. 1968, S. 89 f., 125, 129, 170, 173 u. ö.; auch *R. Herzog*, Allgemeine Staatslehre, S. 38 ff., 145 ff.; *W. Henke*, Die Parteien zwischen Staat und Gesellschaft, S. 369 f.; *H. P. Bull*, Die Staatsaufgaben nach dem Grundgesetz, 2. Aufl. 1977, S. 64 ff., 192; *E.-W. Böckenförde*, Die Bedeutung der Unterscheidung von Staat und Gesellschaft im demokratischen Sozialstaat der Gegenwart, S. 395 ff., 407; *Ch. v. Krockow*, Staat, Gesellschaft, Freiheitswahrung, daselbst, S. 432 ff.; *K. Hesse*, Bemerkungen zur heutigen Problematik und Tragweite der Unterscheidung von Staat und Gesellschaft, 1975, daselbst, S. 484 ff., 488 f.; *ders.*, Grundzüge des Verfassungsrechts, Rdn. 11, S. 8 f.; *H. H. Rupp*, Verfassungsrecht und Kartelle, in: E.-J. Mestmäcker (Hrsg.), Wettbewerb als Aufgabe. Nach zehn Jahren Gesetz gegen Wettbewerbsbeschränkungen, 1968, S. 193 ff.; *ders.*, HStR, Bd. II, § 31, Rdn. 1 f., 3 ff., 17 ff.; *W. Schmitt Glaeser*, HStR, Bd. III, § 38, Rdn. 1 ff.; *K. A. Schachtschneider*, Staatsunternehmen und Privatrecht, S. 178; *ders.*, Res publica res populi, S. 159 ff.; weitere Hinweise in Fn. 1129 ff.; zur „bürgerlichen Gesellschaft" als von Hegel begründeter Kategorie des modernen Staates i. S. d. Konstitutionalismus des 19. Jahrhunderts *M. Riedel*, Der Begriff der „Bürgerlichen Gesellschaft", S. 77 ff.; *E. Angermann*, Das Auseinandertreten von „Staat" und „Gesellschaft" im Denken des 18. Jahrhunderts, 1963, daselbst, S. 109 ff., zieht zu Recht in Zweifel, daß die Trennung, die im 18. Jahrhundert zu einem „heuristischen Prinzip" wurde, jemals der politischen Wirklichkeit gerecht wurde (S. 130); vgl. i. d. S. auch die bei *H. Ehmke*, „Staat" und „Gesellschaft", a. a. O., S. 262 f., angeführten Meinungen; zur „tendenziellen Verschränkung der öffentlichen Sphäre mit dem privaten Bereich", zum „Prozeß wechselseitiger Vergesellschaftung des Staates und einer Verstaatlichung der Gesellschaft" in eine „neue Sphäre" *J. Habermas*, Strukturwandel der Öffentlichkeit, §§ 16, 23, S. 225 ff., 326 ff.; auch *J. Heinrichs*, Revolution der Demokratie, S. 233 ff., 236 ff.; für die konstitutionelle Monarchie *Lorenz von Stein*, Der Begriff der Gesellschaft und die soziale Gesichte der französischen Revolution bis zum Jahre 1830, 1. Bd. 1849, Neuauflage 1921, S. 45.

[1121] Zum Staatsbegriff I; zum Staatszweck 6. Kap., I, 1.

Einheit des Volkes" im Sinne *Carl Schmitts*[1123]. Die juristische Person Staat ist nicht nur nicht Herr über Untertanen, sondern keine Person, die Herr sein könnte. Das Volk ist staatlich verfaßt, in Deutschland näher materialisiert durch das Grundgesetz. Das Volk sind die Bürger; die Bürger sind Herren ihrer selbst[1124]. Alteuropäisch ist der Staat identisch mit der bürgerlichen Gesellschaft. Von Aristoteles bis Kant ist er die politische Gemeinschaft der Bürger, „κοινωνία πολιτική", „civitas", „societas civile", res publica[1125]. Hegel hat demgegenüber den Staat von der bürgerlichen Gesellschaft, den citoyen vom bourgeois, getrennt[1126].

Wer den Staat von der Gesellschaft unterscheidet, weil der Staat herrsche und die Gesellschaft frei sei, soweit der Staat nicht herrschen dürfe[1127], blendet sprachlich aus, daß nicht die juristischen Personen des Staatlichen, der Staat im engeren Sinne also, herrschen, sondern Menschen, Amtswalter. Diese werden mit dem Staat identifiziert, um ihre Herrschaft zu legitimieren. Der Staat aber im weiteren Sinne ist die Bürgerschaft[1128]. Kein Bürger darf über andere Bürger herrschen dürfen, wenn das Gemeinwesen freiheitlich und demokratisch, also eine Republik, sein soll. Der Staat im engeren

---

[1122] *W. Henke*, Die Parteien zwischen Staat und Gesellschaft, S. 369 ff., läßt es für den Dualismus von Staat und Gesellschaft genügen, daß der Staat juristische Person sei; fragwürdig auch *ders.*, GG, Bonner Komm., Rdn. 65 zu Art. 21 (Unterscheidung des „Bereichs der Ämter, die grundsätzlich nach öffentlichem Recht, und des Bereichs der Privaten, die grundsätzlich nach privatem Recht handeln", für das Parteienrecht); ebenso *J. Isensee*, vgl. das Zitat zu Fn. 1139.

[1123] Verfassungslehre, S. 3 ff.; dazu III, 4; *K. A. Schachtschneider*, Res publica res populi, S. 735 ff.

[1124] Dazu III, 2, 11. Kap., II; *K. A. Schachtschneider*, Res publica res populi, S. 94 ff., 211 ff., auch S. 17 ff., 35 ff., 650 ff., 735 ff.

[1125] Dazu *M. Riedel*, Der Begriff der „Bürgerlichen Gesellschaft", S. 80 ff.; *Aristoteles*, Politik, S. 107, 1276b 1 ff.; auch S. 50, 1253a 29 ff.; *Cicero*, De re publica, I, 25, 32, S. 130 f., 144 f. u.ö.; dazu *K. Meister*, Die Tugenden der Römer, 1930, in: H. Oppermann (Hrsg.), Römische Wertbegriffe, 3. Aufl. 1963, S. 6 f. (Die res publica ist „Eigentum" des populus romanus, nicht „Rechtssubjekt" Staat); *Kant*, Metaphysik der Sitten, S. 431 ff.; *ders.*, Zum ewigen Frieden, S. 204 ff.; *ders.*, Idee, S. 39 ff. u.ö.; der Sache nach auch *Hobbes*, Leviathan, II, 17, S. 155; zum Maschinenwesen des Leviathan *C. Schmitt*, Der Leviathan in der Staatslehre des Thomas Hobbes, S. 47 ff., 61 ff. u.ö.; vgl. auch *H. Ehmke*, „Staat" und „Gesellschaft", S. 244 ff.; dazu *H. Arendt*, Was ist Politik? S. 28 ff.

[1126] Rechtsphilosophie, §§ 182 ff., S. 192 ff.; *M. Riedel*, Der Begriff der „Bürgerlichen Gesellschaft", S. 87 ff.; zur Kritik am Hegelschen System *H. Ehmke*, „Staat" und „Gesellschaft", S. 261 ff.; kritisch zur Entgegensetzung des citoyen und des bourgeois auch *P. Ulrich*, Der entzauberte Markt. Eine wirtschaftsethische Orientierung, 2002, S. 51 ff.

[1127] Dazu Hinweise in Fn. 1129 ff.

[1128] Dazu III, 2, 11. Kap., II; *K. A. Schachtschneider*, Res publica res populi, S. 14 ff., 96 ff., 211 ff., 1045 ff.; *ders.*, Prinzipien des Rechtsstaates, S. 58 ff.

Sinne darf nur Institution der Freiheit sein, weil Herrschaft immer Herrschaft von Menschen über Menschen wäre. Die Rechtstechnik des Staates ist für die dogmatische Problematik von Freiheit und Herrschaft irrelevant und darum die Entgegensetzung von Staat und Gesellschaft eine Verschleierung des Problems der Herrschaft von Menschen über Menschen.

3. Liberalistische Abwehr von Herrschaft

a) In einer neueren Lehre, eingeleitet von *Ernst-Wolfgang Böckenförde*[1129], wird die Unterscheidung von Staat und Gesellschaft wieder als notwendige Bedingung der Freiheit gesehen. Diese Auffassung hat *Carl Schmitt* auch schon vertreten[1130]. Die neue Lehre vermeidet es, von der Trennung von Staat und Gesellschaft zu sprechen, um sich von dem alten Dualismus des ebenso monarchischen wie (individualistisch) liberalen Konstitutionalismus zu distanzieren[1131]. Sie meint als freiheitsdogmatischen Grund für die Unterscheidung von Staat und Gesellschaft die Gefahr eines freiheitseliminierenden totalen Staates gefunden zu haben[1132]. Diese Gefahr besteht, wenn der Staat Herrschaftsbefugnisse hat. Das ist denn auch die Auffassung aller Anhänger der Unterscheidung von Staat und Gesellschaft[1133]. Die Lehre ist

---

[1129] Staat und Gesellschaft im demokratischen Sozialstaat, S. 395 ff., 407 ff.; *ders.*, Die verfassungstheoretische Unterscheidung von Staat und Gesellschaft als Bedingung der individuellen Freiheit, S. 32 f.; *W. Henke*, Die politischen Parteien zwischen Staat und Gesellschaft, S. 369 ff.; *R. Herzog*, in: Maunz/Dürig, Rdn. 45 ff. zu Art. 20 Abschnitt I, Rdn. 21 zu Art. 20 Abschnitt II; *W. Schmitt Glaeser*, HStR, Bd. III, § 38, Rdn. 30 ff.; *W. Brohm*, HStR, Bd. II, § 36, Rdn. 36 (vorsichtig); auch *D. Grimm*, HVerfR, S. 610 ff. (aber: zunehmende „Gemengelage"); unkritisch *H.-G. Dederer*, Korporative Staatsgewalt, S. 112 ff.; *F. Becker*, Kooperative und konsensuale Strukturen in der Normsetzung, S. 147 ff.

[1130] Grundrechte und Grundpflichten, S. 192.

[1131] *E.-W. Böckenförde*, Staat und Gesellschaft im demokratischen Sozialstaat, S. 407; zum alten Dualismus *ders.*, Gesetz und gesetzgebende Gewalt. Von den Anfängen der deutschen Staatsrechtslehre bis zur Höhe des staatsrechtlichen Positivismus, 1958, 2. Aufl. 1981, S. 126 ff., 210 ff.; auch *K. Hesse*, Grundzüge des Verfassungsrechts, Rdn. 11, S. 8 f.; *D. Jesch*, Gesetz und Verwaltung, S. 89 f., 125, 129, 170, 173 u. ö.; *Ch. Starck*, Der Gesetzesbegriff des Grundgesetzes. Ein Beitrag zum juristischen Gesetzesbegriff, 1970, S. 77 ff.; weitere Hinweise in Fn. 1120.

[1132] Etwa *E.-W. Böckenförde*, Staat und Gesellschaft im demokratischen Sozialstaat, S. 411 ff.; schon *E. Forsthoff*, Der Staat der Industriegesellschaft, S. 21 ff.; *R. Herzog*, Allgemeine Staatslehre, S. 146 f.; *H. H. Klein*, Die Grundrechte im demokratischen Staat. Kritische Bemerkungen zur Auslegung der Grundrechte in der deutschen Staatsrechtslehre der Gegenwart, 1972, S. 30 ff., 47; *Ch. Link*, VVDStRL 48 (1990), S. 42 f. („Staatszweck Freiheitssicherung"); *W. Henke*, GG, Bonner Komm., Rdn. 65 zu Art. 21.

[1133] *E.-W. Böckenförde*, Staat und Gesellschaft im demokratischen Sozialstaat, S. 406 („Der Staat ist vielmehr die politische Entscheidungseinheit und Herrschafts-

somit Konsequenz der eigenen nicht bewiesenen Prämisse. Sie ist von der Herrschaftsideologie in die Irre geleitet und dogmatisiert eine petitio principii. *Konrad Hesse* hat bereits die Sorge vor einer neuen identitären Totalität des Staates mit dem Argument zerstreut, eine Identität von Staat und Gesellschaft setze zunächst deren Unterscheidung voraus, ein Aspekt, der für die durch Verfassung und Gesetz gestaltete „konkrete und differenzierte Zuordnung" ... „nichts mehr beitragen" könne. Es ist beliebt, Auffassungen, die dem demokratistischen und liberalistischen Standpunkt nicht folgen, in die Nähe totalitären Denkens zu rücken[1134]. *Hesse* hat das zurückgewiesen[1135]. Der gängige Rousseauismusvorwurf ist nicht weniger unergiebig[1136]. Eine rousseausche, also kantianische und damit grundgesetzliche, Freiheitslehre zielt auf das genaue Gegenteil einer totalen staatlichen Herrschaft, nämlich auf die umfassende Wirklichkeit der Freiheit, auf eine res publica. Demgegenüber bietet die staatsrechtliche Herrschaftslehre etwa die folgenden Sätze von *Ernst Forsthoff, Ernst-Wolfgang Böckenförde* und *Josef Isensee* an:

„Die freiheitsstiftende rechtsstaatliche Verfassung steht und fällt mit der Unterscheidung von Staat und Gesellschaft."[1137]

---

organisation *für* eine Gesellschaft (oder, wenn man will, ‚über' ihr")), S. 411 ff.; *E. Forsthoff*, Der Staat der Industriegesellschaft, S. 11 ff.; *Ch. Link*, VVDStRL 48 (1990), S. 16, 19 („Herrschaftsverband Staat"); *R. Herzog*, Allgemeine Staatslehre, S. 146 f.; *H. H. Klein*, Die Grundrechte im demokratischen Staat, S. 42; *W. Schmitt Glaeser*, HStR, Bd. III, § 38, Rdn. 30 ff.; *W. Henke*, Recht und Staat, S. 251 ff.; *ders.*, GG, Bonner Komm., Rdn. 65, 69 zu Art. 21 („utopische, herrschaftsfreie, öffentliche Ordnung"); *H.-G. Dederer*, Korporative Staatsgewalt, S. 10 ff., 112 ff.; *F. Becker*, Kooperative und konsensuale Strukturen in der Normsetzung, S. 81 ff. („Heteronomie"); *U. Schliesky*, Souveränität und Legitimität von Herrschaftsgewalt, S. 558 f.,; auch *R. Gröschner*, HStR, Bd. II, § 23, Rdn. 45 ff., 65, obwohl er von der Republik handelt; Hinweise zur Herrschaftlichkeit des Staates in Fn. 479 ff.

[1134] So auch *R. Gröschner*, Freiheit und Ordnung in der Republik des Grundgesetzes, JZ 1996, 637 ff. (Besprechungsaufsatz zu meinem Res publica res populi, 1994), der freilich den Text, den er angreift, nicht wirklich zur Kenntnis nimmt, geschweige denn versteht oder auch nur zur verstehen versucht.

[1135] Unterscheidung von Staat und Gesellschaft, S. 493 f.; i.d.S. auch *ders.*, Grundzüge des Verfassungsrechts, Rdn. 5 ff., S. 5 ff.; *P. Saladin*, Unternehmen und Unternehmer in der verfassungsrechtlichen Ordnung der Wirtschaft, VVDStRL 35 (1977), S. 35, hat sich Hesses Kritik angeschlossen.

[1136] Etwa *W. Henke*, Die politischen Parteien zwischen Staat und Gesellschaft, S. 371; *ders.*, Recht und Staat, S. 399, 591 f.; *R. Marcic*, Vom Gesetzesstaat zum Richterstaat, S. 279 ff.; *R. Weber-Fas*, Grundgesetz und Verfassungsentwicklung, in: ders., Freiheitliche Verfassung und sozialer Rechtsstaat, 1976, S. 23; *R. Zippelius*, Geschichte der Staatsideen, S. 120 ff.; *D. Hilger*, Herrschaft, S. 66 ff.; richtig dagegen *W. Kersting*, Wohlgeordnete Freiheit, S. 266; *M. Forschner*, Rousseau, S. 17 Fn. 8, S. 84 Fn. 64, S. 116 Fn. 94; rousseauanisch konzipiert „Staatsrecht der Bürger" *W. Leisner*, Staatseinung, insb. S. 22 ff., 161 ff.

[1137] *E. Forsthoff*, Der Staat der Industriegesellschaft, S. 21, dem sich *H. H. Rupp*, HStR, Bd. II, § 31, Rdn. 27, anschließt.

15*

„Die sogenannte ‚Identität‘ von Staat und Gesellschaft bedeutet zugleich das Ende der individuellen Freiheit." ... „Denn eine Allzuständigkeit der demokratischen staatlichen Entscheidungsgewalt, eben weil sie demokratisch ist, bedeutet zugleich, daß die Entscheidungsgewalt total wird. Demokratie heißt dann, daß alle über alle alles beschließen können; es gibt nur noch eine (Mitwirkungs-)Freiheit *im* demokratischen Prozeß, nicht mehr Freiheit gegenüber dem demokratischen Prozeß. Das Ergebnis ist die totale Demokratie, in der der einzelne voll und ganz Glied des demokratischen Kollektivs ist und das eben darum notwendigerweise einen totalitären Charakter annimmt."[1138]

„Die Absonderung der Staatsgewalt vom Staatsvolk, aus dem sie sich demokratisch legitimiert, und die Distanz zu der Gesellschaft, in deren Dienst sie steht, ist ein verfassungsrechtlicher Kunstgriff der Freiheitsgewähr. ... Das Rechtsprinzip des demokratischen Staates bildet die Gleichheit, das Rechtsprinzip der Gesellschaft die Freiheit. Die Folge der rechtlichen Freiheit in der sozialen Wirklichkeit ist aber die faktische Ungleichheit, die damit die soziologische Struktur der Gesellschaft in dem Maße prägt, wie die Freiheit die juristische bestimmt. ... Es ist also nicht nur zwischen der Gesellschaft und der im ‚Staat‘ geeinten Nation zu unterscheiden, sondern auch zwischen der Gesellschaft und den Organen, welche die Nation repräsentieren: dem ‚Staat‘ als juristischer Person" ... „In der dialektischen Zuordnung, die Diversität und Identität" umschließt, bildet „der Staat die Antithese zur Gesellschaft und die umgreifende einheitsstiftende Synthese" ... „nähert sich wieder der Lehre Hegels, für den die ‚bürgerliche Gesellschaft‘ keinen geschlossenen Kreis unterhalb der obrigkeitlichen Herrschaftsinstanz, sondern die Durchgangsstufe im dialektischen Aufstieg von der Familie zum Staat bildete und sich als System der Bedürfnisse zwischen den beiden sittlichen Einheiten entfaltete ..."[1139].

b) Hegel ist nicht der Vater des Grundgesetzes. Das ist vielmehr Kant. *Isensee* führt die Unterscheidung von Staat und Gesellschaft auf quasi widerstreitende Rechtsprinzipien, nämlich die der Gleichheit und der Freiheit, zurück, die ihm unvereinbar erscheinen[1140]. Er folgt darin der Lehre *Carl Schmitts*, von dessen ebenso herrschaftlicher wie liberalistischer Verteilungsdoktrin[1141] sich die Lehre von der Unterscheidung von Staat und Gesellschaft nicht zu lösen vermag. *Carl Schmitt* hat bekanntlich nur die Gleichheit als Formprinzip der Demokratie anerkannt und der Freiheit lediglich eine liberale, rechtsstaatliche Relevanz belassen[1142]. Isensee macht einen die Ordnung des gemeinsamen Lebens bestimmenden Unterschied

---

[1138] *E.-W. Böckenförde*, Staat und Gesellschaft im demokratischen Sozialstaat, S. 407 f., 413.

[1139] *J. Isensee*, HStR, Bd. II, § 15, Rdn. 150 (Zitat des ersten Satzes); *ders.*, Der Dualismus von Staat und Gesellschaft, S. 320 f., 323 f. mit Fn. 16 (Zitat der beiden folgenden Sätze); vgl. auch *ders.*, HStR, Bd. III, § 57, Rdn. 63, 78; vgl. *Hegel*, Rechtsphilosophie, §§ 181, 256.

[1140] Zum republikanischen Verhältnis von Freiheit und Gleichheit 7. Kap., I, 1.

[1141] Verfassungslehre, S. 126, 158 f., 163 f. u. ö.; *J. Isensee*, HStR, Bd. II, § 15, Rdn. 150, auch Rdn. 28, u. ö.; dazu 6. Kap., II.

von Freiheit und Gleichheit zur Grundlage dieser staatsrechtlichen Überlegungen und begibt sich damit in einen Widerspruch zur grundgesetzlichen Entscheidung für die freiheitliche demokratische Grundordnung. 1988 schreibt *Josef Isensee* über „Grundrechtliche Freiheit – Republikanische Tugend" u. a. die folgenden Sätze:

> „Wer die Rahmenbedingungen der Freiheit verbindlich setzt und durchsetzt, kann nicht selbst frei sein. ... Seit die Unterscheidung von Staat und Gesellschaft sich durchgesetzt hat, ist die ethische Identität zerbrochen, die einst Novalis' enthusiastischer Vision vorschwebte: ‚Jeder Staatsbürger ist Staatsbeamter' ... Zur Grundrechtserwartung gehört, daß sich zum Wohle des Ganzen Kräfte regen, deren Quellen jenseits des rechtsstaatlichen Horizontes liegen: Religion, Moral, Tradition, Kultur. ... Damit wird ein letzter der Widersprüche sichtbar, aus denen und mit denen das freiheitliche Gemeinwesen lebt: Es legitimiert sich aus der Gleichheit, und es braucht doch den ungleichen Einsatz im freien Dienst"[1143].

Isensees Lehre ist liberalistisch, nicht freiheitlich, wie sie das Grundgesetz gebietet. Nur wer frei ist, kann entgegen Isensees Rhetorik die Gesetze geben, welche die allgemeine Freiheit ermöglichen und verwirklichen. Freiheit vermag Isensee jedenfalls in diesem Zusammenhang nicht als Autonomie des Willens zu begreifen[1144]. Darum kann er auch mit dem „Sittengesetz", das Art. 2 Abs. 1 GG zum Schlüsselbegriff der grundgesetzlichen Republik macht, nichts anfangen[1145].

Die Lehre von der freiheitlichen Demokratie hat *Werner Maihofer* im Handbuch des Verfassungsrechts 1983 nahezu klassisch ausgebreitet und in der 2. Auflage des Handbuches 1994 vertieft[1146]. Gleichheit ist politisch nur in der Freiheit denkbar[1147]. Gleichheit ohne Freiheit kann nur die Gleichheit von Untertanen unter einem Herrscher oder einem Führer sein. In seinen Überlegungen zur freiheitlichen Demokratie in der zitierten Abhandlung zum Thema Staat und Verfassung konzipiert *Isensee* zwar das Volk, welches er von der Gesellschaft unterscheidet, legitimatorisch als Verwirklichung der „Freiheitsidee", begründet aber mit einem dezisionistisch verstandenen Mehrheitsprinzip den Herrschaftscharakter der freiheitlichen

---

[1142] Verfassungslehre, S. 224 f.; auch *ders.*, Grundrechte und Grundpflichten, S. 192; zu C. Schmitts Verfassungslehre *K. A. Schachtschneider*, Res publica res populi, S. 735 ff.

[1143] S. 74, 76; nicht anders *ders.* in der Sache, HStR, Bd. II, § 15, Rdn. 77, auch Rdn. 131, im gewissen Widerspruch zur Lehre von der freiheitlichen Demokratie, a. a. O., Rdn. 164; auch *ders.*, HStR, Bd. III, § 57, Rdn. 64 ff., 78 ff.

[1144] Dazu 5. Kap., passim.

[1145] *J. Isensee*, insb. Grundrechtliche Freiheit – Republikanische Tugend, S. 65 f.; vgl. 4. Kap.

[1146] S. 173 ff. bzw. S. 427 ff.

[1147] Dazu 7. Kap.

Demokratie[1148] und nimmt damit der Idee der Freiheit alles Freiheitliche. Den Widerspruch will *Isensee* dadurch überbrücken, daß er den Menschen als „Aktivbürger" und als „Grundrechtsträger" vorstellt, das „Volk" in der Demokratie als Subjekt staatlicher Herrschaft, „die Gesellschaft dagegen Objekt", als „Inbegriff aller Grundrechtsträger, die der Staatsgewalt unterstehen", „keine rechtliche Kategorie, sondern eine verfassungstheoretische"[1149]. Damit akzeptiert *Isensee* politische Freiheit, mißversteht aber den grundrechtlichen Freiheitsbegriff, der wesentlich eine politische Kategorie ist. Die Unterscheidung eines demokratischen und eines grundrechtlichen Freiheitsbegriffs[1150] bleibt der Unterscheidung von Staat und Gesellschaft verhaftet, weil sie die Kategorie Herrschaft nicht abweist. *Isensee* spaltet zu diesem Zweck, wie gesagt, sogar den Menschen in den citoyen und den bourgeois[1151]. Der homme aber soll citoyen sein. Das ist wesentlich seine Freiheit, jedenfalls nach der Ethik des Grundgesetzes. Dadurch ist er Bürger einer Republik. Die Gleichheit ohne Freiheit führt, wie *Carl Schmitt* gezeigt hat, zum Akklamationsprinzip[1152], dessen entwürdigenden, herrschaftlichen Charakter *Martin Kriele* als eine „hündische Unterwürfigkeit unter den Herren" gegeißelt hat[1153].

Untertanen sind auch die Bürger, denen liberale Grundrechte zugestanden werden, welche nach *Isensee* „geradezu den Egoismus legitimieren" sollen[1154], freilich nur im Rahmen der „Freiheit", den die Amtsträger abstecken. Wenn diejenigen, welche „die Rahmenbedingungen der Freiheit verbindlich setzen und durchsetzen", ... „selbst nicht frei sind", geht die Staatsgewalt nicht vom Volke aus, wie es Art. 20 Abs. 2 S. 1 GG zur Grundlage des politischen Gemeinwesens Deutschland macht und *Isensee*,

---

[1148] HStR, Bd. II, § 15, Rdn. 154 ff.; vgl. *ders.*, HStR, Bd. III, § 57, Rdn. 100; demgegenüber sieht *W. Leisner*, Die Demokratische Anarchie, S. 108 ff., im „Mehrheitsgrundsatz" das „Rechtsprinzip der Anarchie"; Herrschaft von Menschen über Menschen sieht allerdings auch *W. Maihofer*, HVerfR, S. 462 ff., 472 ff., passim, in der freiheitlichen Demokratie verfaßt, freilich ohne Herrschaft zu definieren; ebenso *ders.*, Realität der Politik und Ethos der Republik, S. 123 f.; zur Kritik des Mehrheitsprinzips IV, 1.

[1149] HStR, Bd. II, § 15, Rdn. 155 (in der 1. Aufl. 1987, Rdn. 162: „Ursprung staatlicher Herrschaft", jetzt immerhin ein kleiner Schritt hin zum Recht), auch Rdn. 195; vgl. auch *ders.*, HStR, Bd. III, § 57, Rdn. 60 ff., 83 f.; *ders.*, Grundrechte und Demokratie., S. 9 ff., 11 ff., 13 ff.

[1150] Dazu 6. Kap., III.

[1151] So explizit HStR, Bd. III, § 57, Rdn. 84; auch *H. H. Rupp*, HStR, Bd. II, § 31, Rdn. 18; *W. Schmitt Glaeser*, HStR, Bd. III, § 38, Rdn. 3; dazu 11. Kap., II, 1.

[1152] Verfassungslehre, S. 83 f., 243 f., 246 f., 250, 260, 277; dazu *K. A. Schachtschneider*, Res publica res populi, S. 43 ff., 100 ff., 735 ff.; dazu III, 4, IV, 1.

[1153] Die demokratische Weltrevolution, S. 37 (Zitat zu Fn. 653).

[1154] Grundrechtliche Freiheit – Republikanische Tugend, S. 71; auch *ders.*, HVerfR, S. 1536; richtig *W. Kersting*, Kant über Recht, S. 125 f.

wie gesagt, an anderer Stelle in der Sache zugesteht[1155], ist die Freiheit nicht Autonomie des Willens, ist Deutschland keine Republik, die auch *Isensee* auf die Einheit von Staatsgewalt und „Bürgerfreiheit", auf „die Einheit von Staat (sc. im weiteren Sinne) und Gesellschaft" stellt[1156]. *Isensee* verkennt die Abhängigkeit des Gleichheitsprinzips von dem Freiheitsprinzip, weil er Herrschaft dogmatisieren will, welche er durch einen „Raum der Freiheit"[1157] zu moderieren und zu liberalisieren bemüht ist.

c) Die Unterscheidung von Staat und Gesellschaft ist logisch, wenn Freiheit als vom Staat gewährte, wenn auch grundrechtlich geschützte, unbestimmte Vielheit materialer Handlungsfreiheiten begriffen wird. Dieser Freiheitsbegriff der Praxis des Bundesverfassungsgerichts, dem die Lehre weitestgehend folgt[1158], verbindet sich mit der Vorstellung eines sicher nur metaphorisch räumlich gedachten Bezirks der gesellschaftlichen Unabhängigkeit, mit der Vorstellung einer in Freiheit und Eigentum staatsfreien Sphäre der Gesellschaft[1159]. *Josef Isensee* kategorisiert:

„In der Demokratie hat der Einzelne nicht nur als Bürger teil an der allgemeinen Herrschaft, sondern er ist auch als Untertan der allgemeinen Herrschaft unterworfen – diese personifiziert sich im Staat" ... „Vollends muß diese Unterscheidung durchgeführt werden, wenn es um den status negativus oder positivus der Individuen geht. Hier wird ein vom Einzelnen verschiedener Adressat seiner Abwehr- und Leistungsansprüche vorausgesetzt: Der Staat als Herrschaftsorganisation und Leistungsträger." ... „Auf dieser Unterscheidung beruhen die Grundrechte, die eine dualistische Beziehung zwischen Rechtsträgern und Rechtsverpflichteten, zwischen Individuen und ‚öffentlicher Gewalt', zum Gegenstand haben. Mit der Übernahme der Institute der rechtsstaatlichen Tradition mußte auch (wenigstens

---

[1155] HStR, Bd. II, § 15, Rdn. 155, 173.

[1156] HStR, Bd. II, § 15, Rdn. 151 („Einheit von Herrschafts- und Freiheitsbeziehungen" (?) Rdn. 153, 171 ff.

[1157] Zur räumlichen Freiheitskategorie 6. Kap., I, 1 mit Fn. 1652 ff.; *J. Isensee*, HStR, Bd. II, § 15, Rdn. 174, u.ö., ein Beleg für eine dem monarchisch-liberalen Konstitutionalismus verhaftete Dogmatik, die nicht dadurch die Ethik des Grundgesetzes erreicht, daß sie an die Stelle des monarchischen das demokratische Prinzip setzt, letzteres aber unverändert als Herrschaftsprinzip dogmatisiert, zumal es sich in der Parteienoligarchie verwirklichen dürfen soll (dazu *K. A. Schachtschneider*, Res publica res populi, S. 1054 ff.).

[1158] Dazu 6. Kap., I und II.

[1159] So *W. Henke*, Die politischen Parteien zwischen Staat und Gesellschaft, S. 369 f. („Bezirke privater Freiheit"); *E.-W. Böckenförde*, Staat und Gesellschaft im demokratischen Sozialstaat, S. 401 f.; dabei bleibt in der Sache auch *H. H. Rupp*, HStR, Bd. II, § 31, Rdn. 17 ff., trotz seiner Kritik an diesem Begriff (Rdn. 4); *H. Ehmke*, „Staat" und „Gesellschaft", S. 265; kritisch auch *K. Hesse*, Unterscheidung von Staat und Gesellschaft, S. 486 f.; *ders.*, Grundzüge des Verfassungsrechts, Rdn. 5 ff., S. 5 ff.; kritisch *R. Gröschner*, Das Überwachungsrechtsverhältnis, S. 70 ff.; zum Liberalismus des 19. Jhds. etwa *D. Jesch*, Gesetz und Verwaltung, S. 117 ff.; weitere Hinweise in Fn. 1652 ff.

in verwandelter Form) der Dualismus von Staat und Gesellschaft übernommen werden"[1160].

Rechtsverhältnisse schaffen keine Untertanenverhältnisse[1161]. Vor allem aber überzeugt das Argument von der tradierten Grundrechtsdogmatik nicht. Überzeugender ist es, nach der Revolution von 1918 auch die Grundrechtsdogmatik zu revolutionieren, d.h. diese der Verfassung gemäß zu republikanisieren. Die Praxis hat das weitgehend durch eine Rechtsprechung der praktischen Vernunft, orientiert an den politischen Leitentscheidungen der Grundrechte, vollzogen[1162]. Die Lehre ist eine republikanische Grundrechtsdogmatik bisher schuldig geblieben. Eine Ausnahme macht die Wesensgehaltslehre *Peter Häberles*[1163]. *Isensee* schleppt wie die herrschende Meinung die tradierte Grundrechtsdogmatik mit, welche ohne das monarchische Prinzip auch ihren eigentlich liberalen Status eingebüßt hat[1164]. Er konstruiert einen Staat, der zu der liberalistischen Freiheitsdogmatik paßt, die nicht nur nicht mehr begründbar ist, sondern den Nachweis ihrer praktischen Relevanz schuldig bleibt und bleiben muß. Der Grundrechtsliberalismus mag der bundesverfassungsgerichtlichen Lehre von den Grundrechten als Abwehrrechten gegen den Staat[1165] genügen, nicht aber der grundrechtlichen Werterechtsprechung des Gerichts, die einen republikanischen Status beanspruchen kann[1166]. Mehr als eine Kompetenz zu funktional gesetzgebenden Rechtserkenntnissen der Verfassungsrechtsprechung, die sich an den Leitentscheidungen der Grundrechte orientieren, läßt sich, wenn die Grundrechte die Gesetzgebung des Staates nicht subsumibel begrenzen, nicht dogmatisieren[1167]. Die Gesetzesvorbehalte lassen eine aus allein interpretativ entfalteten Grundrechtsbegriffen mittels Subsumtion begründbare Abwehr des Staates durch den Bürger nicht zu. Das praktizierte Verhältnismäßigkeitsprinzip dient der Ausformung der dem Bundesverfassungsgericht vom Volk

---

[1160] Der Dualismus von Staat und Gesellschaft, S. 321 f., *Isensee* hat diese Meinung wenn auch abgeschwächt, so doch nicht aufgegeben, vgl. HStR, Bd. II, § 15, Rdn. 145 f., 154 ff.

[1161] Dazu II; zum aufklärerischen Untertanenbegriff der Gesetzesunterworfenheit *Kant*, Zum ewigen Frieden, S. 204; *ders.*, Über den Gemeinspruch, S. 146.

[1162] Dazu *K. A. Schachtschneider*, Res publica res populi, S. 819 ff., insb. S. 858 ff., 909 ff., 978 ff.; 7. Kap., II.

[1163] Die Wesensgehaltsgarantie des Art. 19 Abs. 2 Grundgesetz. Zugleich ein Beitrag zum institutionellen Verständnis der Grundrechte und zur Lehre vom Gesetzesvorbehalt, 1962, 3. Aufl. 1983; dazu *K. A. Schachtschneider*, Res publica res populi, S. 819 ff.

[1164] Dazu 6. Kap., I und II.

[1165] Dazu 6. Kap., I.

[1166] Dazu 6. Kap., I, 2, 4.

[1167] Dazu *K. A. Schachtschneider*, Res publica res populi, S. 819 ff., 8585 ff., 978 ff.; *ders.*, Prinzipien des Rechtsstaates, S. 207 ff.; dazu 7. Kap., II, 2.

durch das Grundgesetz aufgegebenen stellvertretenden praktischen Vernünftigkeit, nicht anders als das Abwägungsprinzip und das Willkürverbot. Alle sind Aspekte gesetzgeberischer Sachlichkeit[1168]. Derartige Rechtserkenntnisse sind institutionell Rechtsprechung, wie die Art. 92 ff. GG beweisen. Sie sind aber zumindest auch funktional gesetzgeberisch. Dogmatische Traditionalismen dürfen die grundgesetzliche Verfassung des Gemeinwesens nicht verfälschen.

Es ist nur konsequent, daß der demokratistisch-liberalistische, also der konstitutionalistische, Freiheitsbegriff, welcher die politische Freiheit ausklammert[1169], zur ebenfalls demokratistisch-liberalistischen und damit konstitutionalistischen Unterscheidung von Staat und Gesellschaft führt. Das demokratistische tritt dabei an die Stelle des monarchischen Herrschaftsprinzips. Die politische Freiheit wird neben der liberalistischen als die andere Freiheit, die „demokratische", dogmatisiert, weil Art. 20 Abs. 2 S. 1 GG, wonach alle Staatsgewalt vom Volke ausgeht, schlechterdings nicht auf eine bloße Deklaration demokratischer Legitimität der Staatsgewalt reduziert werden kann[1170], sondern das Volk, die Bürgerschaft, als den Träger der Staatsgewalt und damit als den Verfassungsgesetz- und insbesondere den Gesetzgeber konstituiert, der etwa durch seine „Organe der Gesetzgebung" die Staatsgewalt ausübt[1171]. *Hans Heinrich Rupp* hat klargestellt: „Die Verfassung ist nicht Beschränkung, sondern Quelle und Legitimation aller Staatsgewalt: Was dem Staat nicht übertragen ist, ist ihm verboten"[1172].

[1168] Dazu 7. Kap., II.

[1169] Etwa *J. Isensee*, Der Dualismus von Staat und Gesellschaft, S. 321 f.; *ders.*, Grundrechtliche Freiheit – Republikanische Tugend, S. 68 ff.; *ders.*, HStR, Bd. II, § 15, Rdn. 154 ff. (neben der „persönlichen demokratischen Freiheit" der „Aktivbürger", Rdn. 157); *ders.*, HStR, Bd. III, § 57, Rdn. 81; vgl. dazu auch *E.-W. Böckenförde*, Staat und Gesellschaft im demokratischen Sozialstaat, S. 403 f.; auch *H. H. Rupp*, HStR, Bd. II, § 31, Rdn. 17 ff., entwickelt trotz seines autonomie-dogmatischen Ansatzes (Rdn. 1, 25, 31, 39) keinen politischen, nämlich wirklich bürgerlichen Freiheitsbegriff; seine Lehre bleibt vielmehr pluralistisch und dualistisch (Rdn. 18 ff.), weil herrschaftlich (Rdn. 26, 30); insb. *C. Schmitt*, Verfassungslehre, S. 224 f. u.ö.; weitere Hinw. in Fn. 1650 ff.; zur Freiheit des Untertanen nach dem monarchischen Prinzip *H. Ehmke*, „Staat" und „Gesellschaft", S. 257 f., 264 f.; richtig *W. Kersting*, Kant über Recht, S. 125 f.

[1170] So insb. *E.-W. Böckenförde*, Staat und Gesellschaft im demokratischen Sozialstaat, S. 411 f.; *Ch. Starck*, HStR, Bd. III, § 33, Rdn. 1 ff.; auch *J. Isensee*, HStR, Bd. II, § 15, Rdn. 148 ff., 154 ff. (krass dualistisch); *ders.*, HStR, Bd. III, § 57, Rdn. 17; *ders.*, Der Dualismus von Staat und Gesellschaft, S. 320, noch anders; weitere Hinweise in Fn. 1851, 1857, 1858, 1885; dazu 6. Kap., III.

[1171] Dazu *K. A. Schachtschneider*, Res publica res populi, S. 64 ff., 159 ff., 707 ff.; so selbst *J. Isensee*, HStR, Bd. II, § 15, Rdn. 152, für die von ihm nicht vertretene „republikanische Sicht".

[1172] HStR, Bd. II, § 31, Rdn. 30 a.E., auch Rdn. 32; i.d.S. *M. Kriele*, Einführung in die Staatslehre, 4. Aufl. 1990, S. 112, 6. Aufl. 2003, S. 102 f., 191 ff.; auch

d) Die (oktroyierten) Verfassungen des Liberalismus hatten den (untertänigen) Gesellschaften ein legislatives Mittel zur Verteidigung der Freiheitssphäre eingeräumt, die Mitwirkung an der Gesetzgebung, soweit die Gesetze Freiheit und Eigentum eingeschränkt oder einzuschränken erlaubt haben[1173]. Dem monarchischen Prinzip gemäß hatte der Fürst (gestützt durch Heer und Beamtenschaft) die Staatsgewalt inne. Die Gesetze waren sein Wille, nicht der der Stände, während in der Republik die Gesetze der allgemeine Wille der Bürgerschaft, des Volkes sind. In ihren Rechten an Freiheit und Eigentum waren aber die Untertanen im konstitutionellen Gesetzgebungsstaat (anders als im Gerichts- und Verfassungsgerichtsstaat) spezifisch dadurch geschützt, daß sie durch ihre Vertreter in der Legislative den Gesetzen, die sie in der gesellschaftlichen Sphäre/der Privatsphäre betrafen, zustimmen mußten. Das war ein wirksamer Verfassungsrechtsschutz, weil nur Gesetze die Freiheit und das Eigentum einschränken durften/konnten, d.h. wegen des rechtsstaatlichen Verteilungsprinzips[1174] ohne Gesetze ein Recht der Untertanen zur Willkür bestand. Der echte Dualismus des monarchisch-liberalen Konstitutionalismus in Deutschland hat eine bourgeoise Liberalität hervorgebracht, jedenfalls gestützt und gefördert[1175], auch weil das Wahlrecht nicht egalitär war, insbesondere aber, weil der Herrscher einerseits nicht von Wahlen abhängig war und zum anderen durch die Zustimmung der Landstände zu den Gesetzen eine hinreichende Legitimation derselben erreicht wurde. Dieser Liberalismus ist sozialpolitisch am Elend des Vierten Standes gescheitert. Aber der Schutz von Freiheit und Eigentum war institutionell gesichert, während im Parteienstaat der parteienbestimmte Gesetzgeber nicht mehr als Hüter von Freiheit und Eigentum gelten kann, sondern als deren Widersacher, gegen den das Verfassungsgesetz darum vor allem die Verfassungsgerichtsbarkeit in Stellung gebracht hat. Die parteienstaatliche Legislative hätte sonst keinen institutionellen Widersacher. Der neue Dualismus zwischen den Regierungs- und

---

K. A. Schachtschneider, Staatsunternehmen und Privatrecht, S. 22 f., 41 f., 256, 262; *ders*, Der Anspruch auf matriale Privatisierung, S. 268 ff., 276 ff., 291 ff.; *J. Burmeister*, Verträge und Absprachen zwischen der Verwaltung und Privaten, VVDStRL 52 (1993), S. 210 ff., LS. 8, S. 244; *J. Habermas*, Faktizität und Geltung, S. 332.

[1173] *C. Schmitt*, Verfassungslehre, S. 147 ff.; *D. Jesch*, Gesetz und Verwaltung, 1961, S. 47 ff., 145, 149 ff.; *H. H. Rupp*, Grundlagen der heutigen Verwaltungsrechtslehre, S. 113 ff.; *Ch. Starck*, Der Gesetzesbegriff des Grundgesetzes, S. 77 ff.; *E.-W. Böckenförde*, Gesetz und gesetzgebende Gewalt, insb. S. 323 ff.; vgl. *E. R. Huber*, Das Kaiserreich als Epoche verfassungsstaatlicher Entwicklung, HStR, Bd. I, 3. Aufl. 2003, § 4, Rdn. 30 ff., 55 ff.; *R. Wahl*, Die Entwicklung des deutschen Verfassungsstaates bis 1866, HStR, Bd. I, 3. Aufl. 2003, § 2, Rdn. 21 ff. (62).

[1174] Dazu Hinweise in Fn. 1824, zum konstitutionellen Gesetzesprinzip Hinweise in Fn. 956.

[1175] Dazu *R. Wahl*, HStR, Bd. I, § 2, Rdn. 31 ff.

den Oppositionsparteien[1176] leistet den Schutz von Freiheit und Eigentum nicht, weil beide Seiten dasselbe Ziel verfolgen, die Wiederwahl durch dieselben Wähler. Die vom Staat getrennte Gesellschaft war somit als Mitgesetzgeber in ihren wichtigsten Angelegenheiten, denen der Freiheit und des Eigentums, am Staat beteiligt und damit politisch, durchaus nicht weniger politisch als die Wählerschaft im Parteienstaat, die sich ihrer republikanischen Pflicht zur Politik, dem Diskurs um das Richtige für das gute Leben aller in allgemeiner Freiheit auf der Grundlage der Wahrheit[1177] entzieht, nicht praktisch vernünftig handelt, wie Bürger, obwohl sie alle Rechte von Bürgern haben.

4. Politische Freiheit im herrschaftslosen Gemeinwesen

a) Die Gesetzgebung des Volkes ist autonom, also freiheitlich und somit demokratisch[1178], jedenfalls soll sie es sein, um republikanisch zu sein. Der republikanische Freiheitsbegriff ist demgemäß politisch und unterscheidet nicht trennend zwischen einer liberalen und einer demokratischen Freiheit[1179]. Das „politische System" ist nicht nur ein „Teilsystem des Sozialen", wie es *Heinz-Christoph Link* für den „Staatszweck Freiheitssicherung" voraussetzt[1180]. Eine solche Lehre dogmatisiert den Staat des monarchischen Prinzips und die liberale Gesellschaft des Bildungs- und Besitzbürgertums des 19. Jahrhunderts, für die *Hegel* den Begriff der „kleinbürgerlichen Gesellschaft" geprägt hat[1181]. Vielmehr ist das gesamte gemeinsame Leben der

---

[1176] *C. Schmidt*, Die Opposition als Staatseinrichtung, 1955, in: H.-G. Schumann (Hrsg.), Die Rolle der Oposition in der Bundesrepublik Deutschland, 1976, S. 59 ff.; *W. Steffani*, Parteienstaat und Opposition, 1965, in: ders., Parlamentarische und präsidentielle Demokratie, 1979, S. 207 ff.; *K. Stern*, Staatsrecht I, S. 1022 ff.; *K. A. Schachtschneider*, Prinzipien des Rechtsstaates, S. 178 ff.; ders., Res publica res populi, S. 801 ff. mit Fn. 867; ders., Das Hamburger Oppositionsprinzip. Zum Widerspruch des entwickelten Parteienstaates zur republikanischen Repräsentation, Der Staat 28 (1989), S. 173 ff. (S. 188 ff.).

[1177] Dazu *K. A. Schachtschneider*, Res publica res populi, S. 560 ff., 584 ff.

[1178] Dazu *K. A. Schachtschneider*, Res publica res populi, S. 637 ff., 707 ff.

[1179] Dazu 6. Kap., III; i.d.S. auch *K. Hesse*, Unterscheidung von Staat und Gesellschaft, S. 496 f., der allerdings Demokratie auch als „Herrschaft von Menschen über Menschen" begreift (S. 497); schwankend *J. Isensee*, HStR, Bd. II, § 15, Rdn. 173 („der Verfassungsstaat ist die Wirklichkeit der Freiheit", aber Trennung von Staat und Gesellschaft, vgl. die Zitate zu Fn. 1139, 1143, 1160, „parlamentarische Demokratie" als Organisation „staatlicher Herrschaft", HStR, Bd. II, § 15, Rdn. 185 u.ö.).

[1180] VVDStRL 48 (1990), S. 42; i.d.S. auch *J. Isensee*, HStR, Bd. II, § 15, Rdn. 153 (keine „societas perfecta").

[1181] Dazu *H. Ehmke*, „Staat" und „Gesellschaft", S. 259 ff.; *P. v. Oertzen*, Die soziale Funktion des staatsrechtlichen Positivismus, S. 107 ff., 323 ff., 345 ff., 356 ff.;

Bürger politisch und soll darum bürgerlich oder frei sein[1182]. „Alle Bereiche personaler Lebensgestaltung" sind „autonome Bereiche selbstverantwortlicher Lebensgestaltung", nicht nur ein Teil derselben, wie *Link* meint[1183]. Die „Sphärentrennung von Staat und Gesellschaft" beruht auf der „spezifisch *deutschen Freiheit*", „der Freiheit des unpolitischen Seins", die „eben nicht politisch-gesellschaftlich konturiert" war, kritisiert *Christian Graf von Krockow*[1184]. Die Verteidigung der „Trennung von Staat und Gesellschaft" durch *Ernst-Wolfgang Böckenförde* bezeichnet *von Krockow* zu Recht als „Irrweg", als „eine ganz und gar unzeitgemäße Übertragung", … „so daß man wider Willen genau in das hineingerät, was man vermeiden möchte: in die vollendete Unfreiheit der totalen Gewalt", ja, explizit gegen *Böckenfördes* Versuch, sie „als einen Schutzwall der Freiheitswahrung aufzurichten oder zu restaurieren", als „ein Residuum antidemokratischer Potentiale"[1185]. Ganz in diesem Sinne sagt *Hans Heinrich Rupp*:

> „So endet auf deutschem Boden die Freiheitslehre des Westens in der kläglichen Identifizierung der Freiheit mit einer ‚staatsfreien Sphäre' des Individuums und der Gesellschaft, also in einer Freiheit vom Staat, der nicht derjenige des Bürgertums war, eine Entwicklung, die im Schwanken zwischen unpolitischer Staatsfremdheit und ebenso unpolitischer Machtanbetung bereits Entwicklungen des folgenden Jahrhunderts andeutete"[1186].

Rupp selbst hat jedoch den ganzen Schritt zu einer republikanischen Freiheitslehre, welche jede Art von Herrschaft zurückweist, noch nicht getan. Die Entpolitisierung der Bürger im Namen der Freiheit will den Namen Freiheit dem in der Parteienoligarchie ohnmächtigen und enttäuschten Volk bewahren, wiederum liberalistisch in einem vermeintlichen Bereich der Gesellschaft, ähnlich der Entwicklung in der nachnapoleonischen Restauration. Die Hoffnung der Nachkriegszeit, zur allgemeinen Freiheit finden zu können, von der das Grundgesetz getragen ist, droht im Parteienstaat zu ersticken.

M. Riedel, Der Begriff der „Bürgerlichen Gesellschaft", S. 77 ff.; *Ch. v. Krockow*, Staat, Gesellschaft, Freiheitswahrung, S. 448 ff., 476, der in Fn. 51 die „eigentümliche Nähe des Stalinismus zur Staats- und Gesellschaftskonstruktion Hegels" anspricht; der Sache nach löst sich davon auch nicht *H. H. Rupp*, HStR, Bd. II, § 31, Rdn. 26, 34 ff.

[1182] Dazu 6., auch 11. Kap., II; *K. A. Schachtschneider*, Res publica res populi, S. 193 ff., 211 ff., 637 ff., 909 ff., 1033 ff.; ganz so *Ch. v. Krockow*, Staat, Gesellschaft, Freiheitswahrung, S. 434 ff., 454 ff.; *M. Riedel*, Der Begriff der „Bürgerlichen Gesellschaft", S. 77 ff. (bis Hegel); *H. Ehmke*, „Staat" und „Gesellschaft", S. 267 ff.; so im Prinzip auch *J. Isensee*, HStR, Bd. II, § 15, Rdn. 145 f., 154 ff.; *ders.*, HStR, Bd. III, § 57, Rdn. 156 ff.

[1183] VVDStRL 48 (1990), S. 42 f. mit Hinweisen in Fn. 170.

[1184] Staat, Gesellschaft, Freiheitswahrung, S. 460.

[1185] Staat, Gesellschaft, Freiheitswahrung, S. 458 f. bzw. 433 f.

[1186] HStR, Bd. II, § 31, Rdn. 4.

Die Lehre von der allgemeinen Handlungsfreiheit[1187], von benannten und unbenannten Freiheiten also, ist ohne einen herrschaftlichen Staat undenkbar. Staat und Gesellschaft müssen also unterschieden werden, um zum einen die Herrschaftsideologie zu wahren und um zum anderen der Logik des (irrigen) Begriffs der allgemeinen Handlungsfreiheit gerecht werden zu können. Die freiheitsdogmatische Verteilungslehre[1188] ist auf einen herrschaftlichen Staat angewiesen, welcher die materiale Handlungsfreiheit geben oder nehmen kann, und sei es ein Staat, in dem die Herren „frei" gewählt und abgewählt werden können, eine „gewählte Obrigkeit" (*Erwin K.* und *Ute Scheuch*[1189]). Diese Lehre meint, die Herrschaftlichkeit in der demokratischen Staatsgewalt entdeckt zu haben, ein circulus vitiosus, der von einem (irrigen) Freiheitsbegriff ausgeht, welcher die herrschaftsfreie Sittlichkeit nicht kennt und darum die Kategorie Herrschaft kreiert, weil dem liberalistischen Begriff der Freiheit sonst die logische Voraussetzung fehlt, der Staat, gegen den die Freiheit verteidigt werden kann. Diese Lehre läßt sich von ihrer demokratischen Freiheitsidee[1190] nicht (noch nicht?) irritieren, weil ihr sonst das Herrschaftliche verlorengehen würde. Die Lehre von der materialen allgemeinen Handlungsfreiheit verliert ihre logische Grundlage, wenn die Staatlichkeit nicht als Herrschaft, sondern als Verwirklichung der Freiheit erkannt wird. Staatlichkeit ist jedoch Gesetzlichkeit und Gesetzlichkeit ist Freiheitlichkeit, wenn sie die Sittlichkeit wahrt[1191]. Die Unterscheidung von Staat und Gesellschaft widerspricht dem Begriff der Republik.

b) Wer die Staatsgewalt und deren Ausübung nicht dogmatisch, d.h. folgenreich und nicht lediglich rhetorisch, auf das Prinzip der allgemeinen, politischen Freiheit stellt, muß angesichts Art. 1 Abs. 2 GG, der das Bekenntnis des deutschen Volkes „zu unverletzlichen und unveräußerlichen Menschenrechten als Grundlage jeder menschlichen Gemeinschaft, des Friedens und der Gerechtigkeit in der Welt" ausspricht, zumindest einen Dualismus von Staat und Gesellschaft lehren, weil die Menschenrechte das gemeinsame Leben der Menschen in seiner Gesamtheit erfassen. Sonst könnten sie nicht „Grundlage jeder menschlichen Gemeinschaft, des Friedens und der Gerechtigkeit in der Welt" sein. Wie auch immer das Staatliche de-

---

[1187] Dazu 6. Kap., II, mit Fn. 1789, auch 7. Kap., I.

[1188] Dazu 6. Kap., II, 3 mit Fn. 1824; insb. *C. Schmitt*, Verfassungslehre, S. 126, 158 ff., 163 ff.

[1189] Cliquen, Klüngel und Karrieren, S. 147, auch S. 121.

[1190] Dazu 6. Kap., III; insb. *Ch. Starck*, HStR, Bd. III, § 33, Rdn. 1 ff.; weitere Hinweise in Fn. 1851, 1857, 1858, 1885.

[1191] Dazu *K. A. Schachtschneider*, Res publica res populi, S. 519 ff., auch S. 275 ff., 410 ff.; *ders.*, Prinzipien des Rechtsstaates, S. 50 ff., 94 ff.; 2. Kap., IV, 5. Kap., II, 7. Kap., III.

finiert und legitimiert sei, herrschaftlich oder freiheitlich, zumindest der nichtstaatliche Bereich muß einem Freiheitsprinzip genügen[1192]. Sonst wäre sogar die im 19. Jahrhundert gewonnene Liberalität verloren, ein gewisses Maß an Bürgerlichkeit, das niemand missen möchte[1193]. Das Grundgesetz verfaßt das Gemeinwesen aber insgesamt durch seine freiheitliche demokratische Grundordnung als freiheitlich und verwirklicht gerade dadurch die Würde des Menschen. Das Staatliche, das Allgemeine, ist nach dem Grundgesetz nicht minder frei als das Private, das Besondere. Das Staatliche und das Private sind nämlich durch die Menschen als Bürger, gemeinsam bzw. allein, jeweils aber selbstbestimmt, die einzig mögliche Logik der Gleichheit aller in der Freiheit[1194]. Der Republikanismus geht dadurch über den Liberalismus hinaus, daß er auch das Staatliche als Verwirklichung der Freiheit begreift, d.h. eine Demokratie ohne Herrschaft entfaltet.

Der Republikanismus ist ohne einen Begriff der politischen Freiheit, also einer Freiheit, die das gemeinsame Leben in seiner Gesamtheit erfaßt, nicht denkbar. Diesen Freiheitsbegriff bringt Art. 2 Abs. 1 GG in Materialisierung des Menschenwürdeprinzips des Art. 1 Abs. 1 GG vor allem dadurch zum Ausdruck, daß er die Freiheit durch die definitorische Einbindung des Sittengesetzes als Prinzip der allgemeinen Gesetzlichkeit des gemeinsamen Lebens, als Autonomie des Willens eben, definiert[1195].

Kein Verfassungsgesetz, das nicht Herrschaft von Menschen über Menschen etablieren will, kann die Freiheit anders definieren, weil das die „angeborene" Freiheit des Menschen, dessen Urrecht, ist[1196]. Es gibt keine mögliche Legitimation der Herrschaft, auch nicht eine legitimierende Erklärung der Herrschaft aus einer empirischen Ungleichheit der Menschen, wie sie *Wilhelm Henke* anbietet[1197], oder gar aus der Wirklichkeit von Herrschaft. Amtlichkeit dient der Verwirklichung der Freiheit und kann nicht in legitimierte Herrschaft umgedeutet werden, weil sie mit der freiheitlich unverzichtbaren Zwangsbefugnis verbunden sein kann und muß[1198]. Wenn also die Staatlichkeit nicht auf die politische, also die im eigentlichen Sinne bürgerliche, die republikanische Freiheit gestellt wird, muß ein Prinzip der Legitimation des Staates und des Staatlichen genannt werden, weil die libe-

---

[1192] Zur freiheitlichen Privatheit 8. Kap., 11. Kap., II.

[1193] Zur Nähe und Distanz des Republikanismus zum Liberalismus 6. Kap.; dazu *K. A. Schachtschneider*, Vom liberalistischen zum republikanischen Freiheitsbegriff, S. 422 ff., 440 ff.; *ders.*, Republikanische Freiheit, FS M. Kriele, S. 841 ff.

[1194] Dazu 8. Kap., II, auch 6. Kap., I, 7. Kap., I; zur Gleichheit in der Freiheit Hinweise in Fn. 6, 1908.

[1195] Dazu 2. Kap., VI, VII, 5. Kap., passim.

[1196] Dazu 1. Kap., 2. Kap., III, 5. Kap., II, 1.

[1197] Recht und Staat, S. 251 ff., 294 ff., 387 ff.

[1198] Vgl. *K. A. Schachtschneider*, Res publica res populi, S. 545 ff.; 2. Kap., VIII.

ralistischen Freiheiten dieses nicht sein können; denn sie sind Kennzeichen einer vom Staat unterschiedenen Gesellschaft. Derartige Freiheiten können nämlich nur vom Staat als materiale Rechte, als Freiheitsrechte (Grundrechte) anerkannt werden[1199]. Wer die Grundrechte (allein oder wesentlich) als Abwehrrechte des Bürgers gegen den Staat dogmatisiert[1200], hat in der Sache den Dualismus von Staat und Gesellschaft bereits anerkannt[1201].

Auch wenn verschiedene Lebensbereiche legitimatorisch differenziert werden, sind sie unterschieden und erlauben die Überordnung des einen über den anderen. Das gilt nicht nur, wenn die demokratische Staatlichkeit auf das Gleichheitsprinzip gestützt wird[1202], sondern dafür genügt auch eine Differenzierung des Freiheitsbegriffs, der sich für die Unterscheidung von Staat und Gesellschaft nutzen läßt. So spiegelt auch der neue freiheitsrechtliche Dualismus einer liberalen/grundrechtlichen und einer demokratischen Freiheitsidee[1203] die alte Unterscheidung von Staat und Gesellschaft wider. *Ernst-Wolfgang Böckenförde* hat das klar zum Ausdruck gebracht:

„Die Freiheit wird also ‚doppelt genäht': zur politischen Freiheit der Mitwirkung und Mitbeteiligung aller an den Entscheidungen der Staatsgewalt tritt hinzu die bürgerliche Freiheit der einzelnen und der Gesellschaft vor bestimmten Zugriffen der Staatsgewalt überhaupt"[1204].

[1199] Deutlich i.d.S. *W. Brohm*, HStR, Bd. II, § 36, Rdn. 36 („rechtlich anerkannte und gewährleistete Handlungsmöglichkeiten", die *Brohm* für „verfügbare ‚subjektive Rechte'" hält); *J. Isensee*, HStR, Bd. II, § 15, Rdn. 145 ff.; *ders.*, HStR, Bd. III, § 57, Rdn. 78 ff.; i.d.S. auch *Ch. Link*, VVDStRL 48 (1990), S. 42 ff.; so der Sache nach die rechtsstaatlich-liberale Verteilungsdoktrin, deren prominentester Vertreter *C. Schmitt* ist, vgl. Hinweise in Fn. 1824, dazu 6. Kap., II, 3.

[1200] Hinweise in Fn. 1650; dazu 6. Kap., I, 1; etwa *J. Isensee*, HStR, Bd. III, § 57, Rdn. 81.

[1201] Etwa *J. Isensee*, HStR, Bd. II, § 15, Rdn. 148 ff., 154 ff.; *ders.*, HStR, Bd. III, § 57, Rdn. 84; *ders.*, Grundrechtliche Freiheit – Republikanische Tugend, S. 71 ff.; dazu auch *Ch. Link*, VVDStRL 48 (1990), S. 43, unter Hinweis auf „die bei Grotius, Pufendorf und Locke ausgeformte zweistufige Vertragsgestaltung", deren Konsequenzen das Grundgesetz „durch die primäre Ausgestaltung der Grundrechte als Abwehrrechte übernommen" habe; die politische Freiheit des Art. 2 Abs. 1 GG jedenfalls ist ein solches Abwehrrecht gegen den Staat nicht; dazu 5. Kap., 6. Kap., I und II, 7. Kap.

[1202] Dazu *K. A. Schachtschneider*, Res publica res populi, S. 43 ff., 689 ff., 739 f.; so *C. Schmitt*, Verfassungslehre, S. 224 f. (im Sinne einer „substantiellen Gleichheit" oder „Homogenität"); weitere Hinweise in Fn. 1962.

[1203] Dazu 6. Kap., III; vor allem *E.-W. Böckenförde*, Staat und Gesellschaft im demokratischen Sozialstaat, S. 421 ff.; *Ch. Starck*, HStR, Bd. III, § 33, Rdn. 1 ff.; *J. Isensee*, HStR, Bd. II, § 15, Rdn. 145 f., 148 ff., 154 ff., 195 u.ö.; *ders.*, HStR, Bd. III, § 57, Rdn. 117; *ders.*, Grundrechte und Demokratie, S. 9 ff.; weitere Hinweise in Fn. 1851, 1857, 1858, 1885.

[1204] Staat und Gesellschaft im demokratischen Sozialstaat, S. 412.

Diese Lehre sieht sich immerhin genötigt, die staatliche Herrschaft freiheitlich zu legitimieren[1205], und findet damit in die Nähe eines republikanischen Freiheitsbegriffs. Eine Logik freiheitlicher Herrschaft gibt es jedoch nicht. Freiheit im politischen Sinne, also republikanische Freiheit, und Herrschaft sind ein Widerspruch[1206]. Das Grundgesetz gibt keinen Ansatzpunkt für eine Unterscheidung einer politischen von einer unpolitischen Freiheit. Das gemeinsame Leben ist durchgehend sowohl staatlich als auch privat bestimmt, nämlich durch allgemeine Gesetze und besondere, eben private, Maximen[1207]. Es ist insgesamt bürgerlich, also politisch. Das hindert die Verfassung nicht, dem staatlichen Gesetzgeber Gesetzgebungskompetenzen zu verweigern, um der privaten Lebensbewältigung den Vorrang zu belassen[1208]. Die besonderen Grundrechte lassen sich nicht danach differenzieren, ob sie die politische oder die nicht-politische Freiheit schützen.

c) Die Lehre von der Unterscheidung von Staat und Gesellschaft, welche die Freiheit auf ihre Fahne geschrieben hat, ist der letzte Versuch, Herrschaft von Menschen über Menschen zu legitimieren. Die demokratistische Parteienherrschaft gerät ohne eine staatsrechtliche Rechtfertigung in legitimatorische Bedrängnis. Legitimation, wenn man diesen Begriff überhaupt

---

[1205] So schon *G. Anschütz*, WRV, Komm., Anm. 1 zu Art. 114; dazu *C. Schmitt*, Verfassungslehre, S. 126 f., 130, 158 f., 163, 166 f., 168 f., 223 ff., der die Freiheit nicht als politisches Formprinzip akzeptiert hat; demgegenüber konzipiert *H. Kelsen*, Vom Wesen und Wert der Demokratie, S. 3 ff., die Demokratie aus der Idee der Freiheit heraus (dazu IV, 1, c, e).

[1206] Dazu IV, IX, 1, 6. Wenn man auch Sicherheit als Freiheit begreift, wie *W. Henke*, Recht und Staat, S. 260 („Es gibt aber auch Freiheit in und durch Herrschaft, nämlich Freiheit von Gefahren und Lasten, die die Selbständigkeit mit sich bringt und die die Kleinen, Schwachen und Unvernünftigen oft nicht tragen können"), besteht kein begrifflicher Gegensatz zur Herrschaft, aber eine solche Lehre des Paternalismus setzt sich dem Vorwurf der Despotie aus, den *Kant* zu Recht erhoben hat (Über den Gemeinspruch, S. 145 f.). Die allgemeine Selbständigkeit ist ein Gebot des Freiheitsprinzips (dazu 11. Kap., II), die Unselbständigkeit aber keine Rechtfertigung von Herrschaft. „Die Zuwendung zu dem Unterlegenen", also „die Gerechtigkeit des Überlegenen" macht die Herrschaft nicht zur guten Sache (so aber *Henke*, a.a.O., S. 260 f.); sie ist allemal Despotie, wenn auch nicht Tyrannis. Nur die allgemeine Gesetz nimmt der Hilfe den entwürdigenden Charakter. Herrschaft charakterisiert *Henke* gerade dadurch, „daß das Urteil des Herrn darüber, was gerecht sei, nicht aber das des Beherrschten maßgebend" sei (a.a.O., S. 261). Damit spricht Henke ausgerechnet dem „Unterlegenen" die Freiheit, die Autonomie des Willens, ab und vertritt ein Recht des Stärkeren, das seit *Hobbes* in der Rechtslehre überwunden schien (vgl. Leviathan, S. 112 ff.). Sicherheit gehört zur Gesetzlichkeit, welche die Freiheit verwirklicht.

[1207] Dazu 11. Kap., II, 8. Kap., I.

[1208] Dazu 8. Kap., IV. Das verkennt etwa *D. Grimm*, HVerfR, S. 611, der mit der „Identität" (von Staat und Gesellschaft) „die Möglichkeit individueller Autonomie einerseits und begrenzter öffentlicher Gewalt andererseits" entfallen sieht. Zu den Grundrechten als negativen Kompetenzen des Staates Hinweise in Fn. 1729, 2144.

benutzen will, kann in der freien Welt nur noch die Freiheit begründen. Die Raffinesse der neuen Lehre von der Unterscheidung von Staat und Gesellschaft ist ihre freiheitsdogmatische Grundlegung. Diese Lehre scheint die Freiheit zu verteidigen, stabilisiert aber die Herrschaft. Das Grundgesetz läßt einer Herrschaftsideologie jedoch keine Chance. Das monarchische Prinzip kennt es nicht mehr. Das Parteienprinzip verfaßt es nicht als Herrschaftsprinzip; denn Art. 21 Abs. 1 GG erlaubt es den Parteien (nur), „bei der politischen Willensbildung des Volkes mitzuwirken". Das legitimiert keine Herrschaft über das Volk[1209].

Das Verharren im herrschaftlichen Liberalismus entspricht nicht nur nicht dem Grundgesetz, sondern birgt mehr Gefahren als Chancen, weil nur ein politisches Bürgertum die Freiheit sichert, nicht aber Rechte, welche die Parteienoligarchie geben aber auch wieder nehmen kann. *Christian Graf von Krockow* hat mit Hinweis auf *Thomas Manns* Betrachtungen eines Unpolitischen vor der spezifisch deutschen „Freiheit des Unpolitischseins – eine Freiheit, die auf der Sphärentrennung von Staat und Gesellschaft" beruhe, gewarnt[1210]. Humanität ist es nicht, den sogenannten Bürgern den Egoismus zu lassen, sie aber zum Wohl des Ganzen zu beherrschen, gekräftigt aus „Quellen jenseits des rechtsstaatlichen Horizontes, der Religion, Moral, Tradition, Kultur" – das Konzept *Josef Isensees*[1211]. *Isensees* Staatskonzept löst sich letztlich nicht vom hegelianischen „sittlichen Reich" des monarchischen Prinzips[1212]. Ein solches Reich war niemals Wirklichkeit und konnte das nicht sein, weil nur die Moralität von Menschen Sittlichkeit zu verwirklichen vermag. Allein schon das demokratisch unverzichtbar allgemeine Wahlrecht macht die allgemeine Sittlichkeit zum unentbehrlichen Prinzip des freiheitlichen Gemeinwesens, der res publica, der „Verfassung der Freiheit", wie *Isensee* selbst einräumt[1213]. Gerechtigkeit ist auch der Paternalismus nicht, das Konzept *Wilhelm Henkes* für das Miteinander der „Ungleichen"[1214], sondern allein die Brüderlichkeit, welche die Ungleichheit überwindet[1215]. Die Würde des Anderen achtet nur, wer von ihm Sittlichkeit erwartet; denn mit dieser Erwartung gesteht er dem Anderen auch den guten

---

[1209] Dazu *K. A. Schachtschneider*, Res publica res populi, S. 100 ff., 159 ff., 772 ff., 1045 ff.; *ders*, Prinzipien des Rechtsstaates, S. 45 ff., 176 ff.

[1210] Staat, Gesellschaft, Freiheitswahrung, S. 458 ff. (Zitat S. 460).

[1211] Grundrechtliche Freiheit – Republikanische Tugend, S. 71, 75 f.; *ders.*, HStR, Bd. II, § 15, Rdn. 177 f.; vgl. auch *ders.*, HStR, Bd. III, § 57, Rdn. 30, 83 („Egoismus" „als Vehikel des Gemeinwohls").

[1212] HStR, Bd. II, § 15, Rdn. 77 ff., aber Rdn. 76; dazu *H. Ehmke*, „Staat" und „Gesellschaft", S. 257 f.

[1213] HStR, Bd. II, § 15, Rdn. 76, 173, 195.

[1214] Recht und Staat, S. 251 ff. u. ö.

[1215] Dazu 11. Kap., III.

Willen, die Freiheit, zu. Der Skeptizismus, der die Herrschaftsideologie motiviert, war immer antiaufklärerisch[1216].

Der irrtümliche liberalistische Freiheitsbegriff, der Art. 2 Abs. 1 GG verfehlt[1217], führt dogmatisch in die herrschaftlich-liberale Verfassung zurück, die Staat und Gesellschaft gegeneinanderstellt. Um derartige Freiheit zu ermöglichen, sucht die hier kritisierte Lehre einen Herren, der Freiheiten läßt, und findet die Parteienoligarchie. Freiheit ist aber „die Unabhängigkeit von eines anderen nötigender Willkür"[1218]. Der Büger duldet keinen Herren. Darin ist er frei. Untertanen definieren Freiheit als Freizeit, als wären Dienst und Arbeit Unfreiheit. Ausgerechnet die Freiheit muß herhalten, um Herrschaft zu legitimieren. Der jüngeren Lehre der Unterscheidung von Staat und Gesellschaft, welche die Freiheit zu stützen vorgibt, liegt die Annahme zugrunde, Staatsgewalt sei Herrschaft, Demokratie notwendig eine Form staatlicher Herrschaft[1219]. Das Grundgesetz jedoch konstituiert die Staatsgewalt freiheitlich, nicht aber herrschaftlich. Der demokratistische Parteienstaat ist freilich herrschaftlich und legitimiert den liberalistischen Schutz gesellschaftlicher Freiheit[1220]; aber dieser Parteienstaat selbst ist nicht legitim. Die Reaktion auf den entwickelten Parteienstaat muß es sein, die Parteien auf die „Mitwirkung bei der politischen Willensbildung des Volkes" zurückzudrängen, welche Art. 21 Abs. 1 S. 1 GG genügt, nicht aber deren Herrschaft durch einen kompensatorischen Liberalismus zu stabilisieren. Das wäre wiederum der „klägliche"[1221] Weg des deutschen

---

[1216] *J. Habermas*, Moralbewußtsein und kommunikatives Handeln, S. 108 f.; i.d.S. auch *I. Fetscher*, Aufklärung und Gegenaufklärung in der Bundesrepublik, S. 522 ff.

[1217] Dazu 6. Kap., I und II.

[1218] *Kant*, Metaphysik der Sitten, S. 345; dazu 2. Kap., VI.

[1219] So insb. *E.-W. Böckenförde*, Staat und Gesellschaft im demokratischen Sozialstaat, S. 406, 411 f.; *ders.*, Demokratie und Repräsentation, S. 14 f., 18, 20 f., 27; *ders.*, HStR, Bd. II, § 24, Rdn. 8 f. u.ö.; *J. Isensee*, Der Dualismus von Staat und Gesellschaft, S. 322, 328 f. u.ö.; *ders.*, HStR, Bd. II, § 15, Rdn. 155 u.ö.; *ders.*, HStR, Bd. III, § 57, Rdn. 97, 100; auch *H. H. Rupp*, HStR, Bd. II, § 31, Rdn. 26 u.ö.; *W. Henke*, GG, Bonner Komm., Rdn. 69 zu Art. 21; so auch *K. Hesse*, Grundzüge des Verfassungsrechts, Rdn. 134, S. 61 (Demokratie – „Herrschaft von Menschen über Menschen", allerdings „nicht um Herrschaft als eigenem Recht"), der aber dennoch die Unterscheidung von Staat und Gesellschaft bekämpft, Rdn. 11 ff., S. 8 ff., eine unklare Position, die auch freiheitsdogmatisch trotz eines ausgesprochen politischen Begriffs der Freiheit noch nicht ganz zum Republikanismus vorgedrungen ist (Rdn. 277 ff., S. 125 ff.); auch nicht vollends *W. Maihofer*, HVerfR, S. 462 ff., 472 ff.; stärker aber *ders.*, Realität der Politik und Ethos der Republik, S. 84 ff., insb. S. 116 ff., 121 ff.; vgl. auch *R. Herzog*, Allgemeine Staatslehre, S. 38 ff., 145 ff.

[1220] Dazu 6. Kap., I, 3.

[1221] *H. H. Rupp*, HStR, Bd. II, § 31, Rdn. 4.

Konstitutionalismus der meist oktroyierten Verfassungen nach *Metternichs* Restauration, der Weg der sanften Despotie, nicht der des aufrechten Ganges der Freiheit.

Die Republik jedoch steht und fällt mit der Sittlichkeit ihrer Bürger und vor allem deren Vertreter in den Ämtern. Solange der Sittlichkeit vor allem durch die Parteienoligarchie der Weg versperrt ist, hat die traditionelle grundrechtliche Abwehrdogmatik mit ihrer Unterscheidung von Staat und Gesellschaft, richtiger: von Herrschaft und Freiheit(en), eine kompensatorische Funktion und damit Legitimation aus der Not. Sie wahrt wenigstens die liberalen Errungenschaften, freilich wegen der veränderten Lage mehr dogmatisch als praktisch. Die durch Wahlen legitimierte Parteienoligarchie ist etwas anderes als die Monarchie. Die grundgesetzliche Freiheit kann erst Wirklichkeit werden, wenn die Herrschaft der Parteien gebrochen ist und vor allem dadurch die Sittlichkeit eine Chance hat.

5. Eigenständigkeit und Vielfalt in der Republik

a) *Hans Heinrich Rupp* ist daran gelegen, dem Besonderen, dem Privaten, der „pluralistischen Vielfalt" Chancen zu lassen[1222]. Diesen Grundsatz privater Lebensbewältigung, den *Rupp* im Anschluß an *Josef Isensee* als das „Gebot staatlicher Zurückhaltung", als „Subsidiaritätsprinzip" befürwortet[1223], ergeben bestimmte Grundrechte und insbesondere die entwickelte Staatszweckformel[1224]. Danach ist Sache des bürgerlichen Staates die Verwirklichung des guten Lebens aller Bürger in allgemeiner Freiheit, durch allgemeine Gesetze der Freiheit also, nicht durch paternalistische Vorsorge. Das gebietet allerdings nicht, soviel Privatheit der Lebensbewältigung wie irgend möglich zu lassen, weil dadurch wichtige staatliche Aufgaben der Daseinsvorsorge ihre Rechtfertigung verlören, etwa die staatliche Versorgung mit Wasser, Energie, Verkehrswegen u. a., aber auch die staatliche Entsorgung in mancherlei Hinsicht[1225]. Tatsächlich wird diese Daseinsvorsorge derzeit zunehmend privatisiert, freilich aus Gründen der internationalistischen Entstaatlichung der Lebensbewältigung im Verbund mit Finanznöten der staatlichen Haushalte. *Konrad Hesse* hat auf die besonderen dogma-

---

[1222] HStR, Bd. II, § 31, Rdn. 26 ff.

[1223] *J. Isensee*, Subsidiaritätsprinzip und Verfassungsrecht, insb. S. 313 ff., der das Subsidiaritätsprinzip als Rechtsprinzip entfaltet; *ders.*, HStR, Bd. III, § 57, Rdn. 81, 165 ff., 170 f.; *H. H. Rupp*, HStR, Bd. II, § 31, Rdn. 51 ff.; vgl. auch *Ch. Link*, VVDStRL 48 (1990), S. 26; zum Grundsatz privater Lebensbewältigung auch 8. Kap., IV.

[1224] Dazu 8. Kap., V; vgl. zum Staatsziel des guten Lebens in Freiheit auch *J. Isensee*, HStR, Bd. III, § 57, Rdn. 22 ff., 44 ff., 75, 78, 115 ff.

[1225] Dazu 8. Kap., V.

tischen Schwierigkeiten der Daseinsvorsorge und die „Ambivalenz des Sozialstaats als Bedingung und Bedrohung von Freiheit" hingewiesen und deutlich gemacht, daß weder die „abstrakte Unterscheidung von Staat und Gesellschaft" noch das „Verteilungsprinzip des Rechtsstaats" Hilfe für die Lösung dieser dogmatischen Problematik verspricht[1226]. Auch die Daseinsvorsorge als eine Frage des gemeinsamen guten Lebens ist freiheitlich zu bewältigen. Sie ist nicht anders als die anderen Fragen des gemeinsamen Lebens der Willensautonomie der Bürger überantwortet. Immer muß die staatliche Lebensbewältigung auf einem Gesetz beruhen; denn ohne Gesetz hat der Staat (im engeren Sinne) nicht nur keine Aufgaben und Befugnisse, er existiert vielmehr nur durch und nach Maßgabe des Gesetzes. Staatlichkeit ist rechtliche Gesetzlichkeit[1227]. Das ist die Logik der mit der allgemeinen Freiheit untrennbar verbundenen ultra-vires-Lehre des Staatlichen[1228].

Individualismus und Pluralismus, für die auch *Rupp* plädiert, schützt das Grundgesetz durch die besonderen Grundrechte, welche als negative Kompetenzen staatliche Gesetzgebung und damit staatliche Lebensbewältigung ausschließen oder begrenzen, jedenfalls näher orientieren[1229]. Sie haben aber ihre wesentliche Verfassungsgrundlage im Prinzip der allgemeinen Gesetzgebung, dem Prinzip der Autonomie des Willens also, welches freilich durch das parteienstaatliche Mehrheitsprinzip, das auch *Rupp* Sorge bereitet[1230], verfälscht wird. Sie sind eigenständige ethische, also freiheitliche, Aspekte, die sich nicht in einer Freiheiten sichernden Unterscheidung von Staat und Gesellschaft erfassen lassen, weil diese Unterscheidung den Staat, auch begrifflich, von der Willensautonomie der Bürger löst und Staatlichkeit als Herrschaft über Bürger, als Heteronomie also, versteht[1231]. Die

---

[1226] Unterscheidung von Staat und Gesellschaft, S. 498 f.

[1227] Dazu *K. A. Schachtschneider*, Res publica res populi, S. 14 ff., 211 ff., 328 ff., 519 ff.; *ders.*, Prinzipien des Rechtsstaates, S. 50 ff., 94 ff., 118 ff., 149 ff.

[1228] Diese Lehre teilt *H. H. Rupp*, HStR, Bd. II, § 31, Rdn. 30, 32; vgl. schon *K. A. Schachtschneider*, Staatsunternehmen und Privatrecht, S. 22 f., 41 f., 256, 262; *ders.*, Der Anspruch auf materiale Privatisierung, S. 88 f., 226 f., u. ö.; *ders.*, Prinzipien des Rechtsstaates, S. 90, 150, 173 f.; auch *K. Hesse*, Grundzüge des Verfassungsrechts, Rdn. 348, S. 154; *H. Krüger*, Allgemeine Staatslehre, S. 335 ff.; *J. Burmeister*, VVDStRL 52 (1993), S. 210 ff., Ls. 8, S. 244; zur ultra-vires-Lehre Hinweise in Fn. 1674, 2220.

[1229] Vgl. *J. Isensee*, HStR, Bd. III, § 57, Rdn. 78 ff., 170 ff. (negative Kompetenzen); *K. Hesse*, Grundzüge des Verfassungsrechts, Rdn. 291, S. 133; kritisch zu Recht *W. Kersting*, Kant über Recht, S. 125; weitere Hinweise in Fn. 1729, 2144.

[1230] HStR, Bd. II, § 31, Rdn. 24 a. E. („Minderheiten unterliegen bei kollektiven Entscheidungsprozessen immer"); zur Kritik dieses Mehrheitsprinzips IV, 1.

[1231] So auch *H. H. Rupp*, HStR, Bd. II, § 31, Rdn. 26 u. ö.; typisch für die rechtsferne Juristerei des Staatsrechtslehrernachwuchses *F. Becker*, Kooperative und konsensuale Strukturen in der Normsetzung, S. 81 ff.; dazu weitere Hinweise in Fn. 479 ff.

kritisierte Unterscheidung verkennt aber auch, daß staatliche Gesetze der Freiheit nur das Allgemeine als das Richtige regeln und damit der privaten, besonderen Vielfalt, die *Rupp* zu Recht bewahrt wissen will, nicht entgegenstehen. Im Gegenteil ermöglichen die Gesetze erst die freiheitliche Existenz von je eigenständigen Persönlichkeiten. Zweck der Staatlichkeit ist gerade die „freie Entfaltung" jedes Menschen zu „seiner Persönlichkeit" (Art. 2 Abs. 1 GG)[1232]. Weil das nur in staatlicher und damit friedlicher Gemeinschaft möglich ist, gewährleistet ausschließlich die Republik die freie Entfaltung der Persönlichkeit des Menschen. Die größtmögliche Privatheit, welche praktisch vernünftig ist, ist ein Grundsatz der Republik[1233], der die Vielfalt der Lebensweisen ermöglicht.

b) Der Wettbewerb der Bürger ist, wenn die allgemeine Gesetzlichkeit gewahrt bleibt, nicht staatswidrig, sondern gilt als dem Gemeinwohl förderlich[1234]. Staatliche Gestaltung des gemeinsamen Lebens zu Lasten der besonderen, privaten Lebensverwirklichung ist regelmäßig durch das Prinzip der allgemeinen Freiheit nicht gefordert. Eine solche tendiert im Gegenteil zur Bevormundung und damit zur Despotie. Staatliche Lebensbewältigung muß die Selbständigkeit der Bürger wahren und fördern; denn diese Selbständigkeit ist Grundlage der Gleichheit in der Freiheit. Ohne Selbständigkeit geht die bürgerliche Autonomie des Willens verloren. Das grundgesetzliche Sozialprinzip verpflichtet, wiederum nur institutionell judiziabel, den Staat, aber auch alle Bürger, die Selbständigkeit aller Bürger zu entfalten. Erst selbständige Bürger sind Brüder, wie es das republikanische Prinzip der Brüderlichkeit postuliert[1235].

Rupps Anliegen ist freiheitlich, greift aber auf den liberalistischen und damit herrschaftlichen Aspekt der Unterscheidung von Staat und Gesellschaft zurück. Dieser Gesichtspunkt ist inadäquat, die Republik als Form des Politischen zu erfassen. Die Republik ist die vollendete Form der Freiheit. Die republikanische Lehre von der Freiheit erfaßt die Bürgerlichkeit des Bürgers in dem Begriff der Willensautonomie, welche, wie gesagt, ohne Selbständigkeit nicht besteht, nicht mit dem liberalistischen Begriff einer vom Staat unabhängigen Gesellschaft, die es nicht geben kann, weil der Staat nicht unabhängig von den Bürgern, sondern vielmehr die Einrichtung

---

[1232] Zur „Freiheitsgewährleistung als Staatszweck des Verfassungsstaates" *Ch. Link*, VVDStRL 48 (1990), S. 42 ff., der zu Recht der Lehre von einer „objektiv-rechtlichen Normierung einer staatlichen Freiheitsvorsorge" mit Zurückhaltung begegnet (a.a.O., S. 44 mit Hinw. in Fn. 177); vgl. auch *P. Häberle*, Grundrechte im Leistungsstaat, VVDStRL 30 (1972), S. 104 u.ö., der in den Grundrechten eine „Gemeinwohlaufgabe der res publica" objektiv-rechtlich normiert sieht.
[1233] Zum Privatheitsprinzip 8. Kap., IV, auch 11. Kap., II und III.
[1234] Dazu 8. Kap., VI, 2.
[1235] Dazu 11. Kap., III.

der Bürgerschaft für die allgemeine Gesetzlichkeit um der Freiheit aller willen ist. Eine Unabhängigkeit der Gesellschaft vom Staat setzt eine Eigenständigkeit des Staates gegenüber der Gesellschaft, also eine herrschaftliche
Personalität, voraus. Ein freiheitlicher Staat, eine Republik also, ist nichts
anderes als die Wirklichkeit der bürgerlichen Freiheit als die allgemeine
Gesetzlichkeit des gemeinsamen Lebens der Bürger. Die Allgemeinheit der
Gesetze als (ein) Richtigkeitsprinzip (neben der Menschheit des Menschen),
welche der bürgerlichen Freiheit Wirklichkeit gibt, hat mit einer Unterscheidung von Staat und Gesellschaft nichts zu tun. Der amtswalterliche
Mißbrauch der Ämter zur Herrschaft über die Bürger ist kein Thema des
Staatsbegriffs. Eine bloß „verfassungstheoretische" Kategorie der Gesellschaft ohne „rechtspraktische" Bedeutung, wie *Josef Isensee* sie empfiehlt[1236], wäre ohne Sinn. Diese Kategorie ist jedoch für die Praxis höchst
bedeutsam, nämlich als die „theoretische", besser: dogmatische Etablierung
von Herrschaft trotz allgemeiner Freiheit, welche die Unterscheidung des
Staates von der Gesellschaft notwendig macht.

c) *Hans Heinrich Rupp* hat die Relevanz gelebter Privatheit für das allgemeine Wohl, für eine „Umwelt der Freiheit", also für das Allgemeine als
Zweck des Staates, vor allem für „einen freien Markt – als Herzstück der
Gesellschaft –", herausgestellt:

> „...; denn Grundrechte lassen sich niemals nur als objektive Prinzipien, als institu
> tionelle Garantien oder als Funktionen verstehen. Doch von einer solchen grund
> rechtlichen Entleerung und Entpersonalisierung der Grundrechte kann hier nicht
> die Rede sein. Im Gegenteil: Individuelle Freiheitsrechte bedürfen zu ihrer Entfal
> tung einer Umwelt der Freiheit und sie verkümmern in einer Gesellschaft der Un
> freiheit. Die Freiheit des einen lebt zugleich von der Freiheit des anderen und die
> Freiheit aller stehen in einem dynamischen Bedingungszusammenhang, der die
> einzelnen Individualfreiheiten erst zur Entfaltung bringt. Umgekehrt ist jede Indi
> vidualfreiheit ein unverzichtbares Stück Freiheit der Gesellschaft und es gibt keine
> Freiheit der Gesellschaft ohne die Pluralität der Individualfreiheiten."[1237]

Die Erkenntnis überzeugt, nicht die Begrifflichkeit. Die subjektiven materialen Grundrechte, die Rupp mit den „Individualfreiheiten" meinen dürfte,
machen auch in ihrer Pluralität keine vom Staat zu sondernde Gesellschaft
aus; denn der Staat ist das um der Freiheit willen mittels des Rechts geordnete Gemeinwesen. Auch *Rupps* Plädoyer dogmatisiert, um es zu wiederholen, liberalistisch, nicht republikanisch, wenn auch bürgerlich. Der
bürgerliche Liberalismus setzt allerdings ein Herrschaftsprinzip voraus. Die
vollendete Form der Bürgerlichkeit ist die Republik, das politische Gemeinwesen ohne Herrschaft, welches Kant gelehrt hat. In der Republik kann

---

[1236] HStR, Bd. II, § 15, Rdn. 155.
[1237] *H. H. Rupp*, HStR, Bd. II, § 31, Rdn. 36 (kursiv bei Rupp), ähnlich
Rdn. 48 ff.

eine Unterscheidung von Staat und Gesellschaft nicht dogmatisiert werden, weil das republikanische Prinzip die für diese Unterscheidung wesentliche Gesellschaft als die Gemeinschaft der Bürger[1238], die Bürgerschaft, erfaßt, nicht aber als Vielheit bürgerlicher Untertanen, wie der liberal-monarchische Konstitutionalismus, dem die gegenwärtige, hier kritisierte liberalistische Herrschaftslehre verhaftet bleibt. Das Grundgesetz steht in der geistigen Tradition nicht des restaurativen 19., sondern des republikanischen 18. Jahrhunderts, in der Tradition der großen Französischen Revolution, aber auch der deutschen Freiheitsbewegungen im 19. Jahrhundert, welche eben nicht zur Revolution erstarkt sind, so daß das monarchische Prinzip auch ohne Monarchen noch heute Wirkung hat. In die Rolle des Monarchen hat sich die Parteienoligarchie geschlichen. Das Grundgesetz bietet die Chance, ohne Revolution zur Republik als der Staatsform der mit den Menschen geborenen Freiheit zu finden; denn es verfaßt wie schon die Weimarer Reichsverfassung die Republik. Das Grundgesetz muß freilich seinem Text gemäß, also republikanisch, begriffen werden, d.h. die „Revolution der Demokratie" (*Johannes Heinrichs*, 2003) zu wagen.

6. Totalität des Politischen

a) Die Differenzierung in eine liberale und eine demokratische Freiheitsidee verkennt trotz ihrer Nähe zur republikanischen Freiheitslehre nicht nur das Grundgesetz; sie verkennt vor allem den durchgehend politischen Charakter der Lebenswirklichkeit. Das wirtschaftliche Handeln der Bürger ist nicht minder politisch als deren Meinungsäußerungen, das Familienleben nicht minder als das Hochschulleben. Politisch ist die Gesetzlichkeit des gemeinsamen Lebens, sowohl die Gesetzgebung als auch der Gesetzesvollzug. Alles äußere Handeln der Menschen ist politisch, weil es der gesetzlichen Regelung fähig ist. Vor allem ist die Kompetenzordnung zwischen dem Staatlichen und dem Privaten politisch, sei sie grundrechtlich oder organisationsrechtlich, mit Verfassungsrang oder nicht verfaßt. Alles Staatliche ist politisch[1239]. Die Unterscheidung von Staat und Gesellschaft bleibt hinter der Erkenntnis des alles umfassenden politischen Charakters des gemeinsamen Lebens zurück. Das haben bereits *Horst Ehmke* und *Christian Graf von Krockow* gerügt[1240]. Den allpolitischen Charakter des gemeinsamen

---

[1238] Ganz i.d.S. *K. Hesse*, Grundzüge des Verfassungsrechts, Rdn. 5 ff., S. 5 ff., insb. Rdn. 11, S. 8 f.

[1239] Vgl. 11. Kap., II.

[1240] *H. Ehmke*, „Staat" und „Gesellschaft", S. 267 ff.; vgl. dazu auch *J. Isensee*, Der Dualismus von Staat und Gesellschaft, S. 317 ff., der Ehmkes Lehre mittels seines Mißverständnisses von Freiheit und Gleichheit (dazu 7. Kap., I) und einer „Sozialstaatsklausel" (dazu 11. Kap., III) zu kritisieren versucht; *Isensee* ist aber auch

Lebens hat *Carl Schmitt* auch schon herausgestellt, der diesen allerdings durch seinen (fragwürdig) durch die Unterscheidung von Freund und Feind bestimmten Politikbegriff relativiert[1241]. *Johannes Heinrichs* hat eine Formel gefunden: „Sobald eine (staatliche) Rechtsordnung da ist, ist das Tun der freien Bürger das des Staates und umgekehrt"[1242].

Ein Haus, in dem kein öffentliches Recht gilt, sondern in dem allein ein δεσπότης herrscht, gibt es nicht mehr. Außerhalb und innerhalb des Hauses ist das gemeinsame Leben von Gesetz und Recht geleitet. Demgemäß definiert *Kant* Politik als „ausübende Rechtslehre"[1243]. Spätestens seit der Gleichberechtigung der Männer und Frauen (Art. 3 Abs. 2 GG), die unter dem Grundgesetz Wirklichkeit geworden ist, ist alles gemeinsame Leben politisch, also zugleich staatlich und privat[1244]. Die Emanzipation der Familie aus der Gewalt des männlichen δεσπότου, des patris familias, hat ihren nicht nur sprachlichen Ausdruck auch in der Umgestaltung der elterlichen Gewalt in die elterliche Sorge gemäß §§ 1626 ff. BGB gefunden. Die Einheit staatlicher und privater Bestimmung selbst des Familienlebens zeigt Art. 6 Abs. 2 GG, der in Satz 1 die Pflege und Erziehung der Kinder zwar als „das natürliche Recht der Eltern und die zuvörderst ihnen obliegende Pflicht" bezeichnet, aber in Satz 2 das Wächteramt der staatlichen Gemeinschaft zum Wohle der Kinder institutionalisiert. Dieses Wächteramt kann schlechterdings nicht ohne staatliche Maßstäbe richtiger Pflege und Erzie-

---

die republikanische Sicht des weiten Staatsbegriffs, die res publica, geläufig, HStR, Bd. II, § 15, Rdn. 152, auch HStR, Bd. III, § 57, Rdn. 7, er spricht richtig von „virtueller Allzuständigkeit" des Staates, HStR, Bd. III, § 57, Rdn. 158; *Ch. v. Krockow*, Staat, Gesellschaft, Freiheitswahrung, S. 432 ff., der S. 457 von „Fundamentalpolitisierung" spricht, auch S. 472, 474, 476; i.d.S. auch *K. A. Schachtschneider*, Das Sozialprinzip, S. 64 f. („Denn der Staat ist mittels des Sozialprinzips prinzipiell totaler Staat."); i.d.S. auch *U. K. Preuß*, Der Staat als bewußt produziertes Handlungszentrum, 1969, in: E.-W. Böckenförde, Staat und Gesellschaft, S. 330 ff., vor allem gestützt auf *H. Ridder*, Zur verfassungsrechtlichen Stellung der Gewerkschaften im Sozialstaat nach dem Grundgesetz für die Bundesrepublik Deutschland, 1960, daselbst, S. 221 ff.

[1241] Das Problem der innerpolitischen Neutralität des Staates, S. 56 f.; *ders.*, Der Hüter der Verfassung, S. 110 f.; vgl. zu Schmitts Politikbegriff insb. *ders.*, Der Begriff des Politischen, 1932/1963 (dazu *K. A. Schachtschneider*, Res publica res populi, S. 749 ff.); kritisch etwa *H. Krüger*, Allgemeine Staatslehre, S. 681 f., der selbst einen alles Staatliche umfassenden Politikbegriff vertritt, a.a.O., S. 679 ff.; so auch *W. Henke*, GG, Bonner Komm., Rdn. 24 zu Art. 21; *P. Ulrich*, Der entzauberte Markt, S. 127 („Der Anspruch einer vorpolitischen Abgrenzung des Privaten vom Öffentlichen verträgt sich demgegenüber nicht mit einem republikanisch aufgeklärten Begriff von Freiheit – auch von Wirtschaftsfreiheit – als der gleichen real lebbaren Freiheit aller").

[1242] Revolution der Demokratie, S. 235.

[1243] Zum ewigen Frieden, S. 229.

[1244] Dazu 8. Kap., I, 11. Kap., II.

hung der Kinder ausgeübt werden. Folglich haben die Eltern bei ihrer elterlichen Sorge trotz der eigenen Verantwortung staatliche, also allgemeine, Maximen, zu beachten. Diese sind vielfältig und tiefgreifend und wirken vor allem auch in das Haus hinein. *Georg Jellinek* hat „im Begriff des Politischen ... bereits den Begriff des Staates gedacht": „Politisch" heißt „staatlich"[1245]. *Heinrich Triepel* hat das Politische ebenfalls mit dem Staatlichen verbunden: „Denn politisch ist alles, was sich auf einen Staatszweck bezieht"[1246]. So sieht auch *Herbert Krüger* das Politische: „Politik ist dadurch gekennzeichnet, daß sie eine spezifisch dem Sinn des Staates um seiner selbst willen gewidmete Haltung und Tätigkeit ist"[1247].

Weil das Staatliche die Gesetzlichkeit ist, alle Handlungen des Menschen aber der gesetzlichen, also der allgemeinen Bestimmung, fähig sind, ist das gemeinsame Leben ohne jede Einschränkung politisch, ganz gleich, ob staatliche Gesetze gegeben werden oder nicht. Politisch ist es insbesondere, auf staatliche Gesetze zu verzichten, wie es bestimmte Grundrechte um der Privatheit willen vorschreiben, so daß von negativen Kompetenzen des Staates gesprochen wird[1248]. Das erhält die Vielfalt der Persönlichkeitsentwicklung, aber auch den Antagonismus, darf aber nicht mit der Freiheit selbst verwechselt werden. Die Entscheidung für die Privatheit, die Besonderheit der Lebensbewältigung, ist selbst politisch. Meist führt sie, weil die Menschen nach ihrem besonderen Glück zu streben pflegen, zum Wettbewerb um die vielfach knappen Ressourcen des Lebensglücks. Das ist gewollt; denn es motiviert mehr denn jedes andere Mittel die Leistungen der Menschen. Wenn der Wettbewerb dem Gemeinwohl abträglich ist, wird er durch allgemeines Gesetz unterbunden. Der wirtschaftliche Wettbewerb erweist sich gewissermaßen als eine staatliche Veranstaltung, ist jedenfalls Willen der gesamten Bürgerschaft[1249].

b) *Ernst-Wolfgang Böckenförde* spricht die Totalität der Staatlichkeit, welche den Unterschied zur Gesellschaft einebnet, im Modell der „totalen

---

[1245] Allgemeine Staatslehre, S. 180; zu diesem aristotelischen Begriff des Politischen *J. Isensee*, HStR, Bd. VII, § 162, Rdn. 7 f.

[1246] Streitigkeiten zwischen Reich und Ländern, in: FG W. Kahl, 1923, Neudruck 1965, S. 17.

[1247] Allgemeine Staatslehre, S. 684, S. 679 ff. zum „Begriff des Politischen".

[1248] Dazu Hinweise in Fn. 1729, 2144.

[1249] Dazu Fn. 2291; 8. Kap., VI, 10. Kap., V; insb. *F. Böhm*, Wettbewerb und Monopolkampf. Eine Untersuchung zur Frage des wirtschaftlichen Kampfrechts und zur Frage der rechtlichen Struktur der geltenden Wirtschaftsordnung, 1933/1964, S. 210 ff.; *E.-J. Mestmäcker*, Der verwaltete Wettbewerb. Eine vergleichende Untersuchung über den Schutz von Freiheit und Lauterkeit im Wettbewerbsrecht, 1984, S. 3 ff., 78 ff.; *H. H. Rupp*, HStR, Bd. II, § 31, Rdn. 42 f.; *ders.*, auch, Die Soziale Marktwirtschaft in ihrer Verfassungsbedeutung, HStR, Bd. IX, 1997, § 203, Rdn. 24 ff.

Demokratie" an[1250], verkennt aber, daß diese Totalität des Staatlichen in der Logik des gemeinsamen Lebens liegt. Die Intensität des Staatlichen, also die der allgemeinen Gesetzgebung, ist eine Frage der Politik des Gemeinwesens und vor allem von der Staats-, insbesondere der Grundrechtsordnung des Gemeinwesens abhängig. Dabei wirken die Grenzen der Aufgaben und Befugnisse des Staates grundrechtlich, weil sie der privaten Lebensbewältigung den Vorrang lassen müssen (Privatheitsprinzip)[1251], und die Grundrechte wirken kompetenziell, weil sie die staatliche Lebensbewältigung entweder unterbinden oder dieser eine bestimmte materiale Orientierung vorschreiben[1252].

Die Gewähr, welche die Grundrechts- und die Aufgaben- und Befugnisverfassung der Privatheit der Lebensbewältigung gibt, ist allein schon wegen der Dynamik der Lebenswirklichkeit schwach. Die Politik läßt eine Verfassungsstatik nicht zu. Notfalls wird das Verfassungsgesetz geändert[1253]. Beispielhaft sind Art. 87e Abs. 3 S. 1 und Art. 87 f. Abs. 2 GG, welche regeln, daß Eisenbahnen des Bundes „als Wirtschaftsunternehmen in privatrechtlicher Form geführt" bzw. „Dienstleistungen" im Bereich des Postwesens und der Telekommunikation „als privatwirtschaftliche Tätigkeiten durch die aus dem Sondervermögen Deutsche Bundespost hervorgegangenen Unternehmen und durch andere private Anbieter erbracht" werden. Sowohl die Deutsche Bahn als auch die (sogenannten) Unternehmen der Deutschen Bundespost sind Verwaltungen des Staates, die weder privatrechtlich noch privatwirtschaftlich agieren können, jedenfalls nicht dürfen, eben weil sie staatlich sind. Privatheit ist durch das Recht zur freien Willkür[1254], Staatlichkeit durch das Willkürverbot gekennzeichnet[1255]. Das Fiskusdogma wird auch nicht dadurch Recht, daß es in das Verfassungsgesetz geschrieben wird. Es widerspricht der Staatlichkeit des Staates[1256]. Das Interesse an dem Privatismus des Staates war jedoch stärker als das am Recht, gerade weil die formelle Privatisierung lästige Prinzipien des öffentlichen Rechts, insbesondere des öffentlichen Dienstrechts, zu umgehen erlaubt. Die Be-

---

[1250] Staat und Gesellschaft im demokratischen Sozialstaat, S. 412, 413 f.

[1251] Zum Privatheitsprinzip 8. Kap., IV.

[1252] Dazu *K. A. Schachtschneider*, Res publica res populi, S. 819 ff.; auch 7. Kap., II.

[1253] Zur Dynamik der grundrechtlichen Begriffe und damit Entscheidungen *K. A. Schachtschneider*, Res publica res populi, S. 1033 ff.

[1254] Dazu 8. Kap., II.

[1255] 7. Kap., I, 2, II, 1.

[1256] *K. A. Schachtschneider*, Staatsunternehmen und Privatrecht, S. 5 ff., 173 ff., 235 ff., 281 ff.; *ders.*, Der Anspruch auf materiale Privatisierung, S. 183 ff., 190 ff., 225 ff.; *J. Burmeister*, VVDStRL 52 (1993), S. 210 ff.; auch *J. Isensee*, Privatisierung von Verwaltungsaufgaben, VVDStRL 54 (1995), Aussprache, S. 303 ff.

wältigung der Lage wird allemal dem Bestand des Verfassungsgesetzes vorgezogen, wenn die Interessen gebieterisch sind. Das durch gefestigte verfassungsgerichtliche Praxis definierte und dadurch näher materialisierte Verfassungsgesetz stabilisiert die staatlichen Verhältnisse gerade in dem Maße, welches auch der Opposition paßt. Die aber beugt sich regelmäßig nicht weniger als die Regierung und deren parlamentarische Koalition den (oft nur vermeintlichen) Notwendigkeiten der Lage, kritisch gesagt: Die Parteienoligarchien beugen sich Zwängen, die sie oft selbst, etwa durch internationalistische Absprachen, geschaffen haben, und richten sich nach von den Meinungsforschern signalisierten Wahlchancen, die wiederum von ihrer eigenen durch die Medien verstärkten Propaganda abhängen.

Die Totalität des Politischen läßt die Totalität der demokratistischen Herrschaft der Parteien besorgen. Die verfassungsbefohlene Antwort muß sein, die Rechtsgrundlagen, welche den Parteien die Herrschaft ermöglichen, auf die Freiheit hin zu reformieren. Vor allem das Wahlrecht, das Parlamentsrecht und das Parteienrecht, zumal das Parteienfinanzierungsrecht, stützen verfassungswidrig die Parteienoligarchie. Diese Rechtsgebiete müssen um der Freiheit willen republikanisiert werden[1257]. Eine Änderung des Grundgesetzes ist für die Verwirklichung des Republikprinzips nicht vonnöten, aber vom Parteienparlament ist keine Reform des Parteienstaates, keine „Revolution der Demokratie" (*Johannes Heinrichs*), zu erwarten. Weil die parteilichen Abgeordneten in dieser ihrer eigenen Sache befangen sind, ist ein insofern neutraler Gesetzgeber zu suchen. In Frage kommt die Abstimmung durch das Volk selbst.

Die plurale Herrschaft des Parteienstaates ist trotz aller Grundrechte tendenziell nicht nur total, sondern auch totalitär oder, mit *Kant*, despotisch. Vor allem fehlt ihr die effektive Teilung der Gewalt[1258]. Die Freiheit ist immer die politische Freiheit der Bürger[1259]. Die liberalistische Freiheitsdogmatik vermag der Politik der Parteienoligarchie nicht mehr entgegenzusetzen als die praktische Vernunft des Bundesverfassungsgerichts, orientiert an den Leitentscheidungen der Grundrechte, die aber um des Friedens willen selbst die öffentliche Meinung respektieren muß[1260]. Dieser Schutz vor der Despotie der Parteien oder dem Totalitarismus hängt von der normalen, friedlichen Lage ab. In der Krise kommt es nicht auf die Gerichte an. Nur wenn die Bürger ihre bürgerliche Freiheitlichkeit bewahren, führt die Tota-

---

[1257] Dazu *K. A. Schachtschneider*, Res publica res populi, S. 1147 ff.

[1258] Dazu *K. A. Schachtschneider*, Res publica res populi, S. 168 ff., 796 ff.; *ders.*, Prinzipien des Rechtsstaates, S. 176 ff.

[1259] Ganz so *K. Hesse*, Unterscheidung von Staat und Gesellschaft, S. 494 ff.; *W. Kersting*, Kant über Recht, S. 125 f.; dazu 4; weitere Hinweise in Fn. 1851 ff.; vgl. auch Fn. 1169.

[1260] Dazu *K. A. Schachtschneider*, Res publica res populi, S. 956 ff.

lität des gemeinsamen Lebens, also die Totalität des Politischen, nicht zur Totalität der Herrschaft, sondern wird bestenfalls zur Totalität der Freiheit, nämlich zur Sittlichkeit des gemeinsamen Lebens durch eine herrschaftslose Gesetzlichkeit, soweit das gute Leben aller das erfordert[1261]. Dahin gehen auch die sozial- und wirtschaftsstaatlichen Überlegungen von *Ernst-Wolfgang Böckenförde*[1262]. *Christian Graf von Krockow* sieht das nicht anders[1263]. *Wilhelm Henke* hält ein Leben in „Freiheit, Frieden und Gerechtigkeit" für ideologisch/utopisch und zieht die „unvollkommene wirkliche Freiheit" der „vollkommenen unwirklichen Freiheit" vor[1264].

Der despotische Charakter eines Paternalismus, der den Menschen vorschreibt, wie sie glücklich werden sollen, ist eine gesicherte Einsicht des Republikanismus[1265]. Der Lehre von der Republik jedenfalls muß die Gefahr der Entwürdigung des Menschen durch einen totalen Staat nicht vor Augen geführt werden. Ganz im Gegenteil ist es das Anliegen der Lehre von der politischen Freiheit aller, dieser Gefahr um der Würde aller Menschen willen entgegenzuwirken. Freilich läßt das nicht zu, daß demokratistische Begriffe, inbesondere der der voraussetzungslosen Legitimität von Mehrheitsentscheidungen[1266], in die Lehre von der Freiheit einbezogen werden. Alle Begriffe der Lehre von der Republik sind für den Republikanismus essentiell. Es kommt, wenn man das Kunstwerk einer Republik errichten will, alles darauf an, daß die Gesetzgebung dem Rechtsprinzip und damit dem Sittengesetz folgt.

Die demokratischen und rechtsstaatlichen (Gewaltenteilung, Rechtsschutz) Defizite des europäischen und globalen Integrationismus verstärken die Gefahr der Entrechtlichung der Politik angesichts deren Totalität und gebieten die Wiederbelebung des Prinzips der kleinen Einheit durch einen substantiellen Föderalismus und eine Verwirklichung des Subsidiaritätsprinzips, die

---

[1261] I.d.S. *Ch. v. Krockow*, Staat, Gesellschaft, Freiheitswahrung, S. 474; auch *K. Hesse*, Unterscheidung von Staat und Gesellschaft, S. 491 ff., zur Abwehr der Gefahr des Totalitarismus durch „konkrete und differenzierte Zuordnung" ... „durch Verfassung und Gesetz" (S. 493, 494); i.d.S. auch *J. Isensee*, HStR, Bd. III, § 57, Rdn. 158 ff., 161 ff. („virtuelle Allzuständigkeit" ... „des Staates im säkularen Bereich.").

[1262] Staat und Gesellschaft im demokratischen Sozialstaat, S. 420 ff., 424 ff.

[1263] Staat, Gesellschaft, Freiheitswahrung, S. 455, Fn. 26, auch S. 474.

[1264] GG, Bonner Komm., Rdn. 65, 342 zu Art. 21, und Rdn. 69 daselbst.

[1265] *Kant*, Über den Gemeinspruch, S. 145 f., auch S. 159; *W. Kersting*, Kant über Recht, S. 124; ebenso *K. Hesse*, Unterscheidung von Staat und Gesellschaft, S. 498 f.; *K. R. Popper*, Bemerkungen zu Theorie und Praxis des demokratischen Staates, S. 19 f., im Anschluß an Kant; *ders.*, Auf der Suche nach einer besseren Welt, 3. Aufl. 1988, S. 169 f.; *P. Ulrich*, Der entzauberte Markt, S. 72 ff. (S. 84 ff.), 124 ff.

[1266] Dazu IV, 1.

vor allem auf das Recht der Völker auf das letzte Wort in Sachen des Rechts angewiesen ist, den Völkern aber auch die Hoheit über ihre Politik, zumal in Wirtschafts-, Währungs- und Sozialfragen, zurückgeben muß[1267].

c) Der politische Charakter allen gemeinsamen Lebens wird nicht dadurch aufgehoben, daß ein herrschaftlicher, nämlich staatlicher, von einem anderen Bereich, dem gesellschaftlicher Freiheit, funktional unterschieden wird. Es gibt zum einen kein bürgerliches Handeln, welches nicht durch staatliche Gesetze determiniert wäre[1268]; zum anderen sind die staatliche und die private Bewältigung von Aufgaben des gemeinsamen Lebens weitgehend austauschbar. Einen materialen Begriff der staatlichen Aufgabe gibt es nicht. Der staatliche Aufgabenbereich wird durch die Gesetze einschließlich dem Verfassungsgesetz definiert[1269]. Es gibt Aufgaben, die typisch staatlich bewältigt werden, nicht aber Aufgaben, die begrifflich staatlich sind. Etwas anderes ist die staatliche Gesetzlichkeit als Verwirklichung der allgemeinen Freiheit und des guten Lebens der Bürger als solcher, ein formaler Begriff. Die Gesetze müssen um der allgemeinen Freiheit willen staatlich, nämlich allgemein, sein. Diese Gesetzlichkeit definiert die Staatlichkeit und die gesetzgebende Allgemeinheit ist der Staat im weiteren Sinne[1270]. Materiale Aufgaben des Staates außer der, Gesetze zu geben und zu vollziehen (einschließlich der Klärung des Rechts) sind dadurch nicht festgelegt. Das allgemeine, das, was alle betrifft, macht das Staatliche aus. Auch Private können Gesetze geben und diese vollziehen, wie sie auch die staatlichen Gesetze vollziehen, indem sie diese beachten[1271]. Freilich ist die staatliche Aufgabenbewältigung allein schon wegen der uneingeschränkten Gesetzlichkeit[1272] derselben andersartig, aber eben doch Bewältigung von Aufgaben, die auch privatheitlich bewältigt werden könnten und werden müßten, wenn sie nicht dem Staat übertragen wären.

Spezifisch staatlich ist die Befugnis, Zwang einzusetzen, um die Gesetze durchzusetzen; aber nicht einmal diese Befugnis ist ausschließlich dem

---

[1267] Dazu *W. Hankel u. a. (K. A. Schachtschneider)*, Die Euro-Klage, S. 256 ff.; *K. A. Schachtschneider*, FS W. Nölling, S. 313 ff.; *ders.*, Verfassungsklage Dr. P. Gauweiler, 2. Teil, C, F.

[1268] Dazu VII, 2, 5. Kap., II, 3, 8. Kap., I, 11. Kap., II.

[1269] *K. A. Schachtschneider*, Staatsunternehmen und Privatrecht, S. 189 ff., 235 ff., 265 ff.; *ders.*, Der Anspruch auf materiale Privatisierung, S. 40 ff., 45 ff.; *J. Isensee*, HStR, Bd. III, § 57, Rdn. 137 ff.; *W. Weiß*, Privatisierung und Staatsaufgaben, S. 97 ff.

[1270] Dazu *K. A. Schachtschneider*, Res publica res populi, S. 14 ff., 519 ff.; *ders.*, Prinzipien des Rechtsstaates, S. 58 ff.; *ders.*, Der Anspruch auf materiale Privatisierung, S. 40 ff., 45 ff., auch S. 217 ff., 225 ff.

[1271] Dazu 8. Kap., I, 11. Kap., II.

[1272] *K. A. Schachtschneider*, Staatsunternehmen und Privatrecht, S. 253 ff.; *ders.*, Der Anspruch auf materiale Privatisierung, S. 209 ff., 306 ff.

Staat vorbehalten, wie verschiedene straf- und privatrechtliche Institutionen, etwa die der Notwehr und die der Selbsthilfe, zeigen[1273]. Freilich muß der Zwang des Staates um des Friedens und damit der allgemeinen Freiheit willen unwiderstehlich und darum einzigartig in einem Gebiet sein[1274]. Weil Staatlichkeit Gesetzlichkeit ist, muß das staatliche Handeln, müssen insbesondere dessen Zwangsmaßnahmen, gesetzliche Grundlagen haben. Darum ist Staatlichkeit unabdingbar mit allgemeiner Gesetzgebung verbunden, ohne daß damit die Materien der Gesetze festgelegt wären. Auch die Vertragsverbindlichkeiten können und sollen um des Friedens willen aufgrund allgemeiner Gesetze staatlich erzwungen werden. § 305 BGB ist ein solches Gesetz. Das nähere regeln die Prozeß- und Vollstreckungsordnungen.

So sehr das gemeinsame Leben in Frieden und Freiheit und damit der Staat auf Gesetze angewiesen ist, so wenig sind materiale Aufgaben aus dem Begriff des Staates herzuleiten. Der Staatszweck des guten Lebens aller in allgemeiner Freiheit, zu dem insbesondere der Staatszweck der Sicherheit gehört[1275], ist offen. Die jeweilige Gesetzlichkeit ist abhängig von den Gesetzen. Es muß Gesetze geben. Welche Gesetze aber um des guten Lebens aller in allgemeiner Freiheit notwendig sind, bestimmt die Bürgerschaft, nicht der Staatsbegriff. Die Erfahrung jedoch lehrt, daß ein Gemeinwesen ohne bestimmte Gesetze in Not gerät. Dazu gehört insbesondere der größte Teil der Strafgesetze.

Essentiell für die Staatlichkeit ist das Rechtsprinzip, etwa das Prinzip, daß Verträge und Gesetze einzuhalten sind, und daß der Staat die Gesetzes- und Vertragstreue nach Maßgabe der praktischen Vernunft durchzusetzen hat[1276]. Die Gemeinsamkeit der Lebensbewältigung läßt es geraten erscheinen, eine Fülle von Aufgaben um des guten Lebens aller willen dem Staat zu übertragen. Die Gesetze, welche dem Staat Aufgaben zuweisen, sollen den Grundsatz privater Lebensbewältigung, das Privatheitsprinzip, wahren[1277].

[1273] Dazu *K. A. Schachtschneider*, Res publica res populi, S. 545 ff. (554 ff.); *ders.*, Der Anspruch auf materiale Privatisierung, S. 276 ff.

[1274] Dazu *K. A. Schachtschneider*, Res publica res populi, S. 545 ff.; *ders.*, Der Anspruch auf materiale Privatisierung, S. 268 ff., 276 ff., 281 ff.

[1275] Dazu *J. Isensee*, Das Grundrecht auf Sicherheit. Zu den Schutzpflichten des freiheitlichen Verfassungsstaates, 1983, S. 3 ff.; *V. Götz*, HStR, Bd. III, § 79, Rdn. 1 ff.; dazu *G. Robbers*, Sicherheit als Menschenrecht, 1987; *G. Hermes*, Das Grundrecht auf Schutz von Leben und Gesundheit; *H. Bethge*, DVBl. 1989, 848 f.; *Ch. Link*, VVDStRL 48 (1990), S. 27 ff., Ls. 10; *G. Ress*, VVDStRL 48 (1990), S. 83 ff., Ls. 3, 4, S. 14 ff., 23 f.; *K. A. Schachtschneider*, Res publica res populi, S. 545 ff., 553; zu den Schutzpflichten des Staates Hinweise in Fn. 1701, 2501.

[1276] Zum Rechtsschutzprinzip *K. A. Schachtschneider*, Prinzipien des Rechtsstaates, S. 118 ff.

[1277] Dazu 8. Kap., IV, auch 11. Kap., II und III; *J. Isensee*, HStR, Bd. III, § 57, Rdn. 165 ff., 170.

Die staatlichen Gesetze aber, welche das Handeln der Bürger regeln oder gemeinsame Aufgaben dem Staat zur Bewältigung übertragen, sind allemal politisch. Für die Verwirklichung des guten Lebens und der Freiheit aller kommt es auf die jeweilige Politik an, welche das öffentliche Recht/das Staatsrecht[1278] oder auch das Privatrecht[1279] instrumentalisieren kann und darf. Die Begriffe Staat und Gesellschaft lassen sich für eine begrifflich und damit rechtlich relevante materiale Unterscheidung des Staatlichen und des Privaten/Gesellschaftlichen nicht aktivieren[1280].

d) Politisch ist es im übrigen auch, wenn das gemeinsame Leben unter das Prinzip Wettbewerb – ein „Strukturmodell und Arbeitsprinzip der modernen Gesellschaft"[1281] – gestellt wird. Wenn auch das Staatliche allenfalls ausnahmsweise unter das Prinzip des Wettbewerbs gestellt werden sollte, so lassen sich doch nicht etwa Staat und Gesellschaft mittels eines modalen Kriteriums der Wettbewerblichkeit unterscheiden; denn zum einen ist alles gemeinsame Leben auch staatlich bestimmt, selbst wenn es wesentlich privaten, also besonderen, Entscheidungen zugänglich ist, zum anderen zwingt die Privatheit/Besonderheit der Entscheidungen nicht dazu, daß Wettbewerb entsteht. Das Staatliche und das Private sind im übrigen, wie das Schulwesen zeigt, derart miteinander verbunden, daß auch das institutionell Staatliche nicht ausschließlich vom allgemein bestimmten Wohl geleitet wird. Weil Staatlichkeit Gesetzlichkeit ist, ob mit oder ohne Entscheidungsspielräume(n), die im Interesse der Sachlichkeit nicht vom Gesetzgeber determiniert sind, dürfen freilich die Dienste des Staates nicht dem Prinzip Wettbewerb ausgesetzt werden[1282]. Zu bedenken ist immer, daß der Staat im engeren Sinne ausschließlich Gesetzlichkeit ist, während das Private sowohl von allgemeinen/staatlichen Gesetzen als auch von privaten Maximen bestimmt ist und dadurch zum Staat im weiteren Sinne gehört[1283].

[1278] Zum institutionellen Begriff des Staatsrechts *K. A. Schachtschneider*, Staatsunternehmen und Privatrecht, S. 255 f.; *ders.*, Der Anspruch auf materiale Privatisierung, S. 33 ff., 45 ff., 208 f.

[1279] Auch die allgemeinen Gesetze des Privatrechts sind staatliches, öffentliches Recht; ihre Besonderheit ist es, die Verhältnisse unter Privaten zu regeln (*K. Larenz*, Allgemeiner Teil des deutschen Bürgerlichen Rechts, S. 1 ff.).

[1280] Ganz so *K. Hesse*, Unterscheidung von Staat und Gesellschaft, S. 493; i. d. S. auch *ders.*, Grundzüge des Verfassungsrechts, Rdn. 11 ff., S. 8 ff.

[1281] *H. Krüger*, Allgemeine Staatslehre, S. 454 ff.

[1282] *K. A. Schachtschneider*, Staatsunternehmen und Privatrecht, S. 288 f., 357 ff.; *ders.*, Der Anspruch auf materiale Privatisierung, S. 297 ff., 306 ff.

[1283] Dazu 8. Kap., I, 11. Kap., I.

Viertes Kapitel

„Sittengesetz" als republikanischer Schlüsselbegriff

I. Vernachlässigung des Sittengesetzes in der Freiheits-, Rechts- und Staatslehre

1. Die Stabilität des monarchisch-liberal geprägten, konstitutionellen Staatsrechts in dem zur Republik verpflichteten grundgesetzlichen Gemeinwesen findet ihren dogmatischen Ausdruck darin, daß der republikanische Schlüsselbegriff des Grundgesetzes, das Sittengesetz, vernachlässigt oder mißverstanden wird[1284]. In dem umfangreichen ersten Teil des Werkes von *Klaus Stern* und *Michael Sachs* über die „Allgemeinen Lehren der Grundrechte" (Staatsrecht III, 1, 1988) kommt der Begriff Sittengesetz genausowenig vor wie in den „Allgemeinen Grundrechtslehren" des von *Josef Isensee* und *Paul Kirchhof* herausgegebenen Handbuchs des Staatsrechts (Band V, 1992), obwohl er den Freiheitsbegriff und damit den Schutzgegenstand der wichtigsten Grundrechte bestimmt. Im zweiten Teil der „All-

---

[1284] Beispielhaft *Ph. Kunig*, in: v. Münch/Kunig, GG, Bd. I, 4. Aufl. 1992, Rdn. 26 ff. zu Art. 2, der das Sittengesetz liberalistisch material fassen will, vergebens, und darum „verfassungspolitisch" die Streichung der gesonderten Schranke „Sittengesetz" empfiehlt (Rdn. 27), in Verkennung des Republikprinzips des Grundgesetzes und in Unkenntnis des Kantianismus und der kantianischen Lehre vom grundgesetzlichen Begriff des Sittengesetzes; ähnlich *J. Schwabe*, Anmerkungen zum Verfassungshandwerk, ZRP 1991, 362 („Mit der Schranke des Sittengesetzes hat bislang kaum jemand etwas anfangen können, insbesondere das BVerfG in einigen tausend Entscheidungen nicht"; Schwabe ignoriert nicht nur mein Staatsunternehmen und Privatrecht, S. 97 ff., obwohl er es kennt (Vorwort), er verkennt, daß das BVerfG fast in jeder Entscheidung das Sittengesetz als Prinzip der praktischen Vernunft praktiziert, meist genannt Verhältnismäßigkeitsprinzip); kläglich auch *D. Murswiek*, in: M. Sachs, GG, 1996, Rdn. 94 ff. zu Art. 2; wissenschaftsfern *U. Di Fabio*, in: Maunz/Dürig, GG, Art. 2 Abs. 1, Rdn. 8, 45 f.; auch *ders.*, Kultur der Freiheit, S. 76 f. („guten Sitten"); ebenso sachfern *Ch. Hillgruber*, in: D. C. Umbach/Th. Clemens (Hrsg.), Grundgesetz, Mitarbeiterkommentar, Handbuch, 2002, Art. 2 I, Rdn. 210 ff.; nichts auch bei *W. Cremer*, Freiheitsgrundrechte. Funktionen und Strukturen, 2003, der mit dem Begriff der Freiheit nichts anzufangen weiß, aber auch das einschlägige Schrifttum nicht kennt, weder das der Rechtslehre noch gar das der Philosophie; auch *R. Poscher*, Grundrechte als Abwehrrechte, Reflexive Regelung rechtlich geordneter Freiheit, 2003, erörtert das Sittengesetz nicht, obwohl er den Freiheitsbegriff untersucht (S. 107 ff.) und die Relevanz der positiven Freiheit bedenkt (S. 125 ff.), weil er die Sittlichkeit material sieht.

gemeine Lehren der Grundrechte" (Staatsrecht III, 2, 1994) haben *Klaus Stern* und *Michael Sachs* das Sittengesetz mehrfach knapp angesprochen[1285] und im Stichwörterverzeichnis aufgeführt, aber als kantianischen Begriff, als kategorischen Imperativ, nicht einmal in Erwägung gezogen. Das Sittengesetz bezeichnet *Michael Sachs* als die „jedenfalls aus heutiger Sicht dunkelste Formulierung in Art. 2 Abs. 1 GG"[1286]. Kants Werke sind geeignet, das Dunkel zu erhellen. *Klaus Stern* geht in der Lehre von den Grundpflichten kurz auf das Sittengesetz und Kants Unterscheidung der Legalität von der Moralität ein[1287], ohne daß das für seine Lehre folgenreich wird. *Hans-Uwe Erichsen* behandelt in seiner Erörterung der „Allgemeinen Handlungsfreiheit" in § 152 des Bandes VI des Handbuches des Staatsrechts („Die Freiheitsrechte", 1989), Rdn. 40–42 das Sittengesetz, ohne die Formalität und die systembestimmende Relevanz des (kantianischen) Begriffs zu erkennen. In dem Band I des Handbuchs über die „Grundlagen von Staat und Verfassung" (1987) hat das Sittengesetz, das eigentliche Grundprinzip des freiheitlichen Gemeinwesens, keine Erwähnung gefunden. Auch im Handbuch des Verfassungsrechts, herausgegeben von *Ernst Benda*, *Werner Maihofer* und *Hans-Jochen Vogel*, kommen in der 2. Auflage 1994 die Stichworte Sittengesetz, Sittlichkeit oder auch nur praktische Vernunft nicht vor, obwohl *Werner Maihofers* Lehre von den Prinzipien freiheitlicher Demokratie nicht nur rousseauisch, sondern auch kantianisch ist[1288]. Nur beiläufig, als rechtliche Grundrechtsschranke erwähnen den Begriff in seiner „Grundrechtsdogmatik" *Jürgen Schwabe* und in seiner „Theorie der Grundrechte" *Robert Alexy*[1289]. Die Hinweise sind exemplarisch. Als bloße Schranke eines aus Art. 2 Abs. 1 GG herausgelesenen Grundrechts einer allgemeinen Handlungsfreiheit[1290] wäre das Sittengesetz verkannt. Eine „Theorie" beschreibt ihrem Begriff nach die Wirklichkeit[1291], also empirische und damit

---

[1285] S. 355, 417, 504, 619, 662 f., auch S. 987.

[1286] S. 417.

[1287] S. 987 ff.

[1288] In der 1. Aufl. 1983 war das Sittengesetz einmal angeführt und hat auf den Beitrag *W. Zeidlers* zu Ehe und Familie verwiesen, wo auf S. 580 die Sittlichkeit angesprochen war. Der Beitrag ist durch den von E. M. von Münch ersetzt worden.

[1289] *J. Schwabe*, Probleme der Grundrechtsdogmatik, etwa S. 52 f., dem „schreckliche Gewissenskämpfe" Ausdruck der Sittlichkeit sind; *R. Alexy*, Theorie der Grundrechte, S. 123.

[1290] Vgl. insb. BVerfGE 6, 389 (434); 49, 286 (298); auch BVerfGE 6, 32 (36).

[1291] Darin liegt auch die philosophische Problematik der „Theorie der Gerechtigkeit" von *J. Rawls*, insb. S. 70 f., der ohne Metaphysik auskommen will, obwohl sich im „Gerechtigkeitssinn" Rawls (S. 493 ff.), den Rawls empirisch zu belegen versucht, das kantianische Sittlichkeitspostulat des Sollens wiederfindet; vgl. die Kritik an Rawls von *O. Höffe*, Kategorische Rechtsprinzipien, S. 318 ff., auch S. 114 f.

kontingente Forschungsergebnisse. Auch entwickelt *Alexy* keine „Theorie", sondern stellt eine Lehre von den Grundrechten des Grundgesetzes vor, eine „dogmatische Theorie"[1292]. *Udo Di Fabio* behandelt in seinem Beitrag zu Art. 2 Abs. 1 GG im von *Theodor Maunz* und *Günter Dürig* begründeten Kommentar zum Grundgesetz das Sittengesetz und mindert es „angesichts der weiten Regelung des Begriffs der verfassungsmäßigen Ordnung" auf eine „mittelbare Bedeutung", „den Gesetzgeber an die sittliche Tradition und immer bestehenden Verweisungsbezüge der grundgesetzlichen Werteordnung zu erinnern, die von einer außerrechtlichen sittlichen Normativität mehr abhängt, als es die Selbstgewissheit einer anerkannten Verfassungsordnung glauben läßt", also einer nicht positivierten, sondern positivierbaren Art materialer Sozialethik, herab[1293]. In seiner „Kultur der Freiheit" ersetzt *Udo Di Fabio* den Begriff des „Sittengesetzes" schlankweg durch den der „guten Sitten"[1294]. Kant oder der kategorische Imperativ kommen dem Richter des Bundesverfassungsgerichts, der die „sozialen Bindungen" der Freiheit durchaus bedenkt, aber auch die Einheit von Freiheit, Gleichheit, Brüderlichkeit, jedoch in einer „Hirarchie"[1295], gar nicht in den Sinn, auch weil er das wesentliche Schrifttum zu seinem Gegenstand nicht kennt. Eine am Grundgesetz orientierte Lehre der Grundrechte, vor allem aber eine solche der Freiheit, darf den grundgesetzlichen Freiheitstext nicht übersehen.

Unter den Rechtswissenschaftlern schenken (außer dem Autor[1296]) *Franz Wieacker, Werner Maihofer, Dieter Suhr, Peter Häberle, Gerd Morgenthaler* und gewissermaßen auch *Felix Eckardt* dem Sittengesetz Beachtung[1297].

[1292] Theorie der Grundrechte, S. 21 ff.

[1293] Rdn. 45 f., auch Rdn. 8.

[1294] S. 76 f.

[1295] S. 71 ff., 111 ff.

[1296] *K. A. Schachtschneider*, Staatsunternehmen und Privatrecht, S. 97 ff., 107 ff., 125 ff., 412 ff., dort weitere Hinweise in Fn. 44, S. 106 f.; *ders.*, Das Sittengesetz und die guten Sitten, FS W. Thieme, 1993, S. 195 ff.; *ders.*, Res publica res populi. Grundlegung einer Allgemeinen Republiklehre. Ein Beitrag zur Freiheits-, Rechts- und Staatslehre, passim; *ders.*, Vom liberalistischen zum republikanischen Freiheitsbegriff, S. 418 ff.; *ders.*, Die existentielle Staatlichkeit der Völker Europas, S. 75 ff.; *ders.*, Die Republik der Völker Europas, ARSP, Beiheft 71 (1997), S. 154 ff.; *ders.*, Republikanische Freiheit, FS M. Kriele, S. 829 ff.; *ders.*, Sittlichkeit und Moralität – Fundamente der Ethik und Politik in der Republik, in: ders., Freiheit – Recht – Staat (hrsg. v. D. I. Siebold/A. Emmerich-Fritsche), 2005, S. 23 ff.; aber auch *A. Enderlein*, Der Begriff der Freiheit als Tatbestandsmerkmal der Grundrechte, S. 59 ff., 147 ff.

[1297] *F. Wieacker*, Rechtsprechung und Sittengesetz, JZ 1961, 377 ff., 340; *W. Maihofer*, HVerfR, über die „Prinzipien der freiheitlichen Demokratie", S. 427 ff.; auch schon *ders.*, Rechtsstaat und menschliche Würde, S. 64 f.; *D. Suhr*, Entfaltung der

Eberhard Grabitz stützt seine Freiheitslehre nicht auf das Sittengesetz, obwohl er die Eingriffs-Schranken-Dogmatik[1298] zurückweist. Er erwähnt es nur beiläufig[1299]. *Peter Häberle* hat das Sittengesetz entgegen seiner Grundrechtslehre als Schranke behandelt[1300], schließlich aber die fundamentale Bedeutung der Ethik der „regula aurea" bzw. des „kategorischen Imperativs Kants" für den weltweit wirksamen Freiheitsbegriff erkannt[1301]. *Peter Häberles* Menschenbildlehre ist kantianisch[1302]. *Christoph Enders* baut seine richtige Lehre von der Würde des Menschen auf der Idee der Würde auf, die Kant in der Grundlegung zur Metaphysik der Sitten mit der Autonomie des Willens des Menschen als „einem vernünftigen Wesen, das keinem Gesetz gehorcht, als dem, das es zugleich selbst gibt" (S. 67), verbindet, also auf der Lehre vom Reich der Zwecke[1303], vernachlässigt aber in seinem Versuch, das Sittengesetz in Art. 2 Abs. 1 GG zu bestimmen, den mit der Autonomielehre untrennbar verbundenen kategorischen Imperativ, selbst den der Selbstzweckformel[1304]. *Enders* rekurriert zwar auf die „Symmetriebedingung", die *Adalbert Podlech* in Anlehnung an das Kantsche Rechtsprinzip formuliert hat[1305], sieht diese aber in den Generalklauseln der guten Sitten und von Treu und Glauben verwirklicht[1306]. Fraglos haben das Sittengesetz als das Gebot der Rechtlichkeit und die guten Sitten als unmittelbar demokratische Rechtsetzung eine freiheitsrechtliche Verbindung[1307], aber das Sittengesetz ist der „moralische Imperativ"[1308] und als solcher Baustein der Republik. *Enders* sucht im Sittengesetz materiale Rechtssätze, der formalen Ethik des Rechtsprinzips gemäß vergeblich. Freiheit kann nicht Autonomie des Willens sein, wie es *Enders* von Kant übernimmt,

---

Menschen durch die Menschen. Zur Grundrechtsdogmatik der Persönlichkeitsentfaltung, der Ausübungseigenschaften und des Eigentums, 1976, S. 60 f., 151 ff.; *P. Häberle*, Ethik „im" Verfassungsrecht, S. 276 ff.; *G. Morgenthaler*, Freiheit durch Gesetz, S. 235 ff.; *F. Eckardt*, Zukunft in Freiheit. Eine Theorie der Gerechtigkeit, der Grundrechte und der politischen Steuerung – zugleich eine Grundlegung der Nachhaltigkeit, 2004, S. 200, 286 ff. (289).

[1298] Dazu 6. Kap., II, 1.

[1299] *E. Grabitz*, Freiheit und Verfassungsrecht, S. 129.

[1300] *P. Häberle*, Wesensgehaltsgarantie, S. 21, 24, 28, 37, 405.

[1301] Ethik „im" Verfassungsrecht, S. 277.

[1302] Das Menschenbild im Verfassungsstaat, 2. Aufl. 2001, insb. S. 43 f., 69, 80 f.

[1303] Die Menschenwürde in der Verfassungsordnung. Zur Dogmatik des Art. 1 GG, 1997, S. 189 ff.

[1304] *Kant*, Grundlegung zur Metaphysik der Sitten, S. 61 und ff.; dazu 2. Kap., IV.

[1305] In: R. Wassermann (Hrsg.), Grundgesetz, Alternativ-Kommentar, 2. Aufl. 1989, Art. 2, Abs. 1, Rdn. 64 ff., 65.

[1306] Die Menschenwürde in der Verfassungsordnung, S. 395 ff.

[1307] Dazu *K. A. Schachtschneider*, FS W. Thieme, S. 195 ff.

[1308] *Kant*, Grundlegung zur Metaphysik der Sitten, S. 102.

wenn sie nicht dem Sittengesetz als formalem kategorischen Imperativ verpflichtet ist[1309].

Wegen ihres ethischen Charakters erschien die sittliche Pflicht der Rechtswissenschaft wohl rechtlich unergiebig, nachdem das Bundesverfassungsgericht 1957 auf dem Höhepunkt der bundesrepublikanischen Restauration ein mit dem formalen Begriff des Sittengesetzes unvereinbares Verständnis desselben als materiale „rechtliche Schranke" diktiert hatte:

> „Gleichgeschlechtliche Betätigung verstößt eindeutig gegen das Sittengesetz. Auch auf dem Gebiet des geschlechtlichen Lebens fordert die Gesellschaft von ihren Mitgliedern die Einhaltung bestimmter Regeln; Verstöße hiergegen werden als unsittlich empfunden und mißbilligt. Allerdings bestehen Schwierigkeiten, die Geltung eines Sittengesetzes festzustellen. ... Nicht darauf kommt es an, auf Grund welcher geschichtlichen Erfahrungen ein sittliches Werturteil sich gebildet hat, sondern nur darauf, ob es allgemein anerkannt wird und als Sittengesetz gilt" (BVerfGE 6, 389 (434 f.)).

Es gibt nur ein (formales) Sittengesetz, nicht (materiale) Sittengesetze.

Arno Baruzzi tauscht den hegelianischen materialen Begriff der Sittenordnung oder der Sittlichkeit und der Sitte gegen den kantianischen formalen Begriff des Sittengesetzes[1310], eine Vergewaltigung des Grundgesetzes, welche der Republik als Gesetzgebungsgemeinschaft die freiheitliche Grundlage entzieht.

2. *Josef Isensee* schiebt das Sittengesetz als „vorliberales, atavistisches Beiwerk einer alten Handschrift" beiseite[1311]. Dem französischen Freiheitskonzept der „altruistischen Tugend" stellt er das „angelsächsische" Freiheitskonzept des „eigennützigen Interesses" entgegen. Das „Interessenmodell" bestimme die Freiheit der „Bürger", das „Tugendmodell" den „Dienst" im „Amt"[1312]. Notwendig herrschen die tugendverpflichteten Amtsträger,

---

[1309] Dazu 2. Kap., VII.

[1310] Freiheit, Recht und Gemeinwohl, S. 149, 150 ff. („Ich spreche hier bewußt von Sittenordnung, obwohl in Artikel 2 von Sittengesetz die Rede ist", S. 151), ohne Blick auf die Entstehungsgeschichte und ohne Versuch einer systematischen Interpretation des Grundgesetzes, insb. im Widerspruch zur eigenen Autonomielehre (S. 8 ff., 32 ff., 176 ff. u.ö.), die er als die „Würde", ... „vernünftige Gesetze zu machen", „die Vernunft" als „Voraussetzung dieser Selbstsetzung" erkennt (S. 176), nicht aber als die Pflicht zur praktischen Vernunft, die in Art. 2 Abs. 1 GG mit dem Wort „Sittengesetz" formuliert ist.

[1311] *J. Isensee*, Grundrechtliche Freiheit – Republikanische Tugend, S. 65 ff.; vgl. auch *ders.*, JZ 1981, 1 ff.; *ders.*, HStR, Bd. II, § 15, Rdn. 132, auch Rdn. 171 ff., wo es ihm nicht gelingt, zum politischen Begriff der Freiheit vorzudringen.

[1312] Grundrechtliche Freiheit – Republikanische Tugend, S. 68 ff.; *ders.* ebenso, HVerfR, 2. Aufl. 1994, S. 1534 ff.; vgl. *ders.*, HStR, Bd. II, § 15, Rdn. 131; *ders.*, auch zum republikanischen Rechtsprinzip, HStR, Bd. III, § 57, Rdn. 100 ff.; vgl. dazu auch *G. Frankenberg*, Republik und Sozialstaat, KritV 1995, 32 f.

die Walter des Gemeinwohls, über die eigennützigen ‚Bürger‘, vor allem
ziehen sie deren Wettbewerb Grenzen.

„Zum Wohle des Ganzen" müssen sich „Kräfte regen, deren Quellen jenseits
des rechtsstaatlichen Horizontes liegen: Religion, Moral, Tradition, Kultur" …
Tugend ist „säkularisiertes, politisches Mönchstum, Askese und Hingabe an die
Sache des Gemeinwesens. Das Modell der Republik hat die Härte und Kargheit
des antiken Sparta"[1313].

Für sein „Grundrechtskonzept" der „allgemeinen Handlungsfreiheit", nach
dem „die Grundrechte geradezu den Egoismus legitimieren" würden, reklamiert *Isensee* Modernität und Liberalität, die den Text zu „vernachlässigen"
geböten[1314]. Was vermag schon ein Verfassungstext gegen die Attitüde von
Modernität? Wenn der Verfassungstext sich dem Interpreten nicht beugen
will, wird er, wie das Sittengesetz, eben „vernachlässigt"[1315]. Das Konzept
hat Vorrang[1316]. Das republikanische Prinzip des Grundgesetzes ist jedoch
nicht nur moderner, sondern auch richtiger als der Liberalismus des
19. Jahrhunderts, der untrennbar mit dem monarchischen Konstitutionalismus verbunden ist[1317]. Dessen Herrschaftlichkeit bleibt Isensee verhaftet.
Immerhin hat er weitgehend die verfassungsgerichtliche Praxis und fast die
gesamte deutsche Staatsrechtslehre auf seiner Seite. Den vielen Bürgern
ohne Ämter spricht Isensee die Willensautonomie und damit letztlich die
Würde ab. Mit dem Sittengesetz entwertet er die Gleichheit in der Freiheit,
vor allem aber die Brüderlichkeit als Verfassungsgrundsätze. Er entbürgerlicht die Bürger, anstatt diese an ihr republikanisches Amt zu erinnern. Die
„Bürger" dürfen, wenn man *Isensee* recht liest, machen, was sie wollen, solange die Amtswalter das zulassen. Solche Dogmatik muß den Staat der

---

[1313] *J. Isensee*, Grundrechtliche Freiheit – Republikanische Tugend, S. 76 bzw. 68.

[1314] Grundrechtliche Freiheit – Republikanische Tugend, S. 65 f.; liberalistisch
auch *ders.*, Grundrechte und Demokratie, S. 7 ff.

[1315] *J. Isensee*, Grundrechtliche Freiheit – Republikanische Tugend, S. 65.

[1316] Das Konzept, nämlich das des Klassenkampfes, hat auch das marxistisch-so-
zialistische Demokratieverständnis bestimmt und es ermöglicht, die Diktatur (des
Proletariats) als Prinzip der Demokratie auszugeben; die „Theorie" des Parteienstaa-
tes, die G. Leibholz entwickelt hat, hat die grundgesetzliche Verfassung gebeugt (so
W. Hennis, Der ‚Parteienstaat‘ des Grundgesetzes. Eine gelungene Erfindung, in:
Der Spiegel. Dokument, Oktober 1992); vgl. auch *H. H. v. Arnim*, Fetter Bauch regiert nicht gern. Die politische Klasse – selbstbezogen und abgehoben, 1997,
S. 21 ff., insb. S. 295 ff., 367 ff.; *ders.*, Das System. Die Machenschaften der
Macht, 2001/2004; *K. A. Schachtschneider*, Res publica res populi, S. 772 ff.,
1045 ff.; *W. Thieme*, Demokratie. Ein Staatsziel im Wandel der gelebten Verfassung, DÖV 1998, 751 ff.; *M. Reichel*, Das demokratische Offenheitsprinzip und
seine Anwendung im Recht der politischen Parteien, 1996, S. 23 ff.

[1317] Dazu *E. R. Huber*, HStR, Bd. I, § 4, Rdn. 26 ff.; *R. Wahl*, HStR, Bd. I, § 2,
Rdn. 11 ff., 147 ff.; *K. A. Schachtschneider*, Vom liberalistischen zum republikanischen Freiheitsbegriff, S. 418 ff.; *ders.*, FS M. Kriele, S. 829 ff.

Gesellschaft entgegenstellen[1318]. Auch dem Bürger als Wähler spricht *Isensee* die Amtlichkeit und damit die eigentliche politische Kompetenz ab[1319]. Der „ökonomische Egoismus" der Bürger diene „kraft einer List liberaler Vernunft dem Gemeinwohl"[1320]. Das „Interessenmodell" sollte trotz seines empirischen Realismus in Zeiten der Umweltzerstörung, der Ausbeutung der Armen durch die Reichen und der massenhaften Abtreibung, also des Verlustes an Mütterlichkeit, hinreichend desavouiert sein. Im Rahmen ihrer Privatheit, die durch subjektive Rechte materialisiert ist, dürfen die Bürger um ihres Glücks willen ihren besonderen Interessen folgen, aber diese Privatheit, dem Tugendprinzip ethisch verpflichtet, beruht auf den allgemeinen Gesetzen der autonomen, d.h. sittlich verpflichteten Bürgerschaft[1321]. Dem Gemeinwohl dienen die Gesetze und deren Vollzug[1322], die allerdings allein auf das eigene Glück bezogenes Handeln des Menschen ermöglichen und um der Menschenrechte willen größtmögliche Privatheit des Lebens einrichten dürfen und sollen. *Isensee* läßt sich vom Empirismus, von „den Menschen, wie sie sind", bestimmen[1323]. Den homo phaenomenon muß

[1318] Grundrechtliche Freiheit – Republikanische Tugend, S. 74; ähnlich *ders.*, Grundrechte und Demokratie, S. 7 ff., i.S. liberalistischen Grundrechtsverständnisses; so schon *ders.*, Der Dualismus von Staat und Gesellschaft, S. 149 ff.; das widerspricht deutlich dem republikanischen Geist, den BVerfGE 5, 85 (197 ff., 204 ff.) atmet; zur nicht mehr tragfähigen Unterscheidung von Staat und Gesellschaft *K. A. Schachtschneider*, Res publica res populi, S. 159 ff.; 3. Kap., IX.

[1319] Grundrechtliche Freiheit – Republikanische Tugend, S. 74, gegen den Satz von Novalis: „Jeder Staatsbürger ist Staatsbeamter" (*Novalis*, Glauben und Liebe oder König und die Königin, 1798, in: J. Minor (Hrsg.), Schriften von Novalis, Sämtliche Werke, 2. Bd., 1923, S. 150); ebenso in der Sache *W. Henke*, Recht und Staat, S. 388; ganz anders etwa *K. R. Popper*, Bemerkungen zu Theorie und Praxis des demokratischen Staates, S. 3; anders auch *J. Rawls*, Eine Theorie der Gerechtigkeit, S. 251 ff. („Grundsatz der (gleichen) Teilnahme"); dazu *K. A. Schachtschneider*, Res publica res populi, S. 211 ff.; 11. Kap., II.

[1320] Grundrechtliche Freiheit – Republikanische Tugend, S. 71; das ist die „invisible hand" von *Adam Smith*, An Inquiry into the Nature and Causes of the Wealth of Nations, 1776, ed. W. B. Todd, 1976, Book IV, Chapter II, S. 9 ff., 456; Kritik am Topos „List der Vernunft" der Lehren vom psychologischen Egoismus auch bei *J. Rawls*, Eine Theorie der Gerechtigkeit, S. 495; kritisch auch *H. Krüger*, Allgemeine Staatslehre, S. 467 ff.

[1321] Dazu *K. A. Schachtschneider*, Res publica res populi, S. 275 ff., 325 ff., auch S. 234 ff.; dazu 8. Kap., II, III.

[1322] *K. A. Schachtschneider*, Staatsunternehmen und Privatrecht, S. 236 ff., 247 ff.; *ders.*, Der Anspruch auf materiale Privatisierung, S. 40 ff., 217 ff., 308 ff.; *ders.*, Prinzipien des Rechtsstaates, S. 94 ff., 149 ff.; zur Gemeinwohlproblematik *J. Isensee*, HStR, Bd. III, § 57, Rdn. 1 ff., insb. Rdn. 90 ff.

[1323] Gegen die empiristischen Zweifel an der Autonomiefähigkeit der jeweils Anderen als verfassungswidrigem Argument *K. A. Schachtschneider*, Staatsunternehmen und Privatrecht, S. 135 ff., 138 ff., 152; i.d.S. schon *Kant*, Grundlegung zur Metaphysik der Sitten, S. 89 ff.; auch *ders.*, Kritik der reinen Vernunft, S. 324 f.;

jede Rechtsordnung, jede praktische Vernunft in Rechnung stellen. Das ist ihr Sinn. Der homo noumenon, das Vernunftwesen, benötigt kein Recht, dessen Zweck es ist, die Menschen zu einem Handeln zwingen zu können, welches alle frei sein läßt, das niemandem schadet. Vernunft bedarf keines Zwanges und verträgt keinen Zwang. Die Zwangsnotwendigkeit folgt der (empirisch unbestreitbaren) Fähigkeit des Menschen zur Unvernunft, eigentlich ein „Unvermögen"[1324]. Die aufklärerische Hoffnung auf das sittliche Gemeinwesen, den Rechtsstaat im eigentlichen Sinne, die Republik also, teilt *Isensee* nicht, obwohl er die konstitutionelle Bedeutung der Unantastbarkeit der Menschenwürde und der Prinzipien der demokratischen Republik an anderer Stelle selbst herausstellt[1325]. Die Besinnung auf das Weltrechtsprinzip des Art. 1 der Allgemeinen Erklärung der Menschenrechte von 1948, von fast allen Völkern, auch von Deutschland, angenommen, hätte *Josef Isensee* vor seiner Polemik gegen die menschheitliche republikanische Freiheit bewahren können.

Der transzendental begründeten Freiheitslehre, der Ethik Kants also, erspart *Josef Isensee* seine Polemik nicht. Auf das Tugendmodell ließe sich Freiheit nur „für Menschen, wie sie nach den Wünschen politischer Avantgardisten sein sollten", gründen; das tauge, um „eine Erziehungsdiktatur zugunsten einer Machtelite zu etablieren, die nach ihrem Selbstverständnis über die notwendigen Tugenden bereits verfüge"[1326]. Es geht aber der kantianischen Ethik nicht um Wünsche und Macht, sondern um die Logik gleicher Freiheit aller, um die Logik einer Republik und damit um die Logik von Recht, um eine philosophisch begründete Ethik oder Sittenlehre a priori[1327]. Im übrigen hat *Kant* die moralische Befähigung gerade der „einfachen Leute" als Vorbild hingestellt[1328]. *Isensee* warnt vor „der Guillotine" als Ende des „moralischen Rigorismus". Er will mit dem Namen *Robespierre* ängstigen[1329], verkennt aber wie dieser Tyrann das Wesen der

---

BVerfGE 5, 85 (204 f.); auch *E. Benda*, HVerfR, S. 169 f.; *M. Kriele*, HVerfR, S. 129 f.; *W. Maihofer*, HVerfR, S. 490 ff.

[1324] *Kant*, Metaphysik der Sitten, S. 333; dazu *K. A. Schachtschneider*, Res publica res populi, S. 545 ff., insb. S. 553 ff.

[1325] HStR, Bd. III, § 57, Rdn. 76 f., 97 u. ö. in seinen Schriften.

[1326] Grundrechtliche Freiheit – Republikanische Tugend, S. 69.

[1327] *Kant*, Grundlegung zur Metaphysik der Sitten, S. 11 ff.; in der Metaphysik der Sitten teilt Kant die Sittenlehre in die Rechtslehre (ius) und die Tugendlehre (ethica) und bezeichnet nur letztere als Ethik, S. 508 ff.

[1328] Vgl. Kritik der praktischen Vernunft, S. 148 f.; *L. W. Beck*, Kants „Kritik der praktischen Vernunft", S. 220.

[1329] Grundrechtliche Freiheit – Republikanische Tugend, S. 68 f.; antirousseauistisch bereits *ders.*, Grundrechte und Demokratie, S. 12 f.; vgl. auch seinen Schüler *O. Depenheuer*, Bürgerverantwortung im demokratischen Verfassungsstaat, VVDStRL 55 (1996), S. 105.

Tugend, die Unvorwerfbarkeit des moralischen Versagens, weil allein das Gewissen über die Sittlichkeit richtet[1330]. Wer Recht und Moral nicht unterscheidet, verzerrt Moralität zur erzwingbaren Rechtspflicht[1331] und institutionalisiert die Tyrannei. So hat denn *Hitler* dem Juristentag 1933 das Ende des Dualismus von Moral und Gesetz und damit sein Verbrechertum, die Tyrannis, angekündigt[1332].

> „Die Tugendpflicht ist von der Rechtspflicht wesentlich darin unterschieden, daß zu dieser ein äußerer Zwang moralisch möglich ist, jene aber auf dem freien Selbstzwang allein beruht"[1333].

Auch *Rolf Gröschner*, der sich der Republiklehre zu nähern versucht, kommt mit dem durch das Sittengesetz als dem kategorischen Imperativ definierten Freiheitsbegriff der Republik und des Grundgesetzes nicht zurecht, weil er der Republiklehre einen materialen Moralismus unterschiebt und die Formalität der inneren Freiheit nicht als Willen zur allgemeinen Gesetzlichkeit des gemeinsamen Lebens zu begreifen vermag[1334].

Das Sittengesetz als Ausdruck des Menschenwürdeprinzips normiert die spezifische Grundpflicht des freiheitlichen Gemeinwesens, nämlich die bürgerliche Pflicht zur praktischen Vernunft, zur repräsentativ-konsensualen Gesetzgebung, d.h. zur Rechtsetzung durch Einigkeit[1335]. Das ist im *aristo-*

[1330] *Kant*, Kritik der praktischen Vernunft, S. 223; *ders.*, Metaphysik der Sitten, S. 531 f., 572 ff. u. ö.; *F. Kaulbach*, Studien, S. 66 ff., 169, 177, 179; *ders.*, Immanuel Kants „Grundlegung zur Metaphysik der Sitten", S. 85.

[1331] Zum Widerspruch von Zwang und Tugend/Moralität *Kant*, Metaphysik der Sitten S. 508 ff., 512, 527 u. ö.; vgl. *G. Maluschke*, Philosophische Grundlagen des demokratischen Verfassungsstaates, S. 115 f.; *F. Kaulbach*, Studien, S. 135 ff., insb. S. 142, 171; *ders.*, Rechtsphilosophie und Rechtstheorie in Kants Rechtsmetaphysik, Studien, S. 203 f., 207; auch *ders.*, Immanuel Kants „Grundlegung zur Metaphysik der Sitten", S. 209 f.; *W. Kersting*, Die Verbindlichkeit des Rechts, S. 37 ff.; *ders.*, Das starke Gesetz der Schuldigkeit und das schwächere der Gütigkeit, S. 74 ff., insb. S. 102 ff., 105 ff., 110 ff.; *ders.*, Der Geltungsgrund von Moral und Recht bei Kant, S. 316 ff.; *ders.*, Kant über Recht, S. 31 ff., 37 ff., 40 ff., 46 ff.

[1332] Vgl. *G. Teubner*, Standards und Direktiven in Generalklauseln. Möglichkeiten und Grenzen der empirischen Sozialforschung bei der Präzisierung der Gute-Sitten-Klauseln im Privatrecht, 1971, S. 16, Fn. 25; auch *K. A. Schachtschneider*, Staatsunternehmen und Privatrecht, S. 137.

[1333] *Kant*, Metaphysik der Sitten, Tugendlehre, S. 512, vgl. auch die Rechtslehre, S. 338 f.

[1334] HStR, Bd. II, § 23, insb. Rdn. 34 f., die kantianische Republiklehre zu erörtern, scheint in diesem Handbuch nicht opportun, vgl. dort Fn. 207. Zur Freiheit 2. Kap., VII.

[1335] So insb. *F. Kaulbach*, Immanuel Kants „Grundlegung zur Metaphysik der Sitten", S. 82 ff., 100 ff., 122 ff., 131 f., 199 ff., 206 ff.; *O. Luchterhandt*, Grundpflichten als Verfassungsproblem in Deutschland, S. 461 f., leitet richtig aus Art. 1 Abs. 1 S. 1 GG, gestützt auf *C. Schmitt*, Staatsethik und pluralistischer Staat, in: Kant-Studien Bd. 35 (1930), S. 42, eine ethische „Pflicht zum Staat" ab, deren

telischen Sinne die Pflicht zur Politik. Diese Grundpflicht ist um der äußeren Freiheit willen ethisch und juridisch[1336]. Sie soll in der Verfassung der Gesetzgebung verwirklicht sein; denn die Gesetze der Vertreter des Volkes binden das Volk. Auf diese Verfassung gemeinschaftlicher Zwangsgesetzlichkeit hat jeder Bürger ein erzwingbares Recht, das Recht auf Recht, die bürgerliche Freiheit[1337].

Die notwendig sittliche Qualität der formalen Pflicht des Gesetzgebers aus dem Sittengesetz[1338], die nur in Moralität erfüllt werden kann, hat die Suche nach einer materialen Grundpflicht provoziert, die vergeblich sein muß[1339]. Die vom Sittengesetz geforderte Moralität hindert die Juridifizie-

---

Lehre er aber nur rudimentär entfaltet (vgl. a. a. O., auch S. 423, 575 f.), weil er das Sittengesetz nicht in den gebotenen Zusammenhang zum Menschenwürdeprinzip stellt, der ihm durch seine, wenn auch nicht unkritische, freiheitsdogmatische Außenlehre (a. a. O., S. 43 f., 530 f.) trotz mancher richtiger Ansätze (a. a. O., S. 425, 530 f.) verstellt ist, zumal er die Freiheit nicht konsequent politisch begreift, wie u. a. seine Kritik an H. Krüger zeigt (a. a. O., S. 42 f.); *V. Götz*, Grundpflichten als verfassungsrechtliche Dimension, VVDStRL 41 (1983), S. 21, vermag im Grundgesetz keine „Inkorporation von staatsethischen Bürgerpflichten" zu erkennen, faßt aber auch das Sittengesetz als solches nicht ins Auge; *W. Leisner*, Staatseinung, Ordnungskraft föderaler Zusammenschlüsse, insb. S. 22 ff., 31 ff., hat jedoch einen Entwurf des „neuen Bürgerreichs" konzipiert.

[1336] *H. Hofmann*, VVDStRL 41 (1983), S. 54 ff., hält sie für „bloß" „moralische Pflichten" (S. 55); i. d. S. auch *H. H. Klein*, Der Staat 14 (1975), S. 159, 167 f.

[1337] *Kant*, Über den Gemeinspruch, S. 144 f.; *ders.*, Metaphysik der Sitten, S. 338; *F. Kaulbach*, Immanuel Kants „Grundlegung zur Metaphysik der Sitten", S. 82 ff., 100 ff., 120 ff., 131 f., 195 ff., 206 ff.; *R. Dreier*, Zur Einheit der praktischen Philosophie Kants, S. 299; *J. Schwartländer*, Die Menschenrechte und die Notwendigkeit einer praktischen Weltorientierung, S. 166 ff., 185 ff. („Es gibt im Grunde nur das eine Recht des Menschen: im Recht zu leben", und „der Staat als Dasein der politischen Freiheit"); *G. Maluschke*, Philosophische Grundlagen des demokratischen Verfassungsstaates, S. 119 f.; *J. Habermas*, Die Einbeziehung des Anderen, S. 167.

[1338] Zur Formalität der Freiheit etwa *F. Kaulbach*, Immanuel Kants „Grundlegung zur Metaphysik der Sitten", S. 168.

[1339] Vgl. die Hinweise in Fn. 20. Typisch *I. v. Münch*, GG, Rdn. 33 ff. zu Art. 2; *H. Hofmann* hat sich über die Relevanz einer Tugendlehre für die Verfassung mokiert, VVDStRL 41 (1983), S. 48, 73, 80; kraß gegen eine bürgerliche Tugendpflicht *J. Isensee*, Grundrechtliche Freiheit – Republikanische Tugend, S. 65 ff.; kritisch zum juridischen, mit der Ethik als der Lehre von der Freiheit unvereinbaren Verständnis des Sittengesetzes mit Hinw. *K. A. Schachtschneider*, Staatsunternehmen und Privatrecht, S. 125 ff., auch S. 97 ff.; *ders.*, FS W. Thieme, S. 204 ff.; wie im Text insb. *K. Jaspers*, Plato, Augustin, Kant, S. 263 ff.; eine Tugendlehre entwickelt *J. Rawls*, Eine Theorie der Gerechtigkeit, insb. S. 433 ff. („Das Gute als das Vernünftige"), S. 493 ff. („Der Gerechtigkeitssinn"), auch S. 368 ff. („Pflicht und Verpflichtung"), passim, weil für die so „wohlgeordnete Gesellschaft" die Tugend notwendig sei (etwa S. 21 f., 557 f. u. ö.); *W. Maihofer*, HVerfR, S. 442, 447, 463 f., 466, auch S. 519 ff. (zur Brüderlichkeit); auch die Repräsentationslehre *H. Krügers*, Allgemeine Staatslehre, S. 232 ff., ist eine Tugendlehre.

rung der praktischen Vernünftigkeit der Gesetze und damit eine Überprüfung der nur in und durch Moralität verfassungsgemäßen Rechtserkenntnisse des Gesetzgebers insbesondere durch das Bundesverfassungsgericht nicht. Aus der Logik der Moralität kann diese nur eine eigenverantwortliche, der praktischen Vernunft/der Sittlichkeit verpflichtete, funktional gesetzgebende Rechtserkenntnis der Hüter der Verfassung, insbesondere in der Rechtsprechung, sein. Die Juridität ist damit verbunden, daß die vom Gesetz geregelten oder zu regelnden Handlungen äußerlich sind, d.h. daß Streit unter Menschen besteht oder entstehen kann. Deswegen kann die Rechtlichkeit des Handelns von jedem durch das Handeln Betroffenen erzwungen werden, gegebenenfalls durch Richtersprüche.

II. Formalität, nicht Materialität des Sittengesetzes

1. Die verfassungsändernde, aber irrige Lehre von der materialen Sittlichkeit verantwortet das Bundesverfassungsgericht. In dem Homosexuellen-Urteil von 1957 (BVerfGE 6, 389 (434)) hat es das Sittengesetz „als eine rechtliche Schranke des Rechts auf freie Entfaltung der Persönlichkeit" eingestuft und den Gesetzgeber in die tradierte materiale Sittlichkeit einbinden wollen: „Die verfassungsmäßige Ordnung" „darf selbst dem Sittengesetz nicht widersprechen – ‚unsittliche' Gesetze gehören nie zur verfassungsmäßigen Ordnung". „Das Sittengesetz" könne „einen sonst unzulässigen oder doch in seiner Zulässigkeit zweifelhaften Eingriff des Gesetzgebers in die menschliche Freiheit legitimieren." Diese Materialisierung des Sittengesetzes zu einer den Gesetzgeber, also die Vertreter des ganzen Volkes und damit das vertretene Volk, bindenden material-rechtlichen Schranke[1340] gipfelte in dem schon zitierten[1341] Ausspruch: „Gleichgeschlechtliche Betätigung verstößt eindeutig gegen das Sittengesetz", der konfessionell und rechtsgeschichtlich belegt wurde. Die Reform des Sexualstrafrechts hat bereits 1969 das Gericht widerlegt. Das Sittengesetz bindet jeden Bürger und damit jeden Abgeordneten und jeden Richter. Es bindet ethisch die Willkür. Der Gerichtshof der Sittlichkeit ist das Gewissen, sowohl das des Bürgers als auch stellvertretend für die Bürgerschaft das der Amtswalter, der Vertreter des Volkes[1342]. Dennoch ist, weil es um äußere Handlungen geht, die

---

[1340] Zur moralischen Pflichtigkeit des Gesetzgebers, die zur letzten ordentlichen Verantwortung des Bundesverfassungsgerichts für die praktische Vernünftigkeit der Gesetze, deren Richtigkeit oder Rechtlichkeit führt, über die letztlich das Volk als Hüter der Verfassung wacht 7. Kap., II, 2, 3.

[1341] Zu I, 1 a.E.

[1342] Dazu *K. A. Schachtschneider*, Res publica res populi, S. 637 ff., 707 ff. (725 ff.), 772 ff. (810 ff.); *ders.*, Staatsunternehmen und Privatrecht, S. 98 ff., 104 ff., 114 ff., 116 ff., 122 ff., 124 ff.; *ders.*, FS W. Thieme, S. 195 ff.

verbindliche Rechtserkenntnis, nämlich das ius, unverzichtbar, welche die autonome Materialisierung notwendig macht. Das erfordert das Gesetz, notfalls den dieses surrogierenden Richterspruch, jedenfalls die erzwingbare Handlungsregelung, welche die allgemeine Freiheit wahrt.

Dem Menschenbild, welches das Bundesverfassungsgericht seiner Rechtsprechung zugrundezulegen pflegt, nämlich dem des autonomen, sozialgebundenen Individuums, gemeinschaftsgebunden und gemeinschaftsverpflichtet[1343], entspricht eine vorgesetzliche Materialisierung der Sittlichkeit nicht[1344]. Erst die gesetzgeberischen Erkenntnisse des Richtigen für das gute Leben aller in allgemeiner Freiheit, also die Gesetzgebung oder die funktional gesetzgebende Rechtserkenntnis der Rechtsprechung als Verwirklichung der praktischen Vernunft, orientiert an den materialen Leitentscheidungen des Grundgesetzes, schaffen gesetzliche Materialität als Recht. Das Recht ist prinzipiell in Gesetzen positiviert, jedenfalls nicht aus materialen Sittengesetzen ableitbar. Ohne Gesetzgebung jedoch gibt das Recht der Freiheit das Recht auf Recht, insbesondere das auf den Staat, aber auch die Rechte des Menschen als Menschen, insbesondere die materialen Rechte des Menschen, die Menschenrechte, vor allem das, um der Selbständigkeit willen Eigentum zu haben[1345] und das, die eigene Meinung in der Politik äußern zu dürfen[1346].

Den Irrtum von einer Materialität des Sittengesetzes aus der Hochphase bundesrepublikanischer Restauration obrigkeitlicher Anschauungen schleppen wir noch mit[1347]. Er behindert die Entwicklung zur Republik. Die Ma-

---

[1343] BVerfGE 4,7 (15 f.); 7, 198 (205); 24, 119 (144); 27, 1 (6 f.); 27, 344 (351 f.); 33, 303 (334); 45, 187 (227 f.); 48, 127 (163); 49, 286 (298); 50, 166 (175); 50, 290 (353); 56, 37 (49); 65, 1 (44); 109, 133 (151); eher republikanisch BVerfGE 5, 85 (204 f.); vgl. auch die neue Formulierung in BVerfGE 80, 367 (373 f.), nämlich: „Der Mensch als Person, auch im Kern seiner Persönlichkeit, existiert notwendig *in* sozialen Bezügen"; i.d.S. *D. Suhr*, Entfaltung der Menschen durch die Menschen, S. 87 ff., 105 ff.; *R. Marcic*, Vom Gesetzesstaat zum Richterstaat, S. 313 ff.; wesentlich *P. Häberle*, Das Menschenbild im Verfassungsstaat, insb. S. 47 ff.; auch *E. Benda*, HVerfR, S. 163 f.; *W. Maihofer*, HVerfR, S. 494 f.; *K. A. Schachtschneider*, Staatsunternehmen und Privatrecht, S. 98 f. mit Fn. 6.

[1344] Vgl. *K. A. Schachtschneider*, Staatsunternehmen und Privatrecht, S. 98 ff.; *ders.*, FS W. Thieme, S. 204 ff.; *ders.*, Res publica res populi, S. 267 ff.

[1345] Dazu *K. A. Schachtschneider*, FS W. Leisner, S. 755 ff., dazu 10. Kap., III.

[1346] Dazu *K. A. Schachtschneider*, Medienmacht versus Persönlichkeitsschutz, in: ders., Freiheit – Recht – Staat (hrsg. von D. I. Siebold/A. Emmerich-Fritsche), 2005, S. 268 ff.

[1347] So immer noch BVerfGE 49, 286 (298); *H.-U. Erichsen*, HStR, Bd. VI, § 152, Rdn. 40 ff.; *U. Di Fabio*, in: Maunz/Dürig, GG, Art. 1 Abs. 1, Rdn. 8, 45 f.; so auch noch (hegelianisch und vermeintlich aristotelisch) *A. Baruzzi*, Freiheit, Recht und Gemeinwohl, S. 150 ff., freilich ohne Bezug auf die Rechtsprechung des Bundesverfassungsgerichts (dazu kritisch in Fn. 1310).

terialität der in den Begriff Sittengesetz hineingelesenen sittlichen Schranke ist aber die dogmatische Konsequenz der Materialität des Begriffs der allgemeinen Handlungsfreiheit, welche das Bundesverfassungsgericht durch Art. 2 Abs. 1 GG geschützt sieht[1348]. Die deutsche Staatsrechtslehre ist dieser restaurativen Interpretation des Freiheitsprinzips weitestgehend gefolgt[1349].

Die Lehre, die allgemeine Handlungsfreiheit sei prinzipiell unbegrenzt, „offen, aber nicht gegenstandslos"[1350], Art. 2 Abs. 1 GG schütze in seiner Materialität gar „unbenannte Freiheitsrechte"[1351], ist das liberalistische Mißverständnis der Freiheit, deren Formalität nicht erkannt wird, und zugleich die logische Folge der Trennung von Staat und Gesellschaft. Sie war richtig, solange die Staatsgewalt vom monarchischen Prinzip bestimmt war und liegt in der Logik einer Staatslehre, welche sich von der Ideologie, Staatlichkeit sei notwendig Herrschaft, nicht zu lösen weiß[1352]. Die Definition der Freiheit durch Art. 2 Abs. 1 GG, welche die sittliche Bindung des Menschen einbezieht, beweist aber die republikanische Formalität des Freiheitsprinzips. Nur diese Innenlehre läßt die Würde des Menschen als dessen Willensautonomie[1353] unangetastet. Der Mensch bestimmt die Maximen seines Handelns. Die Maximen müssen so sein, daß das Handeln niemandem schadet; darin sind sie vernünftig. Diesem Kriterium können die Maximen nur genügen, wenn sie einem allgemeinen Gesetz, also einem Gesetz aller, entsprechen oder entsprechen können[1354]. Derartige Maximen seines Handelns selbst, aber gemeinsam mit den anderen Menschen, mit denen er zusammenlebt, also ein (bürgerliches) Gemeinwesen bildet, als Gesetze zu bestimmen, ist die Freiheit des Menschen, des Bürgers. Darin und dadurch ist der Mensch Bürger; denn *res publica res populi*.

[1348] BVerfGE 6, 32 (36 ff.); stetige Rechtsprechung, dazu mit weiteren Hinweisen in Fn. 1789; vgl. *H.-U. Erichsen*, HStR, Bd. VI, § 152, S. 1186 ff.

[1349] Dazu näher *K. A. Schachtschneider*, Res publica res populi, S. 159 ff., 441 ff., 978 ff.; vgl. auch für den Begriff Sittengesetz für alle *H.-U. Erichsen*, HStR, Bd. VI, § 152, Rdn. 1 ff., insb. Rdn. 40 ff.; *U. Di Fabio*, in: Maunz/Dürig, GG, Art. 2 Abs. 1, Rdn. 10 ff.; dazu 6. Kap.

[1350] *W. Schmitt Glaeser*, Schutz der Privatsphäre, HStR, Bd. VI, 1989, § 129, Rdn. 21 ff.

[1351] Dazu mit Hinweisen (insb. Fn. 1561) auch 5. Kap., IV, 1; vgl. *W. Schmitt Glaeser*, HStR, Bd. III, § 38, Rdn. 1 ff.; *H.-U. Erichsen*, HStR, Bd. VI, § 152, Rdn. 24 ff., 52 ff.

[1352] *K. A. Schachtschneider*, Res publica res populi, S. 71 ff.; 3. Kap., I.

[1353] *Kant*, Grundlegung zur Metaphysik der Sitten, S. 69 u. ö.; *W. Maihofer*, HVerfR, S. 427 ff., 490 ff.; *F. Kaulbach*, Immanuel Kants „Grundlegung zur Metaphysik der Sitten", S. 102 ff.; 208 f.; *K. A. Schachtschneider*, Staatsunternehmen und Privatrecht, S. 101, mit weiteren Hinweisen.

[1354] Dazu 2. Kap., V, VI, VII.

In dem Maße, in dem Vernunft praktiziert wird, ist das Gemeinwesen republikanisch. Die verschiedenen grundgesetzlich verankerten Pflichten[1355] sind nicht freiheitsdogmatisch, d.h. für die Republik, konstitutionell, wenn sie auch in der Republik durchaus essentielle Grundpflichten sind. Die Pflicht zur Rechtsverwirklichung[1356] ist dem republikanischen Freiheitsbegriff immanent; denn die Freiheit wird durch Gesetze und deren allseitige Befolgung, notfalls deren Erzwingung, verwirklicht[1357]. Eine nicht auf die Freiheit gegründete Rechtsgehorsamspflicht schafft den Untertanen. Sie entspricht monarchistisch geprägter, herrschaftlicher Doktrin[1358].

„Wenn daher das Volk einfach verspricht, zu gehorchen, löst es sich durch diesen Akt auf und verliert seine Eigenschaft als Volk; ..." (*Rousseau*)[1359].

2. Meist wird der Begriff Sittengesetz im Sinne einer materialen Sittlichkeit, überwiegend gar zu dem der guten Sitten, nivelliert[1360], die eine wich-

---

[1355] Vgl. zu diesen insb. *R. Stober*, Grundpflichten und Grundgesetz, S. 23 ff.; *V. Götz*, VVDStRL 41 (1983), S. 21 ff., zu den Grundpflichten der WRV S. 9 ff.; dazu *C. Schmitt*, Verfassungslehre, 1928, 1965, 8. Aufl. 1993, S. 174 f.; dazu umfassend *O. Luchterhandt*, Grundpflichten als Verfassungsproblem in Deutschland, insb. S. 432 ff.; umfassend *K. Stern*, Staatsrecht III, 2, § 80, S. 985 ff.; vgl. auch die Hinw. in Fn. 1339.

[1356] Dazu *R. Stober*, Grundpflichten und Grundgesetz, S. 28 ff.; *H. Hofmann*, VVDStRL 41 (1983), S. 62 f., 66 f.; *H. Bethge*, NJW 1982, 2150; *K. Stern*, Staatsrecht III, 2, S. 1027; *O. Luchterhandt*, Grundpflichten als Verfassungsproblem in Deutschland, S. 433 f., 560, stützt sie wie den Verfassungsstaat auf Art. 1 und 20 GG.

[1357] Insb. *Rousseau*, Vom Gesellschaftsvertrag, I, 8, IV, 2, S. 23, 116; *Montesquieu*, Vom Geist der Gesetze, XI, 6, XII, 2, S. 215, 250 ff.; *Kants* Pflichtethik (vgl. u.a. Grundlegung zur Metaphysik der Sitten, S. 22 ff.) ist von diesem Gedanken bestimmt, etwa i.d.S. *H. Hofmann*, VVDStRL 41 (1983), S. 61 ff., 69, 74 f.; *W. Maihofer*, HVerfR, S. 454; *W. Kersting*, Die Verbindlichkeit des Rechts, S. 19 ff.; auch *ders.*, Transzendentalphilosophische Eigentumsbegründung, S. 64 ff., 67 ff., 69 ff.; *ders.*, Geltungsgrund von Moral und Recht bei Kant, S. 316 ff., 318 f.; *F. Kaulbach*, Immanuel Kants „Grundlegung zur Metaphysik der Sitten", S. 209 f.; *ders.*, Studien, S. 51, 135 ff. (142), 171, 207 f.; schief *H. Bethge*, NJW 1982, 2150, der diese Pflicht „als notwendiges Korrelat der Gewährleistung der Grundrechte durch den Verfassungsstaat" sieht; *J. Rawls*, Eine Theorie der Gerechtigkeit, S. 386 ff., 392 ff., stellt richtig den Zusammenhang von der „Pflicht, einem ungerechten Gesetz zu gehorchen", mit der „Mehrheitsregel" (dazu *K. A. Schachtschneider*, Res publica res populi, S. 105 ff.; 3. Kap., IV, 2) heraus.

[1358] Ganz so *H. Hofmann*, VVDStRL 41 (1983), S. 61 ff., 68; i.d.S. auch *H. Bethge*, NJW 1982, 2150; vgl. *R. Thoma*, Die juristische Bedeutung der grundrechtlichen Sätze der deutschen Reichsverfassung im allgemeinen, S. 2; zur Gehorsams- und Treuepflicht im monarchischen Konstitutionalismus *O. Luchterhandt*, Grundpflichten als Verfassungsproblem in Deutschland, S. 109 ff.; *F. W. Stahl*, Das monarchische Princip, 1845, S. 11 ff., 18 ff.

[1359] Vom Gesellschaftsvertrag, II, 1, S. 28.

[1360] BVerfGE 6, 389 (434 ff.); 49, 286 (299); BGHSt 5, 46 (52 ff.); BGHZ 5, 76 (97); in der Sache auch BVerwG NJW 1982, 664 f.; *G. Dürig*, in: Maunz/Dürig,

tige regelnde Funktion unter den Bürgern haben, aber als staatliche (i. w. S.) Gesetze oder private Übereinkünfte[1361] einer „Rechtssetzung von Unten aus der Gesellschaft"[1362], die gesetzgeberische Freiheit des Volkes keinesfalls begrenzen. „Als die überlieferten sittlichen Vorstellungen", „tradiert in den sehr allgemeinen naturrechtlichen Prinzipien", „nachgewiesen in der Gesetzgebung etwa der letzten 200 Jahre, die sich weitgehend in den Handbüchern der Ethik und Moraltheologie spiegele", wollte *Christian Starck* das Sittengesetz rechtsdogmatisch brauchbar machen[1363]. Auch er materialisiert das formale Pflichtprinzip der allgemeinen Freiheit, der Ethik. Das Verhältnis „der Bürger untereinander und zum Staat" sieht *Hans-Uwe Erichsen* „den sittlichen Vorstellungen der Zeit überantwortet" … „In Betracht" kä-

---

GG, Rdn. 16 zu Art. 2 Abs. I GG, anders Rdn. 74 ebd. (i. S. der regula aurea); i. d. S. auch *P. Häberle*, Wesensgehaltsgarantie, S. 21, 24, 28, 37, 405 (jedenfalls i. S. einer grundrechtsbegrenzenden materialen Sittlichkeit; anders jetzt *ders.*, in: Ethik „im" Verfassungsrecht, S. 277); *P. Badura*, Staatsrecht. Systematische Erläuterung des Grundgesetzes für die Bundesrepublik Deutschland, 1986, S. 161; i. d. S. auch *H.-U. Erichsen*, HStR, Bd. VI, § 152, Rdn. 40 ff.; *R. Zippelius/Th. Würtenberger*, Deutsches Staatsrecht, 31. Aufl. 2005, S. 214; vgl. auch *R. Zippelius*, Rechtsphilosophie, 4. Aufl. 2003, S. 26 f., 27 ff., 153 ff., 197 f.; *A. Bleckmann*, Staatsrecht II, Die Grundrechte, 3. Aufl. 1989, S. 501 ff.; *B. Pieroth/B. Schlink*, Grundrechte, Staatsrecht II, 21. Aufl. 2005, Rdn. 388 („Sittengesetz"... „keine eigenständige Bedeutung"); *U. Di Fabio*, in: Maunz/Dürig, GG, Art. 2 Abs. 1, Rdn. 8, 45 f.; *W. Schmitt Glaeser*, HStR, Bd. VI, § 129, Rdn. 24, 37, 103, der das Sittengesetz nicht erwähnt; *F. Müller*, Die Positivität der Grundrechte. Fragen einer praktischen Grundrechtsdogmatik, 2. Aufl. 1990, S. 92 f. (materiale „Blankettformel"); *M. Sachs*, in: K. Stern, Staatsrecht III, 2, S. 355 f.; *D. Murswiek*, in: M. Sachs, GG, Art. 2, Rdn. 94; i. S. der „katholischen Soziallehre" versteht die Menschenwürde und damit die Sittlichkeit *E. Fechner*, JZ 1986, 654 f.; vgl. nicht unkritisch *I. v. Münch*, GG, Rdn. 34 zu Art. 2, der selbst aber bei einem materialen Begriff, Ch. Starck folgend, bleibt; kraß liberalistisch *Ph. Kunig*, in: v. Münch/Kunig, GG, Rdn. 26 ff. zu Art. 2; *A. Baruzzi*, Freiheit, Recht und Gemeinwohl, S. 150 ff., i. S. von Sittenordnung (Sittlichkeit), Sitte; *R. Poscher*, Grundrechte als Abwehrrechte, S. 125 ff.; dazu kritisch *K. A. Schachtschneider*, Staatsunternehmen und Privatrecht, S. 107 ff., 243, 363 ff., insb. 412 ff. mit weiteren Hinweisen in Fn. 48, S. 108; *ders.*, FS W. Thieme, S. 204 ff.; *ders.*, Res publica res populi, S. 267 ff., passim; *K. Hesse*, Grundzüge des Verfassungsrechts, Rdn. 425 ff., S. 183 ff., gibt keine Definition des Begriffs Sittengesetz.

[1361] Dazu *K. A. Schachtschneider*, Staatsunternehmen und Privatrecht, S. 363 ff., 421 ff.; *ders.*, FS W. Thieme, S. 206 ff.; vgl. auch i. d. S. *J. Habermas*, Strukturwandel der Öffentlichkeit, S. 142 ff.

[1362] *W. Maihofer*, HVerfR, S. 522.

[1363] FS *Geiger*, 1974, S. 259 ff., 276; ebenso v. Mangoldt/Klein/*Starck*, 3. Aufl. 1985, GG, Rdn. 24 ff. zu Art. 2 Abs. 1, gestützt auf BVerfGE 6, 389 (434 ff.), der in der 5. Aufl. 2005 vorsichtig von dieser Position abrückt, ohne die von mir bereits 1986 und verstärkt 1994 vertretene Lehre vom Sittengesetz als dem kategorischen Imperativ zur Kenntnis zu nehmen; kritisch schon *K. A. Schachtschneider*, Staatsunternehmen und Privatrecht, S. 109 ff.

men „nur diejenigen sittlichen Werturteile, die als Teil der tatsächlichen feststellbaren Sozialmoral anerkannt" seien[1364]. Das sind die guten Sitten[1365]. „Vornehmlich" seien „die im Grundgesetz selbst enthaltenen ethischen Wertentscheidungen zugunsten der Menschenwürde, Menschenrechte und Sozialstaatlichkeit einschlägig". Diese „verfassungsimmanente Ethik" hat *Günter Erbel* entwickelt[1366]. Ein solches Verständnis vom Sittengesetz steht dem ethischen Gesetz der Freiheit hilflos gegenüber, wenn auch die genannten Prinzipien erst durch die Ethik des Grundgesetzes ihren verfassungsprägenden Gehalt gewinnen. Ohne Kantstudien ist dem Definiens der grundgesetzlichen Freiheit, dem Sittengesetz, nicht näher zu kommen.

Das Sittengesetz ist entgegen dem herrschenden material-ethischen Verständnis das formal-ethische Konstituens von Freiheit und Republik. *Hermann von Mangoldt* (CDU) nannte es im Grundsatzausschuß des Parlamentarischen Rates, wie schon gesagt, richtig das „ethische Grundgesetz"[1367]. *Carlo Schmid* (SPD) schreibt in seinen Erinnerungen (1979) S. 372:

> „Es gelang mir auch, meine Kollegen zu überzeugen, daß im Bewußtsein unseres Volkes ein Sittengesetz lebt, das wir für verbindlich halten, weil die Deutschen im Laufe ihrer Geschichte erkannten, daß Freiheit, Selbstverantwortung und Gerechtigkeit die Würde des Menschen ausmachen und daß diese Würde gebietet, daß jeder die Freiheit und die Selbstachtung eines jeden anderen achtet und sein Leben nicht auf Kosten der Lebensmöglichkeiten des anderen führt. In diesem Moralverständnis können Christen und Nichtchristen sich im Freiheitsraum des Staates vereinigen."

Diese allgemeinverständliche Umschreibung des kategorischen Imperativs von *Carlo Schmid*, dem Kantianer, wie S. 37 der Erinnerungen erweist:

> „Damals nahm ich eine Vorstellung in mein Denken auf, die mich nie mehr verlassen hat: Den kategorischen Imperativ der Mitmenschlichkeit, der mich verstehen ließ, was im politischen Leitspruch der Französischen Revolution das Wort Brüderlichkeit bedeutete, nicht eine schale und unterschiedslose Brüderei und huma-

---

[1364] HStR, Bd. VI, § 152, Rdn. 40 ff.; folgend *U. Di Fabio*, in: Maunz/Dürig, GG, Art. 2 Abs. 1, Rdn. 45.

[1365] *K. A. Schachtschneider*, Staatsunternehmen und Privatrecht, S. 363 ff., 421 ff., 431 ff.; *ders.*, FS W. Thieme, S. 206 ff.

[1366] *G. Erbel*, Das Sittengesetz als Schranke der Grundrechte. Ein Beitrag zur Auslegung des Art. 2 Abs. 1 des Grundgesetzes, 1971, S. 177, 192 ff., 261, 263 ff., 270 ff., 332 ff., 341 ff., 378 f., 390 f.; *H.-U. Erichsen*, HStR, Bd. VI, § 152, Rdn. 40 ff.; Kritik an Erbels Interpretation schon bei *K. A. Schachtschneider*, Staatsunternehmen und Privatrecht, S. 113 f.

[1367] 23. Sitzung vom 29.11.1948, JöR, Bd. 1, S. 57; i.d.S. auch die Erinnerungen von *Carlo Schmid*, S. 379; dazu v. Mangoldt/Klein/*Starck*, GG, Art. 2 Abs. 1, Rdn. 38; zum Sittengesetz als „ethischer Grundnorm" des Grundgesetzes *K. A. Schachtschneider*, Staatsunternehmen und Privatrecht, S. 97 ff., 125 ff.; *ders.*, FS W. Thieme, S. 195 ff.; *ders.*, Res publica res populi, S. 259 ff.; i.d.S. *D. Suhr*, Entfaltung der Menschen durch die Menschen, S. 151 ff., insb. S. 156.

nitäre Phrase, sondern das Gebot, sich bei allem Tun so einzurichten, daß der andere im Persönlichsten, in den Bereichen der Gesellschaft, in der staatlichen Gemeinschaft zu bewahren und zu entfalten vermag, was das Menschliche am Menschen ist",

verbietet jede nicht-kantianische, nicht-republikanische Interpretation des Wortes „Sittengesetz" in der Verfassung „dieses Volkes", das „einen freiheitlichen Volksstaat" (*Carlo Schmid*, S. 372), die Republik also, wollte und will.

Dem „Recht auf die freie Entfaltung seiner Persönlichkeit", das nach Art. 2 Abs. 1 GG „jeder hat", das somit niemand vom Staat erhält, wird nur eine Lehre von der sittlichen Persönlichkeit, vom Menschen als Vernunftwesen, gerecht, weil nur eine solche Lehre die Würde des Menschen nicht antastet[1368]. Darum muß dieses „Recht" auf seinen für das gemeinsame Leben von Menschen, die gleich frei sind, denkbaren Gegenstand beschränkt werden, auf die Autonomie des Willens. Der Soweitsatz des Art. 2 Abs. 1 GG definiert demgemäß das „Recht auf die freie Entfaltung seiner Persönlichkeit. Ein „Recht", das über „die Rechte anderer, die verfassungsmäßige Ordnung oder das Sittengesetz" hinausginge, ließe sich in einer Verfassung der Freiheit nicht begründen. Eine „Entfaltung seiner Persönlichkeit", welche die im Soweitsatz genannten Grenzen mißachtet, wäre nicht „frei". Weder die Umdeutung des grundrechtlichen Freiheitsschutzes des Art. 2 Abs. 1 GG in ein Grundrecht der allgemeinen, materialen Handlungsfreiheit noch die Restriktion des Grundrechts auf den Schutz der Entfaltungsmöglichkeiten einer material-ethisch bestimmten Persönlichkeit im Sinne einer material-pragmatischen Werthaftigkeit, auf den Schutz eines Kerns der Persönlichkeit[1369], wird der Freiheit des Menschen als Autonomie des Willens gerecht[1370]. Die sogenannte Persönlichkeitskerntheorie hat

---

[1368] *K. A. Schachtschneider*, Staatsunternehmen und Privatrecht, insb. S. 122 ff.; *ders*. Res publica res populi, S. 275 ff., 325 ff., 494 ff.

[1369] Vor allem *H. Peters*, Die freie Entfaltung der Persönlichkeit als Verfassungsziel, in: D. Constantopoulos/H. Wehberg (Hrsg.), Gegenwartsprobleme des internationalen Rechts und der Rechtsphilosophie, FS R. Laun (70.), 1953, S. 669, 673; *ders.*, Das Recht auf freie Entfaltung der Persönlichkeit in der höchstrichterlichen Rechtsprechung, 1963, S. 47 f.; vgl. *K. Hesse*, Grundzüge des Verfassungsrechts, Rdn. 426 ff., S. 183 f.; *Fr. Klein*, in: v. Mangoldt/Klein, GG, Bd. I, 2. Aufl. 1964, Anm. III 6c zu Art. 2; *G. Erbel*, Das Sittengesetz, S. 161 ff., 173 f., 177; *D. Suhr*, Entfaltung der Menschen durch die Menschen, S. 62 ff.; dazu *W. Schmidt*, Die Freiheit vor dem Gesetz. Zur Auslegung des Art. 2 Abs. 1 des Grundgesetzes, AöR 91 (1966), S. 42 ff.; noch offen gelassen in BVerfGE 4, 7 (15); grundlegend *P. Häberle*, Das Menschenbild im Verfassungsstaat, 2. Aufl. 2001.

[1370] *K. A. Schachtschneider*, Staatsunternehmen und Privatrecht, S. 97 ff., zum „Autonomieprinzip des Grundgesetzes"; *ders.*, FS W. Thieme, S. 195 ff.; *ders.*, Res publica res populi, S. 274 ff., 325 ff.; auch *J. Rawls*, Eine Theorie der Gerechtigkeit, inbs. S. 557 ff., stellt die „wohlgeordnete Gesellschaft" auf den Begriff „Auto-

das Bundesverfassungsgericht zu Recht zurückgewiesen[1371]. Es hat aber nicht zur Ethik des Grundgesetzes gefunden. Das Grundgesetz verfaßt das gemeinsame Leben von Personen, von Bürgern, die sich in Freiheit auf Gesetze der Freiheit einigen sollen und können, deren Willen autonom ist.

> „Anders gesagt: Alle Staatsgewalt geht von den in Würde verbundenen *Bürgern* aus. *Rousseaus* Volks-Demokratie ‚ist auf die Würde der Menge von Menschen unter Rechtsgesetzen' (i. S. *Kants*) umzudenken. *Kant* ist – neben *J. Locke* – überhaupt die kulturelle Status-quo-Garantie, hinter die der Verfassungsstaat nicht zurückgehen darf"[1372].

Art. 1 Abs. 2 des Grundgesetzes sollte demgemäß in einer Fassung des Allgemeinen Redaktionsausschusses 1948 lauten:

> „Die Freiheit und die Gleichheit des Menschen, seine Verpflichtung gegenüber dem Nächsten und gegenüber der Gesamtheit sind die Grundlage der menschlichen Gemeinschaft, des Friedens und der Gerechtigkeit in der Welt."[1373]

---

nomie" neben den der „Objektivität" (S. 560 ff.); *D. Suhr*, Entfaltung der Menschen durch die Menschen, S. 78 ff., 105 ff., 129 ff., 151 ff.; *W. Maihofer*, HVerfR, S. 490 ff., auch S. 1210 ff.

[1371] BVerfGE 6, 32 (34 ff.); *R. Scholz*, Das Grundrecht der freien Entfaltung der Persönlichkeit in der Rechtsprechung des Bundesverfassungsgerichts, AöR 100 (1975), S. 86 ff.; *D. Merten*, Das Recht auf freie Entfaltung der Persönlichkeit, JuS 1976, 345 f.; *H. U. Evers*, Zur Auslegung von Art. 2 Abs. I des Grundgesetzes, insb. zur Persönlichkeitskerntheorie, AöR 90 (1965), S. 90 f.; *I. v. Münch*, GG, Rdn. 19 zu Art. 2; *K. A. Schachtschneider*, Staatsunternehmen und Privatrecht, insb. S. 116 ff.; *H.-U. Erichsen*, HStR, Bd. VI, § 152, Rdn. 20.

[1372] *P. Häberle*, Föderalismus, Regionalismus, Kleinstaaten – in Europa, Die Verwaltung 25 (1992), S. 13; *ders.* auch, Das Menschenbild im Verfassungsstaat, S. 80 f.

[1373] JöR N.F. Bd. 1 (1951), S. 51; darauf weist in gleichem Sinne hin *W. Maihofer*, HVerfR, S. 499, 536.

Fünftes Kapitel

Republikanische Freiheit als Autonomie des Willens

I. Freiheit und Freiheiten

Die Praxis und herrschende Lehre halten am monarchisch-konstitutionell geprägten und zugleich im 19. Jahrhundert liberalen, in einer demokratischen Republik aber liberalistischen Freiheitsbegriff[1374] fest, obwohl dieser auch von Rechtslehrern nachhaltig kritisiert worden ist, insbesondere von *Herbert Krüger, Horst Ehmke, Konrad Hesse, Werner Maihofer, Martin Kriele, Peter Häberle, Hans Heinrich Rupp* und *Eberhard Grabitz*[1375]. Die-

---

[1374] Vgl. *P. Laband*, Das Staatsrecht des Deutschen Reichs, Bd. I, 5. Aufl. 1911, S. 150 f.; *F. Giese*, Die Grundrechte, 1905, insb. 27 ff., 57 ff., 76 ff.; *E. Eckhardt*, Die Grundrechte vom Wiener Kongress bis zur Gegenwart. Ein Beitrag zur deutschen Verfassungsgeschichte, 1913, insb. S. 96 ff. (zur Kontroverse in der Paulskirche), S. 120 ff. (zur Auffassung in der Erfurter Unionsverfassung); dazu genau *E. Grabitz*, Freiheit und Verfassungsrecht, S. 158 ff.; dazu auch *K. Hesse*, Bedeutung der Grundrechte, HVerfR, 2. Aufl. 1994, S. 130, 134 ff.; *H. Ehmke*, „Staat" und „Gesellschaft", S. 259 ff.; vgl. auch *C. Schmitt*, Grundrechte und Grundpflichten, S. 207 ff.; *ders.*, Freiheitsrechte und institutionelle Garantien der Reichsverfassung 1931, in: ders., Verfassungsrechtliche Aufsätze aus den Jahren 1924–1954, 1958, S. 140 ff.; *ders.*, Verfassungslehre, S. 157 ff., insb. S. 164. Zur praktizierten liberalistischen Handlungsfreiheit Hinweise in Fn. 1381, 1789; vgl. *U. Di Fabio*, in: Maunz/Dürig, GG, Art. 2 Abs. 1, Rdn. 12 ff.

[1375] *H. Krüger*, Allgemeine Staatslehre, insb. S. 536 ff.; *H. Ehmke*, „Staat" und „Gesellschaft", S. 259 ff.; *K. Hesse*, Bemerkungen zur heutigen Problematik und Tragweite der Unterscheidung von Staat und Gesellschaft, 1975, in: E.-W. Böckenförde (Hrsg.), Staat und Gesellschaft, 1976, S. 484 ff., insb. S. 494 ff.; *W. Maihofer*, Prinzipien freiheitlicher Demokratie, HVerfR, S. 427 ff.; *M. Kriele*, Einführung in die Staatslehre, 6. Aufl. 2003, insb. S. 101 ff., 177 ff., 237 ff., 273 ff. (297); *P. Häberle*, Wesensgehaltsgarantie, passim, insb. S. 335 ff.; *E. Grabitz*, Freiheit und Verfassungsrecht, passim, insb. S. 158 ff., 192 ff.; *H. H. Rupp*, Privateigentum an Staatsfunktionen?, Eine kritische Untersuchung am Beispiel der Technischen Überwachungsvereine, 1963, S. 230, Fn. 54; *ders.*, Grundfragen der heutigen Verwaltungsrechtslehre, S. 228, Fn. 425; *ders.*, HStR, Bd. II, § 31, Rdn. 1 ff., der aber selbst den Freiheitsbegriff auch material i. S. eines subjektiven Grundrechts verwendet (Rdn. 34 ff., 48 ff.); vgl. auch *W. Schmidt*, Der Verfassungsvorbehalt der Grundrechte, AöR 106 (1981), S. 522; durchaus bemerkenswert auch *F. Eckardt*, Zukunft in Freiheit, S. 47 ff., 174 ff. („philosophischer und verfassungsrechtlicher Liberalismus"), der seine ambitionierte Freiheitslehre als „wohl erstmals" anpreist (S. 667), weil er das Schrifttum, das seine Ansätze längst ausgearbeitet hat, nicht kennt.

ser Freiheitsbegriff dogmatisiert noch immer die Trennung des Staates von der Gesellschaft und damit ein quasi-monarchisches, jedenfalls ein herrschaftliches Prinzip[1376]. Heute stützt die Ideologie der Herrschaft der Mehrheit, verwirklicht vor allem als Herrschaft parteilicher Oligarchien, diese Dogmatik. Herrschaftlich-liberal, also konstitutionell, ist die Freiheit eine durch die Grundrechte der Verfassung in den Grenzen der Gesetze vom Staat gewährte „staatsfreie Privatsphäre", ein den Menschen garantierter Bereich der Beliebigkeit. „Freiheit des Verhaltenkönnens" meine die „Belie-

---

[1376] So auch die Kritik von *H. Krüger*, Allgemeine Staatslehre, S. 536 ff., 539; den Wegfall des Dualismus von Staat und Gesellschaft hat schon *E. Forsthoff*, Begriff und Wesen des sozialen Rechtsstaates, VVDStRL 12 (1954), S. 27, konstatiert; *H. Ehmke*, „Staat" und „Gesellschaft", S. 241 ff., 265 ff.; *K. Hesse*, Zur Unterscheidung von Staat und Gesellschaft, S. 484 ff., 488 ff.; *H. H. Rupp*, Privateigentum an Staatsfunktionen?, S. 32, Fn. 54; *ders.*, Grundfragen der heutigen Verwaltungsrechtslehre, S. 238 in Fn. 425; *ders.*, HStR, Bd. II, § 31, Rdn. 1 ff., 4 ff. (neu differenzierend); wesentlich *E. Grabitz*, Freiheit und Verfassungsrecht, S. 158 ff., 187 ff., 192 ff., 201 ff. (all diese Autoren lösen sich aber zu wenig oder gar nicht von der Annahme der staatlichen Herrschaft); anders *K. A. Schachtschneider*, Staatsunternehmen und Privatrecht, S. 177 ff.; *ders.*, Res publica res populi, S. 71 ff., 159 ff.; auch 3. Kap., IX; vgl. auch *J. Isensee*, HStR, Bd. II, § 15, Rdn. 145 f., 154 ff., der in: Grundrechtliche Freiheit – Republikanische Tugend, S. 74, die Unterscheidung von Staat und Gesellschaft weiter dogmatisiert, weil „die ethische Identität zerbrochen" sei; in der Sache auch so *ders.*, HStR, Bd. III, § 57, Rdn. 53 ff., 78 ff.; deutlich schon *ders.*, Grundrechte und Demokratie, S. 7 ff.; so schon *ders.*, Subsidiaritätsprinzip und Verfassungsrecht, S. 149 ff.; ebenso *ders.*, Das Grundrecht als Abwehrrecht und als staatliche Schutzpflicht, HStR, Bd. V, 1992, § 111, Rdn. 1 ff.; *ders.*, Grundrechtsvoraussetzungen und Verfassungserwartungen an die Grundrechtsausübung, HStR, Bd. V, 1992, § 115, Rdn. 45 ff.; *P. Häberle*, HStR, Bd. II, § 22, Rdn. 52, sieht die Unterscheidung im Schwinden, kategorisiert aber noch ihr gemäß „Privatheit" und „Öffentlichkeit"; *ders.*, Wesensgehaltsgarantie, S. 335 ff., 343 u. ö.; *W. Schmitt Glaeser*, HStR, Bd. III, § 38, Rdn. 1, sieht die Trennung von Staat und Gesellschaft als überwunden an; dazu auch *Ch. Steinbeiß-Winkelmann*, Grundrechtliche Freiheit und staatliche Freiheitsordnung, S. 542 ff., die den staatswissenschaftlichen Kern der Kritik nicht recht aufgreift; vgl. auch *H.-U. Erichsen*, HStR, Bd. VI, § 152, Rdn. 1 ff., der mehr als die liberale Funktion der sog. allgemeinen Handlungsfreiheit sieht. Den Dualismus von Staat und Gesellschaft haben im Interesse der liberalen/liberalistischen Freiheit, den wegweisenden Unterscheidungen *C. Schmitts*, Verfassungslehre, S. 157 ff.; *ders.*, Grundrechte und Grundpflichten, S. 207 ff.; *ders.*, Freiheitsrechte und institutionelle Garantien der Reichsverfassung, S. 140 ff., folgend, erneut dogmatisiert: *E. Forsthoff*, Der Staat der Industriegesellschaft, S. 21 ff., 25 ff.; *E.-W. Böckenförde*, Die Bedeutung der Unterscheidung von Staat und Gesellschaft im demokratischen Sozialstaat der Gegenwart, S. 395 ff., 407 ff.; *ders.*, Die verfassungstheoretische Unterscheidung von Staat und Gesellschaft als Bedingung der individuellen Freiheit, 1973; *H. H. Klein*, Die Grundrechte im demokratischen Staat, S. 9 ff., insb. S. 32 ff., 52, 53 ff.; *W. Henke*, Die politischen Parteien zwischen Staat und Gesellschaft, S. 367 ff.; *Ch. Link*, VVDStRL 48 (1990), S. 42 ff.; *R. Scholz* Deutschland – In guter Verfassung? S. 121; vgl. auch (nicht unkritisch) *R. Poscher*, Grundrechte als Abwehrrechte, S. 144 ff.; u. a.

bigkeit des Verhaltenkönnens"[1377]. Diese Formulierung impliziert Herrschaft und kategorisiert Staatlichkeit als Herrschaftlichkeit[1378]. Nach wie vor versteht das Bundesverfassungsgericht die Ausübung der Staatsgewalt durch die Organe des deutschen Volkes als „staatliche Herrschaft"[1379]. Die ganz überwiegende Staatsrechtslehre folgt diesem, dem monarchischen Konstitutionalismus verhafteten liberalistischen Staatsverständnis des Bundesverfassungsgerichts[1380]. Die Grundrechte sollen in dieser Dogmatik wesentlich Abwehrrechte des Menschen gegen den Staat entfalten[1381]. Diese Lehre ist

---

[1377] *J. Schwabe*, Probleme der Grundrechtsdogmatik, S. 14, 67 ff., auch S. 37 ff., 52 u. ö.; *K. Stern/M. Sachs*, Staatsrecht III, 1, S. 628 (auch S. 632), die die Entwurfsfassung des Allgemeinen Redaktionsausschusses für das Grundgesetz nämlich: „Jedermann ist frei, zu tun und zu lassen, ..." unvollständig und mißverstanden an die Stelle des Verfassungstextes setzen; vgl. auch *dies.*, Staatsrecht III., 2, S. 15 ff. zur Dogmatik des Grundrechtstatbestands, S. 81 f. zur „Grundrechtsbeeinträchtigung", S. 82 ff. zur Eingriffsdogmatik, insb. S. 119 („Abwehrrechte, die Verhaltensfreiheiten schützen"), auch S. 176 u. ö.; i. d. S. auch *H. H. Klein*, Die Grundrechte im demokratischen Staat, S. 53 ff., 57 ff., 70; auch *A. Bleckmann*, Staatsrecht II. Allgemeine Grundrechtslehren, 3. Aufl. 1991, S. 175 f.; genau *G. Lübbe-Wolff*, Die Grundrechte als Eingriffsabwehrrechte, S. 8, insb. S. 98 ff.; vgl. auch *R. Alexy*, Theorie der Grundrechte, S. 194 ff.; v. Mangoldt/Klein/*Starck*, GG, Rdn. 183 ff. („Sphäre privater Beliebigkeit", Rdn. 185) zu Art. 1 Abs. 3; *Ch. Starck*, HStR, Bd. III, § 33, Rdn. 16 f.; ebenso *W. Schmitt Glaeser*, HStR, Bd. VI, § 129, Rdn. 22 f.; *J. Isensee*, HStR, Bd. V, § 111, Rdn. 2; auch *O. Höffe*, Politische Gerechtigkeit, S. 409, baut auf dem materialen Begriff der allgemeinen Handlungsfreiheit (S. 387 f. u. ö.) seine Gerechtigkeitslehre auf, die sich vom Utilitarismus trotz dessen Kritik (etwa S. 398) nicht lösen kann; kritisch *E. Grabitz*, Freiheit und Verfassungsrecht, S. 3 ff., 158 ff., 201 ff., 207, 209 ff., 235 ff.

[1378] So *K. Stern*, Staatsrecht I, S. 512, 594, explizit; *J. Isensee*, HStR, Bd. V, § 111, Rdn. 2; *ders*, HStR, Bd. V, § 115, Rdn. 49; *P. Kirchhof*, HStR, Bd. III, § 59, Rdn. 57 f.; implizit *J. Schwabe*, Probleme der Grundrechtsdogmatik, S. 37 ff., 60 ff.; vgl. *K. A. Schachtschneider*, Res publica res populi, S. 71 ff.; dazu 3. Kap., I, IX.

[1379] BVerfGE 83, 37 (52); 83, 60 (72), zum Ausländerwahlrecht; im Maastricht-Urteil, BVerfGE 89, 155 (188 ff.), hat das Gericht den Begriff Herrschaft vermieden und insoweit von Souveränität gesprochen.

[1380] Hinweise in Fn. 484.

[1381] *C. Schmitt*, Verfassungslehre, S. 126, 130, 158 f., 160, 163 f., 175 ff.; *ders.*, Grundrechte und Grundpflichten, S. 207 ff.; auch *H. Kelsen*, Allgemeine Staatslehre, S. 155; vgl. *K. Hesse*, S. 13, 134 f.; *ders.*, Grundzüge des Verfassungsrechts, Rdn. 281, S. 128 f. (kritisch zu einer Grundrechtslehre des status negativus i. S. G. Jellineks, welcher den omnipotenten Staat vorausgesetzt habe); *W. Henke*, Die politischen Parteien zwischen Staat und Gesellschaft, S. 369 f. („Bezirke privater Freiheit"); *F. Ossenbühl*, Die Interpretation der Grundrechte in der Rechtsprechung des Bundesverfassungsgerichts, NJW 1976, 2100 ff.; auch *E.-W. Böckenförde*, Die verfassungstheoretische Unterscheidung von Staat und Gesellschaft als Bedingung der individuellen Freiheit, S. 32 f.; *ders.*, NJW 1974, 1529 ff.; *R. Herzog*, Allgemeine Staatslehre, S. 146; *H. H. Klein*, Die Grundrechte im demokratischen Staat, S. 32 ff., 47 ff.; *Ch. Link*, VVDStRL 48 (1990), S. 42 ff.; zur Dogmatik der grundrechtlichen Abwehrfunktion *J. Schwabe*, Probleme der Grundrechtsdogmatik,

richtig, wenn Freiheit mit den materialen subjektiven Grundrechten identifiziert wird, wie von den meisten eben vom Liberalismus geprägten Grundrechtslehren[1382].

Die Grundrechtsdogmatik, die den republikanischen Begriff der Freiheit nicht kennt, differenziert nicht zwischen der grundrechtlich durch Art. 2 Abs. 1 GG als Recht geschützten formalen Freiheit als der Autonomie des Willens und grundrechtlich geschützten materiellen Rechten, etwa dem Schutz des Rechts auf Leben durch Art. 2 Abs. 2 S. 1 GG, insbesondere aber den in subjektiver oder objektiver Dimension grundrechtlich gewährleisteten Rechten freiheitlicher Privatheit[1383]. Die Freiheit wird, dem liberalen

---

S. 11 ff., 23 ff., 37 ff., 52 („freies Belieben" … „grundrechtlich geschützt", S. 31); *G. Lübbe-Wolff*, Die Grundrechte als Eingriffsabwehrrechte, S. 25 ff.; *M. Sachs*, in: K. Stern, Staatsrecht III, 2, §§ 77, 78, S. 3 ff., 76 ff.; *J. Isensee*, HStR, Bd. V, § 111, Rdn. 9 ff., 37 ff.; v. Mangoldt/Klein/*Starck*, GG, Art. 1 Abs. 3, Rdn. 182 ff.; *U. Di Fabio*, in: Maunz/Dürig, GG, Art. 2 Abs. 1, Rdn. 48 ff.; um die Rehabilitation der Eingriffsabwehrdogmatik bemüht sich *B. Schlink*, Freiheit durch Eingriffsabwehr – Rekonstruktion der klassischen Grundrechtsfunktion, EuGRZ 1984, S. 457 ff.; kraß *W. Cremer*, Freiheitsgrundrechte, passim, insb. S. 191, 217, auch (durchaus beachtenswert) *R. Poscher*, Grundrechte als Abwehrrechte, 2003; zu Recht kritisch *H. Krüger*, Allgemeine Staatslehre, S. 536 ff. mit Hinweisen auf die Abwehrdogmatik in Fn. 36; kritisch auch *R. Scholz*, AöR 100 (1975), S. 95 ff.; kritisch i. S. seiner institutionellen Grundrechtslehre insb. *P. Häberle*, Wesensgehaltsgarantie, S. 128 ff., 134 ff., 145 ff., 150 ff., der aber insb. S. 335 ff. eine „öffentliche und private Freiheit" unterscheidet und die „Privatheit", „unantastbare private Grundrechtsbereiche", in der res publica konstitutionalisiert sieht (S. 340); ähnlich *ders.*, VVDStRL 30 (1972), S. 69 ff.; kritisch *H. H. Rupp*, Privateigentum an Staatsfunktionen?, S. 32 ff., 54; *ders.*, AöR 101 (1976), S. 173 u. ö.; *ders.*, HStR, Bd. II, § 31, Rdn. 4 ff., vgl. aber auch Rdn. 34 ff.; kritisch vor allem *E. Grabitz*, Freiheit und Verfassungsrecht, S. 3 ff., 158 ff., 187 ff., 201 ff., 209 f., 235; vgl. zur liberalistischen, konstitutionellen Grundrechtsdogmatik *U. Scheuner*, Die rechtliche Tragweite der Grundrechte in der demokratischen Verfassungsentwicklung des 19. Jahrhunderts, FS E. R. Huber, 1973, S. 139 ff.; *E. R. Huber*, Grundrechte im Bismarckschen Reichssystem, in: H. Ehmke/J. H. Kaiser/W. A. Kewenig/K. M. Meesen/W. Rüfner (Hrsg.), FS U. Scheuner (70.), 1973, S. 163 ff.; *R. Wahl*, Rechtliche Wirkungen und Funktionen der Grundrechte im deutschen Konstitutionalismus des 19. Jahrhunderts, Der Staat 18 (1979), S. 321 ff.; richtig zum liberalen Konzept des Staatsbürgers *J. Habermas*, Faktizität und Geltung, S. 324 ff., insb. S. 327 f.; *ders.*, Die Einbeziehung des Anderen, S. 126, 164, 299 (u. ö.).

[1382] So auch *H. H. Rupp*, HStR, Bd. II, § 31, Rdn. 34 ff., 44 ff., 48 ff., obwohl er von „autonomer Freiheit" (Rdn. 34), „autonomsubjektiver Bestimmungsfreiheit" (Rdn. 39) spricht, die man aber „zum eigenen Vorteil nutzen" dürfe (Rdn. 42), also subjektive materiale Grundrechte meint; demgegenüber unterscheidet *J. Isensee* zwischen der Freiheit und den diese schützenden Grundrechten, den „Freiheitsgrundrechten", HStR, Bd. V, § 111, Rdn. 1 ff.; *ders.*, HStR, Bd. V, § 115, Rdn. 1 ff.; ebenso *M. Sachs*, in: K. Stern, Staatsrecht III, 1, S. 624 f.

[1383] Die dualistische Lehre von der demokratischen und der grundrechtlichen Freiheit (dazu *K. A. Schachtschneider*, Res publica res populi, S. 501 ff.; 6. Kap., III)

Paradigma gemäß[1384], als (subjektives) Recht, wie es andere Rechte sind, (miß)verstanden[1385], obwohl sie als Recht einen besonderen Charakter hat; denn sie ist das Recht auf Recht. Subjektive Rechte setzen (materiale) Gesetze oder (nach Maßgabe der Gesetze) Verträge voraus[1386], die äußerlich verbindlich sind. Solche Verbindlichkeit schafft vor allem das bürgerliche Verfassungsgesetz, etwa das Grundgesetz[1387], als der allgemeine Wille des Volkes. Das gilt auch für das grundgesetzliche Recht der Freiheit, welches das vorstaatliche Recht der Freiheit, dessen Verbindlichkeit als Apriori der Vernunft aus der Menschheit des Menschen folgt, die Verfassung der Freiheit also, in das staatliche Verfassungsgesetz aufnimmt, schützt und befriedet.

---

kommt der republikanischen Einheit von politischer Freiheit und freiheitlicher Privatheit nahe.

[1384] Dazu *J. Habermas*, Faktizität und Geltung, S. 328 ff.

[1385] *R. Alexy*, Theorie der Grundrechte, S. 194 ff., der zwar die Freiheitsproblematik aufzeigt, aber für seine „Grundrechtstheorie" die „rechtliche Freiheit" mit der „rechtlichen Erlaubnis" identifiziert (S. 195) und die „Freiheit einer Person als die Summe ihrer einzelnen Freiheiten" definiert; *K. Stern/M. Sachs*, Staatsrecht III, 1, S. 632 f. (Identifizierung von „Freiheiten" und „Grundrechtsbestimmungen"); *G. Lübbe-Wolff*, Die Grundrechte als Eingriffsabwehrrechte, S. 75 ff., 103 ff., passim, handelt von „konstituierten Freiheiten" und behandelt diese als Rechte; i.d.S. auch *H.-U. Erichsen*, HStR, Bd. VI, § 152, Rdn. 1 ff. („Grundgesetzlich gewährleistete Freiheit ist daher stets rechtlich gestaltete und begrenzte Freiheit." (Rdn. 6)); wohl auch *K. Hesse*, Grundzüge des Verfassungsrechts, Rdn. 282, S. 114 f., der Freiheit und Freiheitsrecht/Grundrecht nicht klar unterscheidet und, Rdn. 425, S. 164 f., eine „natürliche" Freiheit nicht durch Art. 2 Abs. 1 GG gewährleistet sieht; kraß *W. Cremer*, Freiheitsgrundrechte, S. 74 ff., 136 ff.; differenziert *J. Schwabe*, Probleme der Grundrechtsdogmatik, S. 9 ff., 67 ff., der die Freiheit als „Beliebigkeit des Verhaltenkönnens" (S. 14) von dem „Darf-Recht" der Freiheit als „Befugnis" (S. 68, vgl. auch S. 37 ff.) unterscheidet, aber die Freiheit nur als äußere Freiheit begreift; zur Struktur des Grundrechts auf allgemeine Handlungsfreiheit *E. Grabitz*, Freiheit und Verfassungsrecht, S. 113 ff., auch S. 209 ff., zu Recht kritisch zur Lehre, Art. 2 Abs. 1 GG sei lex generalis gegenüber den speziellen Grundrechten; zum „Grundrecht auf freie Entfaltung der Persönlichkeit in der Rechtsprechung des Bundesverfassungsgerichts" *R. Scholz*, AöR 100 (1975), S. 80 ff., der, S. 104 ff., freilich bestreitet, daß Art. 2 Abs. 1 GG ein Grundrecht der „allgemeinen Handlungsfreiheit", einen „allgemeinen Freiheitsstatus" gebe, zur Generalität des Grundrechts ebenfalls kritisch, S. 112 ff.; Freiheiten als Rechte lehrt auch *J. Rawls*, Eine Theorie der Gerechtigkeit, S. 223 ff., 230 ff., 271 u.ö., sein Bruch mit Kant; richtige Kritik von *F. Kaulbach*, Studien, S. 181; liberalistisch auch die Lehre von der äußeren Freiheit Kants als Handlungsspielraum, dazu zu Fn. 153.

[1386] Insb. *Kant*, Über den Gemeinspruch, S. 150 („Alles Recht hängt nämlich von Gesetzen ab"); *Aristoteles*, Nikomachische Ethik, S. 168, 1134a 30 ff.

[1387] Zur Unterscheidung der Verfassung (der Menschheit des Menschen) vom Verfassungsgesetz (als der Staatsordnung) *K. A. Schachtschneider (O. Gast)*, Sozialistische Schulden nach der Revolution, S. 29 ff., 50 ff.; *K. A. Schachtschneider*, Prinzipien des Rechtsstaates, S. 86 ff.

Die Freiheit ist also formal, wie ihr positiver Begriff als sittliche Pflicht zum Guten, den Art. 2 Abs. 1 GG übernommen hat und in einer Republik übernehmen mußte, beweist. Die die formale Freiheit mit verfassungsgesetzlichem Rang verwirklichenden besonderen Grundrechte sind material. Soweit sie subjektive Rechte schützen oder begründen, können diese nur in freier Willkür ausgeübt werden, wenn der Zweck des Grundrechts, der den Gegenstand des subjektiven Rechts (mit)bestimmt, das zuläßt. Die subjektiven materialen Grundrechte können verfassungskräftige, meist menschenrechtlich begründete, Rechte zur freien Willkür in einem besonderen Handlungsbereich sein, die in dem grundrechtlich bestimmten Bereich das Recht zur Autonomie des Willens als die äußere Freiheit, das ist die Unabhängigkeit von eines anderen nötigender Willkür[1388], in besonderer Weise schützen[1389]. Das Recht zur freien Willkür oder eben das zur Autonomie des Willens ist die politische Freiheit, die der Liberalismus nicht anerkennt, weil er die Politik herrschaftlich begreift[1390]. Besondere Rechte zur freien Willkür können die freiheitliche Privatheit der Menschen ermöglichen[1391]. Freiheit ist immer politisch, sei sie staatlich durch allgemein bestimmte Gesetze oder privat durch alleinbestimmte gesetzeshafte Maximen verwirklicht; denn sie ist die Substanz des Handelns, welches wegen seiner Äußerlichkeit immer auf andere Menschen einwirkt und darin politisch ist[1392]. Freiheit nämlich heißt, im Recht oder eben sittlich, in praktischer Vernunft, unter dem eigenen Gesetz, sei es allgemein oder sei es allein bestimmt, zu leben.

Wer die materialen Grundrechte als Freiheiten dogmatisiert, legt das Konzept eines herrschaftlichen Staates zugrunde und leugnet damit die politische Freiheit, wie die Lehre von der Parteiendemokratie als politischer Herrschaft. Herrschaft ist nun einmal der Gegenbegriff zur Freiheit[1393];

[1388] *Kant*, Metaphysik der Sitten, S. 345.

[1389] Vgl. beispielhaft die Dogmatik der Kunstfreiheit im 9. Kap.; *K. A. Schachtschneider*, Res publica res populi, S. 1002 ff.

[1390] Ganz so *C. Schmitt*, Verfassungslehre, S. 224 f.; vgl. im Sinne der Kritik *J. Habermas*, Faktizität und Geltung, S. 109 ff., 324 ff.

[1391] *K. A. Schachtschneider*, Staatsunternehmen und Privatrecht, S. 6 ff., 97 ff., 261 ff., 283 ff. u.ö., wo die Privatheit als „Autonomie" bezeichnet und ohne substantiellen Unterschied zur hier vertretenen Dogmatik als Recht zur Willkür begriffen wurde; *ders.*, Der Anspruch auf materiale Privatisierung, S. 67 ff.

[1392] Zum republikanischen Begriff der Politik: *Kant*, Zum ewigen Frieden, S. 228 ff. („Politik als ausübende Rechtslehre", S. 229); dazu *V. Gerhardt*, Immanuel Kants Entwurf „Zum ewigen Frieden", insb. S. 146 ff.; grundlegend *D. Sternberger*, Drei Wurzeln der Politik, S. 26 ff., 87 ff.; vgl. auch *U. Beck*, Die Erfindung des Politischen, 1993, S. 149 ff., 204 ff., 235 ff.; vgl. *V. Sellin*, Politik, in: O. Brunner/W. Conze/R. Kosselleck, Geschichtliche Grundbegriffe, Bd. 4, 1978, S. 838 ff. („Politik und Moral: Friedrich der Große und Kant"), S. 842 ff. („Deutschland und die Französische Revolution"), S. 847 ff. („Der liberale Politikbegriff").

[1393] Dazu *K. A. Schachtschneider*, Res publica res populi, S. 71 ff.; auch 3. Kap.

denn Herrschaft ist die Abhängigkeit, (äußere) Freiheit die Unabhängigkeit von eines anderen nötigender Willkür. Auch das Grundgesetz spricht in Art. 18 GG von „Freiheiten"[1394]. Diese sogenannten Freiheiten bezeichnet das Grundgesetz aber in anderen Artikeln als „Menschenrechte" (Art. 1 Abs. 2) oder als „Grundrechte" (Art. 1 Abs. 3, Art. 19 Abs. 1, 2 und 3), auch in Art. 18 selbst. Der Begriff Freiheit hat (auch) eine liberale Tradition. Das ist schließlich der Grund des paradigmatischen Dogmenstreits[1395]. Im republikanischen Kontext des Grundgesetzes, der mit dem Prinzip der unantastbaren Menschenwürde des Art. 1 Abs. 1 S. 1 GG und vor allem mit der Definition der grundgesetzlichen Freiheit durch das Sittengesetz in Art. 2 Abs. 1, aber auch durch die Bezeichnung des Gemeinwesens als Republik festgelegt ist, muß der Freiheitsbegriff der älteren und allein freiheitlich-demokratischen Tradition des republikanischen Freiheitsparadigmas folgen. Darum sind die sogenannten Freiheiten der Grundrechte in ihrer subjektiven Dimension subjektive Rechte auf Verwirklichung der politischen Leitentscheidungen[1396], nämlich der objektiven Dimension derselben. Die Grundrechte räumen um der Lebbarkeit des Rechts willen nicht nur, aber wesentlich Privatheit als Rechte zur freien Willkür ein. Diese Rechte haben die Materialität liberaler Freiheiten, gründen aber auf der republikanischen Freiheit, nämlich den allgemeinen Gesetzen, nicht auf herrschaftlicher Freistellung. Es gibt nur die eine Freiheit, nicht verschiedene Freiheiten. Eine Mehrheit von sogenannten Freiheiten sind (unter dem Grundgesetz) besondere Grundrechte. Wenn das Grundgesetz Freiheiten benennt, wie Art. 18 GG etwa die Meinungsäußerungs-, die Presse-, die Lehr-, die Versammlungs- und die Vereinigungsfreiheit, so sind verschiedene Grund-

---

[1394] Zu diesem wenig glücklichen Sprachgebrauch kritisch *J. Schwabe*, Probleme der Grundrechtsdogmatik, S. 55 ff.

[1395] Den freiheitsdogmatischen Paradigmenwechsel zwischen Liberalismus und Republikanismus thematisiert auch *J. Habermas*, Faktizität und Geltung, insb. S. 324 ff.; *ders.* auch, Die Einbeziehung des Anderen, S. 277 ff., 293 ff.; dazu *K. A. Schachtschneider*, Vom liberalistischen zum republikanischen Freiheitsbegriff, S. 418 ff.; *ders.*, Republikanische Freiheit, FS M. Kriele, S. 829 ff.; *ders.*, Res publica res populi, S. 253 ff.; *ders.*, Prinzipien des Rechtsstaates, S. 28 ff., 40 ff.; *W. Maihofer*, HVerfR, S. 427 ff., changiert zwischen den Paradigmen der Freiheit, etwa S. 500 ff., 519 ff.

[1396] Dazu *K. A. Schachtschneider*, Res publica res populi, S. 819 ff.; mit dieser Dogmatik seit dem Lüth-Urteil BVerfGE 7, 198 (206 f.) bricht der Euro-Beschluß des Zweiten Senats des Bundesverfassungsgerichts, BVerfGE 97, 350 (376 f.), um der Euro-Politik nicht im Wege zu stehen – eine systemverändernde Verkürzung des Rechts der Bürger als der Hüter der Verfassung und demgemäß eine Stärkung der Parteienoligarchie; vgl. *K. A. Schachtschneider*, Der Euro-Beschluß des Bundesverfassungsgerichts, Vortrag am 20.4.1998 im IHI Zittau, IHI-Schriften, Heft 9/1998, S. 22 ff.; *ders.*, Die Rechtsverweigerung im Euro-Beschluss des Bundesverfassungsgerichts, in: W. Hankel/W. Nölling/K. A. Schachtschneider/J. Starbatty, Die Euro-Illusion. Ist Europa noch zu retten? 2001, S. 280 ff.

rechte, aber immer dieselbe Freiheit angesprochen. Art. 18 GG identifiziert die Worte Grundrechte und Freiheiten und meint folglich die materialen Grundrechte, welche spezifische Regelungen zum Schutz der Freiheit allgemein oder in bestimmten Lebens- und Handlungsbereichen treffen. Freiheit ist immer und nur die Autonomie des Willens oder die Sittlichkeit des gemeinsamen Lebens. Der substantielle Unterschied der republikanischen und der liberalistischen Freiheitslehre ist der Unterschied von Freiheit und Herrschaft im Politischen[1397]. Die Republik gewährt aber nicht Freiheit als eine Freiheitssphäre oder als Freiheitsräume wie der herrschaftliche Staat, sondern dient der Verwirklichung der allgemeinen Freiheit als der Gesetzgeberschaft aller. Die republikanische Freiheitslehre erst führt zum freiheitlichen Gemeinwesen. Es versteht sich, daß das Maß an Privatheit (das „Meine und Deine"[1398], das Eigene) anders bemessen sein kann, wenn die Privatheit auf dem allgemeinen Gesetz der Bürgerschaft, auf der volonté générale, auf der praktischen Vernünftigkeit aller also, beruht, als wenn sie von einem Herrscher aus Klugheit gewährt wird, selbst wenn dieser Herrscher der parteiendemokratische Staat, in der Realität die Parteienoligarchie, ist.

II. Freiheit als Urrecht auf Bürgerlichkeit, Recht und Staat

1. Urrecht der Freiheit
und dessen grundrechtlicher Schutz als Rechtsgut

Die Republik erfüllt das Urrecht der Freiheit auf wirksame bürgerliche Verfaßtheit und schützt die Freiheit als Recht. Aus dem vorstaatlichen, dem angeborenen, apriorischen und provisorischen Recht wird das politische, das staatliche, das gesetzliche, das „positive (statutarische)"[1399], das peremtorische, juridische Recht, das Grundrecht, im Grundgesetz in Art. 1 Abs. 1 S. 1 und 2 in Verbindung mit Art. 2 Abs. 1 niedergelegt. Das Menschenwürdeprinzip ist die Verfassung der Freiheit und gebietet eine freiheitliche demokratische Ordnung, einen bürgerlichen Verfassungsstaat, also eine Republik.

> „In der freiheitlichen Demokratie ist die Würde des Menschen der oberste Wert. Sie ist unantastbar, vom Staate zu achten und zu schützen. Der Mensch ist danach eine mit der Fähigkeit zu eigenverantwortlicher Lebensgestaltung begabte ,Persönlichkeit'. Sein Verhalten und sein Denken können daher durch seine Klassen-

---

[1397] I.d.S. auch *J. Habermas*, Faktizität und Geltung, S. 109 ff., 135 ff., 324 ff.; *ders.*, Die Einbeziehung des Anderen, S. 277 ff., 293 ff., insb. S. 298 ff.

[1398] *Kant*, Metaphysik der Sitten, S. 353 ff.

[1399] *Kant*, Metaphysik der Sitten, S. 345, 430 f., u.ö.; auch *ders.*, Über den Gemeinspruch, S. 146, 148.

lage nicht eindeutig determiniert sein. Er wird vielmehr als fähig angesehen, und es wird ihm demgemäß abgefordert, seine Interessen und Ideen mit denen der anderen auszugleichen. Um seiner Würde willen muß ihm eine möglichst weitgehende Entfaltung seiner Persönlichkeit gesichert werden. Für den politisch-sozialen Bereich bedeutet das, daß es nicht genügt, wenn eine Obrigkeit sich bemüht, noch so gut für das Wohl von ‚Untertanen' zu sorgen; der Einzelne soll vielmehr in möglichst weitem Umfange verantwortlich auch an den Entscheidungen für die Gesamtheit mitwirken" (BVerfGE 5, 85 (204 f.)[1400].

Wegen der Grundsätzlichkeit des Zusammenhangs der Würde des Menschen, der Freiheit des Menschen und der Verfassung der Bürgerschaft als Republik, sei das Zitat des Art. 1 der Allgemeinen Erklärung der Menschenrechte der Vereinten Nationen vom 10. Dezember 1948, das Grundprinzip des Weltrechts, wiederholt:

„Alle Menschen sind frei und gleich an Würde und Rechten geboren. Sie sind mit Vernunft und Gewissen begabt und sollen einander im Geiste der Brüderlichkeit begegnen."

Peter Häberle lehrt:

„Die ‚universal' und kulturspezifisch umrissene ‚Kultur der Menschenwürde' und die sie konkretisierende ‚Kultur der Freiheit' entfalten deshalb unmittelbar demokratiebegründende Kraft. Sooft, und in Deutschland besonders erfolgreich, Spielarten des Liberalismus, des Positivismus und ein den Traditionen des Bourgeois bzw. des deutschen Konstitutionalismus verpflichtetes Denken die Demokratie als bloße ‚Staatsform' von den Grundfreiheiten unpolitisch trennen wollen, so unmißverständlich muß man heute den Zusammenhang zwischen Menschenwürde bzw. Grundfreiheiten und freiheitlicher Demokratie betonen"[1401].

Das Urrecht der Freiheit ist mit dem Menschen geboren und damit unabhängig von dessen Willen. Die positiven Rechte beruhen auf dem Willen der Menschen, dem allgemeinen Willen als staatlichen Gesetzen und dem besonderen Willen der privaten Übereinkünfte, insbesondere der Verträge.

Alle Gesetze und damit auch die Rechte, die aus den Gesetzen, die der Staat beschließt, folgen, sind material. Die Freiheit, das Urrecht, aber ist formal und bleibt es auch im Staat, in dem es prozedural durch ein Grundrecht geschützt wird. Formalität ist aber nicht Leere, wie *Hegel* Kant vorge-

---

[1400] Ganz so *P. Häberle*, HStR, Bd. II, § 22, Rdn. 61 ff.; *W. Maihofer*, HVerfR, S. 472 ff., 477 ff., 1713 ff.; i.d.S. auch die Verschränkung des Demokratieprinzips mit dem Diskursprinzip und der Rechtsform, die auf der „politischen Autonomie" gründet, bei *J. Habermas*, Faktizität und Geltung, S. 151 ff., insb. S. 154; vgl. (fragwürdig) *K. Stern*, Staatsrecht III, 1, S. 6 ff., 26; *ders.*, HStR, Bd. V, § 108, Rdn. 1 ff.; *R. Zippelius*, GG, Bonner Kommentar (Drittbearbeitung, 1989), Rdn. 6 ff. zu Art. 1 Abs. 1 u. 2.

[1401] HStR, Bd. II, § 22, Rdn. 67, mit Hinweis auf die Demokratie-Denkschrift der EKD vom 1.10.1985; i.d.S. auch *K. Stern*, Staatsrecht III, 1, S. 26.

worfen hat[1402], sondern nichts anderes als der Ausdruck von Autonomie des Willens auf Grund des Rechts auf allgemeine Gesetzlichkeit, des Rechts auf die Republik/die bürgerliche Verfassung, das jeder Mensch als Mensch, als Person, hat, die Subjekthaftigkeit des Menschen also, seine Würde. Die Freiheit ist ihrer Idee nach Bestimmung der Menschheit des Menschen, als Vernunftwesen (homo noumenon) nämlich. Die Freiheit als Autonomie des Willens ist der Grund, auf dem Recht und Staat gründen, ohne daß sie identisch mit dem sie als Recht schützenden Grundrecht wäre. Die Freiheit liegt allem objektiven Recht und allen subjektiven Rechten zugrunde[1403]. Die Formalität der Freiheit bestimmt aber kein Gesetz in seiner Materie. Die Materie soll vielmehr in den Akten der staatlichen Gesetzgebung als Recht beschlossen werden. Die allgemeinen Gesetze entfalten als allgemeiner Wille des Volkes allgemeine Verbindlichkeit. Die Gesetze müssen aber auch Recht geben; denn das Volk will Recht, nicht gesetzliches Unrecht.

Die Freiheit findet also im Staat ihre Wirklichkeit[1404]. Freiheit ist nicht nur, aber, wie gesagt, auch und wesentlich eine rechtliche Kategorie, ja mittels des Staates ein (grund)gesetzliches Recht, aber ein formales, nämlich das Recht zur Autonomie des Willens, einschließlich des Rechts zur (sittlichen, weil autonomen) Privatheit, die sich gemäß den allgemeinen Gesetzen entfalten darf. Freiheit ist das Vermögen des Menschen zur Praxis, d.h. das Vermögen, von Imperativen, insbesondere von dem des Sittengesetzes, bestimmt zu werden[1405]. Freiheit ist Gesetzgebung in praktischer Vernünftigkeit[1406]. Freiheit ist auch „das Vermögen, andere zu verpflichten", nämlich das Vermögen, die anderen, mit denen man zusammenlebt, zur bürgerlichen Verfassung, d.h. zur allgemeinen Gesetzgebung, zu verpflichten[1407]. Das grundrechtlich geschützte Recht der Freiheit schützt dieses Vermögen

---

[1402] Rechtsphilosophie, § 29, S. 80 f.; dazu kritisch (mit Hinweisen) *K. A. Schachtschneider*, Staatsunternehmen und Privatrecht, S. 109 ff.

[1403] *Kant*, Über den Gemeinspruch, S. 144.

[1404] Insb. *Rousseau*, Vom Gesellschaftsvertrag, I, 8, S. 22 f.; *Kant*, Metaphysik der Sitten, S. 345, 430 f. u.ö.; *ders.*, Über den Gemeinspruch, S. 146, 148; *ders.*, Zum ewigen Frieden, S. 203; vgl. auch *J. Isensee*, HStR, Bd. V, § 115, Rdn. 45 ff. („Staat als Voraussetzung der Menschenrechte"); *P. Kirchhof*, HStR, Bd. III, § 59, Rdn. 30.

[1405] *Kant*, vor allem: Kritik der reinen Vernunft, S. 488 ff., 495 ff., 501 ff.; *ders.*, Grundlegung zur Metaphysik der Sitten, S. 41 ff., 89 ff.; vgl. auch *ders.*, Metaphysik der Sitten, S. 332 f.

[1406] *Kant*, Kritik der reinen Vernunft, S. 671 ff., *ders.*, Grundlegung zur Metaphysik der Sitten, S. 81 ff.; *ders.*, Kritik der praktischen Vernunft, S. 107 ff., 120 ff., 138 ff., 140 ff., 144 ff., 155 ff.

[1407] *Kant*, Metaphysik der Sitten, S. 345, 347, 366, 430; *ders.*, Über den Gemeinspruch, S. 143 ff.; i.d.S. *ders.*, Zum ewigen Frieden, S. 203 (Zitat zu Fn. 104) u.ö.; vgl. *F. Kaulbach*, Studien, S. 144; *W. Kersting*, Kant über Recht, S. 51 ff.

des Menschen zur vernünftigen Praxis eben als Recht; es schützt das Recht aller und jedes Einzelnen, das allgemeine Gesetz als Recht zu geben und im Recht und damit in allgemeiner Gesetzlichkeit zu leben. Art. 2 Abs. 1 GG spricht darum von einem „Recht auf die freie Entfaltung seiner Persönlichkeit". Ohne allgemeine Gesetze ist allgemeine Freiheit nicht lebbar, auch nicht als Privatheit. *Kant* hat das nicht nur im Recht auf die „bürgerliche Verfassung", sondern auch in der Lehre vom Reich der Zwecke klargelegt[1408]; es folgt aber auch aus dem Begriff des Sittengesetzes selbst. Darum sind im Freiheitsartikel des Grundgesetzes als Willensautonomie sowohl die bürgerliche Staatlichkeit als auch die bürgerliche Privatheit geschützt. Dementsprechend kann freies Handeln ethisch und juridisch legal oder illegal sein[1409].

In der Republik ist jedes Handeln ohne gesetzliche Grundlage Unrecht, weil es nicht vom allgemeinen Willen getragen ist. Wenn das staatliche Gesetz erlassen ist, hat sich das Handeln des Bürgers nach diesem Gesetz zu richten; denn es verwirklicht auch seine Willensautonomie. Der Bürger darf sein Handeln nicht mehr an Maximen ausrichten, die er zwar für allgemein richtig hält, die aber dem Gesetz widersprechen. Sittlichkeit ist zunächst einmal Legalität, und Moralität verlangt nach Legalität[1410].

Das Widerstandsrecht erlaubt und gebietet die Verteidigung der bürgerlichen Verfassung, „dieser Ordnung" (Art. 20 Abs. 4 GG), des Rechts auf Recht, also der Freiheit[1411].

Der grundrechtliche Schutz des Rechts der Freiheit macht die Freiheit selbst zu einem Schutzgegenstand des Rechts, eines Rechtsgesetzes, also zu einem Rechtsgut[1412]. Die allgemeine Freiheit (und das gute Leben aller) ist

---

[1408] Grundlegung zur Metaphysik der Sitten, S. 66 ff.; dazu *F. Kaulbach*, Immanuel Kants „Grundlegung zur Metaphysik der Sitten", S. 86 ff., 102 ff., 206 ff.; *ders.*, Studien, S. 30 ff., 40 ff., 50 f., 79 f., 84 u.ö.

[1409] Vgl. *Kant*, Metaphysik der Sitten, S. 318 f., 323 ff.

[1410] Vgl. insb. *W. Kersting*, Wohlgeordnete Freiheit, S. 70 ff., zum Verhältnis von Legalität und Moralität bei Kant; *ders.*, Kant über Recht, S. 46 ff., auch S. 54 ff., 227 ff.; *J. Habermas*, Wie ist Legitimität durch Legalität möglich?, S. 6 ff., der die Moralität zu materialisieren scheint und darum befürchtet, daß bei Kant „Recht in Moral aufzugehen drohe"; *ders.*, Faktizität und Geltung, S. 135 ff., 541 ff.; auch *E. Bloch*, Naturrecht und menschliche Würde, S. 85 f., verkennt die Moralität der Legalität, die aus der moralischen Gesetzgebung folgt („Legalität und Moralität sind demnach völlig getrennt, ..."; aber: Zweck der Gesetze ist „die Aufrechterhaltung der äußeren allgemeinen Freiheit", die Legalität aber setzt den „vereinigten Willen des Volkes" voraus, der ohne Moralität nicht erreichbar ist.).

[1411] *K. A. Schachtschneider (O. Gast)*, Sozialistische Schulden nach der Revolution, S. 29 ff., 50 ff.; zum Widerstandsrecht *ders.*, Res publica res populi, S. 581 ff., 958 ff.; auch in und zu Fn. 3111 ff.

[1412] Richtig *M. Sachs*, in: K. Stern, Staatsrecht III, 1, S. 624 ff.

Zweck des Staates[1413] und Gegenstand des Rechts. Der Staat des Rechts, die Republik, dient somit dem Schutz oder eben der Wirklichkeit der Freiheit. Das Staatliche ist die (allgemeine) Gesetzlichkeit als Wirklichkeit der Freiheit und damit des Rechts[1414] (wenn es gelingt, d.h. sittlich ist). Auch die Freiheit findet im Gesetz, nämlich dem Grundgesetz, Schutz und wird dadurch zusätzlich ein gesetzliches/staatliches Recht, ohne den menschheitlichen apriorischen Charakter einzubüßen. Sie/es ist als Recht zur Autonomie des Willens das Recht auf (rechtliche) Gesetzlichkeit des gemeinsamen Lebens, welches der Staat, d.h. die Bürger und deren staatliche Vertreter, zu achten haben. Dieses Recht steht nicht zur Disposition des Staates und seiner Gesetze. Der Gesetzgeber kann das Prinzip der Gesetzlichkeit nicht aufheben, ohne die republikanische Staatlichkeit aufzugeben. Er würde die Freiheit durch Herrschaft verdrängen und damit seinem Zweck widersprechen. Ein das Prinzip der Gesetzlichkeit aufhebendes Gesetz hätte keinen Geltungsgrund. Ein solcher muß jedoch dem Gesetz zugrundeliegen, wenn es gelten soll.

2. Allgemeine Freiheit als Grundrecht der Bürgerlichkeit der Bürger

Art. 2 Abs. 1 GG schützt als Grundrecht um der „freien Entfaltung seiner Persönlichkeit", um der Bürgerlichkeit des Bürgers willen die Willensautonomie des Bürgers und damit die der Bürger[1415], welche sich in den allgemeinen Gesetzen verwirklicht. Wirklich allgemeine Gesetze, also sittliche und damit Rechtsgesetze, können somit die Autonomie des Willens als die bürgerliche Freiheit nicht verletzen. Art. 2 Abs. 1 GG kann sich darum nicht gegen die gesetzgebenden Organe des Volkes[1416] richten, soweit diese das Richtige für das gute Leben aller in allgemeiner Freiheit verbindlich zu

---

[1413] *Ch. Link*, VVDStRL 48 (1990), S. 42 ff.; *G. Ress*, VVDStRL 48 (1990), S. 98 ff.; *W. Maihofer*, HVerfR, S. 432 ff., 500 ff.; *K. A. Schachtschneider*, Res publica res populi, S. 567 ff., 978 ff.; *ders.*, Prinzipien des Rechtsstaates, S. 20.

[1414] I.d.S. auch *J. Rawls*, Eine Theorie der Gerechtigkeit, S. 265 ff., 271; auch *J. Habermas*, Faktizität und Geltung, S. 324 ff.; *K. A. Schachtschneider*, Die existentielle Staatlichkeit der Völker Europas, S. 75 ff.; *ders. (O. Gast)*, Sozialistische Schulden nach der Revolution, S. 29 ff., 50 ff.; *ders.*, Prinzipien des Rechtsstaates, S. 50 ff., auch S. 94 ff., 118 ff., 149 ff.

[1415] Die staatliche Willensautonomie der Nichtbürger schützt Art. 2 Abs. 1 GG nicht, sondern nur die private nach Maßgabe der staatlichen Gesetze, weil Art. 20 Abs. 2 GG, ein „wesentlicher Teil der verfassungsgemäßen Ordnung", die Ausübung der Staatsgewalt, also auch die der Gesetzgebung, dem Prinzip der Republik gemäß, auf das deutsche Volk, also auf die Bürgerschaft beschränkt; vgl. BVerfGE 83, 37 (50 ff.); 83, 60 (71, 75 f.).

[1416] Dazu gehören im Rahmen der funktional rechtsetzenden Kompetenzen auch die Organe der Rechtsprechung, insbesondere das Bundesverfassungsgericht, vgl. *K. A. Schachtschneider*, Res publica res populi, S. 819 ff.

machen bemüht sind, also Recht setzen. Art. 2 Abs. 1 GG schützt somit den Bürger/die Bürgerschaft in seiner/in ihrer Rechtsetzungsbefugnis[1417]. Dieses Grundrecht wäre verletzt, wenn die Bürger Verbindlichkeiten erfüllen müßten, die nicht auf ihrem Willen beruhen, wenn insbesondere das Prinzip der Gesetzlichkeit mißachtet würde. Dadurch wären die Bürger in ihrem Recht auf freie Willkür, in ihrem Anspruch auf Unabhängigkeit von anderer nötigender Willkür gekränkt. Der Wille der Bürgerschaft/des Volkes wird entweder unvermittelt durch Abstimmungen der stimmberechtigten Bürger selbst oder vermittelt in organschaftlicher Vertretung materialisiert. Das Freiheitsgrundrecht wird aber auch verletzt, wenn die Gesetze mangels Sittlichkeit des Gesetzgebers (im weitesten Sinne) nicht Recht setzen.

Bürger können andere Bürger ohne deren Willen nicht verbinden. Das kann auch die vollziehende Gewalt nicht, weil der Staat im engeren Sinne spezifisch wegen des allgemeinen Freiheitsprinzips nur durch die und nach Maßgabe der Gesetze existiert. Wenn aber der Bürger unangreifbar beschieden oder verurteilt wird, ohne daß der Verwaltungsakt oder der Richterspruch auf seinen Willen, sei es ein Gesetz, sei es im Rahmen der Gesetze ein Vertrag, zurückgeführt werden kann, ist seine Willensautonomie mißachtet. Der bürgerliche Wille ist aber der gute Wille, also der Wille zum Recht[1418]. Die Autonomie des Willens ist auch unterlaufen, wenn die verfassungsgewollten oder auch nur die gesetzesgeregelten Zuständigkeiten, Verfahrensweisen oder politischen Leitentscheidungen ignoriert werden, weil die Bürger in derartige Willensbildung gerade nicht (durch ihr Verfassungsgesetz) eingewilligt haben. Der Verfassungsverstoß liegt spezifisch in der Mißachtung der Willensautonomie und damit der verfassungsgesetzlichen Übereinkunft der Bürgerschaft, nicht aber in der Verletzung einer allgemeinen Handlungsfreiheit, also in einer (vermeintlichen) Freiheit, die Maximen des Handelns anders zu bestimmen, als es der Gesetzgeber vorschreibt. Einen Gegensatz von Freiheit und Recht gibt es in der Republik nicht. Eine andere als eine dem Recht genügende Bestimmung der Handlungsmaximen ist nicht frei, so daß das allgemeine Gesetz die Freiheit nicht verletzen kann, vorausgesetzt, das Gesetz ist ein Gesetz der Republik, also ein Rechtsgesetz. Freiheitlichkeit ist eben in der Republik sittliche/richtige/praktisch vernünftige Gesetzlichkeit, welche die Menschheit der Menschen, also die Menschenrechte, achten muß.

Die Autonomie des Willens erfordert aber empirisch, nicht transzendental, die homogene Selbständigkeit des Bürgers, der auch ökonomisch sein eige-

---

[1417] Ganz so zur Freiheitsphilosophie Kants *F. Kaulbach*, Immanuel Kants „Grundlegung zur Metaphysik der Sitten", S. 91 ff., 102 f., 208.

[1418] Vgl. *F. Kaulbach*, Immanuel Kants „Grundlegung zur Metaphysik der Sitten", S. 22 ff., 100 ff., 199 ff.; *ders.*, Studien, S. 53 f.

ner Herr sein muß. Dahin fortzuschreiten, gibt das Sozialprinzip auf[1419], das sich in einer allgemeinen, also praktisch vernünftigen Gesetzgebung, also in Rechtsetzung durch Freiheitsgesetze, von selbst verwirklicht. Das Sozialprinzip ist neben der Eigentumsgewährleistung[1420] sedis materiae der Pflicht, die Möglichkeiten im gemeinsamen Leben gerecht (i. S. der iustitia distributiva) zu verteilen[1421]. Das Sozialprinzip ist darum im Freiheitsprinzip angelegt und zielt auf die homogene Selbständigkeit aller Bürger[1422]. Diese freiheitliche Sozialität wird durch den „Totalstaat" der „perfekten Sekurität", den Wohlfahrtsstaat, der den Menschen jede Sorge nimmt, ruiniert. Davor hat *René Marcic* schon 1957 eindringlich gewarnt[1423]. Der „verhausschweinte" Mensch[1424] vor dem Bildschirm ist das Gegenteil des Bürgers. Schon *Aristoteles* hat den viehischen Charakter vieler Menschen herausgestellt:

„Die Mehrzahl der Leute und die rohesten wählen die Lust. Darum schätzen sie auch das Leben des Genusses: ... Die große Menge erweist sich als völlig sklavenartig, da sie das Leben des Viehs vorzieht."[1425]

[1419] Dazu *K. A. Schachtschneider*, Res publica res populi, S. 234 ff.; dazu auch 10. Kap., III, insb. 4, 11. Kap., III.

[1420] Dazu 10. Kapitel.

[1421] Dazu *D. Suhr*, Gleiche Freiheit, S. 110 ff.; so auch (nicht subjektiv-rechtlich) *H.-U. Erichsen*, HStR, Bd. VI, § 152, Rdn. 19; i. d. S. *W. Maihofer*, HVerfR, S. 507 ff., 519 ff.; das Sozialprinzip oder (kantianisch) das Prinzip der homogenen Selbständigkeit nimmt *R. Alexy*, Theorie der Grundrechte, S. 194 ff. u. ö., in seinem Freiheitsbegriff der Möglichkeiten (nicht explizit) auf; *J. Rawls*, Eine Theorie der Gerechtigkeit, insb. S. 291 ff., entfaltet seinen sozialorientierten zweiten Grundsatz der Gerechtigkeit (S. 81) in seiner Wertungslehre.

[1422] Vgl. *M. Kriele*, Einführung in die Staatslehre, 4. Aufl. 1990, S. 229, 334, 6. Aufl. 2003, S. 198 ff.; *K. A. Schachtschneider*, Frei – sozial – fortschrittlich, in: Die Fortentwicklung des Sozialstaates – Verfassungsauftrag und administrative Implementation, Symposium zu Ehren von Werner Thieme, Hamburg, 24. Juni 1988, 1989, S. 11 ff.; *ders.*, Res publica res populi, S. 234 ff.; auch *P. Häberle*, Wesensgehaltsgarantie, S. 121; i. d. S. *E. Grabitz*, Freiheit und Verfassungsrecht, S. 205 ff., 335 ff.; die Sozialbezogenheit der grundrechtlichen Freiheit betont *H.-U. Erichsen*, HStR, Bd. VI, § 152, Rdn. 5 ff.; *W. Maihofer*, ARSP, Beiheft Nr. 15, 1981, S. 28, 37, 39, greift diesen Aspekt eigenständig als den der „gleichen" oder „größten" Wohlfahrt eines Jeden" auf; ebenso *ders.*, HVerfR, S. 458 ff., 507 ff., auch S. 519 ff.; auch *G. Ellscheid*, Das Problem vom Sein und Sollen in der Philosophie Immanuel Kants, S. 105 ff.; *J. Rawls*, Eine Theorie der Gerechtigkeit, S. 274 ff., 282 f. u. ö., gibt der Freiheit den Vorrang vor der Verteilung, die über die Sicherung des „angemessenen Existenzminimums durch Umverteilung" hinausgeht (S. 308 ff., 311) und bemüht sich (damit) um materiale Maßstäbe insbesondere eines fairen Wirtschaftssystems (S. 298 ff.).

[1423] Vom Gesetzesstaat zum Richterstaat, S. 397 ff.

[1424] *K. Lorenz*, Fernsehgespräch anläßlich seines 80. Geburtstages am 7.11.1983; *ders.*, Die acht Todsünden der zivilisierten Menschheit, 20. Aufl. 1989, S. 98 („verhaustierte"), vgl. auch S. 32 ff., 39 ff., 51 ff., 84 ff.; *ders.*, Der Abbau des Menschlichen, 2. Aufl. 1983, etwa S. 52, 224 ff.

Auch *Rousseau* nennt den „Antrieb des reinen Begehrens Sklaverei", „instinkthaft", und stellt die Freiheit dagegen[1426]. Die Nivellierung des guten Lebens durch die industrielle Sozialwirtschaft und unter der plebiszitären Parteienherrschaft zum Massenkonsum haben Bürgerlichkeit zu würdeloser Saturiertheit verkommen lassen. Zu dieser Entwicklung hat das staatliche und private Versicherungswesen beigetragen, welches schon lange nicht mehr das freiheitlich verstandene Sozialprinzip verwirklicht, sondern nur noch das der Sekurität. Vollkommene Sekurität gefährdet nach der Erfahrung die Sittlichkeit und erst recht die Moralität. Man sorgt sich weniger um den Diebstahl als um die Ersatzleistung der Versicherung. Das Sozialprinzip ist demgegenüber ein bürgerliches, republikanisches Postulat und erlaubt es nicht, die Freiheit als die Autonomie des Willens in Freiheiten als verteilbaren Rechten auf Chancen guten Lebens umzudefinieren; denn die Freiheit ist nicht vom Gesetz, auf dem doch alles Recht beruht[1427], abhängig. Das Gesetz verletzt sittlich die Freiheit in dem Maße seiner Rechtswidrigkeit, also auch, wenn es das Sozialprinzip mißachtet. Freiheit ist die rechtsverwirklichende Sittlichkeit, nicht das Rechtsgesetz selbst. Sonst wäre die Freiheit material und hätte als solche einen subsumiblen Maßstab, der im Widerspruch zur Sittlichkeit als allgemeiner Würde des Menschen stünde.

3. Freiheit des Art. 2 Abs. 1 GG als Grundrecht auf allgemeine Gesetzlichkeit, als Recht auf Recht

a) Als Autonomie des Willens ist die Freiheit notwendig auf die Allgemeinheit bezogen; denn sie ist das Recht, sich und zugleich allen anderen das allgemeine Gesetz als der Gesetzgeber aller zu geben, das Recht auf Recht[1428]. Art. 2 Abs. 1 GG definiert demgemäß die Freiheit im Sinne der Einheit von äußerer und innerer Freiheit, von Legalität und Sittlichkeit. Das

---

[1425] Nikomachische Ethik, S. 59, 1095b 15 ff.

[1426] Vom Gesellschaftsvertrag, I, 8, S. 28 f.

[1427] *Kant*, Über den Gemeinspruch, S. 150.

[1428] *K. A. Schachtschneider*, Res publica res populi, S. 290 ff., auch S. 310 f., 325 ff., 431 ff., 497 ff., 852 f., 1005; *ders.*, Prinzipien des Rechtsstaates, S. 50 ff.; vgl. *Ch. Enders*, Die Menschenwürde in der Verfassungsordnung. Zur Dogmatik des Art. 1 GG, 1997, S. 501 ff., der ein „Recht auf Rechte" mit der Menschenwürde verbindet; so auch *W. Kersting*, Kant über Recht, S. 70; *J. Habermas*, Die Einbeziehung des Anderen, S. 167; zur praktizierten sogenannten Eingriffsfreiheit als Grundrecht auf Rechtlichkeit von Beeinträchtigungen *K. A. Schachtschneider*, Prinzipien des Rechtsstaates, S. 250, 341; *H.-U. Erichsen*, HStR, Bd. VI, § 152, Rdn. 13, 25 ff.; *U. Di Fabio*, in: Maunz/Dürig, GG, Art. 2 Abs. 1, Rdn. 12; BVerfGE 6, 32 (37 f.); 50, 256 (262); 95, 267 (306); st. Rspr.

Grundrecht umfaßt tatbestandlich den, wenn man so will, Gemeinwohlbezug, d.i. die Ausrichtung der Freiheit des einzelnen auf die Freiheit aller, und kennt überhaupt keine Schranken[1429]. Der Wortlaut dieses Grundrechts:

> „Jeder hat das Recht auf die freie Entfaltung seiner Persönlichkeit, soweit er nicht die Rechte anderer verletzt und nicht gegen die verfassungsmäßige Ordnung oder das Sittengesetz verstößt.",

nimmt mit dem Nebensatz die juridische und sittliche Gesetzlichkeit der Freiheit in den Tatbestand auf, wie es dem Prinzip der Autonomie des Willens gemäß ist. Ein praktisch vernünftiges, ein sittliches, also richtiges und darum verbindliches Gesetz, ein Rechtsgesetz also, kann in das durch dieses Grundrecht geschützte Recht der Freiheit nicht eingreifen, weil eine Unabhängigkeit von verbindlichen Gesetzen explizit nicht geschützt ist. Die geschützte Freiheit ist ganz im Gegenteil das Recht auf die allgemeine Gesetzlichkeit, d.h. die Rechtlichkeit des gemeinsamen Lebens. Sonst wäre die Entfaltung der Persönlichkeit nicht „frei". Der Wortlaut des Grundrechts ist insofern fragwürdig, als der Soweitsatz wiederholt, was das Wort „frei" schon sagt; denn Freiheit kann in der Republik der gleichen Freiheit aller Bürger nur die sittlich bestimmte Unabhängigkeit von anderer nötigender Willkür sein, also die Autonomie des Willens. Immerhin versucht der Wortlaut zweifach dem liberalistischen Mißverständnis der grundgesetzlichen Freiheit vorzubeugen, bisher weitestgehend vergeblich. Keinesfalls läßt es die Hervorhebung[1430] der inneren Freiheit im Wortlaut des Grundrechts zu, diese aus dem Freiheitsbegriff des Grundgesetzes zu eliminieren[1431]. Ein Recht zur Beliebigkeit wollte auch der Entwurf des Allgemeinen Redaktionsausschusses für Art. 2 Abs. 1 GG mit dem Wortlaut vom 16. November 1948:

> „Jedermann ist frei, zu tun und zu lassen, was nicht die Rechte anderer verletzt und nicht gegen die verfassungsmäßige Ordnung oder das Sittengesetz verstößt"[1432],

nicht einräumen. Die sittliche Bindung der Freiheit ist aus diesem Satz nicht wegzudiskutieren. Das Bundesverfassungsgericht hat in seiner irrigen,

---

[1429] So *G. Dürig*, in: Maunz/Dürig, GG, Rdn. 50 zu Art. 2 Abs. I.

[1430] Kritik am sogenannten Soweitsatz des Art. 2 Abs. 1 GG übt *G. Geismann*, Ethik und Herrschaftsordnung, S. 65 ff.

[1431] So aber die Praxis und herrschende Lehre, vgl. die Hinweise in Fn. 1377, 1381.

[1432] *W. Matz*, JöR N.F. Bd. 1 (1951), S. 56; dazu richtig *D. Suhr*, Entfaltung des Menschen durch die Menschen, S. 52; *I. v. Münch*, GG, Rdn. 18 zu Art. 2; *H.-U. Erichsen*, HStR Bd. VI, § 152, Rdn. 4, beruft sich für das „bürgerlich-liberale, vor- und antistaatliche Freiheitsverständnis" auf Art. 2 Abs. 2 HChE: „Jedermann hat die Freiheit, innerhalb der Schranken der Rechtsordnung und der guten Sitten alles zu tun, was anderen nicht schadet."

aber die Praxis und weitgehend die Lehre bestimmenden Freiheitsdogmatik gegen den engen Begriff der Persönlichkeitskernlehre den folgenden Wortlaut, vermeintlich der 42. Sitzung des Hauptausschusses vom 18. Januar 1949, als „ursprüngliche" Fassung" reklamiert: „Jeder kann tun und lassen was er will"[1433]. Eine solche Fassung hat es nie gegeben, auch nicht als ersten Teil des Satzes.

Das „allgemeine Freiheitsrecht"[1434] versteht *Carl Schmitt* als das „Urgrundrecht", das „allgemeine Grundrecht … auf Gesetzmäßigkeit aller staatlichen Willensäußerungen".

> „Die Freiheit dieses Freiheitsgrundrechts ist eine Freiheit, die dem Gesetz entspringt. Sie verdient den Namen Freiheit aber nur solange, als das Gesetz einen glaubwürdigen und zuverlässigen Zusammenhang mit Vernunft und Gerechtigkeit hat, der Begriff des Gesetzes also nicht in einem rein formalen, d.h. rein politischen Sinn gebraucht wird. Versteht man unter ‚Gesetz' jeden Befehl, der von einer bestimmten Stelle ausgeht oder in einem bestimmten Verfahren zustande kommt, so ist das Prinzip der Gesetzmäßigkeit reiner Absolutismus. Daher muß in der Beschaffenheit der gesetzgebenden Stelle oder in der Eigenart ihres Verfahrens eine Garantie jenes Zusammenhangs mit Vernunft, Gerechtigkeit und Freiheit gefunden werden. … Die mit den Grundrechten bezweckte Garantie verlegt sich dadurch ganz in den organisatorischen Teil, der die zuständigen Stellen und das von ihnen einzuschlagende Verfahren der Gesetzgebung oder Regierung angibt"[1435].

Die (grundrechtlich geschützte) Freiheit gibt das Recht auf allgemeine Gesetzlichkeit, also Rechtlichkeit des gemeinsamen Lebens. Der „Zusammenhang mit Vernunft, Gerechtigkeit" vermag nur die Sittlichkeit des Gesetzgebers zu „garantieren", die der Moralität der Bürger und ihrer Vertreter bedarf.

Die Freiheit, die durch Gesetze verwirklicht wird, die Autonomie des Willens, entspringt zwar nicht dem Gesetz, sondern ist der Rechtsgrund der

---

[1433] BVerfGE 6, 32 (36 f.); in der als Beleg vom Bundesverfassungsgericht angeführten Sitzung des Hauptausschusses hat der zitierte Wortlaut nicht zur Erörterung gestanden, sondern der Wortlaut, der jetzt im Grundgesetz steht, und der des Allgemeinen Redaktionsausschusses vom 13.12.1948: „Jedermann hat die Freiheit, zu tun und zu lassen, was die Rechte anderer nicht verletzt und nicht gegen die verfassungsmäßige Ordnung oder das Sittengesetz verstößt" (vgl. *Matz*, JöR N.F. Bd. 1 (1951), S. 59, 61), welche das Gericht auf S. 39 auch zitiert. Zur Persönlichkeitskernlehre Hinweise in Fn. 1371.

[1434] *R. Thoma*, Grundrechte und Polizeigewalt, in: H. Triepel (Hrsg.), FG Preußisches OVG, 1925, S. 184 ff.; vgl. auch *ders.*, Die juristische Bedeutung der grundrechtlichen Sätze der deutschen Reichsverfassung im allgemeinen, in: H.C. Nipperdey (Hrsg.), Die Grundrechte und Grundpflichten der Reichsverfassung, Bd. I, 1929, S. 15 f.

[1435] *C. Schmitt*, Grundrechte und Grundpflichten, S. 199 f.; vgl. i.d.S. auch *ders.*, Legalität und Legitimität, S. 20 ff., insb. S. 24.

allgemeinen Gesetzlichkeit und damit des Rechts. Man nennt diese Freiheit das „Urrecht"[1436]. Richtig ist, daß die Gesetze der Freiheit das Recht verfehlen, wenn der Gesetzgeber das Sittengesetz, d.h. die praktische Vernunft, verletzt. Die Sittlichkeit, die praktische Vernünftigkeit, die Richtigkeit erst zeichnet die Gesetze als Verwirklichung der Freiheit aus. Um diese Qualität der Gesetze, mit der die Republik steht und fällt, zu fördern, wenn sie auch wegen ihrer Voraussetzung, nämlich der Moralität der Rechtserkenntnis, insbesondere der des Gesetzgebers, nicht sichergestellt werden kann, hat das Grundgesetz das Bundesverfassungsgericht namens des Volkes als letzten stellvertretenden Hüter der praktischen Vernunft, als Hüter der Sittlichkeit der Gesetzgebung, eingerichtet und vor allem mit der Normenkontrolle betraut. Die Eigenart des Rechts und der Pflicht zur Sittlichkeit und damit der Willensautonomie, die Mißbrauchs- und Irrtumsgefahr, schließt es aus, die Übereinstimmung von Gesetz und Recht sicherzustellen. Folglich ist die Identifizierung von Gesetz und Recht genausowenig republikanisch wie die Distanzierung vom Gesetz mit dem Vorwurf, es verwirkliche nicht das Recht, wenn das ordentliche Rechtserkenntnisverfahren einschließlich der verfassungsrechtlichen Überprüfung durchgeführt worden ist. Das ändert nichts an der letzten Verantwortung des Volkes für das richtige Gesetz, das Recht, welches, wenn das Bundesverfassungsgericht versagt, auf das Widerstandsrecht zurückgreifen darf (Art. 20 Abs. 4 GG). Es obliegt der sittlichen Erkenntnis jedes einzelnen Bürgers, ob die Rechtserkenntnisse des Bundesverfassungsgerichts der Sittlichkeit genügen oder nicht. Diese Erkenntnis des Bürgers soll vom Gebot des allgemeinen Friedens geleitet sein; denn der ist Ausdruck der allgemeinen Freiheit und ihn zu fördern ist sittliche Pflicht jedes Bürgers. Erst der bei bestem Willen mit Rechtsprinzipien nicht mehr begründbaren Fehlentscheidung, dem verfassungsgerichtlichen Willkürakt, darf der Respekt verweigert werden. Ein Beispiel ist der Euro-Beschluß des Zweiten Senats[1437]. Richtig ist dennoch oder deswegen die Formalität der Gesetzlichkeit der allgemeinen Freiheit. Prinzipiell können richtige Gesetze das Urrecht der gleichen Freiheit aller nicht verletzen, aber die Richtigkeit ist eine Frage der Formalität. Die Formalität selbst ist jedoch Ausdruck der Subjekthaftigkeit/der Persönlichkeit aller Bürger, der Würde des Menschen und fordert darum deren Moralität, vor allem aber die ihrer Vertreter.

b) Unrecht sind darum Gesetze, welche die Prinzipien der Gesetzlichkeit aufheben oder einengen; denn solche Gesetze verletzen die bürgerliche Willensautonomie und damit das Recht jedermanns „auf die freie Entfaltung

---

[1436] Dazu 1., auch 2. Kap., III, 1 mit Hinweisen in Fn. 101 ff.

[1437] BVerfGE 97, 350 ff.; dazu *K. A. Schachtschneider*, Der Euro-Beschluß des Bundesverfassungsgerichts, S. 19 ff.; *ders.*, Die Rechtsverweigerung im Euro-Beschluss des Bundesverfassungsgerichts, S. 274 ff.

seiner Persönlichkeit". Wenn Gesetze Verfassungsvorschriften irgendwelcher Art, etwa Befugnisse, besondere Grundrechte oder auch sogenannte Schranken-Schranken, seien es die des Art. 19 Abs. 1 und 2 GG oder das vom Bundesverfassungsgericht praktizierte, vor allem und zu Recht als Verwirklichung der dem Gericht aufgegebenen Verantwortung für die praktische Vernunft auf das Rechtsstaatsprinzip gestützte Verhältnismäßigkeitsprinzip oder auch das Verbot der Willkür, mißachten, ist das Grundrecht des Art. 2 Abs. 1 GG verletzt[1438]. Zwar definiert Art. 2 Abs. 1 GG keinen materialen Maßstab für die Verfassungswidrigkeit eines Gesetzes, weil das allgemeine Freiheitsrecht wie das Prinzip der Freiheit durch Formalität bestimmt ist, aber dieses Grundrecht ist in Verbindung mit Art. 1 Abs. 3 GG und Art. 19 Abs. 2 GG und den verfassungsgerichtlichen Kompetenzvorschriften die Rechtsgrundlage für das auch subjektive Recht aller Bürger auf richtige Gesetze, auf Recht. Der Vollzug unrichtiger Gesetze oder auch nur der Schein der Verbindlichkeit solcher Gesetze verletzt die Autonomie des Willens, welche durch dieses Grundrecht geschützt wird. Verfassungswidrige Gesetze verwirklichen die Freiheit nicht. Zu den verfassungswidrigen Gesetzen gehören im Verfassungsgerichtsstaat auch die wegen Vernunftwidrigkeit unrichtigen Gesetze; denn sie sind vom Bundesverfassungsgericht zu verwerfen. Die Formalität des Richtigen, welche die Moralität als einzigen Weg zum Richtigen, zur Sittlichkeit nämlich, ausweist, hat, weil Moralität innerlich und darum nicht bewertbar ist, rechtstechnisch zur Folge, daß die Sittlichkeit zur juridischen Kategorie wird, notwendig zu einer formalen, die sich in der Befugnis des Bundesverfassungsgerichts verwirklicht, seine praktische Vernünftigkeit, seine Sittlichkeit, stellvertretend für das Volk, in Rechtserkenntnissen materialisiert, für das Gemeinwesen verbindlich zu machen. Man kann von einer institutionellen Judiziabilität sprechen, die keine material subsumiblen Begriffe voraussetzt. Die Sittlichkeit als die praktische Vernünftigkeit der Gesetze judiziert das Bundesverfassungsgericht ständig als das Willkürverbot oder als das Verhältnismäßigkeitsprinzip[1439]. Das ist der Sache nach die Judikatur des Sittengesetzes. Art. 2 Abs. 1 GG als das Prinzip sowohl der Gesetzlichkeit als auch der Sittlichkeit teilt sich jedoch nicht in einen materialen Freiheitstatbestand und dessen Schranken. *Herbert Krüger* hat demgemäß ein grundrechtsgeschütztes Belieben im Bereich des Öffentlichen zurückgewiesen[1440].

[1438] So in der Sache das Bundesverfassungsgericht seit dem Elfes-Urteil in BVerfGE 6, 32 (36 ff.); dazu m. w. H. v. Mangoldt/Klein/*Starck*, GG, Rdn. 25 ff. zu Art. 2 Abs. 1; *K. A. Schachtschneider*, Prinzipien des Rechtsstaates, S. 337 ff.

[1439] Dazu *K. A. Schachtschneider*, Prinzipien des Rechtsstaates, S. 329 ff., 337 ff., 342 ff.

[1440] Allgemeine Staatslehre, S. 543 (Verallgemeinerungspflicht); i. d. S. auch *P. Häberle*, Wesensgehaltsgarantie, S. 126 ff., insb. S. 150 ff., 154 ff.; auch *E. Grabitz*, Freiheit und Verfassungsrecht, S. 201, 209 ff., 235 ff.

4. Unbeschränkbarkeit der formalen Freiheit

Die die Privatheit des einzelnen Bürgers vor staatlicher Gesetzgebung schützenden besonderen Grundrechte können durch staatliche Gesetze beschränkt werden, wie die Gesetzesvorbehalte erweisen, weil die Grundrechte material sind, nicht aber das Recht, welches Art. 2 Abs. 1 GG schützt, die formale Freiheit. Das beschränkende Gesetz macht von der Befugnis Gebrauch, die das Grundrecht dem Gesetzgeber überläßt. Soweit dem Gesetzgeber aufgegeben wird, das Nähere zu regeln (z. B. Art. 4 Abs. 3 S. 2 GG, aber auch Art. 12 Abs. 1 S. 2 GG und Art. 14 Abs. 1 S. 1 GG), ist die Privatheit von dem Grundrecht noch nicht bemessen, sondern der grundrechtsgeleiteten Gesetzgebung aufgetragen, auf die ein subjektives Recht aus dem Grundrecht besteht[1441]. Letztlich bedürfen alle Grundrechte in ihrer objektiven Dimension mehr oder weniger der näheren Materialisierung durch Gesetze einschließlich der näheren Bestimmung der Privatheit, über deren praktische Vernünftigkeit/Richtigkeit die Hüter der Verfassung wachen. Zumindest die immer irgendwie offenen Grundrechtsbegriffe müssen näher bestimmt werden. Auch dadurch wird die Materie der Privatheit eingeschränkt oder ausgedehnt[1442]. Die Schranken der Grundrechte sind variabel und dynamisch[1443].

Der grundrechtsdogmatische Unterschied des Rechts der Freiheit zu den sogenannten Freiheiten, etwa zum „Recht auf Leben", welches Art. 2 Abs. 2 GG schützt, besteht in der Formalität der Freiheit im Gegensatz zur Materialität dieses subjektiven Rechts auf Leben, zu den Freiheiten also, die zugleich (objektiv-rechtliche) Leitentscheidungen für das Leben der Menschen sind. Die Formalität der Freiheit wird nicht dadurch aufgehoben, daß Art. 2 Abs. 1 GG „das Recht" auf die freie Entfaltung der Persönlichkeit und damit die Freiheit schützt; denn der eigentliche Gegenstand des geschützten Rechts, die Freiheit, bleibt formal. Der Rechtscharakter dieses Rechts der Freiheit ist identisch mit dem Prinzip der allgemeinen Gesetzlichkeit des gemeinsamen Lebens; denn Freiheit ist Autonomie des Willens. Die Willensautonomie schließt logisch die private Autonomie ein, soweit allgemeine Gesetze diese ermöglichen und damit die allgemeine Freiheit verwirklichen. Dieses Prinzip ist Ausdruck der bürgerlichen Verfassung, die das Grundgesetz materialisiert. Es garantiert nicht nur Gesetze der Freiheit,

---

[1441] Dazu 9. Kap., II. und III.

[1442] Dazu *K. Hesse*, Grundzüge des Verfassungsrechts, Rdn. 303 ff., S. 122 ff., Rdn. 308 ff., S. 124 ff.; zur „Konkretisierung" des grundrechtlichen „Normbereichs" insb. *F. Müller*, Strukturierende Rechtslehre, 1984, S. 201 ff.; *ders.*, Die Positivität der Grundrechte, S. 11 ff., 40 ff., passim.

[1443] I.d.S. zu Art. 19 Abs. 2 GG BVerfGE 50, 290 (368); *R. Scholz*, HStR, Bd. VI, 1989, § 151, Rdn. 121.

sondern auch deren Verwirklichung als Schutz der Freiheit. Material ist allerdings der spezielle Freiheitsschutz durch die in besonderen Grundrechten definierten Freiheitsrechte[1444].

Die formale Freiheit wird durch die gesetzliche Rechtsetzung nicht beschränkt, sondern verwirklicht, weil die Freiheit selbst wegen ihrer Allgemeinheit auf die Rechtlichkeit des gemeinsamen Lebens eingeschränkt ist. Rechte aber können durch Gesetze beschränkt werden; denn sie sind material. Das gilt nach dem Begriff des Rechts an sich auch für das Recht der Freiheit, welches allerdings das Wesen der Menschenwürde und damit das der Republik ist und darum in einer Verfassung der Freiheit rechtlich nicht zur Disposition steht. Die Freiheit selbst kann kein Gesetzgeber geben; denn sie ist wesentlich Autonomie des Willens, sittliches Vermögen, allgemeine Gesetzgeberschaft, Bürgerlichkeit des Bürgers. Sie ist das Urrecht und bleibt es trotz des staatlichen Grundrechtsschutzes, der ihrer Verwirklichung dient, nicht ihrer Beschränkung. Der Staat kann die Freiheit allerdings mißachten, verletzen, wenn nämlich seine Gesetze mangels Moralität des Gesetzgebers nicht zur Sittlichkeit des Rechts finden.

Der Geltungsgrund aller republikanischen Gesetze ist die Freiheit als Autonomie des Willens. Wenn auch nur einem Menschen die Willensautonomie genommen ist, ist das Gesetz nicht mehr sein (freier) Wille und bindet ihn nicht[1445]. Menschen, denen die Willensautonomie verweigert wird, werden unterdrückt. Herrschaft über die, die nicht wollen, oder über die, denen der (freie) Wille, die Autonomie des Willens als ihre Würde, genommen ist, ist Verfassungsbruch. Nicht minder verfassungsbrüchig ist es, sich der Gesetzlichkeit durch Einigung (repräsentativen Konsens) zu verweigern, die sittliche Pflicht zu verleugnen. Die Pflicht zur Staatlichkeit als (allgemeiner) Gesetzlichkeit ist allgemein. Die Freiheit als Autonomie des Willens ist wegen ihrer Formalität, also wegen ihrer Allgemeinheit[1446],

---

[1444] Vgl. dazu schon *C. Schmitt*, Freiheitsrechte und institutionelle Garantien, S. 140 ff., insb. S. 167 ff.; *ders.*, Grundrechte und Grundpflichten, S. 199 ff., 206 ff.; dazu auch *Ch. Steinbeiß-Winkelmann*, Grundrechtliche Freiheit und staatliche Freiheitsordnung, S. 33 ff. u. ö.; *R. Gröschner*, Das Überwachungsrechtsverhältnis, S. 73 f. mit Fn. 26, S. 78 ff., 204 ff., unterscheidet die „große Freiheit" der Person als „Vernunftwesen" und die „kleinen materiellrechtlichen Freiheiten" als die Freiheitsrechte, die er material versteht, und sieht auch in Art. 2 Abs.1 GG ähnlich *D. Grimm* „Freiheiten" neben der „großen Freiheit" geschützt; es fragt sich nur, welche Freiheiten aus dem Text des Grundgesetzes, der doch keine eingrenzenden Definitionen bereithält, hergeleitet werden können sollen.

[1445] I. d. S. *Kant*, Metaphysik der Sitten, S. 366, 374 f., 430; *ders.*, Über den Gemeinspruch, S. 143 ff.; *ders.*, Zum ewigen Frieden, S. 203; vgl. *W. Kersting*, Der Geltungsgrund von Moral und Recht bei Kant, S. 322.

[1446] *Kant*, Grundlegung zur Metaphysik der Sitten, S. 69 f.; vgl. *W. Kersting*, Der Geltungsgrund von Moral und Recht bei Kant, S. 318,

auch nicht material einschränkbar. Die Allgemeinheit der Freiheit ist darum formale Einschränkung. Nur materiale Rechte sind material einschränkbar und veränderbar, wie die Rechte zur Privatheit, weil diese von den allgemeinen Gesetzen abhängen und notwendig material sind. Die Willensautonomie ist das formale Prinzip des Rechts. Seine Relativierung wäre die Relativierung des Rechtsprinzips.

Insbesondere beschränkt jede Herrschaft das Recht der Freiheit. Herrschaft verlangt darum nach Legitimation. Überzeugen konnte einmal eine religiöse Legitimation, eine von Gott befohlene Herrschaft[1447]. Der „säkularisierte ... Moderne Staat" stützt sich auf „Rationalität" und „Aktivität", lehrt *Herbert Krüger*[1448] und faßt zusammen: „In einer säkularisierten Welt tritt letztlich der Wohlfahrtsstaat an die Stelle Gottes"[1449]. Die Aufklärung hat darum jede mögliche Legitimation von Herrschaft ruiniert. Demgemäß räumt *Konrad Hesse* ein: „Die Verbindlichkeit der obersten Prinzipien des Rechts kann freilich von keiner anderen Instanz festgestellt werden als dem Rechtsgewissen"[1450].

Die wissenschaftliche Legitimation der „Diktatur des Proletariats", in der Realität eine harte Despotie, mußte fehlschlagen, weil historizistische Spekulation als historische Gesetzlichkeit ausgegeben wurde, einer der ge-

---

[1447] Dazu *H. Krüger*, Allgemeine Staatslehre, S. 32 ff., insb. S. 43 ff.; *M. Hättich*, Demokratie als Herrschaftsordnung, S. 139 ff.; zum Problem der Legitimität allgemein *M. Kriele*, Einführung in die Staatslehre, 4. Aufl. 1990, S. 19 ff., 6. Aufl. 2003, S. 8 ff.; *N. Luhmann*, Rechtssoziologie, Bd. 2, S. 259 ff.; zur politischen Relevanz der Erwähnung Gottes in der Präambel des Grundgesetzes (argumentum aus Art. 4 Abs. 1 u. 2 GG) etwa *A. Hollerbach*, Grundlagen des Staatskirchenrechts, HStR, Bd. VI, 1989, § 138, Rdn. 81 ff., der der Präambel als legitimierender und leitender Interpretationsregel rechtliche Bedeutung beimißt; nach v. Mangoldt/ Klein/*Starck*, GG, Rdn. 36 ff. zur Präambel, ist „mit der Formel als Motivation weder eine Verpflichtung auf das Christentum oder auf einen persönlichen Gott zum Ausdruck gebracht noch die Bundesrepublik als christlicher Staat charakterisiert.", Rdn. 36; vgl. auch *P. Häberle*, „Gott" im Verfassungsstaat?, in: W. Fürst/R. Herzog/ D. C. Umbach (Hrsg.), FS W. Zeidler, Bd. I, 1987, S. 3 ff.; zum Verhältnis Staat und Kirche vgl. *P. Mikat*, Staat, Kirchen und Religionsgemeinschaften, HVerfR, 2. Aufl. 1994, S. 1425 ff.

[1448] Allgemeine Staatslehre, S. 32 ff. (zur Säkularisation), S. 53 ff. (zum Rationalismus), S. 62 ff. (zur Aktivität); i.d.S. auch (gegen H. Krüger kritisch S. 129 ff.) *M. Hättich*, Demokratie als Herrschaftsordnung, S. 138 ff.; vgl. auch *M. Weber*, Wissenschaft als Beruf, 1930, Nachdruck 1950, S. 21; *ders.*, Wirtschaft und Gesellschaft, 5. Aufl. 1972, S. 124, 815 ff., insb. S. 822; vgl. *P. Kirchhof*, Der deutsche Staat im Prozeß der europäischen Integration, HStR, Bd. VII, 1992, § 183, Rdn. 28.

[1449] Allgemeine Staatslehre, S. 33 (mit Hinweisen auf Burdeau und Blackham); i.d.S. auch *W. Maihofer*, HVerfR, S. 427 ff., insb. S. 507 ff., 519 ff.

[1450] Grundzüge des Verfassungsrechts, Rdn. 35, S. 15.

schichtlich folgenreichsten Mißbräuche der Wissenschaft[1451], der historisch gescheitert ist.

Dürfte der Gesetzgeber das Recht der Freiheit beschränken oder dieses gar aufheben, so bestünde dieses Recht, falls er solches beschlösse, nur noch beschränkt oder gar nicht mehr. Das wäre die gesetzliche, also quasi-freie Beschränkung oder Aufgabe des Rechts der Freiheit. Ein solches Gesetz wäre republik- und menschenwürdewidrig. Es würde das Urrecht der Freiheit verletzen und zum Widerstand verpflichten. Es hätte keinen Geltungsgrund. Es wäre der Pflicht zur Sittlichkeit zuwider, die zur allgemeinen Gesetzgebung verpflichtet. Ein die Freiheit beschränkendes Gesetz wäre politikwidrig und umstürzlerisch. Würden derartige gesetzliche Freiheitsbeschränkungen wieder rückgängig gemacht, so wäre das eine Art von herrschaftlicher Freilassung oder eine Befreiung, also eine Revolution. Der Verfassung der Freiheit kann kein Gesetzgeber die Geltung nehmen. Wenn er deren Wirksamkeit behindert, schafft er die Lage des Widerstandes[1452]. Der Aspekt Beschränkung des Rechts der Freiheit ist somit genauso freiheits- und republikwidrig wie der der Beschränkung von Freiheit. Beide führen den monarchisch-liberalen, konstitutionalistischen Charakter der freiheitsdogmatischen Eingriffs- und Schrankenlehre vor Augen, die den Staat gegen die Gesellschaft stellt[1453].

Die durch das Grundrecht mit dem Recht der Freiheit geschützte Freiheit selbst als die Autonomie des Willens ist durch Gesetze nicht beschränkbar, weil sie, wie gesagt, durch Gesetze verwirklicht wird. Aber dem Gesetzgeber ist durch den besonderen grundrechtlichen Schutz des Rechts zur Privatheit, insbesondere durch sogenannte vorbehaltslose Grundrechte, wie etwa die Kunstfreiheit[1454], die Gesetzgebungsbefugnis in einem der Lage

---

[1451] Dazu *K. R. Popper*, Die offene Gesellschaft und ihre Feinde, Bd. 2, 6. Aufl. 1980, S. 102 ff.; auch *M. Kriele*, Die demokratische Weltrevolution, S. 12 ff. („sozialistische Gegenrevolution" – „voraufklärerischer Zustand der Despotie", „Gegenaufklärung schlechthin", „die furchtbare Konsequenz aus einem furchtbaren Irrtum", S. 14), S. 53 ff., 64 ff., 72 ff.

[1452] *K. A. Schachtschneider (O. Gast)*, Sozialistische Schulden nach der Revolution, S. 50 ff.

[1453] Dazu 5. Kap., II, 3. Kap., IX; *K. A. Schachtschneider*, Res publica res populi, S. 175 ff., 478 ff.

[1454] Dazu insb. BVerfGE 30, 173 ff. – Mephisto; BVerfGE 83, 130 ff. – Josefine Mutzenbacher; vorher schon BVerfGE 28, 243 (260 f.) zur Kriegsdienstverweigerung; vgl. zur Dogmatik der vorbehaltslosen Grundrechte v. Mangoldt/Klein/*Starck*, GG, Rdn. 275 f. zu Art. 1 Abs. 3, Rdn. 328 ff. zu Art. 5 Abs. 3; *K. Stern*, Staatsrecht III, 2, § 81 IV, S. 513 ff.; dazu auch *W. Schmidt*, AöR 106 (1981), S. 498 f., 506 f.; zurecht kritisch *M. Kriele*, Vorbehaltlose Grundrechte und die Rechte anderer, in: ders., Recht, Vernunft, Wirklichkeit, 1990, S. 604 ff.; *ders.*, Grundrechte und demokratischer Gestaltungsspielraum, HStR, Bd. V, 1992, § 110,

gemäßen, variabel und dynamisch zu bestimmenden, die grundrechtliche Leitentscheidung respektierenden, Umfang verwehrt.

Eine Lehre staatlicher Beschränkung der Freiheit gar ist begriffswidrig, weil der Staat das Vermögen des Menschen zur praktischen Vernunft nicht beeinträchtigen kann, geschweige denn, daß der Staat das darf. Der Zweck des Staates ist es allein, die praktische Vernunft, das sittliche Gemeinwesen der allgemeinen Freiheit, wenn man so will, das Reich der Liebe, zu ermöglichen. Das bestimmt auch seinen Begriff. Rechte können beschränkt werden, weil sie material sind, die Freiheit schon aus der Logik ihrer Formalität nicht. Das Recht der Freiheit kann nicht beschränkt werden, ohne die Republik zu verraten. In der Autonomie des Willens als der Freiheit, also im bürgerlichen Status als Mitgesetzgeber, zeigt sich die Formalität der Freiheit. Die Einschränkung der Freiheit auf ihre Allgemeinheit liegt in ihrem republikanischen Begriff. Der Staat kann das Recht der Autonomie des Willens rechtens auch deswegen nicht beschränken, weil seine Gesetze dann kein Recht mehr schaffen können.

Die Selbstzweckhaftigkeit des Menschen, die in der Formalität der Freiheit ihren Ausdruck findet[1455], ist unteilbar und folglich unbeschränkbar. Der Mensch ist in der Republik nicht zum Teil Bürger und zum Teil Untertan der Obrigkeit. Wer die Freiheit der anderen mißachtet, wird Despot und muß um der Freiheit willen an der Despotie gehindert werden. Jede Freiheitsverkürzung verletzt entgegen Art. 1 Abs. 1 GG die Würde des Menschen, nicht aber bereits eine Verschiebung zwischen der staatlichen und der privaten Befugnis zur Bestimmung der Handlungen; denn auch die Staatlichkeit verwirklicht die Freiheit – sofern die Sittlichkeit gelingt.

III. Persönlichkeitsentfaltung als Glücksstreben in allgemeiner Freiheit

1. Allgemeines Recht auf eigenes Glück

Der Freiheit liegt das natürliche Streben[1456] jedermanns zugrunde, sein Glück zu suchen. *Aristoteles* lehrt in der Nikomachischen Ethik: „So

---

Rdn. 69 ff.; A. *Enderlein*, Der Begriff der Freiheit als Tatbestandsmerkmal der Grundrechte, S. 4 ff., 134 ff.; dazu 9. Kap.

[1455] *Kant*, Grundlegung zur Metaphysik der Sitten, S. 63 ff., 71 ff.; vgl. i. d. S. *Ch. Enders*, Die Menschenwürde in der Verfassungsordnung, S. 189 ff.; dazu 2. Kap., VI.

[1456] Dazu *Kant*, Kritik der praktischen Vernunft, S. 144 ff.; *ders.*, Metaphysik der Sitten, S. 515 („Denn eigene Glückseligkeit ist ein Zweck, den zwar alle Menschen (vermöge des Antriebes ihrer Natur) haben,"), auch S. 517, 587 u. ö.; vgl. auch

scheint also die Glückseligkeit das vollkommene und selbstgenügsame Gut zu sein und das Endziel des Handelns"[1457]. „The right to pursuit of happiness" hat die Unabhängigkeitserklärung der Vereinigten Staaten von Amerika vom 4. Juli 1776, wie schon die Bill of Rights von Virginia vom 12. Juni 1776, als „selbstverständliche Wahrheit" angesprochen[1458]. Dieses Recht ist von Art. 2 Abs. 1 GG im Sinne des Menschenwürdeprinzips des Art. 1 Abs. 1 S. 1 und 2 GG gewährleistet[1459]; denn die „Entfaltung" der „Persönlichkeit" ist der jeweilige Versuch des Menschen, sein Glück zu finden, gut zu leben. Dieser Versuch aber unterliegt dem sozialen Prinzip der Freiheit oder eben dem gleichen Recht aller Menschen, ihr Glück zu suchen, d.h. vor allem, selbst (im Rahmen der Gesetze allein[1460]) zu bestimmen, welchen Weg zum Glück sie einschlagen wollen. Wenn die Bürger ihren eigenen, besonderen Interessen folgen, ist das folglich in dem Maße zu akzeptieren, in dem sie anderen nicht schaden[1461]. Die Suche nach dem eigenen Glück im Rahmen der Gesetze nicht zu behindern, ist sogar für das Gemeinwesen förderlich, weil es den Leistungswillen der Menschen bestmöglich zur Entfaltung kommen läßt. Prinzip der Republik ist die gemeinsame Lebensbewältigung; denn der Staat als die bürgerliche Gemeinschaft hat zumindest den Zweck, die Freiheit aller um des Glückes jedes einzelnen willen zu ermöglichen[1462]; denn es „ist der Naturzweck,

---

ders., Über den Gemeinspruch, S. 145, 154 ff.; dazu *L. W. Beck*, Kants „Kritik der praktischen Vernunft", S. 99 ff., 102 ff.; *H. Lübbe*, Dezisionismus in der Moral-Theorie Kants, S. 507 ff.; *F. Kaulbach*, Immanuel Kants „Grundlegung zur Metaphysik der Sitten", S. 57 ff., 110 ff.

[1457] 1079b 20 f.; dazu *W. Kersting*, Glück, Tugend, Gerechtigkeit. Über Aristoteles' Ethik, in: ders., Kritik der Gleichheit. Über die Grenzen der Gerechtigkeit und der Moral, 2002/2005, S. 193 ff. (199 f.).

[1458] Dazu *D. Sternberger*, Das Menschenrecht nach Glück zu streben, S. 131 ff.; nicht anders *Kant*, Metaphysik der Sitten, S. 515 ff.

[1459] I.d.S. *Ch. Enders*, Die Menschenwürde in der Verfassungsordnung, S. 442 ff.

[1460] Zur freiheitlichen Privatheit als Rechte zur freien Willkür i.S. der Alleinbestimmtheit 8. Kap., II.

[1461] 11. Kap., II, auch 2. Kap., VI. So lautete der Entwurf des Verfassungskonvents von Herrenchiemsee zu Art. 2: „(1) Alle Menschen sind frei. (2) Jedermann hat die Freiheit, innerhalb der Schranken der Rechtsordnung und der guten Sitten alles zu tun, was anderen nicht schadet" (*Matz*, JöR N.F. Bd. 1 (1951), S. 54).

[1462] Darum plädiert *H. H. Rupp*, HStR, Bd. II, § 31, Rdn. 17 ff., trotz seiner konsequenten Kritik konstitutioneller Elemente im gegenwärtigen Staatsrechtsdenken für die Unterscheidung von Staat und Gesellschaft; *H. Krüger*, Allgemeine Staatslehre, S. 196, bestreitet zwar, daß eine Lehre vom Staatszweck möglich sei, sieht aber dessen Tätigkeit in der „Existenzerhaltung und Existenzförderung", die der jeweiligen Lage angepaßt werden müsse; i.S. des Textes *W. Leisner*, Das Ebenbild Gottes im Menschen – Würde und Freiheit, S. 84; ganz i.d.S. *W. Maihofer*, ARSP, Beiheft Nr. 15, 1981, S. 20 f.; auch *ders.*, HVerfR, S. 490 ff., 507 ff.; nahe dem Text auch *Ch. Enders*, Die Menschenwürde in der Verfassungsordnung, S. 248 ff.;

den alle Menschen haben, ihre eigene Glückseligkeit"[1463]. Das Glück des Menschen entfaltet sich in der Staatlichkeit der Allgemeinheit und der Privatheit des Einzelnen, in freier Willkür also[1464].

Kant hat der „Natur für die Unvertragsamkeit, für die mißgünstig wetteifernde Eitelkeit, für die nicht zu befriedigende Begierde zum Haben, oder auch zum Herrschen"[1465] „Dank" gezollt. „Ohne sie würden alle vortreffliche Naturanlagen in der Menschheit ewig unentwickelt schlummern. Der Mensch will Eintracht; aber die Natur weiß besser, was für seine Gattung gut ist: Sie will Zwietracht."[1466] Der Wettbewerb, ein Faktum, das sich ergibt, wenn Menschen frei, also in Gesetzlichkeit, ihr Glück suchen, weil nicht jeder sich alles zu eigen machen kann, sichert nach aller Erfahrung bestmöglich den Wohlstand des Volkes[1467]. Die Suche nach dem eigenen

---

zu den Lehren vom Zweck des Staates *G. Jellinek*, Allgemeine Staatslehre, S. 230 ff., zu den begrenzenden Lehren insb. 246 ff.; Staatsziele als „Belange des Gemeinwohls" unterscheidet *J. Isensee*, HStR, Bd. III, § 57, Rdn. 115 ff., von den Staatszwecken; die Staatszwecklehren hält *Isensee*, a.a.O., Rdn. 116, für beendet; Staatszwecke hält *W. Schmidt*, AöR 106 (1981), S. 520, für demokratiewidrig; ähnlich *ders.*, Organisierte Einwirkungen auf die Verwaltung, VVDStRL 33 (1975), S. 196 f. (gegen J. Habermas). Im Verständnis der Deklaration von 1789 sollen die Gesetze nur den Zweck haben, die droits naturels zu erhalten, so *E. Grabitz*, Freiheit und Verfassungsrecht, S. 153 f.; i.S. einer Staatszweckbegrenzung mit Kant, Fichte, v. Humboldt, Mill auch *K. R. Popper*, Bemerkungen zu Theorie und Praxis des demokratischen Staates, S. 21 ff. (für den „Ministaat"; für den „Minimalstaat" vor allem *R. Nozick*, Anarchie, Staat, Utopia, 1974/76, S. 38 ff., 141 ff., 269 ff.); zur Staatszweckbegrenzung auf die Verwirklichung der allgemeinen Freiheit bei Kant und Fichte *E. Bloch*, Naturrecht und menschliche Würde, S. 86, 88; zur Geschichte der Staatszwecklehren umfassend *Ch. Link*, Herrschaftsordnung und bürgerliche Freiheit, S. 132 ff.; vgl. auch die Hinweise *ders.*, VVDStRL 48 (1990), S. 10, Fn. 2; vgl. auch *K. Hespe*, Zur Entwicklung der Staatsrechtslehre in der deutschen Staatsrechtswissenschaft des 19. Jahrhunderts, 1964; *P. v. Oertzen*, Die soziale Funktion des staatsrechtlichen Positivismus, 1974.

[1463] *Kant*, Grundlegung zur Metaphysik der Sitten, S. 62 f., auch S. 44 ff.; ebenso *ders.*, Kritik der praktischen Vernunft, S. 128 ff., 133 ff., 145 ff., 149, 216 ff.; *ders.*, Metaphysik der Sitten, S. 515 ff.; *ders.*, Über den Gemeinspruch, S. 145, 149; für die Einheit von Glück und Freiheit, allerdings material verstanden, *R. Marcic*, Vom Gesetzesstaat zum Richterstaat, S. 84, 271, 397 f., der auf das Wort des *Perikles* hinweist: „Glück ist Freiheit, Freiheit Entschlossenheit!".

[1464] Dazu 2. Kap., V, VI, VII, 8. Kap., I, 11. Kap., II.

[1465] Idee, S. 38.

[1466] Idee, S. 38 f.

[1467] Zum Wettbewerbsprinzip als Wohlstandsgarant *Adam Smith*, An Inquiry into the Nature and Causes of the Wealth of Nations, S. 9 ff., insb. S. 452 ff.; auch *Kant*, Idee, S. 37 ff. (zum „Antagonism" und für diese „Naturanlage" des Menschen); zu F. A. v. Hayeks „Katallaxie" (etwa *F. A. v. Hayek*, Der Aktivismus „sozialer Gerechtigkeit", in: ders., Die Anmaßung von Wissen, Neue Freiburger Studien (hrsg. v. W. Kerber), 1996, S. 181 ff.; dazu *M. Kläver*, Die Verfassung des Marktes. Friedrich August von Hayeks Lehre von Staat und Markt im Spiegel

Glück (eingeschlossen gesundes Leben) ist allemal die stärkste Triebfeder des Menschen[1468]. Gerade darum lehrt *Kant* außer der „eigenen Vollkommenheit" die „fremde Glückseligkeit" als Tugendpflicht[1469]. Das eigene Glück zu suchen, ist die Natur des Menschen und kann darum nicht Pflicht sein[1470]. Die Verfassung der Freiheit gebietet die Sittlichkeit, d.h. die allgemeine Gesetzlichkeit des Handelns. Der Imperativ ist notwendig, damit alle frei zu ihrem Glück sind. Nur die allgemeine Gesetzlichkeit bewirkt, daß alle „unabhängig" sind „von anderer nötigender Willkür", d.h. die äußere Freiheit haben[1471]. Sie schafft das freiheitliche Gemeinwesen. Zu diesem gehört die Privatheit, welche subjektive Rechte ermöglicht und um der Menschheit des Menschen willen ermöglichen muß[1472].

Nur die „*freie*" Persönlichkeitsentfaltung ist in Art. 2 Abs. 1 GG geschützt. Diese Freiheit ist die Autonomie des Willens, also die Autonomie des Willens bei der Entfaltung der Persönlichkeit und somit die Autonomie des Willens im gemeinsamen Leben mit den anderen Menschen, sei es staatlich oder privat. Nur Autonomie des Willens aller als allgemeine Gesetzgebung/als Gesetzgebung aller ermöglicht, soweit es um die Sache aller geht, die allseitige Freiheit und ist damit die logische Bedingung der allgemeinen Freiheitsgrundrechte. Ohne das Recht zur Entfaltung der Persönlichkeit ist die Willensautonomie ohne mögliche Materialität, die unvermeidbar empirisch bedingt ist[1473]. Das Recht, das eigene Glück zu suchen, also die eigene Persönlichkeit zu entfalten, Interessen zu haben und zu verwirklichen, zu leben, wie man will, also die freiheitliche Staatlichkeit und

---

grundgesetzlicher Staats- und Verfassungsrechtslehre, 2000, S. 174 ff.; *H. Krüger*, Allgemeine Staatslehre, S. 454 ff. (kritisch zur übermäßigen Verallgemeinerung des Prinzips Wettbewerb); *E.-J. Mestmäcker*, Wirtschaftsordnung und Staatsverfassung, in: in: H. Sauermann/E.-J. Mestmäcker (Hrsg.), Wirtschaftsordnung und Staatsverfassung, FS. F. Böhm (80.), 1975, S. 383 ff.; *O. Höffe*, Wirtschaftsbürger, Staatsbürger, Weltbürger, S. 32 ff.

[1468] *Kant*, Metaphysik der Sitten, S. 527; *ders.* i.d.S., Idee, S. 37 ff.; vgl. auch *ders.*, Zum ewigen Frieden, S. 258 f.; *ders.*, Kritik der praktischen Vernunft, S. 145 ff. (insb. S. 149), S. 216 ff.

[1469] Metahyisk der Sitten, S. 515.

[1470] *Kant*, Metaphysik der Sitten, S. 517 f.

[1471] Dazu näher 2. Kap., VI und VII; zum Begriff der äußeren Freiheit *Kant*, Metaphysik der Sitten, S. 345; vgl. in der Sache auch *ders.*, Idee, S. 39 ff.; i.d.S. auch *Rousseau*, Vom Gesellschaftsvertrag, II, 6, S. 40 f. u.ö.; so *M. Kriele*, HVerfR, S. 145 f.

[1472] Dazu 8. Kap., III.

[1473] *Kant*, Kritik der reinen Vernunft, S. 677 ff.; *ders.*, Grundlegung zur Metaphysik der Sitten, S. 47 f.; *ders.*, Kritik der praktischen Vernunft, S. 145; *L. W. Beck*, Kants „Kritik der praktischen Vernunft", S. 98, auch S. 132 f., 187 f.; *F. Kaulbach*, Immanuel Kants „Grundlegung zur Metaphysik der Sitten", S. 187, auch S. 108 ff. zur Heteronomie der Abhängigkeit des Willens vom Objekt.

die freiheitliche Privatheit sind die als Autonomie des Willens begriffene republikanische Freiheit, eine Einheit, welche die Unterscheidung der Elemente persönlichen Glücksstrebens als individuale Komponente zum einen und Freiheit in ihrer sozialen Komponente zum anderen nicht vermissen lassen darf. Es gibt aber keine Freiheit als Autonomie des Willens, die sich anders als material, also in der Selbstverwirklichung/im Glücksstreben/in der Interessenverwirklichung (meist näher privat, also alleinbestimmt, materialisiert) realisieren könnte[1474].

Das besondere Glück kann es nicht ohne Inanspruchnahme von Anderen geben, wenn diese, wie meist, dem Glück eines Menschen dienen müssen. Die Einschränkung der Willkür, also die der Maximen, nach denen der Mensch zu handeln sich zur Regel macht[1475], und damit der möglichen Zwecke, für die sich ein Mensch entscheiden darf, liegt im Begriff der Freiheit als dem Vermögen zum Guten oder dem zur praktischen Vernunft selbst[1476]; denn diese ist, weil mit dem, also mit jedem Menschen geboren, für alle gleich und somit allgemein[1477]. Die die Freiheit aller berücksichtigenden Maximen aller Einzelnen verwirklichen darum sowohl die allgemeine als auch die besondere Freiheit; denn niemand wird unter solchen Maximen fremdbestimmt, d.h. abhängig von der nötigenden Willkür anderer und somit beherrscht. Alle bleiben frei. Allerdings bedarf das des allgemeinen Gesetzes. Freiheit ist ihrem Begriff nach praktische Vernunft, allgemeine Gesetzlichkeit[1478].

[1474] Ganz so *Kant*, Kritik der praktischen Vernunft, S. 145 ff.; *ders.*, Kritik der teleologischen Urteilskraft, S. 551 ff.; *ders.*, Zum ewigen Frieden, S. 250; *ders.*, Über den Gemeinspruch, S. 154 ff.; *L. W. Beck*, Kants „Kritik der praktischen Vernunft", S. 98, 132 f., 187 f.; vgl. *F. Kaulbach*, Immanuel Kants „Grundlegung zur Metaphysik der Sitten", S. 57 ff., 110 ff.

[1475] Zum Begriff der Maxime *Kant*, Metaphysik der Sitten, S. 331 f., 511, 519 f.; *ders.*, Grundlegung zur Metaphysik der Sitten, S. 27, 51; *ders.*, Kritik der praktischen Vernunft, S. 125 ff.; dazu 2. Kap., V.

[1476] *Kant*, Metaphysik der Sitten, S. 329, 338; *ders.*, Idee, S. 409; i.d.S. auch *R. Marcic*, Vom Gesetzesstaat zum Richterstaat, S. 313 ff.; *F. Kaulbach*, Immanuel Kants „Grundlegung zur Metaphysik der Sitten", S. 100 ff., 199 ff.; *ders.*, Studien, S. 30 ff., 50 ff.

[1477] Zur Gleichheit in der Freiheit Hinweise in Fn. 6, 1908; *K. A. Schachtschneider*, Res publica res populi, S. 4 f. mit Fn. 18; *ders.*, Prinzipien des Rechtsstaates, S. 35 ff.; *K. Jaspers*, Vom Ursprung und Ziel der Geschichte, S. 205 f. (Zitat zu Fn. 1487); so etwa *J. Rawls*, Eine Theorie der Gerechtigkeit, passim, insb. S. 223 ff.; ebenso *K. R. Popper*, Bemerkungen zu Theorie und Praxis des demokratischen Staates, S. 18 f.; *G. Dürig*, in: Maunz/Dürig, GG, Rdn. 147 zu Art. 1 Abs. III GG; *W. Maihofer*, HVerfR, S. 455 ff., 499 ff., 507 ff.; *M. Kriele*, Einführung in die Staatslehre, 4. Aufl. 1990, S. 331 ff., 6. Aufl. 2003, S. 177 ff., 204 ff.; *Ch. Enders*, die Menschenwürde in der Verfassungsordnung, S. 250.

[1478] Dazu die Ethik *Kants*, insb. 2. Kap., VI.

Wenn die Autonomie des Willens als die allgemeine Gesetzlichkeit des gemeinsamen Lebens verwirklicht ist, ist die Entfaltung der Persönlichkeit jedes Menschen äußerlich frei (unabhängig von anderer nötigender Willkür), d.h., beim allgemeinen Streben nach Glück ist die Gleichheit der Freiheit, die allgemeine Freiheit also, gewährleistet und niemand kann einem anderen durch sein (glücksbezogenes) Handeln Unrecht tun, „schaden" und dadurch dessen äußere Freiheit verletzen; denn Freiheit besteht nach Nr. 4 der Erklärung der Rechte des Menschen und des Bürgers von 1789 „darin, alles tun zu können, was einem anderen nicht schadet" ... „Diese Grenzen können nur durch das Gesetz bestimmt werden", klärt die Deklaration richtig. Diese begriffsimmanente Allgemeinheit der Freiheit hat *Kant* selbst als „Einschränkung" angesprochen und in der positiven/inneren Freiheit als Sittlichkeit entwickelt[1479].

Die Art und Weise der Persönlichkeitsentfaltung ist material gänzlich indeterminiert, aber dem Sittengesetz verpflichtet. Jede materiale Bestimmung der Persönlichkeit würde die Freiheit beschränken, ohne daß diese Beschränkung um der Freiheit der Anderen willen nötig wäre. Materiale Bestimmungen der Persönlichkeit durch Dritte, insbesondere durch den Staat, sind nach aller Erfahrung die Grundlage der Despotie, wie es die Ausrichtung der sogenannten Verfassung der früheren DDR vom 6. April 1968 auf die Gestaltung einer „entwickelten sozialistischen Gesellschaft" (Präambel, Art. 2) erweist. Zwar gab auch diese „Verfassung" vor, „Achtung und Schutz der Würde und Freiheit der Persönlichkeit" seien „Gebot für alle staatlichen Organe, alle gesellschaftlichen Kräfte und jeden einzelnen Bürger" (Art. 19 Abs. 2), aber damit sollte nur „die sozialistische Lebensweise der Bürger" (Art. 4), „das Zusammenleben aller Bürger in der sozialistischen Gemeinschaft nach dem Grundsatz, daß jeder Verantwortung für das Ganze trage" (Art. 3 Abs. 2), ermöglicht werden. „Freiheit und Würde seiner Persönlichkeit" sollte der Bürger nach dieser „Verfassung" dadurch verwirklichen, daß er „seine Kräfte aus freiem Entschluß zum Wohle der Gesellschaft und zu seinem eigenen Nutzen in der sozialistischen Gemeinschaft ungehindert entfaltet" (Art. 19 Abs. 3). Schließlich schuf diese „Verfassung" den Begriff der „Grundsätze sozialistischer Moral", welche die Beziehungen der Bürger zu prägen hätten (Art. 19 Abs. 3 S. 3). Den Begriff des Sozialismus der DDR, den näher zu erläutern deren Zusammenbruch im Jahre 1989 erübrigt, hebt die Freiheit in ihrer unverzichtbaren Formalität auf, weil die

---

[1479] Über den Gemeinspruch, S. 144 f., 148 (Zitat zu Fn. 128); *ders.*, Metaphysik der Sitten, S. 338; auch *ders.*, Kritik der praktischen Vernunft, S. 146; *ders.*, Kritik der reinen Vernunft, S. 513, 680; vgl. dazu *G. Römpp*, Rechtstheorie 22 (1991), S. 301, der darauf hinweist, daß Kant mit Freiheit nicht „unbeschränkte Handlungsmöglichkeiten" meint; dazu auch *Ch. Enders*, Die Menschenwürde in der Verfassungsordnung, S. 249, der richtig „Kants Rechtsprinzip" in der Nr. 4 erkennt.

Bestimmung dessen, was sozialistisch ist, Sache der „marxistisch-lenini-stischen Partei" „der Arbeiterklasse" (Art. 1 Abs. 1) war. „Führung" (Art. 1 Abs. 1 S. 2) und dementsprechend den „demokratischen Zentralismus" (Art. 47 Abs. 2) hatte diese „Verfassung" zu den „tragenden Prinzipien des Staatsaufbaus" (Art. 47 Abs. 2) erklärt und sich damit offen zu einem freiheits- und entgegen dem Namen dieses sogenannten Staates republik-widrigen Herrschaftssystem bekannt, welches sich vierzig Jahre lang dank der Sowjetunion als harte Despotie behauptet hat[1480]. Die Persönlich-keitsentfaltung darf also nicht material bestimmt sein, wenn sie frei sein soll[1481]. Den Menschen paternalistisch Glücksprinzipien vorzuschreiben, ist Despotie[1482].

Wenn alle Menschen gleich frei sind, kann kein Mensch dem anderen das Recht einräumen, glücklich sein, gut leben zu dürfen. Die Menschen kön-nen sich nur verpflichten, sich in ihrem Streben nach Glück, nach gutem Leben, so wenig als möglich zu stören, d.h. sich gegenseitig verpflichten, die Freiheit, „dieses einzige, ursprüngliche, jedem Menschen, kraft seiner Menschheit, zustehende Recht"[1483], nicht zu verletzen. Darin liegt der repu-blikanische Schutz des Strebens aller Menschen nach gutem Leben, nach

---

[1480] *G. Brunner*, HStR, Bd. I, § 11, Rdn. 13 ff.; *Ch. Starck*, VVDStRL 51 (1992), S. 11 ff.; *W. Berg*, VVDStRL 51 (1992), S. 47 ff.; *B. Pieroth*, Der Rechtsstaat und die Aufarbeitung der vor-rechtsstaatlichen Vergangenheit, VVDStRL 51 (1992), S. 92 ff.; *K. A. Schachtschneider (O. Gast)*, Sozialistische Schulden nach der Revo-lution, S. 29 ff.; a.A. BVerfGE 95, 267 (307), das von „Rechtsbeziehungen", „Rechtsordnung", „Verfassung", „sozialistischem Rechtssystem" spricht und damit offenbart, daß es ohne ein Prinzip des Rechts Recht zu sprechen versucht – notge-drungen eine subjektivistische, bestenfalls positivistische, oft eine parteiliche Abwä-gungs- und Zumutbarkeitsjustiz, die letztlich mangels paradigmatisch gestützter Dogmatik willkürhaft ist; vgl. die Kritik von *W. Leisner*, Der Abwägungsstaat. Ver-hältnismäßigkeit als Gerechtigkeit?, 1997; im übrigen hatten die Sätze der „Verfas-sung" der DDR keinen Rechtscharakter, weil sie nicht gerichtlich durchsetzbar wa-ren; dazu *Ch. Starck*, a.a.O., S. 14 ff.; *W. Berg*, a.a.O., S. 49 ff., 63 ff.; *B. Pieroth*, a.a.O., S. 95 ff., der es, S. 97, fertigbringt, die „Endlösung der Judenfrage" als „legal" hinzustellen und zu schreiben: „Wie der Todesschuß als Sonderbe-handlung ausführenden Gestapo-Mannes war in systemimmanenter Betrachtung der Todesschuß des Vopo an der innerdeutschen Grenze legal" (S. 98), ein Positivist, ein „schrecklicher Jurist", der jetzt die Umwertung empfiehlt, das Recht also der Beliebigkeit ausliefert, eine Verhöhnung des Rechts; vgl. auch *K. A. Schachtschnei-der*, daselbst, Aussprache, S. 152 f.

[1481] Dazu *G. Erbel*, Das Sittengesetz, S. 160 ff.; *K. A. Schachtschneider*, Staats-unternehmen und Privatrecht, S. 116 ff.; *W. Maihofer*, HVerfR, S. 457, 509, 512 f.

[1482] *Kant*, Über den Gemeinspruch, S. 146, 157, 159; *W. Maihofer*, HVerfR, S. 457, 509 f.; *F. Kaulbach*, Immanuel Kants „Grundlegung zur Metaphysik der Sitten", S. 210 zum Paternalismus; *Ch. Enders*, die Menschenwürde in der Ver-fassungsordnung, S. 236, auch S. 82 gegen den Weltanschauungsstaat; vgl. zum NS-Staat BVerfGE 6, 132 (163 f.).

[1483] *Kant*, Metaphysik der Sitten, S. 345.

Glück. Der freie Mensch hat das Recht, um des eigenen Glücks, des eigenen guten Lebens willen, seine Interessen, die Zwecke seines Handelns und sein Handeln selbst (gemeinsam mit den anderen Menschen und allein) zu bestimmen, also selbstbestimmt zu handeln[1484].

Freiheit ist auch das Recht, die Zwecke des Handelns selbst zu bestimmen[1485], aber nur so, daß das Handeln nicht die Freiheit anderer verletzt, also deren Willensautonomie, deren Recht, die Zwecke ihres Handelns ebenfalls selbst zu bestimmen. Freiheit ist auch das Recht, Interessen zu haben und zu verwirklichen, wenn dies anderen nicht Unrecht tut. Das zwingt zum Interessenausgleich durch Gesetz, welches die Freiheit aller verwirklicht. Die Verträge, welche die allgemeine Freiheit durch ihre Gesetzmäßigkeit achten, dienen den besonderen Interessen und sollen die Sittlichkeit alleinbestimmt wahren. Gegenstand der gemeinsamen Gesetzgebung sind, wenn es spezifisch um die allgemeine Freiheit geht, nicht die jeweiligen Zwecke des Handelns selbst, die ein Mensch verfolgt, seine Art und Weise, sein Glück zu suchen, zumal Zwecke zu haben nicht vorgeschrieben werden kann[1486]. Es sind vielmehr die Maximen als Gesetz verbindlich zu machen, die getroffen werden müssen, um ein gemeinsames (gutes) Leben aller in allgemeiner Freiheit zu ermöglichen. Alle müssen, wie gesagt, das tun dürfen, was sie wollen, wenn sie nur keinem anderen (im Sinne des Unrechts) schaden. Das erfordert Vorschriften, welche Wirkungen von Handlungen ausschließen, die der von den Handlungen betroffene Dritte nicht will. *Karl Jaspers* spricht kantianisch:

> „Freiheit des einzelnen Menschen ist, wenn alle Einzelnen frei sein sollen, nur soweit möglich als sie *mit der Freiheit der anderen zugleich* bestehen kann. *Rechtlich* bleibt dem Einzelnen ein Spielraum seiner Willkür (negative Freiheit), durch die er sich gegen andere auch abschließen kann. *Sittlich* ist Freiheit aber gerade durch die Aufgeschlossenheit im Miteinander, die sich ohne Zwang aus Liebe und Vernunft entfalten kann (positive Freiheit). Erst mit der Verwirklichung positiver Freiheit auf dem Grunde rechtlicher Sicherung der negativen Freiheit gilt der Satz: Der Mensch ist frei in dem Maße, als er Freiheit um sich sieht, das heißt in dem Maße, als alle Menschen frei sind"[1487].

Wenn das gemeinsame Glück es erfordert, kann auch ein bestimmter Zweck Gegenstand eines allgemeinen Gesetzes sein, etwa die Einrichtung

---

[1484] *W. Maihofer*, HVerfR, S. 494; *R. Zippelius*, GG, Bonner Komm, Rdn. 14 ff. zu Art. 1; vgl. i. d. S. auch BVerfGE 89, 214 (231), wonach Art. 2 Abs. 1 GG „die Privatautonomie als ‚Selbstbestimmung des Einzelnen im Rechtsleben' gewährleistet".

[1485] *Kant*, Metaphysik der Sitten, S. 514.

[1486] *Kant*, Metaphysik der Sitten, S. 510 f.

[1487] Vom Ursprung und Ziel der Geschichte, S. 205 f. (Hervorhebung von *Jaspers*).

einer gemeinsamen Wasserversorgung, weil über eine solche Einrichtung alle befinden müssen, wenn einer sie um des guten Lebens aller willen vorschlägt.

2. Verteilbare materiale Freiheiten

Die „Freiheiten" müßten, fordern *Dieter Suhr, Reinhold Zippelius, Robert Alexy, Wilhelm Henke, Hans-Uwe Erichsen*, aber auch *John Rawls*, u.a., gerecht „verteilt werden"[1488]. Diese Forderung identifiziert Freiheit mit dem staatlich zuteilbaren Recht des Einzelnen, Möglichkeiten des Lebens, die sich dem Menschen bieten, zu nutzen[1489]. So spricht *Wilhelm Henke* von der „unendlichen Freiheit"[1490]. Nach *Robert Alexy* vermag das Recht

---

[1488] *D. Suhr*, Gleiche Freiheit, S. 9, 18; *ders.*, Entfaltung der Menschen durch die Menschen, S. 105 ff., vertritt demgegenüber die „Allgemeinheit und Unteilbarkeit der Freiheit" im „kontrafaktischen", normativen Sinne des Textes des Art. 2 Abs. 1 GG, weil die „Freiheit faktisch selbstverständlich teilbar und situativ verteilbar" sei, nämlich zwischen dem „Entfaltungsherrn" und dem „Entfaltungsdiener"; dieses „interaktive Freiheitsverständnis", etwa S. 117, das zur Forderung „kompensatorischer Ungleichheit" führt, S. 140, verkennt die spezifische „Allgemeinheit der Freiheit", nämlich die allgemeine, weil gleiche Autonomie des Willens jedermanns, im Ansatz, die auch keiner faktischen Verteilung und damit Ungleichheit fähig ist, und bleibt im übrigen material; *R. Zippelius*, Allgemeine Staatslehre, S. 354 ff. (359); *R. Alexy*, Theorie der Grundrechte, S. 194 ff., 222, passim; *W. Henke*, Recht und Staat, S. 42; *H.-U. Erichsen*, HStR, Bd. VI, § 152, Rdn. 8, 18; *J. Rawls*, Eine Theorie der Gerechtigkeit, S. 223 ff., 291 ff., 308 ff. (i.S. des „fairen Werts der gleichen Freiheiten"); i.d.S. auch *K. A. Schachtschneider*, Das Sozialprinzip, S. 61 ff. (Grundrechte als „kollektiv-soziale Rechtspositionen", als „Als-Ob-Freiheiten"); kritisch zu einer „sozialstaatlichen Grundrechtstheorie" *E.-W. Böckenförde*, NJW 1974, 1536; von diesem Ansatz ist die sog. Verteilungslehre zu unterscheiden, welche die Sphäre der Privatheit/Freiheit von der des Staates/der Gesetze (konstitutionell) trennt; vgl. *C. Schmitt*, Verfassungslehre, S. 125 f., auch S. 223 ff.; *E. Grabitz*, Freiheit und Verfassungsrecht, etwa S. 20 f., 183, 187, 201 ff., 245; *G. Lübbe-Wolff*, Die Grundrechte als Eingriffsabwehrrechte, S. 67 f.; *Ch. Steinbeiß-Winkelmann*, Grundrechtliche Freiheit und staatliche Freiheitsordnung, S. 33 ff.; auch *O. Höffe*, Politische Gerechtigkeit, S. 400 f. u.ö., handelt von „Freiheiten", die aus gegenseitigem und allseitigem Freiheitsverzicht erwachsen (S. 392 ff.) und nennt sein Grundprinzip das der „distributiv vorteilhaften Freiheitskoexistenz" (S. 382).

[1489] Ganz so *J. Rawls*, Eine Theorie der Gerechtigkeit, S. 271: „Die Freiheit ist ein Gefüge von Rechten und Pflichten, die durch die Institutionen festgelegt werden".

[1490] Recht und Staat, S. 44 ff.; *Henke* lehrt vielfältige Aspekte der Freiheit, der „großen Freiheit", eben der „unendlichen Freiheit", und „kleiner Freiheit" (S. 7 ff., insb. S. 38 ff., 44 ff.) und kennt Freiheit auch als Autonomie (S. 44), ohne daß dieser Aspekt seine aus der empirischen Ungleichheit der Menschen abgeleitete Herrschaftslehre (S. 251 ff.) beeinflußt; eine „große" und „kleine Freiheit" unterscheidet auch Henkes Schüler *R. Gröschner*, Das Überwachungsrechtsverhältnis, S. 73 f. in Fn. 26 und passim.

gar „aktiv Freiheiten zu schaffen", schaffe „allerdings stets auch Unfreiheiten"[1491]. „Geld" sei „geprägte Freiheit", weil es „frei in Gegenstände eingetauscht werden" könne, ‚philosophiert' der Zweite Senat des Bundesverfassungsgerichts im Euro-Beschluß[1492]. Das begreift Freiheiten als die jeweiligen empirischen Handlungsmöglichkeiten, verwechselt sie also mit Eigenem oder Eigentum[1493]. Möglichkeiten des Handelns aber werden nicht durch das Recht geschaffen, sondern allenfalls durch Verwirklichung des Rechts. Der Begriff „Unfreiheiten" soll das Fehlen einer Möglichkeit bezeichnen. Das Maß der „Unfreiheiten" der Menschen ist danach unermeßlich. *Hans-Uwe Erichsen* meint:

> „Freiheit kann nicht mehr als Ausgrenzung aus dem Staat, sondern muß als eine von der Verfassung dem einzelnen in dem von ihr geordneten Gemeinwesen bemessener Freiraum und ein dem Staat zur Verwirklichung aufgegebener Zweck begriffen werden"[1494].

Ein solcher Staat wäre nicht freiheitlich verfaßt, weil er über den Bürgern stünde, denen er „Freiräume" zumißt. Auch *Wolfgang Kersting* versteht Kant dahin, daß „Freiheit und Rechtsmacht" verteilt werden könnten und sieht Kants „Rechtsgesetz der Vernunft" als „ein darauf spezialisiertes Prinzip der distributiven Gerechtigkeit". Das impliziert Materialität von Freiheit, die *Kersting* denn auch vom „Freiheitsraum" sprechen läßt. Immerhin: „Nur eine strikte Gleichverteilung von Freiheit und Rechtsmacht kann eine gerechte Verteilung sein"[1495]. „Freiheit" ist mit dem Menschen geboren und als transzendentales Apriori, „dieses einzige, ursprüngliche, jedem Menschen, kraft seiner Menschheit zustehende Recht", allen Menschen gleich[1496], „sofern sie mit jeder anderen Freiheit nach einem allgemeinen Gesetz zusammen bestehen kann". Das ist ausweislich Art. 1 AEMR das Weltrechtsprinzip.

Frei ist auch der Mensch, der aus tatsächlichen oder rechtlichen Gründen nur über wenige Möglichkeiten verfügt, sein Glück zu finden. Die Freiheit

---

[1491] Theorie der Grundrechte, S. 222, allgemein zu den „Freiheiten" oder „zum Begriff der Freiheit" S. 194 ff.

[1492] BVerfGE 97, 350 (371), das von der „Freiheitsgarantie des Eigentums" spricht; zum Satz: „Geld ist geprägte Freiheit" vgl. Fn. 2707; zu dem Satz kritisch *K. A. Schachtschneider*, FS W. Leisner, S. 767 ff.; vgl. 10. Kap., III, 4.

[1493] Dazu 10. Kap., I; als „individuelle Freiheit" versteht die „Handlungsmöglichkeiten" die Institutionenökonomik, vgl. *K. Homann/Ch. Kirchner*, Ordnungsethik, in: Jahrbücher Neue Politische Ökonomie, Bd. 14, 1995, S. 189 ff. (S. 198 f., 207).

[1494] HStR, Bd. VI, § 152, Rdn. 6.

[1495] Der Geltungsgrund von Moral und Recht bei Kant, S. 318.

[1496] *Kant*, Metaphysik der Sitten, S. 345; *K. A. Schachtschneider*, Res publica res populi, S. 4 f.; *ders.*, Prinzipien des Rechtsstaates, S. 22 ff., 28 ff.; vgl. die Hinweise in Fn. 6, 1908, auch Fn. 1477; dazu das 7. Kap., I.

wird nicht erweitert, wenn die Möglichkeiten vermehrt werden. Würde und damit Freiheit können dem Menschen nicht genommen werden. Das transzendental fundierte Urrecht der Freiheit allerdings kann verletzt werden, wenn deren Gleichheit mißachtet wird, d. h. wenn jemand die Menschen beherrscht, indem er ihnen die Gesetze befiehlt. Gesetzesbefehle des einen über den anderen sind heteronom und verletzen die Autonomie des Willens. Die Freiheit ist das dem Menschen „angeborene Recht"[1497]. Die äußere Freiheit, um es zu wiederholen, ist die „Unabhängigkeit von eines anderen nötigender Willkür", die innere Freiheit, „die Idee des Vermögens des Menschen zum Guten"[1498], also die Sittlichkeit[1499]. Weder als ethische noch als nur rechtliche Kategorie sind die vielfältigen Möglichkeiten, die der Mensch rechtens hat, sein Leben allein und/oder mit anderen zu gestalten, Freiheit[1500]. Man kann derartige Möglichkeiten Freiheiten nennen, darf für diese aber nicht den grundgesetzlichen Freiheitsbegriff reklamieren, vor allem nicht den des Art. 2 Abs. 1 GG. Freiheit ist das apriorische Vermögen des Menschen zum Guten, sein Vermögen zur praktischen Vernunft und damit seine Willensautonomie. Die Vernunft erweist sich in der Sittlichkeit der Maximen, denen der Mensch folgt, in der Achtung vor dem Sittengesetz. Das Sittengesetz bindet den Menschen als Gesetzgeber. Wenn die rechtlichen oder auch nur tatsächlichen Handlungsmöglichkeiten Freiheiten oder gar die Freiheit wären, könnte man frei sein, ohne das Sittengesetz zu beachten. Eine solche Freiheit schützt das Grundgesetz seinem unzweideutigen Wortlaut nach nicht.

Die handelnde Wahl einer der Möglichkeiten, die ein Mensch hat, verändert die Welt. Das ist die von *Kant* herausgestellte (nicht empirische, sondern intelligible) Kausalität der Freiheit oder der praktischen Vernunft für die Erscheinungen[1501].

[1497] *Kant*, Metaphysik der Sitten, S. 345 f. („ein Recht", nicht Rechte!); *J. Rawls*, Eine Theorie der Gerechtigkeit, S. 36, stellt demgegenüber auf die Gleichheit der Menschen im Urzustand ab, ein folgenreicher Unterschied.

[1498] Vgl. die Hinweise in Fn. 28.

[1499] Dazu 2. Kap., VI und VII; so auch *Rousseau*, Vom Gesellschaftsvertrag, I, 8, S. 23; ganz so mit Bezug auf *Schelling*, Philosophische Untersuchungen über das Wesen der menschlichen Freiheit, 1809, S. 215 ff. (Freiheit ist das Vermögen zum Guten und zum Bösen), *R. Marcic*, Vom Gesetzesstaat zum Richterstaat, S. 84; vgl. *W. Kersting*, Wohlgeordnete Freiheit, S. 17 ff., 42 ff. u.ö.

[1500] Darum kann der Freiheitsbegriff auch nicht auf die soziale Realisation zentriert werden, wie von *E. Grabitz*, Freiheit und Verfassungsrecht, insb. S. 235 ff.; vgl. auch *R. Alexy*, Theorie der Grundrechte, S. 194 ff. u.ö.; fragwürdig auch *J. Rawls*, Eine Theorie der Gerechtigkeit, S. 223 ff., 230 ff., 271; tendenziell auch *H.-U. Erichsen*, HStR, Bd. VI, § 152, Rdn. 6 ff.

[1501] Dazu 2. Kap., II.

Die allgemeinen Gesetze als verbindliche Erkenntnisse des Richtigen für das gute Leben aller in allgemeiner Freiheit schaffen die soziale Homogenität, die gerechte Verteilung der Lebensmöglichkeiten, und geben allen die Chance zum guten Leben, zum Glück[1502]. Wenn die Gesetze verwirklicht sind, ist die Freiheit aller verwirklicht, sofern die Gesetze zum Recht gefunden haben. Gegebenenfalls sind auch die Lebensumstände von Menschen umzugestalten. Das aber ist die Wirkung der allgemeinen Freiheit. Diese Freiheit selbst ist das Recht zur Gesetzgebung, nämlich die Autonomie des Willens. Im Begriff des Gesetzes ist die Allgemeinheit und Verbindlichkeit des Gesetzes enthalten.

3. Transzendentaler Freiheitstausch

Otfried Höffe sieht die politische Gerechtigkeit in den zwangsbewehrten, auf Freiheitsverzicht und Freiheitstausch beruhenden, Freiheiten als „einer allseits vorteilhaften Freiheitseinschränkung", die ohne moralische Gesinnung wegen des Selbstinteresses möglich sei[1503]. Verbindlichkeit gründe auf der Gegenseitigkeit, auf einem „Ringtausch" von Freiheitsverzichten[1504], nicht im „Willen", nicht also in der „freien Willkür" des Menschen[1505]. *Höffe* erfaßt die Freiheit nicht als Autonomie des Willens, sondern als materiale Handlungsfreiheit[1506], die als Handlungsrecht begriffen werden müßte und damit ein Gesetz voraussetzt; denn (jedenfalls „peremtorische") Rechte, außer dem „angeborenen" Recht der Freiheit, können nur

---

[1502] Das Prinzip Chancengleichheit folgt bei *J. Rawls*, Eine Theorie der Gerechtigkeit, S. 81, 127 f., 309, aus dem zweiten verteilungsorientierten Gerechtigkeitsgrundsatz; zum Topos Chancengleichheit *R. Dreier*, Recht und Moral, in: ders., Recht-Moral-Ideologie. Studien zur Rechtshteorie, 1981, S. 208; *H. Krüger*, Allgemeine Staatslehre, S. 531 f.; *H. Scholler*, Die Interpretation des Gleichheitssatzes als Willkürverbot oder als Gebot der Chancengleichheit, 1969, S. 148 f.; eindrucksvolle Kritik an dem Topos von *W. Leisner*, Der Gleichheitsstaat, insb. S. 143 ff.; *K. A. Schachtschneider*, Staatsunternehmen und Privatrecht, S. 144 f., 322 f., 330, 344 f., 347; ders., FS W. Leisner, S. 755 ff., 775 ff., 780 ff., insb. S. 791 ff.; vgl. auch *H.-U. Erichsen*, HStR, Bd. VI, § 152, Rdn. 19; zur Ordnung der Brüderlichkeit *W. Maihofer*, HVerfR, S. 519 ff.; vgl. 11. Kap., III, auch das 10. Kap.

[1503] Politische Gerechtigkeit, 1987, S. 382 ff., 405 f., 407 u.ö.; ebenso *ders.*, Gerechtigkeit als Tausch? insb. S. 19 ff., auch zum Folgenden; auch *ders.*, Demokratie im Zeitalter der Globalisierung, S. 53 ff., 58 ff., insb. S. 66 ff.; auch *ders.*, Wirtschaftsbürger, Staatsbürger, Weltbürger, S. 162.

[1504] Politische Gerechtigkeit, S. 382 ff., 386, 393 ff.

[1505] So aber *Kant*, Grundlegung zur Metaphysik der Sitten, passim, S. 63 ff., 81 ff.; *ders.*, Metaphysik der Sitten, S. 332 („von dem Willen gehen die Gesetze aus"); zum Problem der Verbindlichkeit bei Kant *W. Kersting*, Wohlgeordnete Freiheit, S. 26 ff., 89 ff., auch S. 144 ff., 183 ff. (zur Vertragstheorie Kants); *ders.*, Kant über Recht, S. 21 ff.

[1506] Politische Gerechtigkeit, S. 382 ff. u. ö.

auf Gesetzen oder (nach Maßgabe der Gesetze) Verträgen beruhen[1507]. Gesetze aber beruhen auf dem autonomen Willen der Menschen.

Die „Bedingung der Möglichkeit einer Koexistenz von Freiheit mit Freiheit", das Problem *Höffes*[1508], löst die Autonomielehre mit dem auf das Rechtsprinzip ausgerichteten Freiheitsbegriff. Exakt im Sinne dieses republikanischen Freiheitsbegriffs, welcher die notwendige Gesetzlichkeit gemeinsamer Freiheit ausweist, ist Art. 2 Abs. 1 GG formuliert. Wer andere nicht tötet, der verzichtet nicht um seines Vorteils willen auf Freiheit, wie *Otfried Höffe* im Sinne eines „transzendentalen Tauschs" annimmt[1509], sondern achtet mit dem allgemeinen Gesetz die allgemeine Freiheit, der ist frei, weil er sein Gesetz, das zugleich das Gesetz aller ist, respektiert. Die Parole: Freiheit ist immer die Freiheit des Anderen[1510], folgt dieser Logik. *Höffe*, *Rawls* und viele andere[1511] verkennen die unterschiedlichen Handlungsmöglichkeiten der Menschen als deren Freiheit oder eben deren Freiheiten. Dieselben Gegebenheiten bieten gegebenenfalls vielen Menschen Handlungsmöglichkeiten, so daß ohne Gesetz Streit unvermeidlich wäre. Die Formel des Naturzustandes: Jeder hat ein Recht auf alles[1512], welche *Höffes* Freiheitsbegriff zugrunde liegen dürfte, ist gerade nicht der Freiheitsbegriff einer bürgerlichen Verfassung, ja nach *Kant* nicht einmal eine Formel für die Freiheit im Naturzustand, welche das Recht gibt, zur bürgerlichen Verfassung zu nötigen[1513]. Jene Formel formuliert vielmehr das Prinzip eines vorstaatlichen eigentumslosen Chaos. *Höffes* Lehre vom allseitig vorteilhaften Tausch von Freiheitsverzichten müht sich um eine Legitimation des Zwanges ohne die transzendentale Idee der Freiheit. Diese Lehre ist wie jeder Utilitarismus[1514] empiristisch und muß sich darum empirisch

---

[1507] *Kant*, Über den Gemeinspruch, S. 150; *ders.*, Metaphysik der Sitten, S. 345, 347; ebenso *Hobbes*, Leviathan, II, 18, S. 160, 162; *C. Schmitt*, Die Diktatur. S. 22; schon *Aristoteles*, Nikomachische Ethik, S. 69, 1134c 3 ff.

[1508] Politische Gerechtigkeit, S. 63 ff., 328 ff., 382 ff., 441 ff., Zitat S. 449; vgl. auch *ders.*, Demokratie im Zeitalter der Globalisierung, S. 71 ff. (näher an Kant).

[1509] Politische Gerechtigkeit, S. 382 ff.; *ders.*, Gerechtigkeit als Tausch?, S. 19 ff., 24 ff.

[1510] Vgl. *K. Jaspers*, Vom Ursprung und Ziel der Geschichte, S. 205 f.; *P. Bertraux*, Der vergessene Artikel. Keine Revolution ohne Fraternité, in: H. J. Schulz (Hrsg.), Brüderlichkeit, Die vergessene Parole, 1976, S. 60.

[1511] Belege in Fn. 1488; dazu 2.

[1512] *Hobbes*, Leviathan, I, 14, S. 119 f.; *Rousseau*, Vom Gesellschaftsvertrag, I, 8, II, 6, IV, 3, S. 22, 39, 119 („die Menschen selbst nicht ausgenommen"); vgl. auch *Kant*, Metaphysik der Sitten, S. 430 („Naturzustande, in welchem jeder seinem eigenen Kopfe folgt").

[1513] Metaphysik der Sitten, S. 353 ff., zum Privatrecht, Vom äußeren Mein und Dein überhaupt, insb. S. 366 ff., auch S. 430 f.

[1514] Auch *J. Habermas*, Otfried Höffes politische Fundamentalphilosophie. Grenzen des vernunftrechtlichen Normativismus, in: Politische Vierteljahresschrift, 30. Jg.,

kritisieren lassen. Empirisch aber ist *Höffes* Prinzip oberster Gerechtigkeit, „die allseits vorteilhafte Freiheitseinschränkung", das er aus dem moralfreien Selbstinteresse herleitet[1515], evident unrichtig. Für alle ist diese Freiheitseinschränkung, also der Verzicht auf die Schädigung anderer, nicht vorteilhaft, wie der menschliche Alltag erweist. *Höffes* „Bestimmtheitsdilemma"[1516] zeigt, daß seine empiristisch angelegte Freiheitslehre, die schließlich doch transzendental argumentiert, ohne eine gesetzliche Bestimmung des menschlichen Miteinanders nicht auskommt. Das aber zwingt zu einer Lehre freiheitlicher Gesetzlichkeit, welche ohne logische Schwächen nur die kantianische Ethik anbietet.

4. Freiheit als Macht

Manfred Hättich stellt „Freiheit und Macht ... als zwei verschiedene Aspekte ein und derselben Situation" vor:

„Die Realisierung meiner Freiheit bedeutet ... Machtäußerung gegenüber anderen. Freiheit als die Möglichkeit, etwas nach eigenem Willen zu tun, ist stets auch Macht. An der Verwirklichung meiner Freiheit stoßen die Möglichkeiten anderer Menschen auf Grenzen. Macht im allgemeinsten Sinne erweist sich als Aspekt der Freiheit. Macht als Vermögen, als Machen können, setzt einen *Freiheitsraum* voraus, innerhalb dessen man vermag. Der Bereich, innerhalb dessen einer nach seinem Ermessen handeln kann, in dem er also mächtig ist, findet seine Grenze am Freiheitsbereich des anderen. Wir verstehen also einmal Macht als Selbstmächtigkeit, dann ist sie mit der Freiheit des Subjekts identisch"[1517].

Diese Sätze mögen Macht beschreiben; die Freiheit verkennen sie gründlich. Freiheit als Autonomie des Willens ist das Recht, an der allgemeinen Gesetzgebung teilzuhaben, nicht Macht zum Handeln. Die Selbständigkeit des Menschen ist im Prinzip der allgemeinen Freiheit angelegt. Man mag sie

---

H. 2, 1989, S. 320 ff., 323, stuft Höffes Lehre als utilitaristisch ein; *O. Höffe*, Gerechtigkeit als Tausch?, S. 21 ff., wehrt sich gegen diesen Vorwurf mit der These vom „transzendentalen Tausch"; Kritik an Höffes „empiristischer Fragestellung" übt *J. Habermas* auch in Faktizität und Geltung, S. 121.

[1515] Politische Gerechtigkeit, S. 382 ff., 407.

[1516] Politische Gerechtigkeit, S. 409 ff.

[1517] Demokratie als Herrschaftsordnung, S. 173 (Hervorhebung von mir), zitierend aus *ders.*, Wirtschaftsordnung und katholische Soziallehre, Soziallehre. Die subsidiäre und berufsständische Gliederung der Gesellschaft in ihrem Verhältnis zu den wirtschaftlichen Lenkungssystemen, 1957, S. 136, und *ders.*, Das Ordnungsproblem als Zentralthema der Innenpolitik, in: D. Oberndörfer (Hrsg.), Wissenschaftliche Politik, Eine Einführung in die Grundfragen ihrer Tradition und Theorie, 1962, S. 230 f., mit Bezug auf *C. J. Friedrich*, Die politische Wissenschaft, 1961, S. 13 („Daß nur der frei ist, ob Einzelwesen oder Gemeinwesen, der Macht besitzt, scheint evident"); weitere Freiheitsbegriffe *Hättichs*, a. a. O., S. 144 ff., deren Widerspruchslosigkeit Hättich nicht untersucht.

und die gesetzlich oder vertraglich begründeten Rechte vor allem der Privatheit als Macht begreifen. Die Freiheit aber ist praktische Vernünftigkeit, die mit dem Begriff Macht nicht nur nicht erläutert werden kann, sondern in das Gegenteil verkehrt wird; denn Macht ist nach *Max Weber* die Möglichkeit, andere fremdzubestimmen[1518]. Das jedenfalls sieht *Hättich* nicht anders.

5. Freiheitliche Handlungen und Unrecht

a) Der rechtliche Handlungsbegriff sollte auf Handlungen beschränkt werden, welche Wirkung auf andere Menschen haben (Außenwirkung), weil nur solche Handlungen anderen Schaden zufügen können und eines die allgemeine Freiheit sichernden allgemeinen Gesetzes bedürfen. Richtig erfaßt das Bundesverfassungsgericht den Menschen als „gemeinschaftsbezogene/n und gemeinschaftsverpflichtete/n Person/Bürger", als „eigenverantwortliche Persönlichkeit, die sich innerhalb der Sozialgemeinschaft frei entfaltet", als Person also[1519]. Daraus folgt der auf den/die anderen Menschen bezogene Handlungsbegriff[1520]. Wenn Handlungen (mit Außenwirkung also) nicht stören, bedürfen sie auch keiner politischen Befriedung. Ob sie allerdings stören, ist zu entscheiden und zwar von den einzelnen Menschen, die ein Gesetz einfordern dürfen und sollen; denn die Interessen des Menschen als Materialisierung seines Glücksstrebens/seiner Vorstellung von seinem guten Leben kann dieser nur selbst definieren[1521]. Das Gesetz

---

[1518] Wirtschaft und Gesellschaft, S. 28 („Macht bedeutet die Chance, innerhalb einer sozialen Beziehung den eigenen Willen auch gegen Widerstreben durchzusetzen, gleichviel worauf diese Chance beruht."), S. 542 („Macht" ... „die Möglichkeit, den eigenen Willen dem Verhalten anderer aufzuzwingen.") u. ö.; zur Begriffsgeschichte *K.-G. Faber/K.-H. Ilting/Ch. Meier*, Macht, Gewalt, Geschichtliche Grundbegriffe, S. 817 ff.; zur Machttheorie psychologisch *R. May*, Die Quellen der Gewalt. Eine Analyse von Schuld und Unschuld, 1972/74, S. 104 ff.

[1519] BVerfGE 4, 7, (15); 7, 198 (205); 24, 119 (144); 27, 1 (7); 30, 173 (193); 33, 303 (334); 45, 187 (227 f.); 48, 127 (163); 49, 286 (298); 50, 166 (175); 50, 290 (353); 56, 37 (49); 65, 1 (44); 109, 133 (151); dazu *K. A. Schachtschneider*, Staatsunternehmen und Privatrecht, S. 99 ff.; zu dem entsprechenden Personenbegriff *Kants*, Metaphysik der Sitten, S. 329 f.; Hinweise auch in Fn. 1343, 2920.

[1520] Der juristische Handlungsbegriff ist auf äußeres Handeln zu beschränken. Das Verhältnis zum Anderen ist dem Rechtsverhältnis begriffsimmanent; ganz so *K. Larenz*, Allgemeiner Teil des deutschen Bürgerlichen Rechts, S. 68 ff.; das Handeln ist auf das Politische bezogen, *H. Arendt*, Vita activa, S. 164 ff.; dazu *W. Henke*, Recht und Staat, S. 607 ff. (zur Rechtsordnung als Verhältnisordnung); zur Rechtsordnung als Rechtsverhältnisordnung *N. Achterberg*, Die Rechtsordnung der Gegenwart als Rechtsverhältnisordnung. Grundlegung der Rechtsverhältnistheorie, 1982; *R. Gröschner*, Das Überwachungsrechtsverhältnis, S. 67 ff., 142 ff., auch S. 152 und passim; vgl. schon *H. H. Rupp*, Grundfragen der heutigen Verwaltungslehre, S. 104 ff.

[1521] *N. Luhmann*, ARSP 1991, 436.

erübrigt sich, wenn (private) Verträge befrieden. Verträge aber können nicht erzwungen werden, es sei denn, daß ein Gesetz dies anordnet und damit den Vertrag als Instrument des Gesetzesvollzugs nutzt, welches der Privatheit nur geringe Entfaltungsmöglichkeit läßt, ein Beispiel der Einheit von Staatlichkeit und Privatheit des bürgerlichen Lebens[1522]. Die Notwendigkeit freiheitsverwirklichender Gesetze hängt somit von der Beurteilung dessen ab, ob menschliches Handeln störende Außenwirkung hat oder haben kann, also Interessen anderer beeinträchtigt. Auch dies entscheidet stellvertretend für das ganze Volk der Gesetzgeber. Die Beurteilung des Gesetzesbedürfnisses, der Notwendigkeit eines Interessenausgleichs also, ist angesichts der unterschiedlichen menschlichen Lagen unsicher[1523]. Die Erkenntnis der erforderlichen allgemeinen Gesetze setzt die Offenheit des Diskurses im ganzen Volk voraus[1524]. Ob der Gesetzgeber seiner mit dem Freiheitsprinzip des modernen Staates untrennbar verbundenen Schutzpflicht genügt, entscheiden im ordentlichen Verfahren letztendlich die Verfassungsgerichte[1525]. Diese Notwendigkeit von Gesetzen ist wiederum nur institutionell judiziabel; denn sie ist nicht begrifflich hinreichend bestimmt vorentschieden. Auch das ist eine Konsequenz der Formalität der Freiheit.

Der Unterlassungsanspruch des Menschen gegen Handlungen, die auf ihn einwirken, ohne daß er sie will, folgt der Logik der Freiheit und hat im deutschen Recht seinen gesetzlichen Ausdruck vor allem in den §§ 823, 1004 BGB gefunden. Der allgemeine Wille ist in den allgemeinen Gesetzen beschlossen[1526]. Im Streit muß der Richter, wenn die Gesetze den Fall nicht durch bloße Interpretation und Subsumtion zu entscheiden erlauben, eine praktisch vernünftige Lösung des Konflikts, funktional rechtsetzend, finden; denn die unerlaubte Handlung ist nur verboten, wenn und weil sie „widerrechtlich" ist. Keinesfalls führt diese Überlegung zur Dogmatik eines Abwehrrechts der Bürger gegen die Gesetze des Staates, um eine staatsfreie Sphäre zu schützen[1527]. Im Gegenteil können die Bürger eine Gesetzlichkeit verlangen, welche die allgemeine Freiheit Wirklichkeit sein läßt.

„Die Gerichte müssen bei unzureichenden gesetzlichen Vorgaben das materielle Recht mit den anerkannten Methoden der Rechtsfindung aus den allgemeinen

---

[1522] Dazu 8. Kap., I.

[1523] Ganz so *Kant*, Über den Gemeinspruch, S. 154 f.

[1524] Zum Diskurs als Verfahren der sittlichen Rechtserkenntnis *K. A. Schachtschneider*, Res publica res populi, S. 584 ff.

[1525] Dazu *K. A. Schachtschneider*, Umweltschutz, S. 303 f. (323 ff.); Hinweise zur Schutzpflichtdogmatik in Fn. 1701, 1750, 2501.

[1526] 2. Kap., IV, VI, 5. Kap., II, 3, IV.

[1527] So aber *G. Maluschke*, Philosophische Grundlagen des demokratischen Verfassungsstaates, S. 129; zur Dogmatik grundrechtlicher Abwehrrechte 6. Kap., I, II, insb. 5; zur staatsfreien Sphäre Hinweise in Fn. 1652.

Rechtsgrundlagen ableiten, die für das betreffende Rechtsverhältnis maßgeblich sind. Das gilt auch dort, wo eine gesetzliche Regelung, etwa wegen einer verfassungsrechtlichen Schutzpflicht, notwendig wäre (...). Nur so können die Gerichte die ihnen vom Grundgesetz auferlegte Pflicht erfüllen, jeden vor sie gebrachten Rechtsstreit sachgerecht zu entscheiden" (BVerfGE 84, 212 (226 f.))[1528].

Auch die nicht störenden Handlungen sind des Menschen „freie Entfaltung seiner Persönlichkeit". Die freiheitliche Gesetzlichkeit verwirklicht sich, wenn es mangels relevanter Außenwirkung des Handelns keines Gesetzes bedarf, gerade darin, daß kein Gesetz gegeben wird. Die (innen-) politische Lage entsteht durch die Handlungen der Menschen, die Wirkungen aufeinander haben, und durch die gegenläufigen Interessen der Menschen. Wenn eine Handlung keine Außenwirkung hat, also andere Menschen nicht berührt, ist sie des allgemeinen Gesetzes nicht bedürftig; denn sie wirkt nicht politisch (d.h. in der Republik). Sie gehört zu den Handlungen, deren Legalität sich aus ihrer bloßen Innerlichkeit ergibt[1529].

Ein äußeres Gesetz, welches nicht die Verhältnisse von Menschen zueinander regelt, sondern allein das Innere des Menschen, ist unnötig und darum freiheitswidrig. Ein solches Gesetz kann nicht vollzogen werden und darum auch nicht zum Recht gehören. Die inneren Pflichten können abgesehen von der formalen ethischen Pflicht, pflichtmäßig aus Pflicht zu handeln, nur Tugendpflichten sein[1530]. Für die bloße Selbstverwirklichung des Menschen ohne Wirkung auf andere Menschen verwirklicht sich die Freiheit in der Gesetzlosigkeit. Aber bereits dieser Aspekt setzt die Freiheitslage, also den anderen Menschen, voraus. Robinson wird erst durch Freitag frei[1531]. Ohne den Mitmenschen gibt es eine „Entfaltung der Persönlichkeit", aber keine „freie". Das Gebet in der Einsamkeit dürfte keine Außen-

---

[1528] I.d.S. schon BVerfGE 81, 242 (256); auch (u.a.) BVerfGE 13, 18 (328); 66, 116 (138); 98, 49 (59 f.); dazu *K. A. Schachtschneider*, Res publica res populi, S. 885 ff., auch S. 863 ff.; *ders.*, Prinzipien des Rechtsstaates, S. 203 ff.

[1529] So war das Haus den Griechen der Bereich der Despotie, nicht der Freiheit; vgl. *M. Weber*, Wirtschaft und Gesellschaft, S. 389, 390; *H. Arendt*, Vita activa, S. 27 ff. (insb. S. 30), S. 31 ff.; *D. Sternberger*, Drei Wurzeln der Politik, S. 102 f.; vgl. *Aristoteles*, Nikomachische Ethik, S. 168 f., 1134b 9 f., 16 ff. („Das Recht des Herrn und dasjenige des Vaters sind diesem politischen Recht nicht gleich, sondern ähnlich. Denn man kann nicht ungerecht sein gegen das, was schlechthin eigener Besitz ist; der Besitz aber und das Kind, solange es noch klein und nicht selbständig ist, ist wie ein Teil der eigenen Person. Niemand aber hat die Absicht, sich selbst zu schädigen. ... Darum gibt es eher ein Gerechtes der Frau gegenüber als den Kindern oder dem Besitz gegenüber. Dieses ist das Recht der Hausverwaltung, und auch es ist vom staatlichen verschieden.").

[1530] *Kant*, Metaphysik der Sitten, S. 508 ff. (insb. S. 512), u.ö.

[1531] So auch *J. Hruschka*, Zum Lebensrecht des Foetus in rechtsethischer Sicht, JZ 1991, 507; dazu auch *D. Suhr*, Entfaltung der Menschen durch die Menschen, S. 78 ff., 105 ff.

wirkung haben, jedenfalls nicht, wenn der Betende wegen des Gebets nicht die Erfüllung von Verpflichtungen unterläßt. Das Gebet in der Öffentlichkeit hat Außenwirkung und ist damit gesetzlicher Regelung zugänglich.

Gesetze können bestimmtes Handeln gebieten oder verbieten. Die Handlungen[1532] bestehen aus Zwecksetzung und Zweckvollzug[1533]. Ohne materiale Zwecke ist Handeln nicht denkbar. Die Zwecksetzungen sind subjektive Sollgebungen. Das Handeln im Besonderen hat Teil an der Verwirklichung der Freiheit, indem es wählend die Handlungsmöglichkeiten beschränkt, sich für diesen und nicht für den anderen Zweck entscheidet, das Glück in alleinbestimmter Weise, privat also, sucht[1534]. Die Verwirklichung der Freiheit ist immer zugleich die Selbstverwirklichung im Sinne der Suche nach dem Glück, freilich im Vertrag mit der Selbstverwirklichung aller anderen[1535]. Wer einen Zweck/ein Interesse verfolgt, mutet anderen bestimmte Wirkungen zu. Das ist nur erlaubt, wenn diese Wirkungen allgemein akzeptiert sind. Um der allgemeinen Freiheit willen, also ethisch notwendig, muß das Handeln sich somit auf den Vollzug von Zwecken beschränken, die einer Maxime gehorchen, die alle frei sein läßt, also die Grundlage einer allgemeinen Gesetzgebung sein kann. Eine solche Maxime genügt dem Sittengesetz des Art. 2 Abs. 1 GG. Die Maximen der Handlungszwecke müssen also, wenn die Freiheit aller verwirklicht werden soll, dem Gesetz aller gemäß sein. Darin liegt die (begriffliche) Einschränkung der Freiheit[1536], weil die Freiheit als Willensautonomie die Gesetzgebung für die Handlungszwecke einschließt; denn Freiheit ist allgemein.

Nur wenn die Zwecksetzung und folglich auch der Zweckvollzug dem Recht und damit dem Prinzip der allgemeinen Gesetzlichkeit entsprechen, ist das Handeln Pflichterfüllung und zugleich (allgemeine) Freiheitsverwirk-

---

[1532] Zum dreifachen Handlungsgegenstand *F. Kaulbach*, Immanuel Kants „Grundlegung zur Metaphysik der Sitten", S. 63 ff.

[1533] Dazu 2. Kap., V, 2.

[1534] In dieser Wahlmöglichkeit sieht *W. Henke*, Recht und Staat, S. 44 ff., die „unendliche Freiheit", die er ohne immanente Bestimmungen bezüglich der anderen Menschen begreift. Gegen das Mißverständnis, Wahlmöglichkeiten („Handlungsalternativen") seien Freiheit, kantianisch *J. Timmermann*, Sittengesetz und Freiheit, S. 45 ff.; zur Selbstliebe als „oberster materialer Maxime" *L. W. Beck*, Kants „Kritik der praktischen Vernunft", S. 99 ff., 102 ff., 117 ff., insb. S. 118; i.d.S. auch *R. Dreier*, Zur Einheit der praktischen Philosophie Kants, S. 298; *Kant*, Grundlegung zur Metaphysik der Sitten, S. 59 ff.; *ders.*, Kritik der praktischen Vernunft, S. 125 ff., 128 ff., 135 ff., 144 ff.; zur Selbstliebe *E. Fromm*, Die Kunst des Liebens, 1956, S. 83 ff.

[1535] Dazu *L. W. Beck*, Kants „Kritik der praktischen Vernunft", S. 99 ff., 112 ff.; auch *W. Maihofer*, HVerfR, S. 494.

[1536] *Kant*, Kritik der reinen Vernunft, S. 680; *ders.*, Metaphysik der Sitten, S. 337 f., 527; *ders.*, Über den Gemeinspruch, S. 144 (Zitat zu Fn. 128), S. 148.

lichung[1537]. Die „Gesetzmäßigkeit" des Handelns ist die „Legalität". Die „Moralität" der Handlung hängt davon ab, daß die Gesetzmäßigkeit um der Gesetzmäßigkeit willen angestrebt wird[1538]. Die Legalität wird verfehlt, wenn die Gesetze, sofern sie durch ihre Sittlichkeit Recht geschaffen haben, mißachtet werden.

Handeln verwirklicht als Vollzug von Zwecken nicht notwendig die allgemeinen Gesetze[1539]. Es kann im übrigen Gesetze unabhängig davon erfüllen, ob diese frei oder nicht frei gegeben, ob diese autonom oder heteronom bestimmt sind, ob diese Recht schaffen oder nicht. Die allgemeine Freiheit verwirklicht sich in der konsensualen, sei es der plebiszitären oder auch repräsentativen Gesetzlichkeit. Die Verbindlichkeit der Gesetze erweist sich empirisch in dem Maße, in dem sie die Handlungszwecke der Menschen bestimmen, also in ihrer Wirksamkeit. Die normative Verbindlichkeit, die Geltung der Gesetze, ist für die allgemeine Freiheit notwendig. Daraus folgt der Grundsatz, daß die Einhaltung des Rechts erzwungen werden darf, ohne daß die Freiheit dadurch verletzt würde[1540].

b) Wenn Unterlassen vorgeworfen wird, hat der Handelnde eine Pflicht, nämlich die, in bestimmter Weise zu handeln, mißachtet. Kausalität hat nur das Handeln[1541]. Das Unterlassen möglichen Handelns ereignet sich als ein

---

[1537] Vgl. *Kant*, Metaphysik der Sitten, S. 514 f., 519 ff.

[1538] *Kant*, Metaphysik der Sitten, S. 318, auch S. 521; ebenso *ders.*, Kritik der praktischen Vernunft, S. 203; dazu *L. W. Beck*, Kants „Kritik der praktischen Vernunft", S. 197 ff., insb. S. 199; *F. Kaulbach*, Studien, S. 55 ff., 135 ff., 169 ff.; *ders.*, Immanuel Kants „Grundlegung zur Metaphysik der Sitten", S. 175 ff., insb. S. 180 ff., auch S. 195 ff., 201 ff., 209 ff.; *R. Dreier*, Zur Einheit der praktischen Philosophie Kants, S. 301; *G. Maluschke*, Philosophische Grundlagen des demokratischen Verfassungsstaates, S. 115 f.; *W. Kersting*, Der Geltungsgrund von Moral und Recht bei Kant, S. 315, 323; *J. Timmermann*, Sittengesetz und Freiheit, S. 189 ff.; dazu 2. Kap., VII.

[1539] *Kant*, Metaphysik der Sitten, S. 332 f.; *F. Kaulbach*, Studien, S. 30 f.

[1540] Dazu 2. Kap., VIII; *K. A. Schachtschneider*, Res publica res populi, S. 545 ff.; *W. Kersting*, Der Geltungsgrund von Moral und Recht bei Kant, S. 318 f.; *ders.*, Kant über Recht, S. 37 ff., 40 ff.; grundlegend *Rousseau*, Gesellschaftsvertrag, I, 7, S. 21; *Kant*, Metsphysik der Sitten, S. 338 ff., 365 f., 464, 587.

[1541] Zum Unterlassen in der strafrechtlichen Handlungslehre *H. Welzel*, Das Deutsche Strafrecht, S. 33 ff., 200 ff., dessen Handlungsbegriff den Zweck integriert („Menschliche Handlung ist Ausübung der Zwecktätigkeit"), S. 33; *G. Jakobs*, Strafrecht. Allgemeiner Teil: Die Grundlagen und die Zurechnungslehre, 1983, S. 637 ff.; *R.-D. Herzberg*, Die Unterlassung im Strafrecht und das Garantenprinzip, 1972, S. 170 ff.; *A. Kaufmann*, Die Dogmatik der Unterlassungsdelikte, 1959, S. 46 ff., 57 ff., 201 ff.; zur Kausalität durch Freiheit *Kant*, Kritik der reinen Vernunft, S. 426 ff., 495 ff., 505 f., 679; *ders.*, Grundlegung zur Metaphysik der Sitten, S. 83, 95, 98 f., 120 f.; *ders.*, Kritik der praktischen Vernunft, S. 141 f., 158 ff., insb. S. 163 f.; dazu *L. W. Beck*, Kants „Kritik der praktischen Vernunft", S. 170, 178

anderes Handeln, als es auch möglich wäre. Menschliches Leben ist, jedenfalls unter rechtlichen Aspekten, wesentlich Handeln. Der Begriff Unterlassen erfaßt als normative Kategorie pflichtwidriges (anderes als gesolltes)
Handeln. Während eine Handlung empirisch beschrieben werden kann, läßt
sich eine sogenannte Unterlassung nur dadurch feststellen, daß die Handlungen des Menschen daraufhin untersucht werden, ob sie alle Handlungs-
pflichten erfüllt haben. Darum ist der kategorische Imperativ als Hand-
lungsaufforderung: „Handle so, …“, ebenso wie das Prinzip der Moralität:
„Handle pflichtmäßig, aus Pflicht“, formuliert[1542]. Der von Juristen meist
gebrauchte Ausdruck „Verhalten“, der Tun und Unterlassen zusammen-
fassen soll[1543], weicht der exakten Analyse menschlichen Lebens aus. Er
unterscheidet insbesondere nicht die empirische und die normative Seite
freiheitlichen Handelns.

c) Handlungszwecke des Menschen, die den (rechtlichen) Gesetzen widersprechen, sind empirisch möglich, aber pflichtwidrig. Unrecht zu tun, ist
nicht die Freiheit des Art. 2 Abs. 1 GG. Der Wortlaut ist eindeutig. Unrecht
Handeln ist „Unvermögen“[1544]. Handeln wird nicht erst dadurch Unrecht,
daß ein Gesetz das Handeln verbietet[1545]. Vielmehr ist das Handeln, auch
wenn ihm kein positives Gesetz entgegensteht, nicht frei, wenn und weil es
dem Sittengesetz widerspricht; denn die Maxime des Handelns könnte, wie
ein positives Gesetz erweisen würde, nicht Grundlage einer allgemeinen
Gesetzgebung sein, sofern das positive Gesetz richtig wäre, also Recht
schüfe. Auch die Gesetzlosigkeit des Handelns ist Unrecht; denn es achtet
die Freiheit des anderen nicht. Dieses Unrecht ist der Mißbrauch der äußeren Freiheit, des Rechts zur freien Willkür, als sei die Freiheit das Recht
zur (tierischen) Willkür (arbitrium brutum). Die äußere und die innere Freiheit sind aber nicht voneinander zu trennen, wie das in Art. 2 Abs. 1 GG
herausgestellte Sittengesetz klarstellt[1546]. Die allgemeinen Gesetze bestimmen die Legalität. Sie sind entweder juridisch verbindlich, nämlich als
Gesetze aller, und demgemäß (staatlich) erzwingbar oder ethisch nötigend

---

u. ö.; *F. Kaulbach*, Immanuel Kants „Grundlegung zur Metaphysik der Sitten“,
S. 123 ff.; *J. Timmermann*, Sittengesetz und Freiheit, S. 82 ff.; dazu 2. Kap., II.

[1542] *Kant*, Metaphysik der Sitten, S. 521, auch S. 318 f., 512, 523, u. ö.; *ders.*,
Kritik der praktischen Vernunft, S. 203; dazu *L. W. Beck*, Kants „Kritik der prak-
tischen Vernunft“, S. 197 ff.; *R. Dreier*, Zur Einheit der praktischen Philosophie
Kants, S. 301; weitere Hinweise in Fn. 1538.

[1543] Etwa *H. Welzel*, Das Deutsche Strafrecht, S. 200; auch *Kant* kennt das Wort-
paar „Tun und Lassen“, etwa, Kritik der reinen Vernunft, S. 675, 678, 702.

[1544] I. d. S. *Kant*, Metaphysik der Sitten, S. 333.

[1545] A. A. *W. Maihofer*, HVerfR, S. 455 („Was nicht verboten ist, ist erlaubt.“);
auch *J. Habermas*, Die Einbeziehung des Anderen, S. 250, 296; a. A. auch die ganze
liberalistische Dogmatik; dazu 6. Kap., I, II.

[1546] Dazu 2. Kap., VII, 4. Kap.

als allein gegebene Gesetze, die dem Selbstzwang unterliegen[1547]. Im Sinne des republikanischen Regel-Ausnahme-Prinzips[1548] begründen erst die allgemeinen Gesetze subjektive Rechte der Privatheit[1549], die dem Einzelnen dessen besonderen Interessen ohne Rücksicht auf die besonderen Interessen anderer zu folgen erlauben, also Zwecke zu vollziehen, welche anderen den Vollzug ihrer Zwecke unmöglich machen. Das Unrecht führt allerdings nur zu Rechten anderer, wenn Gesetze oder Verträge diese vorsehen; denn auch die Rechtsfolgen, insbesondere die Sanktionen des Unrechts, bedürfen der allgemeinen Gesetze. Die Gesetzlosigkeit ist keine allgemeine Erlaubnis zur nötigenden Willkür, sondern eine Lage, in der die Freiheit das Recht auf das allgemeine Gesetz, auf Recht also[1550], begründet. Wenn die Gesetze kein Recht für bestimmte Handlungen bereithalten, muß im Streitfall der Richter funktional gesetzgebend, also auf Grund von Richterrecht[1551], entscheiden. Das Versagen des Gesetzgebers, der eine Gesetzgebungspflicht hat, nämlich die allgemeine Pflicht zur Verwirklichung der Freiheit, entlastet den Staat nicht von der Pflicht, das Recht zu verwirklichen, also Rechtsschutz zu gewährleisten[1552].

Keinesfalls klärt der Satz: in dubio pro libertate, die Rechtslage[1553], weil die Freiheit gerade das allgemeine Gesetz zu beanspruchen das Recht gibt. In der Republik hat niemand das Recht zur Willkür. Privatheit setzt das allgemeine Gesetz voraus. Freiheit ist kein Recht gegen den Staat, sondern wesentlich das Recht Aller gegen Alle auf alle befriedende, also allgemeine Gesetze. Nur allgemeine Gesetze, also das Recht, ermöglichen Handlungen, die frei sind; denn Handlungen, die dem Recht entsprechen, genügen dem Willen aller, der volonté générale. Sie tun niemandem Unrecht[1554].

Die Handlungen müssen den Rechts- und Tugendpflichten genügen, um frei, d.h. sittlich, zu sein. Sie können aber nur frei sein, wenn die Rechtspflichten autonom begründet sind. Das wiederum setzt die Sittlichkeit der

---

[1547] Zum Selbstzwang *Kant*, Kritik der praktischen Vernunft, S. 202, 206; *ders.*, Metaphysik der Sitten, S. 508 ff, insb. 512 u.ö.; dazu *F. Kaulbach*, Studien, S. 67 ff.; dazu 2. Kap., VII.

[1548] Dazu 6. Kap., II.

[1549] Dazu 8. Kap., III.

[1550] Dazu 2. Kap., III, 5. Kap., II, 3.

[1551] Hinweise in Fn. 1552, 1595; zum Richterrecht *K. A. Schachtschneider*, Prinzipien des Rechtsstaates, S. 203 ff.

[1552] Ganz so BVerfGE 66, 116 (138); 81, 242 (256); 84, 212 (226 ff.), Zitat zu Fn. 1528; BVerfGE 98, 49 (59 f.); BAGE 23, 292 (319 f.); i.d.S. *Kant*, Metaphysik der Sitten, S. 430 f.

[1553] Anders *W. Maihofer*, HVerfR, S. 455, 504; *E. Benda*, HVerfR, S. 164; dazu 6. Kap., II, 3; weitere Hinweise in Fn. 1822.

[1554] Hinweise in Fn. 164; dazu 2. Kap., VI, 5. Kap., II, 3, 8. Kap., III.

Gesetzgebung voraus. Die Tugend ist freilich ihrem Begriff nach nicht erzwingbar[1555].

IV. Freiheit als allgemeine Gesetzgeberschaft

1. Formalität der Freiheit als Gesetzgeberschaft

a) Das Grundrecht des Art. 2 Abs. 1 GG garantiert nicht etwa das Recht auf Entfaltung der Persönlichkeit, sondern das auf „freie" Entfaltung derselben – und zwar nach Maßgabe der Rechtsgesetze und des Sittengesetzes. Das Sittengesetz[1556], welches das Grundgesetz in Art. 2 Abs. 1 nennt, um das mit dieser Vorschrift geschützte „Recht auf die freie Entfaltung seiner Persönlichkeit" näher zu bestimmen, ist der kategorische Imperativ[1557]. Darum gibt es keine „allgemeine Handlungsfreiheit", die material begriffen werden könnte und benannte oder unbenannte Freiheiten als irgendwelche Handlungsweisen mit irgendwelchen Handlungszwecken schützt[1558]. Die Möglichkeiten des Menschen zu leben und zu handeln sind das mehr oder

---

[1555] Hinweise in Fn. 246.

[1556] *Kant*, Grundlegung zur Metaphysik der Sitten, S. 64 ff. u. ö.; *ders.*, Kritik der praktischen Vernunft, S. 142, 144 u. ö.; *ders.*, Metaphysik der Sitten, S. 331, auch S. 519; dazu 2. Kap., VI.

[1557] *W. Maihofer*, HVerfR, S. 462 ff., 490 ff., auch S. 454, 466, 497; i. d. S. auch *ders.*, Realität der Politik und Ethos der Republik, S. 94; *K. A. Schachtschneider*, Staatsunternehmen und Privatrecht, S. 97 ff.; *ders.*, FS W. Thieme, S. 195 ff.; *ders.*, Res publica res populi, S. 259 ff.; *P. Häberle*, Ethik „im" Verfassungsrecht, S. 277; im Sinne kantianischer Sittlichkeit auch *A. Podlech*, Alt. Komm GG, 2. Aufl. 1989, Art. 2, Abs. 1, Rdn. 64 ff.; *ders.*, Der Gewissensbegriff im Rechtsstaat, AöR 88 (1963), S. 185, 199 f.; *G. Morgenthaler*, Freiheit durch Gesetz, S. 235 ff.; *F. Eckardt*, Zukunft in Freiheit, S. 289; auch *J. Isensee*, JZ 1981, 6, 8, der es aber in Grundrechtliche Freiheit – Republikanische Tugend, S. 65, glaubt vernachlässigen zu dürfen, weil es eine „atavistische Handschrift" sei; a. A. *Ch. Starck*, Das „Sittengesetz" als Schranke der freien Entfaltung der Persönlichkeit, in: G. Leibholz/H. J. Faller/P. Mikat/H. Reis, Menschenwürde und freiheitliche Rechtsordnung, FS Geiger, 1974, S. 259 ff.; *ders.*, Vom Grund des Grundgesetzes, S. 44, der das Sittengesetz material, orientiert an der Moraltheologie, versteht; ebenso v. Mangoldt/Klein/*Starck*, GG, 3. Aufl. 1985, zu Art. 2 Abs. 1, Rdn. 24 ff., der davon in der 5. Aufl. 2005, Rdn. 36 ff., vorsichtig abrückt; material i. S. der grundgesetzlichen Grundentscheidungen *G. Erbel*, Das Sittengesetz, insb. S. 192 ff., 263 ff., 270 ff., 332 ff., 341 ff., 378 f., 390 f. (dazu *K. A. Schachtschneider*, Staatsunternehmen und Privatrecht, S. 107 ff., 113 f.); anders auch, in gewissem Widerspruch zu seiner kantianischen Lehre von der Menschenwürde, *Ch. Enders*, Die Menschenwürde in der Verfassungsordnung, S. 395 ff.; verständnislos gegenüber der Ethik und dem kategorischen Imperativ *U. Di Fabio*, in: Maunz/Dürig, GG, Art. 2 Abs. 1, Rdn. 8, 45 f.; auch *ders.*, Kultur der Freiheit, S. 76 f.; dazu 4. Kap.

[1558] So aber das Bundesverfassungsgericht und die herrschende Freiheitslehre; insb. BVerfGE 6, 32 (36 ff.); st. Rspr., etwa BVerfGE 80, 137 (152 ff.); vgl. dazu

weniger rechtlich geschützte Eigene, nicht die Freiheit als die Autonomie des Willens.

Art. 2 Abs. 1 GG wird als Muttergrundrecht bezeichnet[1559]. Das durch dieses Grundrecht geschützte Recht der Freiheit ist jedoch nicht als „Auffanggrundrecht" der generelle, subsidiäre Grundrechtstatbestand gegenüber den sogenannten Spezialgrundrechten[1560]. Die Lehre von den sogenannten unbenannten Freiheitsrechten[1561] legt wie die einer Garantie einer Intim- und Privatsphäre, insbesondere die eines allgemeinen Persönlichkeitsrechts, durch Art. 2 Abs. 1 GG in Verbindung mit Art. 1 Abs. 1 GG[1562] ein monar-

---

6. Kap., I, 1, II, mit Fn. 1789; zu den unbenannten Freiheitsrechten Hinweise in Fn. 1561, 2189.

[1559] Kritisch zum materialen Verständnis des Art. 2 Abs. 1 GG als Muttergrundrecht *R. Scholz*, AöR 100 (1975), S. 114; vgl. auch *I. v. Münch*, GG, Rdn. 3 zu Art. 2 GG; kritisch auch *H.-U. Erichsen*, HStR, Bd. VI, § 152, Rdn. 27; dazu *K. Stern*, Staatsrecht III, 2, S. 1753 ff.

[1560] Im Ergebnis so auch *E. Grabitz*, Freiheit und Verfassungsrecht, S. 113 ff., 209 ff.; vgl. zur Problematik auch *R. Scholz*, AöR 100 (1975), S. 112 ff.; anders die st. Rspr., seit BVerfGE 6, 32 (37), etwa BVerfGE 68, 193 (223 f.); 77, 308 (339); 80, 137 (152 f.), soweit Art. 2 Abs. 1 GG material als allgemeine Handlungsfreiheit begriffen wird, vgl. die Hinweise bei *R. Scholz*, a.a.O., in Fn. 178; dazu allgemein und zu den Konkurrenzen im Einzelnen v. Mangoldt/Klein/*Starck*, GG, Rdn. 49 ff. zu Art. 2 Abs. 1; nicht unkritisch auch *H.-U. Erichsen*, HStR, Bd. VI, § 152, Rdn. 25 ff.; ablehnend auch *K. Hesse*, Grundzüge des Verfassungsrechts, Rdn. 425 ff., S. 164 ff.; dazu *K. Stern*, Staatsrecht III, 2, S. 1753.

[1561] Kritisch *W. Schmidt*, AöR 91 (1966), S. 42 ff., 73 ff.; *R. Scholz*, AöR 100 (1975), S. 81 ff., 266 ff.; *K. Hesse*, Grundzüge des Verfassungsrechts, Rdn. 425 ff., S. 164 ff. (ablehnend); v. Mangoldt/Klein/*Starck*, GG, Rdn. 14 ff. zu Art. 2 Abs. 1; *H.-U. Erichsen*, HStR, Bd. VI, § 152, Rdn. 24, 52 ff.; etwa BVerfGE 27, 1 (26); 27, 344 (351); 54, 143 (146); 54, 148 (153); 65, 1 (41 ff.); 80, 137 (152 ff.); 80, 367 (373); dazu auch *R. Alexy*, Theorie der Grundrechte, S. 330 ff., der richtig die unbenannten Freiheitsrechte als durch das „allgemeine Freiheitsrecht" (309 ff.) geschützt sieht, aber wegen der Materialität seines Begriffs der Freiheit, den er „formal-material" nennt („formal", weil er von der „negativen Freiheit" ausgehe, S. 326), keine substantielle Kritik vortragen kann; kritisch auch *Ch. Enders*, Die Menschenwürde in der Verfassungsordnung, S. 444 ff.; zu Recht kritisch und restriktiv gegenüber der Dogmatik von den unbenannten Freiheitsrechten die abweichende Meinung des Richters *D. Grimm* zum Beschluß des BVerfG v. 6.6.1989, NJW 1989, 2528 ff. (Reiten im Walde); vgl. *U. Di Fabio*, in: Maunz/Dürig, GG, Art. 2 Abs. 1, Rdn. 19.

[1562] BVerfGE 6, 32 (41); 6, 389 (435); 54, 143 (146); 80, 137 (153); 80, 367 (373 f.); 89, 69 (82); 90, 255 (259); 92, 191 (197); 95, 220 (241); 96, 56 (61); 97, 391 (399); 98, 169 (199 f.); 99, 185 (193); 100, 271 (284); 100, 313 (358); 101, 106 (121); 101, 361 (379); u.ö.; vgl. *H.-U. Erichsen*, HStR, Bd. VI, § 152, Rdn. 24, 52 ff.; *W. Schmitt Glaeser*, HStR, Bd. VI, § 129, Rdn. 7 ff.; *U. Di Fabio*, in: Maunz/Dürig, GG, Art. 2 Abs. 1, Rdn. 127 ff.; dazu auch nicht unkritisch *Ch. Enders*, Die Menschenwürde in der Verfassungsordnung, S. 444 ff., der den materialen Bestimmtheitsmangel erkennt, aber nicht wirklich zur kantianischen Formalität der Freiheit vordringt, die durchgehende Schwäche seiner Dogmatik, vgl. S. 63 ff.

chisch-liberales, also konstitutionalistisches Freiheitsverständnis zugrunde, welches als Abwehrdogmatik seine Legitimation im entwickelten, herrschaftlichen Parteienstaat zunehmend zurückgewinnt. Die „unbenannten Freiheitsrechte" sind eine Art Verfassungsgebung des Bundesverfassungsgerichts, das dem Gesetzgeber, also dem Volk, Vorschriften über seine Befugnisse macht. Das Grundgesetz hat diese Rechte gerade nicht genannt.

Die Materialität des üblichen Freiheitsbegriffs setzt den Menschen der wenn auch beschränkten, so doch auch beschränkenden Herrschaft derer aus, die das gemeine Wohl gegen die Zwecke der Einzelnen durchzusetzen die Aufgabe haben. Ein solcher Freiheitsbegriff stellt republikwidrig die Freiheit und das Recht gegeneinander und verweigert dem Volk entgegen Art. 20 Abs. 2 GG die Ausübung der Staatsgewalt, den Bürgern die Bürgerlichkeit. Er entpolitisiert die Bürger und verschiebt die Staatsgewalt des Volkes auf die Obrigkeit, im Parteienstaat auf die Parteienoligarchie. Eine demokratische Grundlage kann das Recht nach einer solchen republikwidrigen Herrschaftslehre nur reklamieren, wenn das demokratische Prinzip des Grundgesetzes zum parteienstaatlichen Mehrheitsprinzip ideologisiert wird, welches es legitimiert, daß eine Minderheit, die Parteienoligarchie nämlich, herrscht[1563]. Heteronomie läßt keine Persönlichkeit, schon gar nicht eine freie Entfaltung derselben zu. Allgemeine „Unabhängigkeit von eines anderen nötigender Willkür"[1564] verfaßt das gemeinsame Leben und ist damit das eigentliche Prinzip des Politischen in der Republik. Diese äußere Freiheit ist das Recht zur Autonomie des Willens als das Recht zur freien Willkür[1565] einschließlich des Rechts zur Privatheit nach Maßgabe der die allgemeine Willensautonomie verwirklichenden Gesetze. Das politische Element der menschlichen Handlung ist demgegenüber die ihrer Zwecksetzung innewohnende Maxime, weil diese Grundlage einer allgemeinen Gesetzgebung sein können soll. Das gebietet das Sittengesetz als das ethische Grundgesetz des Politischen einer Republik. Die politische Freiheit in diesem Sinne, also die Freiheit zur Gesetzgebung, schützt Art. 2 Abs. 1 GG.

Einer Freiheit, die als Beliebigkeitsprinzip begriffen wird und rechtlich auf das ethische Element der inneren Freiheit verzichtet, muß Herrschaft

---

[1563] Dazu *K. A. Schachtschneider*, Res publica res populi, S. 106 ff., 159 ff., auch S. 1060 ff.; 3. Kap., IV.

[1564] *Kant*, Metaphysik der Sitten, S. 345; ganz so *Locke*, Über die Regierung, IV, 22, VI, 57, S. 19, 43.

[1565] Zur „freien Willkür" *Kant*, Grundlegung zur Metaphysik der Sitten, S. 73 f., 75 f.; *ders.*, Metaphysik der Sitten, S. 332 f.; so auch *K. Jaspers*, Vom Ursprung und Ziel der Geschichte, S. 205; *F. Kaulbach*, Immanuel Kants „Grundlegung zur Metaphysik der Sitten", S. 120 ff., auch S. 199 ff., 208 ff.; *ders.*, Studien, S. 30 ff., 50 ff., 75 ff.; vgl. *K. A. Schachtschneider*, Staatsunternehmen und Privatrecht, S. 97 ff., 104 ff.; dazu 2. Kap., V und VI.

korrespondieren. Herrschaft ist das Gegenteil der selbstbestimmten Maximen- und Zwecksetzung. Ohne die innere Freiheit als die Sittlichkeit nämlich kann nur Herrschaft ein Miteinander der Menschen sicherstellen, welches nicht in den Naturzustand des bellum omnium contra omnes[1566] ausartet. Frieden ist ein solcher Zustand allseitiger Untertänigkeit unter einer Ruhe und Ordnung schaffenden Obrigkeit nicht[1567]. Ein herrschaftlicher Freiheitsbegriff kann dem Friedenszweck des Staates nicht genügen, weil der allgemeine Frieden nicht erreicht ist, wenn der eine sich die nötigende Willkür des anderen gefallen lassen muß, wenn der eine den Gesetzen des anderen zu folgen hat, die nicht auch die seinen sind. Dadurch büßt er seine Würde, Zweck an sich selbst zu sein, ein. Frieden ist die Wirklichkeit der allgemeinen Freiheit, nicht die Unterwerfung unter die Herrschaft anderer, nicht die Untertänigkeit, sondern die Bürgerlichkeit als die Brüderlichkeit. Frieden ist die Wirklichkeit der praktischen Vernunft, die allseitige Sittlichkeit. Die Vernunft gebietet dem Menschen Frieden, also die (gesetzeshafte) Rechtlichkeit als Staatlichkeit. Ein herrschaftlicher, liberalistischer Freiheitsbegriff jedoch löst sich von dem Prinzip der allgemeinen Vernünftigkeit, weil die Vernunftbegabung dem jeweils anderen Menschen (entgegen Art. 1 der Allgemeinen Erklärung der Menschenrechte) ungern zugestanden wird.

b) Die Freiheit des Grundgesetzes ist nicht nach dem Satz: „Jeder kann (oder darf) tun und lassen, was er will", welche üblicherweise und auch vom Bundesverfassungsgericht als die Freiheitsformel nach dem Grundgesetz ausgegeben wird[1568], die allgemeine Handlungsfreiheit, welche in den

---

[1566] *Hobbes*, Leviathan, I, 13, II, 17, S. 112 ff., 151; vgl. *Kant*, Metaphysik der Sitten, S. 430, der den Naturzustand als Krieg definiert; dazu 2. Kap., III; *K. A. Schachtschneider*, Res publica res populi, S. 545 ff.; dazu *O. Höffe*, Politische Gerechtigkeit, S. 307 ff., 342 ff., 382 ff.; auch *ders.*, Demokratie im Zeitalter der Globalisierung, S. 240 ff. u. ö.

[1567] BVerfGE 5, 84 (204 f.); *M. Kriele*, Die demokratische Weltrevolution, S. 192, passim; vgl. auch *ders.*, Einführung in die Staatslehre, S. 32 ff., 297 ff.

[1568] I. d. S. auch *J. Rawls*, Eine Theorie der Gerechtigkeit, S. 265 ff., 270, der damit die innere Freiheit außer acht läßt und die Gesetze nur mit der (zu Recht) kommunikationstheoretisch (S. 251 ff., 254 ff.) moderierten Mehrheitsregel bei prinzipiell gleicher Teilnahme aller an der Gesetzgebung (S. 251 ff.) rechtfertigt (S. 392 ff.). Rawls definiert Freiheit a. a. O., S. 270 so: „Freiheit ist ein Gefüge von Rechten und Pflichten, die durch Institutionen festgelegt werden. Die verschiedenen Freiheiten geben etwas an, was wir tun dürfen, wenn wir wollen, und woran uns, falls es dem Sinn dieser Freiheit entspricht, andere nicht hindern dürfen". Damit wird die Sinnhaftigkeit des Freiheitsgebrauches der Entscheidung Dritter ausgeliefert und die innere Freiheit verfehlt. Die Definition ist die von Rechten, deren innere Grenze das Verbot ihres Mißbrauches ist. Vor allem klärt dieser Freiheitsbegriff nicht, inwiefern die Rechte und Pflichten freiheitlich begründet sind, also auf Gesetzen der Freiheit beruhen. Mit dem „Grundsatz der Gesetzmäßigkeit,"... „der seine

Schranken der Gesetze das Recht zu beliebigem Tun oder Lassen[1569] gewährt, also das Recht zur Willkür. Die Freiheit ist vielmehr in Art. 2 Abs. 1
GG durch die Bindung an das Sittengesetz kantianisch definiert. Freiheit
wird geschützt als ein Recht, ist aber im Grunde ein (transzendentales)
Apriori, nämlich die „Idee … eines Vermögens absoluter Spontaneität" als
„Kausalität durch Freiheit" unter dem „moralischen Gesetz" als „einem Faktum der reinen Vernunft"[1570]. Freiheit ist unter dem Grundgesetz nicht nur
dem Wortlaut des Art. 2 Abs. 1 nach, sondern ihrem Begriff nach, wenn dieser dem (von der Verfassung der Freiheit gebotenen) Konzept dieses Verfassungsgesetzes entsprechen soll, das Recht und die Pflicht zur Autonomie des
Willens. Der Wille ist die praktische Vernunft, also seinem Begriff nach
frei[1571]; die Willkür kann frei oder unfrei sein[1572]. Das Recht zur freien Willkür ist also die äußere/rechtliche Freiheit, welche Art. 2 Abs. 1 GG schützt,
damit der Mensch sich selbst die Gesetze geben kann, die sein Handeln leiten sollen. Diese Gesetze müssen um der Allgemeinheit der Freiheit willen
das Recht zur freien Willkür aller Menschen wahren, die negative Freiheit
aller als die Unabhängigkeit aller von anderer nötigender Willkür[1573]. Folg-

---

Grundlage in der Übereinkunft vernünftiger Menschen hat, sich die größtmögliche
gleiche Freiheit zu sichern", ist das, so richtig dieser den Zweck des Staates definie-
rende Grundsatz ist, nicht auf den Begriff gebracht. Das leistet nur der Begriff der
inneren Freiheit, die Sittlichkeit, die *Rawls* als den Gerechtigkeitssinn (S. 493 ff.,
513 ff.) und als Prinzip der Menschenliebe (S. 517 u. ö.) erfaßt. Ohne die dualistische Begrifflichkeit Kants wird eine Lehre von der Freiheit fragwürdig, eine „Theorie der Gerechtigkeit" hat ohnehin keine hinreichende empirische Grundlage. Dogmatisch wenig präzise *P. Kirchhof*, Der demokratische Rechtsstaat – die Staatsform
der Zugehörigen, HStR, Bd. IX, 1997, § 221, Rdn. 56 ff., der eine Art kulturelle
Bindung der Freiheit, die er als Recht zur Beliebigkeit versteht (Rdn. 56), für notwendig hält, um ein demokratisches Gemeinwesen zu ermöglichen; vgl. BVerfGE 6,
32 (36), dazu in Fn. 1789.

[1569] Vgl. dazu schon *Kant*, Metaphysik der Sitten, S. 317.

[1570] *Kant*, Kritik der praktischen Vernunft, S. 163 bzw. S. 161, vgl. daselbst
S. 141 f., 144 ff., 155 ff., 218 ff., 230 ff.; grundlegend zur Dritten Antinomie *Kant*,
Kritik der reinen Vernunft, S. 426 ff., 495 ff., 671 ff.; dazu *L. W. Beck*, Kants „Kri-
tik der praktischen Vernunft", S. 169 ff., 177 ff., 184 ff.; *F. Kaulbach*, Immanuel
Kants „Grundlegung zur Metaphysik der Sitten", S. 8, 125, 138, 148, 156, 165,
171 f., 184, 187; *ders.*, Studien, S. 75 ff.; dazu 2. Kap., II.

[1571] *Kant*, Grundlegung zur Metaphysik der Sitten, S. 41; *ders.*, Metaphysik der
Sitten, S. 332; auch *ders.*, Kritik der praktischen Vernunft, S. 140 ff. (142); dazu
J. Timmermann, Sittengesetz und Freiheit, S. 66 ff., 73 ff., 108; weitere Hinweise in
Fn. 318; dazu 2. Kap., VII, 1.

[1572] *Kant*, Grundlegung zur Metaphysik der Sitten, passim, insb. S. 59 ff., 63 ff.,
71, 74 ff., 81 ff.; *ders.*, Metaphysik der Sitten, S. 317 f., 332 f.; *W. Kersting*, Wohlgeordnete Freiheit, S. 42 ff., 75 ff.; *J. Timmermann*, Sittengesetz und Freiheit,
S. 66 ff., 149 ff.; dazu 2. Kap., VI.

[1573] *Kant*, Metaphysik der Sitten, S. 345, vgl. auch S. 317 ff., 332 ff.; auch *ders.*,
Grundlegung zur Metaphysik der Sitten, S. 81 ff.; vgl. *ders.*, Kritik der reinen Ver-

lich muß die Gesetzgebung jedermanns das „Sittengesetz", den kategorischen Imperativ, verwirklichen, wie es Art. 2 Abs. 1 GG auch klarstellt. Freiheit der Willkür ist die Unterwerfung der Willkür unter das Sittengesetz. Das geht nur gemeinschaftlich, in bürgerlichem Zustand[1574]. Die Freiheit ist darum vor allem das Recht zur allgemeinen Gesetzgebung, d.h. das Recht des Menschen, sich mit allen anderen Menschen über die Gesetze zu einigen[1575], nach denen alle miteinander leben können, ohne daß einer die anderen zu Handlungen nötigt, die diese nicht wollen.

Ohne allgemeine Gesetze, d.h. ohne die allgemeine Gesetzgeberschaft, kann die Entfaltung der Persönlichkeit nicht „frei" sein; denn die Handlungen sind durch die Gesetze bestimmt. Wenn die Gesetze nicht freiheitlich sind, ist auch die Entfaltung der Persönlichkeit nicht frei, insbesondere nicht sittlich. Von einem Gemeinwesen der Freiheit kann nicht gesprochen werden, wenn die Gesetze nicht autonomer und damit allgemeiner Wille sind. Eine Privatheit im Rahmen von (herrschaftlichen) Gesetzen, auf welche der Liberalismus den Begriff der Freiheit reduziert, macht nicht schon ein freiheitliches Gemeinwesen aus, zumal die Privatheit (nach Maßgabe der Grundrechte) mehr oder weniger eingeschränkt oder ausgedehnt werden kann, wenn sie auch ein unverzichtbares Element des freiheitlichen Gemeinwesens ist, nämlich des nicht nur selbst-, sondern weitestmöglich alleinbestimmten guten Lebens aller in allgemeiner Freiheit. Art. 2 Abs. 1 GG gewährleistet die Freiheit als Willensautonomie sowohl bei der staatlichen, der allgemeinen Gesetzgebung (Allgemeinbestimmung aller), als auch bei der privaten Zwecksetzung (Alleinbestimmung). Weil jede allgemeine Gesetzgebung auch die Privatheit regelt, sind beide Elemente des gemeinsamen Lebens, das Staatliche und das Private, notwendig durch das Grundrecht der allgemeinen Freiheit erfaßt. Der Staat kann nur die allgemeinen Gesetze geben. Diese müssen, um praktisch vernünftig zu sein,

---

nunft, S. 489: „Die Freiheit im praktischen Verstande ist die Unabhängigkeit der Willkür von der Nötigung durch Antriebe der Sinnlichkeit", auch S. 429; so auch *ders.*, Kritik der praktischen Vernunft, S. 218, 222; dazu 2. Kap., VI.

[1574] *Kant*, Grundlegung zur Metaphysik der Sitten, S. 66; *ders.*, Metaphysik der Sitten, S. 365 f., 430 f.; *ders.*, Über den Gemeinspruch, S. 143 ff., insb. S. 148; *ders.*, Zum ewigen Frieden, S. 208 f.; dazu 2. Kap., III.

[1575] Ganz so *R. Dreier*, Zur Einheit der praktischen Philosophie Kants, S. 300, zum „Konsensprinzip"; *J. Habermas*, Faktizität und Geltung, S. 109 ff., insb. S. 127, 135 ff., insb. 154 f., der das als „diskursive Ausübung der politischen Autonomie" erfaßt, auch S. 349 ff.; *W. Maihofer*, HVerfR, S. 427 ff., insb. S. 472 ff. („so viel Einigkeit wie möglich, so viel Mehrheitsentscheidung wie nötig"): ebenso *ders.*, Realität der Politik und Ethos der Republik, S. 121 ff.; vgl. auch *F. Kaulbach*, Immanuel Kants „Grundlegung zur Metaphysik der Sitten", S. 152; *ders.*, Studien, S. 30 ff., 50 ff.; *W. Kersting*, Kant über Recht, S. 106 ff. („Kontraktualismus"); dazu 2. Kap., IV.

weitestgehend Privatheit konstituieren[1576]. Freiheit ist somit wesentlich das Recht auf Recht, weil die freie Entfaltung der Persönlichkeit ohne Rechtlichkeit nicht denkbar ist. Rechtlichkeit ist die Wirklichkeit der allgemeinen Freiheit durch allgemeine Gesetze des Rechts als Gesetze aller. Die Rechtlichkeit der Gesetze zu fördern, ist Sache jedes Bürgers, vor allem ist es Sache der Vertreter des Volkes in den Parlamenten und in den Gerichten. Art. 2 Abs. 1 GG schützt somit den Menschen als Gesetzgeber für seine sein Handeln bestimmenden Maximen und damit Zwecke, schützt ihn also als Person, die niemandes Untertan ist. Freiheit als Begriff umfaßt die allgemeine Gesetzgebung zur Bestimmung der Maximen für die Zwecksetzungen aller Menschen für deren Handeln um der allgemeinen Freiheit willen oder, anders formuliert, zum allgemeinverträglichen Ausgleich der besonderen Interessen. Nicht der Zweck der Handlung als solcher ist jedoch um der Rechtlichkeit willen auf seine Sittlichkeit hin zu prüfen, sondern die Maxime, die mit der Zwecksetzung notwendig verbunden ist, also die subjektiven Grundsätze des Handelns, die eigenen praktischen Regeln, deren Gesetzesbedürftigkeit sich aus der Außenwirkung der zweckverwirklichenden Handlung ergibt. Die Sittlichkeit der Handlungszwecke ist eine Tugendfrage[1577].

Im freiheitlichen, also republikanischen Staat ist jeder Subjekt der Gesetze, auch im repräsentativen Konsens[1578]. Jeder ist Bürger, dem nicht (beschränkende) Gesetze gegeben werden, sondern der die Gesetze selbst gibt, freilich mit allen anderen Bürgern zusammen. In dieser Gesetzgebung ist er frei wie alle anderen Bürger auch, die mit ihm die Gesetze geben. Die allgemeine Gesetzgebung aller ist die Würde jedes einzelnen Bürgers[1579]. In der allgemeinen Gesetzgeberschaft erweist sich die Formalität der Freiheit. Formalität ist die Selbstzweckhaftigkeit jedes Menschen[1580] oder die Lösung

---

[1576] Dazu 8. Kap., IV.

[1577] *Kant*, Metaphysik der Sitten, S. 508 ff., insb. S. 526.

[1578] *J. Rawls*, Eine Theorie der Gerechtigkeit, S. 251 ff., erfaßt das als „Grundsatz der (gleichen) Teilnahme"; *R. Dreier*, Zur Einheit der praktischen Philosophie Kants, S. 300; so insb. *Hobbes*, Leviathan, II, 18, S. 160 u.ö.; *Locke*, Über die Regierung, IV, 22, VII, 89, S. 19, 67, 101 ff.; *Rousseau*, Vom Gesellschaftsvertrag, XI, 134, S. 22 f. u.ö.; *Kant*, Grundlegung zur Metaphysik der Sitten, S. 67, u.ö.; *ders.*, Metaphysik der Sitten, S. 432, 464; *ders.*, Über den Gemeinspruch, S. 148, 150; *W. Kersting*, Kant über Recht, S. 125 f., 127; vgl. *W. Maihofer*, HVerfR, S. 472 ff.; dazu *K. A. Schachtschneider*, Res publica res populi, S. 650 ff., 625 ff.

[1579] *Kant*, Grundlegung zur Metaphysik der Sitten, S. 59 f., 63 ff., ganz so *F. Kaulbach*, Immanuel Kants „Grundlegung zur Metaphysik der Sitten", S. 91 ff., 102 f., 208; weitere Hinweise in Fn. 124, 298, 323, vgl. auch Fn. 271.

[1580] *Kant*, Grundlegung zur Metaphysik der Sitten, S. 69 f., 90; *G. Römpp*, Rechtstheorie 22 (1991), S. 288 ff., 297 f., der den Zusammenhang von Personalität und der Formalität des guten Willens herausstellt; zur Selbstzweckhaftigkeit *F. Kaulbach*, Immanuel Kants „Grundlegung zur Metaphysik der Sitten", S. 73 ff., 86 ff.,

von „allen subjektiven Zwecken" einzelner Menschen, von den besonderen Interessen oder von den „Maximen der Selbstliebe" bei der Gesetzgebung[1581]. Formalität ist die allgemeine Gesetzlichkeit. Die „Form des Willens", von der die Gesetze ausgehen, ist „die Allgemeinheit derselben"[1582]. In der Formalität erreicht die Maxime die Qualität praktischer Vernunft, eben Sittlichkeit[1583], und damit das Handeln, welches dem praktischen Gesetz folgt, Legalität. Freiheit ist ihrem Begriff nach praktische Vernünftigkeit, allgemeine Gesetzlichkeit[1584]. Im Freiheitsbegriff der Republik ist die Verwirklichung der besonderen Persönlichkeit in der Allgemeinheit der anderen besonderer Persönlichkeiten, die Einheit von Allgemeinheit und Besonderheit, erfaßt. Die bürgerliche, republikanische ist die politische Freiheit. Das Konsensprinzip folgt logisch aus der Formalität der Freiheit und ist damit Formprinzip des Gesetzes.

Wenn ein übergeordneter Staat die Handlungsmöglichkeiten der untergeordneten Gesellschaft durch Gesetze beschränken darf, so ist das eine, wenn auch konstitutionalistische, so doch obrigkeitliche Staatlichkeit[1585]. *Josef Isensee* und *Wilhelm Henke* nehmen dafür den Begriff Republik in Anspruch[1586]. Unterwirft der Mensch sein Handeln dem Prinzip, die Frei-

---

100 ff., 197 ff., 206 ff.; *W. Kersting*, Der Geltungsgrund von Moral und Recht bei Kant, S. 310; *ders.*, Kant über Recht, S. 219 ff.; dazu (folgend) *Ch. Enders*, Die Menschenwürde in der Verfassungsordnung, S. 189 ff., der freilich diese Formalität nicht recht erfaßt.

[1581] *Kant*, Grundlegung zur Metaphysik der Sitten, S. 59 ff.; *ders.*, Kritik der praktischen Vernunft, S. 125 ff., 128 ff., 135 ff., 138 ff., 144 ff.; zur Selbstliebe und eigenen Glückseligkeit *L. W. Beck*, Kants „Kritik der praktischen Vernunft", S. 99 ff., 102 ff., 117 ff.

[1582] *Kant*, Grundlegung zur Metaphysik der Sitten, S. 70, bzw. Metaphysik der Sitten, S. 332; dazu 2. Kap., VI.

[1583] *Kant*, Grundlegung zur Metaphysik der Sitten, S. 59 ff., 70, 81 ff.; *ders.*, Kritik der praktischen Vernunft, S. 125 ff., 135 ff., 140 ff., 144 ff.; *ders.*, Metaphysik der Sitten, S. 318, auch Tugendlehre, S. 511.

[1584] I. d. S. *J. Rawls*, Eine Theorie der Gerechtigkeit, S. 271, der das Verbot, andere zum Objekt eigener Zwecke zu degradieren, zur Grundlage seiner Gerechtigkeitslehre macht, a. a. O., S. 205 ff.; zu Kant i. d. S. *L. W. Beck*, Kants „Kritik der praktischen Vernunft", S. 169 ff.; auch *G. Römpp*, Rechtstheorie 22 (1991), S. 301 f.; *F. Kaulbach*, Immanuel Kants „Grundlegung zur Metaphysik der Sitten", S. 194 ff., 199 ff., 208 ff.; *ders.*, Studien, S. 30 ff., 50 ff.

[1585] Das hat richtig *E. Grabitz*, Freiheit und Verfassungsrecht, S. 3 ff., 158 ff., kritisiert; aber auch *P. Häberle*, Wesensgehaltsgarantie, S. 150 ff., 154 ff., 335 ff.; auch *H. Krüger*, Allgemeine Staatslehre, S. 536 ff.

[1586] *J. Isensee*, Republik, in: Görres-Gesellschaft (Hrsg.), Staatslexikon, Bd. 4, 7. Aufl. 1988, Sp. 886 („Republikanische Dimension der Demokratie: Herrschaft für das Volk"); *ders.*, Grundrechtliche Freiheit – Republikanische Tugend, S. 65 ff.; *ders.*, HStR, Bd. III, § 57, Rdn. 97; *W. Henke*, Recht und Staat, S. 610; ebenso *R. Marcic*, Vom Gesetzesstaat zum Richterstaat, S. 89 f., für die naturrechtlich

heit aller anderen nicht anzutasten, und gibt er zu diesem Zweck mit allen anderen die Gesetze der allgemeinen Freiheit, so ist das republikanische, freiheitliche Staatlichkeit. Ein solcher Mensch handelt als (oder wie) ein Bürger einer Republik. Seine Freiheit ist politische Freiheit. *Karl Jaspers* hat klargemacht: „Ich kann nur frei sein in dem Maße, wie die anderen frei sind"[1587]. Die Hoheitlichkeit jedoch macht den Menschen zum wahrhaft Betroffenen der Amtsausübung, zum Untertan der Obrigkeit im Sinne des Römerbriefes des *Paulus* (13, 1) in Luthers Übersetzung. Das Grundgesetz ist Aristoteles, nicht Paulus, und Kant, nicht Treitschke gefolgt[1588].

Die Ordnung muß, wenn nicht von den Bürgern, von einem Herren geschaffen werden, um das gemeinsame Leben zu ermöglichen[1589]. Der Herr

---

begründete, Gott vertretende Herrschaft der Richter; unentschieden *W. Maihofer*, HVerfR, insb. S. 462 ff., 472 ff., 500 ff., 507 ff., in seiner Lehre von der „liberalen und sozialen Demokratie" als „eingeschränkter Mehrheitsherrschaft" der durch „Republik gebändigten Demokratie" und „durch Demokratie vollendeten Republik", die den Liberalismus nicht gänzlich aufkündigt; ähnlich *ders.*, Realität der Politik und Ethos der Republik, S. 94 ff.; vgl. auch *R. Gröschner*, Freiheit und Ordnung in der Republik des Grundgesetzes, JZ 1996, 637 ff., der keinen Zugang zum Kantianismus und damit zur aufklärerischen Rechtslehre findet und eine Republik ohne Republikanität, nämlich ohne innere Freiheit/Sittlichkeit/praktische Vernunft, vorstellt; ähnlich *ders.*, HStR, Bd. II, § 23, insb. Rnd. 34 ff.

[1587] Vom Ursprung und Ziel der Geschichte, S. 198; dazu auch *H. Krüger*, Allgemeine Staatslehre, S. 538; schon *Hobbes*, Leviathan, I, 14, II, 17, S. 119 f., 151, weist für das Prinzip der Gegenseitigkeit oder besser: Allseitigkeit auf die lex aurea hin; i. d. S. auch *Kant*, Über den Gemeinspruch, S. 148.

[1588] Den Gegensatz zwischen Vernunft- und Machtstaat plakatiert mit diesen Namen (zusätzlich zu Aristoteles noch Platon) *W. Elert*, Das christliche Ethos, Grundlinien der lutherischen Ethik, hrsg. v. E. Kinder, 2. Auflage 1961, S. 141. Zu den unterschiedlichen paradigmatischen Beiträgen Platons und Aristoteles' zur Herrschaftslehre *O. Höffe*, Politische Gerechtigkeit, S. 222 ff.

[1589] *Hobbes*, Leviathan, I, 14, II, 17 ff., S. 118 ff., S. 151 ff., insb. II, 18, 20, S. 160 f., 184 f., auch II, 21, S. 196 ff.; das scheint *W. Henke*, Recht und Staat, S. 399, unausweichlich, so daß der Staat für ihn notwendig ein Herrschaftssystem ist, nicht ohne Seitenhieb gegen den Rousseauismus derer, welche „die Gemeinschaft der Freien anstelle jeglicher Herrschaft zur alleinigen Substanz des Staates machen"; so aber *Kant*, Metaphysik der Sitten, S. 431; auch *E.-W. Böckenförde*, HStR, Bd. II, § 24, Rdn. 35 ff., der diesen republikanischen Ansatz aber durch eine demokratische Herrschaftslehre relativiert; ähnlich *W. Schmidt*, VVDStRL 33 (1975), S. 197 (gegen Habermas); auch *J. Isensee* beruft sich für seine polare (Grundrechte und Demokratie) Legitimations- und Kompetenzlehre zu Unrecht auf *Ciceros* „res publica res populi", etwa, Grundrechte und Demokratie, S. 7 ff., 26 u. ö., vgl. Fn. 1; ciceronisch insoweit *R. Marcic*, Vom Gesetzesstaat zum Richterstaat, S. 328 ff. (gestützt auf *M. Heideggers* Vorträge und Aufsätze, 1954, 4. Aufl. 1978, S. 175 ff., Erläuterung des Begriffs res); bei *J. Rawls*, Eine Theorie der Gerechtigkeit, insb. S. 21, 493 ff., entsteht die „wohlgeordnete Gemeinschaft" als „konstitutionelle Demokratie" (S. 283, 252, 275 f.) durch die Bürger, nicht durch einen Herren.

wäre ein Staat, der über der Gesellschaft steht, nicht „der Staat" als „die Vereinigung einer Menge von Menschen unter Rechtsgesetzen",[1590] nicht die
res publica als res populi. Empirisch wären die Herren die Menschen, welche
das Staatliche verwirklichen. Im 18. und 19. Jahrhundert waren es Fürsten,
Adlige, Minister, Offiziere und Beamte, heute sind es zum einen parteiliche
und verbandliche Funktionäre und auch Manager in Unternehmen und zum
anderen staatliche Amtswalter, Abgeordnete, Beamte (öffentlich Bedienstete)
und Richter, aber auch Verleger und Chefredakteure, nicht alle, aber bestimmte, die classa politica eben. Viele von ihnen sind zugleich Partei- oder Ver-
bandsfunktionäre. Diese sind unsere Herren, sie sollen dies aber nicht sein.

Die Subjekthaftigkeit jedes Menschen als dessen Würde verbietet es, ihn
als Gegenstand, als Objekt staatlichen Handelns zu betrachten. Dieser
Grundsatz ist eine Grundlage der Freiheitslehre des Bundesverfassungsgerichts[1591], die insoweit kantianisch geprägt ist und dies wegen des „ethischen Grundgesetzes"[1592] im Grundgesetz, dem Sittengesetz, sein muß[1593].
Das Sittengesetz ist die Logik des freiheitlichen Staates, der Republik, die
Art. 2 Abs. 1 GG in seinem Soweitsatz formuliert hat. Das „Maß" der Freiheit geben die Gesetze, die aber nur freiheitlich, also Recht sind, wenn es
allgemeine Gesetze, also die Gesetze jedermanns für jedermann sind[1594],

---

[1590] *Kant*, Metaphysik der Sitten, S. 431; so auch *W. Maihofer*, HVerfR, S. 454,
461, 465, 468, 501, der dennoch eine „konstitutionelle Demokratie" als „eingeschränkte Mehrheitsherrschaft" als „Herrschaft von Menschen über Menschen" konzipiert, S. 462 ff., 472 ff., sein liberalistischer Empirismus.

[1591] BVerfGE 5, 85 (204 f.); 27, 1 (6); 28, 386 (391); 30, 1 (25); 48, 127 (163);
49, 286 (298); 50, 166 (175); 63, 133 (143); 87, 209 (228) 96, 375 (399); 109, 279
(311 ff.); st. Rspr.; BVerfG 1 BvR 357/05 vom 15.2.2006, Abs. 121; v. Mangoldt/
Klein/*Starck*, GG, Rdn. 11 zu Art. 1 Abs. 1; so vor allem *J. Wintrich*, der erste
Präsident des Gerichts, BayVBl. 1957, 137 ff., 139; *P. Häberle*, HStR, Bd. II, § 22,
Rdn. 7 f., 38, 43; die sog. Objektthese hat *G. Dürig*, Der Grundrechtssatz von der
Menschenwürde, AöR 81 (1956), S. 117 ff., gefördert; *ders.*, in: Maunz/Dürig, GG,
Rdn. 17 ff., 34 zu Art. 1, Abs. 1; vgl. auch *R. Zippelius*, GG, Bonner Komm,
Rdn. 63 ff. zu Art. 1 Abs. 1 u. 2; *K. Stern*, Staatsrecht, III, 1, S. 24 f.; *Ch. Enders*,
Die Menschenwürde in der Verfassungsordnung, S. 176 ff.

[1592] *H. v. Mangoldt*, Grundsatzausschuß des Parlamentarischen Rates, JöR, Bd. 1
(1951), S. 57; *v. Mangoldt* wollte den sittlichen Gehalt der Rechtsnormen zur Geltung bringen, vgl. v. Mangoldt/Klein/*Starck*, GG, Rdn. 38 zu Art. 2 Abs. 1.

[1593] Grundlegend *W. Maihofer*, HVerfR, S. 427 ff., insb. S. 454, 463, 466, 497;
K. A. Schachtschneider, Staatsunternehmen und Privatrecht, S. 107 ff.; *ders.*, FS W.
Thieme, S. 195 ff.; *ders.*, FS M. Kriele, S. 829 ff.; *ders.*, Res publica res populi,
S. 253 ff.; *K. Dicke*, Menschenrechte und europäische Integration, S. 101; *P. Hä-
berle*, HStR, Bd. II, § 22, Rdn. 38, 43, mißt der Dürigschen Objektformel „Selbst-
stand" bei; sie ist eine Kulturleistung des griechisch und christlich geprägten
Abendlandes.

[1594] *Rousseau*, Vom Gesellschaftsvertrag, II, 6, IV, 1, S. 40 ff., 113; *Kant*, Grundlegung zur Metaphysik der Sitten, insb. S. 66 ff.; *ders.*, Über den Gemeinspruch,

wenn es Gesetze der praktischen Vernunft sind. Sonst wäre die Autonomie des Willens als die Würde des Menschen verletzt[1595].

2. Grundrechtsgeleitete Rechtserkenntnisse der Gesetzgeber

a) Alle liberalistischen Grundrechtslehren vermögen nicht mehr zu leisten, als einen Vorbehalt des Gesetzes für Grundrechtseingriffe des Staates zu etablieren, wie auch immer dieser in den Grundrechtstexten formuliert sei. Nicht einmal die vorbehaltlose Grundrechtsformulierung vermag Politik zu verhindern, wenn diese auch als Abwägung unter den einschlägigen verfassungsrangigen Gemeinwohlbelangen[1596] durch eine funktionale Gesetzgebung der Verfassungsrichter betrieben wird[1597], notfalls durch restriktive Interpretation der Textbegriffe und damit gemeinverträgliche Reduzierung der Grundrechte. Abwägung unter den Prinzipien der Verfassung und des Verfassungsgesetzes ist in der Politik und damit sowohl für den Gesetzgeber als auch für den Verfassungsrichter unausweichlich[1598], ja Gebot der Frei-

---

S. 146, 148, 150; *ders.*, Metaphysik der Sitten, S. 432; *ders.*, Zum ewigen Frieden, S. 204; *K. A. Schachtschneider*, Staatsunternehmen und Privatrecht, S. 153 ff.; *ders.*, FS W. Thieme, S. 195 ff.; *ders.*, Res publica res populi, S. 279 ff., 303 ff., 519 ff., dazu 2. Kap., VI.

[1595] Dazu *W. Maihofer*, HVerfR, S. 490 ff., auch S. 1210 ff.; *F. Kaulbach*, Immanuel Kants „Grundlegung zur Metaphysik der Sitten", S. 91 ff., 102 f., 208 f.; vgl. auch *ders.*, Studien, S. 85, 140 ff.; *K. A. Schachtschneider*, Staatsunternehmen und Privatrecht, S. 138 ff.; *ders.*, Res publica res populi, S. 275 ff., 325 ff., 519 ff., 560 ff.

[1596] Etwa die Kunstfreiheit BVerfGE 30, 173 (192 f.); 75, 369 (377 ff.); 77, 240 (253); 83, 130 (143); für die Wissenschaftsfreiheit BVerfGE 47, 327 (369 f.); 90, 1 (12 f.); für die Koalitionsfreiheit BVerfGE 18, 18 (32); 50, 280 (371); 84, 212 (228); 88, 103 (114 ff.); 92, 26 (41); 93, 352 (357); 100, 214 (222 ff.); 100, 271 (284 f.).

[1597] Dazu *K. A. Schachtschneider*, Res publica res populi, S. 819 ff., 258 ff.; *ders.*, Prinzipien des Rechtsstaates, S. 207 ff.

[1598] *K. A. Schachtschneider*, Res publica res populi, S. 880 ff., 895 ff., 900 ff.; *ders.*, Prinzipien des Rechtsstaates, S. 207 ff., 288 f., 332, 339, 351; vgl. auch *ders.*, Staatsunternehmen und Privatrecht, S. 388 ff.; richtig *Ch. Enders*, Die Menschenwürde in der Verfassungsordnung, S. 483 ff.; *R. Alexy*, Theorie der Grundrechte, S. 71 ff., 143 ff., 403 ff.; *P. Lerche*, Übermaß und Verfassungsrecht. Zur Bindung des Gesetzgebers an die Grundsätze der Verhältnismäßigkeit und Erforderlichkeit, 1961, S. 130 ff., 243 ff.; *K. Stern*, Staatsrecht III/2, § 84, S. 814 ff.; *A. Emmerich-Fritsche*, Der Grundsatz der Verhältnismäßigkeit als Direktive und Schranke der EG-Rechtsetzung. Mit Beiträgen zu einer gemeineuropäischen Grundrechtslehre sowie zum Lebensmittelrecht, 2000, S. 155 ff., auch S. 66 ff.; kritisch *H. Goerlich*, Wertordnung und Grundgesetz, Kritik einer Argumentationsfigur des Bundesverfassungsgerichts, 1973, insb. S. 140 ff., 187 ff.; *B. Schlink*, Abwägung im Verfassungsrecht, 1976, insb. S. 17 ff., 127 ff.; *W. Leisner*, Der Abwägungsstaat, insb. S. 13 ff., 152 ff.

heit; denn Abwägung ist Praxis der Vernunft. Dogmatisch ist das Gesetzlichkeitsprinzip auch im Schutzbereich der sogenannten vorbehaltlosen Grundrechte, wie etwa der Grundrechte des Art. 5 Abs. 3 GG, vorzuziehen[1599], weil Freiheit, die durch die Grundrechte in besonderen Bereichen geschützt wird, durch die allgemeinen Gesetze verwirklicht wird, die sich allerdings an der Politik der Grundrechte ausrichten müssen (objektive Dimension). Eine solche Dogmatik entspricht der Logik der Freiheit und der praktischen Notwendigkeit. Mit der Abwägung wird gesetzgeberisch das Sittengesetz praktiziert. Die an den material offenen Grundrechten ausgerichtete praktische Vernunft des Gesetzgebers verantworten alle, die ja oder nein zu dem Gesetz sagen können, also vor allem das Bundesverfassungsgericht, das schließlich in die Herrschaft des Parteienstaates integriert ist, moderierend und stabilisierend, aber als Vertreter der praktischen Vernunft der Bürgerschaft das Vertrauen erarbeiten muß, von dem der Bestand der Republik als der Staat des Rechts abhängt. Das Bundesverfassungsgericht hat, dogmatisch formuliert, das im ordentlichen Verfahren letzte Wort funktional gesetzgebender, an den Entscheidungen der Grundrechte orientierter Rechtserkenntnis. Letztlich verantwortet das Volk selbst seine Gesetze und damit seine Freiheit, was immer die Grundrechte festzulegen versuchen, zumal deren Bestimmtheit gering ist und weitgehend gering sein muß. Jedenfalls ist der Gesetzgeber der primäre Vertreter des Volkes für die gesetzgebende Rechtserkenntnis[1600]. Die Dogmatik, die Rechtserkenntnisse der Gerichte, welche die Verfassungsschranken der vorbehaltlosen Grundrechte praktizieren, würden durch Interpretation gewonnen[1601], ist eine um Legitimation bemühte Ideologie; denn diese Erkenntnisse sind funktional gesetzgeberisch.

Die Grundrechte leiten die praktische Vernunft des Gesetzgebers, jedenfalls wenn die gesetzeskontrollierende Verfassungsgerichtsbarkeit zur Ge-

---

[1599] Vgl. v. Mangoldt/Klein/*Starck*, GG, Rdn. 275 zu Art. 1 Abs. 3, Rdn. 328 ff. zu Art. 5 Abs. 3; *R. Scholz*, Die Koalitionsfreiheit als Verfassungsproblem, 1971, S. 335 ff.; vgl. *ders.*, in: Maunz/Dürig, GG, Rdn. 11 ff., 52 ff. zu Art. 5 Abs. III, Rdn. 348 f. zu Art. 9 Abs. III; *ders.*, HStR, Bd. VI, § 151, Rdn. 121; a. A. BVerfG (st. Rspr.) etwa E 28, 295 (306); 30, 173 (192 f.); 50, 290 (368); 75, 369 (377); 77, 240 (251 ff.); 81, 278 (292 f.); 83, 130 (142); vgl. für Art. 9 Abs. 3 GG die durchaus modifizierte Dogmatik in BVerfGE 84, 212 (225 ff., 228); für die Wissenschaftsfreiheit BVerfGE 90, 1 (12 f.); zur Kunstfreiheit 9. Kap.

[1600] Diesen Primat versucht *J. Habermas*, Faktizität und Geltung, S. 292 ff., 301 ff., 324 ff., zu verteidigen, ohne der Diskursunfähigkeit der für die Legislative beherrschenden Parteien hinreichend in Rechnung zu stellen; dazu *K. A. Schachtschneider*, Res publica res populi, S. 592 ff., 792 ff., 810 ff., 1086 ff.

[1601] I. d. S. etwa BVerfGE 48, 127 (163); 69, 1 (23); 84, 212 (224 ff.); kritisch auch *M. Kriele*, HStR, Bd. V, § 110, Rdn. 69 ff.; umfassend zur Problematik der vorbehaltlosen Grundrechte *K. Stern*, Staatsrecht III, 2, S. 418 f., 660 ff., 680 ff.

setzgebung, die sie funktional ist, gerechnet wird. Die Grundrechte nehmen das Bundesverfassungsgericht in die Verantwortung für die praktische Vernunft des gemeinsamen Lebens, vermögen aber angesichts ihrer materialen Offenheit oder Formalität und angesichts der daraus folgenden und ermöglichten Variabilität und Dynamik ihrer Begriffe[1602] eine Grenze zwischen dem Privaten und dem Staatlichen nicht zu fixieren, soweit nicht ausnahmsweise uneinschränkbare subjektive Rechte in den Grundrechten formuliert sind. Vielmehr entfalten die Grundrechte eine (positive) kompetentielle Wirkung, die es dem Gesetzgeber erlaubt, die subjektiven Rechte zur Privatheit, also die Rechte zur freien Willkür, variabel und dynamisch der Politik der Grundrechte und der praktischen Vernunft gemäß, den grundsätzlichen Vorrang privater Lebensbewältigung respektierend, der Lage anzupassen. Daß die Grundrechte die Politik nicht zu behindern vermögen, hat *Carl Schmitt* klargemacht[1603]. An der Politik ist jetzt wesentlich die Verfassungsrechtsprechung beteiligt. Das ist die Wirkung der Grundrechte in ihrer vom Grundgesetz geforderten Verbindlichkeit, die vor allem in der objektiven Dimension der Grundrechte zum Ausdruck kommt. Der von Schmitt befürchtete Leerlauf der Grundrechte gegenüber der Politik wird institutionell durch die Beteiligung der Verfassungsrechtsprechung an der Definition der Politik kompensiert, wenn das Verfassungsgericht seine Aufgabe annimmt.

Die Verwirklichung der praktischen Vernunft, die Politik also, wie sie sein soll, gilt es um der Freiheit willen republikanisch zu organisieren. Den Bürgern darf die politische Freiheit nicht verwehrt werden. Die demokratische Freiheitsidee akzeptiert das[1604]. Der Wesensgehalt der Grundrechte, den Art. 19 Abs. 2 GG schützt, garantiert schlechterdings auch nicht mehr als die praktische Vernünftigkeit der Gesetze, orientiert an den grundrechtlichen Leitentscheidungen. Das lehrt *Peter Häberles* institutionelle Grundrechtsdogmatik[1605]. Schon im monarchischen Konstitutionalismus realisiert sich die Liberalität nicht durch Subsumtion unter Grundrechte, sondern durch das Gesetz, das nicht ohne Zustimmung der Vertreter der Bürger erlassen werden dürfte, jedenfalls nicht, wenn es in Freiheit und Eigentum eingriff, was immer das heißen mochte[1606]. Subsumtion würde eine

---

[1602] Dazu *K. A. Schachtschneider*, Res publica res populi, S. 1033 ff.

[1603] Vgl.: Der Hüter der Verfassung, 1931, S. 36 ff.; Freiheitsrechte und institutionelle Garantien, S. 140 ff.; Das Reichsgericht als Hüter der Verfassung, S. 73 ff.; Grundrechte und Grundpflichten, S. 189 ff.

[1604] Dazu 6. Kap., III, mit Hinweisen in Fn. 1885.

[1605] Wesensgehaltsgarantie, insb. S. 70 ff., 180 ff., 234 ff., 322 ff.

[1606] I. d. S. auch *C. Schmitt*, Grundrechte und Grundpflichten, S. 200; dazu *K. A. Schachtschneider*, Vom liberalistischen zum republikanischen Freiheitsbegriff, S. 418 ff.; *ders.*, FS M. Kriele, S. 829 ff.

hinreichende Bestimmtheit der Grundrechtstatbestände voraussetzen. Die vermeintliche Interpretation der Grundrechtsbegriffe, etwa des Begriffs Eigentum, ist offene Rechtserkenntnis, bestmöglich in praktischer Vernunft oder nach dem Prinzip des rechten Maßes.

b) Mehr als Ziele, Aufgaben und Befugnisse, Verfahren und orientierende politische Leitentscheidungen lassen sich, abgesehen von Ausnahmen, in einem Verfassungsgesetz nicht festschreiben, wenn dieses der praktischen Vernunft dienen will. Die materialen Leitentscheidungen sind derart offen, daß ihre Begriffe eine lagegemäße Variabilität und Dynamik zulassen. Sie müssen so offen sein, um die Verfassung des Gemeinwesens zu stabilisieren. Die Werterechtsprechung des Bundesverfassungsgerichts, insbesondere dessen Abwägungsregel, beweisen diesen Befund; denn diese kennen keine Tatbestandlichkeit der Grundrechte, welche die Subsumibilität zu gewährleisten vermöchte. Die Grundrechtsjudikatur ist also keine gewöhnliche, durch die Gesetzesunterworfenheit (Art. 97 Abs. 1 GG) gekennzeichnete Rechtsprechung, die ein hinreichendes Maß an Bestimmtheit der gesetzlichen Begriffe voraussetzt[1607]. Immerhin müssen den Grundrechten, wie gesagt, negative Kompetenzen des Gesetzgebers abgewonnen werden, die als subjektive Rechte vor allem, aber nicht nur die dem einzelnen Bürger vorbehaltene Privatheit zu verteidigen erlauben[1608]. Subjektive verfassungskräftige Rechte, die nicht erst durch Gesetz eingeräumt werden, setzen eine Bestimmtheit der Texte voraus, welche derart interpretierbar sind, daß sie gesetzgeberischer Politik, wie es auch die Verfassungsrechtsprechung zur objektiven Dimension der Grundrechte ist, nicht zugänglich sind. Wenn das Bundesverfassungsgericht subjektive Rechte formuliert, wie das sogenannte informationelle Selbstbestimmungsrecht[1609], so sind das Rechtserkenntnisse, deren Verbindlichkeit aus dem Prinzip Recht folgt, welches vom Verfassungsgericht orientiert an Verfassung und Verfassungsgesetz der Lage gemäß materialisiert wird.

Fixierte Ausgrenzungen sind nur ausnahmsweise durchhaltbar. Wenn die Lage es erfordert, würden derartige Grundrechte durch Änderung des Verfassungsgesetzes oder auf einem sonst gangbaren Weg, heute etwa durch

---

[1607] *K. A. Schachtschneider*, Res publica res populi, S. 870 ff., 885 ff.; *ders.*, Prinzipien des Rechtsstaates, S. 273 ff., insb. S. 283 ff.

[1608] Dazu Hinweise in Fn. 1729 (negative Kompetenz), zum Privatheitsprinzip 8. Kap., IV; subjektive Rechte sind nicht auf Rechte der Privatheit beschränkt, sondern können auch amtswalterliche Rechte geben, wie die Rechte der Wissenschaftler in staatlichen Universitäten aus Art. 5 Abs. 3 GG.

[1609] BVerfGE 65, 1 (Ls. 2, S. 41 ff.); 78, 77 (84); 84, 192 (194); 92, 191 (197); 96, 171 (181); 101, 106 (121); dazu v. Mangoldt/Klein/*Starck*, GG, Rdn. 114 ff. zu Art. 2 Abs. 1; *W. Schmitt Glaeser*, HStR, Bd. VI, § 129, Rdn. 76 ff. (Datenschutz); *U. Di Fabio*, in: Maunz/Dürig, GG, Art. 2 Abs. 1, Rdn. 173 ff.

Rechtsakte der Europäischen Gemeinschaft, beiseite gedrängt. Das Schicksal des Asylgrundrechts (Art. 16 Abs. 2 S. 2 GG) beweist das ebenso wie das der Unverletzlichkeit der Wohnung (Art. 13 GG)[1610]. Wenn ein solches Recht aufrechterhalten werden soll, wird Schaden angerichtet. Ein Recht, das Schaden ermöglicht, ist nicht mehr praktisch vernünftig. Es wird zum Privileg, welches der Verfassung der Freiheit widerspricht. Wenn derartige Privilegien nicht zugelassen werden sollen, muß das gemeinsame Leben stetig und umfassend durch Gesetze geregelt werden können. Handlungen, die der Gesetzgeber wegen der negativen Kompetenzen nicht regeln darf, sind tolerabel, wenn sie ganz unabhängig von ihrer Sittlichkeit geringe Wirkung für das Gemeinwesen haben. Die materialen Grundrechte stehen weitgehend zur Disposition lagegerechter Rechtserkenntnis, auch in der Praxis, die nicht mehr als das Zweckmäßigkeitsprinzip, dogmatisiert als das Verhältnismäßigkeitsprinzip, etabliert hat, den Zwängen des gemeinsamen Lebens gehorchend, das sich entwickelt und entwickeln können muß, ohne daß unbewegliche Vorschriften des Verfassungsgesetzes schwer zu überwindende Hindernisse aufrichten, welche die Gefahr unvernünftiger Verteilungen von Chancen heraufbeschwören würden. Ein starres Verfassungsgesetz kann leicht zu Privilegien führen, die den Frieden gefährden. Insoweit hat sich gegenüber der Weimarer Verfassungssituation nichts geändert. Nicht einmal die bundesstaatliche Verteilung der Gesetzgebungsbefugnisse hat ihre Substanz behaupten können[1611]. Vielmehr als das Prinzip des rechten Maßes vermag ein Verfassungsgesetz dem Gesetzgeber nicht vorzuschreiben. Dieses formale Prinzip gehört aber schon zur Verfassung der Freiheit als Verfassung der praktischen Vernunft.

V. Freiheitsverletzung, Grundrechtsverletzung, Gesetzesverletzung

1. Die Mißachtung der Gesetze verletzt die äußere Freiheit. Sie macht von „anderer nötigender Willkür" abhängig[1612]. Die Gesetzesverletzung greift in die Freiheit ein[1613]; denn die Willensautonomie ist verletzt, wenn

---

[1610] Vgl. Art. 16a GG; dazu, insbesondere zur Entstehungsgeschichte dieser Vorschrift, BVerfGE 94, 49 (52 ff.); *U. Becker*, in: v. Mangoldt/Klein/Starck, GG, Kommentar, Bd. 1, 5. Aufl. 2005, Art. 16a, Rdn. 4 ff.; zur Veränderung des Art. 13 GG im Interesse des ‚großen Lauschangriffs' BVerfGE 109, 279 (281 ff.); *G. Gornig*, in: v. Mangoldt/Klein/Starck, GG, 5. Aufl. 2005, Art. 13, Rdn. 66.

[1611] Dazu *K. Hesse*, Grundzüge des Verfassungsrechts, Rdn. 240, S. 105 f., auch Rdn. 221, S. 99; *H.-W. Rengeling*, Gesetzgebungszuständigkeit, HStR, Bd. IV, 1990, § 100, Rdn. 45.

[1612] So *Kant*, Metaphysik der Sitten, S. 345 (Begriff der äußeren Freiheit); i.d.S. auch *ders.*, Zum ewigen Frieden, S. 204.

das Gesetz nicht beachtet wird. Die Einigkeit der Willen, die im Gesetz ihren Ausdruck findet, hat im Gesetz auch ihre Grenze. Das gebietet die uneingeschränkte Verwirklichung der Gesetze als Wirklichung der Freiheit, sofern die Gesetze Recht sind. Rechtswidrigkeit verletzt die allgemeine Freiheit. Legalität im Sinne einer Rechtlichkeit, bei der alles Handeln durch Gesetze des Rechts bestimmt ist, ist der kategorische Imperativ der allgemeinen Freiheit. Aber: Es gibt keine Rechtlichkeit ohne Gesetze, weil die allgemeinen Gesetze als die Gesetze aller die Handlungen bestimmen, mit denen alle einverstanden sind, welche somit niemandes Freiheit verletzen. Die allgemeine Freiheit ist jedoch gewahrt, wenn sich niemand durch die Gesetzesverletzung betroffen fühlt. Niemand kann für andere entscheiden, ob sie betroffen sind oder nicht. Durch das Gesetz ist die Freiheit materialisiert und dadurch rechtlich verletzbar. Die Bürger, die Verwaltungen, die Gerichte, aber auch die Gesetzgeber können die Freiheit dadurch verletzen, daß sie (materiale) Gesetze mißachten. Die Gesetze, welche die Wahrheit und das Richtige verfehlen, verletzen die Freiheit sittlich. Sie schaffen kein Recht. Über die Sittlichkeit, also die praktische Vernünftigkeit, die Rechtlichkeit der Gesetze wachen die Hüter der Verfassung, das Volk und seine Vertreter, insbesondere das Bundesverfassungsgericht, jedenfalls ist das deren Amt.

2. Dennoch rechtfertigt die (rechtsverletzende) Gesetzesverletzung nicht schon die Verfassungsbeschwerde, die eine Grundrechtsverletzung voraussetzt (Art. 93 Abs. 1 Nr. 4a GG, § 90 Abs. 1 BVerfGG). Gegen die Gesetzesverletzung hat der Staat Rechtsschutz zu geben, wenn ein Rechtsschutzbedürfnis besteht (Justizgewährleistungsanspruch)[1614]. Das ist ausweislich Art. 10 AEMR und Art. 6 Abs. 1 S. 1 EMRK ein Menschenrecht. Den Rechtsschutz gegen die öffentliche Gewalt garantiert Art. 19 Abs. 4 GG[1615]. Die Rechtsordnung in ihrer Gesamtheit einschließlich eines effizienten

---

[1613] Dazu *R. Scholz*, AöR 100 (1975), S. 95 ff.; *J. Schwabe*, Probleme der Grundrechtsdogmatik, S. 27 f., 79 ff.; *G. Lübbe-Wolff*, Die Grundrechte als Eingriffsabwehrrechte, S. 103 ff., 118 ff.; auch *H.-U. Erichsen*, HStR, Bd. VI, § 152, Rdn. 17 f.; allgemein zur Grundrechtsbindung von Verwaltung und Rechtsprechung *K. Stern/M. Sachs*, Staatsrecht III, 1, § 74, S. 13 ff., § 75, S. 1422 ff.; auch *K. Stern*, Staatsrecht III, 2, § 90 III und IV, S. 1167 ff., 1188 ff.

[1614] BVerfGE 69, 381 (385); 78, 123 (126); 80, 103 (107); 85, 337 (345); 88, 118 (123); 93, 99 (107); 97, 169 (185); vgl. *K. Stern*, Staatsrecht I, S. 838 ff., 841 f., 854; *ders.*, Staatsrecht III, 2, S. 1189; *E. Schmidt-Aßmann*, Der Rechtsstaat, HStR, Bd. II, § 26, Rdn. 70 ff.; *H.-J. Papier*, HStR, Bd. VI, § 153, Rdn. 1 ff., 11 ff.; *D. Kressel*, Parteigerichtsbarkeit und Staatsgerichtsbarkeit, S. 22 ff.; *K. A. Schachtschneider*, Prinzipien des Rechtsstaates, S. 130 f.

[1615] Dazu *H.-J. Papier*, Rechtsschutzgarantie gegen die öffentliche Gewalt, HStR, Bd. VI, 1989, § 154, S. 1233 ff.; *E. Schmidt-Aßmann*, in: Maunz/Dürig, GG, Komm., 1985/2003, Rdn. 45 ff., 180 ff. zu Art. 19 Abs. IV; *ders.*, Der Rechtsstaat, HStR, Bd. II, § 26, Rdn. 72; *K. Sobota*, Das Prinzip Rechtsstaat. Verfassungs- und

Rechtsschutzes[1616] verwirklicht die Freiheit, aber auch die politischen Leitentscheidungen der besonderen Grundrechte. Ein irriger rechtskräftiger Richterspruch ist keine freiheitswidrige Gesetzesverletzung, wenn die Gesetze, sowohl die materiellen als auch die prozeduralen, die Freiheit verwirklichen; denn zu diesen Gesetzen gehört auch die Regelung über die Rechtskraft, die von der Richtigkeit des Richterspruches nicht abhängt[1617]. Eine Eingriffsfreiheit[1618] gegen Gesetzesverstöße gibt es nicht, sondern eine Rechtsschutzgarantie[1619]. Grundrechtswidrig ist dagegen die Gesetzeslosigkeit einer staatlichen Maßnahme wegen der Verletzung des Prinzips des Gesetzesvorbehalts[1620]. Wenn die Grundrechte materiale Rechte schützen, scheint die Gesetzesverletzung in einem grundrechtsgeschützten Handlungsbereich zugleich eine Grundrechtsverletzung zu sein, weil die gesetzesver-

---

verwaltungsrechtliche Aspekte, 1997, S. 201 ff.; *K. A. Schachtschneider*, Prinzipien des Rechtsstaates, S. 138 ff.

[1616] Grundrechte, jedenfalls Art. 19 Abs. 4 GG, geben (u. a.) das Recht auf effizienten Rechtsschutz, BVerfG, st. Rspr., etwa E 37, 150 (153); 54, 39 (41), 60, 253 (276); 84, 34 (49); vgl. *K. A. Schachtschneider*, Prinzipien des Rechtsstaates, S. 130 ff., 138 ff.

[1617] *K. A. Schachtschneider*, Neubescheidung nach Rechtskraft im Sozialversicherungsrecht und im allgemeinen Verwaltungsrecht, VerwArch 63 (1972), S. 309 ff.; *ders.*, Res publica res populi, S. 871 f.; *ders.*, Prinzipien des Rechtsstaates, S. 142 ff.; vgl. BVerfGE 2, 380 (403); 22, 322 (329); 47, 146 (161 f.).

[1618] Dazu *R. Scholz*, AöR 100 (1975), S. 95 ff.; *H.-U. Erichsen*, HStR, Bd. VI, § 152, Rdn. 17 f.; pragmatisch *G. Hermes*, Verfassungsrecht und einfaches Recht – Verfassungsgerichtsbarkeit und Fachgerichtsbarkeit, VVDStRL 61 (2002), S. 144 ff., 147 mit Fn. 113; vgl. auch *G. Robbers*, Für ein neues Verhältnis zwischen Bundesverfassungsgericht und Fachgerichtsbarkeit, NJW 1998, 935 ff.; *R. Herzog*, Das Bundesverfassungsgericht und die Anwendung einfachen Gesetzesrechts, in: H. Maurer (Hrsg.), Das akzeptierte Grundgesetz, FS G. Dürig (70), 1990, S. 431 f.; kritisch *K. A. Schachtschneider*, Produktwarnung der Bundesregierung, S. 192 ff.; vgl. auch die Hinweise in Fn. 2055, zur Eingriffsdogmatik allgemein *H. Bethge*, VVDStRL 57 (1998), S. 7 ff.

[1619] *G. Lübbe-Wolff*, Die Grundrechte als Eingriffsabwehrrechte, S. 105, hält den Eingriffscharakter der Mißachtung des „einfachen Gesetzesrechts" für eine „anerkannte Selbstverständlichkeit"; *H.-U. Erichsen*, HStR, Bd. VI, § 152, Rdn. 17 f., lehnt eine „allgemeine Eingriffsfreiheit" ab, weil die Grundrechte nur „den optimalen Ausgleich zwischen Allgemeinwohl und individuellem Freiheitsinteresse" … „determinieren" sollen und nur verletzt sein würden, wenn dieser Ausgleich durch einen Hoheitsakt mißachtet werde; dieser „Ausgleich" ist aber gerade Sache des Gesetzgebers und institutionell judiziabel.

[1620] Etwa BVerfGE 40, 237 (248 f.); 49, 89 (126 f.); vgl. *E. Schmidt-Aßmann*, HStR, Bd. II, § 26, Rdn. 63 ff.; *F. Ossenbühl*, Vorrang und Vorbehalt des Gesetzes, HStR, Bd. III, 1988, § 62, S. 316 ff.; *K. Sobota*, Das Prinzip Rechtsstaat, S. 104 ff., 107 ff.; *Ph. Kunig*, Das Rechtsstaatsprinzip, S. 176 ff., 316 ff. (kritisch); *K. A. Schachtschneider*, Staatsunternehmen und Privatrecht, S. 247 ff., 253 ff., 310 ff.; *ders.*, Der Anspruch auf materiale Privatisierung, S. 43 ff., 217 ff.; *ders.*, Prinzipien des Rechtsstaates, S. 94 ff., 110 ff.

letzende Maßnahme nicht durch einen Gesetzes- oder Regelungsvorbehalt gedeckt ist. Dem steht aber das Institut der Rechtskraft entgegen. Die Gesetzesverletzung ist kein (eigentlicher) Grundrechtsverstoß, weil, wie gesagt, der Rechtsschutz bereitgestellt ist, der die Gesetzlichkeit grundrechtsbefohlen schützt. Mehr als grundrechtsgemäße Gesetze und rechtmäßigen Rechtsschutz garantieren die Grundrechte nicht, jedenfalls keinen Schutz vor Irrtümern der Richter. Das ist die Logik des Verfassungsinstituts der Rechtskraft[1621]. Das Bundesverfassungsgericht verlangt allgemein für den Erfolg einer Verfassungsbeschwerde die Mißachtung „spezifischen Verfassungsrechts" und überläßt den Schutz des einfachen Rechts der allgemeinen Gerichtsbarkeit[1622], zu Recht.

Wenn ein Grundrecht als negative Gesetzgebungskompetenz[1623] vor dem Gesetzgeber, der seine Befugnisse überschreitet, schützt, kann die Verfassungsbeschwerde nur das Gesetz selbst angreifen, nicht die Gesetzesverletzung. Obwohl der Richterspruch wegen der richterlichen Normprüfungspflicht[1624] auf der inzidenten Erkenntnis der Verfassungsmäßigkeit des angewandten Gesetzes aufbaut, bleibt dieses Gesetz und damit der Richterspruch trotz Rechtskraft wegen der Außergewöhnlichkeit des Rechtsbehelfs der Verfassungsbeschwerde nach Art. 93 Abs. 1 Nr. 4a GG angreifbar, aber nur hinsichtlich des spezifischen Grundrechtsverstoßes durch das Gesetz in dessen Interpretation durch den Fachrichter.

3. Grundrechtswidrig kann aber auch ein richtig vollzogenes einfaches Gesetz sein, wenn dieses gegen materiale oder auch formale Verfassungs-

---

[1621] Dazu BVerfGE 2, 308 (403 ff.); *R. Herzog*, in: Maunz/Dürig, GG, Art. 97, Rdn. 36, Art. 92, Rdn. 30; *K. A. Schachtschneider*, Res publica res populi, S. 871 ff.; vgl. *ders.*, Prinzipien des Rechtsstaates, S. 142 ff.

[1622] BVerfGE 1, 418 (420); 3, 213 (219 f.); 18, 85 (92 f.); 19, 166 (175); 21, 209 (216); 22, 93 (98 ff.); 32, 311 (316); 51, 77 (95 ff.); 61, 1 (12); 108, 282 (294); vgl. auch BVerfGE 6, 32 (43); 7, 198 (207); 79, 372 (376); 80, 124 (136); 80, 286 (296); 85, 1 (13); 85, 248 (258); dazu *R. Scholz*, AöR 100 (1975), S. 95 ff., 111 ff. mit Fn. 174, mit demselben Ergebnis; *K. Hesse*, Grundzüge des Verfassungsrechts, Rdn. 427, S. 165 f.; *G. Lübbe-Wolff*, Die Grundrechte als Eingriffsabwehrrechte, S. 112 ff.; *H.-J. Papier*, „Spezifisches Verfassungsrecht" und „einfaches Recht" als Argumentationsformeln des Bundesverfassungsgerichts, in: Ch. Starck (Hrsg.) Bundesverfassungsgericht und Grundgesetz, FG aus Anlaß des 25-jährigen Bestehens des Bundesverfassungsgerichts, Bd. I, 1976, S. 435 ff.; *K. Stern*, Staatsrecht III, 2, S. 1356 ff.; kritisch *H.-U. Erichsen*, HStR, Bd. VI, § 152, Rdn. 46; vgl. auch *W. Löwer*, HStR, Bd. III, § 70, Rdn. 191, 204 ff.; *P. Kirchhof*, HStR, Bd. V, § 124, Rdn. 266; *E. Benda/E. Klein*, Lehrbuch des Verfassungsprozeßrechts, 1991, S. 248 ff.; *K. A. Schachtschneider*, Res publica res populi, S. 360 ff.; vgl. *G. Hermes*, VVDStRL 61 (2002), S. 144 ff.

[1623] Dazu Hinweise in Fn. 1729.

[1624] Dazu *K. A. Schachtschneider*, Res publica res populi, S. 901 ff., 907 ff.; *ders.*, Prinzipien des Rechtsstaates, S. 244 ff.

prinzipien, wie die grundrechtlichen Leitentscheidungen oder die das Prinzip der praktischen Vernunft bezeichnenden Prinzipien der Verhältnismäßigkeit und des Willkürverbots[1625], aber auch gegen unmittelbar in den Grundrechten festgeschriebene subjektive Rechte verstößt. Logisch modifiziert die Gesetzesbindung des Richters die Grundrechtsbindung des gesetzesanwendenden Richterspruchs[1626]. Die Richter sind dem Gesetz unterworfen (Art. 97 Abs. 1 GG)[1627]. Die inzidente Normenkontrolle des Richters ist jedoch grundrechtsgebunden, wenn nicht ausnahmsweise die Normenfrage principaliter zu entscheiden ist. Das aber ist in der Regel dem Bundesverfassungsgericht vorbehalten (Normenverwerfungsmonopol des Art. 100 Abs. 1 GG), nach der Praxis beschränkt auf nachkonstitutionelle, formelle Gesetze[1628]. Art. 1 Abs. 3 GG, der auch die Rechtsprechung an die Grundrechte „als unmittelbar geltendes Recht" bindet, begründet darum in Verbindung mit Art. 100 Abs. 1 GG die Befugnis und damit die Pflicht der Rich-

---

[1625] Zum Verhältnismäßigkeitsprinzip als Eingriffsschranke insb. des Art. 2 Abs. 1 GG: v. Mangoldt/Klein/*Starck*, GG, Rdn. 277 ff. zu Art. 1 Abs. 3, Rdn. 31 zu Art. 2 Abs. 1; *K. Hesse*, Grundzüge des Verfassungsrechts, Rdn. 317 ff., S. 127 f., i. S. der „Herstellung praktischer Konkordanz"; *E. Grabitz*, Freiheit und Verfassungsrecht, S. 84 ff., 89 ff., 254 f.; *P. Lerche*, Übermaß und Verfassungsrecht, S. 134 ff. u. ö.; *Ph. Kunig*, Das Rechtsstaatsprinzip, S. 350 ff., 357 ff.; *H. Bethge*, VVDStRL 57 (1988), S. 37 ff.; umfassend *K. Stern*, Staatsrecht III, 2, § 84, S. 761 ff., 814 ff., der das Verhältnismäßigkeitsprinzip in das Abwägungsgebot integriert sieht (S. 818); vgl. zur Verhältnismäßigkeit und Zumutbarkeit BVerfGE 7, 377 (405 f.); 17, 306 (313); 19, 342 (348 f.); 27, 1 (8); 27, 344 (350 ff.); 38, 281 (298); 69, 315, LS 2b, (354); st. Rspr., BVerfGE 83, 130 (143); 83, 201 (212); 83, 363 (392); 84, 212 (230 f.); 90, 145 (173); 92, 26 (45); 94, 268 (287, 293); 95, 267 (303 ff.); 98, 17 (41); *H. Ridder*, Verfassungsrecht oder Staatsrecht? Die Realverfassung(en) des deutschen Nationalstaates auf dem Prüfstand der Demokratie, Blätter für deutsche und internationale Politik, Sonderdruck 354 aus Heft 6/1988, S. 9, kritisiert, daß mittels des Verhältnismäßigkeitsprinzips Zweckmäßigkeitserwägungen eine fragwürdige rechtliche Verbindlichkeit erhalten, so daß das Prinzip ein Instrument der verfassungsgerichtlichen Gesetzgebung sei; i.d.S. auch *K. A. Schachtschneider*, Das Sozialprinzip, S. 64, 69 (nicht subsumibel); vgl. auch *ders.*, Prinzipien des Rechtsstaates, S. 337 ff., 344 ff.; *ders.*, Res publica res populi, S. 895 ff.; kritisch auch *K. A. Bettermann*, Hypertrophie der Grundrechte. Eine Streitschrift, 1984, S. 13; i. S. d. Textes konzipiert das „Objektivitätsgebot" *P. Kirchhof*, HStR, Bd. V, § 124, Rdn. 235 ff., insb. Rdn. 253; zum gemeinschaftsrechtlichen Verhältnismäßigkeitsprinzip *A. Emmerich-Fritsche*, Der Grundsatz der Verhältnismäßigkeit, S. 105 ff.; *K. A. Schachtschneider*, Prinzipien des Rechtsstaates, S. 356 ff.; zum Willkürverbot 7. Kap., I, 2, II, 1, 3; Hinweise in Fn. 1943 ff.; *K. A. Schachtschneider*, Prinzipien des Rechtsstaates, S. 329 ff.

[1626] *K. Stern*, Staatsrecht III, 2, S. 1191.

[1627] Dazu *K. A. Schachtschneider*, Res publica res populi, S. 885 ff.; *ders.*, Prinzipien des Rechtsstaates, S. 105 ff.

[1628] BVerfGE 1, 184 (188 ff.); 4, 331 (339 ff.); 48, 40 (45); 70, 126 (129); dazu *W. Löwer*, HStR, Bd. III, § 70, Rdn. 85 ff.; *K. A. Schachtschneider*, Prinzipien des Rechtsstaates, S. 244 ff.; *ders.*, Res publica res populi, S. 901 ff., auch S. 885 ff.

ter, die Gesetze an den Grundrechten zu messen und sie grundrechtsgemäß auszulegen.

„Der Richter hat kraft Verfassungsgebots zu prüfen, ob die von ihm anzuwendenden materiellen zivilrechtlichen Vorschriften in der beschriebenen Weise grundrechtlich beeinflußt sind; trifft das zu, dann hat er bei der Auslegung und Anwendung dieser Vorschriften die sich hieraus ergebende Modifikation des Zivilrechts zu beachten. Dies ist der Sinn der Bindung auch des Zivilrechts an die Grundrechte (Art. 1 Abs. 3 GG). Verfehlt er diese Maßstäbe und beruht sein Urteil auf der Außerachtlassung dieses verfassungsrechtlichen Einflusses auf die zivilrechtlichen Normen, so verstößt er nicht nur gegen objektives Verfassungsrecht, in dem er den Gehalt der Grundrechtsnormen (als objektive Normen) verkennt, er verletzt durch sein Urteil das Grundrecht, auf dessen Beachtung auch durch die rechtsprechende Gewalt der Bürger einen verfassungsrechtlichen Anspruch hat. Gegen ein solches Urteil kann, unbeschadet der Bekämpfung des Rechtsfehlers im bürgerlich-rechtlichen Instanzenzug, das Bundesverfassungsgericht im Wege der Verfassungsbeschwerde angerufen werden" (BVerfGE 7, 198 (206 f.))[1629].

Wäre nur der Gesetzgeber an die Grundrechte gebunden, bliebe offen, ob der Richter die Grundrechtstreue des Gesetzgebers prüfen dürfte; denn die Nichtigkeit grundrechtswidriger Gesetze ist keine Selbstverständlichkeit. Das Grundgesetz schreibt vor allem mittels Art. 100 Abs. 1 S. 1 eine institutionelle, funktionelle und prozedural anspruchsvollere Reaktion auf die fachgerichtliche Erkenntnis gesetzgeberischer Grundrechtsverletzung vor. Die Praxis des Bundesverfassungsgerichts behandelt verfassungswidrige Gesetze bekanntlich ebenfalls differenzierter als mit der bloßen Nichtigkeitsfolge, nämlich auch mit verfassungskonformer Interpretation des Gesetzes oder der Verpflichtung des Gesetzgebers, die Gesetzeslage zu novellieren[1630].

Art. 100 Abs. 1 S. 1 GG bestätigt, daß jeder Richter die Aufgabe der Normenkontrolle hat. Der Richter darf grundrechtswidrige Gesetze nicht anwenden, weil die Grundrechte sowohl den Gesetzgeber als auch ihn, den Richter, binden. Dadurch hat der Richter die Verantwortung dafür, daß der Gesetzgeber die Grundrechte beachtet hat. Die Rechtsfolge ist, daß der Richter grundrechtswidrige Gesetze nicht gelten lassen darf. Die Gesetzes-

---

[1629] Vgl. i. d. S. auch BVerfGE 89, 214 (231 ff.); 97, 298 (313 ff.); material enger als den objektiven bemißt den subjektiven Gehalt des Grundrechts BVerfGE 97, 350 (370 ff.), der Euro-Beschluß, augenscheinlich um den großen Integrationsschritt zur Währungsunion nicht zu behindern.

[1630] BVerfGE 39, 169 (194); 54, 19 (37) bzw. BVerfGE 2, 260 (282); 7, 120 (126); 8, 38 (41); 9, 194 (200); 32, 373 (383 f.); 33, 52 (70); 48, 40 (45 f.); 68, 319 (326); 70, 134 (137); 72, 278 (295); dazu W. Löwer, HStR, Bd. III, § 70, Rdn. 114 ff.; J. Ipsen, Rechtsfolgen der Verfassungswidrigkeit von Norm und Einzelakt, 1980, insb. S. 211 ff.; E. Benda/E. Klein, Verfassungsprozeßrecht, S. 492 ff.; K. Stern, Staatsrecht III, 2, S. 1144 ff., 1158 f.; K. A. Schachtschneider, Prinzipien des Rechtsstaates, S. 246 f.; ders., Res publica res populi, S. 898, 903, 906 f.

bindung des Art. 97 Abs. 1 GG in Verbindung mit der Grundrechtsbindung des Art. 1 Abs. 3 GG macht den Fachrichter (funktional) zum Verfassungsrichter, allerdings wegen und im Rahmen des Art. 100 Abs. 1 S. 1 GG ohne die sogenannte Verwerfungsfunktion[1631]. Der Richter ist an die Gesetze gebunden, aber nur wenn diese Recht setzen. Folglich darf er das Gesetz auch nicht grundrechtswidrig auslegen; denn die richterliche Auslegung klärt, was das Gesetz vorschreibt. Die richterliche Gesetzesauslegung bringt das Gesetz zur Sprache[1632]. Der Richter darf den Rechtsstreit nicht auf Grund verfassungswidriger Gesetze entscheiden; vielmehr muß er nach Maßgabe des Art. 100 GG das Verfahren aussetzen und die Entscheidung des zuständigen Verfassungsgerichts einholen. Eine Grundrechtsverletzung des Richters im Bereich seiner Gesetzesbindung ist somit logisch die Anwendung eines grundrechtswidrigen Gesetzes; denn das Gesetz gilt in der Interpretation des Richters[1633]. Die Ermittlung der entscheidungserheblichen Tatsachen ist grundsätzlich Sache der Fachgerichte, nicht des Bundesverfassungsgerichts[1634]. Die Verfassungsbeschwerde gegen gesetzesabhängige Richtersprüche stellt somit das Gesetz in seiner jeweiligen Auslegung zur Prüfung des Verfassungsgerichts, nicht die übrigen Erkenntnisakte, die der Richter zur Rechtsfindung zu leisten hat.

4. Diese Lehre gebietet, die Unterwerfung des Richters unter das Gesetz durch strikte Wahrung des Bestimmtheitsprinzips[1635] zu ermöglichen. Wenn der Richter ermächtigt wird, abwägend Gerechtigkeit aus der Eigenart des Einzelfalles zu gewinnen, wenn das Gesetz für den Richter nur noch eine Erkenntnismaxime unter vielen ist, kommt auch der Grundrechtsverstoß durch den prinzipalen Erkenntnisakt des Richters in Betracht, weil die Grundrechte für ihn zu Gesichtspunkten der abwägenden Erkenntnis, besser: der Streitentscheidung, werden[1636]. Auch der Fachrichter kann zur funk-

---

[1631] *K. A. Schachtschneider*, Res publica res populi, S. 901 ff.; *ders.*, Prinzipien des Rechtsstaates, S. 244 ff.

[1632] *Montesquieu*, Vom Geist der Gesetze, S. 215, 221; vgl. *K. Stern*, Staatsrecht III, 2, S. 1640, zu Chief Justice J. Marshall („..., to say what the law is").

[1633] Dazu i.d.S. *K. Stern*, GG, Bonner Komm., Rdn. 136 f. zu Art. 100; differenzierend für die Zulässigkeit und die Begründetheit im Verfahren der konkreten Normenkontrolle *E. Benda/E. Klein*, Verfassungsprozeßrecht, S. 345; vgl. BVerfGE 36, 126 (131, 135 ff.); 38, 154 (162, 165 ff.).

[1634] BVerfGE 32, 311 (316); 82, 272 (280); vgl. aber BVerfGE 43, 130 (136 f.); 54, 208 (215); 61, 1 (7 ff.); 85, 1 (13), für den Schutz der Meinungsfreiheit; *P. Kirchhof*, HStR, Bd. V, § 124, Rdn. 266; vgl. weiter die Hinweise in Fn. 1622.

[1635] Dazu *K. A. Schachtschneider*, Prinzipien des Rechtsstaates, S. 273 ff.

[1636] Zur Unterscheidung von Beurteilungs- und Handlungsnormen, die für die Dogmatik der Justizgrundrechte bedeutsam ist, *A. Blomeyer*, Zivilprozeßrecht, Erkenntnisverfahren, 1963, S. 3, 344, 442 ff.; *K. A. Bettermann*, Verwaltungsakt und Richterspruch, in: O. Bachof u.a. (Hrsg.), Forschungen und Berichte aus dem öffentlichen Recht, GS W. Jellinek, 1955, S. 372 ff., 385; *ders.*, Rechtsprechung,

tional gesetzgebenden Rechtserkenntnis ermächtigt werden, insbesondere durch die Billigkeitsklauseln. Der ermächtigende Gesetzgeber muß die grundrechtliche Abwägung an Hand der Leitentscheidungen selbst vornehmen, d. h. dem Fachrichter den Weg der näheren Erkenntnis weisen. Die Grundrechtsverwirklichung ist Sache des Gesetzgebers und der Verfassungsrechtsprechung. Wenn sie dem Fachrichter übertragen wird, verletzt das die grundrechtlichen Gesetzes- und Regelungsvorbehalte, aber auch die grundrechtsimmanenten (begrifflichen) Grenzen und die verfassungsimmanenten Schranken der vorbehaltlosen Grundrechte, die ebenfalls gesetzlich zu bestimmen sind. Zu dieser Dogmatik zwingt wiederum Art. 100 Abs. 1 GG; denn die richterlichen funktional gesetzgebenden Rechtserkenntnisse sind nicht vorlagefähig. Die Verfassungsgerichte würden in ihrer Verantwortung für die Rechtlichkeit der Gesetze eingeschränkt werden, wenn die Gesetzgebung funktional auch insoweit den Richtern delegiert würde, daß diese die Materialisierung der formalen oder material offenen Grundrechte zu praktizieren hätten. Der Gesetzgeber wäre nicht nur durch die Verfassungsrechtsprechung relativiert, ein Stück der vom Grundgesetz ausweislich Art. 100 Abs. 1 GG verfaßten Funktionenteilung, sondern auch durch die Fachgerichte, obwohl auch diese ihrerseits der Kontrolle der Verfassungsgerichte unterlägen (Art. 1 Abs. 3 GG). Der Gesetzgeber muß zumindest das erste Wort bei der Materialisierung der grundrechtlichen Leitentscheidungen haben. Er darf es durch ermächtigende Generalklauseln nicht aus der Hand geben. Das zumindest verlangt auch Art. 97 Abs. 1 GG, wenn die Unterwerfung der Richter unter das Gesetz und damit das Autonomieprinzip nicht übermäßig an Substanz einbüßen sollen. Diese Überlegungen zeigen die Grenzen für das Richterrecht auf, die die Arbeitsgerichtsbarkeit überschritten haben dürfte, aus Not, weil der Gesetzgeber ihr das Arbeitsgesetzbuch verweigert[1637]. Art. 1 Abs. 3 GG findet somit u. a. eine nähere Ausgestaltung in Art. 100 Abs. 1 GG.

5. Der Vorwurf, das Gebot der Rechtsanwendungsgleichheit des Art. 3 Abs. 1 GG sei verletzt, setzt logisch die Gesetzesverletzung voraus, weil das Prinzip der Gleichbehandlung dem Prinzip der Gesetzlichkeit immanent

---

rechtsprechende Gewalt, in: Evangelisches Staatslexikon, 3. Aufl. 1987, Sp. 2773 ff.; *ders.*, Die rechtsprechende Gewalt, HStR, Bd. III, 1988, § 73, Rdn. 31 ff.; *K. A. Schachtschneider*, VerwArch 63 (1972), S. 147.

[1637] Das vom Bundesarbeitsgericht geschaffene Richterrecht (vgl. BAGE 23, 292 (319 f.)) akzeptiert das Bundesverfassungsgericht explizit wegen des Verbots der Justizverweigerung (BVerfGE 84, 212 (226 f.)); vgl. auch BVerfGE 13, 318 (328); 18, 224 (237); 26, 327 (337); 34, 269 (287 ff.); 65, 182 (190); 66, 126 (138); 66, 337 (355); 98, 49 (59 f.); dazu *F. Ossenbühl*, Rechtsquellen und Rechtsbindungen der Verwaltung, in: H.-U. Erichsen/D. Ehlers, Allgemeines Verwaltungsrecht, 12. Aufl. 2002, § 6, Rdn. 74 ff., S. 173 ff.; *K. A. Schachtschneider*, Res publica res populi, S. 864 f.; *ders.*, Prinzipien des Rechtsstaates, S. 203 ff.

ist[1638]. Aber dieser Vorwurf kann nicht schon damit begründet werden, daß das Gericht den streitigen Sachverhalt verkannt oder begrifflich falsch zugeordnet, das Gesetz irrig interpretiert oder auch fehlerhaft den Tatbestand, den begrifflich erfaßten Sachverhalt also, unter das interpretierte Gesetz subsumiert habe, typische Fehler bei der Gesetzesanwendung, sondern nur damit, daß das Gericht einen Bürger anders als den anderen behandeln will oder ihm die Gesetzlichkeit seines Spruches gleichgültig ist oder doch erscheint. Willkürlich handelt das Gericht, welches sich nicht von dem Gesetz abhängig macht, sondern die Unterwerfung unter das Gesetz (Art. 97 Abs. 1 GG) abstreift. Insofern ist die Willkür des Richters (oder Beamten), nicht aber die Vernunftwidrigkeit des Gesetzgebers die spezifische Verletzung des Gleichheitssatzes. Die Mißachtung des Prinzips der Rechtsanwendungsgleichheit, nicht die irrige, aber im Prinzip gesetzestreue Rechtsanwendung, ist die spezifische Verletzung des Grundrechts des Art. 3 Abs. 1 GG, jedenfalls durch den Richter[1639]. Auch wenn der Richter Rechtsanwendungsmethoden grundsätzlich verkennt, ist Art. 3 Abs. 1 GG verletzt. Die allgemeine Rechtsanwendungsgleichheit aber sichert der Rechtsschutz, der durch den Justizgewährleistungsanspruch und, gegen die öffentliche Gewalt, durch Art. 19 Abs. 4 GG gewährleistet ist[1640]. Der Schutz gegen gewöhnliche Gesetzesverletzungen ist abschließend geregelt. Der Gleichheitsverstoß liegt in der Mißachtung des Prinzips der Gesetzlichkeit, nicht im Rechtsirrtum. Art. 3 Abs. 1 GG macht das Bundesverfassungsgericht nicht zur Superinstanz, Superrevisionsinstanz[1641] oder gar Supertatsacheninstanz, kann dahin-

---

[1638] Deutlich schon *C. Schmitt*, Grundrechte und Grundpflichten, S. 211; *G. Dürig*, in: Maunz/Dürig, GG, Rdn. 52 ff. zu Art. 3 GG.; *K. A. Schachtschneider*, Prinzipien des Rechtsstaates, S. 99, 335 ff.; dazu 7. Kap., II.

[1639] I. d. S. BVerfGE 18, 85 (92 f.); 18, 224 (240); 34, 293 (301 f.); 71, 354 (362); vgl. auch 70, 93 (97); 71, 202 (204); 80, 48 (52), wo ein Gleichheitsverstoß bei schlechthin unvertretbarer und für willkürlich gehaltener unrichtiger Anwendung einfachen Rechts angenommen wird; *P. Kirchhof*, Objektivität und Willkür, in: H. J. Faller/P. Kirchhof (Hrsg.), Verantwortung und Freiheit, FS W. Geiger (80.), 1989, S. 109; *ders.*, HStR, Bd. V, § 124, Rdn. 253 ff. („Objektivitätsgebot"); dazu *W.-R. Schenke*, Verfassungsgerichtsbarkeit und Fachgerichtsbarkeit, 1987, S. 38; *R. Herzog*, FS G. Dürig, S. 431 ff.; *K. Stern*, Staatsrecht III, 2, S. 1357, 1359 ff.

[1640] Dazu *H.-J. Papier*, HStR, Bd. VI, § 154, Rdn. 12; *ders.*, HStR, Bd. IV, 1989, § 153, Rdn. 5 f.; *K. A. Schachtschneider*, Prinzipien des Rechtsstaates, S. 130 ff., 138 ff.; auch *ders.*, Res publica res populi, S. 1169 ff.; *D. Kressel*, Parteigerichtsbarkeit und Staatsgerichtsbarkeit, S. 22 ff., 26 f.

[1641] Seit BVerfGE 18, 85 (92 f.) st. Rspr.; auch schon BVerfGE 3, 213 (219 f.); 17, 198 (207); vgl. aber auch die Ausdehnung der verfassungsgerichtlichen Kontrolle der Gesetzlichkeit der Rechtsprechung seit BVerfGE 35, 202 (219); 42, 143 (148 f.); 42, 163 (168 f.) – „Intensivere Nachprüfung" gemäß einer „je – desto" „Gleitklausel" (je stärker der Grundrechtseingriff, desto intensiver die Nachprüfung); dazu *R. Herzog*, FS G. Dürig, S. 431 ff.; *K. Stern*, Staatsrecht III, 2, S. 1356; *W. Löwer*, HStR, Bd. III, § 70, Rdn. 204.

gehende Effekte aber wegen der tatsächlichen und rechtlichen Einheit der Rechtsfragen nur schwer vermeiden[1642]. Das Willkürverbot sichert die Bürger vor krassem, grobem Unrecht der Fachrichter im Einzelfall[1643]. Der Willkürvorwurf erwächst aus dem guten Willen der Verfassungsrichter zu helfen, die um ein dogmatisches Alibi („Eingriffsintensität", „Rang und Bedeutung des auf dem Spiel stehenden Grundrechtsgutes und die Eigenart der betroffenen Sachbereiche", „je stärker der Grundrechtseingriff, desto intensiver die Nachprüfung") nicht verlegen sind[1644]. Man nennt es „pragmatisch", wenn man keine Kriterien hat[1645]. Die „grundsätzlich unrichtige Anschauung von der Bedeutung eines Grundrechts, insbesondere vom Umfang seines Schutzbereichs", bestimmt das Bundesverfassungsgericht nach der Verallgemeinerungsfähigkeit der Grundrechtsinterpretation des Fachgerichts gemäß der Schumannschen Formel[1646], durchaus überzeugend.

Diese Dogmatik des gesetzgebungsstaatlichen, also republikanischen, Grundrechtsschutzes wird durch die Dogmatik der grundrechtsunmittelbaren Einzelfallgerechtigkeit, die das Bundesverfassungsgericht insbesondere in seiner Judikatur zur Garantie der Kunstfreiheit praktiziert[1647], beiseite geschoben, zum Nachteil der Freiheit.

Wenn etwa der Fachrichter die Verfassungswidrigkeit eines Gesetzes nicht erkennt und darum die konkrete Normenkontrolle durch das zuständige Verfassungsgericht nicht gemäß Art. 100 Abs. 1 S. 1 GG einleitet, verletzt er

---

[1642] *G. Hermes*, VVDStRL 61 (2002), S. 144, 149 f.

[1643] *P. Kirchhof*, HStR, Bd. V, § 124, Rdn. 235 ff.; *K. A. Schachtschneider*, Prinzipien des Rechtsstaates, S. 329 ff., 337 ff.

[1644] Vgl. BVerfGE 18, 88 (93); 35, 202 (219); 42, 143 (148 f.); 54, 147 (151); 64, 389 (394); 97, 169 (181); 98, 365 (389) einerseits; BVerfGE 76, 1 (5 f.); 81, 278 (289 f.) andererseits; *W. Löwer*, HStR, Bd. III, § 70, Rdn. 205; *J. Wieland*, Der Zugang des Bürgers zum Bundesverfassungsgericht und zum Supreme Court, Der Staat 29 (1990), S. 339; kritisch *G. Hermes*, VVDStRL 61 (2002), S. 145 f.; Kritik an der Einzelfalljudikatur des Bundesverfassungsgerichts *K. A. Schachtschneider*, Res publica res populi, S. 886 ff., 895 ff., 1009 ff.; *ders.*, Medienmacht versus Persönlichkeitsschutz, S. 279 ff.

[1645] *W. Löwer*, HStR, Bd. III, § 70, Rdn. 205; *G. Hermes*, VVDStRL 61 (2002), S. 146.

[1646] *W. Schumann*, Verfassungs- und Menschenrechtsbeschwerde gegen richterliche Entscheidungen, 1963, S. 207: Die Bedeutung eines Grundrechts ist grundsätzlich verkannt, „wenn der angefochtene Richterspruch eine Rechtsfolge annimmt, die der einfache Gesetzgeber nicht als Norm erlassen dürfte"; vgl. BVerfGE 58, 369 (374); 70, 230 (240); 59, 231 (256 f.); 61, 1 (7); 63, 45 (67); 69, 126 (138 f.); 82, 6 (15 f.); 84, 212 (228 f.); 85, 1 (16); 97, 12 (27); 99, 129 (139); vgl. *A. Voßkuhle*, in: v. Mangoldt/Klein/Starck, GG, Kommentar, Bd. 3, 4. Aufl. 2001, Art. 93, Rdn. 61 mit Fn. 300; *G. Hermes*, VVDStRL 61 (2002), S. 145 mit Fn. 129; *W. Löwer*, HStR, Bd. III, § 70, Rdn. 204 f.

[1647] Dazu 9. Kapitel.

das vom Gesetzgeber mißachtete Grundrecht, weil er die „verfassungsrecht-liche Verflechtung seiner Entscheidung" verkannt hat[1648]. Die richterliche Auslegung der Gesetze ist dementsprechend auf ihre Vereinbarkeit mit den Grundrechten zu überprüfen, so als wäre die Interpretation des Textes der Text selbst[1649]. Nicht jedes Fehlurteil ist jedoch ein Willkürakt.

[1648] I.d.S. *R. Herzog*, Das Bundesverfassungsgericht und die Anwendung einfachen Gesetzesrechts, FS G. Dürig (70.), S. 440 f.; vgl. BVerfGE 67, 213 (228 f.).

[1649] *R. Herzog*, FG. Dürig, S. 442; i.d.S. auch *K. Stern*, GG, Bonner Komm., Rdn. 136 f. zu Art. 100; wohl wegen der Möglichkeit verfassungskonformer Auslegung anders *E. Benda/E. Klein*, Verfassungsprozeßrecht, S. 345.

Sechstes Kapitel

Kritik der liberalistischen Freiheitslehre

I. Grundrechte als Abwehrrechte

1. Zur liberalistischen staatsabwehrenden Grundrechtsfunktion

Im *Lüth*-Urteil des Bundesverfassungsgerichts (BVerfGE 7, 198 ff.) steht auf S. 204: „Ohne Zweifel sind die Grundrechte in erster Linie dazu bestimmt, die Freiheitssphäre des einzelnen vor Eingriffen der öffentlichen Gewalt zu sichern; sie sind Abwehrrechte des Bürgers gegen den Staat."[1650] *Hegel* hat in seiner Eigentumslehre von der „äußeren Sphäre ihrer (sc.: der Person) Freiheit" gesprochen[1651]. Der Ausdruck „Freiheitssphäre" wird der Freiheit genausowenig gerecht wie die häufig benutzten Ausdrücke „Freiheitsraum"[1652], „Freiraum"[1653] oder gar „Freiheitsspielraum"[1654], weil die

---

[1650] So auch BVerfGE 13, 318 (325 f.); 21, 362 (372); 50, 290 (337 f.); 63, 193 (205); 90, 145 (171); 92, 191 (191); 97, 271 (286); zum Abwehrcharakter der Grundrechte etwa *J. Schwabe*, Probleme der Grundrechtsdogmatik, S. 11 ff.; *F. Ossenbühl*, NJW 1976, 2100 ff.; *K. Stern/M. Sachs*, Staatsrecht III, 1, S. 558 ff. (den zentralen Satz des Urteils BVerfGE 7, 198 (204) falsch zitierend; auch zu den zunehmend vorsichtigen Formulierungen des Gerichts); *dies.*, Staatsrecht III, 2, S. 72 f., 119, 176; v. Mangoldt/Klein/*Starck*, GG, Rdn. 182 ff zu Art. 1 Abs. 3; *K. Hesse*, HVerfR, S. 24, 81, 91 f., 2. Aufl. 1994, S. 13, 134 f.; *ders.*, Grundzüge des Verfassungsrechts, Rdn. 281 ff., S. 114 ff.; auch *J. Isensee*, HStR, Bd. III, § 57, Rdn. 81 ff., 165 ff.; *ders.*, HStR, Bd. V, § 111, Rdn. 9 ff., 37 ff.; *Ch. Link*, VVDStRL 48 (1990), S. 42 f.; *H. Bethge*, VVDStRL 57, (1998), 10 ff.; *U. Di Fabio*, in: Maunz/Dürig, GG, Art. 2 Abs. 1, Rdn. 23, 48 ff.; *W. Cremer*, Freiheitsgrundrechte, 2003; *R. Poscher*, Grundrechte als Abwehrrechte, 2003; kritisch und genau *E. Grabitz*, Freiheit und Verfassungsrecht, S. 3 ff., 158 ff., 201 ff.; dem liberalen Freiheitsparadigma stellt das republikanische gegenüber *J. Habermas*, Faktizität und Geltung, S. 109 ff., 135 ff., 292 ff., 324 ff. u. ö.; *K. A. Schachtschneider*, Vom liberalistischen zum republikanischen Freiheitsbegriff, S. 418 ff.; *ders.*, Republikanische Freiheit, FS M. Kriele, S. 829 ff.; *ders.*, Res publica res populi, S. 253 ff., 441 ff.

[1651] Rechtsphilosophie, § 41, ed. Suhrkamp, S. 109.

[1652] Etwa BVerfGE 35, 79 (112); 40, 120 (137); 50, 290 (339); 53, 257 (290); 68, 193 (222); 69, 279 (300); 80, 137 (154); 82, 209 (223); 83, 201 (208); 84, 212 (226); 91, 294 (307); vgl. auch BVerfGE 89, 214 (231): „angemessener Betätigungsraum" für die „Selbstbestimmung des Einzelnen"; u. st.; so selbst Kant verpflichtete Lehrer der Philosophie, etwa *K. Jaspers*, Vom Ursprung und Ziel der Geschichte, S. 205; *O. Höffe*, Politische Gerechtigkeit, S. 409 ff.; *W. Kersting*, Wohlgeordnete

Freiheit schlechterdings keine räumliche Kategorie, kein „Reservat individueller Beliebigkeit", etwa geschützt vor dem Recht, ist[1655]. *Carl Schmitt*
sagt es deutlich:

Freiheit, S. 7, 15, 45 f., 92 f. u. ö., der räumliches Freiheitsdenken sogar Kant nachsagt; *ders.*, Der Geltungsgrund von Moral und Recht bei Kant, S. 318 f.; ebenso
G. Maluschke, Philosophische Grundlagen des demokratischen Verfassungsstaates,
S. 119 f. („Äußere Freiheitssphäre"; „Freiheit eine Schutzzone"; „Abwehrrechtsprinzip"); vgl. kritisch *F. Kaulbach*, Immanuel Kants „Grundlegung zur Metaphysik der
Sitten", S. 209 f.; *ders.*, Studien, S. 80 f., der letztlich die räumliche Kategorie zurückweist; auch *H.-M. Pawlowski*, Methodenlehre für Juristen, S. 86; *A. Verdross*,
Statisches und dynamisches Naturrecht, S. 27; etwa auch *K. Hesse*, HVerfR, S. 137;
sogar *W. Maihofer*, HVerfR, S. 465, 502; *K. Stern*, Staatsrecht III, 2, S. 795 („Freiraum"); *J. Isensee*, HStR, Bd. V, § 111, Rdn. 38; *J. Schwabe*, Probleme der Grundrechtsdogmatik, S. 46 ff. u. ö., der zwar die Rechtsfreiheit eines Raumes zu Recht
für nicht denkbar hält, aber Freiheit in der räumlichen Kategorie, also material, begreift; prononciert *W. Leisner*, Freiheit und Eigentum – die selbständige Bedeutung
des Eigentums gegenüber der Freiheit, 1974, in: *ders.*, Eigentum, Schriften zu Eigentumsrecht und Wirtschaftsverfassung 1970–1996 (hrsg. von J. Isensee), 1996, S. 7 ff.
(„Räume persönlicher Entfaltung", S. 16 ff.); *ders.*, Eigentum – Grundlage der Freiheit, 1994, daselbst, S. 17 ff.; *R. Alexy*, Theorie der Grundrechte, S. 233 f. sieht
„die Klasse dieser unbewehrten Freiheiten" als „den Freiheitsraum ... in Relation
zum Staat" an und beruft sich dafür auf Jellineks „Freiheitssphären" (S. 235); das
ist zwar nicht räumlich kategorisiert, wahrt aber die sinnliche Vorstellung und setzt
diese zudem falsch ein, abgesehen von der Verwechslung von „Freiheiten" (die es
als solche nicht gibt; der Ausdruck muß jedoch als Synonym für die verschiedenen
Freiheitsrechte wegen Art. 18 GG hingenommen werden) und freiheitsschützenden
Rechten; von „gesellschaftlichen Freiräumen" spricht auch *W. Schmidt*, AöR 106
(1981), S. 522; auch *H.-U. Erichsen*, HStR, Bd. VI, § 152, Rdn. 6, 20 (Art. 2 Abs. 1
GG „eröffnet einen Freiraum zu eigener, bewußter und gestaltender Selbstentfaltung", d.h. außerhalb dieses Freiraums sind wir nicht frei, sondern Untertanen
der Obrigkeit?!); *Ch. Starck*, HStR, Bd. III, § 33, Rdn. 17, spricht vom „status
negativus" als „Privatraum", von einer „Sphäre privater Beliebigkeit"; vgl. auch
H. H. Klein, Die Grundrechte im demokratischen Staat, S. 38; *H. Bethge*, DVBl.
1989, 849; *W. Henke*, Die politischen Parteien zwischen Staat und Gesellschaft,
S. 370, spricht von „Bezirken privater Freiheit"; kritisch *H. Hofmann*, JZ 1992, 173.
    [1653] Etwa BVerfGE 35, 79 (112); 47, 327 (367); 88, 103 (114); 97, 350 (371);
A. v. Bogdandy, Gubernative Rechtsetzung, S. 51.
    [1654] BVerfGE 30, 292 (319), etwa *P. Kirchhof*, HStR, Bd. IX, § 221, Rdn. 70.
    [1655] So aber *C. Schmitt*, Verfassungslehre, S. 126, 130, 158 f., 163 f.; *ders.*,
Grundrechte und Grundpflichten, S. 207 ff.; auch *ders.*, Freiheitsrechte und institutionelle Garantien, S. 167 f.; so etwa *H. Bethge*, DVBl. 1989, 849; *ders.*, VVDStRL
57 (1998), S. 22; *P. Kirchhof*, HStR, Bd. IX, § 221, Rdn. 1 ff., 57 f. („individuell
beliebiges Wollen und Handeln"); die „verräumlichende Denkweise" kritisiert auch
P. Häberle, Wesensgehaltsgarantie, S. 145 f., auch S. 150 ff., 157; auch *F. Müller*,
Die Positivität der Grundrechte, S. 23, Fn. 47 („Im übrigen sei daran erinnert, daß
auch weniger naiv erscheinende Termini, wie ‚Immanenz', ‚Polarität', ‚Zuordnung',
‚Abwägung' ihr Dasein umgangssprachlich ‚räumlicher' Begriffsbildung verdanken"); *ders.*, Strukturierende Rechtslehre, S. 207 („fragwürdige Verräumlichung der
Grundrechtssicht"), aber S. 222 („‚Rechtsraum'"); richtige Kritik an der freiheits-

„Diese Freiheit ist Freiheit vom Staat; sie ist Recht im negativen Sinne, Ausdruck des status negativus." ... „Diese Freiheitsrechte sind prinzipiell unbegrenzt, d.h. Inhalt und Umfang liegen ganz im Belieben des Individuums." ... „Immer ist daran festzuhalten, daß Inhalt und Umfang der Freiheit sich nicht aus dem Gesetz ergeben dürfen. Eine Freiheit nach Maßgabe der Gesetze ist überhaupt keine Freiheit im liberalen Sinne"[1656].

Unbegrenzte Freiheitsrechte kann es schon deswegen nicht geben, weil Rechte notwendig bestimmt, also begrenzt sind. Die Willensautonomie entfaltet sich im Rahmen des Rechts zur freien Willkür als gesetzgeberische, also formale Bürgerlichkeit in innerer Freiheit, Sittlichkeit, Richtigkeit. Äußere und innere Freiheit sind eine Einheit[1657]. Gesetzlich unbegrenzt sind die sich ständig ändernden Handlungsmöglichkeiten des Menschen, während die des Staates durch die Gesetze begründet werden und dadurch begrenzt sind (ultra-vires-Lehre)[1658]. Die als Liberalisierung propagierte Deregulierung verlagert die Macht vom Staat und damit vom Volk auf die Unternehmen, zumal auf die multinational agierenden Unternehmen, verschiebt somit die Handlungsmöglichkeiten, stützt aber die Freiheit nicht. Beschränkt wird die Staatsgewalt, das ‚Eigentum' der Bürger, über diese Unternehmen[1659]. Entstaatlichung ist nicht schon Freiheitsverwirklichung. Es geht um die bestmögliche Verwirklichung des Privatheitsprinzips[1660], nicht um die größtdenkbare, die den Stärkeren die Macht in die Hand spielt. *Hasso Hofmann* warnt:

„Es könnte sich leicht zeigen, daß unsere Individualrechte vornehmlich dazu dienen, Freiräume für die verschiedenen Heteronomien, für Verbandsautonomien und gesellschaftliche Machtkonzentrationen, für die diversen ‚Gehäuse' unserer sozialen Gruppen, ‚Hörigkeiten' zu schaffen. Die Glaubens- und Gewissensfreiheit

---

dogmatischen Raumkategorie auch von *H. H. Rupp*, Grundfragen der heutigen Verwaltungsrechtslehre, S. 238 in Fn. 424; *ders.*, AöR 101 (1976), S. 173; *ders.*, Privateigentum an Staatsfunktionen?, S. 32 in Fn. 54; gegen „einen räumlich verstandenen Freiheitsbereich" *E. Hesse*, Die Bindung des Gesetzgebers an das Grundrecht des Art. 2 Abs. 1 GG bei der Verwirklichung einer „verfassungsmäßigen Ordnung". Eine Untersuchung über die Rechtsprechung des Bundesverfassungsgerichts zu Art. 2 I GG, 1968, S. 95; richtig stellt *J. Schwabe*, Probleme der Grundrechtsdogmatik, S. 46 ff., klar, daß es keinen „rechtsfreien Raum", also keinen Raum ohne „Imperativ" gibt.

[1656] Grundrechte und Grundpflichten, S. 207, 208 f.

[1657] Zur Einheit der äußeren und der inneren Freiheit 2. Kap., VI, 1, auch VII, 5. Kap., I.

[1658] Dazu Hinweise in Fn. 1674.

[1659] Dazu *K. A. Schachtschneider*, Grenzen der Kapitalverkehrsfreiheit, S. 289 ff., insb. S. 319 ff.; *ders.*, Eigentümer globaler Unternehmen, in: B. N. Kumar, M. Osterloh, G. Schreyögg (Hrsg.), Unternehmensethik und die Transformation des Wettbewerbs: Shareholder Value, Globalisierung, Hyper-Wettbewerb, FS für H. Steinmann (65.), 1999, S. 419 ff.

[1660] Dazu 8. Kap., IV.

schützt de facto vornehmlich die Freiheit, nach kirchlichen Lehren – also heteronom – zu leben"[1661].

Das liberalistische und damit monarchisch-konstitutionalistisch geprägte
Verständnis der Freiheit wird bereits in dem Begriff „Freiheitssphäre" des
zitierten Satzes des Lüth-Urteils klar; denn von dieser Sphäre sollen die
Grundrechte den Staat abzuwehren erlauben. *Heinz-Christoph Link* versteht
es wie die meisten:

> „Der Staatszweck Freiheitssicherung setzt voraus, daß das politische System sich
> nur als Teilsystem des Sozialen versteht, daß es nicht eine potentielle Regelungs-
> kompetenz für alle Bereiche personaler Lebensgestaltung beansprucht. Freiheits-
> gewährleistung im Sinne des Verfassungsstaats westlicher Prägung beruht m. a. W.
> auf der Unterscheidung von Staat und Gesellschaft und damit auf der Anerken-
> nung eines staatsfreien autonomen Bereichs selbstverantwortlicher Lebensgestal-
> tung"[1662].

Diese beiden Sätze Links skizzieren sowohl das herrschende als auch das
herrschaftliche, also liberalistische Freiheitsverständnis. Dessen Konstruktionsfehler liegt in den räumliche Bereiche kategorisierenden Begriffen der
staatlichen wie auch der privaten Aufgaben und Befugnisse (Kompetenzen),
welche gewissermaßen einer Impermeabilitätslehre der Bereiche des Staates
und der Gesellschaft folgt. Das „politische System" kann als „Teilsystem
des Sozialen" nur begreifen, wer den Staat und die Gesellschaft trennt und
der Gesellschaft schmittianisch einen „autonomen Bereich selbstverantwortlicher Lebensgestaltung" vorbehält, wie es Link formuliert. Nur fragt sich,
welchen Status das Recht hat, das diesen gesellschaftlichen Bereich befriedet und wie die Freiheit dieses Bereichs ohne Staat gesichert werden sollte.
Politisch ist das gesamte Leben, alles „Soziale". Welches sollte der Unterschied zwischen dem „Politischen" und dem „Sozialen" sein? Die kompe-
tenzbestimmende Materie kann auch räumlich definiert sein, etwa durch
Landesgrenzen, aber auch durch Grundstücksgrenzen. Das wenig spezifische Wort „Bereich" verführt zum räumlichen Denken, das in Worten wie
Freiheitsraum und Freiheitssphäre zum Ausdruck kommt und eine verräum-
lichte Trennung von Staat und Gesellschaft suggeriert. Wer subjektive Rechte der Willkür/Beliebigkeit meint, sollte im übrigen weder von Autonomie
und eigentlich auch nicht von Freiheit sprechen. So formuliert aber auch
Hans Heinrich Rupp: „Grundrechtliche Rollenautonomie bedeutet also nicht
Freiheitsausübung nach festgelegten Weisungen, sondern nach eigenem Ge-

---

[1661] JZ 1992, 173 mit Hinweisen auf *U. Klug*, Autonomie, Anarchie und Kon-
trolle. Rechtsphilosophische und rechts-pragmatische Probleme, in: A. Kaufmann/
E.-J. Mestmäcker/H. F. Zacher (Hrsg.), Rechtsstaat und Menschenwürde, FS
W. Maihofer (70.), 1988, S. 248; vgl. auch *H. H. Rupp*, HStR, Bd. II, § 31, Rdn. 40;
P. Häberle, VVDStRL 30 (1972), S. 70 („individuelles Grundrechtsdefizit").
[1662] VVDStRL 48 (1990), S. 42.

schmack"[1663]. Der Sache nach beschreibt *Rupp* das subjektiv berechtigte Belieben. Für seine Definition paßt aber das Wort Autonomie nicht, weil Autonomie in der Republik die allgemeine und zugleich jedermanns eigene Gesetzgebung bezeichnet, „eigener Geschmack" aber das Gegenteil von Allgemeinheit ist. Fast durchgehend wird die Gesetzlichkeit und damit die Pflicht zur Sittlichkeit im Begriff Autonomie übersehen, insbesondere in der Dogmatik von der Privatautonomie[1664].

Es gibt jedoch keine prinzipielle räumliche Begrenzung der Staatlichkeit des Staates gegenüber seinen Bürgern[1665], wie es eine des Politischen in der griechischen πόλις gab, deren Befugnisse vor dem οἶκος endeten, weil in diesem eine andere Ordnung des gemeinsamen Lebens, die der δεσποτεία, der Herrschaft des Hausherrn also, bestand[1666]. In der Republik wird nicht durch Abwehrrechte „eine Freiheitssphäre" geschaffen. Vielmehr ist die Staatlichkeit der Republik insgesamt frei.

Gerade in diesem griechischen, politischen Sinne ist Freiheit republikanisch zu verstehen. *Klaus Stern* und *Michael Sachs*, wie alle liberalistischen

---

[1663] HStR, Bd. II, § 31, Rdn. 34 ff., 44 ff., 48 ff., Zitat Rdn. 39 „autonom-subjektive Bestimmungsfreiheit".

[1664] Vgl. *W. Flume*, Allgemeiner Teil des Bürgerlichen Rechts, Bd. II. Das Rechtsgeschäft, 1965, S. 1 ff. („Privatautonomie nennt man das Prinzip der Selbstgestaltung der Rechtsverhältnisse durch den einzelnen nach seinem Willen. Die Privatautonomie ist ein Teil des allgemeinen Prinzips der Selbstbestimmung des Menschen.", S. 1), dessen Definition dem Begriff Autonomie nicht widerspricht, aber diesen auch nicht in seiner Gänze erfaßt. *Flume* zitiert zwar S. 6 *K. Ballerstedt* (Wirtschaftsverfassungsrecht, in: K. A. Bettermann/H. C. Nipperdey/U. Scheuner (Hrsg.), Die Grundrechte III, Handbuch der Theorie und Praxis der Grundrechte, Dritter Band, 1. Teilband, 1958, S. 67), der ganz kantisch Freiheit „i. S. sittlicher Bindung", „als eine Freiheit mithin, die als ethische die Sittlichkeit, als rechtliche die Rechtlichkeit sich selbst zum Gesetz macht" begreift, distanziert aber S. 15 „das Prinzip der Privatautonomie und der Vertragsfreiheit" von „dem Individualismus oder Liberalismus des 18. und 19. Jahrhunderts" und kennzeichnet die Privatautonomie S. 6 mit dem Satz: „stat pro ratione voluntas", und sieht S. 19, durchaus richtig, die Vertragsfreiheit unter den Gesetzesvorbehalt gestellt. *K. Larenz*, Allgemeiner Teil des deutschen bürgerlichen Rechts, S. 91 ff., 95 ff., sieht zwar die Privatautonomie durch das „Sozialprinzip" eingeschränkt, kennt aber keine Lehre der inneren Freiheit; *G. Boehmer*, Einführung in das bürgerliche Recht, 2. Aufl. 1965, S. 345 ff., handelt von der „sozialen Pflichtgebundenheit der Privatrechte" (S. 345), spricht von „gemeinveranwortlicher Freiheit" (S. 362), beklagt aber, „daß unser Vermögensrecht noch immer nicht auf allen Gebieten von dem sozialen Geiste durchdrungen" sei, „den unser sittliches Gegenwartsbewußtsein" verlange (S. 346), es wehe immer noch „ein individualistisch-kapitalistischer und materialistischer Wind" (S. 346). Der Wind ist durch den entsolidarisierenden Internationalismus schärfer geworden.

[1665] Richtig *J. Schwabe*, Probleme der Grundrechtsdogmatik, S. 46 ff., insb. S. 51, der auf den Rechtsschutz aller menschlichen „Verhaltensweisen" hinweist.

[1666] Dazu Hinweise in Fn. 546; vgl. auch *D. Schwab*, Familie, in: O. Brunner/W. Conze/R. Koselleck, Geschichtliche Grundbegriffe, Bd. 2, 1975, S. 258 ff.

Grundrechtslehrer, identifizieren Freiheiten mit subjektiven Grundrechten, die den Menschen vom Staat distanzieren, die somit die Trennung von Staat und Gesellschaft voraussetzen, also den Staat nicht als Sache der Bürger betrachten, sondern jenen gegen und über diese stellen. Voraussetzung derartiger Freiheiten wäre ein Staat als quasi-personale, substantielle Existenz[1667], der den Menschen gegenübersteht. Einen solchen Staat gibt es nur, wenn die Menschen nicht frei, sondern Untertanen sind. So ist die Wirklichkeit des ebenso absolutistischen wie oligarchischen Parteienstaates[1668], der sich entgegen der freiheitlichen Verfassung und dem republikanischen Verfassungsgesetz entwickelt hat, aber nicht die Rechtslage, wie allein schon Art. 1 Abs. 1 S. 1 des Grundgesetzes, wonach die Würde des Menschen unantastbar ist, klarstellt. Bürger können sich nicht Freiheiten gewähren lassen, weil die Freiheit ihre mit ihrer Menschheit verbundene Würde ist.

Die Freiheit ist die Idee der Menschheit des Menschen. „Freiheiten" im substantiellen Sinne kann nur ein Herrscher gewähren. Sie wären der Sache nach Selbstbeschränkungen des Herrschers unterschiedlicher Bestimmung, (gnädigst) gewährte subjektive Rechte, Als-ob-Freiheiten[1669]. *Klaus Stern* vermißt denn auch bei den Griechen den „grundrechtlichen Urgedanken einer Rechts- und Freiheitssphäre des Menschen ... gegenüber dem Staat", sieht aber, daß „der Einzelne in seine Polis eingebaut, aktives Staatsmitglied war, dessen Denken um die Teilnahme am politischen Geschehen, also um die *Freiheit im Staat aber nicht vom Staat* kreiste"[1670].

Liberalistische Grundrechtslehren folgen mit der These von der „Freiheit vom Staat" dem Hegelianer *Carl Schmitt*, der die „innerpolitische Freiheit" auf „das Prinzip des bürgerlichen Rechtsstaates" reduziert hat, welches „zu den politischen Formprinzipien – mögen sie nun monarchisch, aristokratisch oder demokratisch sein – modifizierend hinzuträte", aber der Freiheit, die doch das politische Prinzip des Grundgesetzes und schon das der Weimarer Reichsverfassung schlechthin ist bzw. war, abgesprochen hat, „politisches Formprinzip" zu sein[1671]. Als bloß „liberales, rechtsstaatliches Prinzip" ist

---

[1667] Dazu *K. A. Schachtschneider*, Res publica res populi, S. 735 ff., insb. zum Staatsbegriff C. Schmitts.

[1668] Dazu *K. A. Schachtschneider*, Res publica res populi, S. 1045 ff.; *ders.*, FS H. Quaritsch, S. 141 ff., insb. S. 151 ff.; *ders.*, Prinzipien des Rechtsstaates, S. 45 ff., 176 ff.

[1669] *K. A. Schachtschneider*, Das Sozialprinzip, S. 64 ff.

[1670] Staatsrecht III, 1, S. 58, bei *K. Stern* hervorgehoben.

[1671] Verfassungslehre, vor allem S. 224 f.; zur liberalistischen, letztlich hegelianischen Trennung von Staat und Gesellschaft *K. A. Schachtschneider*, Res publica res populi, S. 159 ff., 175 ff.; vgl. dazu insb. *M. Riedel*, Der Begriff der „Bürgerlichen Gesellschaft", S. 87 ff.; zum Hegelianismus C. Schmitts vgl. *B. Rüthers*, Entartetes

die Freiheit der Bürger von der Gesetzgebung des Volkes/Staates für die Bürger abgekoppelt. Nur der politische Begriff der Freiheit ist aber republikanisch. Die Verfassungsbegriffe der Freiheit und des Staates bilden eine definitorische Einheit. Wer dem Staat Herrschaft zumißt[1672], muß auf einen Freiheitsbegriff kommen, der Handlungsweisen aus dem staatlichen Herrschaftsbereich herausnimmt. Die herrschaftliche Lehre von den Freiheitsschranken ist dem republikanischen Prinzip zuwider, nach welchem die Gesetze die Freiheit verwirklichen[1673] und der staatlichen Exekutive den

---

Recht. Rechtslehren und Kronjuristen im Dritten Reich, 2. Aufl. 1989, S. 78 f.; auch *K. A. Schachtschneider*, a. a. O., S. 735 ff.

[1672] So *K. Stern*, Staatsrecht I, S. 592, 594; typisch *E.-W. Böckenförde*, Die Unterscheidung von Staat und Gesellschaft, S. 395 ff., 407 f.; *ders.*, HStR, Bd. II, § 24, Rdn. 3, 8 f. u. ö., der aber die demokratische Funktion der Grundrechte, Rdn. 35 ff., 81 ff., hervorhebt und damit seiner vielfach rezipierten Lehre von der Unterscheidung von Staat und Gesellschaft die Grundlage entzieht; auch v. Mangoldt/Klein/*Starck*, GG, Rdn. 185 zu Art. 1 Abs. 3; *P. Kirchhof*, HStR, Bd. II, § 21, Rdn. 9; *ders.*, HStR, Bd. III, § 59, Rdn. 57 f.; *ders.*, HStR, Bd. IX, § 221, Rdn. 3, 38 („Herrschaft durch das Volk für das Volk"); *H. Bethge*, VVDStRL 57 (1998), S. 10; *A. v. Bogdandy*, Gubernative Rechtsetzung, S. 28 ff., 51; davon kann sich auch *E. Grabitz*, Freiheit und Verfassungsrecht, etwa S. 188 ff., nicht lösen, dessen Verfassungsprinzip der Freiheit trotz der substantiellen Kritik der Jellinekschen konstitutionellen Lehre vom status negativus (passim, S. 3 ff., 139 ff., 158 ff., 192 ff., 201 ff.) nicht zum republikanischen Freiheitsverständnis der Französischen Revolution zurückfindet, sondern Freiheit positiv in der offenen Sozialpflichtigkeit des Gemeinwesens (S. 205 ff., 235 ff.) aufgehen läßt; das bleibt material und erreicht die republikanisch-demokratische Formalität der inneren Freiheit noch nicht. Zur Herrschaftsdoktrin kritisch *K. A. Schachtschneider*, Res publica res populi, S. 71 ff.; dazu 3. Kap., I, IX mit weiteren Hinweisen in Fn. 479, 484, 489.

[1673] Zu dieser aufklärerischen Lehre insb. *Locke*, Über die Regierung, IV, 22, VI, 57, XI, 134 ff., S. 19, 43, 101 ff.; *K. Jaspers*, Vom Ursprung und Ziel der Geschichte, S. 200, der aber auch eine Freiheitsbeschränkung in der Freiheitsverwirklichung sieht, wegen der notwendigen Materialisierung der formalen Freiheit zu Recht; richtig *W. Kersting*, Kant über Recht, S. 125 f.; i. d. S. *M. Kriele*, HVerfR, S. 145 ff.; auch *W. Maihofer*, HVerfR, S. 427 ff., 500 ff. (S. 429, 462 ff. zur „konstitutionellen Demokratie"), kantianisch und republikanisch, wenn er die „freiheitliche" auch „konstitutionelle Demokratie" nennt; *ders.* auch konstitutionell demokratisch, wenn auch mit kantianischem Freiheitsbegriff, in: ARSP, Beiheft Nr. 15, 1981, S. 17 ff., 22 ff.; wohl auch *J. Isensee*, HStR, Bd. II, § 15, Rdn. 76, 171 f., 195; *K. A. Schachtschneider*, Staatsunternehmen und Privatrecht, S. 104 ff., 162 f.; *ders.*, Res publica res populi, S. 290 ff., 332 ff.; *H. Krüger* kritisiert die sog. liberale abwehrrechtliche Grundrechtstheorie, die verkenne, daß der Staat Voraussetzung der Freiheit sei; er deutet die Grundrechte eher kompetenziell als Aufgaben zur Hervorbringung des Staates, insb. in: Die Verfassung als Programm der nationalen Integration, in: D. Blumenwitz/A. Randelzhofer (Hrsg.), FS F. Berber (75.), 1973, S. 247 ff.; *ders.*, Allgemeine Staatslehre, S. 537 ff., 542 ff.; dazu kritisch *H. H. Klein*, Der Staat 14 (1975), S. 160 ff., der den ethischen Anspruch in Krügers Repräsentationslehre übersieht, obwohl er selbst die Tugendpflicht herausstellt; eher i. S. Krügers *H. H. Rupp*, HStR, Bd. II, § 31, Rdn. 17 ff.; *P. Häberles*,

Gesetzesvollzug aufgeben. Daraus folgt die ultra-vires-Lehre[1674]. Die Gesetzgebung der Republik verwirklicht die allgemeine Freiheit und damit das menschenrechtsgeleitete Rechtsprinzip. Rechtswidrige Gesetzgebung ist staatswidrig und in diesem Sinne ultra vires des durch die Freiheit und die Menschenrechte verfaßten Staates. Die Dogmatik der Grundrechtsschranken muß der Verfassung der Freiheit genügen.

Grundrechte schützen auch als subjektive Rechte die Menschheit des Menschen, die Menschenrechte, die das Verfassungsgesetz nicht begründet, sondern schützt (Art. 1 Abs. 2 GG)[1675]. Auch Art. 2 Abs. 1 GG gewährleistet, der durch Art. 1 Abs. 1 S. 1 GG für unantastbar erklärten Menschenwürde gemäß, die allgemeine Freiheit als die Autonomie des Willens, ohne sie etwa zu begründen. Die Grundrechte sind keine Abwehrrechte gegen den Staat im liberalen Sinne des Konstitutionalismus, weil solche Rechte

---

Wesensgehaltsgarantie, S. 126 ff., 180 ff., institutionelle Grundrechtslehre sieht die unverzichtbare Aufgabe, das Leben durch Gesetze zu gestalten, als Erfüllung der Grundrechte, erfaßt aber das Autonomieprinzip nicht als sittliches und darum rechtliches Prinzip; diesen Schritt hat *ders.* aber in: Ethik „im" Verfassungsrecht, S. 276 ff., getan.

[1674] I.d.S. *E. Grabitz*, Freiheit und Verfassungsrecht, S. 198 ff.; *H. Krüger*, Allgemeine Staatslehre, S. 335 ff.; explizit *K. A. Schachtschneider*, Staatsunternehmen und Privatrecht, S. 22 f., 41 f., 176, 256, 262; *ders*, Res publica res populi, S. 184, 202, 451 f. 467; *ders.*, Der Anspruch auf materiale Privatisierung, S. 34, 58, 88 f., 131, 206, 220, 226 f., 287; *ders.*, Prinzipien des Rechtsstaates, S. 150, 173 f.; *H. H. Rupp*, HStR, Bd. II, § 31, Rdn. 30 („Was dem Staat nicht übertragen ist, ist ihm verboten"); im Prinzip schon *G. Jellinek*, Allgemeine Staatslehre, S. 149 (jedenfalls für „die Unterordnung des Individuums unter den Staat"); Aufgaben und Befugnisse sollten dem Staat, jedenfalls solange dieser eine Parteienherrschaft ist, nur unter Wahrung des Vorrangs der Privatheit, des menschenrechtlichen Subsidiaritätsprinzips, der/das durch Gesetze realisiert wird, eingeräumt werden, dazu 8. Kap., IV; vgl. zum Subsidiaritätsprinzip *J. Isensee*, Subsidiaritätsprinzip und Verfassungsrecht, S. 215 f., 313 ff.; *K. A. Schachtschneider*, a.a.O., S. 272 mit Hinweisen auch auf die herrschende Gegenmeinung in Fn. 184, S. 317; *ders.*, Der Anspruch auf materiale Privatisierung, S. 67 ff.; *H. H. Rupp*, a.a.O., Rdn. 51 ff.; auf den kompetenziellen Charakter der Grundrechte (dazu Hinweise in Fn. 1729) weist *J. Isensee*, HStR, Bd. III, § 57, Rdn. 170, hin; *ders.* auch, Grundrechte und Demokratie, S. 7 ff. (aber liberalistisch); vgl. i.d.S. *H. Ehmke*, Wirtschaft und Verfassung, S. 29 ff.; *ders.*, Prinzipien der Verfassungsinterpretation, VVDStRL 20 (1963), S. 89 ff.; *K. Hesse*, Grundzüge des Verfassungsrechts, Rdn. 291, S. 133; *J. Schwabe*, Probleme der Grundrechtsdogmatik, S. 291; *E.-W. Böckenförde*, NJW 1974, 1530; *R. Alexy*, Theorie der Grundrechte, S. 223; *W. Henke*, Recht und Staat, S. 394, sieht die Relevanz der ultra-vires-Lehre, hält sie aber nicht für geltendes Recht; vgl. *M. Eggert*, Die deutsche ultra-vires-Lehre. Versuch einer Darstellung am Beispiel der Außenvertretung der Gemeinden, 1977; für dieses Prinzip auch *J. Burmeister*, VVDStRL 52 (1993), S. 210 ff., Ls. 8., S. 244.

[1675] Zur innerstaatlichen Verbindlichkeit der Menschenrechte, die in internationalen Erklärungen und völkerrechtlichen Verträgen formuliert sind, vgl. BVerfGE 111, 307 (315 ff.).

einen Staat voraussetzen würden, der als solcher kraft Souveränität des
Herrschers das Recht hätte, das Leben der Bürger entgegen den Grundrechten zu regeln. Eine solche Dogmatik verkennt die bürgerliche Verfassung
der Staatlichkeit, die in den Grundrechten eine Materialisierung findet. Der
Staat ist das in bestimmter Materialität verfaßte Gemeinwesen der Bürger.
Er hat entgegen dem Recht weder Existenz noch gar Kompetenz. Grundrechte materialisieren das Recht, das zu verwirklichen Zweck des Staates
ist. Grundrechtsverwirklichung ist Rechtsverwirklichung, nicht eigentlich
Staatsabwehr, wenn auch Abwehr von Fehlgebrauch oder Mißbrauch der
Staatsgewalt. Eine im eigentlichen Sinne staatsabwehrende Grundrechtsfunktion ist ein republikfremder Aspekt. Eine solche Funktion wäre konstitutionalistisch im Sinne des Liberalismus des monarchischen Prinzips.

Die Bürger sind freie Menschen und geben sich unmittelbar selbst oder
mittels ihrer Vertreter die Gesetze ihrer gemeinsamen Freiheit. Das „Recht
des Menschen" ist „der einzige Zweck" des Staates, „dessen Verwirklichung
alle Staatsordnung und Staatsgewalt als ein bloßes Mittel zu dienen hat,"
lehrt *Werner Maihofer*[1676]. Diesen Satz präzisiert *Maihofer* zu Recht durch
die Wohlfahrtsaufgabe des modernen Staates[1677]. Eine materiale Staatszweckbegrenzung, welche die Aufgaben des Staates bestimmen soll, ist mit
dem Rechtszweck des Staates, den dieser nicht verfehlen darf, nicht schon
verbunden. Das Privatheitsprinzip[1678] folgt nicht eigentlich dem Rechtszweck, der staatlich und privatheitlich, nämlich bürgerlich, zu verwirklichen
ist[1679], sondern dem Freiheitsprinzip, dessen Einschränkung auf die Verträglichkeit mit der Freiheit aller[1680] nicht mehr an Staatlichkeit der Lebensbewältigung erfordert, als für das gute Leben aller in allgemeiner Freiheit
geboten ist. Das Maß an Staatlichkeit der Lebensbewältigung bestimmen
die grundrechtsgeleiteten Gesetze, die im Interesse der Selbständigkeit des
Menschen vor allem das Eigene des Menschen durch und als Eigentum zu
gewährleisten haben (Art. 14 GG)[1681].

Dem Volk selbst als freiheitlicher Gemeinschaft können Grundrechte des
Verfassungsgesetzes das Recht zur Gesetzgebung, notfalls in der Form der

---

[1676] W. *Maihofer*, ARSP, Beiheft Nr. 15, 1981, S. 21; *ders.*, Realität der Politik
und Ethos der Republik, S. 107 f.

[1677] W. *Maihofer*, ARSP, Beiheft Nr. 15, 1981, S. 38 f.; *ders.*, HVerfR, S. 507 ff.,
auch S. 519 ff.

[1678] Dazu 8. Kap., IV.

[1679] Dazu K. A. *Schachtschneider*, Res publica res populi, S. 207 ff., 370 ff.;
auch 8. Kap., I.

[1680] *Kant*, Kritik der reinen Vernunft, S. 513, 680; *ders.*, Kritik der praktischen
Vernunft, S. 146; *ders.*, Metaphysik der Sitten, S. 338; *ders.*, Über den Gemeinspruch, S. 144 f., 148; dazu 2. Kap., III, IV, VI, VII.

[1681] Dazu 10. Kap.

Verfassungsgesetzänderung, nicht beschneiden. Art. 79 Abs. 3 GG engt auch nur die Befugnis des verfassungsändernden Gesetzgebers, also des gesetzgeberischen Vertretungsorgans, ein[1682]. Die Rechtsetzungsbefugnis des Volkes durch Verfassungsgesetzgebung, also des Volkes als pouvoir constituant/als verfassungsgesetzgebende Gewalt, wird aber durch das transzendentale Vernunftrecht, also das Apriori der Freiheit (und die daraus folgenden Menschenrechte), durch die Verfassung der Freiheit als der Personalität der Menschen also, beschränkt. Das Verfassungsgesetz darf die Verfassung der Menschheit des Menschen nicht mißachten[1683].

Grundrechtliche Begrenzungen staatlicher Gesetzgebungsbefugnisse definieren, welche Handlungsmaximen allgemein bestimmt werden dürfen und welche nicht. Die Grundrechte als negative Kompetenzregelungen verbieten es dem staatlichen Gesetzgeber nach Maßgabe ihrer Politik sowie deren näherer Materialisierung durch die Gesetze, alles Handeln total zu determinieren. Der Polizist muß, wenn es seine Aufgaben verlangen, Uniform tragen, der Richter in der Verhandlung eine Robe, der Anwalt vor bestimmten Gerichten auch; der Lehrer und der Professor im öffentlichen Dienst dürfen in Jeans und Pullover, aber auch im Anzug mit Krawatte unterrichten bzw. lehren, in Deutschland nicht aber in Bhagwankleidung oder die Lehrerin nicht mit muslimischem Kopftuch[1684]. Auch diese Kleidervorschriften bedürfen einer gesetzlichen Grundlage, um verbindlich zu sein[1685]. Die Klei-

---

[1682] *K. Stern*, Staatsrecht I, S. 153 ff., 159 ff., insb. S. 167; *K. A. Schachtschneider*, Gesetzgebung und Verfassungsänderung durch das Volk in Berlin, JR 1975, 221 ff.; dazu *W. Henke*, Staatsrecht, Politik und verfassungsgebende Gewalt, Der Staat 19 (1980), S. 181 ff.; *P. Kirchhof*, HStR, Bd. II, § 21, Rdn. 6 ff.; *P. Badura*, Verfassungsänderung, Verfassungswandel, Verfassungsgewohnheitsrecht, HStR, Bd. VII, 1992, § 160, Rdn. 16 ff., 25 ff.; grundlegend *C. Schmitt*, Verfassungslehre, S. 101 ff.; *ders.*, Legalität und Legitimität, 1932, 2. Aufl. 1968, S. 40 ff., der als geistiger Vater des Art. 79 Abs. 3 GG gelten darf; dazu *H. Quaritsch*, Positionen und Begriffe Carl Schmitts, 1989, S. 45 f.

[1683] Dazu *K. A. Schachtschneider (O. Gast)*, Sozialistische Schulden nach der Revolution, S. 28 ff., 50 ff.; *ders.*, Prinzipien des Rechtsstaates, S. 86 ff.; i.d.S. BVerfGE 84, 90 (121) für das Rechts- und das Sozialstaatsprinzip, aber auch für das Willkürverbot, in der Sache auch BVerfGE 102, 254 (297); 104, 74 (84).

[1684] OVG Hamburg NVwZ 1986, 406 ff., das auf die Neutralitätspflicht, VGH München NVwZ 1986, 405 f., das auf die Neutralitätspflicht und die Toleranzpflicht abstellt; BVerfG NVwZ 1988, 937 f., das die Grenzen der Religionsfreiheit aus dem Toleranzgebot herleitet. Zum Kopftuchfall BVerwG, NJW 2002, 3344 ff.; BVerfGE 108, 282 (294 ff.); vgl. auch EGMR, NJW 2001, 2871 (2873); Schweizerisches Bundesgericht, BGE 123 I 296.

[1685] Vgl. BVerfGE 108, 282 (297, 302, 311). Kirchliche Vorschriften schreiben sogar die Kleidung unter der äußerlich sichtbaren Amtstracht vor. Diese Vorschriften sind vielen evangelischen Amtsträgern nicht mehr bekannt und werden von wenigen eingehalten.

dung kann somit eine Sache der Staatlichkeit, eine res publica, sein oder auch nicht und auch im Staatsdienst eine res privata bleiben.

Die Freiheit verpflichtet zur bürgerlichen Verfassung, zur Republik[1686], hindert aber nicht bestimmte Arten, den Staatszweck, das gute Leben aller in allgemeiner Freiheit, zu verwirklichen. Die freiheitliche, insbesondere menschenrechtliche Rechtlichkeit muß die Republik bereits wahren, um ein Rechtsstaat und damit ein menschenwürdiger Staat zu sein. Dem entspricht es, daß das Bundesverfassungsgericht jede Verfassungsordnung dem Willkürverbot und auch dem Rechts- und Sozialstaatsprinzip verpflichtet sieht[1687].

Der Staat ist freiheitlich, wenn und weil das gemeinsame Leben freiheitlich ist. Der Begriff „staatsfrei" reklamiert eine Sphäre der Freiheit vom Staat, die es im freiheitlichen Staat, im „Freistaat", in der Republik, den man auch Volksstaat, Demokratie, nennen kann[1688], wenn er/sie denn freiheitlich ist, nicht geben kann; denn gerade das widerspricht dem Sicherheitszweck des Staates[1689], der dafür Sorge tragen muß, daß die allgemeinen Gesetze, die jedes Handeln bestimmen, in allen Lebensbereichen wirken, d.h. durchgesetzt werden. Das ist die republikanische Gesetzlichkeit. *Hobbes* hat das gelehrt[1690]. Ein Blick auf § 823 Abs. 1 BGB zeigt die alles Handeln erreichende Relevanz staatlicher Gesetze, also auch diese Allgemeinheit der Gesetze. Schließlich sind auch die subjektiven Rechte staatlich und damit ein Element erzwingbarer Freiheit.

Es kommt alles auf die Freiheitlichkeit der Gesetze an, erstens darauf, daß die Gesetze autonomer Wille sind, und zweitens darauf, daß sie nicht mehr regeln als nötig, um das gute Leben aller in allgemeiner Freiheit möglich zu machen. Das wahrt einen, wenn man so will, staatlichen status negativus, der jedem größtmöglich die „Entfaltung seiner Persönlichkeit" läßt, aber doch nur in dem Maße, in dem er anderen nicht schadet. Was aber schadet oder schaden kann, definieren die Gesetze, wie es schon die Deklaration von 1789 in ihren Artikeln 4 und 5 klarstellt. Nicht jede Störung

---

[1686] *Kant*, Metaphysik der Sitten, S. 365 f.; 430 f.; *ders.*, Zum ewigen Frieden, S. 204 ff. (dazu 2. Kap., III); *W. Kersting*, Kant über Recht, S. 51 f., 107 ff.; *ders.*, „Die bürgerliche Verfassung in jedem Staate soll republikanisch sein", S. 87 ff. (S. 104 ff.); *K. A. Schachtschneider*, Prinzipien des Rechtsstaates, S. 50 ff.; *ders.*, Res publica res populi, S. 290 ff.; i.d.S. *P. Kirchhof*, HStR, Bd. II, § 21, Rdn. 35 ff.; *ders.*, HStR, Bd. IX, § 221, Rdn. 9 ff., 33 ff.

[1687] BVerfGE 84, 90 (121); vgl. auch BVerfGE 23, 98 (106 f.); 102, 254 (297); 104, 74 (84); diese fundamentale Erkenntnis relativiert etwa das Altschuldenurteil BVerfGE 95, 267 (306 f.), weil es die DDR nicht essentiell ins Unrecht setzen wollte.

[1688] So *W. Maihofer*, Realität der Politik und Ethos der Republik, S. 96.

[1689] *Ch. Link*, VVDStRL 48 (1990), S. 27 ff. mit Hinweisen; *G. Robbers*, Sicherheit als Menschenrecht, S. 27 ff.; *J. Isensee*, HStR, Bd. V, § 111, Rdn. 25 ff.

[1690] Leviathan, II, 17, S. 151 ff.

oder jeder Nachteil muß vom Gesetzgeber als Schaden eingestuft werden. Maßgeblich ist, was für das gemeinsame Leben praktisch vernünftig ist. Eine andere Rechtslehre würde die modernen Lebensverhältnisse, etwa den Straßenverkehr und erst recht die umweltbelastenden Produktionsverhältnisse, für illegal erklären müssen. Ohne Opfer und Lasten ist das gemeinsame Leben nicht denkbar. Eine Freiheits- und Rechtslehre kann derartiges nicht konzipieren. Sie kommt folglich nicht ohne Rechte zur freien, aber alleinbestimmten Willkür, notgedrungen auf Kosten anderer, aus, die ihre Rechtfertigung durch die allgemeinen Gesetze finden, so daß die Ausübung dieser Rechte, weil die Rechte dem Willen aller entsprechen, niemandem Unrecht tun kann.

Hugo Preuß, der die Weimarer Reichsverfassung wesentlich beeinflußt hat, hatte in seinen ersten (nicht veröffentlichten) Entwurf einer Verfassung des Deutschen Reiches vom 3. Januar 1919 keine Grundrechte aufgenommen[1691]. Eine republikanische Verfassung ohne Grundrechte, die ganz auf die Gesetzgebung vertraut, wäre ideengerecht gewesen, aber ein solcher Verzicht wäre zu wenig realistisch. Er hätte die Bürgerlichkeit der Republik über- und deren Partei(enstaat)lichkeit unterschätzt. Anstelle des monarchischen hat sich das republikwidrige Parteienprinzip durchgesetzt, gegen welches die Grundrechte ein Gegenprinzip bieten (sollten). Die Freiheit soll durch den Grundrechtsschutz vor allem des Verfassungsgerichts gesichert werden, welches den Gesetzgeber in die Grenzen seiner Aufgaben und Befugnisse weisen, aber auch auf den Zweck des Staates, die Verwirklichung des guten Lebens aller in allgemeiner Freiheit nämlich, verpflichten kann. Verfassungsrechtsprechung setzt aber grundsätzlich einen Verfassungstext voraus, der die Rechtssprüche als Erkenntnisse des Verfassungsrechts legitimiert, nämlich als Recht des Volkes, das als solches einer irgendwie gearteten textlichen Vermittlung bedarf[1692]. Gegen den reinen

---

[1691] Dazu *C. Schmitt*, Grundrechte und Grundpflichten, S. 189 ff.; *ders.*, Freiheitsrechte und institutionelle Garantien, S. 140 ff.; *K. Stern*, Staatsrecht III, 1, S. 120 ff.; *ders.*, Staatsrecht V, S. 651 f.

[1692] Diesen legitimatorischen Bedarf zeigt der Rückgriff des Europäischen Gerichtshofs auf die verschiedenen Grundrechtetexte in der Gemeinschaft, etwa auf die gemeinsamen grundrechtlichen Überlieferungen der Mitgliedstaaten oder die Konvention zum Schutze der Menschenrechte und Grundfreiheiten vom 4. November 1950 als allgemeine Rechtsgrundsätze, um seine fragwürdige Grundrechterechtsprechung zu rechtfertigen, obwohl nicht zweifelhaft sein kann, daß die unterschiedlichen Texte angesichts der noch unterschiedlicheren mitgliedstaatlichen Grundrechtelehren und Grundrechtepraktiken keinerlei textliche Bindung zu schaffen vermögen. Der Gerichtshof praktiziert eine europäische Grundrechtekultur als Gemeinschaftsrecht, ohne dafür einen verbindlichen Text zu haben. Der Gerichtshof hat die Verantwortung für das Recht in der Gemeinschaft, aber nur für das „bei der Auslegung und Anwendung der Verträge" (Art. 220 EGV). Die materiale Offenheit der Grundrechte wird durch die eigentliche Textlosigkeit der praktizierten Grund

Gesetzgebungsstaat spricht die Erfahrung, heute vor allem die mit der pluralen Parteienoligarchie.

2. Grundrechtliche Materialisierung des Rechts und der Rechte

a) Grundrechte als objektives Recht und subjektive Rechte

Nicht nur der Schutz der Grundrechte, sondern vor allem auch die lagebedingte Entwicklung ihrer Materie ist vom Grundgesetz den staatlichen Organen übertragen, im ordentlichen Verfahren letztlich dem Bundesverfassungsgericht, und mußte dem Staat übertragen werden, weil dieser als Bürgerschaft durch diese unmittelbar oder in deren Namen durch Organe der Vertretung[1693] das Recht zu verwirklichen hat. Als verbindliche Leitentscheidungen haben die Grundrechte orientierende Wirkung für die Gestal-

---

rechte unbestreitbar; denn ohne Text ist Interpretation nicht mehr denkbar. Dennoch wird die Grundrechtjudikatur des Gerichtshofs der textbezogenen Grundrechterechtsprechung des Bundesverfassungerichts als gleichwertig erachtet, so daß der Europäische Gerichtshof das deutsche Grundrechtegericht, das Bundesverfassungsgericht, als einen, den wichtigsten gesetzlichen Richter des Grundrechteschutzes i.S. des Art. 101 Abs. 1 S. 2 GG gegenüber dem Gesetzgeber der Gemeinschaft in den „Einzelfällen" ersetzen können soll, nicht freilich bei der generellen Wahrung des Grundrechtestandards (Wesensgehalt der Grundrechte), vgl. den Solange II-Beschluß, BVerfGE 73, 339 (366 ff.); zum „Kooperationsverhältnis" das Maastricht-Urteil BVerfGE 89, 155 (175); vgl. auch den Bananenmarktbeschluß, BVerfGE 102, 147 (164) = BayVBl. 2000, 754 f., mit Anm. von *A. Emmerich-Fritsche*, S. 755 ff.; der Vertrag über die Europäische Union vom 7.2.1992 hat der Grundrechtejudikation in Art. F Abs. 2 (Art. 6 Abs. 2 in Verb. mit Art. 46 lit. d EUV in der Fassung von Amsterdam) eine textliche Rechtsgrundlage gegeben. Der Europäische Gerichtshof ist für die funktional gesetzgebende Rechtsprechung keinesfalls demokratisch legitimiert (Hinweise in Fn. 1110); zur Grundrechtejudikatur des Gerichtshofs der Europäischen Gemeinschaften etwa *P. Pescatore*, Die Menschenrechte und die europäische Integration, in: ders., Integration, 1969; *J. Schwarze*, Schutz der Grundrechte in der Europäischen Gemeinschaft, EuGRZ 1986, 293 ff.; *A. Emmerich-Fritsche*, Grundrechte in der Europäischen Union, in: K. A. Schachtschneider, Verfassungsrecht der Europäischen Union, Lehrstuhl 2005, § 12, S. 368 ff.; *dies.*, Der Grundsatz der Verhältnismäßigkeit, S. 328 ff.; *Th. Oppermann*, Europarecht. Ein Studienbuch, 1991, 3. Aufl. 2005, § 6, Rdn. 25 ff., S. 146 ff.; *St. U. Pieper*, in: *A. Bleckmann* Europarecht, 6. Aufl. 1997, Rdn. 98 ff., S. 52 ff.; auch *A. Bleckmann*, daselbst, Rdn. 587 ff., S. 219 ff.; *J. Kühling*, Grundrechte, in: A. v. Bogdandy (Hrsg.), Europäisches Verfassungsrecht, Theoretische und dogmatische Grundzüge, 2003, S. 583 ff.; die „klassischen" Entscheidungen des Gerichtshofs sind: EuGHE 1969, 419 (425) – Rs. 29/69 (Stauder/Ulm); EuGHE 1970, 1125 (1135 ff.) – Rs 11/70 (Internationale Handelsgesellschaft); EuGHE 1974, 491 (507) – Rs 4/73 (Nold); zur kritikwürdigen Grundrechtecharta der Europäischen Union vom 7.12.2000 *K. A. Schachtschneider*, Eine Charta der Grundrechte für die Europäische Union, Recht und Politik 1/2001, S. 16 ff.

[1693] Dazu *K. A. Schachtschneider*, Res publica res populi, S. 637 ff., 707 ff.

tung des Gemeinwesens in der jeweiligen Lage. Sie verbieten oder gebieten eine Staatlichkeit der Lebenswirklichkeit, die nicht beliebig ist, wenn sie auch erst von dem Gemeinwesen entfaltet werden muß. Die Grundrechte verfassen das staatliche Gemeinwesen, aber wehren im eigentlichen, nämlich im liberalistischen Sinne der Trennung von Staat und Gesellschaft, nicht den Staat ab[1694]. Sie formulieren Grundsätze des gemeinsamen Lebens und materialisieren damit das Recht. Das Staatliche findet in den Grundrechten eine wenn auch offene, so doch materiale oder materialisierbare Bestimmung.

An sich etabliert das Bundesverfassungsgericht im Lüth-Urteil seine Praxis, die Grundrechte, die „nicht nur Abwehrrechte des Bürgers gegen den Staat seien", als „Wertsystem objektiver Normen", als verfassungsrechtliche Grundentscheidungen, als politische Leitentscheidungen, für alle Bereiche des Rechts zur Geltung zu bringen[1695]:

> „Ebenso richtig ist aber, daß das Grundgesetz, das keine wertneutrale Ordnung sein will (…), in seinem Grundrechtsabschnitt auch eine objektive Wertordnung aufgerichtet hat und daß gerade hierin eine prinzipielle Verstärkung der Geltungskraft der Grundrechte zum Ausdruck kommt" (BVerfGE 7, 198 (205))[1696].

[1694] I. d. S. auch *J. Wintrich*, Verfassungsgerichtsbarkeit im Gesamtgefüge der Verfassung, 1956, in: P. Häberle (Hrsg.), Verfassungsgerichtsbarkeit, 1976, S. 217 f., der den „positiven Gehalt" der Grundrechte als „Höchstwerte" für das „staatliche Gemeinschaftsleben" betont, allerdings von „Freiheitssphäre" und „der Freiheit vom Staat" spricht, mit Berufung auf Kant (?). Zur liberalistischen Dogmatik der Trennung von Staat und Gesellschaft 3. Kap., IX, 2, 3.

[1695] BVerfGE 7, 198 (205); so schon BVerfGE 5, 85 (204 ff.); 6, 32 (40 f.); ebenso BVerfGE 21, 362 (371 f.); 33, 303 (330); 39, 1 (41); 49, 89 (141 f.); 50, 290 (337); 56, 54 (73); 57, 295 (319 f.); 68, 193 (205); 74, 297 (323); 84, 212 (223); 87, 181 (198); 89, 214 (231 ff.); 96, 56 (64); 97, 298 (313 ff.); st. Rspr.; im Euro-Beschluß, BVerfGE 97, 350 (376 f.) weist der Zweite Senat allerdings im Gegensatz zum Ersten Senat kurz zuvor (BVerfGE 97, 298 (313 ff.)) den subjektiven Rechtsschutz gegen Verletzungen der objektiven Dimension in systemverändernder Weise zurück; dazu *K. A. Schachtschneider*, Der Euro-Beschluß des Bundesverfassungsgerichts, S. 22 ff., 26 ff.; *ders.*, Die Rechtsverweigerung im Euro-Beschluss des Bundesverfassungsgerichts, S. 274 ff. (dazu der Text); zur objektiven Dimension *K. Hesse*, HVerfR, S. 135 ff.; *K. Stern*, Staatsrecht III, 1, § 69, S. 890 ff.; auch *ders.*, Staatsrecht III, 2, S. 1769 ff., auch (mit *M. Sachs*) S. 72 f., 224; *ders.*, HStR, Bd. V, § 109, Rdn. 38 ff.; *A. Emmerich-Fritsche*, Der Grundsatz der Verhältnismäßigkeit, S, 342 ff.; Kritik von *H. H. Rupp*, AöR 101 (1976), S. 176 ff.; *E.-W. Böckenförde*, NJW 1974, 1535; *J. Schwabe*, Probleme der Grundrechtsdogmatik, S. 286 ff.; zurückhaltend kritisch auch *H. Bethge*, VVDStRL 57 (1998), S. 15 ff.; ablehnend *W. Cremer*, Freiheitsgrundrechte, S. 191 ff. (217); *J. Isensee*, HStR, Bd. V, § 111, Rdn. 80 ff.; zur Schutzpflichtlehre *K. A. Schachtschneider*, Umweltschutz, S. 303 ff.

[1696] Ganz so auch BVerfGE 50, 290 (337) zum Verhältnis der Grundrechte als „individueller Rechte" („in erster Linie") und „objektiver Prinzipien"; v. Mangoldt/ Klein/*Starck*, GG, Rdn. 167 ff., 178 ff. zu Art. 1 Abs. 3; *K. Stern*, HStR, Bd. V,

„Er (sc. Art. 5 Abs. 1 GG) begründet insoweit subjektive Rechte; im Zusammenhang damit normiert er die Meinungsfreiheit als objektives Prinzip der Gesamtrechtsordnung, wobei subjekt- und objektivrechtliche Elemente einander bedingen und stützen (vgl. BVerfGE 7, 198 (204 f.) – *Lüth*)" (BVerfGE 57, 295 (319 f.)).

Demgemäß hat der Erste Senat klargestellt, daß der objektiv-rechtliche Gehalt der Rundfunkfreiheit, nämlich das Recht, Rundfunk zu veranstalten, mit dem subjektiven Recht verbunden ist, eine Berechtigung zur Rundfunkveranstaltung (von der Bayerischen Medienanstalt) zu erhalten (BVerfGE 97, 298 (313 ff.)). Wenige Wochen danach hat jedoch der Zweite Senat den objektiv-rechtlichen Gehalt der Eigentumsgewährleistung des Art. 14 Abs. 2 GG, der zu einer Politik der Währungsstabilität verpflichtet, von dem subjektiv-rechtlichen Gehalt getrennt und den Grundrechteschutz aus Art. 14 Abs. 1 GG drastisch reduziert. Die durch die Eigentumsgewährleistung gebotene Stabilitätspolitik, die den „klaren rechtlichen Vorgaben" zu folgen hat, könne vom Grundrechtsträger nicht eingefordert werden (BVerfGE 97, 350 (376 f.)). Diese Rechtsschutzverweigerung war notwendig, um der dritten Stufe der Währungsunion (die Einführung des Euro) den Weg zu ebnen, dessen Verfassungswidrigkeit auf der Hand lag, ein für die wirtschaftliche Lage Deutschlands folgenreicher Rechtsbruch[1697].

Die Grundrechte steuern die Staatlichkeit und orientieren damit zugleich die gesetzlichen Grenzen zwischen staatlicher und privater Lebensbewältigung. Sie leiten die gesetzlichen Regelungen, welche entweder allgemeinverbindliche Maximen des Handelns festlegen oder aber die Bestimmung der Handlungsmaximen den einzelnen Bürgern oder Menschen überlassen, also subjektive Rechte vor allem der Privatheit bestimmen. Das Privatheitsprinzip[1698] bewirkt negative Kompetenzen des Staates. Diese sind, soweit sie nicht mit Bestimmtheit aus dem Grundrechtetext folgen, aus den grundrechtlichen Leitentscheidungen variabel und dynamisch, also material

---

§ 109, Rdn. 38 ff.; *M. Sachs*, in: K. Stern, Staatsrecht III, 1, S. 473 ff., 751 ff. u.ö.; *K. Stern*, daselbst, S. 890 ff.; *ders.*, Staatsrecht III, 2, S. 1769 ff.; dazu *R. Alexy*, Grundrechte als subjektive Rechte und als objektive Normen, Der Staat 29 (1990), S. 60 ff.; kritisch zur Wertelehre *J. Habermas*, Faktizität und Geltung, S. 309 ff., der richtig Werte von Rechtsprinzipien unterscheidet.

[1697] Zum Ganzen *W. Hankel/W. Nölling/K. A. Schachtschneider/J. Starbatty*, Die Euro-Klage. Warum die Währungsunion scheitern muß, 1998; *K. A. Schachtschneider*, Der Euro-Beschluß des Bundesverfassungsgerichts, S. 19 ff.; *ders.*, Euro – der Rechtsbruch, in: W. Hankel/W. Nölling/K. A. Schachtschneider/J. Starbatty, Die Euro-Illusion. Ist Europa noch zu retten?, 2001, S. 25 ff.; *ders.*, Die Rechtsverweigerung im Euro-Beschluss des Bundesverfassungsgerichts, daselbst, S. 274 ff.

[1698] Dazu 8. Kap., vor allem zu IV; *K. A. Schachtschneider*, Der Anspruch auf materiale Privatisierung, S. 67 ff.; *A. Emmerich-Fritsche*, Das Privatheitsprinzip des Binnenmarktes – Rechtfertigungszwang für Grundfreiheiten einschränkende staatliche Regulierungen, EWS 8/2001, S. 365 ff.

wenig bestimmt und damit vor allem lagebedingt, von der Gesetzgebung zu entfalten.

Kein subjektives Recht vermag über die mit jedem objektiven Rechtssatz verbundene Bestimmung von Rechten und Pflichten im weitesten Sinne, also auch von Kompetenzen[1699], hinauszugehen[1700]. Die Materie der subjektiven Rechte können Rechte zum zweckbestimmten, etwa wissenschaftlichen oder auch wettbewerblichen, oder zum willkürlichen Handeln im Sinne der praktizierten allgemeinen Handlungsfreiheit, freilich immer durch das Sittengesetz gebunden, aber auch Rechte auf grundrechtsgemäße staatliche Gesetzgebung sein. Dem Staat (und den sonst Grundrechtsverpflichteten) ist verwehrt, was die Grundrechte (auch kompetentiell) verbieten. Es ist ihm aufgegeben, was die Grundrechte gebieten[1701]. Das folgt aus der Verbindlichkeit der Grundrechte.

Die subjektive Dimension der Grundrechte, die sich in den subjektiven Grundrechten und den subjektiven Rechten aus den grundrechtsgeleiteten Gesetzen verwirklicht, hat eine gegenüber der objektiven Dimension der Grundrechte als den politischen Leitentscheidungen eigenständige, ja das gemeinsame Leben als Gemeinschaft des Rechts überhaupt erst ermög-

---

[1699] Zur Charakterisierung von Kompetenzen als Rechten vgl. *H.-J. Wolff*, Verwaltungsrecht I, Ein Studienbuch, 8. Aufl. 1971, § 41, S. 270 ff., insb. S. 273; *W. Rudolf*, Verwaltungsorganisation, in: H.-U. Erichsen/W. Martens, Allgemeines Verwaltungsrecht, 9. Aufl. 1992, S. 717.

[1700] *J. Habermas*, Faktizität und Geltung, S. 112 ff., klärt: „In diesem Sinne sind die subjektiven Rechte mit dem objektiven Recht gleich ursprünglich ..." (S. 117). „Diese (sc. die „subjektiven Rechte") beruhen nämlich auf der reziproken Anerkennung kooperierender Rechtssubjekte." (S. 116); richtig *J. Schwabe*, Probleme der Grundrechtsdogmatik, S. 286 ff.; vgl. umfassend *M. Sachs*, in: K. Stern, Staatsrecht III, 1, § 65 II, S. 508 ff.

[1701] Zu den Gesetzgebungs-, insb. den Schutzpflichten, *K. A. Schachtschneider*, Res publica res populi, S. 545 ff., 819 ff.; *ders.*, Umweltschutz, S. 303 ff.; dazu *E.-W. Böckenförde*, Grundrechte als Grundsatznormen. Zur gegenwärtigen Lage der Grundrechtsdogmatik, Der Staat 29 (1990), S. 12 ff.; *M. Sachs*, in: K. Stern, Staatsrecht III, 1, S. 728 ff., 742 ff.; *K. Stern*, daselbst, § 69 IV, S. 931 ff.; *ders.*, Staatsrecht III, 2, S. 1168 ff., 1769 ff., 1804 ff.; *P. Kirchhof*, HStR, Bd. III, § 59, Rdn. 35 ff.; *M. Kriele*, HStR, Bd. V, § 110, Rdn. 52 ff.; *J. Isensee*, HStR, Bd. V, § 111, Rdn. 1 ff., 77 ff.; *E. Klein*, Grundrechtliche Schutzpflichten des Staates, NJW 1989, 1633 ff.; *H. H. Klein*, Die grundrechtliche Schutzpflicht, DVBl 1994, 489 ff.; v. Mangoldt/Klein/*Starck*, GG, Rdn. 193 ff. zu Art. 1 Abs. 3; *W. Cremer*, Freiheitsgrundrechte, S. 228 ff.; kritisch *R. Poscher*, Grundrechte als Abwehrrechte, S. 192 ff., 266 ff., 285 ff., 380 ff.; vgl. etwa BVerfGE 24, 119 (144); 39, 1 (41 ff.); 45, 187 (254 f.); 46, 160 (164 f.); 49, 89 (140 ff.); 53, 30 (57 ff., 65 ff.); 56, 54 (73 ff., 78 ff.); 72, 66 (77 f.); 77, 170 (214 f.); 77, 381 (402 ff.); 79, 174 (202); 81, 242 (256); 84, 212 (227); 88, 203 (251 ff.); 99, 145 (156 ff.); auch BVerfGE 73, 118 (201); 89, 214 (231 ff.); 92, 26 (46); 96, 56 (64); 97, 125 (146); 97, 169 (175); 99, 185 (194 f.); 99, 216 (234); BVerfG, 1 BvR 357/05 vom 15.2.2006, Abs. 120, 137 f.

lichende Funktion. Während die objektive Dimension die Gesetzgebung zum Recht leiten soll und darum eine Materialisierung der praktischen Vernunft ist, findet in der subjektiven Dimension vor allem (aber nicht nur) die funktionale Privatheit des Menschen oder Bürgers ihren (durchsetzbaren) Schutz, aber auch ihre Grenzen. Subjektive Grundrechte müssen nicht Rechte der Privatheit begründen, wie die Beispiele der Freiheit der Wissenschaft und des Rundfunks zeigen. Die funktionale Privatheit, welche dadurch gekennzeichnet ist, daß die Maximen des Handelns nicht ausschließlich staatlich, allgemein, nicht gesetzlich, sondern im Rahmen des Staatlichen/Gesetzlichen auch allein, eben privat, bestimmt sind, darf Verwirklichung der jeweils eigenen Interessen/der jeweils eigenen Zwecke, des jeweils allein bestimmten Glücks des Einzelnen sein, das aus Rechtsgründen (anders aus Gründen der Ethik) keine Rücksicht auf die Interessen/die Zwecke/das Glück anderer nehmen muß; denn die Verträglichkeit der subjektiven Rechte, deren Sittlichkeit, hat, wenn das gelungen ist, bereits das allgemeine Gesetz erkannt und verbindlich gemacht. *Christian Starck* nennt den „status negativus... eine Sphäre privater Beliebigkeit", in der „sich die Bürger gegen den Staat abgrenzen und abschirmen", und meint, daß die „Grundrechte des status negativus ... zugleich rechtliche Möglichkeiten für die Bürger eröffnen" würden, „die frei an den Angelegenheiten des Gemeinwesens mitwirken" würden[1702]. Dabei ist das Wort „Sphäre" fragwürdig. Richtig lehrt *Starck* aber zum Verhältnis der „Rechte des status negativus vel libertatis":

> „Das entscheidende Kriterium dieser Rechte (sc. „der Grundrechte der Abwehr gegen staatliche Machtansprüche") ist die eigene Entscheidung des Bürgers im Rahmen eines gesetzlich festgelegten Gemeinverträglichkeitsrechts."[1703]

Die Organe der Gesetzgebung, der vollziehenden Gewalt und der Rechtsprechung haben die Staatsgewalt nach Maßgabe der Verfassung und des Verfassungsgesetzes auszuüben, also auch nach Maßgabe der Grundrechte. Die Vertreter des Volkes werden nicht abgewehrt, sondern angewiesen.

Die Bürgerschaft macht ihren Vertretern durch ihr Verfassungsgesetz, das die Verfassung der Menschheit des Menschen mit einbezieht[1704], Vorschriften, um die Gefahr der Herrschaft und des Irrtums zu bannen. Kein Bürger soll sich von seinen Vertretern beherrschen lassen wollen. Die Gefahr des Mißbrauchs und Irrtums, welche die Ausübung der konstituierten Staatlichkeit mit sich bringt, ist unbestreitbar. Ihr ist das Rechtsschutzsystem (vgl. insb. Art. 19 Abs. 4 S. 1 GG), vor allem aber die Verfassungsgerichtsbar-

---

[1702] V. Mangoldt/Klein/*Starck*, GG, Rdn. 185 zu Art. 1 Abs. 3.

[1703] V. Mangoldt/Klein/*Starck*, GG, Rdn. 183 zu Art. 1 Abs. 3.

[1704] Zur menschheitlichen Verfassung *K. A. Schachtschneider (O. Gast)*, Sozialistische Schulden nach der Revolution, S. 29 ff., 50 ff.; *ders.*, Prinzipien des Rechtsstaates, S. 86 ff.; vgl. *Kant*, Metaphysik der Sitten, S. 345 f., 365 f., 374 ff., 381 f.

keit (Art. 92 ff. GG), entgegengestellt. Letztlich ist das ganze Volk Hüter der Verfassung. Darum ist der gesamte objektive Grundrechtegehalt subjektives Grundrecht jedes Bürgers, der mittels der Bürgerklage seiner politischen Verantwortung gerecht werden kann[1705], falls er nicht in besonderer Weise durch eine materiell grundrechtswidrige Maßnahme betroffen ist.

Die Verbindlichkeit des Staates kann geltend machen, wer grundrechtlichen Rechtsschutz in Anspruch nehmen, wer also aus den Grundrechten subjektive Rechte, mit welcher Materie auch immer, herleiten darf. Das hängt vom Rechtsschutzsystem ab, das enger oder weiter gestaltet sein kann. In der Republik ist der weitestgehende Rechtsschutz sachgerecht, weil jede Verletzung objektiven Rechts die Freiheit aller Bürger verletzt[1706]; denn die Gesetze verwirklichen die allgemeine Freiheit, also die Freiheit aller. Anders wäre es, wenn der Berechtigte auf die vom objektiven Recht formulierten subjektiven Rechte verzichten dürfte. Die Grundrechte sind aber nicht verzichtbar[1707]. Wird etwa die Freizügigkeit eines Bürgers entgegen Art. 11 GG beschränkt, so sind alle Bürger betroffen. Zum einen ist die allgemeine Ordnung verletzt, zum anderen macht ein Beispiel Schule, d.h. die Unterdrükung beginnt. Wenn viele Bürger das Unrecht hinnehmen, ist das Recht schnell versiegt. Das Exempel DDR wirft ein grelles Licht auf diese Erfahrung. „Die eigentliche Schuld war die Selbstentmündigung.“[1708] Jeder Bürger muß die „Umwelt der Freiheit“[1709] verteidigen können. Das bedeutet nicht etwa, daß die Bürgerschaft oder einzelne Bürger das private Handeln anderer zu bestimmen hätten. Es geht um die Verteidigung der Privatheit, weil diese allgemein ist. Zwar können die grundrechtlichen subjektiven Rechte wie auch andere subjektive Rechte jedermann zustehen, aber sie sind nicht Rechte aller, also nicht Rechte der zum Staat verfaßten Bürgerschaft. Vielmehr sind die subjektiven Rechte Rechte einzelner Bürger oder Menschen, die es dem Einzelnen erlauben, sein Handeln so zu be-

---

[1705] Zur Popular- als Bürgerklage K. A. *Schachtschneider*, Prinzipien des Rechtsstaates, S. 128 f., 151 f.; *ders.*, Res publica res populi, S. 390 f., 566, 931 f.; *ders.*, Grundbegriffe des Allgemeinen Verwaltungsrechts, Lehrstuhl 1999, S. 52 ff.; kritische Hinweise zum Euro-Beschluß in Fn. 1695, 1697.

[1706] K. A. *Schachtschneider*, Prinzipien des Rechtsstaates, S. 128 f., 151 f., 162.

[1707] Dazu J. *Schwabe*, Probleme der Grundrechtsdogmatik, S. 92 ff., 127; v. Mangoldt/Klein/*Starck*, GG, Rdn. 300 ff. zu Art. 1 Abs. 3; K. *Stern/M.* Sachs, Staatsrecht III, 1, S. 1379 f.; *dies.*, Staatsrecht III, 2, § 86, S. 887 ff., die den Grundrechtsverzicht begrenzt zulassen; *Sterns* Bericht und Dogmatik zeigt die Fragwürdigkeit dieses allenfalls liberalistisch diskutablen Institus, zumal *Stern* Freiheit, grundrechtlich geschütztes Recht und Grundrecht nicht differenziert und schließlich ausgerechnet das Grundrecht des Art. 2 Abs. 1 GG und damit die Freiheit selbst, freilich als allgemeine Handlungsfreiheit, für verzichtbar hält.

[1708] H.-E. *Richter*, Talkshow am 29. März 1992.

[1709] H. H. *Rupp*, HStR, Bd. II, § 31, Rdn. 36 ff., 48 ff. (Zitat Rdn. 36).

stimmen, wie er es will. Aber diese Alleinbestimmtheit des privaten Handelns verwirklicht die allgemeine Freiheit und damit das verteidigenswerte Interesse aller.

Das objektive Recht und das subjektive Recht bilden eine Einheit verwirklichter Freiheit in der Gemeinschaft. Der letzte Grund des Handlungsrechts bleibt die Freiheit, die auch im subjektiven Recht verwirklicht ist. Subjektive Rechte müssen bestimmt sein. Die Materialisierung der Grundrechte zu subjektiv rechtlicher Bestimmtheit durch das Verfassungsgericht ist funktional Gesetzgebung[1710]. Wenn die Grundrechte material offen oder gar formal sind, können die grundrechtsgemäßen Gesetze wegen der lagebedingten Variabilität und Dynamik dieser Grundrechte unterschiedlich sein[1711]. Die durch die grundrechtsgeleiteten Gesetze eingeräumten subjektiven Rechte sind einfachgesetzlich begründet. Die Grundrechte in ihrer objektiven Dimension können aber den Gesetzgeber verpflichten, subjektive Rechte einfachgesetzlich zu begründen. Das gilt vor allem für die Eigentumsgewährleistung[1712]. Das subjektive Grundrecht auf grundrechtsgemäße Gesetze ist selbst kein subjektives Recht auf bestimmte Handlungen.

b) Recht auf Leben in subjektiver und objektiver Dimension

Die Verfassung schützt durch Art. 2 Abs. 2 S. 1 GG u. a. das Recht auf Leben. Allerdings erlaubt es die Grundrechtsschranke[1713] des Satzes 3, daß „in diese Rechte" „auf Grund eines Gesetzes eingegriffen" werde. Das grundgesetzliche Recht auf Leben darf somit einfachgesetzlich beschränkt werden. Soweit die Beschränkung des Rechts auf Leben[1714] durch das einfache Gesetz reicht, besteht kein Recht auf Leben mehr. Ein das Recht auf Leben einschränkendes Gesetz darf dieses Recht nicht aushöhlen, sondern hat orientiert an der politischen Leitentscheidung des Grundrechts für das Leben die praktisch vernünftige, also die für das Gemeinwohl richtige Ge-

---

[1710] Dazu *K. A. Schachtschneider*, Res publica res populi, S. 858 ff.

[1711] Dazu *K. A. Schachtschneider*, Res publica res populi, S. 1033 ff.

[1712] Dazu 10. Kap.

[1713] Der einfache einschränkende Gesetzgeber muß die sog. Schranken-Schranken, nach der Praxis insbesondere das Verhältnismäßigkeitsprinzip, wahren. Zu den Schranken-Schranken knapp *M. Sachs*, in: K. Stern, Staatsrecht III, 1, S. 463; umfassend *K. Stern*, Staatsrecht III, 2, §§ 83–85, S. 692 ff.; zur Eingriffs- und Schrankendogmatik genau *G. Lübbe-Wolff*, Grundrechte als Eingriffsabwehrrechte, insb. S. 25 ff., zum Verhältnismäßigkeitsprinzip als materialem Grundrechtschutz S. 29; *H. Bethge*, VVDStRL 57 (1998), S. 37 ff.; *K. A. Schachtschneider*, Produktwarnung, S. 83 ff. (S. 137 ff.).

[1714] Zu dem Problem des „Leerlaufs" der Grundrechte unter Gesetzesvorbehalt *C. Schmitt*, Freiheitsrechte und institutionelle Garantien, S. 140 ff.; *ders.*, Grundrechte und Grundpflichten, S. 191 ff.

setzeslage zu schaffen, also Recht zu setzen. Das gebietet Art. 1 Abs. 3 GG und vor allem Art. 19 Abs. 2 GG[1715]. Der objektiv-rechtliche Gehalt des Grundrechts verbietet es, den subjektiv-rechtlichen Gehalt des Grundrechts leerlaufen zu lassen, wenn auch vernünftige Gesetze das subjektive Recht auf Leben aufheben dürfen. Das subjektive Recht zu leben steht unter dem Vorbehalt des einfachen, der objektiven Dimension des Lebensgrundrechts verpflichteten Gesetzes. Diese Dogmatik der subjektiven Dimension ist möglich, weil das Recht auf Leben klar bestimmt ist und als solches keiner gesetzlichen Materialisierung bedarf[1716].

Ohne das das Recht auf Leben einschränkende einfache Gesetz würde dieses Recht auch in den vom Tatbestand des einschränkenden Gesetzes erfaßten Fällen das Leben schützen. Das einfache Gesetz schränkt das Recht zu leben ein, aber verwirklicht die allgemeine Freiheit, etwa als Verpflichtung des Polizisten, sein Leben zur Verteidigung der Rechtsordnung einzusetzen. Um der allgemeinen Freiheit willen muß das Recht auf Leben zurückstehen und darum dessen grundrechtlicher Schutz unter den Gesetzesvorbehalt gestellt sein. Die Schranken des grundrechtlichen Lebensschutzes werden freiheitlich realisiert. Grundrechtsgeschützte Freiheitsverwirklichung durch Gesetz und grundrechtsgeschützte Rechtsverteidigung gegen das Gesetz sind zu unterscheiden. Sie finden ihre Einheit in der grundrechtsgeleiteten praktischen Vernünftigkeit der Gesetze, über die die Hüter der Verfassung wachen[1717].

Das Leben ist natürliche Grundlage menschlicher Freiheit; aber selbst das Recht auf Leben hat seine Grundlage in der Freiheit. Es ist politisch anerkannt als Menschenrecht (Art. 3 AEMR; Art. 2 Abs. 1 S. 1 EMRK)[1718]. Die Pflicht, das Leben zu schützen, leitet das Bundesverfassungsgericht unmittelbar aus der Garantie der Menschenwürde ab[1719]. Das Leben ist „vitale Basis der Menschenwürde"[1720]. Gegenüber Art. 1 Abs. 1 GG garantiert Art. 2 Abs. 2 GG aber ein eigenständiges Grundrecht[1721]. Das Recht auf

---

[1715] So auch *K. Stern*, Staatsrecht III, 2, S. 883.

[1716] Zur Problematik eines Rechts auf Leben des nasciturus gegenüber der Mutter BVerfGE 39, 1 (44 ff.); 88, 203 (251 ff.).

[1717] Dazu 7. Kap., II, 2.

[1718] Ganz i.d.S. *Carlo Schmid*, Erinnerungen, S. 373; auch BVerfGE 39, 1 (41 ff.); 46, 160 (163); 49, 98 (141); 53, 30 (57); 56, 54 (73); dazu v. Mangoldt/Klein/*Starck*, GG, Rdn. 190 zu Art. 2 Abs. 2.

[1719] BVerfGE 46, 160 (164); vgl. auch BVerfGE 39, 1 (42); 88, 203 (251 ff.); v. Mangoldt/Klein/*Starck*, GG, Rdn. 190, 205, 214 zu Art. 2 Abs. 2; *D. Lorenz*, HStR, Bd. VI, § 128, Rdn. 4 ff.; dazu *W. Höfling*, Das Tötungsverbot und die Grenzen seiner Einschränkbarkeit aus verfassungsrechtlicher Sicht, Z.f.L., 2002, 34 ff.

[1720] BVerfGE 39, 1(42); BVerfG, 1 BvR 357/05 vom 15.2.2006, Abs. 119.

[1721] Richtig *D. Lorenz*, HStR, Bd. VI, § 128, Rdn. 5, auch Rdn. 6 f., 8 ff.; *M. Kloepfer*, in: FG BVerfG, Bd. II, 1976, S. 412.

Leben kann um des gemeinsamen Lebens willen nicht wie die Würde des Menschen jeder gesetzlichen Einschränkung entzogen werden, wie Art. 2 Abs. 2 S. 3 GG, aber auch Art. 2 Abs. 2 EMRK und Art. 3 AEMR erweisen. Wäre das Recht auf Leben ein Naturrecht, wäre also die Natur der „Gesetzgeber" dieses Rechts, so stünde es doch zur Disposition des freiheitlichen Gesetzes. Das Naturgesetz erwiese sich als unverbindlich gegenüber dem vom Menschen gesetzten Gesetz und wäre dadurch falsifiziert. Der Staat als das bürgerlich, also freiheitlich, verfaßte Gemeinwesen ermöglicht den rechtlichen Schutz des Lebens und die Verwirklichung der Freiheit. Beides ist schließlich Grund und Zweck des Staates[1722].

3. Grundrechtliche Abwehr der Parteienherrschaft und Jellinekscher status negativus

a) *Georg Jellineks* liberaler, abwehrrechtlich dogmatisierter, status negativus des Bürgers als Untertan des monarchischen Staates war konstitutionalistisch, ja spätabsolutistisch (*Peter Häberle*)[1723]. Heute ist dieser status zur Abwehr des Parteienstaates hilfreich, in seiner Jellinekschen Substanz aber

---

[1722] *Hobbes*, Leviathan, II, 17, 21, S. 151 ff., 197; *Locke*, Über die Regierung, XI, 134 ff., S. 101 ff.; *Ch. Link*, VVDStRL 48 (1990), S. 27 ff., 42 ff.; *G. Ress*, VVDStRL 48 (1990), S. 83 ff., 98 ff.; auf den gegenseitigen Vorteil des Verzichts, den anderen zu töten, baut *O. Höffe*, Politische Gerechtigkeit, S. 307 ff., 332 ff.; *ders.*, Gerechtigkeit als Tausch? S. 19 ff., seine hobbesianische Gerechtigkeits- und damit Rechtslehre auf; *K. A. Schachtschneider*, Res publica res populi, S. 545 ff.; dazu 2. Kap., IX.
Bedeutsam ist die Unterscheidung von Freiheit und Recht auch für die Arbeitskampfverfassung. Art. 9 Abs. 3 GG garantiert die Arbeitskampffreiheit; denn der Arbeitskampf ist als Tarifverfahrensinstrument institutionalisiert, S. 3 des Art. 9 Abs. 3 GG (dazu *R. Scholz*, HStR, Bd. VI, § 151, Rdn. 114 ff., 150 ff.; vgl. insb. BVerfGE 84, 212 (224 ff.)). Dieses Grundrecht gibt aber kein subjektives Arbeitskampfrecht, weder ein Recht zum Streik noch eines zur Aussperrung. Diese Rechte werden grundsätzlich erst durch den Tarifvertrag begründet (dazu näher *K. A. Schachtschneider*, Streikfreiheit und Streikrecht, Vortrag, Nürnberg 1989 (Lehrstuhl); *ders.*, Streik im öffentlichen Dienst, S. 219 ff. (S. 244 ff.); a. A. für die herrschende Meinung *R. Scholz*, HStR, Bd. VI, § 151, Rdn. 114).
[1723] *G. Jellinek*, Allgemeine Staatslehre, S. 418 ff.; *ders.*, System der subjektiven öffentlichen Rechte, 2. Aufl. 1905, insb. S. 81 ff., 94 ff.; dazu i. S. Jellineks *M. Sachs*, in: K. Stern, Staatsrecht III, 1, S. 107 ff.; *ders.*, in: K. Stern, Staatsrecht III, 2, §§ 77, 78, S. 15 ff., 82 ff.; *J. Schwabe*, Probleme der Grundrechtsdogmatik, S. 10 ff., 201 ff., 278 ff.; *R. Alexy*, Theorie der Grundrechte, S. 229 ff., 233 ff.; kritisch *K. Hesse*, Grundzüge des Verfassungsrechts, Rdn. 281, S. 114; *P. Häberle*, Wesensgehaltsgarantie, S. 150 ff., 154 ff.; *ders.*, VVDStRL 30 (1972), S. 80; *E. Grabitz*, Freiheit und Verfassungsrecht, S. 3 ff., 139 ff., 158 ff.; *K. A. Schachtschneider*, Res publica res populi, S. 454 ff.; grundlegend *H. H. Rupp*, Grundlagen der heutigen Verwaltungsrechtslehre, S. 104 ff.

nicht republikanisch begründet. Die Parteienoligarchie hat sich der staatlichen Befugnisse bemächtigt, ohne daß sie angesichts ihrer Parteilichkeit die Verwirklichung der Freiheit sicherstellen könnte. Als materiale Leitentscheidungen würden die Grundrechte die Mißbrauchsmöglichkeiten der Parteienoligarchie einschränken, wenn die Verfassungsrechtsprechung das Recht des Gemeinwesens in praktischer Vernunft, orientiert an den grundrechtlichen Leitentscheidungen, entfalten wollte. Das würde die allgemeine Freiheit schützen, die ihre höchstrangige Verwirklichung in den Menschen- und Grundrechten gefunden hat. Auch die kompetentielle Wirkung der Menschen- und Grundrechte vermag die Herrschaftsmöglichkeiten der Parteienoligarchie zu reduzieren. In dem Maße, in dem der Parteienstaat den Dualismus von Staat und Gesellschaft als den der oligarchischen classa politica und der entmachteten massa inpolitica praktiziert, gewinnt der status negativus erneut eine quasi-freiheitliche Funktion, nämlich die der Abwehr von Entscheidungen der (zunehmend internationalistisch agierenden) Parteienoligarchie, die der Verfassungsgerichtsbarkeit als vernunftwidrig und dadurch unerträglich erscheinen. Die Unzumutbarkeit staatlicher Maßnahmen scheint denn auch das Kriterium der Grundrechtsverletzungen zu sein, auf das sich das Bundesverfassungsgericht zurückzieht[1724] und das verbleibt, wenn der Versuch der Dogmatik nicht mehr gemacht wird. Die Vernunftwidrigkeit offenbart sich darin, daß die Gesetze keine hinreichende öffentliche Akzeptanz finden, ohne daß etwa die Öffentlichkeit das Recht definieren könnte. Die Nähe von empirischer Akzeptanz und aufgegebenem repräsentativem Konsens ist nicht zu leugnen und hat praktizistische Relevanz. Selbst dieser Maßstab versagt, wenn die Meinung der Öffentlichkeit mit der von den Parteien, Verbänden und Medien veröffentlichten Propaganda identifiziert wird, wie augenscheinlich in der Euro-Sache[1725], in der der Zweite Senat des Bundesverfassungsgerichts den Widerspruch der großen Mehrheit des Volkes gegen die einheitliche Währung in der Europäischen Union ignoriert und in einem kurzen Prozeß das Rechtsprinzip vergewaltigt hat. In der Wirklichkeit von Herrschaftsverhältnissen können die Grundrechte einen gewissen, in der Praxis eher dürftigen Schutz der „Untertanen" vor der „Obrigkeit" bieten (BVerfGE 5, 85 (204 f.)). Die Internationalisierung der Herrschaft führt mehr und mehr zur Verlagerung der Grundrechteverantwortung auf internationale Gerichte. Deren Rechtsprechung entbehrt der demokratischen Fundierung und ist darum kein Rechtsschutz im republikanischen, freiheitlichen Sinne[1726]. Im internatio-

---

[1724] Etwa BVerfGE 30, 292 (316); 33, 171 (187); 46, 246 (256 f.); 59, 275 (279); 60, 193 (218); 67, 157 (178); 68, 193 (229); 81, 70 (92); 83, 1 (19); 90, 145 (173); 92, 26 (45); 94, 268 (287, 293); 95, 267 (303 ff.); 98, 17 (41); dazu *K. A. Schachtschneider*, Prinzipien des Rechtsstaates, S. 351.

[1725] BVerfGE 97, 350 ff.

nalisierten, vor allem europäisierten Deutschland leidet der Grundrechteschutz Not.

Durch die Abwehr der Parteienoligarchie, für die die Grundrechte genutzt werden könnten, würde Freiheit im eigentlichen Sinne nicht verwirklicht; denn Freiheit ist Autonomie des Willens und kann nur bürgerlich, politisch, also prinzipiell nur durch plebiszitäre und parlamentarische Gesetzgebung verwirklicht werden. Wenn das Bundesverfassungsgericht, durchaus republikgemäß, die Parteienoligarchie in Schranken weisen sollte, ist deswegen die Gesetzgebung nicht schon republikanisch. Ein Parteienstaat ist kein freiheitliches Gemeinwesen und kann es nicht dadurch werden, daß seine Herrschaft gerichtlich, orientiert an freiheitlichen Leitentscheidungen, begrenzt wird. Die Verfassungsgerichtsbarkeit verwirklicht den Verfassungsgerichtsstaat, nicht aber schon die Republik, wenn sie auch im Parteienstaat republikanische Relevanz entfalten kann. Die Republik verlangt nach der Sittlichkeit durch Moralität der Bürger und ihrer Vertreter im Parlament. Freiheit ist nur die allgemeine Sittlichkeit. Einen echten status negativus im Sinne *Jellineks* kann es somit in der Republik nicht geben.

b) Die republikanische Konzeption der Privatheit kann jedoch die konstitutionelle Lehre *Georg Jellineks*[1727] vom „status negativus" nutzen. Dieser Status nämlich würde die rechtlichen Möglichkeiten des Privaten erfassen, die Maximen des Handelns allein zu bestimmen, ohne durch staatliche Gesetze zu einem bestimmten Handeln verpflichtet zu sein. Dieser Status setzt eine Grundlage im Verfassungsgesetz oder in Gesetzen voraus, unabhängig davon, ob das Verfassungsgesetz um der Menschheit des Menschen willen den Status gewährleisten muß. Daß Jellinek mit seinem Begriff status negativus einen Lebensbereich benannt hätte, in den der Staat nicht eindringen dürfe, daß er also eine raumhafte Befugnisgrenze des Staates definiert hätte, ist nicht recht klar, obwohl *Jellinek* auch räumliche Metaphern benutzt hat, wie den der „Freiheitssphäre"[1728]. Normativ wird der status negativus erst durch das Gesetz. Dieses Gesetz kann auch ein Grundrecht sein, das dem

---

[1726] Dazu *K. A. Schachtschneider*, Prinzipien des Rechtsstaates, S. 131 ff.; *ders.*, Rechtsstaatlichkeit als Grundlage des inneren und äußeren Friedens, S. 75 ff.

[1727] Vgl. i.d.S. *P. Häberle*, VVDStRL 30 (1972), S. 80 mit Fn. 156; *ders.*, Wesensgehaltsgarantie, S. 150 ff., 154 ff.; v. Mangoldt/Klein/*Starck*, GG, Rdn. 182 f. zu Art. 1 Abs. 3; i.d.S. kritisch auch *E. Grabitz*, Freiheit und Verfassungsrecht, S. 3 ff., 139 ff., 158 ff.; *K. Hesse*, Grundzüge des Verfassungsrechts, Rdn. 281, S. 114.

[1728] Allgemeine Staatslehre, S. 418 ff., 419: „Die Unterordnung des Individuums unter den Staat reicht nur so weit, als das Recht es anordnet. Jeder staatliche Anspruch an den einzelnen muß rechtlich begründet sein. Was nach Abzug der rechtlichen Einschränkung für den einzelnen an Möglichkeit individueller Betätigung übrig bleibt, bildet seine Freiheitssphäre."; *ders.*, System der subjektiven öffentlichen Rechte, S. 81 ff. („Die Unterordnung des ...").

staatlichen Gesetzgeber eine wie auch immer definierte Befugnis zur allgemeinen Gesetzgebung verwehrt. Der sogenannte Abwehrcharakter von Grundrechten wird demgemäß als negative Kompetenz des Staates dogmatisiert[1729]. Eine solche läßt sich auch aus Art. 2 Abs. 1 GG gewinnen[1730]. Die notwendige Materialität des Abwehrrechts läßt sich zwar wegen der Formalität der Freiheit nicht aus dem Freiheitsgrundrecht ableiten, aber dieses ist in praktischer Vernunft von der Politik, sei es durch den Gesetzgeber oder sei es durch die funktional gesetzgebende Rechtsprechung, gemäß dem Privatheitsprinzip zu materialisieren. Darauf hat jeder Bürger ein grundrechtliches Recht, das sich als formales Abwehrrecht gegen eine Staatlichkeit, welche die praktische Vernunft mißachtet, darstellt.

Mit der Formel vom status negativus hat *Jellinek* nicht mehr als das Gesetzesprinzip, „eine allgemeine und abstrakte Freiheit von ungesetzlichem Zwang", zum Ausdruck gebracht[1731]. Die Gesetze verwirklichen die Freiheit, bestimmen aber allgemeinverbindlich die Maximen. Der status negativus umschreibt in diesem Sinne die grundrechtlich gesicherte Privatheit des Bürgers, die „Freiheitsrechte", wie sie *Georg Jellinek* genannt hat[1732],

---

[1729] Etwa *K. Hesse*, Grundzüge des Verfassungsrechts, Rdn. 291, S. 133; vgl. *P. Häberle*, VVDStRL 30 (1972), S. 103, der zu Recht darauf hinweist, daß „Grundrechte nicht bloß negative, sondern auch positive Kompetenznormen" seien; *J. Schwabe*, Probleme der Grundrechtsdogmatik, S. 291, 297; v. Mangoldt/Klein/*Starck*, GG, Rdn. 185 zu Art. 1 Abs. 3 mit Fn. 141; *H. Ehmke*, Wirtschaft und Verfassung, S. 29 f.; vgl. *M. Sachs*, in: K. Stern, Staatsrecht III, 1, § 66, S. 620 ff., 671 ff.; vgl. auch die Hinweise in Fn. 2144, 2192.

[1730] Vgl. *M. Sachs*, in: K. Stern Staatsrecht III, 1, S. 639 in Fn. 43, der Art. 2 Abs. 1 GG als maßgeblich für den status negativus ansieht, für eine Dogmatik, welche eine allgemeine Handlungsfreiheit in Art. 2 Abs. 1 GG verankert, die logisch die Materialität der in diesem Grundrecht geschützten Freiheit voraussetzt, konsequent; *ders.*, Staatsrecht III, 2, S. 119, 176 u. ö.; so auch im Erg., wenn auch die neue Verfassungslage sehend, v. Mangoldt/Klein/*Starck*, GG, Rdn. 182 ff. zu Art. 1 Abs. 3; auch *H.-U. Erichsen*, HStR, Bd. VI, § 152, Rdn. 3, auch Rdn. 13 ff.; Kritik von *P. Häberle*, Wesensgehaltsgarantie, S. 124 ff. u. passim; *ders.*, VVDStRL 30 (1972), S. 80 ff., der einen „Umbau der Statuslehre" vorstellt; auch schon von *H. H. Rupp*, Grundfragen der heutigen Verwaltungsrechtslehre, S. 104 ff. u. ö.; *ders.* auch, AöR 101 (1976), S. 173; zur Jellinekschen Statuslehre auch *R. Alexy*, Theorie der Grundrechte, S. 229 ff.; kritisch *K. Hesse*, Grundzüge des Verfassungsrechts, Rdn. 281, S. 114; kritisch insb. *E. Grabitz*, Freiheit und Verfassungsrecht, S. 3 ff., 139 ff., 158 ff., 192 ff., 201 ff.

[1731] System der subjektiven öffentlichen Rechte, S. 103 f.; *K. Hesse*, Grundzüge des Verfassungsrechts, Rdn. 281, S. 128 (Zitat); *H. H. Rupp*, Grundlagen der heutigen Verwaltungsrechtslehre, S. 107 f.; vgl. auch *M. Sachs*, in: K. Stern, Staatsrecht III, 1, S. 625 ff.; *H.-U. Erichsen*, HStR, Bd. VI, § 152, Rdn. 3; zur rechtsstaatlichen Eingriffsfreiheit Hinweise in Fn. 1618, 2055; vgl. BVerfGE 9, 83 (80); 19, 206 (215); 19, 253 (257); 29, 402 (408); 42, 20 (27); *W. Schmitt Glaeser*, HStR, Bd. VI, § 129, Rdn. 20; *R. Scholz*, AÖR 100 (1975), S. 101 f.

[1732] Allgemeine Staatslehre, S. 419.

daß nämlich der Staat nicht alles Handeln der Bürger in jeder Weise (total) determinieren dürfe. *Christian Starck* spricht von „den Rechten des status negativus", die „Grundrechte der Abwehr gegen staatliche Macht" seien[1733]. Jellineks „Freiheitssphäre" ist republikanisch die Menge der Rechte der Privatheit.

c) Freilich ist die rechtliche Materialisierung der Verfassung zu verwirklichen und soll darum von den Hütern der Verfassung verteidigt werden. Auch dem dienen die subjektiven Rechte, nicht etwa nur die Privatheit, welche eine Institution legalen Eigeninteresses, kantianisch gesprochen: der Selbstliebe[1734], ist, nicht nur, aber auch und wesentlich. Insofern hat der subjektive Rechtsschutz Abwehrcharakter. Die subjektiven Rechte schützen vornehmlich die Privatheit, insbesondere aber das Recht. Der Abwehr des Unrechts dienen die verschiedenen Institutionen des Rechtsschutzes. Dogmatisch ist die Abwehr staatlichen Unrechts die Abwehr des Fehlgebrauchs und des Mißbrauchs staatlicher Aufgaben und Befugnisse, die Abwehr der amtswalterlichen Verfassungs- oder Gesetzesverletzung.

Die liberalistische grundrechtliche Dogmatik der Abwehr des Staates (nicht spezifisch des Unrechts) bleibt dem Staatsbegriff des monarchischen Prinzips verhaftet, die den Staat von der Gesellschaft trennt[1735]. Die Schwäche der liberalistischen Abwehrdogmatik in der Republik ist (abgesehen von ihrem paradigmatischen Widerspruch), daß die Organe des Staates selbst, letztlich das Bundesverfassungsgericht, die Abwehr des Staates nach Maßgabe der Grundrechte bewerkstelligen sollen. Das verlangt Selbstbeschränkung des Staates. Der durch die Grundrechte Abgewehrte soll selbst das Maß der Abwehr bestimmen, obwohl er Interesse hat, jedenfalls haben kann, seine Aufgaben und Befugnisse zu Lasten der Privatheit und gegen das Recht auszudehnen. Gegebenenfalls nutzt ein Teil des Volkes den Staat, um andere Volksteile in den Rechten, insbesondere im Eigentum, zu beschneiden. Die Staatlichkeit der Abwehr schmälert die Abwehrwirkung der Grundrechte. Alles kommt auf die Unabhängigkeit der Richter an, die nur äußerlich, aber nicht innerlich gesichert ist, zumal wenn und insoweit die Parteien, die auch alle anderen Organe des Staates beherrschen, weitestge-

---

[1733] V. Mangoldt/Klein/*Starck*, GG, Rdn. 183 zu Art. 1 Abs. 3, durchaus vorsichtig gegenüber der Statuslehre G. Jellineks, weil diese in das 19. Jahrhundert (Rdn. 110) gehöre; kritisch zur Lehre von status negativus, zur Außentheorie des Verständnisses von Freiheit und Recht, insb. *P. Häberle*, Wesensgehaltsgarantie, S. 150 ff.; auch *E. Grabitz*, Freiheit und Verfassungsrecht, S. 3 ff., 158 ff., 187 ff., 235 ff., S. 242 gegen die Formel „status negativus vel libertatis", für die Formel „status libertatis" für das Verfassungsprinzip der Freiheit.

[1734] *Kant*, Metaphysik der Sitten, S. 587 u. ö.

[1735] Dazu *K. A. Schachtschneider*, Res publica res populi, S. 159 ff.; *K. Stern*, Staatsrecht, Bd. V, Die geschichtlichen Grundlagen des Deutschen Staatsrechts, 2000, S. 231 ff.; 3. Kap., IX.

hend bestimmen, wer Richter, insbesondere in den Verfassungsgerichten, wird. Im entwickelten Parteienstaat gibt es einen (zunehmenden) Gegensatz zwischen der Parteienoligarchie und der Bürgerschaft, der durch die wenig ehrlichen Wahlen legitimatorisch nicht eingeebnet wird, zumal die Parlamentswahlen keinen meßbaren Einfluß der wählenden Bürger auf die Richterauswahl haben[1736]. Dabei dürften die Parteiinteressen kaum vergessen werden. Ein wirksamer Schutz der Grundrechte ist somit in der Parteienoligarchie, die sich in den Institutionen der Republik einnistet, nicht gewährleistet. Die Rechtsprechung müßte personalpolitisch vollends von den Parteien unabhängig sein, d.h. die Richter müßten in einem eigenständigen System ausgewählt werden. Keinesfalls dürfen in einer Republik die Richter Mitglieder der Parteien sein[1737]. Zudem müßte der Schutz des Rechts das unzweifelhafte Ethos der Richter sein. Der Wechsel zwischen Karrieren in der Judikative, der Exekutive und der Legislative müßte ausgeschlossen sein. Im entwickelten Parteienstaat wird die gewaltenteilige Funktionenordnung ihrer Substanz beraubt[1738]. Die beiden Senate des Bundesverfassungsgerichts agieren nicht in jedem Fall, aber doch meist so, als seien sie Schlichtungsausschüsse der großen Parteien für deren Auseinandersetzungen, die sich nicht einmischen mögen, wenn die Bürgerschaft im Streit mit der Parteienoligarchie liegt. Demgegenüber hatten die Bürger im konstitutionellen Liberalismus die Möglichkeit, selbst Eingriffe in Freiheit und Eigentum abzuwehren; denn die Gesetze, welche Freiheit und Eigentum einschränkten, bedurften der Zustimmung ihrer Vertreter[1739]. Die grundrechtliche Abwehrlage hat sich durch die republikanische Revolution von 1918 substantiell verändert, im Parteienstaat aber wesentlich verschlechtert. Dem Bürger ist das klägliche Instrument der Verfassungsbeschwerde geblieben, nachdem die Bürger als „Untertanen" im Konstitutionalismus durch die Parlamente selbst die Grenzen des monarchischen Staates ziehen durften, jedenfalls großen Einfluß hatten (Verfassung des Kompromisses[1740]). Demgemäß waren die bürgerlichen Lebensverhältnisse im monarchischen Liberalismus im Sinne der Privatheit freiheitlicher als in der parteienstaatlich verzerrten Republik totaler Staatlichkeit. Der Bürgerschaft bleiben die Wahlen, die nur geringen Einfluß im entwickelten Parteienstaat geben, der

---

[1736] Zur Wahl der Richter des Bundesverfassungsgerichts *K. A. Schachtschneider*, Res publica res populi, S. 970 ff., 975 ff.

[1737] *K. A. Schachtschneider*, Prinzipien des Rechtsstaates, S. 136 f., 216 f., 328.

[1738] *K. A. Schachtschneider*, Res publica res populi, S. 168 ff., 1129 ff.; *ders.*, FS H. Quaritsch, S. 141 ff.; *ders.*, Prinzipien des Rechtsstaates, S. 176 ff., 325 ff.

[1739] Dazu *D. Jesch*, Gesetz und Verordnung, 1961, S. 10 ff., 117 ff. (S. 127 ff.), 141 ff.; *H. H. Rupp*, Grundlagen der heutigen Verwaltungsrechtslehre, S. 104 ff., 113 ff.; *E.-W. Böckenförde*, Gesetz und gesetzgebende Gewalt, S. 76; vgl. *K. A. Schachtschneider*, FS M. Kriele, S. 829 ff.

[1740] *E.-R. Huber*, HStR, Bd. I, § 4, Rdn. 56 f.

mit manch illegitimen Methoden (Propaganda, staatliche Parteifinanzierung, Ämterpatronage[1741]) herrscht.

d) Die europäische und globale Integration der Lebensverhältnisse, zumal die der Wirtschaft[1742], bringt, vornehmlich im Interesse der Optimierung der Kapitalverwertung, Deregulierungen, also entstaatlichende Privatisierungen, mit sich, welche liberalistische Effekte haben. Diese Entstaatlichung, welche die Hoheit der Völker über ihre Wirtschaft aufgibt, entrepublikanisiert die Lebensverhältnisse, vor allem entdemokratisiert sie die Politik und entsozialisiert (entsolidarisiert) sie die Lebensgemeinschaften[1743]. Die Freiheit wird von der Gleichheit und der Brüderlichkeit getrennt. Als liberalistische Freiheit ist sie nicht wie die republikanische Freiheit Grundlage des Rechts, das ausschließlich auf der Einheit von Freiheit, Gleichheit und Brüderlichkeit gründet. Der Staat darf sich, wenn er ein Staat des Rechts sein will, nicht die Verantwortung für die Politik seines Landes aus der Hand nehmen lassen[1744]. Der internationalistische Integrationismus entbürgerlicht die Menschen. Die neue Obrigkeit ist nicht (nur) der ‚Staat', sondern sind internationale Institutionen, die der Legitimation des demokratischen Prinzips entbehren und damit dem Prinzip der allgemeinen Freiheit nicht genügen. Zudem wird das Schicksal der Völker den multinational agierenden Unternehmen ausgeliefert, die sich im Maße der Entstaatlichung der Hoheit der Völker entziehen können und entziehen. Unter Freiheitsgesichtspunkten gibt es kein Zurück hinter die republikanische Revolution als der Befreiung zum Recht[1745]. Nur in der Republik können die Menschen Bürger, also frei

---

[1741] Dazu H. H. v. Arnim, Die Ämterpatronage durch politische Parteien. Ein verfassungsrechtlicher und staatspolitischer Diskussionsbeitrag, 1980; ders., Staat ohne Diener. Was schert die Politiker das Wohl des Volkes?, 1993, S. 129 ff.; ders., Fetter Bauch regiert nicht gern, S. 65 ff.; ders., Das System, S. 87 ff., 159 ff., 194 ff., 230 ff.; K. A. Schachtschneider, Res publica res populi, S. 1113 ff., 1167 ff.; schon M. Weber, Wirtschaft und Gesellschaft, S. 839 ff.

[1742] Dazu D. I. Siebold, Die Welthandelsorganisation und die Europäische Gemeinschaft. Ein Beitrag zur globalen wirtschaftlichen Integration, 2003, insb. S. 147 ff., 266 ff.; P. Ulrich, Der entzauberte Mark, insb, S. 158 ff.; A. G. Scherer, Multinationale Unternehmen und Globalisierung. Zur Neuorientierung der Theorie der Multinationalen Unternehmung, 2003; zur Entstaatlichung durch Globalisierung Hinweise in Fn. 1743.

[1743] Dazu K. A. Schachtschneider, Grenzen der Kapitalverkehrsfreiheit, S. 289 ff., 308 ff.; ders., Republikanismus versus Globalismus, exemplifiziert an der Kapitalverkehrsfreiheit, Zeitschrift für Sozialökonomie, 126/2000, S. 3 ff.

[1744] I. d. S. auch BVerfGE 89, 155 (181, 186, 207), demokratierechtlich begründet; dazu K. A. Schachtschneider, Die existentielle Staatlichkeit der Völker Europas, S. 87 ff., 111 ff.; ders., Rechtsstaatlichkeit als Grundlage des inneren und äußeren Friedens, S. 83 ff.; ders. Verfassungklage Dr. P. Gauweiler, 2. Teil.

[1745] Dazu K. A. Schachtschneider (O. Gast), Sozialistische Schulden nach der Revolution, S. 50 ff.

sein. Staatsübergreifende Republiken der Republiken müssen die Verantwortung der Bürgerschaften für die Politik wahren[1746]. Ein Weltstaat jedoch
wäre keine Republik, weil er wegen seiner Größe nicht demokratisch sein
kann (Prinzip der kleinen Einheit[1747]). Das Privatheitsprinzip darf das Freiheitsprinzip nicht konterkarieren. Letzteres kann aber nur als die Einheit
von Freiheit, Gleichheit und Brüderlichkeit gedacht werden[1748].

4. Republikanische Funktion der Grundrechte

a) Es gibt auch eine republikanische Abwehrfunktion der Grundrechte;
denn die Grundrechte verwehren dem Staat, genauer: dessen Organen (und
sei es auch das Volk bei Abstimmungen selbst), eine beliebige Gesetzgebung
und erst recht gesetzloses Vorgehen gegen die Bürger[1749]. Die Grundrechte
schützen die Freiheit und die Freiheiten (Menschenrechte/Grundrechte), die
mit dem Menschen verbunden sind, gegen die staatlich organisierte Bürgerschaft, den Staat, gegen andere Menschen als privatrechtsbestimmende und
staatliche Schutzpflichten begründende Rechtssätze[1750], ja gegen den Menschen selbst, der auf die Grundrechte, nämlich seine Menschheit, nicht verzichten darf[1751]. Die Grundrechte als Menschenrechte schützen die Menschheit des Menschen im Menschen[1752], den Menschen als Person, der nur als

---

[1746] Vgl. *K. A. Schachtschneider*, Die Republik der Völker Europas, S. 170 ff.,
174 ff.

[1747] *K. A. Schachtschneider*, Prinzipien des Rechtsstaates, S. 57 ff., 90 f.; *ders*,
Rechtsstaatlichkeit als Grundlage des inneren und äußeren Friedens, S. 70 ff.;
A. Emmerich-Fritsche, Vom Völkerrecht zum Weltrecht, 5. Teil, C, III, 10.

[1748] Dazu *K. A. Schachtschneider*, Prinzipien des Rechtsstaates, S. 22 ff., 28 ff.,
97 ff.; *ders.*, Res publica res populi, S. 234 ff.; ganz so *M. Kriele*, Die demokratische Weltrevolution, S. 49 ff.; *W. Maihofer*, HVerfR, S. 489 ff., 507 ff., 519 ff.

[1749] I. d. S. *K. Hesse*, Grundzüge des Verfassungsrechts, Rdn. 287 f., S. 130 f.;
ders., HVerfR, S. 13, 134 f.; zum rechtsstaatlichen Gesetzesvorbehalt grundlegend
D. Jesch, Gesetz und Verwaltung, 1961, 2. Aufl. 1968; *H. H. Rupp*, Grundfragen
der heutigen Verwaltungsrechtslehre, S. 104 ff. (111), 113 ff., 146 ff.; dazu auch
F. Ossenbühl, HStR, Bd. III, § 62, S. 316 ff.; *K. A. Schachtschneider*, Prinzipien
des Rechtsstaates, S. 105 ff., S. 110 ff. zum totalen Gesetzesvorbehalt, S. 120 ff.
zur Wesentlichkeitslehre des Bundesverfassungsgerichts; *ders.*, Res publica res
populi, S. 480 f., 863 ff., 891, 928; weitere Hinweise in Fn. 1620.

[1750] Zur Schutzpflichtlehre *K. A. Schachtschneider*, Umweltschutz, S. 303 ff.;
J. Isensee, HStR, Bd. V, § 111, Rdn. 80 ff.; Hinweise in Fn.1701, 2501.

[1751] *P. Lerche*, Grundrechtsschranken, HStR, Bd. V, 1992, § 122, Rdn. 45;
J. Schwabe, Probleme der Grundrechtsdogmatik, S. 92 ff.; *K. Stern*, Staatsrecht III,
2, S. 887 ff. (kritisch); vgl. *W. Kersting*, Kant über Recht, S. 54 ff. („innere Rechtspflicht"); auch *Rousseau*, Vom Gesellschaftsvertrag, I, 4, S. 11.

[1752] I. d. S. *Kant*, Grundlegung zur Metaphysik der Sitten, S. 60 ff.; *ders.*, Metaphysik der Sitten, S. 381 f., 384, auch ff.; *W. Kersting*, Kant über Recht, S. 54 ff.

Vernunftwesen Bürger, also Persönlichkeit, ist, wie Art. 1 AEMR erweist. „Sei ein rechtlicher Mensch (honeste vive)" „... mache dich anderen nicht zum bloßen Mittel, sondern sei für sie zugleich Zweck"[1753].

Grundrechte können unmittelbar subjektive Rechte schützen oder begründen, insbesondere subjektive Rechte gegenüber dem Staat (i. e. S.)[1754]. Dabei können die subjektiven Rechte Unterlassungsansprüche gegen den Gesetzgeber und die Verwaltung oder auch nur Unterlassungs- und Handlungsansprüche gegenüber der Verwaltung ergeben. Das beweist Art. 2 Abs. 2 GG, der das Recht auf Leben gegenüber dem Gesetzgeber nicht als unmittelbar materiales subjektives Recht, sondern nur in der offenen objektiven Dimension als subjektives Recht auf eine dem Leben verpflichtete vernünftige Gesetzgebung schützt. Art. 11 Abs. 1 GG schützt das Recht des freien Zuges, soweit nicht der (enge) Gesetzesvorbehalt des Absatzes 2 dieser Vorschrift reicht. Dieses Grundrecht gibt damit ein subjektives Recht, welches wegen seiner Bestimmtheit näherer Materialisierung durch den Gesetzgeber nicht bedürftig ist.

Subjektive verfassungskräftige material-engbestimmte Rechte können aus Grundrechten nur hergeleitet werden, wenn erstere so bestimmt formuliert sind[1755], daß sie durch (klassische) Interpretationen entfaltbar sind. Ansonsten formulieren die Grundrechte zugleich oder nur rechtliche Leitentscheidungen, deren gesetzliche (nähere) Materialisierung erst material engbestimmte subjektive Rechte begründet, wenn auch gegebenenfalls, wie zur Materialisierung der Eigentumsgewährleistung des Art. 14 Abs. 1 GG[1756], begründen muß. Der Begriff des subjektiven öffentlichen Rechts soll hier nicht in allen Aspekten entwickelt werden[1757], jedenfalls verlangt er eine

---

[1753] *Kant*, Metaphysik der Sitten, S. 344.

[1754] Etwa *H. H. Rupp*, Grundfragen der heutigen Verwaltungsrechtslehre, S. 108, 111, 146 ff. (152), 176; *K. Hesse*, Grundzüge des Verfassungsrechts, Rdn. 283 ff., S. 129 ff.; dazu 5. Kap., I, 6. Kap., I, 1.

[1755] I. d. S. auch *K. Hesse*, Grundzüge des Verfassungsrechts, Rdn. 289, S. 131 f., für „Teilhaberechte" auf staatliche Leistungen.

[1756] Dazu *K. A. Schachtschneider*, FS W. Leisner, S. 751 ff., 755 ff.; dazu 10. Kap., II, III.

[1757] Dazu im Rahmen der Grundrechtslehre *R. Alexy*, Der Staat 29 (1990), S. 49 ff., insb. S. 53; *M. Sachs*, in: K. Stern, Staatsrecht III, 1, § 65, S. 473 ff.; vgl. *H. H. Rupp*, HStR, Bd. II, § 31, Rdn. 34 ff., der dabei den Begriff Autonomie solipsistisch benutzt (Rdn. 39); grundlegend zu den „subjektiven öffentlichen Rechten" *ders.*, Grundfragen der heutigen Verwaltungsrechtslehre, S. 146 ff.; zur Diskussion der Dogmatik des subjektiven öffentlichen Rechts *P.-M. Huber*, Konkurrenzschutz im Verwaltungsrecht. Schutzanspruch und Rechtsschutz bei Lenkungs- und Verteilungsentscheidungen der öffentlichen Verwaltung, 1991, S. 100 ff.; *H.-U. Erichsen*, Das Verwaltungshandeln, in: ders./D. Ehlers, Allgemeines Verwaltungsrecht, 12. Aufl. 2002, § 11, Rdn. 30 ff., S. 249 ff.; H. J. Wolff/O. Bachof/

(intersubjektive[1758]) Rechtsgrundlage, die material bestimmt ist und klärt, unter welchen Voraussetzungen ein (allgemeinverträglicher) Handlungs- oder Unterlassungsanspruch besteht.

Ohne derartige enge Bestimmtheit kann nur ein Recht auf vernünftige, grundrechtsgeleitete Gestaltung der Rechtsordnung durch den Gesetzgeber bestehen[1759]. Auch dieses Recht, der Sache nach die Freiheit als das Recht auf durch die Grundrechte in ihrer objektiven Dimension geleitetes Recht, also auf grundrechtsgemäße Autonomie des Willens, ist ein subjektives Recht, aber ein wesentlich formales, das seine offene, also weit bestimmte Materialität aus den grundrechtlichen Leitentscheidungen erfährt. Dieses Recht kann mit den verschiedenen Rechtsbehelfen, vor allem mit der Verfassungsbeschwerde, verfolgt werden[1760]. Es berechtigt nicht, eine be- stimmte Privatheit anstelle von Staatlichkeit zu verteidigen, sondern gibt ein Recht auf praktisch vernünftige, grundrechtsgeleitete Gesetzgebung. So- weit etwa die Gesetzesvorbehalte reichen, begründen die Grundrechte keine material bestimmten Abwehrrechte; denn der Staat kann das grundrechts- geschützte Recht, etwa das Recht auf Leben aus Art. 2 Abs. 2 S. 1 GG, relativieren.

Die Menge der aus den Grundrechten unmittelbar folgenden material eng bestimmten subjektiven Rechte ist klein. Weitaus bedeutender sind die material weit bestimmten politischen Leitentscheidungen der Grundrechte,

---

R. Stober, Verwaltungsrecht I, 11. Aufl. 1999, § 43, Rdn. 1 ff., S. 641 ff.; *K. A. Schachtschneider*, Prinzipien des Rechtsstaates, S. 128 f.; *ders.*, Grundbegriffe des Allgemeinen Verwaltungsrechts, S. 49 ff.; *ders./A. Emmerich-Fritsche*, Kommu- naler Wettbewerb, in: *ders.*, Fallstudien zum Öffentlichen Wirtschaftsrecht, 3. Aufl. 2003, S. 50 ff.; *ders.* (St. A. Jungheim/W. Dorner), Konkurrentenklage gegen Sub- ventionen der öffentlichen Hand, daselbst, S. 430 ff.; grundlegend *G. Jellinek*, System der subjektiven öffentlichen Rechte, 2. Aufl. 1905 (Nachdruck 1963); *O. Bühler*, Die subjektiven öffentlichen Rechte und der Schutz in der deutschen Verwaltungsrechtsprechung, 1914, insb. S. 21 ff., 274 ff.; *W. Henke*, Das subjektive öffentliche Recht, 1968; für die Schutzzwecklehre der Praxis BVerwGE 1, 83 (83 f.); 22, 129 (132); 75, 285 (286 ff.); 77, 70 (73); 78, 40 (41); vgl. auch BVerfGE 97, 350 (376 f.).

[1758] Zur Reziprozität und damit gesetzeshaften Allgemeinheit der „äußeren recht- lichen Verpflichtungen" *Kant*, Metaphysik der Sitten, S. 365 f., auch S. 374 f.; *W. Kersting*, Kant über Recht, S. 49, 127; i.d.S. auch *J. Habermas*, Faktizität und Geltung, S. 109 ff., 112 ff., insb. S. 116 ff., 135 ff., der die Intersubjektivität der subjektiven Rechte darlegt.

[1759] Ähnlich dem Recht auf ermessensfehlerfreie Entscheidung des Verwaltungs- rechts; dazu *H. H. Rupp*, Grundfragen der heutigen Verwaltungsrechtslehre, S. 177 ff., insb. S. 184 ff. (206 ff.); *H. Maurer*, Allgemeines Verwaltungsrecht, 15. Aufl. 2004, § 7, S. 132 ff.; *F. Ossenbühl*, Rechtsquellen und Rechtsbindungen der Verwaltung, § 10, Rdn. 1 ff., 10 ff., S. 206 ff.; *E. Schmidt-Aßmann*, in: Maunz/ Dürig, GG, Rdn. 135 zu Art. 19 Abs. IV; i.d.S. BVerfGE 7, 198 (206 f.).

[1760] *K. A. Schachtschneider*, Res publica res populi, S. 978 ff.; dazu 7. Kap., II, 2.

die jedoch als subjektive Grundrechte auf die richtigen Gesetze ebenfalls mit prozeduralem Rechtsschutz der durch die unrichtige Gesetzgebung Betroffenen bewehrt sind[1761].

b) Die Grundrechte schützen gemäß dem Schutzzweck und nach den Möglichkeiten des Staates insbesondere die „unverletzlichen und unveräußerlichen Menschenrechte", zu denen sich nach Art. 1 Abs. 2 GG das „Deutsche Volk ... als Grundlage jeder menschlichen Gemeinschaft, des Friedens und der Gerechtigkeit in der Welt ... bekennt", weil das die Würde des Menschen gebietet (Art. 1 Abs. 1 GG, argumentum aus dem Wort „darum") oder, kantianisch gesprochen, weil „das Recht der Menschheit", die „Menschheit des Menschen", nicht zur Disposition der Politik steht[1762]. Diese Grundrechte, welche explizit oder implizit die Freiheit, die Gleichheit, die Brüderlichkeit, die Sicherheit, das Recht am und das Recht auf Eigentum und das Widerstandsrecht schützen[1763], aber auch und vor allem das Grundrecht, eine eigene Meinung bilden und äußern zu dürfen (Art. 10 EMRK), das Recht der freien Rede also[1764], werden nicht etwa vom Staat gegeben, sondern sind mit dem Menschen als solchem verbunden[1765]. Der Staat kann diese Rechte schon deswegen nicht geben, weil er erst durch das Verfassungsgesetz begründet wird, das ihn, wie Art. 1 Abs. 2 GG zeigt, verpflichtet, die Menschen- und Grundrechte zu achten. Die Menschenrechte eignen den Menschen auch ohne Staat. Sie sind Teil der Persönlichkeit des Menschen, die ihr Gemeinwesen als Staat anzuerkennen hat. Der Staat dient dem Schutz der Menschenrechte, nicht ausschließlich, aber wesentlich.

„Der Staat ist um der Menschen willen da, nicht die Menschen um des Staates willen" (Art. 1 HChE)[1766].

[1761] Anders (entgegen der früheren Praxis) BVerfGE 97, 350 (376 f.) in der Euro-Sache; dazu Fn. 1695, 1697.

[1762] *Kant*, Grundlegung zur Metaphysik der Sitten, S. 63; *ders.*, Metaphysik der Sitten, S. 381 f., auch S. 345; dazu *W. Maihofer*, HVerfR, S. 490 ff., insb. S. 447 ff.; *K. A. Schachtschneider (O. Gast)*, Sozialistische Schulden nach der Revolution, S. 29 ff.

[1763] Die Orientierung für den Kanon der Menschenrechte geben die französische Deklaration von 1789 und die amerikanischen Bills von 1776; dazu v. Mangoldt/Klein/*Starck*, GG, Rdn. 131 zu Art. 1 Abs. 2; *J. Isensee*, HStR, Bd. V, § 111, Rdn. 25 ff.

[1764] Dazu *K. A. Schachtschneider*, Medienmacht versus Persönlichkeitsschutz, S. 268 ff.

[1765] Vgl. *Kant*, Metaphysik der Sitten, S. 345 f.

[1766] Darauf weist *W. Maihofer*, HVerfR, S. 490, hin; *ders.* auch, Realität der Politik und Ethos der Republik, S. 108; *ders.* schon, Rechtsstaat und menschliche Würde, S. 9 ff.

In der kantianischen Konzeption sind die Menschenrechte ohne den Staat provisorische Rechte des Menschen[1767], die das Recht auf den Staat, auf „die bürgerliche Verfassung" begründen[1768], auf den Staat, dessen Zweck der Schutz der Menschenwürde und damit der Menschenrechte ist. Diesen Schutz sollen die Grundrechte des Grundgesetzes mit dem grundgesetzgemäßen Rechtsschutzsystem leisten. Durch das Verfassungsgesetz des Gemeinwesens, welches die Bürger zu einem Staat verfaßt, werden die Menschenrechte „peremtorische Rechte" im Sinne *Kants*[1769]. Als solche sind sie subjektive Rechte in dem staatlich verfaßten Gemeinwesen nach dessen Gegebenheiten. Sie erfahren Rechtsschutz als Staatsschutz und Staatsschutz als Rechtsschutz[1770]. Das ist ihre staatliche Realität, so daß der vorstaatliche Charakter dogmatisch nur die, allerdings wesentliche, Relevanz hat, daß allein einem Gemeinwesen, welches die Menschenrechte schützt, die Qualität eines Staates zugesprochen werden kann[1771].

Weil mit der Menschheit des Menschen, mit seiner Freiheit, aus der die anderen Menschenrechte folgen[1772], das Recht auf den Staat, auf die bürgerliche Verfassung (gestiftet durch ein „wirkliches Rechtsgesetz der Natur"), verbunden ist[1773], ist ein Gemeinwesen, welches die Menschenrechte nicht schützt, kein Staat, sondern eine Despotie, ein latrocinium (*Augustinus*)[1774]. Die republikanische Definition des Staates verbindet den Staat begrifflich mit dem Recht und akzeptiert als Staat im Sinne der Freiheit nur den Rechtsstaat. Der Staatsbegriff kann aber von der Rechtfertigung des Staates nicht gelöst werden, wenn nicht auch Despotien die Legitimität beanspru-

---

[1767] Metaphysik der Sitten, S. 365 f., 374 ff.

[1768] *Kant*, Metaphysik der Sitten, S. 365 f., 374 f., 430 f.; *K. A. Schachtschneider*, Res publica res populi, S. 290 ff., u. ö.; *ders.*, Prinzipien des Rechtsstaates, S. 50 ff., 56 f., 62 ff.; *ders.*, Die existentielle Staatlichkeit der Völker Europas, S. 76 ff., 79 ff.; auch *Ch. Enders*, Die Menschenwürde in der Verfassungsordnung, S. 501 ff.; dazu 2. Kap., III, 5. Kap., II, 3.

[1769] Metaphysik der Sitten, S. 374 ff.

[1770] I. d. S. auch *K. Hesse*, Grundzüge des Verfassungsrechts, Rdn. 282, S. 129; dazu *K. A. Schachtschneider*, Prinzipien des Rechtsstaates, S. 118 ff.

[1771] *K. A. Schachtschneider (O. Gast)*, Sozialistische Schulden nach der Revolution, S. 29 ff.

[1772] *Kant*, Metaphysik der Sitten, S. 345 f.; das verkennt etwa *H. Bethge*, VVDStRL 57 (1998), S. 17, der den Zusammenhang von Menschen- und Grundrechten gar nicht ins Auge faßt und die Freiheit aus seiner Grundrechtsdogmatik ausblendet.

[1773] *Kant*, Metaphysik der Sitten, S. 374 f.; weitere Hinweise in Fn. 1768.

[1774] Der Gottesstaat (De Civitate Dei), hrsg. v. H. U. v. Balthasar, 1960, IV, 4–6, S. 115 („Was anders sind also Reiche, wenn ihnen Gerechtigkeit fehlt, als große Räuberbanden?"); *R. Marcic*, Rechtsphilosophie, S. 279 ff. „Widerstandsrecht" gegen den „Scheinstaat"; *K. A. Schachtschneider (O. Gast)*, Sozialistische Schulden nach der Revolution, S. 29 ff.

chen können sollen, die vor allem das Völkerrecht den Staaten mit der Drei-Elemente-Lehre[1775] zu vermitteln scheint. Eine Despotie mag sich als Staat verstehen und das Staatliche von einer höchsten Gewalt als faktischer Macht her begreifen[1776]. Sie kann aber nicht der Staat freier Menschen, eine Republik, sein. Der Staatsbegriff ist vom Paradigma des Rechts und damit von dem der Freiheit abhängig und nicht durch reale Macht definiert, so daß er gar die Herrschaft rechtfertigen könnte, nur weil Despotien sich Staaten genannt haben[1777]. Macht vermag aber eine höchste Gewalt des Staates nicht zu legitimieren, wenn sie nichts als Herrschaft von Menschen über Menschen ist[1778]. „Der Souverän besitzt die ungeteilte, unbedingte, unbeschränkte Macht, Recht zu schaffen, zu ändern und zu durchbrechen", definiert *Martin Kriele*[1779]. „Auctoritas, non veritas facit legem", reklamiert *Josef Isensee* als demokratisches Prinzip[1780]. Hobbes, der diesen Satz geschrieben hat[1781], hat aber eine Gesetzgebung der Vernunft gefordert, die freilich ihre Verbindlichkeit durch den Befehl des Oberherrn erfährt[1782].

[1775] Dazu *G. Jellinek*, Allgemeine Staatslehre, S. 174 ff., 394 ff.; *M. Kriele*, Einführung in die Staatslehre, 4. Aufl. 1990, §§ 19 ff., S. 84 ff., 88 ff., 94 ff., 96 ff., 99 ff., 6. Aufl. 2003, §§ 15 ff., S. 50 ff.; *J. Isensee*, HStR, Bd. II, § 15, Rdn. 24 ff., 49 ff.; *R. Grawert*, HStR, Bd. II, § 16, Rdn. 4; vgl. BVerfGE 3, 58 (88 f.); 36, 1 (16 f.); *V. Epping*, in: K. Ipsen, Völkerrecht, 4. Aufl. 1999, § 5, S. 54 ff.; *K. Hailbronner*, in: W. Graf Vitzthum (Hrsg.), Völkerrecht, 1997, Rdn. 63 ff., S. 204 ff.; *A. Verdross/B. Simma*, Universelles Völkerrecht, 1976, S. 201 ff.; *O. Kimminich/St. Hobe*, Einführung in das Völkerrecht, S. 74 ff.; vgl. auch *R. Zippelius*, Allgemeine Staatslehre, S. 50 ff. (S. 58 ff., 81 ff., 93 ff.); *K. A. Schachtschneider*, Prinzipien des Rechtsstaates, S. 60; kritisch *R. Smend*, Verfassung und Verfassungsrecht, 1928, in: ders., Staatsrechtliche Abhandlungen und andere Aufsätze, 1955, 2. Aufl. 1968, S. 127 f.; *H. Krüger*, Allgemeine Staatslehre, S. 145 f.

[1776] Vgl. *J. Isensee*, HStR, Bd. II, § 15, Rdn. 98 ff.; *A. Randelzhofer*, HStR, Bd. II, § 17, Rdn. 23 ff., 35 ff.

[1777] Dazu *K. A. Schachtschneider*, Prinzipien des Rechtsstaates, S. 19 ff., 50 ff., 94 ff.

[1778] Vgl. *M. Kriele*, Einführung in die Staatslehre, 4. Aufl. 1990, S. 56 ff., vgl. auch 6. Aufl. 2003, S. 8 ff., 50 ff.; *A. Randelzhofer*, HStR, Bd. II, § 17, Rdn. 7 („höchste Gewalt von Rechts wegen"); *H. Krüger*, Allgemeine Staatslehre, S. 851 ff.; dazu *G. Jellinek*, Allgemeine Staatslehre, S. 474 ff., 484 ff., der streng zwischen „Souveränität und Staatsgewalt" unterscheidet und „Souveränität" als „die Fähigkeit ausschließlicher rechtlicher Selbstbestimmung" definiert (S. 495, auch S. 481); zur Kritik der Herrschaft und der Herrschaftslehren *K. A. Schachtschneider*, Res publica res populi, S. 71 ff.; 3. Kap.

[1779] Einführung in die Staatslehre, 4. Aufl. 1990, S. 59, 6. Aufl. 2003, S. 42 f., 101 ff.

[1780] HStR, Bd. III, § 57, Rdn. 90.

[1781] Leviathan, II, 26, S. 228 ff., 234 f.

[1782] Dazu *J. Habermas*, Strukturwandel der Öffentlichkeit, S. 159; auch *M. Kriele*, Einführung in die Staatslehre, 6. Aufl. 2003, S. 42, 79 (ohne Zitat); dazu *C. Schmitt*, Der Leviathan in der Staatslehre des Hobbes, S. 110 ff.; *G. Geismann*, Kant als

Mit Freiheit hat Souveränität nichts zu tun, wenn sie als Herrschaft von Menschen über Menschen verstanden wird[1783]. Es gibt keine Volkssouveränität in diesem Sinne[1784], auch nicht, wenn das Volk als pouvoir constituant den Verfassungsstaat begründet oder neu begründet, weil das nur ein Verfassungsgesetz, nicht die Verfassung schafft[1785]; denn die Verfassung ist mit dem Menschen geboren[1786]. Die freie Welt duldet keine Souveränität, sondern achtet die Willensautonomie der Menschen, das Recht also, das freilich des staatlichen Zwanges nicht entraten kann[1787].

II. Regel-Ausnahme-Schema der liberalistischen Freiheitslehre von Erlaubnis und Verbot

1. „Schranken" und „Eingriff"[1788] sind die charakteristischen Begriffe der Lehre von der materialen allgemeinen Handlungsfreiheit[1789] (und der

---

Vollender von Hobbes und Rousseau, Der Staat 21 (1982), S. 161 ff.; *K. A. Schachtschneider*, Res publica res populi, S. 571 ff.

[1783] *Rousseau*, Vom Gesellschaftsvertrag, II, 1, S. 27, 28; dazu *J. Fetscher*, Rousseaus politische Philiosophie, S. 146 ff.; *K. A. Schachtschneider*, Res publica res populi, S. 19 ff.

[1784] Vgl. *M. Kriele*, Einführung in die Staatslehre, 4. Aufl. 1990, § 28, S. 111 ff., 6. Aufl. 2003, S. 43 f., 101 ff. („Im Verfassungsstaat gibt es keinen Souverän"), S. 32 ff. erfaßt er „innere Souveränität" als friedenssicherndes Gewaltmonopol auch im demokratischen Verfassungsstaat); i.d.S. auch (vorsichtig) *H. Krüger*, Allgemeine Staatslehre, S. 855 ff.

[1785] Anders insofern *M. Kriele*, Einführung in die Staatslehre, S. 103 f.

[1786] *K. A. Schachtschneider*, Prinzipien des Rechtsstaates, S. 86 ff.

[1787] Dazu 2. Kap., VIII; i.d.S. auch *M. Kriele*, Einführung in die Staatslehre, 6. Aufl. 2003, S. 32 ff., 101 ff., für den Verfassungsstaat.

[1788] Gegen das Schranken- und Eingriffsdenken wendet sich, gestützt vor allem auf A. Haenel und E. Kaufmann, grundlegend *P. Häberle*, Wesensgehaltsgarantie, S. 126 ff., 134 ff., insb. S. 150 ff., auch S. 154 ff. (Kritik an dem Gesetzes- und Rechtsbegriff von G. Anschütz); so auch die Kritik von *H. H. Rupp*, Grundfragen der heutigen Verwaltungsrechtslehre, S. 238, Fn. 425; *ders.*, AöR 101 (1976), S. 173; *ders.*, HStR, Bd. II, § 31, Rdn. 4 ff., 37; den monarchisch-konstitutionellen Charakter des Schrankendenkens legt auch *H. Ehmke*, „Staat" und „Gesellschaft", S. 259 ff., 265, kritisch dar; kritisch auch *E. Grabitz*, Freiheit und Verfassungsrecht, S. 24 ff.; prononciert i.S. der Gegenüberstellung von „Grundrechtstatbestand" und „Grundrechtsschranken" v. Mangoldt/Klein/*Starck*, GG, Art. 1 Abs. 3, Rdn. 262 ff.; umfassend *M. Sachs*, in: K. Stern, Staatsrecht III, 2, §§ 78, 79, S. 82 ff., 225 ff.; dazu auch *J. Schwabe*, Probleme der Grundrechtsdogmatik, S. 60 ff., 64 ff.; so spricht auch *J. Isensee*, HStR Bd. III, § 57, Rdn. 81; auch *ders.*, HStR, Bd. V, § 111, Rdn. 58 ff.; ausführlich dogmatisiert das *G. Lübbe-Wolff*, Die Grundrechte als Eingriffsabwehrrechte, S. 25 ff., 75 ff., mit Kritik an P. Häberle, S. 63 ff.; auch *H.-U. Erichsen*, HStR, Bd. VI, § 152, Rdn. 30 ff.; *W. Schmitt Glaeser*, HStR, Bd. VI, § 129, Rdn. 23 ff., 37; auch *P. Lerche*, Grundrechtlicher Schutzbereich, Grundrechtsprägung und Grundrechtseingriff, HStR, Bd. V, 1992, § 121, Rdn. 45 ff.,

aller Freiheitsrechte). Danach sei erlaubt, was nicht verboten ist[1790]. Das ist die Lehre des Leviathan:

> „Diese *künstlichen* Bande (sc.: die „bürgerlichen Gesetze") sind das, wodurch die bürgerliche Freiheit eingeschränkt wird; denn da die Gesetze unmöglich auf alle und jede Handlung ausgedehnt werden können, schreibt man dem Bürger eine *Freiheit* nur hinsichtlich derjenigen Handlungen zu, über welche die Gesetze nicht bestimmen. Bezüglich dieser Handlungen steht es einem jeden frei, das zu tun, was ihm gutdünkt." „Außer den angeführten Fällen hängt die Freiheit von dem Stillschweigen der Gesetze ab"[1791].

Wenn der Staat herrschaftlich (konstitutionalistisch) und das Grundrecht des Art. 2 Abs. 1 GG als Grundlage liberalistischer Freiheit(en) begriffen wird, folgt, daß der Staat seinen Untertanen (der Gesellschaft) alles zu tun

---

insb. Rdn. 52, verteidigt das „Eingriffsdenken"; vgl. auch *ders.*, HStR, Bd. V, 1992, § 122, S. 776 ff.; *H. Bethge*, VVDStRL 57 (1998) S. 10 ff., insb. S. 37 ff.; zum nämlichen Thema *B. Weber-Dürler*, daselbst, S. 60 ff.; *W. Cremer*, Freiheitsgrundrechte, S. 136 ff.; auch *R. Poscher*, Grundrechte als Abwehrrechte, S. 163 ff.; auch *O. Höffe*, Politische Gerechtigkeit, S. 382 ff. („Freiheitseinschränkungen"), S. 409 u. ö., benutzt seiner materialen Freiheitslehre gemäß diese Sprache.

[1789] Seit BVerfGE 6, 32 (36 f.) st. Rspr., etwa BVerfGE 54, 145 (146); 55, 159 (165 ff.); 59, 275 (278); 74, 129 (151 f.); 80, 137 (152 f.); 89, 214 (231); 95, 267 (303); *R. Scholz*, AöR 100 (1975), S. 86 ff.; v. Mangoldt/Klein/*Starck*, GG, Rdn. 8 ff. zu Art. 2 Abs. 1; dazu (ohne Kritik) *H.-U. Erichsen*, HStR, Bd. VI, § 152 ff., Rdn. 1 ff., 13 ff.; *W. Schmitt Glaeser*, HStR, Bd. VI, § 129, Rdn. 18 ff.; *U. Di Fabio*, in: Maunz/Dürig, GG, Art. 2 Abs. 1, Rdn. 12 ff.; weitere Hinweise in Fn. 1730; auch *O. Höffe*, Politische Gerechtigkeit, S. 382 ff., versteht Freiheit material als allgemeine Handlungsfreiheit, sein wesentlicher Irrtum; nicht besser *J. Rawls*, Eine Theorie der Gerechtigkeit, S. 229 ff., der „den Streit um den Freiheitsbegriff zu umgehen" versucht, zum Schaden seiner Philosophie, zumal er nicht einmal Freiheit und Freiheiten begrifflich hinreichend differenziert, S. 270 identifiziert *Rawls* die Freiheit mit einem „Gefüge von Rechten und Pflichten" und von „dem Sinn der jeweiligen Freiheit" macht *Rawls* abhängig, „was man tun darf", sibyllinisch!

[1790] Extrem *F. Giese*, Die Grundrechte, S. 57 ff. („Staatsallmacht und Individualsphäre"); *G. Anschütz*, Die gegenwärtigen Theorien über den Begriff der gesetzgebenden Gewalt und den Umfang des königlichen Verordnungsrechts nach preußischem Staatsrecht, 2. Aufl. 1901, passim; *ders.*, WRV-Kommentar, Anm. 1 zu Art. 114; das nicht verbotene Handeln ist der status negativus *G. Jellineks*, Allgemeine Staatslehre, S. 419 ff.; *ders.*, System der subjektiven öffentlichen Rechte, S. 81 ff.; i.d.S. BVerfGE 6, 32 (36 ff., 42); vgl. insb. *J. Schwabe*, Probleme der Grundrechtsdogmatik, S. 13 ff., 46 ff. (zum „rechtsfreien Raum"), S. 60 ff.; *M. Sachs*, in: K. Stern, Staatsrecht III, 1, S. 633; erstaunlicherweise auch *J. Habermas*, Die Einbeziehung des Anderen, S. 250 (als formale Prämisse des Rechts), auch S. 296.

[1791] *Hobbes*, Leviathan, II, 21, S. 189 f., 196, Fortsetzung des Zitats zu Fn. 1802; wesentlich anders, nämlich für die Freiheit durch Gesetze und die Privatheit im Rahmen der Gesetze, *Locke*, Über die Regierung, IV, 22, VI, 57, S. 19, 43 (Zitate Fn. 63).

oder zu unterlassen erlaubt, was er nicht verboten hat[1792]. *Richard Thoma* dogmatisiert:

> „Der Satz, was nicht rechtlich verboten ist, ist rechtlich erlaubt, ist nicht etwa eine Maxime des Liberalismus, sondern eine denknotwendige Ableitung aus der Existenz einer staatlichen Rechtsordnung."[1793]

Mitnichten! Handlungen, die nicht durch Gesetze geregelt sind, aber andere beeinträchtigen können, bedürfen einer gesetzlichen Regelung, um legal zu sein. Das folgt logisch aus der Allgemeinheit der Freiheit, weil die Freiheit kein Recht ist, anderen zu schaden, vielmehr die Rechte anderer, also vor allem die Freiheit der anderen, respektieren muß. Nichts anderes gebietet das Sittengesetz.

Wenn eine Regelung, wie sie der Liberalismus und entgegen seiner abwehrenden Äußerung auch Thoma konzipiert, in Art. 2 Abs. 1 GG als ein Grundrecht der materialen allgemeinen Handlungsfreiheit getroffen wäre, so würde dieses Grundrecht die staatliche Erlaubnis nicht verbotener Handlungen zu Lasten anderer geben. Dadurch wäre nicht nur das Sittengesetz aus der Definition der allgemeinen Freiheit in Art. 2 Abs. 1 GG herausgedrängt, sondern auch „die Rechte anderer", welche dieses Grundrecht als immanente, also begriffliche, Begrenzung des „Rechts auf die freie Entfaltung seiner Persönlichkeit" des Menschen formuliert. Eine andere Konzeption der Freiheit gibt es in keinem der klassischen Menschenrechtstexte[1794], weil sie die Logik der Allgemeinheit der Freiheit ist. Der Freiheit des einen steht im gemeinsamen Leben die Freiheit des/der anderen gegenüber. Das läßt *Otfried Höffe* vom „transzendentalen Tausch" im „politischen Urvertrag", in dem gegenseitig oder wechselseitig auf Freiheit verzichtet werde, sprechen[1795]. Die Freiheit ist nicht nur für alle Menschen gleich, sondern auch gegenseitig. Freies Handeln ist unter freien Menschen nur nach Handlungsmaximen eines allgemeinen Gesetzes denkbar, weil Handeln, welches die Rechtsfrage aufwirft, nur äußeres Handeln ist. Äußeres Handeln ist jedoch dadurch definiert, daß es das Leben anderer betrifft. Deren Handeln ist nicht unabhängig von anderer nötigender Willkür, wenn sie dem sie betreffenden Handeln des anderen nicht zugestimmt haben, wenn dieses Han-

---

[1792] So in der Tat *Ch. Starck*, HStR, Bd. III, § 33, Rdn. 16 f., („negatorischer Freiheitsbegriff – vom Staat aus gesehen – bedeutet, daß der Staat Freiheit läßt, die der einzelne nach eigenen Plänen und Ideen positiv ausfüllt").

[1793] Das System der subjektiven öffentlichen Rechte und Pflichten, in: G. Anschütz/R. Thoma (Hrsg.), Handbuch des Deutschen Staatsrechts, Bd. II, 1932, S. 619.

[1794] Vgl. die Zitate im 1. Kap, und 2. Kap., I.

[1795] Politische Gerechtigkeit, S. 382 ff., 405 f., 407, u.ö.; Gerechtigkeit als Tausch? insb. S. 19 ff.; Demokratie im Zeitalter der Globalisierung, S. 53 ff., 58 ff.; Wirtschaftsbürger, Staatsbürger, Weltbürger, S. 162.

deln nicht auch ihrem Willen entspricht. Weil Handlungen auf das gesamte Gemeinwesen wirken, läßt sich die Freiheit nur durch das allgemeine Gesetz verwirklichen. Nur das allgemeine Gesetz kann Recht und Rechte geben. Nicht nur Rousseaus Lehre von der volonté générale, sondern auch Kants kategorischer Imperativ lehrt diese Erkenntnis, die auch schon *Locke* und eigentlich auch *Hobbes* hatten, wenn auch letzterer die Staatlichkeit der Freiheit und den Begriff der Freiheit nicht widerspruchsfrei konzipiert hat[1796]. *Jürgen Habermas* weist für „den inneren Zusammenhang zwischen subjektivem und objektivem Recht auf der einen, zwischen privater und öffentlicher Autonomie auf der anderen Seite" auf die „intersubjektive Struktur von Rechten und die kommunikative Struktur der Selbstgesetzgebung" hin[1797]. Kein Freiheitsbegriff, der die Gleichheit der Menschen in der Freiheit zugrunde legt, kann anders gedacht werden. Jeder andere Freiheitsbegriff ist liberalistisch und dogmatisiert Herrschaftlichkeit oder setzt diese um der Ordnung willen voraus. Die ‚Rechtlichkeit' des Handelns im Rahmen der Rechte zur Beliebigkeit, die der Herrscher einräumt, gründen auf der Herrschaft, so daß das Recht nicht auf Freiheit, sondern auf Herrschaft beruht. Das ist die Dogmatik, die meist vertreten wird. Mit dem Grundgesetz als einer aufklärerischen Verfassung der Menschenwürde ist diese Lehre unvereinbar.

Ein materiales Prinzip der allgemeinen Freiheit ist mit der Logik freiheitlicher Staatlichkeit unvereinbar; denn letztere muß, wenn das gemeinsame Leben vom Recht bestimmt sein soll, umfassend sein. Die Republik muß ein Staat des Rechts (Rechtsstaat) sein, d.h. jeder muß unabhängig von eines anderen nötigender Willkür leben können. Das ist ohne allgemeine Gesetzlichkeit, ohne umfassende Rechtlichkeit also, nicht denkbar[1798]. Es gibt durchaus Handlungen und kann jedenfalls Handlungen geben, die (noch) nicht vom Gesetz geregelt sind. Beispiele bildeten die umweltschädlichen Entsorgungen radioaktiver Abfälle und gentechnische Produktionen vor den diese regelnden Gesetzen[1799]. Diese Entsorgungen und Produktionen waren nicht etwa deswegen erlaubt, weil es keine Verbots-

---

[1796] *Hobbes*, Leviathan, II, 18, 21, S. 160, 196 (Zitate zu Fn. 1791, 1802); *Locke*, Über die Regierung, S. 19, 43, 101 ff.

[1797] Faktizität und Geltung, S. 109 ff., 135 (Zitat); i.d.S. auch *ders.*, Erläuterungen zur Diskursethik, S. 156; vgl. auch *ders.*, Die Einbeziehung des Anderen, S. 293 ff., insb. S. 301 ff.

[1798] Ganz so *Locke*, Über die Regierung, IV, 22, VI, 57, S. 19, 43; *Kant*, Metaphysik der Sitten, S. 337 f., 345 u.ö.

[1799] Dazu *M. Kloepfer*, Umweltrecht, 1989, S. 501 f., 802 ff.; *H. Hofmann*, Rechtsfragen der atomaren Entsorgung, 1981; vgl. Hess. VGH, JZ 1990, 88 ff., der die Genehmigung gentechnischer Anlagen ohne gesetzliche Grundlage als Verletzung der Schutzpflicht aus Art. 2 Abs. 2 GG abgelehnt hat (mit kritischer Anmerkung von H. H. Rupp).

gesetze gab. Sie waren vielmehr ohne Gesetz freiheits- und rechtswidrig, weil nicht allgemein und verbindlich geklärt war, ob sie schädigen oder zu schädigen drohen würden. Soweit derartige Handlungen die Gesundheit der Menschen verletzt oder gefährdet haben, waren sie auch Unrecht im Sinne des § 823 Abs. 1 BGB. Daß alles, was nicht verboten ist, erlaubt sei, wie das *Hobbes* formuliert hat[1800], ist ein die allgemeine Freiheit mißachtendes Schema. Privates Handeln muß vielmehr eine Rechtsgrundlage, eine Erlaubnis, nämlich das allgemeine Einverständnis für sich haben, um nicht Unrecht zu sein.

2. Nach *Jürgen Schwabe* ist aber „Freiheit … der Begriff für das, was durch Gesetz oder aufgrund Gesetzes eingeschränkt" werde, so daß die „Freiheit erweitert werde", wenn ein beschränkendes Gesetz entfalle[1801]. Das scheint der *Hobbessche* Freiheitsbegriff zu sein: „Das, was durch die Gesetze nicht bestimmt ist, kann jeder Bürger tun oder lassen; und diese Freiheit wird, wie der Oberherr es für gut findet, bald ausgedehnt, bald eingeschränkt sein", würde aber mit dessen Stellvertretungslehre nicht übereinstimmen:

„Viertens, weil in einem Staate, welcher freiwillig errichtet wurde, jeder von denen, die dem einen die höchste Gewalt übertragen, sich als der Urheber aller Handlungen dieses einen ansehen muß, ist klar, daß der Oberherr keinem von diesen Unrecht tun kann; denn was er tut, tun sie selbst. Sich selbst aber kann niemand Unrecht zufügen."[1802]

In der *Hobbesschen* Konstruktion ist vielmehr die Lehre, daß die Gesetze die Freiheit verwirklichen, weil es die Gesetze der Bürger selbst sind, weit entwickelt.

Michael Sachs faßt „Freiheit … auch unter veränderten Grundbedingungen" immer noch „nach der Subtraktionsmethode G. Jellineks": „Nach wie vor besteht ‚Freiheit', insbesondere ‚Verhaltensfreiheit' lediglich dort, wo das Gesetz keinen Zwang kennt; …"[1803]. Wo in der Welt mag der Ort dieser Freiheit sein, „wo das Gesetz keinen Zwang kennt", also der Staat ohne

---

[1800] Leviathan, II, 21, S. 189 f., 196.

[1801] Probleme der Grundrechtsdogmatik, S. 67; genauso *R. Alexy*, Theorie der Grundrechte, S. 155; so auch *H.-U. Erichsen*, HStR, Bd. VI, § 152, Rdn. 3 (neben dem gemeinschaftsbezogenen Freiheitsaspekt (Rdn. 8)); i.d.S. auch das Schema Grundrechtstatbestand, Grundrechtsbeeinträchtigung, Grundrechtsbegrenzung von *M. Sachs*, in: K. Stern, Staatsrecht III, 2, §§ 77 ff., S. 3 ff., 76 ff., 225 ff., 369 ff., 494 ff.

[1802] Leviathan, II, 21, 18, S. 196 bzw. S. 160; vgl. schon die Zitate zu Fn. 1791.

[1803] *M. Sachs* in: K. Stern, Staatsrecht III, 1, S. 633, auch S. 625 ff.; zur „Freiheit als Negation gesetzwidrigen Zwanges" *E. Grabitz*, Freiheit und Verfassungsrecht, S. 3 ff., 201 ff., 243 ff., der die Statuslehre G. Jellineks als Element einer grundgesetzlichen Freiheitslehre zurückweist.

Zwang auskommt? An einem solchen Ort würde es keines Gesetzes bedürfen. Den Bereich äußerer Verhältnisse der Menschen, in dem keine Gesetze gelten, gibt es im Staat nicht. Das erweist, wie schon angesprochen, § 823 Abs. 1 BGB, der bestimmte sogenannte absolute Rechte für alle Bereiche des gemeinsamen Lebens durch Schadensersatzansprüche bewehrt und zum Schutze von Leben, Eigentum usw. bewehren muß[1804]. Sonst würde der Staat seinen Friedens- und seinen Sicherheitszweck[1805], die nichts anderes gebieten als die Verwirklichung der allgemeinen Freiheit, verfehlen. *Sachs* ermittelt, wie andere auch, „Freiheiten", die er mit den verschiedenen Grundrechten identifiziert[1806], und vernachlässigt die Unterscheidung zwischen den freiheitsschützenden Grundrechten, den sogenannten Freiheitsrechten oder den die (insbesondere) subjektiven Rechte der Privatheit schützenden Grundrechten, und der geschützten Freiheit selbst[1807].

[1804] Zur Dogmatik der Freiheitsgrundrechte als absoluter Rechte und der Freiheiten als Rechtsverhältnisse *R. Gröschner*, Das Überwachungsrechtsverhältnis, S. 209 ff., bzw. S. 67 ff., insb. S. 111 ff.; zuvor grundlegend *H. H. Rupp*, Grundfragen der heutigen Verwaltungsrechtslehre, S. 15 ff., 104 ff., zum „Außenrechtsverhältnis Bürger Staat".

[1805] Dazu *Ch. Link*, VVDStRL 48 (1990), S. 27 ff.; *G. Ress*, VVDStRL 48 (1990), S. 83 ff.; *J. Isensee*, HStR, Bd. V, § 111. Rdn. 25 ff., 77 ff., 83 ff.; *K. A. Schachtschneider*, Res publica res populi, S. 545 ff.

[1806] In: K. Stern, Staatsrecht III, 1, S. 633, gegen *G. Jellinek*, System der subjektiven öffentlichen Rechte, S. 103 f.; auch *ders.*, in: K. Stern, Staatsrecht III, 2, S. 119, 176 u. ö.; richtig *E. Grabitz*, Freiheit und Verfassungsrecht, S. 113, 124; auch *G. Lübbe-Wolff*, Die Grundrechte als Eingriffsabwehrrechte, S. 75 ff., 103 ff., handelt von „konstituierten Freiheiten"; ebenso *D. Suhr, R. Zippelius, W. Henke, R. Alexy* und auch *J. Rawls*, vgl. Fn. 1488; vgl. auch die folgende Fn. 1807; auch *R. Gröschner*, Das Überwachungsrechtsverhältnis, durchgehend, etwa S. 73, 78 ff., 206 ff., spricht von Freiheiten und meint die Freiheitsrechte, Fn. 26, S. 73 f.; Art. 18 GG ermöglicht diesen Sprachgebrauch.

[1807] Richtig *M. Sachs* selbst, in: K. Stern, Staatsrecht III, 1, S. 624 f.; richtig auch *J. Isensee*, HStR, Bd. V, § 111, Rdn. 1 ff.; *ders.*, HStR, Bd. V, § 115, Rdn. 1 ff.; die Identifizierung der Freiheit mit den freiheitsschützenden Grundrechten ist häufig und zu Recht von *J. Schwabe*, Probleme der Grundrechtsdogmatik, S. 73, gerügt, der aber selbst die materialen Grundrechte nicht von der formalen Freiheit unterscheidet (S. 13 ff., 60 ff., passim), der grundsätzliche (liberalistische) Irrtum seiner Überlegungen; richtig auch *E. Grabitz*, Freiheit und Verfassungsrecht, S. 3 ff., 19; *P. Häberles*, Wesensgehaltsgarantie, insb. S. 126 ff., 180 ff., institutionelle Grundrechtslehre, welche die Grundrechte durch Gesetze „auszugestalten" aufgibt, um sie zu erfüllen, klärt nicht hinreichend das Verhältnis der grundrechtsgeschützten Freiheit zum freiheitsverwirklichenden Gesetz; auch *J. Rawls*, Eine Theorie der Gerechtigkeit, S. 229 ff., 270, 275, passim, handelt von „verschiedenen Freiheiten", u. a. auch von der, „gleichberechtigt am politischen Leben mitzuwirken", S. 230, die demokratische Freiheit also, und definiert die Freiheit als ein „Gefüge von Rechten und Pflichten" (S. 270), eine Begriffsschwäche seiner „Theorie"; richtig *F. A. von Hayek*, etwa, Liberalismus, in: ders., Die Anmaßung von Wissen. Neue Freiburger Studien (hrsg. v. W. Kerber), 1996, S. 216 ff. (S. 229 ff., 231 ff.).

Ähnlich setzt *John Rawls*, der Definitionsfragen höchstens eine Neben-
rolle beimißt, voraus, daß sich jede Freiheit mittels dreier Begriffe erklären
lasse, nämlich:

> „Der Handelnden, die frei sein sollen, der Beschränkungen, von denen sie frei
> sein sollen, und dessen, was ihnen freigestellt sein soll. … Die allgemeine Be-
> stimmung einer Freiheit hat also folgende Form: Dieser oder jener Mensch
> (oder Menschen) ist frei (oder nicht frei) von dieser oder jener Einschränkung
> (oder Einschränkungen) und kann das und das tun (oder unterlassen). … Die
> Einschränkungen können von gesetzlichen Pflichten und Verboten bis zum Druck
> der öffentlichen Meinung und sonstigen sozialen Einflüssen reichen."[1808]

Dieser Freiheitsbegriff ist material und würde auch die Privatheit als subjektive Rechte zu willkürlichem Handeln umfassen. *Rawls* findet nicht zur
Kantischen Formalität des Begriffs der Freiheit als der Autonomie des Willens. *Rawls* macht viele Anleihen bei Kant, ist aber kein Kantianer[1809]. Die
innere Freiheit, die Sittlichkeit, das Kernstück der Ethik Kants, erfaßt *Rawls*
in seinem Begriff der Freiheiten nicht, obwohl in *Rawls* „Theorie"
Tugenden, insbesondere der Gerechtigkeitssinn[1810], integriert sind, aber
ohne begrifflichen Standort. *Rawls* Freiheiten sind Rechte, die den Gesetzgeber voraussetzen, also nicht die kantianische Freiheit als Autonomie des
Willens. *Rawls* verharrt wie auch die überwiegende deutsche Staatsrechtslehre in demokratistisch konstitutionellem Denken[1811] und findet nicht zur
Freiheitslehre einer Republik.

Gesetze des Rechts engen die Freiheit weder ein noch erweitern sie die
Freiheit. Sie machen vielmehr verbindlich, was für das gute Leben aller in
allgemeiner Freiheit als richtig erkannt ist[1812]. Die Gesetze verwirklichen in
dem Maße ihrer Richtigkeit/praktischen Vernünftigkeit die Freiheit. Es gibt
keinen Gegensatz von Freiheit und Recht. Nach *Schwabes* Logik müßte die
Freiheit grenzenlos sein, wenn alle Gesetze entfallen sind[1813]. Das aber ist
der Zustand des vorstaatlichen Krieges aller gegen alle, der staatslose

---

[1808] Eine Theorie der Gerechtigkeit, S. 230, vgl. S. 223 ff., 271.

[1809] So *J. Rawls* selbst, Kantischer Konstruktivismus in der Moraltheorie, S. 81 ff.
(„Gerechtigkeit als Fairneß ist streng genommen offenkundig nicht Kants Auffassung: sie weicht in vielen Hinsichten von seinen Texten ab. Doch das Adjektiv
‚kantisch' bezeichnet Analogie, nicht Identität; …", S. 82), der Kants Dualismen zu
überwinden sucht; vgl. *O. Höffe*, Kategorische Rechtsprinzipien, S. 306 ff.

[1810] Eine Theorie der Gerechtigkeit, S. 493 ff.

[1811] Eine Theorie der Gerechtigkeit, S. 223, 252, 275 f.

[1812] Ganz so *Locke*, Über die Regierung, VI, 57, S. 43 („… und den Namen der
‚Beschränkung' verdient wohl kaum, was uns von Sümpfen und Abgründen fern-
hält.").

[1813] So *J. Schwabe*, Probleme der Grundrechtsdogmatik, S. 68, selbst („unendlich
weit"); auch *R. Alexy*, Theorie der Grundrechte, S. 155; diese Dogmatik folgt der
liberalen Lehre des monarchischen Konstitutionalismus und insb. dem Begriff

Naturzustand, jedenfalls der „Zustand der Rechtlosigkeit" ohne „öffentlich gesetzlichen Zwang"[1814], der nur mittels des Staates und damit der Gesetze überwunden werden kann[1815]. Staatlichkeit ist als rechtsgemäße Gesetzlichkeit die Wirklichkeit der Freiheit.

> „Die Garantie der Rechte des Menschen und des Bürgers macht eine öffentliche Gewalt notwendig" (Art. 12 der Deklaration 1789)[1816].

Die Gesetze verwirklichen die Freiheit, freilich nur, wenn sie autonom, wenn sie Freiheitsgesetze, nicht aber, wenn sie Herrschaftsgesetze sind. Die kritisierte liberalistische Lehre ist in sich widersprüchlich, weil sie die republikanische Einheit von Freiheitlichkeit, Rechtlichkeit und Staatlichkeit nicht herstellt, um die sich *Herbert Krüger, Horst Ehmke, Konrad Hesse, Hans-Heinrich Rupp* und *Eberhard Grabitz*, vor allem aber *Werner Maihofer, Peter Häberle* und *Martin Kriele*, aber auch andere, bemühen[1817]. *Hegel* hat konstatiert: „Die Idee der Freiheit ist wahrhaft nur der Staat." Und: „Der Staat ist die Wirklichkeit der konkreten Freiheit;" … sowie: „Der Staat an und für sich ist das sittliche Ganze, die Verwirklichung der Freiheit, und es ist absoluter Zweck der Vernunft, daß die Freiheit wirklich sey."[1818] Wenn nicht *Hegels* Trennung von Staat und Gesellschaft[1819],

---

C. Schmitts, Verfassungslehre, S. 126, 130, 158 f., 163 f., 166 ff., 175 f.; *ders.*, Grundrechte und Grundpflichten, S. 207 ff.

[1814] *Hobbes*, De cive, S. 128 f. „status hominum naturalis … bellum omnium in omnes"; *Rousseau*, Vom Gesellschaftsvertrag, S. 22 f.; *Kant*, Metaphysik der Sitten, S. 430; vgl. auch *ders.*, Die Religion, S. 755 f. (… est status belli …); *ders.*, Zum ewigen Frieden, S. 203, 208; dazu *G. Geismann/K. Herb*, Hobbes über Freiheit, S. 129, Fn. 219; dazu *W. Kersting*, Wohlgeordnete Freiheit, S. 199 ff.; *M. Riedel*, Der Begriff der „Bürgerlichen Gesellschaft", S. 89.

[1815] Richtig weist *H. Krüger*, Allgemeine Staatslehre, S. 536 f., auf den Staat als Voraussetzung der Freiheit hin; ebenso *P. Häberle*, Wesensgehaltsgarantie, S. 150 ff., 154 ff., der dem Gesetzgeber die Aufgabe zumißt, die Grundrechte „auszugestalten", S. 126 ff., 157, 159, 161, 163, 165 und 180 ff., passim; auch *E. Grabitz*, Freiheit und Verfassungsrecht, insb. S. 194 ff., 228 ff. (kritisch zu Häberle), 235 ff., stellt die institutionelle Relevanz des Staates für die Freiheit heraus; ebenso *W. Maihofer*, ARSP, Beiheft Nr. 15, 1981, S. 15 ff., 22 ff.; das ist die Logik der freiheitsrechtlichen Innenlehre; vgl. *K. A. Schachtschneider*, Prinzipien des Rechtsstaates, S. 50 ff., 62 f.; *ders.*, Res publica res populi, S. 519 ff.

[1816] „La garantie des droits de l'homme et du citoyen nécisste une force publique …", Übersetzung vom Verf.; dazu i. d. S. *E. Grabitz*, Freiheit und Verfassungsrecht, S. 151 ff., 153.

[1817] Vgl. die Hinweise in Fn. 1375; vgl. *K. A. Schachtschneider*, Res publica res populi, S. 519 ff.; *ders.*, Prinzipien des Rechtsstaates, S. 28 ff., 50 ff.

[1818] Rechtsphilosophie, § 57, S. 92 bzw. § 258, S. 241, § 260, S. 243; darauf weist auch *G. Lübbe-Wolff*, Die Grundrechte als Eingriffsabwehrrechte, S. 82 f., hin.

[1819] Rechtsphilosophie, §§ 182 ff., S. 192 ff., §§ 257, 258, S. 237 ff.; vgl. vor allem *M. Riedel*, Bürgerliche Gesellschaft und Staat, Grundprobleme und Struktur der Hegelschen Rechtsphilosophie, 1970; *ders.*, Der Begriff der „Bürgerlichen Ge-

sondern die republikanische, die politische, die bürgerliche Identität der allgemeinen Freiheit mit der Staatlichkeit als allgemeiner Gesetzlichkeit des gemeinsamen Lebens, die allein dem Grundgesetz entspricht, zugrunde gelegt wird, ergibt sich daraus die Einheit von Freiheitlichkeit, Rechtlichkeit und Staatlichkeit. „Der Staat ist um der Menschen willen da, nicht der Mensch um des Staates willen". Dieser Satz sollte ursprünglich das Grundgesetz einleiten[1820]. Seine Einsicht hat die Väter des Grundgesetzes bestimmt. Viele kennen den Satz, wenige ziehen dogmatische Konsequenzen aus ihm. *Werner Maihofer* spricht von einer „kopernikanischen Wende", von der die Väter des Grundgesetzes ausgegangen seien, und meint die kopernikanische Wende der Ethik und damit der Rechtslehre durch den Rousseauianer *Kant*[1821].

3. Das Bundesverfassungsgericht spricht von einer „grundsätzlichen Freiheitsvermutung" des Art. 2 Abs. 1 GG (BVerfGE 6, 32 (42))[1822]. *Jürgen Schwabe* greift wie viele das *Hobbessche* liberale Freiheitsprinzip auf: „Diesem Prinzip folgt auch das GG; Regel ist die Freiheit, staatlicher Eingriff die Ausnahme."[1823]. Richtig ist, daß die Republik uneingeschränkt Verwirklichung der Freiheit sein soll. *Ernst-Wolfgang Böckenförde, Hans-Hugo Klein, Josef Isensee, Bernhard Schlink, Robert Alexy, Walter Schmitt Glaeser* u.a. dogmatisieren alle nicht formal wie *Hobbes*, sondern material im Gefolge *Carl Schmitts* dessen „rechtsstaatliches Verteilungsprinzip, nach welchem die Freiheit des Einzelnen prinzipiell unbegrenzt, die Befugnis des

---

sellschaft", S. 88 ff.; zum Kantianismus Hegels *L. Siep*, Hegel, in: Görres-Gesellschaft (Hrsg.), Staatslexikon, 2. Bd., 7. Aufl. 1986, Sp. 1218 ff.; dazu *E. Grabitz*, Freiheit und Verfassungsrecht, S. 167, zur Trennung von Staat und Gesellschaft allgemein, S. 160 ff.; dazu *K. A. Schachtschneider*, Res publica res populi, S. 159 ff., 175 ff.

[1820] Vgl. Art. 1 Abs. 1 HChE, JöR N.F. 1 (1951), S. 48, im Gegensatz zur Ideologie des sog. Dritten Reichs: „Du bist nichts, Dein Volk ist alles"; vgl. *I. v. Münch*, GG, Rdn. 2 zu Art. 1 mit Hinw.; *H. Hattenhauer*, Zwischen Hierarchie und Demokratie, S. 238 ff.; auf den im Text zitierten Satz stützt auch *W. Maihofer*, ARSP, Beiheft Nr. 15, 1981, S. 20 ff., seine Rechts- und Staatslehre; ebenso *Maihofers* Lehre vom Kulturstaat, HVerfR, S. 1202 ff., 1226; *ders.*, HVerfR, S. 490 u.ö., siehe Fn. 1766.

[1821] HVerfR, S. 1226 bzw. 1212; i.d.S. auch *L. W. Beck*, Kants „Kritik der praktischen Vernunft", S. 31 ff., 124, 172, insb. S. 188; *F. Kaulbach*, Immanuel Kants „Grundlegung zur Metaphysik der Sitten", S. 100 f., 205; *ders.*, Studien, S. 111 f.

[1822] Zum Vermutungssatz: In dubio pro libertate, kritisch *J. Schwabe*, Probleme der Grundrechtsdogmatik, S. 62 ff.; *K. Stern*, Staatsrecht I, S. 133 f.; richtig *M. Kriele*, HStR, Bd. V, 1992, § 110, Rdn. 2; aber *W. Maihofer*, HVerfR, S. 504; vgl. *P. Schneider*, In dubio pro libertate, in: E. v. Caemmerer/E. Friesenhahn/R. Lange (Hrsg.), Hundert Jahre Deutsches Rechtsleben, FS zum hundertjährigen Bestehen des Deutschen Juristentages 1860–1960, FS DJT, Bd. 2, 1960, S. 263 ff.

[1823] Probleme der Grundrechtsdogmatik, S. 60.

Staates prinzipiell begrenzt" sei[1824], das „Regel-Ausnahme-Prinzip"[1825] also. Die Grundrechte würden „eine nicht von vornherein begrenzte Freiheit der Beliebigkeit", eine „unbegrenzte Freiheit" schützen[1826]. Sie würden es dem Staat verwehren, alles zu verbieten. Der Staat müsse sich im Rahmen der Schranken-Schranken halten, insbesondere das Verhältnismäßigkeitsprinzip wahren (Willkür/Schranken-Prinzip)[1827]. Die Grundrechte seien „vom Vor-

---

[1824] *C. Schmitt*, Verfassungslehre, S. 126, 130, 158 f., 163 f., 166 ff., 175 f. (Zitat, S. 175); *ders.*, Grundrechte und Grundpflichten, S. 201, 207 ff.; auch *ders.*, Legalität und Legitimität, S. 25 f.; auch *ders.*, Freiheitsrechte und institutionelle Garantien, S. 167 ff.; vgl. auch *ders.*, Inhalt und Bedeutung des zweiten Hauptteils der Reichsverfassung, HbdDStR, Bd. II, 1930, S. 591; *F. Forsthoff*, Zur heutigen Situation der Verfassungslehre, in: H. Barion/E.-W. Böckenförde/E. Forsthoff/W. Weber (Hrsg.), Epirrhosis, FS C. Schmitt (80.), 1968, S. 186 ff., 207 ff.; *H. H. Klein*, Die Grundrechte im demokratischen Staat, S. 71; vgl. *ders.*, Öffentliche und private Freiheit. Zur Auslegung des Grundrechts der Meinungsfreiheit, Der Staat 10 (1971), S. 145 ff.; *E.-W. Böckenförde*, NJW 1974, 1529 ff.; *D. Merten*, Handlungsgrundrechte als Verhaltensgarantien – zugleich ein Beitrag zur Funktion der Grundrechte, VerwArchiv 73 (1982), S. 104; *J. Isensee*, etwa, HStR, Bd. II, § 15, Rdn. 150, 174; *B. Schlink*, EuGRZ 1984, 467; *R. Alexy*, Theorie der Grundrechte, S. 155, auch S. 202 ff., 321 ff.; *W. Schmitt Glaeser*, HStR, Bd. VI, § 129, Rdn. 22; *K. Stern*, Staatsrecht III, 2, S. 794 f.; dazu i. d. S. auch *G. Lübbe-Wolff*, Die Grundrechte als Eingriffsabwehrrechte, S. 67 f.; dazu *J. Schwabe*, Probleme der Grundrechtsdogmatik, S. 47, 60 ff., der allerdings sein „formales Regel-Ausnahme-Prinzip" von der „historischen und ideologischen Dimension C. Schmitts" unterscheidet; kritisch zu diesem Verteilungsprinzip etwa *K. Hesse*, Zur Unterscheidung von Staat und Gesellschaft, S. 486 f., 493, 498.

[1825] *J. Schwabe*, Probleme der Grundrechtsdogmatik, S. 47, 60 ff., der dieses „rechtsformale" „rechtstechnische Grundprinzip" zugunsten der Freiheit als Regel für jede Rechtsordnung als notwendig ansieht und damit die innere Freiheit als Pflicht zur Sittlichkeit genauso ausblendet wie die Erkenntnis der Deklaration von 1789, daß die Freiheit darin bestehe, alles tun zu können, was einem anderen nicht schade, daß aber die Grenze der natürlichen Rechte des Menschen die sei, den übrigen Gliedern der Gesellschaft den Genuß dieser nämlichen Rechte zu sichern, daß diese Grenzen nur durch Gesetz bestimmt werden könnten (Art. 4) und daß das Gesetz Ausdruck des allgemeinen Willens sei (Art. 6); im übrigen sieht Schwabe diese „rechtsformale Normierungstechnik" „materiell, rechtsinhaltlich" umgedreht, so daß „Freiheit die Ausnahme, Beschränkung aber die Regel" sei, S. 60 (!); wie Schwabe hat schon *Hobbes*, Leviathan, S. 189 f., 196, argumentiert, nämlich mit der Unmöglichkeit, alles Handeln durch Gesetze zu regeln; dieses Argument hat Gewicht, die Rechtsordnung reagiert mittels der Privatheit begründenden subjektiven Rechte.

[1826] *G. Lübbe-Wolff*, Die Grundrechte als Eingriffsabwehrrechte, S. 98 f.; so auch *J. Schwabe*, Probleme der Grundrechtsdogmatik, S. 34 f., 52; ähnlich *P. Kirchhof*, HStR, Bd. IX, § 221, Rdn. 56 („Bereich individuell beliebigen Wollens und Handelns").

[1827] BVerfGE 6, 32 (36 ff.); 32, 54 (72); st. Rspr. (vgl. *K. A. Schachtschneider*, Prinzipien des Rechtsstaates, S. 342 ff.); *K. Hesse*, HVerfR, S. 140 (Staat als „potentieller Feind der Freiheit", der auch ihr „Helfer und Beschützer werden" müsse); v. Mangoldt/Klein/*Starck*, GG, Rdn. 6 ff. zu Art. 2 Abs. 1, zur Schranken-

behalt des Gesetzes zum Vorbehalt des verhältnismäßigen Gesetzes" geworden[1828]. „Negativ formulierte Freiheit ... reduziert den Grundrechtsschutz ...
im wesentlichen auf das Übermaßverbot"[1829]. „Diese Argumentationsweise
vermeidet es, notwendige Gemeinwohlbezüge der Freiheit bzw. ‚Eingriffsbe-
fugnisse' dogmatisch bereits in den Grundrechtstatbestand zu verlagern"[1830].

Nur ein Herr kann seinen Untertanen Freiheit zuteilen, sei es auch nach
dem Regel-Ausnahme-Schema. *Hans-Heinrich Rupp* hat das Nötige zu dieser die Bürger entpolitisierenden „Freiheitslehre" gesagt:

> „So endet auf deutschem Boden die Freiheitslehre des Westens in der kläglichen
> Identifizierung der Freiheit mit einer „staatsfreien Sphäre" des Individuums und

---

lehre Rdn. 21 ff., gar zum Sittengesetz als Schranke Rdn. 36 ff.; *Ch. Starck*, HStR,
Bd. III, § 33, Rdn. 16 f. („Der Staat läßt Freiheit."); *I. v. Münch*, GG, Rdn. 17,
25 ff. zu Art. 2; *J. Schwabe*, Probleme der Grundrechtsdogmatik, S. 60 ff., 64 ff.;
B. Schlink, EuGRZ 1984, 459 f.; *M. Sachs*, in: K. Stern, Staatsrecht III, 1, S. 632 f.
(„Freiheit von gesetzlichem Zwang" – ein Widerspruch); *K. Stern*, Staatsrecht III, 2,
§§ 83 ff., S. 692 ff., 762 ff., 838 ff. zu den Schranken-Schranken; auch *P. Lerche*,
HStR, Bd. V, § 122, Rdn. 1 ff., Rdn. 3 ff. (Ausgleichslehre, insb. Rdn. 16 ff.); kraß
i. S. des Willkür/Schranken-Prinzips etwa *Y. Hangartner*, Zweckbindung der Freiheitsrechte?, in: Recht als Prozeß und Gefüge, FS H. Huber (80.), 1981, S. 377 ff.,
der, wie viele, die innere Freiheit gar nicht kennt und konsequent Autonomie ver-
wirft, weil sie keine „Individualfreiheit" sei (S. 381); Kritik bei *P. Häberle*, Wesensgehaltsgarantie, S. 126 ff., u. passim.

[1828] *B. Schlink*, EuGRZ 1984, 459 f.

[1829] *E. Grabitz*, Freiheit und Verfassungsrecht, S. 205, kritisch.

[1830] v. Mangoldt/Klein/*Starck*, GG, Rdn. 263 zu Art. 1 Abs. 3; ebenso BVerfGE
32, 54 (72 f.); dazu *M. Kloepfer*, Grundrechtstatbestand und Grundrechtsschranken
in der Rechtsprechung des Bundesverfassungsgerichts – dargestellt am Beispiel der
Menschenwürde, in: FG BVerfG, Bd. II, 1976, S. 405 ff.; *A. Bleckmann*, Allgemeine
Grundrechtslehren, S. 263 ff., 277 ff.; prononciert i. d. S. auch *G. Lübbe-Wolff*, Die
Grundrechte als Eingriffsabwehrrechte, S. 63 ff., 87 ff., 98 ff.; gegen die Innenlehre
prononciert auch *W. Leisner*, Situationsgebundenheit des Eigentums – eine überholte
Rechtssituation?, Vortrag, gehalten vor der Juristischen Gesellschaft zu Berlin am
29. November 1989, 1990, in: ders. Eigentum, Schriften zu Eigentumsrecht und
Wirtschaftsverfassung 1970–1996 (hrsg. v. J. Isensee), S. 19 f.; dieser sog. Außentheorie stellt *P. Häberle* die allein republikanische Innentheorie entgegen, Wesensgehaltsgarantie, S. 126 ff., 150 ff., 154 ff., passim, der allerdings in dieser Schrift
nicht zur kantianischen Lehre von der inneren Freiheit als Moralität vordringt; diesen Schritt hat *Häberle* getan in: Ethik „im" Verfassungsrecht, S. 276 ff.; vgl. auch
schon recht kantianisch *ders.*, HStR, Bd. II, § 22, Rdn. 31 ff.; den Gemeinwohlbezug des Freiheitsprinzips berücksichtigt auch, allerdings der Relevanz des Sittengesetzes für diese Lehre nicht bewußt, *H.-U. Erichsen*, HStR, Bd. VI, § 152,
Rdn. 7 f.; ebenso *U. Di Fabio*, Kultur der Freiheit, S. 79 ff., 90 ff., 96 ff., 111 ff.,
der die „soziale Bindung" der Freiheit herausstellt (S. 72 f., u. ö.), von „sittlicher
Freiheit" spricht (S. 118 f. u. ö.), sowohl „Superliberalismus" als auch egalitären
Kollektivismus" zurückweist, aber die „individuelle Freiheit" (S. 75, ständig) nicht
als die Einheit von äußerer und innerer Freiheit erfaßt, weil er das Sittengesetz nicht
als kategorischen Imperativ erkennt (S. 76 f.).

der Gesellschaft, also mit einer Freiheit *vom* Staat, der nicht derjenige des Bürgertums war, eine Entwicklung, die ein Schwanken zwischen unpolitischer Staatsfremdheit und ebenso unpolitischer Machtanbetung bereits Entwicklungen des folgenden Jahrhunderts andeutete."[1831]

Horst Ehmke bringt den liberalistischen Begriff des Gesetzes auf die Formel: „Die Aufgabe des an die Stelle des Rechts tretenden Gesetzes wird die Schrankenziehung."[1832]

Soweit die Grundrechte materiale subjektive Rechte schützen oder begründen, ist die Eingriffs-/Schrankendogmatik richtig[1833]. Wenn der Gesetzgeber einen Gesetzesvorbehalt nutzt, muß er dessen Grenzen, vor allem aber die sogenannten Schranken-Schranken, wie das Verhältnismäßigkeitsprinzip[1834], beachten. Dabei hat er insbesondere die objektive Dimension der Grundrechte, deren menschenrechtlichen Gehalt, zu respektieren. Darüber sollen die Hüter der Verfassung, insbesondere die Verfassungsgerichte, wachen. Der verfassungsgemäße Eingriff verkürzt das subjektive Recht, insbesondere das auf Privatheit, welches das Grundrecht schützt oder begründet, freilich nur gegenüber der Verwaltung und den Gerichten, welche die subjektiven Rechte zu beachten haben. Dem Gesetzgeber gegenüber gibt das Grundrecht von vornherein nur das subjektive Recht, die negative Kompetenz[1835] zu respektieren, welche die Eingriffsmöglichkeiten des Gesetzgebers beschränken. Diese subjektive Grundrechtsmenge ist, wie schon gesagt, klein.

4. Das Regel-Ausnahme-Prinzip kehrt sich in der Republik gewissermaßen um. Die Freiheit ist nicht Gesetzlosigkeit, sondern verwirklicht sich in der Gesetzlichkeit, genauer: in Rechtlichkeit, d.h. vernünftiger, sittlicher

---

[1831] HStR, Bd. II, § 31, Rdn. 4; zum „staatsbürgerlichen Privatismus einer entpolitisierten Bevölkerung" nach *H. Arendts* „republikanischer Argumentation" *J. Habermas*, Die Einbeziehung des Anderen, S. 286.

[1832] „Staat" und „Gesellschaft", S. 265; zu dieser Funktion des Gesetzes im Staat und Gesellschaft trennenden Konstitutionalismus *E. R. Huber*, HStR, Bd. I, § 4, Rdn. 55 ff.; vgl. auch *R. Wahl*, HStR, Bd. I, § 2, Rdn. 45 ff.; *K. A. Schachtschneider*, FS M. Kriele, S. 829 ff.; *H. H. Rupp*, Grundfragen der heutigen Verwaltungsrechtslehre, S. 104 ff., 113 ff.; *D. Jesch*, Gesetz und Verwaltung, S. 10 ff., 29 ff., 117 ff., 141 ff.

[1833] Dazu v. Mangoldt/Klein/*Starck*, GG, Rdn. 262 ff. zu Art. 1 Abs. 3; *K. Stern/M. Sachs*, Staatsrecht III, 2, §§ 77 ff., S. 3 ff., 76 ff., 225 ff., 369 ff., 494 ff.; *H. Bethge*, VVDStRL 57 (1998), S. 37 ff.

[1834] Dazu v. Mangoldt/Klein/*Starck*, GG, Rdn. 262, 277 ff. zu Art. 1 Abs. 3; *K. Stern/M. Sachs*, Staatsrecht III, 2, §§ 83 ff., S. 692 ff. (formelle Schranken), 762 ff. (Übermaßverbot und Abwägungsgebot), 838 ff. (Schutz des Wesensgehalts der Grundrechte); *J. Schwabe*, Probleme der Grundrechtsdogmatik, S. 23; *A. Emmerich-Fritsche*, Der Grundsatz der Verhältnismäßigkeit als Direktive und Schranke der EG-Rechtsetzung, 2000; *K. A. Schachtschneider*, Prinzipien des Rechtsstaates, S. 342 ff.; weitere Hinweise zum Verhältnismäßigkeitsprinzip in Fn. 1827.

[1835] Dazu Hinweise in Fn. 1729.

Gesetzlichkeit. Alles Handeln bedarf um der Legalität (und der Sittlichkeit) willen des allgemeinen Einverständnisses durch allgemeine Gesetze. Die Gesetze aber können und sollen, um das gemeinsame Leben lebbar zu machen, weitestmöglich Privatheit, also Rechte zur freien Willkür, einräumen[1836]. Das Recht zur Privatheit ist somit rechtstechnisch die Ausnahme, die Gesetzlichkeit und damit die Bindung an allgemein-verbindliche Maximen die Regel. Es ist logisch, daß ein materialer Freiheitsbegriff, der Freiheiten als Rechte versteht, die durch Gesetze eingeschränkt werden können, das umgekehrte Regel-Ausnahme-Prinzip dogmatisieren muß. Nur ist die Freiheit kein materiales Recht, sondern formal die Autonomie des Willens und als Recht das Recht auf Recht. Das ist die Regel der Republik. Als materiales subjektives Recht läßt sich die in Art. 2 Abs. 1 GG geschützte Freiheit schon deswegen nicht verstehen, weil das allen drei Kriterien in dem Soweit-Satz widerspräche. Privatheit als Recht zur Willkür läßt sich so nicht umschreiben.

5. Die Doktrin der Verteilung privater Freiheit und staatlicher Herrschaft entpolitisiert ohne den konstitutionellen Dualismus liberalistisch die Bürger. Sie ist nicht nur wirklichkeitsfremd, sie ist vor allem der Verfassung der demokratischen Republik, der Verfassung der Freiheit, zuwider. Entgegen seinem Dogma schützt dieser Liberalismus den reklamierten „Freiheitsraum" nicht einmal; denn der herrschaftliche Staat dringt in diesen ein, wenn es das grundrechtsgeleitete Gemeinwohl erfordert und dies zweckmäßig erscheint. Unter diesen Voraussetzungen muß der Staat ein Gesetz erlassen, dem auch das Bundesverfassungsgericht, die richterlichen Senate bundesdeutscher Gesetzgebung, den grundrechtlichen Leitentscheidungen verpflichtet, zustimmt, falls es rechtens gefragt wird. Diese Lehre ist die Logik der Formalität oder materialen Offenheit der Grundrechte mit ihren lagebedingten, variablen und dynamischen Begriffsgehalten, die in der die meisten, jedenfalls die wichtigsten Grundrechte, insbesondere die Berufsfreiheit und die Eigentumsgewährleistung, allein bestimmenden Dogmatik der Verhältnismäßigkeit, also des rechten Maßes oder der praktischen Vernunft, liegt. Nur die geringe Menge verfassungsunmittelbarer materialer subjektiver Rechte, wie das Recht der Freizügigkeit aus Art. 11 Abs. 1 GG, soweit die Schranken von dessen Absatz 2 nicht greifen, hindert den Gesetzgeber an einer variablen Politik.

Die grundrechtliche Verteilungslehre *Carl Schmitts*, die den staatlichen Eingriff in die Freiheitssphäre des Einzelnen nur als (begrenzte) Ausnahme dogmatisieren will[1837], läßt dem Menschen einen vermeintlich unpolitischen

---

[1836] Zum Privatheitsprinzip 8. Kap., IV.
[1837] Vor allem Verfassungslehre, S. 157 ff.; dazu *K. A. Schachtschneider*, Res publica res populi, S. 449 ff., 486 ff.

Handlungsbereich, den es aber unter Menschen nicht gibt[1838]. Die *Schmittsche* Verteilungslehre bleibt dem Liberalismus verpflichtet, der Herrschaft voraussetzt[1839]. Ein vermeintlich herrschaftsfreier Bereich wäre nur dogmatisierbar, wenn nicht jede Handlung Außenwirkung hätte. Handlungen können unterschiedlich regelungsbedürftig sein, je nach der allgemeinen Einschätzung, also der Einschätzung der Allgemeinheit, je nach praktischer Vernunft. Der grundrechtliche Vorbehalt privater Lebensbewältigung ist variabel und dynamisch[1840]. Die Sozialisierung des vormals liberalen Privatrechts (soziales Arbeitsrecht, soziales Mietrecht, soziales Kauf- und Preisrecht) zeigt das ebenso wie die zunehmende Dichte staatlicher Regelungen etwa im Familienrecht. Schließlich regeln die staatlichen Grundrechte selbst alle Lebensbereiche als politische Leitentscheidungen, als, wenn man so will, Werte des gesamten gemeinsamen Lebens und bestimmen dadurch (in der geeigneten Technik material offener Sollenssätze[1841]) auch die der Privatheit vorbehaltenen Regelungsbereiche. Das ist die Logik der Lehre von der mittelbaren Drittwirkung der Grundrechte[1842]. Das staatliche Recht, welches das Handeln unter Privaten regelt, muß den grundrechtlichen Leitentscheidungen genügen, um nicht dem Grundgesetz zu widersprechen. Weil die Generalklauseln Grundlage staatlicher Erkenntnisse der Grenzen der Privatheit sind, müssen die den Generalklauseln abgewonnenen staatlichen Rechtssätze den Grundrechten in deren objektiver Dimension gerecht werden.

Die *Schmittsche* Grundrechtsdogmatik verkennt auch die Staatlichkeit des Rechtsschutzes, der nicht nur den privaten Verträgen im Interesse des Friedens Verbindlichkeit verschafft, sondern auch materialen Regeln über die Richtigkeit der Verträge, die der Staat, meist durch seine Gerichte, gibt[1843]. Auch die guten Sitten wurden und werden als staatliche, nämlich richterliche, Handlungsmaximen praktiziert, entgegen ihrem Begriff als private

---

[1838] Dazu 3. Kap., IX, 6.

[1839] Dazu 3. Kap., I, IX, 2, 3.

[1840] Dazu 8. Kap., IV.

[1841] Zum Verhältnis von Werten und Sollenssätzen/Prinzipien *K. A. Schachtschneider*, Res publica res populi, S. 825 ff.

[1842] BVerfGE 7, 198 (204); 34, 269 (280); 73, 261 (269); 81, 242 (256); 89, 1 (13); 89, 214 (229 ff.); vgl. BAG 1, 185 (193 f.), welches die unmittelbare Drittwirkung praktiziert; *G. Dürig* in: Maunz/Dürig, GG, Rdn. 127 ff., 131 ff. zu Art. 1 Abs. III; v. Mangoldt/Klein/*Starck*, GG, Rdn. 191 ff. zu Art. 1 Abs 3; dazu *K. Stern/M. Sachs*, Staatsrecht III, 1, S. 1509 ff., insb. S. 1543 ff.; *K. Stern*, HStR, Bd. V, S. 79 f.; kritisch vor allem *J. Schwabe*, Die sogenannte Drittwirkung der Grundrechte. Zur Einwirkung der Grundrechte auf den Privatrechtsverkehr, 1971, S. 10 ff., 63 ff., 88 ff. u.ö.; zur Drittwirkungslehre auch *W. Rüfner*, Grundrechtsadressaten, HStR, Bd. V, 1992, § 117, Rdn. 54 ff.

[1843] BVerfGE 81, 242 (254 ff.); dazu 8. Kap., VIII, 3.

Übereinkünfte[1844]. Sie erfassen spezifisch die vermeintlich grundrechtlich ausgegrenzte „Privatsphäre". Den von staatlicher Gesetzgebung „freien" Bereich des Handelns gibt es nicht. In ihrer Liberalität verkennt die *Schmittsche* Verteilungsdoktrin vor allem aber die Herrschaftslosigkeit republikanischer Gesetzlichkeit. Die Grundrechte verfassen (u. a.) den Vorbehalt privater Lebensbewältigung, dem Grenzen zu ziehen jedoch der Politik der praktischen Vernunft in grundrechtlicher Orientierung übertragen ist. Private Lebensbewältigung heißt, die Handlungsmaximen, soweit das die Gesetze erlauben, privat, also in freier Willkür, zu bestimmen. Immer aber müssen die Handlungen die staatlichen Gesetze beachten, um (juridisch) legal zu sein. Das schließt eine Privatsphäre aus, die nur als eine dem staatlichen Gesetz impermeabler Bereich konzipiert werden könnte. Privatheit und Staatlichkeit sind Merkmale der Handlungsmaximen, nicht der Handlungen, die sowohl den staatlichen als auch den privaten Maximen folgen sollen bzw. dürfen[1845], noch gar ein Merkmal von Lebens- oder Handlungsbereichen.

Ziel der republikanischen Verfassung ist die praktische Vernunft, die Sachgerechtigkeit des gemeinsamen Lebens, welche die allgemeinen Gesetze gewährleisten sollen. Das schließt die Privatheit nicht aus, sondern macht Privatheit um der Lebbarkeit des Alltags, aber auch um der effizienzsteigernden Wirkung durchsetzbarer Eigeninteressen (Prinzip Wettbewerb) willen unverzichtbar[1846]. Privatheit ist in den Grenzen der Gemeinverträglichkeit Humanität. Im Rahmen des Staatlichen schafft Privatheit eigenständige Verbindlichkeiten im Besonderen, die keine Allgemeinheit hat, nämlich durch besondere gute Sitten[1847] oder durch Verträge. Kein Grundrecht aber schützt die Herrschaft der einen über die anderen, welche das Ergebnis rechtsfreier Räume wäre[1848]. Die umfassende Rechtlichkeit des gemeinsamen Lebens ist um der allgemeinen Freiheit willen notwendig. Es geht um die bestmögliche Ordnung im Interesse des guten Lebens aller in allgemeiner Freiheit, also auch um die sachgerechte Verteilung von Staatlichkeit und Privatheit, aber auch um die sachgerechten Verfahren, die zur grundrechtsgeleiteten praktischen Vernunft führen. Die Grundrechte materialisieren das Gemeinwohl und dürfen diesem nicht entgegengestellt werden. Sie

---

[1844] Dazu *K. A. Schachtschneider*, Staatsunternehmen und Privatrecht, S. 363 ff., 421 ff.; *ders.*, FS W. Thieme, S. 206 ff.

[1845] Dazu 11. Kap., II, 4.

[1846] Dazu 8. Kap., VI.

[1847] Dazu *K. A. Schachtschneider*, Staatsunternehmen und Privatrecht, S. 363 ff., 421 ff., *ders.*, FS W. Thieme, S. 206 ff.; vgl. *N. Luhmann*, Die Geltung des Rechts, Rechtstheorie 22 (1991), S. 282, der gegen Savigny die Verträge zu den „Rechtsquellen" zählt.

[1848] So auch *H. Hofmann*, JZ 1992, 173.

leiten die Gesetze des gemeinsamen Lebens. Wegen der Formalität oder materialen Offenheit ihrer Leitentscheidungen bedürfen die Grundrechte für die Praxis des gemeinsamen Lebens und damit für die Verwaltung und insbesondere für die Rechtsprechung der bestimmenden Materialisierung oder der näheren Bestimmung ihrer Materialität[1849]. Dazu gehört es auch, durch Gesetze als grundrechtsgeleitete Rechtserkenntnisse subjektive Rechte der Privatheit zu begründen.

Der spezifische Zweck der Grundrechte ist nicht die Abwehr eines herrschaftlichen Staates, den das Grundgesetz nicht verfaßt und der folglich als Staat des Rechts nicht abgewehrt werden kann. Herrschaft verletzt alle Prinzipien des Grundgesetzes, nicht nur, aber auch die Grundrechte, die alle die Freiheit voraussetzen und in jeweils besonderer Weise verwirklichen. Jede Art von Herrschaft verletzt die allgemeine Freiheit des Art. 2 Abs. 1 GG und damit die Würde der Menschen. Wenn die Amtswalter ihre Ämter zur Herrschaft mißbrauchen, entfalten die Grundrechte zwar Schutzwirkung, weil das Bundesverfassungsgericht dem Mißbrauch wehren kann[1850], aber Herrschaft der Amtswalter ist spezifisch die Verletzung der allgemeinen Freiheit, die Art. 2 Abs. 1 GG schützt, wenn auch zugleich die besonderen materialen Grundrechte und die durch diese geschützte oder begründete Privatheit mißachtet sein können.

III. Liberale und demokratische Freiheit

1. Ein beachtenswerter Teil der deutschen Staatsrechtslehre, welcher die Demokratie als Staats- und Regierungsform des Grundgesetzes ansieht, dogmatisiert neben der „bürgerlichen Freiheit der einzelnen und der Gesellschaft vor bestimmten Zugriffen der Staatsgewalt überhaupt" die „politische Freiheit der Mitwirkung und Mitbeteiligung aller an den Entscheidungen der Staatsgewalt". Für diese „doppelt genähte" Freiheit habe sich das Grundgesetz entschieden, das „die Demokratie als rechtsstaatliche, freiheitliche Demokratie erfaßt" habe[1851].

[1849] Zur funktional gesetzgebenden Grundrechtsverwirklichung durch die Verfassungsrechtsprechung *K. A. Schachtschneider*, Res publica res populi, S. 858 ff., 909 ff.

[1850] Dazu *K. A. Schachtschneider*, Res publica res populi, S. 946 ff., auch S. 441 ff., 501 ff.

[1851] *E. W. Böckenförde*, Unterscheidung von Staat und Gesellschaft, S. 412; kraß dualistisch *J. Isensee*, HStR, Bd. II, § 15, Rdn. 148 ff.; *ders.*, Der Staat 80 (1981), S. 161 ff.; nicht anders *R. Zippelius*, Allgemeine Staatslehre, S. 355 ff.; *H. H. Klein*, Die Grundrechte im demokratischen Staat, S. 32 ff., insb. S. 45; *P. Kirchhof*, HStR, Bd. II, § 21, Rdn. 37, der richtig die demokratische Freiheit als „individuelle Selbstbestimmung in ethischer Verantwortung, nicht Herrschaft über andere" vorstellt, im

Diese „doppelte Sicherung der Freiheit" ist die Konsequenz der Unterscheidung von Staat und Gesellschaft, die sich vom monarchisch tradierten herrschaftlichen Staatsprinzip genausowenig löst wie von *Hegels* Begriff der „bürgerlichen Gesellschaft"[1852]. Das Politische bleibt vom Bürgerlichen getrennt, während in der „alteuropäischen" res publica das Politische und das Bürgerliche und damit das Freiheitliche, das Rechtliche und das Staatliche dasselbe sind[1853]. Daß das so verstandene Politische ohne monarchisches Prinzip als demokratische Herrschaft verstanden wird[1854], ist Anlaß für eine herrschaftsabwehrende „bürgerliche" Freiheit, wie für eine herrschaftslegitimierende „politische" Freiheit. Alle Staatsgewalt bedürfe schließlich der demokratischen Legitimation (Art. 20 Abs. 2 S. 1 GG)[1855]. Die Legitimation der Herrschaft durch die Wahlen des Volkes wird als diese „politische Freiheit" des Volkes begriffen, obwohl es weder Freiheit

---

Gegensatz zur „Individualität und Privatheit" der „Freiheit des Individualhandelns"; *ders.*, HStR, Bd. IX, § 221, Rdn. 56 ff., 101 ff.; *U. Di Fabio*, in: Maunz/Dürig, GG, Art. 2 Abs. 1, Rdn. 23, der die politische Freiheit aus der allgemeinen Freiheit, die er liberalistisch (miß)versteht, herausdrängt; auch BVerfGE 69, 315 (343 ff.); weitere Hinweise auf den dualistischen Freiheitsbegriff in Fn. 1857, 1858, 1885; vgl. auch *K. A. Schachtschneider*, Res publica res populi, S. 501 ff., auch S. 175 ff.; 3. Kap., IX.

[1852] *Hegel*, Rechtsphilosophie, §§ 182 ff., S. 192 ff.; dazu *M. Riedel*, Der Begriff der „Bürgerlichen Gesellschaft", S. 77 ff.

[1853] Vgl. *M. Riedel*, Der Begriff der „Bürgerlichen Gesellschaft", S. 77 ff.; nicht anders *H. Ehmke*, „Staat" und „Gesellschaft", S. 265 ff., der darum richtig vom „politischen Gemeinwesen" anstelle vom Staat zu sprechen vorschlägt; so schon *Kant*, Metaphysik der Sitten, S. 429; *W. Maihofers*, HVerfR, S. 427 ff., Lehre vom „Bürgerstaat" (S. 449 ff., 462 ff. u.ö., auch S. 1202) ist republikanisch und zugleich demokratistisch (insb. S. 462 ff., 472 ff.) und bewahrt (darum) liberalistische Elemente (S. 500 ff., 507 ff.).

[1854] *C. Schmitt*, Verfassungslehre, S. 4 f., 223 ff. u.ö.; *M. Hättich*, Demokratie als Herrschaftsordnung, S. 85 ff.; insb. *E.-W. Böckenförde*, Unterscheidung von Staat und Gesellschaft, S. 412; *ders.*, HStR, Bd. II, § 24, Rdn. 37 ff., sieht eine „Metamorphose der individuellen zur demokratischen Freiheit" und kommt damit der Autonomielehre nahe, obwohl er den Herrschaftscharakter der Demokratie zur Grundlage seiner Lehre macht (Rdn. 10); *ders.*, HStR, Bd. III, § 34 Rdn. 11 f.; ebenso *J. Isensee*, HStR, Bd. II, § 15, Rdn. 61, 113, 145, 151 ff., 154 ff., 171 ff., u.ö.; *P. Kirchhof*, HStR, Bd. III, § 59, Rdn. 57 f.; *ders.*, Bd. IX, § 221, Rdn. 3, 38; auch *H. Ehmke*, „Staat" und „Gesellschaft", S. 273, bleibt dabei, auch in der Demokratie werde Herrschaft ausgeübt, weil „die Nicht-Identität von Regierenden und Regierten zur Struktur unseres politischen Gemeinwesens" gehöre, er schwächt damit seine Kritik der Trennung von Staat und Gesellschaft und nimmt seinem Begriff des „politischen Gemeinwesens" empiristisch die Substanz; v. Mangoldt/Klein/*Starck*, GG, Rdn. 185 zu Art. 1 Abs. 3. Zur Herrschaftsdoktrin 3. Kap.

[1855] Art. 20 Abs. 2 S. 1 GG legitimiert nicht Herrschaft, sondern verfaßt fundamental das Volk zum Staat; kritisch zur umgekehrten Abhängigkeit der Wähler vom Staat *H. Meyer*, Demokratische Wahl und Wahlsystem, HStR, Bd. III, 3. Aufl. 2005, § 45, Rdn. 1 ff.

ist zu herrschen, noch sich beherrschen zu lassen. Den Widerspruch von Herrschaft und Freiheit übersieht diese Dogmatik[1856]. *Christian Starck* unterscheidet diesem Dogma gemäß die „demokratische Freiheitsidee" von der „grundrechtlichen Freiheitsidee"[1857], die ihren Ausdruck in den Menschenrechten finde[1858]. Bereits *Gerhard Anschütz* trennt die „persönliche

[1856] Dazu *K. A. Schachtschneider*, Res publica res populi, S. 71 ff.; 3. Kap., I, V, VII, VIII, IX, 4.

[1857] HStR, Bd. III, § 33, Rdn. 1 ff., 8 ff., 14 ff., 29 ff.; auch v. Mangoldt/Klein/ *Starck*, Art. 1 Abs. 3, Rdn. 186; ähnlich *H. H. Klein*, Der Staat 10 (1971), S. 167 f.; *ders.*, Die Grundrechte im demokratischen Staat, S. 32 ff., insb. S. 43 ff.; *J. Isensee*, Der Staat 20 (1981), passim; *ders.*, HStR, Bd. II, § 15, Rdn. 148 ff.; in der Sache auch *E.-W. Böckenförde*, HStR, Bd. II, § 24, Rdn. 35 ff. (politische Freiheit/demokratische Mitwirkungsfreiheit), Rdn. 86 ff.; i.d.S. auch *K. Hesse*, Grundzüge des Verfassungsrechts, Rdn. 153 ff., S. 60 ff., Rdn. 287 f., S. 116 f., der trotz kritischer Ansätze an dem Herrschaftscharakter der Demokratie festhält; so auch *P. Kirchhof*, Brauchen wir ein erneuertes Grundgesetz?, 1992, S. 29 f., 53, 59 f.; *ders.*, HStR, Bd. III, § 59, Rdn. 1 ff., 57 f.; dazu *A. Enderlein*, Der Begriff der Freiheit als Tatbestandsmerkmal der Grundrechte, S. 96 ff.

[1858] *H. Kelsen*, Vom Wesen und Wert der Demokratie, S. 3 ff., passim, stützt die „Idee der Demokratie" auf die „Idee der Freiheit" und spricht von der „Loslösung des Demokratismus vom Liberalismus" (S. 10); *C. Schmitt*, Verfassungslehre, S. 168 ff. („demokratische Staatsbürgerrechte" „der citoyens"), S. 224 f., zur Freiheit als liberalem Prinzip des bürgerlichen Rechtsstaates, ohne politisches Formprinzip zu sein; i.d.S. auch *J. Isensee*, Der Staat 20 (1981), S. 7 ff.; auch *W. Maihofer*, ARSP, Beiheft Nr. 15, 1981, S. 19 ff.; *ders.*, HVerfR, S. 429, 433, 446, 511 f.; *E. Benda*, Demokratie, in: Görres-Gesellschaft (Hrsg.), Staatslexikon, Bd. 1, 1985, Sp. 1194 f. (in der Sache); *R. Zippelius*, Allgemeine Staatslehre, S. 354 ff.; auch *H. H. Rupp*, HStR, Bd. II, § 31, Rdn. 18 ff.; auch *H. Bethge*, DVBl. 1989, 849, stellt „Liberalismus und Volkssouveränität" nebeneinander; i.d.S. auch *J. Rawls*, Eine Theorie der Gerechtigkeit, S. 230; *Ch. Link*, VVDStRL 48 (1990), S. 42 ff.; *H. Meyer*, HStR, Bd. III, § 45, Rdn. 1 ff., kritisch; weiterführend *W. Schmitt Glaeser*, HStR, Bd. III, § 38, Rdn. 11 ff., der die freiheitliche politische Willensbildung des Volkes fast republikanisch beschreibt, aber an der Herrschaftlichkeit der Demokratie festhält (Rdn. 25), obwohl er die „hartnäckige Trennung von ‚Staat' und ‚Gesellschaft' als überwunden" erkennt; *ders.* schon, VVDStRL 31 (1973), S. 221 ff.; demokratisch im republikanischen Sinne schon *K. Hesse*, Zur Unterscheidung von Staat und Gesellschaft, S. 494 ff.; deutlich zur „demokratischen Funktion der Grundrechte" auch *P. Badura*, HStR, Bd. II, § 25, Rdn. 42; etwa auch BVerfGE 27, 71 (81); i.S. einer demokratischen Demonstrationsfreiheit BVerfGE 69, 315 (343 ff.); auch noch *K. A. Schachtschneider*, JA 1979, 569 ff.; dualistisch konzipiert demokratische Teilhabe auch *D. Murswiek*, Grundrechte als Teilhaberechte, soziale Grundrechte, HStR, Bd. V, 1992, § 112, Rdn. 14 ff.; kritisch zur „demokratisch-funktionalen Grundrechtstheorie" *E.-W. Böckenförde*, NJW 1974, 1535; kritisch zur Entgegenstellung eines liberalen und eines demokratischen Freiheitsbegriffs insb. *E. Grabitz*, Freiheit und Verfassungsrecht, S. 139 ff., insb. S. 152 in Fn. 67, S. 194 ff.; mit einem „Prinzip eigenständiger, sinnhafter und verantwortlicher Lebensführung" will *W. Brugger*, Elemente verfassungsliberaler Grundrechtstheorie, JZ 1987, 633 ff., 640 „alle wesentlichen grundrechtlichen Positionen und grundrechtstheoretischen Anliegen … integrieren", ohne die innere Freiheit als Pflicht zur Sittlichkeit präzise

Freiheit", die „Freiheit vom Staat" von der „politischen Freiheit", der „Freiheit im Staat", „welche den Anteil des Bürgers an der Bildung des Staatswillens in sich begreife"[1859].

Diesen dualistischen Freiheitsbegriff haben auch *Carl Schmitt* und *Hans Kelsen* vertreten[1860]. *Manfred Hättich* hat ihn in seine demokratische Herrschaftslehre integriert[1861]. Die Differenzierung taucht beispielhaft bei *Hans-Uwe Erichsen* auf. Er unterscheidet die „Freiheit vom Staat", in deren Bereich Recht als „Beschränkung der Freiheit" begriffen werden müsse und „in einen Gegensatz zur Freiheit gerate", von der „Teilhabe am Staat", die dem „einzelnen die Möglichkeit eröffne", „die Erscheinung … des Gemeinwesens … mitzubestimmen"[1862]. Im Brokdorf-Beschluß hat das Bundesverfassungsgericht die Freiheit dualistisch dogmatisiert:

> „In ihrer Geltung für politische Veranstaltungen verkörpert die Freiheitsgarantie (sc.: des Art. 8 GG) aber zugleich eine Grundentscheidung, die in ihrer Bedeutung über den Schutz gegen staatliche Eingriffe in die ungehinderte Persönlichkeitsentfaltung hinausgeht. Im anglo-amerikanischen Rechtskreis war die im naturrechtlichen Gedankengut verwurzelte Versammlungsfreiheit schon früh als Ausdruck der Volkssouveränität und demgemäß als demokratisches Bürgerrecht zur aktiven Teilnahme am politischen Prozeß verstanden worden (…). Diese Bedeutung des Freiheitsrechts wird … im Schrifttum durchgängig anerkannt" … „Namentlich in Demokratien mit parlamentarischem Repräsentativsystem und geringen plebiszitären Mitwirkungsrechten hat die Versammlungsfreiheit die Bedeutung eines grundlegenden und unentbehrlichen Funktionselements" (BVerfGE 69, 315 (343 f., bzw. 347)).

Peter Häberle stellt den Zusammenhang von Menschenwürde und Demokratie heraus und erkennt die Grundrechte als „Volksrechte", „Volksfreiheiten", weil das Volk weder eine „antigrundrechtliche noch antistaatliche Größe" sei[1863]. Das ist republikanisch, wie *Häberles* Menschenwürdelehre

---

zu erfassen; zur Geschichte der Idee der Menschenrechte *H. Hofmann*, Zur Herkunft der Menschenrechtserklärungen, JuS 1988, 841 ff.; zur „Universalität der Menschenrechte" *M. Kriele*, Die Menschenrechte zwischen Ost und West, 1977, in: ders., Recht – Vernunft – Wirklichkeit, 1990, S. 103 ff.; vgl. auch *ders.*, Einführung in die Staatslehre, 4. Aufl. 1990, S. 149 ff., 6. Aufl. 2003, S. 109 ff.

[1859] Komm. zur WRV, Anm.1 zu Art. 114.

[1860] *C. Schmitt*, Verfassungslehre, S. 126, 130, 158 f., 163, 166 f., 168 f., 223 ff.; *H. Kelsen*, Vom Wesen und Wert der Demokratie, S. 3 ff.

[1861] Demokratie als Herrschaftsordnung, S. 144 ff., 164 f.

[1862] HStR, Bd. VI, § 152, Rdn. 1 ff., 7 f.; so auch *P. Kirchhof*, HStR, Bd. IX, § 221, Rdn. 101 ff.

[1863] HStR, Bd. II, § 22, Rdn. 66; *ders.* zur demokratischen Komponente der Grundrechte, Wesensgehaltsgarantie, S. 17 ff., auch S. 180 ff., 335 ff., 340 f., 363 f. u.ö.; dazu auch *E. Grabitz*, Freiheit und Verfassungsrecht, S. 187 ff., 201 ff.; ganz so schon i.S. der res publica *R. Marcic*, Vom Gesetzesstaat zum Richterstaat, S. 328 ff.; i.d.S. auch *W. Maihofer*, ARSP, Beiheft Nr. 15, 1981, S. 15 ff.

überhaupt, der allerdings die notwendig formale Ethik nicht fehlen darf[1864]. Auch *Konrad Hesse* sieht „die Freiheitsproblematik von vornherein verfehlt oder verkürzt", „wenn es (sc.: das Verständnis der Unterscheidung von Staat und Gesellschaft) Demokratie eher als Gefährdung denn als Gewähr der Freiheit versteht"[1865].

2. Diese freiheitsdogmatische Unterscheidung in eine politische Freiheit, die demokratische, und eine bürgerliche/liberale, die sogenannte grundrechtliche, bleibt dem hegelianischen Begriff der „bürgerlichen Gesellschaft"[1866] verhaftet, welcher die Identität des Politischen und des Bürgerlichen[1867], die res publica also, verdrängt hat. *Hegel* hat der nachnapoleonischen Restauration und damit dem monarchischen Prinzip, welches das Gottesgnadentum der absoluten monarchischen Souveränität abgelöst hat[1868], die staatsphilosophische Begründung nachzuschieben versucht. *Hegels* Begriffe haben bisher stärker gewirkt als die Weimarer Reichsverfassung und das Grundgesetz, vor allem wohl, weil sie Herrschaft legitimieren, welche seit der Aufklärung nicht mehr begründbar ist. Im 21. Jahrhundert sollte endlich auch begrifflich die Staatslehre Hegels zugunsten der Freiheitslehre Kants aufgegeben werden. Den Republikanismus des ausgehenden 18. Jahrhunderts hat Napoleon im Blut Europas ertränkt. Trotz der Befreiungskriege hat Metternich das monarchische Prinzip restaurieren können[1869]. Der neue, hoffentlich ewige (bisher aber brüchige), Frieden in Europa gibt die Chance eines europäischen „Föderalism freier Staaten", *Kants* Vision[1870]. Hegels Epigonen haben genug Schaden angerichtet. *Karl R. Popper* hat eindringlich vor den Feinden der offenen

---

[1864] Diese greift *P. Häberle* in: Ethik „im" Verfassungsrecht, S. 270 ff., insb. S. 276 ff., auf; auch *ders.*, Das Menschenbild im Verfassungsstaat, S. 43 f., 80 f.

[1865] Staat und Gesellschaft, S. 497; vgl. auch *ders.*, Grundzüge des Verfassungsrechts, Rdn. 153 ff., S. 54 ff., auch Rdn. 287 f., S. 116 ff., wo er sich dennoch vom Herrschaftscharakter der Demokratie nicht löst.

[1866] *Hegel*, Rechtsphilosophie, §§ 182 ff., S. 192 ff.

[1867] *M. Riedel*, Der Begriff der „Bürgerlichen Gesellschaft", S. 77 ff.

[1868] Dazu *H. Ehmke*, „Staat" und „Gesellschaft", S. 257 ff.; grundlegend *E. Kaufmann*, Studien zur Staatslehre des monarchischen Prinzips, 1906; *P. v. Oertzen*, Die soziale Funktion des staatsrechtlichen Positivismus, insb. S. 72 ff.

[1869] Dazu *E. R. Huber*, Deutsche Verfassungsgeschichte seit 1789, Bd. 1, S. 651 ff.; *K. Stern*, Staatsrecht V, S. 211 ff.; *Th. Nipperdey*, Deutsche Geschichte 1800–1866, Bürgerwelt und starker Staat, 1983, 6. Aufl. 1993, S. 272 ff., 320 ff., 355 ff.

[1870] Zum ewigen Frieden, S. 208 ff.; dazu *K. A. Schachtschneider*, Die Republik der Völker Europas, S. 153 ff.; *ders.*, Die Republik Europas. Drei an Kants Friedensschrift orientierte Integrationsmodelle nach dem Maastricht-Urteil, in: Aufklärung und Kritik 2/1997, S. 66 ff.; zur Friedensschrift Kants die Aufsätze in dem von M. Lutz-Bachmann u. J. Bohman herausgegebenen Sammelband Frieden durch Recht, Kants Friedensidee und das Problem einer neuen Weltordnung, 1996.

Gesellschaft, zu denen er neben Platon auch Hegel, vor allem aber Marx zählt, gewarnt und die deutsche Ausgabe des 1944 erschienenen Werkes „dem Andenken des Philosophen der Freiheit und Menschlichkeit Immanuel Kant" gewidmet[1871]. Welcher Staatslehrer wollte sich nicht gern auf die Seite des Staates stellen, wenn dieser „die Wirklichkeit der sittlichen Idee" (*Hegel*, Rechtsphilosophie, § 257) ist, „die bürgerliche Gesellschaft" aber „das System der Bedürfnisse" (*Hegel*, Rechtsphilosophie, § 188 u. ö.)? Die Verachtung des Volkes ist die Grundlage jeder Herrschaftsideologie.

Josef Isensee sieht ganz hegelianisch „die ethische Identität zerbrochen, seit die Unterscheidung von Staat und Gesellschaft sich durchgesetzt" habe[1872]. Dem Bürger gesteht er grundrechtlich legitimierten Egoismus zu, während „zum Wohl des Ganzen sich Kräfte regen" müssen würden, „deren Quellen jenseits des rechtsstaatlichen Horizontes liegen: Religion, Moral, Tradition, Kultur"[1873]. Meint er das Opus Dei?[1874] Wer das Volk von der Pflicht zur Sittlichkeit entbindet, nimmt ihm nicht nur die Bürgerlichkeit, sondern spricht ihm die Freiheit, letztlich die Würde, ab; denn eine Freiheit ohne sittliche Bindung gibt es nicht. Jedenfalls ist das republikanische Grundgesetz so nicht gegründet. Freiheit ist politisch. Liberalismus duldet begrenzte Willkür der Untertanen. Darin liegt die paternalistische Entwürdigung des Volkes, welche meint, die Wirklichkeit zu erkennen, jedenfalls aber die Verfassung verkennt. Wenn die Waffen schweigen, schaffen die Begriffe die politischen Verhältnisse. Noch dominieren die Herrschaftsbegriffe im Staats- und Verwaltungsrecht. *Isensee* schreibt selbst: „Die recht-

---

[1871] Die offene Gesellschaft und ihre Feinde, I, Der Zauber Platons, und II, Falsche Propheten, Hegel, Marx und die Folgen, 6. Aufl. 1980.

[1872] Grundrechtliche Freiheit – Republikanische Tugend, S. 74; *ders.*, in der Sache ähnlich, aber in der Formulierung bedeckter, HStR, Bd. II, § 15, Rdn. 131 f., 148 ff., 151 ff., 154 ff.; zum individualistischen im Unterschied zum universalistischen Liberalismus (hier als Republikanismus konzipiert) *W. Kersting*, Pluralismus und soziale Einheit – Elemente politischer Vernunft, S. 627 ff., insb. S. 633 ff.; *ders.*, Die Wiederkehr der Tugend, in: E. Angehrn/B. Baertschi, Gemeinschaft und Freiheit, studia philosophica, Vol. 53, 1995, S. 35 ff.

[1873] Grundrechtliche Freiheit – Republikanische Tugend, S. 71 bzw. S. 76; vorsichtiger *ders.*, HStR, Bd. II, § 15, Rdn. 131, wo er aber von „vordemokratischen" Prinzip des Amts spricht (das Amt aber ist griechisch/römisch, politisch/republikanisch und hat damit beste freiheitliche Reputation); *J. Habermas*, Die Einbeziehung des Anderen, S. 292, sieht „die Angewiesenheit" der „deliberativen Politik" auf die „Ressourcen der Lebenswelt – auf eine freiheitliche Kultur und eine aufgeklärte Sozialisation"; zum Amtsprinzip *K. A. Schachtschneider*, Prinzipien des Rechtsstaates, S. 310 ff.; *R. Balzer*, Republikprinzip und Berufsbeamtentum – Amtsprinzipien im Beamtenrecht, Diss. Erlangen-Nürnberg, 2006.

[1874] Dazu *P. Hertel*, „Ich verspreche euch den Himmel", Geistlicher Anspruch, gesellschaftliche Ziele und kirchliche Bedeutung des OPUS DEI, 3. Aufl. 1991.

liche Freiheit ist notwendig formal und damit offen zum materialen Ethos des Bürgers; sie ist sogar darauf angewiesen"[1875].

3. Das Grundgesetz schließt an die alteuropäische Tradition des politischen Denkens an. Die politische Wissenschaft, einschließlich der sogenannten Staatsrechtslehre[1876], sollte ihm folgen, um der Gefahr zu wehren, daß ein neues Verfassungsgesetz die Verfassungswirklichkeit in Deutschland zum Prinzip erhebt, nämlich den Parteienstaat. Der Parteienstaat steht in der Tradition des monarchischen Prinzips; denn er sucht seine Legitimation in einer Unausweichlichkeit von Herrschaft. Der letzte große alteuropäische Lehrmeister ist Kant. *Werner Maihofer*, aber auch andere mühen sich seit langem, die politische Wissenschaft mit der alteuropäischen Tradition zu verbinden. *Jürgen Habermas*, *Martin Kriele*, *Ernst Vollrath*, *Wolfgang Kersting*, und durchaus auch *Otfried Höffe*, aber auch andere, leisten dazu Beiträge[1877]. Die Staatsrechtslehre muß, um auf den Stand der Ethik, der „Sittenlehre", der „Wissenschaft von der Freiheit" also[1878], zu gelangen, den das 18. Jahrhundert an seinem Ende erreicht hatte, ein Opfer bringen, nämlich die Ideologie von der Herrschaftlichkeit jedes Staates. Diese Ideologie verzerrt die Verfassung und das Verfassungsgesetz mit einer Kraft, die keiner der Verfassungssätze des Grundgesetzes entfaltet. Insbesondere er-

---

[1875] HStR, Bd. II, § 15, Rdn. 132; das „materiale Ethos" kann das Sittengesetz nicht meinen; denn das gehört zur formalen Ethik; ähnlich verwirrend, weil er formale Positionen weit materialisiert, *P. Kirchhof*, HStR, Bd. IX, § 221, Rdn. 57 f.

[1876] Zu dem dem deutschen Konstitutionalismus verhafteten Begriff der Staatsrechtslehre insb. *Ch. v. Krockow*, Staat, Gesellschaft, Freiheitswahrung, S. 436.

[1877] *W. Maihofer (u.a.)*, Rechtsstaat und menschliche Würde, 1968; *ders.*, Prinzipien freiheitlicher Demokratie, HVerfR, 1983, S. 173 ff., 2. Aufl. 1994, S. 427 ff.; *ders.*, Realität der Politik und Ethos der Republik, S. 84 ff.; *J. Habermas*, (insb.) Faktizität und Geltung. Beiträge zur Diskurstheorie des Rechts und des demokratischen Rechtsstaates, 1992; *ders.*, Die Einbeziehung des Anderen, Studien zur politischen Theorie, 1996; auch *ders.*, Erläuterungen zur Diskursethik, 1991; *M. Kriele*, Die demokratische Weltrevolution. Warum sich die Freiheit durchsetzen wird, 1987; *ders.*, Recht – Vernunft – Wirklichkeit, 1990; *ders.*, Einführung in die Staatslehre, 6. Aufl. 2003; *E. Vollrath*, Grundlegung einer philosophischen Theorie des Politischen, 1987; *W. Kersting*, Wohlgeordnete Freiheit. Immanuel Kants Rechts- und Staatsphilosophie, 1984; *ders.*, Recht, Gerechtigkeit und demokratische Tugend. Abhandlungen zur praktischen Philosophie der Gegenwart, 1997; *ders.*, Politik und Recht, Abhandlungen zur politischen Philosophie der Gegenwart und zur neuzeitlichen Rechtsphilosophie, 2000; *ders.*, Theorien der sozialen Gerechtigkeit, 2000; *ders.*, Kritik der Gleichheit. Über die Grenzen der Gerechtigkeit und der Moral, 2002/5; *ders.*, Kant über Recht, 2004; *O. Höffe*, Politische Gerechtigkeit. Grundlegung einer kritischen Philosophie von Recht und Staat, 1987; *ders.*, Kategorische Rechtsprinzipien, 1990; auch *ders*, Demokratie im Zeitalter der Globalisierung, 1999; *ders.*, Wirtschaftsbürger, Staatsbürger, Weltbürger, Politische Ethik im Zeitalter der Globalisierung, 2004; alle Autoren auch in weiteren Schriften.

[1878] *Kant*, Grundlegung zur Metaphysik der Sitten, S. 11.

laubt diese Ideologie, jedwedes Verfassungsprinzip zu etablieren, welches
für die Herrschaft notwendig erscheint. Von dieser Ideologie lebt der entwickelte Parteienstaat. Ohne Hegel ist Staatlichkeit als Herrschaftlichkeit
nicht zu begründen, weil die Verfassung der Menschheit des Menschen das
monarchische Prinzip ins Unrecht setzt. Mit der Aufklärung und ihrer Lehre
von der Republik hat die restaurative Staatslehre des 19. Jahrhunderts erfolgreich gebrochen[1879]. Die staatsrechtliche, durchaus um formelle Rechtsstaatlichkeit bemühte, Restauration wirkt bis heute. Einen Staat des Rechts,
einen materiellen Rechtsstaat, vermag sie nicht hervorzubringen; denn der
duldet keine Herrschaft. Mit dem Kantianismus, der seit Mitte der achtziger
Jahre des 20. Jahrhunderts wieder Einfluß auf die Rechtslehre gewinnt und
auch der Diskursethik[1880] zugrundeliegt, erlebt die Lehre von der Republik
eine Wiederkehr, die endlich an die Revolution von 1918 anzuschließen die
Chance hat[1881]. Diese Entwicklung will auch dieses Buch fördern.

Allgemeine Freiheit realisiert sich nur in einer Republik, die demokratisch sein muß. Grundrechte schützen oder verwirklichen die Freiheit in
unterschiedlicher Weise[1882], auch durch subjektive Rechte der Privatheit.
Die personale Einheit des Menschen im Allgemeinen/Staatlichen und Be-

---

[1879] Dazu *P. v. Oertzen*, Die soziale Funktion des staatsrechtlichen Positivismus,
S. 72 ff.; *Th. Nipperdey*, Deutsche Geschichte 1800–1866, S. 272 ff., insb. S. 313 ff.
(„Der Konservativismus"); *K. Stern*, Das Staatsrecht der Bundesrepublik Deutsch-
land, Bd. V, Die geschichtlichen Grundlagen des Deutschen Staatsrechts, 2000,
S. 116, 267, 288.

[1880] *J. Habermas*, Faktizität und Geltung, S. 109 ff., 349 ff., 541 ff., dessen Lehre
von der „deliberativen Politik" sich als Weiterentwicklung des Republikanismus
Kants versteht und (wie meist) alten Wein in einem neuen Schlauch anbietet, nämlich
die Lehre von der Volkswillensbildung im Unterschied zur Staatswillensbildung, also
die demokratierechliche Lehre von der öffentlichen Meinung, die etwa *W. Schmitt
Glaeser*, HStR, Bd. III, § 38, Rdn. 1 ff., bestens dargelegt hat; auch *J. Habermas*,
Die Einbeziehung des Anderen, passim, insb. S. 241 ff., 277 ff., 293 ff.; vgl. insb.
O. Höffe, Kategorische Rechtsprinzipien, S. 331 ff. (zu Apel), auch S. 351 ff. (zu Habermas); *ders.*, Eine republikanische Vernunft, S. 396 ff.; *ders.*, Kants Kritik der reinen Vernunft, S. 337 ff., der die Grundlegung der Diskursethik in Kants Vernunftskri-
tik nachweist; *W. Kersting*, Pluralismus und Einheit – Elemente politischer
Vernunft, S. 633 ff., insb. S. 641; auch *R. Alexy*, Theorie der juristischen Argumentation. Die Theorie des rationalen Diskurses als Theorie der juristischen Begründung,
1978; *ders.*, Eine Theorie des praktischen Diskurses, in: W. Oelmüller (Hrsg.), Materialien zur Normendiskussion, Bd. 2, Normenbegründung, Normendurchsetzung,
1978, S. 24 ff.; *ders.*, Rechtstheorie 18 (1987), S. 405 ff.; vgl. auch die Abhandlungen in: K.-O. Apel u. M. Kettner (Hrsg.), Zur Anwendung der Diskursethik in Politik,
Recht und Wissenschaft, 1992; auch die brave Kompilation des Alexy-Schülers
A. Tschentscher, Prozedurale Theorien der Gerechtigkeit, insb. S. 198 ff., 309 ff., der
S. 198 f. bei dem Versuch, die „kantische Grundposition (Universalität)" zu charakte-
risieren, seinen begrenzten Zugang zu seinem Gegenstand offenbart.

[1881] Bemerkenswert auch *K. Adam*, Die Republik dankt ab, 1998.

[1882] *E. Grabitz*, Freiheit und Verfassungsrecht, S. 243 ff. u. ö.; dazu I.

sonderen/Privaten[1883] als bürgerliche Einheit, die durch die genannten dualistischen Freiheitslehren nicht eingelöst wird, folgt der personalen Einheit des Bürgers als homme und citoyen[1884]. Diese personale Einheit ist zugleich eine politische Einheit; denn alles Handeln, auch das private, ist politisch und kann, wenn es nötig wird, allgemeinen Gesetzen unterworfen werden. Die grundrechtlichen Leitentscheidungen setzen weitgehend die Menschenrechte um und wären verletzt, wenn die Gesetze nicht bestmöglich das Privatheitsprinzip achten würden.

Die monarchisch-liberal geprägte, also konstitutionalistische, Unterscheidung von Staat und Gesellschaft muß in einer sogenannten Demokratie, die das Volk, eigentlich nur dessen vermeintliche durch die Parteioligarchie repräsentierte Mehrheit, zum Herrn ideologisiert, unterschiedliche Freiheitsbegriffe hervorbringen, nämlich einen, der den gesellschaftlichen Bereich des Menschen schützt (liberaler Freiheitsbegriff), und einen, der seine Herrschaft begründet (demokratischer Freiheitsbegriff)[1885]. Gegen die demokrati-

---

[1883] Zur Besonderheit des Privaten *H. Krüger*, Allgemeine Staatslehre, S. 501 f., 541; *K. A. Schachtschneider*, Staatsunternehmen und Privatrecht, S. 239, 269, 329, 421 ff.; *ders.*, Die Verwaltung, 31 (1998), S. 140 ff.; *ders.*, Der Anspruch auf materiale Privatisierung, S. 40 ff.; *H. H. Rupp*, HStR, Bd. II, § 31, Rdn. 25 ff.; zum Schutz der „Privatheit" als Funktion der Grundrechte auch *P. Häberle*, Wesensgehaltsgarantie, S. 286 ff., insb. S. 335 ff.; dem Bundesverfassungsgericht folgend differenziert die überwiegende Lehre nach Intensität des Schutzes vor dem Staat abgestufte Freiheitssphären des Art. 2 Abs. 1 GG; vgl. *H.-U. Erichsen*, HStR, Bd. VI, § 152, Rdn. 24 ff., 52 ff.; dazu auch *W. Schmitt Glaeser*, HStR, Bd. VI, § 129, Rdn. 27 ff.

[1884] *K. A. Schachtschneider*, Res publica res populi, S. 211 ff.; *ders.*, Der Anspruch auf materiale Privatisierung, S. 40 ff.; vgl. zu diesem „alteuropäischen" Begriff des Bürgers vor allem *M. Riedel*, Der Begriff der „Bürgerlichen Gesellschaft", S. 77 ff.; *ders.*, Bürger, Staatsbürger, Bürgertum, in: O. Brunner/W. Conze/R. Koselleck (Hrsg.), Geschichtliche Grundbegriffe. Historisches Lexikon zur politisch-sozialen Sprache in Deutschland, Bd. 1, 1972/1979, S. 672 ff., insb. S. 695 f., 697 f.; i.d.S. lehrt *J. Habermas* die „Gleichursprünglichkeit von privater und öffentlicher Autonomie", etwa, Die Einbeziehung des Anderen, S. 241 ff., 293 ff.

[1885] I.d.S. schon die Differenzierung von *C. Schmitt*, Verfassungslehre, S. 126, 130, 158 f., 163 f., 166, 168 f., der freilich die Gleichheit, nicht die Freiheit als „politisches Formprinzip" versteht (insb. S. 223 ff.); i.d.S. auch *H. Kelsen*, Vom Wesen und Wert der Demokratie, S. 3 ff., passim; auch *J. Rawls*, Eine Theorie der Gerechtigkeit, S. 230, 309 u.ö., stellt als eine Freiheit heraus, „gleichberechtigt am politischen Leben mitzuwirken", und lehrt eine „konstitutionelle Demokratie" (S. 223, 252, 275 f. u.ö.).; typisch etwa *W. Schmitt Glaeser*, VVDStRL 31 (1973), S. 191 f., 221 ff., 259 ff., 263, der den Herrschaftscharakter der freiheitlichen Demokratie betont, obwohl er die „bürgerliche Partizipation" zu seinem Zentralbegriff erhebt; *ders.*, HStR, Bd. III, § 38, Rdn. 30 ff.; beide Aspekte verschränkt i.S. einer „Einheit von Freiheit und Verantwortung", trotz seines republikwidrigen Mißverständnisses des Sittengesetzes (40 ff.), *H.-U. Erichsen*, HStR, Bd. VI, § 152, Rdn. 7 ff. (9). Die Salzburger (1972) Partizipationserörterung der Deutschen Staats-

stische Herrschaft müssen sich die liberalistischen Freiheiten behaupten. Der republikanisch verstandene Bürger jedoch herrscht nicht über andere, sondern ist frei, indem er sich selbst beherrscht[1886]. *Werner Maihofer* definiert kantianisch: „Der Staat ist die Herrschaft des Menschen über sich selbst"[1887].

Alle Bürger geben einander die allgemeinen/staatlichen Gesetze, deren Verbindlichkeit ihr gemeinsamer Staat sichert[1888]. Nach Maßgabe dieser das äußere Handeln regelnden, die Freiheit aller verwirklichenden Gesetze ist der Bürger er selbst und sucht sein persönliches, besonderes Glück, ist er privat und berechtigt, seine Vollkommenheit allein oder mit anderen (nach Maßgabe privater Gesetze und Verträge) anzustreben. *Herbert Krüger* hat die wertorientierende Funktion der Grundrechte („Wertetafel") für die Hervorbringung des Staates dem Mißverständnis entgegengestellt, die Grundrechte würden die Beliebigkeit im Bereich des Öffentlichen schützen – durchaus republikanisch[1889]. I.d.S. formulieren die Grundrechte, den Vorstellungen von einem gemeinsamen guten Leben folgend, regelmäßig aus Erfahrungen geboren und weitgehend als Menschenrechte anerkannt, politische Leitentscheidungen[1890], die das staatliche Gemeinwesen verwirklichen soll. Der liberalistisch demokratistische Interessensubjektivismus ist Ausdruck des Verlustes an Republikanität[1891]. „Die Individuen sind als

rechtslehrer zur Hochzeit der Demokratisierungsbemühungen (*Willy Brandt*: „Wir wollen mehr Demokratie wagen.") erweist die Konjunkturen staatsrechtlicher Überlegungen; das Wort Republik wurde nicht gesprochen; gegen das „Auseinanderreißen von Liberalismus und Demokratie" *M. Kriele*, Einführung in die Staatslehre, 4. Aufl. 1990, S. 317, 318 ff., 6. Aufl. 2003, S. 177 ff., 204 ff.; in diesem Sinne zur Einheit von Demokratie und Rechtsstaat auch *J. Habermas*, Die Einbeziehung des Anderen, S. 277 ff., 293 ff., auch S. 237 ff.; herrschaftliche Demokratie und freiheitlichen Republikanismus verbindet zur „sozialen liberalen Demokratie" *W. Maihofer*, HVerfR, S. 427 ff., insb. S. 500 ff., 507 ff.

[1886] Ganz so *W. Maihofer*, ARSP, Beiheft Nr. 15, 1981, S. 17 ff.; *ders.*, HVerfR, S. 432 ff., 441 ff.

[1887] ARSP, Beiheft Nr. 15, 1981, S. 21; *ders.*, HVerfR, S. 461, i.d.S. auch S. 442 u.ö.; ganz so zu Kant *W. Kersting*, Wohlgeordnete Freiheit, S. 89 ff., 93 f.; *ders.*, Kant über Recht, S. 138 ff. (141), auch S. 115 ff.; so auch *J. Rawls*, Eine Theorie der Gerechtigkeit, S. 271, 274 ff. (Vorrang der Freiheit), S. 493 ff. (zur „wohlgeordneten Gesellschaft"); vgl. auch *F. Kaulbach*, Studien, S. 55 ff., zur Vernunft als „Herrn" des Menschen; zum Kantianismus der inneren Autonomie 2. Kap., VII.

[1888] Dazu *K. A. Schachtschneider*, Res publica res populi, S. 519 ff., 637 ff.

[1889] Allgemeine Staatslehre, S. 539 ff., 545 ff. (Grundrechte als Integrationsfaktoren); in diese Richtung gehen auch die Bemühungen *P. Häberles*, Wesensgehaltsgarantie, S. 126 ff., 180 ff., die Grundrechte durch Gesetze ausgestalten zu lassen; auch *E. Grabitz*, Freiheit und Verfassungsrecht, S. 139 ff., 194 ff.

[1890] *K. A. Schachtschneider*, Res publica res populi, S. 819 ff.; dazu I, 2.

[1891] Ganz i.d.S. *R. Marcic*, Vom Gesetzesstaat zum Richterstaat, S. 328 ff., 333; zur Vereinzelung der Menschen auch *Th. Tiefel*, Von der Offenen in die Abstrakte Gesellschaft. Ein interdisziplinärer Entwurf, 2003, S. 126 ff.

Bürger dieses Staates Privatpersonen, welche ihr eigenes Interesse zu ihrem Zwecke haben", definiert *Hegel*[1892]. Demgemäß lehrt *Walter Leisner*:

> „Vernünftig ist vielmehr der Eigentümer stets dann, wenn er seine eigenen Interessen gegen den Staat vertritt und durchzusetzen versucht, dies ist die Grundlage der freiheitlichen Demokratie."[1893]

Das Grundgesetz schützt diese Interessen ausweislich Art. 2 Abs. 1 GG gerade nicht, sondern die Autonomie des Willens und eine auch eigeninteressierte Privatheit nach Maßgabe der allgemeinen Gesetze. Vernünftig ist nur die Sittlichkeit. Mit dem Absatz 2 des Art. 14 GG: „Eigentum verpflichtet. Sein Gebrauch soll zugleich dem Wohle der Allgemeinheit dienen", der das Sozialprinzip wiederholt, ist *Leisners* Eigentumslehre schwerlich vereinbar[1894]. Diese Verpflichtung ist Ausdruck praktischer Vernunft, wie sie es im Kontext mit Art. 2 Abs. 1 GG nicht anders sein kann. Der Gesetzgeber materialisiert sie zu juridischen Pflichten[1895], deren Richtigkeit/praktische Vernünftigkeit die Bürger als Hüter der Verfassung, stellvertretend vor allem das Bundesverfassungsgericht, zu verantworten haben[1896]. Privatheit, den eigenen Interessen zu folgen, eignet den Bürgern, soweit dies gemeinverträglich ist, also dem allgemeinen Willen, den staatlichen Gesetzen, entspricht. Dabei sind die besonderen Grundrechte auch Ausdruck des allgemeinen Interesses. Der Eigentümer darf seine Interessen gegenüber den anderen Privaten zu behaupten versuchen. Das ergibt den Wett-

---

[1892] Rechtsphilosophie, § 187, S. 195; *M. Riedel*, Der Begriff der „Bürgerlichen Gesellschaft", S. 99 ff., stellt die Interessenhaftigkeit des bourgeois, der „Bürger als Privatpersonen", die das politische Denken noch heute bestimmt und von Hegel auf den Begriff gebracht ist, heraus; i. d. S. auch *J. Isensee*, Grundrechtliche Freiheit – Republikanische Tugend, S. 69 ff., der durch die Grundrechte den Egoismus geschützt sieht (S. 71); anders insofern *K. Hesse*, Zur Unterscheidung von Staat und Gesellschaft, S. 494 ff.; gegen das Hegelsche System, für das „politische Gemeinwesen" auch *H. Ehmke*, „Staat" und „Gesellschaft", S. 257 ff.; zu den Liberalismusmodellen *W. Kersting*, Pluralismus und soziale Einheit – Elemente politischer Vernunft, S. 627 ff., der selbst eine „kommunitäre Demokratie" präferiert (S. 637, 647 ff.); *ders.*, Die Wiederkehr der Tugend, S. 35 ff.

[1893] Situationsgebundenheit des Eigentums, S. 20; weiter zu W. Leisners Eigentumsliberalismus 10. Kap.

[1894] Dazu 10. Kap., III, 4.

[1895] Vgl. i. d. S. BVerfGE 52, 1 (29); vgl. auch BVerfGE 37, 139 (140); 87, 114 (138); 89, 1 (8); 91, 294 (310 ff.); *H.-J. Papier*, in: Maunz/Dürig, GG, 2002, Rdn. 35 ff. zu Art. 14 GG;; *W. Leisner*, Situationsgebundenheit des Eigentums, S. 5 ff., 18 ff., sieht das Problem der Verdrängung des versagenden Gesetzgebers durch den Richter, der „der einzig letztlich Vernünftige" sei; vgl. auch *ders.*, Eigentum, HStR, Bd. VI, 1989, § 149, Rdn. 54 ff.; *D. Ehlers*, Eigentumsschutz, Sozialbindung und Enteignung bei der Nutzung von Boden und Umwelt, VVDStRL 51 (1992), S. 224 ff.

[1896] Dazu *K. A. Schachtschneider*, Res publica res populi, S. 819 ff.; *ders.*, Prinzipien des Rechtsstaates, S. 244 ff.

bewerb, der eine mögliche Verwirklichung der praktischen Vernunft ist und wegen und in den Grenzen seiner Effizienz für die allgemeine Wohlfahrt die Tugendpflichten der Ethik nicht verletzt. Ein Gegeneinander von Eigentümer und Staat zu dogmatisieren, verkennt den grundgesetzlichen sozialen Eigentumsbegriff, insbesondere die Abhängigkeit der Eigentumsrechte von den allgemeinen Gesetzen. Die das Eigentum materialisierende allgemeine Gesetzgebung aber soll das Ergebnis der praktischen Vernunft, der Sittlichkeit eben, sein[1897], wie der zweite Absatz des Art. 14 GG klarstellt, nicht das Ergebnis eines Interessenkampfes, schon gar nicht gegen den Staat. Wer sollte dieser Staat sein, seit es keinen Souverän mehr gibt?

4. Die innere Freiheit gehört zur Freiheit deren einzig möglichen Begriff nach; denn sie folgt logisch aus der äußeren Freiheit, der Unabhängigkeit von eines anderen nötigender Willkür[1898]. Privatheit aufgrund der Rechte zur freien Willkür ist freiheitlich, wenn und weil sie auf allgemeinen Gesetzen beruht und den kategorischen Imperativ (alleinbestimmt) wahrt[1899]. Freiheit ist Bürgerlichkeit (im Sinne Kants, nicht im Sinne Hegels). Die Unterschiedlichkeit in der Privatheit erweist sich im Eigentum. Die Eigentumsordnung ist kraft der allgemeinen Gesetze der Freiheit gleich, nicht aber die Möglichkeiten, welche als Eigentum gesetzlich geschützt werden[1900]. Wäre Eigentum Freiheit[1901], so wäre die Freiheit ungleich verteilt. Die Konsequenz wäre um der Gleichheit willen das Postulat des unterschiedslosen Eigentums für alle oder der Kommunismus des Gemeineigentums. Ein hinreichendes Eigentum ist aber um der Selbständigkeit der Menschen willen Bedingung der Freiheit[1902].

Wer Freiheit mit Liberalität verwechselt, setzt einen Herrscher voraus. Solche Liberalität stößt schnell an die Grenze allgemeiner Interessen, die vom Herrscher im Interesse des Gemeinwohls durchgesetzt werden können müssen. Der herrschaftliche Parteienstaat beweist mit seiner zunehmenden Staatlichkeit des gemeinsamen Lebens die Chancenlosigkeit einer „bürgerlichen Gesellschaft", in die der Staat nicht eingreift. Alles gemeinsame Leben ist politisch. Daran vermag eine Lehre von nicht-politischen, ver-

---

[1897] Dazu 10. Kap., II und III.

[1898] Dazu 2. Kap., VI und VII.

[1899] Dazu 8. Kap, II.

[1900] Dazu 10. Kap., II.

[1901] I. d. S. aber BVerfGE 24, 367 (389); 50, 290 (339); 53, 257 (290); 97, 350 (370 ff.), Euro-Beschluß: „Geld ist geprägte Freiheit" (zu diesem Satz von F. Dostojewski Fn. 2707); *W. Leisner*, HStR, Bd. VI, § 149, Rdn. 9, 21, 54 ff., u. ö.; *ders.*, Freiheit und Eigentum, S. 7 ff.; *ders.*, Eigentum – Grundlage der Freiheit, 1994, in: ders., Eigentum, Schriften zum Eigentumsrecht und Wirtschaftsverfassung 1970–1996, S. 21 ff.; dazu kritisch 10. Kap.

[1902] Dazu 10. Kap., III, 4, 11. Kap., III.

meintlich privaten Freiräumen nichts zu ändern. Die Parteienoligarchie kümmert sich um jede Angelegenheit, die im Interesse ihrer Herrschaft bewältigt werden muß, sogar um die Umwelt, jedenfalls solange es eine wirkliche Umweltpartei gab. Weitgehend genügt ihr der Schein von Politik. Richtig spricht *Horst Ehmke* vom „politischen Gemeinwesen". Er will damit die Kategorien „Staat" und „Gesellschaft" im Sinne des amerikanischen „government" überwinden[1903]. Die „gute Ordnung des Gemeinwesens" hält *Ehmke* zu Recht für eine „politische Aufgabe der Gesetzgebung"[1904]. Das akzeptiert die Willensautonomie der Bürgerschaft. *Konrad Hesse* überantwortet es ebenfalls „Verfassung und Gesetz, das Gemeinwesen so auszugestalten, daß Freiheit möglich ist"[1905]. Die freiheitsverwirklichende, d.h. herrschaftsverhindernde, Gestaltung der Organe der Bürgerschaft, von deren Kompetenzen und Verfahren muß, ständig zur Änderung bereit, auf die Erfahrungen des Mißbrauchs der gesetzlich eingeräumten Aufgaben und Befugnisse reagieren. In keinem Fall rechtfertigt persönliche Herrschaft ihre institutionelle Stabilisierung. Der Parteienstaat hat sich als ungeeignet erwiesen, die Freiheit gegen die Herrschaft der Parteienoligarchie zu verteidigen. Ganz im Gegenteil hat der parteiliche Gesetzgeber zunehmend deren Herrschaft stabilisiert[1906]. Das Bundesverfassungsgericht, selbst parteilich besetzt, hat nur wenig Widerstand geleistet. Begrenzte Privatheit ist der Freiheit nicht zuwider, sondern eine Art, letztere zu verwirklichen, weil sie der allgemein erkannten praktischen Vernunft entspricht.

5. Wenn gelten soll: Res publica res populi, wenn also das Gemeinwesen im eigentlichen Sinne der Herrschaftslosigkeit freiheitlich-demokratisch sein soll, ist der Freiheitsbegriff Kants unumstößlich, ob nun das Sittengesetz im Text der Verfassung genannt ist oder nicht. Die Ethik als die Lehre von der Freiheit hängt nicht von ihrer Anerkennung durch den Verfassungsgesetzgeber ab. Freilich rechtfertigt es die Realität republikwidriger Herrschaft, insbesondere die der politischen Parteien, den liberalen, Herrschaft abwehrenden Grundrechtsbegriff[1907] zu bewahren, der in dem Maße funk-

---

[1903] „Staat" und „Gesellschaft", S. 267 ff.

[1904] „Staat" und „Gesellschaft", S. 270; *ders.*, Wirtschaft und Verfassung, S. 3 ff.

[1905] Unterscheidung von Staat und Gesellschaft, S. 492 f.; ganz so *C. Schmitt*, Grundrechte und Grundpflichten, S. 199 f. (Zitat zu Fn. 1435, S. 290); *ders.*, Legalität und Legitimität, S. 20 ff.

[1906] Dazu *K. A. Schachtschneider*, Res publica res populi, S. 1045 ff.

[1907] Etwa BVerfGE 7, 198 (204); „Die Grundrechte sind Abwehrrechte des Bürgers gegen den Staat", nicht nur, aber wesentlich, vgl. etwa auch BVerfGE 69, 315 (343 ff.); dazu ausführlich *M. Sachs*, in: K. Stern, Staatsrecht III, 1, § 66, S. 619 ff. (Grundrechte als Abwehrrechte); vgl. auch *ders.*, in: K. Stern, Staatsrecht III, 2, §§ 77 ff., S. 3 ff., 76 ff., 225 ff., 369 ff., insb. S. 82 ff.; v. Mangoldt/Klein/*Starck*, GG, Art. 1 Abs. 3, Rdn. 182 ff.; *J. Isensee*, HStR, Bd. V, § 111, Rdn. 9 ff., 37 ff.; *H. Bethge*, VVDStRL 57 (1998), S. 10 ff.; *P. Häberle*, Wesensgehaltsgarantie,

tionslos wird, in dem diese Herrschaft überwunden wird, in dem die Gesetze durch Moralität des Gesetzgebers (Bürger und deren Vertreter) zu Recht zu werden pflegen. Gesetze des Rechts werden jedoch immer das höchstmögliche Maß an Privatheit der Menschen begründen oder/und schützen, um dem Glück des einzelnen die größtmögliche Chance zu geben, welche den anderen zumutbar ist. Auch dieses Privatheitsprinzip folgt aus der allgemeinen Freiheit.

S. 134 ff., 150 ff., 154 ff.; vgl. auch *W. Cremer*, Freiheitsgrundrechte, S. 74 ff.; *R. Poscher*, Grundrechte als Abwehrrechte, S. 107 ff., 153 ff.

Siebtes Kapitel

Gleichheit in der Freiheit als Rechtsprinzip

I. Allgemeine Freiheit und Gleichheit aller

1. Freiheit und Gleichheit

Die Identität der Allgemeinheit der Freiheit und der Gleichheit aller und damit die Richtigkeit des „uralten Naturrechtsgrundsatzes" der Gleichheit aller in der Freiheit[1908] zeigt sich in der allgemeinen Gesetzlichkeit als beider Wirklichkeit im Staat. Das heißt nicht, daß die Freiheit in der Gleichheit aufgeht. In gewisser Weise gleich ist auch eine Menge von Sklaven oder von sich amüsierenden Wohlständlern[1909]. Die Freiheit ist das Eigent-

---

[1908] BVerfGE 5, 85 (205); *G. Dürig*, in: Maunz/Dürig, GG, Rdn. 18, 134 zu Art. 1 Abs. I; *W. Maihofer*, HVerfR, S. 427 ff., insb. S. 455 ff., 499 ff., 507 ff.; *ders.*, Realität der Politik und Ethos der Republik, S. 101; *M. Kriele*, HVerfR, S. 129 ff.; *ders.*, Die demokratische Weltrevolution, insb. S. 49 ff.; *ders.*, Einführung in die Staatslehre, 4. Aufl. 1990, S. 331 ff., 6. Aufl. 2003, S. 177 ff., 204 f.; *D. Suhr*, Entfaltung der Menschen durch die Menschen, S. 139 ff.; *H. Hofmann*, JuS 1988, S. 843; *P. Kirchhof*, FS W. Geiger, S. 99 ff.; *ders.*, HStR, Bd. V, § 124, Rdn. 46 ff., 103 ff.; *U. Di Fabio*, Kultur der Freiheit, S. 71, 112, anders aber S. 96 ff. („gleichberechtigende Freiheit", S. 100); *M. Hättich*, Demokratie als Herrschaftsordnung, S. 153; *K. A. Schachtschneider*, FS M. Kriele, S. 829 ff.; *ders.*, Res publica res populi, S. 4 f., 253 ff., 410 ff., 422 ff.; *ders.*, Prinzipien des Rechtsstaates, S. 35 ff.; *J. Rawls*, Eine Theorie der Gerechtigkeit, S. 34 ff., 223 ff., passim, stellt seine „Theorie der Gerechtigkeit als Fairneß" allein auf diesen Grundsatz; ebenso *ders.*, Das Recht der Völker. Enthält: „Nochmals: Die Idee der öffentlichen Vernunft", 1999, übersetzt von W. Hinsch, S. 33 ff.; *J. Habermas*, Erläuterungen zur Diskursethik, S. 154; *ders*, Faktizität und Geltung, S. 328 f., 364, 638, u. ö.; *W. Kersting*, Die politische Philosophie in der Gegenwart, S. 43 ff.; *ders.*, Kant über Recht, S. 127, 129, auch S. 57, 134, u. ö.; *O. Höffe*, Demokratie im Zeitalter der Globalisierung, S. 46, 201; dazu auch *J. F. Lindner*, Theorie der Grundrechtsdogmatik, 2005, S. 197 ff.; *E. Bloch*, Naturrecht und menschliche Würde, S. 83, sieht das als ein nicht mehr naturrechtliches Apriori Kants; zu Kant 2. Kap., II; philosophiegeschichtliche Hinweise in Fn. 6.

[1909] *G. Dürig*, in: Maunz/Dürig, GG, Rdn. 153 zu Art. 3 Abs. I, warnt (mit Hinweis auf Dostojewski) deutlich vor einem solchen materialen Gleichheitsverständnis; i. d. S. auch *W. Maihofer*, HVerfR, S. 514 f.; ebenso *P. Kirchhof*, HStR, Bd. V, § 124, Rdn. 103 ff.; zur Sklavenartigkeit des Genußlebens *Aristoteles*, Nikomachische Ethik, I, 3, S. 59; vgl. *O. Höffe*, Politische Gerechtigkeit, S. 286.

liche[1910]. Die Idee der rechtlichen Freiheit ist es, daß jeder er selbst sein und seine Vollkommenheit nach seinem Bilde anstreben darf. Der Freiheit Zweck ist jedermanns Entfaltung der eigenen Persönlichkeit (Art. 2 Abs. 1 GG) in den vielfältigen Möglichkeiten seines Lebens inmitten der anderen Menschen mit der gleichen Freiheit[1911]. Freiheit ist die Bedingung des gemeinsamen guten Lebens, des Glücks aller[1912]. Dieser freiheitliche Grundzweck, der allein menschenwürdig ist, ist im Prinzip Gleichheit als solchem nicht enthalten[1913]. *Kant* stellt darum klar, daß die „angeborene Gleichheit" ... „schon im Prinzip der angeborenen Freiheit" liege und von „ihr (als Glieder der Einteilung unter einem höheren Rechtsbegriff) nicht unterschieden" sei[1914]. Das wird von der Formel der Gleichheit in der Freiheit erfaßt[1915]. „Die Gleichheit hat der Freiheit gegenüber eine dienende Funktion" stellt *Günter Dürig* klar[1916]. *John Rawls* gibt dem „Grundsatz der gleichen Freiheit für alle" den Vorrang „vor dem zweiten Gerechtigkeitsgrundsatz", der die faktische, vor allem wirtschaftliche Ungleichheit vom Vorteil jedermanns abhängig mache[1917]. *Werner Maihofer* lehrt:

> „Damit aber stehen in einer freiheitlichen Demokratie nicht Freiheit und Gleichheit nebeneinander als zwei erst nachträglich zu vermittelnde Forderungen an die Ordnung eines solchen Staates. Vielmehr geht in ihm die Forderung nach Gleich-

---

[1910] *W. Maihofer*, HVerfR, S. 504, 508; i.d.S. auch *G. Dürig*, in: Maunz/Dürig, GG, Rdn. 134 ff. zu Art. 3 Abs. I („Präponderanz der Freiheit", Rdn. 135, 153); i.d.S. auch *E.-W. Böckenförde*, HStR, Bd. II, § 24, Rdn. 35 ff.; zu *Kant* 2. Kap.

[1911] *W. Maihofer*, HVerfR, S. 490 ff., insb. S. 493 ff., 519 ff.

[1912] Vgl. *O. Höffe*, Politische Gerechtigkeit, S. 262 ff., 270 ff., 276 ff., 281, zur Lehre des Aristoteles vom guten Leben in der Polis; *Aristoteles*, Nikomachische Ethik, S. 59 ff.; *ders.*, Politik, S. 230 ff.; Hinweise zum Prinzip des eigenen Glücks in Fn. 175, 1463; zur Selbstzweckhaftigkeit in Fn. 303; dazu auch 2. Kap., V, VI, 5. Kap., III.

[1913] Darauf hat insb. *G. Dürig*, in: Maunz/Dürig, GG, Rdn. 120 ff. zu Art. 3 Abs. III, eindringlich hingewiesen, auch Rdn. 134 ff. zu Art. 3 Abs. I.

[1914] Metaphysik der Sitten, S. 345 f.

[1915] Belege für diese Formel in Fn. 6, 1908; *K. A. Schachtschneider*, Prinzipien des Rechtsstaates, S. 35 ff.; auch *G. Dürig*, in: Maunz/Dürig, GG, Rdn. 134 zu Art. 3 Abs. I, übernimmt diese Formel als „Freiheits-Gleichheit", wenn auch im Widerspruch zu seiner materialen Lehre von der Spannung zwischen Freiheit und Gleichheit.

[1916] In: Maunz/Dürig, GG, Rdn. 135 zu Art. 3 Abs. I.

[1917] Eine Theorie der Gerechtigkeit, S. 274 ff.; die beiden Gerechtigkeitsgrundsätze von *Rawls* lauten (a.a.O., S. 81): „1. Jedermann soll gleiches Recht auf das umfangreichste System gleicher Grundfreiheiten haben, das mit dem gleichen System für alle anderen verträglich ist. 2. Soziale und wirtschaftliche Ungleichheiten sind so zu gestalten, daß (a) vernünftigerweise zu erwarten ist, daß sie zu jedermanns Vorteil dienen, und (b) sie mit Positionen und Ämtern verbunden sind, die jedem offen stehen." Der erste Grundsatz ist der „der gleichen Freiheit", der zweite im zweiten Teil der „der fairen Chancengleichheit" (S. 409).

heit aus der vorgängigen Ordnung der Freiheit hervor, unter deren Vorzeichen und Vorrang die freiheitliche Demokratie westlicher Prägung, im Unterschied zu anderen als Demokratie bezeichneten Herrschaftsformen steht"[1918].

Freiheit und Gleichheit sind, wie es die Französische Revolution lehrt, mit Brüderlichkeit verbunden, die heute als Solidarität angesprochen wird[1919] und Gegenstand des Sozialprinzips ist[1920].

Die vielfach beschworene Spannung zwischen Freiheit und Gleichheit[1921] wird dem Prinzip der Republik genausowenig gerecht wie der Praxis der

---

[1918] HVerfR, S. 508.

[1919] *W. Maihofer*, HVerfR, S. 519 ff.; *M. Kriele*, die demokratische Weltrevolution, S. 49 ff.; *J. Habermas*, Gerechtigkeit und Solidarität, S. 49 ff., insb. S. 62 ff., 69 ff., u. ö.; *R. Zippelius*, Allgemeine Staatslehre, § 34, S. 354 ff.; *W. Kersting*, Die politische Philosophie der Gegenwart, S. 43 ff.; *ders.*, Kritik der Gleichheit, S. 23 ff. („Der Sozialstaat im Spannungsfeld zwischen Freiheit und Gleichheit"), zur Sozialphilosophie Kants S. 39 ff.; vgl. auch *ders.*, Kant über Recht, S. 127 ff., 131 ff.; *K. A. Schachtschneider*, Res publica res populi, S. 234 ff.; *ders.*, Prinzipien des Rechtsstaates, S. 22 ff., 97 ff.; auch *U. Di Fabio*, Kultur der Freiheit, S. 100 f., 111 ff.

[1920] *K. A. Schachtschneider*, Das Sozialprinzip, 1974; *ders.*, Res publica res populi, S. 234 ff.; *ders.*, Grenzen der Kapitalverkehrsfreiheit, S. 289 ff.; dazu 11. Kap., III

[1921] BVerfGE 5, 85 (206); insb. *G. Leibholz*, Strukturprinzipien des modernen Verfassungsstaates, S. 19 f.; *E.-W. Böckenförde*, Unterscheidung von Staat und Gesellschaft, S. 421 („Dialektik von Freiheit und Gleichheit"); *G. Dürig*, in: Maunz/Dürig, GG, Rdn. 120 ff. zu Art. 3 Abs. I, explizit Rdn. 121, 127 ff., 139, der Freiheit und Gleichheit als Wertbegriffe und diese material verstehen muß; das zwingt zur Spannungsdogmatik, etwa *H. P. Ipsen*, Gleichheit, in: F. L. Neumann/H. C. Nipperdey/U. Scheuner (Hrsg.), Die Grundrechte, Handbuch der Theorie und Praxis der Grundrechte, 2. Bd., 1954, S. 126; vgl. auch *G. Luf*, Freiheit und Gleichheit. Die Aktualität im politischen Denken Kants, 1978, S. 4, 7 ff.; *M. Greiffenhagen*, Freiheit gegen Gleichheit? Zur „Trendwende" in der Bundesrepublik, 1975, der den Gegensatz von Freiheit und Gleichheit zwar bestreitet, aber Gleichheit mit sozialer Gleichheit, also Selbständigkeit, verwechselt (S. 60); für viele typisch *R. Zippelius*, Allgemeine Staatslehre, S. 362 ff. (in der Sache abwägend); vgl. auch *P. Badura*, HStR, Bd. II, § 25, Rdn. 31 f.; in der Sache auch die Prinzipientheorie von *R. Alexy*, Theorie der Grundrechte, S. 71 ff., 380 ff., die eine Abwägung zwischen Freiheits- und Gleichheitsprinzipien (insb. S. 388) erfordert und logisch darum Materialität voraussetzt, die *Alexy* bis zu den Prinzipien „faktischer Freiheit" und „faktischer Gleichheit" vorantreibt; die alle auf eine Gesetzgebungsfunktion der Gerichte (im Ergebnis zu Recht) hinauslaufenden Topoi der Abwägung reichert *Alexy* noch (mit vielen) um den der „sozialen Grundrechte" an, welche wiederum die Freiheit faktisch sichern sollen (S. 395 ff., 458 ff., 465 ff.); auch (liberalistisch) *W. Maihofer*, HVerfR, S. 499 f., 513 ff.; gegen einen Gegensatz von Freiheit und Gleichheit *M. Kriele*, Befreiung und politische Aufklärung. Plädoyer für die Würde des Menschen, 1980, S. 59 f.; *ders.*, Einführung in die Staatslehre, 4. Aufl. 1990, S. 331 ff., 6. Aufl. 2003, S. 177 ff., 204 f.; *K. A. Schachtschneider*, Res publica res populi, S. 422 ff.; *ders.*, Prinzipien des Rechtsstaates, S. 38 ff.; auch *P. Kirchhof*, HStR, Bd. V, § 124, Rdn. 103 ff.; *W. Kersting*, Politische Philosophie der Gegenwart, S. 45; *ders.*, Kant über Recht, S. 57, 127, 129; i. S. der Identität von Freiheit

griechischen Polis[1922]. *Gerhard Leibholz* hat dagegen mit großer Wirkung für das praktizierte Konzept vertreten:

> „Zwischen Freiheit und Gleichheit besteht ein inneres Spannungsverhältnis. Je mehr Gleichheit verwirklicht wird, um so fragwürdiger wird die Freiheit. Und je mehr Freiheit gesichert ist, um so problematischer wird die Gleichheit"[1923].

Das Bundesverfassungsgericht ist ihm, seinem Mitglied, gefolgt:

> „Die freiheitliche Demokratie ist von der Auffassung durchdrungen, daß es gelingen könne, Freiheit und Gleichheit der Bürger trotz der nicht zu übersehenden Spannungen zwischen diesen beiden Werten allmählich zu immer größerer Wirksamkeit zu entfalten und bis zum überhaupt erreichbaren Optimum zu steigern" (BVerfGE 5, 85 (206)).

Ein solches Spannungsverhältnis setzt einen sowohl die Freiheit als auch die Gleichheit gewährenden Staat voraus. Der Staat ist aber eine Vereinigung in der Freiheit gleicher Menschen. Der Gesetzgeber kann die Freiheit und Gleichheit durch Gesetze verletzen, die nicht der allgemeinen Freiheit dienen und dadurch notwendig die Gleichheit mißachten, weil der Gesetzgeber über das Wahre und/oder Richtige im Irrtum ist. *Martin Kriele* hat „die Alternative Freiheit oder Gleichheit" richtig als „Scheinalternative" kritisiert, dies aber mit den Wirkungen nicht „rechter Balance" zwischen Freiheit und Gleichheit begründet[1924] und damit die Formalität der republi-

---

und Gleichheit läßt sich auch *H. Hofmann*, VVDStRL 41 (1983), S. 74, verstehen, mit Hinw. in Fn. 120 zu dem besagten Spannungsverhältnis; *D. C. Dicke*, Die Intervention mit wirtschaftlichen Mitteln im Völkerrecht. Zugleich ein Beitrag zu den Fragen der wirtschaftlichen Souveränität, 1978, S. 39 ff., hat dieses Dogma, welches die Gesetzlichkeit verkennt, für das Völkerrecht, aber mit allgemeiner Bedeutung widerlegt.

[1922] *H. Arendt*, Vita Activa, S. 34 (Zitat zu Fn. 2068); i. d. S. *Aristoteles*, Nikomachische Ethik, S. 168 f., 1134b 2 (Identifizierung des Gerechten mit der Gleichheit), 1134b 14 f.; vgl. dazu auch *Ch. Meier*, Freiheit, S. 426 ff.; *O. Höffe*, Politische Gerechtigkeit, S. 283 f.; *W. Kersting*, Kritik der Gleichheit, S. 9; dagegen auch in anderer Sichtweise *D. Suhr*, Gleiche Freiheit, S. 5 ff., 32; vgl. schon *ders.*, Entfaltung der Menschen durch die Menschen, S. 112 f., 139; *G. Robbers*, Gerechtigkeit als Rechtsprinzip. Über den Begriff der Gerechtigkeit in der Rechtsprechung des Bundesverfassungsgerichts, 1980, S. 87 ff.

[1923] Strukturprinzipien des modernen Verfassungsstaates, S. 19 und ff., Leibholz begreift Freiheit als Liberalität, worauf seine Herrschaft voraussetzende Lehre beruht; kritisch zu Leibholz *M. Kriele*, HVerfR, S. 133 ff.; *ders.*, Einführung in die Staatslehre, 4. Aufl. 1990, S. 331 ff., 6. Aufl. 2003, S. 177 ff.; kritisch auch *W. Kersting*, Die politische Philosophie der Gegenwart, S. 45; Leibholz eher folgend *W. Maihofer*, HVerfR, S. 499 f., 513 ff., der insofern formale Freiheit und materiale Rechte nicht unterscheidet.

[1924] Befreiung und politische Aufklärung, S. 59 f.; ebenso *ders.*, HVerfR, S. 133 ff. (insb. begründet *M. Kriele* den materialen Willkürbegriff des Bundesverfassungsgerichts mit dem formalen, negativen Freiheitsbegriff Kants, S. 134 f., und zeigt damit, daß das Willkürverbot eigentlich in Art. 2 Abs. 1 GG geregelt ist,

kanischen Begriffe nicht erreicht. Richtig stellt *Kriele* klar: „Freiheit und Gleichheit können vielmehr nur auf der Grundlage einer gewaltenteilenden, demokratischen Verfassungsordnung bestehen und fortentwickelt werden, …"[1925], also nur in einer Verfassung der Republik verwirklicht[1926] werden. Das „Optimum" an Freiheit und Gleichheit ist eine Gesetzlichkeit, die das Rechtsprinzip verwirklicht, also die sittliche Gesetzlichkeit durch Moralität unter den Menschen.

Der Staat kann Freiheit und Gleichheit aber weder nehmen noch geben; denn diese sind, wie das humanistische Abendland seit alters weiß, mit dem Menschen geboren[1927]. Den Staat errichten die in der Freiheit gleichen Menschen, um das Recht durch Gesetze zu verwirklichen; denn die Möglichkeit von Recht folgt aus dem „Postulat der praktischen Vernunft," ist also ein Apriori, erzwingt aber den Staat, in dem durch die staatliche Gewaltordnung Recht als die Wirklichkeit der Freiheit aller entgegen dem Naturzustand erst möglich ist, weil „Recht und die Befugnis zu zwingen einerlei bedeuten"[1928]. *John Rawls* nennt das zustimmend die „Hobbessche

---

der auch die Gleichheit schützt, *Kriele*, a.a.O., S. 134; i.d.S. auch *ders.*, Einführung in die Staatslehre, 4. Aufl. 1990, S. 228 ff., 331 ff., 6. Aufl. 2003, S. 177 ff. (178); jede Fremdbestimmung verletzt im übrigen nach *Kant* die Autonomie des Willens, nicht nur die unsachliche; denn: „volenti non fit iniuria", *Kant*, Metaphysik der Sitten, S. 432; *W. Maihofer*, HVerfR, S. 499 f., 513 ff., insb. S. 515, stellt sich gegen Krieles Erkenntnis und bleibt damit liberalistisch, wie in seiner Lehre von der liberalen und sozialen Demokratie überhaupt, wenn *Maihofer* auch die politische Freiheit republikanisch konzipiert, etwa S. 452 ff., auch S. 519 ff.; zu Krieles Freiheitslehre *K. A. Schachtschneider*, FS M. Kriele, S. 829 ff.

[1925] HVerfR, S. 135; i.d.S. auch *P. Kirchhof*, HStR, Bd. V, § 124, Rdn. 105 f.; *K. A. Schachtschneider*, Prinzipien des Rechtsstaates, S. 19 f., 28 ff., 50 ff., 94 ff., passim.

[1926] Ganz so stellt *W. Kersting*, Kant über Recht, S. 126 f., 127 ff., 131 ff., Kants Gleichheitsphilosophie vor; weiterführend *ders.*, Kritik der Gleichheit, S. 39 ff., 47 ff.

[1927] *Kant*, Metaphysik der Sitten, S. 345 f.; *ders.*, Über den Gemeinspruch, S. 145 ff.; *ders.*, Zum ewigen Frieden, S. 204; dazu *W. Kersting*, Der Geltungsgrund von Moral und Recht bei Kant, S. 318, 235 ff.; *ders.*, Kant über Recht, S. 123 ff., 126 ff.; vgl. *Ch. Meier/W. Conze/J. Bleicken/Ch. Dipper/H. Günther/D. Klippel/ G. May*, Freiheit, Geschichtliche Grundbegriffe, Bd. 2, S. 425 ff.; *J. Rawls*, Eine Theorie der Gerechtigkeit, S. 34 ff. (36); 223 ff.; *W. Maihofer*, HVerfR, S. 490 ff.; i.d.S. auch *O. Höffe*, Politische Gerechtigkeit, S. 102 ff., der die Transzendentalität dieses Naturrechts, das Vernunftrecht a priori ist, herausstellt; ebenso *E. Bloch*, Naturrecht und menschliche Würde, S. 83; Zitate und Hinweise 1. Kap.; zum Urrecht der Freiheit 5. Kap., II, 1, auch 2. Kap., III; Hinweise in Fn. 101.

[1928] *Kant*, Metaphysik der Sitten, S. 338, 340 f.; ganz so *Rousseau*, Vom Gesellschaftsvertrag, I, 7, S. 21 (Zwang zur Freiheit); ganz so auch *J. Rawls*, Eine Theorie der Gerechtigkeit, S. 271 f.; i.d.S. auch *J. Habermas*, Faktizität und Geltung, S. 120, 144, 148, 154 u.ö.; *W. Maihofer*, HVerfR, S. 454; dazu *K. A. Schachtschneider*, Res publica res populi, S. 545 ff., 553 ff.; *ders.*, Prinzipien des Rechtsstaates, S. 50 ff. (55 ff.), 121 ff.; dazu 2. Kap., VIII.

These"[1929]. Daraus folgt, daß es jedem durch „ein wirkliches Rechtsgesetz der Natur" erlaubt ist, jedermann zu „nötigen, mit ihm in eine bürgerliche Verfassung zu treten"[1930]. Zweck des Staates ist es, die gleiche Freiheit aller wirklich zu machen[1931]. Für das „gute Leben" bedarf es einer „Gemeinschaft von Freien"[1932], der „wohlgeordneten Gesellschaft"[1933].

Das demokratische Prinzip wird entweder auf die Freiheit oder auf die Gleichheit oder auch auf beide Prinzipien gestützt[1934]. Auf beide Prinzipien greift schon *Aristoteles* zurück[1935]. Die Erklärung für die Kontroverse ist die oben dargelegte Identität beider Prinzipien, wenn die Freiheit politisch, republikanisch als allgemeine Freiheit verstanden wird. Die Grundlage der Republik als einem demokratischen Staat ist mit der Formel von der Gleichheit in der Freiheit richtig benannt[1936]. *Martin Kriele* hat erkannt: „Demokratie setzt Freiheit und deshalb den Verfassungsstaat voraus"[1937].

[1929] Eine Theorie der Gerechtigkeit, S. 271 f.

[1930] *Kant*, Metaphysik der Sitten, S. 365 f., 374 f., 430 f.; auch *ders.*, Zum ewigen Frieden, S. 203; *ders.*, Der Streit der Fakultäten, S. 364; i.d.S. auch *J. Habermas*, Wie ist Legitimität durch Legalität möglich? S. 7; vgl. auch *W. Kersting*, Der Geltungsgrund von Moral und Recht bei Kant, S. 325 ff.; *ders.*, Die politische Philosophie der Gegenwart, S. 51; *ders.*, Kant über Recht, S. 51 ff., 107 ff.; *K. A. Schachtschneider*, Res publica res populi, S. 290 ff.; *ders.*, Prinzipien des Rechtsstaates, S. 55 ff., 62 ff.

[1931] So für Kant *E. Bloch*, Naturrecht und menschliche Würde, S. 86, und für Fichte, S. 88.

[1932] *O. Höffe*, Politische Gerechtigkeit, S. 281.

[1933] *J. Rawls*, Eine Theorie der Gerechtigkeit, S. 21, 493 ff., passim, die *Rawls* so definiert: „Wir wollen nun eine Gesellschaft wohlgeordnet nennen, wenn sie nicht nur auf das Wohl ihrer Mitglieder zugeschnitten ist, sondern auch von einer gemeinsamen Gerechtigkeitsvorstellung wirksam gesteuert wird" (S. 21).

[1934] Etwa *H. Kelsen*, Vom Wesen und Wert der Demokratie, S. 3 ff., leitet die Idee der Demokratie aus der der Freiheit her; *C. Schmitt*, Verfassungslehre, S. 243 f., läßt allein die Gleichheit als politisches Formprinzip der Demokratie gelten, nicht jedoch die bloß liberale, rechtstaatliche Freiheit; ebenso *M. Hättich*, Demokratie als Herrschaftsordnung, S. 164; so auch *J. Isensee*, Der Dualismus von Staat und Gesellschaft, S. 320; vgl. auch *ders.*, HStR, Bd. III, § 57, Rdn. 77 ff. (unter Berufung auf Kant), aber inkonsequent, nämlich liberalistisch Rdn. 78 ff., 88 ff., wo er allein die Freiheit als Konstituens des Gemeinwohls herausstellt; auch *P. Kirchhof*, HStR, Bd. V, § 124, Rdn. 184 ff., verbindet mit der „Demokratie" wesentlich die „formale Gleichheit"; *E.-W. Böckenförde*, HStR, Bd. II, § 24, Rdn. 35 ff., 41 ff., greift Freiheit und Gleichheit auf; ebenso *P. Badura*, HStR, Bd. II, § 25, Rdn. 2, 31 f., der aber von einem Gegensatz zwischen der „politischen Freiheit" und der „staatsbürgerlichen Gleichheit" ausgeht; als „Ordnung der Gleichheit in Freiheit" sieht die Demokratie *W. Maihofer*, HVerfR, S. 500 ff., 507 ff., auch S. 519 ff.; richtig *W. Kersting*, Kant über Recht, S. 125 ff.; vgl. weitere Hinweise in Fn. 1921.

[1935] Politik, S. 109, S. 143, 1292a 30 ff., S. 203, 1317b 39 ff. u.ö.

[1936] *E.-W. Böckenförde*, HStR, Bd. II, § 24, Rdn. 41, für die Demokratie; ebenso *M. Kriele*, HVerfR, S. 131 f.; *ders.*, Einführung in die Staatslehre, 4. Aufl. 1990,

2. Gesetzgebungsgleichheit als freiheitliches Willkürverbot

Gemäß dem tradierten Verständnis des Prinzips des Art. 3 Abs. 1 GG: „Alle Menschen sind vor dem Gesetz gleich"[1938], setzt dieses Grundrecht, der Gleichheitssatz, ein Gesetz voraus, das tatbestandsgemäß anzuwenden dieser Gleichheitssatz gebietet[1939]. Dieses Gesetzmäßigkeitsprinzip, diese Rechtsanwendungsgleichheit, darf der Gesetzgeber nicht relativieren; denn

S. 228 ff., insb. S. 232, 335 ff., 6. Aufl. 2003, S. 177 ff.; auch *J. Habermas*, etwa, Die Einbeziehung des Anderen, S. 277 ff., 293 ff.; *M. Hättich*, Demokratie als Herrschaftsordnung, S. 153 („demokratische Freiheitsidee impliziert die Gleichheit"; „Freiheit als Bürger heißt aber dem Sinn nach: gleiche politische Freiheit"), der allerdings weitere Freiheitsbegriffe, nämlich einen „persönlichen" und einen der Freiheit „des Volkes in seiner Ganzheit", aber auch noch einen Machtbegriff der Freiheit (a. a. O., S. 173 f.) kennt (a. a. O., S. 145), so daß sein Begriff der „politischen Freiheit" den logischen Standort in seiner Herrschaftslehre einbüßt; vgl. auch *W. Maihofer*, HVerfR, S. 455 ff., 499 ff., 507 ff.; *P. Kirchhof*, HStR, Bd. V, § 124, Rdn. 158 ff.; *K. A. Schachtschneider*, Prinzipien des Rechtsstaates, S. 19 ff., 50 ff., 94 ff.

[1937] Einführung in die Staatslehre, 4. Aufl. 1990, S. 232, 6. Aufl. 2003, S. 245; i. d. S. auch *ders.*, Die demokratische Weltrevolution, S. 36 ff.

[1938] Diese Formel entstammt Art. 3 der Menschen- und Bürgerrechtserklärung der französischen Verfassung von 1793. Diese sog. Jakobinerverfassung ist nicht in Kraft getreten. Art. 6 der Erklärung der Rechte des Menschen und Bürgers von 1789 lautete: „Das Gesetz ist der Ausdruck des allgemeinen Willens. Alle Staatsbürger sind befugt, zur Feststellung desselben persönlich oder durch ihre Repräsentanten mitzuwirken. Es soll für alle das gleiche sein, es mag beschützen oder bestrafen. Da alle Bürger vor seinen Augen gleich sind, so können sie gleichmäßig zu allen Würden, Stellen und öffentlichen Ämtern zugelassen werden und auf Grund ihrer Fähigkeiten und ohne anderen Unterschied, als den ihrer Tugenden und ihrer Talente." Die Formel ist von Art. 137 Abs. 3 der Reichsverfassung von 1849 und von Art. 109 Abs. 1 WRV für „alle Deutschen" übernommen worden; Art. 4 S. 1 der Preußischen Verfassungsurkunde lautete: „Alle Preußen sind vor dem Gesetz gleich". Art 20 Abs. 1 S. 3 Verfassung der DDR von 1968 lautete: „Alle Bürger sind vor dem Gesetz gleich"; vgl. dazu v. Mangoldt/Klein/*Starck*, GG, Rdn. 1 zu Art. 3 Abs. 1.

[1939] *G. Anschütz*, WRV-Kommentar, Anm. 1, 2 zu Art. 109; *E. Kaufmann*, Die Gleichheit vor dem Gesetz im Sinne des Art. 109 der Reichsverfassung, VVDStRL 3 (1927), S. 6 f.; *H. Nawiasky*, daselbst zu demselben Thema, S. 35; *H. P. Ipsen*, Gleichheit, S. 115 f.; *G. Dürig*, in: Maunz/Dürig, GG, Rdn. 8 ff. zu Art. 3 Abs. I; *K. Schweiger*, Zur Geschichte und Bewertung des Willkürverbots, in: H. Domcke (Hrsg.), Verfassung und Verfassungsrechtsprechung, FS zum 25-jährigen Bestehen des Bayerischen Verfassungsgerichtshofs, 1972, S. 57 ff.; *N. Luhmann*, Grundrechte als Institution. Ein Beitrag zur politischen Soziologie, 1965, 2. Aufl. 1974, S. 167 ff.; *E. Eyermann*, Gleichheitssatz. Wurzel des Willkürverbotes?, in: H. Domcke, Verfassung und Verfassungsrechtsprechung, Festschrift zum 25-jährigen Bestehen des Bayerischen Verwaltungsgerichtshofs, 1972, S. 45 ff.; *E. Forsthoff*, Der Staat der Industriegesellschaft, S. 134 ff.; v. Mangoldt/Klein/*Starck*, GG, Rdn. 1 zu Art. 3 Abs. 1; vgl. *R. Alexy*, Theorie der Grundrechte, S. 357 ff., der die unzureichende Kritik an diesem Verständnis skizziert.

er ist durch Art. 1 Abs. 3 GG an die Grundrechte gebunden[1940]. Der Gesetzgeber kann aber Unterschiede machen, die nicht einleuchten und denen der Vorwurf der Unsachlichkeit, der Ungleichbehandlung, der Willkür gemacht wird und gemacht werden kann. Spezifisch das Prinzip der Gleichheit des Art. 3 Abs. 1 GG verpflichtet den Gesetzgeber jedoch nicht, gleichheitliche Gesetze zu geben. Die Gleichheit findet vielmehr im Gesetzlichkeitsprinzip ihre Wirklichkeit, weil (und wenn) das Gesetz allgemein sein muß, um das Gesetz aller und damit im Sinne der Republik überhaupt ein Gesetz zu sein. Die alte Formel „vor dem Gesetz" formuliert eine Verpflichtung zur Gleichheitlichkeit der Gesetze, die material sein muß, als solche nicht, wenn sie auch einer dahingehenden Interpretation des Gleichheitssatzes nicht entgegensteht[1941]. Die Rechtsetzungsgleichheit ist vielmehr die Logik der Gleichheit in der Freiheit, weil die materale Gleichheitlichkeit der Gesetze Idee und Zweck der formalen Gesetzgebungsgleichheit, also der allgemeinen Freiheit oder der Bürgerlichkeit der Bürger ist[1942]. Die Judikative hat darum nicht spezifisch wegen Art. 3 Abs. 1 GG zu kontrollieren, ob der Gesetzgeber die Rechtsetzungsgleichheit gewahrt habe, sei dieser Gleichheitssatz das Willkürverbot oder nach der sogenannten neuen Formel des Bundesverfassungsgerichts ein Begründbarkeitsgebot[1943].

Das als Willkürverbot praktizierte Prinzip der Gesetzgebungsgleichheit[1944] erfaßt wie das formale Freiheitsprinzip alle denkbaren Politiken;

[1940] Art. 1 Abs. 3 GG zwingt nicht, ein Prinzip der Gesetzgebungsgleichheit in Art. 3 Abs. 1 GG hineinzulesen, wie die umfangreiche Kommentierung der Rechtsanwendungsgleichheit von *G. Dürig*, in: Maunz/Dürig, GG, Rdn. 21 ff. zu Art. 3 Abs. I erweist; das verkennt wie viele *R. Alexy*, Theorie der Grundrechte, S. 357; auch v. Mangoldt/Klein/*Starck*, GG, Rdn. 20 zu Art. 3 Abs. 1 GG.

[1941] Dazu *P. Kirchhof*, HStR, Bd. V, § 124, Rdn. 86 ff., insb. Rdn. 91 f.

[1942] Dazu 2. Kap., IV, 5. Kap., II, 3, IV; *W. Kersting*, Kant über Recht, S. 126 f.; *K. A. Schachtschneider*, Res publica res populi, S. 35 ff., 363 ff., 410 ff., 422 ff., 494 ff., 519 ff.; *ders.*, Prinzipien des Rechtsstaates, S. 19 ff., 50 ff., 94 ff.

[1943] So aber die Praxis und die herrschende Meinung; zum Willkürverbot etwa BVerfGE 1, 14 (52); 12, 341 (348); 18, 38 (46); 27, 364 (371 f.); die praktizierte Lehre stammt von *H. Triepel*, Goldbilanzverordnung und Vorzugsaktien, 1924, S. 26 ff., und ist von *G. Leibholz*, Die Gleichheit vor dem Gesetz. Eine Studie auf rechtsvergleichender und rechtsphilosophischer Grundlage, 1925, 2. Aufl. 1959, S. 34 ff., dogmatisiert worden; zur „neuen Formel" BVerfGE 75, 108 (157); 78, 249 (287); dazu *G. Dürig* in: Maunz/Dürig, GG, Rdn. 303 ff., 331 ff. zu Art. 3 Abs. I; v. Mangoldt/Klein/*Starck*, GG, Rdn. 1 ff., 10 ff. zu Art. 3 Abs. 1; *W. Rüfner*, GG, Bonner Komm., 1999, Rdn. 21 ff., 25 ff., u. ö., zu Art. 3; dazu auch *R. Zippelius*, Der Gleichheitssatz, VVDStRL 47 (1989), S. 8 ff.; *G. Müller*, Der Gleichheitssatz, VVDStRL 47 (1989), S. 37 ff.; vgl. auch die Aussprache der Vereinigung der Deutschen Staatsrechtslehrer, VVDStRL 47 (1989), S. 63 ff., die sich vorwiegend um die neue Formel bemühte, insb. *E.-W. Böckenförde*, S. 95 f.; *P. Kirchhof*, HStR, Bd. V, § 124, Rdn. 235 ff.; dazu *K. A. Schachtschneider*, Res publica res populi, S. 990 ff.; *ders.*, Prinzipien des Rechtsstaates, S. 329 ff.

denn jede Politik muß „willkürfrei", „sachlich", „vernünftig" begründet sein[1945]. Der Vorwurf des gleichheitswidrigen Gesetzes bestreitet dem Gesetz die praktische Vernünftigkeit, also die Rechtlichkeit. Das Bundesverfassungsgericht bestimmt den Gleichheitsverstoß seit BVerfGE 1, 14 (52) insbesondere nach folgender Formel:

„Der Gleichheitssatz ist verletzt, wenn sich ein vernünftiger, sich aus der Natur der Sache ergebender oder sonstwie sachlich einleuchtender Grund für die gesetz-

---

[1944] Mit divergierenden Formeln etwa BVerfGE 3, 58 (135 f.); 4, 144 (155); 9, 124 (129 f.); 10, 234 (246); 12, 341 (348); 15, 167 (201); 23, 12 (24 f.); 25, 101 (105); 25, 269 (292 f.); 42, 374 (388); 48, 227 (235); 49, 192 (209); 50, 177 (186); 51, 295 (300 f.); 57, 107 (115); 60, 16 (42); 71, 202 (205); 76, 256 (329); 89, 48 (51); 97, 298 (315); 102, 254 (302); st. Rspr. des Zweiten Senats, gestützt auf *G. Leibholz*, Die Gleichheit vor dem Gesetz, S. 95 f., 216 ff. u.ö.; dazu v. Mangoldt/Klein/*Starck*, GG, Rdn. 10 ff. zu Art. 3 Abs. 1; *M. Gubelt*, in: v. Münch, GG-Komm. Bd. 1, 3. Aufl. 1985, Rdn. 9–29 zu Art. 3; grundsätzlich *G. Dürig*, in: Maunz/Dürig, GG, 1978, Rdn. 303–377 zu Art. 3; *P. Kirchhof*, HStR, Bd. V, § 124, Rdn. 25, 86 ff., 235 ff.; *W. Rüfner*, GG, Bonner Komm., Rdn. 16 ff. zu Art. 3 Abs. 1; dazu *R. Alexy*, Theorie der Grundrechte, S. 357 ff., 364 ff., zu den Formeln des BVerfG; *R. Wendt*, Der Gleichheitssatz, NVwZ 1988, 778 ff.; *F. Schoch*, DVBl. 1988, 863 ff.; *G. Robbers*, Der Gleichheitssatz, DÖV 1988, 749 ff.; *K. A. Schachtschneider*, Res publica res populi, S. 990 ff.; *ders.*, Prinzipien des Rechtsstaates, S. 329 ff.; vgl. auch die Erörterung des Gleichheitssatzes auf der Jahrestagung der Vereinigung der Deutschen Staatsrechtslehrer 1988, VVDStRL 47 (1989), S. 7 ff., insb. die Berichte von *G. Müller*, S. 37 ff. und *R. Zippelius*, S. 77 ff.; *J. P. Müller*, Die Verfassungsgerichtsbarkeit im Gefüge der Staatsfunktionen, VVDStRL 39 (1981), S. 75 ff., weist zu Recht darauf hin, daß das Willkürverbot nicht nur aus dem Gleichheitssatz folge, sondern auch „aus dem klassischen Recht des Widerstandes gegen willkürliche Staatsmacht" und somit Eigenstand habe; *K. Schweiger*, Zur Geschichte und Bewertung des Willkürverbots, S. 55 ff., leitet das Willkürverbot aus dem Rechtsstaatprinzip ab; so auch BVerfGE 23, 12 (24 f.), „allgemeiner Rechtsgrundsatz", „Wesen des Rechtsstaats", „Prinzip der allgemeinen Gerechtigkeit"; ebenso BVerfGE 84, 90 (121), sogar für einen Verfassungsgeber bindend; auch *P. Kirchhof*, a.a.O., Rdn. 86, 235 ff. (Objektivitätsgebot als Teil des Rechtsstaatsprinzips); *ders.*, FS W. Geiger, S. 82 ff.; *R. Wendt*, a.a.O., S. 780; *F. Schoch*, a.a.O., S. 876; *W. Rüfner*, a.a.O., Rdn. 16, 24; vgl. auch BVerfGE 62, 189 (192); 80, 48 (51); 83, 82 (85 ff.); 86, 59 (62 ff.); BVerfG, EuGRZ 1993, 143 ff. zum Willkürverbot für richterliche Entscheidungen.

[1945] Alles Maximen des Bundesverfassungsgerichts, zur Willkürfreiheit die Hinweise in Fn. 1944; zur Sachlichkeit etwa BVerfGE 3, 58 (135 f.); 10, 234 (246); 12, 341 (348); 12, 326 (333); 23, 135 (143); 25, 101 (105); 25, 269 (292 f.); 55, 72 (88 ff.); 60, 16 (42); 76, 256 (329); zur Vernünftigkeit etwa BVerfGE 10, 234 (246); 23, 135 (143); 42, 374 (388); 49, 192 (209); 51, 225 (300 f.); 71, 39 (58); 76, 256 (329); 84, 90 (121); 102, 254 (302); ganz so schon *E. Kaufmann*, VVDStRL 3 (1927), S. 10; *H. Triepel*, daselbst, Aussprache, S. 52; vgl. v. Mangoldt/Klein/*Starck*, GG, Rdn. 10 ff., 16 ff. zu Art. 3 Abs. 1; *G. Dürig*, in: Maunz/Dürig, GG, Rdn. 309 ff., 331 ff., 339 ff. zu Art. 3 Abs. I; *W. Rüfner*, GG, Bonner Komm., Rdn. 29 ff. zu Art. 3 Abs. 1; *P. Kirchhof*, HStR, Bd. V, § 124, Rdn. 205 ff.; vgl. auch die Hinweise in Fn. 1943.

liche Differenzierung oder Gleichbehandlung nicht finden läßt, kurzum, wenn die Bestimmung als willkürlich bezeichnet werden muß"[1946].

Die neue Formel des Ersten Senats seit BVerfGE 55, 72 (88) aus dem Jahre 1980 lautet:

„Diese Verfassungsnorm (sc. Art. 3 Abs. 1 GG) gebietet, alle Menschen vor dem Gesetz gleich zu behandeln. Demgemäß ist dieses Grundrecht vor allem dann verletzt, wenn eine Gruppe von Normadressaten im Vergleich zu anderen Normadressaten anders behandelt wird, obwohl zwischen beiden Gruppen keine Unterschiede von solcher Art und solchem Gewicht bestehen, daß sie die ungleiche Behandlung rechtfertigen könnten"[1947].

Das Bundesverfassungsgericht hält eine „am Gerechtigkeitsgedanken orientierte Betrachtungsweise" für geboten[1948], ganz wie es das Anliegen *Erich Kaufmanns* bei seinem Referat vor den Staatsrechtslehrern 1926 war[1949]. Eine Pflicht des Gesetzgebers, Differenzierungen der Tatbestände zu begründen, läßt sich rechtfertigen[1950]. Dieses folgt jedoch schon aus dem

---

[1946] Vgl. auch BVerfGE 33, 367 (384); 54, 11 (25 f.); 102, 254 (299, 302); vgl. *K. Hesse*, Grundzüge des Verfassungsrechts, Rdn. 438 f., S. 170; v. Mangoldt/ Klein/*Starck*, GG, Rdn. 10 zu Art. 3 Abs. 1; *W. Rüfner*, GG, Bonner Komm., Rdn. 16 ff., 21 ff., 29 ff. zu Art. 3 Abs. 1; *R. Alexy*, Theorie der Grundrechte, S. 364 ff.; *P. Kirchhof*, HStR, Bd. V, § 124, Rdn. 22 f., 86 ff., 235 ff.

[1947] Ebenso u. a. BVerfGE 58, 369 (374); 60, 329 (346); 70, 230 (239 f.); 71, 146 (154 f.); 74, 9 (24); 75, 284 (300); 75, 348 (357); 75, 382 (393); 78, 249 (287); vgl. aber auch Zweiter Senat, etwa BVerfGE 71, 39 (58 f.) m.w.H.; i.d.S. schon *E. Kaufmann* und *H. Triepel*, VVDStRL 3 (1927), S. 10 bzw. S. 52; dazu *R. Wendt*, NVwZ 1988, 781; *F. Schoch*, DVBl. 1988, 875 ff.; *G. Robbers*, DÖV, 1988, 751; *P. Kirchhof*, HStR, Bd. V, § 124, Rdn. 215 ff.; *W. Rüfner*, GG, Bonner Komm., Rdn. 25 ff. zu Art. 3 Abs. 1; so schon *E. Kaufmann*, VVDStRL 3 (1927), S. 9 f.

[1948] BVerfGE 1, 264 (275 f.); 2, 118 (119 f.); 9, 124 (129 f.); 9, 334 (337); vgl. auch BVerfGE 15, 167 (201); 23, 12 (24 f.); 25, 269 (293); 47, 168 (178); 48, 227 (235); 50, 177 (186); 57, 107 (115); 71, 39 (58); 71, 202 (205); 76, 256 (329); 80, 48 (51); 102, 254 (299); vgl. v. Mangoldt/Klein/*Starck*, GG, Rdn. 10 zu Art. 3 Abs. 1; *K. Hesse*, Grundzüge des Verfassungsrechts, Rdn. 438, S. 170; *W. Rüfner*, GG, Bonner Komm., Rdn. 4 zu Art. 3 Abs. 1; dazu *R. Alexy*, Theorie der Grundrechte, S. 373 ff.; *P. Kirchhof*, HStR, Bd. V, § 124, Rdn. 21 f., 82 f., 236.

[1949] VVDStRL 3 (1927), S. 2 ff.

[1950] *R. Alexy*, Theorie der Grundrechte, S. 357 ff., 377 ff., materialisiert auch den Gleichheitssatz bis hin zu einem Grundrecht auf „faktische Gleichheit". Dem Abwägungsgesetz (S. 71 ff., 143 ff., passim) beugt sich jedes Prinzip, weil es über eine Pflicht zur Begründung der Entscheidung (S. 145 ff., 380 u. ö.) nicht hinausführt und sich damit vom Willkürverbot nicht unterscheidet. Im übrigen verschwinden unter dem Abwägungsgesetz auch die Unterschiede der Prinzipien „faktischer Gleichheit" und „faktischer Freiheit" (S. 458 ff.); denn diese Prinzipien verlieren sich in der Pflicht zur Rationalität durch Abwägung (S. 71 ff., 145 ff. u. ö.). Funktional ist sie Gesetzgebung, die auch *R. Alexy* den Verfassungsrichtern zuweist, um sie der „einfachen Mehrheit" zu nehmen (S. 407 ff., 223, 466 u. ö.); nicht die Mehrheit wird spezifisch vom Bundesverfassungsgericht überprüft, sondern der Gesetzgeber,

Sachlichkeitsprinzip des Modernen Staates[1951], der sich der Wissenschaft zu bedienen hat. Wissenschaft muß begründen, um kritisierbar zu sein[1952]. Ob jedoch der Gesetzgeber seine Gesetze, die der republikanischen Idee nach Erkenntnisse des Richtigen für das gute Leben aller in allgemeiner Freiheit auf der Grundlage der Wahrheit sind, gerichtskontrollierbar zu begründen verpflichtet ist, ist nicht nur zweifelhaft, weil derartige Begründungen im Parlament abgestimmt werden müßten[1953], sondern widerspricht dem Prinzip des Art. 38 Abs. 1 S. 2 GG, wonach die Abgeordneten „nur ihrem Gewissen unterworfen" sind[1954].

Ein Willkürverbot und ein Begründbarkeitsgebot sind nichts anderes als das Sachlichkeitsgebot, die Pflicht zur praktischen Vernunft also, oder eben die Pflicht des Gesetzgebers zur das Volk vertretenden Sittlichkeit[1955]. Das Gesetz, welches die Freiheit aller verwirklicht, das allgemeine Gesetz also, *ist* gleichheitlich[1956], weil es seinem Begriff nach sittlich, praktisch vernünf-

---

aber die verfassungsgerichtliche Normenkontrolle hat auch parteienstaatliche Kompensationswirkung (*K. A. Schachtschneider* Res publica res populi, S. 937 ff.). Zum Abwägungsprinzip *K. Stern*, Staatsrecht III, 2, § 84 IV., S. 814 ff.; kritisch *W. Leisner*, Der Abwägungsstaat, Verhältnismäßigkeit als Gerechtigkeit, 1997; vgl. *K. A. Schachtschneider*, a. a. O., S. 895 ff.

[1951] *H. Krüger*, Allgemeine Staatslehre, S. 27, 58; *P. Kirchhof*, HStR, Bd. V, § 124, Rdn. 184 ff., 235 ff., 253 ff., spricht vom „Objektivitätsgebot", dessen Gehalt die Sachlichkeit ist; vgl. auch *W. Rüfner*, GG, Bonner Komm., Rdn. 29 ff. zu Art. 3 Abs. 1; *K. A. Schachtschneider*, Res publica res populi, S. 419, 674 ff., 897 ff., 984 ff., 990 ff.

[1952] Vgl. *K. R. Popper*, Objektive Erkenntnis. Ein evolutionärer Entwurf, 4. Aufl. 1984, S. 270 ff. (u. ö.); auch *K. A. Schachtschneider*, Der Rechtsbegriff „Stand von Wissenschaft und Technik", S. 111 ff.; zur Begründbarkeit als Vernunftsaspekt auch *G. Dürig*, in: Maunz/Dürig, GG, Rdn. 339 zu Art. 3 Abs. I; i. d. S. auch das Abwägungsgesetz von *R. Alexy*, Theorie der Grundrechte, S. 71 ff., 380 u. ö.; *ders.*, Rechtstheorie 18 (1987), S. 407 ff.; zur Begründungspflicht des Gesetzgebers *J. Lücke*, Begründungszwang und Verfassung. Zur Begründungspflicht der Gerichte, Behörden und Parlamente, 1987, S. 11 ff., 33 ff., 37 ff.

[1953] Diese Bedenken teilt *J. Lücke*, Begründungszwang und Verfassung, S. 36.

[1954] Demgegenüber kennt Art. 253 EGV eine Begründungspflicht, die auch auf die Rechtsetzung angewandt wird (vgl. EuGH – Rs. 2156 (Geitling), Slg. 1957, 9 (37); Rs. 18/57 (Nold), Slg. 1958/59, 89 (114); Rs. 106/81 (Kind KG), Slg. 1982, 2855 (2918); Rs. 203/85 (GZT), Slg. 1986, 2049 (2058)); diese Rechtsetzung ist freilich trotz aller Mitwirkungsbefugnisse des Europäischen Parlaments exekutivistisch, vgl. *K. A. Schachtschneider*, Das Europäische Parlament, Der Rat, Die Kommission, in: ders., Das Verfassungsrecht der Europäischen Union, § 7, 8, 9; *ders.*, FS W. Hankel, S. 187 ff.; *ders.*, Prinzipien des Rechtsstaates, S. 195 ff.

[1955] Ganz so *E. Kaufmann*, VVDStRL 3 (1927), S. 10 ff., bei dem freilich Sittlichkeit material verstanden werden dürfte.

[1956] *K. A. Schachtschneider*, Res publica res populi, S. 410 ff., 993 ff., so auch v. Mangoldt/Klein/*Starck*, GG, Rdn. 1 zu Art. 3 Abs. 1; *G. Dürig*, in: Maunz/Dürig, GG, Rdn. 8 ff. zu Art. 3 Abs. I.

tig ist. Ohne Gesetz gibt es keinen Maßstab für Gleichheit und Ungleichheit. Demgemäß unterwirft es das Bundesverfassungsgericht der Entscheidung des Gesetzgebers, „welche Sachverhaltselemente so wichtig sind, daß
ihre Verschiedenheit eine Ungleichbehandlung rechtfertigt"[1957]. „Im Rahmen seines Beurteilungs- und Gestaltungsermessens ist der Gesetzgeber
weitgehend frei, aus der Vielzahl der Lebenssachverhalte die Tatbestandsmerkmale auszuwählen, die für eine Gleich- und Ungleichbehandlung maßgebend sein sollen"[1958].

Mit dem Willkürvorwurf gegen den Gesetzgeber praktiziert das Bundesverfassungsgericht nicht anders als mit dem Begründbarkeitsgebot seine Befugnis der funktional gesetzgebenden Rechtserkenntnis, die es als das Volk
vertretender Hüter des Rechts hat[1959]. Allerdings ist die Rechtsgrundlage
dieser Befugnis Art. 2 Abs. 1 GG vor allem in Verbindung mit Art. 1 Abs. 3
und Art. 19 Abs. 2 GG und den Normenkontrollaufgaben des Gerichts. Der
Gleichheitssatz hat für die Verwirklichung der praktischen Vernunft eine
dienende Funktion, nämlich die, die Gesetzlichkeit des Gesetzesvollzuges
zu sichern. Die Sittlichkeit des Gesetzes ist zwar eine Gewissenssache der
Abgeordneten, aber weil es um die Erkenntnis des Rechts geht, institutionell von der Rechtsprechung überprüfbar[1960].

Das gleichheitsrechtliche Willkürverbot hat *Gerhard Leibholz*, der Schüler Heinrich Triepels, in der Verfassungsrechtsprechung genauso etabliert
wie das Dogma der plebiszitär-demokratischen Repräsentation im Parteienstaat[1961]. Beide Dogmen blenden die Freiheit aus; denn Leibholz stützt

---

[1957] BVerfGE 102, 254 (299).

[1958] BVerfGE 71, 39 (53); 102, 254 (302).

[1959] Ganz so *P. Kirchhof*, HStR, Bd. V, § 124, Rdn. 92, der die Reduzierung der
Unrichtigkeitskontrolle auf den Willkürvorwurf (nur ein gradueller Unterschied) damit begründet, daß sonst der „Oberste Gerichtshof" zum „eigentlichen Gesetzgeber"
würde; nichts anderes ergibt *Kirchhofs* Objektivitätsgebot, das gegen grobes Unrecht
eingewandt werden dürfe, a.a.O., Rdn. 235 ff.; *K. A. Schachtschneider*, Res publica
res populi, S. 819 ff., insb. S. 858 ff., 978 ff.

[1960] *K. A. Schachtschneider*, Res publica res populi, S. 978 ff.

[1961] Die Gleichheit vor dem Gesetz, insb. S. 34 ff.; *ders.*, Das Wesen der Repräsentation und der Gestaltwandel der Demokratie im Zwanzigsten Jahrhundert, 1929,
3. Aufl. 1966 unter dem Titel: Die Repräsentation in der Demokratie; auch *ders.*,
Die Reform des Wahlrechts, VVDStRL 7 (1932), S. 164 ff.; *ders.*, Zum Begriff und
Wesen der Demokratie, in: Strukturprobleme der modernen Demokratie, 1958,
3. Aufl. 1967/1974, auch in vielen weiteren Schriften; auf die Konsequenzen solchen Gleichheitsverständnisses für den Gesetzgebungsstaat hat schon *C. Schmitt* mit
Bezug auf H. Triepel, den Vater des Gedankens (Goldbilanzverordnung und Vorzugsaktien, S. 26 ff.; *ders.*, VVDStRL 3 (1927), S. 50 ff.) und G. Leibholz, Freiheitsrechte und institutionelle Garantien, S. 165 verwiesen; *C. Schmitt* so auch,
Grundrechte und Grundpflichten, S. 211 („allgemeines, den Gesetzgeber beschränkendes Gerechtigkeitsprinzip"); *ders.* auch, Das Reichsgericht als Hüter der Verfas-

auch die Demokratie auf die Gleichheit, nicht auf die Freiheit, die er nicht als politische Freiheit begreift. Folglich kann er das Sachlichkeitsprinzip nicht mit der freiheitlichen Pflicht zu praktischen Vernunft begründen. Daß das Willkürverbot auf den Gleichheitssatz gestützt wird, dürfte seinen Grund auch in der herrschaftsideologischen Konzeption des Politischen haben, die sich mit der gleichheitlichen Konzeption der herrschaftlich begriffenen Demokratie verbindet, die Lehre vor allem *Carl Schmitts* und eben *Gerhard Leibholzens*[1962]. Freilich hat das Gleichheitsprinzip, das untrennbar mit dem Freiheitsprinzip verbunden ist, eine spezifische Nähe zur Gerechtigkeit[1963]. *Ernst von Hippel* hat das Willkürverbot aus der Rechtsidee abgeleitet:

> „Als willkürlich aber erscheint die ungerechte Norm, womit der Gleichheitssatz zum Inhalt das Postulat der Gerechtigkeit erhält. Die sonst dem positiven Recht gegenüber transzendente Rechtsidee wird Norminhalt eines Verfassungssatzes"[1964].

Die freiheitliche Konzeption, aus der das Willkürverbot logisch folgt, hat sich im Liberalismus nicht durchsetzen können. Art. 3 Abs. 1 GG bietet keinen spezifischen Ansatzpunkt für ein Prinzip der Gesetzgebungsgleichheit[1965], weil dieses Grundrecht die Allgemeinheit der Gesetzlichkeit aus

---

sung, S. 93, der zu Leibholzens auf Triepel zurückgehende Konzeption des Gleichheitssatzes eine im Ergebnis nicht ganz klare Stellung bezogen hat; wesentlich *E. Kaufmann*, VVDStRL 3 (1927), S. 9 ff.; vgl. auch weitgehend so die Diskussionsbeiträge der Staatsrechtslehrer 1926, daselbst S. 43 ff.; auch *H. Nawiasky*, daselbst S. 40; zur Leibholzschen Lehre *P. Kirchhof*, HStR, Bd. V, § 124, Rdn. 86 ff.

[1962] *C. Schmitt*, Verfassungslehre, S. 223 ff., insb. S. 224 f.; *G. Leibholz*, Das Wesen der Repräsentation, S. 218 ff.; *ders.*, Die politischen und juristischen Hauptformen der Demokratie, S. 59 f.; vgl. insb. *K. Stern*, Staatsrecht I, S. 594 f.; *R. Herzog*, in: Maunz/Dürig, GG, 1981, Rdn. 6 ff. zu Art. 20 Abs. II; dazu kritisch *K. A. Schachtschneider*, Res publica res populi, S. 735 ff., 763 ff.

[1963] Das belegt das Referat von *E. Kaufmann*, VVDStRL 3 (1927), S. 2 ff.; vgl. auch die Bemerkungen *E. v. Hippels*, Die Gleichheit vor dem Gesetz im Sinne des Art. 109 der Reichsverfassung, Aussprache, daselbst, S. 43 f.; vgl. *K. A. Schachtschneider*, Das Sozialprinzip, S. 56 ff.; *J. Habermas*, Gerechtigkeit und Solidarität, S. 62 ff., 69 ff.; schon *Aristoteles*, Nikomachische Ethik, 1129a 35 („Gerecht ist also das Gesetzliche und Gleiche, ungerecht das Widergesetzliche und Ungleiche"), auch 1130b 6 ff., 1131a 13 („Ist nun das Ungerechte ungleich, so wird das Gerechte gleich sein"), u. ö.; ganz in diesem Sinne BVerfG, Hinweise in Fn. 1948; zur Gleichheit in der Freiheit Hinweise in Fn. 1908.

[1964] Die Gleichheit vor dem Gesetz im Sinne des Art. 109 der Reichsverfassung, VVDStRL 3 (1927), S. 43 (Aussprache).

[1965] A. A. die herrschende Meinung, etwa v. Mangoldt/Klein/*Starck*, GG, Rdn. 1 f. zu Art. 3 Abs. 1, der entstehungsgeschichtlich argumentiert, aber die vom Allgemeinen Redaktionsausschuß vorgelegte Fassung: „Der Gesetzgeber muß Gleiches gleich, Verschiedenes nach seiner Eigenart behandeln" (*Matz*, JöR, Bd. 1 (1951), S. 68), ist nicht in den Text des Grundgesetzes aufgenommen worden, sondern die

der Logik der Allgemeinheit der Freiheit formuliert. Wenn das politische System auf die Gleichheit gestellt wird, ist es konsequent, im Gleichheitsprinzip das Sachlichkeitsprinzip zu verankern, welches der Willkür des herrschaftlichen Staates als eine widerstandsrechtliche Position der Bürger entgegengestellt wird.

3. Gleichheit durch gesetzliche Allgemeinheit

Das Gesetz, welches „allgemein und nicht für den Einzelfall" gilt, fördert die Gleichheit als Allgemeinheit der Freiheit[1966].

> „Eine Norm hat den Charakter eines für eine unbestimmte Vielzahl von Fällen geltenden generellen Rechtssatzes – und ist also kein Einzelfallgesetz –, wenn sich wegen der abstrakten Fassung des gesetzlichen Tatbestandes nicht genau übersehen läßt, auf wieviele und welche Fälle das Gesetz Anwendung findet (BVerfGE 10, 234 (242)), wenn also nicht nur ein einmaliger Eintritt der vorgesehenen Rechtsfolge möglich ist (BVerfGE 13, 225 (229))" (BVerfGE 25, 371 (396))[1967].

Diese Allgemeinheit des Gesetzes soll Art. 19 Abs. 1 S. 1 GG nach seinem Wortlaut für die Gesetze fördern, welche einschränkbare Grundrechte einschränken. Der Sache nach sind alle Grundrechte außer den formalen der allgemeinen Freiheit und der allgemeinen Gleichheit bis zum Wesensgehalt material einschränkbar, besser: zu größerer Bestimmtheit materialisierbar oder, wie meist gesagt wird, konkretisierbar[1968], so daß Art. 19

übersetzte Formel der Deklaration der französischen Verfassung von 1793 („devant la loi"); diese Formel kann die Gesetzgebungsgleichheit nicht meinen, weil die Allgemeinheit des Gesetzes als der „volonté générale" (Art. 6 S. 1 der Deklaration von 1789) die Freiheit und damit die aus der Freiheit folgende Gleichheit verwirklicht. Das folgt bereits aus Art. 6 S. 3 und 4 der Deklaration von 1789 (vgl. i. d. S. *Starck*, a. a. O. selbst, der auf die Vorgesetzlichkeit der Gleichheit abstellt, die aber nichts anderes als die Gleicheit in der Freiheit ist); im übrigen bleibt der Art. 3 Abs. 1 GG bei der Formulierung des Art. 109 Abs. 1 WRV (abgesehen von der Erweiterung von einem Deutschen- zu einem Jedermanns-Recht); herrschend wurde aber der Weimarer Gleichheitssatz auf die Rechtsanwendungsgleichheit begrenzt, vgl. *G. Anschütz*, WRV-Kommentar, Literaturübersicht und Anm. 1 und 2 zu Art. 109; vgl. die Erörterung der Deutschen Staatsrechtslehrer: Die Gleichheit vor dem Gesetz des Art. 109 der Reichsverfassung, 1926, insb. das Referat von *H. Nawiasky*, VVDStRL 3 (1927), S. 25 ff.; anders aber *E. Kaufmann*, daselbst, S. 2 ff.; *H. Triepel*, daselbst, S. 50 ff.; vgl. auch schon Art. 14 preußische Verfassung von 1850: „Alle Preußen sind vor dem Gesetz gleich."

[1966] *K. A. Schachtschneider*, Res publica res populi, S. 414 ff.

[1967] Ebenso BVerfGE 10, 234 (242); 13, 225 (229); vgl. auch BVerfGE 24, 33 (52).

[1968] Die formale Prinzipien schützenden Grundrechte der Art. 2 Abs. 1 und Art. 3 Abs. 1 GG erfordern ebenfalls die gesetzliche Materialisierung des Rechts, ohne

Abs. 1 S. 1 GG für alle materialen, also besonderen, Grundrechte praktisch wird[1969]. Außer dem skizzierten formalen kann es in der Republik des Grundgesetzes kein Prinzip der Gesetzgebungsgleichheit geben, weil ein solches eines verbindlichen Maßstabes bedürfte, den aber nur der Gesetzgeber selbst bilden kann. Die besonderen Grundrechte geben derartige verbindliche, wenn auch offene Leitlinien der gesetzgeberischen Politik, nicht aber der formale Gleichheitssatz. Das Gesetz fördert, wie gesagt, die materiale Gleichheit durch seine gegenständliche Allgemeinheit. Vor allem die praktische Vernünftigkeit der gesetzgeberischen Erkenntnisse sichert die Gleichheit als personale Allgemeinheit. Diese personale Allgemeinheit ist die Sittlichkeit der Gesetzgebung, verwirklicht durch das Volk oder die Vertretung des Volkes in der praktischen Vernunft[1970]. Die gelungene personale Allgemeinheit erfüllt zugleich das Gebot des Art. 19 Abs. 1 S. 1 GG, die gegenständliche Allgemeinheit zu wahren; denn sie differenziert praktisch vernünftig, richtig. Sie schafft Recht. Die Gesetzgebung kann die personale Allgemeinheit verfehlen, aber die Hüter des Rechts sollen über diese Richtigkeit der Gesetze wachen, vor allem das Bundesverfassungsgericht[1971]. Die Verbindlichkeit eines Gesetzes von der unmittelbaren (d.h. nicht repräsentativen) Zustimmung wirklich aller Bürger abhängig zu machen, um die Allgemeinheit des Gesetzes zu sichern, wäre nicht praktisch. Das sagt nichts gegen die unmittelbare Gesetzgebung des Volkes, die aber schon wegen der Mehrheitsregel unvermeidlich repräsentativ ist[1972].

Die Gesetze müssen Handlungen oder Lebensumstände von Menschen tatbestandsmäßig derart beschreiben, daß jedermann die Tatbestandsmerkmale erfüllen kann, d.h. die Gesetze müssen für alle verbindlich sein können. Jedenfalls dürfen die Gesetze nicht nur für benannte Personen gelten. Das regelt das Verbot des Einzelpersonengesetzes[1973]. Die gegenständliche

---

aber durch die Gesetze eingeschränkt zu werden. Die Freiheit und die Gleichheit werden vielmehr durch die Gesetze verwirklicht.

[1969] Vgl. BVerfGE 25, 371 (399); dazu *W. Krebs*, in: v. Münch/Kunig, GG, Bd. I, 4. Aufl. 1992, Rdn. 5 zu Art. 19; *R. Herzog*, in: Maunz/Dürig, GG, 1981, Rdn. 18 ff., insb. Rdn. 21 zu Art. 19 Abs. I; *Ch.-F. Menger*, GG, Bonner Komm., Zweitbearbeitung 1979, Rdn. 83 ff., insb. Rdn. 87 zu Art. 19 Abs. 1 S. 1; *K. Stern*, Staatsrecht III, 2, S. 729 ff., insb. S. 732.; vgl. *P. Lerche*, HStR, Bd. V, § 122, Rdn. 1 ff., der auf die notwendige Allgemeinheit grundrechtsprägender Gesetze hinweist.

[1970] Ganz so *M. Kriele*, Einführung in die Staatslehre, 4. Aufl. 1990, S. 334.

[1971] *K. A. Schachtschneider*, Res publica res populi, S. 987 ff.

[1972] Dazu *K. A. Schachtschneider*, Prinzipien des Rechtsstaates, S. 52 f.; zur Mehrheitsregel *ders.*, Res publica res populi, S. 119 ff.; dazu 3. Kap., IV, 2.

[1973] So *E. Denninger*, GG, AK, 2. Aufl. 1989, Rdn. 10 ff. zu Art. 19 Abs.1; *R. Herzog*, in: Maunz/Dürig, GG, Rdn. 32 ff., 35 zu Art. 19 Abs. I; *Ch.-F. Menger*, GG, Bonner Komm., Rdn. 93 ff. zu Art. 19 Abs. 1; *A. v. Mutius*, Rechtsnorm und Verwaltungsakt, in: Ch.-F. Menger (Hrsg.), Fortschritte des Verwaltungsrechts, FS

Allgemeinheit der Tatbestandsmerkmale ist überprüfbar, das verdeckte Individualgesetz feststellbar, der Mißbrauch der Formulierung zur Umgehung des Verbots des Einzelfallgesetzes also justitiabel[1974]. Art. 19 Abs. 1 S. 1 GG ist das grundgesetzliche Instrument gegen gesetzgeberische Willkür zu Lasten bestimmter Personen[1975], also ein Instrument zur Verwirklichung der Gleichheit aller in der Freiheit im repräsentativen Gesetzgebungsstaat[1976], wenn man so will, ein „Unterfall des allgemeinen Willkürverbots"[1977]. Der Form des Gesetzes genügt im übrigen nur eine Vorschrift, die allgemein verbindlich ist, welche also ihre Gesetzlichkeit nicht selbst aufhebt.

II. Wesensgehaltsverwirklichung der gleichheitlichen Freiheit

1. Rechtlichkeit der Gesetze oder das Willkürverbot als Wesensgehalt der allgemeinen gleichen Freiheit

Die allgemeine Freiheit ist durch das Grundrecht des Art. 2 Abs. 1 GG geschützt. Dieses Grundrecht entfaltet das konstitutionelle Prinzip der Menschenwürde[1978], die ihrerseits nach Art. 1 Abs. 1 GG unantastbar und die

---

H.-J. Wolff (75.), 1973, S. 171; *F. Ossenbühl*, Gesetz und Recht – Die Rechtsquellen im demokratischen Rechtsstaat, HStR, Bd. III, 1988, § 61, Rdn. 71 f.; *K. Stern*, Staatsrecht III, 2, S. 737 ff., der (S. 743) das Verbot auf privilegierende oder diskriminierende Einzelpersonengesetze begrenzt; vgl. *P. Lerche*, HStR, Bd. V, § 122, Rdn. 35 f.

[1974] Vgl. BVerfGE 10, 234 (244); vgl. *E. Denninger*, GG, AK, Rdn. 12 zu Art. 19 Abs. 1.

[1975] *H. Nawiasky*, VVDStRL 3 (1927), S. 36 ff., hat die persönliche und die sachliche Rechtsgleichheit unterschieden; *H. Triepel*, daselbst, Aussprache, S. 51, hat das kritisiert, zu Recht.

[1976] I.d.S. grundsätzlich *H. Krüger*, Allgemeine Staatslehre, S. 296 ff., der im Allgemeinheitsprinzip die Richtigkeit, Vernünftigkeit gesichert sieht, weil Gesetze verallgemeinerbar sein müßten (S. 306 f.); vgl. zu Allgemeinheit des Gesetzes im Gesetzgebungsstaat auch *C. Schmitt*, Legalität und Legitimität, S. 8 f.; *K. Stern*, Staatsrecht III, 2, S. 736 f., der Unterschiede zwischen Art. 3 Abs. 1 und Art. 19 Abs. 1 S. 1 für den „singulären Fall" sieht; i.d.S. BVerfGE 31, 255 (263); 36, 383 (400); 42, 263 (325).

[1977] So *E. Denninger*, AK-GG, Rdn. 14 zu Art. 19 Abs.1; weitergehend *P. Lerche*, HStR, Bd. V, § 122, Rdn. 35; vgl. BVerfGE 25, 371 (399), wonach Art. 19 Abs. 1 Satz 1 GG es verbiete, „aus einer Reihe gleichartiger Sachverhalte willkürlich einen Fall herauszugreifen und zum Gegenstand einer Ausnahmeregelung zu machen".

[1978] BVerfGE 5, 85 (204 f.); auch BVerfGE 6, 32 (36); 27, 1 (6); 39 1 (42 f.), st. Rspr. zum allgemeinen Persönlichkeitsrecht BVerfGE 34, 344 (351 f.); 45, 187 (259); 80, 367 (373 f.); 95, 220 (241); 101, 361 (379 ff.); 106, 28 (39, 43); *G. Dürig*, in: Maunz/Dürig, GG, 1958, Art. 2 Abs. 1, Rdn. 1; *W. Schmitt Glaeser*, HStR, Bd. VI, § 129, Rdn. 23; *M. Kriele*, Einführung in die Staatslehre, 6. Aufl. 2003, S. 177 ff.,

zu achten und zu schützen Verpflichtung aller staatlichen Gewalt ist. Verletzungen der allgemeinen Freiheit mißachten somit zugleich die Würde des Menschen. Jedenfalls genießt auch Art. 2 Abs. 1 GG den Wesensgehaltsschutz des Art. 19 Abs. 2 GG[1979].

Das Bundesverfassungsgericht hat der Sache nach mit seiner „Sphärentheorie" eine Wesensgehaltsrechtsprechung zu Art. 2 Abs. 1 in Verbindung mit Art. 1 Abs. 1 GG entwickelt, nach der dieses Grundrecht einen „Kernbereich", „eine Sphäre privater Lebensgestaltung", „einen letzten unantastbaren Bereich menschlicher Freiheit … der Einwirkung der gesamten öffentlichen Gewalt entzieht."[1980]… Ein „Innenraum, in dem der Einzelne sich selbst besitzt und in den er sich zurückziehen kann, zu dem die Umwelt keinen Zutritt hat, in dem man in Ruhe gelassen wird und ein Recht auf Einsamkeit genießt", sei unantastbar[1981].

Das Gericht dogmatisiert das Grundrecht des Art. 2 Abs. 1 GG als allgemeine Handlungsfreiheit, die es material versteht[1982]. Dementsprechend

---

181 ff.; *U. Di Fabio*, in: Maunz/Dürig, GG, Art. 2 Abs. 1, Rdn. 1; *Ch. Enders*, Die Menschenwürde in der Verfassungsordnung, passim, insb. S. 290 ff., 377 ff.

[1979] Vgl. BVerfGE 6, 32 (41); 27, 1 (6); 27, 344 (351 f.); 34, 238 (245 f.); 80, 367 (373 f.); auch BVerfGE 39, 1 (42 f.); dazu *Ch. Enders*, Die Menschenwürde in der Verfassungsordnung, S. 456 ff.

[1980] BVerfGE 6, 32 (41); vgl. i.d.S. auch BVerfGE 27, 344 (350 f.); 32, 373 (378 f.); 34, 238 (245 ff.); 35, 202 (232); 44, 353 (372 f.); vgl. aber auch BVerfGE 54, 143 (146); 65, 1 (42 ff.); 80, 367 (373 f.); 89, 69 (82 f.); *H.-U. Erichsen*, HStR, Bd. VI, § 152, Rdn. 38; *U. Di Fabio*, in: Maunz/Dürig, GG, Art. 2 Abs. 1, Rdn. 149, 158 und öfter; kritisch *K. Hesse*, Grundzüge des Verfassungsrechts, Rdn. 425 ff., S. 173 ff.; skeptisch gegenüber einem Wesensgehaltschutz des Art. 2 Abs. 1 GG auch *P. Lerche*, HStR, Bd. V, § 122, Rdn. 32; Hinweise auch in Fn. 2210.

[1981] BVerfGE 27, 1 (6); 34, 269 (281); 101, 361 (379 ff.); *H.-U. Erichsen*, HStR, Bd. VI, § 152, Rdn. 38; *U. Di Fabio*, in: Maunz/Dürig, GG, Art. 2 Abs. 1, Rdn. 149, 158 (selbst zurückhaltend); vgl. *J. Wintrich*, Zur Problematik der Grundrechte, 1957, S. 15 f., den das Bundesverfassungsgericht zitiert. Daß es einen solchen uneindringlichen Raum nicht gibt, lehrt gerade die Umweltverschmutzung, insbesondere der (auch vom Staat verantwortete) Elektrosmog, mehr noch die akustische Überwachung von Wohnungen, der 1998 in Art. 13 Abs. 3 bis 6 GG gar eine verfassungsgesetzliche Grundlage geschaffen wurde (dazu BVerfGE 109, 279 ff.). Die materialen Begriffe, die das Bundesverfassungsgericht verwendet, haben keine, jedenfalls keine subsumtive Rechtserkenntnisse ermöglichende Bestimmtheit, sondern müssen je nach der Fallgestaltung abwägend, also funktional gesetzgeberisch, entfaltet werden. Unantastbare Bereiche des Menschen oder Bürgers lassen sich nicht empirisch ermitteln, sondern werden politisch festgelegt. Der Versuch, Sphären oder gar Räume der Freiheit zu definieren, schleppt die Schwäche jeder räumlichen Rechtsdogmatik mit, welche vor allem verkennt, daß die Freiheit ein Prinzip richtigen Handelns des Menschen im Gemeinwesen ist, nicht aber eine empirische Kategorie.

[1982] BVerfGE 6, 32 (36 ff.); st. Rspr., etwa BVerfGE 54, 143 (146); 55, 159 (165 ff.); 59, 275 (278); 74, 129 (151); 75, 108 (154 ff.); 80, 137 (152 ff.); 89, 214

leitet das Bundesverfassungsgericht aus Art. 2 Abs. 1 GG besondere Freiheiten, die sogenannten unbenannten Freiheitsrechte, her[1983]. Das erlaubt
eine Dogmatik des Wesensgehaltsschutzes der besonderen, wenn auch unbenannten, Freiheiten, die sich in ihrer Materialität nicht von der Dogmatik
der besonderen benannten Grundrechte des Grundgesetzes unterscheidet
und auf die Identifizierung der Wesensgehaltsgarantie mit dem Verhältnismäßigkeitsprinzip hinausläuft[1984]. Für die praktizierte Materialisierung des
Grundrechts bietet der Wortlaut des Art. 2 Abs. 1 GG keinerlei Anhalts-
punkte. Das wird als Unbenanntheit der Freiheitsrechte zugestanden. Damit
ist der äußerste Grad der materialen Offenheit der Grundrechte, deren Wesensgehalt das Bundesverfassungsgericht schützt, erreicht, die Textlosigkeit.
Dieser Wesensgehaltsschutz ist der Sache nach nur noch die praktische
Vernunft und materialisiert das formale Prinzip der Sachlichkeit. Solche
Rechtserkenntnis ohne textliche materiale Bindung unterscheidet sich praktisch von der vom Sittengesetz aufgegebenen Materialisierung der formalen
Freiheit nicht. Im Ergebnis ist diese Rechtsprechung des Bundesver-
fassungsgerichts nicht zu kritisieren. Die Praxis muß sich dem formalen
Begriff der Freiheit fügen, die Formalität freilich in Offenheit übersetzt,
wenn auch ihre Dogmatik an einem materialen Freiheitsbegriff festhält, der
seine Richtigkeit 1918 durch die republikanische Revolution verloren hat.
Zu Recht aber hat das Bundesverfassungsgericht seine politische Verantwortung für die Richtigkeit der Gesetze eines guten Lebens aller in allgemeiner
Freiheit, für deren Rechtlichkeit also, angenommen[1985].

---

(231); 95, 267 (303); 97, 350 (377); *H.-U. Erichsen*, Allgemeine Handlungsfreiheit,
HStR, Bd. VI, § 152, 1 ff., 13 ff.; *U. Di Fabio*, in: Maunz/Dürig, GG, Art. 2 Abs. 1,
Rdn. 12 ff.

[1983] Etwa BVerfGE 7, 89 (92); 10, 55 (59); 17, 306 (313 ff.); 27, 344 (351); 54,
143 (146); 54, 148 (153); 65, 1 (42 ff.); 80, 367 (373); 96, 267 (303).

[1984] BVerfGE 30, 47 (53 f.); vgl. auch BVerfGE 22, 180 (219 f.); 34, 330 (353);
58, 300 (348); 88, 367 (373); klar BVerwGE 84, 375 (381); *K. A. Schachtschneider*,
Res publica res populi, S. 827 ff. (830); *ders.*, Prinzipien des Rechtsstaates,
S. 343 f.; dazu *A. Emmerich-Fritsche*, Der Grundsatz der Verhältnismäßigkeit,
S. 143 ff., 328 f., 350 ff.; vgl. auch *Th. Maunz*, in: Maunz/Dürig, GG, Art. 19
Abs. 2 (1977), Rdn. 1 ff.; *P. Lerche*, Übermaß und Verfassungsrecht, S. 34 ff.,
79 f., 239 ff.; *P. Häberle*, Die Wesensgehaltsgarantie des Art. 19 Abs. 2 Grundgesetz, S. 67 ff., 234 ff.; *K. Hesse*, Grundzüge des Verfassungsrechts, Rdn. 332, S. 140;
R. Alexy, Theorie der Grundrechte, S. 267 ff.; vgl. *Ch. Enders*, die Menschenwürde
in der Verfassungsordnung, S. 456 ff.; *M. Stelzer*, Das Wesensgehaltsargument und
der Grundsatz der Verhältnismäßigkeit, 1991.

[1985] Eine schmerzliche Ausnahme macht der Euro-Beschluß von 1998 (BVerfGE
97, 350 ff.), in dem der Zweite Senat die Frage aufwirft, wie der „Gewährleistungs-
inhalt des Art. 2 Abs. 1 GG im einzelnen zu bestimmen und die Verletzung dieses
Grundrechts von der bloßen Betroffenheit durch eine objektiv-rechtlich rechtswidrige Belastung abzugrenzen" sei (S. 377), und damit eine restriktive Dogmatik des
Grundrechtsschutzes der (sogenannten) allgemeinen Handlungsfreiheit ankündigt,

Die Freiheit, welche Art. 2 Abs. 1 GG als Grundrecht der politischen Freiheit, als die Autonomie des Willens, schützt, verwirklicht sich in der allgemeinen rechtmäßigen Gesetzlichkeit, in der Rechtlichkeit des gemeinsamen Lebens. Die Willensautonomie, die Freiheit, ist formal[1986]. Die Wirklichkeit der Freiheit bedarf in der Praxis des gemeinsamen Lebens der Materialität des Rechts. Das Gemeinwohl ist als Prinzip formal und wird, der Logik der Formalität der Freiheit folgend, erst durch Gesetze materialisiert[1987]. Aber auch das Prinzip der allgemeinen Gesetzlichkeit ist ein Grundrecht, das subjektiven Rechtsschutz genießt, jedenfalls genießen sollte[1988]. Die Materialisierung der Rechtlichkeit ist Sache des Gesetzgebers und die Logik jeder Gesetzlichkeit und damit die Logik des Gesetzgebungsstaates. Die Gesetze sind die verbindlichen Erkenntnisse des Richtigen für das gute Leben aller in allgemeiner Freiheit auf der Grundlage der Wahrheit[1989], vorausgesetzt die Erkenntnisse sind vom Sittengesetz geleitet und finden dadurch zum Recht. Die verbindlichen Erkenntnisse werden in den Gesetzen formuliert und dadurch öffentlich. Das ist die Voraussetzung ihres Vollzuges durch die Bürger und deren staatliche Vertreter.

Es gibt keine Gerechtigkeit ohne allgemeine Gesetze, aber die Gesetze müssen die Menschheit des Menschen[1990], die heute in den Menschenrechten positiviert ist, achten. In diesem Sinne gibt es ein „präpositives Recht", eine naturrechtliche „Ordnung der Dinge", eine rechtliche „Natur der Sache", ein „Naturrecht", aus dem die Richter schöpfen können, wie das René Marcic gelehrt hat[1991].

---

von der angesichts des individualistischen Liberalismus dieses Beschlusses, der die Bürger zu Untertanen ohne politische Verantwortung degradiert, nicht zu erwarten ist, daß sie zur Lehre von der allgemeinen Freiheit finden wird; dazu Hinweise in Fn. 1997.

[1986] Dazu 2. Kap., VI, 1, 4. Kap., II, 5. Kap., II.

[1987] *K. A. Schachtschneider*, Res publica res populi, S. 346 ff., 574 ff., 778 ff., 990 ff.; *ders.*, Staatsunternehmen und Privatrecht, S. 236 ff., 242 ff., 247 ff.; *ders.*, Der Anspruch auf materiale Privatisierung, S. 35 ff.

[1988] Lange hat das Bundesverfassungsgericht das Gesetzlichkeitsprinzip als Rechtsstaatsprinzip mittels Art. 2 Abs. 1 GG als verfassungsbeschwerdefähig praktiziert, vgl. BVerfGE 6, 32 (40 f.); 9, 83 (88); 17, 306 (313 f.); 19, 206 (215); 19, 253 (257); 74, 129 (151 ff.), diese Praxis aber im Euro-Beschluß BVerfGE 97, 350 (377) in Zweifel gezogen; vgl. auch das Rechtschreibeurteil BVerfGE 98, 218 (251 ff., 261 ff.); weitere Hinweise in Fn. 2055; vgl. auch Fn. 1618, 1620.

[1989] *K. Jaspers*, Vom Ursprung und Ziel der Geschichte, S. 197 ff.; i.d.S. schon *Rousseau*, Vom Gesellschaftsvertrag, II, 7, S. 43 ff.; *J. Habermas*, Erläuterungen zur Diskursethik, S. 119 ff., insb. S. 142 ff.; dazu *K. A. Schachtschneider*, Res publica res populi, S. 567 ff., 573 ff.; *ders.*, Der Rechtsbegriff „Stand von Wissenschaft und Technik, S. 105 ff.

[1990] *Kant*, Grundlegung zur Metaphysik der Sitten, S. 63; *ders.*, Metaphysik der Sitten, S. 381 f., auch S. 345.

Die Identität des Willkürverbots mit dem sittlichen Prinzip der praktischen Vernunft als innerer Freiheit beweist die Definition der äußeren Freiheit als „die Unabhängigkeit von eines anderen nötigender Willkür"[1992]. Das Sittengesetz mißachtende, willkürliche Entscheidungen können der Freiheit nicht genügen[1993]. Sie sind das Gegenteil des Rechts[1994], das nur in Moralität erkannt werden kann, also freiheitlich, nicht herrschaftlich. Fremde Willkür ist Herrschaft. Das Willkürverbot ist der Herrschaft entgegengestellt.

2. Verfassungsrichter als Hüter der Rechtlichkeit der Gesetze und das Sittengesetz als Rechtsprinzip

a) Die Republik ist ihrer Idee nach Gesetzgebungsstaat. Vorrangig verwirklicht die parlamentarische Gesetzgebung die Bürgerlichkeit der Bürger, die allgemeine Freiheit, wenn denn die Gesetzgebung sittlich ist. Die Wesensgehaltsgarantie des Art. 19 Abs. 2 GG überträgt jedoch den Verfassungsrichtern, insbesondere dem Bundesverfassungsgericht, den Schutz des Wesensgehalts der Grundrechte gegenüber dem legislativen Gesetzgeber, weil diese Gesetzgebung entgegen ihrer freiheitlichen Idee in der Praxis nicht konsensual ist, sondern repräsentativ, sei es unmittelbar oder mittelbar demokratisch, aber notgedrungen auf die Mehrheitsregel angewiesen, weil Einstimmigkeit nicht erwartbar ist[1995]. Grund des Wesensgehaltsschutzes ist

---

[1991] Vom Gesetzesstaat zum Richterstaat, S. 109 ff., 145 ff., 248 ff., 251, 258, 275 ff. u. ö., der sich dem restaurativen Zeitgeist in den 50er Jahren gemäß freilich gegen den Rousseauismus wendet (S. 279 ff.) und den aufklärerischen Subjektivismus des Willens als Voluntarismus denunziert (S. 281 ff.); ganz ähnlich *W. Henke*, Recht und Staat, S. 111 ff. u. ö., auch ein Antirousseauist (a. a. O., S. 289 f., 399, 591 f., 607); davon distanziert sich Henkes Schüler *R. Gröschner*, HStR, Bd. II, § 23, Rdn. 23 und ff.; weitere Hinweise zum Antirousseauismus in Fn. 2904; ähnlich auch *E. Kaufmann*, VVDStRL 3 (1927), S. 2 ff., 9 ff.; vorsichtig dazu *P. Kirchhof*, Europäische Integration, HStR, Bd. VII, § 183, Rdn. 28.; zum Problem Naturrecht vgl. *A. Verdross*, Statisches und dynamisches Naturrecht; sowie *H. Welzel*, Naturrecht und materiale Gerechtigkeit, 4. Aufl. 1962; *N. Brieskorn*, Rechtsphilosophie, 1990, S. 79 ff.; vgl. auch die Abhandlungen in: W. Maihofer (Hrsg.), Naturrecht und Rechtspositivismus, 1972.

[1992] *Kant*, Metaphysik der Sitten, S. 345; ganz so *M. Kriele*, HVerfR, S. 133 ff.; *ders.*, Einführung in die Staatslehre, 4. Aufl. 1990, S. 228 ff., 331 ff., 6. Aufl. 2003, S. 178 ff.

[1993] *P. Kirchhof*, HStR, Bd. V, § 124, Rdn. 104: „Willkür beseitigt nicht nur die Gleichheit, sondern auch die Freiheit."; *ders.*, FS W. Geiger, S. 99 ff.

[1994] In der Sache nicht anders, aber gleichheitsrechtlich *P. Kirchhof*, HStR, Bd. V, § 124, Rdn. 91 f., gestützt auf H. Triepel und G. Leibholz.

[1995] Zur Mehrheitsregel *K. A. Schachtschneider*, Res publica res populi, S. 119 ff. (auch 3. Kap., IV, 2); zur Repräsentation daselbst, S. 637 ff.

darum die Repräsentativität der Gesetzgebung. Der Wesensgehalt des allgemeinen Freiheitsgrundrechts folgt der Logik der Repräsentation. Soweit die Bürgerschaft sich vertreten läßt, muß sie sich nicht den Mißbrauch der Vertretungsmacht zur Herrschaft, das moralische Versagen der Vertreter, aber auch nicht deren Irrtum gefallen lassen. Um dem Mißbrauch entgegenzuwirken, ist die Verfassungsrechtsprechung, selbst repräsentativ[1996], eingerichtet, welche in Vertretung des Volkes die Sittlichkeit der Materialisierung der bürgerlichen Freiheit durch Gesetze verantwortet. Die Verfassungsgerichte haben also den Anspruch der Menschen und Bürger auf die gemeinsame Lebensgestaltung in praktischer Vernunft zu schützen, den diese trotz ihrer Willensautonomie weitgehend nicht anders verwirklichen können als durch Vertreter[1997]. Für die unmittelbar demokratische Gesetzgebung ergibt sich, obwohl sie nicht durch Vertretungsorgane erfolgt, nichts anderes, weil die Mehrheit derer, die an der Abstimmung teilnimmt (meist im übrigen eine Minderheit des abstimmungsberechtigten Volkes) sich im Irrtum über das Richtige befinden kann oder gar besondere Interessen durchsetzt[1998]. Die praktische Vernunft, die Rechtlichkeit also, wird durch die Mehrheitsregel nicht sichergestellt, ja nicht einmal durch die Einstimmigkeit, weil

---

[1996] Zur Repräsentationsfunktion des Bundesverfassungsgerichts *G. Leibholz*, Bericht des Berichterstatters an das Plenum des Bundesverfassungsgerichts zur „Status"-Frage 1975, in: P. Häberle, Verfassungsgerichtsbarkeit, 1976, S. 241; i. d. S. auch *P. Häberle*, Grundprobleme der Verfassungsgerichtsbarkeit, in: ders., Verfassungsgerichtsbarkeit, 1976, S. 16 ff. („Gesamtverantwortung"); prononciert *R. Marcic*, Die Deutung der Natur des Verfassungsgerichts, in: P. Häberle (Hrsg.), Verfassungsgerichtsbarkeit, 1976, S. 317 ff.; weitere Hinweise in *K. A. Schachtschneider*, Res publica res populi, S. 909 ff.

[1997] Diese Verantwortung hat der Zweite Senat im Euro-Beschluß, BVerfGE 97, 350 (373 ff.), zurückgewiesen und ausschließlich „Regierung und Parlament" für verantwortlich erklärt, wenn Rechtsfragen mit „ökonomischen Erkenntnissen und politischer Gestaltung" verbunden seien (also bei der Gesetzgebung immer) – die Aufkündigung des Verfassungsstaates, zu dem essentiell eine die Rechtlichkeit der Politik gewährleistende Verfassungsgerichtsbarkeit gehört; dazu *K. A. Schachtschneider*, Der Euro-Beschluß des Bundesverfassungsgerichts, S. 19 ff., insb. S. 22 ff.; *ders.*, Euro – Der Rechtsbruch, S. 25 ff.; *ders.*, Die Rechtsverweigerung im Euro-Beschluss des Bundesverfassungsgerichts, S. 274 ff.; dieser Verantwortung entledigt sich das Gericht zunehmend durch die stetige Ausweitung der dem Gesetzgeber zustehenden Spielräume, etwa BVerfGE 39, 210 (225 f.); 50, 290 (332); 56, 54 (82); 88, 203 (262); 89, 214 (234); 90, 145 (173); 95, 335 (350); 96, 56 (63 f.); 99, 341 (352); auch BVerfGE 57, 139 (159 f.); 73, 301 (317); 88, 87 (96 f.); 91, 389 (401); dazu *R. Alexy*, Verfassungsrecht und einfaches Recht – Verfassungsgerichtsbarkeit und Fachgerichtsbarkeit, VVDStRL 61 (2002), S. 15 ff.; *P. Lerche*, HStR, Bd. V, 1992, § 122, Rdn. 19.

[1998] Zum repräsentierenden Charakter der Volksabstimmung *H. Krüger*, Allgemeine Staatslehre, S. 248; *E.-W. Böckenförde*, HStR, Bd. III, § 34, Rdn. 4 ff., 53; *K. A. Schachtschneider*, Res publica res populi, S. 645, 707; *ders.*, Prinzipien des Rechtsstaates, S. 52 f.

alle sich irren können. Darum gibt es die Verfassungsgerichtsbarkeit über die Gesetzgebung, die freilich auch Wahrheitlichkeit und Richtigkeit nicht zu sichern, aber, wenn sie dem Ethos der Unparteilichkeit verpflichtet Recht spricht, zu befrieden vermag[1999].

Die repräsentative Staatlichkeit, welche die Rechtlichkeit gewährleistet, erfüllt den Anspruch aus der Freiheit auf Recht. In der Repräsentativität der Verwirklichung des Rechtsprinzips liegt ein Zwangselement, welches dem Recht auf Recht, der Freiheit also, gemäß ist. Die Zwangsnotwendigkeit führt nicht zur Herrschaftlichkeit der Repräsentation, sondern ist dem Freiheitsprinzip immanent[2000]. Wer es an Moralität fehlen läßt, wird zur Sittlichkeit, also zur Freiheit, nämlich zur Rechtlichkeit, durch die allgemeine Gesetzlichkeit gezwungen. Er bleibt unabhängig von anderer nötigender Willkür, wird also nicht beherrscht; denn das allgemeine Gesetz des Rechts ist das Gegenteil von Willkür. Die Repräsentation dient in allen Funktionen des Staates der Verwirklichung der praktischen Vernunft, wie sie das Verfassungsgesetz gemäß der Verfassung gestaltet. Der Wesensgehaltsschutz des allgemeinen Freiheitsgrundrechts kann sich somit material nur als Mitwirkung der Verfassungsrechtsprechung an der Erkenntnis der richtigen Gesetze, des Rechts also, als Gesamtverantwortung der Organe der Gesetzgebung und der Rechtsprechung in der Erkenntnis richtigen Rechts[2001] durch allgemeine Gesetze entfalten. Der Wesensgehaltsschutz dient der Kompensation befürchteter Schwächen repräsentativer Gesetzgebung der Legislative. Insbesondere soll er der Gefahr vorbeugen, daß der Gesetzgeber seine Vertretungsbefugnis zur Herrschaft mißbraucht. Über die Sittlichkeit der Gesetzgebung wachen die Hüter des Rechts, das Volk vertretend vor allem die Verfassungsrichter, deren der Sittlichkeit verpflichtete Rechtsprechung selbst funktional gesetzgebend ist[2002].

[1999] Zur politischen Funktion der Verfassungsrechtsprechung *K. A. Schachtschneider*, Res publica res populi, S. 819 ff., insb. S. 909 ff., 932 ff., 963 ff.; *ders.*, Prinzipien des Rechtsstaates, S. 207 ff.

[2000] Vgl. *Kant*, Metaphysik der Sitten, S. 338, 527, vgl. auch S. 512, 525; *W. Kersting*, Wohlgeordnete Freiheit, S. 29 ff.; *ders.*, Der Geltungsgrund von Moral und Recht bei Kant, S. 318 f.; *ders.*, Kant über Recht, S. 40 ff., (46); *K. Jaspers*, Vom Ursprung und Ziel der Geschichte, S. 202; *W. Maihofer*, ARSP, Beiheft Nr. 15, 1981, S. 17 f.; *O. Höffe*, Politische Gerechtigkeit, S. 328 ff., 382 ff., 403 ff.; *ders.*, Gerechtigkeit als Tausch?, S. 19 ff., 24 ff.; *J. Rawls*, Eine Theorie der Gerechtigkeit, S. 266 f.; *J. Habermas*, Die Einbeziehung des Anderen, S. 295; *M. Kriele*, Die demokratische Weltrevolution, S. 69; *K. A. Schachtschneider*, Res publica res populi, S. 545 ff., insb. S. 553 ff.; dazu 2. Kap., VIII.

[2001] Dazu *K. A. Schachtschneider*, Res publica res populi, S. 909 ff. (926 ff.), 932 ff.

[2002] *K. A. Schachtschneider*, Res publica res populi, S. 819 ff.; *ders.*, Prinzipien des Rechtsstaates, S. 207 ff.

b) Der Wesensgehalt des gleichheitlichen Freiheitsprinzips als des Prinzips der praktischen Vernunft im Gemeinwesen ist nicht nur verletzt, wenn die gesetzgeberische Materialisierung der Politik empörend ist und den Willkürvorwurf verdient[2003], sondern auch und vor allem, wenn die allgemeine Willensautonomie prozedural verletzt wird[2004]. Der grundrechtliche Schutz der allgemeinen Willensautonomie schützt auch die allgemeine Mündigkeit der Bürger, deren politische Würde, deren republikanischen Status als Politiker. Wenn die Entscheidungswege des Gemeinwesens den allgemeinen Diskurs um das Richtige für das gute Leben aller in allgemeiner Freiheit auf der Grundlage der Wahrheit übermäßig behindern, ja nicht bestmöglich fördern, ist die Willensautonomie verletzt. Der materiale Schutz, den das Bundesverfassungsgericht dadurch leistet, daß es seine Erkenntnisse vom praktisch Vernünftigen dem Gesetzgeber verbindlich macht, ist nur eine notgedrungene Kompensation der Mißgriffe des Gesetzgebers. Weil aber auch optimale Verfahren die Moralität der Amtswalter und damit die Sittlichkeit (Rechtlichkeit) der Gesetze nicht sicherstellen, ist die materiale Befugnis der Verfassungsrechtsprechung selbst richtig und im Sinne eines möglichst effektiven Schutzes der Sittlichkeit der Gesetzgebung durch Art. 19 Abs. 2 GG verfassungsbefohlen. Die Republik ist von der Moralität der Amtswalter abhängig und darum stetig dem Mißbrauch der Befugnisse ausgesetzt. Die Verirrungen des Gesetzgebers können sich in der Empörung der öffentlichen Meinung zeigen. Einen materialen Maßstab halten die besonderen Grundrechte nur sehr „weit und breit"[2005] bereit; das formale Freiheitsprinzip kennt logisch keinen deduzierbaren materialen Maßstab des richtigen Gesetzes[2006]. Die Republik soll auch und vor allem durch faire Verfahren, wie das

---

[2003] Ganz so *P. Kirchhof*, HStR, Bd. V, § 124, Rdn. 235 ff.; *ders.*, FS W. Geiger, S. 109.

[2004] Prozedurale Gerechtigkeitslehren vertreten u. a. *R. Alexy*, etwa, Rechtstheorie 18 (1987), S. 416 f.; auch *ders.*, Theorie der Grundrechte, S. 71 ff., 445, 493 ff., im Anschluß an *R. Dworkin*, Bürgerrechte ernst genommen, 1984 (Taking Rights Seriously, 2. Aufl. 1978), u. a.; *J. Habermas* etwa, Erläuterungen zur Diskursethik, S. 127, 164, u. ö.; *ders.*, Faktizität und Geltung, S. 109 ff., 324 ff., 516 ff.; *ders.*, Die Einbeziehung des Anderen, S. 119 f., 245, 251; *A. Kaufmann*, Prozedurale Theorien der Gerechtigkeit, 1989; vgl. auch *V. Hösle*, Moral und Politik, S. 642 f.; vgl. auch *W. Kersting*, Der Geltungsgrund von Moral und Recht bei Kant, S. 332; *ders.*, Kant über Recht, S. 84 („Kants Gerechtigkeitsbegriff ist prozeduraler Natur"), auch S. 137; distanziert zum Prozeduralismus der Diskursethik *ders.*, Kritik der Gleichheit, S. 56, u. ö.; einen Überblick über den neueren Prozeduralismus gibt *A. Tschentscher*, Prozedurale Theorien der Gerechtigkeit, Rationales Entscheiden, Diskursethik und prozedurales Recht, 2000; weitere Hinweise in Fn. 354.

[2005] *K. Hesse*, Grundzüge des Verfassungsrechts, Rdn. 43, S. 17.

[2006] *J. Ebbinghaus*, Deutung und Mißdeutung des kategorischen Imperativs, 1968, in: ders., Gesammelte Schriften, (Hrsg. H. Oberer/G. Geismann), Bd. 1: Sittlichkeit und Recht, Praktische Philosophie 1929–1954, 1986, S. 279 ff.; auch *W. Kersting*,

Rawls lehrt[2007], die Richtigkeit gewährleisten. Nur der allseitige und gelungene Diskurs um das Richtige verwirklicht die bürgerliche Freiheit[2008]. Die allgemeine Sittlichkeit muß bestmögliche Chancen haben, wenn die Republik verwirklicht sein soll. Freilich gebietet die Funktionenordnung der Verfassung die auch vom Bundesverfassungsgericht praktizierte Zurückhaltung, welche den Willkürvorwurf erst rechtfertigt, wenn die Unsachlichkeit des Gesetzgebers unerträglich ist[2009]. Art. 19 Abs. 2 GG gibt dennoch dem Verfassungsgericht bei der Verwirklichung der praktischen Vernunft das (ordentliche) letzte Wort, auch nach dem des Gesetzgebers, welches dies allerdings weitgehend zurückhält, um dem Gesetz (und damit den Maßnahmen der politischen Klasse, zu der auch die Mitglieder des Verfassungsgerichts gehören[2010]) nicht den Vorwurf des Unrechts machen zu müssen. Das Bundesverfassungsgericht praktiziert die materiale Bestimmung des Gesetzgebers, hat sich aber bisher wenig darum bemüht, die Sittlichkeit des Gesetzgebers durch Moralität der Abgeordneten zu fördern. Das parteienstaatliche Fraktionsprinzip jedenfalls läßt dieser kaum eine Chance[2011].

c) Wenn auch Art. 2 Abs. 1 GG mangels Materialität der Freiheit kein Gesetz durch Subsumtion als unrichtig auszuweisen erlaubt, so ist doch nicht jedes Gesetz deswegen richtig, weil es Gesetz ist[2012]. Ein Positivismus, der Gesetzlichkeit und Rechtlichkeit identifizieren wollte[2013], hieße,

---

Der Geltungsgrund von Moral und Recht bei Kant, S. 332; *ders.*, Kant über Recht, S. 51 f.; *J. Habermas*, Treffen Hegels Einwände gegen Kant auch auf die Diskursethik zu?, S. 9 ff., 21 ff.; *ders.*, Erläuterungen zur Diskursethik, S. 151; dazu *ders.*, Erläuterungen zur Diskursethik, S. 151; *ders.*, Faktizität und Geltung, S. 324 ff., 516 ff., u. ö.; *K. A. Schachtschneider*, Res publica res populi, S. 598 ff.; dazu 2. Kap., VI.

[2007] Eine Theorie der Gerechtigkeit, S. 19 ff.

[2008] Dazu *K. A. Schachtschneider*, Res publica res populi, S. 584 ff.; insbesondere *J. Habermas*, Treffen Hegels Einwände gegen Kant auch auf die Diskursethik zu?, S. 9 ff.; *ders.*, Erläuterungen zur Diskursethik, S. 119 ff.; *ders.*, Faktizität und Geltung, S. 109 ff., 151 ff., 324 ff., 349 ff., 526 ff.; *ders.*, Die Einbeziehung des Anderen, S. 283 ff., 296 ff., u. ö.; vgl. auch Fn. 1025, 1026.

[2009] Insb. *P. Kirchhof*, HStR, Bd. V, § 124, Rdn. 92, 253 ff., der in der Willkür eine gesteigerte Unrichtigkeit der Gesetze sieht, zu Recht, und „groben Rechtsbruch" als Verletzung des „Objektivitätsgebots" (S. 943 ff.) qualifiziert; ebenso *ders.*, FS W. Geiger, S. 109; vgl. *K. A. Schachtschneider*, Prinzipien des Rechtsstaates, S. 329 ff.; zum Gebot der verfassungsrichterlichen Zurückhaltung *ders.*, Res publica res populi, S. 955 f.

[2010] Dazu *K. A. Schachtschneider*, Prinzipien des Rechtsstaates, S. 187 ff.

[2011] *K. A. Schachtschneider*, Res publica res populi, S. 1086 ff.

[2012] So schon *C. Schmitt*, Legalität und Legitimität, S. 22 ff.

[2013] Dazu insb. *P. v. Oertzen*, Die soziale Funktion des staatsrechtlichen Positivismus, S. 58 ff., 72 ff., passim; *N. Luhmann*, Rechtssoziologie, S. 207 ff.; *K. A. Schachtschneider (O. Gast)*, Sozialistische Schulden nach der Revolution,

die Formalität der Freiheit, die sich in der Sittlichkeit der Bürger und ihrer Vertreter verwirklicht, mit einem Recht zur Willkür zu verwechseln. Das Recht zur freien Willkür ist die äußere Freiheit. Die äußere Freiheit und die innere Freiheit, also die Sittlichkeit, sind eine untrennbare Einheit[2014]. Nur die Gesetze, welche dem Sittengesetz genügen, also Erkenntnisse in Moralität sind[2015], können Recht setzen. Sittlichkeit aber entfaltet sich ausschließlich in Materialität[2016]. Diese Materialität, das erkannte (und beschlossene) Gesetz also, ist auf seine Richtigkeit hin überprüfbar; denn die nicht minder moralische Erkenntnis eines anderen Bürgers, Vertreters der Bürger oder Organs der Bürgerschaft kann zu einer anderen Materialisierung des Richtigen führen. Völlig unabhängig von der Gefahr des Mißbrauchs der Erkenntnisbefugnis zur Herrschaft liegt diese Möglichkeit in der Natur menschlichen Erkennens, nämlich in der Möglichkeit des Irrtums. Der Irrtum ist nicht vorwerfbar, aber das Verfassungsgesetz kann entscheiden, wessen Erkenntnis Verbindlichkeit haben soll. Es kommt darauf an, wer das Vertrauen des Volkes genießt. Nach dem Grundgesetz hat im ordentlichen Verfahren das letzte Wort in Fragen des richtigen Rechts das Bundesverfassungsgericht, weil der Verfassungsgesetzgeber der Sittlichkeit dieses Gerichts ein größeres Vertrauen entgegengebracht hat als der des legislativen (erwartungsgemäß parteilichen) Gesetzgebers[2017], eine angesichts der unterschiedlichen demokratischen Legitimation kritische Konzeption[2018], die zur vielfach übermäßigen, ja rechtsfernen Zurückhaltung der

---

S. 9 ff.; *ders.*, Prinzipien des Rechtsstaates, S. 21 ff., 25 ff.; vgl. auch *ders.*, Res publica res populi, S. 819 ff., insb. S. 858 ff.

[2014] Dazu 2. Kap., VI und VII.

[2015] Jede kantianische Ethik ist kognitivistisch; vgl. *J. Habermas*, Theorie des kommunikativen Handelns, Bd. 2, 1981, S. 141 ff.; *ders.*, Moralbewußtsein und kommunikatives Handeln, S. 82 f.; *ders.*, Treffen Hegels Einwände gegen Kant auch auf die Diskursethik zu?, S. 11 ff., 28; *ders.*, Erläuterungen zur Diskursethik, S. 120 ff., der richtig Moral als Unparteilichkeit definiert (S. 13 f., bzw. S. 124 f., 138, 145; *ders.* auch, Vom pragmatischen, ethischen und moralischen Gebrauch der praktischen Vernunft, daselbst, S. 105); *ders.*, Faktizität und Geltung, S. 187 ff., auch S. 272 ff., 301 ff., 324 ff.; so auch *H.M. Pawlowski*, Methodenlehre für Juristen, S. 106 f., 352 ff.; auch *W. Kersting*, Der Geltungsgrund von Moral und Recht bei Kant, S. 332; *ders.*, Kritik der Gleichheit, S. 10; zum Dezisionismus *ders.* grundlegend, Kritik der Gleichheit, S. 255 ff. („Moralphilosophie der limitierten Rationalität").

[2016] *J. Ebbinghaus*, Deutung und Mißdeutung des kategorischen Imperativs, S. 280 ff.; i.d.S. auch *J. Habermas*, Treffen Hegels Einwände gegen Kant auch auf die Diskursethik zu?, S. 9 ff.

[2017] Dazu *K. A. Schachtschneider*, Res publica res populi, S. 909 ff., 932 ff., 963 ff., auch S. 536 ff.

[2018] Das demokratische Prinzip hat schon *H. Nawiasky*, VVDStRL 3 (1927), S. 41 ff. (mit Hinweis auf E. v. Hippel) gegen den „aristokratischen Charakter" des „Richterkönigtums", das aus einem Verfassungsprinzip der Gesetzgebungsgleichheit

Verfassungsrichter gegenüber der Politik der Gesetzgeber führt. In dem
Maße der Sittlichkeit des Gesetzgebers ist dieses Problem der gewaltenteiligen Funktionenordnung gemildert. Wenn der Republikanismus verläß-
lich wäre, bedürfte es der Verfassungsrechtsprechung nicht. Sittlichkeit
des Gesetzgebers ist die Bedingung der Rechtlichkeit der Gesetze. Aber auf
die Sittlichkeit des Gesetzgebers, d.h. die Moralität jedes einzelnen Abgeordneten, ja darüber hinaus jedes Bürgers, der an dem gesetzgeberischen
Diskurs teilnimmt, ist kein Verlaß, vor allem nicht im entwickelten Parteienstaat. Die Väter und Mütter des Grundgesetzes waren mit ihrer Skepsis gegenüber dem demokratischen Gesetzgeber gut beraten, haben aber die
Gefahr übersehen, daß auch die Bundesverfassungsrichter wegen Art. 94
Abs. 1 GG in der Regel Parteigänger sein würden[2019]. Art. 19 Abs. 2 GG,
der auch den Wesensgehalt des Grundrechts des Art. 2 Abs. 1 GG anzu-
tasten verbietet, überträgt somit der Verfassungsrechtsprechung in Vertretung des Volkes die Verantwortung für die praktische Vernunft der gesamten Gesetzgebung, der Rechtsordnung, die Verantwortung also für die
Sittlichkeit der Materialisierung der bürgerlichen Freiheit durch Gesetze.
Darum resümiert *René Marcic*: „Das Verfassungsgericht ist die Mitte des
Gegenwartsstaates …"[2020]. Das Bundesverfassungsgericht hatte seine
Verantwortung vor allem in seiner Verhältnismäßigkeitsrechtsprechung, aber
auch in der demselben Prinzip, nämlich dem der praktischen Vernunft,
folgenden Willkürrechtsprechung angenommen, zieht sich aber zunehmend auf den bloßen Schutz vor individuell unzumutbaren Belastungen
zurück[2021].

Die Verantwortung der Verfassungsrechtsprechung aus Art. 2 Abs. 1 GG
in Verbindung mit Art. 19 Abs. 2 GG, aber auch aus Art. 1 Abs. 1 und
Abs. 3 GG ist formal, nicht material offen, nicht anders als die sittliche
Verantwortung des Gesetzgebers, der Bürgerschaft und ihrer Vertreter,
selbst. Die Formalität der durch das Grundrecht des Art. 2 Abs. 1 GG geschützten Freiheit hindert die Erkenntnisfunktion des Bundesverfassungs-

---

erwächst, in Stellung gebracht; ebenso *E. v. Hippel*, daselbst, Aussprache, S. 43 f.;
dazu *K. A. Schachtschneider*, Prinzipien des Rechtsstaates, S. 186 ff., 212 ff.,
215 ff.; *ders.*, Rechtsstaatlichkeit als Grundlage des inneren und äußeren Friedens,
S. 75 ff., zur Rechtsprechungsgewalt des demokratisch defizitären Europäischen Gerichtshofs; dazu auch *ders.*, Demokratierechtliche Grenzen der Gemeinschaftsrechtsprechung, FS H. H. v. Arnim, S. 779 ff., *ders.*, Verfassungsklage Dr. P. Gauweiler,
2. Teil, F, IV; *T. Mähner*, Der Europäische Gerichtshof als Gericht, S. 211 ff.

[2019] Dazu *K. A. Schachtschneider*, Res publica res populi, S. 975 ff.

[2020] Die Deutung der Natur des Verfassungsgerichts, S. 322.

[2021] Etwa BVerfGE 30, 392 (316); 33, 171 (187); 46, 246 (256 f.); 59, 275 (279);
60, 193 (218); 67, 157 (178); 68, 193 (219); 79, 174 (202); 81, 70 (92); 83, 1 (19);
88, 203 (254); 90, 145 (173); 92, 26 (45); 94, 268 (287, 293); 95, 267 (306 ff.,
insb. 316); 98, 17 (41).

gerichts nicht; denn Rechtsprechung ist nicht begrifflich von einer Bindung an hinreichend bestimmte Gesetze abhängig[2022]. Die Überprüfung der Gesetze durch die Gerichte setzt eine materiale Politik des überprüfenden Gerichts voraus. Das Gericht muß seinen Kontrollmaßstab aus der Logik der Formalität des verantworteten Rechtsguts, der Freiheit nämlich, materialisieren, weil es die Richtigkeit der materialisierten Freiheitsverwirklichung, der Gesetze des Gesetzgebers, überprüfen soll. Nichts anderes ist die weitestgehend akzeptierte politische Funktion der Verfassungsrechtsprechung[2023]. Der Schutz der Autonomie des Willens durch Art. 2 Abs. 1 GG soll wahrheitliche und richtige Gesetze ermöglichen, weil die äußere Freiheit als die Unabhängigkeit von eines anderen nötigender Willkür nur durch die allgemeine innere Freiheit, die Sittlichkeit, verwirklicht werden kann. Der Sittlichkeit dienen sowohl der Gesetzgeber als auch die Verfassungsrichter. Das Grundrecht wird durch die Sittlichkeit der Vertreter des Volkes verwirklicht; denn eine andere Freiheit als die zur Sittlichkeit oder eben zur praktischen Vernunft schützt das Grundrecht nicht. Das Versagen des Gesetzgebers bei der Verwirklichung der praktischen Vernunft, bei der Verwirklichung des Staatszwecks des guten Lebens aller in allgemeiner Freiheit, in der repräsentativen Sittlichkeit also, verletzt den Wesensgehalt des Freiheitsprinzips, die Pflicht zur praktischen Vernunft; denn das allgemeine Gesetz ist die Notwendigkeit der Freiheit. Die Verfassungsrichter, allen voran das Bundesverfassungsgericht, sind nicht nur Hüter der Verfassung, sondern Hüter der Sittlichkeit der Gesetze und damit Wächter über die materialisierte Sittlichkeit des Gesetzgebers, eben Hüter der praktischen Vernunft oder des Rechts, Wächter des Staates, Wächter der Republik[2024].

d) Die praktische Vernunft gewährleisten die Wächter der Rechtlichkeit, indem sie die Sachlichkeit der Gesetze, deren Wahrheitlichkeit und deren

---

[2022] Dazu *K. A. Schachtschneider*, Res publica res populi, S. 870 ff., auch S. 490 ff., 536 ff.; insb. Bundesverfassungsgericht im Status-Bericht, JÖR N.F. Bd. 6 (1957), S. 145; *G. Leibholz*, Bericht des Berichterstatters an das Plenum des Bundesverfassungsgerichts zur „Status"-Frage, JÖR N.F. Bd. 6 (1957), S. 120 ff.; *M. Draht*, Die Grenzen der Verfassungsgerichtsbarkeit, VVDStRL 9 (1952); S. 90 ff., 95 ff., 108 ff.; *R. Marcic*, Die Deutung der Natur des Verfassungsrechts, S. 314 ff.; *P. Häberle*, Grundprobleme der Verfassungsgerichtsbarkeit, S. 2 ff.; *K. Stern*, Staatsrecht II, S. 941 ff., 951 ff.; *ders.*, GG, Bonner Kommentar, Zweitbearbeitung 1982, Art. 93, Rdn. 35 ff., 47 ff.; schon *H. Triepel*, Wesen und Entwicklung der Staatsgerichtsbarkeit, VVDStRL 5 (1929), S. 2 ff.; *H. Kelsen*, daselbst zum nämlichen Thema, S. 53 ff.; *C. Schmitt*, Der Hüter der Verfassung, S. 36 ff., 108 ff.

[2023] Dazu *K. A. Schachtschneider* Res publica res populi, S. 909 ff., 932 ff.

[2024] Zur Institution der Wächter *Platon*, Politeia, in: G. Eigler (Hrsg.), Werke in acht Bänden, griechisch und deutsch, Bd. 4, bearbeitet von D. Kurz …, 2. Aufl. 1990, 419, a ff., u.ö.; *ders.*, Nomoi, in: G. Eigler (Hrsg.), Werke in acht Bänden, griechisch und deutsch, Bd. 8/1 und 8/2, bearbeitet von K. Schöpsdau, 2. Aufl. 1990, 752 ff.

Richtigkeit also, überprüfen. Das läßt sich nur dadurch praktizieren, daß die Richter Maßstäbe verfassungsgemäßer Gesetze formulieren, die nichts anderes sind als verbindliche Maximen der Sittlichkeit, die der Gesetzgeber in Vertretung des Volkes walten lassen soll, also verbindliche Maßstäbe, die das Bundesverfassungsgericht oder die Landesverfassungsgerichte den Gesetzgebern machen. Die Rechtsprechung des Bundesverfassungsgerichts ist an „Gesetz und Recht gebunden", wie es Art. 20 Abs. 3 GG vorschreibt; denn Recht ist nicht immer positiviert, aber doch wegen der Formalität von Freiheit und Gleichheit als allgemeiner Wille zum Richtigen für das gute Leben aller in allgemeiner Freiheit auf der Grundlage der Wahrheit[2025], also als Prinzip des Gemeinwohls, in jeder Lage vorhanden. Das materiale Recht muß erkannt werden[2026]. Die Wahrheit (über das Sein, die Wirklichkeit) ist empirisch, die Richtigkeit (das Sollen, die Sittlichkeit) aber normativ. Die Wahrheit läßt sich anhand der empirischen Erkenntnisweisen ermitteln. Die Richtigkeit entfaltet sich als Sittlichkeit, also in Moralität. Ein materialer Maßstab der Sachlichkeit als der Richtigkeit auf der Grundlage der Wahrheit ist somit nicht vorgegeben. Ihn gibt erst die Rechtserkenntnis, die im Gesetz formuliert sein soll. Folglich ist die Verantwortung der Verfassungsrechtsprechung für die praktische Vernunft die Aufgabe und Befugnis, Maßstäbe der Sachlichkeit zu setzen. Die verfassungsgerichtlichen Rechtserkenntnisse haben insoweit die dargelegte materiale gesetzgeberische Funktion, die in der Logik der Formalität der Freiheit und des Begriffs des gemeinen Wohls liegt. Die Erkenntnis des praktisch Vernünftigen in der jeweiligen Lage, die Erkenntnis der Grenzen richtigen Rechts also, ist nicht an Gesetze gebunden, sondern an die Verfassung und das Verfassungsgesetz.

Die Erkenntnis des Rechts ist nicht scientistisch; denn das würde ein materiales Recht voraussetzen. Die Erkenntnis ist vielmehr ein Akt der prudentia, der φρόνησις. Das folgt aus der Formalität des Gemeinwohls, welches die Materialisierung im allgemeinen Gesetz erfordert. Die richtige Materialisierung verlangt nicht nur bestmögliche Theorien von der Wirklichkeit[2027], sondern auch bestmögliche Abwägung unter allen Leitentscheidungen und sonst relevanten Belangen, verlangt insbesondere den Interessenausgleich. Der Erkenntnisweg zum allgemeinen Willen ist vor allem der Diskurs. Der Interessenausgleich ist aber ohne deliberative Bemühungen nicht zu finden. Diskursive und deliberative Erkenntnis ist praktische Vernünftigkeit. Weil

---

[2025] Hinweise Fn. 1989.

[2026] Dazu Hinweise in Fn. 2015.

[2027] Zur Korrespondenztheorie der Wahrheit *K. R. Popper*, Objektive Erkenntnis, S. 44 ff., 332 ff. (gestützt auf Tarski); *K. A. Schachtschneider*, Der Rechtsbegriff „Stand von Wissenschaft und Technik", S. 100 ff. (106); 110 ff.; *ders.*, Res publica res populi, S. 569; *ders.*, Prinzipien des Rechtsstaates, S. 282; schon *Kant*, Kritik der reinen Vernunft, S. 688; dazu Fn. 1291, vgl. auch Fn. 1116.

die Freiheit nicht dezisionistisch materialisiert wird, sondern kognitivistisch, ist die Gesetzgebung ein Erkenntnisakt politischer Art, eine republikanische Erkenntnis[2028]. Die Gesetzgebung erfordert Sittlichkeit, die Sittlichkeit nämlich, die der kategorische Imperativ gebietet. Diese Sittlichkeit erwächst dem allseitigen guten Willen zur Rechtlichkeit des gemeinsamen Lebens, also der inneren Freiheit, und damit der bürgerlichen Moralität[2029]. Die Moralität aller, die auf die Gesetzgebung Einfluß haben, aller Bürger also, ist das Essentiale der Republik[2030].

Die Verantwortung für die Sittlichkeit der Gesetze und damit für das Recht macht das verantwortliche Organ funktional zum Gesetzgeber[2031]. Die Wächter der Rechtlichkeit sind an das Recht gebunden, welches sie selbst als richtige Gesetze in praktischer Vernunft zu erkennen haben. In ihrer gesetzgeberischen Funktion sind die Richter nicht anders als die Parlamentarier dem Sittengesetz verpflichtet oder außer dem Gesetz nur ihrem Gewissen unterworfen, wie es der Herrenchiemseer Entwurf explizit formulieren wollte[2032]. Das Gewissen ist der Gerichtshof der Sittlichkeit[2033], also eine Instanz der Erkenntnis. Art. 38 Abs. 1 S. 2 GG stellt das prototypisch für den legislativen Gesetzgeber klar. Das Grundgesetz materialisiert die Verfassung der gleichen Freiheit aller Bürger und ebnet den Weg zum Recht durch Gesetzlichkeit, welche der Gerechtigkeit nicht widersprechen kann, wenn sie sittlich ist; denn: Res publica res populi. Diese Gesetzlichkeit des Rechts soll wegen der verfassungsrichterlichen Elemente des grundgesetzlichen Verfassungsstaates auch durch die Verfassungsrechtsprechung verwirklicht werden.

e) Recht ist somit materialisierte Sittlichkeit, die das Volk und seine Vertreter in Moralität erkennen und beschließen und die als Wille des Volkes verbindlich ist. Sittlichkeit ist, um Mißverständnissen vorzubeugen[2034],

---

[2028] Hinweise in Fn. 2015.

[2029] *K. A. Schachtschneider*, Res publica res populi, S. 560 ff.; dazu auch 2. Kap., VII.

[2030] Vgl. *W. Kersting*, Kant über Recht, S. 120 ff., der den Tugendstaat Rousseaus vom Rechtsstaat Kants unterscheidet, anders als Kant selbst; auch Diskurs und Deliberation lenken, meint Kersting, von der volonté générale ab, es komme nur auf den Gemeinsinn (usw.) an; damit verkennt Kersting die Notwendigkeit der Erkenntnis des Richtigen, die Wissen ebenso erfordert wie Moral, aber S. 54 ff. (S. 57 zur „inneren Rechtspflicht", zur Pflicht „citoyen" zu werden).

[2031] Dazu *K. A. Schachtschneider*, Res publica res populi, S. 819 ff.; *ders.*, Prinzipien des Rechtsstaates, S. 207 ff.

[2032] Dazu *K.-B. v. Doemming*, in: Entstehungsgeschichte der Artikel des Grundgesetzes, JöR N. F. Bd. 1 (1951), S. 716.

[2033] *Kant*, Metaphysik der Sitten, S. 573 f. u. ö.

[2034] Erschrecklich *G. Geismann*, Menschenrecht, Staat und materiale Gerechtigkeit, Jb. für Recht und Ethik 3 (1995), S. 213 ff., der richtig die Formalität sowohl

nichts anderes als die Rechtlichkeit, die einer Gesetzgebung erwächst, welche das Sittengesetz, das Rechtsprinzip also, achtet. Durch die Institutionalisierung der das Volk vertretenden Hüter der praktischen Vernunft gewinnt das formale Sittengesetz Verbindlichkeit nach Maßgabe der verfassungsrichterlichen Materialisierung der Sittlichkeit. Als Pflicht der Staatsgewalt zur Materialisierung in praktisch vernünftigen Gesetzen entfaltet sich das Sittengesetz als Rechtsprinzip, dessen Verbindlichkeit juridisch als Befugnis der Verfassungsrichter zur alle Vertretungsorgane der Staatsgewalt bindenden Erkenntnis des Rechts (§ 31 Abs. 1 BVerfGG) in Erscheinung tritt. *Helmut Ridder* aber klagt: „Extrem divergierende Entscheidungen in ein und derselben Sache werden mehr und mehr gleichermaßen begründbar", „nachdem das ‚Verhältnismäßigkeitsprinzip' die ‚Zweckmäßigkeit' ohne große Umstände zu einem Element der ‚Rechtmäßigkeit' gemacht hat"[2035]. *Ridders* richtige Beobachtung belegt die Formalität des Verhältnismäßigkeitsprinzips als Ausdruck des Prinzips praktischer Vernunft. Dasselbe gilt für das Willkürverbot[2036]. Das Willkürverbot ist als der judiziable Wesensgehalt des Art. 2 Abs. 1 GG, als das Prinzip der elementaren Sittlichkeit zu dogmatisieren, über welche die Hüter des Rechts zu wachen haben; denn das Grundgesetz duldet die Verletzung des Sittengesetzes durch den Gesetzgeber nicht und muß dessen Materialisierung wegen der Formalität desselben in die Hände

---

des Sittengesetzes als auch des Rechtsbegriffs bei Kant herausstellt, aber nicht einzusehen vermag, daß mit den Worten „Sittlichkeit" oder „sittlich" eine Gesetzgebung angesprochen ist, die dem formalen Prinzip des Rechts und damit dem Sittengesetz genügt, freilich der Logik des Gesetzes gemäß materiale Vorschriften geben muß, ein Aspekt, der Geismann nicht in den Blick kommt, im Gegensatz zu seinem Lehrer *J. Ebbinghaus*, Deutung und Mißdeutung des kategorischen Imperativs, S. 280 ff., der das Sittengesetz in Art. 2 Abs. 1 GG als erzwingbare Rechtsregel erkennt und damit der hier dargelegten institutionellen Judiziabilität des Sittengesetzes nahekommt (Über den Begriff der politischen Freiheit, 1953, in: ders., Gesammelte Schriften, Bd. 1: Sittlichkeit und Recht (Hrsg. H. Oberer/G. Geismann), 1986, S. 399 ff. (402)).

[2035] Verfassungsrecht oder Staatsrecht? Die Realverfassung des deutschen Nationalstaates auf dem Prüfstand der Demokratie, Blätter für deutsche und internationale Politik, Sonderdruck 354, 1988, S. 9.

[2036] Das räumt auch v. Mangoldt/Klein/*Starck*, GG, Rdn. 14 f. zu Art. 3 Abs. 1, weitgehend ein; ähnlich *R. Alexy*, Theorie der Grundrechte, S. 373 ff., der allerdings aus dem Willkürverbot eine die Gesetzgebungsfunktion der Verfassungsrichter einschränkende Materialität, eben einen Spielraum des Gesetzgebers herleitet, weil „Willkür" (mit Leibholz) „eine gesteigerte Form der Unrichtigkeit" sei (S. 375; *G. Leibholz*, Die Gleichheit vor dem Gesetz, S. 76 f.), das aber hebt die Formalität nicht auf; i.d.S. auch *R. Wendt*, NVwZ 1988, 778 ff.; auch *G. Robbers*, DÖV 1988, 755, der das Willkürverbot als „funktionalrechtliche" Kompetenznorm begreift; in der Sache auch *F. Schoch*, Der Gleichheitssatz, DVBl. 1988, 873 ff., der allerdings die Formalität als Offenheit mißversteht; kompetenziell konzipiert das Willkürverbot auch *P. Kirchhof*, HStR, Bd. V, § 124, Rdn. 22 ff., 242., u.ö.

der an der Gesetzgebung beteiligten Organe legen, vor allem in die der Gesetzgeber und der Verfassungsrichter.

Das Verfassungsrecht aber ist eine Einheit aus materialen und formalen Prinzipen und Regelungen, welche auch Rechtserkenntnisbefugnisse hierarchisieren kann. Der vom Bundesverfassungsgericht in Leitsätzen und Gründen definierten Politik muß sich der legislative Gesetzgeber fügen[2037], wenn er den Wesensgehalt des Art. 2 Abs. 1 GG respektieren will. Spezifisch die verfassungsgebotene Materialisierung des formalen Prinzips der praktischen Vernunft durch das Bundesverfassungsgericht begründet die Bindungswirkung des § 31 Abs. 1 BVerfGG einschließlich der (nach Auffassung des Gerichts) vernünftige Politik definierenden Entscheidungsgründe, weil ohne diese eine Grundrechtsverbindlichkeit des Art. 2 Abs. 1 GG nicht bestünde.

Die Aufgaben und Befugnisse des Bundesverfassungsgerichts jedenfalls lassen es nicht zu, wegen der Formalität der Freiheit den Wesensgehalt des Art. 2 Abs. 1 GG aus dem Verfassungsgerichtsschutz auszuklammern. Die materiell durch das Freiheitsgrundrecht nicht begrenzte gesetzgeberische Funktion der Verfassungsrechtsprechung folgt damit auch aus der Logik ihrer Verantwortung, die einer materiellen Funktionalisierung bedarf. Das rechtfertigt nicht die Umdeutung des Art. 2 Abs. 1 GG in eine materiale allgemeine Handlungsfreiheit, welche gesetzgeberisch zu entfaltenden Schranken unterliege. Das allgemeine Sachlichkeitsprinzip folgt vielmehr aus der formal begriffenen Freiheit, zumal deren Verwirklichung weitestgehend der Vertretung bedarf, jedenfalls ohne Repräsentation nicht gelebt werden kann. Der kategorische Imperativ erlangt mittels Art. 19 Abs. 2 GG in seiner ethischen Qualität eine juridische Relevanz, nämlich in der sittlichen Aufgabe vor allem aller Wächter des Rechts, insbesondere des Bundesverfassungsgerichts, die gesetzgeberischen Grenzen der Richtigkeit zu erkennen, aber auch die Wahrheitlichkeit der Gesetzgebung zu überprüfen. Art. 19 Abs. 2 GG macht das Bundesverfassungsgericht zum Vertreter des Hüters der praktischen Vernunft, des Volkes in seiner Freiheit.

Wenn die Überprüfung der Sittlichkeit des Gesetzgebers, der praktischen Vernünftigkeit der Gesetze also, wegen der ethischen Unvorwerfbarkeit moralischen Versagens der Vertreter des Volkes, materialisiert heißt das, wegen der Unvorwerfbarkeit des Irrtums über das Richtige, hätte ausgeschlossen sein sollen, hätte Art. 19 Abs. 2 GG den Wesensgehalt der Grundrechte nicht für unantastbar erklären dürfen. Vor allem hätte jedes Gesetz als

---

[2037] Zur Verbindlichkeit der wesentlichen Entscheidungsgründe *K. A. Schachtschneider*, Res publica res populi, 951 ff., vgl. auch S. 812 ff., 847 ff., 885 ff., mit Hinweisen in Fn. 714.

Recht akzeptiert werden müssen, obwohl erst Sittlichkeit des Gesetzgebers Recht hervorbringt. Gerade die materiale Ungebundenheit der sittlichen Erkenntnis des Richtigen rechtfertigt die Befugnis der Verfassungsgerichte zur funktionalen Gesetzgebung, weil nur ein Organ der Rechtsprechung vor allem durch die zum Begriff der Rechtsprechung gehörende ordentliche Endgültigkeit des das Richtige erkennenden Rechtsspruchs die sittliche Auseinandersetzung im Volk, den Dissens also über das richtige Gesetz, zu befrieden vermag[2038]. Erst der Rechtsspruch, den die Verfassungsrichter im Namen des Volkes verkünden, vermag die „Einung"[2039] des Volkes zu ersetzen, die unmittelbar nicht möglich ist und den die Organe der Gesetzgebung allein nicht hervorzubringen fähig sind, weil das Volk aus Erfahrung der Moralität der Abgeordneten nicht zu vertrauen vermag und nicht vertrauen sollte, solange der Parteienstaat nicht durch eine entwickelte Republik abgelöst ist. Gesetze werden, jedenfalls wenn ihre Richtigkeit in Streit ist, erst vom Verfassungsgericht stellvertretend für das Volk als Recht akzeptiert und damit praktisch Recht, vorausgesetzt, das Gericht zollt selbst dem Rechtsprinzip den hinreichenden Respekt. Das kann das Gericht nur durch eine Begründung erweisen, welche den Rechtsfragen des jeweiligen Verfassungsprozesses gerecht wird, durch überzeugende Argumentation mit vernünftigen Gründen also.

3. Freiheitsprinzip, Verhältnismäßigkeitsprinzip und Willkürverbot

Man kann den Wesensgehalt des Art. 2 Abs. 1 GG das Willkürverbot nennen, welches das Bundesverfassungsgericht jedoch nicht aus Art. 2 Abs. 1 GG, sondern aus Art. 3 Abs. 1 GG, aus dem Gleichheitssatz, herleitet[2040]. Logisch bleibt der Maßstab der Verfassung formal, d.h. er wird allseits verbindlich erst vom Bundesverfassungsgericht funktional gesetzgebend materialisiert. Das liberalistische Verständnis des Art. 2 Abs. 1 GG als allgemeine Handlungsfreiheit, welche durch Gesetze eingeschränkt

---

[2038] Vgl. *R. Smend*, Festvortrag zur Feier des zehnjährigen Bestehens des Bundesverfassungsgerichts am 26. Januar 1962, in: P. Häberle (Hrsg.) Verfassungsgerichtsbarkeit, 1976, S. 343; dazu *K. A. Schachtschneider*, Res publica res populi, S. 536 ff., 858 ff., 909 ff., 932 ff., 963 ff., 978 ff.

[2039] *W. Leisner*, Staatseinung, 1991, S. 61 ff., 95 ff.; auch *J. Isensee*, HStR, Bd. V, § 115, Rdn. 47.

[2040] Dazu *R. Alexy*, Theorie der Grundrechte, S. 364 ff.; *P. Kirchhof*, HStR, Bd. V, § 124, Rdn. 86 ff., 205 ff., 235 ff., der selbst das Willkürverbot in der positiven Form des Objektivitätsgebots wesentlich auf das Rechtsstaatsprinzip stützt, etwa Rdn. 248 f.; dazu 7. Kap., I, 2; *K. A. Schachtschneider*, Prinzipien des Rechtsstaates, S. 329 ff., insb. S. 337 ff.

werde, läßt es nicht zu, das Willkürverbot aus dem Freiheitsprinzip herzuleiten, weil das Freiheitsprinzip nicht als Gesetzlichkeitsprinzip dogmatisiert
wird, sondern als ein materiales Prinzip, welches dem Gesetzgeber mehr
oder weniger bestimmte Grenzen ziehe. Das Willkürverbot ist ein Prinzip
der praktischen Vernunft und darum im Autonomieprinzip zu verankern.
Das Willkürverbot ist die Logik der allgemeinen Freiheit. Wegen der
Schrankendogmatik, welche für die allgemeine Handlungsfreiheit praktiziert
wird, wird das Sachlichkeitsprinzip, das mit Art. 2 Abs. 1 GG untrennbar
verbunden ist, als Verhältnismäßigkeitsprinzip begriffen[2041]. Die Begriffe
Willkürverbot und Verhältnismäßigkeitsprinzip[2042] wandeln die Prinzipien
der praktischen Vernunft, die der Sachlichkeit und der Zweckmäßigkeit, der
Sittlichkeit eben, in juristische Prinzipien, wenn man so will, in Rechtsprinzipien[2043], die aber formal bleiben und ihre Erkenntnismethode in der Abwägung haben[2044]. Ihre Judiziabilität gewinnen diese Prinzipien ausschließlich aus der Wesensgehaltsgarantie des Art. 19 Abs. 2 i. V. m. Art. 1 Abs. 3
GG, die zu materialisieren Aufgabe der Hüter des Rechts ist. Das Willkürverbot und das Verhältnismäßigkeitsprinzip unterscheiden sich jedoch in
ihrer Maßstäblichkeit nicht[2045]. Beide Begriffe juridifizieren mit dem Prinzip der praktischen Vernunft die Pflicht des Gesetzgebers zur Sittlichkeit.
Beide formulieren das Prinzip des rechten Maßes[2046], die „Kriterien von

---

[2041] Dazu Hinweise in Fn. 1625, 1827, 1834; *K. A. Schachtschneider*, Prinzipien
des Rechtsstaates, S. 342 ff.

[2042] Zur Nähe von „Gleichmaß und Übermaßverbot" *P. Kirchhof*, HStR, Bd. V,
§ 124, Rdn. 161 ff., 193; *ders.*, FS W. Geiger, S. 85, 101 f.

[2043] Darum kreiste bereits die Erörterung der Deutschen Staatsrechtslehrer 1926
mit den Referaten von *E. Kaufmann/H. Nawiasky*, VVDStRL 3 (1927), S. 2 ff. (dafür) bzw. S. 25 ff. (dagegen), mit der eindrucksvollen Aussprache S. 43 ff. (dafür)
insb. *H. Triepel*, S. 50 ff.; auch *E. v. Hippel*, S. 43; vgl. das Zitat zu Fn. 1964);
i. d. S. auch *K. A. Bettermann*, HStR, Bd. III, § 73, Rdn. 51 f.; weitere Hinweise in
Fn. 1626.

[2044] Dazu *K. A. Schachtschneider*, Res publica res populi, S. 895 ff.; *ders.*, Prinzipien des Rechtsstaates, S. 337 ff. (339); i. d. S. *K. A. Bettermann*, HStR, Bd. III,
§ 73, Rdn. 51 f.

[2045] Ganz so *P. Kirchhof*, HStR, Bd. V, § 124, Rdn. 161 ff., 250; *ders.*, FS
W. Geiger, S. 101 ff.; i. d. S. schon *H. Triepel*, Goldbilanzverordnung und Vorzugsaktien, 1924, S. 29 f.; *A. Emmerich-Fritsche*, Der Grundsatz der Verhältnismäßigkeit, S. 213, 248; *K. A. Schachtschneider*, Prinzipien des Rechtsstaates, S. 337 ff.

[2046] *P. Kirchhof*, HStR, Bd. V, § 124, Rdn. 161 ff., 250; i. d. S. schon
K. A. Schachtschneider, Das Sozialprinzip, S. 64, 69; *ders*, Res publica res populi,
S. 987; *ders.*, Prinzipien des Rechtsstaates, S. 339; vgl. *N. Luhmann*, Rechtssoziologie, Bd. 1, S. 188 f.; *K. Stern*, Staatsrecht III, 2, S. 772, 811; *A. Emmerich-Fritsche*, Der Grundsatz der Verhältnismäßigkeit, S. 50 ff.; grundlegend *Aristoteles*, Nikomachische Ethik, 2. Buch, 1106a 24 ff., S. 89 ff. (Tugend der Mitte); i. d. S. auch
das Postulat der Angemessenheit von *K. Günther*, Der Sinn für Angemessenheit,
Anwendungsdiskurse in Moral und Recht, 1988, S. 23 ff. (50, 62); auch *J. Haber-*

Gleichmaß und Übermaß"[2047]. „Alle subjektive Willkür ist eine Sünde wider den heiligen Geist des Rechts" hat *Heinrich Triepel* deklamiert[2048]. Spezifisch die Gleichheitsjudikatur ist ihrer Logik nach Ausdruck der Gesetzgebungsfunktion des Bundesverfassungsgerichts trotz aller Zurückhaltung desselben mit dem Willkürvorwurf gänzlicher Unsachlichkeit[2049]. Das Gericht hat die letzte ordentliche Verantwortung für die Gerechtigkeit[2050]. Gerechtigkeit wird in der Republik durch rechtliche Gesetzlichkeit substituiert[2051]. Gesetzlichkeit ist Gerechtigkeit, wenn das Gesetz Recht schafft. Das aber ist ausschließlich abhängig von der Sittlichkeit des Gesetzgebers, sei dieser ein Parlament oder ein Gericht[2052], und damit abhängig von der Moralität der Abgeordneten bzw. der Richter.

---

mas, Vom pragmatischen, ethischen und moralischen Gebrauch der praktischen Vernunft, S. 100 ff. (114); *ders.*, Erläuterungen zur Diskursethik, S. 138.

[2047] *P. Kirchhof*, HStR, Bd. V, § 124, Rdn. 250.

[2048] Goldbilanzverordnung und Vorzugsaktien, S. 30.

[2049] Klar i.d.S. *Ch. Starck*, Die Bindung des Richters an Gesetz und Verfassung, VVDStRL 34 (1976), S. 74 ff.; vgl. auch v. Mangoldt/Klein/*Starck*, GG, Rdn. 14 f. zu Art. 3 Abs. 1; vgl. auch *R. Alexy*, Theorie der Grundrechte, S. 373 ff.; *P. Kirchhof*, HStR, Bd. V, § 124, Rdn. 92, 253 ff.; so der ewige Vorwurf gegen die Gleichheitsjudikatur, vgl. die Erörterung der Deutschen Staatsrechtslehrer 1926, *E. Kaufmann, H. Nawiasky*, VVDStRL 3 (1927), S. 2 ff., 25 ff., Aussprache, S. 43 ff.; i.d.S. auch die Kritik von *C. Schmitt*, Grundrechte und Grundpflichten, S. 211; *ders.*, Freiheitsrechte und institutionelle Garantien, S. 165; zum Gebot verfassungsgerichtlicher Zurückhaltung BVerfGE 36, 1 (14 f.); 35, 257 (262); 59, 300 (377); *K. Stern*, Verfassungsgerichtsbarkeit zwischen Recht und Politik, 1980, S. 25 ff.; *ders.*, Staatsrecht I, S. 135; *ders.*, Staatsrecht II, S. 958 f.; *K. A. Schachtschneider*, Res publica res populi, S. 955 ff.; *ders.*, Prinzipien des Rechtsstaates, S. 208.

[2050] Für das Gleichheitsprinzip als Gerechtigkeitsprinzip grundlegend *E. Kaufmann*, VVDStRL 3 (1927), S. 9 ff.; kritisch zu einem Prinzip „sachlicher Rechtsgleichheit" (positivistisch) *H. Nawiasky*, daselbst, S. 40 ff.; kritisch auch *E. v. Hippel*, daselbst, Aussprache, S. 43 f.; im Sinne des Textes *K. Hesse*, Grundzüge des Verfassungsrechts, Rdn. 438 ff., S. 169 ff.; *P. Kirchhof*, FS W. Geiger, S. 82 ff.; *ders.*, HStR, Bd. V, § 124, Rdn. 193 ff.; dazu für die Rechtsprechung des Bundesverfassungsgerichts *G. Robbers*, Gerechtigkeit als Rechtsprinzip, S. 87 ff.; vgl. auch *V. Hösle*, Moral und Politik, S. 372 ff.; vgl. *K. A. Schachtschneider*, Das Sozialprinzip, S. 45 ff.; *ders.*, Res publica res populi, S. 909 ff., 932 ff., 963 ff.

[2051] I.d.S. *K. A. Schachtschneider*, VerwArch 63 (1972), S. 306 f., 308 mit Hinweisen in Fn. 386; *ders.*, Das Sozialprinzip, S. 58; *ders.*, Staatsunternehmen und Privatrecht, S. 339; *ders.*, Res publica res populi, S. 995 f., auch S. 1029; *ders.*, Prinzipien des Rechtsstaates, S. 346; so auch *G. Roellecke*, Die Bindung des Richters an Gesetz und Verfassung, VVDStRL 34 (1976), S. 32, 39; *R. Christensen*, Was heißt Gesetzesbindung? Eine rechtslinguistische Untersuchung, 1989, S. 291 ff.; das ist die Logik jeder prozeduralen Gerechtigkeitslehre, vgl. dazu Hinweise in Fn. 354, 2004; i.d.S. auch *K. Eichenberger*, Gesetzgebung im Rechtsstaat, VVDStRL 40 (1982), S. 8 ff., insb. S. 10; *K. A. Schachtschneider*, Res publica res populi, S. 584 ff.; *ders.*, Prinzipien des Rechtsstaates, S. 295 ff. zum Verfahrensprinzip.

Philip Kunig hat in seiner Untersuchung der praktizierten und gelehrten Prinzipien des Rechtsstaates das Fazit gezogen, daß das „Rechtsstaatsprinzip als Willkürverbot", durchaus „wandelbar", dogmatisiert werde[2053]. *Kunig* beklagt das Willkürverbot als „Leerformel"[2054]. Es ist jedoch formal und findet seine Materialität durch sittliche Rechtserkenntnis, also durch Autonomie des Willens. Den subjektiven Schutz der Rechtsstaatlichkeit hat aber auch das Bundesverfassungsgericht bislang auf Art. 2 Abs. 1 GG[2055] gestützt, der damit bereits in der Praxis eine Rechtsgrundlage des Willkürverbots ist, jedenfalls war[2056]. Bekanntlich reduziert das Bundesverfassungsgericht das Grundrecht des Art. 2 Abs. 1 GG nicht auf die „allgemeine Handlungsfreiheit", sondern praktiziert es auch als den „grundrechtlichen Anspruch, durch die Staatsgewalt nicht mit einem Nachteil belastet zu werden, der nicht in der verfassungsmäßigen Ordnung begründet ist", insbesondere als „Freiheit von unberechtigten – also auch von nicht rechtsstaatlichen – Eingriffen der Staatsgewalt" (BVerfGE 9, 83 (88))[2057]. Diese Praxis entspricht der republikanischen Autonomielehre, die die Freiheit als Recht auf Recht dogmatisiert.

[2052] I.d.S. auch *E. Kaufmann*, VVDStRL 3 (1927), S. 9 ff., 19 ff., der zwar das Recht durch materiale Gerechtigkeitsprinzipien bestimmt, aber letztlich durch die „Gesamtpersönlichkeit und ihre Lauterkeit" gewährleistet sieht.

[2053] Das Rechtsstaatsprinzip, S. 302 ff.

[2054] Das Rechtsstaatsprinzip, S. 305.

[2055] BVerfGE 74, 129 (151 ff.); 80, 137 (152 f.); 90, 145 (171 f.), wo Art. 2 Abs. 1 und Art. 20 Abs. 3 GG als ein Grundrecht genannt werden, vgl. auch BVerfGE 6, 32 (38 ff.), grundlegend; BVerfGE 7, 89 (92 f.); 9, 83 (88); 10, 89 (99); 11, 105 (110); 17, 306 (313 f.); 19, 206 (215); 19, 253 (257); 29, 402 (408); 34, 369 (378 f.); 34, 384 (395); 49, 24 (57); 50, 256 (262); 59, 275 (278); 65, 297 (303); 75, 108 (146); *R. Scholz*, Das Grundrecht der freien Entfaltung der Persönlichkeit in der Rechtsprechung des Bundesverfassungsgerichts, AöR 100 (1975), S. 101 ff., *U. Di Fabio*, in: Maunz/Dürig, GG, Art. 2 Abs. 1, Rdn. 12; kritisch zur „Versubjektivierung des Art. 20 Abs. 3 GG" mittels der allgemeinen Handlungsfreiheit *H.-U. Erichsen*, HStR, Bd. VI, § 152, Rdn. 17 ff.; vgl. auch die Hinweise in Fn. 1618.

[2056] Ob diese Rechtsprechung fortgeführt werden wird, ist seit dem Euro-Beschluß vom 30.3.1998, BVerfGE 97, 350 (377), zweifelhaft; zur Kritik Hinweise in Fn. 1997; vgl. auch die vorsichtige Formulierung im Rechtschreibeurteil BVerfGE 98, 218 (251 ff., 261 f.).

[2057] So auch BVerfGE 19, 206 (215); 19, 253 (257), beide Urteile zum Anspruch auf Rechtsstaatlichkeit der Besteuerung; folgend BVerwGE 30, 191 (198); *U. Di Fabio*, in: Maunz/Dürig, GG, Art. 2 Abs. 1, Rdn. 12; weitere Hinweise in Fn. 1618, 2055.

III. Gleichheitsdogmatische Skizze einer
allgemeinen Republiklehre

Das Autonomieprinzip läßt sich auch vom Gleichheitsgedanken her erfassen; denn die Gleichheit der Freien ist vorgesetzlich, weil vorstaatlich[2058]. „Vernünftig erscheint die Annahme, daß die Menschen im Urzustand gleich seien", wiederholt *John Rawls*[2059] diese Menschheitsidee.

Die Freiheit ist eine ethische und damit auch rechtliche, wenn man so will, eine soziale, besser: eine sittliche Kategorie. Der Begriff der Freiheit unter Menschen bestimmt sich damit aus der Allgemeinheit der Freiheit. Dadurch gewinnt der Freiheitsbegriff die Formalität[2060], welche die gleiche Freiheit aller nicht nur zu erfassen erlaubt, sondern überhaupt möglich macht. Niemand ist frei, wenn nicht *alle* in „Unabhängigkeit von eines anderen nötigender Willkür" leben[2061]. Auch wer herrscht, ist nicht frei[2062]; denn frei kann man nur in Gemeinschaft mit Freien sein. Das führt zur Autonomielehre, welche die Allgemeinheit der Freiheit in den Freiheitsbegriff aufnehmen muß, wenn das gemeinsame Leben, das Leben aller, freiheitlich sein soll. Sonst kann das Gemeinwesen nicht zu einer freiheitlichen Ordnung, zum Recht, finden, welches erst das Leben in allgemeiner Freiheit ermöglicht[2063].

[2058] *Kant*, Metaphysik der Sitten, S. 345; *J. Rawls*, Eine Theorie der Gerechtigkeit, S. 34 ff. (36), 223 ff.; i.d.S. schon *Montesquieu*, Vom Geist der Gesetze, S. 183; zu diesem Apriori Kants auch *E. Bloch*, Naturrecht und menschliche Würde, S. 83 f.; *P. Kirchhof*, HStR, Bd. V, § 124, Rdn. 47 ff., sieht den Ursprung des „fundamentalen Gleichheitssatzes von der jedem Menschen gleichermaßen eigenen, vom Recht vorgefundenen und unveräußerlichen Würde und Personalität" im Christentum; i.d.S. auch *W. Maihofer*, HVerfR, S. 489 ff., 500 ff., 507 ff.; dazu Hinweise in Fn. 6; zum Urrecht der Freiheit 2. Kap., III, 5. Kap., II.; Hinweise auch in Fn. 1908.

[2059] Eine Theorie der Gerechtigkeit, S. 36, näher S. 34 ff., 223 ff.; *ders.*, Das Recht der Völker, S. 16 f.; i.d.S. auch *E. Kaufmann*, VVDStRL 3 (1927), S. 3 ff.; auch *E. v. Hippel*, daselbst, S. 43 f.

[2060] *Kant*, Grundlegung zur Metaphysik der Sitten, S. 70 u.ö.; *ders.*, Kritik der praktischen Vernunft, S. 140 ff., 144, 182, 184, 237; *ders.*, Metaphysik der Sitten, S. 318; i.d.S. *W. Weischedel*, Recht und Ethik. Zur Anwendung ethischer Prinzipien in der Rechtsprechung des Bundesgerichtshofs, 1956, 2. Aufl. 1959, passim; *K. Jaspers*, Plato, Augustin, Kant, S. 270 ff.; *W. Maihofer*, Rechtsstaat und menschliche Würde, S. 69 ff.; *G. Geismann*, Ethik und Herrschaftsordnung, S. 93 ff.; *K. Vogel*, Gesetzgeber und Verwaltung, VVDStRL 24 (1966), S. 137 ff.; *K. A. Schachtschneider*, Staatsunternehmen und Privatrecht, S. 104; *ders.*, Res publica res populi, S. 325 ff.; zur Formalität der Freiheit 2. Kap., VI, 5. Kap., I, II; Hinweise auch in Fn. 234, 1560.

[2061] *Kant*, Metaphysik der Sitten, S. 345; dazu 2. Kap., VI.

[2062] *Rousseau*, Vom Gesellschaftsvertrag, I, 1, S. 5.

[2063] Dazu *K. Jaspers*, Plato, Augustin, Kant, S. 275 ff., 279.

Die Idee der Gleichheit (notwendig in der Freiheit als Autonomie des Willens) folgt logisch, wie *Kant* klarstellt[2064], aus der der Freiheit und ist darum wie diese „angeboren", also ein Apriori der Vernunft[2065]. Jedenfalls läßt sich diese Idee mit der Überlegung stützen, daß eine Ungleichheit unter den Menschen, welche es rechtfertigt, daß der eine den anderen beherrscht, sich nicht begründen, schon gar nicht, etwa eschatologisch, legitimieren läßt. Darum ist die Republik keine Herrschafts-, sondern eine Freiheitsform. *Wilhelm Henke* erklärt die Herrschaft von Menschen über Menschen demgegenüber mit der Ungleichheit von Menschen:

> „Herrschaft hat es immer gegeben und sie bildet sich aufgrund der Ungleichheit unter den Menschen immer von Neuem. Diese Ungleichheit ist offenbar das eigentlich Beunruhigende an der Herrschaft, das, was ihre Gegner treibt und was die Herren zur Rechtfertigung ihrer Herrschaft drängt. Unter Gleichen braucht es nicht nur, sondern kann es keine Herrschaft geben"[2066].

Gerade darum läßt sich Herrschaft nicht rechtfertigen[2067]; denn der ohnedies kontingente Empirismus der Ungleichheit unter den Menschen ignoriert die Idee der Freiheit und damit die Logik der Gleichheit in der Freiheit. Auf die bloße Beschreibung von Herrschaft kann eine Verfassung der Herrschaft nicht gegründet werden. *Hannah Arendt* hat auf den griechischen Freiheitsbegriff hingewiesen:

> „Gleichheit, die in der Neuzeit immer eine Forderung der Gerechtigkeit war, bildete in der Antike umgekehrt das eigentliche Wesen der Freiheit: Freisein hieß, frei zu sein von der allen Herrschaftsverhältnissen innewohnenden Ungleichheit, sich in einem Raum zu bewegen, in dem es weder Herrschen noch Beherrschtwerden gab"[2068].

Das ist die „ἰσονομία", das klassische Leitprinzip der griechischen Demokratie[2069], die als Wirklichkeit der Freiheit in allgemeiner Gesetzlichkeit

---

[2064] Metaphysik der Sitten, S. 345; *F. Kaulbach*, Immanuel Kants „Grundlegung zur Metaphysik der Sitten", S. 209 ff. (i. S. „des Ebenbürtigseins als Gesetzgeber"); *W. Kersting*, Kant über Recht, S. 125 f., 126 f.; auch *W. Maihofer*, HVerfR, S. 508.

[2065] Zur Rechtsidee der Gleichheit aller Menschen *W. Maihofer*, HVerfR, S. 490 ff., 500 ff., 507 ff.; *M. Kriele*, HVerfR, S. 129 ff.; *ders.*, Einführung in die Staatslehre, 4. Aufl. 1990, S. 228 ff., 331 ff., 6. Aufl. 2003, S. 177 ff.; *ders.*, Die demokratische Weltrevolution, S. 49 ff.; weitere Hinweise in Fn. 6, 1908.

[2066] Recht und Staat, S. 254; gegen Herrschaft *R. Gröschner*, HStR, Bd. II, § 23, Rdn. 50 ff., 53 ff.

[2067] Dazu *K. A. Schachtschneider*, Res publica res populi, S. 71 ff.; dazu 3. Kap., I, II, VI.

[2068] *H. Arendt*, Vita Activa. S. 34; diese Erkenntnis hat *W. Henke*, der über Athen und Rom schreibt, Recht und Staat, S. 301 ff., 319 ff., nicht beeindruckt.

[2069] *R. Marcic*, Vom Gesetzesstaat zum Richterstaat, S. 181, 351; *ders.*, Rechtsphilosophie, S. 261 ff., der freilich weniger aristotelisch, als vielmehr thomistisch denkt (vgl. Fn. 1991); *Ch. Meier*, Macht, Gewalt, Geschichtliche Grundbegriffe,

durch Gleichheit der Teilhabe an der πόλις, sowohl an den Gütern wie an der Leitung, gedacht war.

Herrschaft schafft die Ungleichheit. „Vernunft ist Selbstbeherrschung" hat schon *Aristoteles* gelehrt[2070] und *Kant* hat diese Lehre mit dem Satz: „Der Mensch ist ein Tier, das, wenn es unter anderen seiner Gattung lebt, einen Herrn nötig hat"[2071], aufgegriffen. Der Herr aber ist der Mensch selbst – als Vernunftwesen. Die Gesetzgebungsgleichheit ist, wenn das Gemeinwesen verfaßt, wenn der Staat eine Republik ist, nichts anders als die allgemeine Freiheit, die Freiheit nämlich der allgemeinen Gesetzgeberschaft. Jeder Mensch kann sie fordern; denn er hat ein Recht auf Recht. Recht aber kann es gegen seinen Willen nicht geben. Wegen der Formalität der Freiheit ist auch die Gleichheit formal und die Gleichheit aller darum die gesetzgebende Allgemeinheit[2072]. Demgemäß begreift *Kant* in der Schrift zum ewigen Frieden (S. 204) die verfassungsgebende Gleichheit als die Staatsbürgerschaft. In der Gemeinspruchschrift (S. 145) erfaßt er demgegenüber die Gleichheit als allgemeine Untertänigkeit[2073], während er in der Friedensschrift (S. 204) besser von „Abhänigkeit aller von einer einzigen gemeinsamen Gesetzgebung (als Untertanen)" spricht. Diese Gesetzesanwendungsgleichheit oder die Gleichheit der Gesetze (des Rechts) für alle impliziert die Rechtsetzungsgleichheit, die Privilegierung und Diskriminierung ausschließt, also die allgemeine Freiheit oder eben die allgemeine Gesetzgeberschaft. Die Praxis des Bundesverfassungsgerichts zum Willkürverbot erweist diesen Zusammenhang[2074]. Sonst bleiben die Menschen nicht „Eigner ihrer selbst" „eigner Herr (sui iuris)", was nach *Kant* die Gleichheit ausmacht[2075]. Die Allgemeinheit der Freiheit und die Gleichheit aller sind im Prinzip der Gleichheit in der Freiheit identisch[2076]. Beide führen zum Prinzip der praktischen Vernunft. *Paul Kirchhof* spricht

---

Bd. 3, S. 823; *F. A. v. Hayek*, Die Verfassung der Freiheit, S. 201 ff.; auch *W. Henke*, Recht und Staat, S. 311.

[2070] Nikomachische Ethik, I, 1, 3, 1102b 7 25 ff., S. 79; vgl. auch *ders.*, Politik, I, 5, 1254b 4 ff., S. 53.

[2071] Idee, S. 40.

[2072] Ganz so *F. Kaulbach*, Immanuel Kants „Grundlegung zur Metaphysik der Sitten", S. 91 ff., 102 f., 208 f., 209 ff.; *ders.*, Studien, S. 30 ff., 40 ff., 50 ff., u. ö.; *J. Habermas*, Treffen Hegels Einwände gegen Kant auch auf die Diskursethik zu?, S. 13 f.; *ders.*, Erläuterungen zur Diskursethik, S. 124, u. ö.

[2073] Auch S. 146 ff.; dazu *W. Kersting*, Kant über Recht, S. 123, 126 f.

[2074] Dazu I, 2; vgl. die Hinweise in Fn. 1944 ff.; i. d. S. auch *W. Kersting*, Kant über Recht, S. 126 f.

[2075] Über den Gemeinspruch, S. 149; Metaphysik der Sitten, S. 345; vgl. auch *Kant*, Zum ewigen Frieden, S. 204.

[2076] I. d. S. *Kant*, Metaphysik der Sitten, S. 345; *ders.*, Zum ewigen Frieden, S. 204 f.; i. d. S. wohl auch *W. Maihofer*, HVerfR, S. 515 ff.; das kantianische

vom „Objektivitätsgebot", das sich davon nicht unterscheidet, wenn *Kirchhof* auch die Formalität nicht formuliert, aber für die Rechtserkenntnislehre doch ins Auge faßt. *Kirchhof* sieht im Objektivitätsgebot die Umkehrung des Willkürverbotes und konzipiert es als Prinzip des allgemeinen Gleichheitssatzes, das er aber letztlich im Rechtsstaatsprinzip verwurzelt sieht[2077], also der Sache nach in der Freiheit[2078]. Objektiv sei das „Allgemeingültige", „die Sachlichkeit", „die Verallgemeinerungsfähigkeit"[2079], also die praktische Vernunft, die Sittlichkeit. *Kirchhof* leitet damit der Sache nach das Willkürverbot aus dem Prinzip der allgemeinen Freiheit ab; denn das „Allgemeingültige" ist das, was alle als gültig erkennen. Damit hat *Kirchhof* das Willkürverbot von Art. 3 Abs. 1 GG gelöst und richtig dem Prinzip des Rechtsstaates, also dem des Rechts zugeordnet[2080]. Das „Objektivitätsgebot" als positiv gewendetes Willkürverbot soll dem „groben Unrecht" wehren[2081]. Das Unrecht ergibt sich aber erst aus dem Gesetz. Logisch ist der Richter über das grobe Unrecht des Gesetzgebers Vertreter

---

Apriori der „eingeschränkten oder allgemeinen Freiheit als das Prinzip jeder möglichen menschlichen Koexistenz" stellt *E. Bloch*, Naturrecht und menschliche Würde, S. 87 f., heraus; so auch *F. Kaulbach*, Studien, S. 30 f., 40 ff., 50 ff., 79 f., 84; *ders.*, Immanuel Kants „Grundlegung zur Metaphysik der Sitten", S. 199 ff., 209 f., u.ö.; vgl. so auch *M. Kriele*, Befreiung und politische Aufklärung, S. 59 ff.; *ders.*, HVerfR, S. 133 ff., mit nicht ganz konsistenter Begründung; *ders.*, Einführung in die Staatslehre, 4. Aufl. 1990, S. 228 ff., 331 ff., 6. Aufl. 2003, S. 177 ff.; *J. Habermas*, Faktizität und Geltung, S. 109 ff., 135 ff., 153 u.ö.; i.d.S. auch *G. Dürig*, in: Maunz/Dürig, GG, Rdn. 8 ff. zu Art. 3 Abs. I („Freiheitsgleichheit"); klar i.S. des Textes *D. C. Dicke*, Die Intervention mit wirtschaftlichen Mitteln im Völkerrecht, S. 45 (mit Berufung auf Kant), für das Verhältnis von Selbstbestimmung und Gleichheit im Völkerrecht; Dickes Lehre ist deswegen bemerkenswert, weil das Völkerrecht die Verzerrung der Begriffe Freiheit und Gleichheit nicht zuläßt, weil kein Volk ein anderes zu beherrschen beanspruchen kann; auch *N. Luhmann*, ARSP 1991, Nr. 77, S. 435 ff., stellt heraus, daß der Gleichheitssatz nicht das „oberste Prinzip", nicht die „oberste moralische Idee", nicht „die höchste materielle Norm" sei (S. 445). Dazu auch I, 1.

[2077] Objektivität und Willkür, FS W. Geiger, S. 82 ff.; *ders.*, HStR, Bd. V, § 124, Rdn. 41 ff., 103 ff., 201 ff., 235 ff., insb. Rdn. 248 f.

[2078] *P. Kirchhof* selbst spricht in Bezug auf M. Kriele den „inneren Zusammenhang von Menschenwürde, Freiheit und Gleichheit" an, sieht Gleichheit und Freiheit als Gegensätze und bildet den Satz: „Jeder hat gleichen Anspruch auf Freiheit", HStR, Bd. V, § 124, Rdn. 103; ähnlich: FS W. Geiger, S. 99 ff.; dazu 6. Kap., II, 1.

[2079] FS W. Geiger, S. 83, 87; *ders.*, HStR, Bd. V, § 124, Rdn. 235 ff., insb. Rdn. 246 (mit Bezug auf Kant in Fn. 481).

[2080] HStR, Bd. V, § 124, Rdn. 235, 245, u.ö.; *ders.*, FS W. Geiger, S. 82; nicht anders *W. Rüfner*, GG, Bonner Komm., Rdn. 16, 24 zu Art. 3 Abs. 1; ganz so schon *E. Kaufmann*, VVDStRL 3 (1927), S. 10 ff.; vgl. auch *K. A. Schachtschneider*, Prinzipien des Rechtsstaates, S. 329 ff., 337 ff.

[2081] HStR, Bd. V, § 124, Rdn. 235 ff.; FS W. Geiger, S. 82 ff., insb. S. 109.

des Volkes als der Hüter der praktischen Vernunft, des Rechts. *Kirchhof* schreibt:

> „Das Objektivitätsgebot fordert vergleichend das Vernünftige, Einsichtige und Regelgerechte nicht als Gebot abstrakter Logik oder übergreifender Gerechtigkeit, sondern als Ergebnis vergleichender Wertung im Binnenbereich der positiven Verfassungsordnung."[2082]

Praktische Vernunft aber ist Freiheit. Ein willkürliches Gesetz, ein Akt der Willkür verletzt die äußere Freiheit als die Unabhängigkeit von eines anderen nötigender Willkür[2083].

Formalität schließt eine Dualität der Prinzipien von Freiheit und Gleichheit logisch aus. Nur unterschiedliche materiale Prinzipien können in Widerspruch treten und somit in Spannung stehen. Die formale Idee der Freiheit verwirklicht sich im allgemeinen Gesetz ebenso wie die nicht weniger formale Idee der Gleichheit; denn es gibt keine Gleichheit ohne allgemeines Gesetz[2084]. „Durch die Gesellschaft verlieren sie (sc. die Menschen) ihre Gleichheit. Erst durch die Gesetze werden sie wieder gleich", hat *Montesquieu* diese Erkenntnis formuliert[2085]. Die Selbstzweckhaftigkeit des Menschen findet ihren Ausdruck sowohl in der Formalität der Freiheit als auch der der Gleichheit[2086]. Die Selbständigkeit des Menschen, also seine Bürgerlichkeit[2087], führt ebenfalls zur Logik der Gleichheit in der Freiheit[2088].

Ohne Gesetze gibt es keinen verbindlichen Maßstab der Gleichheit[2089], genausowenig wie einen juridischen Maßstab freien Handelns. Ohne Gesetz

---

[2082] *P. Kirchhof*, HStR, Bd. V, § 124, Rdn. 253.

[2083] *Kant*, Metaphysik der Sitten, S. 345.

[2084] I.d.S. *M. Kriele*, HVerfR, S. 145; *ders.*, Einführung in die Staatslehre, 4. Aufl. 1990, S. 331 ff., 334, 6. Aufl. 2003, S. 180, 196 ff.; *J. Habermas*, Faktizität und Geltung, S. 153; *G. Dürig*, in: Maunz/Dürig, GG, Rdn. 8 ff. zu Art. 3 Abs. I; *P. Kirchhof*, HStR, Bd. V, § 124, Rdn. 22, 34 ff.; i.d.S. auch *N. Luhmann*, ARSP 1991, Nr. 77, S. 435, der zu Recht darauf hinweist, daß auch die Ungleichheit Recht voraussetzt; auch *W. Kersting*, Kant über Recht, S. 126 f.

[2085] Vom Geist der Gesetze, VII, 3, S. 183.

[2086] Dazu *F. Kaulbach*, Immanuel Kants „Grundlegung zur Metaphysik der Sitten", S. 73 ff., 94 ff., 100 ff., 191, 197 ff., 206 ff.; so auch *J. Habermas*, Erläuterungen zur Diskursethik, S. 151; vgl. *Kant*, Metaphysik der Sitten, S. 345 („sui iuris"); *ders.*, Über den Gemeinspruch, S. 146 ff. („Eigner seiner selbst"); dazu *W. Kersting*, Kant über Recht, S. 131 ff.

[2087] So auch *F. Kaulbach*, Immanuel Kants „Grundlegung zur Metaphysik der Sitten", S. 209 ff.; dazu 11. Kap., III.

[2088] Vgl. *W. Kersting*, Kant über Recht, S. 131 ff.

[2089] I.d.S. auch *G. Roellecke*, VVDStRL 34 (1976), S. 34 ff.; auch *P. Kirchhof*, HStR, Bd. V, § 124, Rdn. 22, 34 ff.; *R. Dahrendorf*, Über den Ursprung der Ungleichheit unter den Menschen, S. 26 ff., sieht im Gesetz den Grund der Ungleichheit; ebenso *N. Luhmann*, ARSP 1991, Nr. 77, S. 435; auch *J. Habermas*, Faktizität und Geltung, S. 153; nicht anders bereits *Hobbes*, De cive, S. 111 („Die jetzt be-

gibt es keinen materialen Maßstab der Sachlichkeit, der einen Willkürvorwurf rechtfertigen könnte. Das Gesetz verwirklicht die Freiheit aller, also die Gleichheit, die nur eine solche in der Freiheit ist. Die Rechtsgrundlage des gesetzgeberischen Sachlichkeitsgebots ist aber die Willensautonomie des Art. 2 Abs. 1 GG. Demgegenüber normiert Art. 3 Abs. 1 GG die Gesetzesanwendungsgleichheit, die logisch das Gesetz voraussetzt und schon deswegen nicht das Willkürverbot enthalten kann; denn ohne Gesetz gibt es weder eine allgemein verbindliche materiale Gleichheit noch Ungleichheit. Das Willkürverbot als (richtiges) Prinzip der Gesetzgebung ist und kann nur mit dem Recht zur Gesetzgebung verbunden sein, also mit der Freiheit als Autonomie des Willens.

„Von dem Willen gehen die Gesetze aus"[2090]. Der „Wille" aber ist „nichts anders, als praktische Vernunft"[2091]. „Der Wille des Gesetzgebers (legislatoris) … ist untadelig (irreprehensibel)"[2092]. Gleichheit ist Gesetzlichkeit; denn die Gleichheit ist die Tochter der Freiheit[2093]. Wie die Idee der Freiheit wird auch die Idee der Gleichheit in der allgemeinen Gesetzlichkeit Wirklichkeit. „Es gibt keine Gleichheit ohne allgemeine Gesetze" räumt auch *Paul Kirchhof* ein[2094].

Diese Allgemeinheit schützt Art. 19 Abs. 1 GG[2095], vor allem aber das republikanische Gesetzgebungsverfahren[2096]. Dementsprechend ist Art. 3

---

stehende Ungleichheit ist durch die bürgerlichen Gesetze eingeführt worden"); insb. *Rousseau*, Über den Ursprung und die Grundlagen der Ungleichheit unter den Menschen, in: ders., Kulturkritische Schriften, hrsg. von M. Fontius, 1989, Bd. 1, S. 183 ff., insb. S. 241 ff., 274, der die Ungleichheit auf die „Einführung des Eigentums und der Gesetze" zurückführt.

[2090] *Kant*, Metaphysik der Sitten, S. 332.

[2091] *Kant*, Grundlegung zur Metaphysik der Sitten, S. 41; vgl. auch *ders.*, Metaphysik der Sitten, S. 332; dazu *W. Kersting*, Kant über Recht, S. 22; dazu 2. Kap., IV, V, VI, VII.

[2092] *Kant*, Metaphysik der Sitten, S. 435; dazu *W. Kersting*, Wohlgeordnete Freiheit, S. 264 ff., insb. zur prozeduralen (besser: formalen) Unfehlbarkeitslehre, die Rousseau und Kant von Hobbes übernommen haben; auch *G. Roellecke*, Der Begriff des positiven Gesetzes und das Grundgesetz, 1969, S. 54 ff.; i.d.S. auch *ders.*, VVDStRL 34 (1976), S. 31 f., 39.

[2093] *Kant*, Metaphysik der Sitten, S. 345.

[2094] HStR, Bd. V, § 124, Rdn. 153 und ff.

[2095] I.d.S. v. Mangoldt/Klein/*Starck*, GG, Rdn. 8 zu Art. 3 Abs. 1 („Diese Formel bedeutet Freiheitsschutz durch Gleichheit"); *G. Dürig*, in: Maunz/Dürig, GG, 1973, Rdn. 12 zu Art. 3 Abs. I: *M. Kriele*, Einführung in die Staatslehre, 6. Aufl. 2003, S. 197; vgl. auch weniger grundsätzlich *R. Herzog*, daselbst, Rdn. 6 ff. zu Art. 19 Abs. I; grundlegend *Ch. Menger*, Bonner Komm., GG, Art. 19 Abs. 1, Rdn. 25 ff.; *Ch. Starck*, Der Gesetzesbegriff des Grundgesetzes, S. 195 ff.; vgl. auch *P. Kirchhof*, HStR, Bd. V, § 124, Rdn. 153 ff. (154); *P. Lerche*, HStR, Bd. V, § 122, Rdn. 33 ff.

Abs. 1 GG auf die Gesetzesanwendungsgleichheit hin formuliert. Als solche ist dieses Grundrecht unverzichtbares Menschenrecht, weil dadurch das Prinzip der Gesetzlichkeit grundrechtlich geschützt wird und insbesondere mittels der Verfassungsbeschwerde durchgesetzt werden können soll. Überflüssig ist ein solches Grundrecht, weil die Gesetzesanwendungsgleichheit mit dem Begriff des Gesetzes untrennbar verbunden ist, keinesfalls[2097]. Den Willkürvorwurf verdient es, wenn die Gesetze nicht angewandt werden. Das aber ist die klassische Verletzung des Prinzips der Gesetzesanwendungsgleichheit. Das Vollzugsdefizit der Gegenwart zeigt die Schwierigkeiten mit der Gesetzesanwendungsgleichheit und rechtfertigt das Postulat der Popularklage bei staatlichen Gesetzesverletzungen aus Art. 3 Abs. 1 GG, vor allem im Umweltrecht.

Auch die Gleichheitsjudikatur führt zu einer Hierarchie verbindlicher Rechtserkenntnisbefugnisse des legislativen und des judikativen Gesetzgebers, der mangels eines Maßstabes jedes Gesetz mit dem Vorwurf der Willkür für gleichheitswidrig erklären kann[2098]. Als Prinzip allgemeiner Gesetzlichkeit vermag auch das Gleichheitsprinzip wie das Freiheitsprinzip das Willkürverbot zu tragen, weil die Gesetze, wenn nicht durch das Volk selbst, durch Vertreter des Volkes beschlossen werden. Jedenfalls kann das Prinzip einer Gesetzgebungsgleichheit nur das Verbot der Willkür oder eben das Sachlichkeitsgebot sein. Die Wirklichkeit des Gleichheitsprinzips ist von den Gesetzen abhängig und darum gebietet das Gleichheitsprinzip Gesetze, enthält aber keinen Ansatz für eine Materialität der Gesetze, nicht einmal, wie Art. 2 Abs. 1 GG mit dem „Sittengesetz" das prozedurale Gerechtigkeitsprinzip oder Rechtsprinzip des kategorischen Imperativs. Art. 3 Abs. 1 GG gibt für die gesetzgeberische Repräsentation der Verfassungsrichter keinerlei textliche Grundlage her. *Adalbert Podlech* hat herausgestellt, daß der allgemeine Gleichheitssatz semantisch gehaltlos sei und auch deswegen verpflichtet, Gründe für Ungleichbehandlungen zu nennen[2099]. Die Begründung des Willkürverbotes aus der Wesensgehaltsgarantie des

---

[2096] Ganz i.d.S. *P. Kirchhof*, HStR, Bd. V, § 124, Rdn. 106, der die unparteiliche Repräsentation als Verfassungsgrundsatz heraushebt; so auch *J. Habermas*, Erläuterungen zur Diskursethik, der Unparteilichkeit und Moralität geradezu identifiziert, S. 124 f., 138, 145, 155; *ders.*, Gerechtigkeit und Solidarität, S. 54; ganz so auch *M. Kriele*, Die demokratische Weltrevolution, S. 93 ff.; *K. A. Schachtschneider*, Prinzipien des Rechtsstaates, S. 94 ff., 297 ff., 326 ff.; zum Prozeduralismus Hinweise in Fn. 354, 2004.

[2097] So aber *E. Kaufmann*, VVDStRL 3 (1927), S. 6; vgl. *G. Dürig*, in: Maunz/Dürig, GG, Rdn. 52 ff., 397 ff., 414 ff. zu Art. 3 Abs. I; vgl. *K. Hesse*, Grundzüge des Verfassungsrechts, Rdn. 440, S. 171; im Sinne des Textes etwa BVerfGE 4, 1 (7); 58, 163 (167 f.); 59, 98 (103); 62, 189 (192); 66, 199 (205 f.); 66, 324 (330); 67, 90 (94 f.); 70, 93 (97).

[2098] So auch *P. Kirchhof*, HStR, Bd. V, § 124, Rdn. 25 ff.

Art. 2 Abs. 1 GG[2100] wird dadurch gestützt, daß Art. 3 Abs. 1 GG durch Gesetz überhaupt nicht relativiert werden darf, so daß ein Schutz des Wesensgehalts des Gleichheitsprinzips nicht in Betracht kommt.

Für die Praxis macht es keinen Unterschied, ob das Willkürverbot auf Art. 2 Abs. 1 GG in Verbindung mit Art. 19 Abs. 2 GG gestützt wird oder auf Art. 3 Abs. 1 GG. Für die Dogmatik ist der Unterschied jedoch wesentlich, weil er auf der republikanischen Freiheit aufbaut, nicht auf der paternalistischen Gleichheit in einem herrschaftlichen Gemeinwesen. Der eigentliche Gesetzgeber ist, wer definiert, was gleich und was ungleich ist. Dieser Gesetzgeber soll nach dem Grundgesetz die Bürgerschaft sein, unmittelbar oder vertreten durch ihre staatlichen Organe.

Die funktional gesetzgebende Verwaltung, die gemäß Art. 20 Abs. 3 GG an Gesetz und Recht gebunden ist, kann Art. 3 Abs. 1 GG, das Prinzip der Gesetzesanwendungsgleichheit, verletzen. Das nicht gesetzlich bestimmte Ermessen kann unterschiedlich gehandhabt werden, ohne daß das Gesetz verletzt wird[2101]. Das Gleichheitsprinzip gebietet aber die gleichheitliche Handhabung gleicher Fälle, den gleichmäßigen Vollzug der Gesetze[2102]. Die Gleichheitswirkung von Verwaltungsentscheidungen hat ihren Grund in der Rechtssatzhaftigkeit bestimmter Verwaltungsentscheidungen, welche wegen der Einheit der Verwaltung letztlich, jedenfalls im Grundsatz, die Regierung zu verantworten hat[2103]. Der unmittelbare Verfassungsverstoß ist denkbar, weil und insoweit das Gesetz für die Rechtsetzung der Verwal-

---

[2099] Gehalt und Funktionen des allgemeinen verfassungsrechtlichen Gleichheitssatzes, 1971, S. 84; in der Sache zustimmend auch *H.-J. Koch/H. Rüßmann*, Juristische Begründungslehre. Eine Einführung in die Grundprobleme der Rechtswissenschaft, 1982, S. 104 ff.; auch *W. Rüfner*, GG, Bonner Komm., Rdn. 4, 29 zu Art. 3 Abs. 1, spricht von „Leerformeln", die zur Interpretation des Gleichheitssatzes benutzt würden, etwa das „Willkürverbot", die „Sachgerechtigkeit", die „Natur der Sache", ein „sachlich einleuchtender Grund", die „Eigenart des zu regelnden Sachverhalts", „sachgerechte Erwägungen".

[2100] Dazu 7. Kap., II, 1.

[2101] Zur Ermessenslehre i.d.S. grundlegend *H. H. Rupp*, Grundfragen der heutigen Verwaltungsrechtslehre, S. 177; dazu etwa *F. Ossenbühl*, Rechtsquellen und Rechtsbindungen der Verwaltung, § 10 II, Rdn. 10 ff., S. 209 ff.; *H. Maurer*, Allgemeines Verwaltungsrecht, § 7, S. 132 ff.; *K. A. Schachtschneider*, Prinzipien des Rechtsstaates, S. 277 ff.

[2102] Dazu BVerfGE 71, 354 (362); 84, 239 (268 ff.), wonach der Gleichheitssatz „für das Steuerrecht" verlangt, daß die Steuerpflichtigen durch ein Steuergesetz rechtlich und tatsächlich gleich belastet werden; *G. Dürig*, in: Maunz/Dürig, GG, Rdn. 52 ff., 428 ff. zu Art. 3 Abs. I; *P. Kirchhof*, HStR, Bd. V, § 124, Rdn. 41 ff., 83, 181 ff., 201 ff.; *ders.*, Gleichheit in der Funktionenordnung, HStR, Bd. V, 1992, § 125, Rdn. 84 ff.; weitere Hinweise in Fn. 1939.

[2103] Dazu *W. Loschelder*, Weisungshierarchie und persönliche Verantwortung in der Exekutive, HStR, Bd. III, 1988, § 68, Rdn. 23 ff., 37 ff., 88 ff.

tung[2104] offen und das Gebot der Gesetzesanwendungsgleichheit wegen seiner Bestimmtheit der unmittelbaren Anwendung fähig ist. Die Überprüfung der Gleichheitlichkeit als der Gesetzlichkeit der Verwaltung ist Sache der Gesetzesgerichte[2105].

[2104] Zur Rechtssatzhaftigkeit der Verwaltungsvorschriften vgl. *E. Schmidt-Aß-mann*, HStR, Bd. II, § 26, Rdn. 57; *F. Ossenbühl*, Autonome Rechtsetzung der Verwaltung, HStR, Bd. III, 1988, § 65, Rdn. 4 f., 30 ff.; *ders.*, Verwaltungsvorschriften und Grundgesetz, 1968; *K. A. Schachtschneider*, Prinzipien des Rechtsstaates, S. 157 ff.

[2105] BVerfGE 80, 48 (51); *P. Kirchhof*, HStR, Bd. V, § 124, Rdn. 240, 263; *ders.*, HStR, Bd. V, § 125, Rdn. 84 ff., zum Vorrang des Gleichheitssatzes vor dem Gesetzmäßigkeitsprinzip; *K. A. Schachtschneider*, Produktwarnung der Bundesregierung, S. 190; dazu 5. Kap., V.

Achtes Kapitel

Freiheitliche Privatheit in der Republik

I. Institutionelle und funktionale Privatheit und Staatlichkeit des Bürgers

Der Zweck des Staates ist das gute Leben aller Bürger in allgemeiner Freiheit. Darin liegt die allgemeine „Glückseligkeit", die somit (auch) Zweck der Republik ist[2106]. Zu ihr gehört die bürgerliche Privatheit. Frei ist der Bürger sowohl als staatliche Persönlichkeit, als einer, der zur Bürgerschaft, zur (staatlichen) Allgemeinheit also, gehört, als auch als Privater in seiner Besonderheit. Sowohl als staatliche als auch als private Persönlichkeit hat der Bürger einen autonomen Willen. Er ist nämlich selbst Gesetzgeber, entweder als ein Bürger mit allen anderen Bürgern zusammen oder allein, verbindlich nur für ihn, freilich mit einer Wirkung auf alle, die vom allgemeinen Gesetz legalisiert ist. Das Private ist das, was der Bürger allein bestimmt, das, was nicht staatlich ist, wenn man so will, sein besonderes Glück. Dieser Begriff der Privatheit entspricht dem Sinn des lateinischen Wortes privatus, welches als Gegenbegriff zum Staatlichen, zum Allgemeinen, zum Öffentlichen fungiert. Alle Versuche, das Private durch andere Begriffe zu erläutern, führen in die Irre, weil das Spezifische des Privaten das ist, was, wie schon gesagt, nicht allgemein und damit nicht staatlich ist.

[2106] Ganz so *D. Sternberger*, Das Menschenrecht nach Glück zu streben, S. 131 ff., 143 ff.; zum Wohlfahrtszweck des Staates *H. F. Zacher*, Das soziale Staatsziel, HStR, Bd. II, § 28, Rdn. 53 ff.; *Ch. Link*, VVDStRL 48 (1990), S. 34 ff.; *ders.*, Herrschaftsordnung und bürgerliche Freiheit, S. 136 ff., zum Wohlfahrtszweck in der Geschichte der Staatszwecke; *G. Ress*, VVDStRL 48 (1990), S. 101 ff., insbesondere zu den Grenzen aus dem „Freiheits- und Autonomiegedanken des Liberalismus"; *W. Maihofer*, Prinzipien freiheitlicher Demokratie, HVerfR, S. 507 ff., auch S. 519 ff.; ganz zurückhaltend für Kants Rechtsmetaphysik *W. Kersting*, Kant über Recht, S. 127 ff., wo er in Kants Rechtsphilosophie kein „Sozialstaatsprinzip" ausmacht; weitergehend *ders.*, Kritik der Gleichheit, S. 39 ff., 44 ff., wo er den „Sozialstaat" als „konsequent ausgeübte Rechtslehre" erkennt (S. 45), im Interesse der Selbständigkeit (richtig, vgl. 11. Kap., III): „Die menschliche Verpflichtung zur Rechtsstaatlichkeit treibt aus sich selbst die Verpflichtung zur Sozialstaatlichkeit hervor" (S. 45); zum allgemeinen Glück 2. Kap., V.

Erläuternde und damit die Grenzziehung zwischen dem Staatlichen und dem Privaten festschreibende Begriffe scheitern, weil diese Grenzziehung variabel und dynamisch, nämlich politisch ist. Was die Bürger gemeinsam, also staatlich, bestimmen und bewältigen, regeln die allgemeinen Gesetze; denn alles menschliche Handeln kann von allgemeinem Interesse sein und darum als res publica res populi werden. Weil alles Handeln alle betrifft und folglich angeht[2107], müssen alle bestimmen, wer die Maximen des Handelns materialisieren soll, die staatliche Bürgerschaft gemeinschaftlich oder der einzelne Bürger allein, der Private. *Herbert Krüger* hat das klar erkannt:

> „Die Gesellschaft selbst hat daher zu bestimmen, was ‚allgemein‘ und was ‚besonderes‘ ist. Da es in erster Linie die ‚Lagen‘ sind, die diese Bestimmung beeinflussen, kann es nur die Gesellschaft als ‚Staat‘ sein, die diese Bestimmung zu treffen hat"[2108].

Wie das Staatliche so ist auch das Private als Begriff formal definiert und findet seine Materialität in den jeweiligen Gesetzen. Daraus folgt, daß es keine den Gesetzen vorgängigen materialen Begriffe des Staatlichen und des Privaten geben kann. Die Lebensbewältigung ist institutionell staatlich, wenn sie dem Staat im engeren Sinne, den Einrichtungen des Staates, übertragen, sie ist institutionell privat, wenn sie den Privaten überlassen ist[2109]. Diese Formalität der Begriffe zwingt zu institutionellen Begriffen des Staates und des Privaten[2110]. Der Staat besteht aus den Einrichtungen der Bürgerschaft für ihr gemeinsames Leben. Institutionell Private verwirklichen aber funktional Staatlichkeit, wenn sie nämlich die allgemeinen Gesetze verwirklichen. In dieser Legalität ist der Bürger staatliche Persönlichkeit.

Vor allem hat die Bürgerschaft ihrem Staat die Befugnis übertragen, die Gesetzlichkeit notfalls mit Zwang sicherzustellen[2111], und dafür auch die Mittel bereitgestellt. Das ist zwar kein Gewaltmonopol[2112], verschafft aber

---

[2107] *K. A. Schachtschneider*, Der Anspruch auf materiale Privatisierung, S. 286 ff.; *ders.*, Prinzipien des Rechtsstaates, S. 119 ff.

[2108] Allgemeine Staatslehre, S. 528.

[2109] *K. A. Schachtschneider*, Staatsunternehmen und Privatrecht, S. 173 ff., 253 ff.; *ders.*, Die Verwaltung, 31 (1998), S. 142 ff.; *ders.*, Der Anspruch auf materiale Privatisierung, S. 40 ff., 43 ff.; kritisch zur Formalität des Begriffs des Staatlichen *W. Weiß*, Privatisierung und Staatsaufgaben, S. 83 ff.

[2110] Vgl. *K. A. Schachtschneider*, Staatsunternehmen und Privatrecht, S. 175 ff.; *ders.*, Die Verwaltung, 31 (1998), S. 140 ff.; *ders.*, Der Anspruch auf materiale Privatisierung, S. 33 ff., 40 ff., 43 ff.

[2111] Dazu 2. Kap., VIII; *K. A. Schachtschneider*, Res publica res populi, S. 545 ff.; *ders.*, Prinzipien des Rechtsstaates, S. 55 ff., 118 ff.; weitere Hinweise in Fn. 2000.

[2112] *K. A. Schachtschneider*, Die Verwaltung 31 (1998), S. 148 ff., 151 ff.; *ders.*, Res publica res populi, S. 549 ff. mit Fn. 180, 181, 182; *ders.*, Der Anspruch auf

dem Staat die Überlegenheit über die einzelnen Bürger und Menschen und deren Vereinigungen, welche um des Rechts willen benötigt wird, ja den Staat wesentlich definiert. Äußere Verbindlichkeit ist Erzwingbarkeit des geschuldeten Handelns und gehört zum Wesen des Rechts. Darum gibt es, republikanisch konzipiert, außerhalb der Staatlichkeit kein Recht, weil das Volk keiner anderen Macht zugesteht und um des Friedens willen auch nicht zugestehen sollte, Verbindlichkeit im eigenen Land zu schaffen; denn Verbindlichkeit muß um der allgemeinen Freiheit willen auf allgemeinen Gesetzen beruhen, welche die allgemeine Freiheit verwirklichen[2113]. Nur dadurch ist die Verbindlichkeit und damit das Recht Sache des Volkes[2114]. Die allgemeinen Gesetze vermöchten die Freiheit nicht zu verwirklichen, wenn sie mißachtet werden dürften. Wenn sie gebrochen werden, ist die Freiheit aller verletzt. Darum ist nach *Kant* „das Recht mit der Befugnis zu zwingen" als einer „Behinderung des Hindernisses der Freiheit" verbunden[2115]. Die Befugnis der höchsten Gewalt (die sich gegenüber jeder anderen Gewalt durchzusetzen befugt und in der Lage ist) gehört zur Hoheitlichkeit des Volkes als einem Prinzip der Staatsgewalt[2116].

Aus dem Prinzip des Rechts als der Verfassung der Freiheit des Volkes folgt somit die Notwendigkeit des Staates im engeren Sinne und das Recht jedes Menschen auf einen Staat, der das Recht sichert[2117]. Wegen der Formalität der Freiheit und folglich der allgemeinen Gesetzlichkeit des Rechts

---

materiale Privatisierung, S. 265 ff., 268 ff. (S. 271); anders etwa *J. Isensee*, HStR, Bd. II, § 15, Rdn. 86 ff.

[2113] *K. A. Schachtschneider*, Res publica res populi, S. 549 ff., 553 ff.; *ders.*, Prinzipien des Rechtsstaates, S. 55 ff., 118 ff., 94 ff.

[2114] Auch das Völkerrecht wie die völkerrechtlichen Verträge haben nur als Willen der Völker Verbindlichkeit (umgekehrter Monismus); denn es gibt keine Gewalt über der des Volkes (Prinzip der höchsten Gewalt, vgl. *J. Isensee*, HStR, Bd. II, § 15, Rdn. 82 ff.; *A. Randelzhofer*, HStR, Bd. II, § 17, Rdn. 23 f.). Das zeigt Art. 25 GG für die allgemeinen Regeln des Völkerrechts und das völkerrechtliche Prinzip, daß die Vertragserfüllung nicht erzwungen werden darf (Art. 2 Ziff. 4 Charta VN). Die Völker sind zur Vertragserfüllung verpflichtet eben, weil sie sich verpflichtet haben. Es ist ihr Wille. Das gilt auch für das durch Verträge unter Völkern begründete Gemeinschaftsrecht (*K. A. Schachtschneider*, Die existentielle Staatlichkeit der Völker Europas, S. 75 ff., insb. S. 87 ff.; *ders.*, Die Republik der Völker Europas, S. 159 f., 163 f.; *ders./A. Emmerich-Fritsche*, Das Verhältnis des europäischen Gemeinschaftsrechts zum nationalen Recht Deutschlands, DSWR 1999, S. 19; *ders.*, Prinzipien des Rechtsstaates, S. 124 ff.).

[2115] *Kant*, Metaphysik der Sitten, S. 338 f., 430 f., 527 u. ö.

[2116] *K. A. Schachtschneider*, Der Anspruch auf materiale Privatisierung, S. 281 ff., 288 ff.

[2117] *Kant*, Metaphysik der Sitten, S. 365 f., 430 f.; *W. Kersting*, Kant über Recht, S. 51 ff.; *K. A. Schachtschneider*, Res publica res populi, S. 290 ff.; *ders.*, Die existentielle Staatlichkeit der Völker Europas, S. 76 ff., 79 ff.; *ders.*, Prinzipien des Rechtsstaates, S. 50 ff., 62 ff.

ist dieser Staat notwendig Sache des Volkes[2118]. Dementsprechend geht nach Art. 20 Abs. 2 S. 1 GG alle Staatsgewalt vom Volke aus. Alle staatlichen Einrichtungen sind Einrichtungen des Volkes in dessen Staatlichkeit. Wegen der Formalität des Staatlichen folgt daraus, daß alle Handlungen dieser Einrichtungen staatlich sind, vor allem die Rechtsakte dieser staatlichen Einrichtungen. Privatheit staatlicher Einrichtungen, wie sie das Fiskusdogma lehrt und wie sie in weiten Bereichen praktiziert wird[2119], scheidet damit schon begrifflich aus[2120]. Diese Begrifflichkeit ist aber in dem Fundamentalprinzip, daß alle Staatsgewalt vom Volke ausgehe, verankert; denn alles, was das Volk unternimmt, ist logisch Sache des Volkes und damit staatlich, weil das verfaßte Volk und der Staat identisch sind. Der Staat im engeren Sinne sind nämlich die Institutionen der für die Verwirklichung ihrer allgemeinen Angelegenheiten, der res publica, vereinten Menschen, der Bürgerschaft, des verfaßten Volkes als der Staat im weiteren Sinne[2121].

Gerade deswegen können Handlungen der Privaten funktional staatlich, nämlich durch die allgemeinen Gesetze, bestimmt sein. Wenn das Volk als Staat durch die allgemeinen Gesetze die Maximen des Handelns definiert, ist das Handeln der Menschen, welches den Maximen folgt, durch Rechtsakte des Staates bestimmt, also Verwirklichung des Staatlichen als des Allgemeinen und damit funktional staatlich. Weil institutionell Private in ihrem Handeln weitgehend staatlich, nämlich durch allgemeine Gesetze, bestimmt sind, gibt es neben dem institutionellen auch einen funktionalen Begriff des Staatlichen. Institutionell staatliches Handeln darf jedoch niemals funktional privat sein, weil dessen Maximen ausschließlich Maximen der Bürgerschaft in ihrer Allgemeinheit, des Volkes als Staat also, sein dürfen; denn alle Staatsgewalt geht vom Volke aus[2122]. Wenn aber nicht die gesamte Lebens-

---

[2118] Ganz so *W. Kersting*, Kant über Recht, S. 53.

[2119] BGHZ 35, 311 (283 f.); 36, 91 (95 f.); 37, 1 (16 f.); 66, 229 (232 ff.); 67, 81 (85); 82, 375 (381 ff.); 102, 280 (285); BVerwGE 7, 180 (181 f.); 38, 281 (283 f.); 39, 364 (374); 89, 329 (337); BVerfGE 27, 364 (374 f.); vgl. *K. A. Schachtschneider*, Staatsunternehmen und Privatrecht, S. 5 ff. mit Hinweisen auf die Literatur; *ders.*, Der Anspruch auf materiale Privatisierung, S. 183 ff., 190 ff.

[2120] *K. A. Schachtschneider*, Staatsunternehmen und Privatrecht, S. 5 ff., 253 ff., 261 ff.; *ders.*, Der Anspruch auf materiale Privatisierung, S. 33 ff., 40 ff., 45 ff., 183 ff., 190 ff.; *ders.*, Prinzipien des Rechtsstaates, S. 240 ff.; *J. Burmeister*, VVDStRL 52 (1993), S. 210 ff.; kritisch auch *W. Löwer*, Der Staat als Wirtschaftssubjekt und Auftraggeber, VVDStRL 60 (2001), S. 416 ff.

[2121] Zum Staatsbegriff *Kant*, Metaphysik der Sitten, S. 431; *K. A. Schachtschneider*, Res publica res populi, S. 14 ff., 100, 519; *ders.*, Der Anspruch auf materiale Privatisierung, S. 33 ff.; *ders.*, Prinzipien des Rechtsstaates, S. 50 ff. (58 ff.); vgl. *J. Isensee*, HStR, Bd. II, § 15, Rdn. 82, 151 ff.

[2122] *K. A. Schachtschneider*, Staatsunternehmen und Privatrecht, S. 253 ff., 261 ff.; *ders.*, Der Anspruch auf materiale Privatisierung, S. 33 ff., 265 ff., 281 ff.

bewältigung staatlich materialisiert, sondern auch Privatheit ermöglicht werden soll, muß, um das Staatliche, nämlich das Allgemeine, beim Handeln Privater durchsetzen zu können, institutionelle Privatheit funktional staatlich bestimmt werden können. Das funktional Private der institutionell Privaten besteht darin, daß die Privaten in dem Umfang, in dem die Gesetze das erlauben, die Handlungsmaximen privat, also allein, materialisieren dürfen. Ohne funktionale Privatheit gäbe es in der Substanz auch keine institutionelle Privatheit. Alle Bürger wären durch die gänzliche Bindung ihres Handelns an staatliche Gesetze funktional ausschließlich Amtswalter des Staates, das Modell des totalen Staates.

Der Private ist somit bei allem Handeln auch staatlich bestimmt, also in dem Maße, in dem er die allgemeinen Gesetze vollzieht, funktional Amtswalter des Staates. Sowohl das Staatliche als auch das Private gehören zur Persönlichkeit der Bürger. Beides ist selbstbestimmt, das Staatliche allgemein durch Autonomie des Willens aller, das Private allein durch die Autonomie des Willens allein des Bürgers, der handelt (oder einer handelnden Menge von Bürgern, die nicht die ganze Bürgerschaft als staatliche Allgemeinheit ist), in freier Willkür. Das Staatliche ist wie das Private integraler Bestandteil des Lebens jedes Bürgers, also seiner Persönlichkeit[2123]. Auch das Staatliche ist das Eigene des Bürgers; denn: Res publica res populi. Ein Gegensatz von Staat und Gesellschaft ist eine liberalistische Konzeption, welche einen bourgeois vom citoyen unterscheidet[2124], die aber nicht der durch die Freiheit, Gleichheit und Brüderlichkeit bestimmten Republik gerecht wird[2125].

[2123] *K. A. Schachtschneider*, Die Verwaltung 31 (1998), S. 139 ff.; *ders.*, Der Anspruch auf materiale Privatisierung, S. 40 ff.

[2124] *E.-W. Böckenförde*, Die Bedeutung der Unterscheidung von Staat und Gesellschaft im demokratischen Sozialstaat der Gegenwart, S. 395 ff., 407 ff.; *ders.*, Die verfassungstheoretische Unterscheidung von Staat und Gesellschaft als Bedingung der individuellen Freiheit, S. 32 f.; *H. H. Rupp*, HStR, Bd. II, § 31, Rdn. 18; *W. Henke*, Die politischen Parteien zwischen Staat und Gesellschaft, S. 369 ff.; *R. Herzog*, in: Maunz/Dürig, GG, Rdn. 45 ff. zu Art. 20 Abschnitt I, Rdn. 21 zu Art. 20 Abschnitt II; *W. Schmitt Glaeser*, HStR, Bd. III, § 38, Rdn. 3; *W. Brohm*, HStR, Bd. II, § 36, Rdn. 36 (vorsichtig); auch *D. Grimm*, HVerfR, S. 610 ff. (aber: zunehmende „Gemengelage"); *J. Isensee*, Subsidiaritätsprinzip und Verfassungsrecht, S. 149 ff.; *ders.*, HStR, Bd. II, § 15, Rdn. 148 ff.

[2125] *K. A. Schachtschneider*, Res publica res populi, S. 159 ff., 175 ff., auch S. 207 ff.; *ders.*, Staatsunternehmen und Privatrecht, S. 178; dazu *C. Schmitt*, Legalität und Legitimität, S. 27 („Identität von Staats- und Volkswille" ist „demokratische Konsequenz"); *ders.*, Der Hüter der Verfassung, S. 73 ff., 78 f., 82; *E. Forsthoff*, VVDStRL 12 (1954), S. 27; *ders.*, Der Staat der Industriegesellschaft, S. 21 ff.; *H. Ehmke*, Wirtschaft und Verfassung, S. 5 f.; *ders.*, „Staat" und „Gesellschaft" als verfassungstheoretisches Problem, S. 240 ff., insb. S. 265 ff.; *H. Krüger*, Allgemeine Staatslehre, S. 342 ff. („Immanenz des Staates im Volk"); *M. Kriele*, Einfüh-

Als Privater ist der Bürger durch die allgemeinen Gesetze, die auch seine Gesetze sind, äußerlich frei; denn er ist durch sie unabhängig von anderer nötigender Willkür. Wegen dieser Gesetzlichkeit ist die allgemeine Privatheit freiheitlich im äußeren Sinne und ihretwegen entfaltet sich Privatheit, ohne anderen Unrecht zu tun. Die juridische Legalität verwirklicht die allgemeine äußere Freiheit. Institutionelle Privatheit ist aber äußere und innere Freiheit, also auch Sittlichkeit. Immer verbleiben dem Privaten rechtlich geschützte Möglichkeiten, subjektive Rechte, die Maximen des Handelns allein zu bestimmen, ohne sich mit anderen Privaten zu vertragen verpflichtet zu sein[2126]; denn alle haben sich durch das allgemeine Gesetz mit dem jeweiligen alleinbestimmten Handeln des Privaten einverstanden erklärt. Das ist der Sinn und der Begriff der Privatheit. Diese Möglichkeiten gehen mehr oder weniger weit und sind mehr oder weniger von den Grundrechten geschützt.

Auch die Alleinbestimmung ist Willensautonomie. Die Maxime des privaten Handelns muß zwar dem Prinzip allgemeiner Gesetzlichkeit genügen, weil sie dem kategorischen Imperativ verpflichtet ist. Aber sie ist nicht allgemein verbindlich, weil sie nicht der Wille aller ist. Sie ist ethisch gesetzgebend und damit verbindlich für den Handelnden, nicht juridisch. Ihre Allgemeinverträglichkeit folgt aus dem allgemeinen Gesetz, welches Privatheit zuläßt.

---

rung in die Staatslehre, 4. Aufl. 1990, S. 309 ff.; *D. Jesch*, Gesetz und Verwaltung, S. 89 f., 170, 173 u.ö.; auch *R. Herzog*, Allgemeine Staatslehre, S. 38 ff., 145 ff.; *W. Henke*, Die politischen Parteien zwischen Staat und Gesellschaft, S. 369 f.; *H. P. Bull*, Die Staatsaufgaben nach dem Grundgesetz, S. 64 ff., 192; *E.-W. Böckenförde*, Staat und Gesellschaft im demokratischen Sozialstaat, S. 395 ff., 407; *Ch. v. Krockow*, Staat, Gesellschaft, Freiheitswahrung, S. 432 ff.; *K. Hesse*, Bemerkungen zur heutigen Problematik und Tragweite der Unterscheidung von Staat und Gesellschaft, 1975, daselbst, S. 484 ff., 488 f.; *H. H. Rupp*, Verfassungsrecht und Kartelle, S. 193 ff.; *ders.*, HStR, Bd. II, § 31, Rdn. 1 ff., 4 ff., 17 ff.; *W. Schmitt Glaeser*, HStR, Bd. III, § 38, Rdn. 1 ff., 25 ff.; *H.-D. Horn*, Verbände, HStR, Bd. III, 3. Aufl. 2005, § 41, Rdn. 32 f.; zur „bürgerlichen Gesellschaft" als von Hegel begründeter Kategorie des modernen Staates i.S.d. Konstitutionalismus des 19. Jahrhunderts *M. Riedel*, Der Begriff der „Bürgerlichen Gesellschaft", S. 77 ff.; *E. Angermann*, Das Auseinandertreten von „Staat" und „Gesellschaft" im Denken des 18. Jahrhunderts, 1963, daselbst, S. 109 ff., zieht zu Recht in Zweifel, daß die Trennung, die im 18. Jahrhundert zu einem „heuristischen Prinzip" wurde, jemals der politischen Wirklichkeit gerecht wurde (S. 130); vgl. i.d.S. auch die bei *H. Ehmke*, „Staat" und „Gesellschaft", a.a.O., S. 262 f., angeführten Meinungen; zur „tendenziellen Verschränkung der öffentlichen Sphäre mit dem privaten Bereich", zum „Prozeß wechselseitiger Vergesellschaftung des Staates und einer Verstaatlichung der Gesellschaft" in eine „neue Sphäre" *J. Habermas*, Strukturwandel der Öffentlichkeit, §§ 16, 23, S. 225 ff., 326 ff.; dazu 3. Kap., IX.

[2126] I.d.S. auch *J. Habermas*, Faktizität und Geltung, S. 152; *ders.*, Die Einbeziehung des Anderen, S. 296 ff.

Die durch allgemeine Gesetze ermöglichte Privatheit ist somit eine spezifische Art, die allgemeine Freiheit zu verwirklichen. Irgendeine Art der Privatheit muß der Staat um des Mein und Dein willen, ohne das es kein freiheitliches Leben gibt, gestalten; denn der Mensch ist auf seine Umwelt (Menschen und Sachen) angewiesen. Die Sachen, zumal der Boden, aber gehören allen, solange sie nicht durch allgemeines Gesetz verteilt sind[2127]. Wenn die bürgerliche Verfaßtheit mit der Staatlichkeit identifiziert wird, ist Privatheit eine Form des gemeinsamen Lebens, also der Staatlichkeit des Gemeinwesens, nämlich der Staatlichkeit im weiteren Sinne. Dennoch darf das Besondere der Privatheit nicht aus dem Auge verloren werden, nämlich, daß Privatheit (dem Recht nach) befugt, ohne Rücksicht auf andere (deren Interessen das Gesetz sichert) die eigenen Interessen zu verfolgen. Derartige Privatheit schädigt im Rechtssinne nicht; denn sie ist kein Unrecht. Die Privatheit verpflichtet freilich zur Sittlichkeit und verletzt die innere Freiheit, wenn sie auf die Anderen keine Rücksicht nimmt. Aber diese Pflicht zur Sittlichkeit gehört zur ethica (Tugendlehre), nicht zum ius (Rechtslehre)[2128]. Privatheit ist Verwirklichung der allgemeinen Freiheit, wenn und soweit sie auf Gesetzen beruht und die Sittlichkeit wahrt. In der Republik ist gesetzesgemäße Privatheit freiheitlich, wenn sie das Sittengesetz achtet.

II. Privatheit als alleinbestimmte freie Willkür

Das Private entfaltet sich auf der Grundlage der Rechte zur freien Willkür, welche die allgemeinen Gesetze geben und begrenzen. § 903 S. 1 BGB, die Definition des Sacheigentums, ist das klassische Modell des äußeren Rechts zur Privatheit:

„Der Eigentümer einer Sache kann, soweit nicht das Gesetz oder Rechte Dritter entgegenstehen, mit der Sache nach Belieben verfahren und andere von jeder Einwirkung ausschließen."[2129]

[2127] Vgl. *Kant*, Metaphysik der Sitten, S. 372 ff. („ursprünglicher Gesamtbesitz", S. 373); dazu *W. Kersting*, Kant über Recht, S. 69 ff., 75 ff., 80 ff. (kontraktualistisch).

[2128] *Kant*, Metaphysik der Sitten, S. 508; weitere Hinweise in Fn. 206; 2. Kap., VII.

[2129] Diese Privatheit wird vielfach als die Freiheit verstanden, während die Staatlichkeit nicht als Freiheit, sondern als Herrschaft, etwa als herrschaftliche Demokratie, dogmatisiert wird (dazu 3. Kap.), eine solche Dogmatik ist liberalistisch, nicht republikanisch; vgl. insb. *Hegel*, Rechtsphilosophie, §§ 41 ff. (Eigentum), auch §§ 182 ff. (bürgerliche Gesellschaft), S. 102 ff., 339 ff., „Die Person muß sich eine äußere Sphäre ihrer Freiheit geben, um als Idee zu sein", § 41, S. 1, 102; schon *Hobbes*, Leviathan, II, 21, S. 189 f., 196, definiert Privatheit wie hier und nennt das Freiheit, obwohl er auch die Freiheit als Gesetzlichkeit dogmatisiert, II, 21, S. 187 ff.; vgl. auch *W. Maihofer*, HVerfR, S. 500 ff.; *W. Leisner*, Freiheit und

Willkür ist nicht als solche verwerflich, wie der Begriff des Willkürverbots suggeriert. Das Unrecht verbotener Willkür liegt im Verbot derselben. Das Verbot reagiert auf den Mangel an praktischer Vernunft einer Entscheidung. Praktische Vernunft fehlt den Entscheidungen, die nicht allgemein oder allgemeinheitsfähig sind, also den Entscheidungen, welche die innere Freiheit oder eben das Sittengesetz verletzen. Weil das Sittengesetz formal ist, ist die Materialisierung der praktischen Vernunft und damit des Willkürverbots notwendig persönlich, d.h. ein sittlicher Akt einer Persönlichkeit. Dieser Akt setzt bestmögliche Kenntnis der Welt, also Wissenschaftlichkeit, voraus. Willkür kann und soll innerlich frei, also sittlich, sein. Das verlangt nach Moralität[2130]. Die freie Willkür achtet Recht und Ethos. Das Willkürverbot ist das Verbot der nötigenden, also der freiheitswidrigen Willkür; denn äußere Freiheit ist die „Unabhängigkeit von eines anderen nötigender Willkür"[2131]. Die Verletzung der allgemeinen Freiheit inkriminiert die Willkür und führt zum Vorwurf verbotener Willkür. Das Willkürverbot ist darum auf Art. 2 Abs. 1 GG, nicht auf Art. 3 Abs. 1 GG zu stützen[2132].

Die freie Willkür des Privaten ist alleinbestimmt und darum nicht geeignet, das allgemeinheitsfähige Gesetz, dem die Maxime jedes freien Handelns als Autonomie des Willens verpflichtet ist, für alle verbindlich zu machen. Die Gesetzgebung für alle setzt die Vertretung des ganzen Volkes voraus (repräsentative Konsensualität), wenn nicht das Volk das Gesetz unmittelbar gibt (plebiszitäre Konsensualität). Die Willkür als solche bestimmt die Maximen[2133]. Diese sind äußerlich frei, wenn die Maximen sich in das allgemeine Gesetz des Staates fügen, und innerlich frei, wenn sie dem Sittengesetz genügen, also sich zu einem allgemeinen Gesetz qualifizieren. Die freiheitliche Privatheit ist Freiheit und als solche durch Art. 2 Abs. 1 GG geschützt und definiert, also vor allem dem Sittengesetz verpflichtet. Sie ist als Freiheit Autonomie des Willens. Der private Wille gibt sich allein das Gesetz, das seinem Begriff nach allgemeinheitlich ist, freilich nicht allgemeinverbindlich, weil nicht von allen oder namens aller beschlossen, aber material als allgemeines Gesetz vorgestellt.

Die Sittlichkeit des privaten Handelns durch Achtung des kategorischen Imperativs ist nicht erzwingbar; denn das würde ein staatliches Gesetz voraussetzen und somit die Privatheit funktional aufheben. Sie ist aber für das

---

Eigentum, S. 7 ff.; der Sache nach die gesamte liberalistische Lehre, dazu *K. A. Schachtschneider*, Res publica res populi, S. 441 ff.; 6. Kap.

[2130] Vgl. insb. *Kant*, Metaphysik der Sitten, S. 332 f., 508 ff., 519 ff.; 2. Kap., VII.

[2131] *Kant*, Metaphysik der Sitten, S. 345; dazu 2. Kap., VI.

[2132] Dazu das 7. Kap., I, 2, II, 1.

[2133] *Kant*, Metaphysik der Sitten, S. 332, 508 ff., 519 f.; vgl. auch *ders.*, Grundlegung zur Metaphysik der Sitten, S. 27; *ders.*, Kritik der praktischen Vernunft, S. 144.

gemeinsame Leben trotz der äußeren Allgemeinverträglichkeit der Privatheit, die durch das staatliche Gesetz beschlossen ist, ethische Pflicht, weil die Gemeinschaft der Menschen auf das Liebesprinzip gestellt ist. Die Brüderlichkeit muß auch privat gelebt werden, um nicht den totalen Staat notwendig zu machen, der keine oder nur eine geringe Privatheit zuläßt, wenn und weil Privatheit entgegen dem Sittengesetz mißbraucht wird. Die Grenzen zwischen privatheitlicher Bindung an das Sittengesetz und der Bindung an staatliche, offene Bestimmungen des privaten Handelns sind gegebenenfalls fließend. Das zeigt das wettbewerbsrechtliche Mißbrauchsverbot nach § 19 GWB und Art. 82 EGV. Wenn die innere Grenze marktmächtiger Privatheit überschritten wird, greift der Staat ein, um die Gemeinverträglichkeit des wettbewerblichen Handelns herzustellen. Damit wird eine offene Grenze der Privatheit materialisiert und mit einer normativen Marktlichkeit die funktionale Staatlichkeit des Handelns am Markt zur Geltung gebracht[2134]. Das Handeln der Privaten muß gemeinverträglich bleiben.

Einen Grundrechtsschutz findet jedenfalls der Kampf aller gegen alle, der Wolf im Menschen, nicht, auch nicht in der Privatheit. Art. 1 der Allgemeinen Erklärung der Menschenrechte stellt das klar. Brüderlichkeit aber wird dadurch verwirklicht, daß alle dem allgemeinen Gesetz folgen, weil alle nach einem allgemeinen Gesetz ihre Persönlichkeit wahren; denn jeder hat das Recht auf die freie Entfaltung seiner Persönlichkeit. Im privaten Bereich bestimmt allerdings der Mensch seine Maximen allein nach seiner Vorstellung des allgemeinen Gesetzes. Die private Sittlichkeit fördert die Gemeinschaft, die wesentlich privat bestimmt ist. Erst die private Sittlichkeit ermöglicht den Grundsatz der Privatheit der Lebensbewältigung (das Privatheitsprinzip). Die gute Gemeinschaft ist sittlich. Nur eine solche schützt die Verfassung der Freiheit und deren Materialisierung, das Grundgesetz; denn die Würde des Menschen ist auch im Privaten seine Willensautonomie. Die innere Rechtspflicht als „Verbindlichkeit aus dem Recht der Menschheit in der eigenen Person" ist: „Sei ein rechtlicher Mensch (honeste vive)"[2135].

Wenn das Recht zur Privatheit als Recht zur freien Willkür definiert wird, bringt das nichts anderes zum Ausdruck als das Recht, Maximen des Handelns allein materialisieren zu dürfen und unabhängig von staatlicher Bestimmung der Maximen des Handelns zu sein. Das private Recht zur freien Willkür ist somit das Recht zur alleinbestimmten Gesetzgebung für die Maximen des eigenen Handelns[2136]. Demgemäß spricht *Jürgen Haber-*

[2134] Zur funktionalen Staatlichkeit I, Hinweise in Fn. 2783.

[2135] *Kant*, Metaphysik der Sitten, S. 344; vgl. *W. Kersting*, Kant über Recht, S. 54 ff.

[2136] Das Wort Alleinbestimmung ist republikanisch konzipiert für die private Bestimmung der Maximen sachgerechter als Selbstbestimmung, weil auch die staat-

mas von „privater Autonomie", die auch als Befreiung von den Verpflichtungen kommunikativer Freiheit beschrieben werden könne[2137].

Privatheit kann unterschiedliche Rechte zum Gegenstand haben, je nachdem, welche Zwecke die allgemeinen Gesetze verfolgen. Die subjektiven Rechte der Privatheit können unterschiedlich materialisiert sein. Grundsätzlich sind die Rechte der Privatheit aber subjektive Rechte des Menschen, sein Glück zu suchen, die nicht zweckbestimmt und damit einer funktionalen Begrenzung nicht fähig sind. Diese Rechte machen den Lebensbereich aus, der vielfach als „Privatsphäre" oder auch „Freiheitssphäre" dogmatisiert wird. Auch in diesem Bereich muß der Mensch vielfältige staatliche Gesetze achten. Alles Handeln von Privaten ist nämlich staatlich durch staatliche und privat durch private Gesetze zugleich bestimmt.

III. Legalität und Sittlichkeit der Privatheit

1. Die Privatheit ist als Prinzip und Institution grundrechtlich geschützt, bedarf aber meist gesetzlicher Regelung, um vor allem durch Bestimmtheit ihrer Grenzen der allgemeinen Freiheit gerecht zu werden. Die staatlichen Gesetze bestimmen die Rechte der Bürger zur Privatheit als subjektive Rechte, insbesondere solche des Eigentums[2138].

Subjektive Rechte setzen objektive Gesetze voraus[2139] (oder im Rahmen und nach Maßgabe der Gesetze Verträge[2140]), abgesehen von der Freiheit, die auch ein subjektives Recht ist, nämlich das Recht auf Recht, und abge-

---

liche Gesetzgebung Selbstbestimmung der Bürger ist. Die Üblichkeit des Wortes Selbstbestimmung folgt dem Liberalismus, der die Staatlichkeit herrschaftlich begreift und darum nur die Privatheit selbstbestimmt nennen kann; *W. Maihofer*, HVerfR, S. 461, 479, 494, spricht von „Selbstbestimmung und Selbstherrschaft" auch für die Gesetzgeberschaft der Bürger im Bürgerstaat; vgl. *F. Kaulbach*, Studien, S. 30 ff., 50 ff.; *ders.*, Immanuel Kants „Grundlegung zur Metaphysik der Sitten", S. 91 ff., 102 f., 152, 207 ff.

[2137] Faktizität und Geltung, S. 152; auch *ders.*, Die Einbeziehung des Anderen, S. 296 ff.; vgl. auch *W. Kersting*, Kritik der Gleichheit, S. 58.

[2138] I.d.S. *H. Krüger*, Allgemeine Staatslehre, S. 528; *W. Leisner*, Freiheit und Eigentum, S. 7 ff.; *ders.*, Eigentum – Grundlage der Freiheit, S. 22 ff.; *ders.*, HStR, Bd. VI, § 149, Rdn. 3 f., 72 ff., 100 ff.; insb. BVerfGE 61, 82 (108 f.): „Art. 14 als Grundrecht schützt nicht das Privateigentum, sondern das Eigentum Privater".

[2139] Prononciert *J. Schwabe*, Probleme der Grundrechtsdogmatik, S. 286 ff.; *K. Stern*, Staatsrecht III, 2, S. 869; *K. A. Schachtschneider*, Prinzipien des Rechtsstaates, S. 123 ff., 128 ff.

[2140] Zur Unterscheidung von Verträgen und Gesetzen *P. Häberle*, Grundprobleme der Verfassungsgerichtsbarkeit, S. 14 f.; *K. A. Schachtschneider*, Staatsunternehmen und Privatrecht, S. 128 ff., 162 f.; *N. Luhmann*, Die Geltung des Rechts, Rechtstheorie 22 (1991), S. 282; zur Vertragslehre VIII.

sehen von den aus der Freiheit folgenden Tochterrechten, wie insbesondere dem Recht auf Gleichheit und dem Recht auf freie Meinungsäußerung[2141], also abgesehen von der Menschenwürde als Fundament der Rechte mit den aus diesem folgenden Menschenrechten[2142]. Es gibt keinen subjektiv-rechtlichen Gehalt der Grundrechte, der material über den objektiv-rechtlichen hinausgehen könnte.

Subjektive Rechte sind Rechte des einzelnen Bürgers oder Menschen, die gerade ihm die Möglichkeit geben, die Pflichterfüllung, die der Berechtigung korrespondiert, mit den Mitteln, die der Rechtsstaat zur Verfügung stellt, zu erzwingen[2143]. Diese Pflichterfüllung kann eine sogenannte Unterlassung sein, zu der vornehmlich die grundrechtlichen Abwehrrechte verpflichten, die negative Kompetenzen des Staates schaffen[2144]. Die Zwangsmöglichkeit des subjektiv Berechtigten ist identisch mit dem staatlichen Schutz seines Rechts; denn im Friedensinteresse verbietet es der Rechtsstaat weitestmöglich, daß der Berechtigte seine Rechte mittels eigener Zwangsmaßnahmen durchsetzt[2145]. Rechtsschutz ist Staatsschutz[2146] Die Rechtlichkeit, welche die Freiheitlichkeit ausmacht, wäre ohne dieses grundsätzliche Verbot nicht gesichert. Es wäre zu erwarten, daß anstelle der Rechte überwiegend Interessen durchgesetzt werden würden. Der bürgerliche Zustand, der Rechtsstaat oder die Republik, ist der alle staatliche und private Gewalt erfassende Vorbehalt der Legalität, nämlich die Unabhängigkeit aller von

---

[2141] Dazu *Kant*, Metaphysik der Sitten, S. 345 f.; vgl. *A. Enderlein*, Der Begriff der Freiheit als Tatbestandsmerkmal der Grundrechte, S. 84 ff.

[2142] Dazu v. Mangoldt/Klein/*Starck*, GG, Rdn. 124 ff. zu Art. 1 Abs. 2, Rdn. 154 zu Art. 1 Abs. 3; *P. Häberle*, HStR, Bd. II, § 22, Rdn. 56 ff.; *W. Maihofer*, HVerfR, S. 490 ff.; *R. Zippelius*, GG, Bonner Komm., Rdn. 24 ff., 103 zu Art. 1 Abs. 1 u. 2; zum Urrecht der Freiheit 2. Kap., III, 5. Kap., II; Hinweise in Fn. 6, 1908.

[2143] Dazu i.d.S. *R. Alexy*, Der Staat 29 (1990), S. 60 ff.; *J. Schwabe*, Probleme der Grundrechtsdogmatik, S. 13; *K. A. Schachtschneider*, Res publica res populi, S. 430 f., 446 ff., 461 ff., 821 ff., auch S. 545 ff. (553 ff.); *ders.*, Prinzipien des Rechtsstaates, S. 128 ff.; für Kant i.d.S. *W. Kersting*, Kant über Recht, S. 44 ff., 220; *Kant*, Metaphysik der Sitten, S. 345: „Rechte als (moralischer) Vermögen, andere zu verpflichten, …").

[2144] *M. Sachs*, in: K. Stern, Staatsrecht III, 2, S. 76 f., 223 f.; *K. Stern*, daselbst, S. 1796 f.; auch *M. Sachs*, in: K. Stern, Staatsrecht III, 1, S. 558 ff., 671 ff.; vgl. *J. Schwabe*, Probleme der Grundrechtsdogmatik, S. 13 ff., der genauer von „Nichtbeeinträchtigungspflichten" zu reden vorschlägt (S. 15), S. 17 ff., kritisch zum „Recht des Dürfens" und damit zur „Befugnis" S. 37 ff., die Schwabe nicht als Bestandteil des subjektiven Grundrechtes ansieht (zusammenfassend S. 53); zu Schwabe kritisch *A. Enderlein*, Der Begriff der Freiheit als Tatbestandsmerkmal der Grundrechte, S. 99 ff.; zu den Grundrechten als negative Kompetenzen *K. A. Schachtschneider*, Res publica res populi, S. 353 ff., 476 f., 1013 f.; Hinweise auch in Fn. 1729, 2192.

[2145] Hinweise in Fn. 417; *K. A. Schachtschneider*, Res publica res populi, S. 270, 548 ff.

[2146] *K. A. Schachtschneider*, Prinzipien des Rechtsstaates, S. 118 ff., 123 ff.

der nötigenden Willkür anderer oder die allgemeine Gesetzlichkeit des Handelns[2147]. Subjektive Abwehrrechte sind somit identisch mit dem individuellen Rechtsschutz, den Grundrechtsberechtigte vor allem nach Art. 19 Abs. 4 S. 1 GG genießen[2148]. Das Abwehrrecht ist der von *Jürgen Schwabe* herausgestellte Unterlassungsanspruch[2149]. Subjektive Rechte können Rechte geben, in bestimmter Weise zu handeln, oder auch Rechte, bestimmtes Handeln oder bestimmtes Unterlassen von anderen beanspruchen zu dürfen. Der Unterlassungsanspruch des einen korrespondiert mit dem Verbot bestimmter Handlungen an den anderen. Dieser andere kann der Staat sein. Subjektive Unterlassungsrechte verpflichten entweder andere, Handlungen des Berechtigten zu dulden, oder geben dem Berechtigten das Recht, Handlungen anderer nicht dulden zu müssen. Diese Dualität folgt aus der Außenwirkung von Handlungen.

Alle Menschen im Gemeinwesen sind durch jedes Handeln von wem auch immer betroffen[2150] und verpflichtet, die Handlungen des subjektiv Berechtigten zu dulden. Oft sind manche in besonderer Weise betroffen, etwa wenn sie als Eigentümer Eingriffe in ihr Eigentum dulden müssen. Der Rechtsschutz wird in der Praxis entgegen dem republikanischen Freiheitsprinzip auf die besonders in ihren Interessen Betroffenen beschränkt, vorausgesetzt sogar, daß die Gesetze diese ihre Interessen schützen[2151].

[2147] *K. A. Schachtschneider*, Res publica res populi, S. 303 ff., 519 ff.; *ders.*, Die Verwaltung 31 (1998), S. 151 ff.; *ders.*, Prinzipien des Rechtsstaates, S. 20 ff., 50 ff., 94 ff., 152 ff., passim; dazu 2. Kap., III, VI, 5. Kap., II, 3.

[2148] Ganz so *K. Hesse*, Grundzüge des Verfassungsrechts, Rdn. 335 ff., S. 150 ff.

[2149] Grundrechtsdogmatik, S. 13 ff., 17 ff., 37 ff., 53 (zusammenfassend); *M. Sachs*, in: K. Stern, Staatsrecht III, 2, S. 76 f., 223 f. und *K. Stern*, daselbst, S. 1796 f., verstehen die negatorischen Unterlassungs- und Beseitigungsansprüche als „wesensnotwendige Hilfsrechte der Abwehrrechte".

[2150] *K. A. Schachtschneider*, Prinzipien des Rechtsstaates, S. 119 ff.; *ders.*, Der Anspruch auf materiale Privatisierung, S. 286 ff.

[2151] Zu diesem praktizierten und meist gelehrten (Schutzzwecklehre) restriktiven Begriff des subjektiven Rechts BVerwGE 1, 83 (83 f.); 22, 129 (132); 75, 285 (286 ff.); 77, 70 (73); 78, 40 (41 ff.); vgl. auch BVerfGE 31, 33 (39 f.); u. st.; *H.-U. Erichsen*, Das Verwaltungshandeln, § 11, Rdn. 30 ff., S. 249 ff.; *H.-J. Wolff/ O. Bachof/R. Stober*, Verwaltungsrecht, 11. Aufl. 1999, § 43, Rdn. 1 ff., S. 641 ff.; *H. Maurer*, Allgemeines Verwaltungsrecht, § 8, Rdn. 1 ff., S. 163 ff.; *E. Schmidt-Aßmann*, in: Maunz/Dürig, GG, Rdn. 118 ff., 128 zu Art. 19 Abs. IV; vgl. kritisch *G. Roellecke*, Subjektive Rechte und politische Planung, AöR 114 (1989), S. 589 ff.; vgl. schon *G. Jellinek*, Allgemeine Staatslehre, S. 418; grundlegend *O. Bühler*, Die subjektiven öffentlichen Rechte und ihr Schutz in der deutschen Verwaltungsrechtsprechung, S. 42 ff.; *H. H. Rupp*, Grundfragen der heutigen Verwaltungsrechtslehre, S. 146 ff. (S. 247 ff.); weitergehend macht *W. Henke*, Das subjektive öffentliche Recht, S. 40 ff., 57 ff., das subjektive Recht allein von der Betroffenheit in eigenen Angelegenheiten durch eine Verletzung des objektiven Rechts abhängig; vgl. auch *ders.*, DÖV 1980, 621 ff.; weitergehend *K. A. Schachtschneider*, Prinzipien des

2. Das subjektive Recht, welches logisch auf objektivem Recht, also entweder auf der Verfassung der Freiheit oder auf dem allgemeinen Willen des Volkes beruht, klärt die (juridische) Legalität der Handlung[2152]. Das Handeln, welches dem subjektiven Recht entspricht, kann nach dem Satz: „volenti non fit iniuria", niemanden verletzen; denn alle haben, wenn das Gesetz allgemein, also Recht ist, (im Regelfall durch ihre Vertreter) den gesetzlichen Maximen des Handelns zugestimmt. Das objektive Recht ergibt die (juridische, äußere) Legalität des Handelns dessen, dem es ein Recht zum Handeln, also ein subjektives Recht gegenüber dem, der das Handeln dulden muß, dem Verpflichteten, gibt. Die juridische/äußere Legalität des privaten, aber auch des staatlichen Handelns verwirklicht die allgemeine äußere Freiheit, wenn auch nicht schon die vollständige Sittlichkeit des gemeinsamen Lebens; denn diese setzt die ethische/innere Legalität des privaten Handelns voraus[2153].

Subjektive Rechte können wegen der Veränderung der Lage in ihrer objektiven gesetzlichen Grundlage sittlich fragwürdig werden. Jederzeit sind die Bürger und Menschen verpflichtet, zu bedenken, ob die allgemeinen Gesetze noch dem kategorischen Imperativ entsprechen oder ob sie nicht vielmehr verändert werden müßten. Auch diese Prüfung gebietet der kategorische Imperativ. Solange aber die Gesetzeslage nicht geändert ist, ist das subjektiv berechtigte Handeln juridisch und ethisch (soweit es die private Sittlichkeit wahrt) legal; denn die Allgemeinheit des Gesetzes erweist sich im positiven Gesetz. Die Bedenken des Handelnden müssen zu einem ethisch gebotenen Novellierungsvorschlag führen, dürfen aber nicht die allgemeine Verbindlichkeit des staatlichen Gesetzes in Frage stellen, auf die doch der kategorische Imperativ gerade hinzielt. Die materiale Rechtslage ist ständig in Bewegung und es ist die sittliche/politische Verantwortung jedes Bürgers, daß die staatlichen Gesetze jederzeit der Rechtslage entsprechen. Nur bedarf das wegen der allgemeinen Verbindlichkeit des allgemeinen Gesetzgebungsverfahrens des Staates. Sittlich vorwerfbar ist die

---

Rechtsstaates, S. 128 ff.; *ders.*, Grundbegriffe des Allgemeinen Verwaltungsrechts, S. 49 ff.; *ders./A. Emmerich-Fritsche*, Kommunaler Wettbewerb, S. 50 ff.; umfassend berichtet *P. M. Huber*, Konkurrenzschutz im Verwaltungsrecht, S. 100 ff., 298 ff.

[2152] Nicht die Moralität des Gesetzesgehorsams; denn diese hängt davon ab, daß das Gesetz um des Gesetzes willen befolgt wird (*Kant*, Metaphysik der Sitten, S. 521 u.ö.: „Handle pflichtmäßig, aus Pflicht"; dazu *F. Kaulbach*, Studien, S. 136 ff.; *W. Kersting*, Kant über Recht, S. 46 ff., 221). Die juridische Legalität der Handlung schließt nicht schon die ethische Tugendhaftigkeit oder ethische Legalität derselben ein, wenn unterschiedliche Handlungen juridisch legal sind (vgl. *Kant*, a.a.O., S. 508 ff., 529 ff.).

[2153] Dazu *K. A. Schachtschneider*, Res publica res populi, S. 282 ff., 305 ff., 500; dazu *W. Kersting*, Wohlgeordnete Freiheit, S. 70 ff.; *ders.*, Kant über Recht, S. 54 ff.; *J. Habermas*, Faktizität und Geltung, S. 135 ff., 541 ff.

Verweigerung der Rechtsänderung, die allen als den Hütern des Rechts, vor allem den Vertretern des Volkes, obliegt.

Das subjektive Recht legalisiert freiheitliche Privatheit. Handlungsbefugnisse, die der Mensch aus der Verfassung, dem Verfassungsgesetz oder den Gesetzen hat, dienen der Verwirklichung der allgemeinen Freiheit, weil die soziale Verträglichkeit der Handlungen in den jeweiligen subjektiven Rechten ausgesprochen ist. Die Verfassung, das Verfassungsgesetz und die Gesetze können Handlungsmaximen verbieten, gebieten oder auch erlauben. Handlungen, deren Maximen sich im Rahmen subjektiver Rechte halten, können zwar die Tugendpflichten nicht aber die Rechtspflichten verletzen. Das Sittengesetz verpflichtet, vor einer Handlung das Einverständnis all derer herbeizuführen, die von der Handlung beeinträchtigt werden könnten, weil nur deren Einverständnis das Unrecht zu vermeiden vermag. Das subjektive Recht stellt das allgemeine Einverständnis mit der Handlungsbefugnis und damit mit der alleinigen ethischen Verantwortung des Handelnden klar. Von der sittlichen Bindung wird der Handelnde nicht entlastet. *Jürgen Habermas* bringt das in den folgenden Sätzen zur Sprache:

„Das Rechtsmedium als solches setzt Rechte voraus, die den Status von Rechtspersonen als Trägern von Rechten überhaupt definieren. Diese Rechte sind auf die Willkürfreiheit von typisierten und vereinzelten Aktoren zugeschnitten, d.h. auf subjektive Handlungsfreiheiten, die konditional eingeräumt werden. Der eine Aspekt, die Entbindung der interessengeleiteten Willkür erfolgsorientiert eingestellter Aktoren von den verpflichtenden Kontexten verständigungsorientierten Handelns, ist nur die Kehrseite des anderen Aspekts, nämlich der Handlungskoordinierung über zwingende Gesetze, die die Optionsspielräume von außen begrenzen. Daraus erklärt sich der fundamentale Stellenwert von Rechten, die individuell zurechenbare subjektive Freiheiten zugleich sichern und untereinander kompatibel machen. Sie gewährleisten eine private Autonomie, die auch als Befreiung von den Verpflichtungen kommunikativer Freiheit beschrieben werden kann."[2154]

Den subjektiven Rechten des einen entsprechen, wie schon gesagt, Pflichten eines anderen. Den Handlungsrechten entsprechen Duldungspflichten und den Unterlassungsrechten Handlungsverbote[2155]. Vielfach dulden Menschen Störungen und Lasten, weil die Gesetze anderen Menschen Handlungsrechte eingeräumt haben. Ohne solche Duldungspflichten läßt sich das gemeinsame Leben nicht gestalten. So müssen Menschen um des (allgemeinen) subjektiven Rechts willen, die eigene Meinung äußern zu dürfen, auch grobe und unsachliche Kritik ertragen[2156].

[2154] Faktizität und Geltung, S. 151 f. (Habermas differenziert sprachlich Privatheit nicht hinreichend von Freiheit und versteht erstere als „private Autonomie" (etwa S. 153); das beeinflußt aber die sachliche Übereinstimmung nicht).

[2155] Dazu *J. Schwabe*, Probleme der Grundrechtsdogmatik, S. 13 ff., 17 ff., 37 ff., 86 f.

3. Die subjektiven Rechte, insbesondere die Rechte zum Vertragsschluß, die es erlauben, das Handeln von den eigenen Zwecken und damit den eigenen Interessen bestimmen zu lassen[2157], soweit das ethisch erlaubt ist, genauer: das Handeln privat zu bestimmen, sind für das gemeinsame Leben notwendig, weil es schlechterdings nicht leistbar wäre, daß vor jedem Handeln mit allen, die durch die Handlung betroffen sein könnten, ein Diskurs bis zum allgemeinen Einverständnis in die Handlung geführt würde. Die subjektiven Rechte machen den Alltag gerade dadurch lebbar, daß sie anderen Handlungswirkungen zu ertragen gebieten, welche der berechtigte Private (im staatlichen Rahmen der Gesetze) sittlich allein bestimmt. Die ethische Verfehlung müssen die Betroffenen hinnehmen. Ohne solche subjektiven Rechte kann sich der Mensch nicht entfalten. Ohne Rechte der Privatheit wäre das gemeinsame Leben ohne Einschränkung entweder verstaatlicht oder rechtlos, soweit es Sachen oder auch Menschen in Anspruch nimmt, die auch andere oder alle in Anspruch nehmen wollen[2158].

Ohne derart rechtlich gewährleistete Privatheit wäre das gemeinsame Leben in Freiheit und damit im Recht nicht möglich. Das Leben würde ersticken. *Kant* hat schon geklärt, daß das Mein und Dein durch allgemeine Gesetze geordnet sein muß, damit die Menschen im Recht, also frei leben können[2159]. Die allgemeine Freiheit erfordert ein hinreichendes Recht zur Privatheit, ja darüber hinaus läßt sich aus der Freiheit als der Menschheit des Menschen ein Grundsatz privater Lebensbewältigung herleiten. Die grundrechtsgeschützte Privatheit hat einen material freiheitlichen Effekt im Sinne der Unabhängigkeit von den anderen, von der staatlichen Allgemeinheit, im Sinne der Alleinbestimmung, im Interesse des eigenen Glücks, wenn sie auch als Recht zur (freien) Willkür andere in deren besonderen Interessen zu beeinträchtigen berechtigt. Es ist Sache der inneren Freiheit

---

[2156] Etwa BVerfGE 42, 163 (170 ff.); 60, 234 (240 ff.); vgl. auch BVerfGE 62, 230 (244 f., 247 f.); 75, 369 (376 ff.); 82, 272 (281 f.); 85, 1 (14); 93, 266 (294 f.).

[2157] Das subjektive-öffentliche Recht definiert *H.-U. Erichsen* als die „einem Rechtssubjekt in öffentlich-rechtlichen Vorschriften eingeräumte Rechtsmacht, mit Hilfe der Rechtsordnung eigene Interessen zu verfolgen", Das Verwaltungshandeln, § 11, Rdn. 30 (auch ff.), S. 249 (ff.), unter Berufung auf *O. Bachof*, Begriff und Wesen des sozialen Rechtsstaates, VVDStRL 12 (1954), S. 72 ff.; *ders.*, Reflexwirkungen und subjektive Rechte im öffentlichen Recht, in: O. Bachof u.a. (Hrsg.), Forschungen und Berichte aus dem öffentlichen Recht, GS W. Jellinek, 1955, S. 287 ff.; weitere Hinweise zum Begriff des subjektiven Rechts in Fn. 2151.

[2158] Vgl. die Privatrechtslehre *Kants* vom „äußeren Mein und Dein", Metaphysik der Sitten, S. 353 ff.; dazu *W. Kersting*, Transzendentale Eigentumsbegründung, 1991, in: ders., Recht, Gerechtigkeit und demokratische Tugend, 1997, S. 41 ff., insb. S. 46 ff.; *ders.*, Kant über Recht, S. 58 ff. („Besitzverhältnisse"); *K. A. Schachtschneider*, Res publica res populi, S. 376 f.

[2159] Metaphysik der Sitten, S. 365 ff.; *W. Kersting*, Kant über Recht, S. 69 ff., 80 ff.; dazu 10. Kap., II und III.

(der Tugend), solche Rechte im Sinne der „fremden Glückseligkeit" auszuüben[2160]. Die Privatheit auf Grund der subjektiven Rechte ist freiheitlich,
sie ist aber nicht die Freiheit selbst. Die Freiheit ist die Autonomie des
Willens, die sich staatlich und privat in jedem Handeln verwirklicht, sofern
dies durch seine Gesetzlichkeit dem Sittengesetz genügt. Die subjektiven
Rechte sind somit keine (eigentlichen) Freiheiten, als welche sie gern bezeichnet werden[2161], sondern materiale Rechte aus Gesetzen, gegebenenfalls
auch aus dem Grundgesetz, die die allgemeine Freiheit verwirklichen. Es
gibt keinen Begriff der (allgemeinen) Freiheit, der sich vom Sittengesetz lösen und als Recht zur Willkür definiert werden könnte. Rechte zur freien
Willkür können vielmehr nur materiale subjektive Rechte der (freiheitlichen)
Privatheit sein.

Daß der Staat über alle konkreten Handlungsmaximen eine Entscheidung
trifft, ist nicht nur undurchführbar, sondern auch menschenunwürdig. Die
weitestmögliche Privatheit ist eine praktische Notwendigkeit des gemeinsamen Lebens[2162]. Das Experiment des sogenannten Sozialismus hat dies
vor Augen geführt. Dieser ist nicht zuletzt an seinem übermäßigen Bürokra-
tismus gescheitert, weil die Parteizentrale so gut wie allen so gut wie alles
vorgeschrieben hat. Die praktische Vernunft fordert Toleranz der Bürgerschaft und damit jedes einzelnen Bürgers, die in den allgemeinen Gesetzen
des Staates durch ein größtmögliches Maß an Rechten der Privatheit zum
Ausdruck kommt. Die Toleranz ist aber eine Frage der Lage[2163]. Die Um-
weltpolitik etwa ist gegenwärtig übermäßig tolerant. Das Interesse an ko-
stengünstiger Industrie- und Energieproduktion und noch mehr das Interesse

---

[2160] Dazu *Kant*, Metaphysik der Sitten, S. 515 ff.

[2161] Etwa *J. Schwabe*, Probleme der Grundrechtsdogmatik, S. 14, passim, der
„die Freiheit als Schutzgut von Abwehrrechten" und diese als „undeterminierte Freiheit zur Beliebigkeit" dogmatisiert; das ist material und auch für die subjektiven
Grundrechte nur richtig, wenn die innere Freiheit unberücksichtigt bleibt; wie
Schwabe schon *H. H. Klein*, Die Grundrechte im demokratischen Staat, S. 53 ff.;
auch *M. Sachs*, in: K. Stern, Staatsrecht III, 1, S. 624 ff.; vgl. auch *W. Cremer*, Freiheitsgrundrechte, S. 74 ff.; *R. Poscher*, Grundrechte als Abwehrrechte, S. 107 ff.
(118, 138 „normgeprägte Freiheiten"), S. 317 ff.; weitere Hinweise auf die Identifizierung von subjektiven Grundrechten mit Freiheiten in Fn. 1385; dazu 5. Kap., I,
6. Kap., I, 4.

[2162] In diesem Sinne lehrt *W. Maihofer*, HVerfR, S. 500 ff., als „Prinzip einer
liberalen Demokratie" „größtmögliche und gleichberechtigte Freiheit des Einzelnen
bei notwendiger Sicherheit Aller" und „dem größten möglichen Freiheitsraum für
die Entfesselung des Wettstreits der Freiheit in einer Gesellschaft", die Möglichkeit
des „Antagonismus" (S. 502 f.); für Kant *W. Kersting*, Kant über Recht, S. 95 („Der
kantische Rechtsstaat ist wesentlich Privatrechtsstaat").

[2163] Zu den „Verschiedenheiten der Lage" *Kant*, Metaphysik der Sitten, S. 522;
zu Begriff und Problematik der Lage *H. Krüger*, Allgemeine Staatslehre, S. 15 ff.,
auch S. 528.

am motorisierten Verkehr ist so groß, daß Umweltschäden, aber auch vieltausendfach Tod und hunderttausendfach Verletzung von Menschen hingenommen werden, welche nicht nur nicht tolerierbar sind, sondern die Schutzpflicht des Staates aus Art. 2 Abs. 2 GG zugunsten des Lebens und der Gesundheit mißachten. Dennoch bestimmen die Grenzwerte in den Vorschriften des Umweltrechts, soweit diese nicht verfassungswidrig sind, ob emittierendes Handeln legal ist, selbst wenn die Emissionen die Gesundheit oder das Leben beeinträchtigen, und bestimmt die Straßenverkehrsordnung die Straßenverkehrsverhältnisse, deren Legalität nicht hinreichend gesichert ist. Selbstverständlich darf der Unternehmer die Emissionsgrenzwerte unterschreiten und der Verkehrsteilnehmer soll Rücksicht auf Leben und Gesundheit anderer Menschen nehmen. Erster erfüllt dadurch seine Tugendpflicht gemäß dem kategorischen Imperativ[2164], letzterer eine Rechtspflicht aus § 1 StVO, der den kategorischen Imperativ im Straßenverkehr verrechtlicht, mit begrenztem Erfolg.

IV. Grundsatz privater Lebensbewältigung/ Privatheitsprinzip

1. Die Privatheit bedarf in der Republik einer gesetzlichen Grundlage, welche die Legalität privat bestimmten Handelns begründet. Eine wesentliche Rechtsgrundlage der Privatheit ist die Vertragsfreiheit. Diese bestimmt sich nach den allgemeinen Gesetzen, wenn sie auch als Prinzip aus der Freiheit folgt und folglich ein Menschenrecht ist. Die Rechtstechnik der Verteilung von Staatlichkeit und Privatheit im funktionalen Sinne ist, geprägt durch den Liberalismus des Bürgerlichen Gesetzbuches und dessen Grundsatz der Verbindlichkeit jedweden Vertrages, der mit den Gesetzen und den guten Sitten vereinbar ist (§§ 134, 138 BGB), das Regel-Aus-

---

[2164] Zur „Unternehmensethik" *P. Lorenzen*, Philosophische Fundierungsprobleme einer Wirtschafts- und Unternehmensethik, in: H. Steinmann/A. Löhr (Hrsg.), Unternehmensethik, 1989, 2. Aufl. 1991, S. 25 ff.; *H. Steinmann/A. Löhr*, Einleitung: Grundfragen und Problembestände einer Unternehmensethik, daselbst, S. 3 ff.; *dies.*, Grundlagen der Unternehmensethik, 2. Aufl. 1994; *A. G. Scherer*, Multinationale Unternehmen und Globalisierung. insb. S. 283 ff., 359 ff.; *ders.*, Multinationale Unternehmung als Mittler zwischen privater Freiheit und öffentlichem Interesse – Verantwortungsvolles unternehmerisches Handeln im Prozeß der Globalisierung, in: K. A. Schachtschneider (Hrsg.), Rechtsfragen der Weltwirtschaft, 2002, S. 329 ff.; *W. Kersting*, Ethischer Kapitalismus? Problem der Wirtschaftsethik, 1994, in: ders., Recht, Gerechtigkeit und demokratische Tugend. Abhandlungen zur praktischen Philosophie der Gegenwart, 1997, S. 141 ff.; *W. Lachmann*, Wirtschaft und Ethik. Maßstäbe wirtschaftlichen Handelns, 2. Aufl. 1989; *ders.*, Wirtschaftsethik in einer pluralistischen Welt, 1991; *P. Ulrich*, Der entzauberte Markt. Eine wirtschaftsethische Orientierung, 2002.

nahme-Prinzip, wonach die private Lebensbewältigung soweit erlaubt ist, als sie nicht verboten ist. Dieses ist freilich nicht das Prinzip der Freiheit[2165], sondern eines der einfachen Rechtsordnung.

Ohne Verteilungslehre zwischen Staatlichkeit und Nichtstaatlichkeit kommt keine Grundrechtsdogmatik aus, weil sie wegen der Individualität der Menschen und deren Freiheit das Allgemeine vom Besonderen scheiden muß. Die liberalistische Verteilungslehre hat *Carl Schmitt* formuliert:

> „Rechte, welche dem Belieben eines absoluten Fürsten oder einer einfachen oder qualifizierten Parlamentsmehrheit ausgeliefert sind, können ehrlicherweise nicht als Grundrechte bezeichnet werden. Grundrechte im eigentlichen Sinne sind also nur die liberalen Menschenrechte der Einzelperson. Die rechtliche Bedeutung ihrer Anerkennung und ‚Erklärung' liegt darin, daß diese Anerkennung die Anerkennung des fundamentalen Verteilungsprinzips des bürgerlichen Rechtsstaates bedeutet: eine prinzipiell unbegrenzte Freiheitssphäre des Einzelnen und eine prinzipiell begrenzte, meßbare und kontrollierbare Eingriffsmöglichkeit des Staates. Daraus, daß es sich um vorstaatliche Menschenrechte handelt, folgt weiter, daß diese echten Grundrechte für jeden Menschen ohne Rücksicht auf die Staatsangehörigkeit gelten. Es sind Individualrechte, d.h. Rechte des isolierten Einzelmenschen. Grundrechte im eigentlichen Sinne sind daher nur individualistische Freiheitsrechte und soziale Forderungen"[2166].

Eine Verteilungslehre hat auch in der Republik ihre Richtigkeit, nämlich in dem Grundsatz privater Lebensbewältigung (Privatheitsprinzip), der als judiziables (menschenrechtliches) Subsidiaritätsprinzip der Staatlichkeit dogmatisiert wird[2167]. „Die Freiheit des Glaubens, des Gewissens und die Freiheit der religiösen und weltanschaulichen Bekenntnisse sind unverletzlich" (Art. 4 Abs. 1 GG). „Alle Deutschen haben" nach Art. 12 Abs. 1 S. 1 GG „das Recht, Beruf, Arbeitsplatz und Ausbildungsstätte frei zu wählen". Diese und andere Entscheidungen müssen dem Einzelnen verbleiben und dürfen nicht durch allgemeines Gesetz getroffen werden, so vernünftig ein solches Gesetz auch erscheinen mag. Das Grundgesetz schützt um der Persönlichkeit des Menschen bzw. des Bürgers willen dahingehende subjektive Rechte der Privatheit und folgt damit einer Erkenntnis der praktischen Vernunft, die in Sachen Religionsfreiheit über Jahrhunderte gereift und in Sa-

---

[2165] Zum Regel-Ausnahme-Prinzip als Freiheitsprinzip 6. Kap., II.

[2166] Verfassungslehre, S. 164 f.; ebenso i.d.S. *ders.*, Grundrechte und Grundpflichten, S. 207 ff.

[2167] Insb. *J. Isensee*, Subsidiaritätsprinzip und Verfassungsrecht, S. 264 ff., insb. S. 281 ff., 313 ff., der seiner Abhandlung den bezeichnenden Untertitel gegeben hat: „Eine Studie über das Regulativ des Verhältnisses von Staat und Gesellschaft"; *H. H. Rupp*, HStR, Bd. II, § 31, Rdn. 51 ff.; *K. A. Schachtschneider*, Staatsunternehmen und Privatrecht, S. 272 f. mit weiteren Hinweisen in Fn. 184; *ders.*, Die Verwaltung 31 (1998), S. 140 f.; *ders.*, Der Anspruch auf materiale Privatisierung, S. 67 ff. (S. 75 ff.), 153 ff.

chen Berufsfreiheit seit dem Ende des Ständestaates eine Errungenschaft
der bürgerlichen Gleichheit ist. Das Recht zur Privatheit der Lebensbewältigung muß eine Grundlage im Verfassungsgesetz oder in den Gesetzen
haben, weil aus der Freiheit das formale Recht auf Recht und damit auf
Gesetze des Staates folgt, welche die staatliche und die private Lebensbewältigung praktisch vernünftig, der Menschheit des Menschen gemäß,
teilt. Dieses formale Recht auf Recht ist uneingeschränkt. Praktische Vernunft, materialisiert etwa in den Menschenrechten als Grundrechten, gebietet es, Handeln der Privatheit zu überlassen, Handeln, welches dem Begriff
der Privatheit nach seine Legalität aus den subjektiven Rechten der Privatheit erfährt, ohne daß die besondere Handlung selbst durch jedesmal diskursiv erreichten Konsens eigens legalisiert sein müßte.

Keinesfalls kennt eine Republik eine grundrechtliche Verteilung von privatistisch konzipierter Freiheit und von als Herrschaft verstandener Staatlichkeit, wie sie Schmitts liberalistische Verteilung lehrt und die noch heute
in der Lehre dominiert[2168]. Das Grundgesetz verfaßt die Staatlichkeit der
Bundesrepublik Deutschland mit der um der Freiheit willen umfassenden
Aufgabe zur Verwirklichung des Rechts. Materiale Rechtsverwirklichung
leisten zunächst einmal die Grundrechte sowohl in ihrer objektiven als auch
durch ihre subjektive Dimension. Letztere erlaubt es vornehmlich, Privatheit durchzusetzen, erstere wird weitgehend durch Rechte der Privatheit
verwirklicht. Staatlichkeit ist nicht beliebig, sondern dem Recht in seiner
jeweiligen Materialität verpflichtet. Dieses Rechtsprinzip läßt sich nicht
liberalistisch teilen, etwa in einen Aufgabenbereich des Staates und einen
der Gesellschaft.

Die Grundrechtsdogmatik der Republik darf sich keine liberalistischen,
d.h. herrschaftlichen, Formeln genehmigen. Die Kritik der herrschenden
Freiheitslehre ist eine Kritik an ihrer herrschaftsideologischen Grundlage.

Das Schmittsche Verteilungsprinzip[2169] findet im Grundsatz der Privatheit
eine Bestätigung. Wegen der unermeßlichen Vielfalt menschlicher Handlungsmöglichkeiten ist eine andere Rechtstechnik als die eines Grundsatzes
privater Lebensbewältigung auch nicht tragfähig, weil es Staatlichkeit
(i.e.S.) wegen des grundrechtlichen und grundsätzlichen Schutzes der Privatheit nur auf Grund von Gesetzen geben darf, die hinreichender Bestimmtheit bedürfen[2170]. Während dem Staat die Aufgaben so zweckbe-

---

[2168] Dazu Hinweise in Fn. 1488 und 1824.

[2169] Dazu *K. A. Schachtschneider*, Res publica res populi, S. 449 ff., 486 ff., 859;
6. Kap., II.

[2170] Zum Bestimmtheitsprinzip etwa BVerfGE 8, 276 (325 f.); 9, 137 (147 ff.);
20, 150 (157 ff.); 20, 162 (224 ff.); 59, 104 (114); 89, 155 (181 ff.); 93, 213 (238);

stimmt als möglich zu übertragen sind, muß die Privatheit zweckoffen übertragen werden, wenn sie ihre Eigenart wahren soll. Das aber ist zuträglich, zum einen weil Verbindlichkeiten, die nicht schon aus dem Gesetz folgen, nur durch Vertrag begründet werden können und dadurch ein jedenfalls die Interessen der Vertragspartner ausgleichendes formales Regulativ haben, und zum anderen die Privatheit, wenn sie nicht allgemeinverträglich erscheint, durch Gesetz neu zugemessen werden darf. Weil die die Privatheit definierenden allgemeinen Gesetze zugleich staatlich sind, bedürfen sie wiederum der hinreichenden Bestimmtheit. Insofern ist *Richard Thoma* zuzustimmen, der ein Regel-Ausnahme-Schema dieser Art für rechtstechnisch unvermeidbar erklärt hat[2171]. Im Gegensatz zum *Schmittschen* Liberalismus ist das republikanische Prinzip des Grundsatzes der Privatheit, das freiheitliche Privatheitsprinzip also, aber nicht die Logik der Freiheit, sondern die Logik der freiheitlichen Staatlichkeit, vor allem die Logik des Bestimmtheitsprinzips. Der Grundsatz der Privatheit der Lebensbewältigung folgt formal aus der Gesetzlichkeit des Staatlichen. Der Vorrang der Privatheit der Lebensbewältigung muß und kann grundrechtlich[2172], aber auch gemeinschaftsrechtlich durch die Grundfreiheiten und das Markt- und Wettbewerbsprinzip[2173] begründet werden.

2. Der Grundsatz und der Vorrang der Privatheit der Lebensbewältigung findet eine Verfassungsgrundlage objektiver Dimension in den besonderen Grundrechten. Eine Verfassung der Eigentumsgewährleistung, der Berufsfreiheit, der Vereinigungsfreiheit usw. ist eine Verfassung der größtmöglichen Privatheit. Die grundrechtlichen Leitentscheidungen verpflichten die

---

102, 254 (337); *Ph. Kunig*, Das Rechtsstaatsprinzip, S. 396 ff.; *K. Sobota*, Das Prinzip Rechtsstaat, S. 132 ff.; *K. A. Schachtschneider*, Prinzipien des Rechtsstaates, S. 273 ff.

[2171] Das System der subjektiven öffentlichen Rechte und Pflichten, HbdDStR, Bd. 2, S. 607 („rechtslogische Notwendigkeit"); so läßt sich auch *W. Maihofers*, HVerfR, S. 455, Grundsatz verstehen, daß erlaubt sei, was nicht verboten ist; wohl auch *J. Habermas*, Die Einbeziehung des Anderen, S. 250, 296; vgl. schon *Hobbes*, Leviathan, II, 21, S. 189 f., 196; dazu 6. Kap., II.

[2172] So *J. Isensee*, Subsidiaritätsprinzip und Verfassungsrecht, S. 215 f., 313 ff.; *ders.*, HStR, Bd. III, § 57, Rdn. 165 ff.; *H. H. Rupp*, HStR, Bd. II, § 31, Rdn. 51 ff.; vgl. auch *K. Stern/M. Sachs*, Staatsrecht III, 2, S. 66 f.; *K. A. Schachtschneider*, Staatsunternehmen und Privatrecht, S. 272 f. mit weiteren Hinweisen in Fn. 184 (wie von Isensee und von Rupp dem Subsidiaritätsprinzip zugerechnet, von dem aber der Grundsatz der Privatheit zu unterscheiden ist, vgl. *K. A. Schachtschneider*, Res publica res populi, S. 220 mit Fn. 76); *ders.*, Der Anspruch auf materiale Privatisierung, S. 75 ff.

[2173] *K. A. Schachtschneider*, Der Anspruch auf materiale Privatisierung, S. 100 ff.; *ders.*, Verfassungsklage Dr. P. Gauweiler vom 27.05.2005 gegen den Vertrag über eine Verfassung für Europa, 2. Teil, B, C; *A. Emmerich-Fritsche*, Das Privatheitsprinzip des Binnenmarktes, EWS 8/2001, S. 365 ff.

Gesetzgeber, eine Rechtsordnung zu gestalten, welche den Bürgern und Menschen die größtmögliche Vielfalt der Persönlichkeitsentfaltung, den alleinbestimmten Weg zum Glück, ermöglicht, wenn sie dadurch nur anderen nicht schaden, d.h. wenn ihr Leben, ihr Handeln also, allgemeinverträglich bleibt. Das gewährleisten die allgemeinen Gesetze, das Recht. Insbesondere Eigentum, welches Art. 14 Abs. 1 S. 1 GG gewährleistet, ist nur als Recht zur Privatheit denkbar, wie Absatz 2 des Art. 14 GG, die sogenannte Sozialpflichtigkeit[2174] des Eigentums, als Gegenbegriff zum Definiens des Eigentums, der Privatnützigkeit[2175], beweist[2176]. Diese hat nur Logik, wenn das Eigentum im Grundsatz aus Rechten der Privatheit besteht. Eine privatrechtliche Eigentumsverfassung zwingt aber insgesamt zu einer Rechtsordnung der größtmöglichen Privatheit, weil das Eigentum sonst nicht privatnützig sein kann. Fast jedes Gesetz ist für das Eigentum bedeutsam. Auch die Arbeitsverhältnisse konzipiert Art. 9 Abs. 3 GG privatrechtlich. Sonst kämen Tarifverträge zwischen den gewerkschaftlich organisierten Arbeitnehmern und den Arbeitgebern oder deren Verbänden (§ 2 TVG) nicht in Betracht[2177]. Der Grundsatz privatrechtlicher Unternehmensformen läßt sich aus Art. 9 Abs. 1 GG herleiten[2178], u.a.m. Insgesamt folgt aus den besonderen Grundrechten der Wirtschaft ein

---

[2174] BVerfGE 8, 71 (80); 20, 351 (356); 25, 112 (117); 37, 132 (140 f.); 52, 1 (29); 81, 208 (222); 89, 1 (9); 100, 226 (240 f.); 102, 1 (17 f.); *K. A. Schachtschneider*, FS W. Leisner, S. 755 ff., insb. S. 773 f.; *ders.*, Umweltschutz, S. 342 f.; *ders.*, Atomrecht, in: *ders.*, Fallstudien zum Öffentlichen Wirtschaftsrecht, 3. Aufl. 2003, S. 375 ff.; vgl. 10. Kap., III, insb. 6.

[2175] BVerfGE 24, 367 (390); 26, 215 (222); 31, 229 (240); 37, 132 (140); 42, 263 (294); 50, 290 (339); 52, 1 (30); 58, 300 (345); 70, 191 (200); 79, 174 (198); 79, 292 (303); 81, 208 (220); 83, 201 (208 f.); 87, 114 (138 f.); 91, 294 (308 f.); 93, 121 (137); 100, 226 (247); 100, 289 (303); 101, 54 (74 f.); 102, 1 (15); u.ö.; grundlegend *R. Reinhardt*, Wo liegen für den Gesetzgeber die Grenzen, gemäß Art. 14 des Bonner Grundgesetzes über Inhalt und Schranken des Eigentums zu bestimmen, in: *ders./U.* Scheuner, Verfassungsschutz des Eigentums, 1954, S. 10 ff., 33 ff.; *K. Hesse*, Grundzüge des Verfassungsrechts, Rdn. 442, 444, S. 191 ff.; *W. Leisner*, Sozialbindung des Eigentums, 1972, S. 171 ff. (kritisch); *ders.*, Eigentum – Grundlage der Freiheit, S. 26, 44; *ders.*, HStR, Bd. VI, § 149, Rdn. 44, 74, 140; *H.-J. Papier*, VVDStRL 35 (1977), S. 79, 81 ff.; *ders.*, in: Maunz/Dürig, GG, Art. 14, Rdn. 375 ff.; *P. Badura*, Eigentum, HVerfR, 2. Aufl. 1994, § 10, S. 330, 342; vgl. *K. A. Schachtschneider*, Staatsunternehmen und Privatrecht, S. 277 ff.; *ders.*, Res publica res populi, S. 1004, 1023 ff.; *ders.*, FS W. Leisner, S. 754, 772; *ders.*, Umweltschutz, S. 342 f.; *O. Depenheuer*, in: v. Mangoldt/Klein/Starck, GG, Art. 14, Rdn. 9, 68; 10. Kap., II.

[2176] Dazu 10. Kap., III.

[2177] Dazu *K. A. Schachtschneider*, Res publica res populi, S. 401 ff.; *ders.*, Streik im öffentlichen Dienst, S. 219 ff.; dazu VII.

[2178] Dazu *H.-J. Papier*, Grundgesetz und Wirtschaftsordnung, HVerfR, 2. Aufl. 1994, S. 827 ff.; *R. Breuer*, Freiheit des Berufs, HStR, Bd. VI, 1989, § 147, Rdn. 62, der dafür Art. 12 Abs. 1 GG aktiviert.

Grundsatz der Privatheit unternehmerischer Wirtschaft, der untrennbar verbunden ist mit den Grundsätzen der Marktlichkeit und Wettbewerblichkeit dieser Wirtschaft[2179].

Gefestigt wird dieser Grundsatz durch das Europäische Gemeinschaftsrecht, das eine Verfassung des Marktes und des Wettbewerbs in der Gemeinschaft geschaffen hat[2180]. Art. 4 EGV in der Amsterdamer Fassung verpflichtet die Mitgliedstaaten und die Gemeinschaft „dem Grundsatz einer offenen Marktwirtschaft mit freiem Wettbewerb." Dieser Grundsatz macht mit dem Rang des Gemeinschaftsrechts[2181] die grundsätzliche Privatheit der unternehmerischen Wirtschaft verbindlich, weil Marktlichkeit und Wettbe-

---

[2179] Zum grundgesetzlichen Prinzip der Marktlichkeit und Wettbewerblichkeit der Wirtschaft *R. Schmitt*, Öffentliches Wirtschaftsrecht. Allgemeiner Teil, 1990, S. 3, 66 ff. (zurückhaltend); vgl. auch *P. Badura*, Bewahrung und Veränderung demokratischer und rechtsstaatlicher Verfassungsstruktur in den internationalen Gemeinschaften, VVDStRL 23 (1966), S. 77 ff.; *H.-J. Papier*, HVerfR, S. 809 ff.; *M. Brenner*, Der Gestaltungsauftrag der Verwaltung in der Europäischen Union, 1996, S. 7 ff.; *K. A. Schachtschneider*, Grenzen der Kapitalverkehrsfreiheit, S. 289 ff., 294 ff.; *ders.*, Marktliche Sozialwirtschaf, in: K. Farmer/W. Harbrecht (Hrsg.), Theorie der Wirtschaftspolitik, Entwicklungspolitik und Wirtschaftsethik, Festschrift für Werner Lachmann zum 65. Geburtstag, 2006, S. 41 ff.

[2180] Vgl. Art. 2 und Art. 3 lit. g und h EGV („Binnenmarkt", „Gemeinsamer Markt"), sowie die Grundfreiheiten, insbesondere die des freien Warenverkehrs (Art. 23 ff. EGV), aber auch die verschiedenen Politiken, insbesondere die des Wettbewerbs (Art. 81 ff. EGV); dazu *P. Badura*, VVDStRL 23 (1966), S. 77 ff., der das Wirtschaftssystem der Europäischen Verträge eine „geordnete" oder „gerechte" Wettbewerbswirtschaft nennt; *J. Basedow*, Von der deutschen zur europäischen Wirtschaftsverfassung, 1992, S. 26 ff.; *M. Brenner*, Der Gestaltungsauftrag der Verwaltung in der Europäischen Union, S. 65 ff.; *K. A. Schachtschneider*, Der Anspruch auf materiale Privatisierung, S. 100 ff. (106 ff.); *ders.*, Grenzen der Kapitalverkehrsfreiheit, S. 289 ff.

[2181] Zum (fragwürdigen) Verfassungsrang des primären Gemeinschaftsrechts *M. Zuleeg*, Der rechtliche Zusammenhalt der Europäischen Gemeinschaft, in: W. Blomeyer/K. A. Schachtschneider (Hrsg.), Die Europäische Union als Rechtsgemeinschaft, 1994, S. 11 ff., 15 ff., 22 ff., 33 ff.; *ders.*, Die Europäische Gemeinschaft als Rechtsgemeinschaft, NJW 1994, 545 f.; *K. A. Schachtschneider*, Die existentielle Staatlichkeit der Völker Europas, S. 86 f.; *ders./A. Emmerich-Fritsche/ Th. C. W. Beyer*, Der Vertrag über die Europäische Union und das Grundgesetz, JZ 1993, 757 f.; *ders.*, Die Republik der Völker Europas, S. 161 ff.; *ders.*, Die Verträge der Gemeinschaft und der Union, in: ders., Das Verfassungsrecht der Europäischen Union, Stand 2005, § 1, II; *ders.*, Verfassungsklage Dr. P. Gauweiler 2. Teil, A; i.d.S. das Maastricht-Urteil BVerfGE 89, 155 (171 ff., 181 ff.); vgl. auch BVerfGE 22, 293 (296); EuGH, Gutachten zum Entwurf eines Abkommens über die Schaffung des europäischen Wirtschaftsraumes, Slg. 1991, 1/6079 (6102): „Gründungsvertrage – Verfassungsurkunde einer Rechtsgemeinschaft", auch für den Vorrang des Gemeinschaftsrechts vor dem nationalen Recht; weitgehend *I. Pernice*, Europäisches und nationales Verfassungsrecht, VVDStRL 60 (2001), S. 149 ff.; kritisch *P. M. Huber*, daselbst zum nämlichen Thema, S. 196 ff. (219 ff.).

werblichkeit nur privatwirtschaftlich möglich sind[2182]. Dieses Prinzip wird nicht durch die Art. 98 und 105 Abs. 1 EGV erschüttert, welche die Wirtschafts- und Währungspolitik dem genannten Grundsatz verpflichten, das aber durch den Zusatz „wodurch ein effizienter Einsatz der Ressourcen gefördert wird" zugunsten eines wohlfahrtsstaatlichen Effizienzprinzips relativieren. Auch Art. 86 EGV verpflichtet die Politik der öffentlichen Unternehmen trotz des Art. 295 EGV, der die Eigentumsordnungen der Mitgliedstaaten unberührt läßt[2183], dem Wettbewerbs- und damit dem Marktprinzip und intendiert damit durchaus wirkungsmächtig die langfristig materielle Privatisierung der Staatsunternehmen[2184]. Dem Grundsatz der Marktlichkeit und Wettbewerblichkeit, also dem Privatheitsprinzip in der Wirtschaft, widerstreitet die Erkenntnis einer wirtschaftspolitischen Neutralität des Grundgesetzes[2185]. Die Wirtschaftsverfassung des Grundgesetzes ist wesentlich durch das Sozialprinzip[2186], aber auch durch die Möglichkeit der sogenannten Sozialisierung nach Art. 15 bestimmt. Es ist die Wirtschaftsverfassung der marktlichen Sozialwirtschaft, nicht die der sozialen Marktwirtschaft[2187]. Das Sozialprinzip soll bestmöglich marktlich und wettbewerblich verwirk-

---

[2182] Dazu *K. A. Schachtschneider*, Staatsunternehmen und Privatrecht, S. 281 ff. Die Einbindung staatlicher Unternehmen in die Marktlichkeit und Wettbewerblichkeit stellt die These von deren Privatwirtschaftlichkeit nicht in Frage, weil der Staat durch diese Einbindung dem Fiskusdogma gemäß privatisiert wird; vgl. *Schachtschneider*, a. a. O., S. 5 ff., 281 ff., 438 ff.; *ders.*, Der Anspruch auf materiale Privatisierung, S. 100 ff., 181 ff., 190 ff.

[2183] Der Gegenstand des Art. 295 EGV ist streitig, ob er nämlich nur die Regelungen des Eigentums oder auch das Eigentums insbesondere der öffentlichen Hand betrifft, dazu *J. F. Hochbaum/R. Klotz*, in: v. d. Groeben/Schwarze, EUV/EGV, Bd. 2, 6. Aufl. 2003, Art. 86, Rdn. 28, selbst restriktiv.

[2184] Zur Deregulierungs- und folglich Privatisierungspolitik der Europäischen Gemeinschft *J. F. Hochbaum/R. Klotz*, in: v. d. Groeben/Schwarze, EUV/EGV, Art. 86, Rdn. 162 ff.; vgl. auch *S. Storr*, Der Staat als Unternehmer, Öffentliche Unternehmen in der Freiheits- und Gleichheitsdogmaik des nationalen Rechts und des Gemeinschaftsrechts, 2001, S. 255 ff.

[2185] BVerfGE 4, 7 (17 f.); 7, 377 (400); 50, 290 (338); vgl. auch BVerfGE 25, 1 (19 f.); 30, 292 (317 ff.); 95, 267 (308 f.); *M. Brenner*, Der Gestaltungsauftrag der Verwaltung in der Europäischen Union, S. 7 ff., insb. S. 28 ff.; dagegen vor allem *H. C. Nipperdey*, Soziale Marktwirtschaft und Grundgesetz, 1961, 3. Aufl. 1965; vgl. dazu (im Sinne eines Verfassungsprinzips) *H. H. Rupp*, HStR, Bd. IX, § 203, S. 129 ff.

[2186] *K. A. Schachtschneider*, Grenzen der Kapitalverkehrsfreiheit, S. 289 ff.; *ders.*, Wirtschaftliche Stabilität als Rechtsprinzip, in: W. Hankel/W. Nölling/ K. A. Schachtschneider/J. Starbatty u. a., Die Euro-Illusion. Ist Europa noch zu retten? 2001, S. 314 ff.; *ders.*, Verfassungsklage Dr. P. Gauweiler, 2. Teil, C; vgl. auch *M. Brenner*, Der Gestaltungsauftrag der Verwaltung in der Europäischen Union, S. 12 ff.

[2187] *K. A. Schachtschneider*, Marktliche Sozialwirtschaft, FS W. Lachmann S. 41 ff.

licht werden, weil (und insoweit!) die Effizienz von Markt und Wettbewerb
der Erfahrung entspricht. Aber das findet seine Grenzen in einer Erfolg-
losigkeit dieses Wegs. Das Sozialprinzip hat den höheren Rang als der
Grundsatz von Markt und Wettbewerb, auch gemeinschaftsrechtlich, wie der
Wodurchsatz in Art. 98 und Art. 105 Abs. 1 EGV in Verbindung mit Art. 2
EGV erweist. Wirtschaftspolitisch neutral ist diese Verfassung nicht, aber
offen der sozialen Effizienz verpflichtet.

Insbesondere die nichtwirtschaftlichen Lebensbereiche sind nach Maßgabe
der Grundrechte der bestmöglichen Privatheit zu überlassen. Das Bundesverfassungsgericht hat der Sache nach den Grundsatz der Privatheit der Lebensbewältigung aus dem Menschenwürdeprinzip und aus der sogenannten allgemeinen Handlungsfreiheit hergeleitet[2188]. Er folgt jedenfalls aus den besonderen Grundrechten und ist gemäß der praktischen Vernunft, geleitet durch
die grundrechtlichen Leitentscheidungen, gesetzlich zu verwirklichen.

Art. 2 Abs. 1 GG definiert keine subjektiven Rechte der Privatheit; denn
dieses allgemeine Recht der Freiheit ist formal. Der Freiheit ist aber das Privatheitsprinzip als subjektiv-rechtliches Prinzip größtmöglicher Privatheit
immanent. Das Freiheitsprinzip verpflichtet den Gesetzgeber und damit auch
die funktional gesetzgebende Verfassungsrechtsprechung, derartige subjektive Rechte zu begründen, welche die freie (sittliche) Entfaltung der Persönlichkeit der Menschen ermöglichen. Ein freiheitliches Gemeinwesen muß
größtmöglich Privatheit zuteilen, freilich in den Grenzen der gesetzlich bestimmten Allgemeinverträglichkeit. Das Bundesverfassungsgericht kreiert
„unbenannte Freiheitsrechte"[2189]. Das sind der Sache nach die subjektiven
Rechte der Privatheit, welche die von Art. 2 Abs. 1 GG aufgegebene praktische Vernunft, zu der der Grundsatz der Privatheit der Lebensbewältigung
gehört, verwirklichen. Die Grundrechtsverwirklichung ist aber funktional gesetzgeberisch, nicht etwa interpretative Entfaltung einer Materialität des
Freiheitsgrundrechts als vermeintlicher allgemeiner Handlungsfreiheit. Eine

---

[2188] Zum persönlichen Entfaltungsspielraum Hinweise in Fn. 2210, auch Fn. 2000.

[2189] Etwa BVerfGE 27, 344 (351); 54, 143 (146); 54, 148 (153 f.); 65, 1 (41 ff.);
80, 367 (373); vgl. *K. A. Schachtschneider*, Res publica res populi, S. 331 f., 979;
kritisch *W. Schmidt*, AöR 91 (1966), S. 42 ff., 73 ff.; *R. Scholz*, AöR 100 (1975),
S. 81 ff., 266 ff.; *K. Hesse*, Grundzüge des Verfassungsrechts, Rdn. 425 ff.,
S. 164 ff. (ablehnend); v. Mangoldt/Klein/*Starck*, GG, Rdn. 14 ff. zu Art. 2 Abs. 1;
H.-U. Erichsen, HStR, Bd. VI, § 152, Rdn. 24 ff., 52 ff.; dazu auch *R. Alexy*, Theorie der Grundrechte, S. 330 ff., der richtig die unbenannten Freiheitsrechte als durch
das „allgemeine Freiheitsrecht" (309 ff.) geschützt sieht, aber wegen der Materialität
seines Begriffs der Freiheit, den er „formal-material" nennt („formal", weil er von
der „negativen Freiheit" ausgehe, S. 326), keine substantielle Kritik vortragen kann;
zu Recht kritisch und restriktiv gegenüber der Dogmatik von den unbenannten Freiheitsrechten die abweichende Meinung des Richters *D. Grimm* zum Beschluß des
BVerfG v. 6.6.1989, NJW 1989, 2528 ff. (Reiten im Walde).

bestimmte materiale Verteilung der Staatlichkeit und der Privatheit läßt sich dem allgemeinen Freiheitsprinzip nicht abgewinnen, auch nicht der Formel von der „freien Entfaltung seiner Persönlichkeit", weil diese staatlich oder privat sein kann. Der Soweitnebensatz des Art. 2 Abs. 1 GG erweist die Formalität der grundrechtlich geschützten Freiheit; denn er hat keinerlei Materialität außer der der Bürgerlichkeit des Menschen. Die Freiheit verwirklicht sich privatheitlich und staatlich. Das Grundgesetz nennt weder eine Markt-, noch eine Wettbewerbsfreiheit[2190]. Soweit aber die Marktlichkeit und Wettbewerblichkeit der Wirtschaft dem Gemeinwohl dienlich sind, gebietet das dem Freiheitsprinzip des Art. 2 Abs. 1 GG immanente Privatheitsprinzip, eine Wirtschaftsordnung der Marktlichkeit und Wettbewerblichkeit, die zudem durch die anderen Grundrechte, zumal die Eigentumsgewährleistung des Art. 14 Abs. 1 GG, gestützt wird; denn Privatheit der Unternehmen und auch der Verbraucher führt zu Markt und Wettbewerb.

3. Die besonderen Grundrechte sollen je nach ihrem Regelungs- und dessen Wesensgehalt vor einer totalen Staatlichkeit der Lebensbewältigung schützen. Die Erfahrungen der Menschen mit der Herrschaft, die sich des Staates bedient und bedienen muß, wenn sie herrschen will, gegenwärtig die plurale Parteienoligarchie[2191], gebieten es, Grundrechte in die Verfassung des gemeinsamen Lebens zu schreiben, welche der Staatlichkeit von Handlungsmaximen Barrieren entgegenstellen.

Die besonderen Grundrechte des Grundgesetzes formulieren verfassungskräftig Leitentscheidungen des gemeinsamen Lebens, die zu verwirklichen die Bürger (im engeren oder auch im weiteren Sinne) beanspruchen können.

[2190] In der Sache anders BVerwGE 17, 306 (309); 60, 154 (159); 65, 167 (174); *H. C. Nipperdey*, Soziale Marktwirtschaft und Grundgesetz, S. 21 ff.; vgl. in der Sache auch anders BVerfGE 105, 252 (265 ff.); 106, 275 (298 f.); „In der bestehenden Wirtschaftsordnung umschließt das Freiheitsrecht des Art. 12 Abs. 1 GG auch das berufsbezogene Verhalten der Unternehmen am Markt nach den Grundsätzen des Wettbewerbs. Die Reichweite des Freiheitsschutzes wird dabei durch die rechtlichen Regeln mitbestimmt, die den Wettbewerb ermöglichen und begrenzen. Insoweit sichert Art. 12 Abs. 1 GG die Teilhabe am Wettbewerb" (S. 298); vgl. auch BVerfGE 32, 311 (316), wo von der „Freiheit wirtschaftlicher Betätigung" gehandelt wird; richtig *M. Kriele*, Einführung in die Staatslehre, 6. Aufl. 2003, S. 151 ff., der die Umwandlung des Verfassungs- in einen Wirtschaftsliberalismus kritisiert, zu Recht; dazu auch *K. A. Schachtschneider*, Produktwarnung der Bundesregierung, S. 152 ff.; vgl. auch *ders.*, Grenzen der Kapitalverkehrsfreiheit, S. 289 ff.; *ders.*, Marktliche Sozialwirtschaft, FS W. Lachmann, S. 41 ff.; dazu VI.

[2191] Dazu *K. A. Schachtschneider*, Res publica res populi, S. 772 ff., 1045 ff.; *ders.*, FS H. Quaritsch, S. 141 ff.; *ders.*, Prinzipien des Rechtsstaates, S. 46 ff., 176 auch S. 325 ff., 362 f.; *H. H. v. Arnim*, Fetter Bauch regiert nicht gern. Die politische Klasse – selbstbezogen und abgehoben, 1997; *ders.*, Vom schönen Schein der Demokratie, Politik ohne Verantwortung – am Volk vorbei, 2000/2002; *ders.*, Das System, 2001/4.

Sie wirken gegebenenfalls als positive oder negative Kompetenzvorschriften des Gesetzgebers[2192]. Das ist Verpflichtung der Vertreter des Volkes zu (offen) bestimmter Politik oder der Schutz vor (weit) bestimmter Politik der Vertreter des Volkes, jedenfalls verfassungsgesetzlich verbindlich gemachte Erkenntnis dessen, was für das gute Leben aller in allgemeiner Freiheit richtig ist, etwa die Kunst möglichst wenig zu reglementieren. Sowohl das Verfassungsgesetz und die Gesetze als auch die guten Sitten und die Verträge verwirklichen die Freiheit, wie schließlich jede Handlungsmaxime eines Menschen. Es geht um die Befugnisse zur verbindlichen Erkenntnis von Handlungsmaximen. Die Kompetenzordnung ist freilich für die Persönlichkeitsentfaltung des Menschen und das gemeinsame Leben, also für die Politik, von Relevanz, weil kein repräsentierendes Verfahren die Sittlichkeit der Gesetzgebung (durch Moralität der abstimmenden Bürger oder gar der Abgeordneten) und damit die Verwirklichung der allgemeinen Freiheit sicherzustellen vermag. Die Grundrechte entfalten sich als subjektive Rechte (Ansprüche) der Grundrechtsberechtigten[2193], in dem jeweiligen grundrechtlichen Wirkungsbereich entweder nicht von staatlichen Akten bestimmt zu werden, oder auch als subjektive Rechte, staatliche Maßnahmen fordern zu dürfen. Sie haben dadurch entweder eine Abwehrfunktion und begründen Unterlassungsansprüche oder eine Schutzfunktion, die Handlungsansprüche hervorbringt[2194].

Die besonderen Grundrechte haben gegen eine Staatlichkeit der Lebensbewältigung entschieden und sichern im Sinne eines Nachranges staatlicher

---

[2192] Zur Lehre von den grundrechtlichen negativen Kompetenzen *H. Ehmke*, Wirtschaft und Verfassung, S. 29 ff.; *ders.*, VVDStRL 20 (1963), S. 89 ff.; *J. Schwabe*, Probleme der Grundrechtsdogmatik, S. 291; *E.-W. Böckenförde*, NJW 1974, 1529 f.; *E. Forsthoff*, VVDStRL 12 (1954), S. 18 ff. („Ausgrenzung"); *R. Alexy*, Theorie der Grundrechte, S. 223 f., 407 ff., 466 u. ö.; *K. Stern*, Staatsrecht III, 1, S. 1257 f.; *M. Sachs*, in: K. Stern, Staatsrecht III, 2, S. 584; *K. Stern*, daselbst, S. 1797; *J. Isensee*, HStR, Bd. III, § 57, Rdn. 78 ff., 170.; dazu auch *Ch. Steinbeiß-Winkelmann*, Grundrechtliche Freiheit und staatliche Freiheitsordnung, S. 535 ff. (in Auseinandersetzung mit der Lehre H. H. Rupps); kritisch zur Lehre von den Grundrechten als negativen Kompetenznormen *G. Lübbe-Wolff*, Grundrechte als Eingriffsabwehrrechte, S. 26 in Fn. 47; kritisch auch *H. Goerlich*, Grundrechte als Verfahrensgarantien. Ein Beitrag zum Verständnis des Grundgesetzes für die Bundesrepublik Deutschland, 1981, S. 20; dazu auch Fn. 1729, 2144.

[2193] Zum subjektiv-rechtlichen Charakter der zugleich objektiv-rechtlichen Grundrechte *J. Schwabe*, Probleme der Grundrechtsdogmatik, S. 11 ff., 286 ff., passim; *R. Alexy*, Theorie der Grundrechte, S. 159 ff.; für die sog. allgemeine Handlungsfreiheit *H.-U. Erichsen*, HStR, Bd. VI, § 152, Rdn. 9 ff.; *R. Gröschner*, Das Überwachungsrechtsverhältnis, S. 78 ff., 204 ff.; *K. Stern*, Staatsrecht III, 2, S. 1808 f.; *H. H. Rupp*, HStR, Bd. II, § 31, Rdn. 18 ff.; restriktiv der Euro-Beschluß BVerfGE 97, 350 (376 f.); dazu Fn. 1997.

[2194] Zu den Schutzpflichten die Hinweise in Fn. 1701, 2501; *K. A. Schachtschneider*, Umweltschutz, S. 303 ff.

Lebensbewältigung die Privatheit des Handelns, insbesondere der Handlungsmaximen. Freilich ist das nur ein Schutz gegen die Politik des einfachen Gesetzgebers. Kompetenzverschiebungen durch Änderung des Grundgesetzes können nur insoweit abgewehrt werden, als der Schutz der Menschenwürde und das Bekenntnis zu den unverletzlichen und unveräußerlichen Menschenrechten (Art. 1 Abs. 1 und 2 GG) die Privatheit der Lebensbewältigung sichern. Das Bundesverfassungsgericht leitet demgemäß aus Art. 2 Abs. 1 GG her, daß der oder ein Intimbereich jeder staatlichen Regelung entzogen sei[2195]. Im übrigen ist die Schutzwirkung der Grundrechte, soweit die Tatbestandsmerkmale derselben material offene Begriffe enthalten, von der Politik der Hüter der Verfassung abhängig.

Die privatheitliche Einstellung des Bundesverfassungsgerichts[2196] ist angesichts der geringen Grundrechtsbestimmtheit die Substanz des Schutzes der Privatheit. Diese hat sich im Lauf der Entwicklung des Parteienstaates als zunehmend spröde erwiesen. Auf die Verteilung der Staatlichkeit und der Privatheit des Lebens haben jedoch die Bürger Einfluß, der in dem Maße schwindet, in dem sie diesen Einfluß nicht in Anspruch nehmen. Die erfolgreiche Privatheit der Lebensbewältigung ist der beste Garant der Privatheit als der Rechte zur freien Willkür (im Rahmen der allgemeinen Gesetze). Aber auch der Widerspruch gegebenenfalls bis zum Widerstand (Art. 20 Abs. 4 GG) gegen eine unerträgliche Verstaatlichung des Lebens schützt vor der Überwältigung des Privaten durch das Staatliche. Das wichtigste besondere Grundrecht ist auch insofern die Meinungsäußerungsfreiheit des Art. 5 Abs. 1 S. 1 GG. Die sogenannte Unternehmensfreiheit erweist die skizzierte Verfassungslage; denn sie ist stabil, obwohl sie in keinem Grundrecht benannt ist[2197].

4. Das Privatheitsprinzip ist eine politische Maxime, die der Gesetzgeber zu beachten hat. Wenn dieser weitgehend grundrechtlich materialisierte Vorrang der Privatheit der Lebensbewältigung auch nicht subsumibel ist, so ist doch seine Verwirklichung institutionell judiziabel[2198]. Die Entscheidung

---

[2195] Hinweise dazu in Fn. 2000, auch Fn. 2210.

[2196] Dazu *K. A. Schachtschneider*, Res publica res populi, S. 858 ff., 909 ff., 932 ff., 956 ff., 903 ff.

[2197] Dazu VI.

[2198] Zur institutionellen Judiziabilität vgl. 7. Kap., II, 2. Juridisches Gewicht messen dem Subsidiaritätsprinzip bei: *R. Marcic*, Vom Gesetzesstaat zum Richterstaat, S. 271, 334, 397 ff., der eindringlich auf die Gefahren des „totalen Staates" „der perfekten Sekurität" in Ost und West hingewiesen hat (1957 !); *K. A. Schachtschneider*, Staatsunternehmen und Privatrecht, S. 148 f., 189 f., 317 ff.; *ders.*, Der Anspruch auf materiale Privatisierung, S. 153 ff., auch S. 147 f.; vgl. anders noch *ders.*, Das Sozialprinzip, S. 62 f., 66, 72; i.d.S. auch *J. Isensee*, HStR, Bd. III, § 57, Rdn. 170; *ders.* schon, Subsidiaritätsprinzip und Verfassungsrecht, S. 281 ff., 313 ff. (Judiziabilität „nur über die Grundrechte"); insoweit besteht ein Regel-Ausnahme-Prinzip,

darüber, ob eine Aufgabe dem Staat übertragen werden soll, ist lagebedingt und muß darum vom Gesetzgeber getroffen werden[2199]. Die Rechtsprechung hat bisher wenig Bereitschaft gezeigt, das mit dem Privatheitsprinzip verwandte Subsidiaritätsprinzip zu judizieren, etwa zu überprüfen, ob die Kommunen das gemeindewirtschaftsrechtliche Subsidiaritätsprinzip einhalten[2200]. Immerhin mehren sich die Judikate, welche den Kommunen, gestützt auf das wettbewerbsrechtliche Lauterkeitsprinzip (bislang § 1, jetzt § 3 UWG) privatwirtschaftliche Tätigkeiten verweigern[2201]. Bemerkenswert ist, daß das Judikate der Zivilgerichte sind. Auch die im Grundgesetz in Art. 72 Abs. 2 angeordnete Subsidiarität der konkurrierenden Gesetzgebung des Bundes hatte das Bundesverfassungsgericht zu kontrollieren abgelehnt[2202]. Im Zuge der gemeinschaftsrechtlichen Implementierung des Subsidiaritätsprinzips (Art. 23 Abs. 1 S. 1 GG, Art. 5 Abs. 2 EGV) haben die Länder mittels Art. 93 Abs. 1 Nr. 2a GG durchgesetzt, daß das Bundesverfassungsgericht der Verbindlichkeit des (neugefaßten) föderalistischen Subsidiaritätsprinzips des Art. 72 Abs. 2 GG nicht mehr ausweichen kann. *Christoph Link* bezeichnet das Subsidiaritätsprinzip als eine bloße „Klugheitsregel"[2203]. Der Grundsatz der Privatheit der Lebensbewältigung, welche die Aufgabenübertragung durch den Staat unter Begründungspflicht stellt, ist als ein politisches und rechtliches Prinzip von großer Relevanz für die Republik, das lagegemäß verwirklicht werden muß. Immer besteht die Gefahr institutioneller, vor allem aber funktionaler Verstaatlichung des ge-

---

das zu einer Begründungspflicht für die staatliche Lebensbewältigung führt, *K. A. Schachtschneider*, Der Anspruch auf materiale Privatisierung, S. 70 ff.; *ders.*, Res publica res populi, S. 220 f., 244 f., 390 ff.; so *M. Kriele*, Einführung in die Staatslehre, 4. Aufl. 1990, S. 217, 6. Aufl. 2003, S. 170; anders, allerdings als Subsidiaritätsprinzip dogmatisiert, *Ch. Link*, VVDStRL 48 (1990), S. 26 („Klugheitsregel"); ablehnend auch *R. Scholz*, HStR, Bd. VI, § 151, Rdn. 39; zum Regel-Ausnahme-Prinzip 6. Kap., II.

[2199] *H. Krüger*, Allgemeine Staatslehre, S. 528.

[2200] Vor allem der BayVGH, BayVBl. 1959, 90 f.; 1976, 628; VGH Mannheim, NJW 1984, 251 ff.; OVG Münster, NVwZ-RR 2005, 738; vgl. auch BVerfGE 39, 329 (330 ff.); aber OLG Hamm, GewArchiv, 1998, 197, welches § 1 UWG aktiviert; dagegen BGH, NJW 2002, 2645 ff.; vgl. *K. A. Schachtschneider*, Konkurrentenklage, S. 487 ff., auch S. 447 ff.; *ders.*, Der Anspruch auf materiale Privatisierung, S. 130 ff.; *ders./A. Emmerich-Fritsche*, Kommunaler Wettbewerb, S. 40 ff., 57 ff.; dazu richtig *G. Püttner*, Die öffentlichen Unternehmen. Ein Handbuch zu Verfassungs- und Rechtsfragen der öffentlichen Wirtschaft, 2. Aufl. 1985, S. 132 f.

[2201] Etwa OLG Hamm, GewArch 1998, 197; dagegen BGH, NJW 2002, 2645 ff.

[2202] Dazu BVerfGE 2, 213 (224 f.); vgl. BVerfGE 13, 230 (233 f.); dazu nicht unkritisch *K. Hesse*, Grundzüge des Verfassungsrechts, Rdn. 240, S. 93 f.

[2203] VVDStRL 48 (1990), S. 26; *H. Krüger*, Allgemeine Staatslehre, S. 772 ff., weist eine Relevanz des Subsidiaritätsprinzips für den Staat deutlich zurück; zurückhaltend auch *R. Zippelius*, Allgemeine Staatslehre, S. 131 ff.

meinsamen Lebens, zumal die staatliche Verantwortung den Bürgern zunächst als finanzielle Entlastung erscheint. Die Schwierigkeit, staatliche Hilfestellungen zurückzunehmen (Besitzstandswahrung), erweist sich bei den Problemen, Subventionen abzubauen. Seit einigen Jahren gibt es, veranlaßt durch das Binnenmarktprinzip der Europäischen Gemeinschaft (Art. 14 Abs. 2 EGV) und mehr noch durch die Haushaltsprobleme Deutschlands in Bund, Ländern und Kommunen eine deregulierende und liberalisierende Entstaatlichung, welche formelle, aber auch materielle Privatisierungen mit sich bringt[2204]. Diese Politik verwirklicht (nolens volens) das Privatheitsprinzip, nicht immer tragfähig[2205]. Die Staatlichkeit oder die Privatheit der Lebensbewältigung, die Entscheidung insbesondere, ob die Maximen des Handelns allgemein durch Gesetze des Staates oder in besonderer Weise privat durch Verträge oder auch besondere gute Sitten[2206] oder auch durch Maximen des Einzelnen bestimmt werden sollen, aber auch, ob Aufgaben institutionell durch den Staat oder durch Private ausgeführt werden sollen[2207], ist Sache der praktischen Vernunft des Gemeinwesens, der res publica, die durch allgemeine Gesetze verbindlich gemacht wird. Dabei sind die vor allem in den besonderen Grundrechten festgelegten politischen Leitentscheidungen und damit die grundrechtlichen subjektiven Rechte zu wahren. Weil die letzte ordentliche Verantwortung für die praktische Vernunft des gemeinsamen Lebens das Bundesverfassungsgericht tragen soll und der Grundsatz der privaten Lebensbewältigung Ausdruck der praktischen Vernünftigkeit der Aufgabenordnung ist, hat das Bundesverfassungsgericht auch dafür Sorge zu tragen, daß dieser mit dem Prinzip der praktischen Vernunft in Art. 2 Abs. 1 GG verankerte Grundsatz eingehalten wird. Entgegen der jedenfalls früher herrschenden Meinung[2208] folgt daraus die institutio-

---

[2204] Dazu die Verhandlungen der Deutschen Staatsrechtslehrer 1994 in Halle/Saale mit den Berichten von *J. Hengstschläger*, *L. Osterloh*, *H. Bauer* und *T. Jaag* zur Privatisierung von Verwaltungsaufgaben, VVDStRL 54 (1995), S. 165 ff., 204 ff., 243 ff., 287 ff.

[2205] Etwa *H. Mühlenkamp*, Zur „Ökonomisierung" des öffentlichen Sektors – Verständnisse, Mißverständnisse und Irrtümer, Speyerer Vorträge, Heft 82, 2005, S. 33 ff. Grenzen der materialen Privatisierung hat bereits 1980 *W. Däubler*, Privatisierung als Rechtsproblem, erörtert; vgl. auch *W. Weiß*, Privatisierung und Staatsaufgaben, S. 97 ff. (zur Staatsaufgabenlehre nach dem Grundgesetz); *J. A. Kämmerer*, Privatisierung. Typologie – Determinaten – Rechtspraxis – Folgen, 2001, S. 174 f.

[2206] Dazu *K. A. Schachtschneider*, Staatsunternehmen und Privatrecht, S. 421 ff.; *ders.*, FS W. Thieme, S. 195 ff.

[2207] Dazu *K. A. Schachtschneider*, Die Verwaltung 31 (1998), S. 139 ff.; *ders.*, Der Anspruch auf materiale Privatisierung, S. 45 ff.

[2208] Hinweise in Fn. 2200; vgl. auch die Hinweise in Fn. 2198; *K. A. Schachtschneider*, Der Anspruch auf materiale Privatisierung, S. 147 f.; dazu *ders.*, Res publica res populi, S. 386 ff.; BayVGH, BayVBl. 1959, 90 ff.; BayVBl. 1976, 628 ff.; OVG Münster, NVwZ 1986, 1045 ff.; tendenziell wie der Text OLG

nelle Judiziabilität dieses Grundsatzes[2209], die sich wie überhaupt die verfassungsgerichtliche Grundrechterechtsprechung als funktional gesetzgebende Rechtserkenntnis darstellt. Ein persönlicher Entfaltungsspielraum von
Substanz müsse erhalten bleiben, pflegt das Bundesverfassungsgericht zu
postulieren[2210]. Der außerordentliche Hüter auch des Verfassungsgrundsat-
zes der Privatheit und damit der richtigen Zuteilung von Staatlichkeit und
Privatheit der Lebensbewältigung ist das Volk selbst, das alle Entscheidungen seiner Vertreter zu ertragen und zu verantworten hat.

5. In der parteienstaatlichen Verfassungswirklichkeit begrenzt der Grundsatz der Privatheit der Lebensbewältigung zusätzlich die parteiliche Herrschaft. Ein solcher Grundsatz würde auch den Minderheitenschutz stärken,
den ein Prinzip der Mehrheitsherrschaft, wenn es ein solches gäbe[2211], unerläßlich machen würde[2212]. In der (weitgehend) repräsentativen Republik
kann das Privatheitsprinzip dem herrschaftlichen Mißbrauch der Vertretungsmacht der Abgeordneten, aber auch dem Irrtum des Parlaments über
das Richtige für das gute Leben aller in allgemeiner Freiheit Wirkungsgren-
zen ziehen. Die Grundrechte haben auch eine Abwehrfunktion gegen Herrschaft und Irrtum der Vertreter des Volkes[2213]. Die liberalistische Funktions-

---

Hamm, JZ 1998, 577; VGH Mannheim, NJW 1984, 251 ff.; vgl. auch BVerwGE
39, 329 (330 ff.).

[2209] *K. A. Schachtschneider*, Der Anspruch auf materiale Privatisierung, S. 153 ff.;
i.d.S. schon *ders.*, Das Sozialprinzip, S. 71 ff., 75 ff., 82 ff.; auch *ders.*, Res
publica res populi, S. 244 f., 475, 978 ff.; vgl. 7. Kap., II, 2.

[2210] BVerfGE 27, 1 (6 ff.); 27, 344 (350 ff.); 32, 373 (378 f.); 38, 281 (298), hergeleitet aus Art. 1 Abs. 1 GG, Art. 2 Abs. 1 GG in Verb. mit der Wesensgehalts-
garantie des Art. 19 Abs. 2 GG; auch BVerfGE 6, 32 (41); 34, 269 (280 ff.); 51, 97
(105); 54, 148 (153); 65, 1 (41 ff.); 67, 213 (228); 71, 183 (201); 72, 155 (170); *P.
Häberle*, Wesensgehaltsgarantie, insb. S. 286 ff., 335 ff.; *E. Grabitz*, Freiheit und
Verfassungsrecht, S. 103 ff. (zur Wesensgehaltsgarantie des Art. 19 Abs. 2 GG);
K. A. Schachtschneider, Staatsunternehmen und Privatrecht, S. 148 f.; dazu *K. Hesse*,
Grundzüge des Verfassungsrechts, Rdn. 425 ff., S. 183 ff.; *ders.* i.d.S., HVerfR,
S. 140; *R. Marcic*, Vom Gesetzesstaat zum Richterstaat, S. 271, 397 ff.; zum
„Schutz der Privatsphäre" umfassend *W. Schmitt Glaeser*, HStR, Bd. VI, § 129,
Rdn. 1 ff., insb. Rdn. 7 ff., 17 ff.; dazu auch zurückhaltend *H.-U. Erichsen*, HStR,
Bd. VI, § 152, Rdn. 24 ff., 52 ff.

[2211] Dazu *K. A. Schachtschneider*, Res publica res populi, S. 105 ff.; dazu
3. Kap., IV.

[2212] Dazu insb. *H. Kelsen*, Vom Wesen und Wert der Demokratie, S. 53 f., 75 f.;
H. Krüger, Allgemeine Staatslehre, S. 536; *Th. Eschenburg*, Der Mechanismus der
Mehrheitsentscheidung, S. 39 ff.; *W. Zeidler*, Ehe und Familie, HVerfR, 1983,
S. 563 f.; *E. Benda*, HVerfR, S. 1351; so auch BVerfGE 5, 85 (197 ff.); 44, 125
(142); vgl. *K. A. Schachtschneider*, Staatsunternehmen und Privatrecht, S. 158;
W. Maihofer, HVerfR, S. 476; zum Prinzip des Minderheitenschutzes *K. A. Schacht-
schneider*, Res publica res populi, S. 513 ff. (mit Fn. 338), auch S. 105 ff.

[2213] *K. A. Schachtschneider*, Res publica res populi, S. 454 ff.; dazu 6. Kap., I, 3.

verschiebung der Grundrechtewirkungen im entwickelten Parteienstaat gibt dem Grundsatz der Privatheit der Lebensbewältigung eine zusätzliche dogmatische Grundlage.

Weil die Parteien herrschen, muß ihnen eine Dogmatik der Staatszweckbegrenzung entgegengehalten werden. Der entwickelte Parteienstaat entspricht unter Herrschaftsgesichtspunkten allemal der konstitutionellen, liberalen Monarchie, welche gerade durch die Trennung von Staat und Gesellschaft[2214] für die Bürger tragfähig wurde; denn deren Logik war und sie wäre es auch im Parteienstaat, den Staat auf bestimmte Zwecke zu begrenzen, möglichst auf die der Sicherheit der bürgerlichen Gesellschaft, deren (privatistische) Freiheit und deren Eigentum. Die Republik hingegen gebietet, die Parteilichkeit im Staat mit allen Mitteln zurückzudrängen, damit die Gesetze Recht sein können. Dem dienen auch das Privatheitsprinzip der Grundrechte und die durch die Grundrechte vermittelte Verantwortung des Bundesverfassungsgerichts wie aller Gerichte für die praktische Vernunft der Ordnung des Gemeinwesens.

Die vom Bundesverfassungsgericht als Vernunftprinzip, geleitet durch ihre material offenen Leitentscheidungen, praktizierten Grundrechte sind für die Entwicklung des Staatlichen keine unüberwindliche Schranke, zumal das Gericht den subjektiv-rechtlichen Gehalt der Grundrechte neuerdings enger als den objektiv-rechtlichen bemißt[2215]. In die Entwicklung des Staatlichen ist aber das Bundesverfassungsgericht vermittels gerade dieser Grundrechte verantwortlich einbezogen[2216]. Der Anteil des Staates am Bruttosozialprodukt, fast 50%, und dessen Anstieg in den letzten Jahrzehnten zeigt die Entwicklung zu einer mehr und mehr Lebensbereiche erfassenden Staatlichkeit[2217], zum totalen Staat, der erreicht wäre, wenn die Selbständigkeit der Bürger durch die Staatlichkeit der Lebensbewältigung derart ausgehöhlt sein sollte, daß sie gänzlich auf die Daseinsvorsorge des verwaltungswirtschaftlichen Staates angewiesen sind und die schon genannte erschreckliche Erkenntnis *Ernst Forsthoffs* sich erneut bewahrheiten sollte, daß „die Grundrechte völlig unbezweifelbar der Vergangenheit angehören"[2218]. Dem Übermaß an Staatlichkeit wirkt die deregulierende und libe-

---

[2214] Dazu *K. A. Schachtschneider*, Res publica res populi, S. 159 ff.; dazu 3. Kap., IX.

[2215] BVerfGE 97, 350 (376 f.) – Euro-Beschluß, dazu Fn. 1985, 1988, 1997; vgl. auch für die Tendenz zur Restriktion der grundrechtlichen Tatbestände etwa BVerfGE 105, 252 (264 ff.); dazu (kritisch) *K. A. Schachtschneider*, Produktwarnung der Bundesregierung, S. 121 ff., 137 ff.

[2216] Dazu *K. A. Schachtschneider*, Res publica res populi, S. 819 ff.; *ders.*, Prinzipien des Rechtsstaates, S. 92 f., 187 ff., 207 ff., 244 ff.

[2217] Vgl. *K. Vogel*, Der Finanz- und Steuerstaat, HStR, Bd. II, 3. Aufl. 2004, § 30, Rdn. 73 ff.

ralisierende europäische und globale Integration entgegen, freilich mit ent-demokratisierenden und entsozialisierenden Effekten[2219].

6. Der eigentliche Zweck des Staates ist das Recht. Die Verwirklichung des Rechtszwecks kann keinem Subsidiaritätsprinzip unterliegen. Die Staatlichkeit des Gemeinwesens zu diesem Zweck der Verwirklichung der allgemeinen Freiheit darf nicht relativiert werden. Die Ultra-vires-Lehre[2220] vermag die Aufgabe des Staates zur Rechtsetzung nicht einzuschränken. Ein Staat, der nur begrenzt befugt wäre, das Recht zu verwirklichen, wäre kein freiheitlicher Staat; denn er würde die Verwirklichung der Freiheit den Menschen in einer staatsfreien Sphäre überlassen, in der sich Recht mangels staatlichen Zwanges nicht durchsetzen könnte. Zwar verwirklicht auch der Vertrag die Freiheit als Autonomie des Willens, aber seine Verbindlichkeit beruht auf der Staatlichkeit[2221]. Die allgemeine Gesetzlichkeit und damit Staatlichkeit ist das Rechtsprinzip aller Handlungen. Darum lehrt *Rousseau* die Verwirklichung der Freiheit durch die volonté générale[2222]. Die Ultra-vires-Lehre hat ihre Richtigkeit darin, daß sie es dem Staat verbietet, Aufgaben zu übernehmen oder Befugnisse zu beanspruchen, die ihm nicht das Gesetz übertragen hat und angesichts des Privatheitsprinzips übertragen durfte, etwa privatistisch Unternehmen zu betreiben[2223]. Die Verwirklichung des Rechtszwecks ist aber die uneinschränkbare Aufgabe des Staates. Das Recht zu verwirklichen ist nicht nur Pflicht des Staates, sondern Recht und Pflicht jedes Bürgers und Menschen gegenüber dem Staat und seinen Mitmenschen. Für diesen Zweck des Staates bedarf es keiner eigenen gesetzlichen Grundlage. Vielmehr begründet die Verfassung der Freiheit die Aufgabe des Staates, das Recht zu verwirklichen. Der Staat ist Rechtsstaat.

[2218] *E. Forsthoff*, Die Verwaltung als Leistungsträger, 1938, teilweise wieder abgedruckt in: ders., Rechtsfragen der leistenden Verwaltung, 1959, S. 1, 44, 46.

[2219] Dazu *K. A. Schachtschneider*, Grenzen der Kapitalverkehrsfreiheit, S. 289 ff., 308 ff.; ders., Demokratische und soziale Defizite der Globalisierung, 2004, in: ders., Freiheit – Recht – Staat. Eine Aufsatzsammlung zum 65. Geburtstag, hrgs. v. D. I. Siebold/A. Emmerich-Fritsche, 2005, S. 668 ff.; ders., FS W. Hankel, S. 119 ff.

[2220] Insb. *H. H. Rupp*, HStR, Bd. II, § 31, Rdn. 30 („Was dem Staat nicht übertragen ist, ist ihm verboten"); *K. A. Schachtschneider*, Staatsunternehmen und Privatrecht, S. 22 f., 41 f., 256, 262; ders., Der Anspruch auf materiale Privatisierung, S. 88 f., 226 f., u.ö.; ders., Prinzipien des Rechtsstaates, S. 173 f.; *J. Burmeister*, VVDStRL 52 (1993), S. 210 ff., Ls. 8, S. 244; weitere Hinweise in Fn. 1674.

[2221] Dazu VIII, 2; vgl. auch *K. A. Schachtschneider*, Staatsunternehmen und Privatrecht, S. 337 ff.

[2222] *M. Forschner*, Rousseau, S. 96 ff., 117 ff.; vgl. auch 2. Kap., I, VI.

[2223] Dazu *K. A. Schachtschneider*, Staatsunternehmen und Privatrecht, S. 261 ff.; ders., Der Anspruch auf materiale Privatisierung, S. 45 ff., 145 ff., 190 ff., auch S. 67 ff., 183 ff.

Freilich bedarf die Aufgabenverwirklichung der Vorschriften im Verfassungsgesetz und in den Gesetzen.

V. Offenheit der Staatsaufgaben und staatliche Daseinsvorsorge

Mit jeder Aufgabe, die der Staat übernimmt, geht Privatheit verloren. Die Lehre von der Staatszweckbegrenzung[2224], die ihre Höhepunkte in der Schrift *Wilhelm von Humboldts*: „Ideen zu einem Versuch, die Gränzen der Wirksamkeit des Staates zu bestimmen", 1792, veröffentlicht 1851, und in dem Kreuzberg-Urteil des Preußischen Oberverwaltungsgerichts von 1882 gefunden hat[2225], hat das die Staatlichkeit bestimmende monarchische Prinzip[2226], die Herrschaftlichkeit des Staates also, vorausgesetzt. Dem Republikprinzip als solchem kann eine materiale Begrenzung des Staatlichen nicht abgewonnen werden, weil die Gesetze, wenn die Verfassung und deren Sittengesetz eingehalten werden, die Freiheit aller verwirklichen[2227]. Die Republik ist Rechtsstaat durch staatliche Rechtlichkeit. Nur Rechtlichkeit verwirklicht das gute Leben aller in allgemeiner Freiheit. Die konstitutionelle, liberale Monarchie war Rechtsstaat durch Begrenzung des Staatlichen auf ein nicht freiheitliches Rechtsprinzip[2228]. Das Recht beanspruchte unter dem monarchischen Prinzip jedenfalls nach den liberalen Lehren des

---

[2224] Dazu *J. Isensee*, HStR, Bd. III, § 57, Rdn. 1 ff., 116, 119 ff., 165 ff.; *Ch. Link*, VVDStRL 48 (1990), S. 10 ff.; *ders.*, Herrschaftsordnung und bürgerliche Freiheit, S. 132 ff.; *G. Ress*, VVDStRL 48 (1990), S. 63 ff.; *K. A. Schachtschneider*, Res publica res populi, S. 346 ff.

[2225] PrOVG Preußisches Verwaltungsblatt (1) 1881/82, S. 361 ff.; wiederabgedruckt in DVBl. 1985, 219 ff.; dazu *R. Gröschner*, Das Überwachungsrechtsverhältnis, S. 28, S. 5 ff., zur „liberalen Tradition des Gewerbepolizeirechts."

[2226] Dazu *G. Jellinek*, Allgemeine Staatslehre, S. 469 ff., 677 ff., u. ö.; *E. R. Huber*, HStR, Bd. I, § 4, Rdn. 26 ff.; *R. Wahl*, HStR, Bd. I, § 2, Rdn. 45 ff., die die lebhafte Verfassungsentwicklung im 19. Jhd. herausstellen; grundlegend *F. J. Stahl*, Das monarchische Princip, 1845, der sich vehement gegen den „westlichen" Republikanismus, gegen „Volkssouveränität" und „Theilung der Gewalt", gegen „das parlamentarische Princip" als „eigentlichen Gegensatz zum monarchischen Princip" wehrt, CS. IX, S. 1 ff.; dazu *H. H. Rupp*, Grundfragen der heutigen Verwaltungsrechtslehre, S. 1 ff.; vgl. auch *K. A. Schachtschneider*, Vom liberalistischen zum republikanischen Freiheitsprinzip, S. 418 ff.; *ders.*, FS M. Kriele, S. 829 ff.

[2227] I. d. S. *H. Krüger*, Allgemeine Staatslehre, S. 196; *Ch. Link*, VVDStRL 48 (1990), S. 10 ff., 17 ff.; dazu *G. Ress*, VVDStRL 48 (1990), S. 63 ff., der S. 70 ff. „Staatsbegrenzungen" durch „Staatszwecke" für möglich hält.

[2228] Dazu *E. R. Huber*, HStR, Bd. I, § 4, Rdn. 37 ff., 59 ff.; *R. Wahl*, HStR, Bd. I, § 2, Rdn. 17 ff. („Grundvorstellung der formellen Verrechtlichung des bestehenden monarchischen Staates", „Rechtsgebundenheit von Herrschaft"); dazu *P. v. Oertzen*, Die soziale Funktion des staatsrechtlichen Positivismus, insb. S. 96 ff. (zu Mohl, Rönne u. Bähr).

frühen Konstitutionalismus eine von herrschaftlicher Willkür unabhängige, eigentlich göttlich legitimierte Objektivität[2229] und damit einen anderen Geltungsgrund und ein anderes Richtigkeitskriterium als die formale Freiheit und die Sittlichkeit durch Moralität des Rechts der Republik. Auch in der Republik ist Zweck des Staates die allgemeine Gesetzlichkeit des gemeinsamen Lebens, also die Verwirklichung des Rechtsprinzips. Es ist ein Mehr oder Weniger an Staatlichkeit möglich, nicht aber eine Trennung der Zwecke des guten Lebens von einem Rechtszweck. Jedes Gesetz verbietet oder gebietet den Vollzug von Zwecken und regelt damit Interessen und somit das Glück der Menschen[2230].

Wegen des Privatheitsprinzips[2231] ist es republikwidrig, wenn die Bürger das gemeinsame Leben, das sie auch privat bewältigen könnten, staatlich zu bewältigen suchen. Das republikanische Prinzip der Freiheit verlangt nicht nur, daß die staatliche Lebensbewältigung gesetzlich ist, weil das Gesetz die Freiheit aller verwirklicht. Der Republik ist zudem wegen der politischen Einheit von Freiheit, Gleichheit und Brüderlichkeit, wegen des Sozialprinzips also, der Wohlfahrtszweck[2232] eigen. Das Gemeinwesen ist als Republik auch Wirtschafts- und Kulturstaat[2233]. Die Daseinsvorsorge[2234]

[2229] Dazu *P. v. Oertzen*, Die soziale Funktion des staatsrechtlichen Positivismus, S. 72 ff., 96 ff., 155 f., 164 u. ö.

[2230] Dazu 5. Kap., III; *K. A. Schachtschneider*, Res publica res populi, S. 297 ff., 340 ff., 617 ff.

[2231] Dazu IV; dazu *K. A. Schachtschneider*, Der Anspruch auf materiale Privatisierung, S. 67 ff.

[2232] Zum Wohlfahrtszweck des Staates *Ch. Link*, VVDStRL 48 (1990), S. 34 ff.; *G. Ress*, VVDStRL 48 (1990), S. 101 ff. (nach dem Grundgesetz „nur ein limitierter Wohlfahrtszweck" als „Sozialstaatsprinzip"); weitergehend *W. Maihofer*, HVerfR, S. 507 ff.; *K. A. Schachtschneider*, Res publica res populi, S. 234 ff.; *ders.*, Grenzen der Kapitalverkehrsfreiheit, S. 289 ff.; zu F. A. v. Hayecks Kritik am Sozialstaat, der sozialen Gerechtigkeit, überhaupt am Wort sozial *M. Kläver*, Die Verfassung des Marktes, S. 252 ff.; zurückhaltend *W. Kersting*, Kritik der Gleichheit, S. 47 ff. („Freiheitsfürsorge, Welfarismus, Workfarismus"); den Wohlfahrtszweck weist uneingeschränkt zurück der Anarcho-Kapitalist (Schüler von J. von Mises) *H. H. Hoppe*, Demokratie – der Gott, der keiner ist. Monarchie, Demokratie und natürliche Ordnung, 2003, S. 201 ff.; zum Sozialprinzip 11. Kap., III.

[2233] Zum Kulturstaat *P. Häberle*, Vom Kulturstaat zum Kulturverfassungsrecht, in: ders. (Hrsg.), Kulturstaatlichkeit und Kulturverfassungsrecht, 1982, S. 1 ff.; *W. Maihofer*, HVerfR, S. 1201 ff.; *D. Grimm* u. *U. Steiner*, Kulturauftrag im staatlichen Gemeinwesen, VVDStRL 42 (1984), S. 7 ff., S. 46 ff.; *U. Steiner*, Kulturpflege, HStR, Bd. III, 1988, § 86, S. 1235 ff.

[2234] Der Begriff stammt von *E. Forsthoff*, Die Verwaltung als Leistungsträger, 1938, S. 5 f., S. 22 ff. Die Forsthoffsche Lehre von der Daseinsvorsorge war eine Lehre vom totalen Staat, die das Prinzip der bürgerlichen Freiheit überwunden zu haben glaubte; der Kernsatz dieser Schrift zur vermeintlich „legalen" ... „nationalsozialistischen Revolution" (S. 9) ist: „Die Grundrechte gehören der Geschichte an"

des Staates ist im sogenannten technisch-industriellen Zeitalter nicht nur unentbehrlich, sie befindet sich auch im Einklang mit der Verfassung der Republik, gerade weil das Staatliche in der Republik Sache aller Bürger ist, denn: *Res publica res populi.* In der Republik ist die gemeinschaftliche, staatliche Daseinsvorsorge gesetzliche Verwirklichung gemeinsamer Interessen und damit der allgemeinen Freiheit, nicht Versorgung der Untertanen nach den Maximen eines Herrschers. Wenn Herrscher paternalistisch bestimmen, wie die Untertanen glücklich zu sein haben, ist das Despotie[2235]. In der Republik ist die gemeinsame Lebensbewältigung brüderlich, solidarisch[2236]. Die Pflicht zur staatlichen Förderung der Selbständigkeit aller Bürger folgt aus dem das Autonomieprinzip materialisierenden Sozialprinzip, weil nur der auch ökonomisch selbständige Bürger wirklich autonom sein kann[2237]. Der Grundsatz und Vorrang der Privatheit der Lebensbewältigung ist begründet und bedarf lagegerechter dynamischer Entfaltung größtmöglicher Privatheit. Das Privatheitsprinzip ist zumindest insoweit im Prinzip der Republik verankert, als die freiheitliche Selbständigkeit der Bürger es erfordert. Es folgt aber auch und wesentlich aus dem Eigentumsprinzip

---

(ähnlich S. 1, auch S. 44, 46). Dennoch hat Forsthoff die Lage des Menschen im modernen Staat richtig erkannt, welche staatliche, also gemeinschaftliche Vorsorge für die Bewältigung des Lebens notwendig macht, weil die technisch-industrielle Lebensweise des modernen Menschen die private Versorgung allenfalls für einen kleinen Teil der Bevölkerung ermöglichen würde; dazu *R. Herzog*, HStR, Bd. III, § 58, S. 83 ff.; *Ch. Link*, VVDStRL 48 (1990), S. 35, der in der „umfassenden Daseinsvorsorge als öffentlicher Aufgabe", den „eigentlichen Beitrag des Luthertums zur modernen Staatsidee" sieht. Die neoliberale europäische und globale integrationistische Deregulierung drängt die staatliche, zumal kommunale Daseinsvorsorge im Interesse des Markt- und Wettbewerbsprinzips zunehmend zurück, dazu *J. Schwarze* (Hrsg.), Daseinsvorsorge im Licht des Wettbewerbsrechts, 2001; *R. Hrbek/M. Nettesheim* (Hrsg.), Europäische Union und mitgliedstaatliche Daseinsvorsorge, 2002; *R. Klotz*, in: v. d. Groeben/Schwarze, EUV/EGV, Art. 16 EGV.

[2235] *Kant*, Über den Gemeinspruch, S. 146, 157, 159; *W. Maihofer*, HVerfR, S. 457, 509 f.

[2236] *K. A. Schachtschneider*, Res publica res populi, S. 234 ff.; *ders*, Grenzen der Kapitalverkehrsfreiheit, S. 289 ff.; *ders.*, Demokratische und soziale Defizite der Globalisierung, S. 668 ff.; *ders.*, Prinzipien des Rechtsstaates, S. 22 ff., 42 f., 97 ff.; *ders./A. Emmerich-Fritsche*, Revolution der Krankenversicherung. Prinzipien, Thesen und Gesetz, 2002, S. 19 ff.; vgl. *J. Habermas*, Treffen Hegels Einwände gegen Kant auch auf die Diskursethik zu?, S. 17, 20; *ders*, Gerechtigkeit und Solidarität, S. 62 ff., 69 ff.; *ders.*, Faktizität und Geltung, S. 327, 363, u.ö.; differenzierend *O. Höffe*, Demokratie im Zeitalter der Globalisierung, S. 89 ff.; vgl. auch die Hinweise in Fn. 343, 1919.

[2237] I.d.S. prononciert *W. Maihofers*, HVerfR, S. 500 ff., 507 ff., 519 ff., Lehre von der liberalen, sozialen und humanen Demokratie; zum Problem der Selbständigkeit bei Kant *W. Kersting*, Kant über Recht, S. 131 ff.; *ders.*, Kritik der Gleichheit, S. 39 ff. („Sozialstaat oder Freiheitsfürsorge"); dazu 10. Kap., III, 4, IV, VI; auch 11. Kap., III.

einer Verfassung der Freiheit, welches die größtmögliche Eigenständigkeit des Menschen, dessen Leben aus dem Eigenen und im Eigenen, zu schützen und zu fördern gebietet, also ein Leben in größtmöglicher Privatheit. Zweck des Staates ist die Rechtlichkeit des gemeinsamen Lebens. Der Staat ist Rechtsgemeinschaft[2238]. Die staatliche Lebensbewältigung ist durch die äußere Freiheit rechtlich geboten, wenn die private Lebensbewältigung für das gemeine Wohl Nachteile bringt. Die Staatlichkeit oder Privatheit der Lebensbewältigung muß durch Gesetz geregelt werden[2239], das allein die unterschiedlichen Interessen auszugleichen und zu befrieden vermag. Auch der Zwang zur privaten Lebensbewältigung kann „nötigende Willkür" im Sinne der äußeren Freiheit sein, wenn dem gemeinsamen Wohl durch eine staatliche Aufgabenübernahme besser gedient wäre. Freilich muß um der durch die Freiheit gebotenen größtmöglichen Privatheit willen die Staatlichkeit der Lebensbewältigung begründet werden können.

Die Aufgaben der Daseinsvorsorge, welche dem Staat zur gemeinschaftlichen Bewältigung übertragen werden, sind nicht notwendiger Zweck des Staates, aber eine verfassungsgemäße Aufgabe, wenn das Gesetz sie aus gutem Grund dem Staat überträgt. Das Gesetz ist auch insofern Mittel zur Verwirklichung der allgemeinen Freiheit, nämlich des guten Lebens aller nach Maßgabe der allgemeinen Gesetze.

Das mag an der gemeinschaftlichen Wasserversorgung erläutert werden, welche auch *Roman Herzog* als Beispiel dafür angeführt hat, daß die Menschen seit alters das Leben gemeinschaftlich, staatlich, zu bewältigen suchen[2240]. Mit Wasser können sich die Menschen notfalls auch aus jeweils eigenen Brunnen oder sonstwie privat versorgen. Sache des Staates wäre zumindest eine Brunnen- oder Wasserpolizei. Dennoch wird (jedenfalls wurde[2241]) die Wasserversorgung überwiegend gemeinschaftlich organisiert, meist kommunal. Wenn die Bürger gut begründet die Wasserversorgung kommunalisieren, verwirklicht diese Entscheidung die allgemeine Freiheit, falls sie mittels Gemeindesatzung erfolgt. Die staatliche Bewältigung des Lebens ist, wenn sie besser ist, nicht weniger freiheitlich als die private. Der Zweck, den alle Bürger verfolgen, ist ihre Wasserversorgung. Die Verwirklichung dieses Zwecks wird schon dadurch zu einer Frage des

---

[2238] Dazu 2. Kap., IV, 5. Kap., II, 2, 3; *K. A. Schachtschneider*, Res publica res populi, S. 519 ff.; *ders.*, Prinzipien des Rechtsstaates, S. 19 ff., 50 ff., durchgehend.

[2239] Dazu I.

[2240] HStR, Bd. III, § 58, Rdn. 15 ff.

[2241] Gegenwärtig wird die Wasserversorgung der Kommunen vielfach in private Hände gegeben, meist um die kommunalen Finanzen aufzubessern, ein Privatismus, der den Bürgern eher schadet, vgl. *A. Emmerich-Fritsche*, Privatisierung der Wasserversorgung in Bayern und kommunale Aufgabenverantwortung, BayVBl. 2007, 1 ff.; dazu *N. Weiß*, Liberalisierung der Wasserversorgung, 2004.

gemeinsamen Lebens und damit der Freiheit, daß auch nur ein Bürger die gemeinschaftliche Wasserversorgung vorschlägt, weil er daran etwa aus Kostengründen Interesse hat und eine solche für das gute Leben aller für vorteilhaft hält. Wenn auch dieser eine Bürger eine solche Empfehlung aus Gründen der Sittlichkeit nur geben darf, wenn er sie für gut begründet hält, so hat doch die Maxime auch nur eines Bürgers Bedeutung für die ganze Gemeinschaft. Das ist augenscheinlich, wenn der Bürger seine Maxime eigenmächtig durchsetzen will. Aber auch wenn seine Maxime von allen anderen abgelehnt wird, besteht ein Wirkungsfeld unter den Bürgern, weil die Ablehnung die pflichtwidrige Unterlassung der richtigen Wasserversorgung aller Bürger sein kann, aber auch, weil ein Bürger nicht so leben kann, wie er will. Die anderen Bürger versorgen sich aus eigenen Brunnen mit Wasser und machen es dadurch dem Bürger, der gemeinschaftliche Wasserversorgung vorschlägt, unmöglich, diesen Plan durchzuführen. Das Handeln der Selbstversorger hat damit auch Außenwirkung. Auch dieser Konflikt ist durch Einigung, also freiheitlich durch Gesetz zu lösen. Das Gesetz schafft einen Interessenausgleich und wahrt die Freiheit aller bei ihrer Versorgung mit Wasser. Auch wenn die Bürger sich dahingehend einigen, daß jeder sich selbst mit Wasser versorgen solle, ist die allgemeine Freiheit verwirklicht, vorausgesetzt, die Bürger, d.h. praktisch deren Mehrheit oder die Mehrheit der Bürgervertreter, hat sachlich aus guten Gründen entschieden. Die Freiheitsdogmatik bleibt in allen Bereichen des gemeinsamen Lebens dieselbe. Daß das enge Zusammenleben der heutigen Menschen die gemeinsame Lebensbewältigung im höheren Maße als richtig erscheinen läßt, als es in Zeiten großräumigen Lebens notwendig gewesen sein mag, bleibt freiheitsdogmatisch ohne Konsequenz. Immer geht es um das gute Leben aller ohne Herrschaft des einen über den anderen.

Zweck des Staates ist (auch und wesentlich) das gute Leben aller Bürger. Auf diese Feststellung hat bereits *Aristoteles* seine Ethik aufgebaut[2242]. Der Staat ist nicht nur eine Einrichtung der Bürger zur Verwirklichung der allgemeinen Freiheit, sondern eine Einrichtung der Bürger für das gute Leben aller in allgemeiner Freiheit. Die Menschen suchen ihr Glück. Dem dient auch ihr Staat, dem sie alle Aufgaben übertragen dürfen, von denen sie meinen können und meinen, daß es ihr gutes Leben fördert, wenn der Staat die Aufgaben erledigt[2243]. Die Freiheit fordert das sachlich begründete Einverständnis der Gemeinschaft mit der Übertragung von Aufgaben auf den Staat, das

---

[2242] Politik, S. 230, 1328a 36 (Der Staat ist die „Gemeinschaft ... zum Zweck eines möglichst guten Lebens"); vgl. auch *ders.*, Nikomachische Ethik, S. 55 ff., insb. S. 58 (1095a 13, 17 ff.), auch S. 64 ff. zur Glückseligkeit; i.d.S. auch *Kant*, Zum ewigen Frieden, S. 158 f.; dazu 2. Kap., V.

[2243] *K. A. Schachtschneider*, Staatsunternehmen und Privatrecht, S. 236 ff., zur Privatisierungspolitik; *ders.*, Der Anspruch auf materiale Privatisierung, S. 45 ff.

Gesetz also. Eine derartige Aufgabenübertragung ist kein Unrecht. In der sachlichen Gesetzlichkeit verwirklicht sich das Gemeinwohlprinzip. Der Begriff des Gemeinwohls ist formal[2244] und erlaubt es nicht, Aufgaben aus dem staatlichen Bereich auszugrenzen, genausowenig, wie Aufgaben für den Staat zu reklamieren, ohne daß ein Gesetz besteht[2245]. Aber das Gesetz muß sachlich begründet, also sittlich, sein. Willkür, welche andere nötigt, ist freiheitswidrig, wie der Begriff der äußeren Freiheit erweist[2246]. Hinter allen Zwecken der Menschen steht der Zweck des guten Lebens, des selbstbestimmten Glücks jedes und damit aller Menschen. Das Gemeinwohl ist das gute Leben aller Menschen in der staatlichen Gemeinschaft, wenn diese freiheitlich, also eine Republik ist. Welche Vorkehrungen dafür erforderlich sind, ob insbesondere Aufgaben vom Staat oder von Privaten bewältigt werden sollen, ist Sache der das Gemeinwohl materialisierenden Gesetze. Die Aufgaben des Staates sind darum nicht weniger material offen, als es die Zwecke des guten Lebens aller sind. Die nähere Materialisierung hat die Verteilung der Befugnisse zwischen dem Staat und den Privaten vor allem durch die selbst offenen Grundrechte mit ihrer negativen Kompetenzwirkung für den Staat[2247] erfahren, welche Rechtssätze der praktischen Vernunft oder eben der Sachlichkeit sind. Die private Lebensbewältigung ist im übrigen unvermeidbar in die allgemeine, staatliche Lebensbewältigung eingebettet[2248]. Daraus folgt die sowohl staatliche als auch private Bestimmtheit jeder Handlung. Auch wer sich eigenständig mit Wasser versorgt, bedarf des Schutzes vor der Brunnenvergiftung, den am besten der Staat gibt. Die staatliche Polizei ist, wenn private Gewalt soweit als möglich zurückgedrängt werden soll, auch in die private Wasserversorgung einbezogen. Wenn nur die gemeinsame Wasserversorgung trinkbares Wasser verfügbar zu machen sicherstellt, ist die staatliche Bewältigung dieser Aufgabe sittlich geboten.

Staatliche Lebensbewältigung muß jedoch um der Willensautonomie willen die Selbständigkeit der Bürger wahren, aber auch fördern. Das gebietet das Sozialprinzip[2249]. Die Selbständigkeit des Bürgers erfordert aber nicht, daß er einen eigenen Brunnen hat. Die Selbständigkeit ist auch gewahrt,

---

[2244] *K. A. Schachtschneider*, Staatsunternehmen und Privatrecht, S. 236 ff., 242 ff., 247 ff.; *ders.*, Die Verwaltung 31 (1998), S. 139 ff.; *ders.*, Der Anspruch auf materiale Privatisierung, S. 308 ff., auch S. 45 ff.; vgl. die Hinweise in Fn. 348.

[2245] Dazu *K. A. Schachtschneider*, Staatsunternehmen und Privatrecht, S. 237 ff.; *ders.*, Der Anspruch auf materiale Privatisierung, S. 45 ff.

[2246] Dazu 2. Kap., VI.

[2247] Dazu die Hinweise in Fn. 1730, 2144, 2192.

[2248] Dazu I, auch 11. Kap., II.

[2249] *K. A. Schachtschneider*, Res publica res populi, S. 234 ff.; *ders.*, Der Anspruch auf materiale Privatisierung, S. 67 ff.; *ders.*, Grenzen der Kapitalverkehrsfreiheit, S. 289 ff.; *W. Kersting*, Kritik der Gleichheit, S. 39 ff., 44 ff.; vgl. auch *ders.*, Kant über Recht, S. 131 ff.; dazu 11. Kap., III.

wenn das Gesetz dem Bürger subjektive Rechte auf Versorgung mit Wasser einräumt. Unselbständig wird der Mensch, wenn es von der Willkür der Beamten abhängt, ob er seine Zwecke verwirklichen kann oder nicht. Die Teilhaberechte, von denen *Ernst Forsthoff* gesprochen hat[2250], sind ein Instrument der Verwirklichung der Freiheit als der Selbständigkeit im sogenannten Leistungsstaat, in dem Staat also, der Aufgaben der Daseinsvorsorge hat.

Wenn die bürgerliche Gesetzgebung dem freiheitlichen Prinzip der Einigkeit genügt, wenn die Gesetze somit durch Moralität und dadurch Sittlichkeit des Gesetzgebers, d. h. dessen praktische Vernunft, Recht schaffen, fügt sich staatliche Daseinsvorsorge dem republikanischen Prinzip der Freiheit. Dennoch bleibt die Sorge vor dem totalen Staat, welcher den Menschen die Freiheit nimmt, sich aber um deren Dasein sorgt. Das ist der Staat, den *Ernst Forsthoff* im Auge hatte. In einem solchen paternalistischen Staat droht auch eine Republik zu verfallen, wenn die Vertreter des ganzen Volkes, vor allem die, welche die Gesetze zu geben haben, das Sittengesetz mißachten, wenn sie, um Herrschaft aufzubauen und/oder zu festigen, den Menschen, mit Brot und Spielen besänftigt, die Bürgerlichkeit nehmen und zu Untertanen degradieren[2251]. Ansprüche gegen den Staat oder gegen staatliche Einrichtungen (subjektive Rechte des öffentlichen Rechts) sind im übrigen nur ein eigentumsähnlicher Ersatz des wesensgemäß privatheitlichen Eigentums, wenn sie auch unter die Eigentumsgewährleistung des Art. 14 Abs. 1 GG subsumiert werden[2252]. Die Art und Weise, in der der Staat die Zahlung der Sozialrenten sicherzustellen versucht (sogenannter Generationenvertrag), erweist die Schwäche dieses Eigentumssurrogats.

VI. Berufliches Privatheitsprinzip, Unternehmensfreiheit und Wettbewerb

1. Höchstpersönliche Entscheidungen dürfen dem Menschen nicht durch den Gesetzgeber aus der Hand genommen werden, weil die Gesetze eben

---

[2250] Die Verwaltung als Leistungsträger, 1938, S. 15 ff.; dazu grundlegend *P. Häberle*, VVDStRL 30 (1972), S. 90 ff., 109 ff., 112 ff.; *ders.*, HStR, Bd. II, § 22, Rdn. 72 ff. (73); *H. F. Zacher*, HStR, Bd. II, § 28, Rdn. 53 ff. (allgemeine Teilhabe am allgemeinen Wohlstand), Rdn. 113 ff. (soziale Grundrechte auf Teilhabe, abwehrend); *D. Murswiek*, HStR, Bd. V, § 112, S. 243 ff.; *K. Hesse*, HVerfR, S. 140 ff.; *M. Sachs*, in: K. Stern, Staatsrecht III, 1, § 67, S. 678 ff. (Leistungsrechte), insb. S. 700 ff.; *K. Stern*, daselbst, S. 981 ff.

[2251] Zu dieser im „orthodoxen Sozialismus" verwirklichten Gefahr *W. Maihofer*, HVerfR, S. 457, 512 ff., unter Berufung auf A. de Tocqueville; vgl. auch *W. Kersting*, Kritik des Egalitarismus", in: Kritik der Gleichheit, S. 62 ff.

[2252] BVerfGE 45, 142 (170); 48, 403 (412 f.); 53, 257 (289 ff.); 69, 272 (300 f.); st. Rspr.; dazu 10. Kap., I, III, mit Fn. 2486.

doch vom Volk in seiner Gesamtheit oder, wie meist, von Vertretern des ganzen Volkes nach der Mehrheitsregel[2253] beschlossen werden. Ein Konsens des unmittelbar entscheidenden Volkes wäre in höchstpersönlichen Angelegenheiten nicht nur unerreichbar, sondern auch freiheitswidrig, weil die Sache nicht allgemein ist. Eine Mehrheitsentscheidung wäre demgemäß despotisch. Schlechterdings kann es etwa dem durch die Mehrheitsregel notwendig repräsentativen Gesetzgeber nicht überlassen werden, zu entscheiden, welchen Beruf ein Bürger ausübt. Der Beruf ist allzu wesentlich Teil der besonderen Persönlichkeit des Menschen[2254]. Darum schützt Art. 12 Abs. 1 S. 1 GG (u. a.) das Recht, den Beruf frei zu wählen.

Entgegen der Praxis[2255] ist das Recht der freien Berufswahl gesetzlicher Regelung unzugänglich. Der Wortlaut des Grundrechts ist eindeutig. Es formuliert klassisch ein subjektives Recht, ein Abwehrrecht des Bürgers[2256], also ein Regelungsverbot (negative Kompetenz[2257]) für den staatlichen Gesetzgeber. Das Bundesverfassungsgericht hat entgegen dem Text des Grundrechts den Gesetzesvorbehalt des Satzes 2 dieser Vorschrift auf deren Satz 1 und damit auf das Recht aller Deutschen, „Beruf, Arbeitsplatz und Ausbildungsstätte frei zu wählen", ausgedehnt (BVerfGE 7, 377 (400 ff.))[2258] und dadurch unter das Verhältnismäßigkeitsprinzip gestellt[2259]. Das Grundrecht

---

[2253] Zur Mehrheitsregel *K. A. Schachtschneider*, Res publica res populi, S. 119 ff.; 3. Kap., IV, 2.

[2254] So im Grundsatz auch BVerfGE 7, 377 (397); 50, 290 (362); i. d. S. etwa *H.-P. Schneider*, Art. 12 GG – Freiheit des Berufs und Grundrecht der Arbeit, VVDStRL 43 (1985), S. 19; *K. A. Schachtschneider*, Produktwarnung der Bundesregierung, S. 118; *ders.*, Streik im öffentlichen Dienst, S. 296.; *ders.*, Umweltschutz, S. 336 ff.

[2255] Insb. BVerfGE 7, 377 (400 ff.); fortführend BVerfGE 11, 30 (42 f.); 33, 303 (329 f.); 46, 120 (138 ff.); 50, 290 (362 ff.); 54, 237 (245 f.); 80, 269 (278 f.); 82, 209 (228 f.); *H.-J. Papier*, HVerfR, S. 822; vgl. *R. Breuer*, HStR, Bd. VI, § 147, Rdn. 59; *H. Lecheler*, Art. 12 GG – Freiheit des Berufs und Grundrecht der Arbeit, VVDStRL 43 (1985), S. 51 ff. (nicht unkritisch); *H.-P. Schneider*, VVDStRL 43 (1985), S. 18, 27 f.; *K. Hesse*, Grundzüge des Verfassungsrechts, Rdn. 421 ff., S. 163 f.; auch *H. H. Rupp*, Das Grundrecht der Berufsfreiheit in der Rechtsprechung des Bundesverfassungsgerichts, AöR 92 (1967), S. 212 ff.; i. S. des Textes *J. Lücke*, Die Berufsfreiheit. Eine Rückbesinnung auf den Text des Art 12 Abs. 1 GG, 1994, S. 8 ff., 57 ff., der die Berufswahlfreiheit unter verfassungsimmanente Schranken stellt, S. 29 ff.; *K. A. Schachtschneider*, Umweltschutz, S. 334 f.; *ders.*, Produktwarnung der Bundesregierung, S. 160 f.

[2256] Dazu *K. A. Schachtschneider*, Res publica res populi, S. 441 ff., 454 ff., 461 ff., 466 ff., 478 ff.; 6. Kap., I.

[2257] Dazu Hinweise in Fn. 1729, 2144, 2192.

[2258] St. Rspr.; vgl. die Hinweise in Fn. 2255; dazu *K. A. Schachtschneider*, Umweltschutz, S. 334 f.

[2259] BVerfGE 7, 377 (405 ff.); 19, 330 (336 f.); 46, 120 (138); *R. Breuer*, HStR, Bd. VI, § 147, Rdn. 59; *ders.*, Die staatliche Berufsregelung und Wirtschaftslen-

der Berufswahlfreiheit ist durch den Gesetzesvorbehalt relativiert und büßt dadurch seine subjektiv-rechtliche Qualität als unmittelbares Abwehrrecht gegen den Staat (i. e. S.) ein; denn ein solches setzt eine bestimmte, d. h. eine interpretativ bestimmbare Materialität voraus. Wegen des Gesetzesvorbehalts bestimmt aber, wenn auch objektiv-rechtlich der Leitentscheidung für die Berufsfreiheit verpflichtet, der Gesetzgeber, unter welchen Voraussetzungen der Beruf, der Arbeitsplatz und die Ausbildungsstätte frei gewählt werden können. Es bleibt nur, aber immerhin das Recht auf eine vernünftige Gesetzgebung über die Wahl des Berufes usw. Dieses Recht ist nicht identisch mit dem Recht, den Beruf usw. „frei zu wählen". Den subjektiven Schutz der objektiven Dimension zieht das Bundesverfassungsgericht, zumal durch die zunehmende Ausdehnung der Spielräume des Gesetzgebers[2260], extrem im Euro-Beschluß[2261], zudem in Zweifel.

Der Grundrechtsbegriff der Berufswahl muß allerdings restriktiv interpretiert werden. Berufszulassungsvoraussetzungen, etwa Prüfungen, müssen staatlich vorgeschrieben werden dürfen. Deren Regelung fällt unter Satz 2 der Vorschrift, die es erlaubt, durch Gesetz oder aufgrund eines Gesetzes auch die Voraussetzungen für die Ausübung des gewählten Berufes zu regeln[2262], wenn nicht unter die allgemeine Freiheit des Art. 2 Abs. 1 GG, was konzeptionell, prozedural und material keinen Unterschied macht. Das Wort „frei" in Satz 1 des Art. 12 Abs. 1 GG gibt dem Staat nicht die Regelungsbefugnis, wie das mit dem Begriff frei im allgemeinen verbunden ist[2263]. Eine solche Interpretation verbietet nicht nur der Rang des Berufs und damit der Berufswahlfreiheit für die Persönlichkeit des Menschen, sondern sie widerspricht auch dem Wortlaut des Grundrechts selbst, das die

---

kung, HStR, Bd. VI, § 148, Rdn. 6 ff.; *R. Scholz*, in: Maunz/Dürig, GG, Art. 12, Rdn. 295; *K. A. Schachtschneider*, Umweltschutz, S. 334 f.

[2260] Etwa BVerfGE 89, 214 (234), Spielraum; 88, 203 (262), Einschätzungs-, Wertungs- und Gestaltungsspielraum; 90, 145 (173), Beurteilungsspielraum; 39, 210 (225), Handlungsspielraum; 95, 335 (350), Entscheidungsspielraum; 50, 290 (332), Prognosespielraum; 56, 54 (82), Erfahrungs- und Anpassungsspielraum; 95, 28 (38), Interpretationsspielraum; 99, 341 (353), Bewertungsspielraum; 96, 56 (66), Abwägungsspielraum; dazu *R. Alexy*, VVDStRL 61 (2002), S. 7 ff. (15 ff.); weitere Hinweise in Fn. 1997.

[2261] BVerfGE 97, 350 (367 f., 373 f.), „In diesem Bereich rechtlich offener Tatbestände weist das Grundgesetz die Entscheidungsverantwortlichkeiten Regierung und Parlament zu (Art. 23 Abs. 2 ff. GG)"; dazu *K. A. Schachtschneider*, Die Rechtsverweigerung im Euro-Beschluss des Bundesverfassungsgerichts, S. 274 ff.

[2262] Die Auswirkungen von Berufsausübungsregelungen auf die Berufswahl sind evident. Das gebietet die Zurückhaltung des Gesetzgebers bei derartigen Regelungen oder deren Verhältnismäßigkeit; auch BVerfGE 7, 377 (400 ff.) geht von diesem Zusammenhang aus; *K. Hesse*, Grundzüge des Verfassungsrechts, Rdn. 422, S. 163; *H. Lecheler*, VVDStRL 43 (1985), S. 59 f.

[2263] Dazu das 9. Kap. zur Freiheit der Kunst.

Wahl freistellt. Eine staatliche Regelung der Berufszulassung schließt aber die Wahl und damit auch die freie Wahl aus. Die Freiheit der Wahl soll die Wahl gerade nicht einem allgemeinen Gesetz unterwerfen, sondern der Alleinbestimmtheit überlassen. Freilich muß die Wahl frei im Sinne des Art. 2 Abs.1 GG sein, insbesondere dem Sittengesetz genügen. Die Sittlichkeit der Wahl ist aber Gewissenssache. Das Recht zur Wahl des Berufs steht nach Art. 12 Abs. 1 GG allein dem einzelnen Deutschen zu, der allerdings die staatlich regelbaren Voraussetzungen für die Berufsausübung erfüllen muß. Nur müssen diese Voraussetzungen für alle gleich sein. Bedürfnisprüfungen sind verfassungswidrig[2264].

Die Politik des Grundgesetzes, Privatheit zuzuteilen, hat das Bundesverfassungsgericht dadurch desavouiert, daß es Begriffe wesentlicher Grundrechte, beispielsweise den des Berufs in Art. 12 Abs. 1 GG, fast bis zur Unbestimmtheit ausgedehnt hat. Es definiert den Beruf als erlaubte Betätigung, die auf Dauer angelegt ist und dem Lebensunterhalt dient, jede auf Erwerb gerichtete erlaubte Beschäftigung, die sich nicht in einem einmaligen Erwerbsakt erschöpft[2265]. Demgegenüber ist der Beruf das Erlernte und Gekonnte, die Profession[2266]. Wegen der Auflösung des Berufsbegriffs mußte das Gericht die Verteilung der Staatlichkeit und der Privatheit selbst, rechtsprechend und zugleich funktional gesetzgebend, übernehmen. Das hat etwa zum Numerus-clausus-Urteil[2267] geführt, welches das Recht der Berufswahl, die Art. 12 Abs. 1 S. 1 GG eindeutig dem einzelnen Bürger zuweist, empfindlich einschränkt, obwohl auch andere Regelungen eine tragfähige Steuerung der Berufswünsche zu leisten vermöchten, ohne daß die Privatheit in dem Kernbereich der Persönlichkeitsentfaltung, der Berufsentscheidung, eingeschränkt würde.

[2264] Vgl. BVerfGE 7, 377 (397 ff.) für die Apotheken; BVerfGE 11, 168 (178 ff.) für den Gelegenheitsverkehr mit Mietwagen und Droschken; BVerfGE 11, 30 (44 ff.) für Ärzte; BVerfGE 12, 144 (147) für Zahnärzte; *H.-J. Papier*, HVerfR, S. 824; *R. Scholz*, in: Maunz/Dürig, GG, 1981, Rdn. 351 ff. zu Art. 12; *K. A. Schachtschneider/A. Emmerich-Fritsche*, Das Unrecht gegenüber den Vertragsärzten in der Gesetzlichen Krankenversicherung, nicht veröffentlicht, S. 177 ff.

[2265] I.d.S. BVerfGE 7, 377 (397); 19, 330 (336 f.); 30, 292 (334); 50, 290 (362); 54, 301 (313); 59, 302 (315); 75, 284 (292); 82, 209 (223); 97, 228 (252 f.); i.d.S. auch BVerwGE 71, 183 (189); 87, 37 (39); *K. A. Schachtschneider*, Produktwarnung der Bundesregierung, S. 115 ff.; *ders.*, Umweltschutz, S. 334 ff., 339 ff.

[2266] Zur Geschichte des Berufsbegriffs *W. Conze*, Beruf, in: O. Brunner/ W. Conze/R. Koselleck (Hrsg.), Geschichtliche Grundbegriffe, Historisches Lexikon zur politisch-sozialen Sprache in Deutschland, Bd. 1, 1972/79, S. 490 ff.; *K. A. Schachtschneider*, Produktwarnung der Bundesregierung, S. 118; *ders.*, Streik im öffentlichen Dienst, S. 296.

[2267] BVerfGE 33, 303 ff.; vgl. auch BVerfGE 39, 258 ff.; 43, 291 ff.; 66, 155 ff. u.ö.; dazu (kritisch) *R. Breuer*, HStR, Bd. VI, § 147, Rdn. 76 ff.; *R. Scholz*, in: Maunz/Dürig, GG, Rdn. 430 ff. zu Art. 12.

2. Es sind vor allem ökonomische Gegebenheiten, insbesondere die wirtschaftlichen Erfolge hinreichend unabhängigen Unternehmertums in einer wettbewerblichen Marktwirtschaft, aber auch die Zwänge der globalen Integration der Wirtschaft[2268], und durchaus auch die um des sozialen Friedens willen notwendige und durch Art. 9 Abs. 3 GG verfassungsgeschützte Tarifautonomie[2269], welche staatliche Reglementierung des gemeinsamen Lebens verhindern, nicht wesentlich die Grundrechte. Das Grundgesetz hat zwar die Gewerbefreiheit[2270] entgegen der großen Geschichte des § 1 GewO nicht in den Grundrechtstext aufgenommen, schützt aber implizit vor allem durch die Eigentumsgewährleistung des Art. 14 Abs. 1 GG, aber auch durch die allgemeine Freiheit des Art. 2 Abs. 1 GG und durchaus im Rahmen der Berufsfreiheit mittels Art. 12 Abs. 1 GG die Unternehmer- oder Unternehmensfreiheit[2271], welche den Unternehmern eine Privatheit als Recht zu un-

---

[2268] Dazu *A. G. Scherer*, Multinationale Unternehmen und Globalisierung, S. 1 ff., 78 ff.; *D. I. Siebold*, Die Welthandelsorganisation und die Europäische Gemeinschaft, S. 147 ff., 266 ff.; *K. A. Schachtschneider*, Grenzen der Kapitalverkehrsfreiheit, S. 297 ff., 305 ff.

[2269] Dazu *K. A. Schachtschneider*, Streik im öffentlichen Dienst, S. 216 ff.; *ders.*, Flächentarife und die Soziale Frage, in: R. Krause/W. Veelken/K. Vieweg (Hrsg.), Recht der Wirtschaft und Arbeit in Europa, Gedächtnisschrift W. Blomeyer, 2004, S. 245 ff.

[2270] Dazu kritisch *K. A. Schachtschneider*, Umweltschutz, S. 336 ff.; *ders.*, Produktwarnung der Bundesregierung, S. 114 ff., 119 ff.; *ders./A. Emmerich-Fritsche/ D. I. Siebold*, Grundlagen des Gewerberechts, S. 2 ff.

[2271] Dazu *H.-J. Papier*, HVerfR, S. 825 f., 832 ff.; *ders.*, Unternehmen und Unternehmer in der verfassungsrechtlichen Ordnung der Wirtschaft, VVDStRL 35 (1977), S. 99 ff.; *R. Scholz*, in: Maunz/Dürig, GG, Rdn. 115, 130, 136 f. zu Art. 12; *K. A. Schachtschneider*, Staatsunternehmen und Privatrecht, S. 353 ff.; *ders.*, Umweltschutz, S. 334 ff., 342 ff., 353 ff.; *ders.*, Produktwarnung der Bundesregierung, S. 120 ff., 187 ff.; *ders.*, Grenzen der Kapitalverkehrsfreiheit, S. 263 ff. Wer aus Art. 12 Abs. 1 GG eine allgemeine Unternehmensfreiheit herauslesen will, verwechselt entgegen Art. 55 Abs. 2 und Art. 66 GG Beruf und Gewerbe; insb. das BVerwG, etwa BayVBl. 1992, 504 (505) unter überzogener Berufung auf BVerfGE 32, 311 (317); 46, 120 (137 f.); Art. 14 Abs. 1 GG regelt das Eigentum und eigentlich nicht das Unternehmen (vgl. BVerfGE 51, 193 (221 f.); 66, 116 (144); 68, 193 (222 f.); 77, 84 (118); 84, 212 (232)), aber das gewohnheitsrechtlich anerkannte unterverfassungsgesetzliche Recht am eingerichteten und ausgeübten Gewerbebetrieb (BGHZ 3, 270 (278 ff.); 23, 157 (162 ff.); 29, 65 (67); 45, 296 (307); 65, 325 (328); 67, 190 (192); 81, 21 (33); 86, 152 (156); 92, 34 (37); 98, 341 (351); st. Rspr.) führt zum grundrechtlichen Schutz dieses Rechts; weitgehend BVerfGE 22, 380 (383); das Gericht läßt es in ständiger Praxis offen, ob Art. 14 Abs. 1 GG ein Recht am eingerichteten und ausgeübten Gewerbe schützt, vgl. BVerfGE 51, 193 (222 f.); 66, 116 (145); 68, 193 (222 f.); 77, 84 (118); 84, 212 (232); in BVerfGE 1, 264 (277 f.) ist dem eingerichteten Gewerbebetrieb, jedenfalls des Eigenunternehmers, noch die Eigentumsqualität zugesprochen worden; vgl. auch BVerfGE 13, 225 (229) 22, 380 (386); der Bundesgerichtshof sieht der Sache nach das Unternehmen und die unternehmerische Betätigung durch Art. 14 Abs. 1 GG geschützt.; vgl.

ternehmerischer Willkür beläßt. Alle Grundrechte, zumal die Vereinigungsfreiheit, stärken die Unternehmer(ens)freiheit, jedenfalls gebieten sie dem
Gesetzgeber, sachgerechte subjektive Rechte unternehmerischer Privatheit
zu begründen, insbesondere das Recht, unternehmerische Verträge zu schließen, jeweils nach Maßgabe der allgemeinen Gesetze. Die unbenannten Freiheiten[2272] sind die dogmatische Konsequenz der allgemeinen Handlungsfreiheit, als welche das Bundesverfassungsgericht das allgemeine Freiheitsprinzip des Art. 2 Abs. 1 GG (liberalistisch) praktiziert[2273].

Vielfalt und Interesse der Unternehmer haben sich wegen des damit verbundenen Wettbewerbs als effizient für den allgemeinen Wohlstand erwiesen. Das unternehmerische Handeln steht (besser: stand) weitestgehend zur
Disposition des Gesetzgebers und die Früchte der Unternehmer können
(konnten) von dem Gemeinwesen in großem Umfang in Anspruch genommen werden[2274]. Als Wettbewerbsfreiheit weist das Bundesverfassungsgericht neuerdings die Unternehmensfreiheit in die Grenzen des staatlich
gestalteten Wettbewerbs, ohne daß die staatliche Ingerenz, etwa durch Information der Öffentlichkeit (Produktwarnung), auch nur als Eingriff in die
Berufsfreiheit anerkannt würde[2275]. Mittels Art. 14 Abs. 1 GG, der Eigentumsgewährleistung, schützt die Praxis die Unternehmen vor einer übermäßigen Minderung der Unternehmenssubstanz durch staatliche Maßnahmen,

---

BGHZ 3, 270 (279); 29, 65 (69); interpretationsbedürftig i.d.S. BGHZ 78, 41
(42 ff.); 98, 341 (351); vgl. *H.-J. Mertens*, Münchener Kommentar zum BGB,
§ 823, Rdn. 485; so auch BVerwGE 62, 224 (226); 67, 84 (92); 67, 93 (96); so
auch *W. Leisner*, HStR, Bd. VI, § 149, Rdn. 108 ff.; *P. Badura*, HVerfR, S. 387 ff.;
H.-J. Papier, in: Maunz/Dürig, GG, 2002, Art. 14, Rdn. 95 ff., 220. Weitgehend
i.S. einer Unternehmensfreiheit jetzt BVerfGE 105, 252 (265 ff.); 106, 275 (298 f.).

[2272] Vgl. die Hinweise in Fn. 2189.

[2273] Hinweise in Fn. 1650, 1652; 6. Kap., I, 1.

[2274] Vgl. BVerfGE 38, 61 (81 ff.); 50, 290 (341 f.); 63, 312 (327); 63, 343 (368);
70, 219 (230); 72, 200 (248); 78, 232 (243); 84, 154 (190); 93, 121 (134 ff.); vgl.
auch BVerfGE 95, 267 (300 f.), Altschuldenurteil; Grenzen des Besteuerungsrechts
hat BVerfGE 93, 121 (137 f.) aufgezeigt (Hälftigkeitsprinzip); dazu *R. Scholz*, in:
Maunz/Dürig, GG, Rdn. 415 ff. zu Art. 12; *H.-J. Papier*, Die Beeinträchtigungen
der Eigentums- und Berufsfreiheit durch Steuern vom Einkommen und Vermögen,
Der Staat 11 (1972), S. 483 ff.; *W. Leisner*, HStR, Bd. VI, § 149, Rdn. 124 ff.;
ders., Steuer- und Eigentumswende – die Einheitswertbeschlüsse des Bundesverfassungsgerichts, NJW 1995, 2591 ff. (2592, 2594 f.); *P. Kirchhof*, Besteuerung und
Eigentum, VVDStRL 39 (1981), S. 234 ff.; *H. H. v. Arnim*, daselbst, S. 311 ff.;
P. Badura, HVerfR, S. 351 ff.; *K. A. Schachtschneider*, Steuerverfassungsrechtliche
Probleme der Betriebsaufspaltung und der verdeckten Gewinnausschüttung, Rechtsgrundsätze versus Gerichtspraxis, 2004, S. 57 ff.; vgl. auch *ders.*, Grenzen der Kapitalverkehrsfreiheit, S. 263 ff., 289 ff.

[2275] BVerfGE 105, 252 (265 ff.); 106, 275 (298 f.); dazu kritisch *K. A. Schachtschneider*, Produktwarnung der Bundesregierung, S. 120 ff., 137 ff., insb. S. 161 ff.;
sehr zurückhaltend *U. Di Fabio*, in: Maunz/Dürig, GG, Art. 2 Abs. 1, Rdn. 117 ff.

insbesondere durch Auferlegung von erdrosselnden Geldleistungspflichten[2276]. Nach Art. 15 GG kommt sogar die (sogenannte) Sozialisierung der Produktionsmittel in Betracht[2277]. Der Gesetzgeber hält sich aber zurück, weil das Gemeinwesen bestmögliche Leistungen der Unternehmer oder der Unternehmen benötigt und darum daran interessiert ist, die Unternehmer, genauer, die Unternehmensleiter in der globalisierten Wirtschaft nicht zum Standortwechsel zu veranlassen. Weitgehend sehen sich die handelnden Politiker genötigt, sich (namens des Volkes) dem Diktat der den internationalen Anlegern verantwortlichen Unternehmensleiter zu beugen, wenn ihre zunehmend gegen die Völker gerichteten Maßnahmen nicht gar durch Korruption motiviert sein sollten. Der Neokapitalismus folgt den weltweiten Anlegerinteressen (shareholder-value), die in Banken, Versicherungen, Fonds, Pensionskassen mächtige Institutionen haben, und ideologisiert die neue Expropriation als allokationsoptimierenden Wettbewerb oder gar Freihandel, gestützt auf einen fast grenzenlosen Kapitalverkehr, dem die Politik den Weg geebnet hat (insb. Art. 56 EGV)[2278]. Die Expropriation vollzieht sich dadurch, daß den Staaten und dadurch den Völkern die Ressourcen für die Wohlfahrtspolitik entzogen werden; denn das Vermögen der Bürger sind in den in hohem Maße verstaatlichten Lebensverhältnissen (fast 50% Staatsquote am Bruttosozialprodukt) die sozialen Rechte gegenüber dem Staat, insbesondere die Rentenansprüche, die der Staat über kurz oder lang nicht mehr wird bedienen können[2279]. Der internationale Standortwettbewerb zwingt die Staaten, die Unternehmenskosten der Steuern, Abgaben und Beiträge zu senken. Die sozialen Nöte bleiben den Völkern. Die Staaten fordern den Dienst der Unternehmen für die Völker (vgl. Art. 151 Abs. 1 BayVerf) nicht mehr ein. Die großen Unternehmen entziehen sich zunehmend der Staatlichkeit ihrer Maximen, obwohl sie eine res publica und darum eine res populi sind. Auch die Bürgerschaften sind gewisser-

---

[2276] BVerfGE 14, 221 (241); 38, 61 (102); 70, 219 (230); 78, 232 (243); 82, 159 (190); 93, 121 (137 f.); 95, 267 (300 f.); dazu *H.-J. Papier*, in: Maunz/Dürig, GG, Rdn. 165 ff. zu Art. 14; *P. Badura*, HVerfR, S. 287 ff.; weitergehend *W. Leisner*, HStR, Bd. VI, § 149, Rdn. 110; kritisch *K. A. Schachtschneider*, Staatsunternehmen und Privatrecht, S. 347 ff., 353 ff.; *ders. (O. Gast)*, Sozialistische Schulden nach der Revolution, S. 175 ff.; *ders.*, Produktwarnung der Bundesregierung, S. 187 ff.; *ders.*, Konkurrentenklage, S. 467 ff. vgl. gegen die Relevanz des Art. 14 GG gegenüber dem Steuerstaat BVerfGE 4, 7 (17); 8, 274 (330); st. Rspr.; offener aber BVerfGE 50, 57 (104 f.); 93, 121 (137 f.); dazu weitere Hinweise in Fn. 2274.

[2277] Dazu sehr restriktiv *H.-J. Papier*, HVerfR, S. 807 f.; *ders.*, VVDStRL 35 (1977), S. 84 ff.

[2278] Dazu *K. A. Schachtschneider*, Grenzen der Kapitalverkehrsfreiheit, S. 253 ff.; *ders.*, Demokratische und soziale Defizite der Globalisierung, S. 668 ff.

[2279] Vgl. *H.-W. Sinn*, Ist Deutschland noch zu retten? 2004, S. 545 ff. (u. ö.), der Rettungsvorschläge unterbreitet.

maßen Eigentümer der Unternehmen in ihrem Land, nicht nur die Aktionäre[2280]. Art. 14 Abs. 2 GG und noch mehr Art. 15 GG machen die Einbindung der Unternehmen in die Republik deutlich. Eine Unternehmensfreiheit, die das Recht geben sollte, das Volk in Not zu bringen oder gar auszubeuten, wäre ein liberalistisches Mißverständnis[2281]. Wenn der Internationalismus entstaatlicht und damit entdemokratisiert und entsozialisiert, ist er mit den Prinzipien einer Republik unvereinbar. Privatheit muß sich in den Gemeinsinn, in die Brüderlichkeit, in die Sittlichkeit der Republik einfügen; denn ihr Prinzip ist das Sittengesetz.

Die jeweilige Grenzziehung zwischen unternehmerischer Privatheit und staatlicher Ingerenz durch Gesetz, also zwischen privatem Willkürrecht und staatlicher Verantwortung für das Gemeinwohl, ist allein eine Frage der praktischen Vernunft, wenn man so will, ein Frage des rechten Maßes[2282], der Zweckmäßigkeit also, somit eine Frage der Politik. Grundrechte, jedenfalls in dem lebenswichtigen Bereich der Wirtschaft, die der Politik für das gemeine Wohl Befugnisse verwehren könnten, sind nicht geschrieben und wären republikwidrig. Die Eigentumsgewährleistung, welche den Unternehmern grundrechtlichen Schutz gibt, verwirklicht sich in sozial gerechter, praktisch vernünftiger Gesetzlichkeit[2283], aber eben in Gesetzlichkeit. Jede unternehmensrechtliche Maßnahme des Staates muß vor den für die Wirtschaft maßgeblichen Grundrechten gerechtfertigt werden und bedarf der Grundlage im Gesetz[2284]. Aus der Verantwortung der Unternehmer folgt die nationale Fragwürdigkeit der gemeinschaftsrechtlichen Grundfreiheiten, die sich weitgehend als Unternehmensfreiheiten auswirken, solange nicht die Gemeinschaft den Unternehmern Grenzen des Gemeinwohls gezogen hat. Diese Grenzen folgen aber dem Prinzip des Gemeinschaftswohls, dessen Definition angesichts der unvollkommenen Staatlichkeit in der Europäischen Union[2285] die praktische Vernunft strukturell verfehlen muß. Insbesondere

---

[2280] Dazu *K. A. Schachtschneider*, FS H. Steinmann, S. 409 ff.; *ders.*, Grenzen der Kapitalverkehrsfreiheit, S. 319 ff.; dazu auch 10. Kap., VI.

[2281] *K. A. Schachtschneider*, Grenzen der Kapitalverkehrsfreiheit, S. 263 ff., 289 ff.; *ders.*, Demokratische und soziale Defizite der Globalisierung, S. 668 ff.; *P. Ulrich*, Der entzauberte Markt, S. 72 ff., 99 ff., 158 ff.

[2282] I. d. S. BVerfGE 7, 377 (397 ff.); 77, 84 (105 ff.); dazu *K. A. Schachtschneider*, Prinzipien des Rechtsstaates, S. 337 ff. (339), 342 ff.; zum Prinzip des rechten Maßes als praktischer Vernunft 7. Kap., II, 2, 3.

[2283] Dazu 10. Kap., III.

[2284] *K. A. Schachtschneider*, Produktwarnung der Bundesregierung, S. 114 ff., insb. S. 137 ff., 181 ff., 187 ff., 201 f., 202 f.

[2285] *W. Hankel u. a.*, Die Euro-Klage, S. 256 ff.; *K. A. Schachtschneider*, Entstaatlichung Deutschlands und Entrechtlichung Europas, in: W. Hankel/W. Nölling/ K. A. Schachtschneider/J. Starbatty, Die Euro-Illusion. Ist Europa noch zu retten? 2001, S. 39 ff.

die Europäische Sozialunion[2286] ist nicht entwickelt. Sie wäre endgültig die existentielle Staatlichkeit Europas, der die Verfassungsgrundlage fehlt[2287]. Das Gemeinwesen ist für den Erfolg der Wirtschaft verantwortlich. Es teilt diese Verantwortung mit den Unternehmern und mit den Arbeitnehmern[2288], die institutionell und weitgehend funktional privat tätig sind. Die Privatheit der unternehmerischen Wirtschaft in staatlicher Verantwortung ist ein bewährtes Ordnungsmodell der Volkswirtschaft und die dem Privatheitsprinzip folgende Wirtschaftsverfassung des Grundgesetzes, dem der marktlichen Sozialwirtschaft[2289]. Diese wird durch das wirtschaftsverfassungsrechtliche Effizienzprinzip der Europäischen Gemeinschaft, der Marktlichkeit und damit der bestmöglichen Wettbewerblichkeit der unternehmerischen Wirtschaft einerseits gestützt, andererseits aber durch die neoliberale Ausrichtung des primären und sekundären Gemeinschaftsrechts gefährdet. Jedes Unternehmen ist, wie gesagt, auch eine allgemeine Angelegenheit, eine res publica; denn der Unternehmer ist ein Bürger (oder muß wie ein Bürger handeln), dessen Handeln staatlich und privat bestimmt ist. Das gilt ebenso für die Gesellschaften, die Unternehmen betreiben, weil diese (normalerweise) eine Vielheit von Unternehmern vereinen, die Gesellschafter[2290]. Immer verwirklicht das legale private Handeln auch die allgemeinen Gesetze und damit die allgemeine Freiheit, immer dient es dem Gemeinwohl und dem besonderen, privaten Wohl, schon weil die Privatheit auf staatlichen, d.h. allgemeinen, Gesetzen beruht, wenn denn das Gemeinwesen ein Rechtsstaat ist.

3. a) Der Wettbewerb unter den Privaten, insbesondere den Unternehmen, kann nur hingenommen werden, wenn er durch staatliche Gesetze moderiert wird. Dem dient das Gesetz gegen den unlauteren Wettbewerb.

[2286] Vgl. *J. Ringler*, Die europäische Sozialunion, 1997; vgl. auch *K. A. Schachtschneider*, Verfassungsklage Dr. P. Gauweiler, 2. Teil, C.

[2287] Dazu *K. A. Schachtschneider*, Die Republik der Völker Europas, S. 161 ff., 170 ff., 174 ff.; auch *ders.*, Die existentielle Staatlichkeit der Völker Europas, S. 111 ff.; *ders.*, FS W. Nölling, S. 297 ff., 308 ff.; *ders.*, Verfassungsklage Dr. P. Gauweiler, 2. Teil, A.

[2288] Dazu *K. A. Schachtschneider*, Flächentarife und die Soziale Frage, GS W. Blomeyer, 2004, S. 245 ff.

[2289] Dazu *K. A. Schachtschneider*, Grenzen der Kapitalverkehrsfreiheit, S. 289 ff.; *ders.*, Wirtschaftliche Stabilität als Rechtsrinzip, S. 314 ff.; *ders.*, Martkliche Sozialwirtschaft, FS W. Lachmann, S. 41 ff.

[2290] Nicht die Gesellschaften sind die Unternehmer, schon gar nicht die Angestellten, auch nicht die Vorstände, sondern die Gesellschafter; die Gesellschaften bieten eine Form unternehmerischer Zusammenarbeit, tragen die Unternehmung aber nur rechtstechnisch, nicht personal. Handeln können nur Menschen, nicht juristische Personen. Die Angestellten handeln im Namen der Gesellschaften und damit (mittelbar) der Gesellschafter; zum wenig geklärten Unternehmensbegriff *P. Saladin* und *H.-J. Papier*, Unternehmen und Unternehmer in der verfassungsrechtlichen Ordnung der Wirtschaft, VVDStRL 35 (1977), S. 8 ff., S. 56 ff.

Zum anderen muß der Wettbewerb gefördert, ja geradezu erzwungen werden. Dem dient das Gesetz gegen Wettbewerbsbeschränkungen und das gemeinschaftsrechtliche Wettbewerbsrecht (Art. 81 ff. EGV). *Ernst-Joachim Mestmäcker* spricht vom „verwalteten Wettbewerb"[2291]. Der Wettbewerb ist ebenso eine staatliche wie eine private Angelegenheit des gemeinsamen Lebens. *Peter Badura* schreibt:

> „Für dieses Denken (sc. den „Neoliberalismus") ist der Wettbewerb nicht ein Naturvorgang, sondern eine Veranstaltung des Staates, d.h. einer die Wirtschaft beobachtenden und in ihr den unverfälschten Wettbewerb notfalls interventionistisch herstellenden Wirtschaftspolitik"[2292].

Freilich bedarf jede Ingerenz des Staates in den Wettbewerb, der in den wirtschaftlich einschlägigen Grundrechten nach Maßgabe von deren Schutzbereichen (Tatbeständen) Grundrechtsschutz findet, der gesetzlichen Grundlage[2293].

Weil der Wettbewerb unter günstigen Umständen Leistungen hervorragend zu motivieren, ja zu erzwingen vermag, kann er die richtige Einrichtung für die Bewältigung des gemeinsamen Lebens sein. Wettbewerb ergibt sich als Faktum menschlichen Lebens, der „ungeselligen Geselligkeit" der Menschen[2294]. Im Wettbewerb wahren die Wettbewerber die allgemeine Freiheit nicht nur dadurch, daß sie die Gesetze und die Regeln des lauteren Wettbewerbs (fast ein Jahrhundert lang als „gute Sitten" von § 1 UWG erfaßt) einhalten, sondern durch bestmöglichen Wettbewerb selbst; denn die allgemeinen Gesetze erlauben den Wettbewerb nicht nur, sondern schreiben

---

[2291] Der verwaltete Wettbewerb, 1984; so auch *H. H. Rupp*, HStR, Bd. II, § 31, Rdn. 42 f.; *F. Böhm*, Wettbewerb und Monopolkampf, S. 210 ff.; *W. Eucken*, Grundsätze der Wirtschaftspolitik, (hrsg. v. E. Eucken und K. P. Hensel), 6. Aufl. 1990, S. 241 ff., 325 ff.; *E. Hoppmann*, Zum Schutzobjekt des GWB. Die sogenannten volkswirtschaftlichen Erkenntnisse und ihre Bedeutung für die Schutzobjektdiskussion, in: E.-J. Mestmäcker (Hrsg.) Wettbewerb als Aufgabe. Nach zehn Jahren Gesetz gegen Wettbewerbsbeschränkungen, 1968, S. 61 ff.; *B. Rebe*, Privatrecht und Wirtschaftsordnung. Zur vertragsrechtlichen Relevanz der Ordnungsfunktion dezentraler Interessenkoordination in einer Wettbewerbswirtschaft, 1978, S. 173 ff., 176 ff., 182 mit Fn. 523; *K. A. Schachtschneider*, Staatsunternehmen und Privatrecht, S. 355, 393 f.; *ders.*, Res publica res populi, S. 396 f.; *U. Penski*, Zum Verhältnis von Markt und Staat in der Ordnung der Europäischen Union, in: H. Jenkis (Hrsg.), Freiheit und Bindung der Wirtschaft – Beiträge zur Ordnungspolitik, FS B. Gemper (70.), 2006, S. 157 ff. (S. 167 ff., 173 ff.); dazu auch 10. Kap., V.

[2292] VVDStRL 23 (1966), S. 78, für das „Konzept der Europäischen Verträge"; vgl. *ders.*, Wirtschaftsverwaltungsrecht, in: E. Schmidt-Aßmann (Hrsg.), Besonderes Verwaltungsrecht, 12. Aufl. 2003, S. 252 ff. (insb. Rdn. 7); vgl. (kritisch) *P. Ulrich*, Der entzauberte Markt, S. 168 f.

[2293] Hinweise in Fn. 2275, 1335.

[2294] *Kant*, Idee, S. 37, zur Natur des zwieträchtigen Menschen, der Eintracht will und „mißgünstig wetteifert", daselbst, S. 38; dazu i.d.S. auch *H. Krüger*, Allgemeine Staatslehre, S. 454 ff., 461 ff.

ihn vor. Marktlichkeit und Wettbewerblichkeit verwirklichen wegen ihrer Gesetzlichkeit und im Rahmen der Gesetze die allgemeine Freiheit und dienen demgemäß dem guten Leben aller. Das Gemeinwohl sieht *Josef Isensee* aus „dem offenen Wettbewerb der privaten Egoismen ... nach liberaler Erwartung hervorgehen, als objektiven Effekt"[2295]. Richtig ist das Gemeinwohl die verwirklichte Gesetzlichkeit, aber der Wettbewerb verwirklicht das Rechtsprinzip Wettbewerb, wie u. a. Art. 3a EGV in der Fassung des Maastricht-Vertrages (Art. 4 Amsterdamer Fassung) expliziert, der die Wirtschaftspolitik der Mitgliedstaaten und der Gemeinschaft (u. a.) „dem Grundsatz einer offenen Marktwirtschaft mit freiem Wettbewerb" verpflichtet. Wettbewerb ist die Legalität der Marktwirtschaft und im Rahmen der Gesetze die der marktlichen Sozialwirtschaft[2296]. Diese Legalität kann freilich der „Hyperwettbewerb" der globalisierten Wirtschaft wegen seiner substantiellen Entstaatlichung, wegen der Korrumpierung der Marktwirtschaft durch den „Besitzindividualismus", nicht für sich beanspruchen[2297]. Dieser ist vielmehr ein „globaler Wirtschaftskrieg"[2298].

b) Der Wettbewerb staatlicher Dienste kann deren Niveau nivellieren, wenn die Einrichtungen von der Nachfrage und damit von den Interessen der Bürger abhängen; denn im Wettbewerb gewinnt der Leistungsnachfrager die Möglichkeit, zu entscheiden, welches Leistungsangebot das für ihn bessere sei[2299]. Den Leistungsabfall zeigen die sogenannten öffentlich-rechtlichen Rundfunkanstalten, seit dem Wettbewerb mit den privaten Rundfunkveranstaltern um die Einschaltquoten, aber auch die kommunalen Theater, die staatlichen Schulen, usw. Keinesfalls sichert Wettbewerb den bestmöglichen Dienst des Staates für das gemeine Wohl, weil wettbewerbsspezifi-

---

[2295] HStR, Bd. III, § 57, Rdn. 29.

[2296] Dazu Hinweise in Fn. 2289; dazu *K. A. Schachtschneider*, Verfassungsklage Dr. P. Gauweiler, 2. Teil, C.

[2297] *M. Kriele*, Einführung in die Staatslehre, 6. Aufl. 2003, S. 160 ff.; *K. A. Schachtschneider*, Grenzen der Kapitalverkehrsfreiheit, S. 289 ff., 308 ff.; *ders.*, Demokratische und soziale Defizite der Globalisierung, S. 668 ff.; *Th. Tiefel*, Der neue Wettbewerb und die neuen Kriege. Eine vergleichende Analyse, in: ders. (Hrsg.), Patent- und Schutzrechtsmanagement in Zeiten des Hyperwettbewerbs, 2005, S. 1 ff.; *ders./Ph. Haas*, Patentbasierte Strategien zum Einsatz im Hyperwettbewerb, daselbst, S. 33 ff.

[2298] *Th. Tiefel*, Der neue Wettbewerb und die neuen Kriege, S. 1 ff. (S. 22 ff.).

[2299] Zur Schiedsrichterfunktion des Nachfragers *B. Rebe*, Privatrecht und Wirtschaftsordnung, S. 153; *F. Böhm*, Wettbewerb und Monopolkampf, S. 274; *R. Knöpfle*, Der Rechtsbegriff „Wettbewerb" und die Realität des Wirtschaftslebens, 1966, S. 57; zum Prinzip des Leistungswettbewerbs *V. Emmerich*, Das Recht des unlauteren Wettbewerbs, 7. Aufl. 2004, S. 74 f.; *W. Hefermehl*, in: Baumbach/Hefermehl, Wettbewerbsrecht. Gesetz gegen den unlauteren Wettbewerb, Zugabeversicherung, Rabattgesetz und Nebengesetze, Kommentar, 19. Aufl. 2001, Allgemeines, Rdn. 22, 33, Einl. UWG, Rdn. 96 ff., UWG § 1, Rdn. 890, 909 ff.

sche Nachfragerwahlmöglichkeit die Macht zur Definition der staatlichen Leistung den vielen Nachfragern mit ihren besonderen Interessen überantwortet und der Einfluß derer, denen das Amt übertragen ist, das Gemeinwohl für alle zu definieren, wesentlich geschmälert ist. Nicht Schüler und deren Eltern etwa sollten das Anforderungsprofil der Schulen bestimmen, sondern der Staat und seine Schulen, weil und insoweit das von allgemeinem Interesse ist. Art. 6 Abs. 2 GG ergibt ein schulisches Sorgerecht der Eltern als ein Stück Privatheit, die vom Schulrecht zu gestalten und zu beachten ist[2300]. Die Klassen- und Schulgemeinschaften sind weitestgehend zufällig, so daß der Einfluß jedenfalls von interessenbestimmten Elternmehrheiten demokratierechtlich und damit freiheitlich/republikanisch Bedenken auslöst[2301]. Wenn der Wettbewerb unter den staatlichen Diensten zugelassen wird, werden diese in gewisser Weise einem privatwirtschaftstypischen Leistungsprinzip ausgeliefert, ohne daß dies auf verfassungsrechtliche Bedenken stößt, soweit die spezifische Staatlichkeit der Dienste, also deren Amtlichkeit, gewahrt bleibt. Ein Wettbewerb der Universitäten darf deren Wissenschaftlichkeit, also bestmögliche Forschung und Lehre, nicht beeinträchtigen[2302]. Seiner Veranstaltung sind somit enge Grenzen gesetzt, abgesehen davon, daß es ohnehin einen Wettbewerb der Wissenschaftler um Amt, Mittel, Ansehen und vor allem wissenschaftlichen Beitrag gibt. Keinesfalls aber darf die Sachgerechtigkeit des Prüfungswesens beeinträchtigt werden.

c) Ein Wettbewerb des Staates mit Privaten jedoch ist mit republikanischen Staatsprinzipien unvereinbar[2303], weil ein Gesetz, welches einen solchen Wettbewerb vorschreibt oder auch nur ermöglicht, den Staat privatisiert und damit dessen Allgemeinheit aufhebt. Der Staat ist rechtliche

---

[2300] Dazu *Th. Oppermann*, Schule und berufliche Ausbildung, HStR, Bd. VI, 1989, § 135, Rdn. 78 ff.; *H. F. Zacher*, Elternrecht, HStR, Bd. VI, 1989, § 134, Rdn. 44 ff., 86 ff.; *K. A. Schachtschneider*, Res publica res populi, S. 839 ff.; vgl. insb. BVerfGE 34, 165 ff.; 47, 46 ff.; auch BVerfGE 41, 29 (50); 41, 88 (106 f.); 52, 223 (236); 53, 185 (195 ff.); 59, 360 (380 ff.); 93, 1 (17).

[2301] I.d.S. auch *H. F. Zacher*, HStR, Bd. VI, § 134, Rdn. 87 f., der auf den „individuellen Charakter des Elternrechts" hinweist, auch S. 271; ebenso *W. Zeidler*, Ehe und Familie, HVerfR, S. 565 ff.; BVerfGE 47, 46 (76): „Das Grundrecht aus Art. 6 Abs. 2 GG ist ein Individualrecht, das jedem Elternteil einzeln zusteht. Es kann nicht durch Mehrheitsbildung ausgeübt werden."

[2302] Dazu *K. A. Schachtschneider*, Die Universität in der Republik, 2000, in: ders., Freiheit – Recht – Staat (hrsg. v. D. I. Siebold/A. Emmerich-Fritsche), 2005, S. 259 ff.

[2303] *K. A. Schachtschneider*, Staatsunternehmen und Privatrecht, insb. S. 281 ff.; *ders.*, Der Anspruch auf materiale Privatisierung, S. 300 ff.; *ders.*, Konkurrentenklage, S. 508 ff.; folgend *W. Löwer*, VVDStRL 60 (2001), S. 418 ff., 444 ff.; vgl. auch *U. Schliesky*, Öffentliches Wettbewerbsrecht, 1997, S. 78 ff.; weitestgehend gemäß der Praxis a. A. *U. Di Fabio*, in: Maunz/Dürig, GG, Art. 2 Abs. 1, Rdn. 119 ff., aber durchaus unsicher.

Gesetzlichkeit und damit die Exekutive Vollzug von Gesetzen[2304], deren Tatbestände bestimmte oder nach Prinzipien der Sachlichkeit bestimmbare Begriffe enthalten müssen, schon um dem demokratierechtlichen Bestimmtheitsprinzip zu genügen[2305]. Staatliche Exekutive darf (private) Unternehmen nicht verdrängen, aber sich auch nicht von Privaten verdrängen lassen. Staatliche Einrichtungen unterliegen vielmehr wegen des Privatheitsprinzips dem Subsidiaritätsprinzip[2306]. Im übrigen mangelt es staatlichen Einrichtungen aus manchen Gründen, insbesondere wegen der Gesetzgebungsbefugnis des Staates, an der Gleichheit mit den (privaten) Unternehmen, welche Wettbewerb im freiheitlichen, also rechtlichen Sinne erst ermöglicht[2307]. Dennoch betreiben Bund, Länder und Kommunen eine Politik der formellen Privatisierung[2308], die vielfältige Zwecke verfolgt, insgesamt die Flucht aus dem staatsadäquaten Recht, auch wegen (vermeintlich) gemeinschaftsrechtlicher Zwänge, die mit Art. 86 EGV verbunden sind[2309]. Die Verzerrung der Begriffe des Hoheitlichen, des Unternehmerischen und des Wettbewerblichen haben diesen Irrweg ermöglicht, von dem man nur hoffen kann, daß er durchgehend der Weg zur materiellen Privatisierung bislang staatlicher Institutionen ist, soweit nicht die Wiederbelebung der institutionellen und funktionalen Staatlichkeit vorzuziehen ist. Das Staatliche darf einer Ideologie Wettbewerb nicht zum Opfer fallen. Wettbewerb im unternehmensrechtlichen Sinne setzt Privatheit voraus[2310].

d) Nirgends ist das Prinzip Wettbewerb uneingeschränkt nützlich, nirgends ist es aber auch uneingeschränkt umgesetzt oder auch nur akzeptabel[2311]. Die Rechtsprechung beispielsweise arbeitet ohne Wettbewerb und muß um des Rechts willen auch unabhängig von wettbewerblichen Elementen bleiben. Es ist somit eine Frage der Politik, in welchem Maße das

---

[2304] *K. A. Schachtschneider*, Prinzipien des Rechtsstaates, S. 149 ff.

[2305] *K. A. Schachtschneider*, Prinzipien des Rechtsstaates, S. 273 ff.

[2306] *K. A. Schachtschneider/A. Emmerich-Fritsche*, Kommunaler Wettbewerb, S. 68 ff., 78 f.; *K. A. Schachtschneider*, Der Anspruch auf materiale Privatisierung, S. 67 ff., 140 ff., 147 ff., 177 ff., u.ö.; so auch *U. Di Fabio*, in: Maunz/Dürig, GG, Art. 2 Abs. 1, Rdn. 122.

[2307] Zum Ganzen *K. A. Schachtschneider*, Staatsunternehmen und Privatrecht, S. 322 ff.

[2308] Dazu die Hinweise in Fn. 2204.

[2309] Dazu *S. Storr*, Der Staat als Unternehmer, S. 255 ff.; vgl. auch Fn. 2184.

[2310] *K. A. Schachtschneider*, Staatsunternehmen und Privatrecht, S. 281 ff.; *ders.*, Der Anspruch auf materiale Privatisierung, S. 300 ff., 306 ff., 313 ff.; *ders.*, Konkurrentenklage, S. 508 ff.

[2311] Zur Kritik des Modells Wettbewerb *H. Krüger*, Allgemeine Staatslehre, S. 467 ff., 473 ff., der sich richtig gegen die „Vergötzung des Modells" ausspricht (S. 473); i.d.S. auch *H. Albert*, Das Ideal der Freiheit und das Problem der sozialen Ordnung, 1994, S. 45 ff.; zum „Hyperwettbewerb" *Th. Tiefel*, Der neue Wettbewerb und die neuen Kriege, S. 1 ff.

Prinzip Wettbewerb Wirkung entfalten soll, zumal das Grundgesetz eine Wettbewerbsfreiheit als solche nicht schützt[2312]. Sie findet im Rahmen der wirtschaftlich bedeutsamen Freiheiten Grundrechtsschutz[2313].

VII. Tarifautonomie

Die Koalitionsfreiheit des Art. 9 Abs. 3 GG gebietet, den Tarifpartnern ein bestmögliches Recht einzuräumen, Tarifverträge zu schließen, um ihre Interessen auszugleichen. Das Tarifvertragsgesetz erfüllt diese Verpflichtung des Staates. Die Tarifautonomie ist als Koalitionsbetätigung durch die Koalitionsfreiheit geschützt, in ihrem Kern besonders intensiv, weil die Tarifverträge Sache der Tarifpartner sind[2314].

Der Begriff Tarifautonomie wird mit der Delegationslehre[2315] verbunden, welche die Tarifpartner als quasi staatliche Gesetzgeber dogmatisiert, die

---

[2312] *M. Kriele*, Einführung in die Staatslehre, 6. Aufl. 2003, S. 151 ff., 160 ff.; *R. Scholz*, Wettbewerbsrecht und öffentliche Hand, ZHR 132 (1969), 105; *ders.*, Wirtschaftsaufsicht und subjektiver Konkurrentenschutz. Insbesondere dargestellt am Beispiel der Kartellaufsicht, 1971, S. 25, 128 f., 172; vgl. BVerfGE 32, 311 (316); aber BVerwGE 17, 306 (309); 30, 191 (198); 60, 154 (159); 65, 167 (174); a. A. etwa *H.-J. Papier*, HVerfR, S. 834; *R. Stober*, Grundrechtsschutz der Wirtschaftstätigkeit, 1989, S. 35; *U. Di Fabio*, in: Maunz/Dürig, GG, Art. 2, Abs. 1, Rdn. 116 ff. (dogmatisch praktizistisch); dazu *K. A. Schachtschneider*, Staatsunternehmen und Privatrecht, S. 38 ff., 396 f.; *ders.*, Produktwarnung der Bundesregierung, S. 152 ff.

[2313] Vgl. die Hinweise zur Unternehmensfreiheit in Fn. 2271.

[2314] BVerfGE 4, 96 (106); 17, 319 (333 f.); 18, 18 (28 ff.); 20, 312 (317); 28, 295 (304); 38, 386 (393); 50, 290 (367 ff.); 57, 220 (246); 57, 220 (245 f.); 58, 233 (247 ff.). Seit BVerfGE 84, 212 (224, 228); 88, 103 (114 f.); 92, 26 (38, 45); 92, 365 (393, 395); 93, 352 (358 ff.); 94, 268 (283 ff.); 100, 214 (221 f.); 100, 271 (282 f.) ist nicht vom Kernbereich die Rede; vgl. die Klarstellung zur Kernbereichslehre in BVerfGE 93, 352 (358 ff.). BAGE 21, 201 (205); 48, 307 (311); *R. Scholz* in: Maunz/Dürig, GG, Rdn. 299 ff. zu Art. 9 Abs. III; *ders.*, HStR, Bd. VI, § 151, Rdn. 76 ff., 101 f.; *H.-J. Papier*, HVerfR, S. 830 ff.; *F. Farthmann/M. Coen*, Tarifautonomie, Unternehmensverfassung und Mitbestimmung, HVerfR, 2. Aufl. 1994, § 19, S. 832 ff., 878 ff.; *K. A. Schachtschneider*, Imperative Lohnleitlinien unter dem Grundgesetz, Der Staat 16 (1977), S. 493 ff., 505 ff.; *ders.*, GS W. Blomeyer, S. 245 ff., insb. S. 258 ff.; *ders.*, Streik im öffentlichen Dienst, S. 219 ff.; *M. Kemper*, in: v. Mangoldt/Klein/Starck, GG, Bd. 1, 5. Aufl. 2005, Art. 9 Abs. 3, Rdn. 147 ff.

[2315] Vgl. BAGE 1, 258 (262 f.); 4, 240 (250 f.); gestützt von BVerfGE 4, 96 (108); 18, 18 (26 ff.); 28, 295 (304 f.); 34, 307 (317 ff.); 44, 322 (341 ff.); 55, 7 (21); *A. Hueck/H. C. Nipperdey*, Lehrbuch des Arbeitsrechts, Zweiter Band, Kollektives Arbeitsrecht, Erster Halbband, bearbeitet von H. C. Nipperdey, 7. Aufl. 1967, S. 346 ff.; *F. J. Säcker*, Gruppenautonomie und Übermachtkontrolle im Arbeitsrecht, 1972, S. 241 ff., 265, 267 f., 348; ablehnend *R. Scholz*, Die Koalitionsfreiheit

dem Gemeinwohl verpflichtet seien, also befugt seien, namens der Allgemeinheit die richtigen Tarife zu erkennen und verbindlich zu machen[2316]. Sie sollen das Arbeitsleben „ordnen und befrieden"[2317]. Eine solche Beleihungsdogmatik verfehlt das Verfassungsgesetz, das private Verbände, schon weil diese nicht demokratisch legitimiert sind, nicht damit betraut und nicht damit betrauen darf, hoheitlich das Gemeinwohl zu definieren[2318]. Eine Befugnis, mit staatlicher Hoheit das Gemeinwohl zu bestimmen, vor allem, Gesetze zu geben, haben nur die Organe des Staates als die Vertretungen des ganzen Volkes (wenn nicht das Volk selbst durch Abstimmungen). Nur diesen ist (demokratisch) die Befugnis übertragen, im Namen des Volkes das allgemeine Interesse zu erkennen und durch Gesetze verbindlich zu machen[2319]. Die Tarifvertragsparteien sind weder der Staat noch Organe des Staates. Einer Delegation von Staatsgewalt auf Private bedarf es auch nicht, weil die Privaten, insbesondere die Gewerkschaften, über Gewalt verfügen; denn Handlungsmöglichkeiten sind Gewalt[2320]. Die privatheitlichen Tarifverträge, zumal die Flächentarife, bewirken wesentlich die soziale Befriedung des Gemeinwesens, jedenfalls vermochten sie das, solange die Volkswirtschaft nicht durch die Globalisierung weitgehend aufgelöst war[2321]. Private Gewaltausübung (Handeln) bedarf im übrigen der gesetzlichen Grundlage, um legal zu sein, nicht anders als die staatliche Gewaltausübung. In der Republik als Rechtsgemeinschaft steht alles Handeln unter

---

als Verfassungsproblem, S. 54 ff.; *ders.*, HStR, Bd. VI, § 151, Rdn. 102; *F. Kirchhof*, Private Rechtsetzung, 1987, S. 181 ff.; *R. Richardi*, Empfiehlt es sich, die Regelungsbefugnisse der Tarifparteien in ein Verhältnis zu den Betriebsparteien neu zu ordnen? Gutachten B zum 61. Deutschen Juristentag, 1996, S. 33 ff.; *K. A. Schachtschneider*, Der Staat 16 (1977), S. 509 ff.; *ders.*, Res publica res populi, S. 402; *ders*, Streik im öffentlichen Dienst, S. 224 ff.; *M. Kemper*, in: v. Mangoldt/Klein/ Starck, GG, Rdn. 140 ff. zu Art. 9 Abs. 3.

[2316] *K. A. Schachtschneider*, Der Staat 16 (1977), S. 509 ff., 516 ff. (kritisch); *ders.*, Streik im öffentlichen Dienst, S. 224 ff.; kritisch zur Delegationsdogmatik auch *R. Scholz*, HStR, Bd. VI, § 151, Rdn. 102; *ders.*, in: Maunz/Dürig, GG, Rdn. 301 zu Art. 9 Abs. III; *F. Kirchhof*, Private Rechtsetzung, S. 181 ff.; vgl. auch die Hinweise in Fn. 2314 f.

[2317] BVerfGE 18, 18 (27 f.); vgl. auch BVerfGE 20, 312 (317); 44, 322 (338 ff.); 50, 290 (367); 53, 233 (246 ff.); 88, 103 (115).

[2318] *K. A. Schachtschneider*, Der Staat 16 (1977), S. 509 ff.; *ders.*, Streik im öffentlichen Dienst, S. 223 ff.; aber auch *ders.*, GS W. Blomeyer, S. 245 ff. i.d.S. *R. Richardi*, 61. DJT, B 33 ff. (38); *C.-J. Bruhn*, Tariffähigkeit von Gewerkschaften und Autonomie. Eine Kritik der Mächtigkeitslehre des Bundesarbeitsgerichts, 1993, S. 134 ff.; weitere Hinweise in Fn. 2315.

[2319] I.d.S. für das Koalitionswesen BVerfGE 92, 365 (394); auch BVerfGE 93, 352 (358); zurückhaltend BVerfGE 84, 212 (228).

[2320] *K. A. Schachtschneider*, Die Verwaltung 31 (1998), S. 151 ff.; *ders.*, Der Anspruch auf materiale Privatisierung, S. 286 ff.

[2321] Dazu *K. A. Schachtschneider*, GS W. Blomeyer, S. 245 ff.

Gesetzesvorbehalt[2322]. Die Gesetzlichkeit des Tarifwesens zu schaffen gebietet Art. 9 Abs. 3 GG[2323].

Auch Private können und müssen das allgemeine Wohl[2324] definieren[2325]. Das ist ihre Freiheit, die dem Sittengesetz unterliegt. Sonst wären sie keine Bürger. Aber ihre Gemeinwohldefinition gilt nicht allgemein; denn sie kann und soll zwar sittlich sein, ist aber nicht staatlich. Die Wirkung der privaten Verträge ist freilich allgemein. Darum muß alles private Handeln den Gesetzen genügen. Den Privaten ist durch subjektive Rechte zugestanden, die eigenen Interessen/das eigene Glück alleinbestimmt zu verfolgen. Dabei haben sie die Sittlichkeit, also das Gemeinwohl, zu wahren. Das Gemeinwohl verantwortet letztlich der Staat. Er definiert es in den Gesetzen, kann aber das Gemeinwohl auch dadurch verwirklichen, daß er Privatheit einräumt, zumal den großen Verbänden, die zum befriedenden Interessenausgleich in der Lage sind. Private Verträge entsprechen somit dem Gemeinwohl, wenn und weil sie sich im Rahmen der Gesetze halten. Das Vertragsrecht, welches die Gesetze den Privaten zu schaffen erlauben, ist vielmehr eine besondere Art, das Gemeinwohl zu verwirklichen und insofern verwirklichen die Verträge in ihrer Privatheit das allgemeine Wohl. Die Republik anerkennt die privaten Verträge (und Handlungen) als gemeinverträglich, bewahrt sich aber die Gemeinwohlverantwortung, soweit das die (ebenfalls das Gemeinwohl verwirklichenden) Grundrechte zulassen. Privatheit (nach Maßgabe der Gesetze) verwirklicht somit auch wegen des Privatheitsprinzips der Verfassung das gemeine Wohl. Die Tarifautonomie als Recht zur freien Willkür gebietet sittliche Privatheit. Eine solche ist an das Sittengesetz gebunden und richtet ihre Maximen an deren Fähigkeit aus, als allgemeines Gesetz zu gelten. Demgemäß ist der Tarifvertrag, wenn er den kategorischen Imperativ respektiert, Definition des Gemeinwohls, aber nur durch die Tarifpartner, also privat, nicht staatlich. Der Staat kann den Ta-

---

[2322] Dazu *K. A. Schachtschneider*, Die Verwaltung 31 (1998), S. 148 ff., 151 ff.; *ders.*, Der Anspruch auf materiale Privatisierung, S. 33 ff., 268 ff., auch S. 45 ff.; allgemein zum Gesetzesvorbehalt *ders.*, Prinzipien des Rechtsstaates, S. 110 ff.

[2323] Im Sinne der „Ausgestaltungsbefugnis des Gesetzgebers" oder „der Rechtsordnung" BVerfGE 28, 295 (306); 57, 220 (245 f.); 92, 26 (41); 92, 365 (393 f.); 93, 352 (359); vgl. auch, vorsichtiger, BVerfGE 84, 212 (228); auch BVerfGE 4, 96 (108); 18, 18 (26); 50, 220 (368 f.); 88, 103 (114 f.); 94, 268 (284); *R. Scholz*, in: Maunz/Dürig, GG, Art. 9, 1999, Rdn. 167 ff., 300 f., 312; *K. A. Schachtschneider*, Streik im öffentlichen Dienst, S. 219 ff., 234 ff.

[2324] Zur Formalität des Begriffs Gemeinwohl *K. A. Schachtschneider*, Staatsunternehmen und Privatrecht, S. 235 ff., 247 ff., 265 ff.; *ders.*, Res publica res populi, S. 286 ff., 402 ff., 574 ff., 655 ff.; *ders.*, Der Anspruch auf materiale Privatisierung, S. 217 ff. (221).

[2325] Anders noch *K. A. Schachtschneider*, Res publica res populi, S. 402 f.; anders auch *R. Richardi*, 61. DJT, B 38.

rifvertrag für allgemeinverbindlich erklären (§ 5 TVG), wenn auch er durch den Tarifvertrag das Gemeinwohl verwirklicht sieht[2326]. Wegen der allgemeinen ökonomischen Wirkung der Tarifverträge, zumal der Flächentarifverträge, ist das Recht, Tarifverträge zu schließen, ein subjektives Recht, die Allgemeinheit zu belasten, jedenfalls allgemeinheitliche Wirkung zu entfalten, folglich Privatheit, die nur erträglich ist, wenn die Tarifpartner das Gemeinwohl im Auge behalten, d.h. ihre freiheitliche Pflicht zur Sittlichkeit achten. Die (private) Sittlichkeit der Tarifpartner ist der beste Garant der Tarifprivatheit als Institution der Arbeits- und Wirtschaftsverfassung.

Die Tarifsetzung ist nicht freiheitlich-demokratisch legitimiert, sondern grundrechtlich durch Art. 9 Abs. 3 GG als Teil des Privatheitsprinzips fundiert. „Die Tarifautonomie ist Vertragsautonomie"[2327]. Die Tarifpartner sind nur Arbeitgeber oder Verbände von Arbeitgebern einerseits und (mächtige[2328]) Gewerkschaften andererseits (§ 2 Abs. 1 TVG), nicht aber das Volk. Die allgemeine und für alle verbindliche Gesetzgebung im Sinne der Autonomie des Willens ist aber Sache des Volkes als Bürgerschaft. Die Tarifverträge beeinflussen die Lebensverhältnisse aller, ohne daß alle Bürger mit den Verträgen einverstanden sein müssen, um deren Verbindlichkeit zu begründen. Das verfassungsgeschützte Recht, nach Maßgabe einer näheren gesetzlichen Tarifordnung Tarifverträge zu schließen, verschafft den Tarifverträgen zwar die Verbindlichkeit, die nur das Volk geben kann, gibt den Tarifverträgen aber nicht materiell die demokratische Legitimation, die es erlauben würde, die Regelungen der Tarifverträge als allgemeinen Willen des Volkes zu dogmatisieren. Allgemeiner Wille des Volkes ist die Verbindlichkeit des besonderen Willens der Tarifpartner, also deren Legalisierung. In dieser Verbindlichkeit verwirklicht sich das gemeine Wohl. Den Tarifpartnern ist Tarifautonomie zugestanden, soweit die allgemeinen Ge-

---

[2326] Zur tarifvertragsrechtlichen Allgemeinverbindlichkeit vgl. BVerfGE 44, 322 (340 ff.); 55, 7 (20 ff.); vgl. auch BVerfGE 34, 307 (316 ff.); 64, 208 (217); *R. Scholz*, in: Maunz/Dürig, GG, Rdn. 238 zu Art. 9; *ders.*, HStR, Bd. VI, § 151, Rdn. 86 f.; *F. Farthmann/M. Coen*, HVerfR, S. 881 f.; *K. A. Schachtschneider*, Streik im öffentlichen Dienst, S. 289.

[2327] *R. Richardi*, 61. DJT, B 39, auch B 35 ff., 37 f., 38 f., 39 ff.; *K. A. Schachtschneider*, Streik im öffentlichen Dienst, S. 224 ff.

[2328] BAGE 21, 98 ff.; 23, 230 ff.; 29, 72 (79 ff., 83); 30, 50 (61); 49, 322 (330 f.); 53, 347 (356); 64, 16 (20 f.); BAG NZA 1990, 626; BVerfGE 58, 233 (248 ff.); vgl. auch BVerfGE 4, 96 (107 ff.); 18, 18 (28); 28, 295 (304 f.); 92, 26 (40),; 92, 365 (395); 100, 214 (223) zurückhaltender; nicht unkritisch *R. Scholz*, HStR, Bd. VI, § 151, Rdn. 66; *ders.*, in: Maunz/Dürig, GG, Art. 9, Rdn. 218; dazu *C.-J. Bruhn*, Tariffähigkeit von Gewerkschaften und Autonomie, der dieses Kriterium für verfassungswidrig erklärt, S. 189 f., 207 f. (Darstellung der Rechtsprechung daselbst, S. 21 ff.); dazu *K. A. Schachtschneider*, Streik im öffentlichen Dienst, S. 234 ff.

setze diese nicht um des gemeinen Wohls willen einschränken[2329]. Die Tarifverträge bleiben aber privat; sie sind nicht staatlich (institutionell und funktional).

Das Grundgesetz grenzt die Tarifvertragsfreiheit im übrigen nicht selbst von der staatlichen Verantwortung für die Tarifpolitik ab. Der Begriff „Kernbereich", in dem die Rechtsprechung die Tarifautonomie durch die Koalitionsfreiheit des Art. 9 Abs. 3 GG lange Zeit gänzlich und derzeit besonders intensiv geschützt gesehen hat bzw. sieht[2330], ist schlechterdings ungeeignet, die Vertragsfreiheit der Tarifpartner von den tarifpolitischen Befugnissen der staatlichen Organe abzugrenzen, zumal die durch den Kernbereichsschutz gezogene Grenze durch Regelungen überschritten sein soll, die „nicht zum Schutz anderer Rechtsgüter von der Sache her geboten" seien[2331]. Das ist nicht mehr als das Willkürverbot[2332]. Die Politik bedarf somit jeweiliger gesetzlicher oder notfalls gerichtlicher Materialisierung in praktischer Vernunft, orientiert an der Leitentscheidung des Grundgesetzes für die Koalitionsfreiheit einschließlich ihres Wesensgehalts, dem durch Gesetze näher zu bestimmenden Recht der Tarifpartner, Tarifverträge zu schließen[2333]. Der Wesensgehalt der Koalitionsfreiheit muß gemäß Art. 19 Abs. 2 GG gewahrt bleiben[2334]. Die Tarifpartner jedenfalls sind Vertragspartner mit dem Recht zur freien Willkür. Sie sind entgegen der herrschaftlichen Konzeption der „sozialen Vormundschaft"[2335] nicht (privatrechtlich) organisierte) Organe des Staates; denn als solche müßten sie (gewählte) Vertreter des Volkes sein oder allen Bürgern die Teilnahme am Tarifver-

---

[2329] Vgl. die Hinweise in Fn. 2314.

[2330] Vgl. dazu die Hinweise in Fn. 2314.

[2331] BVerfGE 17, 319 (333 f.); 19, 303 (320 f.); 20, 312 (317); 28, 295 (306); 38, 386 (393); 50, 290 (368 f.); 57, 220 (225, 246); 58, 233 (247 f.); 84, 212 (228); 88, 103 (114); 92, 365 (394 f.); 93, 352 (359); 94, 268 (284); *K. A. Schachtschneider*, Streik im öffentlichen Dienst, S. 221 ff. (223 f.).

[2332] Dazu 7. Kap., I, 2, II.

[2333] I.d.S. BVerfGE 84, 212 (228), das die „Tarifautonomie" durch die Grundrechte Dritter und andere mit Verfassungsrang ausgestattete Rechte, die der Gesetzgeber abwägen müsse, eingeschränkt sieht und erkennt, daß die „Koalitionsfreiheit der Ausgestaltung durch die Rechtsordnung" bedürfe, „soweit das Verhältnis der Tarifvertragsparteien zueinander berührt" werde, „die beide den Schutz des Art. 9 Abs. 3 genießen würden."; vgl. auch BVerfGE 88, 103 (115); 92, 26 (41); 92, 365 (393 ff., 403); 93, 352 (357 ff.); *K. A. Schachtschneider*, Streik im öffentlichen Dienst, S. 221 ff.

[2334] BVerfGE 84, 212 (228); 93, 352 (360); *K. A. Schachtschneider*, Streik im öffentlichen Dienst, S. 221 ff.

[2335] Dazu *Th. Ramm*, Die Parteien des Tarifvertrages. Kritik und Neubegründung der Lehre vom Tarifvertrag, 1961, insb. S. 84 ff.; kritisch *C.-J. Bruhn*, Tariffähigkeit von Gewerkschaften und Autonomie, S. 99 ff.; vgl. zur nationalen Bedeutung der Tarifverträge *K. A. Schachtschneider*, GS W. Blomeyer, S. 249 ff.

fahren ermöglichen[2336]. Sie haben das grundrechtsgeschützte Recht zur privaten Autonomie des Willens.

Die letzte Verantwortung für die wirtschaftliche Stabilität bleibt dem Staat[2337], dem Volk also, das in den Gesetzen für die Tarifverträge vor allem materielle Maximen vorschreibt, insbesondere im Interesse des gesamtwirtschaftlichen Gleichgewichts[2338]. Die Tarifpartner handeln genauso quasi-hoheitlich[2339] wie jeder Bürger in seiner bürgerlichen Sittlichkeit. Das klärt die Anerkennungslehre, welche Gewaltbefugnisse jedes Menschen durch den Staat legitimiert sieht und darum auf die fragwürdige Dogmatik von der Delegation von Hoheitsbefugnissen nicht angewiesen ist[2340]. Die Gemeinwohlverantwortung der Tarifpartner haben Praxis und Lehre richtig herausgestellt[2341].

[2336] Das Volk muß in der Gesetzgebung nicht durch ein Parlament vertreten werden, wenn auch im parlamentarischen Gesetzgebungsstaat und nach dem Grundgesetz das Parlament, also der Deutsche Bundestag (abgesehen von der gesetzgeberischen Mitwirkung des Bundesrates), die Gesetze beschließt (Art. 77 Abs. 1 S. 1 GG). Im Rahmen der Gesetze der Legislative gibt es viele Gesetzgeber im Lande, insbesondere die Exekutive, aber auch die Judikative in deren funktional gesetzgeberischen Rechtsprechung. Auch den Tarifverträgen hat der Gesetzgeber die Wirkung von „Rechtsnormen", also Gesetzen, beigemessen (§ 1 TVG). Ein besonderer Fall ist die technische Normung. An der Erkenntnis allseitig verbindlicher Normen der Technik können sich alle beteiligen. Trotz aller Interessen setzt sich, die Interessen ausgleichend, der Sachverstand durch. Neben vielfältigen Gesetzen, die den technischen Normen Verbindlichkeit beimessen, wirken sie aufgrund ihrer allseitigen Anerkennung. Das Verfahren der technischen Normung ist ein Fall der Partizipation, in der alle, die am Diskurs um die bestmögliche Normung teilnehmen, als Bürger ihres Amtes walten, den gemeinsamen Willen zu definieren. Die Verfahren sind staatlich, nicht privat. Die Staatlichkeit hat einen besonderen, sachgerechten Weg gefunden, eine gelungene Verwirklichung der volonté générale, ein Stück gelungener Republik. Das demokratische Prinzip leidet nicht Not, im Gegenteil, die offene Partizipationschance ist bestmöglich demokratisch, wenn auch die Erkenntnis wie immer und unvermeidlich repräsentativ bleibt; dazu grundlegend *Th. Zubke-von Thünen*, Technische Normung in Europa. Mit einem Ausblick auf grundlegende Reformen der Legislative, 1999, S. 832 ff.

[2337] Dazu *K. A. Schachtschneider*, Der Staat 16 (1977), S. 493 ff.; *ders.*, Wirtschaftliche Stabilität als Rechtsprinzip, S. 314 ff.

[2338] Dazu *K. A. Schachtschneider*, Der Staat 16 (1977), S. 493 ff., 509 ff.; i. d. S. auch *R. Scholz*, HStR, Bd. VI, § 151, Rdn. 31 ff.

[2339] *K. A. Schachtschneider*, Der Staat 16 (1977), S. 509 ff.; vgl. auch *ders.*, GS W. Blomeyer, S. 249 ff.

[2340] *K. A. Schachtschneider*, Die Verwaltung 31 (1998), S. 151 ff.; *ders.*, Der Anspruch auf materiale Privatisierung, S. 278 ff., 288 ff.; *ders.*, Streik im öffentlichen Dienst, S. 224 ff.; vgl. BVerfGE 34, 307 (317, 320), das von den tarifvertraglichen Regeln als „Rechtsregeln kraft Anerkennung durch die staatliche Gewalt" spricht.

[2341] Vgl. BAG AP Nr. 4, 6, 7, 16, 17, 18 zu Art. 3 GG; BAGE 1, 258 (262 f.); 4, 240 (252); BVerfGE 38, 281 (307); *K. Biedenkopf*, Grenzen der Tarifautonomie, 1964, S. 63 ff., 70 ff.; *P. Lerche*, Verfassungsrechtliche Zentralfragen des Ar-

VIII. Vertragsfreiheit als Privatautonomie

1. Grundrechtsschutz und Gesetzlichkeit der Vertragsfreiheit

Ein zentrales Institut der freiheitlichen Privatheit ist die Vertragsfreiheit, d.h. das Recht, Verträge zu schließen, welche auf Grund der allgemeinen Gesetze verbindlich sind. Die Vertragsfreiheit ist wesentlicher Teil der Privatautonomie[2342], besser: der privaten Autonomie als der Autonomie des institutionell und funktionell Privaten, der aus sich und für sich das Gesetz gibt, das freilich nur ihn bindet (und reziprok den Vertragspartner), nicht andere Dritte oder die Allgemeinheit, weil das deren Freiheit verletzen würde. Die Gesetzlichkeit ist das Prinzip der Autonomie des Willens, der nur frei ist, wenn er sich dem Gesetz unterwirft, das er selbst gibt. Allgemeine Verbindlichkeit kann nur das Gesetz aller haben. Jeder aber kann das allgemeine und hoheitliche Gesetz geben; denn sonst könnte er nicht mit allen anderen zusammen Gesetzgeber sein. Der Bürger ist durch die Sittlichkeit definiert; die Sittlichkeit aber dadurch, daß die Maximen des Handelns der allgemeinen Gesetzlichkeit, dem Rechtsprinzip, genügen, also durch die Legalität im juridischen und ethischen Sinne. Von dem allgemeinen Diskurs ist der Private freilich um der Privatheit willen entbunden[2343], so daß seine Erkenntnisse des richtigen Gesetzes, weil sie nicht allgemein sind, eben nicht von allen (im Diskurs) ermittelt sind, das Allgemeine verkennen können. Aber diese Privatheit ist dem Privaten durch das allgemeine Gesetz aller spezifisch zugestanden. Die materiale Allgemeinheitlichkeit (Sittlichkeit) seines privaten Gesetzes ist darum Tugendpflicht.

Das Recht, privat Verträge zu schließen, muß der Gesetzgeber je nach den Lebensverhältnissen auf Grund aller Grundrechte einräumen, insbesondere wegen der Eigentumsgewährleistung des Art. 14 Abs. 1 GG, wegen

---

beitskampfes, 1968, S. 28 ff.; *J. Knebel*, Koalitionsfreiheit und Gemeinwohl. Zur verfassungsrechtlichen Zulässigkeit staatlicher Einwirkung auf die tarifautonome Lohngestaltung, 1978, S. 88 ff., 110 ff., 128 ff.; *R. Scholz*, Die Koalitionsfreiheit als Verfassungsproblem, S. 195 ff., 217 ff.; *ders.*, HStR, Bd. VI, § 151, Rdn. 31 ff.; *K. A. Schachtschneider*, Der Staat 16 (1977), S. 505 ff.; *ders.*, GS W. Blomeyer, S. 249 ff.

[2342] Vgl. *W. Flume*, Das Rechtsgeschäft, S. 1 ff.; *ders.*, Rechtsgeschäft und Privatautonomie, in: E. v. Caemmerer/E. Friesenhahn/R. Lange (Hrsg.), Hundert Jahre Deutsches Rechtsleben, FS zum hundertjährigen Bestehen des deutschen Juristentages 1860–1960, Bd. I, 1960, S. 135 ff.; *K. Larenz*, Allgemeiner Teil des Deutschen Bürgerlichen Rechts, S. 91 ff.; BVerfGE 8, 274 (328); 72, 155 (170); 81, 242 (254 ff.); 89, 214 (231); dazu auch *K. A. Schachtschneider*, Res publica res populi, S. 404 ff., mit anderer (fragwürdiger) Konzeption.

[2343] *J. Habermas*, Faktizität und Geltung, S. 151 f.; *K. A. Schachtschneider*, Res publica res populi, S. 382.

der Berufsausübungsfreiheit des Art. 12 Abs. 1 S. 2 GG, aber auch wegen der Vereinigungsfreiheit des Art. 9 Abs. 1 GG, der Koalitionsfreiheit des Art. 9 Abs. 3 GG und der Kommunikationsfreiheiten des Art. 5 Abs. 1 GG[2344]. Wenn die besonderen materialen Freiheitsrechte nicht eingreifen, ist die Verfassungsgrundlage des Rechts auf ein Recht, private Verträge zu schließen, das formale Freiheitsrecht des Art. 2 Abs. 1 GG, weil zur freien Entfaltung der Persönlichkeit das Recht der Privatheit, insbesondere das, privat durch Verträge das Leben zu gestalten, gehört[2345]. Art. 2 Abs. 1 GG ist nach Maßgabe praktischer Vernunft zu materialisieren; denn die allgemeine Freiheit verlangt nach gesetzlicher Lebensbewältigung. Das gute Leben aller wird nach der Erfahrung bestmöglich durch weitgehende Rechte der Bürger als Privater, Verträge zu schließen, gefördert. Diese Vertragsfreiheit wird aber keineswegs grenzenlos gewährt und sollte das auch nicht[2346]. Schon deswegen können subjektive Rechte, Verträge zu schließen, nicht unmittelbar aus dem Grundrecht des Art. 2 Abs. 1 GG abgeleitet werden; denn das formale Prinzip der Freiheit gibt keinen Anhaltspunkt für bestimmte Materialisierungen und schon gar nicht für bestimmte Schranken einer Vertragsfreiheit. Auch wenn Art. 2 Abs. 1 GG material als allgemeine Handlungsfreiheit begriffen wird, wie vom Bundesverfassungsgericht[2347], ist kein differenzierender Ansatz in dem Grundrecht zu erkennen[2348], so daß das Grundrecht unter uneingeschränktem Gesetzesvorbehalt stünde und damit gegenüber dem Gesetzgeber leerliefe[2349]. Der eigentliche Gehalt des materialen Handlungsrechts ist allemal nur den Gesetzen zu entnehmen[2350].

[2344] I. d. S. BVerfGE 81, 242 (254 ff.); dazu i. d. S. W. *Höfling*, Vertragsfreiheit, Eine grundrechtsdogmatische Studie, 1991, S. 6 ff.; auch H.-J. *Papier*, HVerfR, S. 833; U. *Di Fabio*, in: Maunz/Dürig, GG, Art. 2 Abs. 1, Rdn. 103.

[2345] BVerfGE 8, 274 (328); 12, 341 (347); 21, 87 (90); 60, 329 (339); 70, 115 (123); 73, 261 (270); 74, 129 (151); 81, 242 (254); 88, 384 (403); 89, 214 (231); 95, 267 (303); 96, 267 (303); st. Rspr.; G. *Dürig*, in: Maunz/Dürig, GG, Rdn. 53 ff. zu Art. 2 Abs. I; U. *Di Fabio*, daselbst, Rdn. 101 ff.; v. Mangoldt/Klein/*Starck*, GG, Rdn. 145 ff. zu Art. 2 Abs. 1; vgl. auch K. A. *Schachtschneider*, Staatsunternehmen und Privatrecht, S. 337 ff.; ders., Res publica res populi, S. 404 ff.

[2346] I. d. S. BVerfGE 8, 274 (329); 12, 341 (347); 70, 115 (123); 81, 242 (255 f.); 89, 214 (231 ff.); K. *Larenz*, Allgemeiner Teil des deutschen bürgerlichen Rechts, S. 91 ff.; dazu i. d. S. W. *Höfling*, Vertragsfreiheit, S. 55 ff., auch S. 32 ff., 44 ff.

[2347] Vgl. die Hinweise in Fn. 1789; dazu 6. Kap., I, II.

[2348] I. d. S. auch BVerfGE 81, 242 (255); W. *Höfling*, Vertragsfreiheit, S. 57 f.

[2349] Zum Leerlaufargument C. Schmitts, welches für die unmittelbare subjektive Dimension der Grundrechte überzeugt, K. A. *Schachtschneider*, Res publica res populi, S. 824, 857 (mit Fn. 201).

[2350] Ganz so BVerfGE 81, 242 (255 f.) für eine „Schutzaufgabe des Gesetzgebers"; vgl. i. d. S. auch BVerfGE 89, 214 (231 ff.); W. *Höfling*, Vertragsfreiheit, S. 57 f.

2. Vertragsverbindlichkeit

Wegen der vielfältigen dogmatischen Probleme des Rechtsinstituts des Vertrages genügt es nicht, um die Verbindlichkeit des Vertrages aus den allgemeinen Gesetzen zu wissen. Vielmehr ist eine Lehre erforderlich, die klärt, warum der Gesetzgeber die Verbindlichkeit an den Vertragsschluß und im Grundsatz nicht an das bloße Versprechen knüpft.

Jeder darf sich selbst verpflichten; denn er darf nach seiner freien Willkür handeln, weil und insoweit ihm die Gesetze das erlauben. Sein Versprechen schließt es aus, daß sich der Versprechende gegenüber dem, der sich auf sein Versprechen beruft und das versprochene Handeln einfordert, auf ein Recht zur Willkür, den Wechsel seiner Handlungsmaxime, beruft. Der Vertragspartner wäre in seinem (rechtlich schützenswerten) Vertrauen auf das angenommene Versprechen und damit in seiner freien Entfaltung der Persönlichkeit verletzt, wenn das angenommene Versprechen, der Vertrag also, gebrochen würde. Auch der das Privatrecht einer Republik wesentlich bestimmende Grundsatz des Vertrauensschutzes[2351] vermag also die Verbindlichkeit verpflichtender Versprechen zu tragen[2352]. Rechtssoziologisch beruht das Institut solcher Versprechen auf der rechtlichen Sicherung von Handlungserwartungen, welche die Vertragspartner selbst gesetzt haben, weil das gemeinsame Leben, insbesondere im Wirtschaftsverkehr, wegen

---

[2351] Zum rechtsstaatlichen Vertrauensschutzprinzip *K. A. Schachtschneider*, Prinzipien des Rechtsstaates, S. 375 f.; kritisch *Ph. Kunig*, Das Rechtsstaatsprinzip, S. 208 ff., 215 ff., 416 ff.; *K.-H. Lenz*, Das Vertrauensschutz-Prinzip. Zugleich eine notwendige Besinnung auf die Grundlagen unserer Rechtsordnung, 1968.

[2352] So *G. Böhmer*, Einführung in das Bürgerliche Recht, 2. Aufl. 1965, S. 331, 333; dazu *C.-W. Canaris*, Die Vertrauenshaftung im deutschen Privatrecht, 1971, S. 411 ff., der das Vertrauensschutzprinzip als Grundlage der Geltung von Rechtsgeschäften zurückweist, weil der Geltungsgrund im Prinzip der Privatautonomie zu sehen sei; vgl. auch *H. Lehmann/H. Hübner*, Allgemeiner Teil des Bürgerlichen Gesetzbuches, 16. Aufl. 1966, S. 142 und S. 233, wo die „Vertragsfreiheit" als vom Gesetzgeber anvertraute „autonome Rechtsetzung" dogmatisiert wird; bedenkenswert *W. Flume*, Das Rechtsgeschäft, S. 5 ff., mit Savigny, der in der „privatautonomen Gestaltung von Rechtsverhältnissen" keine „Rechtsetzung" sieht, weil der „einzelne nicht in eigener Sache … Gesetzgeber sein" könne, vielmehr würde die „Selbstbestimmung", die „Selbstherrlichkeit" von der Rechtsordnung anerkannt; auch *K. Larenz*, Allgemeiner Teil des deutschen Bürgerlichen Rechts, S. 80 ff., lehnt den Vertrauensschutzgedanken als Vertragsprinzip ab, hält den Vertrag für „einen apriorischen rechtlichen Sinnbegriff" und stützt die Vertragsbindung (Vertrag als zweiseitiger Akt) auf die Freiheit und den Willen der Vertragsschließenden, aber auch auf die positive Rechtsordnung (S. 83); Larenz berücksichtigt nicht das Wesen der Verbindlichkeit, die befriedete Erzwingbarkeit; vertrauensschutzdogmatisch *F. Bassenge*, Das Versprechen: ein Beitrag zur Philosophie der Sittlichkeit und des Rechts, 1930, S. 14, 17 ff., 29 f. u. ö.; vgl. auch *G. Püttner*, Vertrauensschutz im Verwaltungsrecht, VVDStRL 32 (1974), S. 200 ff.

der weitgehenden Beliebigkeit der Vertragsmaterien ohne einen solchen, die Materialität des Rechts ersetzenden, Vertrauensschutz nicht friedlich lebbar wäre[2353]. Mit der Sicherheit der durch den Vertrag begründeten Erwartung bestimmten Handelns des Vertragspartners, auf die das eigene Handeln abgestellt ist, wäre es unvereinbar, wenn sich ein Vertragspartner von dem Vertrag einseitig löst und die vertraglichen Verpflichtungen nicht erfüllt. Privatheit räumen sich Bürger durch ihre allgemeinen Gesetze gegenseitig und allseitig nur insoweit ein, als das Vertrauen anderer nicht enttäuscht wird, weil nur ein solches Prinzip allgemeines Gesetz sein, also dem kategorischen Imperativ entsprechen kann. Kraft ihrer Autonomie des Willens haben die Vertragspartner ihren Willen verbunden. Die Verwirklichung ihrer Zwecke, die sie sich (äußerlich) frei gesetzt haben, hängt dadurch davon ab, daß der Vertragspartner seinen Vertragspflichten gemäß handelt. Wenn der eine Vertragspartner den Vertrag bricht, kann auch der andere nicht seinem Willen gemäß, also frei, handeln. Er wird durch den vertragsbrüchigen Partner genötigt oder in seiner äußeren Freiheit lädiert. Die Erfüllung des Vertrages achtet die Freiheit des anderen als die Unabhängigkeit von eines anderen nötigender Willkür. Der Vertrag verbindet die Vertragspartner in ihrem gesetzgebenden Willen, der durch die Gegenseitigkeit der Abhängigkeit der Verwirklichung des jeweils eigenen Willens die vertragliche Verbindlichkeit erzeugt, weil sonst die Verletzung der äußeren Freiheit zu besorgen wäre; denn Rechte können notfalls mit Zwang durchgesetzt werden.

Es ist somit das Rechtsprinzip selbst, welches die allseitige und auch gegenseitige Freiheit des Handelns gebietet, das dem Vertrag die rechtliche Verbindlichkeit verschafft. Der Vertrag als gemeinsamer Wille wird zur lex contractus[2354]. Das allgemeine Gesetz muß dem zwei- oder mehrseitigen Vertrag um des allgemeinen Friedens willen Schutz geben, weil die Zwangsbefugnis (im Grundsatz) dem Staat vorbehalten ist, der aber nur auf Grund allgemeiner Gesetze zu handeln befugt ist. Das Vertrauensschutzprinzip erweist sich als das Rechts- und als das Staatsprinzip selbst[2355]. Das Vertrauen in die Sittlichkeit des anderen, in dessen Personalität oder Bürgerlichkeit, stabilisiert das freiheitliche Gemeinwesen, die Republik. Aber

---

[2353] Dazu *N. Luhmann*, Vertrauen. Ein Mechanismus der Reduktion sozialer Komplexität, 2. Aufl., 1973; *ders.*, Rechtssoziologie, S. 74 ff., 327 ff. zum Vertrag, S. 114 f. zum Vertrauen.

[2354] *K. Larenz*, Allgemeiner Teil des deutschen bürgerlichen Rechts, S. 89 ff.; *W. Flume*, Das Rechtsgeschäft, S. 602.

[2355] Zum Verhältnis der Rechtsgeschäftslehre zur Lehre von der Vertrauenshaftung *C.-W. Canaris*, Die Vertrauenshaftung im deutschen Privatrecht, S. 411 ff., 439 ff., der richtig den Geltungsgrund der Rechtsgeschäfte in der „Selbstbestimmung" und „Selbstgestaltung", in der „Privatautonomie" erkennt und der Vertrauenshaftung weitere Funktionen zumißt, aber S. 415 den „engen Zusammenhang" vom „Vertrauens- und Verkehrsschutz" mit dem Rechtsprinzip einräumt.

das Prinzip des Rechts kann des staatlichen Zwanges nicht entraten. Handeln, das Vertrauen enttäuscht, ist illegal, Rechtsverletzung, die zum Zwang des Staates führt, um das Recht und damit die Freiheit zu verwirklichen. Zur Bürgerlichkeit gehört es, verbindlich den Willen erklären, etwas vereinbaren zu dürfen, sei es als Gesetz (allgemein) oder nach Maßgabe des allgemeinen Gesetzes als Vertrag (im Besonderen). Das Versprechen wird nach *Kant* durch den „Akt der vereinigten Willkür zweier Personen", durch „den vereinigten Willen beider" zum „Hab und Gut (obligatio activa)" des Versprechensempfängers, der dadurch „den Besitz der Willkür eines anderen" (des Versprechenden) als das Seine erwirbt[2356].

Wollte die Rechtsordnung nicht die Verbindlichkeit zumindest der Verträge, wenn schon nicht die bloßer Versprechen, schützen, so wäre nicht nur Privatheit als eine um der freien Entfaltung der Persönlichkeit willen wesentliche alleinbestimmte Lebensweise unmöglich, weil diese darauf angewiesen ist, daß der Verbindlichkeit von Versprechen vertraut werden kann[2357], sondern der Wille des Menschen[2358], der wesentlich die Fähigkeit ist, sich zu binden[2359], wäre auf die allgemeine Gesetzgebung reduziert, d.h. die Privatheit wäre weitestgehend beschnitten. Eine solche Dogmatik würde nicht nur die Menschheit des Menschen verletzen, sondern wäre auch nicht fähig, die erforderliche Vielfalt verbindlicher Entscheidungen im gemeinsamen Leben einer offenen Gesellschaft zu gewährleisten. Eine vornehmlich bürokratische Gestaltung des gemeinsamen Lebens erstickt an der notwendig zu geringen Leistungsfähigkeit einer Bürokratie. Die sogenannten real-sozialistischen Versuche der Planwirtschaft, welche spezifisch die Privatheit zurückgedrängt haben, sind jämmerlich gescheitert[2360]. Das Vertragsprinzip aktiviert jeden einzelnen Menschen im Gemeinwesen bei der Verwirklichung (auch und wesentlich) der gemeinsamen Angelegenheiten.

[2356] Metaphysik der Sitten, S. 355 f., 382 ff.

[2357] *K. Larenz*, Allgemeiner Teil des deutschen bürgerlichen Rechts, S. 80 ff.

[2358] Das Bürgerliche Gesetzbuch spricht vom „Willen", ein Begriff, der zur Privatautonomie paßt; denn vom „Willen gehen die Gesetze aus" (*Kant*, Metaphysik der Sitten, S. 332).

[2359] *K. Larenz*, Allgemeiner Teil des deutschen bürgerlichen Rechts, S. 81 ff. („Die Fähigkeit, sich selbst – moralisch und rechtlich – zu binden, ist ein Teil der sittlichen Freiheit des Menschen", S. 81); ähnlich *W. Flume*, Das Rechtsgeschäft, S. 6 ff.

[2360] Dazu *K. A. Schachtschneider (O. Gast)*, Sozialistische Schulden nach der Revolution, S. 102 ff.

3. Formale Richtigkeitsgewähr der Verträge und vertraglicher Interessenausgleich

Ein Prinzip der (materialen) Richtigkeitsgewähr des Vertrages, wie es *Walter Schmidt-Rimpler* mit großem Erfolg gelehrt hat[2361], erklärt die rechtliche Verbindlichkeit des Vertrages nicht hinreichend. Der Vertrag definiert zwar die jeweiligen Interessen der Vertragspartner richtig und ist auch von diesen allgemeinverträglich konzipiert, wenn sie das Sittengesetz beachtet haben, er kann aber mangels allgemeiner Mitwirkung am Vertragsschluß die Richtigkeit des Vertrages für alle (für die Allgemeinheit) nicht sicherstellen. Die Allgemeinheit akzeptiert vielmehr den Vertrag der besonderen Privaten prinzipiell unabhängig von dessen Richtigkeit und gibt diesem rechtlichen Schutz, staatliche (rechtliche) Verbindlichkeit also. Die Richtigkeit ist material aber eine Entscheidung in freier Willkür und kann darum als solche die Verbindlichkeit genausowenig rechtfertigen wie die materiale Richtigkeit das allgemeine Gesetz. Eine derart materiale Verbindlichkeitslehre würde sich von der Formalität der Freiheit lösen, die das Handeln allein darin gerechtfertigt sehen kann, daß es frei, d. h. unabhängig von anderer nötigender Willkür, ist. Richtigkeit ist eine Funktion der Freiheit und enthält darum als solche nicht die Rechtfertigung der rechtlichen Verbindlichkeit. Es ist die Freiheit selbst, welche das Recht auf Recht und auch die rechtliche und somit staatliche Verbindlichkeit von Verträgen begründet[2362]. Die Rechtmäßigkeit des Vertrages hängt allerdings davon ab, daß der Vertrag den allgemeinen Gesetzen und damit den allgemeinen und besonderen guten Sitten entspricht[2363].

Tauschgeschäfte finden im Vertrag wegen der wechselseitigen Abhängigkeit der Versprechen das adäquate Rechtsinstitut. Das Prinzip do ut des wird im Vertrag durch Verbindlichkeiten Wirklichkeit. Die hinreichende Gleichheit der Vertragspartner als deren bürgerliche Selbständigkeit ist die Voraussetzung dafür, daß (in zunehmend engeren Grenzen[2364]) das formale

---

[2361] Grundfragen einer Erneuerung des Vertragsrecht, AcP 147 (1941), S. 130 ff., 138 ff.; Zum Vertragsproblem, in: FS Raiser, 1974, S. 3 ff., 8 ff.; dazu *B. Rebe*, Privatrecht und Wirtschaftordnung, S. 220 ff.; ablehnend *W. Flume*, Das Rechtsgeschäft, S. 8; kritisch *K. A. Schachtschneider*, Staatsunternehmen und Privatrecht, S. 338 ff., 341 ff.; kritisch auch *W. Höfling*, Vertragsfreiheit, S. 44 f.

[2362] I. d. S. *K. Larenz*, Allgemeiner Teil des deutschen bürgerlichen Rechts, S. 80 ff. („Akt der Freiheit", S. 83); auch *W. Flume*, Das Rechtsgeschäft, S. 1 ff. („Selbstherrlichkeit", „Selbstbestimmung"). Zum Recht auf Recht 2. Kap., III, 5. Kap., II, 3.

[2363] BVerfGE 81, 242 (254 ff.); 89, 214 (231 ff.); zum Begriff der guten Sitten *K. A. Schachtschneider*, FS W. Thieme, S. 206 ff.; *ders.*, Staatsunternehmen und Privatrecht, S. 367 ff.

[2364] Die Relevanz des materialen Äquivalenzprinzips steigt (Schlagwort: vom liberalen zum sozialen Vertragsrecht), wohl auch, weil auf die Sittlichkeit der Ver-

Äquivalenzprinzip akzeptiert werden kann, daß also die Verträge hinreichende Richtigkeit des gegenseitigen Interessenausgleichs gewährleisten[2365], welche die staatliche Verbindlichkeit nicht zum Unrecht wegen der materialen Unrichtigkeit (Unzumutbarkeit) macht, weil freiheitliche Privatheit zwar Rechte zur freien Willkür gibt, nicht aber Rechte, anderen zu schaden. Der Staat ist trotz der Gleichheit in der Freiheit, die sich als formales Äquivalenzprinzip des Vertragswesens verwirklicht, zum Schutz der Schwachen gegenüber der Starken durch materiale und prozedurale Schutzvorschriften verpflichtet (Schutzpflicht)[2366]. Die hinreichende Äquivalenz wird material durch die Gesetze und guten Sitten und formal durch die hinreichende Gleichheit oder Selbständigkeit der Vertragspartner (Vertragsparität), die gesetzlich insbesondere durch das Wettbewerbsrecht gestützt wird, gewährleistet[2367]. Die Richter haben den grundrechtsgemäßen Schutz der substantiellen Vertragsfreiheit auf Grund der die Richtigkeit des Vertragslebens sichernden privatrechtlichen Generalklauseln wie § 138 BGB, § 242 BGB und auch §§ 133, 157 BGB zu leisten[2368].

Insbesondere müssen es Menschen hinnehmen, wenn ihre Vertragsangebote abgelehnt werden. Das nötigt oft zu anderem Handeln, etwa zu veränderten Angeboten oder zur Suche nach anderen Vertragspartnern, ist aber weder juridisch noch ethisch illegal. Das Recht, Vertragsangebote abzuleh-

---

träge angesichts des allseitigen Ökonomismus zunehmend weniger Verläß ist; denn die Bürgerlichkeit der Bürger leidet Not. Kritisch *K. Adomeit*, Die gestörte Vertragsparität – ein Trugbild, NJW 1994, 2467 ff.; zur Kritik vgl. *U. Di Fabio*, in: Maunz/Dürig, GG, Art. 2 Abs. 1, Rdn. 144 f., selbst für den Schutz vor „Fremdbestimmung", zu Recht; grundsätzlich *H. H. v. Arnim*, Gemeinwohl und Gruppeninteressen. Die Durchsetzungsschwäche allgemeiner Interessen in der pluralistischen Demokratie. Ein Beitrag zu verfassungsrechtlichen Grundfragen der Wirtschaftsordnung, 1977, S. 85 ff.; *E.-W. Böckenförde*, Grundrechtsgeltung gegenüber Trägern gesellschaftlicher Macht?, in: D. Posser (Hrsg.), Freiheit in der sozialen Demokratie, 1975, S. 77 ff. (S. 88); *B. Rebe*, Privatrecht und Wirtschaftsordnung; S. 51 ff., 88 ff.

[2365] So BVerfGE 89, 214 (229 ff.), Bürgschaft; auch BVerfG, NJW 2001, 957 ff., Ehevertrag; *H. H. v. Arnim*, Gemeinwohl und Gruppeninteressen, S. 93 ff.; dazu auch *U. Di Fabio*, in: Maunz/Dürig, GG, Art. 2 Abs. 1, Rdn. 107 ff.

[2366] *U. Di Fabio*, in: Maunz/Dürig, GG, Art. 2 Abs. 1, Rdn. 107 ff.

[2367] *K. A. Schachtschneider*, Staatsunternehmen und Privatrecht, S. 322 ff.; *W. Schmidt-Rimpler*, Grundfragen einer Erneuerung des Vertragsrechts, AcP 147 (1941), S. 152 ff.; *E.-J. Mestmäcker*, Über das Verhältnis des Rechts der Wettbewerbsbeschränkungen zum Privatrecht, AcP 168 (1968), S. 240, 248; *ders.*, Macht-Recht-Wirtschaftsverfassung, ZHR 137 (1973), S. 97 ff., 101; *B. Rebe*, Privatrecht und Wirtschaftsordnung, S. 176 f.; jetzt weitreichend i.d.S. BVerfGE 89, 214 (231 ff.); dazu *U. Di Fabio*, in: Maunz/Dürig, GG, Art. 2 Abs. 1, Rdn. 107 ff.

[2368] BVerfGE 89, 214 (230); auch BVerwGE 81, 242 (253 ff., 256); 97, 169 (178 f.); vgl. BGHZ 125, 260 ff.; 128, 230 ff.; *U. Di Fabio*, in: Maunz/Dürig, GG, Art. 2 Abs. 1, Rdn. 109 ff.

nen, führt zu anderen Verträgen, als sie eine Pflicht zum Konsens über ein Angbeot hervorbringen würde. Der wettbewerbliche Markt, den die Wirtschaftsordnung verfaßt, beruht geradezu darauf, daß Angebote alleinbestimmt angenommen oder abgelehnt werden dürfen, ohne daß bei der Ablehnung des Angebots die besonderen Interessen des Anbietenden berücksichtigt werden müßten. Diese Willkür ist nach den allgemeinen Gesetzen, also nach dem Recht, verwirklichte Freiheit; denn die Menschen haben (im Rahmen der Gesetze) ein subjektives Recht, Vertragsangebote anzunehmen oder abzulehnen, eben die Vertragsfreiheit. Die eigensinnige Interessenhaftigkeit der Markthandlungen und damit auch die Gewinnmaxime fördern nach den Erfahrungen (unter weiteren Umständen) die Effizienz der durch die Vertragsfreiheit bestimmten Markt- und Wettbewerbswirtschaft für die allgemeine Wohlfahrt und sind darum systemgerecht, soweit der Gesetzgeber Marktlichkeit und Wettbewerblichkeit veranstaltet. Die Sittlichkeit liegt insoweit im Wettbewerb des Marktes oder in der Vertragswillkür[2369]. Ob der Eigensinn am Markt und im Wettbewerb auch ökologisch das Gemeinwohl fördert, ist fragwürdig. Die Öko-Audit-Politik etwa versucht, ökologische Zwecke mit markt- und wettbewerbsadäquaten Instrumenten zu verwirklichen[2370]. Es ist Sache der allgemeinen Gesetze, die Rechte zur vertraglichen Willkür um des Gemeinwohls willen einzuschränken.

4. Privatheitsprinzip und Vertraglichkeit

Jeder Mensch in einem Gemeinwesen, das bestmöglich das Privatheitsprinzip verwirklicht, vollzieht durch seine Verträge die staatlichen Gesetze und materialisiert zugleich für seinen Bereich das gute Leben. Das gute Leben aller in allgemeiner Freiheit ist der Staatszweck einer Republik. Dieser wird durch allgemeine Gesetze, welche das allgemeine Interesse verbindlich machen, und durch Verträge, welche das jeweils alleinbestimmte Besondere der Vertragspartner und damit das Privatinteresse derselben festlegen, verwirklicht. Der Vorrang privater Lebensbewältigung ist durch die größere Leistungsfähigkeit einer Verteilung des Staatlichen und des Privaten begründet, welche bestmöglich dem Grundsatz privater Lebensbewältigung folgt, mehr aber noch durch die Humanität größtmöglicher Privatheit. Sie ist aber auch rational, wenn die Privatheit klug zugemessen ist. Die Verträge als gelebte Privatheit sind wegen ihrer Gesetzlichkeit Freiheitsverwirklichung.

[2369] Dazu 8. Kap., VI, 3, a.

[2370] Dazu *U. Nissen*, Die EG-Öko-Audit-Verordnung. Determinanten ihrer Wirksamkeit, 1999.

Der Vertrag ist ein notwendiges Rechtsinstitut privater Wirtschaft, insbesondere einer Wettbewerbswirtschaft[2371]. Der Vertrag ist als ein Rechtsinstitut zivilisierten gemeinsamen Lebens entwickelt und ausgestaltet. Er ermöglicht eine Vielfalt rechtsverbindlicher Entscheidungen, die es erlauben, das Leben interessengerecht zu planen, vor allem unternehmerisch tätig zu sein. In dem jeweiligen Weg zu eigenem Glück sichert der Mensch seine Interessen, die er ohne die Menschen, in deren Gemeinschaft er lebt, nicht verwirklichen könnte[2372], weitgehend durch Verträge. Deren Allgemeinverträglichkeit ergibt sich aus den allgemeinen Gesetzen. Der Vertrag kann trotz seiner äußeren Willkür wegen der Gesetzlichkeit niemandem Unrecht tun, weil das allgemeine Gesetz das Einverständnis aller mit dem gesetzesgemäßen Vertrag ist, vorausgesetzt, das Gesetz verwirklicht das Recht, eine Voraussetzung, welche durch die Zustimmungsgesetze zu den internationalistischen Verträgen der Weltwirtschaftsordnung, die den Hyperwettbewerb ermöglichen, weitgehend mißachtet wird. Besondere Willkür kann und darf aufgrund und nach Maßgabe der allgemeinen Gesetze Verbindlichkeiten begründen, wenn sie niemandes (freie) Willkür mißachtet. Insbesondere das Bürgerliche Gesetzbuch gibt dem vielfältige Rechtsgrundlagen. Verträge schaffen jedoch nicht schon aus sich heraus Recht, weil Recht, jedenfalls das peremtorische, mit der Befugnis zum Zwang verbunden, des staatlichen Gesetzes bedarf (außer dem Recht auf Recht). Sie begründen aber auf Grund des Rechts Rechte, nämlich Ansprüche (§ 194 Abs. 1 BGB).

[2371] Dazu *B. Rebe*, Privatrecht und Wirtschaftsordnung, S. 162 ff., der den Vertrag als Institut zur Koordinierung dezentraler Planung vorstellt.

[2372] Dazu *D. Suhr*, Entfaltung der Menschen durch die Menschen, 1976; *W. Maihofer*, HVerfR, S. 490 ff., insb. S. 493 ff. („soziales Individuum") und S. 519 ff.

Neuntes Kapitel

Wesensgehaltsverwirklichung des Grundrechts der Freiheit der Kunst

I. Gesetzlichkeit künstlerischen Handelns und Leitentscheidung für die Kunst[2373]

Das Prinzip der Gesetzlichkeit gilt auch für die Grundrechte, die der Text des Grundgesetzes nicht mit einem Gesetzesvorbehalt versehen hat, etwa für die Freiheiten der „Kunst und Wissenschaft, Forschung und Lehre" (Art. 5 Abs. 3 GG). Auch Wissenschaftler und Künstler vermögen ihre Freiheit nicht darin zu finden, daß sie die Gesetze brechen oder Verträge mißachten, schon gar nicht darin, daß ihre Verhältnisse zu anderen Menschen rechtlos sind. Künstler und Wissenschaftler würden dadurch selbst rechtsschutzlos. Keinen Lebensbereich beläßt die grundgesetzliche Republik ohne Ordnung oder verfaßt gar durch ein Grundrecht Ordnungslosigkeit. Kein Handeln soll sich unter dem Grundgesetz dem Recht entziehen können; denn es wirkt auf andere Menschen. Rechtlichkeit heißt nicht Beliebigkeit des Handelns, sondern dessen praktische Vernünftigkeit als allgemeine Gesetzlichkeit. Nichts anderes ist Freiheit.

Nach Art. 5 Abs. 3 S. 1 GG sind Kunst und Wissenschaft frei. Diese Grundrechte stellen somit die Künstler und die Wissenschaftler unter das Recht und gebieten in ihrer objektiven Dimension dem Gesetzgeber, durch subjektive Rechte der Künstler und der Wissenschaftler die Chance, daß Kunstwerke entstehen und daß zur Forschung und Lehre beigetragen wird, bestmöglich zu fördern, ohne die anderen Leitentscheidungen des Grundgesetzes zu vernachlässigen[2374]. Die Kunstfreiheit ist geschützt, damit die Künstler Kunstwerke schaffen, die Wissenschaftsfreiheit, damit Forschung und Lehre die Wahrheit und Richtigkeit fördern[2375]. Die negative Frei-

---

[2373] Auch Aspekte der Wissenschaftsfreiheit werden einbezogen.

[2374] BVerfGE 35, 79 (114) für die Wissenschaftsfreiheit.

[2375] BVerfGE 35, 79 (116) für die Wissenschaftsfreiheit. Wissenschaft ist „alles, was nach Inhalt und Form als ernsthafter planmäßiger Versuch zur Ermittlung der Wahrheit anzusehen ist", BVerfGE 35, 79 (113); 47, 327 (367, 370); 90, 1 (12).

heit[2376], die Unabhängigkeit von anderer nötigender Willkür[2377], dient auch im Bereich der besonderen Grundrechte der positiven Freiheit, also im Bereich des Art. 5 Abs. 3 GG der Sittlichkeit und damit der Rechtlichkeit der Kunst und der Wissenschaft durch allgemeine Gesetzlichkeit. Das Grundgesetz fördert die Kunst und die Wissenschaft, sonst wäre das Grundrecht des Art. 5 Abs. 3 GG sinnlos. Art. 5 Abs. 3 GG gehört zu den grundgesetzlichen Entscheidungen für den Kulturstaat[2378].

Kunst und Wissenschaft erfordern nach aller Erfahrung die Unabhängigkeit der Künstler und der Wissenschaftler, deren gesetzliche Grenzen um der Kunst und der Wissenschaft willen nicht enger gezogen werden dürfen, als es die Sache zuläßt. Bestimmter kann die allgemeine Grenze nicht benannt werden, weil der Kunstbegriff wie auch der Wissenschaftsbegriff offen sind. Diese Grenzen der spezifischen Unabhängigkeit zu bestimmen, ist Sache des das Recht erkennenden und beschließenden Gesetzgebers. Die durch subjektive Rechte gestützte Unabhängigkeit der Künstler und der Wissenschaftler dient dem allgemeinen Interesse an deren Sachlichkeit, an deren Liebe zur Sache, an deren künstlerischer oder wissenschaftlicher Sittlichkeit. Kunst ist aber nicht als solche Privatheit, genausowenig wie Wissenschaft. Als staatliche Aufgabe sind sie staatlich/amtlich[2379], ohne

---

[2376] Im kantianischen Sinne (etwa Kritik der praktischen Vernunft, S. 144; Metaphysik der Sitten, S. 333), nicht etwa im Sinne der irrigen Dogmatik der negativen Freiheitsrechte, vgl. BAGE 20, 175 (207 ff., 215 ff.); 30, 195 (203); BVerfGE 50, 290 (366 ff.); 55, 7 (22); 57, 224 (245); 64 208 (213 f.); 73, 261 (270); 84, 212 (224); 93, 37 (84); 93, 352 (357); *R. Scholz*, in: Maunz/Dürig, GG, Art. 9, Rdn. 226 ff.; vgl. allgemein für die negative und positive Bekenntnisfreiheit BVerfGE 52, 223 (247); 93, 1 (22); BVerwG NJW 2002, 3344 (3345); zu den negativen Freiheiten *D. Merten*, VerwArch 73 (1982), S. 103 ff.; *R. Alexy*, Theorie der Grundrechte, S. 198 ff., 203; *G. Dürig*, in: Maunz/Dürig, GG, Art. 2 Abs. 1, Rdn. 10; kritisch *H. C. Nipperdey (F. J. Säcker)*, in: Hueck/Nipperdey, Lehrbuch des Arbeitsrechts, Zweiter Band, Kollektives Arbeitsrecht, Erster Halbband, 7. Aufl. 1967, S. 154 ff.; *K. A. Schachtschneider*, Res publica res populi, S. 610; *ders.*, Streik im öffentlichen Dienst, S. 220; *M. Schuhmann*, Negative Freiheitsrechte, Zugleich ein Beitrag zur negativen Koalitionsfreiheit, 1997, S. 48 ff., 143 ff.

[2377] *Kant*, Metaphysik der Sitten, S. 345; dazu 2. Kap., VI.

[2378] BVerfGE 34, 79 (114); 36, 321 (331); 81, 108 (116); dazu *D. Grimm*, Kulturauftrag im staatlichen Gemeinwesen, VVDStRL 42 (1984), S. 46 ff., 63 ff.; *U. Steiner*, zu demselben Thema daselbst, S. 7 ff., zum Kulturauftrag zurückhaltend, S. 12 ff.; *ders*, HStR, Bd. III, § 146, Rdn. 27; *E. Denninger*, Freiheit der Kunst, HStR, Bd. VI, 1989, § 146, Rdn. 27 f.; *M.-E. Geis*, Kulturstaat und kulturelle Freiheit. Eine Untersuchung des Kulturstaatskonzepts von E. R. Huber aus verfassungsrechtlicher Sicht, 1990; vgl. weiter die Beiträge in: *P. Häberle* (Hrsg.), Kulturstaatlichkeit und Kulturverfassungsrecht, 1982; *Th. Oppermann*, Freiheit von Forschung und Lehre, HStR, Bd. VI, 1989, § 145, Rdn. 23.

[2379] Um der Freiheit der öffentlichen Forschung und Lehre willen ist die akademische Selbstverwaltung unverzichtbar (BVerfGE 35, 79 (116 ff.); 85, 360 (385)).

daß deswegen die sogar grundrechtlich geschützte Unabhängigkeit und damit Sittlichkeit des Künstlers bzw. Wissenschaftlers aufgegeben werden muß oder auch nur darf[2380].

Es ist Erfahrung, die lehrt, daß der Begriff der Kunst nicht auf eine bestimmte, „richtige", Art der Kunst beschränkt werden sollte[2381] wie auch wissenschaftliche Erkenntnisse und Erkenntnisweisen nicht gesetzlich vorgeschrieben werden sollten, wenn die Wissenschaft ihrem Begriff gemäß fortschreiten können soll; denn Wissenschaft ist „prinzipiell unvollständig und unabgeschlossen"[2382]. Die offenen und dadurch dynamischen Begriffe von Kunst[2383] und Wissenschaft[2384] sind Errungenschaften eines aufgeklär-

---

Sie ist die sachgerechte Gestaltung eines staatlichen Universitätsbetriebes, in dem Wissenschaftler das Eigene ihrer Wissenschaft, ihre wissenschaftliche Persönlichkeit, einbringen. Freilich birgt auch Selbstverwaltung Gefahr für die Forschung und Lehre, die ihrem Wesen nach frei sein müssen, beispielsweise dadurch, daß an Stelle von Lehre (Verbreitung von Forschungsergebnissen (vgl. *R. Scholz*, in: Maunz/Dürig, GG, Art. 5 Abs. III (1977), Rdn. 104 ff.; *Th. Oppermann*, HStR, Bd. VI, § 145, Rdn. 30; *E. Denninger*, GG, Alt.-Komm., Art. 5 Abs. 3, Rdn. 29; i.d.S. auch BVerfGE 35, 79 (113); vgl. auch BVerfGE 55, 37 (68)) Ausbildung erzwungen wird, etwa durch die ebenso untaugliche wie wegen der anonymen Studentenbefragung rechtsstaatswidrige Evaluation (*K. A. Schachtschneider/Th. C. W. Beyer*, Forschung und Lehre sind frei. Zur Verfassungsmäßigkeit einer Lehrevaluation gemäß der geplanten bayerischen Hochschulnovelle, BayVBl 1998, S. 171 ff.). Wissenschaftlichkeit kann nur alleinbestimmt sein, weil sie gerade darin dem allgemeinen Gesetz der Wissenschaft folgt, der kritischen und darum notwendig alleinbestimmten Erkenntnis des Wahren und Richtigen. Wissenschaftliche Erkenntnisse können ihrer Eigenart gemäß nicht durch allgemeine Gesetze verbindlich gemacht werden. Das wäre das Ende der Kritik und damit der Widerspruch zur Wissenschaft selbst (ganz so BVerfGE 35, 79 (112 ff.); 47, 327 (367 f.); 90, 1 (12)).

[2380] I.d.S. *U. Steiner*, VVDStRL 42 (1984), S. 12.

[2381] BVerfGE 30, 173 (190); 75, 369 (377); 81, 278 (291); 83, 130 (138 f.); dazu *E. Denninger*, HStR, Bd. VI, § 146, Rdn. 1 ff.; *R. Scholz*, in: Maunz/Dürig, GG, Rdn. 22 ff. („weitgehend offen", aber kein Definitionsverbot) zu Art. 5 Abs. III; *J. Würkner*, Die Freiheit der Kunst in der Rechtsprechung von BVerfG und BVerwG, NVwZ 1992, 1 ff., 7; *M.-E. Geis*, Josefine Mutzenbacher und die Kontrolle der Verwaltung, NVwZ 1992, 25 ff., 26 („Die Perspektive hat sich vom Schutz der *Kunst*freiheit zu dem der Kunst*freiheit* verlagert."); *W. Höfling*, Offene Grundrechtsinterpretation, Grundrechtsauslegung zwischen amtlichem Interpretationsmonopol und privater Konkretisierungskompetenz, 1987, S. 128 ff.; ein Definitionsverbot vertritt (zu weitgehend) *W. Knies*, Schranken der Kunstfreiheit als verfassungsrechtliches Problem, 1967, S. 214 ff.

[2382] BVerfGE 35, 79 (112 f.); 47, 327 (367 f.); 90, 1 (12); dazu *R. Scholz*, in: Maunz/Dürig, GG, Rdn. 99 zu Art. 5 Abs. III; *Th. Oppermann*, HStR, Bd. VI, § 145, Rdn. 37 ff.; *W. Thieme*, Deutsches Hochschulrecht. Das Recht der Universitäten sowie der künstlerischen und Fachhochschulen in der Bundesrepublik Deutschland, 3. Aufl. 2004, S. 76 ff., insb. S. 90 ff.

[2383] Vgl. *W. Höfling*, Offene Grundrechtsinterpretation, S. 128 ff., der S. 130 auf *U. Eco*, Opera aperta/Das offene Kunstwerk, 1962/1977, S. 11 hinweist: „Offenheit

ten, zumindest aufklärerischen Gemeinwesens, die politisch verteidigt werden müssen. Dem dienen die Grundrechte, die aus ihrem politischen Kontext nicht lösbar sind. Die Materie aller besonderen Grundrechte beruht auf Erfahrung, nämlich auf der Erfahrung der Verletzung der Menschen in ihrer Würde[2385], soweit sie nicht mit dem transzendentalen Apriori der Freiheit untrennbar verbunden sind, wie die Freiheit der Meinungsäußerung, weil ohne diese Freiheit die allgemeine innere Freiheit, die Autonomie des Willens als (weitgehend repräsentativ) konsensuale Gesetzlichkeit, nicht denkbar ist[2386]. Freiheit und das Recht zur Kommunikation sind untrennbar verbunden. Der allgemeine Diskurs ist bürgerliche Pflicht. Weil die freiheitliche Gesetzlichkeit das Recht nur verwirklicht, wenn sie auf Wahrheit beruht und um Richtigkeit bemüht ist, folgt die Freiheit der Wissenschaft als die Freiheit zur bestmöglichen Sachlichkeit ebenfalls aus dem Apriori der Freiheit. Die Freiheit der Kunst läßt sich auch aus diesem Apriori herleiten, weil sich im Kunstwerk die Menschheit des Menschen offenbart. Wenn mit *Kant* das Schöne nicht „rein ästhetisch" verstanden, sondern als „Symbol des Sittlichguten" idealisiert wird[2387], ist das Kunstwerk die Objektivierung des Menschen in seiner Menschheit, die zu verhindern die Würde des Menschen verletzt[2388]. *Kants* Kritik der ästhetischen Urteilskraft hat sich im offenen Kunstbegriff durchgesetzt, ein Beweis der Republikanität der gegenwärtigen Kunstrechtsprechung. *Kant* hat klargestellt:

„Es kann keine objektive Geschmacksregel, welche durch Begriffe bestimmte, was schön sei, geben. Denn alles Urteil aus dieser Quelle ist ästhetisch; d.i. das

---

im Sinne einer fundamentalen Ambiguität der künstlerischen Botschaft" ist eine „Konstante jedes Kunstwerks aus jeder Zeit"; *Höfling* selbst plädiert für einen „formalen" Begriff der Kunst, der auf die Formen und Institutionen, aber auch auf die „Kommunikabilität des Selbstverständnisses" des Künstlers abstellt, S. 136 ff., 139 ff., 141 ff., das läuft auf die Lehre sachverständiger Anerkennung des Künstlerischen hinaus; vgl. auch *P. Häberle*, Die Freiheit der Kunst im Verfassungsstaat, AöR 110 (1985), S. 577 ff., 597 ff.; v. Mangoldt/Klein/*Starck*, GG, Rdn. 298 ff. zu Art. 5 Abs. 3.

[2384] *W. Thieme*, Deutsches Hochschulrecht, S. 90 ff.; vgl. BVerfGE 90, 1 (12) zur „Offenheit und Wandelbarkeit von Wissenschaft"; v. Mangoldt/Klein/*Starck*, GG, Art. 5 Abs. 3, Rdn. 352.

[2385] *P. Häberle*, HStR, Bd. II, § 22, Rdn. 58.

[2386] I.d.S. *Kant*, Metaphysik der Sitten, S. 345 f.; ganz i.d.S. BVerfGE 5, 85 (134 f.); 20, 56 (98): „Aus dem Grundrecht der freien Meinungsäußerung ergibt sich ein grundsätzliches Recht der freien politischen Betätigung."

[2387] *Kant*, Kritik der Urteilskraft, 1790/1793/1799, in: Werke in zehn Bänden, hrsg. v. W. Weischedel, Bd. 8, 1968, S. 461, auch S. 313 ff.

[2388] I.d.S. BVerfGE 87, 209 (228): „Menschenwürde in diesem Sinne ist nicht nur die individuelle Würde der jeweiligen Person, sondern die Würde des Menschen als Gattungswesen."

Gefühl des Subjekts, und kein Begriff eines Objekts, ist sein Bestimmungsgrund. Ein Prinzip des Geschmacks, welches das allgemeine Kriterium des Schönen durch bestimmte Begriffe angäbe, zu suchen, ist eine fruchtlose Bemühung, weil, was gesucht wird, unmöglich und an sich selbst widersprechend ist"[2389].

Das Bundesverfassungsgericht jedenfalls pflegt die Kunsteigenschaft nicht von „Stil, Niveau, Inhalt" oder von den „Wirkungen des Werkes" abhängig zu machen[2390], zu Recht.

Freiheit ist Autonomie des Willens. Die Autonomie des Willens wird durch staatliche Gesetze und deren Vollzug verwirklicht. Dem staatlichen Gesetzgeber ist es jedoch durch Art. 5 Abs. 3 GG verwehrt, die Kunst und die Wissenschaft in jeder Weise durch Gesetze zu reglementieren. Die Sätze: „Kunst ist frei." oder: „Wissenschaft ist frei." würden ihren besonderen Sinn verlieren, wenn mit dem Wort „frei" dem staatlichen Gesetzgeber eine uneingeschränkte Kompetenz belassen wäre, die Kunst und die Wissenschaft Vorschriften zu unterwerfen. Wenn auch jede Gesetzgebung dem Prinzip der praktischen Vernunft gehorchen muß, so würde das Grundrecht des Art. 5 Abs. 3 S. 1 GG doch neben dem allgemeinen Grundrecht der Freiheit des Art. 2 Abs. 1 GG keine eigenständige, besondere Wirkung entfalten, so daß Art. 1 Abs. 3 GG verletzt wäre. Konsequenz ist, daß die Verfassung durch Art. 5 Abs. 3 S. 1 GG eine (subjektiv-rechtlich bewerte) objektive Leitentscheidung getroffen hat, welche gebietet, die Kunst und die Wissenschaft bestmöglich zu verwirklichen, bestmöglich heißt, soweit das die praktische Vernunft zuläßt[2391]. Das Bundesverfassungsgericht spricht von einer „wertentscheidenden Grundsatznorm", der es einen außerordentlich hohen Rang einräumt, so daß andere als derart schutzwürdige Güter und Interessen zurückzustehen hätten[2392]. Für die Wissenschaftsfreiheit hat das Bundesverfassungsgericht (Erster Senat) ausgeführt:

[2389] Kritik der Urteilskraft, S. 313; *E. Denninger*, HStR, Bd. VI, § 146, Rdn. 3, kritisiert diese Erkenntnis als „radikal-subjektivistische Deutung", weil diese „letztlich grundrechtsvernichtende Konsequenz" habe; die richtige Konsequenz ist die Formalität auch der Kunstfreiheit, welche die politische Bewältigung des Postulats des Kulturstaates einfordert.

[2390] BVerfGE 67, 213 (226 f.); 75, 369 (377); 81, 278 (291); 83, 130 (139).

[2391] I.d.S. BVerfGE 30, 173 (188); 35, 79 (114 ff., 122 ff.); 36, 321 (331); 47, 327 (368 ff.); 52, 339 (348); 77, 240 (253); 81, 278 (289, 292); 83, 130 (143), das allerdings nur ihrerseits verfassungsgeschützte Belange in die optimierende Abwägung einzubeziehen erlaubt; dazu *J. Würkner*, NVwZ, 1992, 8; vgl. auch *Th. Oppermann*, HStR, Bd. VI, § 145, Rdn. 20 ff.; *E. Denninger*, HStR, Bd. VI, § 146, Rdn. 24, auch Rdn. 1 ff., 18 f., 38 ff., der für eine „unmittelbare Verfassungsgüterabwägung" spricht (Rdn. 41); vgl. aber *R. Scholz*, in: Maunz/Dürig, GG, Rdn. 118 zu Art. 5 Abs. III („liberales Freiheitsrecht").

[2392] BVerfGE 30, 173 (188); vgl. i.d.S. auch BVerfGE 35, 79 (114 ff.); 47, 327 (368 f.); 81, 278 (289 ff.); 83, 130 (143 ff.).

„Auch ohne Vorbehalt gewährte Freiheitsrechte müssen im Rahmen gemein-schaftsgebundener Verantwortung gesehen werden. Die durch die Rücksichtnah-me auf kollidierende Verfassungswerte notwendig werdende Grenzziehung oder Inhaltsbestimmung kann nicht generell, sondern nur im Einzelfall durch Güter-abwägung vorgenommen werden. Dabei muß die Abwägung den Wertprinzipien der Verfassung, insbesondere der Bedeutung der miteinander kollidierenden Grundrechte, und dem rechtstaatlichen Grundsatz der Verhältnismäßigkeit unter Wahrung der Einheit des Grundgesetzes Rechnung tragen" (BVerfGE 47, 327 (369 f.)).

Vorschriften, welche die Kunst oder die Wissenschaft einschränken, sind verfassungswidrig, wenn sie nicht notwendig sind, um das gute Leben aller in allgemeiner Freiheit zu ermöglichen. Das gute Leben ist spezifisch we-gen der Leitentscheidung in Art. 5 Abs. 3 S. 1 GG ein kulturelles Leben, dessen Gestaltung offen ist. Das Kulturelle verbindlich zu definieren, läßt die Offenheit spezifisch des Kunstbegriffs nicht zu und ist somit der Verant-wortung der Hüter des Rechts übertragen, also der Bürgerschaft und ihren Vertretern, vor allem den Verfassungsrichtern. Der Kulturstaat ist eine all-gemeine politische Aufgabe, die sich gegenüber anderen Aufgaben nur behaupten kann, wenn die Bürger sie wollen. Das kulturelle Niveau eines Gemeinwesens ist eine Frage des Zeitgeistes. Das Zeitalter des „animal laborans", die Arbeits- und Konsumgesellschaft[2393], ist keine Hochzeit der Kunst. Die Entwicklung der Kunstpolitik zeigt das allzu deutlich. Auch im Bereich der Kunst erweist sich: Res publica res populi. Der Gesetzgeber wird der Leitentscheidung für die Kunst dadurch gerecht, daß er die Rechts-grundlagen insbesondere künstlerischer Unabhängigkeit schafft. Auch amt-liche Kunst ist „frei". Aber das Grundrecht der Kunstfreiheit definiert die subjektiven Rechte nicht selbst und ist darum nicht die unmittelbare Rechts-grundlage materialer subjektiver Rechte des Künstlers[2394], abgesehen von der Unabhängigkeit im Schöpferischen selbst, die unmittelbar durch ein subjektives Abwehrrecht aus Art. 5 Abs. 3 S. 1 GG gegen Eingriffe des Staates geschützt ist, weil insoweit ohne weitere gesetzgeberische Abwä-gung rechtliche Klarheit besteht[2395]. Die begriffliche Abgrenzung des Schöpferischen ist Sache der Rechtsprechung. Das Schöpferische ist inner-lich und von der äußeren Handlung der Werkerstellung zu unterscheiden,

---

[2393] *H. Arendt*, Vita Activa, S. 76 ff., 115 ff., 312 ff.

[2394] A. A. die herrschende Lehre, die der Sache nach die allgemeinen Gesetze als Schranke der subjektiven Rechte des Künstlers ansieht, aber damit auch nicht mehr Grundrechtsschutz gewinnt als aus der objektiven Dimension, welche die Subjek-tivierung künstlerischer Unabhängigkeit gebietet und zu beanspruchen erlaubt; vgl. *E. Denninger*, HStR, Bd. VI, § 146, Rdn. 26, 40 f.; die Praxis leitet die Rechtsfol-gen jedes Einzelfalles unmittelbar aus der Kunstfreiheitsgarantie ab; das wird im Folgenden kritisiert.

[2395] Dazu III, 1.

die auf andere einwirkt. Freilich müssen alle Regelungen, welche die Kunst oder auch die Wissenschaft betreffen, durch Gesetz oder aufgrund Gesetzes getroffen werden. Das folgt schon aus dem Freiheitsprinzip[2396]. Für die Wissenschaftsfreiheit gilt Entsprechendes[2397].

Frei sein kann nur menschliches Handeln. Folglich schützt die Kunstfreiheit das künstlerische Handeln oder das Handeln im Bereich der Kunst, vor allem also den Künstler in seinem schöpferischen Handeln, ohne daß der Begriff Schöpfung dadurch zum einengenden Tatbestandsmerkmal des Grundrechts in der objektiven Dimension würde. Das Grundrecht der Freiheit der Kunst entfaltet seine Wirkung nach der Rechtsprechung des Bundesverfassungsgerichts sowohl im Werk- als auch (mit minderer Intensität) im Wirkbereich[2398]. In all seinem Handeln muß der Künstler die Gesetze beachten. Es geht darum, welche Gesetze gegeben werden dürfen, ohne die Freiheit der Kunst zu verletzen. Jedenfalls bleiben die Gesetze, soweit sie Recht schaffen, auch für den Künstler verbindlich; denn die Gesetze verwirklichen die Freiheit, auch die des Künstlers. Die Freiheit ist auch in Art. 5 Abs. 3 GG die Freiheit, die Art. 2 Abs. 1 GG als Freiheit definiert[2399].

[2396] BVerfGE 83, 130 (142); 108, 282 (297, 302, 311); dazu allgemein 2. Kap., III, IV, 5. Kap., II, 3.

[2397] Vgl. *Th. Oppermann*, HStR, Bd. VI, § 145, Rdn. 17 ff., 25 ff. (insb. Rdn. 27), selbst gegen die Anwendung der sogenannten Schrankentrias des Art. 2 Abs. 1 GG.

[2398] BVerfGE 30, 173 (189); 67, 213 (224); 81, 278 (292); BVerfG NJW 1988, 325 f.; *F. Müller*, Freiheit der Kunst als Problem der Grundrechtsdogmatik, 1969, S. 97 ff.; *E. Denninger*, HStR, Bd. VI, § 146, Rdn. 44; *W. Höfling*, Offene Grundrechtsinterpretation, S. 142 f.

[2399] A. A. (wegen der Dogmatik der allgemeinen Handlungsfreiheit und der daraus folgenden Subsidiarität des Art. 2 Abs. 1 GG) BVerfGE 30, 173 (192 ff.), ohne in der Sache abzuweichen, wie BVerfGE 81, 278 (292) zeigt, wonach die Grenze des Art. 5 Abs. 3 S. 1 GG die Grundrechte Dritter und Verfassungsbestimmungen aller Art seien, weil „ein geordnetes menschliches Zusammenleben nicht nur gegenseitige Rücksichtnahme der Bürger, sondern auch eine funktionierende staatliche Ordnung" voraussetze, „welche die Effektivität der Grundrechte überhaupt erst sicherstelle"; i. d. S. auch BVerfGE 83, 130 (138 ff.), wo der Jugendschutz auf Art. 1 Abs. 1, Art. 2 Abs. 1 und Art. 6 Abs. 2 S. 1 GG gestützt wird, ein Argumentationsmodell, das fast immer genügen dürfte, um Belange des Gemeinwohls als verfassungsgeboten auszugeben; die Lehre folgt der Praxis, vgl. *E. Denninger*, HStR, Bd. VI, § 146, Rdn. 38, ohne daß der Begriff der Freiheit in Art. 5 Abs. 3 GG ernsthaft erörtert würde; dazu *A. Enderlein*, Der Begriff der Freiheit als Tatbestandsmerkmal der Grundrechte, S. 21 ff., 43 ff.; in der Sache ebenso *R. Scholz*, in: Maunz/Dürig, GG, Rdn. 11 ff., 52 ff., 348 f. zu Art. 5 Abs. III; *ders.*, für die ebenfalls vorbehaltlose Koalitionsfreiheit, Koalitionsfreiheit als Verfassungsproblem, S. 335 ff.; *ders.*, HStR, Bd. VI, § 151, Rdn. 120 ff.; der Sache nach weicht auch *Th. Oppermann*, HStR, Bd., VI, § 145, Rdn. 17, 29, 31, nicht von der Position im Text ab, der als Grenzen der Lehr- und auch der Forschungsfreiheit „die allgemei-

II. Einzelfallgerechtigkeit in der Kunstrechtsprechung und Primat der freiheitsverwirklichenden Gesetzlichkeit

Die Lehre von der „Abwägung aller Umstände des Einzelfalles", insbesondere von der „Spannungslage zwischen den durch Art. 1 Abs. 1 GG und Art. 5 Abs. 3 S. 1 GG geschützten Bereichen ... nach Maßgabe der grundgesetzlichen Wertordnung und unter Berücksichtigung der Einheit dieses grundlegenden Wertsystems" zur Ermittlung der jeweils grundrechtsgeschützten Rechte des Künstlers, der „Kunstfreiheitsgarantie" und deren „von der Verfassung selbst bestimmten Grenzen", welche das Bundesverfassungsgericht für die Kunstfreiheit entwickelt hat[2400], kann andere Ergebnisse als die republikanische Freiheitslehre nicht rechtfertigen; denn beide Erkenntnismethoden praktizieren offen praktische Vernunft[2401]. Allerdings verschieben sich die Befugnisse vom Gesetzgeber zur Rechtsprechung. Die Einzelfallorientierung der bundesverfassungsgerichtlichen Praxis der Kunstfreiheitsgarantie, die in dem Postulat der Werkgerechtigkeit der jeweiligen Rechtsanwendung ihren wesentlichen begrifflichen Ausdruck findet[2402], entfernt sich von der Aufgabe verfassungsgerichtlicher Gesetzeskontrolle, die dem Prinzip der Gesetzlichkeit der staatlichen Lebensbewältigung gerecht werden soll. Das Prinzip der gesetzesbestimmten wird durch das Prinzip der verfassungs(gerichts)geleiteten Einzelfallgerechtigkeit ersetzt. Einzelfallrechtsprechung ist dadurch nicht mehr Gesetzes-, sondern nur noch Verfassungsrechtsprechung. Der Einzelrichter ist nach dieser Dogmatik nicht mehr an das Gesetz gebunden, sondern lediglich an offene Verfassungsbegriffe, an denen er sich jedoch lediglich orientieren kann. Eine solche Dogmatik mißachtet den Unterschied zwischen der Gesetzgebungsfunktion der Verfassungsrechtsprechung und der Funktion der Gesetzesrechtsprechung der Fachgerichtsbarkeit, im Einzelfall das Recht aus dem Gesetz abzuleiten[2403]. Die Fachgerichte bedürfen um der republikanischen Gesetzlichkeit willen, welche allein geeignet ist, das Freiheitsprinzip zu verwirklichen, bestmöglich bestimmter Gesetze, die jedenfalls ein höheres Maß an

---

nen Normen des sozialen Zusammenlebens" benennt, obwohl er die „unmittelbare" Geltung der „Schrankentrias des Art. 2 Abs. 1 GG" ablehnt (S. 823); ähnlich *W. Thieme*, Deutsches Hochschulrecht, S. 78 ff.

[2400] BVerfGE 30, 173 (193 ff.); 67, 213 (228); 81, 278 (289 ff.); 83, 130 (143); dazu *E. Denninger*, HStR, Bd. VI, § 146, Rdn. 38 f.; *J. Würkner*, NVwZ 1992, 8 f.

[2401] Zur Abwägungsdogmatik allgemein Hinweise in Fn. 1950; *K. A. Schachtschneider*, Res publica res populi, S. 895 ff.; *ders.*, Prinzipien des Rechtsstaates, S. 288 f., 332 mit Fn. 1531, S. 337 ff. (339), 351.

[2402] Vgl. etwa BVerfGE 75, 369 (378 ff.); 83, 130 (146 f.); *J. Würkner*, NVwZ 1992, 8.

[2403] Dazu *K. A. Schachtschneider*, Res publica res populi, S. 858 ff.

Bestimmtheit aufweisen müssen, als es die Leitentscheidungen der Grundrechte bieten. Unmittelbarer Verfassungsvollzug (ohne gesetzliche Materialisierung) kann dem Autonomieprinzip, auf dem der Rechtsstaat aufbaut, nicht genügen.

Welche Handlungsmaximen erlaubt sind, definiert, wenn im Einzelfall, zudem „werkgerecht", die Gerechtigkeit gesucht wird, nicht das Grundgesetz und auch nicht das Gesetz, sondern von Fall zu Fall die Rechtsprechung, vor allem, wenn es für die Rechtsentwicklung förderlich erscheint, das Bundesverfassungsgericht, geleitet von der Idee/von dem Wert Kunst. Das Grundgesetz bestimmt die Maximen nicht, weil die Leitentscheidungen der Materialisierung bedürfen, um bestimmend sein zu können. Die Verfassungsverwirklichung ist ohne gesetzgeberische Materialisierung nicht möglich. Die jeweilige Materialisierung nicht etwa der Kunst, sondern der Kunstfreiheit als politischer Leitentscheidung durch die funktional gesetzgebende Rechtserkenntnis macht eine gesetzesgebundene Einzelfallentscheidung logisch erst möglich. Wenn die Einzelfallentscheidungen nicht gesetzeslose und damit autonomiewidrige, also verbotene, Willkürakte sein sollen, müssen sie auf einer funktional gesetzgeberischen Entscheidungsnorm beruhen[2404]. Die Verfassungsrichter geben ihrer funktional gesetzgebenden Erkenntnisbefugnis gemäß, wenn auch einzelfallbezogen, das Gesetz, welches der Einzelfallentscheidung zugrunde gelegt wird, und wenden dieses selbstgegebene Gesetz auf den Einzelfall an. Eine Dogmatik der verfassungsunmittelbaren Einzelfallgerechtigkeit läßt dem Gesetzgeber keine Möglichkeit der Gesetzgebung und verwehrt damit dem ebenso demokratischen wie rechtsstaatlichen Prinzip des Vorrangs des Gesetzes, welches logisch mit dem Prinzip des Vorbehalts des Gesetzes verbunden ist[2405], die Wirksamkeit. Konfliktlösungen „nach Maßgabe der grundgesetzlichen Wertordnung und unter Berücksichtigung der Einheit dieses grundgesetzlichen Wertsystems" deklariert das Bundesverfassungsgericht[2406] als „Verfassungsauslegung". Das schien wohl notwendig, um die Einzelfalldogmatik angesichts des Art. 97 Abs. 1 GG zu rechtfertigen. Diese Einzelfallrechtsprechung, welche keine Gesetzesanwendung mehr ist, mißachtet die Funktionenteilung zwischen Gesetzgebung und Rechtsprechung. Sie etabliert den Richterstaat, der die Funktionen der Gesetzge-

---

[2404] Dazu *K. A. Schachtschneider*, Res publica res populi, S. 887 ff.

[2405] Dazu *K. Stern*, Staatsrecht I, S. 802 ff.; *E. Schmidt-Aßmann*, Der Rechtsstaat, HStR, Bd. II, § 26, Rdn. 61 ff.; *F. Ossenbühl*, HStR, Bd. III, 1988, § 62, Rdn. 1 ff., 7 ff.; *K. A. Schachtschneider*, Res publica res populi, S. 864, 891 f., 928 f.; *ders.*, Prinzipien des Rechtsstaates, S. 105 ff., 110 ff.; vgl. BVerfGE 34, 369 (388); 40, 237 (249).

[2406] BVerfGE 30, 173 (193); auch BVerfGE 47, 327 (369).

bung, der Verwaltung und der Rechtsprechung bei den Richtern zusammenführt.

Das Mißtrauen des Bundesverfassungsgerichts in die kunstfreiheitsgerechte, also werkgerechte, Abwägung der Behörden und Fachgerichte ist nichts anderes als das Mißtrauen gegen die Maßnahmen, die andere treffen. Verwaltung und Rechtsprechung sollen darum in der Republik gesetzesgeleitet sein[2407]; denn dadurch sind sie, wenn die Gesetzgebung freiheitlich ist, bestmöglich legitimiert. Unmittelbarer Verfassungsvollzug durch Behörden oder Gerichte kann nur auf Mißfallen stoßen, weil die verfassungsgewollten Institutionen verbindlicher Erkenntnis des Wahren und Richtigen, also die Institutionen republikanischer Sittlichkeit, umgangen werden. Das kann nicht zur Befriedung des Gemeinwesens führen. Die Mißachtung der Gewalten(Funktionen)teilung[2408] gefährdet die Autorität des Bundesverfassungsgerichts, welches derzeit allein darin Akzeptanz erwarten kann, daß seine Kulturpolitik an Liberalität nichts zu wünschen übrig läßt. Die Rechtfertigung der Kontrollintensität auch im Einzelfall mit der „präventiven Wirkung" der „intensiveren verfassungsrechtlichen Prüfung" kaschiert nur notdürftig, daß das Bundesverfassungsgericht seiner eigentlichen Aufgabe, für verfassungsgemäße Gesetze Sorge zu tragen, nicht nachkommt oder nicht nachzukommen vermag[2409]. Das Dilemma ist offenkundig. Wenn die Behörden und Fachgerichte den Werken nicht gerecht werden, obwohl das verfassungsgerichtlich gegebene Gesetz die Werkgerechtigkeit zum Tatbestandsmerkmal kunstrechtlicher Entscheidungen erklärt hat, können wegweisende Erkenntnisse des Bundesverfassungsgerichts Vorbild sein. Die Funktionenteilung zwischen der Verfassungsrechtsprechung auf der einen und der Verwaltung und der Gesetzesrechtsprechung auf der anderen Seite geht dabei jedoch verloren[2410].

Der bessere Weg zu verfassungsgerechten Einzelfallentscheidungen ist die Besetzung der Ämter mit qualifizierten Amtswaltern. Das Bundesverfassungsgericht hat jedoch die mehr als fragwürdige Besetzung der Bundesprüfstelle nach § 9 Abs. 2 GjS der Sache nach akzeptiert[2411]. Amtsträger, welche Entscheidungen in „einer gewissen Staatsferne und aufgrund einer

---

[2407] *K. A. Schachtschneider*, Prinzipien des Rechtsstaates, S. 94 ff., 118 ff., 149 ff.

[2408] Dazu *K. Stern*, Staatsrecht I, S. 92 ff.; *ders.*, Staatsrecht II, S. 511 ff.; *H. Krüger*, Allgemeine Staatslehre, S. 867 ff., 918 ff.; *K. A. Schachtschneider*, Prinzipien des Rechtsstaates, S. 167 ff.

[2409] Kritisch insofern auch *M.-E. Geis*, NVwZ 1992, 27; kritisch auch *J. Würkner*, NVwZ 1992, 6 ff. („Am Ende doch im Sinne einer Super-Revisionsinstanz?").

[2410] Dazu *K. A. Schachtschneider*, Res publica res populi, S. 1027 ff., auch S. 858 ff., 895 ff., 901 ff.

[2411] BVerfGE 83, 130 (149 ff.).

pluralistischen Meinungsbildung" treffen sollen[2412], sind wenig geeignet, in staatlicher Sachlichkeit die Kunst bestmöglich zu fördern, wie es die Verfassung gebietet und wie es verfassungsgemäße Gesetze vorschreiben müßten. Allein die wissenschaftliche Qualifikation, den Jugendschutz zu verwalten, kann die Befähigung und Eignung für diese Ämter begründen. Das Bundesverfassungsgericht beanstandet es aber nicht, daß die einzelnen Gruppenbeisitzer keine über die Verbandszugehörigkeit hinausgehenden Qualifikationen nachweisen müssen[2413]. Die Konsequenz dieser fragwürdigen Amtsbesetzung ist das Mißtrauen in die Entscheidungen der Behörden. Das Bundesverfassungsgericht negiert einen Beurteilungsspielraum der Verwaltung[2414] und ermöglicht damit den Gerichten und vor allem sich selbst die Einzelfallentscheidungen. Kompetent besetzte Behörden könnten das gleiche Vertrauen in die verfassungsgerechte Verwaltungspraxis erwarten wie das Bundesverfassungsgericht selbst. Einzelfallentscheidungen müssen in der Republik Sache der Behörden und Fachgerichte bleiben. Das Bundesverfassungsgericht überfordert sich selbst, wenn es Kriterien wie die Werkgerechtigkeit praktizieren will; denn derartige Kriterien lassen sich für alle Grundrechte entwickeln. Nicht allein das Bundesverfassungsgericht ist Hüter des Rechts. Vielmehr sind das alle Vertreter des Volkes, abgesehen von den Bürgern. Die Werkgerechtigkeit ist ein geeignetes Tatbestandsmerkmal eines Kunstfreiheitsgesetzes. Dieses Kriterium wäre von der Verwaltung und von den Fachgerichten zu praktizieren. Wenn und weil die Grundrechtsverwirklichung ohne die Ausübung der Gesetzesfunktion, sei es durch den Gesetzgeber oder sei es durch den Richter, nicht möglich ist, muß die republikanische Funktionenteilung dem Gesetzgeber die Gesetzgebung ermöglichen. Vorbehaltlose Grundrechte schließen sachgerechte Gesetzgebung nicht aus.

Die Einzelfalldogmatik des Bundesverfassungsgerichts beachtet die Normverwerfungsbefugnis nach Art. 100 Abs. 1 GG[2415] ebenso wie die Unterwerfung der Gesetzesrichter unter das Gesetz durch Art. 97 Abs. 1 GG[2416] zu wenig. Die Verfassungsrechtsprechung hat auf verfassungsgerechte Gesetze hinzuwirken, nicht aber Einzelfälle unabhängig von Gesetzen zu entscheiden. Die Verfassung wird nicht schon dadurch erfüllt, daß die Gerichte versuchen, die Leitentscheidungen zu beachten. Weil die Leitentscheidungen nur Orientierungsfunktion haben, können sie ohne ge-

---

[2412] BVerfGE 83, 130 (150).

[2413] BVerfGE 83, 130 (152 f.).

[2414] BVerfGE 83, 130 (155).

[2415] Dazu *K. A. Schachtschneider*, Res publica res populi, S. 901 ff.; *ders.*, Prinzipien des Rechtsstaates, S. 246 ff.

[2416] Dazu *K. A. Schachtschneider*, Res publica res populi, S. 863 ff.; *ders.*, Prinzipien des Rechtsstaates, S. 214 f., 283.

setzliche Materialisierung die Praxis nicht bestimmen, jedenfalls nicht demokratisch und rechtsstaatlich, also nicht freiheitlich. Die Leitentscheidungen sind in der Republik des unmittelbaren Vollzuges rechtens nicht fähig[2417]. Um der Freiheit willen muß die Materialisierung der Leitentscheidungen den Primat der Gesetzgebung respektieren. Das sieht das Bundesverfassungsgericht an sich nicht anders:

> „Rechtsstaatsprinzip und Demokratiegebot verpflichten den Gesetzgeber, die für die Grundrechtsverwirklichung maßgeblichen Regelungen im wesentlichen selbst zu treffen und diese nicht dem Handeln und der Entscheidungsmacht der Exekutive zu überlassen (...). Wie weit der Gesetzgeber die für den fraglichen Lebensbereich erforderlichen Leitlinien selbst bestimmen muß, richtet sich maßgeblich nach dessen Grundrechtsbezug. Eine Pflicht dazu besteht, wenn miteinander konkurrierende grundrechtliche Freiheitsrechte aufeinandertreffen und deren jeweilige Grenzen fließend und nur schwer auszumachen sind. Dies gilt vor allem dann, wenn die betroffenen Grundrechte nach dem Wortlaut der Verfassung vorbehaltlos gewährleistet sind und eine Regelung, welche diesen Lebensbereich ordnen will, damit notwendigerweise ihre verfassungsimmanenten Schranken bestimmen und konkretisieren muß. Hier ist der Gesetzgeber verpflichtet, die Schranken der widerstreitenden Freiheitsgarantien jedenfalls so weit selbst zu bestimmen, wie sie für die Ausübung dieser Freiheitsrechte wesentlich sind (...)" (BVerfGE 83, 130 (142))[2418].

Die richtige Erkenntnis, daß der Gesetzgeber den Lebensbereich grundrechtsgeleitet ordnen müsse, desavouiert das Bundesverfassungsgericht durch seine Kontrolle der Werkgerechtigkeit im Einzelfall selbst; denn die Gesetzlichkeit der Verwaltungsentscheidungen haben die Fachgerichte zu verantworten.

Der republikanische Mangel wird auch nicht dadurch behoben, daß die verfassungsunmittelbare Erkenntnis der Einzelfallgerechtigkeit den Fachgerichten übertragen wird. Die Republik läßt prinzipiell die Verfassungsverwirklichung, die den demokratisch legitimierten Gesetzgeber ausschaltet, nicht zu. Die Grundrechte sind weder Ermächtigungsgrundlagen für eine unmittelbare Rechtsetzung noch für eine unmittelbare Verwaltung der Gesetzesrichter. Die Gerichte sind vielmehr als Verfassungsgerichte auf die funktional gesetzgebende Kontrolle des Gesetzgebers beschränkt, wie vor allem

---

[2417] Dazu *K. A. Schachtschneider*, Res publica res populi, S. 819 ff., 831 ff., 848 ff. (programmatischer Charakter der grundrechtlichen Leitentscheidungen).

[2418] Die Notwendigkeit der „Ausgestaltung (sc. der Rechtsverhältnisse) durch die Rechtsordnung" hat das Bundesverfassungsgericht insbesondere für das vorbehaltlose Grundrecht der Koalitionsfreiheit anerkannt, BVerfGE 28, 295 (306); 57, 220 (245); 84, 212 (228); 92, 26 (41); 88, 103 (115); 92, 365 (393 ff., 403); 93, 352 (357 ff.); zur Wesentlichkeitsdogmatik allgemein BVerfGE 33, 1 (10 f.); 33, 303 (337); 34, 165 (192 f.); 40, 237 (248 f.); 41, 251 (259 f.); 45, 400 (417); 47, 46 (78 f.); 48, 210 (291); 49, 89 (126 f.); 58, 257 (268 ff.); 89, 166 (191 f.); 98, 218 (251 ff.); *K. A. Schachtschneider*, Prinzipien des Rechtsstaates, S. 116 ff.; *F. Ossenbühl*, HStR, Bd. III, § 62, Rdn. 41 ff. (nicht unkritisch).

Art. 100 Abs. 1 GG beweist[2419]. Als Fachgerichte sind sie durch Art. 97 Abs. 1 GG an die Gesetze gebunden, welche einen unmittelbaren Verfassungsvollzug jedenfalls insoweit auszuschließen haben, als es um die Verwirklichung der objektiven Dimension der Grundrechte geht.

Die Fragwürdigkeit einer Dogmatik der Einzelfallgerechtigkeit hat das Bundesverfassungsgericht 1984 im Zusammenhang mit Äußerungen zum sogenannten Richterrecht selbst formuliert:

> „Das, was das Gesetz offenläßt, ist durch Richterrecht auszufüllen. Diese Aufgabe ist nicht gleichbedeutend mit derjenigen einer unvermittelten einzelfallbezogenen Güter- und Interessenabwägung. Eine solche mag zwar in besonderem Maße Einzelfallgerechtigkeit verwirklichen. Sie kann aber die Rechtsfindung nicht normativ leiten, wie es die Aufgabe der Gesetze und des ergänzenden Richterrechts ist; ebensowenig vermag sie dem rechtsstaatlichen Gebot der Berechenbarkeit des Rechts, der Rechtsklarheit und Rechtssicherheit gerecht zu werden" (BVerfGE 66, 116 (138))[2420].

III. Offenheit des Kunstbegriffs und Gesetzlichkeit der Freiheit der Kunst

1. Die Tatbestandsmerkmale des Grundrechts der Freiheit der Kunst, nämlich „Kunst" und „frei", verbunden durch den Indikativ „sind", der, weil das Grundrecht in demselben Satz auch die „Wissenschaft, Forschung und Lehre" für frei erklärt, als ist zu lesen ist, lassen sich nicht trennen. Der Imperativ, der Rechtssatz also, ist, daß die Kunst frei sein soll. Freiheit gebietet Handeln, welches anderen nicht schadet, Handeln also, dessen Maximen autonom, nämlich durch Gesetz, bestimmt sind. Das Recht kann nur das Handeln von Menschen bestimmen. Auch das Handeln von Künstlern wirkt auf andere Menschen ein. Kunst ist Kommunikation[2421]. Sonst bedürfte es des grundrechtlichen Rechtssatzes in Art. 5 Abs. 3 S. 1 GG nicht. Folglich ist jeder Versuch, die Kunst, die nicht durch Gesetz geregelt werden dürfe, als solche zu definieren, vergeblich. Alles künstlerische oder kunstbezogene Handeln kann Konflikte mit anderen Menschen mit-

---

[2419] Dazu *K. A. Schachtschneider*, Res publica res populi, S. 536 ff., 901 ff.; *ders.*, Prinzipien des Rechtsstaates, S. 244 ff.

[2420] Zum Richterrecht weiterhin BVerfGE 13, 318 (328); 18, 224 (237); 26, 327 (337); 34, 269 (287 ff.); 65, 182 (190); 66, 337 (355); 84, 212 (226 f.); 98, 49 (59 f.); BAGE 23, 292 (319 f.); *M. Kriele*, Theorie der Rechtsgewinnung. S. 243 ff.; *F. Ossenbühl*, Rechtsquellen und Rechtsbindungen der Verwaltung, § 6, Rdn. 74 ff., S. 173 ff.; *K. A. Schachtschneider*, Res publica res populi, S. 864 f.; *ders.*, Prinzipien des Rechtsstaates, S. 203 ff.

[2421] So auch BVerfGE 81, 278 (289); dazu *E. Denninger*, HStR, Bd. VI, § 146, Rdn. 16; *W. Höfling*, Offene Grundrechtsinterpretation, S. 130.

sichbringen. Diese müssen durch Gesetze befriedet werden. Die Befriedung von Streit bezwecken auch die Einzelfallentscheidungen. Wenn etwa der Künstler fremde Sachen für sein Kunstwerk nutzt, muß der Streit zwischen der Freiheit der Kunst und dem Schutz des Eigentums anderer gelöst werden. Im Falle des Sprayers von Zürich hat die Rechtsprechung den Konflikt zwischen Kunst und fremdem Eigentum zugunsten des Eigentümers entschieden[2422]. § 950 BGB hat den sachenrechtlichen Konflikt zugunsten des Künstlers gelöst, dem sein Kunstwerk, wenn dessen Wert nicht erheblich geringer ist als der Wert des be- oder verarbeiteten Stoffes, das Eigentum an den vormals fremden beweglichen Sachen verschafft, freilich den Künstler mit einer nach bereicherungsrechtlichen Regelungen zu bestimmenden finanziellen Ausgleichspflicht belastet (§ 951 BGB)[2423]. Wenn man bedenkt, daß die Eigentumsordnung Sache des Gesetzgebers ist, der sich an der Leitentscheidung für das Eigentum zu orientieren hat[2424], so kann die Kunstfreiheit nicht anders dogmatisiert werden, als daß sie ebenfalls durch an der Leitentscheidung für die Kunst orientierte Gesetzlichkeit verwirklicht wird. „Praktische Konkordanz"[2425] der Eigentumsgewährleistung und der Kunstfreiheit kann nur das Gesetz schaffen[2426].

Die Kunst ist frei heißt, wenn das Wort frei als Autonomie des Willens begriffen wird, gerade nicht, daß der Bereich der Kunst gesetzlichen Regelungen nicht zugänglich sei. Das Wort „frei" in Art. 5 Abs. 3 S. 1 GG kann nicht ausschließlich freiheitliche Privatheit meinen, weil das den Kunstbereich der gesetzlichen Ordnung gänzlich entziehen würde. Allerdings sollen die Gesetze dem Künstler und ihren Helfern größtmögliche Unabhängigkeit einräumen. Die Gesetze dürfen den Wesensgehalt des Grundrechts der Kunstfreiheit nicht antasten (Art. 19 Abs. 2 GG). Der Wesensgehaltsschutz gilt auch für die vorbehaltlosen Grundrechte, weil und insoweit diese gesetzlicher Regelung zugänglich sind[2427]. Den Wesensgehalt auch dieses Grundrechts soll die Verfassungsrechtsprechung

---

[2422] BVerfG NJW 1984, 1293 ff.; kritisch zu der der Kunstfreiheitsgarantie vermeintlich immanenten Grenze der „bürgerlich-rechtlichen Eigentumsordnung einschließlich ihrer strafrechtlichen Absicherung" E. Denninger, HStR, Bd. VI, § 146, Rdn. 38 ff.

[2423] So auch v. Mangoldt/Klein/Starck, GG, Rdn. 341 zu Art. 5 Abs. 3, S. 606 f.

[2424] Dazu 10. Kap., III.

[2425] K. Hesse, Grundzüge des Verfassungsrechts, Rdn. 317 ff., S. 142 ff.

[2426] So in der Sache auch BVerfGE 83, 130 (142 ff.).

[2427] So etwa BVerfGE 84, 212 (228); 93, 352 (360) für die Koalitionsfreiheit; BVerwGE 47, 300 (357); dazu L. Schneider, Der Schutz des Wesensgehalts der Grundrechte nach Art. 19 Abs. 2 GG, 1983, S. 73 f.; dazu weitere Hinweise bei K. A. Schachtschneider, Res publica res populi, S. 829, Fn. 49.

hüten. In der Praxis verfährt das Bundesverfassungsgericht so, wenn es, die verschiedenen grundrechtlichen Werte abwägend, einem Künstler oder all denen, die im Kunstwesen mitwirken, die Handlungsmaximen zu bestimmen als Kunstfreiheit zumißt[2428], wobei es trotz seiner Dogmatik der Vorbehaltlosigkeit dieses Grundrechts[2429] zu Recht den Wesensgehaltsschutz dogmatisiert[2430]. Das Gericht versucht, die Kunst als solche zu erfassen und zu schützen:

> „Sinn und Aufgabe des Grundrechts aus Art. 5 Abs. 3 Satz 1 GG ist es vor allem, die auf der Eigengesetzlichkeit der Kunst beruhenden, von ästhetischen Rücksichten bestimmten Prozesse, Verhaltensweisen und Entscheidungen von jeglicher Ingerenz öffentlicher Gewalt freizuhalten. ... Die Kunst ist in ihrer Eigenständigkeit und Eigengesetzlichkeit durch Art. 5 Abs. 3 Satz 1 GG vorbehaltlos gewährleistet" (BVerfGE 30, 173 (190 f.))[2431].

Daß Versuche, einen rechtfertigenden Begriff der Kunst zu definieren, scheitern müssen und bisher gescheitert sind[2432], erweist das Beispiel von

---

[2428] Vgl. BVerfGE 30, 173 (191, 193 ff.); 36, 321 (331); 81, 278 (289 ff.); 83, 130 (142 ff.); dazu *E. Denninger*, HStR, Bd. VI, § 146, Rdn. 1 ff., 18 f., 38 ff., der für eine „Verfassungsgüterabwägung" plädiert (S. 873).

[2429] Dazu BVerfGE 30, 173 (193 ff.); 81, 278 (292 f.); 83, 130 (139); vgl. für die Wissenschaftsfreiheit BVerfGE 35, 79 (114 ff., 122 ff.); 47, 327 (367 ff.); weitere Hinweise in Fn. 2391; vgl. schon BVerfGE 28, 243 (260 f.) zur Kriegsdienstverweigerung; zu den Schranken der Kunstfreiheit *E. Denninger*, HStR, Bd. VI, § 146, Rdn. 38 ff.; vgl. auch *F. Müller*, Freiheit der Kunst als Problem der Grundrechtsdogmatik; *ders.*, Die Positivität der Grundrechte, S. 113 ff.; v. Mangoldt/ Klein/*Starck*, GG, Rdn. 328 ff. zu Art. 5 Abs. 3; *R. Scholz*, in: Maunz/Dürig, GG, Rdn. 8, 25 zu Art. 5 Abs. III; vgl. auch *J. Isensee*, Wer definiert die Freiheitsrechte? Selbstverständnis der Grundrechtsträger und Grundrechtsauslegung des Staates, 1980, zur Problematik der subjektivistischen Auslegung der Grundrechtsbegriffe.

[2430] Für den Wesensgehaltsschutz bei richterlicher Einschränkung des vorbehaltlosen Grundrechts der Koalitionsfreiheit durch die Begrenzung des Rechts zur Aussperrung BVerfGE 84, 212 (228), wo das „Richterrecht" wesensgehaltsrechtlich den Gesetzen gleichgestellt wird; vgl. auch BVerfGE 93, 352 (360); anders noch BVerfGE 13, 97 (122).

[2431] I. d. S. auch BVerfGE 75, 369 (377); 81, 278 (291); 83, 130 (145 ff.).

[2432] Vgl. zum Problem *E. Denninger*, HStR, Bd. VI, § 146, Rdn. 1 ff., der auf Kants „ästhetischen Subjektivismus" (Kritik der ästhetischen Urteilskraft, § 17, S. 313 ff.) hinweist, Kants Erkenntnis, daß ein „Prinzip des Geschmacks, welches das allgemeine Kriterium des Schönen durch bestimmte Begriffe angäbe, zu suchen, eine fruchtlose Bemühung" sei (a. a. O., S. 313), aber nicht nutzt; dazu richtig *W. Höfling*, Offene Grundrechtsinterpretation, S. 129 ff., zum offenen Kunstbegriff; die Notwendigkeit einer Definition der Kunst stellen heraus *R. Scholz*, in: Maunz/ Dürig, GG, Rdn. 25 zu Art. 5 Abs. III; v. Mangoldt/Klein/*Starck*, GG, Art. 5 Abs. 3, Rdn. 298 ff., fragwürdig, weil die Kunst unterschiedlich in Erscheinung tritt und unterschiedlich schützenswert ist, so daß differenzierte Tatbestände vom Gesetzgeber erwartet werden müssen.

Straftaten, die um der Kunst willen verübt werden. Auch die Kunst der Sprayer gewinnt dadurch ihre künstlerische Eigenart und ihren künstlerischen Wert, daß sie fremde Gebäudewände benutzt, also durch Sachbeschädigung, die durch § 303 StGB unter Strafe gestellt ist[2433]. Das Bundesverfassungsgericht ist in der jüngeren Rechtsprechung der Lehre vom offenen Kunstbegriff gefolgt[2434]. Die Darstellung einer verunglimpfenden Handlung in einer Karikatur etwa kann von der Strafbarkeit wegen Verunglimpfung der Bundesflagge nach § 90a Abs. 1 Ziff. 2 StGB ausgenommen sein, wenn und weil die Karikatur ein diese Strafbarkeit verbietendes Kunstwerk ist[2435]. Das ist jedoch eine Frage der Eigenart des Kunstwerkes und der „werkgerechten Interpretation", aber auch eine Frage der Wirkungen bei „Publikum" und „Kritik und Wissenschaft", also doch eine Frage staatlicher Bewertung des Kunstwerkes[2436]. Die Einzelfälle hätten jeweils auch umgekehrt entschieden werden können, ohne daß die Freiheit der Kunst verletzt worden wäre.

Die Rechtsunsicherheit ist der Preis der Abwägung im Einzelfall[2437]. Keinesfalls sollte der Begriff der Kunst restriktiv interpretiert werden, um die Kunstfreiheit einzuengen[2438]. Dementsprechend ist entgegen der früher herrschenden Exklusivitätslehre, welche meinte, Pornographie und Kunstwerke unterscheiden zu können, jetzt auch vom Bundesverfassungsgericht in Distanz zu den Zweifeln in BVerfGE 30, 336 (350) anerkannt, daß Pornographie einem Roman nicht die Kunsteigenschaft nimmt (BVerfGE 83, 130 (138 f.))[2439]. Der Zeitgeist hat wieder einmal die Dogmatik bewegt. Zum Wesen der Kunstfreiheit gehört das schöpferische Element der

---

[2433] Vgl. i.d.S. *A. Enderlein*, Der Begriff der Freiheit als Tatbestandsmerkmal der Grundrechte, S. 203 ff.

[2434] Vgl. BVerfGE 75, 369 (377); 81, 278 (291); 83, 130 (138 f.); vgl. auch schon BVerfGE 67, 213 (226 f.); vgl. i.d.S. *J. Würkner*, NVwZ 1992, 4; auch *M.-E. Geis*, NVwZ 1992, 26; die „Unbrauchbarkeit materialer Interpretationsansätze" des Kunstbegriffs zeigt *W. Höfling*, Offene Grundrechtsinterpretation, S. 132 ff., der dem einen „formalen Kunstbegriff" entgegensetzt, S. 136 ff.

[2435] BVerfGE 81, 278 (293 ff.); vgl. auch BVerfGE 81, 298 (304 ff.) zur Verunglimpfung der Nationalhymne.

[2436] BVerfGE 83, 130 (139, 147 ff.).

[2437] *W. Leisner*, Der Abwägungsstaat, S. 96 ff., 114 ff., insb. S. 127 ff.; i.d.S. auch *M.-E. Geis*, NVwZ 1992, 27.

[2438] So auch *E. Denninger*, HStR, Bd. VI, § 146, Rdn. 9, im Interesse intersubjektiver Akzeptanz; i.d.S. auch *W. Höfling*, Offene Grundrechtsinterpretation, S. 129 ff.; *J. Würkner*, NVwZ 1992, 3 ff.; i.d.S. jetzt auch BVerfGE 77, 369 (377); 81, 278 (291); 83, 130 (139).

[2439] So aber BGH NJW 1990, 3026 f.; vgl. i.d.S. *M.-E. Geis*, NVwZ 1992, 26; *J. Würkner*, NVwZ 1992, 3; zur früheren Rechtsprechung etwa BGHSt 23, 40 (41 ff.).

Kunst[2440]. Zu Recht definiert das Urheberrecht das „Werk" als „persönliche, geistige Schöpfung" (§ 2 Abs. 2 UrhG)[2441]. Ob ein Kunstwerk Gegenstand einer Handlung ist, so daß der subjektive Schutz des Grundrechts des Art. 5 Abs. 3 S. 1 GG eingreift, ist, notfalls mit Hilfe von Sachverständigen, festzustellen[2442]. Solange Rechtsfolgen von dem Tatbestandsmerkmal Kunst abhängig gemacht werden, kommt nur eine wie auch immer geartete Drittanerkennung des Werkes als Kunstwerk in Betracht. Eine Dogmatik der Selbstanerkennung ist mit dem Prinzip der Gesetzlichkeit des gemeinsamen Lebens unvereinbar und reklamiert der Sache nach die Eliminierung des Kunstbegriffs aus der Rechtsordnung[2443]. Kunst muß identifiziert werden können, wenn sie vom Gesetzgeber als Tatbestandsmerkmal benutzt wird. Dem Gesetzgeber bleibt wenig anderes übrig, als die Entscheidung über das, was Kunst ist, auf die Verwaltung und die Rechtsprechung zu delegieren. In der Not der materialen Offenheit des Kunstbegriffs ist eine kompetentielle und prozedurale Regelung hinreichend, welche die Identifizierung von Kunst bestmöglich gewährleistet.

Der Kunstbegriff des Grundgesetzes aber ist, wie die Grundrechtsbegriffe meist, variabel und dynamisch, nämlich material offen[2444]. Er ist nicht eindeutig mit dem Anspruch auf dauerhafte Richtigkeit definierbar. Vielmehr ist es vom Zeitgeist abhängig, was als Kunst anerkannt wird, nämlich von der Kunstwelt, von den Kunstrichtern, ja von dem ganzen kunstinteressierten Publikum. Ein religiös gestimmtes hat legitim einen anderen Kunstbegriff als ein profanisiertes Volk. Gegenwärtig läßt der Zeitgeist einen Begriff von Kunst nicht zu. In einer offenen, gar multikulturellen Gesellschaft

---

[2440] BVerfGE 67, 213 (226); 83, 130 (138); *E. Denninger*, HStR, Bd. VI, § 146, Rdn. 1 ff., 11 ff.

[2441] Dazu *G. Bornmüller*, Rechtsschutz für DV-Programme. Die immaterialgüterrechtliche Zuordnung der Programme für elektronische Datenverarbeitungsanlagen, 1986, S. 91 ff., insb. S. 96 ff.

[2442] Zur Kompetenz der Sachverständigen zurückhaltend *E. Denninger*, HStR, Bd. VI, § 146, Rdn. 7 ff., 10, der auch das „Selbstverständnis des betroffenen Künstlers" zu berücksichtigen rät; zurückhaltend auch v. Mangoldt/Klein/*Starck*, GG, Art. 5 Abs. 3, Rdn. 299, 305; i.d.S. auch *J. Isensee*, Wer definiert die Freiheitsrechte?, S. 59; dazu *W. Höfling*, Offene Grundrechtsinterpretation, S. 135 ff., der einen „gestuften Konkretisierungsprozeß unter Einbeziehung privaten Grundrechtsverständnisses" vorschlägt und als Kriterium die „Kommunikabilität des künstlerischen Selbstverständnisses" aufstellt.

[2443] Richtig *E. Denninger*, HStR, Bd. VI, § 146, Rdn. 1 f.; vgl. auch *F. Müller*, Die Freiheit der Kunst als Problem der Grundrechtsdogmatik, S. 38; *R. Scholz*, in: Maunz/Dürig, GG, Rdn. 8, 25 zu Art. 5 Abs. III; v. Mangoldt/Klein/*Starck*, GG, Rdn. 298 zu Art. 5 Abs. 3; differenzierend *W. Knies*, Schranken der Kunstfreiheit, S. 215, 218 f.

[2444] Dazu *K. A. Schachtschneider*, Res publica res populi, S. 819 ff., 831 ff., 847 ff., auch S. 1033 ff.

ist ein materialer Kunstbegriff nicht konsensfähig. Das mag man als Schwäche oder als Stärke empfinden. Es ist letztlich Sache des Volkes, unter welchen Gesetzen es lebt. Die Rechtslehre muß freilich das Recht lehren, nicht nur die Gesetzlichkeit. Ein Kunstbegriff ist wegen der Rechtsfolgen ein Gesetz. Wenn das Volk die aufklärerische Verfassung nicht lebt, vermag das Wort „Kunst" im Verfassungstext wenig zu bewirken. Wirksam ist, was die Richter erkennen, d.h. meinen; denn die öffentliche Meinung und die der Richter sind interdependent[2445]. Ein Richtigkeit beanspruchender materialer Kunstbegriff ist Illusion, weil Kunst ein Wert ist. Darum kann sich in einer Zeit der Wertverlorenheit nur der negative Kunstbegriff behaupten, der schließlich auch Pornographie als Kunst einstuft. Zum gemeinsamen Leben gehört der ständige Diskurs um den Kunstbegriff, der aber auch Konsens nicht unterbinden darf. Die Kunstfreiheitsgarantie rechtfertigt die Legalität von Horrorfilmen im engen Sinne des Begriffs, der nicht schon jede Art von Kriegsfilmen einschließt, in denen die Schrecken des Krieges gezeigt werden, allenfalls, wenn der Kunstgehalt des Films deutlich erkennbar ist[2446]. Es kommt auf die richtigen Gesetze an, welche der Leitentscheidung für die Kunst gerecht werden.

Kunstwerke können also in der gegenwärtigen Praxis auch Pornographie sein, wenn der pornographische Charakter eines Werkes diesem die Kunsteigenschaft nicht nimmt[2447]. Folglich muß der Gesetzgeber entscheiden, inwieweit er sonst verbotene Pornographie erlauben will, wenn sie als Kunstwerk dargeboten wird[2448]. Auch das Bundesverfassungsgericht macht die Indizierung eines Kunstwerkes, im Entscheidungsfall „Josefine Mutzenbacher – Die Lebensgeschichte einer wienerischen Dirne, von ihr selbst erzählt", von der Art und der Wirkung des Werkes abhängig[2449]. Der Sache nach billigt das Gericht einem Werk einen größeren Freiheitsschutz zu, wenn es eine größere Wertschätzung als Kunst verdient oder auch nur findet. Das führt zu der Formel: Je mehr Kunst im Werk, desto mehr Werkschutz. Diese Formel ist politisch akzeptabel, beweist aber, daß zwar die Kunsteigenschaft unabhängig von „einer staatlichen Stil-, Niveau- und Inhaltskontrolle oder von einer Beurteilung der Wirkung des Kunstwerks" anerkannt werden kann, nicht aber, daß die staatliche Kunstpolitik unabhängig von diesen Aspekten ist[2450]. Das folgt auch aus der Dogmatik der Werk-

---

[2445] Dazu *K. A. Schachtschneider*, Res publica res populi, S. 956 ff.

[2446] *K. A. Schachtschneider*, Rechtsgrenzen der Gewaltdarstellungen, in: R. Hänsel/R. Hänsel (Hrsg.), Da spiel ich nicht mit!, 2004, S. 213 ff. (S. 221 ff.).

[2447] Vgl. die Hinweise in und zu Fn. 2439.

[2448] Dazu BVerfGE 83, 130 (138 ff.).

[2449] BVerfGE 83, 130 (146 ff.).

[2450] Vgl. die Hinweise in Fn. 2434; insb. BVerfGE 83, 130 (139).

gerechtigkeit[2451]. Die Differenzierung sollte der Gesetzgeber vornehmen. Nicht alle Kunstwerke haben denselben Wert und sind darum auch nicht in gleicher Weise schützenswert.

Die Öffnung des Kunstbegriffs rechtfertigt es, die Rechtsfolgen nach Kriterien zu differenzieren, die die Kunsteigenschaft eines Werkes nicht in Frage stellen. Ein undifferenzierter Kunstbegriff rechtfertigt nicht schon die Gleichbehandlung aller Kunstwerke. Ein Kunstbegriff, der die Gleichbehandlung aller Kunstwerke zumutbar macht, hat sich nicht finden lassen. Noch ist niemand in der Lage, dem Gesetzgeber akzeptable Vorschläge für eine die Kunstwerke differenzierende Politik zu unterbreiten, wie gesagt, eine Frage des Zeitgeistes. Dieses Dilemma mag der eigentliche Grund für die werkorientierte Einzelfalldogmatik des Bundesverfassungsgerichts sein. Die Einzelfallentscheidungen finden keine Legitimation in tragfähigen Differenzierungen des Gesetzes, sondern in der Autorität des hohen Gerichts. Republikanischen Charakter hat eine solche Rechtsprechung nicht. Ein Kulturstaat, der jede Kunst gleichheitlich schützt und fördert, scheint nicht möglich.

Um der Kunstfreiheit willen sollten dem künstlerischen Wirken jedenfalls nur Vorschriften gemacht werden, wenn anderen die Störung durch dieses Wirken hinzunehmen nicht zugemutet werden darf. Das ist, weil ein Kunstwerk unterschiedlich intensiv stören, etwa die Persönlichkeit eines Menschen mehr oder weniger verletzen kann, durchaus eine Frage des Einzelfalles. Die Entscheidungskriterien sollte in der Republik der Gesetzgeber geben und die Entscheidungen sollte die Verwaltung treffen. Der Rechtsschutz ist Sache der Fachgerichte. Die Überprüfung der Gesetze ist Sache der Verfassungsrechtsprechung anhand der grundgesetzlichen Entscheidung für die Kunstfreiheit; denn Art. 5 Abs. 3 S. 1 GG bietet nur eine Orientierung, nicht aber einen bestimmenden Maßstab für eine der Kunstfreiheit gemäße Gesetzgebung[2452].

Der staatliche Wissenschaftsbetrieb leistet demgegenüber die Differenzierung haushaltstechnisch. Er finanziert die Wissenschaft in den Grenzen seiner haushaltlichen Möglichkeiten und diskriminiert damit die Wissenschaft, die er nicht fördert, ohne die Offenheit des Wissenschaftsbegriffs antasten zu müssen.

2. Die Lehre von den den vorbehaltlosen Grundrechten immanenten Schranken allgemeiner Gesetze erfaßt die Notwendigkeit der Gesetzgebung, die zudem mit dem Tatbestandsmerkmal „frei" akzeptiert ist, weil auch der

---

[2451] Vgl. die Hinweise in Fn. 2402.

[2452] Dazu A. *Enderlein*, Der Begriff der Freiheit als Tatbestandsmerkmal der Grundrechte, S. 176 ff.

Künstler als Mensch unter Menschen handelt und seine Handlungen soweit der gesetzlichen Regelung fähig und bedürftig sind, als sie anderen Menschen schaden können[2453]. Der Begriff „frei" in Art. 5 Abs. 3 S. 1 GG fügt sich in diesem Verständnis in das formale Freiheitsprinzip des Grundgesetzes[2454] ein. Freiheit wird durch Gesetze verwirklicht. An dieser Gesetzgebung ist in der Republik auch der Künstler kraft seiner bürgerlichen Willensautonomie beteiligt. Auch der Künstler gehört zum Volk und wird durch die Vertreter des ganzen Volkes vertreten. Sein Künstlertum darf nicht unberücksichtigt bleiben, wenn die Gesetze allgemein sein, also durch ihre Richtigkeit Recht schaffen sollen.

Dennoch gibt das Grundgesetz der Kunst im freiheitlichen Gemeinwesen einen besonderen Rang unter den vielen Tätigkeiten der Menschen, anders als etwa dem Unternehmen. Das Grundgesetz expliziert keine Unternehmensfreiheit[2455], aber eine Kunstfreiheit. Das fördert die Kunst und damit

---

[2453] I. d. S. *M. Kriele*, Vorbehaltlose Grundrechte und die Rechte anderer, S. 604 ff.; ähnlich *P. Häberle*, Die Wesensgehaltsgarantie, S. 31 ff.; *W. Knies*, Schranken der Kunstfreiheit, S. 257 ff.; kritisch zu dieser Lehre *E. Denninger* HStR, Bd. VI, § 146, Rdn. 40 f.

[2454] *A. Enderlein*, Der Begriff der Freiheit als Tatbestandsmerkmal der Grundrechte, S. 244 ff., für die Kunstfreiheit.

[2455] BVerfGE 21, 261 (266); 22, 380 (383); 30, 292 (312); 50, 290 (366); 65, 196 (209 f.); 74, 129 (148 f.) hat sich für eine Gewerbefreiheit juristischer Personen ausgesprochen, „soweit die Erwerbstätigkeit ihrem Wesen und ihrer Art nach in gleicher Weise von einer juristischen wie von einer natürlichen Person ausgeführt werden" könne, gestützt auf Art. 12 Abs. 1 und Art. 19 Abs. 3 GG, aber nicht explizit für eine Gewerbefreiheit; es hat vielmehr gewerbliche Tätigkeit auf Grund des weiten Berufsbegriffs als Beruf eingestuft (BVerfGE 7, 377 (397 f.); vgl. auch BVerfG 3. Kammer des Ersten Senats, NJW 1993, 1969 ff.; vgl. auch BVerfGE 95, 173 (181); 97, 228 (252 ff.); weitgehend im Sinne der Gewerbefreiheit BVerfGE 50, 290 (362 ff.), Art. 12 Abs. 1 GG „umfaßt" „die Gewerbefreiheit"; von BVerwGE 71, 183 (189); 87, 37 (39) und in der Lehre wird jedoch Art. 12 Abs. 1 GG auch mehr oder weniger als Grundrecht der Gewerbefreiheit begriffen, etwa *E.-J. Mestmäcker*, Zur gesellschaftsrechtlich organisierten Berufsfreiheit, W. Hefermehl/R. Gmür/H. Brox (Hrsg.), FS H. Westermann (65.), 1974, S. 411 ff.; *R. Stober*, Grundrechtsschutz der Wirtschaftstätigkeit, S. 36, auch S. 70 ff., der sich auf BVerfGE 14, 263 (281 ff.) stützt, obwohl dort die Unternehmensfreiheit des Konzerns aus einfachem Gesetz hergeleitet wurde und der Hinweis auf Art. 2 Abs. 1 GG unspezifisch bleibt; *H.-J. Papier*, VVDStRL 35 (1977), S. 56 ff., 87 ff., 99 ff.; *ders.*, HVerfR, S. 820 ff.; *R. Scholz*, in: Maunz/Dürig, GG, Rdn. 34, 98 ff. zu Art 12; *H. Lecheler*, VVDStRL 43 (1985), S. 55; auch *H.-P. Schneider*, daselbst zum nämlichen Thema, S. 25 f. (zurückhaltend); *R. Breuer*, HStR, Bd. VI, § 147, Rdn. 22 f. Grundrechtsschutz finden die Unternehmen insbesondere in der Eigentumsgewährleistung des Art. 14 Abs. 1 GG, aber auch in der Berufsausübungsfreiheit des Art. 12 Abs. 1 S. 2 GG und in der allgemeinen Freiheit des Art. 2 Abs. 1 GG, dazu *K. A. Schachtschneider*, Umweltschutz, S. 334 ff.; *ders.*, Produktwarnung der Bundesregierung, S. 114 ff., 187 ff.; *ders./A. Emmerich-Fritsche/D. I. Siebold*, Grundlagen des Gewerberechts,

den Künstler (u. a.), ohne daß das Grundgesetz den Tatbestand der Kunstfreiheit schon auf gesetzesrichterliche Einzelfallentscheidungen hin definiert hätte. Die sachgerechte Abwägung unter den gesetzesleitenden Maximen zu bestimmen ist wegen der Offenheit der materialen Begriffe zunächst Sache der Gesetzgebung. Das Bundesverfassungsgericht läßt nur Einschränkungen der vorbehaltlosen Grundrechte zu, die der Verwirklichung von Verfassungsgütern dienen[2456]. Das ist angesichts der Offenheit der grundrechtlichen Leitentscheidungen und der Wirkungsbreite derselben wenig bedeutsam, zumal wenn Art. 2 Abs. 1 GG als materiale Handlungsfreiheit dogmatisiert und als Verfassungsgut eingebracht wird[2457]. Auch die Eigentumsgewährleistung ermöglicht weitgehende Einschränkungen der Kunstfreiheit, wie der Fall des Sprayers von Zürich zeigt[2458]. Die Kunst soll sich im Gemeinwesen des Grundgesetzes bevorzugt entfalten können, aber nur, soweit das angesichts der sonstigen, vor allem der verfassungsgeschützten, Belange des Gemeinwesens der Gesetzgeber in Vertretung des ganzen Volkes für tragfähig hält. Ob der Gesetzgeber die Kunst hinreichend fördert, entscheidet im ordentlichen Verfahren letztlich das Bundesverfassungsgericht. Die Hüter des Rechts sind auch Hüter der Freiheit der Kunst.

Wenn freilich die Kunstfreiheit ohne gesetzlich bestimmte Kriterien abwägend im Einzelfall von der Verwaltung und den Gerichten neben den anderen grundgesetzlichen Werten beachtet werden soll, wie es das Bundesverfassungsgericht fordert[2459], so ist der Versuch der Ordnung des Gemeinwesens durch Gesetze und damit der Versuch der bürgerlichen Verwirklichung der Freiheit aufgegeben. Der Gesetzgebungsstaat ist in einen Verwaltungs- und vor allem Richterstaat verwandelt. Der Gesetzgeber kann um der Bestimmtheit der Gesetze willen nicht die Entscheidung der Einzelfälle auf die Verwaltung und die Gerichte delegieren, ohne materiale Tatbe-

---

S. 2 ff.; dazu 7. Kap., VI; die Grundrechtecharta der Europäischen Union vom 7. Dezember 2000 kennt in Art. 16 eine Unternehmensfreiheit.

[2456] BVerfGE 28, 243 (260 ff.); 30, 173 (193); 47, 327 (367 ff.); 57, 70 (98 f.); 81, 278 (292); 83, 130 (139 ff.) für die Kunstfreiheit; BVerfGE 18, 18 (32); 50, 280 (371); 84, 212 (228); 88, 103 (114 ff.); 92, 26 (41); 93, 352 (357 ff.); 100, 214 (223 f.); 100, 271 (283 f.) für die Koalitionsfreiheit (auch „Grundrechte Dritter"); vgl. *K. A. Schachtschneider*, Streik im öffentlichen Dienst, S. 221 ff.; *ders.*, Rechtsgrenzen der Gewaltdarstellungen, S. 221 ff.; weitere Hinweise zur Rechtsprechung und zur Literatur in Fn. 2391, 2453.

[2457] So auch *M. Kriele*, Vorbehaltlose Grundrechte und die Rechte anderer, S. 604 ff., 608; *A. Enderlein*, Der Begriff der Freiheit als Tatbestandsmerkmal der Grundrechte, S. 180 ff.

[2458] BVerfG NJW 1984, 1293 ff.

[2459] BVerfGE 30, 173 (191 ff., 197 ff.); 44, 37 (49 f.); 67, 213 (228); 83, 130 (138 ff., 143 ff.); vgl. auch BVerfGE 47, 327 (367 ff.) für die Wissenschaftsfreiheit; vgl. auch Fn. 2390, 2455.

standsmerkmale zu formulieren. Offene Begriffe, die einzelfallgerechte Wertung ermöglichen, desavouieren das rechtsstaatliche Bestimmtheitsprinzip nicht[2460]. Zur Einzelfallentscheidung des Bundesverfassungsgerichts darf es aber rechtens nicht kommen. Eine solche erweist lediglich das Defizit an Gesetzlichkeit[2461].

[2460] Dazu *K. A. Schachtschneider*, Res publica res populi, S. 868 ff., 890 ff., auch S. 386 ff.; *ders.*, Prinzipien des Rechtsstaates, S. 277 ff., 280 ff., 285 ff.

[2461] Für einen begrenzten Prüfungsmaßstab des Bundesverfassungsgerichts hat sich noch BVerfGE 30, 173 (197) ausgesprochen, nämlich für den, daß die Spannungslage von Grundrechten und das Abwägungsprinzip verkannt seien und daß die Entscheidung auf einer „grundsätzlich unrichtigen Anschauung von der Bedeutung des einen oder anderen der Grundrechte, insbesondere vom Umfang ihrer Schutzbereiche beruht".

Zehntes Kapitel

Freiheitliche Eigentumsgewährleistung*

I. Eigenes und Eigentum

Das Eigene des Menschen sind seine Möglichkeiten zu leben und zu handeln. Der Mensch ist eine „Einheit von Leib, Seele und Geist"[2462]. Diese sind sein Eigen. Der Mensch hat Verbindungen zu anderen Menschen, sei er anderen Menschen durch Ehe, Elternschaft oder Kindschaft, sei er ihnen durch Freundschaft oder Liebe, sei er ihnen beruflich oder geschäftlich, im Dienst oder in der Arbeit, oder sei er ihnen sonst, insbesondere schuldrechtlich, verbunden. Derartige Verbindungen gehören zum Menschen und schaffen ebenfalls Eigenes. Der Mensch hat unmittelbar oder mittelbar Besitz an Sachen, sei es an Grund und Boden oder an beweglichen Sachen. Auch diese sind im Verhältnis zu den anderen Menschen sein Eigen[2463]. „Das Rechtlich-Meine (meum iuris)" definiert *Kant* als „dasjenige, womit ich so verbunden bin, daß der Gebrauch, den ein anderer ohne meine Einwilligung von ihm machen möchte, mich lädieren würde"[2464]. All das Seine gehört

---

* Überarbeiteter Beitrag „Das Recht am und das Recht auf Eigentum" aus J. Isensee/H. Lecheler (Hrsg.), Freiheit und Eigentum, FS W. Leisner, 1999, S. 743 ff.

[2462] BVerfGE 56, 54 (75); *K. A. Schachtschneider/D. I. Siebold*, Die „erweiterte Zustimmungslösung" des Transplantationsgesetzes im Konflikt mit dem Grundgesetz, DÖV 2000, 129 ff. (130).

[2463] *Locke*, Über die Regierung, V, 27 ff., S. 22 ff.; vgl. *Kant*, Metaphysik der Sitten, S. 355 ff. zum äußeren „Mein und Dein", nämlich „1) eine (körperliche) Sache außer mir; 2) die Willkür eines anderen zu einer bestimmten Tat (praestatio); 3) der Zustand eines anderen in Verhältnis auf mich; nach den Kategorien der Substanz, Kausalität, und Gemeinschaft zwischen mir und äußeren Gegenständen nach Freiheitsgesetzen", als der „äußeren Gegenstände meiner Willkür" (S. 355); vgl. aber auch S. 382; zur Eigentumslehre Kants: *R. Brandt*, Eigentumstheorien von Grotius bis Kant, 1974, S. 167 ff.; *H.-G. Deggau*, Die Aporien der Rechtslehre Kants, 1983, S. 61 ff.; *K. Kühl*, Eigentumsordnung als Freiheitsordnung. Zur Aktualität der Kantischen Rechts- und Eigentumslehre, 1984; *R. Dreier*, Eigentum in rechtsphilosophischer Sicht, 1987, in: ders., Recht – Staat – Vernunft, Studien zur Rechtstheorie 2, 1991, S. 168 ff.; *W. Kersting*, Transzendentalphilosophische Eigentumsbegründung, S. 41 ff.; *ders.*, Kant über Recht, S. 58 ff.

[2464] Metaphysik der Sitten, S. 353.

zur Persönlichkeit des Menschen[2465]. Diese seine Persönlichkeit darf der Mensch nach Art. 2 Abs. 1 GG frei entfalten. Zur Freiheit des Menschen gehört somit das Recht, das Seine zur Entfaltung zu bringen, mit dem Seinen zu leben und zu handeln. Das Eigene ist personal[2466].

Es gibt kein menschliches Leben ohne das Mein und Dein, weil und insoweit die Menschen in Gemeinschaft leben. Das meum et teum ist eine conditio humana des hominis socialis. Wenn der Mensch handelt, eignet er sich Möglichkeiten des Handelns zu. Er nimmt die Welt in Anspruch, ohne daß er dies vermeiden könnte. Sein Handeln verändert die Lebenswirklichkeit aller anderen Menschen, weil es auf alle einwirkt. Die Möglichkeiten, welche ein Mensch nutzt, können nicht von anderen in Anspruch genommen werden. Das Mein und Dein ist als Notwendigkeit des Lebens und Handelns ein Apriori der Menschen als Gemeinschaftswesen, weil Menschen als Besondere individualisiert sind[2467]. Eigenes hat seinem Wesen nach der (besondere) Einzelne in der Gemeinschaft. Das Eigene ist wie der Mensch als Person zugleich sozial[2468]. Der Mensch sei „nicht isoliertes und selbstherrliches Individuum, sondern gemeinschaftsbezogene und gemeinschaftsgebundene Person", pflegt das Bundesverfassungsgericht sein Menschenbild zu plakatieren[2469]. Eigenes schließt die anderen von der eigenen

---

[2465] I.d.S. *Locke*, Über die Regierung, V, 26 ff., 44, S. 21 ff., 35; dazu *W. Kersting*, Transzendentalphilosphische Eigentumsbegründung, S. 58 ff.; i.d.S. auch *Kant*, Metaphysik der Sitten, S. 353 ff.; gewissermaßen auch *W. Leisner*, Freiheit und Eigentum, S. 14; *G. Dürig*, Das Eigentum als Menschenrecht, ZfgesStW 109 (1953), S. 326 ff. (348, 350), der sich auf Kant beruft.

[2466] I.d.S. *G. Dürig*, ZfgesStW 109 (1953), S. 345, auch S. 346 ff.; *H. Krüger*, Allgemeine Staatslehre, S. 421 ff.; *H. Rittstieg*, AK-GG, 2. Aufl. 1989, Art. 14/15, Rdn. 61 f., 74 ff.; *A. v. Brünneck*, Die Eigentumsgarantie des Grundgesetzes, 1984, S. 386 ff.; vgl. i.d.S. auch BVerfGE 24, 367 (400): „personenhafte Bezogenheit" des Eigentums, „als Arbeitsraum für eigenverantwortliche Betätigung"; BVerfGE 50, 290 (339 ff., insb. 348); 53, 257 (291 ff.); 58, 81 (112), personaler Bezug; allgemein zum „Persönlichkeitsbezug" der Grundrechte *W. Leisner*, Grundrechte und Privatrecht, 1960, S. 395 ff.

[2467] *Hegel*, Rechtsphilosophie, § 187 („Die Individuen sind als Bürger dieses Staates Privatpersonen, welche ihr eigenes Interesse zu ihrem Zwecke haben."); *G. Jakobs*, Norm, Person, Gesellschaft. Vorüberlegungen zu einer Rechtsphilosophie, 1997, S. 9 ff., insb. S. 39 ff., 59 ff.

[2468] Dazu u.a. *W. Leisner*, Sozialbindung des Eigentums, 1972, passim; *ders.*, HStR, Bd. VI, 1989 § 149, Rdn. 133 ff.; auch in: *ders.*, Eigentum, S. 140 ff.; *ders.*, Sozialbindung des Eigentums nach privatem und öffentlichem Recht, 1975, in: *ders.*, Eigentum, 1996, S. 507 ff.; *ders.*, Das Eigentum Privater – Vertragsfreiheit und Sozialbindung, 1995, in: ders., Eigentum, S. 180 ff.; *G. Dürig*, ZfgesStW 109 (1953), S. 344 ff.; i.d.S. für das Eigentum BVerfGE 42, 263 (294); 50, 290 (340); 52, 1 (29); 53, 257 (291 ff.); st. Rspr.

[2469] BVerfGE 4, 7 (15 f.); 12, 45 (51); 27, 1 (7); 30, 173 (193); 32, 98 (108); 33, 303 (334); 45, 187 (227); 50, 166 (175); 56, 37 (49); 65, 1 (44); zum Personenbe-

Möglichkeit aus. Die Möglichkeiten eines Menschen sind einmalig. Sie können aufgegeben und genommen werden oder sonstwie, je nach ihrer Eigenart, verlorengehen. Kein Mensch hat dieselben Möglichkeiten, die ein anderer hat. Die Besonderheit jedes Menschen bewirkt die Einzigartigkeit seiner Möglichkeiten, eben die Persönlichkeit des Menschen. Jeder Mensch lebt in anderen, nämlich in seinen Verhältnissen. Diese sind durch die beteiligten Personen substantialisiert, und die Personen sind nicht ohne Veränderung der Materie der Verhältnisse austauschbar. „Eigentum ist bei jedem seiner Träger verschieden, kein Bürger besitzt genau dasselbe"[2470]. *Dieter Suhr* spricht von der Erweiterung der „Ich-Sphäre" auch durch „Eigentum aus Vertrag"[2471]. Daran ändert die Übertragbarkeit des Eigentums an Sachen oder auch die Abtretbarkeit von Forderungen nichts.

Das bürgerliche Recht abstrahiert demgegenüber das Eigentum und die Forderungen weitgehend von den Eigentümern bzw. den Gläubigern und Schuldnern als Persönlichkeiten, um die Verkehrsfähigkeit des Eigentums und der Forderungen zu ermöglichen. „Eigentum ist etwas wesentlich Transpersonales, ein Gut für viele Hände, eine Hilfe für die Entfaltung vieler, unvergleichbarer Menschenwürden …"[2472]. Dies gilt für die Gegenstände des Eigentums, aber das Eigentum ist ein Rechtsverhältnis, welches durch die Menschen, personal-sozial, bestimmt ist[2473]. Der Wechsel der beteiligten Personen verändert die Möglichkeiten, welche als Eigentum oder als Forderung rechtlich geschützt sind. Das Gesetz zieht dem Wechsel auch Grenzen, wie § 415 BGB für den Schuldnerwechsel, welcher der Zustimmung des Gläubigers bedarf, erweist. Weil nach § 903 BGB jeder Eigentümer „mit der Sache nach Belieben verfahren und andere von jeder Einwirkung ausschließen" darf, „soweit nicht das Gesetz oder die Rechte

---

griff *Kant*, Grundlegung zur Metaphysik der Sitten, S. 60 f., 72; *ders.*, Metaphsyik der Sitten, S. 329 f.; dazu *W. Kersting*, Wohlgeordnete Freiheit, S. 89 ff., 93 f.; *W. Maihofer*, HVerfR, S. 480 ff.; *K. A. Schachtschneider*, Staatsunternehmen und Privatrecht, S. 99 ff., 116 ff., 22 ff.; *G. Jakobs*, Norm, Person, Gesellschaft, S. 14 ff., 29 ff., 59 ff.; *P. Häberle*, Das Menschenbild im Verfassungsstaat, insb. S. 17 ff., 37 ff.

[2470] *W. Leisner*, Freiheit und Eigentum, S. 18; i.d.S. auch *ders.*, Eigentum – Grundlage der Freiheit, S. 38.

[2471] Eigentumsinstitut und Aktieneigentum. Eine verfassungsrechtliche Analyse der Grundstruktur des aktienrechtlich organisierten Eigentums, 1966, S. 45 f. („So wie die Sache die Ich-Sphäre des Gebrauchseigentümers erweitert, so erweitert das Eigentum aus Vertrag die Ich-Sphäre des verfügungsmächtigen Eigentümers, der die Macht hat, sein Wirken um die aus der Freiheit ausgeschiedenen Handlungen der Vertragspartner zu erweitern und zu vervielfältigen.").

[2472] *W. Leisner*, Freiheit und Eigentum, S. 13.

[2473] *G. Dürig*, ZfgesStW 109 (1953), S. 346 ff.; vgl. *Kant*, Metaphysik der Sitten, S. 365 ff.; *W. Kersting*, Transzendentalphilosophische Eigentumsbegründung, S. 42.

Dritter entgegenstehen"[2474], ist es für die Eigentumsverhältnisse unter den Menschen wesentlich, wer der Eigentümer ist. Aber die Privatheit des Eigentums wird zugelassen und muß zugelassen werden, wenn die Menschen Eigenes haben können sollen; denn kein Mensch vermag mit einer Sache so zu verfahren, wie ein anderer, weil er in besonderen Verhältnissen lebt und vor allem eine besondere Persönlichkeit ist.

Erwartungen gegenüber einem anderen Menschen sind insoweit Eigenes, als sie äußeren oder inneren Bindungen des anderen Menschen entsprechen, worauf letztere auch immer beruhen mögen, sei es auf dem Gesetz, welches ein zwangsbewehrtes subjektives Recht, also Eigentum, begründet[2475], sei es auf gesetzlosem Zwang, dem sich der Betroffene zu fügen genötigt sieht, seien es auch nur Interessen, die es geraten sein lassen, den Forderungen eines anderen nachzukommen, oder sei es die Liebe, welche die stärkste Art der Bindung zu begründen vermag. Aus der Bindung erwächst die Verbindlichkeit, deren Erfüllung in Anspruch genommen werden kann, wenn die Bindung das trägt. Der Begriff des Eigenen ist deskriptiv und auch unabhängig von einer Rechtfertigung, im Gegensatz zu dem des gesetzesbegründeten Eigentums. Der Zwang oder das Interesse sind oft verbindlicher als das Gesetz, etwa der Zwang, den Verbrecher ausüben, oder das Interesse, welches Abgeordnete ihrer Partei gefügig macht. Wer erwarten kann (nicht notwendig erwarten darf), daß ein anderer seine Erwartungen nicht enttäuschen werde, hat ein Eigenes (gegebenenfalls aufgrund Gesetzes Eigentum) an den Handlungen oder, wie *Kant* sagt, an der „Willkür eines anderen"[2476]. „Die Handlung des einen scheidet aus der Freiheit und wird zum Eigentum des anderen"[2477]. Das Handeln eines anderen Menschen, jedenfalls dessen die Handlung bestimmende Willkür, gehört dem Eigner

---

[2474] *O. Depenheuer*, in: v. Mangoldt/Klein/Starck, GG, Art. 14, Rdn. 33, sieht in § 903 BGB die „magna charta" des „römisch-rechtlich geprägten Eigentums" (auch Rdn. 112 f.) und orientiert daran seine liberalistische Eigentumslehre, die sowohl Art. 14 Abs. 2 GG als auch den grundgesetzlichen Freiheitsbegriff verkennt (Rdn. 35 ff., 42 ff.); grundsätzliche Kritik am Beliebigkeitsprinzip für das Eigentum an „Unternehmen von öffentlicher Bedeutung" entwickelt *H. Krüger*, Allgemeine Staatslehre, S. 430 ff.

[2475] *Kant*, Metaphysik der Sitten, S. 365 f., 366 ff., auch S. 338 f.; dazu *W. Kersting*, Transzendentalphilosophische Eigentumsbegründung, S. 64 ff., 69 ff.; *ders.*, Kant über Recht, S. 58 ff. (77, 88); *K. A. Schachtschneider*, Res publica res populi, S. 430 f., allgemein zur freiheitlichen Zwangsbefugnis S. 545 ff., kantianisch S. 553 ff.

[2476] *Kant*, Metaphysik der Sitten, S. 382; dazu *W. Kersting*, Kant über Recht, S. 85 ff. (zur Vertragslehre).

[2477] *D. Suhr*, Eigentumsinstitut und Aktieneigentum, S. 45, der sich auf Kant, F. Tönnies, Gemeinschaft und Gesellschaft, Neudruck der 8. Aufl. von 1935, 1963, S. 186, und *F. J. Stahl*, Die Philosophie des Rechts, Zweiter Band, Zweite Abteilung, Viertes Buch: Die Staatslehre und die Principien des Staatsrechts, 5. Aufl.

nur, wenn dafür ein Grund besteht, seien es Zwang, Interesse oder Liebe, wie labil die Bindung auch sein mag. Nehmen darf man sich einen anderen oder dessen Handlungen oder dessen Willkür nicht; denn das würde dessen Freiheit verletzen; denn (äußere) Freiheit ist „die Unabhängigkeit von eines anderen nötigender Willkür"[2478]. Der andere kann ebenso wie seine Handlung auch seine mehr oder weniger stabile Bereitschaft zur erwarteten Handlung nur geben[2479]. Eigentum als subjektives Recht kann nur auf einem allgemeinen Gesetz, dem „vereinigten Willen", beruhen, welches die Anerkennung und den Schutz des ganzen Volkes, organisiert als Staat, und damit auch den Willen der jeweils Verpflichteten ausspricht[2480]. Handeln ist Vollzug von Zwecken, die frei gesetzt sind, also seinem Begriff nach frei[2481]. Rechtliche oder rechtmäßige Verbindlichkeiten müssen auf Freiheit gründen, also freiheitliche Bindungen sein. Die Erfüllung solcher Verbindlichkeiten ist immer freiheitlich, bestmöglich moralisch – nach dem Satz der Moralität: „Handle pflichtmäßig, aus Pflicht"[2482]. Aber auch falls sie durch den Staat (den Gesetzen des Rechts gemäß) erzwungen werden muß, ist die Erfüllung freiheitlich, weil rechtens; denn der gesetzliche Zwang vollzieht den allgemeinen Willen, also auch das Gesetz dessen, der das Gesetz aus Unvermögen als homo phaenomenon nicht zu achten vermag[2483]. Frei ist nur der homo noumenon, der aber erfüllt seine Verpflichtungen. „Recht ist mit der Befugnis zu zwingen verbunden" und darin Verwirklichung der Freiheit[2484]. Die abgezwungene Verbindlichkeit jedoch ist nicht freiheitlich begründet. Wenn sie unter Zwang erfüllt wird, ist die Handlung äußerlich und damit rechtlich nicht frei.

Eigenes gibt es nicht nur an Sachen, sondern an allem, was dem Menschen zu eignen vermag, an allem, was das Seine sein kann, also neben den Sachen und sonstigen Gegenständen vor allem auch an den Handlungen oder der Willkür der Menschen. Das zeigen die Beobachtung, die Geschichte[2485] und

---

1878, Nachdruck 1963, S. 362 („Ein Mensch dient so dem anderen als Stoff, als Sache, aber nur für einzelne äußere Handlungen."), beruft.

[2478] *Kant*, Metaphysik der Sitten, S. 345; dazu 2. Kap., VI.

[2479] I. d. S. *Kant*, Metaphysik der Sitten, S. 382 f., 368 ff.; vgl. *W. Kersting*, Kant über Recht, S. 69 ff., 75 ff., 77 ff. (auch „vereinigte Willkür").

[2480] *Kant*, Metaphysik der Sitten, S. 365 f., 366 ff.

[2481] Dazu 2. Kap., V, 5. Kap., III, 5.

[2482] *Kant*, Metaphysik der Sitten, S. 521, dazu 2. Kap., VII.

[2483] Vgl. *Kant*, Metaphysik der Sitten, S. 333; auch *ders.*, Grundlegung zur Metaphysik der Sitten, S. 41, 95.

[2484] *Kant*, Metaphysik der Sitten, S. 338 ff., 464, auch S. 527; *ders.*, Über den Gemeinspruch, S. 144, 169; dazu *K. A. Schachtschneider*, Res publica res populi, S. 553 ff.

[2485] Zur Geschichte des Eigentumsbegriffs *D. Schwab*, Eigentum, in: O. Brunner/ W. Conze/R. Koselleck (Hrsg.), Geschichtliche Grundbegriffe, Bd. 2, 1975, S. 65 ff.;

die Philosophie des Eigentums. Die Verengung des Eigentumsbegriffs auf das Eigentum an Sachen im Bürgerlichen Gesetzbuch (§ 903) vermag die Wirklichkeit nicht zu verändern. Dieser privatrechtliche Eigentumsbegriff bestimmt nicht einmal den Eigentumsbegriff des grundgesetzlichen Eigentumsgrundrechts, der nach der immer noch restriktiven Praxis alle „vermögenswerten Rechte" erfaßt, sogar die öffentlichen Rechts, letztere aber nur, wenn sie auf „eigener Leistung" beruhen[2486]. Die Rechte an oder auf Handlungen anderer Menschen finden ihren Schutz in anderen Rechtsinstituten als denen des Art. 14 Abs. 1 GG, insbesondere im Ehe- und Familienrecht und in dem Grundrecht des Art. 6 Abs. 1 und Abs. 2 GG, im Vertragsrecht, das vielfältig grundrechtlich geschützt ist, jedenfalls durch Art. 2 Abs. 1 GG als Grundrecht der allgemeinen Vertragsfreiheit[2487].

Die Restriktion des Eigentumsbegriffs auf geldwertes Vermögen ist schon deswegen ohne Sinn, weil alle Handlungsmöglichkeiten einen Geldwert haben können. Die Würde des Menschen aber, die keinen Preis hat, ist dessen innere Freiheit, seine Willensautonomie[2488]. Wer seine Handlungen nicht vom Sittengesetz bestimmen, sondern sich durch Bestechung oder anderswie korrumpieren läßt, mißachtet seine Würde und handelt nicht frei. Der

---

H. Welkoborsky, Die Herausbildung des bürgerlichen Eigentumsbegriffs, und *U. Sieling-Wendeling*, Die Entwicklung des Eigentumsbegriffes vom Inkrafttreten des bürgerlichen Gesetzbuches bis zum Ende des Nationalsozialismus, in: W. Däubler/dies., Eigentum und Recht. Die Entwicklung des Eigentumsbegriffs im Kapitalismus, 1976, S. 11 ff. bzw. 75 ff.; *H. Rittstieg*, Eigentum als Verfassungsproblem. Zur Geschichte und Gegenwart des bürgerlichen Verfassungsstaates, 1975.

[2486] BVerfGE 14, 288 (293); st. Rspr.; etwa BVerfGE 30, 292 (334); 53, 257 (289 ff.); 58, 81 (112 f.); 69, 272 (300 ff.); 70, 115 (122); 70, 191 (199); 72, 175 (193); 83, 201 (209); 95, 267 (300); 97, 350 (371); 100, 1 (33); *W. Leisner*, Sozialbindung des Eigentums, S. 19 ff. (zur Entwicklung dieses Begriffs); *ders.*, HStR, Bd. VI, § 149, Rdn. 3, 85 ff., 119 ff.; *P. Badura*, HVerfR, S. 329, 347 ff.; *H.-J. Papier*, in: Maunz/Dürig, GG, Art. 14, Rdn. 129 ff.; *O. Kimminich*, GG, Bonner Kommentar, Drittbearbeitung, 1992, Art. 14, Rdn. 31, 55 f.; *R. Wendt*, Eigentum und Gesetzgebung, 1985, S. 113 ff., der Eigentum „als qualifiziertes normatives Zugehören" dogmatisiert (S. 121 ff.); *D. Ehlers*, VVDStRL 51 (1992), S. 214 f.; kritich *O. Depenheuer*, in: v. Mangoldt/Klein/Starck, GG, Art. 14, Rdn. 69 ff., 80 ff., 170 ff., 174 ff., 287 ff., der vom „Solidareigentum" im Unterschied zum „Individualeigentum" spricht, das durch die Leistungsfähigkeit etwa des Rentenversicherungssystems relativiert sei (Rdn. 287 ff.), auch kritisch zum Kriterium der „Eigenleistung" (Rdn. 74 ff., 176 ff., 182 ff.); weiter noch BGHZ (Großer Senat) 6, 270 (278), wonach „jedes vermögenswerte Recht", „das ganze Vermögen der Bürger", durch die Eigentumsgarantie und den Eigentumsschutz geschützt sei, „gleichgültig, ob es dem bürgerlichen oder dem öffentlichen Recht" angehöre.

[2487] Vgl. etwa BVerfGE 8, 274 (328); 12, 341 (347); 70, 115 (123); 81, 242 (253 ff.); 89, 48 (61); 89, 214 (232 ff.); *W. Höfling*, Vertragsfreiheit, passim; *U. Di Fabio*, in: Maunz/Dürig, GG, Art. 2 Abs. 1, Rdn. 101 ff.; dazu 8. Kap., VIII.

[2488] *Kant*, Grundlegung zur Metaphysik der Sitten, S. 69; *ders.*, Kritik der praktischen Vernunft, S. 144 ff., 148 ff., 155 ff., auch S. 78 ff.; dazu 2. Kap., VII.

Habsucht, Herrschsucht oder Ehrsucht zu folgen ist nach *Kant* ein „Unvermögen", dessen der Mensch freilich als homo phaenomenon, „als Sinnenwesen", fähig ist[2489]. „Freiheit ist allein ... ein Vermögen" (des „intelligiblen Wesens"), nämlich das der praktischen (gesetzgebenden) Vernunft[2490]. Die sprachliche Restriktion des gesetzlichen Eigentumsbegriffs hebt den Sachbegriff des Eigentums nicht auf. Der Mensch ist „Eigner seiner selbst"[2491], insbesondere Eigner seines Lebens, seiner Gesundheit, seiner Gedanken, seiner Handlungen, seiner Arbeit, seiner Werke, seiner Meinung, seiner Religion. Er ist aber auch Eigner der Handlungen anderer Menschen, nämlich der seiner Arbeitnehmer, seiner Geschäftspartner, seines Ehepartners, seiner Geliebten etc. Auch Menschen (insgesamt) können das Eigene anderer Menschen, ihrer Herren, sein, nicht aber deren Eigentum, weil ein solches Recht die Menschheit des Menschen in der Person des Beherrschten verletzen würde[2492]. Der jeweilige Rechtsschutz dieser Verhältnisse schafft Eigentum, auch wenn die Rechtsinstitute anders benannt sind – aus gutem Grunde, weil der Eigentumsbegriff durch das Herrschaftsprinzip diskreditiert ist, das mit ihm verbunden wurde und wird[2493]. Wenn Eigentum als

---

[2489] *Kant*, Metaphysik der Sitten, S. 332 f.

[2490] *Kant*, Metaphysik der Sitten, S. 332 f.; ebenso *ders.*, Grundlegung zur Metaphysik der Sitten, S. 88 f.; vgl. auch *ders.*, Kritik der praktischen Vernunft, S. 144 ff., 218.

[2491] *Kant*, Über den Gemeinspruch, S. 149; *J. G. Fichte*, Der geschlossene Handelsstaat. Ein philosophischer Entwurf als Anhang zur Rechtslehre und künftig zu liefernden Politik, 1800, hrsg. v. F. Medicus, 1922, S. 60 („Nackend an jedes Ufer geworfen, kann er sagen: ich trage alles das Meinige an mir selbst."); *W. Kersting*, Kant über Recht, S. 72 f. (zu Locke).

[2492] *Kant*, Metaphysik der Sitten, S. 382, wonach „ein Mensch sein eigener Herr (sui iuris), aber nicht Eigentümer von sich selbst (sui dominus) (über sich nach Belieben disponieren zu können) geschweige denn von anderen Menschen sein kann, weil er der Menschheit in seiner eigenen Person verantwortlich ist; ...".

[2493] Prononciert *W. Leisner*, Die Demokratische Anarchie. S. 361 f. („In allem gibt das Eigentum die Kraft weiter, durch welche es konstituiert ist: die Herrschaftsgewalt, aus der Ordnung kommt."); auch *ders.*, Politischer Einfluß des Eigentums – verfassungswidrig?, 1975, in: ders., Eigentum, S. 73 ff.; *H. Krüger*, Allgemeine Staatslehre, S. 421 ff. („ein Stück absoluter Herrschaft"), S. 430 ff., der Herrschaft mit Verantwortung für Menschen und Sachen verbindet und als solche nicht kritisiert; *R. Wendt*, Eigentum und Gesetzgebung, S. 14 ff., 101 ff. („rechtliche Herrschaft"); *O. Depenheuer*, in: v. Mangoldt/Klein/Starck, GG, Art. 14, Rdn. 52 („Herrschaftsrecht", aber auch „geprägte Freiheit", Rdn. 13, folglich ist Freiheit Herrschaft (?); *M. Wolff*, Sachenrecht, 9. Aufl. 1932, S. 143 („umfassendstes Herrschaftsrecht, das man an einer Sache haben kann"); *F. Baur*, Lehrbuch des Sachenrechts, 6. Aufl. 1970, S. 24 („absolute Herrschaftsmacht des Berechtigten"); vgl. auch BGHZ (Großer Senat) 6, 270 (278): „Herrschaftsbereich des Eigentumsrechts"; hingewiesen sei auf die Kritik der „Bourgeoisie" im Manifest der Kommunistischen Partei vom Februar 1848, Teil I; vgl. auch *F. Tönnies*, Das Eigentum, 1926, S. 11 ff., 16 ff.; *K. Kühl*, Eigentumsordnung als Freiheitsordnung, S. 297 ff.

Institut des Rechts, welches ausschließlich auf Freiheit gründet, dogmatisiert wird, kann es jedoch nicht Herrschaft legalisieren; denn das wäre ein Widerspruch zur Freiheit[2494].

II. Recht am Eigentum

1. Das Mein und Dein hängt nicht davon ab, daß die Menschen in einem Staat zusammenleben und ihr gemeinsames Leben rechtlich geordnet haben. Das Eigene ist keine durch den Staat bedingte Lebenswirklichkeit. Vielmehr hat jeder Mensch das, was er sich genommen hat oder was er sich hat geben lassen. Auch ohne Gesetze gibt es eine Verteilung der Güter, freilich keine gerechte. Weil das Eigene Teil der Persönlichkeit des Menschen ist, wird der Mensch, der als solcher Eigenes, vor allem sein Leben, hat, schon durch die Gefahr lädiert, daß ihm das Seine von anderen genommen werde[2495], weil die Lebensverhältnisse und damit die Achtung des Seinen nicht durch allgemeine Gesetze, durch Recht also, gesichert sind. Wer das Eigene eines Menschen diesem gegen dessen Willen abnötigt, macht ihm die Handlungsmöglichkeiten, die „freie Entfaltung seiner Persönlichkeit", streitig, der verletzt dessen Willensautonomie; denn die äußere Freiheit ist „die Unabhängigkeit von eines anderen nötigender Willkür"[2496]. Weil aber jeder, der lebt und der um seines Lebens willen äußere Möglichkeiten nutzen muß, anderen die Möglichkeit nimmt, die allgemein zugänglichen Güter für sich in Anspruch zu nehmen, ist das Leben ohne Recht bereits eine Verletzung der Freiheit der anderen, also der allgemeinen Freiheit[2497]; denn alles Handeln nötigt andere[2498]. Das erweist sich in den Menschenrechten, welche das wesentliche Eigene des Menschen schützen, etwa das Recht auf Leben und das Recht auf Gesundheit (Art. 3 und 25 AEMR; Art. 2 Abs. 2 GG). Die Menschenrechte sind mit den Menschen geboren, jedenfalls folgen sie aus der Freiheit, welche die Menschheit des Menschen ausmacht[2499]. Nach Art. 17 AEMR, Art. 14 Abs. 1 S. 1 GG

[2494] K. A. Schachtschneider, Res publica res populi, S. 71 ff., insb. S. 124 ff., 153 ff.; dazu 3. Kap., insb. VIII, 2.

[2495] Kant, Metaphysik der Sitten, S. 353, 365 f., 366 ff., 422 ff., 424 ff., 430 ff., 464.

[2496] Kant, Metaphysik der Sitten, S. 345; dazu 2. Kap., VI.

[2497] Kant, Metaphysik der Sitten, S. 365 f., 374 f., 430 f.; ders., Über den Gemeinspruch, S. 143 ff., 148; ders., Zum ewigen Frieden, S. 203; zum Recht auf Recht 2. Kap., III, 5. Kap., II, 3.

[2498] K. A. Schachtschneider, Der Anspruch auf materiale Privatisierung, S. 270 ff., 286 ff.

[2499] Kant, Metaphysik der Sitten, S. 345 f.; A. Enderlein, Der Begriff der Freiheit als Tatbestandsmerkmal der Grundrechte, S. 84 ff.

wird das Eigentum gewährleistet. Die Wirklichkeit von Freiheit und Eigentum ist der Zweck des Staates[2500], nämlich das gute Leben aller in allgemeiner Freiheit.

Der Mensch strebt nach Sicherheit. Sicherheit ist Staatszweck[2501]. Allgemeine Sicherheit gibt es nur durch Rechtlichkeit als der allgemeinen, der Menschheit des Menschen gemäßen Gesetzlichkeit[2502]. Diese Gesetzlichkeit ist die Staatlichkeit[2503]. Sie sichert nach Maßgabe der allgemeinen Gesetze auch die Möglichkeiten der Menschen zu leben und zu handeln, also das jeweils Eigene. Ohne die gemeinsame Gesetzlichkeit, die, wenn die Bürger nicht „pflichtmäßig, aus Pflicht", also moralisch[2504], handeln, durch den Staat erzwungen werden darf und soll[2505], ist das Eigene nicht gesichert (provisorisch, nicht peremtorisch), sondern ständig durch die anderen Menschen gefährdet, welche Interesse haben können, anderen Menschen die äußeren Möglichkeiten des Handelns und Lebens, ja sogar das Leben selbst, zu nehmen[2506].

[2500] W. *Kersting*, Kant über Recht, S. 75 ff., 77 ff., 107 ff., 110 ff. („Recht auf Staat"); W. *Leisner*, Freiheit und Eigentum, S. 7 ff., insb. S. 19 f.; K. A. *Schachtschneider*, GS W. Blomeyer, S. 245 ff.

[2501] *Hobbes*, Leviathan, II, 21, S. 193 (Schutz); J. *Isensee*, Das Grundrecht auf Sicherheit, S. 3 ff.; V. *Götz*, HStR, Bd. III, § 79, Rdn. 1 ff., 10 ff.; *Ch. Link*, VVDStRL 48 (1990), S. 27 ff., Ls. 10; G. *Ress*, VVDStRL 48 (1990), S. 83 ff., Ls. 3, 4, S. 14 ff., 23 f.; K. A. *Schachtschneider*, Res publica res populi, S. 545 ff.; zur Schutzpflicht des Staates BVerfGE 39, 1 (41 ff.); 46, 160 (164 f.); 49, 49 (141 f.); 53, 30 (57 f.); 56, 54 (73 ff.); 77, 170 (214); 88, 203 (215 ff.); 89, 214 (231 f.); J. *Isensee*, HStR, Bd. V, § 111, Rdn. 77 ff., 181 ff.; K. *Stern*, Staatsrecht, Bd. III, 2, 1994, S. 1802 ff.; K. A. *Schachtschneider*, Umweltschutz, S. 303 ff.; Hinweise auch in Fn. 433, 1701.

[2502] I. d. S. *Kant*, Metaphysik der Sitten, S. 366 ff., 430 f., 464.; K. A. *Schachtschneider*, Res publica res populi, S. 519 ff., 545 ff.; W. *Kersting*, Kant über Recht, S. 75 ff., 77 ff., 107 ff., 110 ff.

[2503] K. A. *Schachtschneider*, Res publica res populi, S. 519 ff.; *ders.*, Prinzipien des Rechtsstaates, S. 50 ff., 94 ff., 118 ff., 149 ff.

[2504] *Kant*, Metaphysik der Sitten, S. 521, auch S. 323 ff., 326, 517, 523; *ders.*, Grundlegung zur Metaphysik der Sitten, S. 26 ff.; *ders.*, Kritik der praktischen Vernunft, S. 191 ff., 203, 207, 295; dazu 2. Kap., VII.

[2505] *Kant*, Metaphysik der Sitten, S. 338 ff., 464, auch S. 527; *ders.*, Über den Gemeinspruch, S. 144, 169; K. A. *Schachtschneider*, Res publica res populi, S. 553 ff.

[2506] *Hobbes*, Leviathan, I, 13, S. 112 ff.; *Rousseau*, Vom Gesellschaftsvertrag, I, 8, 9, S. 22 ff., 23 f.; *Kant*, Metaphysik der Sitten, S. 365 ff., 430 f.; *ders.*, Zum ewigen Frieden, S. 203; auch *ders.*, Der Streit der Fakultäten, S. 364; *ders.*, Über den Gemeinspruch, S. 154 f.; W. *Kersting*, Kant über Recht, S. 75 ff., 77 ff., 107 ff., 110 ff.; O. *Höffe*, Politische Gerechtigkeit, S. 207 ff., 343 ff., 382 ff.; *ders.*, Gerechtigkeit als Tausch?, S. 23, 24 ff.; K. A. *Schachtschneider*, Res publica res populi, S. 545 ff.

Das ist die Lage des bellum omnium contra omnes, in dem jeder ein Recht auf alles beansprucht[2507], der Zustand „natürlicher", „vollkommener", „wilder gesetzloser" Freiheit[2508], der Zustand der Friedlosigkeit. Im Interesse des Mein und Dein postuliert *Kant* das Recht auf eine bürgerliche Verfassung, welche den Staat schafft und damit die Rechte sichert, also das Recht auf den Staat[2509]. Aus dem menschheitlichen Recht auf Sicherheit, welches aus dem Urrecht der Freiheit folgt[2510], kann jeder die Sicherheit gewährleistende allgemeine Gesetzlichkeit oder eben Staatlichkeit beanspruchen, vor allem zur Sicherung der Möglichkeit des Lebens und des Handelns, also des Eigenen. Aus der Allgemeinheit der Freiheit folgt logisch das Recht auf Recht[2511], weil niemand ohne das Recht seiner Freiheit sicher wäre. Niemand wäre insbesondere des Seinen sicher, welches er zum Leben und Handeln benötigt.

„Alle Werte, welche der Existenzsicherung dienen können, sind eigentumsfähig"[2512]. Die bürgerlichen, also die allgemeinen (staatlichen) Gesetze begründen die subjektiven Rechte, welche das Eigene schützen. Damit wird das Eigene, das Mein und Dein, zum Eigentum, oder es wird durch ein anderes eigentumshaftes Recht geschützt. Provisorisches wird zu „peremtorischem" (nicht mehr bestreitbarem/unumstößlichem), bürgerlichem, staatlich geschütztem Eigentum[2513]. Der Staat verwirklicht das Recht, schützt das

---

[2507] *Hobbes*, Leviathan, I, 13, 14, II, 17, 18, S. 117, 119, 151, 161 f.; *Rousseau*, Vom Gesellschaftsvertrag, I, 8, S. 22; vgl. *Kant*, Metaphysik der Sitten, S. 430 f.; *ders.*, Zum ewigen Frieden, S. 203, 208 f.

[2508] *Locke*, Über die Regierung, II, 4, IV, 22, S. 4 f., 19; *Rousseau*, Vom Gesellschaftsvertrag, I, 8, S. 22; *Kant*, Metaphysik der Sitten, S. 434; auch *ders.*, Zum ewigen Frieden, S. 209.

[2509] Metaphysik der Sitten, S. 366 ff., 374 ff.; *ders.*, Über den Gemeinspruch, S. 143 ff.; *W. Kersting*, Kant über Recht, S. 75 ff., 77 ff., 107 ff., 110 ff.; *K. A. Schachtschneider*, Res publica res populi, S. 290 ff., 537 ff., u.ö.; *ders.*, Prinzipien des Rechtsstaates, S. 50 ff., 62 ff.; dazu 2. Kap., III, 5. Kap., II.

[2510] *Kant*, Metaphysik der Sitten, S. 366 f.; *ders.*, Über den Gemeinspruch, S. 143 ff.; 154 f.; *ders.*, Zum ewigen Frieden, S. 203; dazu 2. Kap., III, 5. Kap., II.

[2511] *K. A. Schachtschneider*, Res publica res populi, S. 290 ff., u.ö.; *ders.*, Prinzipien des Rechtsstaates, S. 50 ff., 62 ff.; dazu 2. Kap., III, 5. Kap., II, 3. Zum Begriff des „äußeren Rechts", das aus der äußeren Freiheit folgt, 2. Kap., IV,1.

[2512] *W. Leisner*, HStR, Bd. VI, § 149, Rdn. 93; *ders.*, Eigentum als Existenzsicherung? Das „soziale Eigentum" in der Rechtsprechung des Bundesverfassungsgerichts, 1986, in: *ders.*, Eigentum, S. 52 ff., wo er sich gegen eine Restriktion des Eigentumsschutzes auf die Existenzsicherung wendet.

[2513] *Kant*, Metaphysik der Sitten, S. 366 f., 374 ff., 430 f.; i.d.S. schon *Rousseau*, Vom Gesellschaftsvertrag, I, 9, S. 23 f.; vgl. auch *Hobbes*, Leviathan, I, 15, S. 129 f., der Eigentum erst mit der „bürgerlichen Gewalt" entstehen sieht; dazu *W. Kersting*, Transzendentalphilosphische Eigentumsbegründung, S. 64 ff., 69 ff.; *ders.*, Kant über Recht, S. 75 ff., 77 ff., auch S. 107 ff., 110 ff.

Eigene und begründet Eigentum (im peremtorischen Sinne)[2514]. Eigentum im weiteren Sinne sind nämlich die durch die allgemeinen Gesetze begründeten materialen Rechte des Lebens und des Handelns, Rechte an Handlungen anderer Menschen, Rechte an Sachen, Rechte an Gegenständen aller Art. Im engeren Sinne ist Eigentum die Menge der Rechte am „vermögenswerten" Eigenen[2515], auch am Vermögen insgesamt[2516].

2. „Eigentum wird gewährleistet", heißt es im Grundgesetz, nicht aber: Eigentum wird geschützt[2517] oder garantiert, wie meist gesagt wird[2518]. Grundrechtliche Gewährleistung von Eigentum begründet zunächst und zumindest ein Grundrecht auf eine Eigentumsordnung („Einrichtungsgewährleistung")[2519], welche es jedem Menschen ermöglicht, Eigentum zu haben,

---

[2514] *Rousseau*, Vom Gesellschaftsvertrag, I, 8, S. 22 f.; i.d.S. *Kant*, Metaphysik der Sitten, S. 365 ff.; *F. Tönnies*, Eigentum, S. 9; *W. Kersting*, Kant über Recht, S. 75 ff., 77 ff., auch S. 107 ff., 110 ff.; *K. A. Schachtschneider*, Steuerverfassungsrechtliche Probleme der Betriebsaufspaltung und der verdeckten Gewinnausschüttung, S. 59 ff.

[2515] Hinweise in Fn. 2486.

[2516] Vorsichtig *W. Leisner*, HStR, Bd. VI, § 149, Rdn. 124 ff.; *H.-H. v. Arnim* u. *P. Kirchhof*, VVDStRL 39 (1981), S. 301 f. bzw. 234 ff.; *ders.*, Der sanfte Verlust der Freiheit. Für ein neues Steuerrecht – klar, verständlich, gerecht, 2004, S. 102 ff.; genau *D. Suhr*, Eigentumsinstitut und Aktieneigentum, S. 31 ff.; vgl. *K. A. Schachtschneider*, Staatsunternehmen und Privatrecht, S. 347 ff., 353 ff.; *ders. (O. Gast)*, Sozialistische Schulden nach der Revolution, S. 177; *ders.*, Steuerverfassungsrechtliche Probleme der Betriebsaufspaltung und der verdeckten Gewinnausschüttung, S. 57 ff., 62 f.; restriktiv, nur gegen „Geldleistungspflichten, die den Betroffenen übermäßig belasten und seine Vermögensverhältnisse so grundlegend beeinträchtigen, daß sie eine erdrosselnde Wirkung haben", BVerfGE 14, 221 (241); 50, 290 (341 f.), st. Rspr., etwa BVerfGE 78, 232 (243); 93, 121 (137); 95, 267 (300); 105, 17 (32); 108, 186 (233); 110, 274 (290); *O. Depenheuer*, in: v. Mangoldt/Klein/Starck, GG, Art. 14, Rdn. 160 ff.; hilfreich *H.-J. Papier*, in: Maunz/Dürig, GG, Art. 14, Rdn. 160 ff.; *ders.*, HVerfR, S. 845; vgl. auch *D. Ehlers*, VVDStRL 51 (1992), S. 216; weitergehend BGHZ 6, 270 (278).

[2517] I.d.S. aber *W. Leisner*, HStR, Bd. VI, § 149, Rdn. 3 ff.; *P. Badura*, HVerfR, S. 341 ff., insb. Rdn. 26; *H.-J. Papier*, in: Maunz/Dürig, GG, Art. 14, Rdn. 3, u.ö.; *O. Kimminich*, GG, Bonner Kommentar, Art. 14, Rdn. 100 ff. („Wirkung des Schutzes").

[2518] Etwa BVerfGE 68, 193 (222 f.); 79, 292 (303); 83, 201 (208 f.); 97, 350 (370 f.); 100, 1 (32, 37, 44); 102, 1 (15); 104, 1 (8); 105, 252 (277 ff.); 106, 201 (209); 108, 186 (233); 110, 1 (23); 110, 274 (288); *H.-J. Papier*, in: Maunz/Dürig, GG, Art. 14, Rdn. 1 ff. (Überschrift I); *P. Badura*, HVerfR, S. 341 ff.; *W. Leisner*, HStR, Bd. VI, § 149, Rdn. 168 ff.; *K. Hesse*, Grundzüge des Verfassungsrechts, Rdn. 441 ff., S. 191 ff.; *O. Depenheuer*, in: v. Mangoldt/Klein/Starck, GG, Art. 14, Rdn. 1 und durchgehend.

[2519] *W. Leisner*, Freiheit und Eigentum, S. 17; *ders.*, Eigentum, S. 87 ff.; *R. Wendt*, Eigentum und Gesetzgebung, S. 183 ff.; *H.-J. Papier*, in: Maunz/Dürig, GG, Art. 14, Rdn. 11 ff.; *O. Depenheuer*, in: v. Mangoldt/Klein/Starck, GG, Art. 14, Rdn. 16 ff., 222 ff.

ohne jedoch ein jeweiliges Eigentum zuzusichern. Diese objektive Gewährleistung ist die Schmittsche Institutsgarantie[2520]. Aber zur Gewährleistung
des Eigentums gehört auch der Schutz des Eigentums, wie es die jeweilige
Eigentumsordnung gestaltet[2521]. Eigentum ist nicht Eigentum, wenn die Privatheit des Eigenen nicht gesichert ist, wie es das Privatnützigkeitsprinzip
anerkennt[2522]. Der rechtliche, also staatliche, Schutz des Eigenen macht
Eigenes zu Eigentum, provisorisches zu peremtorischem Recht. Diesen
Schutz hat eine eigentumsgerichtete Rechtsordnung, vor allem durch einen
effektiven Rechtsschutz, zu leisten[2523]. Die Eigentumsverletzung, etwa die
rechtswidrige Sachbeschädigung, ist aber nicht schon eine Verletzung der
Eigentumsgewährleistung des Grundgesetzes. Erst die Verweigerung des
Rechtsschutzes oder die Abschaffung des Schadensersatzanspruches aus
§ 823 Abs. 1 BGB wäre eine solche. Die Sicherung des Eigenen ist, wie
ausgeführt, Zweck des Staates. Die Gewährleistung des Art. 14 Abs. 1 S. 1
GG geht über den Schutz des jeweiligen Eigentums[2524] hinaus, umfaßt diesen aber als Wesensgehalt des Grundrechts. Das Grundgesetz hat demgemäß
in Art. 14 Abs. 3 für die Enteignung und in Art. 15 für die (sogenannte)
Sozialisierung enge Voraussetzungen formuliert und damit einen wirksamen
Bestandsschutz des jeweiligen Eigentums[2525], selbst von solchem an Grund

---

[2520] *C. Schmitt*, Freiheitsrechte und institutionelle Garantien, S. 140 ff., 160 ff.;
W. Leisner, Eigentum, S. 87 ff.; BVerfGE 24, 367 (389); 26, 215 (222); 31, 229
(240); 42, 263 (294); 58, 300 (339); *H.-J. Papier*, in: Maunz/Dürig, GG, Art. 14,
Rdn. 11 ff.; *P. Badura*, HVerfR, S. 342, 345 ff.; *O. Kimminich*, GG, Bonner Kommentar, Art. 14, Rdn. 119; *D. Ehlers*, VVDStRL 51 (1992), S. 216; kritisch *G. Dürig*, ZfgesStW 109 (1953), S. 331 ff.

[2521] Dazu *W. Leisner*, HStR, Bd. VI, § 149, Rdn. 3 ff., der den Abwehranspruch
gegen den Staat aus dem Eigentumsgrundrecht besonders herausstellt; *H.-J. Papier*,
in: Maunz/Dürig, GG, Rdn. 27 f. zu Art. 14.

[2522] Hinweise in Fn. 2175.

[2523] BVerfGE 49, 252 (257); vgl. auch BVerfGE 24, 367 (401); 35, 348 (361);
45, 297 (333); 46, 325 (334); 49, 220 (225); *H.-J. Papier*, in: Maunz/Dürig, GG,
Rdn. 43 ff. zu Art. 14.

[2524] Zur Materie der Eigentumsgewährleistung des Art. 14 Abs. 1 GG *W. Leisner*,
HStR, Bd. VI, § 149, Rdn. 54 ff.; *P. Badura*, HVerfR, S. 341 ff.; *H.-J. Papier*, in:
Maunz/Dürig, GG, Art. 14, Rdn. 55 ff.; *O. Kimminich*, GG, Bonner Kommentar,
Art. 14, Rdn. 30 ff.; *R. Wendt*, in: Sachs, GG, 1996, Art. 14, Rdn. 21 ff.; *O. Depenheuer*, in: v. Mangoldt/Klein/Starck, GG, Art. 14, Rdn. 111 ff.; auch *K. A. Schachtschneider*, Res publica res populi, S. 1023 ff.; *ders.*, FS W. Leisner, S. 751 ff.,
755 ff., 775 ff., 780 ff.

[2525] Dazu *W. Leisner*, HStR, Bd. VI, § 149, Rdn. 72, 96 ff., 105; *ders.*, Bestands-
garantie des Eigentums – vom Bergrecht unterminiert?, 1988, in: ders., Eigentum,
S. 465 ff.; *ders.*, Der Sozialisierungsartikel als Eigentumsgarantie, 1975, in: ders.,
Eigentum, S. 233 ff.; *H.-J. Papier*, in: Maunz/Dürig, GG, Art. 14, Rdn. 9; *K. Vogel*,
Grundzüge des Finanzrechts des Grundgesetzes, HStR, Bd. IV, 1990, § 87, Rdn. 85;
P. Badura, HVerfR, S. 334 f., 348 f., 360, 364; *M. Klawonn*, Die Eigentumsgewähr-
leistung als Grenze der Besteuerung, Diss. Erlangen-Nürnberg, 2006, E, IV, 1a; vgl.

und Boden, Naturschätzen und Produktionsmitteln, geschaffen[2526]. Die Praxis hat den Bestandsschutz dadurch gestärkt, daß die Entschädigung für Enteignungen regelmäßig nach dem Verkehrswert bemessen wird[2527]. Dem Text des Grundgesetzes läßt sich eine solche Regel nicht ablesen, aber sie verwirklicht den Gleichheitssatz gegenüber denen, welche der Allgemeinheit ihr Eigentum nicht opfern mußten[2528].

Wie das jeweils Eigene der Menschen gesichert und insbesondere verteilt wird, ist Sache der jeweiligen Ordnung. Die Ordnung kann auf Stärke beruhen, also eine Herrschaftsordnung, oder eben auf der allgemeinen Freiheit und damit eine Rechtsordnung sein[2529]. Die gesetzliche Eigentumsordnung ist ein wesentlicher Teil der Politik, die das Gemeinwohl fördern muß[2530]. Zu den orientierenden Kriterien *Walter Leisners* für einen verfassungsrechtlichen Eigentumsbegriff, nämlich „Leistung – Sicherung – Vertrauen"[2531], müssen um des Friedens im Gemeinwesen willen weitere hinzukommen, insbesondere das Soziale der Hilfe für die Schwachen[2532], die nicht leistungsabhängig sein können, sondern vom Bedarf bestimmt werden müs-

---

BVerfGE 24, 367 (397, 400); 38, 175 (181); 56, 249 (260 f.); 58, 300 (323); 71, 137 (143); 93, 121 (137 f.); 104, 1 (9 f.); vgl. auch BVerfGE 19, 119 (128 f.); 23, 288 (315); 42, 263 (295); 50, 290 (341); 52, 1 (29); 72, 66 (67 f.); 68, 361 (368); 84, 382 (385).

[2526] Grundlegend *H. P. Ipsen*, Enteignung und Sozialisierung, VVDStRL 10 (1952), S. 74 ff.; wesentlich *W. Leisner*, Sozialbindung des Eigentums, passim, insb. S. 43 ff., 65 ff., 147 ff.; *ders.*, HStR, Bd. VI, § 149, Rdn. 168 ff., 170 ff.

[2527] BGHZ 6, 270 (295); 11, 156 (165 ff.); 39, 198 (202); 67, 190 (192); vgl. auch BGHZ 59, 250 (254); 119, 62 (68); dazu *W. Leisner*, Die Höhe der Enteignungsentschädigung, Unterschreitung des Verkehrswertes?, in: ders., Eigentum, 1996, S. 577 ff.; *ders.*, HStR, Bd. VI, § 149, Rdn. 180 ff.; grundlegend *ders.*, Sozialbindung des Eigentums, S. 101 ff.; *ders.*, Das Eigentumssyndikat. Fondseigentum und Zwangsgenossenschaft als Formen der Sozialbindung?, 1976, in: ders., Eigentum, S. 484 f.; *O. Depenheuer*, in: v. Mangoldt/Klein/Starck, GG, Art. 14, Rdn. 445 ff.

[2528] I. d. S. BVerfGE 24, 367 (421); vgl. auch BVerfGE 41, 126 (161); 46, 268 (286); *H.-J. Papier*, in: Maunz/Dürig, GG, Art. 14, Rdn. 592 ff.; *O. Depenheuer*, in: v. Mangoldt/Klein/Starck, GG, Art. 14, Rdn. 445.

[2529] *K. A. Schachtschneider (O. Gast)*, Sozialistische Schulden nach der Revolution, S. 29 ff.

[2530] Dazu *P. Badura*, HVerfR, S. 335 f.; *O. Depenheuer*, in: v. Mangoldt/Klein/Starck, GG, Art. 14, Rdn. 29 ff., 56 ff., 220 ff.

[2531] HStR, VI, § 149, Rdn. 85 ff.

[2532] I. d. S. auch BVerfGE 30, 292 (334 f.); 41, 126 (150); 42, 64 (76 f.); 46, 325 (334); 49, 240 (246); 50, 290 (340 f.); 51, 193 (218); 87, 114 (146); 89, 1 (8); 91, 294 (310 ff.); *P. Badura*, HVerfR, S. 662; dagegen *W. Leisner*, HStR, Bd. VI, § 149, Rdn. 6 f.; zur „Sozialgebundenheit" *O. Kimminich*, Bonner Komm., GG, Rdn. 159 ff., 172 ff. zu Art. 14; *H.-J. Papier*, in: Maunz/Dürig, GG, Rdn. 305 ff. zu Art. 14; dazu auch *O. Depenheuer*, in: v. Mangoldt/Klein/Starck, GG, Art. 14, Rdn. 218 ff.

sen[2533]. Die wirkliche Ordnung der Freiheit wäre die vollendete Gemeinschaft der Liebe, weil die allseitige Liebe die Sittlichkeit als Wirklichkeit
allgemeiner innerer Freiheit ist. Diese Anarchie[2534] ist eine Utopie von der
vollendeten Menschheit des Menschen, die in einer republica noumenon
leben. Sie ist aber die Idee des Rechts, welche aus einer anderen Welt
kommt als der Welt, in der sie wirkt und wirken soll, der Welt der Ehrsucht, Herrschsucht und Habsucht[2535]. Die Idee des Rechts kommt aus der
Welt der Liebe, der Welt der homines noumenoi. Aber: „Aus so krummem
Holze, als woraus der Mensch gemacht ist, kann nichts ganz Gerades gezimmert werden“[2536]. Also sind Vorkehrungen gegen die Vergewaltigung
des einen durch den anderen nötig. Das rechtfertigt nicht nur den Staat und
die gesetzliche Eigentumsordnung, sondern gibt jedem das Recht auf Recht
und Staat. Der Staat selbst aber ist kein Eigentümer (im eigentlichen
Sinne), weil er nicht privat (ein Besonderer) ist[2537]. Er hat vielmehr Staatsgewalt, die im Verhältnis zu den staatstranszendierenden Mächten etwas
eigentumshaftes hat[2538]. Im Staat aber ist staatliches Eigentum ein Widerspruch in sich[2539] und genießt zu Recht keinen Grundrechtsschutz[2540].

[2533] A.A. BVerfGE 4, 219 (240 f.); 40, 65 (82 ff.); 53, 257 (289 ff.); 69, 272
(300 ff.); 72, 175 (193), das öffentlich-rechtliche Ansprüche nur als Eigentum i.S.d.
Art. 14 Abs.1 GG einstuft, wenn sie auf eigener Leistung beruhen; BVerfGE 97,
350 (371) (auch BVerfGE 91, 294 (309)) verallgemeinert diesen Gedanken; dem
folgt *O. Kimminich*, Bonner Komm., GG, Rdn. 49, 65 ff. zu Art. 14; zurückhaltend
insofern *K. Hesse*, Grundzüge des Verfassungsrechts, Rdn. 445, S. 193; vgl. auch
P. Badura, HVerfR, S. 668, 2. Aufl. 1994, S. 349 f.; *W. Leisner*, HStR, Bd. VI,
§ 149, Rdn. 6 f. (kein „Recht auf Eigentum“), Rdn. 119 ff.; *D. Ehlers*, VVDStRL
51 (1992), S. 215; kritisch auch *H.-J. Papier*, Eigentumsgarantie des Grundgesetzes
im Wandel, 1984, S. 9 ff.; vgl. auch *ders.*, in: Maunz/Dürig, GG, Rdn. 150 ff., insb.
155 ff. zu Art. 14; i.S. des Textes *H. Rittstieg*, Eigentum als Verfassungsproblem,
S. 386 f.

[2534] Vgl. *Kant*, Anthropologie in pragmatischer Hinsicht, S. 686 („Gesetz und
Freiheit, ohne Gewalt (Anarchie)“); *W. Leisner*, Die Demokratische Anarchie,
S. 17 ff., versteht demgegenüber „Anarchie als Negation jeder Ordnung“ (S. 22)
und als „totale Ablehnung“, „systematische Verneinung aller Herrschaft“ (S. 34 ff.).

[2535] *Kant*, Idee zu einer allgemeinen Geschichte in weltbürgerlicher Absicht, S. 38.

[2536] *Kant*, Idee zu einer allgemeinen Geschichte in weltbürgerlicher Absicht, S. 41.

[2537] *K. A. Schachtschneider*, Staatsunternehmen und Privatrecht, S. 6 ff., 173 ff.,
261 ff.; *ders.*, Der Anspruch auf materiale Privatisierung, S. 181 ff. (217 ff.); *ders.*,
Konkurrentenklage, S. 508 ff.; a.A. die h.M., etwa *O. Depenheuer*, in: v. Mangoldt/
Klein/Starck, GG, Art. 14, Rdn. 189.

[2538] *K. A. Schachtschneider*, FS H. Steinmann, S. 418 ff.

[2539] Dazu *K. A. Schachtschneider*, Staatsunternehmen und Privatrecht, S. 277 ff.;
W. Leisner, HStR, Bd. VI, § 149, Rdn. 11.

[2540] BVerfGE 45, 63 (80); 61, 82 (100 ff.); *K. A. Schachtschneider*, Staatsunternehmen und Privatrecht, S. 277 ff.; *H.-J. Papier*, in: Maunz/Dürig, GG, Rdn. 206 ff.
zu Art. 14; *W. Leisner*, HStR, Bd. VI, § 149, Rdn. 11; *O. Depenheuer*, in:
v. Mangoldt/Klein/Starck, GG, Art. 14, Rdn. 189 ff.

„Art. 14 als Grundrecht schützt nicht das Privateigentum, sondern das Eigentum Privater" (BVerfGE 61, 82 (108 f.)).

III. Recht auf Eigentum

1. Solange jeder Mensch das als das Seine hat, was er sich genommen hat oder was ihm von anderen Menschen gegeben wurde, sind die Möglichkeiten des Lebens und Handelns nicht allgemein, d. h. durch allgemeines Gesetz als das Gesetz aller, geordnet und damit nicht nur nicht gesichert, sondern auch nicht gerecht verteilt[2541]; denn nur das allgemeine Gesetz vermag Gerechtigkeit zu schaffen, freilich nur, wenn es die Menschheit des Menschen, also die Menschenrechte, wahrt[2542], zu denen auch das Recht auf Eigentum gehört (Art. 17 der Déclaration des Droits de l'Homme et du Citoyen, 1789; Art. 17 AEMR)[2543]. *Walter Leisner* sagt 1989 in aller ihm eigenen Klarheit: „Das Grundgesetz schützt das ‚Recht am Eigentum', nicht ein ‚Recht auf Eigentum'"[2544]. 1975 hatte *Walter Leisner* noch mit einer „demokratisch-gesellschaftlichen Grundrechtstheorie" „die letzte Konsequenz gezogen", „daß das Recht auf Eigentum dem Recht am Eigentum

---

[2541] *W. Kersting*, Kant über Recht, S. 80 ff., auch S. 69 ff. („... formales Distributionsgesetz des Gesamtbesitzes durch die vereinigte Willkür, ...").

[2542] *K. A. Schachtschneider*, Res publica res populi, S. 275 ff., 519 ff.; dazu 2. Kap., VI, 5. Kap., II, 3.

[2543] *W. Leisner*, HStR, Bd. VI, § 149, Rdn. 18 ff.; grundlegend *G. Dürig*, ZfgesStW 109 (1953), S. 326 ff.; *L. Raiser*, Das Eigentum als Menschenrecht, in: W. Grunsky/R. Stürmer/G. Walter/M. Wolf (Hrsg.), FS F. Baur, 1981, S. 105 ff.; nicht unkritisch zur „Heiligkeit" des Eigentums *H. Krüger*, Allgemeine Staatslehre, S. 422.

[2544] HStR, Bd. VI, § 149, Rdn. 6 f.; aber in: Eigentum – Grundlage der Freiheit, S. 50, verbindet *W. Leisner* ein Recht auf mit dem Recht aus Eigentum, jedenfalls eine reale Chance auf Eigentum; gegen ein „Recht auf Eigentum" auch *P. Badura*, HVerfR, S. 342; *E. Stein*, Staatsrecht, 15. Aufl. 1995, S. 342, 346; *O. Depenheuer*, in: v. Mangoldt/Klein/Starck, GG, Art. 14, Rdn. 98; vgl. BVerfGE 40, 65 (82 ff.), offengelassen; vgl. aber auch BVerfGE 80, 124 (137), kein Anspruch auf Subventionen, selbst nicht, wenn diese zur Existenzsicherung erforderlich, aus Art. 14 Abs. 1 GG; *H. Rittstieg*, Eigentum als Verfassungsproblem, S. 386 f., plädiert für einen „rechtlichen geordneten Zugang zu den Grundlagen der Subsistenz und der personalen Entfaltung für die Masse der Bevölkerung", auch S. 403 („Eigentumsgewährleistung – Forderung nach einer Umgestaltung der aktuellen Eigentumsordnung"); vgl. *K. A. Schachtschneider*, Res publica res populi, S. 1026; vgl. zum Eigentumsschutz „sozialversicherungsrechtlicher Positionen" BVerfGE 4, 219 (240 f.); 40, 65 (82 ff.); 53, 257 (289 ff.); 64, 272 (300 ff.); 72, 175 (193 ff.); zu dessen Grenzen *A. Leisner*, Die Leistungsfähigkeit des Staates. Verfassungsrechtliche Grenze der Staatsleistungen?, 1998, S. 146 ff.; kritisch, allenfalls „Solidareigentum", *O. Depenheuer*, in: v. Mangoldt/Klein/Starck, GG, Art. 14, Rdn. 73, 80 ff., 170 ff., 174 ff., 287 ff.

vorgehe"[2545]. Es kommt aber darauf an, ob man den Bürger als citoyen oder als bourgeois begreift. *Walter Leisner* hat beide Konzeptionen bedacht, letztlich aber in hegelianischer Trennung von Staat und Gesellschaft[2546] die Bürgerlichkeit durch das private Eigentum definiert. „Man versus State", „State versus Man" sind seine Schlagworte[2547].

Die Möglichkeiten des Handelns bedürfen, weil alle Menschen gut leben wollen und können sollen, der verteilenden Ordnung durch die allgemeinen Gesetze[2548]. Zweck des staatlichen Gemeinwesens, der Republik, ist, wie gesagt, das gute Leben aller in allgemeiner Freiheit, nicht etwa nur besondere Freiheiten und demgemäß der Schutz des jeweils Eigenen. Warum sollten die Menschen, die unter einem Mangel an Möglichkeiten zur freien Entfaltung ihrer Persönlichkeit leiden, denen das Eigene sichern, die im Übermaß an Möglichkeiten schwelgen? Die wichtigsten Güter der Menschen, ihr Leben und ihre Gesundheit, sind im übrigen in den freiheitlichen Gemeinwesen, soweit Menschen auf diese Güter einwirken können, geradezu unterschiedslos zugeteilt, weil sie allen Menschen weitestgehend geschützt werden. Es werden kaum noch bezahlbare Anstrengungen unternommen, um allen so viel als irgend möglich an Leben und Gesundheit zu geben[2549]. Rechtlich besteht hinsichtlich dieses ‚Eigentums' Egalität, erst recht ideologisch – jedenfalls noch[2550]. Das Eigentum im engeren Sinne

---

[2545] Der Eigentümer als Organ der Wirtschaftsverfassung, 1975, in: ders., Eigentum 1996, S. 740 ff. (749).

[2546] *Hegel*, Rechtsphilosophie, §§ 182 ff., 257 ff.; dazu *M. Riedel*, Bürgerliche Gesellschaft und Staat, 1970; *E.-W. Böckenförde*, etwa: Die verfassungstheoretische Unterscheidung von Staat und Gesellschaft als Bedingung der individuellen Freiheit, 1973; *J. Isensee*, Subsidiaritätsprinzip und Verfassungsrecht. insb. S. 149 ff.; dazu kritisch *K. A. Schachtschneider*, Res publica res populi, S. 159 ff., insb. S. 175 ff.; 3. Kap., IX.

[2547] HStR, Bd. VI, § 149, Rdn. 11.

[2548] *Hobbes*, Leviathan, II, 18, S. 156 ff. (162); *Locke*, Über die Regierung, V, 50, S. 38 f.; vgl. *Kant*, Metaphysik der Sitten, S. 366 ff., 374 ff. zur provisorischen Verteilung nach der „Idee eines a priori vereinigten (notwendig zu einigenden) Willens aller" im Naturzustand, S. 412, 419, 423, 464 zur Distributionsgerechtigkeit im bürgerlichen Zustand; dazu *W. Kersting*, Transzendentalphilosphische Eigentumsbegründung, S. 67 f., 69 ff.; ders., Kant über Recht, S. 69 ff., 80 ff.; *J. G. Fichte*, Der geschlossene Handelsstaat, S. 54 ff., insb. S. 58 ff.; zur Eigentumslehre J. G. Fichtes *J. Braun*, Freiheit, Gleichheit, Eigentum, Grundfragen des Rechts im Lichte der Philosophie J. G. Fichtes, 1991, S. 1 ff., insb. S. 16 ff.

[2549] Zur Pflicht des Staates, Leben und Gesundheit zu schützen, BVerfGE 39, 1 (42); 46, 160 (164); 49, 89 (142); 53, 30 (57 f., 73 ff.); 56, 54 (73 ff.); 77, 176 (214 f.); 88, 203 (251 ff.); 89, 214 (231 f.); *J. Isensee*, HStR, Bd. V, § 111, Rdn. 77 ff.; *K. A. Schachtschneider*, Res publica res populi, S. 821 ff.; ders., Umweltschutz, S. 303 ff.; zu den Schutzpflichten auch Hinweise in Fn. 433, 1701.

[2550] Dazu *W. Kersting*, Gerechtigkeitsprobleme sozialstaatlicher Gesundheitsversorgung, in: ders. (Hrsg.), Politische Philosophie des Sozialstaats, 2000, S. 467 ff.;

aber ist unterschiedlich verteilt. „Das Eigentum aber bleibt stets das wesentlich Ungleiche"[2551]. Die Abstrahierung des Eigentums von der Persönlichkeit des Menschen hat diese Entwicklung begünstigt.

Ein nicht nur unabänderliches, sondern auch fundamentales Prinzip der Republik ist das Sozialprinzip[2552]. Der Einheit von Freiheit, Gleichheit und Brüderlichkeit ist das Prinzip gleichheitlicher Güterverteilung immanent[2553]. „Demokratie als Ordnung der Gleichheit in Freiheit und das Prinzip einer sozialen Demokratie: größtmögliche und gleichberechtigte Wohlfahrt des Einzelnen bei notwendiger Gerechtigkeit für Alle", postuliert *Werner Maihofer*[2554]. Wer die Gleichheit der Menschen in ihrer Freiheit anerkennt, kann das Sozialprinzip nicht leugnen[2555]. Dieses Prinzip der Brüderlichkeit folgt aus der allgemeinen Freiheit[2556]; denn niemand kann beanspruchen, Herr anderer

---

W. Hankel/K. A. Schachtschneider/A. Emmerich-Fritsche, Revolution der Krankenversicherung, Prinzipien, Thesen und Gesetz, 2002.

[2551] *W. Leisner*, Freiheit und Eigentum, S. 18.

[2552] Dazu *K. A. Schachtschneider*, Res publica res populi, S. 234 ff.; *ders.*, Das Sozialprinzip, 1974; *ders.*, Die Verwaltung 31 (1998), S. 154 ff.; *ders.*, Grenzen der Kapitalverkehrsfreiheit, S. 289 ff.; *H. F. Zacher*, HStR, Bd. II, § 28, S. 659 ff.; durchaus auch *W. Leisner*, Grundrechte und Privatrecht, S. 162 ff.; *W. Kersting*, Probleme der politischen Philosophie des Sozialstaats, in: ders. (Hrsg.), Politische Philosophie des Sozialstaats, 2000, S. 17 ff.; *ders.*, Politische Solidarität statt Verteilungsgerechtigkeit? Eine Kritik egalitaristischer Sozialstaatsbegründung, daselbst, S. 202 ff.; *ders.*, Theorien der Sozialen Gerechtigkeit, 2000; *ders.*, Kritik der Gleichheit, 2001/2005, S. 23 ff. („Der Sozialstaat im Spannungsfeld zwischen Freiheit und Gleichheit"); *ders.*, Rechtsphilosophische Probleme des Sozialstaats, 2000; dazu 11. Kap., III.

[2553] I.d.S. *Aristoteles*, Politik, 1295 1b 1 ff., 40 ff., S. 151 f., auch 1292a 30 ff., S. 143 f.; *Locke*, Über die Regierung, V, 25 ff., S. 21 ff.; *Rousseau*, Vom Gesellschaftsvertrag, I, 9, S. 23 ff.; besonders klar *Montesquieu*, Vom Geist der Gesetze, V, 3 ff., S. 139 ff. („Gleichheit der Vermögen"); *J. G. Fichte*, Der geschlossene Handelsstaat, S. 403 (dazu *J. Braun*, Freiheit, Gleichheit, Eigentum, S. 16 ff., insb. S. 21 ff., 29 f.); *W. Maihofer*, HVerfR, S. 507 ff., insb. S. 516 f., 518 f., auch S. 519 ff.; i.d.S. auch *E. Benda*, Der soziale Rechtsstaat, HVerfR, 2. Aufl. 1994, S. 761 ff., 785 ff.; auch *P. Badura*, Freiheit und Eigentum in der Demokratie, in: Eigentum und Eigentümer im Zeitalter globaler Märkte und Finanzströme, Veröffentlicheungen der Walter-Raymond-Stiftung, Bd. 38, 1998, S. 17 ff., 18 („Verteilungsgerechtigkeit" – „egalitärer Grundzug der Demokratie" – „Lebensgesetz im Sozialstaat"); *H. F. Zacher*, HStR, Bd. II, § 28, Rdn. 25, 34 ff. (soziale Gleichheit); im Sinne der Chancengleichheit auch *Kant*, Über den Gemeinspruch, S. 147 f.; auch *ders.*, Metaphysik der Sitten, S. 434; anders *W. Leisner*, Freiheit und Eigentum, S. 17 ff.

[2554] HVerfR, S. 507 ff.

[2555] So aber *F. A. von Hayek*, etwa, Recht, Gesetzgebung und Freiheit, Bd. 2, Die Illusion der sozialen Gerechtigkeit, 1981, insb. S. 93 ff., 123 ff.; zum Versuch, dem Sozialprinzip die Verbindlichkeit streitig zu machen, insb. *E. Forsthoff*, VVDStRL 12 (1954), S. 8 ff., 19 ff.; vermittelnd *W. Leisner*, Grundrechte und Privatrecht, S. 167 ff.; im Sinne des Textes *P. Häberle*, VVDStRL 30 (1972), S. 90 ff., 94 ff., 103 ff.; *H. F. Zacher*, HStR, Bd. II, § 28, Rdn. 34 ff.; *K. A. Schachtschneider*, Das

Menschen zu sein[2557]. Die Brüderlichkeit unter den Menschen findet ihr Gesetz seit alters her und gestützt durch alle großen Religionen in dem Liebesprinzip, dem Sittengesetz der Menschheit, dem kategorischen Imperativ[2558].

Unter Christen jedenfalls kann nur einer der Herr der Menschen sein, nämlich Gott. Es gibt keine gerechte Herrschaft von Menschen über Menschen[2559]; denn Herrschaft ist die nötigende Willkür, die Umkehrung der Freiheit[2560]. „Imperium ist nicht dominium"[2561]. Die Regierung ist Verwirklichung des Rechts, nicht aber Herrschaft[2562]. Schon gar nicht herrscht der Staat, wenn er denn ein Staat des Rechts, also eine Republik, ist[2563].

Jedes Verfassungsgesetz muß das Sozialprinzip achten[2564], wenn es den Frieden als die allgemeine Freiheit, den vornehmsten Zweck des Staates[2565],

---

Sozialprinzip, S. 38 ff., 72 ff., 75 ff., 82 ff.; *ders.*, Res publica res populi, S. 237 ff., auch S. 247 f. („institutionelle Judiziabilität"); dazu 11. Kap., III.

[2556] *W. Leisner*, Freiheit und Eigentum, S. 19; *W. Maihofer*, HVerfR, S. 519 ff.; *P. Häberle*, VVDStRL 30 (1972), S. 90 ff., insb. S. 96 ff.; *K. A. Schachtschneider*, Res publica res populi, S. 234 ff.; dazu 11. Kap., III.

[2557] *Augustinus*, Der Gottesstaat (De civitate Dei), hrsg. von H. H. v. Balthasar, 1960, 19. Buch, 15–16, auch 11–12; *W. Leisner*, Freiheit und Eigentum, S. 19; kritisch *F. Tönnies*, Das Eigentum, S. 11 ff., 16 ff.; *D. Sternberger*, Der alte Streit um den Ursprung der Herrschaft, S. 26 f., auch in: ders., Schriften, Bd. III, 1980, S. 9 ff.; *R. Marcic*, Rechtsphilosophie, S. 216; *K. A. Schachtschneider*, Res publica res populi, S. 71 ff., insb. S. 79 ff., auch S. 240 ff.; dazu 3. Kap.

[2558] Dazu 2. Kap., VII, 1 mit und zu Fn. 345 (Bibelzitat); i.d.S. *G. Dürig*, in: Maunz/Dürig, GG, 1973, Art. 3 Abs. I, Rdn. 156 ff.; *K. A. Schachtschneider*, Res publica res populi, S. 126, 135, 277; *ders.*, Frei – sozial – fortschrittlich, S. 11 ff.

[2559] *K. A. Schachtschneider*, Res publica res populi, S. 71 ff., insb. S. 133 ff.; anders *W. Leisner*, insbesondere, Die Demokratische Anarchie, Verlust der Ordnung als Staatsprinzip?, 1982; *W. Henke*, Recht und Staat, S. 251 ff.; gegen den Paternalismus *Kant*, Über den Gemeinspruch, S. 145 f., vgl. *ders.*, Metaphysik der Sitten, S. 464; wie der Text *Rousseau*, Vom Gesellschaftsvertrag, I, 1, S. 5 f.; *K. R. Popper*, Bemerkungen zu Theorie und Praxis des demokratischen Staates, S. 14; *J. Habermas*, Die Utopie des guten Herrschers, S. 327 ff., insb. S. 335 f.

[2560] Vgl. die Definition von Herrschaft bei *M. Weber*, Wirtschaft und Gesellschaft, S. 28, 182; kritisch *K. A. Schachtschneider*, Res publica res populi, S. 71 ff., 79 ff.; 3. Kap., II.

[2561] *D. Sternberger*, Der alte Streit um den Ursprung der Herrschaft, S. 26 ff.; *ders.*, Max Weber und die Demokratie, S. 152.

[2562] *D. Sternberger*, Der alte Streit um den Ursprung der Herrschaft, S. 20, 25 f.; *K. A. Schachtschneider*, Res publica res populi, S. 139 ff., auch S. 154 ff.; 3. Kap., VII; demgegenüber identifiziert *C. Schmitt*, Verfassungslehre, S. 216, 234, u.ö., Herrschen und Regieren.

[2563] *K. A. Schachtschneider*, Res publica res populi, S. 71 ff.; *ders. (O. Gast)*, Sozialistische Schulden nach der Revolution, S. 29 ff.; *ders.*, Prinzipien des Rechtsstaates, S. 19 ff., 50 ff.; dazu 3. Kap.

[2564] BVerfGE 84, 90 (121); i.d.S. auch BVerfGE 102, 254 (297); 104, 74 (84); *K. A. Schachtschneider (O. Gast)*, Sozialistische Schulden nach der Revolution,

sichern will; denn es gibt keinen Frieden ohne Gerechtigkeit, auch nicht ohne gerechte Verteilung der Güter. Die Republik ist somit nicht nur ein Gemeinwesen der gleichen Freiheit, sondern auch eines der Brüderlichkeit[2566] und damit eine Einrichtung der gerechten Teilung der Güter, der „austeilenden" oder „distributiven Gerechtigkeit"[2567]. „Der nicht-rechtliche Zustand, d. i. derjenige, in welchem keine austeilende Gerechtigkeit ist, heißt der natürliche Zustand (status naturalis)"[2568]. *Kant* rechnet die iustitia distributiva zum Naturrecht[2569]. „Freiheit bleibt eine Ordnung der Distribution"[2570].

2. Unter allen Bürgern müssen die Güter brüderlich geteilt werden[2571]. Das Sozialprinzip zu verwirklichen, ist vornehmlich Sache der Legislative[2572]. „Doch hinter der Brüderlichkeit steht das Eigentum, Bruder kann im Entscheidenden nur sein, wer besitzt und teilhaben läßt"[2573]. Das Sozialprinzip verfaßt das Leben in Gemeinschaft als gemeinschaftliches Leben.

S. 35 f.; i. d. S. auch *P. Häberle*, HStR, Bd. II, § 22, Rdn. 45, 54, 60; *W. Maihofer*, HVerfR, S. 432 ff., 513 ff., 536.

[2565] *Hobbes*, Leviathan, II, 17, 18, 2, S. 151 ff., 160, 187 ff. (193); *Kant*, Zum ewigen Frieden, passim; *H. Krüger*, Allgemeine Staatslehre, S. 714 ff.; *Ch. Starck*, Frieden als Staatsziel, in: B. Bömer/H. Jahrreis/K. Stern (Hrsg.), Einigkeit und Recht und Freiheit, FS K. Carstens (70.), Bd. 2, 1984, S. 867 ff.; *K. A. Schachtschneider*, Res publica res populi, S. 9, 304.

[2566] *E. Bloch*, Naturrecht und menschliche Würde, 1961, 2. Aufl. 1980, S. 187 ff.; *G. Dürig*, in: Maunz/Dürig, GG, Art. 3 Abs. I, Rdn. 156 ff.; *W. Maihofer*, HVerfR, S. 519 ff.; *M. Kriele*, Die demokratische Weltrevolution, S. 49 ff.; *ders.*, Einführung in die Staatslehre, 4. Aufl. 1990, S. 229, 334, 6. Aufl. 2003, S. 177 ff., 204 ff.; *P. Häberle*, VVDStRL 30 (1972), S. 90 ff., insb. 96 ff.; *H. F. Zacher*, HStR, Bd. II, § 28, Rdn. 32 ff., 68 ff., 100 ff., 120 ff.; *K. A. Schachtschneider*, Res publica res populi, S. 8, 234 ff., 285 ff., 304; *ders.*, Grenzen der Kapitalverkehrsfreiheit, S. 289 ff.; *ders.*, in: W. Hankel u. a., Die Euro-Klage, S. 200 ff.; *ders.*, Prinzipien des Rechtsstaates, S. 22 ff., 28 ff., 97 ff.

[2567] *Kant*, Metaphysik der Sitten, S. 423, auch S. 412, 419; dazu *W. Kersting*, Transzendentalphilosphische Eigentumsbegründung, S. 66 f., 69 ff.; *ders.*, Kant über Recht, S. 69 ff., 80 ff.; *R. Brandt*, Eigentumstheorien von Grotius bis Kant, S. 193.

[2568] *Kant*, Metaphysik der Sitten, S. 423.

[2569] Metaphysik der Sitten, S. 412.

[2570] *W. Leisner*, Freiheit und Eigentum, S. 14 f.

[2571] *Montesquieu*, Vom Geist der Gesetze, V, 3 ff., S. 139 ff.; vgl. auch *Kant*, Metaphysik der Sitten, S. 365 f., 366 ff., 432 ff.; *ders.*, Über den Gemeinspruch, S. 150 f.; *H. F. Zacher*, HStR, Bd. II, § 28, Rdn. 34 ff., 53 ff.; vgl. auch *K. A. Schachtschneider*, Das Sozialprinzip, S. 40 ff., 48 ff.; *ders.*, GS W. Blomeyer, S. 245 ff.

[2572] BVerfGE 1, 97 (105); 33, 303 (313 ff.); 43, 213 (226); 50, 57 (108); 53, 164 (184); 65, 182 (193); 69, 272 (314); 70, 278 (288); 100, 271 (284); *P. Häberle*, VVDStRL 30 (1972), S. 98 ff., 110 f.; *W. Maihofer*, HVerfR, S. 511, 516 ff.; *M. Kriele*, HVerfR, S. 145 ff., 151; *H. Krüger*, Allgemeine Staatslehre, S. 816 ff.; *H. F. Zacher*, HStR, Bd. II, § 28, Rdn. 80 ff., 122; *K. A. Schachtschneider*, Das Sozialprinzip, S. 72 ff.; *ders.*, Res publica res populi, S. 247 ff.; dazu 11. Kap., III.

[2573] *W. Leisner*, Freiheit und Eigentum, S. 19.

Das aber ist ein Leben, in dem allen Eigentum nach allgemeinen Gesetzen derart gewährleistet ist, daß alle, wenn sie sich vom Sittengesetz bestimmen lassen, dem zuzustimmen gehalten sind. Um der Anreize willen muß das Eigentum derer, die sich der Leistung und damit ihres Beitrags für das gemeine Wohl verweigern, schmaler sein als das derer, die sich mühen; denn letztlich dient jede Mühe dem gemeinen Wohl, freilich nur, wenn die Ordnung des Gemeinwesens dem Recht entspricht. Leistung läßt sich formal als Erfüllung der Pflichten gegenüber einer Gemeinschaft definieren[2574]. Zu diesen Pflichten gehört es auch, daß der Bürger seinen Lebensunterhalt selbst erarbeitet, zumindest erwirtschaftet, damit er nicht der Gemeinschaft zur Last fällt und diese mehr als unerläßlich in Anspruch nimmt[2575]. Wegen des Leistungsprinzips ist es jedoch nicht gerechtfertigt, daß arm und reich übermäßig auseinanderklaffen. Demgemäß steht die Ausgestaltung des Erbrechts[2576], welches gegenwärtig wieder einmal die bürgerlichen Verhältnisse verzerrt[2577], auf dem Prüfstand. Das Erbrecht darf die Brüderlichkeit unter den Menschen nicht gefährden.

Dem durch die allgemeinen Gesetze geordneten Leben in Gemeinschaft, also der dem Sozialprinzip gemäße Grundsatz gleichheitlicher Verteilung der Güter, der auch dem formalen Prinzip der Gleichheit in der Freiheit gemäß ist, erlaubt eine unterschiedliche Zuordnung von Gütern nur, wenn diese nicht willkürlich ist. Auch *Walter Leisner* konzidiert für den „marktkorrigierenden" „sozialen Bundesstaat" „gegenüber den in der Tat ‚erbarmungslosen Marktmächten'":

> „Zum anderen gilt es, allzugroße materielle Unterschiede zwischen Gruppen und Schichten der Bürger zu vermeiden[2578]. Dies ist nicht etwa ein Nivellierungsgebot, sondern ein ‚Übermaßverbot von Ungleichheit' – und daher, wie jeder Übermaß-Ausschluß, wiederum nur eine letzte, eine Grenz-Korrektur"[2579].

[2574] I.d.S. *D. Suhr*, Eigentumsinstitut und Aktieneigentum. S. 75 („Gerechtigkeitswert": „Äquivalent", „proportional" der „Nützlichkeit" der „Leistung für die Volkswirtschaft"). Vgl. den formalen Leistungsbegriff des § 362 Abs. 1 BGB: „Das Schuldverhältnis erlischt, wenn die geschuldete Leistung an den Gläubiger bewirkt wird". Zum Leistungsbegriff des Egalitarismus zu Recht kritisch *W. Kersting*, Rechtsphilosphische Probleme des Sozialstaats, S. 28 ff.; *ders.*, Theorien der sozialen Gerechtigkeit, S. 118 ff., auch S. 36 ff.

[2575] *K. A. Schachtschneider*, Recht auf Arbeit – Pflicht zur Arbeit, in: ders. u.a. (Hrsg.), Transport – Wirtschaft – Recht, Gedächtnisschrift für Johann Georg Helm, 2001, S. 827 ff. (844 ff.).

[2576] Dazu *W. Leisner*, Erbrecht, HStR, Bd. VI, 1989, § 150, S. 1099 ff.

[2577] Vgl. dazu schon *Kant*, Über den Gemeinspruch, S. 148 f.

[2578] Unter Berufung auf BVerfGE 22, 180 (190); 35, 348 (355 f.): „... Ausgleich sozialer Ungleichheiten zwischen den Menschen ...", „Erhaltung und Sicherheit der menschlichen Würde", ... „soziale Solidarität"; ganz so (unter Berufung auf *Rousseau*) *W. Maihofer*, Realität der Politik und Ethos der Republik, S. 95 ff.

Die Unterschiede in der Güterverteilung bedürfen also ständiger Begründbarkeit. Als Grund kommt eben die Leistung[2580] als der jeweilige und unterschiedliche Beitrag des einzelnen Menschen zum gemeinen Wohl in Betracht. „Das Grundgesetz schützt das Leistungseigentum"[2581]. Leistungen können insbesondere Arbeit und Unternehmung sein[2582]. Der Markt kann die Verteilung rechtfertigen, soweit der Wettbewerb sittlich ist.

Der Interessenausgleich ist die Logik der Materialität von Gesetzen[2583]. Diese Gesetze können die allgemeine Zustimmung nur finden, wenn das Interesse aller am guten Leben verwirklicht wird, wenn also der Interessenausgleich gelingt. Das erfordert Sittlichkeit als die Universalisierbarkeit der gesetzgeberischen Maxime, welche nur in der Sittlichkeit der diskursiven Erkenntnisweise materialisiert zu werden vermag[2584]. Der soziale Staat muß den tragfähigen Ausgleich zwischen arm und reich, die, wie das *Hans Friedrich Zacher* genannt hat, „ökonomische Mitte des ‚Sozialen'", verwirklichen[2585]. Das gebietet nicht etwa Unterschiedslosigkeit der Güterverteilung, sondern den Ausgleich, den der Frieden des gemeinsamen Lebens

---

[2579] Marktoffenes Verfassungsrecht, 1996, in: ders., Eigentum, 1996, S. 709; so auch *W. Maihofer*, HVerfR, S. 516 ff., auch S. 507 ff.

[2580] Vgl. BVerfGE 1, 264 (277 f.); 14, 288 (293); 30, 292 (334); 50, 290 (340); 58, 81 (112); 69, 272 (301); 72, 175 (193); 97, 350 (371), das der „eigenen Leistung" eine intensivere Schutzwürdigkeit des Eigentums abgewinnt; dazu *W. Leisner*, HStR, Bd. VI, § 149, Rdn. 85 ff.; *H. Krüger*, Allgemeine Staatslehre, S. 424 ff.; gegen den egalitaristischen (absurden) Leistungsbegriff, der in grotester Weise alle Unterschiede der Menschen durch „Gleichheitsfürsorge" („Gärtner im Menschenpark") einebnen will, zu Recht *W. Kersting*, Rechtsphilosophische Probleme des Sozialstaats, S. 28 ff.; *ders.*, Theorien der sozialen Gerechtigkeit, S. 118 ff., auch S. 36 ff.; *ders.*, Kritik der Gleichheit, S. 62 ff. (81 ff.).

[2581] *W. Leisner*, HStR, Bd. VI, § 149, Rdn. 85.

[2582] I. d. S. *Kant*, Metaphysik der Sitten, S. 432 f.; vgl. *H. F. Zacher*, HStR, Bd. II, § 28, Rdn. 27 ff.; *K. A. Schachtschneider*, Res publica res populi, S. 244 ff.; *ders.*, GS J. G. Helm, S. 838 ff.; *P. Häberle*, VVDStRL 30 (1972), S. 85 f., 100 ff.; *ders.*, Arbeit als Verfassungsproblem, JZ 1984, 345 ff. (354 f.); vgl. BVerfGE 31, 229 (239); 40, 65 (80); 53, 257 (291); 58, 81 (112 f.); 69, 272 (301); 72, 175 (193); 97, 350 (371); dazu IV und V.

[2583] Vgl. i. d. S. *Kant*, Zum ewigen Frieden, S. 250 f.; auch *ders.*, Kritik der praktischen Vernunft, S. 146; *J. Habermas*, Strukturwandel der Öffentlichkeit, S. 190 ff., der mit der allgemeinen Gesetzgebung Wohlfahrtsrecht und Wohlfahrtseffekt verbunden sieht; *K. A. Schachtschneider*, Res publica res populi, S. 617 ff.; i. d. S. für die Eigentumsgewährleistung BVerfGE 87, 114 (138); 89, 1 (8); 91, 294 (310 ff.); auch BVerfGE 37, 139 (141); 71, 230 (250).

[2584] *M. Kriele*, Theorie der Rechtsgewinnung, S. 191 ff.; *J. Habermas*, Erläuterungen zur Diskursethik, S. 120 ff.; *ders.*, Faktizität und Geltung, S. 109 ff., insb. S. 349 ff., 516 ff.; *ders.*, Die Einbeziehung des Anderen, S. 277 ff., 293 ff.; *K. A. Schachtschneider*, Res publica res populi, S. 584 ff.

[2585] HStR, Bd. II, § 28, Rdn. 72 f.; *K. A. Schachtschneider*, GS W. Blomeyer, S. 249 ff., 264 ff.

erfordert, der es erlaubt, von einer Gemeinschaft zu sprechen, die jedem das Seine zuerkennt[2586]. Es muß brüderlich geteilt werden. Jedenfalls muß jeder Bürger so viel an Gütern haben können und haben, daß er selbständig ist[2587]. Die Gerechtigkeit des Interessenausgleichs hängt von der Sittlichkeit des Gesetzgebers und damit von der Moralität des Volkes, zumal der Vertreter des Volkes in den Gesetzgebungsorganen, ab[2588].

Das Sozialprinzip sichert nicht lediglich den notdürftigen Lebensunterhalt derer, welche nicht in der Lage sind, ihn selbst zu erwirtschaften[2589]. Die Verfassung der Menschheit des Menschen[2590] und damit auch das Verfassungsgesetz Deutschlands, nämlich das Grundgesetz, wird verzerrt, wenn das Sozialprinzip auf ein Gebot, den Armen zu helfen, reduziert wird. Die Eigentumsgewährleistung materialisiert das Sozialprinzip, welches als das Prinzip der Brüderlichkeit zum menschheitlichen und grundgesetzlichen Freiheitsprinzip gehört[2591]. Die Brüderlichkeit der Eigentumsverhältnisse verwirklicht die Menschenwürde, nicht schon die Fürsorge für die Armen, welche man aus Humanität, aber auch aus Angst vor deren Stimmrecht[2592] und somit vor deren Revolution nicht verkommen lassen will. „Überall entsteht die Revolution durch die Ungleichheit, …"[2593]. Eine Rechtfertigung

---

[2586] Zu dieser Formel Hinweise in Fn. 2623.

[2587] So auch *W. Kersting*, Theorien der sozialen Gerechtigkeit, S. 336, 398 ff.; *ders.*, Rechtsphilosophische Probleme des Sozialstaats, S. 21 ff., 39 f.; *K. Kühl*, Eigentumsordnung als Freiheitsordnung, S. 271 ff., 277 ff., versteht Kant als Philosophen der Chancengleichheit; zum sozialen Prinzip der Chancengleichheit Hinweise in Fn. 2643; zum Postulat der Selbständigkeit *K. A. Schachtschneider*, Res publica res populi, S. 234 ff.; dazu 11. Kap., III.

[2588] Dazu *K. A. Schachtschneider*, Res publica res populi, S. 637 ff., 5. Kap., IV, 2.

[2589] Vgl. *H. F. Zacher*, HStR, Bd. II, § 28, Rdn. 32 f.; *K. A. Schachtschneider*, Res publica res populi, S. 241 ff.; vgl. BVerfGE 1, 97 (104 f.).

[2590] Zum Unterschied der Verfassung vom Verfassungsgesetz *K. A. Schachtschneider (O. Gast)*, Sozialistische Schulden nach der Revolution, S. 29 ff., 50 ff.; *ders.*, Prinzipien des Rechtsstaates, S. 86 ff.

[2591] *H. Heller*, Politische Demokratie und soziale Homogenität, S. 423 ff., 427 ff.; *G. Dürig*, in: Maunz/Dürig, GG, Art. 3 Abs. I, Rdn. 156 ff.; *M. Kriele*, Einführung in die Staatslehre, 4. Aufl. 1990, S. 334, 6. Aufl. 2003, S. 196 ff.; *W. Maihofer*, HVerfR, S. 519 ff.; *K. A. Schachtschneider*, Frei – sozial – fortschrittlich, S. 11 ff., 20; *ders.*, Res publica res populi, S. 234 ff.; *ders.*, Grenzen der Kapitalverkehrsfreiheit, S. 289 ff.; *ders.*, GS J. G. Helm, S. 830 ff.; *ders.*, GS W. Blomeyer, S. 245 ff.; dazu 11. Kap., III.

[2592] Zum Wahlrecht als Motor der sozialen Realisation *H. F. Zacher*, HStR, Bd. II, § 28, Rdn. 101 ff.; *M. Kriele*, Einführung in die Staatslehre, 4. Aufl. 1990, S. 327 ff., 6. Aufl. 2003, S. 196 ff.; *ders.*, HVerfR, S. 145 ff.; *K. A. Schachtschneider*, Sozialprinzip, S. 48 ff., 71 ff.; *ders.*, Frei – sozial – fortschrittlich, S. 15; *ders.*, Res publica res populi, S. 236 ff., 247 ff.

[2593] *Aristoteles*, Politik, 1302a 26, S. 167; *K. A. Schachtschneider*, Res publica res populi, S. 249 f.

dafür, daß die einen reich und mächtig und die anderen arm und ohnmächtig sind, hält das Rechtsprinzip nicht bereit, sondern allenfalls eine Rechtfertigung für begrenzte Unterschiede der Möglichkeiten des Handelns, welche die Verantwortung des Einzelnen für sich, für sein Leben und Handeln, und die Verantwortung jedes Bürgers für das gemeine Wohl fördern sollen.

Wenn und insoweit die Ordnung der Güter nicht Sache des Staates ist, entwickelt sie sich staatsunabhängig, also mehr oder weniger unabhängig vom allgemeinen Gesetz. Der Staat hat in einer im Übermaß deregulierten, liberalistischen Ordnung, welche den Namen Gemeinwesen nicht mehr verdient, allenfalls die Aufgabe, die Armen soweit zu versorgen, daß sie nicht aufbegehren (müssen); denn ohne die soziale Gesetzgebung werden der Erfahrung nach die Reichen reicher und die Armen ärmer. Der staatliche Schutz vor der Revolution wäre der Schutz der beati possidentes. Der Staat würde zum Bollwerk des Kapitals und verlöre seinen republikanischen Charakter des Sozialen[2594]. Dahin entwickelt sich gegenwärtig die globalisierende Unternehmenswirtschaft, welche wegen ihrer Entrechtlichung einer stützenden Ideologie bedarf, nämlich der des Marktfundamentalismus[2595] (der „Theologie des Marktes"[2596]). Marktlichkeit und Wettbewerblichkeit werden dabei freilich entstaatlicht und gehen dadurch ihres Legitimationspotentials verlustig. Die Idee des Freihandels vermag die kapitalistische Globalisierung nicht zu rechtfertigen[2597]. Allein schon der Standortwechsel der international agierenden Unternehmen ist kein Freihandel. Wesentlich sind die globalen Unternehmungen Ausnützung der regionalen Unterschiede der Kosten und Preise.

[2594] *K. A. Schachtschneider*, Frei – sozial – fortschrittlich, S. 11 ff.; *ders.*, Res publica res populi, S. 234 ff.; *ders.*, Grenzen der Kapitalverkehrsfreiheit, S. 289 ff.

[2595] Etwa *K. Ohmae*, Die neue Logik der Weltwirtschaft. Zukunftsstrategien der internationalen Konzerne, 1992; *C. Ch v. Weizsäcker*, Logik der Globalisierung, 1999; *H. H. Hoppe*, Demokratie. Der Gott, der keiner ist, S. 295 ff.; kritisch *J. Stiglitz*, Die Schatten der Globalisierung, 6. Aufl. 2002 S. 27 u. ö.; *A. G. Scherer*, Multinationale Unternehmen und Globalisierung, S. 1 ff., 243 ff.; *K. A. Schachtschneider*, Grenzen der Kapitalverkehrsfreiheit, S. 253 ff., insb. S. 297 ff.; *ders.*, Demokratische und soziale Defizite der Globalisierung, S. 668 ff.; *ders.*, GS W. Blomeyer, S. 264 ff.; *W. Kersting*, Politische Philosophie des Sozialstaats, S. 50 ff.; weitere Hinweise in Fn. 2743; verhaltensbiologische (ethologische) Kritik von *K. Lorenz*, Die acht Todsünden der zivilisierten Menschheit, S. 32 ff. („Der Wettlauf mit sich selbst"), S. 66.

[2596] *N. Birnbaum*, Siegt die Marktorthodoxie, stirbt die Demokratie, Bl.f.dt.u. intern.Politik 1997, S. 1443 ff. (1448); i.d.S. schon *H. Krüger*, Allgemeine Staatslehre. S. 456 f., 468, 474.

[2597] *P. A. Samuelson*, Where Ricardo and Mill Rebut and Confirm Arguments of Mainstream Economists Supporting Globalization, in: The Journal of Economic Perspectives, Vol. 18, Nb. 3, Summer 2004, Page 135 ff.; dazu auch *A. G. Scherer*, Multinationale Unternehmen und Globalisierung, S. 63 ff., auch S. 243 ff.

3. Wenn die Eigentumsordnung gerecht sein soll, müssen alle Menschen als Gesetzgeber an ihrer Materialisierung teilhaben[2598]. Auch darum ist die politische Freiheit eine Notwendigkeit des gemeinsamen Lebens. Die Staatsform eines Volkes freier Menschen ist der Freistaat oder eben die Republik, in der der Satz gilt: Res publica res populi[2599]. Ein anderes Wort für Republik ist Demokratie, wenn man diese richtig, nämlich griechisch, als politische Freiheit des Volkes versteht[2600]. Herrschaftliche Verhältnisse, die dadurch gekennzeichnet sind, daß nicht alle Menschen, die zusammenleben, wirklich frei sind, gewährleisten das Eigentum nicht, wie das Art. 14 Abs. 1 S. 1 GG zusagt. Nur eine Verfassung der Freiheit, die sicherstellt, daß die Gesetze die Gesetze aller, die volonté générale, sind, ist die Gewährleistung des allseitigen Schutzes der unter allen gerecht geteilten Möglichkeiten des Lebens und des Handelns. Der Kantische Prozeduralismus[2601] sichert die Gerechtigkeit der Eigentumsordnung, die formal dem Sittengesetz und folglich „der Idee eines allgemein gesetzgebenden Willens", „der Idee eines möglichen vereinigten Willens", „der Idee eines bürgerlichen Zustandes", genügen muß[2602]. *Kant* entwickelt die „Vernunftidee"

„man müsse aus dem Naturzustande, in welchem jeder seinem eigenen Kopfe folgt, herausgehen und sich mit allen anderen (mit denen in Wechselwirkung zu

---

[2598] I. d. S. *Kant*, Metaphysik der Sitten, S. 365 f., 366 ff., 412 f., 419, 423, 430 f., 464; dazu *W. Kersting*, Transzendentalphilosophische Eigentumsbegründung, S. 46 ff., 64 ff., 69 ff.; *ders.*, Kant über Recht, S. 71, 84 f.; so auch *P. Badura*, Freiheit und Eigentum in der Demokratie, S. 18 f.; *K. A. Schachtschneider*, Grenzen der Kapitalverkehrsfreiheit, S. 263 ff.

[2599] *K. A. Schachtschneider*, Res publica res populi, S. 14 ff., insb. S. 23 ff., auch S. 537 ff., 586 ff., 685 ff.; *ders.*, Prinzipien des Rechtsstaates, S. 19 ff., 28 ff., 50 ff.

[2600] I. d. S. *K. Jaspers*, Wohin treibt die Bundesrepublik? S. 139, 187; *W. Maihofer*, HVerfR, S. 511 ff.; *ders.*, Realität der Politik und Ethos der Republik, S. 96; *M. Kriele*, Die demokratische Weltrevolution, S. 33 f., 79, auch S. 166; *ders.*, HVerfR, S. 135 ff.; *J. Habermas*, Faktizität und Geltung, S. 118; *K. A. Schachtschneider*, Res publica res populi, S. 14 ff.

[2601] *W. Kersting*, Transzendentalphilosphische Eigentumsbegründung, S. 69 ff.; *ders.*, Kant über Recht, S. 84 f.; *R. Dreier*, Eigentum in rechtsphilosophischer Sicht, S. 182; vgl. i. d. S. allgemein *J. Habermas*, Erläuterungen zur Diskursethik, S. 127, 164; *ders.*, Faktizität und Geltung, S. 109 ff., 324 ff., 516; *ders.*, Die Einbeziehung des Anderen, S. 119 f., 245, 251, 305; *R. Alexy*, Theorie der Grundrechte, S. 71 ff., 445, 493 ff.; *A. Kaufmann*, Prozedurale Theorien der Gerechtigkeit; *K. A. Schachtschneider*, Res publica res populi, S. 560 ff., 584 ff.; vgl. auch *V. Hösle*, Moral und Politik, S. 642, 952; zum Prozeduralismus weitere Hinweise in Fn. 2004.

[2602] *Kant*, Metaphysik der Sitten, S. 366, 368 f., 375, 412 f., 419 f., 423, 430 f., 464; dazu *W. Kersting*, Transzendentalphilosophische Eigentumsbegründung, S. 69 ff.; *ders.*, Kant über Recht, S. 69 ff., 77 ff., 80 ff.;, auch S. 107 ff.; auch *K. Kühl*, Eigentumsordnung als Freiheitsordnung, S. 247 ff.; *K. A. Schachtschneider*, Grenzen der Kapitalverkehrsfreiheit, S. 263 ff.; die Gesetzlichkeit des Eigentums haben auch *Hobbes*, Leviathan II, 18, S. 161 f. („Achtens hat auch die höchste Gewalt das Recht, diejenigen Vorschriften zu erlassen, welche das Eigentum betreffen,

geraten er nicht vermeiden kann) dahin vereinigen, sich einem öffentlich gesetzlichen äußeren Zwange zu unterwerfen, also in einen Zustand treten, darin jedem das, was für das Seine anerkannt werden soll, gesetzlich bestimmt, und durch hinreichende Macht (die nicht die seinige, sondern eine äußere ist) zu Teil wird, d. i. er solle vor allen Dingen in einen bürgerlichen Zustand treten"[2603].

Der Proceduralismus bewahrt die bestmögliche materiale Gerechtigkeit in der Republik. *Walter Leisner* hat gewarnt: „Es ist eine kopernikanische Wende, ob man von ‚Freiheit und Eigentum' spricht, oder nur von Freiheit"[2604]. Die Republik aber ist die Wirklichkeit der Freiheit. Ihr dient das Eigentum[2605]. Nur die Republik vermag das Menschenrecht des Eigentums[2606] zu verwirklichen; denn als Menschenrecht ist die Gewährleistung des Eigentums ein Recht jedes einzelnen Menschen.

Weil aber das allgemeine Gesetz der Bürgerschaft den materialen Interessenausgleich mit sich bringt, wenn das Gesetz die Zustimmung aller, regelmäßig repräsentiert durch die Vertreter des ganzen Volkes in dem Gesetzgebungsorgan[2607], gefunden hat oder zumindest hätte finden können[2608], ist das Gesetz nicht nur die allseitige Schutzzusage unter den in ihrer Freiheit gleichen Bürgern für das jeweils Eigene, sondern zugleich Ausdruck der Verteilung der Möglichkeiten des Lebens und Handelns. Aus der Logik der allgemeinen Gesetzlichkeit folgt, daß das Eigentum nur das staatlich gesicherte gerechte Mein und Dein ist; denn Unrecht kann nicht allgemeines Gesetz, Gesetz aller, sein. Die Bürger, die durch die Gleichheit in der Frei-

---

damit ein jeder wisse, was ihm gehört, dies ungestört genießen könne und unterrichtet werde, was er mit Recht tun und nicht tun dürfe. Vor der Errichtung der höchsten Gewalt hatten alle ein Recht auf alles: und dies eben veranlaßte den Krieg. Die Vorschriften über das Mein und Dein, über das Gute und Böse, Erlaubte und Unerlaubte in den Handlungen müssen daher von dem Oberherren gemacht werden: denn von alledem hängt der Frieden im Staate ab. Diese Vorschriften bekommen den Namen bürgerliche Gesetze.“), und *Locke*, Über die Regierung, V, 50, S. 39 („In Staaten nämlich regeln die Gesetze das Eigentumsrecht und der Grundbesitz wird durch positive Satzungen festgesetzt.") erkannt.

[2603] Metaphysik der Sitten, S. 430; vgl. auch S. 365 f., 368 f., 374 f.; auch *ders.*, Über den Gemeinspruch, S. 144; dazu *W. Kersting*, Transzendentalphilosophische Eigentumsbegründung, S. 64 ff., 67 ff., 69 ff.; *ders.*, Kant über Recht, S. 110 ff.; *K. A. Schachtschneider*, Res publica res populi, S. 290 ff., 325 ff.; dazu 2. Kap., III, 5. Kap., II.

[2604] Bestandsgarantie des Eigentums – vom Bergrecht unterminiert?, S. 465.

[2605] I. d. S. *H. Krüger*, Allgemeine Staatslehre, S. 430 ff., insb. S. 436, Fn. 100.

[2606] *W. Leisner*, Eigentum – Grundlage der Freiheit, S. 27 ff.; auch HStR, Bd. VI, § 149, Rdn. 18 ff.; BVerfGE 50, 290 (344).

[2607] Dazu *K. A. Schachtschneider*, Res publica res populi, S. 637 ff., insb. S. 707 ff.

[2608] *K. A. Schachtschneider*, Res publica res populi, S. 617 ff.; *J. Habermas*, Erläuterungen zur Diskursethik, S. 120 ff.

heit und damit durch ihre Gesetzgeberschaft definiert sind[2609], werden nur die Möglichkeiten des Lebens und des Handelns als Eigentum sichern, welche im Interessenausgleich, also im Grundsatz gleichheitlich, geordnet sind[2610]; denn alle Menschen streben ein gutes Leben an und dürfen das. Sie haben das Recht, ihr Glück zu suchen[2611], und sind nicht verpflichtet, in Gesetze einzuwilligen, welche sie benachteiligen, also grundlos, willkürlich unterscheiden. Willkür des Gesetzgebers ist mit der allgemeinen Freiheit unvereinbar[2612]. Gemäß dem allgemeinen aus der Freiheit aller folgenden Gleichheitsprinzip[2613] kann somit eine Ordnung, welche eine unterschiedliche Verteilung der Güter bewirkt, nur durch besondere Gründe gerechtfertigt werden, Gleichheit ist nicht etwa Egalität, sondern praktische Vernünftigkeit der Unterscheidungen[2614].

Diese Logik bestätigt Art. 14 Abs. 1 GG: „Das Eigentum und das Erbrecht werden gewährleistet. Inhalt und Schranken werden durch die Gesetze bestimmt". Diese Gesetze sind die allgemeinen Gesetze der in ihrer Freiheit gleichen Bürger. Nicht der Schutz des wie auch immer angeeigneten Mein und Dein wird vom Grundgesetz zugesagt, sondern die Gewährleistung des Eigentums, die nur durch die allgemeinen Gesetze als die Gesetze aller erfolgen kann. Allgemeine Gesetzlichkeit kann rechtens nur formal freiheitlich

---

[2609] *Kant*, Über den Gemeinspruch, S. 150 f.; *K. A. Schachtschneider*, Res publica res populi, S. 1 ff., 14 ff., 23 ff., 211 ff.; *ders.*, Prinzipien des Rechtsstaates, S. 20 ff., 30 ff., 50 ff., 97 ff.; zur Gleichheit in der Freiheit Hinweise in Fn. 6, 1908; zur Bürgerlichkeit 2. Kap., III, VI, 3. Kap., VII, 5. Kap., II.

[2610] I.d.S. *J. G. Fichte*, Der geschlossene Handelsstaat, S. 54 ff. (insb. S. 60); dazu *J. Braun*, Freiheit, Gleichheit, Eigentum, S. 11 ff., 26 ff.; zum republikanischen Interessenausgleich *K. A. Schachtschneider*, Res publica res populi, S. 617 ff.

[2611] *Kant*, Metaphysik der Sitten, S. 515 ff.; *ders.*, Zum ewigen Frieden, S. 250; *ders.*, Über den Gemeinspruch, S. 144; *D. Sternberger*, Das Menschenrecht nach Glück zu streben, S. 131 ff.; dazu 2. Kap., V, 5. Kap., III, 1.

[2612] Dazu 7. Kap., I, insb. 2, II; vgl. auch *K. A. Schachtschneider*, Res publica res populi, S. 990 ff.; *ders. (O. Gast)*, Sozialistische Schulden nach der Revolution, S. 94 ff.; *ders.*, Prinzipien des Rechtsstaates, S. 329 ff.; zum Willkürverbot etwa BVerfGE 3, 58 (135 f.); 4, 144 (155); 9, 124 (129 f.); 50, 177 (186); 51, 295 (300 f.); 55, 72 (90); 57, 107 (115); 60, 16 (42); 71, 202 (205); 76, 256 (329); 88, 87 (97); 91, 389 (401); st. Rspr. mit divergierenden Formeln; v. Mangoldt/Klein/*Starck*, GG, Rdn. 10 ff., 13 ff., 16 ff. zu Art. 3 Abs. 1; grundlegend *G. Dürig*, in: Maunz/Dürig, GG, 1973, Art. 3 Abs. I, Rdn. 303 ff., insb. Rdn. 333 ff.; *R. Alexy*, Theorie der Grundrechte, S. 357 ff., 364 ff.; *P. Kirchhof*, HStR, Bd. V, 1992, § 124, Rdn. 25, 86 ff., 236 ff.

[2613] *Kant*, Metaphysik der Sitten, S. 345 f.; dazu 7. Kap., I, II, III; Hinweise in Fn. 6, 1908.

[2614] Dazu 7. Kap., I, II; grundlegend *W. Kersting*, Kritik der Gleichheit, S. 23 ff., auch S. 97 ff., 143 ff.; auch *ders.*, Theorien der sozialen Gerechtigkeit, S. 9 ff. (S. 34 ff.), 68 ff. (S. 118 ff.); u.ö.; *ders.*, Philosophische Probleme des Sozialstaats, S. 28 ff.

und material gleichheitlich, d. h. willkürfrei, sein. Folglich kann auch gesetzliche Gewährleistung des Eigentums nur eine gleichheitliche und darin freiheitliche Eigentumsordnung gewährleisten. Die Gesetze erweisen ihre ebenso freiheitliche wie gleichheitliche Sittlichkeit in dem Interessenausgleich, dem Ausgleich von arm und reich, der allen Bürgern das Einverständnis abnötigt, wenn sie sich vom Sittengesetz bestimmen lassen[2615]. Eine andere Freiheit aber als die, sittlich zu handeln, gibt es nicht (Art. 2 Abs. 1 GG)[2616].

Die Gesetze bestimmen (materialisieren) nicht nur den Inhalt dessen, was Eigentum ist, also die Materie der Rechte des Eigenen, und die Schranken dieser Rechte, sondern gewährleisten auch Eigentum, ordnen somit auch das Mein und Dein. Eine solche Ordnung ist ohne interessenausgleichende Verteilung nicht denkbar; denn auch die gesetzliche Sicherung des jeweiligen Besitzstandes wirkt verteilend, ja zuteilend. Eigentum ist somit in der Republik begrifflich abhängig vom allgemeinen Gesetz[2617]. Handlungsmöglichkeiten vermögen sich die Menschen im Kampf aller gegen alle unterschiedlich anzueignen. Diese Aneignungen können jedoch den Schutz des Staates nicht beanspruchen. Nur das Mein und Dein, welches den Gesetzen gemäß erworben wurde, kann gerechtes Eigentum sein und wird durch das Eigentumsgrundrecht gesichert. Entgegen der Lehre von *Walter Leisner* gibt es nur „Eigentum nach Gesetz"[2618]. Freilich muß der Gesetzgeber das Eigentum gewährleisten, also eine Ordnung des Mein und Dein schaffen, die als Eigentumsordnung gelten kann[2619] und insbesondere das eigentumsgemäße Privatheitsprinzip verwirklicht. Für die These der Gesetzlichkeit des Eigen-

---

[2615] *K. A. Schachtschneider*, Res publica res populi, S. 617 ff., *W. Maihofer*, Realität der Politik und Ethos der Republik, S. 95 f.; i. d. S. auch *J. Habermas*, Erläuterungen zur Diskursethik, S. 120 ff.

[2616] Dazu 2. Kap., VI, VII, 5. Kap., I, II, 8. Kap., II.

[2617] Ganz so die Kantinterpretation *W. Kerstings*, Transzendentalphilosophische Eigentumsbegründung, S. 46 ff., insb. S. 54 ff., 71 ff.; *ders.*, Kant über Recht, S. 69 ff., 75 ff., 80 ff.; auch *K. Kühl*, Eigentumsordnung als Freiheitsordnung, S. 231 ff., 277 ff.; so auch die (wenig klare) Aussage von *D. Ehlers*, VVDStRL 51 (1992), S. 214; ebenso *O. Kimminich*, GG, Bonner Komm., Art. 14, Rdn. 22 („Die Ausformung des Eigentumsbegriffs durch die Gesetzgebung ... und der Konkretisierung der Sozialbindung ... gehören wesensgemäß zum Eigentumsbegriff."); auch *O. Depenheuer*, in: v. Mangoldt/Klein/Starck, GG, Art. 14, Rdn. 29 ff. („Normgeprägtheit"), Rdn. 56 ff., 220 ff., der freilich die Freiheit und das Eigentum liberalistisch konzipiert.

[2618] *W. Leisner*, Eigentum – Grundlage der Freiheit, S. 25 f.; HStR, Bd. VI, § 149, Rdn. 54 ff.; vgl. auch *ders.*, Sozialbindung des Eigentums, S. 46 ff.; wie der Text *H. Rittstieg*, AK-GG, Art. 14/15, Rdn. 152, 163 ff.

[2619] I. d. S. BVerfGE 21, 73 (79, 82 f.); 42, 263 (292 ff.); 45, 272 (296); 50, 290 (339 ff.); 52, 1 (29 f.); 56, 249 (260); st. Rspr.; im Sinne des Substanzschutzes des Eigentums BVerfGE 42, 263 (295); 45, 272 (296); 50, 290 (341); 52, 1 (30); 58, 300 (345); 70, 191 (199); 93, 121 (137); auch BVerfGE 45, 142 (173), Schutz des „Kerns"; zur Eigentumsgewährleistung als Institutsgarantie Hinweise in Fn. 2520.

tums kommt alles auf den Gesetzesbegriff an. Der republikanische Gesetzesbegriff gibt der (vermeintlichen) Mehrheit kein Recht zur Willkür. Vielmehr ist das Gesetz (des Rechts) die Erkenntnis dessen, was für das gute Leben aller in allgemeiner Freiheit auf der Grundlage der Wahrheit richtig ist[2620]. Die Republik ist nicht der „Räuberstaat der Mehrheit"[2621], zu der die Demokratie allerdings werden kann, wenn sie zum Parteienstaat entartet ist[2622].

„Jedem das Seine"[2623] – das heißt, jeder muß ein Eigentum haben, eben das, welches ihm die Gesetze zumessen, denen er selbst, wie alle anderen Bürger, zuzustimmen berechtigt und sittlich verpflichtet ist. Wenn die Eigentumsgewährleistung ein Menschenrecht ist, so genügt diesem nicht schon eine Eigentumsordnung zugunsten der Eigentümer (beati possidentes), sondern nur eine solche, welche allen Menschen ein ausreichendes Eigentum gewährleistet[2624]. Das gilt erst recht, wenn Eigentum als Notwendigkeit der Freiheit erkannt wird, weil es die autonomiegemäße Selbständigkeit verschafft[2625]. *Walter Leisner* dagegen lehrt:

> „Eigentum ist Abwehranspruch oder es ist nicht. Entweder es bleibt Grundrecht, oder es ist nur mehr Verteilungsmaxime; das erstere allein entspricht dem Grund-

---

[2620] *K. A. Schachtschneider*, Res publica res populi, S. 303 ff., 340 ff., 350 ff., 560 ff., 584 ff., auch S. 625 ff., gegen das Mehrheitsprinzip, S. 106 ff.; 3. Kap., IV, 1.

[2621] *W. Leisner*, Das Eigentum Privater – Vertragsfreiheit und Sozialbindung, S. 182 f.

[2622] Dazu *W. Maihofer*, Abschließende Äußerungen, HVerfR, 2. Aufl. 1994, S. 1709; *ders.*, Realität der Politik und Ethos der Republik, S. 116 ff., 121 ff.; *K. A. Schachtschneider*, Res publica res populi, S. 772 ff., 1045 ff.; *ders.*, FS H. Quaritsch, S. 151 ff.; *ders.*, Prinzipien des Rechtsstaates, S. 46 ff., 176 ff.

[2623] Vgl. *Aristoteles*, Nikomachische Ethik, 1132b 15, S. 163 („Wenn aber weder mehr noch weniger eingenommen wird, sondern Gleiches um Gleiches, so sagt man, man erhalte das Seinige und habe weder Schaden noch Gewinn."); *Ulpian*, Digesten, I, 1, 10 („suum cuique tribuere"); *Hobbes*, Leviathan, I, 15, S. 130 („Ebendies erhellt aus der von den Scholastikern angenommene Erklärung der Gerechtigkeit: Gerechtigkeit ist der feste Entschluß, einem jeden das Seinige zu geben", „Denn wo es nichts gibt, was man das Seinige nennen kann, oder wo kein Eigentum da ist, da fällt alles Ungerechte weg; und ohne bürgerliche Gesellschaft gibt es kein Eigentum."); *Kant*, Metaphysik der Sitten, S. 366, 374 f., 412 f., 419, 423, 430 f., 464; *ders.*, Über den Gemeinspruch, S. 144; dazu *W. Kersting*, Transzendentalphilosophische Eigentumsbegründung, S. 56 f., 66 f.; *ders.*, Kant über Recht, S. 80 ff.; vgl. auch *Rousseau*, Vom Gesellschaftsvertrag, I, 9, S. 23 ff.; *E. Benda*, HVerfR, S. 786; *F. A. v. Hayek*, Recht, Gesetzgebung und Freiheit, Bd. 1, Regeln und Ordnung, 2. Aufl. 1986, S. 149.

[2624] Nach *D. Ehlers*, VVDStRL 51 (1992), S. 216, zielt die Institutsgarantie des Eigentums „im Sinne eines Leitprinzips auf die Gewährleistung der Freiheit im vermögensrechtlichen Sinne ab, garantiert dem Bürger einen Mindeststandard privatnützig zugeordneter Vermögenswerte und wirkt insoweit als strikt zu beachtendes Untermaßverbot".

[2625] Ganz so *W. Kersting*, Kant über Recht, S. 60 f. (Fragestellung), 64 ff. (S. 65, 68) 131 ff.; vgl. auch *ders.*, Rechtsphilosophische Probleme des Sozialstaats,

gesetz"[2626]. „Der Steuerstaat ist die einzige verfassungsentsprechende Organisationsform einer Güterordnung der egalitären Demokratie"[2627].

Die grundgesetzliche Eigentumsgewährleistung kann aber ausweislich des Sozialprinzips nicht liberalistisch konzipiert werden. Aus dem Recht auf Eigentum folgt das Recht am Eigentum. „Eigentum – eine Schöpfung des Gesetzgebers?"[2628]. Diese Worte sollten nicht mehr gebraucht werden", mahnt *Walter Leisner*[2629] – richtig, aber nur, weil die Eigentumsordnung nicht Schöpfung, sondern Erkenntnis[2630] des sittlichen Mein und Dein der Bürger ist. *Walter Leisner* prononciert: „Für demokratische Sozialisten liegt die eigentliche Eigentumsordnung im allgemeinen Wahlrecht"[2631]. Dieser Satz *Leisners* zeigt die äußerste Offenheit des Eigentumsbegriffs des Verfassungsgesetzes.

4. Unabhängig von eines anderen nötigender Willkür, also äußerlich frei, kann der Mensch nur sein, wenn er selbständig ist[2632].

„Der in den Staat eingegliederte Einzelne bedarf, um unter seinesgleichen als Person, d.h. frei und selbstverantwortlich leben zu können und um nicht zum blo-

---

S. 21 ff.; *ders.*, Politische Solidarität statt Verteilungsgerechtigkeit? S. 233 ff. (S. 247, 250, 253); auch *ders.*, Probleme der Philosophie des Sozialstaats, S. 50 ff.

[2626] HStR, Bd. VI, § 149, Rdn. 5, vgl. auch Rdn. 6, 21 ff.; i.d.S. auch *ders.*, Sozialbindung des Eigentums, S. 219 ff.

[2627] *W. Leisner*, Sozialbindung des Eigentums, S. 231, vgl. auch S. 226 ff.

[2628] BVerfGE 58, 300 (335 ff., 338 f.); 83, 201 (208 f.); 91, 294 (308); noch weiter geht *D. Ehlers*, VVDStRL 51 (1992), S. 214 („Schutzobjekte der Eigentumsgarantie können nur die durch Gesetz oder aufgrund eines Gesetzes eingeräumten Rechtspositionen sein."), auch S. 217.

[2629] HStR, Bd. VI, § 149, Rdn. 54 ff., Zitat, Rdn. 59; kritisch auch *H.-J. Papier*, in: Maunz/Dürig, GG, Art. 14, Rdn. 35 ff.; *O. Kimminich*, GG, Bonner Kommentar, Art. 14, Rdn. 159 ff., 165 ff.; ablehnend auch *R. Wendt*, Eigentum und Gesetzgebung, S. 62 f.

[2630] Zur Kognitivität der Gesetzgebung *Rousseau*, Vom Gesellschaftsvertrag, II, 7, IV, 2, S. 43 ff., 114 ff.; *Kant*, Zum ewigen Frieden, S. 205; *K. A. Schachtschneider*, Res publica res populi, S. 564 ff., 567 ff., 644 ff., 718 ff., auch S. 584 ff.; *H.-M. Pawlowski*, Methodenlehre für Juristen, S. 106 ff., 352 ff.; *J. Habermas*, Erkenntnis und Interesse, S. 234 ff.; *ders.*, Die Utopie des guten Herrschers, S. 327 ff.; *ders.*, Moralbewußtsein und kommunikatives Handeln, S. 73 ff., 83; *ders.*, Erläuterungen zur Diskursethik, S. 120 ff.; *ders.*, Treffen Hegels Einwände gegen Kant auch auf die Diskursethik zu?, S. 11 ff., 28; *ders.*, Faktizität und Geltung, S. 187 ff., 272 ff., 301 ff., 324 ff.

[2631] HStR, Bd. VI, § 149, Rdn. 55.

[2632] *Kant*, Metaphysik der Sitten, S. 432 ff.; *ders.*, Über den Gemeinspruch, S. 150 ff.; *W. Kersting*, Kant über Recht, S. 64 ff.; weitere Hinweise zu Kerstings Lehre von der „Freiheitsfürsorge" in Fn. 2625; *K. Kühl*, Eigentumsordnung als Freiheitsordnung, S. 282 ff., 297 f.; *W. Maihofer*, HVerfR, S. 458 f.; *K. A. Schachtschneider*, Frei – sozial – fortschrittlich, S. 12 ff.; *ders.*, Res publica res populi, S. 234 ff.; *H. F. Zacher*, HStR, Bd. II, § 28, Rdn. 27 ff., 72 f., u.ö.

ßen Objekt einer übermächtigen Staatsgewalt zu werden, also um seiner Freiheit und Würde willen einer rechtlich streng gesicherten Sphäre des Eigentums" (BHGZ GS 6, 270 (276)).

Der Mensch wird durch die Selbständigkeit zum Bürger und durch die Selbständigkeit der Autonomie des Willens fähig[2633]. Diese Selbständigkeit beruht auf dem Eigentum (im weiteren Sinne, insbesondere der Arbeit[2634]) des Bürgers. Demgemäß gibt das freiheitliche Prinzip der Selbständigkeit der verteilenden Eigentumsordnung die wesentliche Orientierung. Diese ist im Sozialprinzip verankert. Unabhängig von seiner Arbeit oder seiner sonstigen Leistung, was immer das sei, muß jedem Menschen Eigenes als Recht zugemessen werden, welches ihm die Möglichkeit der Willensautonomie gibt und darum seiner Würde gemäß ist. Die Würde des Menschen schafft den Bedarf an Eigentum. Die allgemeine Bürgerlichkeit durch Selbständigkeit ist die Verwirklichung des republikanisch verstandenen Sozialprinzips. Bürgerlichkeit und Armut sind unvereinbar. Folglich ist der Sozialhilfeanspruch ein Eigentum, welches den Schutz des Art. 14 Abs. 1 GG genießt[2635].

Die Idee bürgerlichen Eigentums aber verbindet mit der eigentumsgestützten Selbständigkeit den bürgerlichen Status in der Politik; denn die

---

[2633] *Kant*, Metaphysik der Sitten, S. 432; *ders.*, Über den Gemeinspruch, S. 150 ff.; *H. Krüger*, Allgemeine Staatslehre, S. 531 f., 810; *W. Maihofer*, HVerfR, S. 452 ff., insb. S. 458 f.; *M. Kriele*, Befreiung und politische Aufklärung, S. 57 ff., 66; *ders.*, Einführung in die Staatslehre, 4. Aufl. 1990, S. 229, 334 f., 6. Aufl. 2003, S. 181, auch S. 196 ff.; auch *W. Leisner*, Demokratie. Selbstzerstörung einer Staatsform, 1979, S. 43 ff.; *K. A. Schachtschneider*, Frei – sozial – fortschrittlich, S. 12 ff.; *ders.*, Res publica res populi, S. 234 ff.; *W. Kersting*, Kant über Recht, S. 64 ff.; *ders.*, Rechtsphilosophische Probleme des Sozialstaats, S. 21 ff., 39 f.; *ders.*, Einleitung, in: ders., Politische Philosophie des Sozialstaats, S. 50 ff.; *ders.*, Politische Solidarität statt Verteilungsgerechtigkeit?, S. 233 ff.; *ders.*, Theorien der sozialen Gerechtigkeit, S. 398 ff. („Wohlfahrtsstaatskritik, Stärkung der Eigenverantwortung und aktive Arbeitsmarktpolitik"), auch S. 336; dazu 11. Kap., III.

[2634] *P. Häberle*, VVDStRL 30 (1972), S. 85 f., 100 ff.; *K. A. Schachtschneider*, GS J. G. Helm, S. 830 ff., 838 ff.; *W. Kersting*, Theorien der sozialen Gerechtigkeit, S. 398 ff.; *ders.*, Politische Solidarität statt Verteilungsgerechtigkeit?, S. 248 ff.

[2635] A. A. der Sache nach BVerfGE 2, 380 (399 ff.); 3, 58 (153); 14, 288 (294); 18, 392 (397); 45, 142 (170); 48, 403 (412 f.); 53, 257 (291 f.); 58, 81 (112); 69, 272 (300 ff.); 100, 1 (33); *W. Leisner*, HStR, Bd. VI, § 149, Rdn. 119 ff. (120); im Sinne des Textes *D. Ehlers*, VVDStRL 51 (1992), S. 216; bemerkenswert im Sinne des Textes das abweichende Votum der Richterin *W. Rupp-von Brünneck*, in: BVerfGE 32, 111 (141 ff.); kritisch zum Eigentumsschutzkriterium „eigene Leistung" für öffentlich-rechtliche vermögenswerte Rechte *H. Rittstieg*, AK-GG, Art. 14/15, Rdn. 114; *W. Däubler*, Eigentum und Recht in der BRD, in: W. Däubler u. a., Eigentum und Recht. Die Entwicklung des Eigentumsbegriffs im Kapitalismus, 1976, S. 201; kritisch auch *O. Depenheuer*, in: v. Mangoldt/Klein/Starck, GG, Art. 14, Rdn. 74 ff. (wegen „Glück, Zufall, Erbschaft"), gegen Eigentumsschutz von Fürsorge, Rdn. 177. § 25 S. 1 BSHG hatte den Anspruchscharakter des Rechts auf Lebensunterhalt negiert, eine menschenunwürdige Novellierung.

Politik darf sich nur auf die gleiche Freiheit der Menschen stützen, welche Bürger des Staates sind, wenn die Politik demokratisch legitimiert sein soll. Freilich müssen prinzipiell alle Menschen im Lande Bürger des Landes sein, jedenfalls wenn sie dauerhaft im Lande leben[2636].

Die innere Selbständigkeit des Bürgers, welche um dessen Sittlichkeit willen die Substanz der Republik ist, kann nur postuliert werden, wenn der Bürger äußerlich selbständig ist. Der Bürger muß nicht nur Eigentum haben, sondern das Eigentum muß auch material das Seine, d. h. nach Möglichkeit von ihm selbst erwirtschaftet sein[2637], in welchem Status auch immer, sei es als Unternehmer, sei es als Arbeitnehmer, sei es im freien Beruf, sei es im öffentlichen Dienst. Wer die Lebensmittel des Gemeinwesens erarbeitet, muß, schon weil das von ihm Erarbeitete, das Werk seiner Hände, ursprünglich das Seine ist, an der Verteilung wesentlich beteiligt sein. Aber auch wer die Herstellung der Güter durch sein Vermögen ermöglicht, hat Eigenes geschaffen, das ihm wesentlich gehört. Arbeit und Kapital sind demgemäß maßgeblich in den Verteilungsprozeß einzubinden. Das leistet der Tarifvertrag. Der Flächentarifvertrag gibt den nationalen Verteilungsmaßstab, an dem alle Masseneinkommen ausgerichtet sind[2638]. Selbständigkeit ist auch und wesentlich Selbstverantwortung[2639]. Demgemäß ist das Subsidiaritätsprinzip, wonach den Bedürftigen „Hilfe zur Selbsthilfe" gegeben werden soll, Leitprinzip des Sozialhilferechts (Nachrang der Sozialhilfe, § 1 Abs. 1 S. 2, § 9 SGB I-AT, § 2 Abs. 1 SGB XII-Sozialhilfe)[2640].

[2636] I. d. S. *Kant*, Metaphysik der Sitten, S. 432 ff. in Verbindung mit S. 430 f.; dazu *K. A. Schachtschneider*, Res publica res populi, S. 1202 ff.

[2637] I. d. S. *Kant*, Über den Gemeinspruch, S. 147 ff., 150 ff.; *ders.*, Metaphysik der Sitten, S. 432 ff.

[2638] *K. A. Schachtschneider*, GS W. Blomeyer, S. 249 ff.

[2639] *H. F. Zacher*, HStR, Bd. II, § 28, Rdn. 27 ff., 33; *H. Krüger*, Allgemeine Staatslehre, S. 813 ff., auch S. 430 ff. für das Unternehmenseigentum; *K. A. Schachtschneider*, Staatsunternehmen und Privatrecht, S. 145 ff., 149; *ders.*, Frei – sozial – fortschrittlich, S. 16 ff.; *ders.*, GS J. G. Helm, S. 830 ff., 838 ff.; *W. Kersting*, Politische Solidarität statt Verteilungsgerechtigkeit?, S. 248 ff.

[2640] Vgl. BVerfGE 9, 20 (35); 59, 52 (62); i. d. S. schon *Kant*, Metaphysik der Sitten, S. 434; ganz so *G. Dürig*, in: Maunz/Dürig, GG, Art. 3 Abs. I, Rdn. 69 ff.; *H. F. Zacher*, HStR, Bd. II, § 28, Rdn. 27 ff.; *R. Herzog*, Subsidiaritätsprinzip und Staatsverfassung, Der Staat 2 (1963), S. 399 ff., 411 ff.; *H. Krüger*, Allgemeine Staatslehre, S. 811 ff.; *W. Maihofer*, HVerfR, S. 528; *E. Benda*, HVerfR, S. 786; *D. Merten*, Sozialrecht, Sozialpolitik, HVerfR, 2. Aufl. 1994, S. 977 ff., 993 f., 979 ff.; *P. Häberle*, VVDStRL 30 (1972), S. 65 f., 102; *K. A. Schachtschneider*, Sozialprinzip, S. 62 f.; *ders.*, Staatsunternehmen und Privatrecht, S. 145 ff., 149 f.; *ders.*, Frei – sozial – fortschrittlich, S. 15 f., 19 ff.; i. d. S. auch *W. Henke*, Recht und Staat, S. 386.; *F. A. von Hayek*, Die Verfassung der Freiheit, S. 364 ff., kritisiert die Sozialversicherung als „Werkzeug egalitärer Umverteilung"; dazu *M. Klä-*

Die „positiven Gesetze" dürfen „den natürlichen der Freiheit und der dieser angemessenen Gleichheit aller im Volk, sich nämlich aus diesem passiven Zustand (sc. als „bloßer Staatsgenosse ohne ein Eigentum") in den aktiven (sc. den des „Staatsbürgers") emporarbeiten zu können, nicht zuwider sein"[2641]. Die Gesetze müssen somit den Bürgern die Chance sichern, die Selbständigkeit zu erlangen, also ein diese Selbständigkeit tragendes Eigentum zu erwerben. Diese Chancengleichheit, welche *Kant* mit der „Idee der Gleichheit der Menschen im gemeinen Wesen als Untertanen" („Untertan ist alles, was unter Gesetzen steht") verbindet[2642], ist folglich Teil der Eigentumsgewährleistung[2643]; denn Eigentum ist zwar nicht die formale Freiheit, aber doch materielle Voraussetzung des Handelns in Freiheit[2644], also der freien Entfaltung der Persönlichkeit im Sinne des Art. 2 Abs. 1 GG, „die privat verfügbare ökonomische Grundlage individueller Freiheit"[2645]. Die soziale Homogenität ist ein Rechtsprinzip der Republik[2646]. Darum wird das Prinzip Eigentum mit dem Prinzip Freiheit ver-

---

ver, Die Verfassung des Marktes, S. 203 ff., 252 ff.; kritisch gegenüber dem Wohlfahrtsstaat „perfekter Sekurität" *K. A. Schachtschneider*, Res publica res populi, S. 438 ff.

[2641] *Kant*, Metaphysik der Sitten, S. 434; ebenso *ders.*, Über den Gemeinspruch, S. 147 ff.; dazu *K. Kühl*, Eigentumsordnung als Freiheitsordnung, S. 218 ff.; *K. A. Schachtschneider*, Staatsunternehmen und Privatrecht, S. 144 f.

[2642] Über den Gemeinspruch, S. 147 f., bzw. 146.

[2643] Zur Chancengleichheit *W. Maihofer*, HVerfR, S. 512; *P. Häberle*, VVDStRL (1972), S. 84, 92, 97; *P. Kirchhof*, HStR, Bd. V, 1992, § 124, Rdn. 74 f., 107; *H. F. Zacher*, HStR, Bd. II, § 28, Rdn. 41; *W.-H. Scholler*, Die Interpretation des Gleichheitssatzes als Willkürverbot und das Gebot der Chancengleichheit; *K. A. Schachtschneider*, Staatsunternehmen und Privatrecht, S. 144 f., 344; *W. Kersting*, Theorien der sozialen Gerechtigkeit, S. 362 ff., 373 ff.; beeindruckende Kritik von *W. Leisner*, Der Gleichheitsstaat, insb. S. 143 ff.; *ders.*, Chancengleichheit als Form der Nivellierung, 1980, in: *ders.*, Staat, Schriften zu Staatslehre und Staatsrecht, 1957–1991, hrsg. von J. Isensee, 1994, S. 642 ff.; kantisch *K. Kühl*, Eigentumsordnung als Freiheitsordnung, S. 271 ff., 277 ff.

[2644] *K. A. Schachtschneider*, Frei – sozial – fortschrittlich, S. 11 ff.; *ders.*, GS J. G. Helm, S. 838 ff.; *ders.*, Grenzen der Kapitalverkehrsfreiheit, S. 263 ff. (265 ff.); *W. Kersting*, Theorien der sozialen Gerechtigkeit, S. 33 ff.; *ders.*, Rechtsphilosophische Probleme des Sozialstaats, S. 21 ff.; *O. Kimminich*, GG, Bonner Kommentar, Art. 14, Rdn. 18 ff.; *R. Wendt*, Eigentum und Gesetzgebung, S. 80 ff. („freiheitssichernde Funktion der Eigentumsgarantie", S. 82 ff.; auch *O. Depenheuer*, in: v. Mangoldt/Klein/Starck, GG, Art. 14, Rdn. 1, 11 ff., mit fragwürdigen Sentenzen wie „Eigentum ist Freiheit", „Eigentum ist geprägte Freiheit" (Rdn. 11), „Es ist Wirklichkeit der Freiheit" (Rdn. 13).

[2645] BVerfGE 97, 350 (370 f.); i. d. S. auch BVerfGE 83, 201 (208 f.); 91, 294 (307); 102, 1 (15, 21); 104, 1 (8); 105, 252 (277).

[2646] I. d. S. BVerfGE 5, 85 (206); 89, 155 (186); *Rousseau*, Vom Gesellschaftsvertrag, I, 9, S. 26 (Fußnote), III, 4, S. 72; *H. Heller*, Politische Demokratie und soziale Homogenität, S. 423 ff., 427 ff.; *ders.*, Staatslehre, 1934, S. 158 ff.; *W. Mai-*

knüpft, meist unspezifisch, weil der Freiheitsbegriff offen bleibt oder Freiheit als Handlungsmöglichkeit und damit als Eigentum verstanden wird[2647]. Als „Element der Sicherung der persönlichen Freiheit des Einzelnen" „genießt das Eigentum einen besonders ausgeprägten Schutz", judiziert das Bundesverfassungsgericht[2648]. Das Bundesverfassungsgericht hat die Formel standardisiert, daß der

> „Eigentumsgarantie im Gesamtgefüge der Grundrechte die Aufgabe zukomme, dem Träger des Grundrechts einen Frei(heits)raum im vermögensrechtlichen Bereich zu sichern und ihm dadurch eine eigenverantwortliche Gestaltung seines Lebens zu ermöglichen"[2649].

Das Gericht geht noch weiter in der Identifizierung des Eigentums als eine Freiheit und behandelt das „Freiheitsrecht" des Art. 14 Abs. 1 GG als „Ausprägung" der „allgemeinen Handlungsfreiheit", als Recht zur „persönlichen Entfaltung im vermögensrechtlichen ... Bereich"[2650] und spricht von der „Freiheitsgarantie des Eigentums"[2651].

---

hofer, HVerfR, S. 458 f.; *P. Häberle*, VVDStRL 30 (1972), S. 90 ff.; *K. A. Schachtschneider*, Frei – sozial – fortschrittlich, S. 19; *ders.*, Res publica res populi, S. 241, 247, 1177 ff.

[2647] *W. Leisner*, HStR, Bd. VI, § 149, Rdn. 21; *D. Ehlers*, VVDStRL 51 (1992), S. 213, 226 (Art. 14 Abs. 1 S. 1 GG – ein „Freiheitsrecht"), S. 247 („ohne Eigentum keine Freiheit" (?)); auch *O. Depenheuer*, in: v. Mangoldt/Klein/Starck, Art. 14, Rdn. 1, 11 ff.; dazu *K. A. Schachtschneider*, daselbst, S. 336 f.; *ders.*, Umweltschutz, S. 341 ff.; *ders.*, Produktwarnung der Bundesregierung, S. 186 ff.; bemerkenswert BVerfGE 79, 292 (304): „Die grundrechtliche Eigentumsverbürgung enthält Elemente der allgemeinen Handlungsfreiheit sowie des allgemeinen Persönlichkeitsrechts".

[2648] BVerfGE 14, 288 (293 f.); 42, 64 (77); 42, 263 (293 ff.); 50, 290 (340); 53, 257 (292); 70, 191 (201).

[2649] BVerfGE 97, 350 (370 f.); so schon BVerfGE 24, 367 (389); 31, 229 (239); 40, 263 (293); 50, 290 (339); 53, 257 (290); 68, 193 (222); 69, 272 (300); 83, 201 (208 f.); 91, 294 (307); 97, 350 (370 f.); 101, 54 (75); 102, 1 (15, 21); 104, 1 (8); 105, 252 (277); folgend *O. Kimminich*, GG, Bonner Kommentar, Art. 14, Rdn. 18; *H.-J. Papier*, in: Maunz/Dürig, GG, Art. 14, Rdn. 1, 266; *O. Depenheuer*, in: v. Mangoldt/Klein/Starck, GG, Art. 14, Rdn. 12.

[2650] BVerfGE 87, 153 (169); i.d.S. auch BVerfGE 83, 201 (208 f.); 91, 294 (307); 97, 350 (370 f.). Bemerkenswert ist hinsichtlich der zitierten Formel ein Satz aus dem kommunistischen Manifest (II), welches sich gegen das „bürgerliche Eigentum", das „Privateigentum", die „Bourgeoisie" richtet: „Man hat uns Kommunisten vorgeworfen, wir wollten das persönlich erworbene, selbsterarbeitete Eigentum abschaffen; das Eigentum, welches die Grundlage aller persönlichen Freiheit, Tätigkeit und Selbständigkeit bilde". Das Manifest weist den Vorwurf zurück: „Erarbeitetes, erworbenes, selbstverdientes Eigentum! Sprecht ihr von dem kleinbürgerlichen, kleinbäuerlichen Eigentum, welches dem bürgerlichen Eigentum vorherging? Wir brauchen es nicht abschaffen, die Entwicklung der Industrie hat es abgeschafft und schafft es täglich ab". Kritik von *W. Leisner*, Die Demokratische Anarchie, S. 361, der spezifisch gegen das „Tascheneigentum kommunistischer Herrschaft", das „le-

„Die Person muß sich eine äußere Sphäre der Freiheit geben, um als Idee zu sein." Mit dieser Erkenntnis hat *Hegel* das Eigentum mit der Freiheit verbunden[2652]. Auch *Walter Leisner* spricht wie das Bundesverfassungsgericht vom „Frei(heits)raum im vermögensrechtlichen Bereich"[2653] und von „Eigentumsfreiheit"[2654], vom „Freiheitsraum des privaten Eigentums"[2655]. Er sagt 1972: „Jede Freiheit ist so viel wert, wie sie dem Staat unbequem ist. Deshalb ist die Eigentumsgarantie die wertvollste Freiheit."[2656], 1989: „Eigentum ist Freiheit"[2657], 1994: „Bürgereigentum ist nichts als Freiheit",

---

diglich persönlichkeitsvermittelte Eigentum", ein „Eigentum als Ordnungsmacht" verteidigt; *ders.* auch, HStR, Bd. VI, § 149, Rdn. 21; *ders.*, Das Eigentum Privater – Grundpfeiler der sozialen Marktwirtschaft, 1994, in: *ders.*, Eigentum, S. 712 ff.; vgl. auch *ders.*, Privateigentum – Grundlage der Gewerkschaftsfreiheit, 1978, daselbst, S. 61 ff.; *ders.*, Das Eigentum Privater – Privateigentum ohne privaten Markt. Gibt es eine verfassungsrechtliche Garantie „des Marktes"?, 1975, daselbst, S. 724, 734, wo er, sicher nicht ohne Bedacht, von „Privateigentum" spricht; zum „persönlichen Eigentum" *H. Rittstieg*, AK-GG, Art. 14/15, Rdn. 75 ff., 100 ff., mit entgegengesetzter Tendenz; dazu auch *A. von Brünneck*, Die Eigentumsgarantie des Grundgesetzes, S. 274 ff.

[2651] BVerfGE 97, 350 (371).

[2652] Rechtsphilosophie, § 41; dazu *R. Dreier*, Eigentum in rechtsphilosophischer Sicht, S. 183 ff.

[2653] BVerfGE 42, 64 (76 ff.); 50, 290 (339); 53, 257 (290); 70, 101 (201); 79, 292 (304); 97, 350 (370 f.); auch BVerfGE 24, 367 (389, 400); 31, 229 (239); 68, 193 (222); 69, 272 (300); 83, 201 (208 f.); 97, 350 (371); 99, 121 (138).

[2654] BVerfGE 105, 17 (31); *W. Leisner*, Sozialbindung des Eigentums, S. 11, 20; i.d.S. auch, *ders.*, Freiheit und Eigentum, S. 18 („Eigentum – eine Art von Freiheit"); *ders.* auch, Eigentum – Grundlage der Freiheit, S. 23; *ders.*, Das Eigentum zwischen privatem Nutzen und sozialer Bindung, 1994, in: *ders.*, Eigentum, S. 538 f. („Eigentum als Freiheit"); *ders.*, Erbrecht, HStR, Bd. VI, § 150, Rdn. 10 f.; auch *D. Suhr*, Eigentumsinstitut und Aktieneigentum, S. 23, 73, 133 u.ö.; *H.-J. Papier*, in: Maunz/Dürig, GG, Art. 14, Rdn. 1, 10, 24, 27; *O. Kimminich*, GG, Bonner Kommentar, Art. 14, Rdn. 100 ff.; *R. Wendt*, Eigentum und Gesetzgebung, S. 90, 96, 251, passim; vgl. auch *P. Badura*, Freiheit und Eigentum in der Demokratie, S. 17 („Die Eigentumsgarantie ist jedoch im Ursprung ein Freiheitsrecht.").

[2655] *W. Leisner*, etwa, Eigentum – Grundlage der Freiheit, S. 42; vgl. auch *ders.*, Freiheit und Eigentum, S. 17 ff.; *ders.*, Privateigentum ohne privaten Markt?, 1975, S. 728; kritisch zum räumlichen Freiheitsdenken *K. A. Schachtschneider*, Res publica res populi, S. 181, 466 ff.; *ders.*, Freiheit in der Republik, S. 127 f.; *P. Badura*, HVerfR, S. 347; auch BVerfG, etwa E 24, 367 (400).

[2656] *W. Leisner*, Sozialbindung des Eigentums, S. 239; ebenso *O. Kimminich*, GG, Bonner Kommentar, Art. 14, Rdn. 18; auch *H.-J. Papier*, in: Maunz/Dürig, GG, Art. 14, Rdn. 1.

[2657] *W. Leisner*, HStR, Bd. VI, § 149, Rdn. 21; vgl. *ders.*, Die verfassungsrechtliche Freiheit und ihre Begrenzung, 1961, in: *ders.*, Staat, Schriften zu Staatslehre und Staatsrecht 1957–1991 (hrsg. v. J. Isensee), 1994, S. 638 („Eigentum als Freiheit"); so schon *G. Dürig*, Der Staat und die vermögenswerten öffentlich-recht-

als „‚geronnene Arbeit', damit geronnene Freiheit"[2658] und 1995: „Eigentum ist letztlich nur geronnene Freiheit, Freiheit vor allem Chance zum Eigentum"[2659]. 1974 aber war *Walter Leisner*, ausgehend von der mit dem Menschen geborenen „Gleichheit in der Freiheit", zur Erkenntnis gekommen: „Nur weil Eigentum nicht Freiheit ist, kann es Freiheit neben Gleichheit, kann es überhaupt Freiheit begrifflich noch geben"[2660]. *Walter Leisner* und andere sprechen von „realer Freiheit" durch Eigentum[2661]. Letzteres spricht die Möglichkeiten freien Handelns an, also das als Eigentum oder anders rechtlich geschützte Eigene. „Denn dies war noch immer das Wesen der Mündigkeit: In Freiheit besitzen"[2662]. „Wer Eigentum nimmt, nimmt Freiheit"[2663]. Er nimmt Möglichkeiten der freien Entfaltung der Persönlichkeit, also doch nur Eigentum. Die Freiheit ist mit dem Menschen geboren. Sie ist dessen Würde als Vernunftwesen. Sie ist verletzbar, durch Unrecht. Aber keinem Menschen kann die Freiheit genommen werden. Sie ist die Würde des Menschen, unantastbar (Art. 1 Abs. 1 S. 1 GG)[2664].

---

lichen Berechtigungen seiner Bürger, in: Th. Maunz (Hrsg.), Staat und Bürger, FS für W. Apelt, 1958, S. 30 ff.; auch *P. Häberle*, VVDStRL 30 (1972), S. 85, identifiziert Eigentum als Freiheit; i.d.S. BVerfGE 79, 292 (304): „Freiheit, den Eigentumsgegenstand zu veräußern", „selbst zu nutzen", usw.; auch BVerfGE 97, 350 (371): „Eine wesentliche Freiheitsgarantie des Eigentums liegt gerade darin, Sachgüter und Geld austauschen zu können"; auch BVerfGE 52, 1 (31); 93, 121 (137).

[2658] Das Eigentum zwischen privatem Nutzen und sozialer Bindung, S. 539; *D. Suhr*, Eigentumsinstitut und Aktieneigentum, S. 20 („Parzelle gegenstandsbezogener Freiheit"); auch *O. Depenheuer*, in: v. Mangoldt/Klein/Starck, GG, Art. 14, Rdn. 12; vgl. auch *R. Wendt*, Eigentum und Gesetzgebung, S. 81 („vergegenständlichte Freiheit").

[2659] Das Eigentum Privater – Vertragsfreiheit und Sozialbindung, S. 190.

[2660] Freiheit und Eigentum, S. 17 ff., Zitat S. 18.

[2661] *W. Leisner*, Politischer Einfluß des Eigentums – verfassungswidrig? S. 75; *ders.*, Der Eigentümer als Organ der Wirtschaftsverfassung. Gibt es ein „organisationsrechtliches Grundrechtsverständnis"? 1975, in: ders. Eigentum, S. 743; i.d.S. auch *ders.*, Sozialbindung des Eigentums, S. 216 (Sicherung der „materiellen Grundlagen der Freiheit"); *K. Hesse*, Grundzüge des Verfassungsrechts, 4. Aufl. 1970, S. 87, 119, anders 20. Aufl. 1995, Rdn. 442, S. 191, nämlich „Voraussetzung freier und selbstverantwortlicher Lebensgestaltung"; *P. Häberle*, VVDStRL 30 (1972), S. 96 („Optimum an realer Freiheit"); i.d.S. *H. Krüger*, Allgemeine Staatslehre, S. 423; *M. Kriele*, Einführung in die Staatslehre, 4. Aufl. 1990, S. 334, 6. Aufl. 2003, S. 196 ff.; *E. Stein*, Staatsrecht, S. 346; i.d.S. auch BVerfGE 97, 350 (370 f.); i.d.S. auch *W. Kersting*, Theorien der sozialen Gerechtigkeit, S. 336; vgl. auch die Hinweise in Fn. 2633.

[2662] *W. Leisner*, Freiheit und Eigentum, S. 20.

[2663] *W. Leisner*, Das Eigentum zwischen privatem Nutzen und sozialer Bindung, S. 539.

[2664] *Kant*, Grundlegung zur Metaphysik der Sitten, S. 68; i.d.S. auch *ders.*, Metaphysik der Sitten, S. 345, 433 f.; dazu *W. Maihofer*, HVerfR, S. 472 ff.,

Die Eigentumsgewährleistung des Art. 14 Abs. 1 und 2 GG schützt nicht nur den Bestand des Eigentums, sondern garantiert auch den freiheitlichen Gebrauch desselben, die grundsätzliche Privatheit des Eigentümers, die Privatnützigkeit eben[2665]. Der Gebrauch des Eigentums, besser: der Gegenstände des Eigentums, ist Handeln, welches dem allgemeinen Freiheitsprinzip zu folgen hat, wie es Art. 2 Abs. 1 GG formuliert, also vor allem dem Sittengesetz verpflichtet ist[2666]. Es gibt in der Republik nur eine Freiheit, nicht Freiheiten. Die Grundrechte schützen freies Handeln unterschiedlich, das Eigentumsgrundrecht auch und vor allem den freien Gebrauch des Eigentums oder die freie Willkür des Eigentümers. Das erweist Absatz 2 Satz 2 des Art. 14 GG, wonach „sein Gebrauch (sc.: des Eigentums) zugleich dem Wohle der Allgemeinheit dienen soll". Diese Sozialpflichtigkeit[2667] ist nichts anderes als die sittliche Pflicht, mit der die Freiheit begrifflich verbunden ist, das Sittengesetz, dem alles Handeln der Menschen verpflichtet ist, der kategorische Imperativ.

Das Prinzip der Selbständigkeit macht jeden Bürger dafür verantwortlich, daß er die Chancen, welche die allgemeinen Gesetze geben, nutzt. Wenn es ihm allerdings nicht gelingt, die Selbständigkeit zu erarbeiten, ist der Staat kraft des Sozialprinzips zur Hilfe verpflichtet. Gerade wegen des Selbständigkeitsprinzips ist die Sozialhilfe auf das menschenwürdige Minimum zu begrenzen; denn sonst würden die Menschen ihre Bürgerlichkeit einbüßen und zu materiellen Untertanen werden[2668]. Zur Vollkommenheit, die an-

---

477 ff., 490 ff.; *M. Kriele*, Einführung in die Staatslehre, 6. Aufl. 2003, S. 181; *P. Häberle*, HStR, Bd. II, § 22, Rdn. 52 („Subjektformel"), 65 ff.; *K. A. Schachtschneider*, Staatsunternehmen und Privatrecht, S. 99 ff., 138 ff.; *ders.*, Res publica res populi, S. 4 ff.; *ders.*, Prinzipien des Rechtsstaates, S. 28 ff., 40 ff.; i.d.S. auch BVerfGE 5, 85 (204 f.); 65, 1 (41); weitere Hinweise zur Freiheit als Würde des Menschen, insbesondere zum allgemeinen Persönlichkeitsrecht, in Fn. 1562; dazu 5. Kap., II, 4.

[2665] Hinweise in Fn. 2522; *K. A. Schachtschneider*, Grenzen der Kapitalverkehrsfreiheit, S. 263 ff. (S. 276 ff.); *ders.*, Produktwarnung der Bundesregierung, S. 187 ff., 200 ff.; *ders.*, Umweltschutz, S. 346 ff.; dazu auch *R. Wendt*, Eigentum und Gesetzgebung, S. 250 ff.; *O. Depenheuer*, in: v. Mangoldt/Klein/Starck, GG, Art. 14, Rdn. 68.

[2666] Zur „Integrationsfunktion" verantwortlichen dienenden Gebrauchs des Eigentums in „Selbstbeherrschung" *D. Suhr*, Eigentumsinstitut und Aktieneigentum, S. 68 ff., auch S 46 ff.; *K. A. Schachtschneider*, Umweltschutz, S. 341 ff.; *ders.*, Produktwarnung der Bundesregierung, S. 187 ff., 198 ff.

[2667] Dazu unter 6.

[2668] *H. Krüger*, Allgemeine Staatslehre, S. 813 f.; *H. F. Zacher*, HStR, Bd. II, § 28, Rdn. 25 ff., 32 f.; *D. Merten*, HVerfR, S. 999 f.; *K. A. Schachtschneider*, Frei – sozial – fortschrittlich, S. 16 ff.; *ders.*, Res publica res populi, S. 244 ff.; i.d.S. auch *F. A. v. Hayek*, Die Verfassung der Freiheit, S. 323 ff.; ganz so *W. Kersting*, Politische Solidarität statt Verteilungsgerechtigkeit? S. 237 ff.; *ders.*, Theorien der

zustreben Tugendpflicht ist[2669], gehört es auch, nicht durch Armut als „Bettler" anderen zur Last zu fallen[2670].

5. Die Materie des Rechts auf Eigentum ist gemäß Art. 14 Abs. 1 S. 2 GG Sache der Gesetze. Diese müssen sich an dem Prinzip der freiheitlichen Selbständigkeit der Bürger orientieren. Ein subjektives Recht auf die Zuteilung bestimmter Güter läßt sich dem Menschenrecht auf Eigentum nicht abgewinnen. Dieses Menschenrecht steuert objektiv-rechtlich die Eigentumspolitik der Republik, die freiheitlich, gleichheitlich und brüderlich, also praktisch vernünftig, sein soll. Auf die gesetzgeberische Verwirklichung einer solchen Politik einer Eigentumsordnung der praktischen Vernunft hat aber jeder Bürger ein verfassungsmäßiges Bürgerrecht[2671]. Die Judikative, insbesondere das Bundesverfassungsgericht, hat auf Bürgerklage hin zu prüfen, ob die Eigentumspolitik der Legislative dem Recht auf Eigentum genügt. Der Spielraum der Legislative muß Grenzen kennen. Die Sittlichkeit, also die Brüderlichkeit oder Sozialität der Eigentumspolitik, verantwortet wegen des Rechts auf Eigentum auch die Judikative[2672].

6. Dem sozialen Verständnis der Gewährleistung des Eigentums könnte Absatz 2 des Art. 14 GG selbst widersprechen, wonach „Eigentum verpflichtet" und „sein Gebrauch zugleich dem Wohle der Allgemeinheit dienen soll"[2673]. Die ausdrückliche Verpflichtung des Eigentums und Eigentumsgebrauches könnte gegen die innere sittliche und damit soziale Bindung des Eigentums als Begriff gewendet werden[2674]. Danach könnte

---

sozialen Gerechtigkeit, S. 398 ff.; *ders.*, Rechtsphilosophische Probleme des Sozialstaats, S. 21 ff., 28 ff.; vgl. auch Hinweise in Fn. 2640.

[2669] *Kant*, Metaphysik der Sitten, S. 516 f.

[2670] *Kant*, Metaphysik der Sitten, S. 571; *K. A. Schachtschneider*, GS J. G. Helm, S. 844 ff.

[2671] Im Sinne eines subjektiven Rechts auf Verwirklichung der objektiven Dimension eines Grundrechts BVerfGE 7, 128 (206 f.), auch BVerfGE 77, 170 (214); 79, 174 (201 f.); 81, 242 (253, 256); 84, 211 (223); 87, 181 (198); 95, 220 (234); 97, 298 (313 f.); *K. A. Schachtschneider*, Res publica res populi, S. 819 ff., insb. S. 828, auch S. 448 f.; anders der Euro-Beschluß BVerfGE 97, 350 (376); vgl. auch *O. Depenheuer*, in: v. Mangoldt/Klein/Starck, GG, Art. 14, Rdn. 43 ff., 50 ff.; dazu *K. A. Schachtschneider*, Die Rechtsverweigerung im Euro-Beschluss des Bundesverfassungsgerichts, S. 274 ff. (285 ff.); weitere Hinweise in Fn. 1997.

[2672] Vgl. allgemein zur Judiziabilität der Sittlichkeit oder der praktischen Vernunft *K. A. Schachtschneider*, Res publica res populi, S. 978 ff.; 7. Kap., II, 1, 2.

[2673] Dazu *W. Leisner*, Sozialbindung des Eigentums, S. 43 ff.; *ders.*, HStR, Bd. VI, § 149, Rdn. 133 ff.; *H.-J. Papier*, in: Maunz/Dürig, GG, Art. 14, Rdn. 305 ff.; *P. Badura*, HVerfR, S. 359 ff.; *R. Wendt*, Eigentum und Gesetzgebung, S. 292 ff.; i. d. S. *O. Depenheuer*, in: v. Mangoldt/Klein/Starck, GG, Art. 14, Rdn. 35 ff. (für „liberales" nicht „pflichtiges Freiheitsdenken", Rdn. 38), Rdn. 199 ff.

[2674] I. d. S. *O. Depenheuer*, in: v. Mangoldt/Klein/Starck, GG, Art. 14, Rdn. 35 ff., 42 ff.

Eigentum, welches sich in den Händen weniger konzentriert, seiner inneren Bindung gemäß, durch Gesetz materialisiert, dem Gemeinwohl verpflichtet werden, so daß dem Sozialprinzip Genüge getan wäre[2675]. Die Sozialbindung des Art. 14 Abs. 2 GG sieht *Walter Leisner* als lex specialis zur „Proklamation der Sozialstaatlichkeit"[2676]. Eine solche Dogmatik wäre jedoch mit dem durch das Eigentum verwirklichten Selbständigkeitsprinzip unvereinbar. Die Republikanität der Eigentumsgewährleistung wird auch nicht durch das Privatnützigkeit und Sozialpflichtigkeit teilende Hälftigkeitsprinzip im Steuerrecht erfaßt[2677]. Die Sozialpflichtigkeit des seinem Wesen nach privaten Eigentums[2678] hat ihren Grund in der politischen Relevanz jedes Eigentumsgebrauchs. Jedoch:

> „Die Gesamtheit der in den gesetzlichen Normen sichtbar werdenden Beschränkungen des Eigentums läßt sich in dem Begriff der Sozialpflichtigkeit zusammenfassen" (BVerfGE 20, 351 (356)).

Zwar berechtigt auch Privatheit (nur) zur freien Willkür und ist darum dem Sittengesetz verpflichtet, aber privates Handeln ist alleinbestimmt[2679]. In dem Maße der gesetzlichen Bindung vollzieht der Eigentümer durch seinen Eigentumsgebrauch (funktional) auch das gemeine Wohl; denn institutionelle Privatheit verwirklicht funktional weitgehend Staatlichkeit, nämlich

---

[2675] I.d.S. *W. Leisner*, Sozialbindung des Eigentums, S. 43 ff., 63 ff., 185 ff.; *ders.*, HStR, Bd. VI, § 149, Rdn. 6.

[2676] Sozialbindung des Eigentums, S. 63 ff.; vgl. auch *ders.*, Grundrechte und Privatrecht, S. 162 ff.; *H. P. Ipsen*, VVDStRL 10 (1952), S. 85; *A. v. Brünneck*, Die Eigentumsgarantie des Grundgesetzes, S. 395 f.

[2677] BVerfGE 93, 121 (138); ablehnend BFH (XI. Senat), BStBl. II 1999, 771 ff.; vgl. schon *P. Kirchhof*, Besteuerung und Eigentum, VVDStRL 39 (1981), S. 271 ff.; dazu *W. Leisner*, Steuer- und Eigentumswende – die Einheitswert-Beschlüsse des Bundesverfassungsgerichts, 1995, in: ders., Eigentum, S. 858 ff., insb. S. 867 f.; kritisch das abweichende Votum des Richters *E.-W. Böckenförde*, BVerfGE 93, 121 (149 ff.); dazu *K. A. Schachtschneider*, Steuerverfassungsrechtliche Probleme der Betriebsaufspaltung und der verdeckten Gewinnausschüttung, S. 51 ff.; umfassend *M. Pausenberger*, Eigentum und Steuern in der Republik. Ein Beitrag zum Halbteilungsgrundsatz, 2007; auch *M. Klawonn*, Die Eigentumsgewährleistung als Grenze der Besteuerung, E, VI, S. 255 ff.

[2678] BVerfGE 20, 351 (358); 37, 132 (140 f.) 52, 1 (29); 61, 82 (108 f.); 100, 271 (284, 287); st. Rspr., weitere Hinweise in Fn. 2175, 2522 zur Privatnützigkeit; *W. Leisner*, HStR, Bd. VI, § 149, Rdn. 54 ff., 72 ff., passim; *ders.*, Das Eigentum Privater – Vertragsfreiheit und Sozialbindung, S. 180 ff., 184 ff.; *ders.*, Das Eigentum Privater – Grundpfeiler der sozialen Marktwirtschaft, S. 712 ff.; *P. Häberle*, VVDStRL 30 (1972), S. 100 ff.; *K. A. Schachtschneider*, Res publica res populi, S. 1023 ff.; *ders.*, Staatsunternehmen und Privatrecht, S. 277 ff.; *ders.*, FS W. Leisner, S. 773 ff.; *ders.*, Grenzen der Kapitalverkehrsfreiheit, S. 263 ff., 289 ff.; zur Privatnützigkeit Hinweise in Fn. 2522.

[2679] Dazu 8. Kap., II.

in dem Maße der gesetzlichen Bestimmung des Handelns[2680]. Das privat bestimmte Handeln ist zugleich staatlich bestimmt[2681], weil ein Recht zur Beliebigkeit, wie § 903 BGB belegt, nur soweit zugestanden wird, wie es dem allgemeinen Gesetzgeber praktisch vernünftig erscheint. Die Rechtstechnik, das Allgemeininteresse zu verwirklichen, kann das begrenzte Recht zur freien Willkür, aber auch das Recht zur begrenzten freien Willkür, die nämlich eine begrenzte Bestimmung der Handlungsmaximen durch allgemeine Gesetze hinnehmen muß, sein[2682]. Das Bundesverfassungsgericht spricht vom „sozialgebundenen Privateigentum" und von „sozialgerechter Eigentumsordnung"[2683] und dogmatisiert damit den sozialen, nicht den liberalen Eigentumsbegriff. *Walter Leisner* begreift demgegenüber die Sozialbindung als „Negation des Eigentums, Grenze der Eigentumsfreiheit"[2684]. Die staatliche Bindung des Eigentümers geht, etwa als Situationsgebundenheit des Grundeigentums[2685], gegebenenfalls so weit, daß von der Privatnützigkeit wenig oder nichts bleibt. Auch das Mietrecht, etwa eine Mietpreisbindung, kann derart die Verträge über den Mietzins einengen, daß eine kostendeckende Bewirtschaftung des Mietobjekts nicht mehr möglich ist.

[2680] *K. A. Schachtschneider*, Res publica res populi, S. 219 ff.; *ders.*, Die Verwaltung 31 (1998), S. 140, 142 ff.; *ders.*, Der Anspruch auf materiale Privatisierung, S. 40 ff.; dazu 8. Kap., I.

[2681] *K. A. Schachtschneider*, Die Verwaltung 31 (1998), S. 140 ff., *ders.*, Der Anspruch auf materiale Privatisierung, S. 40 ff. (43 ff.).

[2682] I. d. S. auch *D. Ehlers*, VVDStRL 51 (1992), S. 226 f. („Es ist deshalb eine umfassende Abwägung zwischen den Privatnützigkeitsinteressen des einzelnen und den Belangen der Allgemeinheit geboten. ... Es ist deshalb nicht auf den ‚vernünftigen Eigentümer' (so BGHZ 87, 66 (71 f.)) oder die ‚Verkehrsanschauung' (so BVerwGE 49, 365 (372)), sondern allein auf die gesetzlichen Bestimmungen abzustellen."); vgl. *W. Leisner*, HStR, Bd. VI, § 149, Rdn. 133 ff.; *H.-J. Papier*, in: Maunz/Dürig, GG, Rdn. 306 f. zu Art. 14 („einheitlicher Gesetzesvorbehalt", Rdn. 250); *P. Badura*, HVerfR, S. 672 ff.

[2683] BVerfGE 52, 1 (29) bzw. BVerfGE 37, 132 (140 f.); vgl. auch BVerfGE 25, 112 (117): „Der Gesetzgeber muß bei der Regelung des Eigentumsinhalts das Wohl der Allgemeinheit beachten und die Befugnisse und Pflichten des Eigentümers am Sozialstaatsprinzip orientieren"; i. d. S. auch *P. Häberle*, VVDStRL 30 (1972), S. 100 ff.; *A. v. Brünneck*, Die Eigentumsgarantie des Grundgesetzes, S. 395 f.

[2684] Sozialbindung des Eigentums, S. 11.

[2685] Zur Situationsgebundenheit des Eigentums aus der „Natur der Sache" BVerwGE 15, 1 (2); 17, 315 (318 f.); 26, 111 (119 f.); 29, 357 (364); 32, 173 (178 f.); 49, 365 (368); BGHZ 23, 30 (32 ff.); 48, 193 (196 ff.); in der Sache BVerfGE 25, 112 (119 f.); *F. Weyreuther*, Die Situationsgebundenheit des Grundeigentums, 1983, S. 110 ff.; kritisch *W. Leisner*, HStR, Bd. VI, § 149, Rdn. 157 ff.; *ders.*, Situationsgebundenheit des Eigentums – eine überholte Rechtssituation?, 1990, in: *ders.*, Eigentum, S. 206 ff.; *P. Badura*, HVerfR, S. 363; *H.-J. Papier*, in: Maunz/Dürig, GG, Art. 14, Rdn. 385 ff.; *O. Kimminich*, GG, Bonner Kommentar, Art. 14, Rdn. 168 ff.; *O. Depenheuer*, in: v. Mangoldt/Klein/Starck, GG, Art. 14, Rdn. 284 ff.

Ein Beispiel hat nicht nur die DDR geboten. Soweit darf eine Eigentumsordnung nicht gehen[2686], weil die eigentumsgemäße Privatheit übermäßig
eingeschränkt[2687] und die Sozialbindung funktional Enteignung würde[2688].
Eine solche Sozialpflichtigkeit würde der allgemeinen Bürgerlichkeit einer
Republik nicht genügen, weil in ihr alle Menschen Bürger sein und darum
über ausreichendes Eigentum verfügen können müssen. Die Sozialpflichtigkeit rechtfertigt es, daß die Republik überhaupt großes Eigentum zuläßt,
also Eigentum an Grund und Boden, an Produktionsmitteln und an Naturschätzen (argumentum aus Art. 15 GG). Freilich muß großes Eigentum
gemeinverträglich gebraucht werden. Das gebietet das Sittengesetz und das
erzwingen die Gesetze, weil auf die Moralität und damit Sittlichkeit der
großen Eigentümer nicht mehr Verlaß ist als auf die der kleinen[2689]. Das
Bundesverfassungsgericht hat im Beschluß zum grundrechtlichen Eigentumsschutz des Mieters ausgeführt:

> „Er (sc. der Gesetzgeber) muß die schutzwürdigen Interessen des Eigentümers
> und die Belange des Gemeinwohls zu einem gerechten Ausgleich und in ein aus-
> gewogenes Verhältnis bringen. … Die Eigentumsgarantie gewährleistet nicht die
> einträglichste Nutzung des Eigentums. Gerade im Bereich der Wohnungsmiete
> verlangt die Sozialbindung aus Art. 14 II GG einen angemessenen Ausgleich zwi-
> schen den Interessen von Vermietern und Mietern, den der Gesetzgeber vorzu-

---

[2686] Vgl. allgemein *W. Leisner*, Sozialbindung des Eigentums, S. 236 ff.

[2687] Zum Verhältnismäßigkeitsprinzip als der Substanz der Eigentumsgewährleistung BVerfG, st. Rspr., E 8, 71 (80); 20, 351 (361); 24, 367 (404 f.); 36, 281
(293); 42, 263 (295); 50, 290 (341); 52, 1 (29); 70, 191 (200 ff.); 77, 308 (339 f.);
W. Leisner, HStR, Bd. VI, § 149, Rdn. 143 ff.; *R. Wendt*, Eigentum und Gesetzgebung, S. 280 ff.; *H.-J. Papier*, in: Maunz/Dürig, GG, Art. 14, Rdn. 315 ff.; *D. Ehlers*, VVDStRL 51 (1992), S. 227 ff.; *O. Depenheuer*, in: v. Mangoldt/Klein/Starck,
GG, Art. 14, Rdn. 226 f.; zum eigentumsdogmatischen Verhältnismäßigkeitsprinzip
des Europäischen Gerichtshofs: *A. Emmerich-Fritsche*, Der Grundsatz der Verhältnismäßigkeit, S. 375 ff. (380 ff.); staatswissenschaftliche Grundsatzkritik an Prinzip
und Praxis der Verhältnismäßigkeit übt *W. Leisner*, Der Abwägungsstaat. Verhältnismäßigkeit als Gerechtigkeit? 1997.

[2688] *W. Leisner*, Sozialbindung des Eigentums, S. 147 ff., auch S. 101 ff., 185 ff.;
ders., Eigentum, S. 142 ff.; *ders.*, gegen „übersteigertes soziales Mietrecht", Das
Eigentum Privater – Vertragsfreiheit und Sozialbindung, S. 188 f.

[2689] Zur Unternehmensethik und Wirtschaftsethik *H. Steinmann/A. Löhr*, Grundlagen der Unternehmensethik, S. 27 ff., passim; *H. Steinmann/A. Scherer*, Interkulturelles Management zwischen Universalismus und Relativismus. Kritische Anfragen der Betriebswirtschaftslehre an die Philosophie, in: dies. (Hrsg.), Zwischen Universalismus und Relativismus. Philosophische Grundprobleme des interkulturellen
Managements, 1998, S. 23 ff.; *A. Scherer*, Multinationale Unternehmen als Mittler
zwischen privater Freiheit und öffentlichem Interesse, S. 329 ff.; *ders.*, Multinationale Unternehmen und Globalisierung, S. 283 ff., 359 ff., 403 ff.; *P. Ulrich*,
Integrative Wirtschaftsethik. Grundlage einer lebensdienlichen Ökonomie, 1997;
W. Kersting, Ethischer Kapitalismus?, S. 141 ff.; *K. A. Schachtschneider*, Demokratische und soziale Defizite der Globalisierung, S. 668 ff.

nehmen hat. Dabei verfügt er angesichts des Umstandes, daß sich auf beiden Seiten grundrechtliche Positionen gegenüberstehen, über einen weiten Gestaltungsspielraum"[2690].

Weder der Gehalt noch der Wesensgehalt der Eigentumsgewährleistung des Art. 14 Abs. 1 GG läßt sich aus dem Begriff des Eigentums gewinnen, deren Inhalt und Schranken nach Satz 2 dieser Vorschrift vom Gesetzgeber bestimmt werden sollen. Das Grundgesetz überantwortet es im ordentlichen Verfahren letztlich dem Bundesverfassungsgericht, die Idee des Eigentums, den „Wert" Eigentum[2691] gegen den Gesetzgeber zu verteidigen, was immer der Gesetzgeber beschließen mag[2692]. Das Verfassungsgesetz hat Eigentum zu einer Grundlage des Gemeinwesens erklärt, ohne mit dem Wort Eigentum angesichts der Geschichte des Begriffs Eigentum[2693] definieren zu können, was Eigentum unter dem Grundgesetz sei. Es bleibt offen, welche Rechtsverhältnisse den Namen Eigentum verdienen, insbesondere aber, welche „Kern des Eigentums", „Kernbereich des Eigentums", „Inbegriff des Eigentums", „grundlegender Gehalt der Eigentumsgarantie" seien oder wie sonst das Bundesverfassungsgericht anspricht, was Eigentum bleiben müsse[2694]. Mit dem Begriff Eigentum delegiert das Grundgesetz mittels der Wesensgehaltsgarantie des Art. 19 Abs. 2 GG[2695] die Entscheidung über die den

---

[2690] BVerfGE 91, 294 (308, 310 ff.); vgl. so auch BVerfGE 87, 114 (138); 89, 1 (8); auch BVerfGE 37, 132 (141); die Grenze des Gestaltungsspielraums sind „Verluste für den Vermieter" oder „Substanzgefährdung der Mietsache", BVerfGE 71, 230 (250); kritisch *O. Depenheuer*, in: v. Mangoldt/Klein/Starck, GG, Art. 14, Rdn. 54.

[2691] Vgl. BVerfGE 14, 263 (278); 18, 121 (132); auch BVerfGE 37, 132 (140); 58, 300 (382); 62, 169 (183), das u. a. von einer „grundlegenden Wertentscheidung zu Gunsten des Privateigentums", von einer „Wertentscheidung von besonderer Bedeutung" spricht; dazu *W. Leisner*, HStR, Bd. VI, § 149, Rdn. 18 ff.; vgl. auch *D. Ehlers*, VVDStRL 51 (1992), S. 216 („Leitprinzip auf die Gewährleistung der Freiheit (?) im vermögensrechtlichen Sinne").

[2692] Dazu *O. Kimminich*, Bonner Komm., GG, Rdn. 23, 147 zu Art. 14; *O. Depenheuer*, in: v. Mangoldt/Klein/Starck, GG, Art. 14, Rdn. 42 ff., 50 ff.

[2693] Dazu *W. Leisner*, HStR, Bd. VI, § 149, Rdn. 25 ff.; *D. Schwab*, Eigentum, S. 65 ff.

[2694] Vgl. etwa BVerfGE 21, 73 (79 f., 82 f.); 42, 263 (295); 45, 142 (173); 45, 272 (296); 50, 290 (341); 52, 1 (30); 56, 249 (260); 95, 48 (61); dazu *W. Leisner*, HStR, Bd. VI, § 149, Rdn. 12 ff. (16), der der Institutsgarantie nur sekundäre Relevanz beimißt, Rdn. 77 ff., zu dem verfassungsrechtlichen Eigentumsbegriff in der Rechtsprechung des Bundesverfassungsgerichts.

[2695] Diese gilt auch für die Eigentumsgewährleistung des Art. 14 Abs. 1 GG, *L. Schneider*, Der Schutz des Wesensgehalts, S. 57 ff., insb. S. 65 ff.; *P. Badura*, HVerfR, S. 658; *H.-J. Papier*, in: Maunz/Dürig, GG, Rdn. 9, 266 zu Art. 14; *W. Leisner*, HStR, Bd. VI, § 149, Rdn. 22 f., 62 (Kern als Menschenrecht); *O. Depenheuer*, in: v. Mangoldt/Klein/Starck, GG, Art. 14, Rdn. 232; vgl. auch BVerfGE 21, 92 (98); 61, 82 (113); auch EuGH etwa v. 6.12.1984 – Rs. 59/83 (Biovilac), Slg. 1984,

legislativen Gesetzgeber bindende Eigentumsverfassung des Grundgesetzes wesentlich dem Bundesverfassungsgericht, diesem in besonderer Weise der Politik und damit richtiger Gesetzgebung verpflichteten Gericht. Das Bundesverfassungsgericht vertritt das Volk bei der Erkenntnis dessen, ob die Gesetze der Legislative angesichts der Entscheidung des Grundgesetzes für das Eigentum dem politischen Grundkonsens des Gemeinwesens entsprechen, der in der jeweiligen Erkenntnis erst zu einer materialen Bestimmtheit geführt wird, welche eine Entscheidung über die Verfassungsmäßigkeit des Gesetzes ermöglicht. Eigentum im Sinne des Art. 14 Abs. 1 GG ist ein variabler und dynamischer Verfassungsbegriff[2696]. *Peter Badura* spricht von „auffälliger Plastizität" des Eigentums[2697]. Gestern war grundrechtsgeschütztes Eigentum etwas anderes, als es das heute ist oder morgen sein wird, aber die menschheitliche Idee Eigentum bleibt. Sie verlangt lagegemäße gesetzliche Verwirklichung[2698]. Diese muß die Privatheit, die Privatnützigkeit, wie die Staatlichkeit, die Sozialpflichtigkeit, bestmöglich fördern[2699]; denn das Eigentum ist begrifflich ein Recht des Einzelnen, also ein Recht zur Privatheit als Recht zur freien Willkür, das sich in der die allgemeinen Interessen verwirklichenden Staatlichkeit entfaltet. § 903 BGB zeigt das.

Die Variabilität und Dynamik des Eigentumsbegriffs hat das Grundgesetz in den Grundrechtstext selbst aufgenommen. Die Praxis der Eigentumsordnung entspricht sowohl der materialen Idee des Eigentums als auch der Offenheit dieser Idee. Die Grundrechtsdogmatik, die Art. 14 Abs. 1 und 2 GG geradezu aufdrängt, paßt grundsätzlich zu allen Grundrechten, die eben

---

4057 (4079, Rdn. 21); v. 18.8.1986 – Rs. 116/82 (Kommission/Deutschland), Slg. 1986, 2519 (2545, Rdn. 27); v. 11.7.1989 – Rs. 265/87 (Schräder), Slg. 1989, 2237 (2269, Rdn. 18); v. 10.7.2003 – Rs. C-20/00 u. C-64/00 (Booker Aquaculture), Slg. 2003, I-7411 (7477, Rdn. 80); gegen den Wesensgehalts-, aber für den Institutsschutz *O. Kimminich*, Bonner Komm., GG, Rdn. 147 zu Art. 14.

[2696] Dazu *K. A. Schachtschneider*, Res publica res populi, S. 1023 ff.

[2697] HVerfR, S. 655.

[2698] BVerfGE 52, 1 (29 ff.); *K. Hesse*, Grundzüge des Verfassungsrechts, Rdn. 442 ff., S. 191 ff.; *P. Badura*, HVerfR, S. 654 ff.; vgl. auch *D. Ehlers*, VVDStRL 51 (1992), S. 216, der das aus der „Institutsgarantie" als „dem objektiv-rechtlichen Gehalt des Art. 14 Abs. 1 GG" herleitet, die er (zu Unrecht) nicht als Grundrecht des Einzelnen einstuft, obwohl jeder ein subjektives Recht auf vernünftige Eigentumsordnung hat; dazu weitere Hinweise in Fn. 2685; zur „Situationsgebundenheit" des Eigentums Hinweise in Fn. 2685.

[2699] BVerfGE 87, 114 (138); 89, 1 (8); 91, 294 (308, 310 ff.); vgl. auch BVerfGE 37, 132, (141); 71, 230 (250); *W. Leisner*, HStR, Bd. VI, § 149, Rdn. 143 ff. (Abwägung); ebenso *H.-J. Papier*, in: Maunz/Dürig, GG, Rdn. 375 ff. zu Art. 14; *O. Kimminich*, Bonner Komm., Rdn. 159 ff., 165 ff. zu Art. 14; *D. Ehlers*, VVDStRL 51 (1992), S. 226 f.; *O. Depenheuer*, in: v. Mangoldt/Klein/Starck, GG, Art. 14, Rdn. 203, 218 (Interessenausgleich). Die Privatnützigkeit wie die Verfügungsbefugnis rechnet *H.-J. Papier*, a. a. O., Rdn. 273, zum Wesensgehalt des Eigentums.

politische Leitentscheidungen sind, die von den Gesetzgebern und den Verfassungsgerichten in praktischer Vernunft zu entfalten sind. Die Verantwortung dafür, daß die Rechtsordnung Institute der Privatheit durch subjektive Rechte enthält, die den Namen Eigentum verdienen[2700], hat letztlich das Volk, dessen Diskurs, aber auch dessen Wahlen allemal mehr Einfluß auf die Eigentumsordnung haben als die Worte des Grundrechts. Die Eigentumsgewährleistung ist (neben der Religionsfreiheit u. a.) die Magna Charta der Privatheit.

Die Änderung der Eigentumsordnung kann das Eigentum als privates Recht zur freien Willkür verkürzen (wenn man so will: beeinträchtigen), ohne jedoch die Eigentumsgewährleistung des Art. 14 Abs. 1 S. 1 GG zu verletzen. Ob diese verletzt ist, entscheidet (letztlich) das Bundesverfassungsgericht durch die jeweilige maßstabbildende Materialisierung der offenen Leitentscheidung für das Eigentum.

IV. Eigentum durch Arbeit

Leben heißt wesentlich arbeiten. Wenn das Leben „köstlich gewesen, so ist es Mühe und Arbeit gewesen", hat *Martin Luther* den Vers 10 des 90. Psalms übersetzt[2701]. „Die Arbeit als ‚Beruf' hat für alle gleichen Wert und gleiche Würde"[2702].

John Locke hat vorgeschlagen, jedem das als Eigentum zuzugestehen, was er selbst erarbeitet habe, weil das „Werk seiner Hände" von Natur aus in der Hand des Menschen bleibe und ihm darum gehöre, freilich nur soweit er das, was er durch Arbeit erworben habe, für sein Leben nutzen könne, weil dieses Maß an Eigentum niemandem schaden könne[2703]. Das

---

[2700] Vgl. zur dahingehenden Institutsgarantie des Art. 14 Abs. 1 GG BVerfGE 24, 367 (389 f.); 31, 229 (240 f.); 83, 201 (208 f.); *H.-J. Papier*, in: Maunz/Dürig, GG, Rdn. 11 ff. zu Art. 14; *O. Kimminich*, Bonner Komm., GG, Rdn. 119 ff. zu Art. 14; *D. Ehlers*, VVDStRL 51 (1992), S. 216; i. S. d. Textes auch *W. Leisner*, HStR, Bd. VI, § 149, Rdn. 79.

[2701] Zur Berufslehre Martin Luthers *W. Ebert*, Das christliche Ethos – Grundlinien der lutherischen Ethik, 1961, § 20, Der Beruf, S. 177 ff.

[2702] BVerfGE 7, 377 (397); 50, 290 (362); *Hegel*, Rechtsphilosophie, hat in § 244 von der „Ehre", „eine Subsistenz durch seine Arbeit zu finden", und von dem „Gefühl des Rechts, der Rechtlichkeit und der Ehre, durch eigene Tätigkeit und Arbeit zu bestehen", und in § 245 von der ohne „Arbeit vermittelten Subsistenz der Bedürftigen", die gegen das „Princip der bürgerlichen Gesellschaft und des Gefühls ihrer Individuen von ihrer Selbständigkeit und Ehre wäre", gesprochen.

[2703] Über die Regierung, V, 28 ff., S. 23 ff.; ebenso *Rousseau*, Vom Gesellschaftsvertrag, I, 9, S. 23 ff. (24) („Bedarf und Arbeit"); i. d. S. auch *Hegel*, Rechtsphilosophie, § 244; dazu *V. Hösle*, Moral und Politik, S. 822 f.; *W. Kersting*, Trans-

Bundesverfassungsgericht anerkennt „die eigene Leistung als besonderen Schutzgrund für die Eigentümerposition"[2704]. Eigene Leistung ist vor allem Arbeit[2705].

In der arbeitsteiligen Gesellschaft wird Arbeit nicht in Verhältnissen erbracht, die es rechtfertigen könnten, daß der, der arbeitet, Eigentümer all dessen wird, was er erarbeitet hat[2706]. Arbeit ist vielfach Dienst für einen anderen. Sie wird bezahlt. An die Stelle des Eigentums an dem erarbeiteten Gut tritt der Anspruch auf das Arbeitsentgelt, der Lohnanspruch, als Eigentum und nach der Zahlung des Entgeltes das Eigentum an dem Geld, welches es als Kaufkraft vermittelt, Möglichkeiten des Lebens und Handelns zu beschaffen[2707]. Für die Verteilung des Eigentums ist das Maß des Entgelts wesentlich. Dieses Maß bestimmt der Arbeitsmarkt, auf den vielfältige Umstände Einfluß haben, insbesondere das Tarifwesen. Deren Regelungen orientieren sich auch an anderen, durchaus von allgemeinen Gesetzen bestimmten, Verhältnissen, etwa den Sozialhilfeansprüchen, welche so bemessen sind, daß die Empfänger der Sozialhilfe ein bescheidenes Leben, aber der Würde des Menschen gemäß (§ 1 Abs. 2 BSHG, § 1 Abs. 1, § 9 SGB AT) führen können. Die Entlohnung auch einfacher Arbeit soll möglichst

---

zendentalphilosophische Eigentumsbegründung, S. 58 ff., 70 f. („eigenbedarfsorientierte Arbeit"); *ders.*, Kant über Recht, S. 71 ff. („Arbeitseigentum"); *H. Krüger*, Allgemeine Staatslehre, S. 422 f.; kritisch gegenüber einem „Schutzprimat" der „Arbeitsleistung" *W. Leisner*, HStR, Bd. VI, § 149, Rdn. 85 ff.; den Zusammenhang von „Freiheit, Eigentum und Arbeit" stellt eindrucksvoll *P. Häberle* heraus, VVDStRL 30 (1972), S. 85 f., 101 f.; *ders.*, JZ 1984, 345 ff. (354 f.); *ders.*, Aspekte einer Verfassungslehre der Arbeit, AöR 109 (1984), S. 630 ff.

[2704] BVerfGE 1, 264 (277 f.); 14, 288 (293 f.); 22, 241 (253); 24, 220 (226); 30, 292 (334); 31, 229 (239 ff.); 50, 290 (340); 53, 257 (291 f.); 58, 81 (112 f.); 69, 272 (301); 72, 175 (193); 97, 350 (371).

[2705] Hinweise in Fn. 2582, auch in Fn. 2703; vgl. i. d. S. auch *O. Kimminich*, GG, Bonner Kommentar, Art. 14, Rdn. 20; *H. F. Zacher*, HStR, Bd. II, § 28, Rdn. 28; *K. A. Schachtschneider*, GS J. G. Helm, S. 838 ff.; *ders.*, FS W. Leisner, S. 775 ff.

[2706] Darauf reagiert die Dogmatik des faktisch dispositiven Herstellerbegriffs des § 950 BGB; vgl. *P. Bassenge*, in: Palandt, Bürgerliches Gesetzbuch, 64. Aufl. 2005, § 950, Rdn. 8 ff.; *Fr. Quack*, in: Rebmann u. a., Münchener Kommentar, BGB, 3. Aufl. 1997, Bd. 6, § 950, Rdn. 22 ff.; kritisch *W. Däubler*, Eigentum und Recht in der BRD, S. 212 ff.

[2707] *G. Dürig*, ZfgesStW 109 (1953), S. 348, Fn. 4 („Geld" – „eigentlich nur eine Potenz, die Sacherwerb ermöglicht"); vgl. auch BVerfGE 97, 350 (370) f.: „Geld ist geprägte Freiheit; es kann frei in Gegenstände eingetauscht werden." – der weder von *P. Kirchhof* (etwa, Der sanfte Verlust der Freiheit, 2004, S. 100), noch vom Bundesverfassungsgericht (Zweiter Senat) belegte Satz „Geld ist geprägte Freiheit und hat daher für jemand, der der Freiheit völlig beraubt ist, den zehnfachen Wert", stammt von *F. M. Dostojewski*, Aufzeichnungen aus einem Totenhaus, 1860–62, 1. Teil I, Das Totenhaus, in der Überetzung von Hermann Röhl, 1986, S. 30.

die Sozialhilfesätze übersteigen, um das Prinzip der Selbstverantwortung nicht zu korrumpieren[2708].

Ein komplexes Gefüge von (zunehmend globalen) Einflußgrößen bestimmt die Löhne und auch die sonstigen Entgelte. Insgesamt bewirkt das eine mehr oder weniger akzeptierte Entlohnung und damit Zuteilung von Möglichkeiten, das Leben zu gestalten. Die Gerechtigkeit dieser Zuteilung ist immer prekär. Ein rechtliches Zuteilungsprinzip läßt die Praxis nicht erkennen. Vielmehr wird in kaum überschaubaren Gegebenheiten ein Interessenausgleich gesucht und meist auch gefunden, welcher nur sehr begrenzt Gerechtigkeit durch Erkenntnis des Rechts zu leisten vermag.

„Denn Preis (pretium) ist das öffentliche Urteil über den Wert (valor) einer Sache, im Verhältnis auf die proportionierte Menge desjenigen, was das allgemeine stellvertretende Mittel der gegenseitigen Vertauschung des Fleißes (des Umlaufs) ist"[2709].

Eine zentrale Institution ist, wie das allgemeine Gesetz, der prozedurale Interessenausgleich durch Tarifvertrag[2710]. Den Verteilungsmaßstab von nationaler Bedeutung geben die Flächentarifverträge[2711]. Für einen Teil der Staatsdiener wird das Gehalt durch Gesetz festgelegt, durch ein Gesetz, welches Ergebnis wiederum prozeduraler Politik und damit der Idee nach diskursive Erkenntnis des Rechts ist[2712], der Praxis nach die weitestgehende Übernahme der Flächentarifverträge. Der Markt ist nicht allein legitimiert, den Wert von Leistungen zu bestimmen[2713].

Voraussetzung des Eigentums durch Arbeit sind Arbeitsverhältnisse. Wenn und weil Arbeit und Fleiß immer noch die stärkste Rechtfertigung

---

[2708] *D. Merten*, HVerfR, S. 999 f.; vgl. *H. Siebert*, Bürgergeld – ein Fehlanreiz, FAZ vom 14. Januar 1995, Nr. 12, S. 11; zu den ökonomischen Auswirkungen der Sozialhilfe („Lohnersatzeinkommen") als Mindestlöhne *H.-W. Sinn*, Ist Deutschland noch zu retten? S. 187 ff., insb. S. 193 ff.

[2709] *Kant*, Metaphysik der Sitten, S. 403.

[2710] Vgl. etwa BVerfGE 18, 18 (27 f.); 50, 290 (367); 53, 233 (246 ff.); 88, 103 (114); 92, 365 (394); *F. Farthmann/M. Coen*, HVerfR, S. 852 ff., 872 ff.; *M. Kemper*, in: v. Mangoldt/Klein/Starck, GG, Art. 9 Abs. 3, Rdn. 138 ff.; dazu *K. A. Schachtschneider*, Streik im öffentlichen Dienst, S. 219 ff.; dazu 8. Kap., VII.

[2711] *K. A. Schachtschneider*, GS W. Blomeyer, S. 249 ff.

[2712] Dazu allgemein *K. A. Schachtschneider*, Res publica res populi, S. 560 ff., 584 ff.

[2713] Zur Einheit von „Marktwert und Eigentum" *W. Leisner*, Eigentum – Grundlage der Freiheit, S. 23 f.; *ders.*, Das Eigentum zwischen privatem Nutzen und sozialer Bindung, S. 540; *ders.*, Marktoffenes Verfassungsrecht, 1996, in: ders. Eigentum, S. 698; *W. Kersting*, Politische Philosophie des Sozialstaats, Einleitung, S. 37 ff. richtig gegen R. Nozicks These von der Verteilungsgerechtigkeit des Markes, S. 50 ff.

für den Erwerb von Eigentum sind[2714], gewinnt die Eigentumsgewährleistung neben dem Sozialprinzip Relevanz für das Postulat eines allgemeinen Rechts auf Arbeit[2715]. Das Arbeitsverhältnis ist für die meisten Menschen, zumal in der Arbeitnehmergesellschaft, die Grundlage der Selbständigkeit. Nach Art. 163 Abs. 2 WRV sollte jedem Deutschen „die Möglichkeit gegeben werden, durch wirtschaftliche Arbeit seinen Unterhalt zu verdienen". Sonst sollte für seinen „Unterhalt gesorgt" werden[2716]. „Arbeitskraft ist heute das Eigentum des Bürgers" – „Die Arbeit ist … das soziale Äquivalent des Eigentums"[2717].

Arbeit bieten vornehmlich Unternehmen, zunehmend globalisierende, internationalistische Unternehmen. Die Menschen bedürfen, um ein bürgerliches Leben in Selbständigkeit führen zu können, des Arbeitsverhältnisses. Daraus wächst ihnen im Rahmen ihrer Fähigkeiten das genannte Recht auf Arbeit zu, welches Menschenrechtstexte jedem Menschen zubilligen[2718]. Auch *Walter Leisner* erkennt 1975 im „verfassungsgeschützten Eigentumsrecht", funktional-demokratisch dogmatisiert, die „Freiheit zum und am Ar-

---

[2714] *Kant*, Metaphysik der Sitten, S. 400 ff., definiert das Geld als Ausdruck des Fleißes („Realdefinition des Geldes": „es ist das allgemeine Mittel, den Fleiß der Menschen gegen einander zu verkehren, so: daß der Nationalreichtum, in sofern er vermittelst des Geldes erworben worden, eigentlich nur die Summe des Fleißes ist, mit dem die Menschen sich untereinander löhnen, und welcher durch das in dem Volk umlaufende Geld repräsentiert wird", S. 401).

[2715] Grundlegend *P. Häberle*, VVDStRL 30 (1972), S. 85 f., 101 f.; *ders.*, JZ 1984, 345 ff.; *ders.*, AöR 109 (1984), S. 630 ff.; *K. A. Schachtschneider*, GS J. G. Helm, S. 830 ff., 838 ff.; *ders.*, Gibt es ein Recht auf Arbeit?, in: J. Zempel/J. Bacher/ K. Moser (Hrsg.), Erwerbslosigkeit. Ursachen, Auswirkungen und Interventionen. Psychologie sozialer Ungleichheit, Bd. 12, 2001, S. 365 ff.; dazu *R. Pitschas*, Berufsfreiheit und Berufslenkung, 1983, S. 7 ff.; zurückhaltend *R. Scholz*, in: Maunz/ Dürig, GG, 1981, Art. 12, Rdn. 44 ff.; *H. Lecheler*, VVDStRL 43 (1985), S. 70; *H.-P. Schneider*, daselbst zum nämlichen Thema, S. 31 f.; *H.-J. Papier*, Art. 12 – Freiheit des Berufs und Grundrecht der Arbeit, DVBl 1984, 810 f.; *R. Breuer*, HStR, Bd. VI, § 147, Rdn. 7, 10, 13 ff., 73 ff.; *G. Manssen*, in: v. Mangoldt/Klein/ Starck, GG, 5. Aufl. 2005, Art. 12 Abs. 1, Rdn. 10 ff. (ablehnend, Rdn. 12); offener *P. Badura*, Freiheit und Eigentum in der Demokratie, S. 29; vgl. auch *W. Däubler*, Eigentum und Recht in der BRD, S. 196 ff.; ablehnend BVerfGE 84, 133 (146 f.).

[2716] Dazu *G. Anschütz*, WRV-Kommentar, Art. 151, Anm. 1, 2, Art. 157, Anm. 1, Art. 163, Anm. 3 (bloßer Programmsatz). Vgl. im Sinne eines Rechts auf Arbeit auch Art. 166 Abs. 2 BayVerf; Art. 12 Abs. 1 BerlVerf; Art. 28 Abs. 2 HessVerf; Art. 24 Abs. 1 Satz 3 NRWVerf; Art. 53 Abs. 2 RhPfVerf; Art. 45 S. 2 SaarVerf.; Hinweise zum internationalen Rechtsvergleich *P. Häberle*, AöR 109 (1984), S. 637 ff.

[2717] *P. Häberle*, VVDStRL 30 (1972), S. 100 f. (auch S. 85) bzw. JZ 1984, 355, der den Arbeiter „als Mitbürger" und „Mit-Eigentümer" bezeichnet.

[2718] Art. 23 Nr. 1 AEMR; Art. 6 Abs. 1 IPwirtR; Art. I Ziff. 1 Europäische Sozialcharta 1961; dazu *K. A. Schachtschneider*, GS J. G. Helm, S. 827 ff.

beitsplatz, vielleicht noch auf Versorgung beschränkt"[2719]. Dieses Recht
läßt sich nur durch eine Politik der Vollbeschäftigung erfüllen, weil das
Recht auf Arbeit gegen den Staat, nicht gegen bestimmte Unternehmer bestehen kann, der Staat aber nicht über die erforderlichen Arbeitsplätze verfügt[2720]. Nur schließt diese Lage nicht das Recht auf Arbeit aus, welches
vielmehr jedem Arbeitslosen das Recht gibt, eine Politik der Vollbeschäftigung einzuklagen. Beschäftigungspolitik ist nicht nur durch das Sozialprinzip einschließlich des Prinzips des gesamtwirtschaftlichen Gleichgewichts
(Art. 109 Abs. 2 GG) gebotene Aufgabe des Staates[2721], sondern, gestützt
auf Art. 14 Abs. 1 GG, Bürgerrecht.

Bedenkenswert ist es, ein solches Recht auf Arbeit auf die Berufsfreiheit
des Art. 12 Abs. 1 GG zu stützen[2722], zumal die ebenso vielzitierte wie
fragwürdige Formel des Bundesverfassungsgerichts, „Art. 14 Abs. 1 GG
schützt das Erworbene, das Ergebnis der Betätigung („das Ergebnis ge-
leisteter Arbeit"), Art. 12 Abs. 1 GG dagegen den Erwerb, die Betätigung
selbst"[2723], dazu verleiten könnte, weil der Erwerb, die Betätigung aller

---

[2719] Der Eigentümer als Organ der Wirtschaftsverfassung, S. 749, mit Bezug auf
P. Häberle, VVDStRL 30 (1972), S. 85, der weiter geht: „Freiheit ist heute vor allem Freiheit zum und am Arbeitsplatz und diese Freiheit ist zugleich das Eigentum
der Bürger. Substanz von Freiheit und Eigentum sind Arbeitskraft und (Aus- und
Weiter)Bildung, ihre Substrate sind entsprechend zu schützen"; vgl. auch *ders.*, AöR
109 (1984), S. 638, 653 f.

[2720] Ganz so Art. 6 Abs. 2 IPwirtR.; Art. 12 Abs. 1 Verf. Berlin. Vgl. so
H.-P. Schneider, VVDStRL 43 (1985), S. 31 f.; *R. Scholz*, in: Maunz/Dürig, GG,
Art. 12, Rdn. 44; *H.-J. Papier*, DVBl 1984, 810 f.; *R. Breuer*, HStR, Bd. VI, § 147,
Rdn. 13 ff., 73 ff.; BayVGHE 13 (1960) II, 141 ff.; *K. A. Schachtschneider*, GS
J. G. Helm, S. 840 f.

[2721] So BVerfGE 100, 271 (284, 287); *H.-P. Schneider*, VVDStRL 43 (1985),
S. 31 f.; *R. Scholz*, in: Maunz/Dürig, GG, Art. 12, Rdn. 44; *H.-J. Papier*, DVBl
1984, 811; *R. Breuer*, HStR, Bd. VI, § 147, Rdn. 73 f. („Schutz- und Leistungs-
pflicht"); *K. A. Schachtschneider*, in: W. Hankel u. a., Die Euro-Klage, S. 206 ff.;
ders., GS J. G. Helm, S. 849 f.; *J. Wieland*, Arbeitsmarkt und staatliche Lenkung,
VVDStRL 59 (2000), S. 30 ff.; grundlegend *R. Pitschas*, Berufsfreiheit und Berufslenkung, S. 123 ff., 140 ff., 193 ff., 244 ff., 409 ff., 437 ff., 530 f.

[2722] Dazu, selbst weitestgehend ablehnend, *R. Breuer*, HStR, Bd. VI, § 147,
Rdn. 7, 10, 13 ff., 73 f. („illusionäre Proklamation"); *R. Pitschas*, Berufsfreiheit und
Berufslenkung, S. 123 ff., 193 ff., 244 ff., 409 ff., 423 ff., 437 ff.; *R. Scholz*, in:
Maunz/Dürig, GG, Art. 12, Rdn. 44 ff.; *H.-J. Papier*, DVBl, 1984, 810 f.;
H. Lecheler, VVDStRL 43 (1985), S. 70; *H.-P. Schneider*, VVDStRL 43 (1985);
S. 31 f.; *G. Manssen*, in: v. Mangoldt/Klein/Starck, GG, Art. 12 Abs. 1, Rdn. 12;
weit entgegenkommend *P. Häberle*, VVDStRL 30 (1972), S. 101 f.; *ders.*, JZ 1984,
345 ff., insb. 350 f.; kritisch *K. A. Schachtschneider*, GS J. G. Helm, S. 841.

[2723] BVerfGE 30, 292 (334 f.); 84, 133 (157); 85, 360 (383); 88, 366 (377); 102,
26 (40); i. d. S. auch BVerfGE 31, 8 (32); kritisch *H.-P. Schneider*, VVDStRL 43
(1985), S. 39 f.; *R. Breuer*, HStR, Bd. VI, § 147, Rdn. 100; vgl. auch *O. Depenheuer*, in: v. Mangoldt/Klein/Starck, GG, Art. 14, Rdn. 99.

Deutschen geschützt sein müßte. Nur formuliert die sogenannte Berufs-freiheit[2724] das Recht, Beruf, Arbeitsplatz und Ausbildungsstätte frei zu wählen, und den Gesetzesvorbehalt für die Berufsausübungsregelungen, ge-währleistet aber nicht allen Deutschen den Beruf, den Arbeitsplatz und die Ausbildungsstätte ihrer Wahl[2725], während Art. 14 Abs. 1 GG das Eigentum gewährleistet, nicht nur objektiv als Rechtsinstitut, sondern auch subjektiv, also allen Bürgern, die in ihrer Vielzahl nicht zu Eigentum kommen kön-nen, wenn sie keine Arbeit haben.

Wenn Bürger ihre Arbeit und damit ihre bürgerliche Selbständigkeit in Unternehmen suchen müssen, die weitestgehend unabhängig von ihrer Re-publik sind, ist ihr Arbeitsverhältnis nicht dem Sozialprinzip gemäß gesi-chert und damit ihr Recht auf Eigentum gefährdet. Bürger verlieren den politischen, gesetzgeberischen Einfluß auf die Unternehmen. Auch der ge-werkschaftliche Einfluß wird schwächer. Mit ihrer durch das Arbeitsverhält-nis begründeten Selbständigkeit büßen die Arbeitnehmer ihre Bürgerlichkeit ein und werden zu Untertanen der internationalistischen Unternehmen, letzt-lich des Kapitals[2726]. Zugleich verlieren die Völker an Eigenständigkeit und damit an existentieller Staatlichkeit[2727].

Die strukturelle Arbeitslosigkeit durch die fortgeschrittenen Produktions-verhältnisse läßt es nicht mehr zu, auf die Arbeitsleistung als einzigem oder auch nur wesentlichem Prinzip der Zuteilung des Eigentums zurückzugrei-fen. Das Prinzip Arbeit ist in der Kultur tief verwurzelt. Legitime Alternati-ven eines eigentumspolitischen Zuteilungsprinzips sind nötig, aber nicht recht erkennbar[2728]. Es bleibt das vor allem durch das Menschenrecht des Erb-

---

[2724] BVerfGE 7, 377 (397 ff., insb. 401); 17, 269 (276); 33, 303 (329 f.); 41, 251 (261 ff.); 50, 290 (362 ff.); 80, 269 (278 f.); 82, 209 (228 f.); 84, 133 (148); 97, 228 (252 f.); dazu *R. Breuer*, HStR, Bd. VI, § 147, Rdn. 32 f.; *G. Manssen*, in: v. Mangoldt/Klein/Starck, GG, Art. 12 Abs. 1, Rdn. 2; kritisch *J. Lücke*, Die Be-rufsfreiheit, S. 8 ff.; *K. A. Schachtschneider*, Umweltschutz, S. 334 ff.; *ders.*, Pro-duktwarnung der Bundesregierung, S. 114 ff.

[2725] BVerfGE 84, 133 (146 f.), kein Anspruch aus Art. 12 Abs. 1 S. 1 GG auf „Bereitstellung eines Arbeitsplatzes eigener Wahl".

[2726] Dazu *K. A. Schachtschneider*, FS H. Steinmann, S. 425 ff.; *ders.*, Grenzen der Kapitalverkehrsfreiheit, S. 297 ff., auch S. 319 ff.; *ders.*, Demokratische und so-ziale Defizite der Globalisierung, S. 668 ff. (680 ff.).

[2727] Zu diesem Begriff *K. A. Schachtschneider*, Die existentielle Staatlichkeit der Völker Europas, S. 75 ff.; *ders.*, Die Republik der Völker Europas, S. 153 ff.; *ders.*, in: W. Hankel u.a., Die Euro-Klage, S. 247 ff.; *ders.*, FS W. Nölling, S. 279 ff.

[2728] *W. Leisner*, HStR, Bd. VI, § 149, Rdn. 85 ff., dogmatisiert neben dem „Lei-stungseigentum" das „Sicherungs"- und das „Vertrauenseigentum"; zur Kritik egali-tärer Verteilungskonzeptionen *W. Kersting*, Rechtsphilosophische Probleme des Sozialstaats, S. 28 ff.; *ders.*, Politische Solidarität statt Verteilungsgerechtigkeit? S. 202 ff.; *ders.*, Theorien der sozialen Gerechtigkeit, S. 118 ff., 172 ff. (insb. S. 224 ff., auch S. 398 ff.); *ders.*, Kritik der Gleichheit, S. 62 ff.

rechts[2729] gestützte Eigentum selbst, also der jeweilige Bestand des Eigentums, der die jeweilige Verteilung, also die beati possidentes, legitimiert, aber doch nur schwach und nur in den Grenzen des Sozialprinzips, insbesondere des an sich den Bestandsschutz stärkenden Sozialisierungsvorbehalts des Art. 15 GG[2730]. Die Teilung des knappen Gutes Arbeit ist ein wenig befriedigender Notbehelf, zumal die Befähigung, auf die es mehr und mehr ankommt, nicht teilbar und schon gar nicht verteilbar ist. Ausbildung wird damit zunehmend zum existentiellen Eigentum (im weiteren Sinne)[2731]. Aber ein Zurück zur Natur, d. h. eine technische Kehre in die Vergangenheit, um etwa in der Landwirtschaft Arbeit zu beschaffen, ist dem Fortschrittsgedanken der Menschheit zuwider[2732], der auch mit dem Sozialprinzip verbunden ist[2733]. Allemal bieten die Welt, aber auch Deutschland (noch) genügend Arbeit für alle Menschen bzw. Deutschen. Die Arbeit muß aufgegriffen werden, aber der liberalistische Kapitalismus hindert das, weil die wenigen genug zu haben scheinen und an der Wohlfahrt der vielen wenig Interesse zeigen.

Zu bedenken ist nach wie vor, ob im Interesse der Verteilung des Eigentums alle oder jedenfalls viele Bürger an den Unternehmen beteiligt werden könnten, durchaus mit Einfluß auf die Unternehmen, so daß wegen der eigentumsverteilenden Effekte der Unternehmensleistungen Interesse und Verantwortung vermittelt werden[2734]. Die Erträgnisse aus dem Anteilseigentum könnten weitgehend die staatliche Sorge für den Lebensunterhalt erübrigen und differenziertere Verhältnisse schaffen, welche der Bürgerlichkeit des Bürgers näherkämen.

[2729] *W. Leisner*, Erbrecht, HStR, Bd. VI, § 150, Rdn. 10.

[2730] I. d. S. *W. Leisner*, Der Sozialisierungsartikel als Eigentumsgarantie, S. 233 ff. (gegen „Totalsozialisierung", S. 242 f.); *H.-J. Papier*, in: Maunz/Dürig, GG, Art. 14, Rdn. 9; auch *O. Depenheuer*, in: v. Mangoldt/Klein/Starck, GG, Art. 15, Rdn. 2 ff. („Verfassungsfossil im Zeitaler der Globalisierung", Rdn. 4), Rdn. 8; zu Art. 15 GG grundlegend *H.-P. Ipsen*, VVDStRL 10 (1952), S. 74 ff.

[2731] Zum Recht auf Bildung und Ausbildung *G. Dürig*, in: Maunz/Dürig, GG, Art. 3 Abs. I, Rdn. 91 ff.; *P. Glotz/K. Faber*, HVerfR, S. 1369 ff., 1374 ff.; vgl. auch *R. Herzog*, HStR, Bd. III, § 58, Rdn. 80 („Bildungsförderung" als „Freiheitsvorsorge"); zurückhaltend *G. Manssen*, in: v. Mangoldt/Klein/Starck, GG, Art. 12 Abs. 1, Rdn. 14 f.

[2732] *Kant*, Zum ewigen Frieden, S. 259, *ders.*, Idee, S. 47; auch *J. Habermas*, Erkenntnis und Interesse, S. 343 ff.

[2733] *K. A. Schachtschneider*, Das Sozialprinzip, S. 31 ff., 40 ff.; *ders.*, Frei – sozial – fortschrittlich, S. 19 ff.; *ders.*, Res publica res populi, S. 234 ff.; vgl. i. d. S. BVerfGE 5, 85 (198, 206); *M. Kriele*, VVDStRL 29 (1971), S. 131; *ders.*, HVerfR, S. 146, 151; *W. Maihofer*, HVerfR, S. 489 ff., 507 ff.; dazu 11. Kap., III.

[2734] Kantisch i. d. S. *K. Kühl*, Eigentumsordnung als Freiheitsordnung, S. 292 ff.; *E.-J. Mestmäcker*, Mitbestimmung und Vermögensverteilung. Alternativen zur Umverteilung von Besitzständen, 1973, in: ders., Recht und ökonomisches Gesetz, 2. Aufl. 1984, S. 175 ff.; kritisch *W. Leisner*, Die Demokratische Anarchie, S. 362 ff. („Ordnungsverlust durch Verteilung", „Umverteilung anarchisiert").

V. Eigentum durch Markt und Wettbewerb

1. Die Eigentumsgewährleistung gehört zum freiheitlichen Privatheitsprinzip und stärkt den auf das Freiheitsprinzip gestützten Grundsatz der
Privatheit der Lebensbewältigung (menschenrechtliches Subsidiaritätsprinzip)[2735]. Das ist die Essenz der Eigentumslehre *Walter Leisners*. Dieses Privatheitsprinzip folgt aus der existentiellen Einzelheit (Individualität) jedes
Menschen, der sein Glück nach seinen Maximen zu suchen das Recht hat,
freilich nur insoweit, als er nicht andere Menschen lädiert[2736]. Das Privatheitsprinzip verwirklicht sich (u. a.) am Markt und im Wettbewerb[2737], so
daß deren Verteilungseffekte durch das Privatheitsprinzip und somit auch
durch die Eigentumsgewährleistung des Art. 14 Abs. 1 GG gerechtfertigt
werden, freilich nur im Rahmen der Sozialpflichtigkeit des Eigentums, welche aus dem Sozialprinzip folgt und in Absatz 2 des Art. 14 GG expliziert
ist[2738]. Das Privatheitsprinzip verbindet mit der Marktlichkeit und Wettbewerblichkeit ein eigenständiges (extrinsisches) Rechtlichkeitsprinzip. *Walter
Leisner* hat besonders herausgestellt, daß der Markt den Wert der Güter zu
bestimmen habe, wenn die Wirtschaftsverfassung auf „Privateigentum" gestellt sei[2739], und Art. 14 Abs. 3 GG als „Verbot der Wertbestimmung durch
den Staat" gedeutet[2740]. Die Richtigkeit und damit Rechtlichkeit der Vertei-

---

[2735] Grundlegend *J. Isensee*, Subsidiarität und Verfassungsrecht, S. 215 ff., 313 ff.;
K. A. Schachtschneider, Staatsunternehmen und Privatrecht, S. 189 f., 272 f.; *ders.*,
Die Verwaltung 31 (1998), S. 140 f.; *ders.*, Der Anspruch auf materiale Privatisie-
rung, S. 67 ff.; zum „Prinzip des Privateigentums" in „Kants Rechtsmetaphysik"
W. Kersting, Kant über Recht, S. 80 ff.; dazu 8. Kap., IV.

[2736] *Kants* Rechtsprinzip, Metaphysik der Sitten, S. 336 ff.; *G. Jakobs*, Norm,
Person, Gesellschaft, S. 9 ff., passim; dazu 2. Kap., III, VI, 5. Kap., III, 1.

[2737] *Kant*, Idee, S. 37 f.; *W. Leisner*, Sozialbindung des Eigentums, S. 219 ff.;
ders., Das Eigentum Privater – Vertragsfreiheit und Sozialbindung, S. 183; *ders.*,
auf das „Privateigentum" gestützt, Das Eigentum zwischen privatem Nutzen und sozialer Bindung, S. 539; *ders.*, Das Eigentum Privater – Grundpfeiler der sozialen
Marktwirtschaft, S. 712 ff.; *ders.*, Das Eigentum Privater – Privateigentum ohne privaten Markt, S. 724 ff.; *H. Krüger*, Allgemeine Staatslehre, S. 454 ff., 461 ff.;
K. A. Schachtschneider, Grenzen der Kapitalverkehrsfreiheit, S. 289 ff., 294 f.;
ders., Markliche Sozialwirtschaf, FS W. Lachmann, S. 41 ff.; dazu auch 8. Kap., VI.

[2738] *W. Leisner*, Sozialbindung des Eigentums, S. 43 ff., insb. S. 62 ff.; *ders.*, Der
Eigentümer als Organ der Wirtschaftsverfassung, S. 741 ff., insb. S. 755; vgl. auch
ders., Das Eigentum zwischen privatem Nutzen und sozialer Bindung, S. 537; vgl.
auch *ders.*, Grundrechte und Privatrecht, S. 162 ff.; i.d.S. auch *E. Benda*, HVerfR,
S. 781 f., 786 f.; *P. Badura*, HVerfR, S. 360; *K. A. Schachtschneider*, Grenzen der
Kapitalverkehrsfreiheit, S. 280, 289 ff.

[2739] Das Eigentum zwischen privatem Nutzen und sozialer Bindung, S. 540;
ders., Marktoffenes Verfassungsrecht, S. 698; *ders.*, Privateigentum ohne privaten
Markt? S. 734 f.

[2740] *W. Leisner*, Privateigentum ohne privaten Markt? S. 734 f.

lung am Markt materialisieren die Verträge, die im Rahmen der Gesetze geschlossen werden dürfen und geschlossen werden. Die Vertraglichkeit ist das Prozeßprinzip des Marktes[2741]. „Die Eigentumsgarantie bedeutet also, daß ein staatsunabhängiger Markt garantiert bleiben muß, weil durch erhebliche Marktveränderung jede beliebige Werteveränderung bewirkt werden kann"[2742]. *Walter Leisner* bekennt sich zu dem

> „Credo", „daß gerade ein dergestalt (sc. sozialpolitisch) grenzkorrigierter, aber eben doch primär und wesentlich ‚ein Markt', die beste soziale Gerechtigkeit darstellt, nicht der angeblich alles so menschlich ordnende Staatsbefehl, der im Kommunismus in Unmenschlichkeit geendet hat"[2743].

Er spricht aber selbst „von einer Ideologie".

In dem Maße, in dem mit der Privatheitlichkeit und damit Vertraglichkeit marktliche und wettbewerbliche Verteilung erlaubt wird, weitgehend weil sie um der menschenwürdigen Freiheit willen erlaubt werden muß, sind die Verteilungswirkungen des Marktes gerechtfertigt; denn der Wettbewerb ist nicht rechtlos, wenn er gesetzesgemäß ist, sondern entspricht dem allgemeinen Willen und damit dem Sittengesetz[2744]. Wettbewerb ist die Legalität des Marktes und im Rahmen der Gesetze die der marktlichen Sozialwirt-

---

[2741] *L. Raiser*, Vertragsfunktion und Vertragsfreiheit, in: E. v. Caemmerer/E. Friesenhahn/R. Lange (Hrsg.) Hundert Jahre Deutsches Rechtsleben, FS DJT 1860–1960, 1960, Bd. I, S. 101 ff.; *E.-J. Mestmäcker*, Über die normative Kraft privatrechtlicher Verträge, JZ 1964, 441 ff.; *ders.*, AcP 168 (1968), S. 247 f.; *B. Rebe*, Privatrecht und Wirtschaftsordnung, S. 173 ff.; *M. Wolf*, Rechtsgeschäftliche Entscheidungsfreiheit und vertraglicher Interessenausgleich, 1970, passim; *W. Schmidt-Rimpler*, AcP 147 (1941), S. 130 ff.; *ders.*, Zum Vertragsproblem, FS L. Raiser, 1974, S. 3 ff.; zum Vertragsprinzip als formale Richtigkeitsgewähr *K. A. Schachtschneider*, Staatsunternehmen und Privatrecht, S. 337 ff.; dazu 8. Kap., V, VII.

[2742] *W. Leisner*, Privateigentum ohne privaten Markt?, S. 735.

[2743] Marktoffenes Verfassungsrecht, S. 710; vgl. *F. A. von Hayek*, Recht, Gesetzgebung und Freiheit, Bd. 2, S. 62 ff., 66 ff., 93 ff., der die Gerechtigkeit prozedural verwirklicht sieht und einen spezifischen Topos sozialer Gerechtigkeit kritisiert; zur Lehre F. A. von Hayeks von Markt und Staat *M. Kläver*, Die Verfassung des Marktes, S. 174 ff.; weitergehend (Eigentum verabsolutierend) *R. Nozick*, Anarchie, Staat, Utopia, S. 143 ff., insb. S. 157 ff., 163 ff.; dazu *W. Kersting*, Theorien der sozialen Gerechtigkeit, S. 327 ff., 329 ff., 331 ff.; vgl. auch die Hinweise in Fn. 1467.

[2744] *A. Smith*, Der Wohlstand der Nationen. Vollständige Ausgabe nach der 5. Auflage (letzter Stand) London 1789, übersetzt und hrsg. von H. C. Recktenwald, 6. Aufl. 1993, IV. Buch, 9. Kap., S. 582; *F. A. v. Hayek*, Die Verfassung der Freiheit, S. 295 ff.; *ders.*, Recht, Gesetz und Wirtschaftsfreiheit, in: ders., Freiburger Studien, 1969, S. 47 ff. (50 ff.); *E. Hoppmann*, Soziale Marktwirtschaft oder konstruktivistischer Integrationismus?, in: ders., Wirtschaftsordnung und Wettbewerb, 1988, S. 70 f.; *E. Heuß*, Gerechtigkeit und Marktwirtschaft, Ordo Bd. 38, 1987, S. 3 ff. (16); kantisch *P. Koslowski*, Ethik des Kapitalismus, 5. Aufl. 1995, S. 45 ff. (insb. S. 49); dazu 8. Kap., V.

schaft[2745]. Freilich müssen die Grenzen, welche die Gesetze dem Wettbewerb ziehen, eingehalten werden, und die Gesetze müssen dem Prinzip Wettbewerb gemäß sein, d. h. die allgemeine Privatheit auch und vor allem als allgemeine Selbständigkeit bestmöglich wahren[2746]. Damit steuert die Eigentumsgewährleistung, welche allen ein die Selbständigkeit tragendes Eigentum verspricht, auch die Markt- und Wettbewerbsordnung. Außerdem kann der Gesetzgeber um der Selbständigkeit (Bürgerlichkeit) der Menschen willen, die das Sozialprinzip, aber auch das Demokratieprinzip zu fördern gebieten[2747], der marktlichen und wettbewerblichen Verteilung Grenzen ziehen, um insbesondere einer Verteilung entgegenzuwirken, welche die Unterschiedlichkeit zur rechtswidrigen Ungleichheit wachsen läßt. *Walter Leisner* bringt das auf die Formel: „Marktwirtschaft: Eigentumsproduktion – aber korrigiert durch Verteilung"[2748].

Erfolge am Markt sind somit unternehmerische Leistungen, welche die marktliche Eigentumsverteilung in den Grenzen der Gesetze rechtfertigen, obwohl Markt und Wettbewerb wesentlich von einer spekulativen Gewinnmaxime gesteuert sind und darum keine intrinsische Rechtfertigung in sich tragen. „Marktwirtschaft liegt vor, wenn alle spekulieren"[2749]. Der „Grund-

---

[2745] *K. A. Schachtschneider (O. Gast)*, Sozialistische Schulden nach der Revolution, S. 8, 155, Fn. 675; *ders.*, Die existentielle Staatlichkeit der Völker Europas, S. 132; *ders.*, in: W. Hankel u.a., Die Euro-Klage, S. 200 ff., 254 f.; *ders.*, Grenzen der Kapitalverkehrsfreiheit, S. 289 ff.; *ders.*, Marktliche Sozialwirtschaft, FS W. Lachmann, S. 41 ff.

[2746] Vgl. *E.-J. Mestmäcker*, Der verwaltete Wettbewerb, 1984 (kritisch); *P. Badura*, VVDStRL 23 (1966), S. 78.

[2747] BVerfGE 5, 84 (197 f.); i. d. S. *P. Häberle*, Wesensgehaltsgarantie S. 121 f.; *ders.*, VVDStRL 30 (1972), S. 90 ff.; ebenso *M. Kriele*, HVerfR, S. 145 ff.; *W. Maihofer*, HVerfR, S. 507 ff., 519 ff., der Prinzipien der Gleichheit und der Brüderlichkeit sozialpolitisch fruchtbar macht; i. d. S. auch *G. Ellscheid*, Das Problem von Sein und Sollen in der Philosophie Immanuel Kants, S. 105 ff. („Prinzip realer Freiheit aller", aus der Unbedingtheit des Sollens deduziert, S. 36 ff.); *R. Herzog*, HStR, Bd. III, § 58, Rdn. 27, 79 (i. S. einer „Freiheitsvorsorge"); wesentlich *H. F. Zacher*, HStR, Bd. II, § 28, Rdn. 8, 27 ff., 32 ff., 43 ff., 91 ff. 101, 116; dazu *K. A. Schachtschneider*, Frei – sozial – fortschrittlich, S. 11 ff.; *ders.*, Grenzen der Kapitalverkehrsfreiheit, S. 289 ff., 308 ff.; *W. Kersting*, Rechtsphilosophische Probleme des Sozialstaats, S. 21 ff., 24 ff. (w. H. in Fn. 2625); zur Verbindung des Republikbegriffs mit sozialer Programmatik im 19. Jahrhundert *W. Mager*, Republik, S. 629 ff.; *K. A. Schachtschneider*, Res publica res populi, S. 234 ff.; dazu 11. Kap., III.

[2748] Das Eigentum Privater – Vertragsfreiheit und Sozialbindung, S. 183.

[2749] *W. Leisner*, Sozialbindung des Eigentums, S. 123; vgl. zur Rehabilitierung der Spekulation *ders.*, Spekulation – ein politisches Schlagwort, 1981, in: ders., Eigentum, S. 758 ff.; kritisch *H. Krüger*, Allgemeine Staatslehre, S. 430; *N. Birnbaum*, Bl.f.dt.u.intern. Politik, 1997, S. 1447; kritisch auch *F. Lehner*, Spekulation statt Produktion – was treibt den modernen Kapitalismus? in: W. Nölling/K. A. Schacht-

satz einer offenen Marktwirtschaft mit freiem Wettbewerb" ist in der Europäischen Union allgemeiner Wille (Art. 4 Abs. 1 EGV), wenn und insoweit dies die wirtschaftliche Effizienz im Interesse des allgemeinen Wohlstands fördert (Art. 98 und Art. 105 EGV)[2750]. Nach der Erfahrung hängt der Erfolg der wettbewerblichen Marktwirtschaft davon ab, daß die Unternehmer und Verbraucher als homines phaenomenoi (antagonistisch[2751]) ihren besonderen Interessen (Neigungen) nachgehen dürfen[2752]. Die Grenze dieser Privatheit, welche der Gesetzgeber zu ziehen hat, ist die Gemeinverträglichkeit. Der Wettbewerb des Marktes ermöglicht die Willkür des einen über den anderen, aber diese Privatheit wird aus praktischer Vernunft um der Wohlfahrt willen erlaubt und ist somit frei, sittlich und gerecht. In diesem Sinne ist der „Eigentümer" in der Tat „Organ der Wirtschaftsverfassung"[2753], als Bürger nämlich.

2. Nicht jedwede Güterverteilung ist jedoch schon deswegen, weil sie am Markt erzielt wurde, hinnehmbar. Ein Übermaß an Deregulierung, welche die Aneignung von Rechtsprinzipien freistellt, entzieht der erzielten Güterverteilung die Rechtfertigung.

> „Vorzüglich darum ist das Sozialstaatsprinzip zum Verfassungsgrundsatz erhoben worden; es soll schädliche Auswirkungen schrankenloser Freiheit verhindern und die Gleichheit fortschreitend bis zu dem vernünftigerweise zu fordernden Maße verwirklichen" (BVerfGE 5, 85 (206)).

Das kaum noch staatlich gebundene globalisierende Unternehmertum kann nicht erwarten, daß seine Erträgnisse von den Völkern, denen es nicht dient, sondern dessen Möglichkeiten es benutzt, als Eigentum anerkannt wird, zumal wenn der personale Bezug der Unternehmen weitestgehend abhanden gekommen ist. Shareholder value ist keine universalisierbare Ver-

---

schneider/J. Starbatty (Hrsg.), Währungsunion und Weltwirtschaft, FS Wilhelm Hankel (70.), 1999, S. 327 ff.

[2750] Hinsichtlich des Effizienzvorbehalts a. A. *W.-H. Roth*, Der rechtliche Rahmen der Wirtschafts- und Währungsunion, EuR, Beiheft 1, 1994, S. 45, 47; zur marktwirtschaftlichen Konzeption *J. Basedow*, Von der deutschen zur europäischen Wirtschaftsverfassung, S. 26 ff., insb. S. 32; *E.-J. Mestmäcker*, Zur Wirtschaftsverfassung in der Europäischen Union, in: R. H. Hasse/J. Molsberger/Chr. Watrin (Hrsg.), Ordnung in Freiheit, FS für H. Willgerodt, 1994, S. 263; *K. A. Schachtschneider*, Das Recht und die Pflicht zum Ausstieg aus der Währungsunion, in: W. Hankel/ W. Nölling/K. A. Schachtschneider/J. Starbatty, Die Euro-Illusion. Ist Europa noch zu retten? 2001, S. 314 ff. (315); *ders.*, Die existentielle Staatlichkeit der Völker Europas, S. 132; *ders.*, Verfassungsklage Dr. P. Gauweiler, 2. Teil C, I.

[2751] *Kant*, Idee, S. 37 ff.; *H. Krüger*, Allgemeine Staatslehre, S. 454 ff.; vgl. auch *W. Leisner*, Die Demokratische Anarchie, S. 93, 359.

[2752] *A. Smith*, Der Wohlstand der Nationen, S. 17; *H. Krüger*, Allgemeine Staatslehre, S. 459 ff., 461 ff.

[2753] *W. Leisner*, Der Eigentümer als Organ der Wirtschaftsverfassung, S. 741 ff.

teilungsmaxime[2754]. Markt und Wettbewerb vermögen die unterschiedliche Güterverteilung nur insoweit zu begründen, als die Privatheit gemeinverträglich und die Effizienz gemeinnützig ist. Die Grenzen sind Sache der allgemeinen Gesetze, die den Willen des Volkes ausdrücken[2755]. Die Völker müssen dafür aber überhaupt noch die Möglichkeit haben, ihren Willen zur Geltung zu bringen.

Konzentration, Korruption und Kriminalität werden derzeit nicht in dem Maße unterbunden, als daß die weltweiten Wirkungsfelder der Unternehmen noch als Märkte, das Handeln der Unternehmen noch als Wettbewerb im Rechtssinne bezeichnet werden könnten[2756]. Auch Lobbyismus und Protektionismus verfälschen den Wettbewerb. *Walter Leisner* hat den „anarchisierenden Wettbewerb" als „Krieg aller gegen alle", der eine „Ordnung aus Unordnung" erstrebe, und den Markt als „Anarchieraum des Besitzes, völlig unvorhersehbar, bar jeder Ordnung" bezeichnet[2757]. Der wirtschaftliche Wettbewerb ist jedoch eine „staatliche Veranstaltung" und nur als solche legal[2758]. Voraussetzung des fairen Wettbewerbs ist die hinreichende Gleichheitlichkeit der Chancen am Markt[2759]. Das schließt auch die hinreichende

---

[2754] I. d. S. *H. Krüger*, Allgemeine Staatslehre, S. 482; *K. A. Schachtschneider*, Grenzen der Kapitalverkehrsfreiheit, S. 297 ff.; kritisch auch *A. Scherer*, Multinationale Unternehmen und Globalisierung, S. 112, 421 ff.; vgl. aber *K. Ohmae*, Die neue Logik der Weltwirtschaft. Zukunftsstrategien der internationalen Konzerne. 1992.

[2755] I. d. S. *Kant*, Metaphysik der Sitten, S. 365 f., 366 ff., 419, 423, 430 f., 464; *ders.*, Über den Gemeinspruch, S. 143 ff., 148; *K. A. Schachtschneider*, Res publica res populi, S. 519 ff., 637 ff., insb. S. 707 ff.; dieses demokratische Grundprinzip gibt *P. Badura*, Freiheit und Eigentum in der Demokratie, S. 29, weitgehend auf („Dieses Prinzip einer gesamtgesellschaftlichen Wohlfahrtsfunktion des Eigentums setzt auf die dynamische Kraft des privatautonom bestimmten Unternehmereigentums. Anderes mag für das Finanzkapital gelten," – immerhin!).

[2756] Kritisch auch *H. Krüger*, Allgemeine Staatslehre, S. 473 ff.

[2757] Die Demokratische Anarchie, S. 93 bzw. S. 359; ebenso *H. Krüger*, Allgemeine Staatslehre, S. 457 (Wettbewerb-Anarchie).

[2758] Vgl. *E.-J. Mestmäcker*, AcP 168 (1968), S. 235 ff., 248 ff.; kritisch *ders.*, Der verwaltete Wettbewerb; *E. Hoppmann*, Soziale Marktwirtschaft oder konstruktivistischer Interventionismus?, S. 93 (Zitat); *P. Badura*, VVDStRL 23 (1966), S. 78; *K. A. Schachtschneider*, Staatsunternehmen und Privatrecht, S. 283 f., 326 ff., 355, 393 f.; dazu 8. Kap., VI.

[2759] *E.-J. Mestmäcker*, AcP 168 (1968), S. 235 ff., insb. S. 246 ff.; *O. v. Nell-Breuning*, Können Neoliberalismus und katholische Soziallehre sich verständigen? in: H. Sauermann/E.-J. Mestmäcker (Hrsg.), Wirtschaftsordnung und Staatsverfassung, FS Franz Böhm (80.), 1975, S. 459 ff., insb. S. 468; *L. Raiser*, Rechtsschutz und Institutionenschutz im Privatrecht, in: Rechtswissenschaftliche Abteilung der Rechts- und Wirtschaftswissenschaftlichen Fakultät der Universität Tübingen (Hrsg.), Summum ius summa iniuria, Individualgerechtigkeit und der Schutz allgemeiner Werte im Rechtsleben, 1963, S. 145 ff., insb. 151 ff., 161 ff.; *K. A. Schachtschneider*, Staatsunternehmen und Privatrecht, S. 322 ff.; *ders.*, FS H. Steinmann,

Gleichheit der Kosten, insbesondere der Arbeitskosten, ein. Jedenfalls kann die neoliberale und neokapitalistische Konzeption des Globalismus nicht dem Sozialprinzip eines freiheitlichen Gemeinwesens, einer Republik also, genügen[2760]. In der marktlichen Sozialwirtschaft ist die gemeinschaftliche Verantwortung der Bürgerschaft für das gemeinsame Leben der Leitgedanke. Dieser schließt das Prinzip der Einheitlichkeit der Lebensverhältnisse ein (vgl. Art. 106 Abs. 3 S. 4 Nr. 2, aber auch Art. 72 Abs. 2 GG)[2761]. Nur ein Staat kann darum das Sozialprinzip verwirklichen, weil der Staat die Organisation für das Allgemeine der Bürger durch allgemeine Gesetze ist[2762]. Solange die Völker als existentielle Staaten verfaßt sind, ist die soziale Realisation darum national. „Eine Wirtschaftsverfassung der Sozialstaatlichkeit ist nicht möglich", meint dagegen *Walter Leisner*[2763]. Das überzeugt, wenn Staat und Gesellschaft mittels eines verengten Begriffs von Sozialstaatlichkeit[2764] gegeneinander gestellt werden. Der Staat aber ist das Gemeinwesen der Bürger, die Republik. Diese ist ihrem Wesen nach sozial und hat eine gemeinschaftliche Wirtschaft, die sie marktlich und wettbewerblich, weil privatheitlich[2765], bewältigt, soweit das erfolgreich ist. Der Staat darf die Hoheit über die Wirtschaft nicht aufgeben[2766].

„Das Eigentum ist Markt in potentia, der Markt ist Eigentum in actu, Markt ist letztlich nichts – als Eigentum", spitzt *Walter Leisner* zu[2767].

S. 431; *ders.*, Grenzen der Kapitalverkehrsfreiheit, S. 304; auch *W. Kersting*, Theorien der sozialen Gerechtigkeit, S. 360 ff.

[2760] *K. A. Schachtschneider*, Grenzen der Kapitalverkehrsfreiheit, S. 289 ff. (297 ff., 305 ff.); *ders.*, Demokratische und soziale Defizite der Globalisierung, S. 668 ff.

[2761] Vgl. *H. F. Zacher*, HStR, Bd. II, § 28, Rdn. 31 ff., 49 ff., 68 ff., 72 f. („ökonomische Mitte des ‚Sozialen'"); vgl. auch *R. Wendt*, Finanzhoheit und Finanzausgleich, HStR, Bd. IV, 1990, § 104, Rdn. 42; *P. Selmer*, Grundsätze der Finanzverwaltung des vereinten Deutschlands, VVDStRL, 52 (1993), S. 19 ff.; *K. A. Schachtschneider*, in: W. Hankel u. a., Die Euro-Klage, S. 252 ff.; *ders.*, GS W. Blomeyer, S. 245 ff.

[2762] *H. Heller*, Staatslehre, S. 163 ff., 228 ff., 238 ff.; *K. A. Schachtschneider*, Res publica res populi, S. 14 ff. (insb. S. 96), 159 ff. (insb. S. 161 f., 165), 175 ff., 370 ff.; *ders.*, Die Verwaltung 31 (1998), S. 142 ff.; *ders.*, Der Anspruch auf materiale Privatisierung, S. 40 ff.; *ders.*, Prinzipien des Rechtsstaates, S. 19 ff., 50 ff., 94 ff.

[2763] Privateigentum ohne privaten Markt?, S. 730 ff

[2764] Kritik bei *K. A. Schachtschneider*, Das Sozialprinzip, S. 31 ff.; auch *ders.*, Res publica res populi, S. 234 ff.; 11. Kap., III, auch 3. Kap., IX.

[2765] Vgl. Fn. 2737.

[2766] *K. A. Schachtschneider*, FS H. Steinmann, S. 426 ff., 430 ff.; *ders.*, Grenzen der Kapitalverkehrsfreiheit, S. 289 ff., 308 ff.; *ders.*, Demokratische und soziale Defizite der Globalisierung, S. 668 ff.; *ders.*, Verfassungsklage Dr. P. Gauweiler, 2. Teil, C.

[2767] Das Eigentum Privater – Privateigentum ohne privaten Markt?, S. 736; i. d. S. auch *ders.*, Sozialbindung des Eigentums, S. 219 ff.; ähnlich *H. Krüger*, Allgemeine Staatslehre, S. 465.

Aber Eigentum ist republikanisch und das heißt personal-sozial zu dogmatisieren und die Privatheitlichkeit der Märkte steht unter dem freilich dem Privatheitsprinzip verpflichteten Gesetzesvorbehalt[2768]. *Walter Leisner* hat das Wesentliche zur Eigentumsverfassung des Grundgesetzes gesagt:

> „Das Privateigentum ist in dem Sinne von Anfang an sozialisiert, daß es zugleich private und öffentliche Kompetenz bedeutet. Das Grundgesetz sozialisiert das Eigentum in der Hand des Eigentümers. Es gibt ihm Autonomie und Ermessen – aber kein Belieben"[2769].

VI. Wider den Eigentumsschutz des grenzenlosen Kapitalverkehrs

1. Die großen kapitalistischen Dominien der Versicherer, der Banken und der Industrien sind nicht von der Eigentumsgewährleistung etwa des Grundgesetzes getragen. Sie beruhen auf dem entpersonalisierten und entsozialisierten Eigentumsbegriff. Richtig hat das Bundesverfassungsgericht vor allem im Mitbestimmungsurteil den „personalen Bezug" der Eigentumsgewährleistung herausgestellt und den Grundrechtsschutz des Eigentums desto stärker zurückgedrängt, je mehr der Gebrauch des Eigentums sozialen Bezug hat[2770]. Die republikanische Idee des Eigentums ist verlassen, wenn der Einsatz von Kapital zur Herrschaft von Menschen über Menschen wird[2771]. So groß ist keine Leistung eines Menschen, so wertvoll ist keines Men-

---

[2768] Kritisch *W. Leisner*, Marktoffenes Verfassungsrecht, S. 704; dazu 8. Kap., II, IV.

[2769] Der Eigentümer als Organ der Wirtschaftsverfassung, S. 755; ganz so *H. Krüger*, Allgemeine Staatslehre, S. 430 ff., 434 ff.; vgl. i. d. S. zum Bürgerbegriff *K. A. Schachtschneider*, Res publica res populi, S. 211 ff., 11. Kap., I, II; zum Begriff der freien Willkür 2. Kap., VI, VII; 8. Kap., II.

[2770] BVerfGE 50, 290 (340 f.); auch BVerfGE 37, 132 (141 ff.); 38, 348 (370); 42, 263 (294); 50, 290 (340 f.); 52, 1 (32); 53, 257 (291 ff.); 58, 137 (147 f.); 70, 191 (201); 79, 292 (302 ff.); 84, 382 (385); 87, 114 (146); 95, 64 (84); grundlegend *G. Dürig*, ZfgesStw 109 (1953), S. 344 ff., 346 ff.; kritisch *W. Leisner*, HStR, Bd. VI, § 149, Rdn. 161 ff.; *R. Wendt*, in: Sachs, GG, Art. 14, 3. Aufl. 2003, Rdn. 89 ff.; auch *O. Depenheuer*, in: v. Mangoldt/Klein/Starck, GG, Art. 14, Rdn. 12 ff., 277 ff.

[2771] Vgl. *K. Kühl*, Eigentumsordnung als Freiheitsordnung, S. 267 ff., auch S. 277 ff., insb. S. 283 ff., zu den Grenzen der „Kapitalakkumulationen", S. 297 ff. zur Herrschaft mittels Eigentum; i. d. S. auch *W. Leisner*, Der Eigentümer als Organ der Wirtschaftsverfassung, S. 750 ff., 755 ff.; kritisch für Großunternehmen auch *H. Krüger*, Allgemeine Staatslehre, S. 431, 542 f.; *H. Rittstieg*, AK-GG, Art. 14/15, Rdn. 101 ff.; *W. Däubler*, Eigentum und Recht in der BRD, S. 191, 216 ff., 222 ff.; *N. Birnbaum*, Bl.f.dt.u.intern. Politik, 1997, S. 1448 ff.; kritisch auch *F. Tönnies*, Das Eigentum, S. 11 ff., 16 ff., 24 ff.; dazu, selbst unkritisch, *R. Wendt*, Eigentum und Gesetzgebung, S. 93 ff.

schen Arbeit, so weit darf das Erbrecht nicht gehen, daß Eigentum zur Herrschaft wird. Auch das heißt: Eigentum verpflichtet (Art. 14 Abs. 2 S. 1 GG). Es verpflichtet zum sittlichen Gebrauch, der die anderen als Brüder achtet, nämlich zum Gebrauch in Freiheit. Sozialbindung des Eigentums mahnt die Brüderlichkeit an.

Dieser Ansatz hat für die Entwicklung der Kapitalverhältnisse wenig Wirkung entfaltet, zumal er sich gegenüber der internationalistischen Kapitalverkehrsfreiheit[2772] nicht zu behaupten vermag. Politik als ausübende Rechtslehre[2773], die ein hinreichendes Maß an Staatlichkeit als allgemeiner Gesetzlichkeit erfordert, und Marktlichkeit, deren umverteilenden Effekten die integrationistische und darüber hinaus globalistische Deregulierung Hindernisse aus dem Weg geräumt hat, stoßen zum einen als staatliche Freiheit und zum anderen als nichtstaatliche Willkür hart aufeinander. Dieser die Menschheitsentwicklung bestimmende Konflikt spiegelt sich auch in der Eigentumsdogmatik wider. Politisch ist der republikanische, personale und soziale, Eigentumsbegriff. Gewissermaßen (im griechischen Sinne[2774]) unpolitisch ist der entpersonalisierte, liberalistische Eigentumsbegriff, der die iustitia distributiva[2775] begrifflich eliminiert. Er entstaatlicht, entdemokratisiert und entsozialisiert das gemeinsame Leben durch einen Mangel an Regulierung und liefert es privatistischen Mächten aus, indem er die Ordnung der Güter dem allgemeinen Gesetz weitestgehend zu entziehen versucht. Diese deregulierende Privatisierung[2776] wird als Verwirklichung von Freiheit gepriesen, weil Freiheit mit Eigentum und damit letztlich mit privater

---

[2772] Dazu *J. C. W. Müller*, Kapitalverkehrsfreiheit in der Europäischen Union. Bedeutung, Inhalt und Umfang, Weiterentwicklung, Auswirkung auf Völkerrecht und nationales Recht, 2000; *W. Frenz*, Handbuch Europarecht, Bd. 1, Europäische Grundfreiheiten, 2004, 10. Kap., S. 1023 ff.; kritisch *K. A. Schachtschneider*, Grenzen der Kapitalverkehrsfreiheit, S. 253 ff.; *ders.*, Demokratische und soziale Defizite der Globalisierung, S. 668 ff. (680 ff.).

[2773] *Kant*, Zum ewigen Frieden, S. 228 ff.; zum wenig substantiellen Politikbegriff des Bundesverfassungsgerichts *W. Leisner*, Der Begriff des „Politischen" nach der Rechtsprechung des Bundesverfassungsgerichts, 1961, in: ders., Staat, S. 305 ff.

[2774] Vgl. *H. Arendt*, Was ist Politik?, S. 35 ff.; *D. Sternberger*, Drei Wurzeln der Politik, insb. S. 87 ff.; *ders.*, Der alte Streit um den Ursprung der Herrschaft, S. 11 ff.; *Ch. v. Krockow*, Staat, Gesellschaft, Freiheitswahrung, S. 438 ff.

[2775] Zur „distributiven Gerechtigkeit" des Eigentumsbegriffs der Rechtsmetaphysik Kants *W. Kersting*, Kant über Recht, S. 69 ff. (insb. S. 77, 81 ff., auch S. 112 f.), der stärker herausstellen könnte, daß die Formen des Prozeduralismus, Gesetz und Vertrag, materiale Verteilung implizieren, nämlich deren grundsätzliche Gleichheitlichkeit.

[2776] Dazu *K. A. Schachtschneider*, Der Euro-Beschluß des Bundesverfassungsgerichts, S. 51 ff.; *ders.*, FS W. Hankel S. 119 ff.; *ders.*, Grenzen der Kapitalverkehrsfreiheit, S. 289 ff., 308 ff.; kritisch auch *N. Birnbaum*, Bl.f.dt.u.intern. Politik, 1997, S. 1448 ff.

Herrschaft verwechselt wird[2777]. Solche dominiale Privatheit ist Herrschaft, welche durch Rechtlosigkeit definiert ist, also Despotie (dominium, patria) potestas[2778]. Der Herrschaft korrespondiert Untertänigkeit[2779]. Der liberalistische Privateigentümer herrscht über die Besitzlosen, etwa die Arbeitnehmer, und darüber hinaus über das eigentumslose Gemeinwesen. Gegenüber herrschaftlichen Privateigentümern ist die Freiheit und mit ihr die Bürgerlichkeit verloren. Die Menschen werden Untertanen, jetzt einer privatistischen Obrigkeit juristischer „Personen"[2780], der institutionellen Investoren und deren Manager. Freiheitlich ist demgegenüber nur die allgemeine herrschaftslose Gesetzlichkeit und damit die Gewährleistung eines dem Gleichheits- und Brüderlichkeitsprinzip gemäßen Eigentums für alle. Freiheit und Herrschaft sind unversöhnlich[2781].

Unternehmerischer, auf Kapital gestützter, Einfluß ist politischer Einfluß, weil ein Unternehmen Sache des Gemeinwesens ist[2782]. Das erhellt schon aus dem Unternehmensrecht, welches (soweit das noch möglich ist) die Unternehmen weitgehend in die Staatlichkeit einbindet[2783]. Die Bürger werden zunehmend Untertanen der Unternehmen, jedenfalls bestimmter Unternehmen, insbesondere der Großversicherer, der Großbanken und der Groß-

---

[2777] Zur Herrschaftlichkeit des Eigentums *H. P. Ipsen*, VVDStRL 10 (1952), S. 74 ff., der durchgehend von „Eigentumsherrschaft" handelt; *H. Krüger*, Allgemeine Staatslehre, S. 421 ff.; *H. Rittstieg*, AK-GG, Art. 14/15, Rdn. 24, 100 ff.; *R. Wendt*, Eigentum und Gesetzgebung, S. 14 ff., 101 ff., der Eigentum als „rechtliche Herrschaft" und zugleich als „Eigentumsfreiheit" bezeichnet; weitere Hinweise in Fn. 2493.

[2778] *D. Sternberger*, Drei Wurzeln der Politik, S. 87 ff.; *ders.*, Herrschaft und Vereinbarung, S. 115 ff.; *ders.*, Der alte Streit über den Ursprung der Herrschaft, S. 21, 26 ff. (u.ö.); *P. Moraw*, Herrschaft, S. 6, 9; *Ch. Meier*, Macht, Gewalt, daselbst, S. 820 f., 830 ff.; *K. A. Schachtschneider*, Res publica res populi, S. 76 ff., 132 f., 182 f.

[2779] *K. A. Schachtschneider*, Res publica res populi, S. 79 ff.; 3. Kap., II.

[2780] Kritisch schon *G. Dürig*, ZfgesStW 109 (1953), S. 346 f.; *K. A. Schachtschneider*, Grenzen der Kapitalverkehrsfreiheit, S. 297 ff., 305 ff., 319 ff.; *ders.*, Demokratische und soziale Defizite der Globalisierung, S. 680 ff.

[2781] *K. A. Schachtschneider*, Res publica res populi, S. 71 ff., insb. S. 124 ff., 153 ff.; i.d.S. auch *N. Birnbaum*, Bl.f.dt.u.intern.Politik, 1997, S. 1448 ff.; *M. Forschner*, Rousseau, S. 100, 101 ff.; 3. Kap., insb. V.

[2782] I.d.S. *W. Leisner*, Der Eigentümer als Organ der Wirtschaftsverfassung, S. 753; *H. Krüger*, Allgemeine Staatslehre, S. 407 ff., 430 ff.; *K. A. Schachtschneider*, FS H. Steinmann, S. 414 ff., 418 ff., 426 ff.; *ders.*, Grenzen der Kapitalverkehrsfreiheit, S. 319 ff.; *ders.*, Demokratische und soziale Defizite der Globalisierung, S. 683 f., 692 ff.; *A. G. Scherer*, Multinationale Unternehmen und Globalisierung, S. 279 ff.

[2783] Zur funktionalen Staatlichkeit institutionell Privater *K. A. Schachtschneider*, Res publica res populi, S. 211 ff.; *ders.*, Die Verwaltung 31 (1998), S. 139 ff.; *ders.*, Der Anspruch auf materiale Privatisierung, S. 40 ff., 45 ff.; dazu 8. Kap., I.

industrie, aber auch der Großmedien, welche ihre Herrschaft als Privatheit, ja als Freiheit zu legitimieren versuchen[2784]. Die liberalistische Ideologie einer kapitalistischen Unternehmensfreiheit[2785] verwechselt Freiheit mit Kapital, wie der Zweite Senat des Bundesverfassungsgerichts mit dem Dostojewskiwort im Euro-Beschluß: „Geld ist geprägte Freiheit"[2786]. Diese Ideologie sucht die Legitimation des Freiheitsbegriffs für jedwedes Eigentum, als wenn Freiheit etwas anderes sein könnte als Bürgerlichkeit[2787]. Geld zu haben gibt Möglichkeiten zu handeln, also Eigentum. Frei ist der Mensch auch ohne Geld; denn die Freiheit ist mit dem Menschen geboren (Art. 1 AEMR)[2788]. Wenn Geld Freiheit wäre, wäre die Freiheit höchst ungleich verteilt. Der Gebrauch des Eigentums ist politisches Handeln; denn er hat Wirkung auf die anderen Menschen, augenscheinlich der Einsatz von Kapital, von dem das Schicksal vieler Menschen abhängen kann. Letzterer darf nicht zur Herrschaft werden, weil Politik nur als Verwirklichung der allgemeinen Freiheit Rechtlichkeit zu begründen vermag. Wenn umgekehrt Freiheit als Eigentum verstanden wird, wird der citoyen, falls er Besitz hat, zum bourgeois[2789], falls nicht, zum Proletarier[2790]. „Streben wir zunächst die vollendete Bürgerschaft an", postuliert demgegenüber zu Recht *Norman Birnbaum*[2791].

[2784] Kritisch *H. Krüger*, Allgemeine Staatslehre, S. 407 ff., 454 ff., 473 ff.

[2785] Vgl. dazu *H.-J. Papier*, HVerfR, S. 820 ff., 832 ff.; *ders.*, VVDStRL 35 (1977), S. 57; *R. Scholz*, in: Maunz/Dürig, GG, 1981, Art. 12, Rdn. 115, 130, 136 f.; *H.-U. Erichsen*, HStR, Bd. VI, 1990, § 152, Rdn. 60 ff.; *R. Breuer*, HStR, Bd. VI, § 147, Rdn. 31, 61; vgl. *W. Leisner*, HStR, Bd. VI, § 149, Rdn. 108 ff., 112 ff.; *ders.*, Marktoffenes Verfassungsrecht, S. 702 ff.; kritisch *K. A. Schachtschneider*, Staatsunternehmen und Privatrecht, S. 353 ff.; *ders.*, Res publica res populi, S. 386 ff., 394 ff., 1021 ff.; *ders.*, Grenzen der Kapitalverkehrsfreiheit, S. 263 ff., insb. S. 319 ff.; dogmatisch zur Unternehmensfreiheit *ders.*, Produktwarnung der Bundesregierung. S. 114 ff., 152 ff., 187 ff.; *ders.*, Konkurrentenklage, S. 459 ff.

[2786] BVerfGE 97, 350 (371); vgl. *W. Leisner*, Das Eigentum zwischen privatem Nutzen und sozialer Bindung, S. 539: „Bürgereigentum" – „geronnene Freiheit"; Nachweis des Satzes in Fn. 2707.

[2787] *K. A. Schachtschneider*, Res publica res populi, S. 207 ff., 527 ff.; i.d.S. *W. Maihofer*, HVerfR, S. 427 ff.; dazu 2. Kap., III, 5. Kap., II, 2.

[2788] *Rousseau*, Vom Gesellschaftsvertrag, I, 1, S. 5; *Kant*, Metaphysik der Sitten, S. 345; dazu *K. A. Schachtschneider*, Res publica res populi, S. 253 ff.; *ders.*, Prinzipien des Rechtsstaates, S. 28 ff., 40 ff.; dazu 1. Kap.

[2789] Dazu *M. Riedel*, Bürger, Staatsbürger, Bürgertum, S. 672 ff.; *ders.*, Der Begriff der „Bürgerlichen Gesellschaft", S. 77 ff., zu *Hegel*, Rechtsphilosophie, § 190; *K. A. Schachtschneider*, Staatsunternehmen und Privatrecht, S. 143 ff.; *ders.*, Res publica res populi, S. 212 ff.

[2790] Dieser Begriff, den der Marxismus benutzt, vgl. das Kommunistische Manifest, kommt aus der römischen Republik und bezeichnet den Angehörigen der untersten Volksklasse (proletarius).

[2791] Bl.f.dt.u.intern.Politik, 1997, S. 1458.

Das Aktieneigentum etwa sollte um der Bürgerlichkeit willen unter den Bürgern verteilt sein, damit nicht die einen die anderen kraft ihres Einflusses auf die Unternehmen beherrschen können, schon gar nicht wenige die verbleibenden vielen[2792]. Ob Anteile an Unternehmen von Personen, zumal juristischen Personen, gehalten werden dürfen, welchen kein politischer Einfluß in der Republik zusteht, wird zur Frage, weil der unternehmerische Einfluß zugleich ein politischer Einfluß ist, ohne daß die Anteilseigner Bürger sind, geschweige denn die juristischen Personen, etwa international agierende institutionelle Investoren, eine neue Bourgeoisie im Marxschen Sinne[2793].

2. Die Kapitalverkehrsfreiheit widerspricht der territorialen Begrenzung des politischen Legitimationssystems und damit der existentiellen Staatlichkeit. Sie schafft gewissermaßen ein weltweites privatistisches Latrocinium[2794], freilich ohne staatliche Institutionen und ohne freiheitliche, also demokratische Legitimation, weil sie geradezu schicksalhaft das wirtschaftliche Leben zusammenführt. Der weltweite Kapitalverkehr bedarf um des Rechts willen weltweiter Staatlichkeit, was nicht schon heißt, eines Weltstaates[2795]. Die von Kapitaleignern beherrschte liberalistische Welt muß republikanisiert, d.h. im eigentlichen Sinne politisiert werden. Der Rechtsgrund eines volksstaatlichen Schutzes des Kapitals aus aller Welt kann somit nur ein anderer sein als der des Schutzes der Selbständigkeit, der Bürgerlichkeit der Bürger. Weltweite Möglichkeiten der Allokation des Kapitals stärken die betriebswirtschaftliche Effizienz der global agierenden Unternehmen und stützen damit deren Postulat der Kapitalverkehrsfreiheit[2796]. Daß die Kapitalverkehrsfreiheit die volks- oder weltwirtschaftliche

---

[2792] Dazu W. *Leisner*, „Kleineres Eigentum" – Grundlage der Staatsordnung, 1976, in: ders., Eigentum, S. 253, insb. S. 273 ff.; im Sinne des Textes N. *Birnbaum*, Bl.f.dt.u.intern.Politik, 1997, S. 1451; auch H. *Kühl*, Eigentumsordnung als Freiheitsordnung, S. 286.

[2793] Vgl. das Manifest der Kommunistischen Partei, Teil II, das zwischen Eigentum und Kapital unterscheidet („In der bürgerlichen Gesellschaft ist das Kapital selbständig und persönlich, während das tätige Individuum unselbständig und unpersönlich ist".); zur Rechtsfrage K. A. *Schachtschneider*, Grenzen der Kapitalverkehrsfreiheit, S. 253 ff.

[2794] *Augustinus*, Der Gottesstaat (De civitate Dei), IV, 4–6: „Was anders sind also Reiche, wenn ihnen Gerechtigkeit fehlt, als große Räuberbanden".

[2795] Zur territorial gestuften Staatseigenschaft und Staatlichkeit K. A. *Schachtschneider*, Die Republik der Völker Europas, S. 170 ff., 174 ff.; ders., FS W. Nölling, S. 279 ff.; zur Weltstaatsfrage O. *Höffe*, Demokratie im Zeitalter der Globalisierung, S. 229 ff., 267 ff., 315 ff.; A. *Emmerich-Fritsche*, Vom Völkerrecht zum Weltrecht, Teil 5. Teil.

[2796] H. *Siebert*, Disziplinierung der nationalen Wirtschaftspolitik durch die internationale Kapitalmobilität, in: D. Duwendag (Hrsg.), Finanzmärkte im Spannungs-

Effizienz in aller Welt und den Wohlstand der Nationen oder der Weltbevölkerung mehrt, ist eine gewagte Annahme, wie die weltweiten Krisen erweisen, auch die deutsche Krise. Es gibt Gewinner und Verlierer[2797].

Der weltweite Kapitalverkehr kann Volkswirtschaften ruinieren, ohne daß die Akteure dafür gegenüber den betroffenen Bürgerschaften Verantwortung tragen müssen und ohne daß die Bürgerschaften sich dagegen wehren können[2798]. Die Kapitalverkehrsfreiheit gerät mit der Bürgerlichkeit der Republik als der politischen Freiheit der Bürger in Widerspruch. Jedenfalls bedarf sie einer Ordnung, welche die existentielle Staatlichkeit der Völker nicht verletzt, solange das Legitimationssystem territorial begrenzt ist, d.h. die politische Freiheit in Völkern demokratisch verwirklicht wird[2799]. Die völkervertragliche Gegenseitigkeit der Kapitalverkehrsfreiheit vermag nur in Grenzen eine Rechtfertigung zu geben. Einerseits muß die Gegenseitigkeit eine materiale Realität haben; die Verträge dürfen also nicht faktisch der einen Seite die Chancen und der anderen Seite die Gefahren zuweisen. Andererseits darf der grenzüberschreitende Kapitalverkehr den Völkern nicht die politische Freiheit nehmen und zur Fremdherrschaft führen.

Volkswirtschaft ist in dem Sinne Staatswirtschaft, daß die Bürgerschaft, also das Volk, der Staat im weiteren Sinne ist[2800]. Privatheit aber darf sich in der Republik nur im Rahmen der das Gemeinwohl definierenden Gesetze entfalten. Es ist mit einer Republik als einem Bürgerstaat unvereinbar, daß die Bürgerschaft ihre Politik nicht, jedenfalls nicht wesentlich, bestimmen kann. Die Selbständigkeit, welche das Eigentum um der Freiheit,

---

feld von Globalisierung, Regulierung und Geldpolitik, 1998, S. 41 ff.; kritisch *F. Lehner*, FS W. Hankel, S. 327 ff.; *J. Müller*, Kapitalverkehrsfreiheit in der Europäischen Union, S. 54.

[2797] *A. G. Scherer*, Multinationale Unternehmen und Globalisierung, S. 78 ff.; *P. A. Samuelson*, Where Ricardo and Mill Rebut and Confirm Arguments of Mainstream Economists Supporting Globalization, Page 135 ff.; *K. A. Schachtschneider*, GS W. Blomeyer, S. 264 ff.; *ders.*, Demokratische und soziale Defizite der Globalisierung, S. 680 ff.

[2798] Kritisch *H. Krüger*, Allgemeine Staatslehre, S. 430 ff.; *D. Suhr*, Eigentumsinstitut und Aktieneigentum, S. 96 ff.; *K. A. Schachtschneider*, Grenzen der Kapitalverkehrsfreiheit, S. 297 ff., 305 ff., 319 ff.; *ders.*, Demokratische und soziale Defizite der Globalisierung, S. 680 ff.

[2799] Dazu *K. A. Schachtschneider*, Die existentielle Staatlichkeit der Völker Europas, S. 87 ff., 111 ff.; *ders.*, Die Republik der Völker Europas, S. 161 ff.; *ders.*, Grenzen der Kapitalverkehrsfreiheit, S. 308 ff.; *ders.*, FS W. Nölling, S. 308 ff., 313 ff.; i.d.S. das Maastricht-Urteil BVerfGE 89, 155 (181 ff.).

[2800] *K. A. Schachtschneider*, Res publica res populi, S. 14 ff., 100.; *ders.*, Der Anspruch auf materiale Privatisierung, S. 33 ff., 40 ff., 45 ff. (53 ff.); *ders.*, Prinzipien des Rechtsstaates, S. 55 ff., 58 f.; vgl. *N. Birnbaum*, Bl.f.dt.u.intern.Politik, 1997, S. 1448 ff.

also um der Selbstbestimmung willen, begründen soll, rechtfertigt nicht die Herrschaft von nicht in die Bürgerschaft eingebundenen, als Eigentümer anerkannten Kapitaleignern, etwa der Shareholder[2801], oder gar der Manager, die für ihr Handeln keine wirkliche Verantwortung, nämlich persönliche Haftung, zu tragen haben[2802]. Das ist Heteronomie, nicht Autonomie des Willens der Bürger. Die Privatheitlichkeit der Verhältnisse trägt nicht schon deren Herrschaftlichkeit. Es kommt auf die Freiheitlichkeit der Gesetze an, welche die Verhältnisse bestimmen. Das setzt aber auch hinreichende Gesetzlichkeit voraus, welche derzeit unter der Flagge des Liberalismus durch den kapitalistischen Privatismus abgebaut wird. Einem Kapital, das nicht dem Gemeinwohl verpflichtet werden kann, weil es sich entstaatlicht hat, ist Eigentumsschutz durch Art. 14 Abs. 1 GG nicht gewährleistet[2803]. Es ist kein Eigentum, wie es das Grundgesetz verfaßt; ihm mangelt nicht nur der soziale, sondern auch der personale Bezug, wie die Flüchtigkeit der Innehabung und die „Freiheit von der eigenen Verantwortung" erweist[2804]. Art. 19 Abs. 3 GG, der nur „inländischen juristischen Personen" den Schutz der Grundrechte zusagt, muß darum gar nicht bemüht werden. Grundrechtlicher Eigentumsschutz des globalisierenden Kapitals widerspricht dem Wesen der personal-sozialen Eigentumsgewährleistung einer Republik[2805].

[2801] Ganz so H. *Krüger*, Allgemeine Staatslehre, S. 430 ff., 481; dazu auch wesentlich P. *Ulrich*, Der entzauberte Markt, insb. S. 60 ff.

[2802] D. *Suhr*, Eigentumsinstitut und Aktieneigentum. S. 98 ff., insb. S. 100; H. *Rittstieg*, AK-GG, Art. 14/15, Rdn. 103; A. G. *Scherer/A. Löhr*, Verantwortungsvolle Unternehmensführung im Zeitalter der Globalisierung. Einige kritische Bemerkungen zu den Perspektiven einer liberalen Weltwirtschaft, FS für H. Steinmann, 1999, S. 261 ff.

[2803] Für den Schutz von Anteilseigentum durch Art. 14 Abs. 1 GG, schon wegen Art. 15 GG zu Recht, BVerfGE 50, 290 (339 ff., insb. 341 ff.), das freilich die Problematik globalisierten Eigentums nicht im Auge hatte, vgl. auch BVerfGE 14, 263 (278); 25, 371 (407); so auch W. *Leisner*, Eigentum, S. 130 ff.; H.-J. *Papier*, in: Maunz/Dürig, GG, Art. 14, Rdn. 195; R. *Wendt*, Eigentum und Gesetzgebung, S. 93 ff., 99, 390 ff.; *ders.*, in: Sachs, GG, 1996, Art. 14, Rdn. 68; kritisch D. *Suhr*, Eigentumsinstitut und Aktieneigentum, S. 83 ff., 96 ff., insb. S. 100; *ders.*, Entfaltung des Menschen durch die Menschen, S. 212 ff.; K. A. *Schachtschneider*, Grenzen der Kapitalverkehrsfreiheit, S. 274 ff., 297 ff.

[2804] D. *Suhr*, Eigentumsinstitut und Aktieneigentum, S. 96 ff. (Zitat S. 100); so auch H. *Krüger*, Allgemeine Staatslehre, S. 431 f. („praktische Risikolosigkeit, Unverantwortlichkeit, Liquidität" der GmbH-Anteile und vor allem der Inhaberaktien – „nur noch Karikatur eines substantiell begriffenen Eigentums"); W. *Däubler*, Eigentum und Recht in der BRD, S. 189 ff., 216 ff., 222 ff.; kritisch auch K. *Kühl*, Eigentumsordnung als Freiheitsordnung, S. 283 ff.; ebenfalls F. *Lehner*, FS W. Hankel, S. 329 ff.

[2805] K. A. *Schachtschneider*, Grenzen der Kapitalverkehrsfreiheit, S. 263 ff. (274 ff.); *ders.*, Demokratie versus Kapitalismus, Zeitfragen Nr. 24 v. 10.6.2002,

VII. Verwirklichung der allgemeinen Freiheit durch Eigentumsgewährleistung

Die Eigentumsdogmatik kann nicht von dem Kräftefeld des Verfassungsgesetzes insgesamt abgetrennt werden[2806]. Das republikanische Sozialprinzip als das Prinzip der Brüderlichkeit oder das Prinzip der Gemeinschaftlichkeit des Lebens gebietet, die Eigentumsdogmatik so zu konzipieren, daß sie die Gleichheit in der Freiheit nicht unterminiert. Die Reduzierung des demokratischen Prinzips auf die Wahlen und Berufungen der Repräsentanten ist bestens geeignet, diese Aspekte des Rechts zu verschleiern. Über die allgemeine Gesetzlichkeit oder die Rechtlichkeit als Wirklichkeit der allgemeinen Freiheit hinaus gibt es keine rechtmäßige Staatlichkeit, ja keine Staatlichkeit im Rechtssinne, sondern allenfalls eine sich als Staatlichkeit ausgebende Herrschaft oder eben die Despotie, und sei diese auch sanft. Republiken als Gemeinwesen der Freiheit oder Staaten des Rechts sind dadurch definiert, daß sie die allgemeine Freiheit durch allgemeine Gesetzlichkeit verwirklichen[2807]. *Kant* definiert den „Staat (civitas)" als „die Vereinigung einer Menge von Menschen unter Rechtsgesetzen"[2808].

Der politische Status der Bürger kann keinesfalls auf das Wahlrecht beschränkt werden[2809]. Bürgerliche, also freie, gleiche und vor allem allgemeine Wahlen sind für die demokratische Legitimation der Politik und damit für die freiheitliche, also sittliche, Repräsentation notwendig[2810], aber sie geben nur einen begrenzten Einfluß auf die Politik des Gemeinwesens, der es nicht zu ändern vermag, daß die Menschen, die Bürger zu sein bean-

---

1 ff.; vgl. auch *ders.*, Demokratische und soziale Defizite der Globalisierung, S. 668 ff.

[2806] Vgl. BVerfGE 14, 263 (277 f.); 18, 121 (132); 20, 351 (356); 21, 73 (82); 24, 367 (396); 25, 112 (117); 31, 229 (240); 37, 132 (141); *H. Rittstieg*, AK-GG,; auch Art. 14/15, Rdn. 155 ff.; auch *O. Depenheuer*, in: v. Mangoldt/Klein/Starck, GG, Art. 14, Rdn. 8 ff.

[2807] *K. A. Schachtschneider*, Res publica res populi, S. 279 ff., 325 ff., 411 ff., 519 ff., 637 ff.; *ders.*, Prinzipien des Rechtsstaates, S. 19 ff., 50 ff., 94 ff., passim; dazu 2. Kap., III, IV, 5. Kap., II, 3, auch 7. Kap., III.

[2808] Metaphysik der Sitten, S. 431; dazu *W. Kersting*, Wohlgeordnete Freiheit, S. 258 ff.; i. d. S. ebenso *Montesquieu*, Vom Geist der Gesetze, XI, 3, S. 210; *W. Maihofer*, HVerfR, S. 468; *K. A. Schachtschneider*, Res publica res populi, S. 519 ff.; *ders.*, Prinzipien des Rechtsstaates, S. 56; vgl. *W. Leisner*, Marktoffenes Verfassungsrecht, S. 701.

[2809] So aber *U. Di Fabio*, in: Maunz/Dürig, GG, Art. 2 Abs. 1, Rdn. 23.

[2810] *M. Kriele*, VVDStRL 29 (1971), S. 61 ff.; *ders.*, Einführung in die Staatslehre, 4. Aufl. 1990, S. 327 ff., 6. Aufl. 2003, S. 257 f.; *K. A. Schachtschneider*, Res publica res populi, S. 41, 66, 788 ff.

spruchen können, zunehmend zu Untertanen degradiert werden[2811], zumal im (zudem internationalistischen) Parteienstaat[2812].

Die allgemeinen Gesetze dienen dem guten Leben aller in allgemeiner Freiheit[2813] und müssen darum die Verträglichkeit des Handelns aller Menschen mit dem Leben und Handeln aller anderen Menschen im Lande sicherstellen[2814]. Gesetzeszweck ist freilich nicht nur die Sicherung der Verträge, sondern auch das gute Leben aller, weil die Verträge der Menschen untereinander dies nicht zu gewährleisten vermögen, nicht nur weil nicht alle Menschen über die hinreichend gleiche Selbständigkeit verfügen, sondern weil die Vertragspartner trotz der Wirkung der Verträge auf alle die Lage aller nicht berücksichtigen können. Zum einen kennen sie diese allenfalls ausnahmsweise, und zum anderen kann jeder Mensch seine Interessen nur selbst wahrnehmen. Das ist die Grundlage der demokratischen Idee einer Republik, welche dennoch auf eine den Interessenausgleich durchaus gefährdende Repräsentation angewiesen ist, nicht zuletzt um einer (notwendig) despotischen Mehrheitsherrschaft[2815] zu entgehen[2816]. Die repräsentierenden Verfassungsorgane entscheiden nämlich (dem Prinzip nach) für alle Bürger und dürfen das nur, weil sie wie jeder Abgeordnete, Beamte oder Richter das ganze Volk vertreten[2817]. Das Mehrheitsprinzip der Parteiendemokratie verkennt diese republikanische Dogmatik[2818]. Die Gesetze regeln insbesondere die Steuern, welche die Möglichkeiten des Handelns begrenzen. Es versteht sich, daß die Steuergesetzgebung Eigentumsgesetzgebung und darum auch an Art. 14 Abs. 1 GG zu messen ist[2819].

[2811] *K. A. Schachtschneider*, Der Euro-Beschluß des Bundesverfassungsgerichts, S. 19 ff.; *ders.*, FS W. Hankel, S. 119 ff.

[2812] *K. A. Schachtschneider*, Res publica res populi, S. 772 ff., 1045 ff.; *ders.*, FS H. Quaritsch, S. 141 ff.; *ders.*, Prinzipien des Rechtsstaates, S. 46 ff., 176 ff.

[2813] Dazu 5. Kap., II, III, 2. Kap.

[2814] *K. A. Schachtschneider*, Res publica res populi, S. 325 ff., 519 ff., 560 ff., 584 ff.; dazu 2. Kap., IV, VI, 5. Kap., II, 3.

[2815] *Kant*, Zum ewigen Frieden, S. 207; zum Mehrheitsgrundsatz *W. Leisner*, Die Demokratische Anarchie, S. 108 ff.; *ders.*, Staatseinung, Ordnungskraft föderaler Zusammenschlüsse, S. 161 ff.; dazu 3. Kap., IV, 1.

[2816] *K. A. Schachtschneider*, Res publica res populi, S. 106 ff., 637 ff.

[2817] *K. A. Schachtschneider*, Res publica res populi, S. 707 ff.

[2818] *K. A. Schachtschneider*, Res publica res populi, S. 106 ff., 717, auch S. 1060 ff., 1086 ff., 1122 ff.; dazu 3. Kap., IV, 1.

[2819] Restriktiv schützt das Bundesverfassungsgericht das Eigentum nur vor übermäßiger (erdrosselnder) Belastung durch staatlich auferlegte Geldleistungspflichten, BVerfGE 14, 221 (241); 19, 119 (128 f.); 23, 12 (30); 23, 288 (315); 27, 111 (131); 38, 61 (102); 63, 312 (327); 63, 343 (368); 70, 219 (230); 72, 200 (248); 78, 232 (243); 82, 159 (190); 93, 121 (137); 95, 267 (300); 105, 17 (32); 108, 186 (233); 110, 274 (290); (weitergehend für das Vermögen der persönlichen Le-

Die repräsentative Gesetzgebung, insbesondere die Steuergesetzgebung[2820], gefährdet institutionell die eigentumsmäßige Sozialität des Gemeinwesens. Dennoch ist die Repräsentation notwendig[2821]. Nur muß sie der Erkenntnis des Rechts dienen[2822] und wird darum in dem Maße eine Gefahr der allgemeinen Freiheit, in dem sie besonderen Interessen, irriger Dogmatik oder gar Ideologien verfällt. Der Diskurs um das Recht, der so schmerzlich mißlingt, vor allem, soweit die mächtigste Instanz des Rechts in Deutschland, das Bundesverfassungsgericht, versagt[2823], ist eine Notwendigkeit der Republik. Die Entwicklung der praktizierten Eigentumsdogmatik erweist das Defizit an philosophischem Diskurs um das Recht.

Das Eigentum aller Bürger muß um deren Gesetzgeberschaft willen einen gleichheitlichen Einfluß auf die Politik der Republik ermöglichen. Demgemäß darf den Bürgern das Eigentum nicht allzu unterschiedlich zugemessen werden[2824]. Ein Übermaß an Eigentum einzelner Bürger ist darum genauso republikwidrig wie der Mangel daran. *Rousseau* hat demgemäß ein hinreichend gleiches Maß an Möglichkeiten des Handelns für alle Bürger postuliert[2825]. Es ist verständlich, daß die republikanischen Erkenntnisse

---

bensführung BVerfGE 91, 121 (141 f.); *O. Depenheuer*, in: v. Mangoldt/Klein/Starck, GG, Art. 14, Rdn. 160 ff. (169), 384 ff.; weitergehend *H.-J. Papier*, in: Maunz/Dürig, GG, Art. 14, Rdn. 165 ff., 169 ff.; im Sinne des Textes auch BVerfGE 24, 367 (389); 50, 290 (339 f.)), st. Rspr.; *W. Leisner*, HStR, Bd. VI, § 149, Rdn. 124 ff.; *ders.*, Steuer- und Eigentumswende – die Einheitswert-Beschlüsse des Bundesverfassungsgerichts, S. 858 ff.; *P. Kirchhof*, VVDStRL 39 (1981), S. 234 ff.; *H. H. v. Arnim*, Besteuerung und Eigentum, VVDStRL 39 (1981), S. 301 f.; *P. Badura*, HVerfR, S. 351 ff.; *K. A. Schachtschneider*, Staatsunternehmen und Privatrecht, S. 347 ff., 353 ff.; *ders. (O. Gast)*, Sozialistische Schulden nach der Revolution, S. 177; *ders.*, Steuerverfassungsrechtliche Probleme der Betriebsaufspaltung und der verdeckten Gewinnausschüttung, S. 57 ff.; *ders.*, Umsatzbesteuerung der Mineralölsteuer – ohne sachlichen Grund und ohne rechtes Maß –, Gutachten 2001; *M. Klawonn*, Die Eigentumsgewährleistung als Grenze der Besteuerung, D, E, S. 56 ff., 153 ff.; *M. Pausenberger*, Eigentum und Steuern in der Republik, Sechster Teil, 2. Kapitel.

[2820] Zur nivellierenden Macht des Steuerstaates *W. Leisner*, Der Steuerstaat – Weg der Gleichheit zur Macht, 1986, in: ders., Eigentum, S. 823 ff.; *ders.*, Von der Leistung zur Leistungsfähigkeit – die soziale Nivellierung. Ein Beitrag wider das Leistungsfähigkeitsprinzip, 1983, daselbst, S. 845 ff.

[2821] *K. A. Schachtschneider*, Res publica res populi, S. 637 ff.; dazu *ders.*, Prinzipien des Rechtsstaates, S. 52 ff.

[2822] *K. A. Schachtschneider*, Res publica res populi, S. 707 ff., auch S. 560 ff., 584 ff., 637 ff.

[2823] *K. A. Schachtschneider*, Der Euro-Beschluß des Bundesverfassungsgerichts, S. 19 ff., insb. S. 55 ff.; *ders.*, Die Rechtsverweigerung im Euro-Beschluss des Bundesverfassungsgerichts, S. 274 ff.; zur funktionalen Gesetzgebung durch das Bundesverfassungsgericht *ders.*, Prinzipien des Rechtsstaates, S. 92 ff., 207 ff., 244 ff.

[2824] I. d. S. *W. Leisner*, Der Eigentümer als Organ der Wirtschaftsverfassung, S. 741 ff.; *ders.* auch, Marktoffenes Verfassungsrecht, S. 709.

Rousseaus dem Liberalismus ein Dorn im Auge sind. Aber die Proportionalität auch der Güterverteilung hat bereits *Aristoteles*, der Philosoph der Mitte[2826], um der praktischen Vernunft willen gelehrt[2827].

Eigentum ist aber ungleich verteilt, und das Maß der Ungleichheit der Eigentumsverteilung nimmt stetig zu. Durch die Ungleichheit der Verteilung wächst der politische Einfluß derer, welche mehr, viel mehr Eigentum haben als andere oder eben die vielen. Das fundamentale Prinzip der Gleichheit in der Freiheit wird durch die Disproportionalität der Eigentumsordnung verletzt, weil die Freiheit als die Autonomie des Willens sich in der allgemeinen Gesetzgeberschaft verwirklicht und demgemäß den hinreichend gleichen Einfluß jedes Bürgers auf die Politik gebietet. Freiheit setzt eben, wenn sie gleich sein soll, eine hinreichend gleiche Selbständigkeit aller Bürger voraus. Der Kampf um die materiale Gleichheit und das ungleiche Eigentum[2828] geht weiter und wird nie ein Ende finden. Er sollte für die Freiheit geführt werden. Die gegenwärtige Verteilung des Eigentums in Deutschland und erst recht in der Welt ist grobes Unrecht.

Eigentum ist wesensgemäß privatheitlich und ermöglicht dadurch politischen Einfluß ohne demokratische Bindung, so daß Eigentum als (vermeintliches) „Herrschaftsrecht"[2829] institutionell entstaatlicht. Die Entstaatlichung wird zur Entdemokratisierung der Lebenswirklichkeit, wenn sie privatistische Herrschaft ermöglicht. Einerseits ist eigentumsgestützte Privatheit als Selbständigkeit Bedingung der als Republik konzipierten Demokratie[2830], andererseits entläßt das Privatheitsprinzip die Lebensverhältnisse aus der allgemeinen staatlichen Verantwortung und überantwortet sie privatheitlichen Maximen, die dem gemeinen Wohl nur genügen, wenn sie gemeinverträglich sind. Es kommt auf das rechte Maß der Privatheit und der Staatlichkeit an. Dieses müssen die Gesetze materialisieren, aber auch materiali-

---

[2825] *Rousseau*, Vom Gesellschaftsvertrag, I, 9, Fußnote, S. 26; auch *Montesquieu*, Vom Geist der Gesetze, V, 3 ff., S. 139 ff.; *Fichte*, Der geschlossene Handelsstaat, 1800, Erstes Buch, Erstes Kapitel, II; dazu i.d.S. *W. Maihofer*, HVerfR, S. 507 ff.; *M. Forschner*, Rousseau, S. 57 ff. (60 f.).

[2826] Nikomachische Ethik, Zweites Buch, passim.

[2827] Politik, 1295b 1 ff., 40 ff., S. 151 ff., auch 1291b 30 ff., S. 143.

[2828] Vgl. *W. Leisner*, insb., Der Gleichheitsstaat, Macht durch Nivellierung, 1980; dazu *W. Kersting*, Kritik der Gleichheit, S. 23 ff., 97 ff.; *ders.*, Probleme der politischen Philosophie des Sozialstaats, S. 17 ff.; *ders.*, Politische Solidarität statt Verteilungsgerechtigkeit? S. 202 ff.; *ders.*, Theorien der sozialen Gerechtigkeit, 2000; dazu auch die weiteren Schrifen in dem von W. Kersting herausgegebenen Sammelband Politische Philosophie des Sozialstaats, 2000.

[2829] Hinweise in Fn. 2493.

[2830] Vgl. *W. Leisner*, Marktoffenes Verfassungsrecht, S. 706 f.; vgl. auch *ders.*, Der Eigentümer als Organ der Wirtschaftsverfassung, S. 742 ff. („Grundrechte sind Demokratie", S. 744); dazu III, 11. Kap., III.

sieren können. *Walter Leisner* aber fragt: „Mehr Demokratie wagen – mehr Markt wagen: Wo liegt der Unterschied?"[2831].

Ein Konzept der Antinomie von Freiheit und Eigentum entspricht nicht dem Grundgesetz und schon gar nicht der menschheitlichen Verfassung des Menschen. Den Primat genießt die politische Freiheit. Die aber ist allgemein und gleich. So notwendig das Eigene für das Leben und Handeln des Menschen ist, so hat es doch für die Wirklichkeit der Freiheit eine dienende Funktion. Der Großeigentümer hat die Verfassung nicht auf seiner Seite, wenn auch in Grenzen das Grundgesetz. Er kann eben enteignet werden und hat lediglich ein Recht auf angemessene Entschädigung, welche „die Interessen der Allgemeinheit und der Beteiligten gerecht" abzuwägen hat. Auch eine Bodenreform ist erlaubt, wenn sie freiheitlich, d.h. von praktischer Vernunft bestimmt ist[2832]. Freilich darf sie nicht von einer fremden Macht durchgeführt werden[2833]. Wenn das Eigentum an Grund und Boden reformiert wird, muß das im übrigen gleichheitlich in Ost und West geschehen. Die Eigentumsgewährleistung des Grundgesetzes ist nicht die Garantie des Kapitalismus und schon gar nicht eine Grundlage herrschaftlicher Verhältnisse, sondern muß als Stütze der Freiheit dogmatisiert werden. Die liberalistische Dogmatisierung des Eigentums drängt das Sozialprinzip des Grundgesetzes und mehr noch dessen Republikprinzip weitgehend aus der Verfassungswirklichkeit und verhindert damit den Weg zur Menschheit der Menschen. Der Neoliberalismus ist logisch neokapitalistisch und entpolitisiert das Eigentum im Sinne der Entdemokratisierung und Entsozialisierung. Das Mittel dieser Derepublikanisierung ist die entstaatlichende Internationalisierung, welche die rechtlichen Bindungen auflöst. Die Hobbessche Konzeption, daß der Leviathan das Eigentum unabhängig davon schützen solle, wie das Eigentum angeeignet wurde[2834], ist in einem Gemeinwesen der Freiheit, Gleichheit und Brüderlichkeit untragbar.

Die kantischen Aspekte der Eigentumsgewährleistung sind das Gegenteil einer kommunistischen Konzeption[2835] des gemeinsamen Lebens ohne (un-

---

[2831] Marktoffenes Verfassungsrecht, S. 707.

[2832] Dazu *W. Leisner*, Die Bodenreform im Lichte einer freiheitlichen Wirtschafts- und Gesellschaftsordnung, 1974, in: *ders.*, Eigentum, S. 310 ff.

[2833] A.A. BVerfGE 84, 90 ff.; 94, 12 ff.; dazu kritisch *W. Leisner*, Das Bodenreformurteil des Bundesverfassungsgerichts. Kriegsfolge- und Eigentumsentscheidung, 1991, in: *ders.*, Eigentum, S. 635 ff.; *ders.*, Verfassungswidriges Verfassungsrecht. Nach dem „Bodenreform-Urteil" des Bundesverfassungsgerichts, 1992, daselbst, S. 651 ff.; *K. A. Schachtschneider (O. Gast)*, Sozialistische Schulden nach der Revolution, S. 49, 130.

[2834] *W. Kersting*, Kant über Recht, S. 80 ff.

[2835] So auch *W. Kersting*, Transzendentalphilosophische Eigentumsbegründung, S. 48 ff., *ders.*, Kant über Recht, S. 64 ff. („Zwei antikommunistische Argumente Kants"), auch S. 59 f., 77 ff.

ternehmerisches) Eigentum[2836]. Sie setzen den Bürger als Bürger ins Recht, nicht einen vermeintlichen Staat, welcher der Sache nach eine Herrschaftsorganisation von Parteifunktionären, gestützt auf Waffengewalt, gegebenenfalls einer fremden Macht, ist, wie der sogenannte realexistierende Sozialismus, von dem sich jedenfalls die Deutschen in der DDR durch eine Art Revolution befreit haben[2837]. Die republikanischen Aspekte ziehen lediglich die Konsequenz aus dem Menschenrecht auf Eigentum, welches daraus folgt, daß der Mensch ohne Eigenes nicht leben kann und Eigentum (im weiteren Sinne) mit der Freiheit insofern untrennbar verbunden ist, als niemand frei ist, der nicht selbstbestimmt leben und handeln kann. Die Freiheit aller Menschen aber ist apriorisch gleich[2838]. Die Freiheit ist nach *Kant* das einzige mit dem Menschen geborene Recht, das Urrecht[2839]. Wenn arm und reich im Übermaß auseinanderdriften, schafft das geradezu zwangsläufig Herren und Knechte, Obrigkeit und Untertanen; denn Herren und Obrigkeit sind alle die, welche es vermögen, andere zu nötigen, nach ihrer Willkür zu leben und zu handeln, also die Macht haben, anderen die Freiheit zu nehmen, wie zunehmend die global agierenden Unternehmer, seien es die Anteilseigner der Unternehmen, seien es die Unternehmensführer.

Die Ordnung des Mein und Dein, von arm und reich, die Ordnung des Eigentums und damit die Wirklichkeit der allgemeinen Freiheit durch allgemeine Selbständigkeit sind eine Aufgabe geworden, welche in weltweitem Verbund bewältigt werden muß; denn Art. 1 der Allgemeinen Erklärung der Menschenrechte lautet, um es zu wiederholen:

> „Alle Menschen sind frei und gleich an Würde und Rechten geboren. Sie sind mit Vernunft und Gewissen begabt und sollen einander im Geiste der Brüderlichkeit begegnen."

Eine Politik der Freiheit, Gleichheit, Brüderlichkeit für die Welt ist gefragt. Politische Grundeinheiten der menschheitlichen Welt sind die Völker und deren Republiken. Der Frieden unter den Völkern gibt der Welt die Chance der allgemeinen Wohlfahrt. Dieser Frieden bedarf des Weltrechts,

---

[2836] Vgl. *W. Leisner*, HStR, Bd. VI, § 149, Rdn. 18 ff., 54 ff., auch Rdn. 108 ff.; *G. Brunner*, HStR, Bd. I, § 11, Rdn. 33 f.; *K. Pleyer*, Zentralplanwirtschaft und Zivilrecht, Juristische Untersuchungen zur Wirtschaftsverfassung der SBZ, 1965, S. 4 ff., 172, u. ö.; grundsätzlich *W. Berg*, VVDStRL 51 (1992), S. 52 f. („eigentümerloses Eigentum"); *N. Horn*, Das Zivil- und Wirtschaftsrecht im neuen Bundesgebiet, 2. Aufl. 1993, S. 336 ff.; *K. A. Schachtschneider (O. Gast)*, Sozialistische Schulden nach der Revolution, S. 109 ff.

[2837] *K. A. Schachtschneider (O. Gast)*, Sozialistische Schulden nach der Revolution, S. 50 ff.

[2838] Hinweise in Fn. 6, 1908.

[2839] Metaphysik der Sitten, S. 345; dazu 2. Kap., III, 1, auch 5. Kap., II, 1.

das sich entwickelt hat und weiter entwickeln muß[2840], weil die Menschen und Völker in einer Schicksalsgemeinschaft leben, auch in einer Arbeitsgemeinschaft. Freilich wäre ein Weltstaat das Ende der Freiheit, weil Republiken kleine Einheiten sein müssen.

Alle Menschen dieser Welt sollen Bürger ihrer Welt, Weltbürger[2841], sein können. Freiheit, Gleichheit, Brüderlichkeit durch Eigentum für alle Menschen – eine Idee der Menschheit, die Aufgabe des Rechts!

[2840] Dazu umfassend *A. Emmerich-Fritsche*, Vom Völkerrecht zum Weltrecht, i. E.

[2841] Dazu *Kant*, Zum ewigen Frieden, S. 213; *ders.*, Metaphysik der Sitten, S. 475 ff.; vgl. *R. Brandt*, Vom Weltbürgerrecht, in: O. Höffe (Hrsg.), Immanuel Kant. Zum ewigen Frieden, 1995, S. 133 ff. (143 ff.); *O. Höffe*, Wirtschaftsbürger, Staatsbürger, Weltbürger, S. 151 ff.

Elftes Kapitel

Bürger in der Republik

„Ich wünschte ein Bürger zu sein." – *Theodor Mommsen*

I. Vernachlässigung des Bürgerbegriffs in der Staatsrechtslehre

Der Begriff des Bürgers hatte im deutschen Staatsrecht der Gegenwart bis vor kurzem nicht gerade Konjunktur. Das großangelegte Lehrbuch von *Klaus Stern* zum Staatsrecht der Bundesrepublik Deutschland enthält in den ersten fünf Bänden das Stichwort Bürger nicht, geschweige denn, daß dem Bürger ein Paragraph gewidmet wäre, wenn auch von „Bürgerinitiative", „staatsbürgerlichen Rechten" u. ä. und in Band V von 2000 über die geschichtlichen Grundlagen des Deutsches Staatsrechts von den „Bürgerbewegungen" in der untergehenden DDR gehandelt wird. Einen schmalen Befund bietet das Handbuch des Staatsrechts der Bundesrepublik Deutschland, das *Josef Isensee* und *Paul Kirchhof* herausgegeben haben. *Josef Isensee* benutzt in dem Beitrag zu „Staat und Verfassung" das Wort Bürger, meist als Teilwort, etwa „Bürgertugend", „Bürgerfreiheit", verschiedentlich und in dem Beitrag zu den „Grundrechtsvoraussetzungen und Verfassungserwartungen an die Grundrechtsausübung" durchgehend. Dort befaßt er sich auch mit dem Bürger als Rechtsbegriff[2842]. Freilich paßt ein republikanischer Bürger, der „citoyen", nicht in seine Herrschaftslehre, vielmehr degradiert er den Bürger liberalistisch zum „bourgeois", der zudem dem Staat subordiniert sei und den Grundrechten verdanke, daß er sich als (vom (?)) „Untertan zum Bürger erheben" könne[2843]. Auch *Paul Kirchhof* hat in seiner Lehre vom allgemeinen Gleichheitssatz den Bürger und Staatsbürger im Blick, der aber in einen „Herrschaftsverband" eingebunden und „Herrschaftsunterworfener" der „Herrschaftsbefugten" sei, der „elementare", „fundamentale" Un-

---

[2842] HStR, Bd. I, 1987, § 13, S. 591 ff., insb. Rdn. 108, Bd. II, 3. Aufl. 2004, § 15, S. 3 ff., insb. Rdn. 132; HStR, Bd. V, 1992, § 115, etwa Rdn. 3, 49, 51, 84, 85, 102, 104, 105, 107 ff., 131 ff., 136 ff., 164 f., 182, 193, 220, 224 f., 228 ff., 234 ff. (Tugendmodell), 237 ff. (Interessenmodell), 249, 256 f., 264.

[2843] HStR, Bd. V, § 115, Rdn. 51, 84 f., 224, 236, 237 ff., 243 ff., 249 (Zitat Rdn. 84).

terschied[2844], also doch kein Bürger. *Wilhelm Loschelder* benutzt das Wort Bürger, *Rolf Grawert* behandelt knapp den „Staatsbürgerstatus" als den „citoyen", *Hans Heinrich Rupp* und *Walter Schmitt Glaeser* erörtern die „Doppelrolle des Individuums als citoyen und bourgeois"[2845]; *Wilhelm Henke* widmet in seiner Abhandlung über die Republik dem Bürger genausowenig ein Stichwort wie das Handbuch insgesamt bis 1989. Genausowenig thematisiert *Rolf Gröschner*, der die Republik in der Dritten Auflage des Handbuches behandelt, den Bürger, obwohl er ihn, sei es als „Bourgios", sei es als „Citoyen", mehrfach anspricht[2846]. *Walter Schmitt Glaeser* allerdings handelt schon 1987 von der „Grundrechtlichen Freiheit des Bürgers zur Mitwirkung an der Willensbildung"[2847]. Erst in dem Ende 1992 erschienenen Band V zu den „Allgemeinen Grundrechtslehren" taucht der Begriff „Bürger" im Stichwortverzeichnis auf. Auch die Allgemeine Staatslehre von *Reinhold Zippelius*[2848], die Grundzüge des Verfassungsrechts von *Konrad Hesse*[2849], aber auch die Lehrbücher des Deutschen Staatsrechts von *Theodor Maunz* und *Reinhold Zippelius* sowie das des Staatsrechts von *Hartmut Maurer* thematisieren den Bürger nicht[2850]. *Christoph Enders* erörtert 1997 „Die Menschenwürde in der Verfassungsordnung" und stellt die Frage nach der Freiheit in den Mittelpunkt seiner Überlegungen, kommt aber auf den Bürger nicht zu sprechen. *Gerd Morgenthaler* hat 1999 die „Freiheit durch Gesetz" zum Gegenstand seiner Habilitationsschrift gemacht, spricht mit *Rudolf Smend*[2851] den Bürger als bourgeois und als citoyen auf S. 201 f. an und handelt von der „bürgerlichen Freiheit" und der „bürgerlichen Gesellschaft"[2852], macht aber den Bürger nicht zum Thema. In seiner

---

[2844] HStR, Bd. V, § 124, etwa Rdn, 2, 67, 78, 126, 185.

[2845] W. *Loschelder*, Grundrechte im Sonderstatus, HStR, Bd. V, 1992, § 123, etwa Rdn. 2, 7, 10; R. *Grawert*, HStR, Bd. II, § 16, Rdn. 56 f.; H. H. *Rupp*, Bd. II, § 31, Rdn. 18; W. *Schmitt Glaeser*, HStR, Bd. III, § 38, Rdn. 3; auch R. *Gröschner*, HStR, Bd. II, § 23, Rdn. 48, 58, 67.

[2846] HStR, Bd. II, § 23, Rdn. 48, 53, 57 f., 67, u. ö.

[2847] HStR, Bd. II, § 31, S. 39 ff.; so auch HStR, Bd. III, 3. Aufl. 2004, § 38, S. 229 ff.

[2848] Allgemeine Staatslehre. Politikwissenschaft, 14. Aufl. 2003, der aber den Begriff Bürger verwendet, etwa S. 355 „Freiheit der Bürger", S. 358 „Bürgerpflichten", S. 361 „demokratischer Anspruch aller Bürger auf Teilhabe an der Staatsgewalt".

[2849] Grundzüge des Verfassungsrechts der Bundesrepublik Deutschland, 20. Aufl. 1995, der den Begriff des Bürgers durchaus benutzt, etwa Rdn. 283 f., 287, S. 129 ff. („Bürgerrechte"), Rdn. 146, S. 65 („Staatsbürger").

[2850] *Th. Maunz/R. Zippelius*, Deutsches Staatsrecht, 27. Aufl. 1988, 29. Aufl. 1994, 30. Aufl. 1998, auch nicht in der 31. Auflage 2005 des Lehrbuchs von R. *Zippelius* mit *Th. Würtenberger*.

[2851] Bürger und Bourgeois im deutschen Staatsrecht, S. 309 ff.

[2852] S. 99 ff., 154 ff., 162 ff. bzw. S. 133 ff.

Allgemeinen Staatslehre befaßt sich *Herbert Krüger* in § 38 substantiell mit dem „Untertanen und dessen Gehorsam". *Erhard Denninger* hat sich 1967 auf der Grundlage der Sozialtheorie Max Schelers der Problematik „Rechtsperson und Solidarität" gewidmet und das Verhältnis des Bürgers zum Staat, eingebettet in die Problematik des subjektiven Rechts, in Kritik an der Statuslehre Jellineks (S. 289 ff.) und an der Lehre von der „qualitativen Allgemeinheit" des citoyen als „sittlichem Vernunftwesen" (S. 299 ff.) erörtert. *Peter Häberle* spricht den Bürger und dessen „öffentlichen Status öffentlicher Freiheit und eigener Gemeinwohlzuständigkeit" an[2853]. Er begreift die Demokratie des Grundgesetzes nicht als „Volks-", sondern (richtig) als „Bürgerdemokratie"[2854]. Das Menschenwürdeprinzip konzipiert *Häberle* im Sinne der sogenannten Objektformel Günter Dürigs kantianisch und bürgerlich[2855]. *Häberles* kulturwissenschaftliche Rechtslehre stellt seit langem den Bürger und Menschen in den Mittelpunkt des Staatsrechts[2856]. *Werner Maihofer* entwickelt seine grundlegende Lehre von den Prinzipien der freiheitlichen Demokratie in der 2. Auflage von 1994 des Handbuches des Verfassungsrechts noch stärker als in der ersten von 1983 zu einer Lehre vom „Bürgerstaat", den er rousseauisch und kantianisch konzipiert[2857]. *Martin Kriele* baut seine durchaus kantianische Staatslehre auf der substantiellen Idee der Bürgerlichkeit des Menschen auf: „Jeder Mensch hat einen naturrechtlichen Anspruch darauf, Bürger eines Staates zu sein, der ihn in seiner Menschenwürde schützt"[2858]. Ich habe 1974 im „Sozialprinzip" den

---

[2853] Öffentlichkeit im demokratischen Staat, S. 138; auch in: Die Verfassung des Pluralismus, daselbst, S. 56 ff., 59, 63; *ders.*, „Öffentliches Interesse" als juristisches Problem. Eine Analyse von Gesetzgebung und Rechtsprechung, 1970, S. 710, 719.

[2854] *P. Häberle*, Öffentlichkeitsarbeit der Regierung zwischen Parteien- und Bürgerdemokratie, JZ 1977, 361 ff.; *W. Schmitt Glaeser*, HStR, Bd. II, 1987, § 31, Rdn. 33, war ihm gefolgt.

[2855] HStR, Bd, II, § 22, Rdn. 7, 38, 43, 99; *ders.*, Staatsrechtslehre im Verfassungsleben – am Beispiel Günter Dürigs, in: ders., Die Verfassung des Pluralismus, Studien zur Verfassungstheorie der offenen Gesellschaft, 1980, S. 110 ff.; durchgehend kantianisch *ders.*, Das Menschenbild im Verfassungsstaat, insb. S. 43; zur Objektformel weitere Hinweise in Fn. 302, 579, 1591.

[2856] „Öffentliches Interesse" als juristisches Problem, S. 708 ff., 716 ff.; *ders.*, Die Menschenwürde als Grundlage der staatlichen Gemeinschaft, HStR, Bd. II, § 22, Rdn. 1 ff., zur Objektformel Rdn. 7, 38, 43, 69, 99, zum Bürger insb. Rdn. 65 ff.; *ders.*, Das Menschenbild im Verfassungsstaat, 2. Aufl. 2001.

[2857] HVerfR, 1983, S. 173 ff., etwa S. 187, 2. Aufl. 1994, S. 427 ff., 449 ff., 462 ff., 478 ff. und ständig, auch S. 1202, 1707, 1712; *ders.* auch, Realität der Politik und Ethos der Republik, S. 84 ff.

[2858] Einführung in die Staatslehre, 6. Aufl. 2003, S. 194; vgl. auch *ders.*, Habeas Corpus als Urgrundrecht, 1973, in: ders., Recht – Vernunft – Wirklichkeit, 1990, S. 71 ff. (S. 85); ganz so *Kant*, Metaphysik der Sitten, S. 374 („wirkliches Rechtsgesetz der Natur auf die „bürgerliche Verfassung"); dazu *W. Kersting*, Kant über Recht, S. 75 ff., 107 ff.

Untertanen, dem der Staat Grundrechte als „Als-Ob-Freiheiten" gewähre, als „Als-ob-Bürger" kritisiert, weil er weder über ökonomische noch über politische Selbständigkeit verfüge[2859]. Meine Freiheits-, Rechts- und Staatslehre (Res publica res populi, 1994) ist eine Bürgerlehre.

Auch das Bundesverfassungsgericht verwendet die Worte Bürger und Staatsbürger verschiedentlich. Meist ist damit nicht viel mehr gesagt als mit den Worten „der einzelne"[2860], wenn auch die Objektformel, die das Gericht praktiziert[2861], den Menschen als Bürger konzipieren muß. Liberalistisch begriffen wäre diese Formel widersinnig. Zunehmend verwendet das Gericht jedoch den Bürgerbegriff im substantiellen Sinne der politischen Freiheit und spricht von einem „Recht des Bürgers auf Teilhabe an der politischen Willensbildung des Volkes"[2862] und sogar von der „Freiheit der politischen Betätigung der Bürger, die durch die vom Grundgesetz verfaßte Demokratie konstituiert und gewährleistet wird"[2863]. Im Maastricht-Urteil hat das Bundesverfassungsgericht dem „Bürger", den es auch den „wahlberechtigten Deutschen" nennt, ein subjektives Recht zuerkannt, „an der Wahl des Deutschen Bundestages teilzunehmen und dadurch an der Legitimation der Staatsgewalt durch das Volk auf Bundesebene mitzuwirken und auf ihre Ausübung Einfluß zu nehmen"[2864]. Dadurch ist der Bürger als zentrale Institution der Republik und der Grundrechtsschutz der politischen Freiheit zu einem wesentlichen Teil dogmatisiert[2865].

Die breite literarische, auch staatsrechtliche, Erörterung der Partizipationsbewegung der frühen siebziger Jahre ist nicht zur Entwicklung eines Begriffs vom Bürger vorgedrungen, obwohl das Wort Bürger der Bewegung

---

[2859] Sozialprinzip, S. 61 ff., insb. S. 64.

[2860] Etwa BVerfGE 7, 198 (204 f.); 30, 292 (334); 60, 329 (329); 65, 1 (43 f.); 69, 315 (LS 1, 343 ff.); vgl. auch BVerfGE 83, 30 (50 ff.); 83, 60 (70 ff.).

[2861] BVerfGE 9, 85 (95); 27, 1 (6 f.); 30, 1 (25 f.); 50, 166 (175); 63, 133 (143); 96, 375 (399); BVerfG, 1 BvR 357/05 vom 15.2.2006, Abs. 121, 134; dazu Fn. 302, 579, 1591.

[2862] BVerfGE 52, 63 (88); 69, 92 (107); 73, 40 (80 ff.); vgl. auch BVerfGE 83, 60 (75); 85, 264 (284 ff.); 89, 155 (171 f., 182).

[2863] BVerfGE 73, 40 (82); aber BVerfGE 99, 1 (8), wo die „im Grundsatz gewährleisteten politischen Rechte des Aktiv-Status" explizit nicht unter die „allgemeine Handlungsfreiheit" als „umfassendem Ausdruck der persönlichen Freiheitssphäre des Menschen" wegen „grundlegenden" Unterschieds subsumiert sind; ebenso schon BVerfGE 49, 15 (23); folgend *U. Di Fabio*, in: Maunz/Dürig, GG, Art. 2 Abs. 1, Rdn. 23.

[2864] BVerfGE 89, 155 (171 f., 182).

[2865] Dazu *K. A. Schachtschneider*, Das Maastricht-Urteil. Die neue Verfassungslage der Europäischen Gemeinschaft, Recht und Politik 1994, S. 1 ff.; *ders.*, Die existentielle Staatlichkeit der Völker Europas, S. 75 ff., insb. S. 111 ff. zur Problematik der europäischen Integration.

die Legitimation verschafft hat („bürgerliche Partizipation")[2866]. Vor allem das Wort Bürgerinitiative bestimmte das politische Reden und Handeln[2867]. Die Bewegung war von *Willy Brandts* Aufforderung, mehr Demokratie zu wagen, geleitet und somit plebiszitär[2868]. Sie hat den Bürger gar nicht ins Auge gefaßt, sondern typisch Gruppen von Bürgern, deren Charakteristikum die allgemeine Betroffenheit war. Der Begriff der Betroffenheit wurde zwar auch für den allgemeinen Rechtsschutz folgenreich erweitert, aber dennoch meist an Interessen festgemacht[2869]. Die (logische) Voraussetzung der Partizipationsforderung war die Trennung von Staat und Gesellschaft, die gemildert werden sollte[2870]. Das war nicht republikanisch, sondern gewissermaßen konstitutionell-demokratistisch. Zu republikanischen, also kompetenz- und amtsorientierten, Diskursverfahren ist die Bewegung nicht fortgeschritten, wenn sie auch das Diskursethos kräftig angestoßen haben dürfte[2871]. „Es ist an der Zeit, den Begriff des Bürgers zu rehabilitieren,"

[2866] *W. Thieme*, Verwaltungslehre, 3. Aufl. 1977, S. 118 ff.; *W. Schmitt Glaeser*, VVDStRL 31 (1973), S. 179 ff., 191 ff., 259 ff.; zu derselben Thematik *R. Walter*, ebenda, S. 147 ff.; auch *W. Schmidt/R. Bartlsperger*, Organisierte Einwirkungen auf die Verwaltung. Zur Lage der zweiten Gewalt, VVDStRL 33 (1975), S. 183 ff., 221 ff.; *J. Jekewitz*, Beteiligung des Bürgers an Verwaltungsentscheidungen, insbesondere an der Planung, in: D. Posser/R. Wassermann (Hrsg.), Freiheit in der sozialen Demokratie, 1975, S. 271 ff.; *W. Schmidt*, Verfahrensrechtlich gesicherte Beteiligung an der Entscheidungsvorbereitung, daselbst, S. 291 ff.; *E. Franssen*, Bürgerschaftliche Beteiligung an der Planung als demokratischer Prozeß, daselbst, S. 297 ff.; *A. v. Heyl*, Bürgerbeteiligung und Entwicklungsplanung, daselbst, S. 309 ff.; *Th. Rasehorn*, Bürgerintiativen und Gemeinwohl, daselbst, S. 317 ff.; auch *F. Scharpf*, Demokratietheorie zwischen Utopie und Anpassung, S. 54 ff., auch S. 66 ff.

[2867] Dazu *Th. Rasehorn*, Bürgerinitiativen und Gemeinwohl, S. 317 ff.; *G. F. Schuppert*, Bürgerinitiative als Bürgerbeteiligung an staatlichen Entscheidungen, AöR 102 (1977), S. 396; *K. Stern*, Staatsrecht II, S. 773 ff.

[2868] Dazu i.d.S. *W. Schmitt Glaeser*, VVDStRL 31 (1973), S. 179 ff.; so insb. *J. Burmeister*, Das Petitionsrecht, HStR, Bd. II, 1987, § 32, Rdn. 1 f.; auch *R. Zippelius*, Allgemeine Staatslehre, S. 247 f.; kritisch *W. Thieme*, Verwaltungslehre, S. 119 f.; vgl. auch *P. Badura*, HStR, Bd. II, § 25, Rdn. 40 f.

[2869] Typisch etwa *F. Scharpf*, Demokratietheorie zwischen Utopie und Anpassung, S. 54 ff., 66 ff. (auf der Basis amerikanischer Demokratieforschung, ohne grundgesetzlichen Bezug); *R. Bartlsperger*, VVDStRL 33 (1975), S. 251 f., der richtig auf den Zusammenhang von Betroffenheit und der Funktion des Begriffs des subjektiven Rechts hinweist; auch *W. Thieme*, Verwaltungslehre, S. 122; richtig gegen die Betroffenenpartizipation *E. Franssen*, Bürgerschaftliche Beteiligung, S. 298 ff.; vgl. auch *K. Stern*, Staatsrecht II, S. 774 ff.; auch *R. Zippelius*, Allgemeine Staatslehre, S. 247 f.

[2870] Vgl. *W. Schmitt Glaeser*, VVDStRL 31 (1973), S. 236 ff., 263; klar *K. Stern*, Staatsrecht II, S. 550 f.; zur Trennung von Staat und Gesellschaft *K. A. Schachtschneider*, Res publica res populi, S. 159 ff.; dazu 3. Kap., IX.

[2871] Etwa *J. Habermas*, Moralbewußtsein und kommunikatives Handeln, S. 78 ff.; *ders.*, Erläuterungen zur Diskursethik, 1991; weitere Hinweise in Fn. 2877.

mahnt *Dolf Sternberger.* Der durch die Antike geschulte Lehrer der Bürgerlichkeit und des Bürgers[2872] weist auf *Aristoteles* hin:

„Da nun der Staat ein Zusammengesetztes ist, so wie irgendein anderes Ganzes, das aus vielen Teilen zusammengesetzt ist, so ist es klar, daß man zuerst nach den Staatsbürgern fragen muß. Denn der Staat besteht aus einer bestimmten Anzahl von Staatsbürgern. Also fragen wir, wen man Bürger nennen soll und wer ein Staatsbürger ist. Auch darüber gibt es vielfache Zweifel. Denn nicht alle bezeichnen denselben als Staatsbürger, und wer in der Demokratie ein solcher ist, ist es oft in der Oligarchie keineswegs"[2873].

Walter Leisner hat 1991 in seiner Studie über die „Staatseinung" die „staatseinende Demokratie – das neue Bürgerreich" konzipiert. Seine Einungslehre ist eine Lehre von den „Vielen", von den Menschen und den Bürgern, ganz rousseauisch: „Heute läuft dennoch ein Neues ab: eine besonders mächtige, vielleicht für lange Zeit endgültige Renaissance der Sozialvertraglichkeit" (S. 23). „Gefordert ist heute das Staatsrecht der Bürger" (S. 29). Auch *Jürgen Habermas* entwickelt seine „Diskurstheorie des Rechts und des demokratischen Rechtsstaates" als eine Lehre von freien und gleichen „Bürgern" und vom „Staatsbürger"[2874]. *Ottfried Höffe* behandelt (u. a.) die Entwicklung vom „Untertan zum Bürger" und diskutiert den „Bürger oder Weltbürger", sieht also den Menschen wesentlich als Bürger[2875].

1995 endlich hat die Vereinigung der Deutschen Staatsrechtslehrer in Wien die „Bürgerverantwortung im demokratischen Verfassungsstaat" auf der Grundlage der Berichte von *Detlef Merten, Walter Berka* und *Otto Depenheuer*[2876] erörtert, aber weder den Begriff des Bürgers dogmatisiert noch gar Anschluß an die intensive Bürgerdiskussion der politischen Philosophie gefunden.[2877]

[2872] Insb. die Aufsätze in: „Ich wünschte ein Bürger zu sein" (Zitat S. 7), und in: Herrschaft und Vereinbarung, Schriften III, 1980.

[2873] *Aristoteles,* Politik, S. 103, 1274b 39 ff.; *Aristoteles* definiert: „Der Staatsbürger schlechthin läßt sich nun durch nichts anderes genauer bestimmen als dadurch, daß er am Gericht und an der Regierung teilnimmt," a. a. O., S. 104, 1275a 23 f.; *D. Sternberger,* Ich wünschte ein Bürger zu sein, S. 8.

[2874] Faktizität und Geltung, S. 109 ff., 324 ff. und S. 632 ff. u. ö.

[2875] Demokratie im Zeitalter der Globalisierung, S. 190 ff., 230 ff.; *ders.,* Wirtschaftsbürger, Staatsbürger, Weltbürger. Politische Ethik im Zeitalter der Globalisierung, 2004.

[2876] VVDStRL 55 (1996), S. 7 ff., 48 ff., 90 ff.; vgl. vorbereitend *O. Depenheuer* und *M. Sachs,* Bürgerverantwortung im demokratischen Verfassungsstaat, DVBl 1995, 1295 ff., bzw. S. 873 ff.

[2877] Etwa *W. Kersting,* „Die bürgerliche Verfassung in jedem Staate soll republikanisch sein", S. 87 ff.; *ders.,* Pluralismus und soziale Einheit – Elemente politischer Vernunft, S. 627 ff.; *ders.,* Liberalismus, Kommunitarismus, Republikanismus, in: K.-O. Apel/M. Kettner (Hrsg.), Zur Anwendung der Diskursethik in Politik, Recht und Wissenschaft, 1992, 2. Aufl. 1993, S. 127 ff.; *J. Habermas,* Faktizität und Gel-

II. Staatliche und private Bürgerlichkeit

1. Bürger als citoyen

Der Bürger ist die zentrale Gestalt der Republik. Nach *Kant* wird der „Untertan" in der Republik „Staatsbürger" und das „Staatsoberhaupt" „Staatsgenosse"; der „Bürger" ist der „Mitgesetzgeber"[2878]. Der Bürger ist Herr seiner selbst, nicht aber Untertan[2879]. Er ist ein freier Mensch; denn „der Gehorsam gegen das selbst gegebene Gesetz ist Freiheit"[2880] und macht den Bürger nicht zum „Untertanen", ein Wort, das *Kant*, aber auch noch *Herbert Krüger* benutzten[2881], das aber nicht wie *Heinrich Mann*[2882]

---

tung, Beiträge zur Diskurstheorie des Rechts und des demokratischen Rechtsstaates, 1992; *ders.*, Die Einbeziehung des Anderen, Studien zur politischen Theorie, 1996, insb. S. 277 ff. (Drei normative Modelle der Demokratie); *O. Höffe*, Demokratie im Zeitalter der Globalisierung, insb. S. 190 ff., 230 ff., 335 ff., 354 ff.; *ders.*, Wirtschaftsbürger, Staatsbürger, Weltbürger, 2004; *J. Heinrichs*, Revolution der Demokratie, u. a. S. 221 ff., 233 ff.; *P. Ulrich*, Der entzauberte Markt, S. 72 ff., 101 ff.

[2878] *Kant*, Über den Gemeinspruch, S. 150; *ders.*, Zum ewigen Frieden, S. 204 ff.; auch *ders.*, Metaphysik der Sitten, S. 432 ff.; i. d. S. auch *Montesquieu*, Vom Geist der Gesetze, II, 2, S. 104 ff. Das galt schon für *Cicero*, De re publica, Liber primus, 32, S. 144 f.: „Quid est enim civitas nisi iuris societas civium?"; ebenso i. d. S. *Aristoteles*, Politik, S. 104, 1275a 23 f. (Zitat in Fn. 2873); ganz so *R. Thoma*, HbdDStR, Bd. 1, S. 186 f.; vgl. auch *K. Löw*, Was bedeutet „Republik" in der Bezeichnung „Bundesrepublik Deutschland", DÖV 1979, 821; *W. Kersting*, „Die bürgerliche Verfassung in jedem Staate soll republikanisch sein", S. 91 ff.; *ders.*, Kant über Recht, S. 118 ff., 120 ff.; *W. Maihofer*, HVerfR, S. 432 ff., 500 ff., 507 ff., 519 ff.

[2879] Der Bürger muß nach *Kant*, Über den Gemeinspruch, S. 151 (u. ö.), „sein eigener Herr (sui iuris)" sein. Der Bürger ist in der Antike Herr eines Hauses und als solcher Mitgesetzgeber (dazu unten S. 625), aber zur Herrschaft gehört der Beherrschte. Der Status des Bürgers ist am „aufrechten Gang" (*E. Bloch*, Naturrecht und menschliche Würde, S. 178, 199, 215 u. ö.) des Herrn orientiert; dazu 3. Kap., VIII, 2.

[2880] *Rousseau*, Vom Gesellschaftsvertrag, I, 8, S. 23, der allerdings die Gesetzesunterworfenheit auch mit dem Wort „Untertan" erfaßt, III, 1, S. 61 ff.; i. S. der Freiheit durch Gesetz auch *Montesquieu*, Vom Geist der Gesetze, XI, 6, S. 215 f.; dazu 3. Kap., V, VIII, auch 2. Kap., IV, 5. Kap., II, 3.

[2881] *Kant* (u. a.) definiert als Untertan den „Gehorsamenden (subditus)", „der vereinzelten Menge" (Metaphysik der Sitten, S. 434), als den, „der zum Volk gehört, mithin mit keiner Gewalt bekleidet ist", im Gegensatz zu den „drei Gewalten im Staate" (ebd. S. 436), durch die „Abhängigkeit aller von einer einzigen gemeinsamen Gesetzgebung" (Zum ewigen Frieden, S. 204), als „alles, was unter Gesetzen steht" (Über den Gemeinspruch, S. 146); *H. Krüger*, Allgemeine Staatslehre, S. 940 ff., der die „Unbeschriebenheit", „Einzigkeit" und „Einseitigkeit" der „Unterworfenheit" des Bürgers unter die Staatsgewalt darlegt und den Untertanenbegriff nicht verächtlich meint; vgl. auch *Montesquieu*, Vom Geist der Gesetze, II, 2, S. 105: „In der Demokratie ist das Volk in einer Hinsicht der Monarch, in anderer Hinsicht der Untertan".

[2882] Der Untertan, 1929.

verächtlich meinen; denn der Untertan muß Staatsbürger, also Mitgesetzgeber, sein[2883]. Das Gesetz zu achten ist Pflicht aus Freiheit. Zum ‚Gesetzesgehorsam' zwingt die Verbindlichkeit des Gesetzes; denn „Recht ist mit der Befugnis zu zwingen verbunden".[2884] Diese Zwangsbefugnis folgert Kant selbst aus der Freiheit als einer „Verhinderung eines Hindernisses der Freiheit"[2885]. Wenn alle Bürger Herren ihrer selbst (sui iuris) sind, herrscht keiner über andere[2886]. Das ist der Zustand der Freiheit, die Republik. Die Gesetzlichkeit des gemeinsamen Lebens in Freiheit ist das „Allgemeine Gewaltverhältnis", welches *Herbert Krüger* als die „staatliche Seite" des Bürgers begreift, nämlich die als „Untertan, sofern er sich dem Staat unterordnet und dessen Befehle befolgt", sich „unterordnet" und „Gehorsam" leistet[2887]. Es geht nicht um untertänigen Gehorsam; denn: oboedientia facit imperantem[2888], also den befehlenden Herren[2889], sondern um bürgerliches Handeln, welches das selbstgegebene Gesetz achtet. Das „Allgemeine Gewaltverhältnis", das mit Untertänigkeit nach Manns Untertan wenig glücklich benannt ist, ist Charakteristikum des Bürgers, des citoyen.

Hans Heinrich Rupp mißt dem Bürger die Doppelrolle als „citoyen" und „bourgeois" bei[2890]. Der bourgeois war der Stadt-, der citoyen war und ist der Staatsbürger[2891]. Die deutsche Rechtssprache kennt nur das Wort Bürger und nutzt differenzierende Wortzusätze[2892]. Seit es rechtlich keinen Unterschied mehr für den bürgerlichen Status des Menschen bedeutet, ob er in der Stadt oder auf dem Land lebt, ist diese Differenzierung der Begriffe

---

[2883] *Kant*, Zum ewigen Frieden, S. 204, 206; *ders.*, Metaphysik der Sitten, S. 345 f.

[2884] *Kant*, Metaphysik der Sitten, S. 338 f.

[2885] Metaphysik der Sitten, S. 338 f., 527, auch S. 430 f.; auch *ders.*, Über den Gemeinspruch, S. 169; dazu *K. A. Schachtschneider*, Res publica res populi, S. 545 ff., insb. S. 548 ff., 553 ff.; 2. Kap., VIII.

[2886] *Kant*, Über den Gemeinspruch, S. 151; dazu 3. Kap., II, VIII, 2.

[2887] Allgemeine Staatslehre, S. 940 ff.; so auch *R. Zippelius*, Allgemeine Staatslehre, S. 81; i.d.S. auch *Kant*, Zum ewigen Frieden, S. 204 f.; *ders.*, Metaphysik der Sitten, S. 434.

[2888] *R. Zippelius*, Allgemeine Staatslehre, S. 60 f. („Akzeptanz"), S. 81; *H. Heller*, Staatslehre, S. 238 f.

[2889] Dazu 3. Kap., II.

[2890] HStR, Bd. II, § 31, Rdn. 18; auch *W. Schmitt Glaeser*, HStR, Bd. III, § 38, Rdn. 3; *R. Gröschner*, HStR, Bd. II, § 23, Rdn. 48, 58, 67; ähnlich *W. Brohm*, HStR, Bd. II, § 36, Rdn. 36 f., zur „Verschränkung von Staat und Gesellschaft"; der Sache nach auch *J. Isensee*, HStR, Bd. II, § 15, Rdn. 145 ff., 154 ff.; *ders.*, Grundrechtliche Freiheit – Republikanische Tugend, S. 171 ff.; *ders.*, HStR, Bd. III, § 57, Rdn. 60 ff., 84; *ders.*, HStR, Bd. V, § 115, Rdn. 224, 236, 237 ff., 243 ff., 249; *P. Badura*, HStR, Bd. II, § 25, Rdn. 51; vgl. auch die grundrechtliche Verteilungsdoktrin *C. Schmitts*, Verfassungslehre, S. 126, 158 ff., 163 f. (dazu 7. Kap., II).

[2891] *Kant*, Über den Gemeinspruch, S. 151.

[2892] Dazu *M. Riedel*, Bürger, Staatsbürger, Bürgertum, S. 672 ff.

bourgeois und citoyen obsolet. Das Wort citoyen hat seinen begrifflichen Gehalt bewahrt, weil jeder Bürger Staatsbürger, wenn auch, weil er auf dem Lande wohnt, nicht Stadtbürger ist[2893].

Das Wort bourgeois kann folglich nur noch einen begrifflichen Gehalt aus dem Zusammenhang seines jeweiligen Gebrauchs gewinnen. Die marxistische Entgegensetzung der Bourgeoisie und des Proletariats[2894] dominiert das Verstädnis des Wortes bourgeois[2895]. Zugleich aber spricht das Wort den Aspekt der ökonomischen Selbständigkeit des Bürgers als den an, der Herr eines Hauses ist, der im 19. Jahrhundert über Besitz und/oder Bildung verfügte[2896]. *Hegel* hat den Staatsbürger als den citoyen dem Privatbürger als dem bourgeois entgegengestellt[2897]. In der Republik gibt es den Gegensatz von Staat und Gesellschaft nicht, den *Hegel* begrifflich, der Restauration seiner Zeit gemäß, geprägt hat[2898]. Damit ist auch die staatsrechtliche Relevanz des Begriffs bourgeois entfallen, wenn auch in der durch subjektive Rechte gestützten Privatheit[2899] wesentliche Elemente des bourgeois, insbesondere im Institut allseitigen Eigentums, erhalten sind.

Rupp hält den Versuch, das „Politische" oder „Öffentliche" vom „Privaten" abzugrenzen, für vergeblich; zu Recht, wenn dadurch Lebensbereiche geschieden werden sollen, die ausschließlich privat oder staatlich wären[2900]. Er begreift den „bourgeois" oder „homme" im Sinne der Deklaration von 1789 als die „Rolle des einzelnen", „als Alleininhaber individueller Entschließungsfreiheit und damit seiner Selbstbestimmung", im Gegensatz zu seiner Rolle „als Mitinhaber hoheitlicher Gewalt", also als citoyen[2901].

[2893] I. d. S. auch *R. Grawert*, HStR, Bd. II, § 16, Rdn. 56 f., der den republikanischen Aspekt des citoyen sieht; vgl. schon i. d. S. *Kant*, Über den Gemeinspruch, S. 151.

[2894] Vgl. *M. Riedel*, Bürger, Staatsbürger, Bürgertum, S. 716 ff.; zum „dialektischen Höhepunkt der Spannung: Bourgeoisie und Proletariat" im Marxismus *C. Schmitt*, Die geistesgeschichtliche Lage des heutigen Parlamentarismus, S. 71 ff.

[2895] So insbesondere bei *E. Bloch*, Naturrecht und menschliche Würde, S. 198 f.

[2896] Vgl. zu diesem Begriffsaspekt *M. Riedel*, Bürger, Staatsbürger, Bürgertum, S. 672 ff., 685 ff., 695 ff., 716 ff.; *ders.*, Der Begriff der „Bürgerlichen Gesellschaft", S. 77 ff.; *C. Schmitt*, Verfassungslehre, S. 310 ff., zu „Bildung und Besitz" als Charakteristika des „liberalen Bürgertums"; in der Sache dazu III, 1.

[2897] Rechtsphilosophie, § 190, S. 199; dazu *M. Riedel*, Der Begriff der „Bürgerlichen Gesellschaft", S. 90 ff.; vgl. auch die Hinweise in Fn. 2890.

[2898] Vgl. *M. Riedel*, Der Begriff der „Bürgerlichen Gesellschaft", S. 77 ff.; *H. Ehmke*, „Staat" und „Gesellschaft", S. 241 ff.; *H. H. Rupp*, HStR, Bd. II, § 31, Rdn. 17 ff.; *C. Schmitt*, Der Hüter der Verfassung, S. 78 f., 82; dazu 3. Kap., IX, auch 7. Kap., III.

[2899] Dazu 8. Kap., III, 3. Kap., IX, 3.

[2900] Dazu 6. Kap., II, 8. Kap., I.

[2901] HStR, Bd. II, § 31, Rdn. 18; ähnlich *D. Grimm*, HVerfR, S. 610 ff. („Gemengelage", keine „Unterscheidung" von „Personen").

Die Privatheit läßt sich in der Republik mit dem Wort bourgeois genauso wenig erfassen wie die Selbständigkeit des Bürgers, die nach *Kant* Bedingung der Republik ist[2902]. Weder die republikanische Verfassung des Grundgesetzes noch die ökonomischen Gegebenheiten Deutschlands als sogenannte moderne Industriegesellschaft lassen es noch zu, den Menschen und Bürger als bourgeois zu bezeichnen. Es gibt keine Bourgeoisie mehr, weil alle Mitglieder des Volkes bürgerliche citoyens sind (jedenfalls im Rechtssinne), deren Lebenssituation sich vor allem in der geförderten Privatheit, auch durch die Sozialhilfe, gewissermaßen der der Bourgeoisie genähert hat[2903]. Es gilt, die Privatheit und die Staatlichkeit des Bürgers sowie dessen Selbständigkeit rechtlich, d.h. als republikanische Begriffe, zu erfassen. *Josef Isensee* will den „bourgeois" nicht verpflichten, „citoyen" zu sein. Das bereite den „staatsethischen Boden (…) für den totalitären Staat" … „Der liberale Staat fordert nicht Tugend, sondern gewährleistet Freiheit"[2904]. Angesprochen sind damit die „Bürger" und nicht die Amtsträger und die sogenannten Politiker. *Isensees* herrschaftliche und zugleich liberalistische, also konstitutionalistische Trennung der „Bürger" von den „Politikern" und Amtswaltern wird dem republikanischen Bürgerbegriff und damit dem Grundgesetz nicht gerecht. Vor allem verkennt *Isensee* den sittlichen Charakter der Bürgerlichkeit, der den Vorwurf des moralischen Versagens ausschließt, ethisch und erst recht juridisch; denn der Gerichtshof der Sittlichkeit ist das Gewissen[2905]. Das schließt gestufte Instanzen der Vertretung des Volkes in der Autonomie des Willens und damit der Sittlichkeit nicht aus[2906]. Ein äußerer Zwang zur inneren Sittlichkeit (Tugend) ist

---

[2902] Über den Gemeinspruch, S. 150 ff.; *ders.*, Metaphysik der Sitten, S. 432 f.; *W. Kersting*, Kant über Recht, S. 131 ff.; vgl. *M. Kriele*, HVerfR, S. 141 f.; *W. Leisner*, Demokratie, Selbstzerstörung einer Staatsform?, S. 43 ff.; *K. A. Schachtschneider*, Staatsunternehmen und Privatrecht, S. 143 ff.; *ders.*, Res publica res populi, S. 234 ff.; dazu III, 1.

[2903] I.d.S. auch *M. Riedel*, Bürger, Staatsbürger, Bürgertum, S. 672 ff., 722 ff.; dahin präzisiere ich meinen Satz: „Wer nicht ‚bourgeois' ist, kann nicht ‚citoyen' sein", in: Staatsunternehmen und Privatrecht, S. 143, der die ökonomische Selbständigkeit zum Kriterium des bourgeois erhoben hat.

[2904] HStR, Bd. III, § 57, Rdn. 84. (Zitat), 62 ff.; ebenso HStR, Bd. V, § 115, Rdn. 224, 236 ff., 243 ff., 249; *ders.*, Grundrechtliche Freiheit – Republikanische Tugend, S. 65 ff., 71 ff.; vgl. auch *ders.*, HStR, Bd. II, § 15, Rdn. 145 ff.; folgend *R. Gröschner*, HStR, Bd. II, § 23, Rdn. 46, 48, 58, 67; ähnlich *W. Henke*, Recht und Staat, S. 289, 611 ff., der ebenfalls mit einem Antirousseauismus für seine Herrschaftslehre, S. 399, 587, 591 f., 609 f., 620 f. u.ö., wirbt; zum individualistischen Liberalismus dieser Art *W. Kersting*, Pluralismus und soziale Einheit – Elemente politischer Vernunft, S. 627 ff.; *ders.*, Die Wiederkehr der Tugend, S. 35 ff.

[2905] *Kant*, Metaphysik der Sitten, S. 572 ff.; dazu 2. Kap., VII; zum Amtsgewissen i.d.S. *J. Isensee*, HStR, Bd. III, § 57, Rdn. 101.

[2906] Dazu *K. A. Schachtschneider*, Res publica res populi, S. 637 ff., 932 ff., insb. S. 943 ff.

mit dem republikanischen Prinzip unvereinbar. Die Pflicht zur Sittlichkeit unterliegt dem Prinzip des Selbstzwanges[2907]. Das Menetekel des totalitären Staates gelingt nicht. Die Totalität des Staatlichen als der Gesetzlichkeit allen Handelns folgt der Logik der allgemeinen Freiheit[2908]. Den Bürgern gestattet *Isensee*, auf die Würde, nämlich die Autonomie des Willens, zu verzichten. Das Sittengesetz des Art. 2 Abs. 1 GG blendet er aus seiner Lehre aus[2909]. Auch *Wilhelm Henke* verkennt das bürgerliche Rechtsprinzip:

> „Im übrigen sind sie (sc. die Grundrechte der Bürger) aber persönliche, in Freiheit beliebig zu nutzende Berechtigungen, und deshalb nicht wie die Rechte des Staates Befugnisse." ... „Befugnisse sind öffentliche Rechte, die Personen in Ämtern zustehen und nur in den Bindungen des Amtes ausgeübt werden können." ... „Das Recht der Ämter" ist es, „Recht zu setzen"; denn „Handeln im Amt ist Herrschaft, wenn auch zu Amtsgewalt und damit zu Pflicht und Befugnis gewandelt." ... „Es ist der Sinn des Amtes, Herrschaft in Dienst zu verwandeln." ... „Das Recht ist nicht in erster Linie Gesetz und Gesetzesanwendung, sondern Berechtigung einer Person gegenüber einer anderen"[2910].

Autonomie des Willens ist gerade nicht das Charakteristikum des Henkeschen Bürgerbegriffs, dessen Lehre allenfalls liberalistisch, also konstitutionalistisch-herrschaftlich ist. *Henkes* Amtslehre ist römisch-republikanisch, nicht aber zugleich griechisch-demokratisch, also nicht politisch im freiheitlichen, herrschaftslosen Sinne[2911]. Zum demokratischen Prinzip im Sinne rousseauischer Gleichheit in der Freiheit wahrt *Henke* merkliche Distanz[2912].

[2907] *Kant*, Metaphysik der Sitten, S. 508 ff.; so auch *J. Isensee*, HStR, Bd. V, § 115, Rdn. 249, auch Rdn. 175; vgl. 2. Kap., VI, VII.

[2908] Dazu *K. A. Schachtschneider*, Res publica res populi, S. 193 ff., auch S. 519 ff.; dazu auch 3. Kap., IX, 6; i.d.S. *C. Schmitt*, Der Hüter der Verfassung, S. 79.

[2909] Explizit in: Grundrechtliche Freiheit – Republikanische Tugend, S. 65; vgl. auch *ders.*, HStR, Bd. II, § 15, Rdn. 68, wo er sich auf Kants empirische Erkenntnis des Antagonismus der Menschen beruft, ohne an das transzendental begründete Sittengesetz Kants zu erinnern; vgl. auch *ders.*, HStR, Bd. III, § 57, Rdn. 30; *ders.*, HStR, Bd. V, § 115, Rdn. 185, wo er das Sittengesetz material versteht und damit nicht nur dieses, sondern das Prinzip des Rechts überhaupt verkennt; folgend und unrepublikanisch *R. Gröschner*, HStR, Bd. II, § 23, Rdn. 23 ff., 45 ff., der das Sittengesetz erst gar nicht erwähnt.

[2910] Recht und Staat, S. 612 f. bzw. 389 bzw. 623; *Henke* stellt die Fallgerechtigkeit über das gesetzliche Recht, a.a.O., S. 615 ff., 620 ff. („Ausgangspunkt und Endpunkt des Rechts und sein dauerndes Maß ist um der personalen Gerechtigkeit willen nicht die Norm, sondern der Fall." a.a.O., S. 620); die objektive Dimension der Grundrechte läßt er außer Acht, dazu 7. Kap., I, 2; auch *K. A. Schachtschneider*, Res publica res populi, S. 461 ff., 819 ff.

[2911] Dazu *W. Henke*, Recht und Staat, S. 301 ff., 319 ff., 387 ff., auch S. 386.

[2912] Recht und Staat, S. 318, 376, 399, 587, 620 f. u.ö.; das Demokratische reduziert *Henke* auf bestimmte Wahlen, insb. auf die Wahl der Herrschaft, a.a.O., S. 386, 398.

Richtig ist, daß die Grundrechte (u. a.) subjektive Rechte der alleinbestimmten freien Willkür entweder begründen oder zu begründen gebieten, nämlich den allgemeinverträglichen Status freiheitlicher Privatheit[2913].

„Das vollkommene und selbständige Leben" als das „edle Leben in Häusern und Familien" ist das „Ziel des Staates."[2914]

Der freie Mensch, l'homme, ist in der Verfassung der Freiheit nach Maßgabe des Verfassungsgesetzes und der Gesetze, weitgehend durch die Menschenrechte gesichert, Privater. Zugleich ist er Glied des Staates (im weiteren Sinne)[2915], eben Bürger. Als homme, nicht aber als bourgeois, ist er citoyen[2916]. So hat die Erklärung der Rechte des Menschen und des Bürgers von 1789 den Menschen, der in sich die Rechte des Naturzustandes und des Bürgers vereinigt, verstanden[2917]. Der Mensch ist in jeder Beziehung Subjekt des Handelns, also Person und darum Bürger. Dieser Bürger ist „die letzte Instanz" der Menschenwürde; denn er ist mündig und verantwortlich[2918]. Das ist die Logik des Satzes: Res publica res populi. Die res publica ist nicht anders als die res privata Sache des Bürgers. Der Staat besteht aus den Einrichtungen der Bürger für die allgemeine Lebensbewältigung, vor allem für die Freiheit, die um ihrer Allgemeinheit willen das allgemeine Gesetz und damit den Staat (im engeren Sinne) notwendig macht[2919].

[2913] Dazu 8. Kap., III, auch 6. Kap., I.

[2914] *Aristoteles*, Politik, S. 117 f., 1280 a 30 ff.

[2915] Dazu 8. Kap., I.

[2916] Vgl. *E. Bloch*, Naturrecht und menschliche Würde, S. 198 f.; auch *J. Habermas*, Strukturwandel der Öffentlichkeit, S. 159 (…, „solange der homme zugleich Privateigentümer ist" …), vgl. auch S. 208; *K. A. Schachtschneider*, Staatsunternehmen und Privatrecht, S. 143 ff.; dazu *R. Smend*, Bürger und Bourgeois im deutschen Staatsrecht, S. 309 ff., 316 ff., der allerdings den verächtlichen (S. 311) Bourgeois und den Bürger, der sittlich verpflichtet sei, unterscheidet; *H. Krüger*, Allgemeine Staatslehre, S. 940 ff.; dazu auch *W. Schmitt Glaeser*, HStR, Bd. III, § 38, Rdn. 1 ff.; auch *H. H. v. Arnim*, Der Staat 26 (1987), S. 488 ff.; *H. H. Rupp*, HStR, Bd. II, § 31, Rdn. 18, der von den Rollen des bourgeois und des citoyen spricht und das „Politische" vom „Privaten" für nicht abgrenzbar hält, zu Recht; i. d. S. auch *K. Hesse*, Grundzüge des Verfassungsrechts, S. 8 f.; zum Verhältnis von Privatheit, Öffentlichkeit und Staatlichkeit in der Entwicklung *J. Habermas*, a. a. O., S. 172 ff. u. ö.; dazu auch *P. Häberle*, Wesensgehaltsgarantie, S. 335 ff. m. w. H. in Fn. 97; dazu auch *G. Teubner*, Organisationsdemokratie und Verbandsverfassung, S. 122 ff. mit Hinweisen; auch *M. Stolleis*, „Staatsvolk", oder: Vom sittlichen Staat zu den Bürgertugenden, KritV 1995, 58 ff.

[2917] I. d. S. *H. Hofmann*, JuS 1988, 84; dazu *M. Riedel*, Bürger, Staatsbürger, Bürgertum, S. 689 ff., 697 f.

[2918] *P. Häberle*, HStR, Bd. II, § 22, Rdn. 71, auch Rdn. 52.

[2919] *K. A. Schachtschneider*, Staatsunternehmen und Privatrecht, S. 265 ff.; *ders.*, Res publica res populi, S. 14 ff., 519 ff.; *ders.*, Prinzipien des Rechtsstaates, S. 50 ff., 94 ff.; auch *ders.*, Der Anspruch auf materiale Privatisierung, S. 45 ff.;

Person ist der Mensch nur unter Menschen und nur durch das Recht. Person ist der freie und darum selbständige Mensch in seinen Verhältnissen zu ihm gleichen Menschen, seien diese Verhältnisse staatlich oder privat bestimmt. Person ist der Mensch als rechtliches Subjekt, als Vernunftwesen, das frei ist unter dem eigenen Gesetz[2920].

Das (rechtliche) Gesetz und der Staat ermöglichen die Freiheit aller in Frieden. Sie sind das allen Bürgern Gemeinsame des je besonderen Lebens. Die christlich geprägte republikanische Lehre respektiert die Besonderheiten des Einzelnen in der Gemeinschaft[2921] und läßt nur dadurch die Würde des Menschen, jedes einzelnen Menschen, unangetastet. Darum hat „jeder das Recht auf die freie Entfaltung seiner Persönlichkeit, soweit …" (Art. 2 Abs. 1 GG). Die Freiheit des Menschen als Einzelnem, des homme, aber ist notwendig allgemein, also gemeinschaftlich, nämlich ein status als citoyen[2922];

---

dazu 3. Kap., I, zum Begriff des Staates (i.e.S.) als Gesamtheit der Institutionen des Staatlichen, und 5. Kap., II zum Recht auf Staat.

[2920] Zum Personenbegriff *Kant*, Grundlegung zur Metaphysik der Sitten, S. 60 f., 72; *ders.*, Metaphysik der Sitten, S. 329 f. (Zitat zu Fn. 271); dazu *W. Kersting*, Wohlgeordnete Freiheit, S. 89 ff., 93 f.; *W. Maihofer*, Rechtsstaat und menschliche Würde, S. 17 ff., 33, 47 ff., 62 f., 70 f.; *ders.*, HVerfR, S. 490 ff.; dazu *K. A. Schachtschneider*, Staatsunternehmen und Privatrecht, S. 99 ff., 116 ff., 122 ff.; *ders.*, Res publica res populi, S. 217 f.: auch BVerfGE 1, 159 (161); dazu i.S.d. materialen Wertethik Max Schelers *E. Denninger*, Rechtsperson und Solidarität, S. 53 ff., 138 ff., insb. S. 200 ff., 229 ff. Zur Einheit der personalen und dialogischen Wirklichkeit *W. Henke*, Recht und Staat, S. 64 ff., 72 ff., 87 ff.; *M. Buber*, Das Problem des Menschen, 1954, S. 165 ff.; dazu *R. Gröschner*, Dialogik und Jurisprudenz, insb. S. 57 ff.; i.d.S. auch *D. Suhr*, Entfaltung der Menschen durch die Menschen, S. 78 ff., 105 ff., passim; vgl. auch *ders.*, Gleiche Freiheit, S. 5 f.; *W. Henke*, a.a.O., S. 611, stellt Rechtsfähigkeit und Staatsbürgerschaft als „unbedingte Forderung der Menschenwürde (,,jedes Deutschen") heraus, hebt aber die Subjekthaftigkeit des „einzelnen Bürgers als natürlicher Person" durch die beiden folgenden Sätze wieder auf: „Innerhalb des staatsbürgerlichen Grundverhältnisses bestehen kraft Verfassung Rechte. Auf der Seite der Ämter ist es vor allem das Recht, gegenüber den Bürgern im allgemeinen oder im einzelnen, durch Gesetz oder Einzelakt, einseitig zu bestimmen, was für sie rechtens sein soll". Das ist die Logik der Herrschaftslehre *Henkes* (a.a.O., S. 251 ff., 299 ff., 387 ff. u.ö.), welche die vorstaatliche politische Freiheit als Würde des Menschen, wie sie in dem zu Fn. 271 zitierten Satz Kants zum Ausdruck kommt, nicht anerkennt, sondern, wenn auch rechtsverhältnishaft, einen Gegensatz von Staat und Bürger dogmatisiert (a.a.O., S. 612 u.ö.).

[2921] *H. Heimsoeth*, Die sechs großen Themen der abendländischen Metaphysik, S. 172 ff. zum „Individuum"; zum „personalen Denken" *W. Henke*, Recht und Staat, S. 70 ff.; zur grundgesetzlichen Anthropologie in der Sicht des Bundesverfassungsgerichts vgl. Fn. 1519, 2469, 2943; dazu grundlegend *P. Häberle*, Das Menschenbild im Verfassungsstaat, insb. S. 37 ff.; dazu auch *K. A. Schachtschneider*, Staatsunternehmen und Privatrecht, S. 99 ff., 116 ff., 122 ff.

[2922] Vgl. zu jedes „besondern und Privatwillen in einem Volk zu einem gemeinschaftlichen und öffentlichen Willen (zum Behuf einer bloß rechtlichen Gesetzge-

denn der Mensch nimmt Lebensmöglichkeiten für sich in Anspruch, welche auch andere Menschen ihrem Glück/ihren Zwecken dienlich machen könnten. Die Wirklichkeit ist gemeinsames Leben. Das Handeln des Bürgers ist insofern äußerlich und damit des Gesetzes, also der Politik, fähig und bedürftig, als der Bürger als Einzelner zu anderen in ein Verhältnis tritt, d.h. durch sein Handeln auf andere wirkt. Insofern ist der Bürger citoyen[2923]; denn diese Verhältnisse sind politisch, weil äußerlich und damit rechtlich. Wer Recht auf die Freiheit aller stellt, also auf die allgemeine Autonomie des Willens, muß jeden Bürger als Politiker begreifen[2924]. Es gibt kein Handeln, welches ohne Verhältnis zum Handeln anderer wäre, jedenfalls kein äußeres, und darum des juridischen, um der Freiheit willen auf Sittlichkeit und somit Moralität gegründeten, Gesetzes entbehren könnte. Unter der allgemeinen Freiheit und Gleichheit, der Würde aller Menschen, sind alle Verhältnisse unter Menschen Verhältnisse des Rechts, mithin politisch; denn das Politische ist die Verwirklichung des Rechtsprinzips oder der allgemeinen Freiheit. Das ergibt die egalitäre und libertäre Einheit des homme und des citoyen im modernen Staat, der nichts anderes ist, als die totale Verrechtlichung aller Lebensverhältnisse oder die vollständige Überwindung von Herrschaftsverhältnissen aus der Logik der allseitigen Gleichheit in der Freiheit[2925]. Nur unter Gleichen kann es Gesetze geben[2926]. Auch privates Handeln beruht auf allgemeinem Gesetz und ist dadurch Rechtsverwirklichung.

---

bung)" *Kant*, Über den Gemeinspruch, S. 153, für die Begründung der bürgerlichen Verfassung; vgl. zur freiheitlichen Staatlichkeit und Privatheit *K. A. Schachtschneider*, Staatsunternehmen und Privatrecht, S. 138 ff.; *ders.*, Der Anspruch auf materiale Privatisierung, S. 40 ff.; dazu 8. Kap., I.

[2923] Ganz so *E. Denninger*, Rechtsperson und Solidarität, S. 289 ff., 294 f., der die Statuslehre G. Jellineks zu Recht als monarchisch-konstitutionell kritisiert (S. 291 f.); dazu 6. Kap., I, 3.

[2924] I. d. S. auch *K. R. Popper*, Bemerkungen zu Theorie und Praxis des demokratischen Staates, S. 3; ganz so die alteuropäische, vorhegelianische, griechisch geprägte Begrifflichkeit, vgl. *M. Riedel*, Der Begriff der „Bürgerlichen Gesellschaft", S. 77 ff.

[2925] Das Prinzip ist politisch im griechischen Sinne, vgl. *H. Arendt*, Vita Activa, S. 33 f.; vgl. auch *H. Krüger*, Allgemeine Staatslehre, S. 532 f.; *M. Riedel*, Der Begriff der „Bürgerlichen Gesellschaft", S. 77 ff.; *P. Häberle*, Das Menschenbild im Verfassungsstaat, S. 43; vgl. i. d. S. *C. Schmitt*, Verfassungslehre, S. 78 f.; auch *W. Henke*, Recht und Staat, S. 301 ff., 311 (Isonomie); geändert haben sich die ökonomischen Verhältnisse, und die Bürgerlichkeit ist auf alle Angehörigen des Volkes ausgedehnt, insb. auch auf die Frauen (Art. 109 Abs. 2 WRV, Art. 3 Abs. 2 GG); zur Gleichheit in der Freiheit Hinweise in Fn. 6, 1686, 1908.

[2926] *Aristoteles*, Politik, S. 125, 1284a 12 ff.; *ders.*, Nikomachische Ethik, S. 169, 1134b 12 ff.

2. Staatlichkeit der Gesetze und Privatheit der Maximen

a) Jedes äußere Handeln des Bürgers ist staatlich, nämlich als Verhältnis zu anderen Menschen durch allgemeine Gesetze geregelt. Freiheitlichkeit ist als allgemeine Gesetzlichkeit Staatlichkeit[2927]. Jedes äußere Handeln des Bürgers ist aber im Rahmen der staatlichen Bestimmung auch privat bestimmt[2928]. Freiheit verwirklicht sich auch in der Privatheit, die von allen, d.h. staatlich, gewollt ist[2929]. Soweit das äußere Handeln nicht durch die staatlichen Gesetze, die Gesetze aller Bürger, geregelt ist (vgl. § 134 BGB), können die Menschen ihre Verhältnisse durch private Übereinkünfte, also Verträge und besonders guten Sitten[2930], regeln. Was durch private Vereinbarungen, das kann auch durch staatliches Gesetz geregelt werden, wenn das dem Recht entspricht. Die durch das Grundgesetz, insbesondere durch den grundsätzlichen Vorrang privater Lebensbewältigung (Privatheitsprinzip)[2931], privater Gesetzgebung vorbehaltenen Handlungsbestimmungen

---

[2927] Dazu 2. Kap., IV, auch 5. Kap., II, passim; *K. A. Schachtschneider*, Res publica res populi, S. 519 ff.; *ders.*, Prinzipien des Rechtsstaates, S. 50 ff., 94 ff.; *ders.*, Der Anspruch auf materiale Privatisierung, S. 40 ff.; vgl. auch *C. Schmitt*, Der Hüter der Verfassung, S. 79.

[2928] Wenn der Bürger als Amtswalter handelt, ist das nach außen im Verhältnis zu den betroffenen Menschen nicht seine Sache, sondern Sache des Volkes/des Staates, das/den er vertritt. Diese Handlungen sind im Außenverhältnis ausschließlich staatlich bestimmt, nämlich Vollzug der allgemeinen Gesetze. Die Fiskusdoktrin, welche die Privatrechtsfähigkeit des Staates lehrt, ist verfassungswidrig (dazu *K. A. Schachtschneider*, Staatsunternehmen und Privatrecht, passim, insb. S. 261 ff.; *ders.*, Der Anspruch auf materiale Privatisierung, S. 190 ff.; *ders.*, Prinzipien des Rechtsstaates, S. 240 ff.; *J. Burmeister*, VVDStRL 52 (1993), S. 210 ff., 244; *B. Kempen*, Die Formenwahlfreiheit der Verwaltung, Die öffentliche Verwaltung zwischen öffentlichem und privatem Rechte, 1989, insb. S. 77 ff.). Der Amtswalter übt zugleich seinen Beruf aus. Insoweit folgt er auch privaten Maximen, aber entfaltet staatlich seine besondere Eigenheit, deretwegen ihm gegebenenfalls das Amt übertragen wurde. Er verwirklicht sich in seinem Beruf als Amtswalter auch selbst (dazu 3).

[2929] Dazu *K. A. Schachtschneider*, Staatsunternehmen und Privatrecht, S. 138 ff., 140 ff., 143 ff., 145 ff.; *ders.*, Der Anspruch auf materiale Privatisierung, S. 40 ff., 53 ff., 67 ff.; dazu 8. Kap., I, III.

[2930] Zur Dogmatik der guten Sitten *K. A. Schachtschneider*, Staatsunternehmen und Privatrecht, S. 421 ff.; *ders.*, Das Sittengesetz und die guten Sitten, FS W. Thieme, 1993, S. 195 ff., 206 ff., insb. S. 220 ff.; i.d.S. auch *H. Krüger*, Allgemeine Staatslehre, S. 501 f.; *W. Maihofer*, HVerfR, S. 522.

[2931] Dazu *K. A. Schachtschneider*, Staatsunternehmen und Privatrecht, S. 189 f., 272 f. mit Fn. 184 (zum Subsidiaritätsprinzip), S. 317; *ders.*, Der Anspruch auf materiale Privatisierung, S. 67 ff.; 8. Kap., IV; *J. Isensee*, Subsidiaritätsprinzip und Verfassungsrecht, S. 215 f., 313 ff.; *ders.*, HStR, Bd. III, § 57, Rdn. 165 ff.; auch *ders.*, HStR, Bd. V, § 115, Rdn. 156; *R. Herzog*, HStR, Bd. III, § 58, Rdn. 36 (zurückhaltend); *H. H. v. Arnim*, Staatslehre, S. 474 ff.; *H. H. Rupp*, HStR, Bd. II, § 31, Rdn. 51 ff.; *Ch. Link*, VVDStRL 48 (1990), S. 26. Der Grundsatz und Vorrang

betreffen äußeres Handeln, welches regelmäßig mehr oder weniger auch durch staatliche Gesetze geregelt ist[2932]. Auch die privaten Übereinkünfte sind autonom[2933], weil sie in ihrer Materie allgemeine Gesetze sein können, nämlich dem Sittengesetz genügen können sollen. Sie sind freilich nicht der allgemeine Wille. Sie verpflichten wegen des besonderen Willens der beteiligten Privaten nur diese. Die staatliche Verbindlichkeit und damit die Erzwingbarkeit der privaten Übereinkünfte beruht auf dem staatlichen Gesetz, also auf der Willensautonomie der Bürgerschaft insgesamt; denn die Befugnis zum Zwang hat um des Friedens willen (grundsätzlich) nur der Staat (im engeren Sinne)[2934].

Durch die Rechte der Privatheit berechtigt die staatliche Allgemeinheit die Einzelnen als Private zur jeweiligen alleinbestimmten Besonderheit ihrer Verhältnisse. Auch die besonderen Verhältnisse können von staatlichem Interesse sein und sind das meist. Sie werden nicht staatlich geregelt, soweit sie das Gemeinwohl nicht (spürbar) berühren oder umgekehrt, soweit das Gemeinwohl durch die Privatheit verwirklicht wird, etwa durch den Wettbewerb der Privaten. Weitgehend hat das Grundgesetz die staatliche Gesetzgebung untersagt, weil private Maximen und Übereinkünfte sich be-

---

der Privatheit der Lebensbewältigung ist gegenüber dem Subsidiaritätsprinzip eigenständig, wenn auch beide Prinzipien verwandt sind, weil sie die Wirkung negativer Kompetenz haben; während aber das Subsidiaritätsprinzip über die Kompetenz unter konkurrierenden staatlichen Kompetenzen entscheidet (typisch Art. 72 Abs. 2 GG, Art. 5 Abs. 2 EGV), begrenzt das Privatheitsprinzip die Staatlichkeit der Lebensbewältigung überhaupt. Privatheit als Verwirklichung der Freiheit ist zwar kompetenzhaft, aber keine Kompetenz. Der Mensch ist Person, aber nicht wesentlich Kompetenzträger, der eine Aufgabe hat. Eine solche Sicht würde die Selbstzweckhaftigkeit des Menschen verkennen. Es konkurriert nicht die Kompetenz des Staates mit der des Menschen, schon deswegen nicht, weil das Staatliche das Allgemeine der Bürgerschaft verwirklicht, das (besondere) Private aber nicht allgemein ist, auch nicht, wenn der Staat eine Aufgabe aufgibt oder nicht übernimmt. Das Staatliche und das Private sind auch wegen der unterschiedlichen Rechtsprinzipien, die die Maximen und Maximenbildung bestimmen, in anderer Weise unterschiedlich als verschiedene staatliche Institutionen, deren Kompetenzen konkurrieren. Die Privatheit des Lebens ist ein notwendiges Humanum, die Kompetenz des Landes anstelle der des Bundes oder des Mitgliedstaates anstelle der der Europäischen Gemeinschaft nicht. Insoweit den Privaten durch die allgemeinen Gesetze der Vollzug des Staatlichen übertragen ist, kommt ein Subsidiaritätsprinzip in Betracht (so etwa *J. Isensee*, HStR, Bd. III, § 57, Rdn. 165 ff.), das hier aber nicht reklamiert werden soll, wenn auch die Privatheit vielfach, wenn nicht meist mit funktionaler Staatlichkeit verbunden ist.

[2932] *R. Herzog*, HStR, Bd. III, § 58, Rdn. 34, spricht von einer „fast unentwirrbaren Gemengelage von staatlicher und privater Aufgabenerfüllung".

[2933] *K. A. Schachtschneider*, Staatsunternehmen und Privatrecht, S. 421 ff.; auch *ders.*, FS W. Thieme, S. 220 ff.

[2934] Dazu *K. A. Schachtschneider*, Res publica res populi, S. 545 ff.; dazu 2. Kap., IV, VIII.

haupten können sollen, zumal im Arbeitsleben[2935]. Das Grundgesetz, anders als das Europäische Gemeinschaftsrecht, folgt dem Konzept der marktlichen Sozialwirtschaft[2936]. In den Grenzen der Grundrechte ist jedes äußere Handeln staatlich regelbar. Es wird staatlich geordnet, wenn die Allgemeinheit das will, weil es dem guten Leben aller mehr dient als die Privatheit des Handelns.

Soweit staatliche Gesetze oder private Übereinkünfte nicht bestehen, soll der Mensch sein äußeres Handeln von den Tugendpflichten bestimmen lassen. Auch dies gebietet das Sittengesetz oder das Liebesprinzip[2937]. Dies gilt bereits für die privaten Übereinkünfte. Die staatliche Gesetzgebung verlangt nach Sittlichkeit, ohne die sie nicht Recht schaffen kann[2938].

Darin, daß der Mensch sein äußeres Handeln sittlich bewältigt, ist er innerlich frei. Nur eine solche Freiheit des Willens, dessen Autonomie nämlich, schützt das Grundrecht des Art. 2 Abs. 1 GG, wie dessen Wortlaut beweist[2939]. Alles äußere Handeln ist somit dem Sittengesetz verpflichtet[2940]. Das gilt für die Gesetzgebung wie für die Gesetzesverwirklichung. Das Sittengesetz verpflichtet, durch allgemeine Gesetzlichkeit die allgemeine Freiheit zu verwirklichen[2941]. Im Rahmen der Gesetze gebietet das die Ethik (im Sinne der Tugendlehre), die materiale Pflichten kennt, welche aber nicht erzwungen werden können. Die Tugendpflichten der fremden Glückseligkeit, aber auch die der eigenen Vollkommenheit, sind ihrer Materie nach offen, also wenig bestimmt oder, wie *Kant* sagt, „breit"; denn sie sind gerade nicht durch Gesetze definiert, dessen Erzwingbarkeit möglichste Be-

---

[2935] Dazu 8. Kap., VII; *K. A. Schachtschneider*, Streik im öffentlichen Dienst, S. 219 ff.

[2936] Dazu *K. A. Schachtschneider*, Wirtschaftliche Stabilität als Rechtsprinzip, S. 314 ff.; vgl. *ders.*, Grenzen der Kapitalverkehrsfreiheit, S. 289 ff.; *ders.*, Verfassungsklage Dr. P. Gauweiler, 2. Teil, C, zur Wirtschaftsverfassung des Vertrages vom 29.10.2004 über eine Verfassung für Europa; i.d.S. *P. Koller*, Soziale Gerechtigkeit, Wirtschaftsordnung und Sozialstaat, in: W. Kersting (Hrsg.), Politische Philosophie des Sozialstaats, 2000, S. 120 ff., obwohl er bei dem Wort „soziale Marktwirtschaft" bleibt (S. 149); vgl. auch 8. Kap., VI.

[2937] *Kant*, Metaphysik der Sitten, S. 508 ff., 584 ff.; dazu 2. Kap., VII.

[2938] Dazu 7. Kap., II; *K. A. Schachtschneider*, Res publica res populi, S. 519 ff.

[2939] Dazu 4. Kap.

[2940] *W. Kersting*, Kant über Recht, S. 118, sieht im „kategorischen Imperativ" die „Operationsregel des Universalismus der Moral", im „ursprünglichen Kontrakt die Operationsregel des Universalismus des Rechts" (vgl. auch S. 120 ff., auch S. 31 ff., zur „teuflischen Philosophie"; *ders.*, Der Geltungsgrund von Moral und Recht bei Kant, S. 332), aber das Vertrags- oder eben Konsens- und Gesetzesprinzip, der „Kontraktualismus", wie Kersting sagt, ist die Logik des kategorischen Imperativs; das Sittengesetz ist das ethische Gesetz sowohl des Rechts als auch der Tugend.

[2941] Dazu 2. Kap., VI, VII, 5. Kap., II, auch 7. Kap., III; *K. A. Schachtschneider*, Res publica res populi, S. 519 ff.

stimmtheit erfordert, ja hinreichende Bestimmtheit voraussetzt[2942]. Die Verletzung der (bloßen) Tugendpflichten hindert die juridische Legalität des Handelns nicht, die sich allein nach dem staatlichen Gesetz bestimmt. Dazu gehört auch die staatliche Verbindlichkeit der privaten Übereinkünfte (Verträge und gute Sitten).

b) Jede res privata ereignet sich im Maße ihrer allgemeinen Regelbarkeit auch als res publica. In diesem (kantianischen) Sinne erfaßt das Bundesverfassungsgericht den Menschen als das „nicht isolierte und selbstherrliche Individuum, sondern die gemeinschaftsbezogene und gemeinschaftsgebundene Person"[2943]. Dem Bürger wird eine sogenannte Intimsphäre (forum internum) zugestanden, die „nicht in den Bereich des Öffentlichen" reiche[2944], geschützt als „unantastbarer Bereich privater Lebensgestaltung", „menschlicher Freiheit", „der der Einwirkung der gesamten öffentlichen Gewalt ent-

---

[2942] *Kant*, Metaphysik der Sitten S. 325, 508 ff. (bloßer „Selbstzwang"); denn die „Ethik" ist eine „Lehre der Zwecke, (…) weil dazu (sie zu haben) ein Zwang sich selbst widerspricht"; zur „weiten Verbindlichkeit" der ethischen Pflichten, die nicht bestimmte Handlungen vorschreiben, daselbst S. 520, 522, 524, 542 f.; zum Bestimmtheitsprinzip des Rechtsstaates *K. A. Schachtschneider*, Prinzipien des Rechtsstaates, S. 273 ff.

[2943] BVerfGE 4, 7 (15 f.); 8, 274 (329); 12, 45 (51); 27, 1 (7); 27, 344 (351);; 30, 173 (193); 32, 98 (108), 33, 303 (334); st. Rspr.; BVerfGE 45, 187 (227); 48, 127 (163); 49, 286 (298); 50, 166 (175); 50, 290 (353); 56, 37 (49); 109, 133 (151); vgl. auch BVerfGE 65, 1 (44); dazu (zustimmend) *P. Häberle*, Das Menschenbild im Verfassungsstaat, S. 47 ff., 66 ff.; vgl. *K. A. Schachtschneider*, JA 1979, 571; zum Persönlichkeitsbegriff des Art. 2 Abs. 1 GG *ders.*, Staatsunternehmen und Privatrecht, S. 122 ff.; *ders.*, Res publica res populi, S. 222 ff., 273 f., 370 ff., 666 ff., 726 ff.; *I. v. Münch*, GG-Komm., Bd. 1, 3. Aufl. 1985, Rdn. 12 ff. zu Art. 2; *P. Häberle*, HStR, Bd. II, § 22, Rdn. 46 ff.; *W. Schmitt Glaeser*, HStR, Bd. VI, § 128, Rdn. 2, 38; vgl. auch *H.-U. Erichsen*, Allgemeine Handlungsfreiheit, HStR, Bd. VI, § 152, Rdn. 1 ff., 13 ff.; dazu auch *R. Alexy*, Theorie der Grundrechte, S. 323 ff., der die Freiheit als bloß „negative Freiheit", diese allerdings „formal" in dem Sinne versteht, daß deren Einschränkungen hinreichender Gründe bedürfen würden.

[2944] *H. Krüger*, Allgemeine Staatslehre, S. 539 ff. u. ö.; *P. Häberle*, Wesensgehaltsgarantie, insb. S. 335 ff.; *W. Maihofer*, ARSP, Beiheft Nr. 15, 1981, S. 22 f. (auch für die Beziehung Mensch zu Mensch (?)); vgl. auch *E. Denninger*, Rechtsperson und Solidarität, S. 294, der „dem einzelnen Privatmann, dem bourgeois, eine Sphäre der Beliebigkeit" belassen will, ob anderen gegenüber, bleibt offen; liberalistisch *J. Isensee*, etwa HStR, Bd. V, § 115, Rdn. 224, 236 ff., 243 ff., 249 (vgl. auch Fn. 2904); vgl. auch v. Mangoldt/Klein/*Starck*, GG, Art. 2 Abs. 1, Rdn. 16; auch *K. Hesse*, HVerfR, S. 93, für einen durch die Individualsphäre bestimmten Begriff der Gesellschaft, in die der Staat nicht einwirken dürfe; *H. H. Rupp*, HStR, Bd. II, § 31, Rdn. 18 ff., der den Begriff „Privatsphäre" kritisiert, Rdn. 19; *R. Alexy*, Theorie der Grundrechte, S. 326 ff., bietet auch für die Lösung dieser Fälle der „Sphärentheorie" sein „Abwägungsgesetz" an, im Erg. zu Recht, denn mittels Abwägung wird die praktische Vernunft materialisiert (dazu *K. A. Schachtschneider*, Res publica res populi, S. 895 ff.; dazu auch 7. Kap., II, 3).

zogen" sei, dessen Grenzen jedoch die vom Gesetz geregelten äußeren „sozialen" Verhältnisse seien[2945]. Eine wirkliche Intimsphäre ist notwendig der Besonderheit des einzelnen Menschen vorbehalten, weil mangels Wirkung auf einen anderen ein Rechtsverhältnis nicht besteht[2946]. Grundrechte, insbesondere Art. 2 Abs. 1 GG, verböten aber auch die unverhältnismäßige staatliche Reglementierung der sogenannten Privatsphäre, meint das Bundesverfassungsgericht[2947]. Bei diesem relativen Schutz kann man von verfassungsgebotenen res privatae sprechen, die wegen der Formalität der allgemeinen Freiheit von der Gesetzgebung nach dem Prinzip der praktischen Vernunft und gemäß dem Grundsatz privater Lebensbewältigung, der in der mit der Formalität der Freiheit erfaßten und im Wortgebrauch des Art. 2

[2945] Etwa BVerfGE 6, 32 (41); 6, 389 (433); 27, 1 (6); 27, 344 (350 ff.); 32, 373 (379); 34, 238 (245); 35, 202 (220); 44, 353 (372 ff., 383 f.); 54, 148 (153); 60, 123 (134 f.), 65, 1 (41); 67, 213 (228); 71, 183 (201); 72, 153 (170); 80, 367 (373 ff.); 82, 236 (269); 89, 62 (82 ff.); 96, 56 (61); 99, 185 (193 ff.); 101, 361 (379 ff.); 104, 373 (391 ff.); 106, 28 (39); 109, 279 (399 ff.); 1 BvR 668/04 v. 27.7.05, Rdn. 162, gestützt auf ein allgemeines Persönlichkeitsrecht aus Art. 2 Abs. 1 i.V.m. Art. 1 Abs. 1; *E. Grabitz*, Freiheit und Verfassungsrecht, S. 103 ff., 243 f., 254 f.; *K. A. Schachtschneider*, Staatsunternehmen und Privatrecht, S. 148 f.; dazu *K. Stern/M. Sachs*, Staatsrecht III, 1, S. 646 ff.; kritisch v. Mangoldt/Klein/ *Starck*, GG, Art. 2 Abs. 1, Rdn. 14 ff.; dazu näher *R. Scholz*, AöR 100 (1975), S. 80 ff., 265 ff.; *D. Rohlf*, Der grundrechtliche Schutz der Privatsphäre. Zugleich ein Beitrag zur Dogmatik des Art. 2 Abs.1 GG, 1980, insb. S. 76 ff., 226 ff., der nicht zu einer Ethik vordringt; *W. Schmitt Glaeser*, HStR, Bd. VI, § 129, Rdn. 1 ff.; *H.-U. Erichsen*, HStR, Bd. VI, § 152, Rdn. 52 ff. (insb. zum allgemeinen Persönlichkeitsrecht); sozialwissenschaftlich geprägt (gegenüber Sphären kritisch) *G. Rüpke*, Der verfassungsrechtliche Schutz der Privatheit. Zugleich ein Versuch pragmatischen Grundrechtsverständnisses, 1976, insb. S. 21 ff.; *R. Alexy*, Theorie der Grundrechte, S. 326 ff.; kritisch zur Sphärenlehre *D. Merten*, Das Recht auf freie Entfaltung der Persönlichkeit, JuS 1976, 349; *J. Schwabe*, Probleme der Grundrechtsdogmatik, S. 314 ff., der zu Recht die relevante Unterscheidbarkeit einer „Privatsphäre" und einer „Sozialsphäre" bestreitet; kritisch auch *H. H. Rupp*, HStR, Bd. II, § 31, Rdn. 19; einen „unantastbaren Bereich privater Lebensgestaltung" bestreitet zu Recht auch *A. Podlech*, Das Recht auf Privatheit, in: J. Perels (Hrsg.), Grundrechte als Fundament der Demokratie, 1979, S. 68 in Fn. 12.

[2946] Im Erg. *R. Alexy*, Theorie der Grundrechte, S. 327 ff., der das allerdings auf das Abwägungsgesetz als extremsten Fall stützt; zum Begriff des allgemeinen und besonderen Rechtsverhältnisses *R. Gröschner*, Das Überwachungsrechtsverhältnis, S. 141 ff.; *W. Henke*, Recht und Staat, S. 607 ff. (Zitat S. 609), der das Rechtsverhältnis davon abhängig macht, daß ein Anspruch etwa durch Verletzung eines Gesetzes, daß also ein Streit entstanden ist; *Gröschner* (a.a.O.) verlangt eine „streng korrelative Bindung".

[2947] Vgl. BVerfGE 6, 389 (433 ff.); 27, 1 (7 f.); 27, 344 (351); 32, 373 (379); 33, 367 (376); 34, 238 (246); 34, 238 (245 f.); 35, 202 (220 f.); 44, 353 (372 ff.); 51, 97 (107); 89, 69 (82); 96, 56 (61); 101, 361 (379 ff., 385); vgl. dazu *P. Häberle*, Wesensgehaltsgarantie, S. 355 ff., 339; *ders.*, Öffentlichkeit im demokratischen Staat, S. 140; *D. Rohlf*, Der grundrechtliche Schutz der Privatsphäre, S. 76 ff.

Abs. 1 GG zum Ausdruck gebrachten Selbstheit der Persönlichkeit begründet ist, materialisiert werden müssen. Diese Materialisierung leistet das Bundesverfassungsgericht mit dem Versuch, Sphären unterschiedlicher Abwehrintensität zu dogmatisieren. Die Grenze zwischen einer Intim- und der sogenannten Privatsphäre kann nur die schwer bestimmbare Grenze zwischen Innen- und (insbesondere kommunikativem) Außenhandeln sein[2948]. Eine Bereichsgrenze zwischen der sogenannten Privatsphäre und der des sogenannten Öffentlichen, die als die „Sozialsphäre" oder der „Sozialbereich" bezeichnet wird[2949], gibt es nicht[2950]. Der „soziale" Bezug des Handelns macht das Handeln zu einem (freiheitlichen) Rechtsfall und verpflichtet zur staatlichen Regelung, sei es, indem ein Recht zur Privatheit der Handlungsmaximen eingeräumt wird (eventuell werden muß), oder sei es, daß die Handlungsmaximen staatlich bestimmt werden, d.h. das Handeln gesetzlich geregelt wird. Der Grundsatz privater Lebensbewältigung rechtfertigt die prinzipielle Dispositivität des bürgerlichen Rechts als Ausdruck der freiheitlichen praktischen Vernunft ebenso wie den Rechtsgrundsatz der Verbindlichkeit privater Verträge und gruppenhafter guter Sitten.

Eine eigentliche res privata im Sinne der römischen Republik oder gar ein οἶκος/Haus im Sinne der griechischen Antike[2951], die politischer, also staatlicher Regelung nicht zugänglich wären, gibt es in der demokratischen

---

[2948] Dazu *D. Rohlf*, Der grundrechtliche Schutz der Privatsphäre, S. 78 ff., insb. kritisch zum Lebach-Urteil (BVerfGE 35, 202 (220)) S. 226 ff.; i.d.S. auch *R. Alexy*, Theorie der Grundrechte, S. 327 ff.

[2949] BVerfGE 80, 367 (374); 109, 279 (314, 325 ff.); *R. Scholz*, AöR 100 (1975), S. 266 ff., 273 ff.; *R. Alexy*, Theorie der Grundrechte, S. 327; *W. Schmitt Glaeser*, HStR, Bd. VI, § 129, Rdn. 36, stellt auf die „Intensität" des „Sozialbezuges" ab.

[2950] Eine solche sucht *D. Rohlf*, Der grundrechtliche Schutz der Privatsphäre, insb. S. 76 ff., 87 ff., 135 ff., 192 ff., stark räumlich/gegenständlich; auch *A. Podlech*, Das Recht auf Privatheit, S. 50 ff., 60 ff.; Sphären ablehnend *G. Rüpke*, Der verfassungsrechtliche Schutz der Privatheit, S. 20, 30 f., insb. i.S. räumlicher Vorstellung; ablehnend auch *J. Schwabe*, Probleme der Grundrechtsdogmatik, S. 314 ff.; *W. Schmitt Glaeser*, HStR, Bd. VI, § 129, Rdn. 10 ff., 27 ff., stellt die Differenzierungsbemühungen dar und bietet selbst solche an, die aber „der Lösung von Fall zu Fall" bedürfen würden (so auch BVerfGE 34, 238 (248)), d.h. nicht ohne Gesetz rechtsstaatlich handhabbar sind; gegen die „unjuristischen philosophischen Vorstellungen", „das Recht grenze die privaten Sphären der einzelnen voneinander ab", *W. Henke*, Recht und Staat, S. 613 in Fn. 6 (die Kritik ist berechtigt, der Vorwurf des Philosophischen aber mangels eines Hinweises unverständlich); die Einheit des privaten und öffentlichen Aspekts grundgesetzlicher Freiheit spricht an *P. Häberle*, Öffentlichkeit im demokratischen Staat, S. 140, an; skeptisch gegenüber der Differenzierung privater und öffentlicher Verbände zu Recht *G. Teubner*, Organisationsdemokratie und Verbandsverfassung, S. 122 ff.; weitere Hinweise zur Kritik der Sphärendoktrin in Fn. 2945.

[2951] Dazu *A. Pabst*, Die athenische Demokratie, S. 39, 95 f., 97 f.; weitere Hinweise in Fn. 2952.

Republik des bürgerlichen Gemeinwesens nicht mehr. Das Ökonomische ist im industriellen Gemeinwesen nicht mehr häuslich, sondern national, ja in den globalisierten Lebensverhältnissen international. Auch im Hause ist der Mensch auf den anderen angewiesen. Er lebt auch dort in äußeren, also rechtlichen Verhältnissen, ganz im Gegensatz zu den ökonomischen Verhältnissen der Griechen und vor allem der Römer, deren Häuser despotisch beziehungsweise patriarchalisch (aufgrund der potestas) geführt wurden, also unabhängig von staatlichem Recht. Das hinderte sittliche Verhältnisse unter Menschen in den Häusern nicht[2952], freilich nicht im Sinne einer Sittlichkeit der gleichen Freiheit aller Menschen, insbesondere auch der Frauen und Kinder. Im Hause gibt es keinen pater familias, keine erlaubte Despotie mehr, sondern nur noch rechtliche, also sittliche, nicht aber herrschaftliche Verhältnisse. Das heißt nicht, daß alles Handeln im Hause durch Maximen der staatlichen Gesetze bestimmt wäre. Aber alles Handeln im Hause untersteht dem Recht, das den staatlichen Gesetzen zu entnehmen ist, sogar die Lebensgemeinschaft der Ehegatten, wie das Rechtsinstitut der Zerrüttung der Ehe (§ 1565 BGB) erweist. Das Haus ist kein rechtsfreier Raum mehr, wenn es auch vor dem Eindringen von Menschen, auch von Amtswaltern, als ein Hort vor allem der Familie, aber auch der Arbeit usw., als ein Raum intensiver Privatheit, besonders geschützt ist (vor allem durch Art. 13 GG)[2953]. Aus Gründen der (vermeintlichen) Sicherheit nimmt sich der Staat das Recht, die „Unverletzlichkeit" der Wohnung einzuschränken („akustische Überwachung", Art. 13 Abs. 3 GG[2954]). Die Wirkung des allgemeinen Gesetzes macht an der Haustür nicht halt. Die Wohnung ist kein Bereich ohne „sozialen Bezug"[2955].

[2952] *Th. Mommsen*, Römische Geschichte I, Könige und Konsuln, Von den Anfängen bis zum Untergang der Republik, 1856, bearbeitet von H. Leonhardt, o.J., Kap. 29, S. 399 ff.; *H. Arendt*, Vita Activa, S. 28 ff.; *A. Bürgin*, Polis und Ökonomik zur Zeit des Aristoteles, Vortrag Hamburg, 1989; *M. Riedel*, Bürger, Staatsbürger, Bürgertum, S. 672 ff.; *D. Sternberger*, Drei Wurzeln der Politik, S. 88 ff.; dazu auch *W. Henke*, Recht und Staat, S. 301 ff.; auch *G. Jellinek*, Allgemeine Staatslehre, S. 424 (Scheidung der „häuslichen" und der „staatlichen Gewalt" in der „antiken Staatslehre"); *S. Miarka*, Degeneration politischer Werte in der Agonie der Republik, Diplomarbeit Lehrstuhl Schachtschneider, 1993, S. 29.

[2953] Dazu *D. Rohlf*, Der grundrechtliche Schutz der Privatsphäre, S. 152 ff., 228 ff.; *W. Schmitt Glaeser*, HStR, Bd. VI, § 129, Rdn. 47 ff.; *A. Podlech*, Das Recht auf Privatheit, S. 60 f. (Wohnung: „räumliche Privatsphäre"); *M. Gentz*, Die Unverletzlichkeit der Wohnung, Artikel 13 des Grundgesetzes, 1968, S. 24 ff., 30 (weiter Begriff); BVerfGE 32, 54 (70 ff.); vgl. auch BVerfGE 31, 255 (268); 51, 97 (107); 65, 1 (40).

[2954] Zum sogenannten Großen Lauschangriff BVerfGE 109, 279 (325 ff.).

[2955] *W. Schmitt Glaeser*, HStR, Bd. VI, § 129, Rdn. 48.; zu Recht weist *A. Podlech*, Das Recht auf Privatheit, S. 51 mit Fn. 12, S. 65, auf den sozialen Charakter der Privatheit hin.

3. Staatlichkeit der Amtswaltung und Privatheit der Amtswalter

a) Der Staat (i. e. S.) kann als Einrichtung der Bürger für deren allgemeine Zwecke nicht frei sein; denn er hat keine Personalität. Vielmehr dient der (institutionelle) Staat der Verwirklichung des (funktional) Staatlichen, also dessen, was die Bürgerschaft für das allgemeine gute Leben in Freiheit als notwendig erkannt und damit als allgemeines Gesetz verbindlich gemacht hat. Als Republik ist der Staat (der Idee nach) die verwirklichte Sittlichkeit des Volkes als der Gesamtheit der Bürger[2956], die jeweilige Bürgerlichkeit also. Die Amtswaltung der Bürger ist staatlich, d.h. staatsrechtlich (öffentlich-rechtlich), bestimmt[2957]. Amtswalterliche Unabhängigkeit gibt nicht das Recht zur Privatheit, wie etwa die Unabhängigkeit der Richter nach Art. 97 Abs. 1 GG[2958] zeigt.

Der Richter soll nicht sein eigenes Glück suchen, nicht die eigenen Interessen verwirklichen, nicht privat handeln, sondern ist Vertreter des Volkes in dessen Sittlichkeit, indem er in dem jeweiligen Rechtsstreit das Recht erkennen soll[2959]. Die amtswalterliche Unabhängigkeit dient der spezifischen

---

[2956] Vgl. dazu *K. A. Schachtschneider*, Staatsunternehmen und Privatrecht, S. 241 ff., 438 ff.; *ders.*, Res publica res populi, S. 666 ff., 688 ff., 719 ff., 728 ff.; *ders.*, Prinzipien des Rechtsstaates, S. 19 ff., 50 ff.; i. d. S. *O. Depenheuer*, HStR, Bd. III, § 36, Rdn. 4, 47.

[2957] *K. A. Schachtschneider*, Staatsunternehmen und Privatrecht, insb. S. 253 ff.; *ders.*, Der Anspruch auf materiale Privatisierung, S. 306 ff., 313 ff.; für die Fiskuslehre, die privatrechtsförmiges Verhalten des Staates zuläßt, etwa *G. Püttner*, Die öffentlichen Unternehmen, S. 79 ff., insb. S. 84, 85; *D. Ehlers*, Verwaltung in Privatrechtsform, 1984, S. 75 ff.; auch *M. Ronellenfitsch*, Wirtschaftliche Betätigung des Staates, HStR, Bd. III, 1988, § 84, Rdn. 24, 46, ohne Bewußtsein für das staatsrechtliche Problem der Fiskusdoktrin; dazu auch *St. Storr*, Der Staat als Unternehmer. Öffentliche Unternehmen in der Freiheits- und Gleichheitsdogmatik des nationalen Rechts und des Gemeinschaftsrechts, 2001, S. 190 ff., 465 ff., 467 ff.; *W. Weiß*, Privatisierung und Staatsaufgaben, S. 207 ff., 271 ff., 279 ff. (kritisch und restriktiv, zu Recht), kritisch *B. Kempen*, Die Formenwahlfreiheit der Verwaltung, S. 77 ff.; *J. Burmeister*, VVDStRL 52 (1993), S. 210 ff.

[2958] Zur Unabhängigkeit und Neutralität der Richter BVerfGE 3, 337 (381); 4, 331 (346); 14, 56 (69); 18, 241 (255); 21, 139 (145 f.); 67, 65 (68); dazu *K. A. Bettermann*, Die Unabhängigkeit der Gerichte und der gesetzliche Richter, in: ders./ H. C. Nipperdey/U. Scheuner (Hrsg.), Handbuch der Grundrechte, Dritter Band, 2. Halbband, Rechtspflege und Grundrechtsschutz, 1959, S. 635 ff.; *G. Barbey*, Der Status des Richters, HStR, Bd. III, 1988, § 74, Rdn. 27 ff., 34, 40; *K. A. Schachtschneider*, Res publica res populi, S. 536 ff., 883 ff., 909 ff., 963 ff., 1027 ff.; *ders.*, Prinzipien des Rechtsstaates, S. 50 ff., 210 ff., 214 ff., 217 f., 328; *T. Mähner*, Der Europäische Gerichtshof als Gericht, S. 100 ff.; *P. Wollenschläger*, Die Gemeinschaftsaufsicht über die Rechtsprechung der Mitgliedstaaten, 2006, S. 95, 127 f., 193 ff.

[2959] Vgl. *K. A. Schachtschneider*, VerwArch 63 (1972), S. 307; *ders.*, Res publica res populi, S. 872 ff., 885 ff; *ders.*, Prinzipien des Rechtsstaates, S. 122 f., 135 ff.;

Sachlichkeit, die wegen ihrer Eigenart die Unabhängigkeit des Amtswalters erfordert, damit dieser bestmöglich seine besondere Eignung und Befähigung zur Verwirklichung des gemeinen Wohles, der Staatlichkeit, einbringen kann. Vor allem der Richter bringt seine Persönlichkeit in sein Amt ein und soll das auch. Er benötigt für sein Amt die Befähigung zum Richteramt (§§ 5 ff. DRiG) und soll für seine Amtswaltung seine zunehmende richterliche Erfahrung nutzen. In diesem Sinne ist richterliche Amtswaltung Persönlichkeitsentfaltung, freilich rechts- und gesetzesgebunden und ausschließlich dem Wohl des Volkes, nämlich der Wahrheitlichkeit und Richtigkeit der Richtersprüche, die im Namen des Volkes ergehen, verpflichtet[2960]. Der Richter ist der persönliche Richter, also der Richter als sittliche Persönlichkeit. Die Verfassung schützt dieses Prinzip als das des gesetzlichen Richters (Art. 101 Abs. 1 S. 2 GG)[2961].

b) Unabhängig ist insbesondere die Amtswaltung der von staatlichen Universitäten beschäftigten Wissenschaftler, deren Amtswaltung unter dem Schutz des Grundrechts der Freiheit der Wissenschaft, der Freiheit von Forschung und Lehre also, steht (Art. 5 Abs. 3 S. 1 GG)[2962]. Die Amtswaltung der staatlichen Wissenschaftler ist aber nicht privat, sondern staatlich; denn sie geschieht im Namen des Volkes, das diesen Amtswaltern um der Wissenschaft willen die größtmögliche Unabhängigkeit einräumt, jedenfalls einzuräumen gehalten und verpflichtet ist[2963]. Die Freiheit der Wissenschaft des Art. 5 Abs. 3 S. 1 GG gibt dem staatlichen Wissenschaftler ein subjektives Recht, eigenverantwortlich seine Forschung und seine Lehre nach Maßgabe seines Amtes auszuüben. Das Freiheitsrecht des Art. 5 Abs. 3 GG gestaltet somit eine staatliche Aufgabe und eine staatliche Institution, weil diese Freiheit mit der Sache der Wissenschaft untrennbar verbunden ist.

K. A. Bettermann, GS W. Jellinek, 361 ff. (376); *ders.*, HStR, Bd. III, § 73, Rdn. 18 ff., 27 ff., 38, 39 ff.; *R. Berenbrok*, Das Recht des Notvorstandes der Aktiengesellschaft, 1991, S. 30 ff., 40; *T. Mähner*, Der Europäische Gerichtshof als Gericht, S. 81 ff.

[2960] Dazu *K. A. Schachtschneider*, Res publica res populi, S. 536 ff., auch S. 858 ff., 1131 ff.; *ders.*, Prinzipien des Rechtsstaates, S. 135 ff.; zur ausschließlichen Gemeinwohlverpflichtetheit des Amtes *O. Depenheuer*, HStR, Bd. III, § 36, Rdn. 69, 72, 87, u. ö.

[2961] BVerfGE 2, 307 (319 f.); 6, 45 (50 f.); 17, 294 (298 f.); 19, 52 (60); 20, 336 (344); 40, 356 (361); 64, 77 (89); 82, 286 (298); 95, 322 (327 f.); 97, 322 (327); vgl. *K. A. Schachtschneider*, Prinzipien des Rechtsstaates, S. 300 f.

[2962] Vgl. BVerfGE 35, 79 (114 ff., 125 ff.); 55, 37 (68); 64, 323 (353 ff.); *W. Thieme*, Deutsches Hochschulrecht, S. 71 f. (84 ff., 90 ff., 136 ff.), 251 ff., 336 ff.; *K. A. Schachtschneider*, Die Universität in der Republik, S. 259 ff.; *Th. Oppermann*, HStR, Bd. VI, § 145, Rdn. 17 ff., 38 ff.; *H. Kopetz*, Forschung und Lehre. Die Idee der Universität bei Humboldt, Jaspers, Schelsky und Mittelstraß, 2002.

[2963] *W. Thieme*, Deutsches Hochschulrecht, S. 498 ff. (505 f.); grundlegend *M. Weber*, Wissenschaft als Beruf, 4. Aufl. 1959.

Diese Freiheit ist die äußere Unabhängigkeit bei der Erkenntnis der Wahrheit und des Richtigen und die innere Wahrheitlichkeit als die wissenschaftliche Sittlichkeit. Nicht jedes subjektive Recht ist ein Recht der Privatheit; denn Handeln im Namen des Volkes ist definitorisch nicht privat, sondern staatlich. Amtlichkeit und Privatheit schließen sich aus, weil das Private als das Nichtstaatliche definiert ist[2964]. Dennoch sind das Staatliche und das Private menschlich und bürgerlich und folgen gegebenenfalls gleichen Sachgesetzlichkeiten, wie das Beispiel der Wissenschaft zeigt. Die Wissenschaft in den staatlichen Universitäten ist frei, aber nicht privat. Wie alles staatliche Handeln ist auch die Wissenschaft den allgemeinen Gesetzen verpflichtet, aber um der bestmöglichen Sachlichkeit willen sind es die Gesetzlichkeiten des jeweiligen Faches, die der Staat der Erkenntnis der Wissenschaftler überträgt und übertragen muß, wenn er seine aufklärerische Pflicht zur bestmöglichen Sachlichkeit nicht verletzen will. Die Wissenschaftsfreiheit, jedenfalls in den staatlichen Universitäten, ist „dienende Freiheit", wie die Rundfunkfreiheit[2965]. Unabhängigkeit ist kein Widerspruch zur Freiheit als der bestmöglichen Gesetzlichkeit, sondern die richtige Institution der Freiheit, wenn die Sachlichkeit sie erfordert, wie die Unabhängigkeit der Richter, der Abgeordneten, u. a. Amtswalter, insbesondere der Bürger, jeweils im Rahmen der Gesetze der Freiheit, es erweisen. Sachlichkeit aber heißt in der Republik bestmögliche Wissenschaftlichkeit[2966].

c) Jede Amtshandlung als res publica ist jedoch auch eine res privata des Amtswalters, der seine Persönlichkeit in seinem Amt, das er „uneigennützig nach bestem Gewissen verwalten" soll (§ 36 S. 2 BRRG, § 54 S. 2 BBG), entfaltet, der als seinen Beruf ein Amt innehat, dem er sich „mit voller Hingabe widmen" soll (§ 36 S. 1 BRRG, § 54 S. 1 BBG). In diesem Beruf ist der Amtswalter gemäß Art. 33 Abs. 5 GG nach den hergebrachten Grundsätzen des Berufsbeamtentums bestens geschützt[2967]. Das Berufliche des Amtswalters ist wesentlich eine res privata, wenn auch die beruflichen Verhältnisse des Amtswalters die bestmögliche Amtsführung gewährleisten sollen. Auch der Amtswalter ist Bürger wie alle Bürger. Der Soldat wird als „Bürger in Uniform" charakterisiert[2968]. So trägt der Amtswalter die „volle persönliche Verantwortung" für „die Rechtmäßigkeit seiner dienst-

---

[2964] Dazu *K. A. Schachtschneider*, Res publica res populi, S. 159 ff.; *ders.*, Der Anspruch auf materiale Privatisierung, S. 40 ff.

[2965] BVerfGE 57, 295 (320); 74, 237 (323 f.); 83, 238 (295, 305, 324); 87, 181 (197), sowohl für den öffentlichen als auch für den privaten Rundfunk.

[2966] Dazu *K. A. Schachtschneider*, Res publica res populi, S. 674 ff., 965 ff.

[2967] Dazu *H. Lecheler*, Der öffentliche Dienst, HStR, Bd. III, § 72, Rdn. 49 ff.; *J. Isensee*, Öffentlicher Dienst, HVerfR, § 32, S. 1556 ff.

[2968] *K. Stern*, Staatsrecht II, S. 885; vgl. auch *F. Kirchhof*, HStR, Bd. III, § 78, Rdn. 40.

lichen Handlungen" (§ 38 Abs. 1 BRRG, § 56 Abs. 1 BBG) u. a. m. Auch das zeigt, daß die Amtsführung (auch) eine res privata des Amtswalters ist. Das gilt in besonderem Maße für die Amtswaltung des Wissenschaftlers. Das Dienstliche, also Staatliche, und das Private des Amtswalters finden ihre Einheit in dessen Persönlichkeit.

Der Staat gibt Gesetze durch Abgeordnete, er verwaltet durch Beamte[2969] und er spricht Recht durch Richter, er verteidigt sich durch Soldaten und er forscht und lehrt durch Professoren und deren Mitarbeiter und Assistenten. Alle diese Amtswalter handeln im Namen des Volkes, also in ihrem Amt amtlich, d.h. staatlich, und nicht privat. Alle Amtswalter haben aber spezifische Eignungen und Befähigungen, die sie mehr oder weniger alleinbestimmt in ihr Amt einbringen und einbringen sollen. Im Interesse bestmöglicher Erfüllung ihrer Aufgaben, also im Interesse bestmöglicher Staatlichkeit, sind die Amtswalter entweder unabhängig oder nicht unabhängig. Wenn eine Aufgabe wissenschaftlich bewältigt werden soll oder die Wissenschaft die Aufgabe selbst ist, muß um der Erkenntnisaufgabe willen die Amtswaltung unabhängig sein. Die Aufgabe des Richters kann nicht ohne Rechtswissenschaftlichkeit bewältigt werden, aber zugleich ist der Richter wegen des Vorrangs von Gesetz und Recht (Art. 20 Abs. 3 GG) an die (rechtlichen) Gesetze gebunden (Art. 97 Abs. 1 GG)[2970]. Folglich ist der Richter nicht nur an die Gesetze gebunden, sondern nach Art. 97 Abs. 1 GG auch unabhängig[2971]. Im übrigen setzt sein Amt die rechtswissenschaftliche Befähigung voraus (§ 5 Abs. 1 DRiG)[2972]. Auch der Abgeordnete soll sein Amt unabhängig und nur seinem Gewissen verpflichtet ausüben, weil er anders nicht Vertreter des ganzen Volkes in dessen Sittlichkeit sein kann (Art. 38 Abs. 1 S. 2 GG)[2973]. Der Beamte ist im Grundsatz weisungsgebunden (§ 37 BRRG, § 55 BBG), weil und insoweit die Einheit der Verwaltung und die demokratische Legitimation die Hierarchisierung der Verwaltung erfordert[2974] und nicht andere Prinzipien, wie insbesondere die Wissenschaftlichkeit der Amtsaufgabe, dem entgegenstehen.

Amtlichkeit als Staatlichkeit des Handelns und Alleinbestimmtheit, etwa als Wissenschaftlichkeit, sind kein Widerspruch, sondern je nach den Erfor-

---

[2969] Zum öffentlichen Dienst durch Angestellte und Arbeiter *K. A. Schachtschneider*, Streik im öffentlichen Dienst, S. 216 ff., insb. S. 260 ff., 290 ff.

[2970] Dazu *K. A. Schachtschneider*, Res publica res populi, S. 538 ff., 863 ff., 874 ff.

[2971] *K. A. Bettermann*, HStR, Bd. III, § 73, Rdn. 34; *G. Barbey*, HStR, Bd. III, § 74, Rdn. 27 ff.

[2972] Dazu *K. A. Schachtschneider*, Res publica res populi, S. 974 f.; *ders.*, Prinzipien des Rechtsstaates, S. 135 ff.

[2973] Dazu *K. A. Schachtschneider*, Res publica res populi, S. 637 ff., 670 ff., 810 ff.

[2974] Zur demokratischen Funktion der Hierarchie BVerfGE 83, 60 (72).

dernissen der Aufgaben integriert. Immer sind es Menschen, die dem Staat, d.h. dem gemeinen Wohl, dienen, Menschen also, denen wegen ihrer Eignung, Befähigung und fachlichen Leistung (Art. 33 Abs. 2 GG) die staatlichen Ämter übertragen werden. Es sind immer persönliche Leistungen, die das Gemeinwesen für das Staatliche nutzt. Immer übernimmt der Staat Aufgaben des gemeinsamen Lebens, also des Lebens von Menschen, die durch Menschen bewältigt werden müssen, sei es staatlich oder sei es privat gestaltet und bestimmt. Die Vorlesung des Professors etwa ist Amtswaltung und als solche alleinbestimmte Verwirklichung des Staatlichen; denn allgemeine Gesetze bestimmen die Aufgabe des Professors, nämlich die bestmögliche Lehre, welche bestmögliche Forschung voraussetzt[2975]. Gleichzeitig verwirklicht der Professor seine Persönlichkeit nicht nur, aber auch als res privata. Im Amt zeigt sich die bürgerliche Einheit des Staatlichen und des Privaten in besonderer Weise, nämlich die persönliche Einheit, die die Konsequenz eines Gemeinwesens ist, welches Staat und Gesellschaft nicht trennt und nicht trennen kann[2976], weil das Staatliche Teil der Persönlichkeit jedes Bürgers ist, nämlich das, was allen Bürgern gemein ist; denn: res publica res populi.

d) Die Praxis verwischt, gestützt durch die Fiskusdoktrin[2977], zunehmend die institutionelle Unterscheidung des Staates (i.e.S.) von dem Privaten, insbesondere durch sogenannte öffentliche Unternehmen, vor allem Unternehmen des Staates, die in Privatrechtsform betrieben werden[2978]. Die organisatorische Privatisierung ändert nichts an der Staatlichkeit der Unternehmen, die dem Recht des Staates nicht entzogen werden dürfen, nicht nur der Grundrechtsverpflichtetheit nicht, sondern auch nicht der kompetenziellen Ordnung und auch nicht der Ordnung der Ämter. Die institutionelle Unterscheidung des Staates von den Privaten ist wegen des vielfältigen staatstypischen und privattypischen Rechts, das entweder nur für den Staat oder nur für Private gilt, unverzichtbar[2979]. Die institutionelle ist von der funk-

---

[2975] Vgl. BVerfGE 35, 79 (114 ff.); vgl. auch BVerfGE 66, 270 (287); *K. A. Schachtschneider*, Die Universität in der Republik, S. 259 ff.; vgl. die Hinweise in Fn. 2962.

[2976] *K. A. Schachtschneider*, Res publica res populi, S. 159 ff., insb. S. 175 ff.; dazu 3. Kap., IX.

[2977] Das Fiskusdogma ist verfassungswidrig, *K. A. Schachtschneider*, Staatsunternehmen und Privatrecht, insb. S. 261 ff.; *ders.*, Der Anspruch auf materiale Privatisierung, S. 190 ff.; weitere Hinweise in Fn. 2119.

[2978] Zur Organisationsprivatisierung (formellen Privatisierung) *K. A. Schachtschneider*, Staatsunternehmen und Privatrecht, S. 253 ff., 261 ff.; *ders.*, Der Anspruch auf materiale Privatisierung, S. 183 ff., 190 ff.; weitere Hinweise in Fn. 2957.

[2979] *K. A. Schachtschneider*, Staatsunternehmen und Privatrecht, S. 173 ff., 281 ff., 438 ff.; *ders.*, Der Anspruch auf materiale Privatisierung, S. 40 ff., 45 ff., 190 ff. (217 ff.); i.d.S. auch *J. Isensee*, HVerfR, S. 1552 ff., der aber die Fiskalverwaltung,

tionalen Staatlichkeit zu unterscheiden, weil der Wille des Bürgers als institutionell Privater sowohl funktional staatlich als auch funktional privat bestimmt ist, während das institutionell Staatliche als solches ausschließlich funktional staatlich bestimmt ist, nämlich vom allgemeinen Willen des Volkes[2980]. Das Handeln im Amt und das private Handeln kann denselben Sachgesetzlichkeiten folgen, weil die Amtswaltung bestmöglich, d.h. im Grundsatz wissenschaftlich, sein soll. Dennoch folgt die Amtswaltung ausschließlich einem anderen formalen Prinzip als die private Lebensbewältigung, nämlich dem Prinzip des durch die staatlichen Gesetze definierten Gemeinwohls[2981], während der Private sein besonderes Glück allein zu bestimmen das Recht hat. Demgemäß ist das sittliche Versagen des Amtswalters Unrecht, das des Privaten (nur) unfrei.

4. Sollensarten des Menschen

a) Der Mensch muß sein Handeln, wenn er frei sein will, um der Sittlichkeit und damit um des Rechts willen am Sittengesetz und darum an seinen rechtlichen Verpflichtungen aus den staatlichen Gesetzen (und den privaten Übereinkünften), sowie, ethisch verpflichtet, an den Tugendpflichten, ausrichten. Das Sittengesetz gebietet, die Gesetze um der Gesetze willen zu verwirklichen, also Tugend, aber auch die Tugendpflichten zu erfüllen, insgesamt Moralität[2982]. Die Sollensweisen, die das Handeln des Menschen bestimmen, sind die staatlichen Gesetze, welche die allgemeine Freiheit zu verwirklichen suchen, und die besonderen, privaten Gesetze, die nicht anders als die staatlichen Gesetze dem Sittengesetz verpflichtet sind; denn Freiheit ist Autonomie des Willens[2983]. Private Gesetze haben keine allgemeine Verbindlichkeit. Staatliche (allgemeine) Verbindlichkeit erlangen Maximen[2984] nur als staatliche Gesetze. Verträge und gute Sitten haben im Rahmen der staatlichen Gesetze besondere oder auch allgemeine Verbindlichkeit[2985], so-

---

die „sich in Ziel und Verfahren der Privatwirtschaft anpaßt", nicht unter den Funktionsvorbehalt der hoheitlichen Befugnisse stellt, ein inkonsequenter Kompromiß; weitergehend *ders.*, VVDStRL 54 (1995), S. 303 ff.

[2980] *K. A. Schachtschneider*, Der Anspruch auf materiale Privatisierung, S. 33 ff. (40 ff., 45 ff.).

[2981] *K. A. Schachtschneider*, Staatsunternehmen und Privatrecht, S. 253 ff.; *ders.*, Der Anspruch auf materiale Privatisierung, S. 40 ff., 217 ff., 306 ff.; *O. Depenheuer*, HStR, Bd. III, § 36, Rdn. 69, 72, 87. u.ö.

[2982] Dazu 2. Kap., VII; *K. A. Schachtschneider*, Sittlichkeit und Moralität, S. 23 ff.

[2983] Dazu 2. Kap., VI, VII.

[2984] Zur Maxime 2. Kap., V.

[2985] Zur Vertragslehre 8. Kap., VII; zur Lehre von den guten Sitten *K. A. Schachtschneider*, Staatsunternehmen und Privatrecht, S. 367 ff.; *ders.*, FS W. Thieme, S. 195 ff.

wohl aus dem Sittengesetz als auch wegen des Rechtsschutzes (als Staatschutz) aufgrund der Gesetze[2986] (insb. § 305 BGB und § 138 BGB). Alle Handlungen sind mehr oder weniger staatlich bestimmt, können aber privat näher bestimmt werden und müssen das meist. Es gibt nicht zwei Sollensbereiche des Handelns, sondern zwei Sollensarten, nämlich die staatliche und die private[2987]. Der Staat ist ausschließlich rechtlich (und damit gesetzlich) gebunden; denn der Zweck des Staates ist als Wirklichkeit der Freiheit, Gleichheit, Brüderlichkeit die Rechtlichkeit des gemeinsamen Lebens. Die Verwaltung und Rechtsprechung sind an die Gesetze (des Rechts) gebunden und, soweit die Gesetze nicht binden, an allgemeine Rechtsprinzipien. Der Gesetzgeber ist an die Verfassung und das Verfassungsgesetz gebunden und im übrigen dem Rechtsprinzip verpflichtet. Politik ist Verwirklichung des Rechtsprinzips[2988] („ausübende Rechtslehre"[2989]). Der Staat ist Rechtsstaat. Private sind rechtlich und ethisch gebunden. Zum einen sichert der Staat die Rechtlichkeit ihres Handelns und behält sich den Rechtsschutz weitestgehend vor[2990]. Zum anderen verpflichtet das Sittengesetz, weitgehend materialisiert in den Tugendpflichten, zur praktischen Vernunft der privaten Handlungen[2991]. Das Wesen der ethischen Verpflichtung ist die Unerzwingbarkeit[2992]. Wenn private Rechtspflichten begründet werden, vor allem Vertragspflichten, ist deren Verbindlichkeit (auch) staatlich; denn ein staatliches Gesetz verbindet die Rechtspflicht mit dem Zwang des Staates[2993]. Zwang von Privaten ist grundsätzlich rechtsstaatswidrig, weil er den allgemeinen Frieden verletzt. Er ist nur als Notmaßnahme durch allgemeine Gesetze erlaubt, die den Privaten quasi zum staatlichen Nothelfer machen[2994].

Der Bürger existiert in der modernen Republik nicht wie bei den Griechen in zwei „Seinsordnungen", der des Eigenen und der des Gemeinsamen, dem

---

[2986] Zum Rechtsschutzprinzip *K. A. Schachtschneider*, Prinzipien des Rechtsstaates, S. 118 ff.

[2987] Dazu *K. A. Schachtschneider*, Staatsunternehmen und Privatrecht, S. 125 ff., 129, wo drei Sollensarten („Bindungsweisen") unterschieden sind und als dritte Bindungsweise neben der der staatlichen und der der privaten Gesetze die der Moralität genannt ist, obwohl die Moralität keine Sollensart, sondern eine Sollensweise (Selbstzwang) ist.

[2988] Dazu *K. A. Schachtschneider*, Prinzipien des Rechtsstaates, S. 19 ff., 50 ff., 94 ff., 118 ff., 149 ff., 244 ff., 256 ff.; *ders.*, Res publica res populi, S. 519 ff.

[2989] *Kant*, Zum ewigen Frieden, S. 229.

[2990] Zum sogenannten Gewaltmonopol des Staates *K. A. Schachtschneider*, Der Anspruch auf materiale Privatisierung, S. 276 ff., 281 ff.; dazu auch 2. Kap., VIII.

[2991] Dazu 8. Kap., II.

[2992] Dazu 2. Kap., IV, VII, Hinweise in Fn. 246.

[2993] Dazu 7. Kap., VIII, 2; zum Zwangsprinzip 2. Kap., VIII.

[2994] Dazu *K. A. Schachtschneider*, Res publica res populi, S. 551; *ders.*, Der Anspruch auf materiale Privatisierung, S. 276 ff.

οἶκος und der πόλις[2995]. Vielmehr unterliegt sein Handeln zweierlei Sollensarten des Lebens mit den anderen Menschen, nämlich den Rechtspflichten aus den staatlichen Gesetzen, die mit staatlichem Zwang bewehrt sind, also dem „Ius", und den Tugendpflichten, der „Ethik", deren Verbindlichkeit auf Selbstzwang beruht[2996]. Beide Sollensarten gehören zur Sittenlehre, also zur Freiheitslehre und Ethik (im weiteren Sinne)[2997]. *Kant* ordnet:

> „… so, daß jetzt das System der allgemeinen Pflichtenlehre in das der Rechtslehre (ius), welche äußerer Gesetze fähig ist, und der Tugendlehre (ethica) eingeteilt wird, die deren nicht fähig ist; …"[2998].

b) Das Sittengesetz, der kategorische Imperativ, ist beider Sollensarten Grundgesetz. Das Sittengesetz bindet juridisch und ethisch, schafft aber wegen seiner Formalität keine materiale rechtliche Sollensordnung. Eine solche kann vielmehr nur in Sittlichkeit, d.h. in Achtung des Sittengesetzes, hervorgebracht werden, wenn sie eine Ordnung der Freiheit sein soll; denn Freiheit ist Autonomie des Willens. Das Sittengesetz gebietet, sich über die Gesetze des Handelns mit den Menschen zu einigen, die vom eigenen Handeln betroffen sein könnten[2999], also wegen der allgemeinen Wirkung der Handlungen allgemeine, d.h. staatliche, Gesetze hervorzubringen[3000]. Wenn das Gemeinwesen wächst, muß das Staatliche als die allgemeine Gesetzlichkeit dem auch gebietlich folgen. Das ist die Lage der Europäischen Union, aber auch die der Vereinten Nationen, der Weltgemeinschaft[3001].

Die Tugendpflichten, zusammengefaßt: „Eigene Vollkommenheit – Fremde Glückseligkeit,"[3002] binden den Menschen um der Sittlichkeit des ge-

---

[2995] *H. Arendt*, Vita Activa, S. 28; weitere Hinweise in Fn. 869.

[2996] *Kant*, Metaphysik der Sitten, S. 508 ff., 519 ff.

[2997] *Kant*, Grundlegung zur Metaphysik der Sitten, S. 11, *ders.*, Metaphysik der Sitten, S. 309, 508.

[2998] Metaphysik der Sitten, S. 508.

[2999] Dazu 2. Kap., IV, VI, 5. Kap., II; dazu *K. A. Schachtschneider*, Res publica res populi, S. 519 ff., 637 ff.

[3000] Zum Recht auf Recht 2. Kap., III, 5. Kap., II, 3.

[3001] Dazu *K. A. Schachtschneider*, Die existentielle Staatlichkeit der Völker Europas, S. 75 ff.; *ders.*, Die Republik der Völker Europas, S. 153 ff.; auch *ders.*, FS W. Nölling, S. 279 ff.; *A. Emmerich-Fritsche*, Vom Völkerrecht zum Weltrecht, 3. Teil, X, 5, 6. Das Postulat der allgemeinen Freiheit verbietet im übrigen, daß Ausländer, definitionsgemäß Nicht-Bürger, die an der Gesetzgebung nicht beteiligt sind, dauerhaft zum Gemeinwesen gehören. Sie müssen entweder Bürger werden oder das Gemeinwesen verlassen. Fremde müssen Gäste bleiben, eben ξένοι (dazu *K. A. Schachtschneider*, Res publica res populi, S. 1201 ff.). Die Unionsbürger haben Rechte (Grundfreiheiten), die nicht zu einem Ausländer passen. Darin zeigt sich die Finalität der Europäischen Union, der existentielle (Bundes)Staat; dazu *K. A. Schachtschneider*, Verfassungsklage Dr. P. Gauweiler, 2. Teil, A.

[3002] *Kant*, Metaphysik der Sitten, S. 515 ff.; vgl. *W. Kersting*, Kant über Recht, S. 47; dazu auch 2. Kap., V, 1.

meinsamen Lebens willen und dienen auch der Gesetzlichkeit des gemeinsamen Lebens als Wirklichkeit der allgemeinen Sittlichkeit im Recht. Vollkommenheit befähigt den Menschen, „der Menschheit, die in ihm wohnt,
würdig zu sein"; befähigt ihn, „das Gesetz zugleich" zur „Triebfeder seiner
pflichtmäßigen Handlungen" zu machen und „ihm aus Pflicht zu gehorchen"[3003]. Daraus folgert *Kant* die Pflicht zur Menschenliebe: Fremde
Glückseligkeit sich zum Zweck zu machen, ist Tugendpflicht; denn:

> „Die Maxime des Wohlwollens (die praktische Menschenliebe) ist aller Menschen
> Pflicht gegen einander; man mag diese nun liebenswürdig finden oder nicht, nach
> dem ethischen Gesetz der Vollkommenheit: Liebe deinen Nebenmenschen als
> dich selbst. – Denn alles moralisch-praktische Verhältnis gegen Menschen ist ein
> Verhältnis derselben in der Vorstellung der reinen Vernunft, d.i. der freien Hand-
> lungen nach Maximen, welche sich zur allgemeinen Gesetzgebung qualifizieren,
> die also nicht selbstsüchtig (ex solipsismo prodeuntes) sein können"[3004].

Es heißt aber, dem die „Freiheit rauben", dem die „Herrschaft" nach ihrem „Begriff von Glückseligkeit", „gleichsam väterlich", wohltun will[3005].
Kant präzisiert die Pflicht zur Nächstenliebe freiheitlich:

> „Die Pflicht der Nächstenliebe kann also auch so ausgedrückt werden: sie ist die
> Pflicht, anderer ihre Zwecke (so fern diese nur nicht unsittlich sind) zu den
> meinen zu machen; die Pflicht der Achtung meines Nächsten ist in der Maxime
> enthalten, keinen anderen Menschen bloß als Mittel zu meinen Zwecken abzu-
> würdigen (…)"[3006].

Weil diese Tugendpflicht für alle gilt, niemand also andere für seine
Zwecke entwürdigen darf[3007], verwirklicht sich die allseitige Tugendlichkeit
in der Sittlichkeit des gemeinsamen Lebens, also in der allseitigen allge-
mein- oder alleinbestimmten Autonomie des Willens. Weil die allgemeine
Gleichheit in der Freiheit[3008] die Verfassung des gemeinsamen Lebens aller
Bürger ist, gibt es keinen Bereich des Lebens, der nicht politisch wäre, sondern etwa nur ökonomisch. Es gibt kein Haus mehr, in dem die Politik
keine Stätte hätte. Überall soll Freiheit sein, nirgends Herrschaft. Folglich
sind alle Verhältnisse des gemeinsamen Lebens Verhältnisse der Freiheit,
Gleichheit, Brüderlichkeit[3009], die des Gesetzes fähig und bedürftig sind.

[3003] *Kant*, Metaphysik der Sitten, S. 515 ff., Zitat S. 517.

[3004] Metaphysik der Sitten, S. 584 ff. (Zitat S. 587); vgl. zum Liebesprinzip als
der Grundlage des Rechts 2. Kap., II, VI, VII, 3. Kap., VI, 8. Kap., II; Hinweise in
Fn. 19, 184, 345, 888, 2558.

[3005] *Kant*, Metaphysik der Sitten, S. 590 f.; *ders.*, Über den Gemeinspruch, S. 146,
157, 159.

[3006] Metaphysik der Sitten, S. 586.

[3007] Vgl. zu diesem auch grundgesetzlichen Prinzip 2. Kap., VI, 2, 4; Hinweise in
Fn. 249 f., 573 ff.

[3008] Hinweise in Fn. 6, 1908.

[3009] Dazu III, 1.

Sie sind Rechtsverhältnisse, wenn und soweit sie durch Gesetze oder Verträge geregelt sind. Das Rechtsprinzip oder eben das Prinzip des gemeinsamen Lebens ist der kategorische Imperativ. Die Sittlichkeit zielt auf die allgemeine Rechtlichkeit des gemeinsamen Lebens. Sowohl das staatliche Handeln, sei es Gesetzgebung, vollziehende Gewalt oder Rechtsprechung, wie das private Handeln unterliegen nicht nur den rechtlichen und ethischen Verbindlichkeiten, sondern sind auch dem Tugendprinzip, der Moral, verpflichtet. Die Moralität hat den Imperativ: „Handle pflichtmäßig, aus Pflicht"[3010]. Diesen Imperativ muß (insbesondere) der Gesetzgeber achten, dessen Gesetze das Rechtsprinzip verwirklichen müssen, wenn seine Gesetze Recht setzen sollen. Einen Bereich des Lebens mit anderen Menschen, der nicht dem Freiheitsprinzip unterliegt, gibt es nicht.

III. Selbständigkeit und Brüderlichkeit

„Wir wollen sein ein einig Volk von Brüdern"[3011]

1. Bürgerlichkeit, Brüderlichkeit, Selbständigkeit

„Wenn einem das Maß und die Mitte anerkanntermaßen das Beste sind, so ist auch in bezug auf die Glücksgüter der mittlere Besitz von allen der beste. Denn in solchen Verhältnissen gehorcht man am leichtesten der Vernunft." „Denn diese Gemeinschaft (sc. „der Mittleren") hat Freundschaftscharakter."[3012].

Voraussetzung der Sittlichkeit des Bürgers ist dessen (auch und vor allem ökonomische) Selbständigkeit[3013]. Diese zu fördern ist durch das Sozial-

---

[3010] *Kant*, Metaphysik der Sitten, S. 521; weitere Hinweise in Fn. 362, 398, 2152; dazu 2. Kap., VII.

[3011] *Friedrich Schiller*, Wilhelm Tell, Rösselmann, Zweiter Aufzug, Zweite Szene. Zu F. Schillers Thema der Ablösung der Vaterordnung durch die Brüderordnung *D. Borchmeyer*, Kritik der Aufklärung im Geiste der Aufklärung: Friedrich Schiller, S. 361 ff., 375 f.

[3012] *Aristoteles*, Politik, S. 151, 1295b 1 ff. bzw. S. 152, 1295b 23 f; vgl. auch S. 143, 1292a 30 ff. für die gleichheitliche Demokratie u.ö.; i.d.S. auch *Rousseau*, Vom Gesellschaftsvertrag, III, 4, S. 73; *Montesquieu*, Vom Geist der Gesetze, V, 3, 4, S. 139 ff.; i.d.S. noch heute *H. F. Zacher*, HStR, Bd. II, § 28, Rdn. 72 f. („Die ökonomische Mitte des ‚Sozialen'").

[3013] *Kant*, Metaphysik der Sitten, S. 432 ff.; *ders.*, Über den Gemeinspruch, S. 150 ff., hat die Selbständigkeit als Voraussetzung der Staatsbürgerschaft herausgestellt; dazu *I. Fetscher*, Zum Verhältnis von Mehrheitsprinzip und Demokratie, S. 317 ff.; so auch *Montesquieu*, Vom Geist der Gesetze, XI, 6, S. 216, der wie Kant (a.a.O.) das Sozialprinzip des ökonomischen Ausgleichs vertritt (V, 3 ff., S. 138 ff.); vgl. dazu auch *J. Habermas*, Strukturwandel der Öffentlichkeit, S. 186 f., der von daher Kant nachsagt, seine Autonomie sei der „Sphäre des Warenverkehrs" verhaftet. Zur ökonomischen Sozialfrage *K. A. Schachtschneider*, Das Sozialprinzip,

prinzip[3014] (sittliche und rechtliche) Verpflichtung auch des Staates[3015]. Im KPD-Urteil hat das Bundesverfassungsgericht das republikanische Fort-

---

S. 40 ff.; *ders.*, Staatsunternehmen und Privatrecht, S. 143 f.; *ders.*, Res publica res populi, S. 234 ff.; *ders.*, Grenzen der Kapitalverkehrsfreiheit, S. 289 ff.; *ders.*, GS W. Blomeyer, S. 245 ff.; *W. Kersting*, Theorien der sozialen Gerechtigkeit, 2000; *ders.* (Hrsg.), Politische Philosophie des Sozialstaats, 2000, Einleitung, S. 17 ff., Politische Solidarität statt Verteilungsgerechtigkeit?, S. 202 ff., insb. S. 237 ff.; *ders.*, Rechtsphilosophische Probleme des Sozialstaats, 2000; *ders.*, Kant über Recht, S. 131 ff.; *ders.*, Kritik der Gleichheit, S. 37 ff.; *P. Koller*, Soziale Gerechtigkeit, Wirtschaftsordnung und Sozialstaat, S. 120 ff.; *H. F. Zacher*, HStR, Bd. II, § 28, Rdn. 53 ff.; *M. Kriele*, Einführung in die Staatslehre, 6. Aufl. 2003, S. 196 ff.; vgl. auch *H. H. Rupp*, HStR, Bd. II, § 31, Rdn. 18 ff., i. S. einer Doppelrolle des Individuums; vgl. auch *M. Riedel*, Bürger, Staatsbürger, Bürgertum, S. 672 ff. (Bürger ist seit dem Altertum, wer Herr über ein Haus ist), insb. S. 672 ff., 685 ff., 695 ff., auch der Bourgeois des 19. Jahrhunderts ist Besitz- oder Bildungsbürger, S. 716 ff.; auch *G. Frankenberg*, KritV 1995, 37 ff.; zur Trias Freiheit, Gleichheit, Sicherheit *U. K. Preuß*, Die Risiken der Sicherheit, Vorwort zu Peter Brückner in: P. Brückner, Freiheit, Gleichheit, Sicherheit. Von den Widersprüchen des Wohlstands, 1989, S. 7 ff.

[3014] Das Wort Sozialprinzip ist dem üblichen verengenden Terminus Sozialstaatsprinzip vorzuziehen, vgl. *K. A. Schachtschneider*, Das Sozialprinzip, S. 31 f.; *ders.*, Grenzen der Kapitalverkehrsfreiheit, S. 289 ff.; *H. F. Zacher* spricht vom „sozialen Staatsziel", HStR, Bd. II, § 28, S. 659 ff.; im Völkerrecht wird ebenfalls vom „Sozialprinzip" gesprochen (*B.-O. Bryde*, Von der Notwendigkeit einer neuen Weltwirtschaftsordnung, in: ders./Ph. Kunig/Th. Oppermann, Neuordnung der Weltwirtschaft, 1986, S. 37; *A. Emmerich-Fritsche*, Sozialprinzip und Weltwirtschaftsordnung am Beispiel der WTO und der ILO, in: W. Hankel/K. A. Schachtschneider/ J. Starbatty (Hrsg.), Der Ökonom als Politiker – Europa, Geld und die soziale Frage, FS W. Nölling, 2003, S. 125 ff.), ebenfalls im Zivilrecht (vgl. *H. Lehmann/H. Hübner*, Allgemeiner Teil des Bürgerlichen Gesetzbuches, S. 31; *K. Larenz*, Allgemeiner Teil des Bürgerlichen Rechts, S. 94 f., 97 f.).

[3015] BVerfGE 5, 84 (197 f.); i. d. S. *P. Häberle*, Die Wesensgehaltsgarantie des Art. 19 Abs. 2 GG, S. 121 f.; *ders.*, VVDStRL 30 (1972), S. 90 ff.; i. d. S. auch *E.-W. Böckenförde*, Staat und Gesellschaft im demokratischen Sozialstaat, S. 421 f.; ebenso *M. Kriele*, HVerfR, S. 146; *ders.*, Einführung in die Staatslehre, 6. Aufl. 2003, S. 196 ff.; *W. Maihofer*, HVerfR, S. 519 ff., der das Prinzip der Brüderlichkeit sozialpolitisch fruchtbar macht; *ders.* so, ARSP, Beiheft Nr. 15, 1981, S. 28 f., 34 ff.; i. d. S. auch *G. Ellscheid*, Das Problem von Sein und Sollen in der Philosophie Immanuel Kants, S. 105 ff. („Prinzip realer Freiheit aller", aus der Unbedingtheit des Sollens deduziert, S. 36 ff.); so auch *H. U. Erichsen*, HStR, Bd. VI, § 152, Rdn. 19 (allerdings: „objektivrechtlicher Verfassungsauftrag"); *R. Herzog*, HStR, Bd. III, § 58, Rdn. 27, 79 (i. S. einer „Freiheitsvorsorge"); wesentlich *H. F. Zacher*, HStR, Bd. II, § 28, Rdn. 43 ff., 53 ff.; auch *J. Isensee*, HStR, Bd. III, § 57, Rdn. 168; dazu *K. A. Schachtschneider*, Frei-sozial-fortschrittlich, S. 7 ff.; *ders.*, Res publica res populi, S. 234 ff.; *ders.*, Grenzen der Kapitalverkehrsfreiheit, S. 289 ff.; ganz so *W. Kersting*, Rechtsphilosophische Probleme des Sozialstaats, S. 22 ff., 39 f. („Freiheitsfürsorge"); *ders.*, Theorien der sozialen Gerechtigkeit, S. 385 ff., 393 ff. (S. 396 ff.). Den Fortschrittsgedanken hat auch *Carlo Schmid* mit dem sozialen Gedanken verbunden, vgl. Erinnerungen, 1979, S. 374; zur Verbindung des Republikbegriffs mit sozialer Programmatik im 19. Jahrhundert *W. Mager*,

schrittsprinzip klar herausgestellt: „Ein leitendes Prinzip aller staatlichen Maßnahmen" ist „der Fortschritt zu ‚sozialer Gerechtigkeit'" (BVerfGE 5, 84 (198)). Das Sozialprinzip folgt aus der Idee der allgemeinen Freiheit, die erst in der allgemeinen Selbständigkeit republikanische Wirklichkeit findet[3016].

Peter Häberle vertritt seit langem eine soziale Grundrechtslehre, etwa: „Die Sozialstaatsklausel dient der Schaffung materieller Grundrechtsvoraussetzungen (dies ist ihre freiheitsschaffende Kraft)"[3017], die auch von der Rechtsprechung des Bundesverfassungsgerichts gestützt wird: „Das Freiheitsrecht (sc. das Recht, die Ausbildungsstätte frei zu wählen) wäre ohne die tatsächliche Voraussetzung, es in Anspruch nehmen zu können, wertlos"[3018].

Hannah Arendt weist darauf hin, daß die Griechen Freiheit zuvörderst als die Unabhängigkeit von physischen Notwendigkeiten verstanden haben[3019]. In den Wohlfahrtsstaaten haben die industriellen Produktionsverhältnisse allen Menschen die Möglichkeit bürgerlicher, also politischer Mündigkeit geschaffen. Maschinen haben die Sklaven, welche der griechischen Polis als der Gemeinschaft freier Männer die ökonomische Basis gegeben haben[3020], ersetzt. Die ökonomischen Verhältnisse der römischen Republik waren auch durch die politische Ungleichheit unter den Römern und zudem zwischen den Römern und den in Rom lebenden Nichtrömern gekennzeichnet[3021]. Die moderne industrielle Ökonomie ist die Chance zur Republik im Sinne allseitiger Willensautonomie als der Würde der Menschen. Der Ausgleich von arm und reich schafft die ökonomische Gleichheit und ermöglicht die Brüderlichkeit als die fraternité der Französischen Revolution[3022].

Republik, S. 629 ff.; dazu auch *H. F. Zacher*, a.a.O., Rdn. 85; zum sozialen Aspekt der Brüderlichkeit in der Arbeiterbewegung begriffsgeschichtlich *W. Schieder*, Brüderlichkeit, S. 573 ff.; zum (sozialen) Recht auf Eigentum 10. Kap., III.

[3016] *W. Kersting*, Kant über Recht, S. 131 ff. (weitere Hinweise in Fn. 2625).

[3017] VVDStRL 30 (1972), S. 95; so auch *E.-W. Böckenförde*, Staat und Gesellschaft im demokratischen Sozialstaat, S. 421 f.; i.d.S. auch *M. Kriele*, Einführung in die Staatslehre, 4. Aufl. 1990, S. 219, 334, 6. Aufl. 2003, S. 181, 196 ff. (199), 243 („Sicherung der Realbedingungen der Freiheit"); auch *J. Isensee*, HStR, Bd. V, § 115, Rdn. 158 ff. (aber: kein Leistungsanspruch aus Sozialstaatsprinzip).

[3018] BVerfGE 33, 303 (331).

[3019] Vita Activa, S. 33 ff.; vgl. *M. Riedel*, Bürger, Staatsbürger, Bürgertum, S. 672 ff.; i.d.S. für die Gegenwart *M. Kriele*, Befreiung und politische Aufklärung, S. 66 f.; *ders.*, HVerfR, S. 146.

[3020] Dazu *W. Henke*, Recht und Staat, S. 24 ff., 301 ff.; auch *A. Pabst*, Die athenische Demokratie, S. 93 ff.

[3021] Dazu *W. Henke*, Recht und Staat, S. 319 ff.

[3022] *E. Bloch*, Naturrecht und menschliche Würde, S. 187 ff.; *H. Krüger*, Brüderlichkeit – das dritte, fast vergessene Ideal der Demokratie, in: H. Spanner/P. Ler-

„Demokratie als Ordnung der Gleichheit in Freiheit", aber auch als „Ordnung der Brüderlichkeit in Freiheit" ist nach *Werner Maihofer* „soziale Demokratie" der „größtmöglichen und gleichberechtigten Wohlfahrt des einzelnen bei notwendiger Gerechtigkeit für Alle"[3023]. *Peter Häberle* sieht in der „sozialen Gleichheit … eine Form der Freiheit."[3024] *Hans F. Zacher* hat die „Vision einer sozialen „Normalität", auch durch „Minderung von Wohlstanddifferenzen und Abbau und Kontrolle von Abhängigkeitsverhältnissen"[3025]. *Martin Kriele* formuliert die menschheitliche Einheit von Freiheit, Gleichheit und Brüderlichkeit: „Es gibt keine Brüderlichkeit ohne Freiheit und Gleichheit. … Die Sozialstaatlichkeit gewinnt ihren Charakter der Brüderlichkeit erst unter den Voraussetzungen von Freiheit und Gleichheit"[3026].

Den mit der allgemeinen Gesetzgebung untrennbar verbundenen Wohlfahrtseffekt und Wohlfahrtszweck stellt *Jürgen Habermas* im Sinne Kants heraus[3027]. *Kant* hat die „Glückseligkeit", das gute Leben also, als „allge-

---

che/H. Zacher/P. Badura/A. v. Campenhausen (Hrsg.), FS Th. Maunz (70.), 1971, S. 249 ff.; i.d.S. *P. Häberle*, Wesensgehaltsgarantie, S. 121 f., auch S. 8 ff. zur „sozialen Funktion der Grundrechte"; ganz i.S. der Brüderlichkeit *W. Maihofer*, HVerfR, S. 507 ff., 519 ff.; *M. Kriele*, HVerfR, S. 145 ff.; *ders.*, Die demokratische Weltrevolution, S. 49 ff.; i.d.S. auch *H. F. Zacher*, HStR, Bd. II, § 28, Rdn. 68 ff. („Die Vision einer sozialen Normalität"); *D. Murswiek*, HStR, Bd. V, § 112, Rdn. 31.

[3023] HVerfR, S. 507 ff., 519 ff.; *ders.* auch so, ARSP, Beiheft Nr. 15, 1981, S. 28 f., 37, 39; dem folgend *H. F. Zacher*, HStR, Bd. II, § 28, Rdn. 101; i.d.S. auch *P. Häberle*, VVDStRL 30 (1972), S. 90 ff., insb. S. 96 ff.; *J. Rawls*, Eine Theorie der Gerechtigkeit, S. 22 ff., 233, 291 ff., 308 ff., löst die soziale Frage der Brüderlichkeit durch „Umverteilung" gemäß seinem „Unterschiedsprinzip", grundsätzlich marktwirtschaftlich (S. 298 ff.), aber mit zugeteiltem Existenzminimum (S. 311, 319 ff.); kritisch zum „egalitären Liberalismus" *W. Kersting*, Politische Solidarität statt Verteilungsgerechtigkeit?, S. 202 ff.; *ders.*, Theorien der sozialen Gerechtigkeit, S. 36 ff., 68 ff., 172 ff., 280; *ders.*, Rechtsphilosophische Probleme des Sozialstaats, S. 28 ff. („Gleichheitsfürsorge").

[3024] VVDStRL 30 (1972), S. 96 f.

[3025] HStR, Bd. II, § 28, Rdn. 69, der aber auf die Grenzen des Gebots, die Ungleichheiten zu mindern, hinweist, Rdn. 34 ff., 86 ff., 101 ff., zur „sozialen Gleichheit" und „sozialen Demokratie".

[3026] Die demokratische Weltrevolution, S. 50; *ders.* i.d.S. auch, Einführung in die Staatslehre, 4. Aufl. 1990, S. 229, 334, 6. Aufl. 2003, S. 181, 198 ff.; so auch *K. A. Schachtschneider*, Res publica res populi, S. 1 ff.; *ders.*, Prinzipien des Rechtsstaates, S. 22 ff., 42 f., 97 ff.

[3027] Strukturwandel der Öffentlichkeit, S. 190 f.; so auch *W. Maihofer*, HVerfR, S. 507 ff., 511, 530 ff.; *ders.*, ARSP, Beiheft Nr. 15, 1981, S. 28, 37, 39; *M. Kriele*, HVerfR, S. 145 f.; *ders.*, Einführung in die Staatslehre, 6. Aufl. 2003, S. 196 ff.; i.d.S. auch *H. F. Zacher*, HStR, Bd. II, § 28, Rdn. 53 ff., 129 ff.; *Ch. Link*, VVDStRL 48 (1990), S. 35, meint, das „Glückseligkeits"-Ideal sei „seit Kant als Eudämonismus abgetan". *Kant* argumentiert an der von Link zitierten Stelle, Über den Gemeinspruch, S. 159, gegen die Heteronomie der Glückseligkeit, die als

meinen Zweck des Publikums", als die „eigentliche Aufgabe der Politik" bezeichnet. Diese sei nur durch die Publizität der Maximen der Politik erreichbar; denn nur solche Maximen seien der „Vereinigung der Zwecke aller" fähig[3028]. Den bloßen „Staatsgenossen" oder „Schutzgenossen" vermochte *Kant* wegen ihrer Unselbständigkeit das Wahlrecht nicht zuzusprechen[3029]. Nach dem Grundgesetz haben prinzipiell alle Deutschen das Wahlrecht (Art. 20 Abs. 2 S. 2, 28 Abs. 1 S. 2, 38 Abs. 1 S. 1 GG). Auch deswegen ist die allgemeine Selbständigkeit Aufgabe der Republik als sozialem Gemeinwesen. *Hans F. Zacher* stellt den Zusammenhang der egalitären und der sozialen Demokratie heraus: „Die egalitäre Demokratie als wichtigste Prämisse und Garantie des ‚Sozialen' und das soziale Staatsziel als materielle Direktive sind einander zugeordnet"[3030]. Das allgemeine Wahlrecht ist die wirksamste Institution fortschreitender Verwirklichung des Sozialprinzips[3031], die aber auch, wenn die Wähler ihr sittliches Amt verfehlen, die größte Gefahr für die allgemeine Freiheit, die Sittlichkeit des Staates, birgt. Institutionen sind für die Verwirklichung der Freiheit, welche nur im Staat denkbar ist[3032], unverzichtbar[3033]. Alle Institutionen können aber mißbraucht werden, weil sie ihrem Zweck nur genügen, wenn die Bürger ihrer sittlichen Pflicht folgen. Die Institutionen müssen der Sittlichkeit

---

solche selbstverständlicher Zweck jedes Menschen sei, Metaphysik der Sitten, S. 515 ff., vgl. auch S. 505 f.; wie hier i.d.S. *J. Hruschka*, Rechtsstaat, Freiheitsrecht und das „Recht auf Achtung von seinen Nebenmenschen", Jb. für Recht und Ethik 1/1993, S. 204.

[3028] Zum ewigen Frieden, S. 250 f.; vgl. auch *ders.*, Über den Gemeinspruch, S. 155 (Förderung „der Wohlhabenheit" zur „Stärke und Festigkeit sowohl innerlich, als wider äußere Feinde").

[3029] Metaphysik der Sitten, S. 433 ff.; *ders.*, Über den Gemeinspruch, S. 150; dazu *W. Kersting*, Kant über Recht, S. 131 ff.

[3030] HStR, Bd. II, § 28, Rdn. 101.

[3031] *H. F. Zacher*, HStR, Bd. II, § 28, Rdn. 101 ff., 116 f., zur Verschränkung des Demokratie- und Sozialstaatsprinzips; *W. Maihofer*, HVerfR, S. 507 ff.; *P. Kirchhof*, HStR, Bd. II, § 21, Rdn. 97; *M. Kriele*, Einführung in die Staatslehre, 4. Aufl. 1990, S. 327 ff., 6. Aufl. 2003, S. 198 ff., 200 ff., 254 ff.; *ders.*, HVerfR, S. 145 ff.; auch *G. Leibholz*, Staat und Verbände, Aussprache, VVDStRL 24 (1966), S. 123; *K. A. Schachtschneider*, Staatsunternehmen und Privatrecht, S. 146 f.; *ders.*, Freisozial-fortschrittlich, S. 13; *ders.*, Res publica res populi, S. 236 f.; *ders.*, Grenzen der Kapitalverkehrsfreiheit, S. 289 ff.; zur und für die Einheit von Menschenwürde und freiheitlicher Demokratie *P. Häberle*, HStR, Bd. II, § 22, Rdn. 61 ff., insb. Rdn. 67 ff.

[3032] Dazu *K. A. Schachtschneider*, Res publica res populi, S. 519 ff.; *ders.*, Prinzipien des Rechtsstaates, S. 50 ff.; insb. *K. R. Popper*, Bemerkungen zu Theorie und Praxis des demokratischen Staates, S. 17; auch *M. Kriele*, Einführung in die Staatslehre, 6. Aufl. 2003, S. 249 ff. (254); *W. Kersting*, Kant über Recht, S. 107 ff.

[3033] *O. Höffe*, Politische Gerechtigkeit, S. 342 ff.; *M. Kriele*, Einführung in die Staatslehre, 6. Aufl. 2003, S. 249 ff.

die Chance der Verwirklichung lassen, wenn der Staat eine Republik sein soll. Die Republik steht und fällt aber auch mit der Sittlichkeit der Bürger, mit ihrer Brüderlichkeit, ihrer Liebe. Zur bürgerlichen Sittlichkeit gehört es aber auch, das sogenannte soziale Netz nicht zu mißbrauchen und nicht etwa unberechtigt Leistungen in Anspruch zu nehmen. Der sogenannte Sozialbetrug kostet das Gemeinwesen, die Steuer- und Beitragszahler, jährlich viele Milliarden Mark (derzeit Euro) und zerstört die Solidarität[3034]. Er gehört zur Korruption, die auch in Deutschland, dem Beispiel von Managern und Funktionären folgend, die Republik zerfrißt[3035]. Die Legalität des Vollzugs der Gesetze ist für die Republik essentiell. *Hans F. Zacher* zeigt das Geflecht sozialer Interessen und demokratischer Macht der Parteien auf, welches die „Mitte" begünstige[3036]. Die politischen Leitentscheidungen der Grundrechte[3037] erlauben es, die soziale Komponente des Freiheitsprinzips auch in der funktional gesetzgebenden Rechtsprechung zur Geltung zu bringen[3038]. Als unmittelbare Anspruchsgrundlagen auf bestimmte Sozialleistungen lassen sich die Freiheitsrechte nicht interpretieren. Das widerspräche ihrem autonomierechtlichen, wenn auch material orientierenden, Charakter[3039]. Wenn auch das Sozialprinzip aus dem Freiheitsprinzip folgt, so

---

[3034] Dazu *K. A. Schachtschneider/A. Emmerich-Fritsche*, Revolution der Krankenversicherung, S. 19 ff., 74 ff.; *W. Kersting*, Gerechtigkeitsprobleme sozialstaatlicher Gesundheitsversorgung, S. 467 ff. (476 f.); kritisch schon *Kant*, Metaphysik der Sitten, S. 447 („Armsein" als „Erwerbstitel für faule Menschen").

[3035] Dazu die Essays im Kursbuch 120, hrsgeg. von *K. M. Michel/T. Spengler*, Korruption, Juni 1995; auch, Die Woche Nr. 29 v. 14.7.1995, S. 1 ff. (Das süße Gift der Korruption); *H. H. v. Arnim* (Hrsg.), Korruption, Netzwerke in Politik, Ämtern und Wirtschaft, 2003 (Beiträge von *P. Eigen, H. Leyendecker, W. Maier, W. J. Schaupensteiner, E. K. Scheuch, W. Schmidt-Hieber, u.a.*); *ders.*, Das System, S. 172 ff. („Korruption: die Seele des Systems"); *W. Vahlenkamp/I. Knauß*, Korruption – hinnehmen oder handeln?, Bundeskriminalamt, 2. Aufl. 1997.

[3036] HStR, Bd. II, § 28, Rdn. 87 ff., auch Rdn. 102, 116 f.

[3037] Dazu *K. A. Schachtschneider*, Res publica res populi, S. 819 ff., 1033 ff.; vgl. insb. BVerfGE 7, 198 (204 ff.); 33, 303 (329 ff.); dazu 6. Kap., I, 2, 4.

[3038] Das befürworten *P. Häberle*, Wesensgehaltsgarantie, S. 121 f., auch S. 58 ff.; *ders.* grundlegend, VVDStRL 30 (1972), S. 90 ff., 103 ff.; *E. Grabitz*, Freiheit und Verfassungsrecht, S. 201 ff.; *K. A. Schachtschneider*, Res publica res populi, S. 858 ff., 909 ff.; vorsichtig i.d.S. auch *H. H. Rupp*, AöR 101 (1976), S. 176 ff.; ebenso *H. U. Erichsen*, HStR, Bd. VI, § 152, Rdn. 6 ff.; Grenzen der Funktionenteilung reklamiert *H. F. Zacher*, HStR, Bd. II, § 28, Rdn. 120 ff., der zwischen dem grundrechtsgeprägten Rechtsstaat und dem Sozialstaat nach wie vor Spannungen ausmacht, Rdn. 109 ff., die aber in der leitentscheidungsorientierten Rechtsetzung nicht aufkommen können; dazu auch 6. Kap., II, 9. Kap., III.

[3039] Zur Lehre von den sozialen Grundrechten *R. Alexy*, Theorie der Grundrechte, S. 454 ff. (sehr weitgehend, aber durch sein prinzipienorientiertes Abwägungsgesetz (S. 71 ff., 465 ff.) stark relativierend und lediglich kompetenzverschiebend); *W. Martens*, Grundrechte im Leistungsstaat, VVDStRL 30 (1972), S. 7 ff., 11 ff. (ablehnend); *H. F. Zacher*, HStR, Bd. II, § 28, Rdn. 113 f. (ablehnend); *G. Ress*,

sind doch die Freiheitsrechte tatbestandlich keine Rechtsgrundlagen auf soziale Leistungen; denn das Sozialprinzip bedarf, um der jeweiligen Lage genügen zu können, der Verwirklichung durch Gesetze[3040], deren Richtigkeit allerdings auch in der Verantwortung der Hüter der praktischen Vernunft, vor allem der des Bundesverfassungsgerichts, liegt[3041]. Ein soziales Grundrecht ist demgegenüber die Eigentumsgewährleistung des Art. 14 Abs. 1 GG, die als das große Verteilungsprinzip sowohl einen Anspruch auf Sozialleistungen, die ein Leben in Selbständigkeit ermöglichen, gibt[3042] als auch ein Recht auf Arbeit begründet, das der Staat durch bestmögliche Beschäftigungspolitik zu verwirklichen hat[3043]. Auch das Recht auf Arbeit dient einem die Selbständigkeit sichernden Erwerb.

Auch dem Menschen, der mangels sittlicher Kompetenz nicht befähigt ist, durch das Gesetz Recht zu setzen, also innerlich frei zu handeln, der den Status des Bürgers hat, aber nicht wie ein Bürger bürgerlich handelt, steht das Recht zur Wahl als Essentiale seiner Freiheit zu; denn die Freiheit ist das jedem Menschen kraft seiner Menschheit zustehende Recht[3044]. Die Bürger sind ethisch verpflichtet, Vollkommenheit anzustreben[3045]. Sie dürfen dazu nicht mittels des Terrors, wie es *Maximilien Robespierre* betrieben

---

VVDStRL 48 (1990), S. 104 f. (ablehnend); *P. Häberle*, VVDStRL 30 (1972), S. 43 ff., 69 ff. (sehr fördernd, aber S. 110 f. zurückhaltend gegenüber unmittelbaren Ansprüchen aus der Verfassung); v. Mangoldt/Klein/*Starck*, GG, Art. 1 Abs. 3, Rdn. 187 ff. (zurückhaltend); *K. Stern/M. Sachs*, Staatsrecht III, 1, § 67, S. 687 ff. (zurückhaltend, S. 722 ff.); kritisch *H. H. Rupp*, AöR 101 (1976), S. 176 ff.; *K. A. Schachtschneider*, Das Sozialprinzip, S. 17 f., 19 f.; *ders.*, Res publica res populi, S. 238 f.; dazu selbst ablehnend *D. Murswiek*, HStR, Bd. V, § 112, Rdn. 40 ff. (51 f.), 61 ff., 86 ff. (96); BVerfGE 33, 303 (329 ff.), das aus Art. 12 Abs. 1 i.V.m. Art. 3 Abs. 1 GG und dem Sozialstaatsgebot gegebenenfalls ein Recht auf Zulassung zum Hochschulstudium nach Wahl des die Zulassungsvoraussetzungen erfüllenden Staatsbürgers abgeleitet hat (S. 332), wird als Beweis einer allgemeinen Dogmatik sozialer Grundrechte überschätzt, weil tragender Gesichtspunkt der Entscheidung das Ausbildungsmonopol des Staates war (S. 331 f.); kritisch zu Recht *H. H. Rupp*, a.a.O.; *H. F. Zacher*, a.a.O., Rdn. 99, Fn. 409; *G. Lübbe-Wolff*, Grundrechte als Eingriffsabwehrrechte, S. 205 ff., dogmatisiert Leistungen und Leistungsverweigerung als Eingriffe in bestimmte grundrechtliche Wirkungen und findet jedenfalls für das Subventionswesen zu einem Gesetzesvorbehalt (S. 310), der bereits aus dem Freiheitsprinzip der Republik folgt.

[3040] Vgl. dazu die Hinweise in Fn. 3096.

[3041] Dazu 7. Kap., II, 2; *K. A. Schachtschneider*, Grenzen der Kapitalverkehrsfreiheit, S. 289 ff.

[3042] Dazu 10. Kap., III, 4; vgl. die Hinweise in Fn. 3013, 3015.

[3043] *K. A. Schachtschneider*, Recht auf Arbeit – Pflicht zur Arbeit, GS J. G. Helm, S. 838 ff.; i.d.S. auch *P. Häberle*; VVDStRL 30 (1972), S. 100 ff.; *ders.*, JZ 1984, 345 ff. (354); vgl. auch *D. Murswiek*, HStR, Bd. V, § 112, Rdn. 59; 10. Kap., IV.

[3044] Dazu 2. Kap., III, 5. Kap., II, 1.

[3045] So insb. *Kant*, Metaphysik der Sitten, S. 516 f.; dazu II, auch 2. Kap., V.

hat[3046], gezwungen werden, sondern müssen die Vollkommenheit aus sich heraus, nur ihrem Gewissen verpflichtet, erstreben. Zwang ist der Moralität als Triebfeder der inneren Freiheit zuwider[3047]. Darum gründet eine Republik notwendig auf dem moralischen Imperativ als kategorischer Aufforderung an jeden einzelnen Menschen, sittlich zu handeln, Bürger zu sein. Vor dem ständigen moralischen Versagen der Menschen, vor ihrer Hab-, Ehr- und Machtsucht, die ebenfalls mit dem Menschen geboren sind, müssen die Institutionen des Rechts schützen, wie die vielfältige Teilung der Gewalt, zumal der staatlichen Gewalt[3048], der periodische Wechsel mächtiger Amtswalter, usw. Der ewige Kampf des Guten gegen das Böse ist das Schicksal der Menschen[3049]. Die Menschen müssen es wagen, Bürger, d.h., mit allen anderen zusammen, Politiker, zu sein. Das Grundgesetz ist die dafür erforderliche bürgerliche Verfassung. Die Wirtschaft des grundgesetzlichen Gemeinwesens gibt die ökonomischen Voraussetzungen. Der Hedonismus der Gegenwart widerspricht jedenfalls der Bürgerlichkeit der Bürger, weil die (übermäßige) Eigenliebe die allgemeine Sittlichkeit als die Freiheit aller verhindert. Die allgemeine Freiheit ist die politische Verantwortung aller für das gemeinsame Leben, zu der die Brüderlichkeit, die Solidarität, gehört. Wer einer sogenannten Politikerklasse (meist Partei-, Verbands- und Unternehmensführer, aber auch manche Journalisten, Professoren und Geistliche) die allgemeinen Angelegenheiten überläßt, unterwirft sich deren Herrschaft und entwürdigt sich und wird, mit Brot und Spielen versorgt, ja korrumpiert, zum Untertan, wenn auch im Wohlstand; denn er ist nicht Herr seiner selbst[3050]. Bürgerlichkeit ist Sittlichkeit und erfordert Moralität.

[3046] Vgl. seine Rede: Über die Tugend und den Terror, in: J. Musulin, Proklamationen der Freiheit, 1962, S. 80 ff.; dazu *H. Lübbe*, Freiheit und Terror, in: W. Oelmüller, (Hrsg.), Materialien zur Normendiskussion, Bd. 2, Normenbegründung-Normendurchsetzung, 1978, S. 126 ff. („Die Instanzen des Terrors haben kein Gewissen; sie sind es", in Anlehnung an Udo Marquard, S. 129); berühmt das Kapitel in *Hegels* Phänomenologie des Geistes, ed. Hoffmeister, 6. Aufl. 1952, S. 414 ff.: „Die absolute Freiheit und der Schrecken", zur Herrschaft der Jacobiner; Terrorängste bereitet *J. Isensee*, HStR, Bd. V, § 115, Rdn. 208, 235, allein schon das Tugendpostulat, das die Jakobiner mit Terror durchzusetzen unternommen haben.

[3047] *Kant*, Metaphysik der Sitten, S. 508 ff., 512 ff. u. ö.; dazu *W. Kersting*, Wohlgeordnete Freiheit, S. 29 ff.; *ders.*, Kant über Recht, S. 46 ff.; dazu 2. Kap., VII.

[3048] Zur Gewaltenteilung *K. A. Schachtschneider*, Prinzipien des Rechtsstaates, S. 167 ff.

[3049] Zum Bösen *J. Rawls*, Eine Theorie der Gerechtigkeit, S. 479 („Der Böse wird von der Liebe zur Ungerechtigkeit bewegt: Er hat seine Freude an der Machtlosigkeit und Erniedrigung der ihm Unterworfenen, und er genießt es, wenn er von ihnen als der willentliche Urheber ihrer Erniedrigung erkannt wird."), S. 472 ff. gibt *Rawls* eine „Definition des guten Menschen"; zur „Fähigkeit zum Guten und zum Bösen" *E. Fromm*, Die Seele des Menschen, 1981.

[3050] *Kant*, Über den Gemeinspruch, S. 151 f.; *ders.*, Metaphysik der Sitten, S. 345, auch S. 432; dazu *W. Kersting*, Kant über Recht, S. 131 ff.; *J. Rawls*, Eine Theorie

Das Prinzip der bürgerlichen Brüderlichkeit erfüllt sich im Fortschritt zur sozialen Homogenität der allseitigen Selbständigkeit. Paternalismus ist herrschaftlich, despotisch (*Kant*, *von Humboldt*, *Mill*, *Maihofer*, *Popper*)[3051]. *Kant* sorgt sich:

> „Der Souverän will das Volk nach seinen Begriffen glücklich machen, und wird Despot; das Volk will sich den allgemeinen menschlichen Anspruch auf eigene Glückseligkeit nicht nehmen lassen, und wird Rebell"[3052].

Die besorgte Vision der vormundschaftlichen, paternalistischen Demokratie hatte auch *Alexis de Tocqueville*[3053].

Kant hat den „bürgerlichen Zustand" „als rechtlichen Zustand" auf die „Prinzipien apriori" Freiheit, Gleichheit, Selbständigkeit gestellt[3054], und damit das Prinzip der Brüderlichkeit zu dem der Selbständigkeit aller entwickelt[3055]. In dieser Selbständigkeit als Voraussetzung der Sittlichkeit findet die Brüderlichkeit ihre Verwirklichung; denn wer des anderen Herr oder

---

der Gerechtigkeit, S. 478, auch S. 205 ff. u. ö.; i. d. S. BVerfGE 5, 85 (204); so auch die Kritik des paternalistischen Wohlfahrtsstaates von *K. R. Popper*, Bemerkungen zu Theorie und Praxis des demokratischen Staates, S. 21 ff., der für die Konzeption des „Ministaates" eintritt; dazu schon *W. Maihofer*, ARSP, Beiheft Nr. 15, 1981, S. 21, 34 (gegen „Zwangsbeglückung"), S. 32 (gegen die Konzeption des „Minimalstaates" bei R. Nozick; dazu auch (kritisch) *W. Kersting*, Theorien der sozialen Gerechtigkeit, S. 301 ff., insb. S. 327 ff.); ebenso *ders.*, HVerfR, S. 507 ff., 509, 525; so auch *R. Zippelius*, Allgemeine Staatslehre, S. 361 ff., 374 ff.; zur allgemeinen Selbstherrschaft 3. Kap., II, VIII, 2.

[3051] *Kant*, Über den Gemeinspruch, S. 159; *W. v. Humboldt*, Ideen zu einem Versuch, die Gränzen der Wirksamkeit des Staats zu bestimmen, 1851, mit einem Nachwort von R. Haerter, 1967/1987, Reclam, S. 28 ff., 211; *J. St. Mill*, Über die Freiheit, S. 7 ff., 17 f. und S. 113 f., von v. Humboldt und Kant geprägt; *W. Maihofer*, ARSP, Beiheft Nr. 15, 1981, S. 34; *ders.*, HVerfR, S. 509 f., 513; *K. R. Popper*, Bemerkungen zu Theorie und Praxis des demokratischen Staates, S. 18 ff., 21 ff.; vgl. *W. Kersting*, Wohlgeordnete Freiheit, S. 48; wie der Text auch *J. Hruschka*, Jb. für Recht und Ethik 1/1993, S. 204 f.

[3052] Über den Gemeinspruch, S. 159; vgl. auch *ders.*, Metaphysik der Sitten, S. 590 f.

[3053] Über die Demokratie in Amerika, 1835/1840, dt. von H. Zbinden, 1959, II, 4. Kap., S. 220; darauf weist *R. Zippelius*, Allgemeine Staatslehre, S. 361 f., 375, hin; vgl. auch *W. Maihofer*, HVerfR, S. 509 f., 513.

[3054] Über den Gemeinspruch, S. 145 ff.; *ders.*, Metaphysik der Sitten, S. 432 ff.; dazu *W. Kersting*, Wohlgeordnete Freiheit, S. 248 ff.; *ders.*, Kant über Recht, S. 131 ff.; darin folgt Kant *Locke*, Über die Regierung, VIII, 95, IX, 123, S. 73, 95, der von „frei, gleich und unabhängig" spricht; nach *E. Bloch*, Naturrecht und menschliche Würde, S. 83, ist Kants Apriori das der allgemeinen Freiheit.

[3055] So auch *W. Schieder*, Brüderlichkeit, S. 568 f.; i. d. S. auch *G. Ellscheid*, Das Problem von Sein und Sollen in der Philosophie Immanuel Kants, S. 105 ff.; *J. Hruschka*, Jb. für Recht und Ethik 1/1993, S. 204, weist auf Kants sozialstaatliche Aspekte hin.

Knecht ist, wer nicht „Eigner seiner Selbst", nicht „sein eigener Herr"[3056] ist, kann nicht brüderlich sein. *Aristoteles* wußte das schon:

> „Auf diese Weise gibt es denn einen Staat von Herren und Knechten, aber nicht von Freien; die einen beneiden und die anderen verachten, und beides widerstrebt im höchsten Maße der Freundschaft und politischen Gemeinschaft"[3057].

Autonomie des Willens als äußere und innere Freiheit kann nur unter substantiell Gleichen in vor allem wirtschaftlich homogener Selbständigkeit Wirklichkeit finden[3058]. Die kantianisch verstandene Selbständigkeit ermöglicht die Brüderlichkeit des gemeinsamen Lebens in Freiheit, also die Liebe unter den Menschen oder die Sittlichkeit[3059]. Die republikanische „Identifikation des Bürgers mit dem Gemeinwesen (…) unterstreicht Wesentliches, was der ‚Sozialstaat' in der Sache meint: die Solidarität der Bürger mit den Bürgern – vermittelt durch das Gemeinwesen und zugleich gelebt in der Gesellschaft"[3060]. *Lorenz von Stein* hat die materielle Voraussetzung der Freiheit benannt:

> „Die Freiheit ist eine wirkliche erst in dem, der die Bedingungen derselben, den Besitz der materiellen und geistigen Güter, als die Voraussetzung der Selbstbestimmung, besitzt"[3061].

[3056] *Kant*, Über den Gemeinspruch, S. 149, 151; *ders.*, Metapyhsik der Sitten, S. 345, 432 f.; *W. Kersting*, Kant über Recht, S. 131 ff.

[3057] Politik, S. 152, 1295 b 20 ff.

[3058] Dazu auch *K. A. Schachtschneider*, Res publica res populi, S. 1177 ff.; ganz i. d. S. BVerfGE 5, 85 (206); auch BVerfGE 89, 155 (186); *E. Grabitz*, Freiheit und Verfassungsrecht, S. 205 ff., 237; *P. Häberle*, VVDStRL 30 (1972), S. 90 ff.; *W. Maihofer*, HVerfR, S. 458 f., gestützt auf Kant; vor allem in der Sache *Aristoteles*, Politik, S. 116 ff., 125 ff., 151 f., 166 ff.; i. d. S. auch *M. Kriele* HVerfR, S. 146; *ders.*, Einführung in die Staatslehre, 6. Aufl. 2003, S. 181, 198 ff.; auch *P. Kirchhof*, HStR, Bd. I, 1987, § 19, Rdn. 83; insb. *H. Heller*, Politische Demokratie und soziale Homogenität, S. 423 ff.; *ders.*, Staatslehre, S. 158 ff.; auch *R. Wassermann*, Die Zuschauerdemokratie, S. 52; i. d. S. interpretiert vorsichtig auch *W. Kersting*, Wohlgeordnete Freiheit, S. 254 ff., 257, Kant; *ders.*, Rechtsphilosophische Probleme des Sozialstaats, S. 21, ff., 39 f. (weitere Hinweise in Fn. 2625); *Kant*, Metaphysik der Sitten, S. 432 ff. („bürgerliche Selbständigkeit"); *ders.*, Über den Gemeinspruch, S. 151 f.; weitere Hinweise in Fn. 3013, 3015.

[3059] Ganz so *P. Bertraux*, Der vergessene Artikel, S. 59 ff., 62; i. d. S. auch *G. Ellscheid*, Das Problem von Sein und Sollen in der Philosophie Immanuel Kants, S. 105 ff., der aus dem unbedingten Sollen u. a. das Liebesprinzip herleitet.

[3060] *H. F. Zacher*, HStR, Bd. II, § 28, Rdn. 100; i. d. S. *W. Kersting*, Probleme der politischen Philosophie des Sozialstaats, S. 50 ff.; *ders.*, Theorien der sozialen Gerechtigkeit, S. 376 ff., insb. S. 385 ff. („Solidarität und Effizienz"), S. 398 ff.; *ders.*, Politische Solidarität statt Verteilungsgerechtigkeit?, S. 237 ff.; so auch *K. A. Schachtschneider/A. Emmerich-Fritsche*, Revolution der Krankenveriischerung, S. 19 ff.

[3061] Geschichte der sozialen Bewegung in Frankreich von 1789 bis auf unsere Tage, Bd. 3, ed. Salomon, 1921, 1959, S. 104; auf L. v. Stein beruft sich auch *E.-W. Böckenförde*, Staat und Gesellschaft im demokratischen Sozialstaat, S. 421 f.,

Kant hat mit seinem Kriterium der Selbständigkeit dem Sozialstaat den Weg gewiesen. Das Kriterium Selbständigkeit ist autonomiegemäßer als das Mittlere zwischen arm und reich des Aristoteles oder als die soziale Homogenität *Hermann Hellers* und die „ökonomische Mitte des Sozialen" *Hans F. Zachers*[3062]. Doch nicht einmal über die ökonomische Bedingtheit der „realen" Freiheit besteht Einigkeit[3063]. Sozial ist das ständige gemeinsame Bemühen um die Realität allgemeiner Autonomie des Willens, also die Brüderlichkeit oder die Nächstenliebe[3064]. Diese „Realität" der Freiheit, besser: die Selbständigkeit erwächst den hinreichenden Möglichkeiten des Lebens, ist also abhängig vom Eigentum. Demgemäß schützt die Eigentumsgewährleistung des Art. 14 Abs. 1 S. 1 GG nicht nur den Bestand des Eigentums, sondern gibt ein Recht auf Eigentum, wie das im 10. Kapitel zu III dargelegt ist[3065]. *Werner Maihofer* spricht vom Ziel der individuellen und gesellschaftlichen Humanität[3066]. Bürgerlichkeit und Armut sind unver-

---

für die freiheitliche Bestimmung des Sozialstaates; ebenso *G. Ress*, VVDStRL 48 (1990), S. 102, für die „Daseinsvorsorge".

[3062] *Aristoteles*, Politik, insb. S. 151 f., 1295b 1 ff.; *H. Heller*, Politische Demokratie und soziale Homogenität, S. 123 ff.; *ders.*, Staatslehre, S. 158 ff.; *H. F. Zacher*, HStR, Bd. II, § 28, Rdn. 72 f.; i.d.S. auch *J. Fetscher*, Zum Verhältnis von Mehrheitsprinzip und Demokratie, S. 317 ff.; *ders.*, Rousseaus politische Philosophie, S. 144, 212 ff.; i.d.S. jetzt auch BVerfGE 89, 155 (186) mit Bezug auf *H. Heller*; zum kantianischen Apriori der Selbständigkeit als „Freiheitsfürsorge" (im Sinne des Textes) *W. Kersting*, Wohlgeordnete Freiheit, S. 256; *ders.*, Kant über Recht, S. 131 ff.; *ders.*, Rechtsphilosophische Probleme des Sozialstaats, S. 5 ff., 21 ff.; *ders.*, Theorien der sozialen Gerechtigkeit, S. 385 ff.; i.S. des Textes auch *W. Henke*, Recht und Staat, S. 386.

[3063] Dafür *P. Häberle*, VVDStRL 30 (1972), S. 85 ff., 90 ff. („soziale Freiheit"); etwa *Ch. Link*, VVDStRL 48 (1990), S. 34 ff.; *G. Ress*, VVDStRL 48 (1990), S. 101 ff.; *O. Höffe*, Demokratie im Zeitalter der Globalisierung, S. 74 ff. („Politische Freiheitsrechte: Sozialrechte"); *M. Kriele*, Einführung in die Staatslehre, 6. Aufl. 2003, S. 181, 198 ff.; *R. Zippelius*, Allgemeine Staatslehre, S. 354 f., 359 f., 361 f.; *J. Isensee*, HStR, Bd. V, § 115, Rdn. 158 ff.; *D. Murswiek*, HStR, Bd. V, § 112, Rdn. 26 ff., 40 ff., 86 ff.; vgl. zur libertären Konzeption *W. Kersting*, Rechtsphilosophische Probleme des Sozialstaats, S. 21 ff., 39 f.; *ders.*, Politische Solidarität statt Verteilungsgerechtigkeit?, S. 202 ff.; auch *ders.*, Theorien der sozialen Gerechtigkeit, insb. S. 301 ff. (zu R. Nozick).

[3064] Ganz so *G. Ellscheid*, Das Problem von Sein und Sollen in der Philosophie Immanuel Kants, S. 105 ff., der ebenfalls das soziale Prinzip in der Ethik Kants ausgearbeitet sieht, ohne daß seine Deduktion konkreter Sollensinhalte ganz überzeugt, insbesondere nicht die der Pflicht zur Einheit der Gemeinschaft (S. 99 ff.), aus der alle anderen Pflichten, die zur tätigen Liebe, die zur Achtung der anderen, die zur Selbstachtung, die zur Toleranz, aber auch die Prinzipien Gleichheit und Freiheit folgen würden (S. 105 ff.), aus der „Negation der Realität" als der „Unbedingtheit des Sollens" gegenüber der „Bedingtheit des Seins". Diese Prinzipien folgen aus der Allgemeinheit der Freiheit, wie das Sollen selbst; vgl. auch *E. Benda*, HVerfR, S. 789 f.

[3065] So auch *W. Kersting*, Theorien der sozialen Gerechtigkeit, S. 336; *ders.*, Kant über Recht, S. 64 ff. (65, 68).

einbar[3067]. Der Mensch muß erst einmal „warm wohnen und satt zu essen haben", ehe man bei ihm mit dem „Aufklärungswerk" beginnen kann[3068]. Armut ist relativ zum Reichtum, ist „relative Subnormalität"[3069]. Ohne Reichtum gibt es keine Armut. Der Begriff Armut bringt die Verletzung der iustitia distributiva[3070] zur Sprache. Der lagegemäße allgemeine Wohlstand ist jedenfalls insoweit Verfassungsprinzip, als der ständige Ausgleich von arm und reich, „das rechte Maß" der „égalité de fait"[3071] zu bewirken ist[3072]. Arm ist vor allem, wer ohne Arbeit ist[3073]. Selbst wenn er Sozialhilfe bezieht, mangelt ihm trotz aller bürgerlichen Rechte die bürgerliche Selbständigkeit. „…, einer Arbeit nachzugehen, ist eine Lebensform"[3074].

Die soziale Homogenität hat, wie zitiert, schon *Aristoteles* als Voraussetzung des friedlichen Gemeinwesens erkannt[3075], weil „man in solchen Verhältnissen am leichtesten der Vernunft gehorche"[3076]. *Aristoteles* warnt:

[3066] HVerfR, S. 517 f., auch S. 519 ff.

[3067] *Aristoteles*, Politik, S. 123, 1283a 15 ff. („Nur aus Armen kann ein Staat ebensowenig bestehen wie nur aus Sklaven") u. ö.; i. d. S. auch *Rousseau*, Vom Gesellschaftsvertrag, I 9, II 11, S. 26, 57; i. d. S. auch *Kant*, Metaphysik der Sitten, S. 432 f., 446 f., auch S. 571.

[3068] *Friedrich Schiller*, Über die ästhetische Erziehung des Menschen, Briefe an den Augustenburger, Ankündigung der „Horen" und letzte, verbesserte Fassung, Brief vom 11. November 1793, ed. W. Henckmann, 1967, S. 29 f.; dazu *D. Borchmeyer*, Kritik der Aufklärung im Geiste der Aufklärung, S. 370 f.

[3069] *H. F. Zacher*, HStR, Bd. II, § 28, Rdn. 68 ff.

[3070] Dazu *W. Kersting*, Theorien der sozialen Gerechtigkeit, S. 42 ff.; *ders.*, Politische Solidarität statt Verteilungsgerechtigkeit?, S. 202 ff.; *ders.*, Kritik der Gleichheit, S. 23 ff., auch S. 97 ff.

[3071] *R. Zippelius*, Allgemeine Staatslehre, S. 363 ff.

[3072] *W. Maihofer*, HVerfR, S. 507 ff., 516 ff.; *H. F. Zacher*, HStR, Bd. II, § 28, Rdn. 34 ff., 81 ff., für die „ökonomische Mitte des Sozialen", der „Offenheit" und „Prozeßhaftigkeit" (Rdn. 72 f.); *M. Kriele*, HVerfR, S. 145 ff.; auch *E. Benda*, HVerfR, S. 788 f.; i. d. S. *R. Zippelius*, Bonner Komm., Rdn. 102 zu Art. 1 GG; *E. Denninger*, Rechtsperson und Solidarität, S. 293; *K. A. Schachtschneider*, Freisozial-fortschrittlich, S. 14 f.; *ders.*, GS W. Blomeyer, S. 245 ff.; i. d. S. auch *Ch. Link*, VVDStRL 48 (1990), S. 36 f., zurückhaltend (das Grundgesetz habe den „Wohlfahrtsstaat zum Sozialstaat domestiziert"); *G. Ress*, VVDStRL 48 (1990), S. 101 ff., insb. zu den internationalen Texten der sozialen Verpflichtung; dazu auch *D. Murswiek*, HStR, Bd. V, § 112, Rdn. 41 ff.; i. d. S. schon *Aristoteles*, Politik, S. 116 ff., 125 ff., 166 ff.; *ders.*, Die Nikomachische Ethik, S. 91 f., zum Mittleren als dem Guten; i. d. S. auch *Rousseau*, Vom Gesellschaftsvertrag, I 9, II 11, III 1, S. 26, 57, 63; *E. Bloch*, Naturrecht und menschliche Würde, S. 175 ff., 187 ff.

[3073] Ganz so *P. Häberle*, VVDStRL 30 (1972), S. 85 ff., 90 ff.; *W. Kersting*, Theorien der sozialen Gerechtigkeit, S. 402 f.

[3074] *W. Kersting*, Theorien der sozialen Gerechtigkeit, S. 402.

[3075] Vgl. das weltrechtliche Sozialprinzip in Art. 55, 56 Charta der Vereinten Nationen und im Internationalen Pakt über die wirtschaftlichen, sozialen und kulturel-

„So ist es auch für den Staat das größte Glück, wenn die Bürger einen mittleren und ausreichenden Besitz haben; wo dagegen die einen sehr viel haben und die anderen nichts, da entsteht entweder die äußerste Demokratie (sc. die Herrschaft zum Nutzen der Armen) oder eine reine Oligarchie (sc. die Herrschaft zum Nutzen der Reichen) oder aus beiden Extremen eine Tyrannis"[3077].

Im 5. Kapitel des sechsten Buches seiner Politik entwickelt *Aristoteles* das auf die autonomiegemäße Selbständigkeit ausgerichtete Sozialprinzip:

„Der wahrhafte Demokrat muß also vielmehr darauf schauen, daß das Volk nicht gar zu arm werde. Denn dies ist die Ursache, wenn eine Demokratie schlecht wird. Man muß es also so einrichten, daß eine dauernde Wohlhabenheit entstehe; denn dies nützt auch den Wohlhabenden. Man soll den Ertrag der Staatseinkünfte sammeln und aufhäufen und ganz den Armen verteilen, und zwar womöglich auf jeden so viel, daß es zum Ankauf eines Grundstückes reicht, oder doch wenigstens als Anfangskapital für ein Geschäft oder einen Bauernbetrieb"[3078].

Gleiche Freiheitlichkeit verbietet eine Sozialhilfe, welche nicht, soweit das möglich ist, zur Selbständigkeit, zur Mündigkeit führt. Aus dem Primat der Selbstverantwortung (Nachrang der Sozialhilfe, § 2 Abs. 1 BSHG) erwächst das Prinzip der Hilfe zur Selbsthilfe, welche das Sozialrecht richtig zu seinem Leitprinzip (Subsidiaritätsprinzip, besser: Grundsatz der Privatheit der Lebensbewältigung/Privatheitsprinzip[3079]) gemacht hat (§ 1 Abs. 1 S. 2, § 9 SGB AT)[3080]. Ganz republikanisch macht § 1 Abs. 2 BSHG der

---

len Rechte vom 19.12.1966 (BGBl. II, 1973, S. 1570), die erklärtermaßen dem Frieden und der Freundschaft unter den Nationen dienen (dazu *B.-O. Bryde*, Von der Notwendigkeit einer neuen Weltwirtschaftsordnung, S. 33 ff.; *A. Emmerich-Fritsche*, Vom Völkerrecht zum Weltrecht, 4. Teil, A, VII).

[3076] Politik, S. 151 f., 1295b 4 ff.

[3077] Politik, S. 152 f., 1295b 40 ff. (zu den Herrschaftsformen, a.a.O., S. 114 u.ö.); dazu *K. A. Schachtschneider*, Res publica res populi, S. 1177 ff.

[3078] Politik, S. 210, 1320a 31 ff.; zur sozialstaatlichen Demokratiefürsorge *W. Kersting*, Rechtsphilosophische Probleme des Sozialstaats, S. 24 f. (weitere Hinweise in Fn. 2625).

[3079] Dazu 8. Kap., IV, auch II in diesem Kapitel.

[3080] I.d.S. BVerfGE 9, 20 (35); 17, 1 (11); 17, 38 (56); 59, 52 (62); schon *Kant*, Metaphysik der Sitten, S. 434, auch S. 446 f.; ganz so *H. F. Zacher*, HStR, Bd. II, § 28, Rdn. 32 ff., 68 ff.; *R. Herzog*, Der Staat 2 (1963), S. 399 ff., 411 ff.; *H. Krüger*, Allgemeine Staatslehre, S. 811 ff.; *W. Maihofer*, HVerfR, S. 528 f.; *E. Benda*, HVerfR, S. 786; *D. Merten*, Sozialrecht, Sozialpolitik, HVerfR, S. 977 ff., 993 f., 999 f.; *P. Häberle*, VVDStRL 30 (1972), S. 65; *K. A. Schachtschneider*, Sozialprinzip, S. 62 f.; *ders.*, Staatsunternehmen und Privatrecht, S. 145 ff., 149 f.; *ders.*, Frei-sozial-fortschrittlich, S. 15 f., 19 ff.; *ders.*, Res publica res populi, S. 244 f.; *ders.*, Der Anspruch auf materiale Privatisierung, S. 67 ff.; i.d.S. auch *W. Henke*, Recht und Staat, S. 386; *G. Ress*, VVDStRL 48 (1990), S. 104; *Ch. Link*, VVDStRL 48 (1990), S. 26 (zurückhaltend: „Klugheitsregel"); grundsätzlich zum subsidiären Sozialstaat *M. Spieker*, Legitimationsprobleme des Sozialstaates – Konkurrierende Sozialstaatskonzeptionen in der Bundesrepublik Deutschland, 1986; vgl. auch

Sozialhilfe ein Leben der Hilfsbedürftigen zur Aufgabe, „das der Würde des Menschen entspricht", und gibt § 9 SGB AT u. U. einen Anspruch auf „persönliche und wirtschaftliche Hilfe, die die Teilnahme am Leben der Gemeinschaft ermöglicht und die Führung eines menschenwürdigen Lebens sichert."[3081]

Bereits Art. 151 Abs. 1 S. 1 WRV lautete:

„Die Ordnung des Wirtschaftslebens muß den Grundsätzen der Gerechtigkeit mit dem Ziel der Gewährleistung eines menschenwürdigen Daseins für alle entsprechen."[3082]

Art. 151 Abs. 1 der Verfassung des Freistaates Bayern vom 2. Dezember 1946 enthält das gleiche Prinzip:

„Die gesamte wirtschaftliche Tätigkeit dient dem Gemeinwohl, insbesondere der Gewährleistung eines menschenwürdigen Daseins für alle und der allmählichen Erhöhung der Lebenshaltung aller Volksschichten."

Ziel des Sozialhilferechts ist die Sicherung und Förderung der Willensautonomie der Bürger, also deren Bürgerlichkeit als Mitgesetzgeber. Diese sozialhilferechtlichen Prinzipien zielen auf den materiellen Bürger und setzen darum den formellen Bürger voraus. Der materielle Bürger ist wie alle anderen Bürger, also gleich frei und selbständig. Der formelle Bürger ist Mitgesetzgeber, insbesondere durch sein Wahlrecht. Erst der materielle Bürger ist der socius, der brüderliche Geselle. Die freiheitsbezogene, republikanische Interpretation des Sozialprinzips führt den Begriff an die ursprüngliche Bedeutung des Wortes: socius = gemeinsam, verbunden, gesellig, heran[3083]. Weder der Herr noch der Knecht sind socii. *Günter Ellscheid* hat die „dialektische Einheit von Achtung und Liebe", die „achtende Liebe" das kan-

---

O. Kimminich, Die Subsidiarität in der Verfassungsordnung des freiheitlichen demokratischen Rechtsstaates, in: ders. (Hrsg.), Subsidiarität und Demokratie, 1981, S. 30 ff., 61; grundlegend *J. Isensee*, Subsidiaritätsprinzip und Verfassungsrecht, insb. S. 313 ff.; vgl. auch *ders.*, HStR, Bd. III, § 57, Rdn. 75 ff.; *H. H. Rupp*, HStR, Bd. II, § 31, Rdn. 51 ff.; i. d. S. auch *W. Kersting*, Theorien der sozialen Gerechtigkeit, S. 398 ff.; *ders.*, Politische Solidarität statt Verteilungsgerechtigkeit?, S. 248 ff.

[3081] Vgl. i. d. S. BVerfGE 1, 97 (105); *Ch. Link*, VVDStRL 48 (1990), S. 34; *W. Maihofer*, HVerfR, S. 519 ff.; i. d. S. schon *Kant*, Metaphysik der Sitten, S. 446 f.

[3082] Zur Programmatik der WRV und zu weiteren Texten *H. F. Zacher*, HStR, Bd. II, § 28, Rdn. 1 ff., 10 ff.

[3083] *H. Ridder*, Zur verfassungsrechtlichen Stellung der Gewerkschaften im Sozialstaat, S. 224 f., übersetzt „gesellschaftlich", „die Gesellschaft betreffend"; vgl. auch *H. F. Zacher*, HStR, Bd. II, § 28, Rdn. 20 f. („gesellschaftsbezogen", u. a.); *M. Spieker*, Legitimationsprobleme des Sozialstaates, S. 228 ff.; dazu auch *K. A. Schachtschneider*, Das Sozialprinzip, S. 41 f.; *W. Schieder*, Sozialismus, in: Geschichtliche Grundbegriffe, Bd. 5, 1984, S. 924 f.

tianische „Prinzip der Gemeinschaft" genannt und sagt: „Die tätige Liebe vergewaltigt und bevormundet nicht"[3084].

2. Freiheitswidriges Sozialismusprinzip

Während das Sozialprinzip zur Brüderlichkeit der in ihrer Freiheit gleichen Bürger verpflichtet, übersteigert das Sozialismusprinzip die Genossenschaftlichkeit der nur noch Bürger genannten Genossen zum Prinzip einer materialen Gleichheit, für das die ökonomische Selbständigkeit und vor allem die politische Freiheit jedes Bürgers irrelevant sind. Das Sozialprinzip ist mit der Idee der allgemeinen formalen Freiheit verbunden und bezweckt, mit der Selbständigkeit deren materiale Voraussetzung (reale Freiheit) zu fördern, das Sozialismusprinzip ideologisiert die allgemeine materiale Gleichheit als einen extremen Egalitarismus[3085]. Darum kann der Sozialismus die politische Freiheit nicht zulassen. Sie ist seiner Idee zuwider. Das bewies die sogenannte[3086] Verfassung des „sozialistischen Staates" (Art. 1 Abs. 1 S. 1 u.ö.) DDR, die ein Prinzip politischer Freiheit nicht kannte[3087]. Das Prinzip der Demokratie kann freiheitlich oder herrschaftlich und damit antirepublikanisch begriffen werden[3088]. Das Prinzip der sozialistischen Demokratie jedenfalls entbehrt der freiheitlichen Komponente und widerspricht damit nicht nur dem Grundgesetz, sondern der Verfassung der Menschheit des Menschen[3089]. Vor allem unterdrückt der Sozialismus das

---

[3084] Das Problem von Sein und Sollen in der Philosophie Immanuel Kants, S. 105 ff., insb. S. 110.

[3085] Zum Verhältnis von Freiheit und Gleichheit 7. Kap., I, 1; Kritik des Sozialismus mit Berufung auf Toqueville *W. Maihofer*, HVerfR, S. 512 ff. („Sozialismus will Gleichheit im Zwang, in der Knechtschaft"); *P. Koller*, Soziale Gerechtigkeit, Wirtschaftsordnung und Sozialstaat, S. 134 ff.; *F. A. v. Hayek*, Die Verfassung der Freiheit, S. 323 ff.; gegen den Egalitarismus von J. Rawls und R. Dworkin *W. Kersting*, Politische Solidarität statt Verteilungsgerechtigkeit?, S. 202 ff., insb. S. 225 ff.; *ders.*, Theorien der sozialen Gerechtigkeit, S. 68 ff. (S. 118 ff.), 172 ff., (S. 193 ff.); *ders.*, Rechtsphilosophische Probleme des Sozialstaats, S. 28 ff. („Gleichheitsfürsorge").

[3086] Zur Problematik des Verfassungscharakters von Verfassungen *J. Isensee*, HStR, Bd. II, § 15, Rdn. 166 ff.; zur Verfassungslosigkeit der DDR *K. A. Schachtschneider (O. Gast)*, Sozialistische Schulden nach der Revolution, S. 29 ff., 50 ff.

[3087] Vgl. *K. A. Schachtschneider*, Das Sozialprinzip, S. 24 ff.; *ders. (O. Gast)*, Sozialistische Schulden nach der Revolution, S. 29 ff.; *G. Brunner*, HStR, Bd. I, § 11, Rdn. 1 ff., 75 ff.

[3088] Zum Gegensatz von Freiheit und Herrschaft 3. Kap.; *K. A. Schachtschneider*, Res publica res populi, S. 71 ff., zum Begriff der Republik als freiheitlicher Demokratie daselbst, S. 14 ff.

[3089] Vgl. *U.-J. Heuer*, Überlegungen zur sozialistischen Demokratietheorie, in: ders. (Hrsg.), Überlegungen zur sozialistischen Demokratie, 1987, S. 5 ff.; *W. Eichhorn*, Anmerkungen zum Demokratiebegriff, S. 41 ff., vgl. das Zitat von S. 43 f. in

Menschenrecht des Eigentums (Art. 17 der Erklärung von 1789; Art. 17 der Allgemeinen Erklärung der Menschenrechte von 1948)[3090]. Ohne Eigentum (im Sinne privater Rechte) gibt es keine Freiheit als Autonomie des Willens, weil es an der Selbständigkeit mangelt[3091]. Das Godesberger Programm der SPD von 1959 bekennt sich mehrfach ausdrücklich zur Freiheit. Die SPD versteht darum ihr Programm des „demokratischen Sozialismus" im Sinne einer freiheitlichen Demokratie und muß das wegen Art. 21 Abs. 2 GG. Der Begriff „Sozialismus" hat in der SPD zwar Tradition, aber dem Grundgesetz gemäß den freiheitswidrigen Begriffsgehalt abgelegt[3092]. Ein Übermaß an Staatlichkeit der Lebensbewältigung bedeutet sozialistische Lebensweise, nicht nur nach der Erfahrung, sondern auch nach der Logik. Ein Beispiel in Deutschland bietet der Krankenkassensozialismus[3093]. Ohne Privatheit werden die Unterschiede der Menschen nivelliert, weil die Handlungsmaximen allgemein sind und vor allem aus Gründen des gleichheitlichen Vollzuges der Gesetze, der Bürokratie also, Differenzierungen nur begrenzt möglich sind. Nach aller Erfahrung ruiniert der Sozialismus mit der Selbständigkeit die Bereitschaft zur Leistung und damit langfristig den allgemeinen Wohlstand[3094].

3. Fortschrittlichkeit und Gesetzlichkeit

Die „positiven Gesetze" dürfen dem „nicht zuwider sein", daß sich die „Staatsgenossen" „aus diesem passiven Zustand zu dem aktiven", dem der „Staatsbürger" emporarbeiten können[3095]. Das Verfahren des Fortschritts

---

Fn. 835; wie der Text auch BVerfGE 95, 267 (306 f.), das jedoch dadurch die Rechtlichkeit des „sozialistischen Rechtssystems" nicht berührt sieht.

[3090] BVerfGE 15, 126 (144); 50, 290 (344 f.); *W. Leisner*, HStR, Bd VI, § 149, Rdn. 18 ff.; *D. Ehlers*, VVDStRL 51 (1992), S. 224 ff.; *W. Berg*, VVDStRL 51 (1992), S. 52 f.; *K. A. Schachtschneider (O. Gast)*, Sozialistische Schulden nach der Revolution, S. 21, 109 ff., 162; zum Menschenrechtscharakter der Eigentumsgewährleistung 10. Kap., I.

[3091] Dazu 10. Kap., III, 4.

[3092] Vgl. zum Verhältnis des Sozialprinzips zum Prinzip des Sozialismus *K. A. Schachtschneider*, Das Sozialprinzip, S. 24 ff., zum Sozialismusprinzip im Godesberger Programm S. 26 f.; dazu *W. Schieder*, Sozialismus, S. 970 ff., 976 ff.

[3093] *W. Hankel*, Revolution der Krankenversicherung, S. 1 ff.; *K. A. Schachtschneider/A. Emmerich-Fritsche*, daselbst S. 19 ff.; kritisch auch *W. Kersting*, Gerechtigkeitsprobleme sozialstaatlicher Gesundheitsversorgung, S. 467 ff.; *ders.*, Kritik der Gleichheit, S. 143 ff. („Egalitäre Grundversorgung und Rationierungsethik. Überlegungen zu den Problemen und Prinzipien einer gerechten Gesundheitsversorgung").

[3094] Dazu *F. A. v. Hayek*, Die Verfassung der Freiheit, S. 323 ff.

[3095] *Kant*, Metaphysik der Sitten, S. 433 f.; i. d. S. auch *ders.*, Über den Gemeinspruch, S. 147 ff.; i. d. S. auch schon *Rousseau*, Vom Gesellschaftsvertrag, I, 9, S. 26; *H. Krüger*, Allgemeine Staatslehre, S. 531 f., 810; *H. F. Zacher*, HStR, Bd. II,

zur allgemeinen Selbständigkeit, zur sozialen Homogenität, ist die Gesetzgebung; wie das Sozialprinzip schon wegen der sich ständig ändernden
Lage der jeweiligen Verwirklichung durch das Gesetz bedarf[3096]. Sozialrecht ist notwendig immer in Bewegung. Besitzstände bedürfen der Rechtfertigung[3097]. *Hans F. Zacher* spricht von der „Offenheit und Prozeßhaftigkeit", *Heinz-Christoph Link* von der „Dynamik" des Sozialstaates[3098]. Das
Recht verwirklicht der Idee der Freiheit nach die Einigkeit aller auch in der
sozialen Frage als der nach der realen Freiheit vor allem durch die Eigentumsordnung[3099]. Als Pflicht des Volkes/des Staates ist die soziale Grundpflicht aus Art. 20 Abs. 1 GG, Art. 28 Abs.1 S. 1 GG und auch Art. 23
Abs. 1 S. 1 GG eine rechtliche Pflicht, obwohl sie eine weite Pflicht ist;
denn eine enge Pflicht setzt ein subsumibles Gesetz voraus[3100]. Das Sozial-

---

§ 28, Rdn. 32 ff., 68 ff.; *K. A. Schachtschneider*, Staatsunternehmen und Privatrecht, S. 138 ff. m.w.H.; *ders.*, Frei-sozial-fortschrittlich, S. 10 f. mit Fn. 39; *ders.*,
Res publica res populi, S. 247 ff.; *M. Kriele*, Befreiung und politische Aufklärung,
S. 57 ff., 66; *ders.*, HVerfR, S. 146 f.; *ders.*, Einführung in die Staatslehre, 6. Aufl.
2003, S. 229 ff.; auch *G. Dürig*, in: Maunz/Dürig, GG, Rdn. 69 ff. zu Art. 3 Abs. I;
E. Grabitz, Freiheit und Verfassungsrecht, S. 204 ff.; auch *H. Kelsen*, Vom Wesen
und Wert der Demokratie, S. 12 f., 92 ff.

[3096] BVerfGE 1, 97 (105); 33, 303 (331 ff.); 43, 213 (226); 50, 57 (108); 53, 164
(184); 65, 182 (193); 69, 272 (314); 70, 278 (288); 71, 66 (80); 100, 271 (283 ff.);
102, 254 (298); auch BVerfGE 5, 85 (197 f., 206); *P. Häberle*, VVDStRL 30 (1972),
S. 98 ff., 110 f.; *W. Maihofer*, HVerfR, S. 516 f.; *M. Kriele*, HVerfR, S. 145 ff., 151;
H. Krüger, Allgemeine Staatslehre, S. 816 f.; *H. H. Rupp*, AöR 101 (1976),
S. 179 ff.; *W. Martens*, VVDStRL 30 (1972), S. 30 ff.; *K. Stern*, Staatsrecht I,
S. 915 f., 929 f.; *K. Stern/M. Sachs*, Staatsrecht III, 1, S. 722 ff.; v. Mangoldt/Klein/
Starck, GG, Art. 1 Abs. 3, Rdn. 192; *H. F. Zacher*, HStR, Bd. II, § 28, Rdn. 83 ff.,
120 ff. (122); *K. A. Schachtschneider*, Das Sozialprinzip, insb. S. 71 ff.; *ders.*,
Staatsunternehmen und Privatrecht, insb. S. 135 ff., 267; *ders.*, Frei-sozial-fortschritt-
lich, S. 12 f., 17; *ders.*, Res publica res populi, S. 247 ff.; ders., Prinzipien des
Rechtsstaates, S. 103 f.; *J. Isensee*, HStR, Bd. III, § 57, Rdn. 115; *ders.*, HStR,
Bd. V, § 115, Rdn. 172; *D. Murswiek*, HStR, Bd. V, § 112, Rdn. 51, 95; auch
R. Stober, Zur wirtschaftlichen Bedeutung des Demokratie- und Sozialstaatsprinzips,
GewArch 1988, 145 ff., 152 ff.; *H. U. Erichsen*, HStR, Bd. VI, § 152, Rdn. 19;
Ch. Link, VVDStRL 48 (1990), S. 36; *G. Ress*, VVDStRL 48 (1990), S. 104 f.; zum
Begriff der Lage *H. Krüger*, Allgemeine Staatslehre, S. 17 ff.

[3097] *H. F. Zacher*, HStR, Bd. II, § 28, Rdn. 52 („Ausgleich" von „Bedarfsgerech-
tigkeit, Leistungsgerechtigkeit und Besitzstandsgerechtigkeit"), Rdn. 104 (kritisch zu
„sozialen Errungenschaften"); *K. A. Schachtschneider*, Sozialprinzip, S. 42 f.; *ders.*,
Frei-sozial-fortschrittlich, S. 13 f. Die sozialpolitische Diskussion ist freilich von
Besitzstandsinteressen dominiert, vgl. *Ch. Link*, VVDStRL 48 (1990), S. 36 f. („Der
progressiven sozialstaatlichen Dynamik entspricht ein regressiver Immobilismus.").

[3098] *H. F. Zacher*, HStR, Bd. II, § 28, Rdn. 83 f.; *Ch. Link*, VVDStRL 48 (1990),
S. 36.

[3099] Dazu 10. Kap., II, III, IV, V, VII.

[3100] Zu den an sich ethischen weiten im Gegensatz zu den juridischen engen
Pflichten *Kant*, Metaphysik der Sitten, S. 520 ff. Staatliche Pflichten, also Rechts-

prinzip ist als hochallgemeines Prinzip nicht subsumibel. Das schließt die institutionelle Judiziabilität jedenfalls der Sozialwidrigkeit nicht aus[3101], welche kompetenzgerecht die Vertretung des Volkes in dessen sozialer Sittlichkeit, letztverantwortlich im ordentlichen Verfahren dem Bundesverfassungsgericht überträgt, das funktional gesetzgebend[3102] das Sozialprinzip verwirklicht. Zwar sollte es dabei Zurückhaltung üben, aber der Rang des Sozialprinzips beansprucht eine hinreichende Verbindlichkeit. Die Moralität eines Amtswalters ist nicht erzwingbar; aber der Sittlichkeit verpflichtete Entscheidungen können von verschiedenen Organen getroffen werden und nur die höchstrangige Entscheidung kann das Volk verbinden. In diesem Sinne begründet das Sozialprinzip eine Rechtspflicht[3103]. Der Satz: „Recht und die Befugnis zu zwingen bedeuten also einerlei"[3104], wirkt sich als die Verbindlichkeit der funktional gesetzgebenden Rechtsprechung des Bundesverfassungsgerichts für alle anderen staatlichen Stellen, „alle Verfassungsorgane des Bundes und der Länder sowie alle Gerichte und Behörden" (§ 31 Abs. 1 BVerfGG), aus[3105].

---

pflichten des Staates, können weit sein und wegen ihres ethischen Charakters eine besondere Juridität haben, nämlich die, durch Gesetzgebung verwirklicht zu werden. Diese Gesetzgebung bedarf der Sittlichkeit, welche Moralität der Vertreter des Volkes erfordert; dazu *K. A. Schachtschneider*, Res publica res populi, S. 637 ff., 707 ff., 978 ff.; auch *ders.*, Der Anspruch auf materiale Privatisierung, S. 153 ff. (S. 159 ff.); dazu 7. Kap., II.

[3101] Vgl. *K. A. Schachtschneider*, Das Sozialprinzip, S. 38 ff., 71 ff., 75 ff., 82 ff.; *ders.*, Grenzen der Kapitalverkehrsfreiheit, S. 289 ff.; *ders.*, Prinzipien des Rechtsstaates, S. 103 f.; auch *M. Kriele*, HVerfR, S. 147 („nur Pflicht des Staates"); *W. Martens*, VVDStRL 30 (1972), S. 30 („leges imperfectae"); so auch *J. Isensee*, HStR, Bd. III, § 57, Rdn. 115; so im Prinzip auch *H. F. Zacher*, HStR, Bd. II, § 28, Rdn. 120 ff. (Hinw. dort in Fn. 510); allgemein zur Subsumibilität republikanischer Prinzipien, 7. Kap., II, 2; *R. Alexy*, Theorie der Grundrechte, S. 454 ff., räumt auch den Gerichten die „auf das definitiv Gesollte" begrenzte Kompetenz ein, soziale Grundrechte durch Abwägung zu entwickeln (S. 465 ff.); zur prinzipiellen Gesetzlichkeit der Sozialpolitik Hinweise in Fn. 3096.

[3102] Dazu *K. A. Schachtschneider*, Res publica res populi, S. 858 ff.; *ders.*, Prinzipien des Rechtsstaates, S. 207 ff.

[3103] A. A. *E. Forsthoff*, Begriff und Wesen des sozialen Rechtsstaates, VVDStRL 12 (1954), S. 8 ff., 19 ff., der S. 10 auch die fraternité als die Idee des Sozialen anspricht; zum Rechtscharakter der Sozialklausel differenziert mit Hinw. *P. Häberle*, VVDStRL 30 (1972), S. 94 ff., 112 ff.; *H. F. Zacher*, HStR, Bd. II, § 28, Rdn. 120 ff.; dazu auch *K. A. Schachtschneider*, Das Sozialprinzip, S. 35 ff.; *ders.*, Grenzen der Kapitalverkehrsfreiheit, S. 289 ff.

[3104] *Kant*, Metaphysik der Sitten, S. 338 ff. (Zitat S. 340), auch S. 464; *ders.*, Über den Gemeinspruch, S. 169; i.d.S. auch *Rousseau*, Vom Gesellschaftsvertrag, I, 8, 9, S. 23; vgl. *Montesquieu*, Vom Geist der Gesetze, XII, 2, S. 250 f.; dazu *W. Kersting*, Kant über Recht, S. 40 ff.; *K. A. Schachtschneider*, Res publica res populi, S. 545 ff. (553 ff.).

[3105] Dazu *K. A. Schachtschneider*, Res publica res populi, S. 951 ff.

Die Gesetzgebung stellt in dem Maße, in dem das Gesetz Recht gibt[3106], indem es allgemein, also autonom, repräsentativ-konsensual[3107], praktisch vernünftig, richtig ist, d.h. dem Sittengesetz genügt, den Fortschritt zur sozialen Homogenität sicher[3108]. Die Brüderlichkeit verwirklicht sich somit in der Sittlichkeit der Gesetzgebung, in der republikanischen Freiheitlichkeit des Volkes. Die Sittlichkeit des staatlichen Gemeinwesens, die im Rechtsgesetz ihren Ausdruck findet, ist die Brüderlichkeit des Volkes. Der kategorische Imperativ bringt auch die soziale Grundpflicht des Gemeinwesens auf den Begriff. Im Maße unserer Sittlichkeit verwirklichen wir das Sozialprinzip des Grundgesetzes, in dem Maße sind wir Brüder, in dem Maße lieben wir unseren Nächsten wie uns selbst[3109]. In den kategorischen Imperativ ist das Sozialprinzip logisch einbezogen[3110].

In dem Maße aber, in dem der Staat sich der sittlichen Pflicht, die Freiheit aller als deren Selbständigkeit stetig herzustellen, versagt, in dem also wir uns dieser Pflicht versagen, wächst die Legitimation des Kampfes um die Befreiung aus der Not der Unfreiheit, die Legitimation des Widerstandes[3111], weil die Brüderlichkeit nicht mehr empfunden wird, weil die Liebe erstickt ist. *Aristoteles* hat gemahnt: „Überall entsteht die Revolution durch die Ungleichheit."[3112]

[3106] Zum Unterschied von Gesetz und Recht *K. A. Schachtschneider*, Prinzipien des Rechtsstaates, S. 54 f.; *ders.*, Res publica res populi, S. 519 ff.; *ders. (O. Gast)*, Sozialistische Schulden nach der Revolution, S. 9 ff.

[3107] Dazu *K. A. Schachtschneider*, Res publica res populi, S. 519 ff., 560 ff.

[3108] Vgl. zu dieser „Schlußkette des konstitutionellen und parlamentarischen Glaubens" an den Fortschritt unter Bezug insb. auf Eugene Forcade, 1853, *C. Schmitt*, Die geistesgeschichtliche Lage des heutigen Parlamentarismus, S. 61; i.d.S. auch *H. F. Zacher*, HStR, Bd. II, § 28, Rdn. 101 ff., zur „sozialen Demokratie".

[3109] Zur Identität des kategorischen Imperativs und des christlichen Liebesgebots 1. Kap., 2. Kap., VII; weitere Hinweise in Fn. 3004; *R. Marcic*, Vom Gesetzesstaat zum Richterstaat, S. 416; zum Liebesrecht *G. Küchenhoff*, „Naturrecht und Liebesrecht", i.S. des Textes *E. Benda*, HVerfR, S. 789 f.; auch *W. Maihofer*, HVerfR, S. 519 ff.

[3110] Vgl. den Neukantianer *H. Cohen*, Ethik des reinen Willens, 2. Aufl. 1907, S. 303 f., der im Sittengesetz das Prinzip des Sozialismus sieht; ähnlich *L. Nelson*, System der philosophischen Rechtslehre und Politik, 1924, Ges. Schriften, Bd. 6, S. 81 ff., 90; *ders.*, System der philosophischen Ethik und Pädagogik, 1932, Ges. Schriften, Bd. 5, S. 143, 147; *ders.*, Kritik der praktischen Vernunft, 1927, Ges. Schriften, Bd. 4, S. 133 f., 136, der das Sittengesetz material als Gleichheitsprinzip interpretiert hat; vgl. dazu *R. Dreier*, Zur Einheit der praktischen Philosophie Kants, S. 287, 303; *ders.*, Bemerkungen zur Rechtsphilosophie Hegels, S. 316 mit Fn. 4.

[3111] Dazu *K. A. Schachtschneider*, Sozialprinzip, S. 55 f., 84 f.; *ders.*, Frei-sozial-fortschrittlich, S. 10; *ders.*, Res publica res populi, S. 249 f., 417 f., 581 f., 961 f.

[3112] Politik, S. 167, 1302 a 26.

Der Widerstand wäre nichts anderes als die gewaltsame Wiederherstellung der verlorengegangenen bürgerlichen Verfassung, die zu erzwingen das natürliche Recht jedes Menschen, ja seine sittliche Pflicht ist[3113]. Die Republik ist so zu formen, daß Widerstand nicht nötig ist. Das erfordert die stetige Möglichkeit von Reformen[3114], „geduldiger Reformarbeit"[3115], vor allem aber den dynamischen Schutz der praktischen Vernunft der Gesetze des gemeinsamen Lebens, den die Einrichtung der Verfassungsrechtsprechung gewährleisten soll[3116]. Immer muß der öffentliche Diskurs um das Richtige auf der Grundlage der Wahrheit, gerade um das sozial Richtige, immer muß die Kritik an den Repräsentanten (und deren periodische Ablösung) möglich sein, immer muß das Gesetz zur Disposition stehen[3117], wenn das kantianische Verbot des Widerstandes gelten soll[3118]. Demgemäß lehrt *Hans F. Zacher*: „Offenheit und Prozeßhaftigkeit sind ihm (sc.: dem Sozialen) wesentlich"[3119]. Der stetige Fortschritt zur ständig durch den Menschen, den homo phaenomenon, bedrohten allgemeinen Freiheit ist Pflicht der Bürger und damit der Republik aus dem Sozialprinzip. Der aufklärerischen Verfassung ist das Fortschrittsprinzip immanent[3120], auch dem Grundgesetz[3121]. Gegen das Böse hilft nur das Recht[3122], das Recht als die

---

[3113] *Kant*, Metaphysik der Sitten, S. 366 u.ö.; vgl. *K. A. Schachtschneider (O. Gast)*, Sozialistische Schulden nach der Revolution, S. 50 ff.; dazu 2. Kap., III, 5. Kap., II, 3.

[3114] Ganz so *Kant*, Der Streit der Fakultäten, S. 366 f.; i.d.S. *ders.*, Zum ewigen Frieden, S. 233 f.

[3115] BVerfGE 5, 85 (206 f.).

[3116] Dazu *K. A. Schachtschneider*, Res publica res populi, S. 858 ff., 932 ff., 963 ff., 1027 ff., 1033 ff.; *ders.*, Prinzipien des Rechtsstaates, S. 92 f., 207 ff., 244; *ders.*, Rechtsstaatlichkeit als Grundlage des inneren und äußeren Friedens, S. 75 ff.

[3117] Ganz i.d.S. BVerfGE 5, 85 (197 ff., 204 ff.); auch BVerfGE 59, 231 (263).

[3118] Dazu *K. A. Schachtschneider*, Res publica res populi, S. 417 ff., 581 ff., 961 f.; i.d.S. *C. Schmitt*, Legalität und Legitimität, S. 30 ff., „zur Legalität und gleichen Chance politischer Machtgewinnung". Zum Widerstandsverbot *Kant*, Metaphysik der Sitten, S. 437 ff., auch S. 496 ff.; *ders.*, Zum ewigen Frieden, S. 245 f.; *ders.*, Über den Gemeinspruch, S. 158; dazu *W. Kersting*, Kant über Recht, S. 141 ff.

[3119] HStR, Bd. II, § 28, Rdn. 84; ihm folgt *Ch. Link*, VVDStRL 48 (1990), S. 36 f.

[3120] *Kant*, Zum ewigen Frieden, S. 251; *ders.*, Idee zu einer allgemeinen Geschichte, S. 47; *ders.*, Der Streit der Fakultäten, S. 362 ff.; auch *J. Habermas*, Erkenntnis und Interesse, S. 343 ff.; *M. Kriele*, Die demokratische Weltrevolution, S. 19 ff.; *K. A. Schachtschneider*, Frei-sozial-fortschrittlich, S. 18 ff.; vgl. auch *W. Schieder*, Sozialismus, S. 927.

[3121] *W. Maihofer*, HVerfR, S. 449 ff., 507 ff.; i.d.S. *M. Kriele*, Das demokratische Prinzip im Grundgesetz, VVDStRL 29 (1971), Aussprache, S. 131; *ders.*, HVerfR, S. 146, 151; *K. A. Schachtschneider*, Sozialprinzip, S. 31 ff., 40 ff.; *ders.*, Staatsunternehmen und Privatrecht, S. 133; *ders.*, Res publica res populi, S. 247 ff.;

allen verbindlichen allgemeinen Erkenntnisse vom Richtigen für das gute Leben aller in Freiheit aller auf der Grundlage der Wahrheit, die allgemeinen Gesetze also. So veränderlich die Wirklichkeit menschlicher Bosheit ist, so veränderbar muß das Recht sein. Das Sozialprinzip ist Ausdruck der Sittlichkeit der grundgesetzlichen Verfassung und zugleich Bestätigung des kantianisch verstandenen Sittengesetzes.

---

klar BVerfGE 5, 85 (198); i.d.S. auch *H. F. Zacher*, HStR, Bd. II, § 28, Rdn. 53 ff., 68 ff.; kritisch *E. Benda*, Der soziale Rechtsstaat, HVerfR, S. 767.

[3122] I.d.S. *Kant*, Zum ewigen Frieden, S. 228 ff., 244; *ders.*, Über den Gemeinspruch, S. 144; *ders.*, Der Streit der Fakultäten, S. 262 ff.; auch *J. Rawls*, Eine Theorie der Gerechtigkeit, S. 479, sieht in der „Liebe zur Ungerechtigkeit" das „Böse".

Literaturverzeichnis

Achterberg, Norbert: Die Rechtsordnung der Gegenwart als Rechtsverhältnisordnung. Grundlegung der Rechtsverhältnistheorie, 1982.

Adam, Konrad: Die Republik dankt ab, 1998.

Adomeit, Klaus: Die gestörte Vertragsparität – ein Trugbild, NJW 1994, 2467 ff.

Albert, Hans: Das Ideal der Freiheit und das Problem der sozialen Ordnung, 1994.

Alexy, Robert: Eine Theorie des praktischen Diskurses, in: W. Oelmüller (Hrsg.), Materialien zur Normendiskussion, Bd. 2, Normenbegründung, Normendurchsetzung, 1978, S. 24 ff.

– Theorie der juristischen Argumentation. Die Theorie des rationalen Diskurses als Theorie der juristischen Begründung, 1978.

– Theorie der Grundrechte, 1986.

– Rechtssystem und praktische Vernunft, in: Rechtstheorie 18 (1987), S. 405 ff.

– Grundrechte als subjektive Rechte und als objektive Normen, in: Der Staat 29 (1990), S. 49 ff.

– Verfassungsrecht und einfaches Recht – Verfassungsgerichtsbarkeit und Fachgerichtsbarkeit, VVDStRL 61 (2002), S. 7 ff.

Angermann, Erich: Das Auseinandertreten von „Staat" und „Gesellschaft" im Denken des 18. Jahrhunderts, 1963, in: E.-W. Böckenförde (Hrsg.), Staat und Gesellschaft, 1976, S. 109 ff.

Anschütz, Gerhard: Die gegenwärtigen Theorien über den Begriff der gesetzgebenden Gewalt und den Umfang des königlichen Verordnungsrechts nach preussischem Staatsrecht, 2. Aufl. 1901.

– Die Verfassung des Deutschen Reichs vom 11. August 1919. Ein Kommentar für Wissenschaft und Praxis, 14. Aufl. 1933.

Apel, Karl-Otto: Das Apriori der Kommunikationsgemeinschaft und die Grundlagen der Ethik, 1973, in: ders., Transformation der Philosophie, Bd. 2, 3. Aufl. 1984.

Apel, Karl-Otto/*Kettner*, Matthias (Hrsg.): Zur Anwendung der Diskursethik in Politik, Recht und Wissenschaft, 1992, 2. Aufl. 1993.

Aquin, Thomas von: Summa theologica, Auswahl, Übersetzung und Einleitung von J. Pieper, Thomas von Aquin, ed. Fischer, 1956.

Arendt, Hannah: Vita Activa oder Vom tätigen Leben, 5. Aufl. 1987.

– Wahrheit und Lüge in der Politik, 2. Aufl. 1987.

– Was ist Politik? Fragmente aus dem Nachlaß, hrsg. v. U. Ludz, 1993.

Aristoteles: Die Nikomachische Ethik, übers. u. hrsg. v. O. Gigon, 6. Aufl. 1986.

– Politik, übers. u. hrsg. v. O. Gigon, 6. Aufl. 1986.

Arnim, Hans Herbert von: Gemeinwohl und Gruppeninteressen. Die Durchsetzungsschwäche allgemeiner Interessen in der pluralistischen Demokratie. Ein Beitrag zu verfassungsrechtlichen Grundfragen der Wirtschaftsordnung, 1977.

– Die Ämterpatronage durch politische Parteien. Ein verfassungsrechtlicher und staatspolitischer Diskussionsbeitrag, 1980.

– Besteuerung und Eigentum, VVDStRL 39 (1981), S. 286 ff.

– Staatslehre der Bundesrepublik Deutschland, 1984.

– Zur normativen Politikwissenschaft. Versuch einer Rehabilitierung, in: Der Staat 26 (1987), S. 477 ff.

– Entmündigen die Parteien das Volk? Parteienherrschaft und Volkssouveränität, Aus Politik und Zeitgeschichte, B 21/90, S. 25 ff.

– Staat ohne Diener. Was schert die Politiker das Wohl des Volkes? 1993.

– Fetter Bauch regiert nicht gern. Die politische Klasse – selbstbezogen und abgehoben, 1997.

– Vom schönen Schein der Demokratie, Politik ohne Verantwortung – am Volk vorbei, 2000/2002.

– Das System. Die Machenschaften der Macht, 2001/2004.

– (Hrsg.), Korruption. Netzwerke in Politik, Ämtern und Wirtschaft (mit Beiträgen von Peter Eigen, Hans Leyendecker, Winfried Maier, Wolfgang J. Schaupensteiner, Erwin K. Scheuch u. a.), 2003.

Asbach, Olaf: Die Konstitution politischer Freiheit. Grundlagen, Probleme und Aktualität der politischen Theorie der Aufklärung, in: Politisches Denken, 2004, S. 77 ff.

Augustinus, Aurelius: Der Gottesstaat. De Civitate Dei, hrsg. v. H. U. v. Balthasar, 1960.

Bachhof, Otto: Begriff und Wesen des sozialen Rechtsstaates, VVDStRL 12 (1954), S. 37 ff.

– Reflexwirkungen und subjektive Rechte im öffentlichen Recht, in: O. Bachof u. a. (Hrsg.), Forschungen und Berichte aus dem öffentlichen Recht, GS W. Jellinek, 1955, S. 287 ff.

Badura, Peter: Bewahrung und Veränderung demokratischer und rechtsstaatlicher Verfassungsstruktur in den internationalen Gemeinschaften, VVDStRL 23 (1966), S. 34 ff.

– Eigentum, in: E. Benda/W. Maihofer/H.-J. Vogel (Hrsg.), Handbuch des Verfassungsrechts der Bundesrepublik Deutschland, 1983, S. 653 ff., 2. Aufl. 1994, § 10, S. 327 ff.

– Staatsrecht. Systematische Erläuterung des Grundgesetzes für die Bundesrepublik Deutschland, 1986.

– Freiheit und Eigentum in der Demokratie, in: Eigentum und Eigentümer im Zeitalter globaler Märkte und Finanzströme, Veröffentlichungen der Walter-Raymond-Stiftung, Bd. 38, 1998.

– Die parlamentarische Demokratie, in: J. Isensee/P. Kirchhof (Hrsg.), Handbuch des Staatsrechts der Bundesrepublik Deutschland, Bd. II, Verfassungsstaat, 3. Aufl. 2004, § 25, S. 497 ff.

– Verfassungsänderung, Verfassungswandel, Verfassungsgewohnheitsrecht, in: J. Isensee/P. Kirchhof (Hrsg.), Handbuch des Staatsrechts der Bundesrepublik Deutschland, Bd. VII, Normativität und Schutz der Verfassung – Internationale Beziehungen, 1992, § 160, S. 57 ff.

– Wirtschaftsverwaltungsrecht, in: E. Schmidt-Aßmann (Hrsg.), Besonderes Verwaltungsrecht, 12. Aufl. 2003, S. 245 ff.

Ballerstedt, Kurt: Wirtschaftsverfassungsrecht, in: K. A. Bettermann/H. C. Nipperdey/U. Scheuner (Hrsg.), Die Grundrechte, Handbuch der Theorie und Praxis der Grundrechte, Dritter Band, 1. Teilband, 1958, S. 1 ff.

Balzer, Ralf: Republikprinzip und Berufsbeamtentum, Diss. Erlangen-Nürnberg, 2007.

Barbey, Günther: Der Status des Richters, in: J. Isensee/P. Kirchhof (Hrsg.), Handbuch des Staatsrechts der Bundesrepublik Deutschland, Bd. III, Das Handeln des Staates, 1988, § 74, S. 815 ff.

Bartlsperger, Richard: Organisierte Einwirkungen auf die Verwaltung. Zur Lage der zweiten Gewalt, VVDStRL 33 (1975), S. 221 ff.

Baruzzi, Arno: Freiheit, Recht und Gemeinwohl. Grundfragen einer Rechtsphilosophie, 1990.

Basedow, Jürgen von: Von der deutschen zur europäischen Wirtschaftsverfassung, 1992.

Bassenge, Friedrich: Das Versprechen: ein Beitrag zur Philosophie der Sittlichkeit und des Rechts, 1930.

Bassenge, Peter: Kommentierung des § 950 BGB, in: Palandt, Bürgerliches Gesetzbuch, 64. Aufl. 2005, S. 1447 ff.

Bauer, Hartmut: Privatisierung von Verwaltungsaufgaben, VVDStRL 54 (1995), S. 243 ff.

Baur, Fritz: Lehrbuch des Sachenrechts, 6. Aufl. 1970.

Beck, Lewis W.: Kants „Kritik der praktischen Vernunft", 2. Aufl. 1985.

Beck, Ulrich: Die Erfindung des Politischen, 1993.

Becker, Dierk-Eckhard: Die Liquidation der innerparteilichen Demokratie, in: ders./ E. Wiesendahl, Ohne Programm nach Bonn oder die Union als Kanzlerwahl-Verein, 1972.

Becker, Florian: Kooperative und konsensuale Strukturen in der Normsetzung, 2005.

Becker, Ulrich: Kommentierung des Art. 16a GG, in: v. Mangoldt/Klein/Starck, Grundgesetz, Kommentar, Bd. 1, 5. Aufl. 2005, S. 1543 ff.

Benda, Ernst: Demokratie, in: Görres-Gesellschaft (Hrsg.), Staatslexikon, Bd. 1, 1985, Sp. 1191 ff.

– Der soziale Rechtsstaat, in: E. Benda/W. Maihofer/H.-J. Vogel (Hrsg.), Handbuch des Verfassungsrechts der Bundesrepublik Deutschland, 2. Aufl. 1994, § 17, S. 719 ff.

– Menschenwürde und Persönlichkeitsrecht, in: E. Benda/W. Maihofer/H. J. Vogel (Hrsg.), Handbuch des Verfassungsrechts der Bundesrepublik Deutschland, 2. Aufl. 1994, § 6, S. 161 ff.

Benda, Ernst/*Klein*, Eckart: Lehrbuch des Verfassungsprozeßrechts, 1991.

Berenbrok, Regine: Das Recht des Notvorstandes der Aktiengesellschaft, 1991.

Berg, Wilfried: Der Rechtsstaat und die Aufarbeitung der vor-rechtsstaatlichen Vergangenheit, VVDStRL 51 (1992), S. 46 ff.

Bernatzik, Edmund: Republik und Monarchie, 2. Auf. 1919.

Bertraux, Pierre: Der vergessene Artikel. Keine Revolution ohne Fraternité, in: H. J. Schulz (Hrsg.), Brüderlichkeit, Die vergessene Parole, 1976, S. 59 ff.

Bethge, Herbert: Grundpflichten als verfassungsrechtliche Dimension, NJW 1982, 2145 ff.

– Staatszwecke im Verfassungsstaat – 40 Jahre Grundgesetz –, DVBl. 1989, 841 ff.

– Der Grundrechtseingriff, VVDStRL 57 (1998), S. 7 ff.

Bettermann, Karl August: Verwaltungsakt und Richterspruch, in: O. Bachof u. a. (Hrsg.), Forschungen und Berichte aus dem öffentlichen Recht, GS W. Jellinek, 1955, S. 361 ff.

– Die Unabhängigkeit der Gerichte und der gesetzliche Richter, in: ders./ H. C. Nipperdey/U. Scheuner (Hrsg.), Die Grundrechte, Bd. III, 2. Halbband, 1959, S. 523 ff.

– Hypertrophie der Grundrechte. Eine Streitschrift, 1984.

– Der totale Rechtsstaat. Zwei kritische Vorträge, 1986.

– Rechtsprechung, rechtsprechende Gewalt, in: Evangelisches Staatslexikon, 3. Aufl. 1987, Sp. 2773 ff.

– Die rechtsprechende Gewalt, in: J. Isensee/P. Kirchhof (Hrsg.), Handbuch des Staatsrechts der Bundesrepublik Deutschland, Bd. III, Das Handeln des Staates, 1988, § 73, S. 775 ff.

Biedenkopf, Kurt H.: Grenzen der Tarifautonomie, 1964.

Birnbaum, Norman: Siegt die Marktorthodoxie, stirbt die Demokratie, Bl. f. dt. u. intern. Politik 1997, S. 1443 ff.

Bleckmann, Albert: Staatsrecht II, Die Grundrechte, 3. Aufl. 1989.

– Staatsrecht II. Allgemeine Grundrechtlehren, 3. Aufl. 1991.

– Europarecht, 6. Aufl. 1997.

Bleicken, Jochen: Freiheit, Römische Republik (libertas), in: O. Brunner/W. Conze/ R. Koselleck (Hrsg.), Geschichtliche Grundbegriffe. Historisches Lexikon zur politisch-sozialen Sprache in Deutschland, Bd. 2, 1975, 2. Aufl. 1980, S. 430 ff.

Bloch, Ernst: Naturrecht und menschliche Würde, 1961, 2. Aufl. 1980.

Blomeyer, Arwed: Zivilprozeßrecht, Erkenntnisverfahren, 1963.

Bodin, Jean: De republica libri sex, 1576, ed. Mayer-Tasch, 1981.

Böckenförde, Ernst-Wolfgang: Gesetz und gesetzgebende Gewalt. Von den Anfängen der deutschen Staatsrechtslehre bis zur Höhe des staatsrechtlichen Positivismus, 1958, 2. Aufl. 1981.

– Die Bedeutung der Unterscheidung von Staat und Gesellschaft im demokratischen Sozialstaat der Gegenwart, 1972, in: ders. (Hrsg.), Staat und Gesellschaft, 1976, S. 395 ff.

– Die verfassungstheoretische Unterscheidung von Staat und Gesellschaft als Bedingung der individuellen Freiheit, 1973.

– Grundrechtstheorie und Grundrechtsinterpretation, NJW 1974, 1529 ff.

– Demokratie als Verfassungsprinzip, in: J. Isensee/P. Kirchhof (Hrsg.), Handbuch des Staatsrechts der Bundesrepublik Deutschland, Bd. II, Verfassungsstaat, 3. Aufl. 2004, § 24, S. 429 ff.

– Grundrechtsgeltung gegenüber Trägern gesellschaftlicher Macht? in: D. Posser (Hrsg.), Freiheit in der sozialen Demokratie, 1975, S. 77 ff.

– Grundrechte als Grundsatznormen. Zur gegenwärtigen Lage der Grundrechtsdogmatik, Der Staat 29 (1990), S. 1 ff.

– Demokratische Willensbildung und Repräsentation, in: J. Isensee/P. Kirchhof (Hrsg.), Handbuch des Staatsrechts der Bundesrepublik Deutschland, Bd. III, Demokratie – Bundesorgane, 3. Aufl. 2005, § 34, S. 31 ff.

– Der Staat als sittlicher Staat, 1978.

– Der Begriff des Politischen als Schlüssel zum staatsrechtlichen Werk Carl Schmitts, in: H. Quaritsch (Hrsg.), Complexio Oppositorum. Über Carl Schmitt, Vorträge und Diskussionsbeiträge des 28. Sonderseminars 1986 der Hochschule für Verwaltungswissenschaften Speyer, 1988, S. 283 ff.

– Demokratie und Repräsentation. Zur Kritik der heutigen Demokratiediskussion, 1983.

– Mittelbare/repräsentative Demokratie als eigentliche Form der Demokratie, in: G. Müller (Hrsg.), Staatsorganisation und Staatsfunktion im Wandel, FS K. Eichenberger (60.), 1982, S. 301 ff.

Böhm, Franz: Wettbewerb und Monopolkampf. Eine Untersuchung zur Frage des wirtschaftlichen Kampfrechts und zur Frage der rechtlichen Struktur der geltenden Wirtschaftsordnung, 1933/1964.

Böhmer, Gustav: Einführung in das Bürgerliche Recht, 2. Aufl. 1965.

Bogdandy, Armin von: Gubernative Rechtsetzung. Eine Neubestimmung der Rechtsetzung und des Regierungssystems unter dem Grundgesetz in der Perspektive gemeineuropäischer Dogmatik, 2000.

Borchmeyer, Dieter: Kritik der Aufklärung im Geiste der Aufklärung: Friedrich Schiller, in: Jochen Schmidt (Hrsg.), Aufklärung und Gegenaufklärung in der europäischen Literatur, Philosophie und Politik von der Antike bis zur Gegenwart, 1989, S. 361 ff.

Bornmüller, Gerd: Rechtsschutz für DV-Programme. Die immaterialgüterrechtliche Zuordnung der Programme für elektronische Datenverarbeitungsanlagen, 1986.

Brandt, Reinhard: Eigentumstheorien von Grotius bis Kant, 1974.

– Vom Weltbürgerrecht, in: O. Höffe (Hrsg.), Immanuel Kant. Zum ewigen Frieden, 1995, S. 133 ff.

Braun, Johann: Freiheit, Gleichheit, Eigentum. Grundfragen des Rechts im Lichte der Philosophie J. G. Fichtes, 1991.

Brecht, Arnold: Politische Theorie. Die Grundlagen politischen Denkens im 20. Jahrhundert, 1961.

Brenner, Michael: Der Gestaltungsauftrag der Verwaltung in der Europäischen Union, 1996.

Breuer, Rüdiger: Freiheit des Berufs, in: J. Isensee/P. Kirchhof (Hrsg.), Handbuch des Staatsrechts der Bundesrepublik Deutschland, Bd. VI, Freiheitsrechte, 1989, § 147, S. 877 ff.

– Die staatliche Berufsregelung und Wirtschaftslenkung, in: J. Isensee/P. Kirchhof (Hrsg.), Handbuch des Staatsrechts der Bundesrepublik Deutschland, Bd. VI, Freiheitsrechte, 1989, § 148, S. 957 ff.

Brieskorn, Norbert: Rechtsphilosophie, 1990.

Brohm, Winfried: Sachverständige Beratung des Staates, in: J. Isensee/P. Kirchhof (Hrsg.), Handbuch des Staatsrechts der Bundesrepublik Deutschland, Bd. II, Demokratische Willensbildung – Die Staatsorgane des Bundes, 1987, § 36, S. 207 ff.

Brünneck, Alexander von: Die Eigentumsgarantie des Grundgesetzes, 1984.

Brugger, Winfried: Elemente verfassungsliberaler Grundrechtstheorie, JZ 1987, 633 ff.

Bruhn, Claus-Jürgen: Tariffähigkeit von Gewerkschaften und Autonomie. Eine Kritik der Mächtigkeitslehre des Bundesarbeitsgerichts, 1993.

Brunner, Georg: Einführung in das Recht der DDR, 1975, 2. Aufl. 1979.

– Das Staatsrecht der Deutschen Demokratischen Republik, in: J. Isensee/P. Kirchhof (Hrsg.), Handbuch des Staatsrechts der Bundesrepublik Deutschland, Bd. I, Historische Grundlagen, 3. Aufl. 2003, § 11, S. 385 ff.

Bryde, Brun-Otto: Von der Notwendigkeit einer neuen Weltwirtschaftsordnung, in: ders./Ph. Kunig/Th. Oppermann (Hrsg.), Neuordnung der Weltwirtschaft, Hamburger Herbert-Krüger-Colloquium am 7. Dezember 1985, 1986, S. 29 ff.

Buber, Martin: Das Problem des Menschen, 1954.

Bühler, Ottmar: Die subjektiven öffentlichen Rechte und ihr Schutz in der deutschen Verwaltungsrechtsprechung, 1914.

Bürgin, Alfred: Polis und Ökonomik zur Zeit des Aristoteles, Vortrag am 10. November 1988, Hamburg, 1989.

Bull, Hans Peter: Die Staatsaufgaben nach dem Grundgesetz, 2. Aufl. 1977.

– Staatszwecke im Verfassungsstaat, NVwZ 1989, 801 ff.

Burmeister, Joachim: Das Petitionsrecht, in: J. Isensee/P. Kirchhof (Hrsg.), Handbuch des Staatsrechts der Bundesrepublik Deutschland, Bd. II, Demokratische Willensbildung – Die Staatsorgane des Bundes, 1987, § 32, S. 73 ff.

– Verträge und Absprachen zwischen der Verwaltung und Privaten, VVDStRL 52 (1993), S. 190 ff.

Canaris, Claus-Wilhelm: Die Vertrauenshaftung im deutschen Privatrecht, 1971.

Cassirer, Ernst: Kant und Rousseau, 1939, in: ders., Rousseau, Kant, Goethe, ed. R. A. Bast, 1991, S. 3 ff.

Christensen, Ralph: Was heißt Gesetzesbindung? Eine rechtslinguistische Untersuchung, 1989.

Cicero, Marcus Tullius: De re publica, Vom Gemeinwesen, ed. Büchner, Reclam, 1979.

Cohen, Hermann: Ethik des reinen Willens, 2. Aufl. 1907.

Conze, Werner: Beruf, in: O. Brunner/W. Conze/R. Koselleck (Hrsg.), Geschichtliche Grundbegriffe, Historisches Lexikon zur politisch-sozialen Sprache in Deutschland, Bd. 1, 1972/79, S. 490 ff.

– Freiheit, in: O. Brunner/W. Conze/R. Koselleck (Hrsg.), Geschichtliche Grundbegriffe. Historisches Lexikon zur politisch-sozialen Sprache in Deutschland, Bd. 2, 1979, S. 425 f., 435 f., 538 ff.

– Sicherheit, Schutz, in: O. Brunner/W. Conze/R. Koselleck (Hrsg.), Geschichtliche Grundbegriffe. Historisches Lexikon zur politisch-sozialen Sprache in Deutschland, Bd. 5, 1984, S. 831 ff.

Conze, Werner/*Koselleck*, Reinhard/*Haverkate*, Görg/*Klippel*, Diethelm: Staat und Souveränität, in: O. Brunner/W. Conze/R. Koselleck (Hrsg.), Geschichtliche Grundbegriffe. Historisches Lexikon zur politisch-sozialen Sprache in Deutschland, Bd. 6, 1990/2004, S. 1 ff.

Cortina, Adela: Ethik ohne Moral. Grenzen einer postkantischen Prinzipienethik? in: K.-O. Apel/M. Kettner (Hrsg.), Zur Anwendung der Diskursethik in Politik, Recht und Wissenschaft, 2. Aufl. 1993, S. 278 ff.

Cremer, Wolfram: Freiheitsgrundrechte. Funktionen und Strukturen, 2003.

Däubler, Wolfgang: Eigentum und Recht in der BRD, in: W. Däubler/U. Sieling-Wendeling/H. Welkoborsky, Eigentum und Recht. Die Entwicklung des Eigentumsbegriffs im Kapitalismus, 1976, S. 141 ff.

– Privatisierung als Rechtsproblem, 1980.

Dahrendorf, Ralf: Über den Ursprung der Ungleichheit unter den Menschen, 1961, 2. Aufl. 1966.

– „Auf den Wähler kommt es an", in: Die Zeit vom 19. August 1988, S. 3.

Dederer, Hans-Georg: Kooperative Staatsgewalt. Integration privat organisierter Interessen in die Ausübung von Staatsfunktionen. Zugleich eine Rekonstruktion der Legitimationsdogmatik, 2004.

Deggau, Hans-Georg: Die Aporien der Rechtslehre Kants, 1983.

Denninger, Erhardt: Rechtsperson und Solidarität. Ein Beitrag zur Phänomenologie des Rechtstaates unter besonderer Berücksichtigung der Sozialtheorie Max Schelers, 1967.

– Kommentierung der Art. 5 Abs. 3 und Art. 19 Abs. 1 GG, in: R. Wassermann (Hrsg.), Kommentar zum Grundgesetz für die Bundesrepublik Deutschland, Alternativkommentar, Band I, 2. Aufl. 1989, S. 533 ff., 1211 ff.

– Freiheit der Kunst, in: J. Isensee/P. Kirchhof (Hrsg.), Handbuch des Staatsrechts der Bundesrepublik Deutschland, Bd. VI, Freiheitsrechte, 1989, § 146, S. 847 ff.

Depenheuer, Otto: Bürgerverantwortung im demokratischen Verfassungsstaat, VVDStRL 55 (1996), S. 90 ff.

– Bürgerverantwortung im demokratischen Verfassungsstaat, DVBl. 1995, 1295 ff.

– Das öffentliche Amt, in: J. Isensee/P. Kirchhof (Hrsg.), Handbuch des Staatsrechts der Bundesrepublik Deutschland, Bd. III, Demokratie – Bundesorgane, 3. Aufl. 2005, § 36, S. 87 ff.

– Kommentierung des Art. 14 GG, in: v. Mangoldt/Klein/Starck, Grundgesetz, Kommentar, Bd. 1, 5. Aufl. 2005, S. 1289 ff.

Dicke, Detlev C.: Die Intervention mit wirtschaftlichen Mitteln im Völkerrecht. Zugleich ein Beitrag zu den Fragen der wirtschaftlichen Souveränität, 1978.

Dicke, Klaus: Menschenrechte und europäische Integration, 1986.

Di Fabio, Udo: Kommentierung des Art. 2 Abs. 1, in: Maunz/Dürig, Grundgesetz, Kommentar, 2001.

– Die Kultur der Freiheit, 2005.

Dipper, Christof: Freiheit, in: O. Brunner/W. Conze/R. Koselleck (Hrsg.), Geschichtliche Grundbegriffe, Bd. 2, 1979, S. 446 ff., 488 ff.

Doemming v., Klaus-Berto: Entstehungsgeschichte der Artikel des Grundgesetzes, JöR N.F. Bd. 1, 1951.

Dolzer, Rudolf: Die Verantwortlichkeit für die Hinterlassenschaft der DDR, in: J. Isensee/P. Kirchhof (Hrsg.), Handbuch des Staatsrechts der Bundesrepublik Deutschland, Bd. VIII, Die Einheit Deutschlands – Entwicklung und Grundlagen –, 1995, § 195, S. 447 ff.

Dostojewski, Fjodor Michailowitsch: Aufzeichnungen aus einem Totenhaus, 1860–62, 1. Teil I, Das Totenhaus, in der Übersetzung von Hermann Röhl, 1986.

Draht, Martin: Die Grenzen der Verfassungsgerichtsbarkeit, VVDStRL 9 (1952), S. 90 ff.

Dreier, Ralf: Probleme der Rechtsquellenlehre. Zugleich Bemerkungen zur Rechtsphilosophie Leonhard Nelsons, in: Chr.-F. Menger (Hrsg.), Fortschritte des Verwaltungsrechts, FS H. J. Wolff, 1973, S. 3 ff.

– Zur Einheit der praktischen Philosophie Kants, Kants Rechtsphilosophie im Kontext seiner Moralphilosophie, 1974, in: ders., Recht – Moral – Ideologie. Studien zur Rechtstheorie, 1981, S. 286 ff.

– Bemerkungen zur Rechtsphilosophie Hegels, in: ders., Recht – Moral – Ideologie. Studien zur Rechtstheorie, 1981, S. 316 ff.

– Recht und Moral, in: ders., Recht – Moral – Ideologie. Studien zur Rechtstheorie, 1981, S. 180 ff.

– Recht – Moral – Ideologie. Studien zur Rechtstheorie, 1981.

– Eigentum in rechtsphilosophischer Sicht, 1987, in: ders., Recht – Staat – Vernunft, Studien zur Rechtstheorie 2, 1991, S. 168 ff.

Dürig, Günter: Der Grundrechtssatz von der Menschenwürde, AöR 81 (1956), S. 117 ff.

– Das Eigentum als Menschenrecht, ZfgesStW 109 (1953), S. 326 ff.

– Kommentierung des Art. 1 GG, in: Maunz/Dürig, Grundgesetz, Kommentar, 1958.

– Kommentierung des Art. 2 GG, in: Maunz/Dürig, Grundgesetz, Kommentar, 1958.

– Kommentierung des Art. 3 Abs. 1 GG, in: Maunz/Dürig, Grundgesetz, Kommentar, 1973.

– Der Staat und die vermögenswerten öffentlich-rechtlichen Berechtigungen seiner Bürger, in: Th. Maunz (Hrsg.), Staat und Bürger, FS für W. Apelt, 1958, S. 13 ff.

Dworkin, Ronald: Bürgerrechte ernstgenommen, 1984 (Taking Rights Seriously, 2. Aufl. 1978).

Ebbinghaus, Julius: Deutung und Mißdeutung des kategorischen Imperativs, 1968, in: ders., Gesammelte Schriften, hrsg. von H. Oberer/G. Geismann, Bd. 1: Sittlichkeit und Recht, Praktische Philosophie 1929–1954, 1986, S. 279 ff.

– Die Idee des Rechtes, in: ders., Gesammelte Schriften, hrsg. von G. Geismann/ H. Oberer, Bd. 2: Philosophie der Freiheit. Praktische Philosophie 1955–1972, 1988, S. 141 ff.

Eckardt, Felix: Zukunft in Freiheit. Eine Theorie der Gerechtigkeit, der Grundrechte und der politischen Steuerung – zugleich eine Grundlegung der Nachhaltigkeit, 2004.

Eckhardt, Ernst: Die Grundrechte vom Wiener Kongress bis zur Gegenwart. Ein Beitrag zur deutschen Verfassungsgeschichte, 1913.

Eco, Umberto: Opera aperta/Das offene Kunstwerk, 1962/1977.

Eggert, Manfred: Die deutsche ultra-vires-Lehre. Versuch einer Darstellung am Beispiel der Außenvertretung der Gemeinden, 1977.

Ehlers, Dirk: Verwaltung in Privatrechtsform, 1984.

– Eigentumsschutz, Sozialbindung und Enteignung bei der Nutzung von Boden und Umwelt, VVDStRL 51 (1992), S. 211 ff.

Ehmke, Horst: Wirtschaft und Verfassung. Die Verfassungsrechtsprechung des Supreme Court zur Wirtschaftsregulierung, 1961.

– Prinzipien der Verfassungsinterpretation, VVDStRL 20 (1963), S. 53 ff.

– „Staat" und „Gesellschaft" als verfassungstheoretisches Problem, 1962, in: E.-W. Böckenförde (Hrsg.), Staat und Gesellschaft, 1976, S. 241 ff., auch in: K. Hesse/S. Reicke/U. Scheuner (Hrsg.), Staatsverfassung und Kirchenordnung, FG R. Smend (80.), 1962, S. 23 ff.

Eichenberger, Kurt: Gesetzgebung im Rechtsstaat, VVDStRL 40 (1982), S. 7 ff.

Eichhorn, Wolfgang: Anmerkungen zum Demokratiebegriff, in: U.-J. Heuer (Hrsg.), Überlegungen zur sozialistischen Demokratie, 1987, S. 41 ff.

Eigen, Peter: Das Nord-Süd-Gefälle der Korruption, Kursbuch 120, Korruption, Juni 1995, S. 155 ff.

Elert, Werner: Das christliche Ethos. Grundlinien der lutherischen Ethik, hrsg. v. E. Kinder, 2. Auflage 1961.

Ellscheid, Günther: Das Problem von Sein und Sollen in der Philosophie Immanuel Kants, 1968.

Emmerich, Volker: Das Recht des unlauteren Wettbewerbs, 7. Aufl. 2004.

Emmerich-Fritsche, Angelika: Der Grundsatz der Verhältnismäßigkeit als Direktive und Schranke der EG-Rechtssetzung. Mit Beiträgen zu einer gemeineuropäischen Grundrechtslehre sowie zum Lebensmittelrecht, 2000.

– Anmerkung zum Bananenmarktbeschluß des Bundesverfassungsgerichts, BVerfGE 102, 147 ff. = BayVBl 2000, 754 f., daselbst S. 755 ff.

– Das Privatheitsprinzip des Binnenmarktes – Rechtfertigungszwang für Grundfreiheiten einschränkende staatliche Regulierungen, EWS 8/2001, 365 ff.

– Recht und Zwang im Völkerrecht, insbesondere im Welthandelsrecht, in: K. A. Schachtschneider (Hrsg.), Rechtsfragen der Weltwirtschaft, 2002, S. 123 ff.

– Sozialprinzip und Weltwirtschaftsordnung am Beispiel der WTO und der ILO, in: W. Hankel/K. A. Schachtschneider/J. Starbatty (Hrsg.), Der Ökonom als Politiker – Europa, Geld und die soziale Frage, FS für W. Nölling, 2003, S. 125 ff.

– Grundrechte in der Europäischen Union, in: K. A. Schachtschneider, Verfassungsrecht der Europäischen Union, Lehrstuhl 2005, § 12.

– Vom Völkerrecht zum Weltrecht, 2007.

– Privatisierung der Wasserversorgung in Bayern und kommunale Aufgabenverantwortung, BayVBl. 2007, 1 ff.

Enderlein, Axel: Der Begriff der Freiheit als Tatbestandsmerkmal der Grundrechte. Konzeption und Begründung eines einheitlichen, formalen Freiheitsbegriffs, dargestellt am Beispiel der Kunstfreiheit, 1995.

Enders, Christoph: Die Menschenwürde in der Verfassungsordnung. Zur Dogmatik des Art. 1 GG, 1997.

Epping, Volker: Der Staat als „Normalperson" des Völkerrechts, in: K. Ipsen, Völkerrecht, 4. Aufl. 1999, § 5, S. 54 ff.

Erbel, Günter: Das Sittengesetz als Schranke der Grundrechte. Ein Beitrag zur Auslegung des Art. 2 Abs. 1 des Grundgesetzes, 1971.

Erichsen, Hans-Uwe: Allgemeine Handlungsfreiheit, in: J. Isensee/P. Kirchhof (Hrsg.), Handbuch des Staatsrechts der Bundesrepublik Deutschland, Bd. VI, Freiheitsrechte, 1989, § 152, S. 1185 ff.

– Das Verwaltungshandeln, in: ders./D. Ehlers (Hrsg.), Allgemeines Verwaltungsrecht, 12. Aufl. 2002, S. 249 ff.

Eschenburg, Theodor: Der Mechanismus der Mehrheitsentscheidung, 1970.

Eucken, Walter: Grundsätze der Wirtschaftspolitik (hrsg. v. E. Eucken und K. P. Hensel), 6. Aufl. 1990.

Evers, Hans-Ulrich: Zur Auslegung von Art. 2 Abs. 1 des Grundgesetzes, insbesondere zur Persönlichkeitskerntheorie, AöR 90 (1965), S. 88 ff.

Eyermann, Erich: Gleichheitssatz. Wurzel des Willkürverbotes? in: H. Domcke, Verfassung und Verfassungsrechtsprechung, Festschrift zum 25-jährigen Bestehen des Bayerischen Verwaltungsgerichtshofs, 1972, S. 45 ff.

Faber, Karl-Georg/*Meier*, Christian/*Ilting*, Karl-Heinz: Macht, Gewalt, in: O. Brunner/W. Conze/R. Koselleck (Hrsg.), Geschichtliche Grundbegriffe, Historisches Lexikon zur politisch-sozialen Sprache in Deutschland, Bd. 3, 1982, S. 817 ff.

Farthmann, Friedhelm/*Coen*, Martin: Tarifautonomie, Unternehmensverfassung und Mitbestimmung, in: E. Benda/W. Maihofer/H.-J. Vogel (Hrsg.), Handbuch des Verfassungsrechts der Bundesrepublik Deutschland, 2. Aufl. 1994, § 19, S. 851 ff.

Fechner, Erich: Menschenwürde und generative Forschung und Technik – eine rechtstheoretische und rechtspolitische Untersuchung, JZ 1986, 653 ff.

Fenske, Hans: Gewaltenteilung, in: O. Brunner/W. Conze/R. Koselleck (Hrsg.), Geschichtliche Grundbegriffe. Historisches Lexikon zur politisch-sozialen Sprache in Deutschland, Bd. 2, 1975/1979, S. 923 ff.

Fetscher, Iring: Der Marxismus, Bd. III, 1965.

– Rousseaus politische Philosophie. Zur Geschichte des demokratischen Freiheitsbegriffs, 1960/1975, 5. Aufl. 1988.

- Zum Verhältnis von Mehrheitsprinzip und Demokratie, in: Ch. Broda/E. Deutsch/ H. L. Schreiber/H.-J. Vogel (Hrsg.), FS R. Wassermann (60.), 1985, S. 317 ff.

- Aufklärung und Gegenaufklärung in der Bundesrepublik, in: J. Schmidt (Hrsg.), Aufklärung und Gegenaufklärung in der europäischen Literatur, Philosophie und Politik von der Antike bis zur Gegenwart, 1989, S. 522 ff.

Fichte, Johann Gottlieb: Der geschlossene Handelsstaat. Ein philosophischer Entwurf – als Anhang zur Rechtslehre und künftig zu liefernden Politik, 1800, hrsg. v. F. Medicus, 1922.

Fijalkowski, Jürgen: Neuer Konsens durch plebiszitäre Öffnung? in: A. Randelzhofer/W. Süß (Hrsg.), Konsens und Konflikt: 35 Jahre Grundgesetz, Vorträge und Diskussion einer Veranstaltung der Freien Universität Berlin v. 6.–8. Dezember 1984, 1986, S. 236 ff.

Fikentscher, Wolfgang: Methoden des Rechts, Bd. III, 1976.

Flume, Werner: Rechtsgeschäft und Privatautonomie, in: E. v. Caemmerer/E. Friesenhahn/R. Lange (Hrsg.), Hundert Jahre Deutsches Rechtsleben, FS zum hundertjährigen Bestehen des deutschen Juristentages 1860–1960, FS DJT, Bd. I, 1960, S. 135 ff.

- Allgemeiner Teil des Bürgerlichen Rechts, Zweiter Band, Das Rechtsgeschäft, 1965.

Forschner, Maximilian: Gesetz und Freiheit. Zum Problem der Autonomie bei I. Kant, 1974.

- Rousseau, 1977.

Forst, Rainer: Kontexte der Gerechtigkeit. Politische Philosophie jenseits von Liberalismus und Kommunitarismus, 1996.

Forsthoff, Ernst: Begriff und Wesen des sozialen Rechtsstaates, VVDStRL 12 (1954), S. 8 ff.

- Die Verwaltung als Leistungsträger, 1938, teilweise wieder abgedruckt in: ders., Rechtsfragen der leistenden Verwaltung, 1959.

- Zur heutigen Situation der Verfassungslehre, in: H. Barion/E.-W. Böckenförde/ E. Forsthoff/W. Weber (Hrsg.), Epirrhosis, FS C. Schmitt (80.), 1968, S. 185 ff.

- Der Staat der Industriegesellschaft. Dargestellt am Beispiel der Bundesrepublik Deutschland, 2. Aufl. 1971.

Frankenberg, Günter: Republik und Sozialstaat, in: KritV 1995, S. 25 ff.

Franssen, Everhardt: Bürgerschaftliche Beteiligung an der Planung als demokratischer Prozeß, in: D. Posser/R. Wassermann (Hrsg.), Freiheit in der sozialen Demokratie, 1975, S. 297 ff.

Frenz, Walter: Handbuch Europarecht, Bd. 1, Europäische Grundfreiheiten, 2004.

Friauf, Karl-Heinrich: Polizei- und Ordnungsrecht, in: E. Schmidt-Aßmann (Hrsg.), Besonderes Verwaltungsrecht, 11. Aufl. 1999, S. 105 ff.

Friedrich, Carl J.: Die politische Wissenschaft, 1961.

Friedrich der Große: Regierungsformen und Herrscherpflichten, 1777, in: Die Werke Friedrich des Großen (ed. Volz), Bd. 7, 1912, S. 226 ff.

Friesenhahn, Ernst: Parlament und Regierung im modernen Staat, VVDStRL 16 (1958), S. 9 ff.

Fromm, Erich: Die Seele des Menschen, 1981.

– Die Kunst des Liebens, 1956.

Gehrig, Norbert: Parlament – Regierung – Opposition. Dualismus als Voraussetzung für eine parlamentarische Kontrolle der Regierung, 1969.

Geis, Max-Emanuel: Kulturstaat und kulturelle Freiheit. Eine Untersuchung des Kulturstaatskonzepts von E. R. Huber aus verfassungsrechtlicher Sicht, 1990.

– Josefine Mutzenbacher und die Kontrolle der Verwaltung, NVwZ 1992, 25 ff.

Geismann, Georg: Ethik und Herrschaftsordnung. Ein Beitrag zum Problem der Legitimation, 1974.

– Kant als Vollender von Hobbes und Rousseau, Der Staat 21 (1982), S. 161 ff.

– Menschenrecht, Staat und materiale Gerechtigkeit, Jb. für Recht und Ethik 3 (1995), S. 213 ff.

Geismann, Georg/*Herb*, Karlfriedrich: Hobbes über die Freiheit. De cive, Kap. I bis III, eingeleitet und mit Scholien herausgegeben, 1988.

Gentz, Manfred: Die Unverletzlichkeit der Wohnung. Artikel 13 des Grundgesetzes, 1968.

Gerber, Carl Friedrich von: Grundzüge eines Systems des deutschen Staatsrechts, 2. Aufl. 1869.

Gerhardt, Volker: Immanuel Kants Entwurf „Zum ewigen Frieden". Eine Theorie der Politik, 1995.

Giese, Friedrich: Die Grundrechte, 1905.

Glotz, Peter/*Faber*, Klaus: Richtlinien und Grenzen des Grundgesetzes für das Bildungswesen, in: E. Benda/W. Maihofer/H.-J. Vogel (Hrsg.), Handbuch des Verfassungsrechts der Bundesrepublik Deutschland, 2. Aufl. 1994, § 28, S. 1363 ff.

Goerlich, Helmut: Grundrechte als Verfahrensgarantien. Ein Beitrag zum Verständnis des Grundgesetzes für die Bundesrepublik Deutschland, 1981.

– Werteordnung und Grundgesetz, Kritik einer Argumentationsfigur des Bundesverfassungsgerichts, 1973.

Goethe, Johann Wolfgang von: „Natur und Kunst", Goethes Werke, Insel Verlag, Erster Band, 1965, S. 152 f.

Götz, Volkmar: Grundpflichten als verfassungsrechtliche Dimension, VVDStRL 41 (1983), S. 7 ff.

– Innere Sicherheit, in: J. Isensee/P. Kirchhof (Hrsg.), Handbuch des Staatsrechts der Bundesrepublik Deutschland, Bd. III, 1988, Das Handeln des Staates, § 79, S. 1007 ff.

– Allgemeines Polizei- und Ordnungsrecht, 11. Aufl. 1993.

Gornig, Gilbert: Kommentierung des Art. 13 GG, in: v. Mangoldt/Klein/Starck, Grundgesetz, Kommentar, Bd. 1, 5. Aufl. 2005, S. 1235 ff.

Grabitz, Eberhard: Freiheit und Verfassungsrecht. Kritische Untersuchungen zur Dogmatik und Theorie der Freiheitsrechte, 1976.

– Freiheit der Person, in: J. Isensee/P. Kirchhof (Hrsg.), Handbuch des Staatsrechts der Bundesrepublik Deutschland, Bd. VI, Freiheitsrechte, 1989, § 130, S. 109 ff.

Gramm, Christof: Rechtsfragen der staatlichen AIDS-Aufklärung, NJW 1989, 2917 ff.

Grawert, Rolf: Staatsvolk und Staatsangehörigkeit, in: J. Isensee/P. Kirchhof (Hrsg.), Handbuch des Staatsrechts der Bundesrepublik Deutschland, Bd. II, Verfassungsstaat, § 16, 3. Aufl. 2004, S. 107 ff.

Greiffenhagen, Martin: Freiheit gegen Gleichheit? Zur „Trendwende" in der Bundesrepublik, 1975.

Grimm, Dieter: Politische Parteien, in: E. Benda/W. Maihofer/H. J. Vogel (Hrsg.), Handbuch des Verfassungsrechts der Bundesrepublik Deutschland, 2. Aufl. 1994, § 14, S. 599 ff.

– Kulturauftrag im staatlichen Gemeinwesen, VVDStRL 42 (1984), S. 46 ff.

– Verfassung, 1989, in: ders., Die Zukunft der Verfassung, 1991, S. 11 ff.

Gröschner, Rolf: Dialogik und Jurisprudenz. Die Philosophie des Dialogs als Philosophie der Rechtspraxis, 1982.

– Das Überwachungsrechtsverhältnis. Wirtschaftsüberwachung in gewerbepolizeirechtlicher Tradition und wirtschaftsverwaltungsrechtlichem Wandel, 1992.

– Freiheit und Ordnung in der Republik des Grundgesetzes, JZ 1996, 637 ff.

– Die Republik, in: J. Isensee/P. Kirchhof (Hrsg.), Handbuch des Staatsrechts der Bundesrepublik Deutschland, Bd. II, Verfassungsstaat, 3. Aufl. 2004, § 23, S. 369 ff.

Gubelt, Manfred: Kommentierung des Art. 3 GG, in: I. v. Münch (Hrsg.), Grundgesetz-Kommentar, Bd. 1, 3. Aufl. 1985.

Günther, Horst: Herrschaft, in: O. Brunner/W. Conze/R. Koselleck (Hrsg.), Geschichtliche Grundbegriffe, Historisches Lexikon zur politisch-sozialen Sprache in Deutschland, Bd. 3, 1982, S. 14 ff., 39 ff.

– Freiheit, in: O. Brunner/W. Conze/R. Koselleck (Hrsg.), Geschichtliche Grundbegriffe, Historisches Lexikon zur politisch-sozialen Sprache in Deutschland, Bd. 2, 1979, S. 456 ff.

Günther, Klaus: Der Sinn für Angemessenheit. Anwendungsdiskurse in Moral und Recht, 1988.

Guggenberger, Bernd/*Offe*, Claus (Hrsg.): An den Grenzen der Mehrheitsdemokratie – Politik und Soziologie der Mehrheitsregel, 1984.

Habermas, Jürgen: Erkenntnis und Interesse, 1968, 2. Aufl. 1973.

– Protestbewegung und Hochschulreform, 1969.

– Legitimationsprobleme im modernen Staat, in: Politische Vierteljahresschrift, Sonderheft 7, 1976, S. 39 ff.

– Die Utopie des guten Herrschers, 1972, in: G. Roellecke (Hrsg.), Rechtsphilosophie oder Rechtstheorie, 1988, S. 327 ff., auch in: R. Spaemann, Zur Kritik der politischen Utopie, 1977, S. 127 ff.

– Strukturwandel der Öffentlichkeit. Untersuchungen zu einer Kategorie der bürgerlichen Gesellschaft, 1962, Neuauflage 1990 (Suhrkamp).

– Theorie des kommunikativen Handelns, Band 2, Zur Kritik der funktionalistischen Vernunft, 1981, 4. Aufl. 1987, 1988.

– Moralbewußtsein und kommunikatives Handeln, 1983.

– Wie ist Legitimität durch Legalität möglich? in: Kritische Justiz, 1987, S. 1 ff.

– Otfried Höffes politische Fundamentalphilosophie. Grenzen des vernunftrechtlichen Normativismus, in: Politische Vierteljahresschrift, 30. Jg., H. 2, 1989, 320 ff.

– Gerechtigkeit und Solidarität. Zur Diskussion über „Stufe 6", 1986, in: ders., Erläuterungen zur Diskursethik, 1991, S. 49 ff.

– Treffen Hegels Einwände gegen Kant auch auf die Diskursethik zu? 1986, in: ders., Erläuterungen zur Diskursethik, 1991, S. 9 ff.

– Erläuterungen zur Diskursethik, in: Erläuterungen zur Diskursethik, 1991, S. 119 ff.

– Vom pragmatischen, ethischen und moralischen Gebrauch der praktischen Vernunft, in: ders., Erläuterungen zur Diskursethik, 1991, S. 100 ff.

– Faktizität und Geltung. Beiträge zur Diskurstheorie des Rechts und des demokratischen Rechtsstaats, 1992.

– Die Einbeziehung des Anderen. Studien zur politischen Theorie, 1996.

Habermas, Jürgen/*Luhmann*, Niklas: Theorie der Gesellschaft oder Sozialtechnologie – Was kostet die Systemforschung? 1971.

Häberle, Peter: „Öffentliches Interesse" als juristisches Problem. Eine Analyse von Gesetzgebung und Rechtsprechung, 1970.

– Grundrechte im Leistungsstaat, VVDStRL 30 (1972), S. 43 ff.

– Grundprobleme der Verfassungsgerichtsbarkeit, in: ders. (Hrsg.), Verfassungsgerichtsbarkeit, 1976, S. 1 ff.

– Öffentlichkeitsarbeit der Regierung zwischen Parteien- und Bürgerdemokratie, JZ 1977, 361 ff.

– Staatsrechtslehre im Verfassungsleben, am Beispiel Günter Dürigs – Ein Geburtstagsblatt – Privatdruck 1980, in: Verfassung des Pluralismus. Studien zur Verfassungstheorie der offenen Gesellschaft, 1980, S. 110 ff., wieder abgedruckt in: Günter Dürig, Gesammelte Schriften, 1984, S. 9 ff.

– Struktur und Funktion der Öffentlichkeit im demokratischen Staat, in: Politische Bildung, 1970, Heft 3, S. 3 ff., auch in: Die Verfassung des Pluralismus, Studien zur Verfassungstheorie der offenen Gesellschaft, 1980, S. 126 ff.

– Erziehungsziele und Orientierungswerte im Verfassungsstaat, 1981.

– Vom Kulturstaat zum Kulturverfassungsrecht, in: ders. (Hrsg.), Kulturstaatlichkeit und Kulturverfassungsrecht, 1982, S. 1 ff.

– (Hrsg.), Kulturstaatlichkeit und Kulturverfassungsrecht, 1982.

– Die Wesensgehaltsgarantie des Art. 19 Abs. 2 Grundgesetz. Zugleich ein Beitrag zum institutionellen Verständnis der Grundrechte und zur Lehre vom Gesetzesvorbehalt, 1962, 3. Aufl. 1983.

– Arbeit als Verfassungsproblem, JZ 1984, S. 345 ff.

– Aspekte einer Verfassungslehre der Arbeit, AöR 109 (1984), S. 630 ff.

– Die Freiheit der Kunst im Verfassungsstaat, AöR 110 (1985), S. 577 ff.

– „Gott" im Verfassungsstaat?, in: W. Fürst/R. Herzog/D. C. Umbach (Hrsg.), FS W. Zeidler, Bd. I, 1987, S. 3 ff.

– Ethik „im" Verfassungsrecht, Rechtstheorie 21 (1990), S. 269 ff.

– Föderalismus, Regionalismus, Kleinstaaten in Europa, Die Verwaltung, 25 (1992), S. 1 ff.

– Das Menschenbild im Verfassungsstaat, 2. Aufl. 2001.

– Die Menschenwürde als Grundlage der staatlichen Gemeinschaft, in: J. Isensee/ P. Kirchhof (Hrsg.), Handbuch des Staatsrechts der Bundesrepublik Deutschland, Bd. II, Verfassungsstaat, 3. Aufl. 2004, § 22, S. 317 ff.

Hättich, Manfred: Wirtschaftsordnung und katholische Soziallehre. Die subsidiäre und berufsständische Gliederung der Gesellschaft in ihrem Verhältnis zu den wirtschaftlichen Lenkungssystemen, 1957.

– Das Ordnungsproblem als Zentralthema der Innenpolitik, in: D. Oberndörfer (Hrsg.), Wissenschaftliche Politik. Eine Einführung in die Grundfragen ihrer Tradition und Theorie, 1962, S. 230 ff.

– Demokratie als Herrschaftsordnung, 1967.

Hailbronner, Kay: Der Staat und der Einzelne als Völkerrechtssubjekte, in: W. Graf Vitzthum (Hrsg.), Völkerrecht, 1997, S. 181 ff.

Hamm-Brücher, Hildegard: Abgeordneter und Fraktion, in: H.-P. Schneider/W. Zeh (Hrsg.), Parlamentsrecht und Parlamentspraxis in der Bundesrepublik Deutschland, 1989, S. 673 ff.

Hangartner, Yvo: Zweckbindung der Freiheitsrechte? in: Recht als Prozeß und Gefüge, FS H. Huber (80.), 1981, S. 377 ff.

Hankel, Wilhelm/*Schachtschneider*, Karl Albrecht/*Emmerich-Fritsche*, Angelika: Revolution der Krankenversicherung, Prinzipien, Thesen und Gesetz, 2002.

Hartmann, Nikolai: Ethik, 1926, 3. Aufl. 1949.

Hartmann, Volker: Repräsentation in der politischen Theorie und Staatslehre in Deutschland. Untersuchung zur Bedeutung und theoretischen Bestimmung der Repräsentation in der liberalen Staatslehre des Vormärz, der Theorie des Rechtspositivismus und der Weimarer Staatslehre, 1979.

Hattenhauer, Hans: Zwischen Hierarchie und Demokratie. Eine Einführung in die geistesgeschichtlichen Grundlagen des geltenden deutschen Rechts, 1971.

Haungs, Peter: Persönliche und politische Parteien – eine Alternative? in: ders./ K. M. Graß/M. Maier/H.-J. Vehn (Hrsg.), Civitas, Widmungen für B. Vogel (60.), 1992, S. 573 ff.

Hayek, Friedrich August von: Recht, Gesetz und Wirtschaftsfreiheit, in: ders., Freiburger Studien, 1969, S. 47 ff.

– Recht, Gesetzgebung und Freiheit, Bd. 1, Regeln und Ordnung, 2. Aufl. 1986, Bd. 2, Die Illusion der sozialen Gerechtigkeit, 1981.

– Die Verfassung der Freiheit, 1960/1971, 3. Aufl. 1991.

– Der Aktivismus „sozialer Gerechtigkeit", in: ders., Die Anmaßung von Wissen, Neue Freiburger Studien (hrsg. v. W. Kerber), 1996, S. 181 ff.

– Liberalismus, in: ders., Die Anmaßung von Wissen. Neue Freiburger Studien (hrsg. v. W. Kerber), 1996, S. 216 ff.

Hefermehl, Wolfgang (Baumbach/Hefermehl): Wettbewerbsrecht. Gesetz gegen den unlauteren Wettbewerb, Zugabeversicherung, Rabattgesetz und Nebengesetze, Kommentar, 19. Aufl. 2001.

Hegel, Georg W. F.: Grundlinien der Philosophie des Rechts oder Naturrecht und Staatswissenschaft im Grundrisse, Bd. II, Rechtsphilosophie, 1821, ed. K. Löwitz/ M. Riedel, 1968, auch in: E. Moldenhauer/K. M. Michel, Werke in zwanzig Bänden, ed. Suhrkamp, Bd. 7, Grundlinien der Philosophie des Rechts, 2. Aufl. 1989.

– Vorlesung über die Geschichte der Philosophie, III, in: E. Moldenhauer/ K. M. Michel, Werke in zwanzig Bänden, ed. Suhrkamp, Bd. 20, 1971/1986, Dritter Abschnitt, B, S. 329 ff.

– Der Geist des Christentums und sein Schicksal 1798–1800, in: E. Moldenhauer/ K. M. Michel, Werke in zwanzig Bänden, ed. Suhrkamp, Bd. 1, 1971/1986, S. 274 ff.

Heidegger, Martin: Vorträge und Aufsätze, 1954, 4. Aufl. 1978.

Heimsoeth, Heinz: Die sechs großen Themen der abendländischen Metaphysik und der Ausgang des Mittelalters, 1922, 4. Aufl. 1958.

Heinrichs, Johannes: Revolution der Demokratie. Eine Realutopie, 2003.

Heller, Hermann: Die Souveränität. Ein Beitrag zur Theorie des Staats- und Völkerrechts, 1927.

– Politische Demokratie und soziale Homogenität, 1928, Gesammelte Schriften, Bd. 2, 1. Aufl. 1971, S. 421 ff.

– Staatslehre, 1934, 2. Aufl. 1961.

Hengstschläger, Johannes: Privatisierung von Verwaltungsaufgaben, VVDStRL 54 (1995), S. 165 ff.

Henke, Wilhelm: Das subjektive öffentliche Recht, 1968.

– Die politischen Parteien zwischen Staat und Gesellschaft, 1972, in: E.-W. Böckenförde (Hrsg.), Staat und Gesellschaft, 1976, S. 367 ff.

– Staatsrecht, Politik und verfassungsgebende Gewalt, Der Staat 19 (1980), S. 181 ff.

– Das subjektive Recht im System des öffentlichen Rechts, DÖV 1980, S. 621 ff.

– Zum Verfassungsprinzip der Republik, JZ 1981, 249 ff.

– Recht und Staat, Grundlagen der Jurisprudenz, 1988.

– Die Republik, in: J. Isensee/P. Kirchhof (Hrsg.), Handbuch des Staatsrechts der Bundesrepublik Deutschland, Bd. I, Grundlagen von Staat und Verfassung, 1987, § 21, S. 863 ff.

– Kommentierung des Art. 21 GG, Kommentar zum Bonner Grundgesetz (GG, Bonner Komm.), Drittbearbeitung, 1991.

Hennis, Wilhelm: Amtsgedanke und Demokratiebegriff, 1962, in: ders., Die mißverstandene Demokratie, 1973, S. 9 ff., auch in: K. Hesse/S. Reicke/U. Scheuner (Hrsg.), Staatsverfassung und Kirchenordnung, FG R. Smend (80.), 1962, S. 51 ff.

– Der ‚Parteienstaat‘ des Grundgesetzes. Eine gelungene Erfindung, in: Der Spiegel. Dokument, Oktober 1992.

Henrich, Dieter: Ethik der Autonomie, in: ders., Selbstverhältnisse. Gedanken und Auslegungen zu den Grundlagen der klassischen Philosophie, 1982, S. 11 ff.

Hermens, Ferdinand A.: Verfassungslehre, 1964.

Hermes, Georg: Das Grundrecht auf Schutz von Leben und Gesundheit. Schutzpflicht und Schutzanspruch aus Art. 2 Abs. 2 S. 1 GG, 1987.

– Verfassungsrecht und einfaches Recht – Verfassungsgerichtsbarkeit und Fachgerichtsbarkeit, VVDStRL 61 (2002), S. 119 ff.

Hertel, Peter: „Ich verspreche euch den Himmel“. Geistlicher Anspruch, gesellschaftliche Ziele und kirchliche Bedeutung des Opus Dei, 3. Aufl. 1991.

Herzberg, Rolf Dietrich: Die Unterlassung im Strafrecht und das Garantenprinzip, 1972.

Herzog, Roman: Subsidiaritätsprinzip und Staatsverfassung, Der Staat 2 (1963), S. 399 ff.

– Allgemeine Staatslehre, 1971.

– Kommentierung der Art. 19 Abs. 1 GG, 1981, Art. 20 Abs. 2 GG, 1980, Art. 92 GG, 1971, Art. 97 GG, 1977, in: Maunz/Dürig, Grundgesetz, Kommentar.

– Ziele, Vorbehalte und Grenzen der Staatstätigkeit, in: J. Isensee/P. Kirchhof (Hrsg.), Handbuch des Staatsrechts der Bundesrepublik Deutschland, Bd. III, Das Handeln des Staates, 1988, § 58, S. 83 ff.

– Das Bundesverfassungsgericht und die Anwendung einfachen Gesetzesrechts, in: H. Maurer (Hrsg.), Das akzeptierte Grundgesetz, FS G. Dürig (70.), 1990, S. 431 ff.

Hespe, Klaus: Zur Entwicklung der Staatsrechtslehre in der deutschen Staatsrechtswissenschaft des 19. Jahrhunderts, 1964.

Hesse, Ernst: Die Bindung des Gesetzgebers an das Grundrecht des Art. 2 I GG bei der Verwirklichung einer „verfassungsmäßigen Ordnung". Eine Untersuchung über die Rechsprechung des Bundesverfassungsgerichts zu Art. 2 I GG, 1968.

Hesse, Konrad: Bemerkungen zur heutigen Problematik und Tragweite der Unterscheidung von Staat und Gesellschaft, 1975, in: E.-W. Böckenförde (Hrsg.), Staat und Gesellschaft, 1976, S. 484 ff.

– Grundrechte. Bestand und Bedeutung, in: E. Benda/W. Maihofer/H.-J. Vogel (Hrsg.), Handbuch des Verfassungsrechts der Bundesrepublik Deutschland, 1983, S. 79 ff.

– Verfassung und Verfassungsrecht, in: E. Benda/W. Maihofer/H.-J. Vogel (Hrsg.), Handbuch des Verfassungsrechts der Bundesrepublik Deutschland, 2. Aufl. 1994, § 1, S. 3 ff.

– Bedeutung der Grundrechte, in: E. Benda/W. Maihofer/H.-J. Vogel (Hrsg.), Handbuch des Verfassungsrechts der Bundesrepublik Deutschland, 2. Aufl. 1994, § 5, S. 127 ff.

– Grundzüge des Verfassungsrechts der Bundesrepublik Deutschland, 4. Aufl. 1970, 20. Aufl. 1995.

Heuer, Uwe-Jens: Überlegungen zur sozialistischen Demokratietheorie, in: ders., Überlegungen zur sozialistischen Demokratie, 1987, S. 5 ff.

– Marxistische Theorie und Demokratie, KJ 23 (1990), S. 198 ff.

Heun, Werner: Das Mehrheitsprinzip in der Demokratie. Grundlagen, Struktur, Begrenzungen, 1983.

Heuß, Ernst: Gerechtigkeit und Marktwirtschaft, Ordo Bd. 38 (1987), S. 3 ff.

Heyl, Arnulf von: Bürgerbeteiligung und Entwicklungsplanung, in: D. Posser/R. Wassermann (Hrsg.), Freiheit in der sozialen Demokratie, 1975, S. 303 ff.

Hilger, Dietrich: Herrschaft, in: O. Brunner/W. Conze/R. Koselleck (Hrsg.), Geschichtliche Grundbegriffe. Historisches Lexikon der politisch-sozialen Sprache in Deutschland, Bd. 3, 1982, S. 63 ff.

Hillgruber, Christian: Kommentierung des Art. 2 I GG, in: D. C. Umbach/Th. Clemens (Hrsg.), Grundgesetz, Mitarbeiterkommentar, Handbuch, 2002.

Hippel, Ernst von: Die Gleichheit vor dem Gesetz im Sinne des Art. 109 der Reichsverfassung, Aussprache, VVDStRL 3 (1927), S. 43 f.

Hirscher, Gerhard: Carlo Schmid und die Gründung der Bundesrepublik. Eine politische Biographie, 1986.

– Carlo Schmid und das Grundgesetz. Der Beitrag Carlo Schmids zur Entstehung der Bundesrepublik Deutschland, Symposium anläßlich seines 100. Geburtstags am 7. Dezember 1996 in Mannheim, 1997, S. 85 ff.

Hobbes, Thomas: Leviathan, 1651, ed. Mayer/Diesselhorst, 1970/80.

– De cive, 1642, Kap. I–III, in: Hobbes über die Freiheit, G. Geismann/K. Herb (Hrsg.), 1988.

Hochbaum, Ingfried F./*Klotz*, Robert: Kommentierung des Art. 86 EG, in: v. d. Groeben/Schwarze, Vertrag über die Europäische Union und Vertrag zur Gründung der Europäischen Gemeinschaft, Kommentar, Bd. 2, 6. Aufl. 2003, S. 911 ff.

Höffe, Otfried: Immanuel Kant. Leben, Werk, Wirkung, 1983, 2. Aufl. 1988.

– Politische Gerechtigkeit. Grundlegung einer kritischen Philosophie von Recht und Staat, 1987.

– Paradigm Lost. Die ethische Reflexion der Moral, 1988.

– Kategorische Rechtsprinzipien, 1990.

– Gerechtigkeit als Tausch? Zum politischen Projekt der Moderne, 1991.

– (Hrsg.): Immanuel Kant. Zum ewigen Frieden, 1995.

– Eine republikanische Vernunft. Zur Kritik des Solipsismusvorwurfs, in: G. Schönrich/Y. Kato (Hrsg.), Kant in der Diskussion der Moderne, 1996, S. 396 ff.

– Demokratie im Zeitalter dem Globalisierung, 1999.

– Wirtschaftsbürger, Staatsbürger, Weltbürger. Politische Ethik im Zeitalter der Globalisierung, 2004.

– Kants Kritik der reinen Vernunft. Die Grundlegung der modernen Philosophie, 2. Aufl. 2004.

Höfling, Wolfram: Offene Grundrechtsinterpretation. Grundrechtsauslegung zwischen amtlichem Interpretationsmonopol und privater Konkretisierungskompetenz, 1987.

– Vertragsfreiheit. Eine grundrechtsdogmatische Studie, 1991.

– Das Tötungsverbot und die Grenzen seiner Einschränkbarkeit aus verfassungsrechtlicher Sicht, Z.f.L. 2002, 34 ff.

Hösle, Vittorio: Moral und Politik. Grundlagen einer politischen Ethik für das 21. Jahrhundert, 1997.

Hofmann, Hasso: Legitimität gegen Legalität. Der Weg der politischen Philosophie Carl Schmitts, 1964.

– Rechtsfragen der atomaren Entsorgung, 1981.

– Grundpflichten als verfassungsrechtliche Dimension, VVDStRL 41 (1983), S. 42 ff.

– Zur Herkunft der Menschenrechtserklärungen, JuS 1988, 841 ff.

– Menschenrechtliche Autonomieansprüche, JZ 1992, 168 ff.

– Repräsentation, Studien zur Wort- und Begriffsgeschichte von der Antike bis ins 19. Jahrhundert, 1974, 2. Aufl. 1990.

Hofmann, Hasso/*Dreier*, Horst: Repräsentation, Mehrheitsprinzip und Minderheitenschutz, in: H.-P. Schneider/W. Zeh (Hrsg.), Parlamentsrecht und Parlamentspraxis in der Bundesrepublik Deutschland, 1989, S. 165 ff.

Hollerbach, Alexander: Grundlagen des Staatskirchenrechts, in: J. Isensee/P. Kirchhof (Hrsg.), Handbuch des Staatsrechts der Bundesrepublik Deutschland, Bd. VI, Freiheitsrechte, 1989, § 138, S. 471 ff.

Homann, Karl/*Kirchner* Christian: Ordnungsethik, in: Jahrbücher Neue Politische Ökonomie, Bd. 14, 1995, S. 189 f.

Hoppe, Hans Hermann: Demokratie – der Gott, der keiner ist. Monarchie, Demokratie und natürliche Ordnung, 2003.

Hoppmann, Erich: Zum Schutzobjekt des GWB. Die sogenannten volkswirtschaftlichen Erkenntnisse und ihre Bedeutung für die Schutzobjektdiskussion, in: Wettbewerb als Aufgabe. Nach zehn Jahren Gesetz gegen Wettbewerbsbeschränkungen, 1968, S. 61 ff.

– Soziale Marktwirtschaft oder konstruktivistischer Integrationismus? in: ders., Wirtschaftsordnung und Wettbewerb, 1988, S. 56 ff.

Horn, Hans-Detlef: Verbände, in: J. Isensee/P. Kirchhof (Hrsg.), Handbuch des Staatsrechts der Bundesrepublik Deutschland, Bd. III, Demokratie – Bundesorgane, 3. Aufl. 2005, § 41, S. 357 ff.

Horn, Norbert: Das Zivil- und Wirtschaftsrecht im neuen Bundesgebiet, 2. Aufl. 1993.

Hrbek, Rudolf/*Nettesheim*, Martin (Hrsg.): Europäische Union und mitgliedstaatliche Daseinsvorsorge, 2002.

Hruschka, Joachim: Die Konkurrenz von Goldener Regel und Prinzip der Verallgemeinerung in der juristischen Diskussion des 17./18. Jahrhunderts als geschichtliche Wurzel von Kants kategorischem Imperativ, JZ 1987, 941 ff.

– Zum Lebensrecht des Foetus in rechtsethischer Sicht, JZ 1991, 507 ff.

– Rechtsstaat, Freiheitsrecht und das „Recht auf Achtung von seinen Nebenmenschen", Jahrbuch für Recht und Ethik Bd. 1 (1993), S. 193 ff.

– Rechtsstaat und Friedenshoffnung, Jb für Recht und Ethik, Bd. 3 (1995), S. 235 ff.

Huber, Ernst Rudolf: Deutsche Verfassungsgeschichte seit 1789, Bd. I, Reform und Restauration, 1789 bis 1830, 1957, Bd. IV, Struktur und Krisen des Kaiserreiches, 1969.

– Grundrechte im Bismarckschen Reichssystem, in: H. Ehmke/J. H. Kaiser/ W. A. Kewenig/K. M. Meesen/W. Rüfner (Hrsg.), FS U. Scheuner (70.), 1973, S. 163 ff.

– Das Kaiserreich als Epoche verfassungsstaatlicher Entwicklung, in: J. Isensee/
  P. Kirchhof (Hrsg.), Handbuch des Staatsrechts der Bundesrepublik Deutschland,
  Bd. I, Historische Grundlagen, 3. Aufl. 2003, § 4, S. 129 ff.

Huber, Peter-M.: Konkurrenzschutz im Verwaltungsrecht. Schutzanspruch und
  Rechtsschutz bei Lenkungs- und Verteilungsentscheidungen der öffentlichen Verwaltung, 1991.

Hübner, Rudolf: Die Staatsform der Republik, 1919.

Hueck, Alfred/*Nipperdey*, Hans C.: Lehrbuch des Arbeitsrechts, Zweiter Band,
  Kollektives Arbeitsrecht, Erster Halbband, bearbeitet von H. C. Nipperdey,
  7. Aufl. 1967; zweiter Halbband, bearbeitet von H. C. Nipperdey unter Mitarbeit
  von F. J. Säcker, 7. Aufl. 1970.

Humboldt, Wilhelm von: Ideen zu einem Versuch, die Gränzen der Wirksamkeit
  des Staats zu bestimmen, 1851, mit einem Nachwort von R. Haerter, 1967/1987,
  Reclam.

Ilting, Karl-Heinz: Herrschaft, in: O. Brunner/W. Conze/R. Koselleck (Hrsg.), Geschichtliche Grundbegriffe. Historisches Lexikon zur politisch-sozialen Sprache
  in Deutschland, Bd. 3, 1982, S. 33 ff.

– Moral und Recht in der Philosophie Kants, Diskussion, in: F. Kaulbach, Studien
  zur späten Rechtsphilosophie Kants und ihrer transzendentalen Methode, 1982,
  S. 156 f.

Imboden, Max: Die politischen Systeme, 1962.

Ipsen, Hans-Peter: Enteignung und Sozialisierung, VVDStRL 10 (1952), S. 74 ff.

– Gleichheit, in: F. L. Neumann/H. C. Nipperdey/U. Scheuner (Hrsg.), Die Grundrechte, Handbuch der Theorie und Praxis der Grundrechte, 2. Bd., 1954, S. 111 ff.

Ipsen, Jörn: Rechtsfolgen der Verfassungswidrigkeit von Norm und Einzelakt, 1980.

Ipsen, Knut: Völkerrecht, 4. Aufl. 1999.

Isensee, Josef: Subsidiaritätsprinzip und Verfassungsrecht. Eine Studie über das Regulativ des Verhältnisses von Staat und Gesellschaft, 1968.

– Der Dualismus von Staat und Gesellschaft, Subsidiaritätsprinzip und Verfassungsrecht, in: E.-W. Böckenförde (Hrsg.), Staat und Gesellschaft, 1976,
  S. 317 ff.

– Verfassungsgarantie ethischer Grundwerte und gesellschaftlicher Konsens, NJW
  1977, 545 ff.

– Wer definiert die Freiheitsrechte? Selbstverständnis der Grundrechtsträger und
  Grundrechtsauslegung des Staates, 1980.

– Grundrechte und Demokratie. Die polare Legitimation im grundgesetzlichen
  Gemeinwesen, 1981, auch in: Der Staat 20 (1981), S. 161 ff.

– Republik – Sinnpotential eines Begriffs. Begriffsgeschichtliche Stichproben, JZ
  1981, 1 ff.

– Die verdrängten Grundpflichten des Bürgers. Ein grundgesetzliches Interpretationsvakuum, DÖV 1982, 609 ff.

– Das Grundrecht auf Sicherheit. Zu den Schutzpflichten des freiheitlichen Verfassungsstaates, 1983.

– Verfassungsrecht als „politisches Recht", in: J. Isensee/P. Kirchhof (Hrsg.), Handbuch des Staatsrechts der Bundesrepublik Deutschland, Bd. VII, Normativität und Schutz der Verfassung – Internationale Beziehungen, 1992, § 162, S. 103 ff.

– Staat und Verfassung, in: J. Isensee/P. Kirchhof (Hrsg.), Handbuch des Staatsrechts der Bundesrepublik Deutschland, Bd. I, Grundlagen von Staat und Verfassung, 1987, § 13, S. 591 ff., Bd. II, Verfassungsstaat, 3. Aufl. 2004, § 15, S. 3 ff.

– Gemeinwohl und Staatsaufgaben im Verfassungsstaat, in: J. Isensee/P. Kirchhof (Hrsg.), Handbuch des Staatsrechts der Bundesrepublik Deutschland, Bd. III, Das Handeln des Staates, 1988, § 57, S. 3 ff.

– Republik, in: Görres-Gesellschaft (Hrsg.), Staatslexikon, Bd. 4, 7. Aufl. 1988, Sp. 882 ff.

– Grundrechtliche Freiheit – Republikanische Tugend, in: E. Geißler (Hrsg.), Verantwortete politische Bildung, 1988, S. 65 ff.

– Das Grundrecht als Abwehrrecht und als staatliche Schutzpflicht, in: J. Isensee/P. Kirchhof (Hrsg.), Handbuch des Staatsrechts der Bundesrepublik Deutschland, Bd. V, Allgemeine Grundrechtslehren, 1992, § 111, S. 143 ff.

– Grundrechtsvoraussetzungen und Verfassungserwartungen an die Grundrechtsausübung, in: J. Isensee/P. Kirchhof (Hrsg.), Handbuch des Staatsrechts der Bundesrepublik Deutschland, Bd. V, Allgemeine Grundrechtslehren, 1992, § 115, S. 353 ff.

– Öffentlicher Dienst, in: E. Benda/W. Maihofer/H.-J. Vogel (Hrsg.), Handbuch des Verfassungsrechts der Bundesrepublik Deutschland, 2. Aufl. 1994, § 32, S. 152 ff.

– Privatisierung von Verwaltungsaufgaben, Aussprache, VVDStRL 54 (1995), S. 303 ff.

– Das Volk als Grund der Verfassung. Mythos und Relevanz der Lehre von der verfassunggebenden Gewalt, 1995.

Isensee, Josef/*Kirchhof*, Paul (Hrsg.): Allgemeine Grundrechtslehren, Handbuch des Staatsrechts der Bundesrepublik Deutschland, Bd. V, 1992.

Jaag, Tobias: Privatisierung von Verwaltungsaufgaben, VVDStRL 54 (1995), S. 287 ff.

Jäger, Wolfgang: Mehrheit, Minderheit, Majorität, Minorität, in: O. Brunner/W. Conze/R. Koselleck (Hrsg.), Geschichtliche Grundbegriffe. Historisches Lexikon zur politisch-sozialen Sprache in Deutschland, Bd. 3, 1982, S. 1021 ff.

Jakobs, Günther: Norm, Person, Gesellschaft. Vorüberlegungen zu einer Rechtsphilosophie, 1997.

– Strafrecht, Allgemeiner Teil: Die Grundlagen und die Zurechnungslehre, 1983.

Jaspers, Karl: Vom Ursprung und Ziel der Geschichte, 1949.

– Plato, Augustin, Kant – Drei Gründer des Philosophierens, 1957.

– Wahrheit, Freiheit und Friede. Rede, gehalten am 28. September 1958 in der Paulskirche zu Frankfurt/M. anläßlich der Verleihung des Friedenspreises des Deutschen Buchhandels, 1958, in: ders., Lebensfragen der deutschen Politik, 1963, S. 158 ff.

– Wohin treibt die Bundesrepublik? Tatsachen, Gefahren, Chancen, 1966, 10. Aufl. 1988.

Jekewitz, Jürgen: Beteiligung des Bürgers an Verwaltungsentscheidungen, insbesondere an der Planung, in: D. Posser/R. Wassermann (Hrsg.), Freiheit in der sozialen Demokratie, 1975, S. 271 ff.

Jellinek, Georg: System der subjektiven öffentlichen Rechte, 2. Aufl. 1905.

– Die Erklärung der Menschen- und Bürgerrechte, 1885, 3. Aufl. 1919, bearbeitet von W. Jellinek, 4. Aufl. 1927.

– Allgemeine Staatslehre, 3. Aufl. 1914, 7. Neudruck 1960.

Jens, Walter: Stadt und Staat als Kunstwerk, 1977, in: ders., Feldzüge eines Republikaners. Ein Lesebuch, 1988, S. 167 ff.

Jesch, Dietrich: Gesetz und Verwaltung. Eine Problemstudie zum Wandel des Gesetzmäßigkeitsprinzips, 1961, 2. Aufl. 1968.

Jestaedt, Matthias: Demokratie und Kondominalverwaltung. Die Entscheidungsteilhabe Privater an der öffentlichen Verwaltung auf dem Prüfstand des Verfassungsprinzips Demokratie, 1993.

Jonas, Hans: Philosophische Untersuchungen und metaphysische Vermutungen, 1994.

Kämmerer, Jörn Axel: Privatisierung. Typologie – Determinanten – Rechtspraxis – Folgen, 2001.

Kant, Immanuel: Kritik der reinen Vernunft, 1781/1787, in: Werke in zehn Bänden, hrsg. v. W. Weischedel, Bd. 3 und 4, 1968, S. 11 ff. bzw. S. 307 ff.

– Prolegomena zu einer jeden künftigen Metaphysik, die als Wissenschaft wird auftreten können, 1783, in: Werke in zehn Bänden, hrsg. v. W. Weischedel, Bd. 5, S. 112 ff.

– Idee zu einer allgemeinen Geschichte in weltbürgerlicher Absicht, 1784, in: Werke in zehn Bänden, hrsg. v. W. Weischedel, Bd. 9, 1968, S. 31 ff.

– Grundlegung zur Metaphysik der Sitten, 1785/1786, in: Werke in zehn Bänden, hrsg. v. W. Weischedel, Bd. 6, 1968, S. 7 ff.

– Kritik der praktischen Vernunft, 1788, in: Werke in zehn Bänden, hrsg. v. W. Weischedel, Bd. 6, 1968, S. 103 ff.

– Der Streit der Fakultäten, 1789, in: Werke in zehn Bänden, hrsg. v. W. Weischedel, Bd. 9, 1968, S. 260 ff.

– Kritik der Urteilskraft, 1790/1793/1799, in: Werke in zehn Bänden, hrsg. v. W. Weischedel, Bd. 8, 1983, S. 233 ff.

– Die Religion innerhalb der Grenzen der bloßen Vernunft, 1793/94, in: Werke in zehn Bänden, hrsg. v. W. Weischedel, Bd. 7, 1968, S. 644 ff.

– Anthropologie in pragmatischer Hinsicht, 1793/94, in: Werke in zehn Bänden, hrsg. v. W. Weischedel, Bd. 10, 1968, S. 644 ff.

– Über den Gemeinspruch: Das mag in der Theorie richtig sein, taugt aber nicht für die Praxis, 1793, in: Werke in zehn Bänden, hrsg. v. W. Weischedel, Bd. 9, 1968, S. 125 ff.

– Zum ewigen Frieden. Ein philosophischer Entwurf, 1795/1796, in: Werke in zehn Bänden, hrsg. v. W. Weischedel, Bd. 9, 1968, S. 191 ff.

– Metaphysik der Sitten, 1797/1798, in: Werke in zehn Bänden, hrsg. v. W. Weischedel, Bd. 7, 1968, S. 303 ff.

Kaufmann, Armin: Die Dogmatik der Unterlassungsdelikte, 1959.

Kaufmann, Arthur: Prozedurale Theorien der Gerechtigkeit, 1989.

– Rechtsphilosophie in der Nach-Neuzeit, 1990.

Kaufmann, Erich: Studien zur Staatslehre des monarchischen Prinzips, 1906.

– Die Gleichheit vor dem Gesetz im Sinne des Art. 109 der Reichsverfassung, VVDStRL 3 (1927), S. 2 ff.

Kaulbach, Friedrich: Studien zur späten Rechtsphilosophie Kants und ihrer transzendentalen Methode, 1982.

– Immanuel Kant, 2. Aufl. 1982.

– Immanuel Kants „Grundlegung zur Metaphysik der Sitten", Werkinterpretation, 1988.

Kelsen, Hans: Allgemeine Staatslehre, 1925.

– Vom Wesen und Wert der Demokratie, 2. Aufl. 1929.

Kempen, Bernhard: Die Formenwahlfreiheit der Verwaltung. Die öffentliche Verwaltung zwischen öffentlichem und privatem Rechte, 1989.

Kemper, Michael: in: Kommentierung des Art. 9 Abs. 3 GG, in: v. Mangoldt/Klein/ Starck, Grundgesetz, Kommentar, Bd. 1, 5. Aufl. 2005, S. 895 ff.

Kersting, Wolfgang: Das starke Gesetz der Schuldigkeit und das schwächere der Gütigkeit, 1982, in: Recht, Gerechtigkeit und demokratische Tugend. Abhandlungen zur praktischen Philosophie der Gegenwart, 1997, S. 74 ff.

– Wohlgeordnete Freiheit. Immanuel Kants Rechts- und Staatsphilosophie, 1984.

– Die Verbindlichkeit des Rechts, 1990, in: ders., Recht, Gerechtigkeit und demokratische Tugend. Abhandlungen zur praktischen Philosophie der Gegenwart, 1997, S. 19 ff.

– Vertrag, Gesellschaftsvertrag, Herrschaftsvertrag, in: O. Brunner/W. Conze/ Koselleck (Hrsg.), Geschichtliche Grundbegriffe. Historisches Lexikon zur politisch-sozialen Sprache in Deutschland, Bd. 6, 1990 (2004), S. 901 ff.

– Transzendentalphilosophische Eigentumsbegründung, 1991, in: ders., Recht, Gerechtigkeit und demokratische Tugend. Abhandlungen zur praktischen Philosophie der Gegenwart, 1997, S. 41 ff.

– Liberalismus, Kommunitarismus, Republikanismus, in: K.-O. Apel/M. Kettner (Hrsg.), Zur Anwendung der Diskursethik in Politik, Recht und Wissenschaft, 1992, 2. Aufl. 1993, S. 127 ff.

– Pluralismus und soziale Einheit – Elemente politischer Vernunft, in: H. F. Fulda/ R.-P. Horstmann (Hrsg.), Vernunftbegriffe in der Moderne, 1994, S. 627 ff.

– Ethischer Kapitalismus? Problem der Wirtschaftsethik, 1994, in: ders., Recht, Gerechtigkeit und demokratische Tugend. Abhandlungen zur praktischen Philosophie der Gegenwart, 1997, S. 141 ff.

– Die Wiederkehr der Tugend, in: E. Angehrn/B. Baertschi, Gemeinschaft und Freiheit, studia philosophica, Vol. 53, 1995, S. 35 ff.

– „Die bürgerliche Verfassung in jedem Staate soll republikanisch sein", in: O. Höffe (Hrsg.), Immanuel Kant, Zum ewigen Frieden, 1995, S. 87 ff.

– Recht, Gerechtigkeit und demokratische Tugend. Abhandlungen zur praktischen Philosophie der Gegenwart, 1997.

– Der Geltungsgrund von Moral und Recht bei Kant, in: ders., Politik und Recht. Abhandlungen zur politischen Philosophie der Gegenwart und zur neuzeitlichen Rechtsphilosophie, 2000, S. 304 ff.

– Staatsphilosophie und Weimarer Staatsrechtslehre. Kelsen und Heller über Recht und Staat, in: ders., Politik und Recht. Abhandlungen zur politischen Philosophie der Gegenwart und zur neuzeitlichen Rechtsphilosophie, 2000, S. 394 ff.

– Probleme der politischen Philosophie des Sozialstaats, in: ders. (Hrsg.), Politische Philosophie des Sozialstaats, 2000, S. 17 ff.

– (Hrsg.): Politische Philosophie des Sozialstaats, 2000.

– Theorien der sozialen Gerechtigkeit, 2000.

– Politische Solidarität statt Verteilungsgerechtigkeit? Eine Kritik egalitaristischer Sozialstaatsbegründung, in: ders. (Hrsg.), Politische Philosophie des Sozialstaats, 2000, S. 202 ff.

– Gerechtigkeitsprobleme sozialstaatlicher Gesundheitsversorgung, in: ders. (Hrsg.), Politische Philosophie des Sozialstaats, 2000, S. 467 ff.

– Die politische Philosophie der Gegenwart, in: ders., Politik und Recht. Abhandlungen zur politischen Philosophie der Gegenwart und zur neuzeitlichen Rechtsphilosophie, 2000, S. 17 ff.

– Politik und Recht. Abhandlungen zur politischen Philosophie der Gegenwart und zur neuzeitlichen Rechtsphilosophie, 2000.

– Rechtsphilosophische Probleme des Sozialstaats, 2000.

– Kant über Recht, 2004.

– Kritik der Gleichheit. Über die Grenzen der Gerechtigkeit und der Moral, 2002/2005.

– Glück, Tugend, Gerechtigkeit. Über Aristoteles' Ethik, in: ders., Kritik der Gleichheit. Über die Grenzen der Gerechtigkeit und der Moral, 2002/2005, S. 193 ff.

Kimminich, Otto: Die Subsidiarität in der Verfassungsordnung des freiheitlichen demokratischen Rechtsstaates, in: ders. (Hrsg.), Subsidiarität und Demokratie, 1981, S. 30 ff.

– Kommentierung des Art. 14 GG, Kommentar zum Bonner Grundgesetz (Bonner Kommentar), Drittbearbeitung, 1992.

Kimminich, Otto/*Hobe*, Stephan: Einführung in das Völkerrecht, 7. Aufl. 2000.

Kirchhof, Ferdinand: Private Rechtsetzung, 1987.

– Bundeswehr, in: J. Isensee/P. Kirchhof (Hrsg.), Handbuch des Staatsrechts der Bundesrepublik Deutschland, Bd. III, Das Handeln des Staates, 1988, § 78, S. 977 ff.

Kirchhof, Paul: Besteuerung und Eigentum, VVDStRL 39 (1981), S. 213 ff.

– Objektivität und Willkür, in: H. J. Faller/P. Kirchhof (Hrsg.), Verantwortung und Freiheit, FS W. Geiger (80.), 1989, S. 82 ff.

– Brauchen wir ein erneuertes Grundgesetz? 1992.

– Mittel staatlichen Handelns, in: J. Isensee/P. Kirchhof (Hrsg.), Handbuch des Staatsrechts der Bundesrepublik Deutschland, Bd. III, Das Handeln des Staates, 1988, § 59, S. 121 ff.

– Der allgemeine Gleichheitssatz, in: J. Isensee/P. Kirchhof (Hrsg.), Handbuch des Staatsrechts der Bundesrepublik Deutschland, Bd. V, Allgemeine Grundrechtslehren, 1992, § 124, S. 837 ff.

– Gleichheit in der Funktionenordnung, in: J. Isensee/P. Kirchhof (Hrsg.), Handbuch des Staatsrechts der Bundesrepublik Deutschland, Bd. V, Allgemeine Grundrechtslehren, 1992, § 125, S. 973 ff.

– Der deutsche Staat im Prozeß der europäischen Integration, in: J. Isensee/P. Kirchhof (Hrsg.), Handbuch des Staatsrechts der Bundesrepublik Deutschland, Bd. VII, Normativität und Schutz der Verfassung – Internationale Beziehungen, 1992, § 183, S. 855 ff.

– Der demokratische Rechtsstaat – die Staatsform der Zugehörigen, in: J. Isensee/P. Kirchhof (Hrsg.), Handbuch des Staatsrechts der Bundesrepublik Deutschland, Bd. IX, Die Einheit Deutschlands – Festigung und Übergang, 1997, § 221, S. 957 ff.

– Identität der Verfassung, in: J. Isensee/P. Kirchhof (Hrsg.), Handbuch des Staatsrechts der Bundesrepublik Deutschland, Bd. II, Verfassungsstaat, 3. Aufl. 2004, § 21, S. 261 ff.

– Deutsche Sprache, in: J. Isensee/P. Kirchhof (Hrsg.), Handbuch des Staatsrechts der Bundesrepublik Deutschland, Bd. II, Verfassungsstaat, 3. Aufl. 2004, § 20, S. 209 ff.

– Der sanfte Verlust der Freiheit. Für ein neues Steuerrecht – klar, verständlich, gerecht, 2004.

Kläver, Michael: Die Verfassung des Marktes. Friedrich August von Hayeks Lehre von Staat und Markt im Spiegel grundgesetzlicher Staats- und Verfassungsrechtslehre, 2000.

Klawonn, Markus: Die Eigentumsgewährleistung als Grenze der Besteuerung, Diss. Erlangen-Nürnberg, 2006.

Klein, Eckart: Grundrechtliche Schutzpflichten des Staates, NJW 1989, 1633 ff.

Klein, Friedrich: Kommentierung des Art. 2 GG, in: v. Mangoldt/Klein, Grundgesetz, Kommentar, Bd. I, 2. Aufl. 1964.

Klein, Hans Hugo: Öffentliche und private Freiheit. Zur Auslegung des Grundrechts der Meinungsfreiheit, Der Staat 10 (1971), S. 145 ff.

– Die Grundrechte im demokratischen Staat. Kritische Bemerkungen zur Auslegung der Grundrechte in der deutschen Staatsrechtslehre der Gegenwart, 1972.

– Über Grundpflichten, Der Staat 14 (1975), S. 153 ff.

– Die grundrechtliche Schutzpflicht, DVBl 1994, S. 489 ff.

Klippel, Diethelm: Freiheit, in: O. Brunner/W. Conze/R. Koselleck (Hrsg.), Geschichtliche Grundbegriffe, Historisches Lexikon zur politisch-sozialen Sprache in Deutschland, Bd. 2, 1979, S. 469 ff.

Kloepfer, Michael: Grundrechtstatbestand und Grundrechtsschranken in der Rechtsprechung des Bundesverfassungsgerichts – dargestellt am Beispiel der Menschenwürde, in: Ch. Starck (Hrsg.) Bundesverfassungsgericht und Grundgesetz, FG aus Anlaß des 25jährigen Bestehens des Bundesverfassungsgerichts, Bd. II, 1976, S. 405 ff.

– Umweltrecht, 1989.

Klug, Ulrich: Autonomie, Anarchie und Kontrolle. Rechtsphilosophische und rechtspragmatische Probleme, in: A. Kaufmann/E.-J. Mestmäcker/H. F. Zacher (Hrsg.), Rechtsstaat und Menschenwürde, FS W. Maihofer (70.), 1988, S. 235 ff.

Knebel, Jürgen: Koalitionsfreiheit und Gemeinwohl. Zur verfassungsrechtlichen Zulässigkeit staatlicher Einwirkung auf die tarifautonome Lohngestaltung, 1978.

Knies, Wolfgang: Schranken der Kunstfreiheit als verfassungsrechtliches Problem, 1967.

Knöpfle, Robert: Der Rechtsbegriff „Wettbewerb" und die Realität des Wirtschaftslebens, 1966.

Kobusch, Theo: Die Entdeckung der Person. Metaphysik der Freiheit und modernes Menschenbild, 1993, 2. Aufl. 1996.

Koch, Hans-Joachim/*Rüßmann*, Helmut: Juristische Begründungslehre. Eine Einführung in die Grundprobleme der Rechtswissenschaft, 1982.

Koch, Thomas: Die Zeitung in der Republik, Dissertation Erlangen-Nürnberg, 2006.

Köndgen, Johannes: Selbstbindung ohne Vertrag. Zur Haftung aus geschäftsbezogenem Handeln, 1981.

Koller, Peter: Moralischer Diskurs und politische Legitimation, in: K.-O. Apel/ M. Kettner (Hrsg.), Zur Anwendung der Diskursethik in Politik, Recht und Wissenschaft, 1992, 2. Aufl. 1993, S. 62 ff.

– Soziale Gerechtigkeit. Wirtschaftsordnung und Sozialstaat, in: W. Kersting (Hrsg.), Politische Philosophie des Sozialstaats, 2000, S. 120 ff.

Kopetz, Hedwig: Forschung und Lehre. Die Idee der Universität bei Humboldt, Jaspers, Schelsky und Mittelstraß, 2002.

Koselleck, Reinhart: Herrschaft, in: O. Brunner/W. Conze/R. Koselleck (Hrsg.), Geschichtliche Grundbegriffe. Historisches Lexikon zur politisch-sozialen Sprache in Deutschland, Bd. 3, 1982, S. 1 ff.

Koslowski, Peter: Ethik des Kapitalismus, 5. Aufl. 1995.

Krebs, Walter: Kommentierung des Art. 19 GG, in: v. Münch/Kunig (Hrsg.), Grundgesetzkommentar, Bd. I, 5. Aufl. 2000, S. 1039 ff.

Kressel, Dietrich: Parteigerichtsbarkeit und Staatsgerichtsbarkeit, 1998.

Kriele, Martin: Theorie der Rechtsgewinnung. Entwickelt am Problem der Verfassungsinterpretation, 1967, 2. Aufl. 1976.

– Das demokratische Prinzip im Grundgesetz, VVDStRL 29 (1971), S. 46 ff., Aussprache, S. 130 ff.

– Habeas Corpus als Urgrundrecht, 1973, in: ders., Recht, Vernunft, Wirklichkeit, 1990, S. 71 ff.

– Einführung in die Staatslehre. Die geschichtlichen Legitimationsgrundlagen des demokratischen Verfassungsstaates, 1975, 4. Aufl. 1990, 6. Aufl. 2003.

– Die Menschenrechte zwischen Ost und West, 1977, in: ders., Recht, Vernunft, Wirklichkeit, 1990, S. 103 ff.

– Recht und praktische Vernunft, 1979.

– Befreiung und politische Aufklärung. Plädoyer für die Würde des Menschen, 1980.

– Freiheit und Gleichheit, in: E. Benda/W. Maihofer/H.-J. Vogel (Hrsg.), Handbuch des Verfassungsrechts der Bundesrepublik Deutschland, 1983, S. 129 ff.

– Menschenrechte und Friedenspolitik, in: B. Börner/H. Jahrreiß/K. Stern (Hrsg.), Einigkeit und Recht und Freiheit, FS K. Carstens (70.), Bd. 2, Staatsrecht, 1984, S. 661 ff.

– Vorbehaltlose Grundrechte und die Rechte anderer, in: ders., Recht, Vernunft, Wirklichkeit, 1990, S. 604 ff., auch in: JA 1984, 629 ff.

– Die demokratische Weltrevolution. Warum sich die Freiheit durchsetzen wird, 1987.

– Recht, Vernunft, Wirklichkeit, 1990.

– Grundrechte und demokratischer Gestaltungsspielraum, in: J. Isensee/P. Kirchhof (Hrsg.), Handbuch des Staatsrechts der Bundesrepublik Deutschland, Bd. V, Allgemeine Grundrechtslehren, 1992, § 110, S. 101 ff.

Krockow, Christian Graf von: Staat, Gesellschaft, Freiheitswahrung, 1972, in: E.-W. Böckenförde (Hrsg.), Staat und Gesellschaft, 1976, S. 432 ff.

Kröger, Klaus: Richterwahl, in: Ch. Starck (Hrsg.), Bundesverfassungsgericht und Grundgesetz. Festgabe aus Anlaß des 25-jährigen Bestehens des Bundesverfassungsgerichts, Bd. I, 1976, S. 76 ff.

– Die vernachlässigte Friedenspflicht des Bürgers, JuS 1984, 172 ff.

Krüger, Herbert: Allgemeine Staatslehre, 2. Aufl. 1966.

– Brüderlichkeit – das dritte, fast vergessene Ideal der Demokratie, in: H. Spanner/ P. Lerche/H. Zacher/P. Badura/A. v. Campenhausen (Hrsg.), FG Th. Maunz (70.), 1971, S. 249 ff.

– Die Verfassung als Programm der nationalen Integration, in: D. Blumenwitz/ A. Randelzhofer (Hrsg.), FS F. Berber (75.), 1973, S. 247 ff.

Küchenhoff, Günter: Naturrecht und Liebesrecht, 1948, 2. Aufl. 1962.

Küchenhoff, Günter/*Küchenhoff*, Erich: Allgemeine Staatslehre, 6 Aufl. 1967.

Kühl, Kristian: Eigentumsordnung als Freiheitsordnung. Zur Aktualität der Kantischen Rechts- und Eigentumslehre, 1984.

Kühling, Jürgen: Grundrechte, in: A. v. Bogdandy (Hrsg.), Europäisches Verfassungsrecht, Theoretische und dogmatische Grundzüge, 2003, S. 583 ff.

Kuhlmann, Wolfgang: Solipsismus in Kants praktischer Philosophie und die Diskursethik, in: G. Schönrich/Y. Kato (Hrsg.), Kant in der Diskussion der Moderne, 1996, S. 396 ff.

Kunig, Philip: Das Rechtsstaatsprinzip. Überlegungen zu seiner Bedeutung für das Verfassungsrecht der Bundesrepublik Deutschland, 1986.

– Kommentierung des Art. 2 GG, in: v. Münch/ders. (Hrsg.), Grundgesetz-Kommentar, Bd. 1, 5. Aufl. 2000, S. 123 ff.

– Parteien, in: J. Isensee/P. Kirchhof (Hrsg.), Handbuch des Staatsrechts der Bundesrepublik Deutschland, Bd. III, Demokratie – Bundesorgane, 3. Aufl. 2005, § 40, S. 297 ff.

Laband, Paul: Das Staatsrecht des Deutschen Reichs, Bd. I, 5. Aufl. 1911, Bd. II, 4. Aufl. 1901.

Lachmann, Werner: Wirtschaft und Ethik. Maßstäbe wirtschaftlichen Handelns, 2. Aufl. 1989.

– Wirtschaftsethik in einer pluralistischen Welt, 1991.

Landshut, Siegfried: Der politische Begriff der Repräsentation, 1964, in: H. Rausch (Hrsg.), Zur Theorie und Geschichte der Repräsentation und Repräsentativverfassung, 1968, S. 482 ff.

Larenz, Karl: Allgemeiner Teil des deutschen Bürgerlichen Rechts, 1967.

Lecheler, Helmut: Art. 12 GG – Freiheit des Berufs und Grundrecht der Arbeit, VVDStRL 43 (1985), S. 48 ff.

– Der öffentliche Dienst, in: J. Isensee/P. Kirchhof (Hrsg.), Handbuch des Staatsrechts der Bundesrepublik Deutschland, Bd. III, Das Handeln des Staates, 1988, § 72, S. 717 ff.

Lehmann, Heinrich/*Hübner*, Heinz: Allgemeiner Teil des Bürgerlichen Gesetzbuches, 16. Aufl. 1966.

Lehner, Franz: Spekulation statt Produktion – was treibt den modernen Kapitalismus? in: W. Nölling/K. A. Schachtschneider/J. Starbatty (Hrsg.), Währungsunion und Weltwirtschaft, FS für W. Hankel (70.), 1999, S. 325 ff.

Leibholz, Gerhard: Die Reform des Wahlrechts, VVDStRL 7 (1932), S. 159 ff.

– Die Gleichheit vor dem Gesetz. Eine Studie auf rechtsvergleichender und rechtsphilosophischer Grundlage, 1925, 2. erw. Aufl. 1959.

– Das Wesen der Repräsentation und der Gestaltwandel der Demokratie im Zwanzigsten Jahrhundert, 1929, 2. Aufl. 1960, 3. Aufl. 1966 unter dem Titel: Die Repräsentation der Demokratie.

– Zum Begriff und Wesen der Demokratie, in: ders., Strukturprobleme der modernen Demokratie, 1958, 3. Aufl. 1967/1974, S. 142 ff.

– Die politischen und juristischen Hauptformen der Demokratie, 1956, in: ders., Verfassungsstaat – Verfassungsrecht, 1973, S. 48 ff.

– Der moderne Parteienstaat, 1960, in: ders., Verfassungsstaat – Verfassungsrecht, 1973, S. 68 ff.

– Staat und Verbände, Aussprache, VVDStRL 24 (1966), S. 123.

– Das demokratische Prinzip im Grundgesetz, Aussprache, VVDStRL 29 (1971), S. 103 ff.

– Strukturprinzipien des modernen Verfassungsstaates, 1963, in: ders., Verfassungsstaat – Verfassungsrecht, 1973, S. 10 ff.

– Bericht des Berichterstatters an das Plenum des Bundesverfassungsgerichts zur „Status"Frage 1957, JöR N.F. Bd. 6 (1957), S. 120 ff., auch in: P. Häberle, Verfassungsgerichtsbarkeit, 1976, S. 224 ff.

Leisner, Anna: Die Leistungsfähigkeit des Staates. Verfassungsrechtliche Grenze der Staatsleistungen? 1998.

Leisner, Walter: Grundrechte und Privatrecht, 1960.

– Der Begriff des „Politischen" nach der Rechtsprechung des Bundesverfassungsgerichts, 1961, in: ders., Staat, Schriften zu Staatslehre und Staatsrecht 1957–1991 (hrsg. von J. Isensee), 1994, S. 305 ff.

– Volk und Nation als Rechtsbegriffe der französischen Revolution, in: K. Obermayer/H. R. Hagemann (Hrsg.), FS H. Liermann (70.), 1964, S. 96 ff.

– Sozialbindung des Eigentums, 1972.

– Freiheit und Eigentum – die selbständige Bedeutung des Eigentums gegenüber der Freiheit, 1974, in: ders., Eigentum, Schriften zu Eigentumsrecht und Wirtschaftsverfassung 1970–1996 (hrsg. von J. Isensee), 1996, S. 1 ff.

– Die Bodenreform im Lichte einer freiheitlichen Wirtschafts- und Gesellschaftsordnung, 1974 in: ders., Eigentum, Schriften zu Eigentumsrecht und Wirtschaftsverfassung 1970–1996 (hrsg. von J. Isensee), 1996, S. 310 ff.

– Das Eigentum Privater – Privateigentum ohne privaten Markt. Gibt es eine verfassungsrechtliche Garantie „des Marktes"? 1975, in: ders., Eigentum, Schriften zu Eigentumsrecht und Wirtschaftsverfassung 1970–1996 (hrsg. von J. Isensee), 1996, S. 724 ff.

– Sozialbindung des Eigentums nach privatem und öffentlichem Recht, 1975, in: ders., Eigentum, Schriften zu Eigentumsrecht und Wirtschaftsverfassung 1970–1996 (hrsg. von J. Isensee), 1996, S. 507 ff.

– Der Eigentümer als Organ der Wirtschaftsverfassung, Gibt es ein „organisationsrechtliches Grundrechtsverständnis"? 1975, in: ders., Eigentum, Schriften zu Eigentumsrecht und Wirtschaftsverfassung 1970–1996 (hrsg. von J. Isensee), 1996, S. 741 ff.

– Politischer Einfluß des Eigentums – verfassungswidrig? 1975 in: ders., Eigentum, Schriften zu Eigentumsrecht und Wirtschaftsverfassung 1970–1996 (hrsg. von J. Isensee), 1996, S. 73 ff.

– Der Sozialisierungsartikel als Eigentumsgarantie, 1975, in: ders., Eigentum, Schriften zu Eigentumsrecht und Wirtschaftsverfassung 1970–1996 (hrsg. von J. Isensee), 1996, S. 233 ff.

– Das Eigentumssyndikat. Fondseigentum und Zwangsgenossenschaft – als Formen der Sozialbindung? 1976, in: ders., Eigentum, Schriften zu Eigentumsrecht und Wirtschaftsverfassung 1970–1996 (hrsg. von J. Isensee), 1996, S. 484 ff.

– „Kleineres Eigentum" – Grundlage der Staatsordnung, 1976, in: ders., Eigentum, Schriften zu Eigentumsrecht und Wirtschaftsverfassung 1970–1996 (hrsg. von J. Isensee), 1996, S. 253 ff.

– Das Ebenbild Gottes im Menschen – Würde und Freiheit, in: ders. (Hrsg.), Staatsethik, 1977, S. 81 ff.

– Privateigentum – Grundlage der Gewerkschaftsfreiheit, 1978, in: ders., Eigentum, Schriften zu Eigentumsrecht und Wirtschaftsverfassung 1970–1996 (hrsg. von J. Isensee), 1996, S. 61 ff.

– Demokratie. Selbstzerstörung einer Staatsform, 1979.

– Der Gleichheitsstaat. Macht durch Nivellierung, 1980.

– Chancengleichheit als Form der Nivellierung, 1980, in: ders., Staat, Schriften zu Staatslehre und Staatsrecht 1957–1991 (hrsg. von J. Isensee), 1994, S. 642 ff.

– Spekulation – ein politisches Schlagwort, 1981, in: ders., Eigentum, Schriften zu Eigentumsrecht und Wirtschaftsverfassung 1970–1996 (hrsg. von J. Isensee), 1996, S. 758 ff.

– Die Demokratische Anarchie, Verlust der Ordnung als Staatsprinzip? 1982.

– Der Führer. Persönliche Gewalt – Staatsrettung oder Staatsdämmerung? 1983.

– Von der Leistung zur Leistungsfähigkeit – die soziale Nivellierung. Ein Beitrag wider das Leistungsfähigkeitsprinzip, 1983, in: ders., Eigentum, Schriften zu Eigentumsrecht und Wirtschaftsverfassung 1970–1996 (hrsg. von J. Isensee), 1996, S. 845 ff.

– Eigentum als Existenzsicherung? Das „soziale Eigentum" in der Rechtsprechung des Bundesverfassungsgerichts, 1986, in: ders., Eigentum, Schriften zu Eigentumsrecht und Wirtschaftsverfassung 1970–1996 (hrsg. von J. Isensee), 1996, S. 52 ff.

– Zur Legitimität politischen Entscheidungshandelns – Vom Mehrheits- zum Minderheitsprinzip? in: A. Randelzhofer/W. Süß (Hrsg.), Konsens und Konflikt: 35 Jahre Grundgesetz, Vorträge und Diskussionen einer Veranstaltung der Freien Universität Berlin vom 6.–8. Dezember 1984, 1986, S. 287 ff.

– Der Steuerstaat – Weg der Gleichheit zur Macht, 1986, in: ders., Eigentum, Schriften zu Eigentumsrecht und Wirtschaftsverfassung 1970–1996 (hrsg. von J. Isensee), 1996, S. 823 ff.

– Staatsrenaissance. Die Wiederkehr der „guten Staatsformen", 1987.

– Bestandsgarantie des Eigentums – vom Bergrecht unterminiert? 1988, in: ders., Eigentum, Schriften zu Eigentumsrecht und Wirtschaftsverfassung 1970–1996 (hrsg. von J. Isensee), 1996, S. 465 ff.

– Eigentum, in: J. Isensee/P. Kirchhof (Hrsg.), Handbuch des Staatsrechts der Bundesrepublik Deutschland, Bd. VI, Freiheitsrechte, 1989, § 149, S. 1023 ff., auch in: ders., Eigentum, Schriften zu Eigentumsrecht und Wirtschaftsverfassung 1970–1996 (hrsg. von J. Isensee), 1996, S. 81 ff.

– Erbrecht, in: J. Isensee/P. Kirchhof (Hrsg.), Handbuch des Staatsrechts der Bundesrepublik Deutschland, Bd. VI, Freiheitsrechte, 1989, § 150, S. 1099 ff.

– Situationsgebundenheit des Eigentums – eine überholte Rechtssituation? Vortrag, gehalten vor der Juristischen Gesellschaft zu Berlin am 29. November 1989, 1990, in: ders., Eigentum, Schriften zu Eigentumsrecht und Wirtschaftsverfassung 1970–1996 (hrsg. von J. Isensee), 1996, S. 206 ff.

– Staatseinung, Ordnungskraft föderaler Zusammenschlüsse, 1991.

– Das Bodenreformurteil des Bundesverfassungsgerichts. Kriegsfolge- und Eigentumsentscheidung, 1991, in: ders., Eigentum, Schriften zu Eigentumsrecht und Wirtschaftsverfassung 1970–1996 (hrsg. von J. Isensee), 1996, S. 635 ff.

– Verfassungswidriges Verfassungsrecht. Nach dem „Bodenreform-Urteil" des Bundesverfassungsgerichts, 1992, in: ders., Eigentum, Schriften zu Eigentumsrecht und Wirtschaftsverfassung 1970–1996 (hrsg. von J. Isensee), 1996, S. 651 ff.

– Eigentum – Grundlage der Freiheit, 1994, in: ders., Eigentum, Schriften zu Eigentumsrecht und Wirtschaftsverfassung 1970–1996 (hrsg. von J. Isensee), 1996, S. 21 ff.

– Das Eigentum Privater – Grundpfeiler der sozialen Marktwirtschaft, 1994, in: ders., Eigentum, Schriften zu Eigentumsrecht und Wirtschaftsverfassung 1970–1996 (hrsg. von J. Isensee), 1996, S. 712 ff.

– Das Eigentum zwischen privatem Nutzen und sozialer Bindung, 1994, in: ders., Eigentum, Schriften zu Eigentumsrecht und Wirtschaftsverfassung 1970–1996 (hrsg. von J. Isensee), 1996, S. 537 ff.

– Staat, Schriften zu Staatslehre und Staatsrecht 1957–1991 (hrsg. von J. Isensee), 1994.

– Das Eigentum Privater – Vertragsfreiheit und Sozialbindung, 1995, in: ders., Eigentum, Schriften zu Eigentumsrecht und Wirtschaftsverfassung 1970–1996 (hrsg. von J. Isensee), 1996, S. 180 ff.

– Steuer- und Eigentumswende – die Einheitswert-Beschlüsse des Bundesverfassungsgerichts, NJW, 1995, 2591 ff.

– Die verfassungsrechtliche Freiheit und ihre Begrenzung, 1961, in: ders., Staat, Schriften zu Staatslehre und Staatsrecht 1957–1991 (hrsg. von J. Isensee), 1994, S. 625 ff.

– Marktoffenes Verfassungsrecht, 1996, in: ders., Eigentum, Schriften zu Eigentumsrecht und Wirtschaftsverfassung 1970–1996 (hrsg. von J. Isensee), 1996, S. 697 ff.

– Eigentum, Schriften zu Eigentumsrecht und Wirtschaftsverfassung 1970–1996 (hrsg. von J. Isensee), 1996.

– Der Abwägungsstaat. Verhältnismäßigkeit als Gerechtigkeit? 1997.

Lenz, Karl Heinz: Das Vertrauensschutz-Prinzip. Zugleich eine notwendige Besinnung auf die Grundlagen unserer Rechtsordnung, 1968.

Lerche, Peter: Übermaß und Verfassungsrecht. Zur Bindung des Gesetzgebers an die Grundsätze der Verhältnismäßigkeit und Erforderlichkeit, 1961.

– Verfassungsrechtliche Zentralfragen des Arbeitskampfes, 1968.

– Grundrechtsschranken, in: J. Isensee/P. Kirchhof (Hrsg.), Handbuch des Staatsrechts der Bundesrepublik Deutschland, Bd. V, Allgemeine Grundrechtslehren, 1992, § 122, S. 775 ff.

– Grundrechtlicher Schutzbereich, Grundrechtsprägung und Grundrechtseingriff, in: J. Isensee/P. Kirchhof (Hrsg.), Handbuch des Staatsrechts der Bundesrepublik Deutschland, Bd. V, Allgemeine Grundrechtslehren, 1992, § 121, S. 739 ff.

Lindner, Josef Franz: Theorie der Grundrechtsdogmatik, 2005.

Link, Christoph: Herrschaftsordnung und bürgerliche Freiheit. Grenzen der Staatsgewalt in der älteren deutschen Staatslehre, 1979.

– Staatszwecke im Verfassungsstaat – nach 40 Jahren Grundgesetz, VVDStRL 48 (1990), S. 7 ff.

Locke, John: Über die Regierung, The Second Treatise of Government, 1690, ed. P. C. Mayer-Tasch, 1974/1983, Reclam.

Löw, Konrad: Was bedeutet „Republik" in der Bezeichnung „Bundesrepublik Deutschland"? DÖV 1979, 819 ff.

Löwer, Wolfgang: Zuständigkeiten und Verfahren des Bundesverfassungsgerichts, in: J. Isensee/P. Kirchhof (Hrsg.), Handbuch des Staatsrechts der Bundesrepublik Deutschland, Bd. III, Demokratie – Bundesorgane, 3. Aufl. 2005, § 70, S. 1285 ff.

– Der Staat als Wirtschaftssubjekt und Auftraggeber, VVDStRL 60 (2001), S. 416 ff.

Lorenz, Dieter: Recht auf Leben und körperliche Unversehrtheit, in: J. Isensee/ P. Kirchhof (Hrsg.), Handbuch des Staatsrechts der Bundesrepublik Deutschland, Bd. VI, Freiheitsrechte, 1989, § 128, S. 3 ff.

Lorenz, Konrad: Die acht Todsünden der zivilisierten Menschheit, 20. Aufl. 1989.

– Der Abbau des Menschlichen, 2. Aufl. 1983.

Lorenzen, Paul: Philosophische Fundierungsprobleme einer Wirtschafts- und Unternehmensethik, in: H. Steinmann/A. Löhr (Hrsg.), Unternehmensethik, 1989, S. 24 ff.

Loschelder, Wolfgang: Weisungshierarchie und persönliche Verantwortung in der Exekutive, in: J. Isensee/P. Kirchhof (Hrsg.), Handbuch des Staatsrechts der Bundesrepublik Deutschland, Bd. III, Das Handeln des Staates, 1988, § 68, S. 521 ff.

– Grundrechte im Sonderstatus, in: J. Isensee/P. Kirchhof (Hrsg.), Handbuch des Staatsrechts der Bundesrepublik Deutschland, Bd. V, Allgemeine Grundrechtslehren, 1992, § 123, S. 805 ff.

Luchterhandt, Otto: Grundpflichten als Verfassungsproblem in Deutschland. Geschichtliche Entwicklung und Grundpflichten unter dem Grundgesetz, 1988.

Lübbe, Hermann: Dezisionismus in der Moral-Theorie Kants, in: H. Barion/ E.-W. Böckenförde/E. Forsthoff/W. Weber (Hrsg.), Epirrhosis, FG C. Schmitt (80.), 1968, S. 567 ff.

– Freiheit und Terror, in: W. Oelmüller (Hrsg.), Materialien zur Normendiskussion, Bd. 2, Normenbegründung-Normendurchsetzung, 1978, S. 126 ff.

Lübbe-Wolff, Gertrude: Die Sittlichkeit in der bürgerlichen Gesellschaft, Hegels Wegweisung durch das Nadelöhr, ARSP 1982, Nr. 68, S. 223 ff.

– Die Grundrechte als Eingriffsabwehrrechte. Struktur und Reichweite der Eingriffsdogmatik im Bereich staatlicher Leistungen, 1988.

Lücke, Jörg: Begründungszwang und Verfassung. Zur Begründungspflicht der Gerichte, Behörden und Parlamente, 1987.

– Die Berufsfreiheit. Eine Rückbesinnung auf den Text des Art. 12 Abs. 1 GG, 1994.

Luf, Gerhard: Freiheit und Gleichheit. Die Aktualität im politischen Denken Kants, 1978.

Luhmann, Niklas: Rechtssoziologie, Band I und Band II, 1972.

– Vertrauen. Ein Mechanismus der Reduktion sozialer Komplexität, 2. Aufl. 1973.

– Die Legeshierarchie und die Trennung von Staat und Gesellschaft, 1965, in: W. Böckenförde (Hrsg.), Staat und Gesellschaft, 1976, S. 275 ff.

– Grundrechte als Institution. Ein Beitrag zur politischen Soziologie, 1965, 2. Aufl. 1974.

– Gesellschaftsstruktur und Semantik. Studien zur Wissenssoziologie der modernen Gesellschaft, Bd. 1, 1980.

– Der Gleichheitssatz als Form und als Norm, ARSP 1991, Nr. 77, S. 435 ff.

– Die Geltung des Rechts, Rechtstheorie 22 (1991), S. 273 ff.

Luhmann, Niklas/*Schorr*, Karl E.: Personale Identität und Möglichkeiten der Erziehung, 1982.

Luther, Martin: Von der Freiheit eines Christenmenschen, in: F. Lau (Hrsg.), Der Glaube der Reformatoren; Luther-Zwingli-Calvin, 1964, S. 113 ff.

Lutz-Bachmann, Matthias/*Bohman*, James (Hrsg.): Frieden durch Recht. Kants Friedensidee und das Problem einer neuen Weltordnung, 1996.

Machiavelli, Niccoló: Il principe, 1513/1532, Der Fürst, übersetzt und herausgegeben v. R. Zorn, 6. Aufl. 1978, auch von Ph. Rippel, 1986, Reclam.

Mähner, Tobias: Der Europäische Gerichtshof als Gericht, 2005.

Mager, Wolfgang: Republik, in: O. Brunner/W. Conze/R. Koselleck (Hrsg.), Geschichtliche Grundbegriffe. Historisches Lexikon zur politisch-sozialen Sprache in Deutschland, Bd. 5, 1984, S. 549 ff.

Maihofer, Werner (Hrsg.): Naturrecht oder Rechtspositivismus? 1962.

– Rechtsstaat und menschliche Würde, 1968.

– Die Legitimation des Staates aus der Funktion des Rechts, in: ARSP, Beiheft Nr. 15, 1981, S. 32 ff.

– Prinzipien freiheitlicher Demokratie, in: E. Benda/W. Maihofer/H.-J. Vogel (Hrsg.), Handbuch des Verfassungsrechts der Bundesrepublik Deutschland, 2. Aufl. 1994, § 12, S. 427 ff.

– Kulturelle Aufgaben des modernen Staates, in: E. Benda/W. Maihofer/H.-J. Vogel (Hrsg.), Handbuch des Verfassungsrechts der Bundesrepublik Deutschland, 2. Aufl. 1994, § 25, S. 1201 ff.

– Abschließende Äußerungen, in: E. Benda/W. Maihofer/H.-J. Vogel (Hrsg.), Handbuch des Verfassungsrechts der Bundesrepublik Deutschland, 2. Aufl. 1994, S. 1699 ff.

– Von der Ideologie der Parteien zur Philosophie des Rechts, in: G. Haney/W. Maihofer/G. Sprenger (Hrsg.), Recht und Ideologie, FS H. Klenner, 1996, S. 461 ff.

– Realität der Politik und Ethos der Republik, in: K.-O. Apel/M. Kettner, Zur Anwendung der Diskursethik in Politik, Recht und Wissenschaft, 1992, 2. Aufl. 1993, S. 84 ff.

Maluschke, Günther: Philosophische Grundlagen des demokratischen Verfassungsstaates, 1982.

Mandt, Hella: Historisch-politische Traditionselemente im politischen Denken Kants, in: Zwi Batscha (Hrsg.), Materialien zu Kants Rechtsphilosophie, 1976, S. 292 ff.

Mangoldt, Hermann von: Das Bonner Grundgesetz, Kommentar 1952.

Mann, Heinrich: Der Untertan. Roman des Bürgertums, 1914/18.

Manssen, Gerrit: Kommentierung des Art. 12 Abs. 1 GG, in: v. Mangoldt/Klein/Starck, Grundgesetz, Kommentar, 5. Aufl. 2005, Bd. 1, S. 1065 ff.

Mantl, Wolfgang: Repräsentation und Identität. Demokratie im Konflikt. Ein Beitrag zur modernen Staatsformenlehre, 1975.

Marcic, René: Vom Gesetzesstaat zum Richterstaat. Recht als Maß der Macht. Gedanken über den demokratischen Rechts- und Sozialstaat, 1957.

– Rechtsphilosophie. Eine Einführung, 1969.

– Geschichte der Rechtsphilosophie. Schwerpunkte, Kontrapunkte, 1971.

– Die Deutung der Natur des Verfassungsgerichts, in: P. Häberle (Hrsg.), Verfassungsgerichtsbarkeit, 1976, S. 314 ff.

Martens, Wolfgang: Öffentlich als Rechtsbegriff, 1969.

– Grundrechte im Leistungsstaat, VVDStRL 30 (1972), S. 7 ff.

Marx, Karl: Zur Kritik der Hegelschen Rechtsphilosophie, 1843/44, K. Marx/F. Engels-Werke, Bd. 1, 1964.

Matz, Ulrich: Zur Legitimation staatlicher Gewaltanwendung in der Bundesrepublik Deutschland, in: A. Randelzhofer/W. Süß (Hrsg.), Konsens und Konflikt: 35 Jahre Grundgesetz, Votäge und Diskussionen einer Veranstaltung der Freien Universität Berlin vom 6.–8. Dezember 1984, 1986, S. 336 ff.

Matz, Werner: Entstehungsgeschichte der Artikel des Grundgesetzes, JöR N.F. Bd. 1, 1951, mit Klaus-Botho von Doeming, Rudolf Werner Füsslein.

Maunz, Theodor: Kommentierung des Art. 94 GG, in: Maunz/Dürig, Grundgesetz, Kommentar, 1971.

– Kommentierung des Art. 19 Abs. 2 GG, in: Maunz/Dürig, Grundgesetz, Kommentar, 1977.

Maunz, Theodor/*Zippelius*, Reinhold: Deutsches Staatsrecht, 27. Aufl. 1988, 29. Aufl. 1994.

Maurer, Hartmut: Allgemeines Verwaltungsrecht, 15. Aufl. 2004.

May, Gerhardt: Freiheit, Christliche Freiheit, Reformation, in O. Brunner/W. Conze/R. Koselleck (Hrsg.), Geschichtliche Grundbegriffe. Historisches Lexikon zur politisch-sozialen Sprache in Deutschland, Bd. 2, III, 1975/1979, S. 436 ff.

May, Rollo: Die Quellen der Gewalt. Eine Analyse von Schuld und Unschuld, 1972/1974.

Meier, Christian: Demokratie, in: O. Brunner/W. Conze/R. Koselleck (Hrsg.), Geschichtliche Grundbegriffe. Historisches Lexikon zur politisch-sozialen Sprache in Deutschland, Bd. 1, 1972/1979, S. 821 ff.

– Freiheit. Die griechische Polis, in: O. Brunner/W. Conze/R. Koselleck (Hrsg.), Geschichtliche Grundbegriffe. Historisches Lexikon zur politisch-sozialen Sprache in Deutschland, Bd. 2, 1975/1979, S. 426 ff.

– Macht, Gewalt, in: O. Brunner/W. Conze/R. Koselleck (Hrsg.), Geschichtliche Grundbegriffe. Historisches Lexikon zur politisch-sozialen Sprache in Deutschland, Bd. 3, II, 1982, S. 820 ff.

Meinberg, Eckhard: Das Menschenbild der modernen Erziehungswissenschaften, 1988.

Meister, Karl: Die Tugenden der Römer, 1930, in: H. Oppermann (Hrsg.), Römische Wertbegriffe, 3. Aufl. 1963, S. 1 ff.

Menger, Christian Friedrich: Kommentierung des Art. 19 Abs. 1 GG, Kommentar zum Bonner Grundgesetz (Bonner Kommentar), Zweitbearbeitung 1979.

Merten, Detlef: Das Recht auf freie Entfaltung der Persönlichkeit, JuS 1976, 343 ff.

– Grundpflichten im Verfassungssystem der Bundesrepublik Deutschland, BayVBl. 1978, 554 ff.

– Handlungsgrundrechte als Verhaltensgarantien – zugleich ein Beitrag zur Funktion der Grundrechte, VerwArchiv 73 (1982), S. 103 ff.

– Rechtsstaat und Gewaltmonopol, 1975.

– Konstruktionsprinzipien staatlicher Gewalt im Verfassungsstaat der Bundesrepublik, in: A. Randelzhofer/W. Süß (Hrsg.), Konsens und Konflikt: 35 Jahre Grundgesetz, Vorträge und Diskussionen einer Veranstaltung der Freien Universität Berlin vom 6.–8. Dezember 1984, 1986, S. 324 ff.

– Sozialrecht, Sozialpolitik, in: E. Benda/W. Maihofer/H.-J. Vogel (Hrsg.), Handbuch des Verfassungsrechts der Bundesrepublik Deutschland, 2. Aufl. 1994, § 20, S. 961 ff.

Mertens, Hans-Joachim: Kommentierung des § 823 BGB, in: Rebmann u. a. (Hrsg.), Münchener Kommentar zum Bürgerlichen Gesetzbuch, Schuldrecht, Besonderer Teil, Bd. 5, 3. Aufl. 1997, S. 1427 ff.

Messner, Johannes: Das Naturrecht, 3. Aufl. 1958.

Mestmäcker, Ernst-Joachim: Über die normative Kraft privatrechtlicher Verträge, JZ 1964, 441 ff.

– Über das Verhältnis des Rechts der Wettbewerbsbeschränkungen zum Privatrecht, AcP 168 (1968), S. 235 ff.

– Macht – Recht – Wirtschaftsverfassung, ZHR 137 (1973), S. 97 ff.

– Zur gesellschaftsrechtlich organisierten Berufsfreiheit, in: W. Hefermehl/R. Gmür/H. Brox (Hrsg.), FS H. Westermann (65.), 1974, S. 411 ff.

– Wirtschaftsordnung und Staatsverfassung, in: H. Sauermann/E.-J. Mestmäcker (Hrsg.), Wirtschaftsordnung und Staatsverfassung, FS F. Böhm (80.), 1975, S. 383 ff., auch in: ders., Recht und ökonomisches Gesetz, 1978, S. 29 ff.

– Mitbestimmung und Vermögensverteilung. Alternativen zur Umverteilung von Besitzständen, 1973, in: ders., Recht und ökonomisches Gesetz, 2. Aufl. 1984, S. 175 ff.

– Der verwaltete Wettbewerb. Eine vergleichende Untersuchung über den Schutz von Freiheit und Lauterkeit im Wettbewerbsrecht, 1984.

– Zur Wirtschaftsverfassung in der Europäischen Union, in: R. H. Hasse/J. Molsberger/Chr. Watrin (Hrsg.), Ordnung in Freiheit, FS für H. Willgerodt, 1994, S. 263 ff.

Meyer, Hans: Demokratische Wahl und Wahlsystem, in: J. Isensee/P. Kirchhof (Hrsg.), Handbuch des Staatsrechts der Bundesrepublik Deutschland, Bd. III, Demokratie – Bundesorgane, 3. Aufl. 2005, § 45, S. 521 ff.

Miarka, Susanne: Degeneration politischer Werte in der Agonie der Republik, Diplomarbeit Lehrstuhl Schachtschneider, 1993.

Michel, Karl Markus/*Spengler*, Tilmann (Hrsg.): Korruption, Kursbuch 120, Juni 1995.

Michels, Robert: Zur Soziologie des Parteienwesens in der modernen Demokratie. Untersuchungen über die oligarchischen Tendenzen des Gruppenlebens, 1911, 2. Aufl. 1925/1970.

Mikat, Paul: Staat, Kirchen und Religionsgemeinschaften, in: E. Benda/W. Maihofer/H.-J. Vogel (Hrsg.), Handbuch des Verfassungsrechts der Bundesrepublik Deutschland, 2. Aufl. 1994, § 29, S. 1425 ff.

Mill, John Stuart: Über die Freiheit (On Liberty and other essays), 1859, übersetzt v. F. Wentscher, 1928, ed. Kiepenheuer, 1991.

Mintzel, Alf: Großparteien im Parteienstaat der Bundesrepublik in: Aus Politik und Zeitgeschichte, B 11/89, S. 3 ff.

Mittelstraß, Jürgen: Kant und die Dialektik der Aufklärung, in: J. Schmidt (Hrsg.), Aufklärung und Gegenaufklärung in der europäischen Literatur, Philosophie und Politik von der Antike bis zur Gegenwart, 1989, S. 341 ff.

Mohl, Robert von: Enzyklopädie der Staatswissenschaften, 2. Aufl. 1872.

Mommsen, Theodor: Römische Geschichte I, Könige und Konsuln, Von den Anfängen bis zum Untergang der Republik, 1856, bearbeitet von H. Leonhardt, o.J.

– Römisches Staatsrecht, 3. Aufl. 1887, Nachdruck 1971.

Montesquieu, Charles: Vom Geist der Gesetze, 1748, ed. Weigand, Reclam 1965.

Moraw, Peter: Herrschaft, in: O. Brunner/W. Conze/R. Koselleck (Hrsg.), Geschichtliche Grundbegriffe. Historisches Lexikon zur politisch-sozialen Sprache in Deutschland, Bd. 3, II, 1982, S. 5 ff.

Morgenthaler, Gerd: Freiheit durch Gesetz. Der parlamentarische Gesetzgeber als Erstadressat der Freiheitsgrundrechte, 1999.

Moulin, Club Jean: Staat und Bürger, 1961/1964.

Mühlenkamp, Holger: Zur „Ökonomisierung" des öffentlichen Sektors – Verständnisse, Mißverständnisse und Irrtümer, Speyerer Vorträge, Heft 82, 2005, S. 33 ff.

Müller, Friedrich: Freiheit der Kunst als Problem der Grundrechtsdogmatik, 1969.

– Strukturierende Rechtslehre, 1984.

– Die Positivität der Grundrechte. Fragen einer praktischen Grundrechtsdogmatik, 2. Aufl. 1990.

Müller, Georg: Der Gleichheitssatz, VVDStRL 47 (1989), S. 37 ff.

Müller, Jörg P.: Die Verfassungsgerichtsbarkeit im Gefüge der Staatsfunktionen, VVDStRL 39 (1981), S. 53 ff.

– Demokratische Gerechtigkeit. Eine Studie zur Legitimität rechtlicher und politischer Ordnung, 1993.

Müller, Johannes C. W.: Kapitalverkehrsfreiheit in der Europäischen Union. Bedeutung, Inhalt und Umfang, Weiterentwicklung, Auswirkung auf Völkerrecht und nationales Recht, 2000.

Münch, Ingo von: Kommentierung der Art. 1 und 2 GG, in: I. v. Münch (Hrsg.), Grundgesetz Kommentar, Bd. I, 3. Aufl. 1985, S. 11 ff.

Murswiek, Dietrich: Kommentierung des Art. 2 GG, in: M. Sachs (Hrsg.), Grundgesetz, Kommentar, 3. Auf. 2003, S. 115 ff.

– Grundrechte als Teilhaberechte, soziale Grundrechte, in: J. Isensee/P. Kirchhof (Hrsg.), Handbuch des Staatsrechts der Bundesrepublik Deutschland, Bd. V, Allgemeine Grundrechtslehren, 1992, § 112, S. 243 ff.

Mußgnug, Reinhard: Das Vorschlagsmonopol der politischen Parteien bei den Parlamentswahlen, JR 1976, 353 ff.

Musulin, Janko: Proklamationen der Freiheit. Dokumente von der Magna Charta bis zum ungarischen Volksaufstand, 1959.

Mutius, Albert von: Rechtsnorm und Verwaltungsakt, in: Ch.-F. Menger (Hrsg.), Fortschritte des Verwaltungsrechts, FS H.-J. Wolff (75.), 1973, S. 167 ff.

Nawiasky, Hans: Die Gleichheit vor dem Gesetz im Sinne des Art. 109 der Reichsverfassung, VVDStRL 3 (1927), S. 25 ff.

Nell-Breuning, Oswald von: Können Neoliberalismus und katholische Soziallehre sich verständigen? in: H. Sauermann/E.-J. Mestmäcker (Hrsg.), Wirtschaftsordnung und Staatsverfassung, FS F. Böhm (80.), 1975, S. 459 ff.

Nelson, Leonhard: System der philosophischen Rechtslehre und Politik, 1924, Gesammelte Schriften, hrsg. v. P. Bernays/W. Eichler/A. Gysin/G. Heckmann/G. Henry-Hermann/F. von Hippel/St. Körner/W. Kroebel/G. Weißer, 1970–1977, Bd. 6.

– Kritik der praktischen Vernunft, 1927, Gesammelte Schriften, hrsg. v. P. Bernays/W. Eichler/A. Gysin/G. Heckmann/G. Henry-Hermann/F. von Hippel/St. Körner/W. Kroebel/G. Weißer, 1970–1977, Bd. 4.

– System der philosophischen Ethik und Pädagogik, 1932, Gesammelte Schriften, hrsg. v. P. Bernays/W. Eichler/A. Gysin/G. Heckmann/G. Henry-Hermann/ F. von Hippel/St. Körner/W. Kroebel/G. Weißer, 1970–1977, Bd. 5.

Niedermayer, Oskar: Innerparteiliche Partizipation. 1989.

Nipperdey, Hans Carl: Soziale Marktwirtschaft und Grundgesetz, 1961, 3. Aufl. 1965.

Nipperdey, Thomas: Deutsche Geschichte 1800–1866, Bürgerwelt und starker Staat, 1983, 6. Aufl. 1993.

Nissen, Ulrich: Die EG-Öko-Audit-Verordnung, Determinanten ihrer Wirksamkeit, 1999.

Nisters, Thomas: Kants Kategorischer Imperativ als Leitfaden humaner Praxis, 1989.

Noelle-Neumann, Elisabeth: Öffentliche Meinung. Die Entdeckung der Schweige-spirale, 3. Aufl. 1991.

– Öffentliche Meinung, in: E. Noelle-Neumann/W. Schulz/J. Wilke (Hrsg.), Publi-zistik. Massenkommunikation, 2002, S. 392 ff.

Novalis (Friedrich von Hardenberg): Glauben und Liebe oder König und die Köni-gin, 1798, in: J. Minor (Hrsg.), Schriften von Novalis, 2. Bd., 1923.

Nozick, Robert: Anarchie, Staat, Utopia, 1974/76.

Oertzen, Peter von: Die soziale Funktion des staatsrechtlichen Positivismus, 1974.

Ohmae, Kenichi: Die neue Logik der Weltwirtschaft. Zukunftsstrategien der inter-nationalen Konzerne, 1992.

Oppermann, Thomas: Schule und berufliche Ausbildung, in: J. Isensee/P. Kirchhof (Hrsg.), Handbuch des Staatsrechts der Bundesrepublik Deutschland, Bd. VI, Freiheitsrechte, 1989, § 135, S. 329 ff.

– Freiheit von Forschung und Lehre, in: J. Isensee/P. Kirchhof (Hrsg.), Handbuch des Staatsrechts der Bundesrepublik Deutschland, Bd. VI, Freiheitsrechte, 1989, § 145, S. 809 ff.

– Europarecht. Ein Studienbuch, 1991, 3. Aufl. 2005.

Ortega y Gasset, José: Aufstand der Massen, 1930, rororo 1956.

Ossenbühl, Fritz: Verwaltungsvorschriften und Grundgesetz, 1968.

– Die Interpretation der Grundrechte in der Rechtsprechung des Bundesverfas-sungsgerichts, NJW 1976, 2100 ff.

– Vorrang und Vorbehalt des Gesetzes, in: J. Isensee/P. Kirchhof (Hrsg.), Hand-buch des Staatsrechts der Bundesrepublik Deutschland, Bd. III, Das Handeln des Staates, 1988, § 62, S. 315 ff.

– Gesetz und Recht – Die Rechtsquellen im demokratischen Rechtsstaat, in: J. Isen-see/P. Kirchhof (Hrsg.), Handbuch des Staatsrechts der Bundesrepublik Deutsch-land, Bd. III, Das Handeln des Staates, 1988, § 61, S. 281 ff.

– Autonome Rechtsetzung der Verwaltung, in: J. Isensee/P. Kirchhof (Hrsg.), Handbuch des Staatsrechts der Bundesrepublik Deutschland, Bd. III, Das Handeln des Staates, 1988, § 65, S. 425 ff.

– Rechtsquellen und Rechtsbindungen der Verwaltung, in: H.-U. Erichsen/ D. Ehlers, Allgemeines Verwaltungsrecht, 12. Aufl. 2002, S. 133 ff.

Osterloh, Lerke: Privatisierung von Verwaltungsaufgaben, VVDStRL 54 (1995), S. 204 ff.

Pabst, Angela: Die athenische Demokratie, 2003.

Padua, Marsilius von: Defensor pacis, Der Verteidiger des Friedens, 1324, ed. H. Kusch/H. Rausch, Reclam, 1971.

Papier, Hans-Jürgen: Die Beeinträchtigungen der Eigentums- und Berufsfreiheit durch Steuern vom Einkommen und Vermögen, Der Staat 11 (1972), S. 483 ff.

– „Spezifisches Verfassungsrecht" und „einfaches Recht" als Argumentationsformeln des Bundesverfassungsgerichts, in: Ch. Starck (Hrsg.), Bundesverfassungsgericht und Grundgesetz, FG aus Anlaß des 25-jährigen Bestehens des Bundesverfassungsgerichts, Bd. I, 1976, S. 435 ff.

– Unternehmen und Unternehmer in der verfassungsrechtlichen Ordnung der Wirtschaft, VVDStRL 35 (1977), S. 55 ff.

– Kommentierung des Art. 14 GG, in: Maunz/Dürig, Grundgesetz, Kommentar, 1983, 2002.

– Eigentumsgarantie des Grundgesetzes im Wandel, 1984.

– Art. 12 – Freiheit des Berufs und Grundrecht der Arbeit, DVBl 1984, 801 ff.

– Grundgesetz und Wirtschaftsordnung, in: E. Benda/W. Maihofer/H.-J. Vogel (Hrsg.), Handbuch des Verfassungsrechts der Bundesrepublik Deutschland, 2. Aufl. 1994, § 18, S. 799 ff.

– Justizgewähranspruch, in: J. Isensee/P. Kirchhof (Hrsg.), Handbuch des Staatsrechts der Bundesrepublik Deutschland, Bd. VI, Freiheitsrechte, 1989, § 153, S. 1221 ff.

– Rechtsschutzgarantie gegen die öffentliche Gewalt, in: J. Isensee/P. Kirchhof (Hrsg.), Handbuch des Staatsrechts der Bundesrepublik Deutschland, Bd. VI, Freiheitsrechte, 1989, § 154, S. 1233 ff.

Paton, Herbert James: Der kategorische Imperativ. Eine Untersuchung über Kants Moralphilosophie, 1947, übersetzt von K. Schmidt, 1962.

Pausenberger, Marcus: Eigentum und Steuern in der Republik. Ein Beitrag zum Halbteilungsgrundsatz, 2007.

Pawlowski, Hans-Martin: Methodenlehre für Juristen. Theorie der Norm und des Gesetzes. Ein Lehrbuch, 1981.

Penski, Ulrich: Zum Verhältnis von Markt und Staat in der Ordnung der Europäischen Union, in: H. Jenkis (Hrsg.), Freiheit und Bindung der Wirtschaft – Beiträge zur Ordnungspolitik, FS B. Gemper (70.), 2006, S. 157 ff.

Pernice, Ingolf: Europäisches und nationales Verfassungsrecht, VVDStRL 60 (2001), S. 148 ff.

Pescatore, Pierre: Die Menschenrechte und die europäische Integration, in: ders., Integration, 1969, S. 103 ff.

Peters, Hans: Die freie Entfaltung der Persönlichkeit als Verfassungsziel, in: D. Constantopoulos/H. Wehberg (Hrsg.), Gegenwartsprobleme des internationalen Rechts und der Rechtsphilosophie, FS R. Laun (70.), 1953, S. 669 ff.

– Das Recht auf freie Entfaltung der Persönlichkeit in der höchstrichterlichen Rechtsprechung, 1963.

Pieroth, Bodo: Der Rechtsstaat und die Aufarbeitung der vor-rechtsstaatlichen Vergangenheit, VVDStRL 51 (1992), S. 91 ff.

Pieroth, Bodo/*Schlink*, Bernhard: Grundrechte, Staatsrecht II, 21. Aufl. 2005.

Pitschas, Rainer: Berufsfreiheit und Berufslenkung, 1983.

Platon: Politeia, in: G. Eigler (Hrsg.), Werke in acht Bänden, griechisch und deutsch, Bd. 4, deutsche Übersetzung von F. Schleiermacher, bearbeitet von D. Kurz, 2. Aufl. 1990.

– Nomoi, in: G. Eigler (Hrsg.), Werke in acht Bänden, griechisch und deutsch, Bd. 8/1 und 8/2, deutsche Übersetzung von K. Schöpsdau und H. Müller, bearbeitet von K. Schöpsdau, 2. Aufl. 1990.

Pleyer, Klemens: Zentralplanwirtschaft und Zivilrecht. Juristische Untersuchungen zur Wirtschaftsverfassung der SBZ, 1965.

Podlech, Adalbert: Kommentierung des Art. 2 Abs. 1 GG, in: R. Wassermann (Hrsg.), Grundgesetz, Alternativ-Kommentar, 2. Aufl. 1989, S. 245 ff.

– Der Gewissensbegriff im Rechtsstaat, AöR 88 (1963), S. 185 ff.

– Das Recht auf Privatheit, in: J. Perels (Hrsg.), Grundrechte als Fundament der Demokratie, 1979, S. 68 ff.

Popper, Karl R.: Die offene Gesellschaft und ihre Feinde I. Der Zauber Platons II, Falsche Propheten, Hegel, Marx und die Folgen, 6. Aufl. 1980.

– Objektive Erkenntnis. Ein evolutionärer Entwurf, 4. Aufl. 1984.

– Bemerkungen zu Theorie und Praxis des demokratischen Staates, 1988.

– Auf der Suche nach einer besseren Welt, 3. Aufl. 1988.

Poscher, Ralf: Grundrechte als Abwehrrechte. Reflexive Regelung rechtlich geordneter Freiheit, 2003.

Preuß, Hugo: Deutschlands republikanische Reichsverfassung, 2. Aufl. 1923.

Preuß, Ulrich K.: Zum staatsrechtlichen Begriff des Öffentlichen. Untersucht am Beispiel des verfassungsrechtlichen Status kultureller Organisationen, 1969.

– Der Staat als bewußt produziertes Handlungszentrum, 1969, in: E.-W. Böckenförde (Hrsg.), Staat und Gesellschaft, 1976, S. 330 ff.

– Die Risiken der Sicherheit, Vorwort zu Peter Brückner, Freiheit, Gleichheit, Sicherheit. Von den Widersprüchen des Wohlstands, 1989, S. 7 ff.

Preuße, Detlev: Gruppenbildung und innerparteiliche Demokratie. Am Beispiel der Hamburger CDU, 1981.

Püttner, Günter: Vertrauensschutz im Verwaltungsrecht, VVDStRL 32 (1974), S. 200 ff.

– Die öffentlichen Unternehmen. Ein Handbuch zu Verfassungs- und Rechtsfragen der öffentlichen Wirtschaft, 2. Aufl. 1985.

Quack, Friedrich: Kommentierung des § 950 BGB, in: Rebmann u. a. (Hrsg.), Münchener Kommentar zum Bürgerlichen Gesetzbuch, Sachenrecht, Bd. 6, 3. Aufl. 1997, S. 900 ff.

Quaritsch, Helmut: Positionen und Begriffe Carl Schmitts, 1989.

– Staat und Souveränität, Bd. 1: Die Grundlagen, 1970.

Radbruch, Gustav: Republikanische Pflichtenlehre. Rede zur Verfassungsfeier, Kiel 1928, 1929.

– Die politischen Parteien im System des deutschen Verfassungsrechts, in: G. Anschütz/R. Thoma (Hrsg.), Handbuch des Deutschen Staatsrechts, Bd. I, 1930, § 25, S. 285 ff.

– Rechtsphilosophie, 8. Aufl. 1973, hrsg. von E. Wolf und H.-P. Schneider.

Rahner, Karl (SJ): Demokratie als staatsethisches Prinzip, in: W. Leisner (Hrsg.), Staatsethik, 1977, S. 159 ff.

Raiser, Ludwig: Das Eigentum als Menschenrecht, in: W. Grunsky/R. Stürmer/ G. Walter/M. Wolf (Hrsg.), FS F. Baur, 1981, S. 105 ff.

– Vertragsfunktion und Vertragsfreiheit, in: E. v. Caemmerer/E. Friesenhahn/ R. Lange (Hrsg.), Hundert Jahre Deutsches Rechtsleben, FS zum hundertjährigen Bestehen des Deutschen Juristentages 1860–1960, 1960, FS DJT, Bd. I, S. 101 ff.

– Rechtsschutz und Institutionenschutz im Privatrecht, in: Rechtswisenschaftliche Abteilung der Rechts- und Wirtschaftswissenschaftlichen Fakultät der Universität Tübingen (Hrsg.), Summum ius summa inuria, Individualgerechtigkeit und der Schutz allgemeiner Werte im Rechtsleben, 1963, S. 145 ff.

Ramm, Thilo: Die Parteien des Tarifvertrages. Kritik und Neubegründung der Lehre vom Tarifvertrag, 1961.

Randelzhofer, Albrecht: Staatsgewalt und Souveränität, in: J. Isensee/P. Kirchhof (Hrsg.), Handbuch des Staatsrechts der Bundesrepublik Deutschland, Bd. II, Verfassungsstaat, 3. Aufl. 2004, § 17, S. 143 ff.

Rasehorn, Theo: Bürgerinitiativen und Gemeinwohl, in: D. Posser/R. Wassermann (Hrsg.), Freiheit in der sozialen Demokratie, 1975, S. 317 ff.

Rauschning, Dieter: Staatsaufgabe Umweltschutz, VVDStRL 38 (1980), S. 167 ff.

Rawls, John: Eine Theorie der Gerechtigkeit, übersetzt von H. Vetter, 1975.

– Kantischer Konstruktivismus in der Moraltheorie, 1980, in: ders., Die Idee des politischen Liberalismus, Aufsätze 1978–1989, hrsg. v. W. Hinsch, 1992, S. 80 ff.

– Das Recht der Völker. Enthält: „Nochmals: Die Idee der öffentlichen Vernunft", 1999, übersetzt von W. Hinsch, 2002.

Rebe, Bernd: Privatrecht und Wirtschaftsordnung. Zur vertragsrechtlichen Relevanz der Ordnungsfunktionen dezentraler Interessenkoordination in einer Wettbewerbswirtschaft, 1978.

Redslob, Robert: Die Staatstheorien der französischen Nationalversammlung von 1789. Ihre Grundlagen in der Staatslehre der Aufklärungszeit und in den englischen und amerikanischen Verfassungsgedanken, 1912.

Reichel, Marc: Das demokratische Offenheitsprinzip und seine Anwendung im Recht der politischen Parteien, 1996.

Reinhardt, Rudolf: Wo liegen für den Gesetzgeber die Grenzen, gemäß Art. 14 des Bonner Grundgesetzes über Inhalt und Schranken des Eigentums zu bestimmen, in: ders./U. Scheuner, Verfassungsschutz des Eigentums, 1954, S. 10 ff.

Rengeling, Hans Werner: Gesetzgebungszuständigkeit, in: J. Isensee/P. Kirchhof (Hrsg.), Handbuch des Staatsrechts der Bundesrepublik Deutschland, Bd. IV, Finanzverfassung – Bundesstaatliche Ordnung, 1990, § 100, S. 723 ff.

Ress, Georg: Staatszwecke im Verfassungsstaat – nach 40 Jahren Grundgesetz, VVDStRL 48 (1990), S. 56 ff.

Richardi, Reinhard: Empfiehlt es sich, die Regelungsbefugnisse der Tarifparteien in ein Verhältnis zu den Betriebsparteien neu zu ordnen? Gutachten B zum 61. Deutschen Juristentag, 1996, S. 33 ff.

Richter, Horst E.: Lernziel Solidarität, 1974.

– Talkshow am 29. März 1992.

Ridder, Helmut: Zur verfassungsrechtlichen Stellung der Gewerkschaften im Sozialstaat nach dem Grundgesetz für die Bundesrepublik Deutschland. Rechtsgutachten zur Frage der Verfassungsmäßigkeit des Urteils des Bundesarbeitsgerichts vom 31. Oktober 1958, 1960.

– Verfassungsrecht oder Staatsrecht? Die Realverfassung(en) des deutschen Nationalstaates auf dem Prüfstand der Demokratie, Blätter für deutsche und internationale Politik, Sonderdruck 354 aus Heft 6/1988.

Riedel, Manfred: Bürgerliche Gesellschaft und Staat, Grundprobleme und Struktur der Hegelschen Rechtsphilosophie, 1970.

– Der Begriff der „Bürgerlichen Gesellschaft" und das Problem seines geschichtlichen Ursprungs, 1962/1969, in: E.-W. Böckenförde (Hrsg.), Staat und Gesellschaft, 1976, S. 77 ff.

– Bürger, Staatsbürger, Bürgertum, in: O. Brunner/W. Conze/R. Koselleck (Hrsg.), Geschichtliche Grundbegriffe. Historisches Lexikon zur politisch-sozialen Sprache in Deutschland, Bd. 1, 1972/1979, S. 672 ff.

– Moral und Recht in der Philosophie Kants, Diskussion, in: F. Kaulbach, Studien zur späten Rechtsphilosophie Kants und ihrer transzendentalen Methode, 1982, S. 153 ff.

Ringler, Jochen: Die europäische Sozialunion, 1997.

Ritter, Christian: Der Rechtsgedanke Kants nach den frühen Quellen, 1971.

– Moral und Recht in der Philosophie Kants, Diskussion, in: F. Kaulbach, Studien zur späten Rechtsphilosophie Kants und ihrer transzendentalen Methode, 1982, S. 151, 155, 163 f.

Rittstieg, Helmut: Eigentum als Verfassungsproblem. Zur Geschichte und Gegenwart des bürgerlichen Verfassungsstaates, 1975.

– Kommentierung der Art. 14/15 GG, in: R. Wassermann (Hrsg.), Grundgesetz, Alternativ-Kommentar, 2. Aufl. 1989, S. 1046 ff.

Robbers, Gerhard: Gerechtigkeit als Rechtsprinzip. Über den Begriff der Gerechtigkeit in der Rechtsprechung des Bundesverfassungsgerichts, 1980.

– Sicherheit als Menschenrecht. Aspekte der Geschichte, Begründung und Wirkung einer Grundrechtsfunktion, 1987.

– Der Gleichheitssatz, DÖV 1988, 749 ff.

– Für ein neues Verhältnis zwischen Bundesverfassungsgericht und Fachgerichtsbarkeit, NJW 1998, 935 ff.

Roellecke, Gerd: Der Begriff des positiven Gesetzes und das Grundgesetz, 1969.

– Die Bindung des Richters an Gesetz und Verfassung, VVDStRL 34 (1976), S. 7 ff.

– Subjektive Rechte und politische Planung, AöR 114 (1989), S. 589 ff.

Römpp, Georg: Moralische und rechtliche Freiheiten. Zum Status der Rechtslehre in Kants praktischer Philosophie, Rechtstheorie 22 (1991), S. 287 ff.

Rohlf, Dietwald: Der grundrechtliche Schutz der Privatsphäre. Zugleich ein Beitrag zur Dogmatik des Art. 2 Abs. 1 GG, 1980.

Ronellenfitsch, Michael: Wirtschaftliche Betätigung des Staates, in: J. Isensee/ P. Kirchhof (Hrsg.), Handbuch des Staatsrechts der Bundesrepublik Deutschland, Bd III, Das Handeln des Staates, 1988, § 84, S. 1171 ff.

Roth, Wulf-Henning: Der rechtliche Rahmen der Wirtschafts- und Währungsunion, EuR, Beiheft 1, 1994, S. 45 ff.

Rousseau, Jean-Jacques: Du Contract Social ou Principes du Droit Politique, 1762, Vom Gesellschaftsvertrag oder Grundsätze des Staatsrechts, ed. Brockard, 1986.

– Über den Ursprung und die Grundlagen der Ungleichheit unter den Menschen, in: ders., Kulturkritische Schriften, hrsg. von M. Fontius, 1989, Bd. 1, S. 183 ff.

Rudolf, Walter: Verwaltungsorganisation, in: H.-U. Erichsen/W. Martens, Allgemeines Verwaltungsrecht, 9. Aufl. 1992, S. 681 ff.

Rüfner, Wolfgang: Grundrechtsadressaten, in: J. Isensee/P. Kirchhof (Hrsg.), Handbuch des Staatsrechts der Bundesrepublik Deutschland, Bd. V, Allgemeine Grundrechtslehren, 1992, § 117, S. 525 ff.

– Kommentierung des Art. 3 Abs. 1 GG, Kommentar zum Bonner Grundgesetz, (Bonner Kommentar), Zweitbearbeitung 1992.

Rüpke, Giselher: Der verfassungsrechtliche Schutz der Privatheit. Zugleich ein Versuch pragmatischen Grundrechtsverständnisses, 1976.

Rüthers, Bernd: Entartetes Recht. Rechtslehren und Kronjuristen im Dritten Reich, 2. Aufl. 1989.

Rupp, Hans Heinrich: Privateigentum an Staatsfunktionen? Eine kritische Untersuchung am Beispiel der Technischen Überwachungsvereine, 1963.

– Das Grundrecht der Berufsfreiheit in der Rechtsprechung des Bundesverfassungsgerichts, AöR 92 (1967), S. 212 ff.

– Verfassungsrecht und Kartelle, in: E.-J. Mestmäcker (Hrsg.), Wettbewerb als Aufgabe. Nach zehn Jahren Gesetz gegen Wettbewerbsbeschränkungen, 1968.

– Vom Wandel der Grundrechte, AöR 101 (1976), S. 161 ff.

– Die Unterscheidung von Staat und Gesellschaft, in: J. Isensee/P. Kirchhof (Hrsg.), Handbuch des Staatsrechts der Bundesrepublik Deutschland, Bd. II, Verfassungsstaat, 3. Aufl. 2004, § 31, S. 879 ff.

– Grundfragen der heutigen Verwaltungsrechtslehre. Verwaltungsnorm und Verwaltungsrechtsverhältnis, 1965, 2. Aufl. 1991.

– Die Soziale Marktwirtschaft in ihrer Verfassungsbedeutung, in: J. Isensee/ P. Kirchhof (Hrsg.), Handbuch des Staatsrechts der Bundesrepublik Deutschland, Bd. IX, Die Einheit Deutschlands – Festigung und Übergang, 1997, § 203, S. 129 ff.

Sachs, Michael: in: K. Stern, Das Staatsrecht der Bundesrepublik Deutschland, Allgemeine Lehren der Grundrechte, Bd. III, 1. Halbband, 1988, §§ 63 ff., S. 316 ff.

– in: K. Stern, Das Staatsrecht der Bundesrepublik Deutschland, Allgemeine Lehren der Grundrechte, Bd. III, 2. Halbband, 1994, §§ 77 ff., S. 3 ff.

– Bürgerverantwortung im demokratischen Verfassungsstaat, DVBl 1995, 873 ff.

Säcker, Franz Jürgen: Gruppenautonomie und Übermachtkontrolle im Arbeitsrecht, 1972.

Saladin, Peter: Unternehmen und Unternehmer in der verfassungsrechtlichen Ordnung der Wirtschaft, VVDStRL 35 (1977), S. 7 ff.

Samuelson, Paul A.: Where Ricardo and Mill Rebut and Confirm Arguments of Mainstream Economists Supporting Globalization, in: The Journal of Economic Perspectives, Vol. 18, Nb. 3, Summer 2004, Page 135 ff.

Sauer, Paul: Carlo Schmid und die Entstehung der Verfassung von Württemberg-Baden, in: G. Taddey (Hrsg.), Carlo Schmid. Mitgestalter der Nachkriegsentwicklung im deutschen Südwesten, Symposium anläßlich seines 100. Geburtstages am 7. Dezember 1996 in Mannheim, 1997, S. 59 ff.

Schachtschneider, Karl Albrecht: Neubescheidung nach Rechtskraft im Sozialversicherungsrecht und im allgemeinen Verwaltungsrecht, VerwArch 63 (1972), S. 112 ff., 277 ff.

– Das Sozialprinzip. Zu seiner Stellung im Verfassungssystem des Grundgesetzes, 1974.

– Das Nominationsmonopol der Parteien in Berlin, JR 1975, 89 ff.

– Gesetzgebung und Verfassungsänderung durch das Volk in Berlin, JR 1975, S. 221 ff.

– Imperative Lohnleitlinien unter dem Grundgesetz, Der Staat 16 (1977), S. 493 ff.

– Die Entscheidung des Grundgesetzes für die Demokratie, JA 1979, S. 512 ff., 568 ff.

– Staatsunternehmen und Privatrecht. Kritik der Fiskustheorie, exemplifiziert an § 1 UWG, 1986.

– Das Hamburger Oppositionsprinzip. Zum Widerspruch des entwickelten Parteienstaates zur republikanischen Repräsentation, Der Staat 28 (1989), S. 173 ff.

– Der Rechtsbegriff „Stand von Wissenschaft und Technik" im Atom- und Immissionsschutzrecht, in: Werner Thieme (Hrsg.), Umweltschutz im Recht, 1988, S. 81 ff.

– Frei – sozial – fortschrittlich, in: Die Fortentwicklung des Sozialstaates – Verfassungsauftrag und administrative Implementation, Symposium zu Ehren von Werner Thieme, Hamburg, 24. Juni 1988, 1989, S. 6 ff.

– Streikfreiheit und Streikrecht, Vortrag, Nürnberg, 1989 (Lehrstuhl).

– Das Sittengesetz und die guten Sitten, in: B. Becker/H. P. Bull/O. Seewald (Hrsg.), FS W. Thieme (70.), 1993, S. 195 ff.

– Die Europäische Union und die Verfassung der Deutschen, in: Aus Politik und Zeitgeschichte, B 28/93, S. 3 ff.

– Die Staatlichkeit der Europäischen Gemeinschaft, in: M. Brunner (Hrsg.), Kartenhaus Europa? 1994, S. 117 ff., auch in: M. Vollkommer (Hrsg.), Auf dem Weg in ein vereintes Europa, Atzelsberger Gespäche 1992, 1994, S. 81 ff.

– Die existentielle Staatlichkeit der Völker Europas und die staatliche Integration der Europäischen Union, in: W. Blomeyer/K. A. Schachtschneider (Hrsg.), Die Europäische Union als Rechtsgemeinschaft, 1994, S. 75 ff.

– Res publica res populi. Grundlegung einer Allgemeinen Republiklehre. Ein Beitrag zur Freiheits-, Rechts- und Staatslehre, 1994.

– Das Maastricht-Urteil. Die neue Verfassungslage der Europäischen Gemeinschaft, Recht und Politik, 1994, S. 1 ff.

– Vom liberalistischen zum republikanischen Freiheitsbegriff, in: K. A. Schachtschneider (Hrsg.), Wirtschaft, Gesellschaft und Staat im Umbruch. Festschrift der Wirtschafts- und Sozialwissenschaftlichen Fakultät der Friedrich-Alexander-Universität Erlangen-Nürnberg 75 Jahre nach Errichtung der Handelshochschule Nürnberg, 1995, S. 418 ff.

– (*Gast*, Olaf): Sozialistische Schulden nach der Revolution. Kritik der Altschuldenpolitik. Ein Beitrag zur Lehre von Recht und Unrecht, 1996.

– Die Republik der Völker Europas, in: R. Gröschner/M. Morlok (Hrsg.), Rechtsphilosophie und Rechtsdogmatik in Zeiten des Umbruchs, ARSP, Beiheft 71 (1997), S. 153 ff.

– Republikanische Freiheit, in: B. Ziemske/T. Langheid/H. Wilms/G. Haverkate (Hrsg.), Staatsphilosophie und Rechtspolitik, FS M. Kriele (65.), 1997, S. 829 ff.

– Die Republik Europas. Drei an Kants Friedensschrift orientierte Integrationsmodelle nach dem Maastricht-Urteil, in: Aufklärung und Kritik (2/1997), S. 66 ff.

– Der Euro-Beschluß des Bundesverfassungsgerichts. Vortrag am 20.4.1998 im IHI Zittau, IHI-Schriften, Heft 9/1998, S. 19 ff.

– Grundgesetzliche Aspekte der freiberuflichen Selbstverwaltung, Die Verwaltung 31 (1998), S. 139 ff.

– Die Euro-Klage. Warum die Währungsunion scheitern muß, 1998 (mit *Hankel*, Wilhelm/*Nölling*, Wilhelm/*Starbatty*, Joachim).

– Das Recht am und das Recht auf Eigentum. Aspekte freiheitlicher Eigentumsgewährleistung, in: J. Isensee/H. Lecheler (Hrsg.), Freiheit und Eigentum, FS für W. Leisner (70.), 1999, S. 743 ff.

– Demokratiedefizite in der Europäischen Union, in: W. Nölling/K. A. Schachtschneider/J. Starbatty (Hrsg.), Währungsunion und Weltwirtschaft, FS für W. Hankel (70.), 1999, S. 119 ff.

– Eigentümer globaler Unternehmen, in: B. N. Kumar/M. Osterloh/G. Schreyögg (Hrsg.), Unternehmensethik und die Transformation des Wettbewerbs: Shareholder Value, Globalisierung, Hyper-Wettbewerb, FS für H. Steinmann (65.), 1999, S. 409 ff.

– Regieren für statt durch das Volk? Demokratiedefizite in der Europäischen Union? in: H. H. v. Arnim (Hrsg.), Adäquate Institutionen: Voraussetzungen für „gute" und bürgernahe Politik? 1999, S. 203 ff.

– Grundbegriffe des Allgemeinen Verwaltungsrechts, Lehrstuhl, 1999.

– Der republikwidrige Parteienstaat, in: D. Murswiek/U. Storost/H. A. Wolff (Hrsg.), Staat – Souveränität – Verfassung, FS für H. Quaritsch zum 70. Geburtstag, 2000, S. 141 ff.

– Republikanismus versus Globalismus, exemplifiziert an der Kapitalverkehrsfreiheit, Zeitschrift für Sozialökonomie, 126/2000, S. 3 ff.

– Die Universität in der Republik, 2000, in: ders., Freiheit – Recht – Staat. Eine Aufsatzsammlung zum 65. Geburtstag, hrsg. v. D. I. Siebold/A. Emmerich-Fritsche, 2005, S. 259 ff.

– Recht auf Arbeit – Pflicht zur Arbeit, in: ders. u. a. (Hrsg.), Transport – Wirtschaft – Recht, GS J. G. Helm, 2001, S. 827 ff.

– Gibt es ein Recht auf Arbeit? in: J. Zempel/J. Bacher/K. Moser (Hrsg.), Erwerbslosigkeit. Ursachen, Auswirkungen und Interventionen. Psychologie sozialer Ungleichheit, Bd. 12, 2001, S. 365 ff.

– Umsatzbesteuerung der Mineralölsteuer – ohne sachlichen Grund und ohne rechtes Maß –, Gutachten 2001.

– Eine Charta der Grundrechte für die Europäische Union, Recht und Politik 1/2001, S. 16 ff.

– Euro – der Rechtsbruch, in: W. Hankel/W. Nölling/K. A. Schachtschneider/ J. Starbatty, Die Euro-Illusion. Ist Europa noch zu retten? 2001, S. 25 ff.

– Wirtschaftliche Stabilität als Rechtsprinzip, in: W. Hankel/W. Nölling/ K. A. Schachtschneider/J. Starbatty, Die Euro-Illusion. Ist Europa noch zu retten? 2001, S. 314 ff.

– Entstaatlichung Deutschlands und Entrechtlichung Europas, in: W. Hankel/ W. Nölling/K. A. Schachtschneider/J. Starbatty, Die Euro-Illusion. Ist Europa noch zu retten? 2001, S. 39 ff.

– Das Recht und die Pflicht zum Ausstieg aus der Währungsunion, in: W. Hankel/ W. Nölling/K. A. Schachtschneider/J. Starbatty, Die Euro-Illusion. Ist Europa noch zu retten? 2001, S. 314 ff.

– Die Rechtsverweigerung im Euro-Beschluß des Bundesverfassungsgerichts, in: W. Hankel/W. Nölling/K. A. Schachtschneider/J. Starbatty, Die Euro-Illusion. Ist Europa noch zu retten? 2001, S. 274 ff.

– Demokratie versus Kapitalismus, Zeitfragen Nr. 24 v. 10.6.2002, S. 1 ff.

– Streik im öffentlichen Dienst, in: ders., Fallstudien zum Öffentlichen Wirtschaftsrecht, 3. Aufl. 2003, S. 215 ff.

– Produktwarnung der Bundesregierung (Glykol-Skandal), in: ders.; Fallstudien zum Öffentlichen Wirtschaftsrecht, 3. Aufl. 2003, S. 83 ff.

– Umweltschutz (FCKW-Verbot), in: ders., Fallstudien zum Öffentlichen Wirtschaftsrecht, 3. Aufl. 2003, S. 303 ff.

– Atomrecht, in: ders., Fallstudien zum Öffentlichen Wirtschaftsrecht, 3. Aufl. 2003, S. 363 ff.

– (*Jungheim*, St. A./*Dorner*, W.), Konkurrentenklage gegen Subventionen der öffentlichen Hand, in: ders., Fallstudien zum Öffentlichen Wirtschaftsrecht, 3. Aufl. 2003, S. 425 ff.

– Grenzen der Kapitalverkehrsfreiheit, in: ders. (Hrsg.), Rechtsfragen der Weltwirtschaft, 2002, S. 253 ff.

– Rechtsstaatlichkeit als Grundlage des inneren und äußeren Friedens, in: Mut zur Ethik. Grundrechte, Rechtsstaatlichkeit und Völkerrecht versus Krieg, 2002, S. 61 ff.

– Deutschland nach dem Konventsentwurf einer „Verfassung für Europa", in: W. Hankel, K. A. Schachtschneider, J. Starbatty (Hrsg.), Der Ökonom als Politiker – Europa, Geld und die soziale Frage, FS für W. Nölling, 2003, S. 279 ff.

– Das europäisierte Deutschland nach dem Konventsentwurf einer „Verfassung für Europa", in: Recht und Politik, 4/2003, S. 138 ff.

– Flächentarife und die Soziale Frage, in: R. Krause/W. Veelken/K. Vieweg (Hrsg.), Recht der Wirtschaft und der Arbeit in Europa, GS für Wolfgang Blomeyer, 2004, S. 245 ff.

– Demokratische und soziale Defizite der Globalisierung, 2004, in: ders., Freiheit – Recht – Staat. Eine Aufsatzsammlung zum 65. Geburtstag, hrgs. v. D. I. Siebold/A. Emmerich-Fritsche, 2005, S. 668 ff.

– Steuerverfassungsrechtliche Probleme der Betriebsaufspaltung und der verdeckten Gewinnausschüttung, Rechtsgrundsätze versus Gerichtspraxis, 2004.

– Demokratierechtliche Grenzen der Gemeinschaftsrechtsprechung, in: St. Brink/ H. A. Wolff (Hrsg.), Gemeinwohl und Verantwortung, FS H. H. von Arnim (65.), 2004, S. 779 ff.

– Rechtsgrenzen der Gewaltdarstellungen, in: R. Hänsel/R. Hänsel (Hrsg.), Da spiel ich nicht mit! Auswirkungen von „Unterhaltungsgewalt" in Fernsehen, Video- und Computerspielen – und was man dagegen tun kann, 2004, S. 213 ff.

– Der Anspruch auf materiale Privatisierung. Exemplifiziert am Beispiel des staatlichen und kommunalen Vermessungswesens in Bayern, 2005.

– Sittlichkeit und Moralität – Fundamente der Ethik und Politik in der Republik, in: ders., Freiheit – Recht – Staat. Eine Aufsatzsammlung zum 65. Geburtstag, hrsg. v. D. I. Siebold/A. Emmerich-Fritsche, 2005, S. 23 ff.

– Medienmacht versus Persönlichkeitsschutz, in: ders., Freiheit – Recht – Staat. Eine Aufsatzsammlung zum 65. Geburtstag, hrsg. v. D. I. Siebold/A. Emmerich-Fritsche, 2005, S. 268 ff.

– Verfassungsklage vom 27.05.2005 gegen das Zustimmungsgesetz zum Vertrag über eine Verfassung für Europa, im Auftrag von Dr. P. Gauweiler, 2005.

– Die Verträge der Gemeinschaft und der Union, Das Europäische Parlament, Der Rat, Die Kommission, in: ders., Das Verfassungsrecht der Europäischen Union, Lehrstuhl 2005, §§ 1, 7, 8, 9.

– Marktliche Sozialwirtschaft, in: K. Farmer/W. Harbrecht (Hrsg.), Theorie der Wirtschaftspolitik, Entwicklungspolitik und Wirtschaftsethik, FS für W. Lachmann zum 65. Geburtstag, 2006, S. 41 ff.

– Prinzipien des Rechtsstaates, 2006.

Schachtschneider, Karl Albrecht/*Beyer*, Thomas C. W.: Forschung und Lehre sind frei. Zur Verfassungsmäßigkeit einer Lehrevaluation gemäß der geplanten bayerischen Hochschulnovelle, BayVBl 1998, S. 171 ff.

Schachtschneider, Karl Albrecht/*Emmerich-Fritsche*, Angelika: Das Verhältnis des europäischen Gemeinschaftsrechts zum nationalen Recht Deutschlands Teil I, DSWR 1–2, 1999, 17 ff.

– Das Unrecht gegenüber den Vertragsärzten in den gesetzlichen Krankenversicherungen, Lehrstuhl, 2003.

- Kommunaler Wettbewerb, in: ders., Fallstudien zum Öffentlichen Wirtschaftsrecht, 3. Aufl. 2003, S. 27 ff.

Schachtschneider, Karl Albrecht/*Emmerich-Fritsche*, Angelika/*Beyer*, Thomas C. W.: Der Vertrag über die Europäische Union und das Grundgesetz, JZ 1993, 751 ff.

Schachtschneider, Karl Albrecht/*Emmerich-Fritsche*, Angelika/*Siebold*, Dagmar I.: Grundlagen des Gewerberechts, Lehrstuhl, 2002.

Schachtschneider, Karl Albrecht/*Siebold*, Dagmar I.: Die „erweiterte Zustimmungslösung" des Transplantationsgesetzes im Konflikt mit dem Grundgesetz, DÖV 2000, 129 ff.

Schafft, Adam: Unser Ziel und der Weg. Die Lösung der Brüderlichkeit im Marxismus, in: H. J. Schulz (Hrsg.), Brüderlichkeit. Die vergessene Parole, 1976, S. 77 ff.

Scharpf, Fritz W.: Demokratietheorie zwischen Utopie und Anpassung, 1970.

Scheffczyk, Leo: Das Ebenbild Gottes im Menschen – Würde und Freiheit –, in: W. Leisner (Hrsg.), Staatsethik, 1977, S. 77 ff.

Scheler, Max: Der Formalismus in der Ethik und die materiale Wertethik. Neuer Versuch der Grundlegung eines ethischen Personalismus, 2. Aufl. 1921.

Schelling, Friedrich W. von: Philosophische Untersuchungen über das Wesen der menschlichen Freiheit und die damit zusammenhängenden Gegenstände, 1809, Neuabdruck, in: O. Braun, Schellings Philosophie, 1918.

Schenke, Wolf-Rüdiger: Verfassungsgerichtsbarkeit und Fachgerichtsbarkeit, 1987.

Scherer, Andreas Georg: Multinationale Unternehmen und Globalisierung. Zur Neuorientierung der Theorie der Multinationalen Unternehmung, 2003.

- Multinationale Unternehmung als Mittler zwischen privater Freiheit und öffentlichem Interesse – Verantwortungsvolles unternehmerisches Handeln im Prozeß der Globalisierung, in: K. A. Schachtschneider (Hrsg.), Rechtsfragen der Weltwirtschaft, 2002, S. 329 ff.

Scherer, Andreas Georg/*Löhr*, Albert: Verantwortungsvolle Unternehmensführung im Zeitalter der Globalisierung. Kritische Bemerkungen zu den Perspektiven einer liberalen Weltwirtschaft, in: B. N. Kumar, M. Osterloh, G. Schreyögg (Hrsg.), Unternehmensethik und die Transformation des Wettbewerbs: Shareholder Value, Globalisierung, Hyper-Wettbewerb, FS für H. Steinmann (65.), 1999, S. 261 ff.

Scheuch, Erwin K./*Scheuch*, Ute: Cliquen, Klüngel und Karrieren. Über den Verfall der politischen Parteien. Eine Studie, 1992.

Scheuner, Ulrich: Die rechtliche Tragweite der Grundrechte in der deutschen Verfassungsentwicklung des 19. Jahrhunderts, in: E. Forsthoff/W. Weber/F. Wieacker (Hrsg.), FS E.-R. Huber (70.), 1973, S. 139 ff.

- Der Mehrheitsentscheid im Rahmen der demokratischen Grundordnung, in: U. Häfelin/W. Haller/D. Schindler (Hrsg.), Menschenrechte, Föderalismus, Demokratie, FS W. Kägi (70.), 1979, S. 301 ff.

Schieder, Wolfgang: Brüderlichkeit, Bruderschaft, Brüderschaft, Verbrüderung, Bruderliebe, in: O. Brunner/W. Conze/R. Koselleck (Hrsg.), Geschichtliche Grundbegriffe. Historisches Lexikon zur politisch-sozialen Sprache in Deutschland, Bd. 1, 1972/1979, S. 552 ff.

– Sozialismus, in: O. Brunner/W. Conze/R. Koselleck (Hrsg.), Geschichtliche Grundbegriffe. Historisches Lexikon zur politisch-sozialen Sprache in Deutschland, Bd. 5, 1984, S. 923 ff.

Schiller, Friedrich: Über die ästhetische Erziehung des Menschen, Briefe an den Augustenburger, Ankündigung der „Horen" und letzte, verbesserte Fassung, Brief vom 11. November 1793, ed. W. Henckmann, 1967.

– Wilhelm Tell, Schauspiel, in: Schillers Werke, Zweiter Band, Dramen II, hrsg. v. H. Kraft, Insel-Verlag, 1966, S. 332 ff.

Schliesky, Utz: Öffentliches Wettbewerbsrecht. Verhaltensrechtliche Determinanten von wirtschaftsbezogenem Staatshandeln, 1997.

– Souveränität und Legitimität von Herrschaftsgewalt. Die Weiterentwicklung von Begriffen der Staatslehre und des Staatsrechts im europäischen Mehrebenensystem, 2004.

Schlink, Bernhard: Freiheit durch Eingriffsabwehr – Rekonstruktion der klassischen Grundrechtsfunktion, EuGRZ 1984, 457 ff.

– Abwägung im Verfassungsrecht, 1976.

Schmid, Carlo: Erinnerungen, 1979.

– Die Opposition als Staatseinrichtung, 1955, in: H. G. Schumann (Hrsg.), Die Rolle der Opposition in der Bundesrepublik Deutschland, 1976, S. 53 ff.

Schmidt, Reiner: Öffentliches Wirtschaftsrecht. Allgemeiner Teil (unter Mitarbeit von *Bauer*, Hartmut und *Mögele*, Rudolf), 1990.

Schmidt, Walter: Die Freiheit vor dem Gesetz. Zur Auslegung des Art. 2 Abs. 1 des Grundgesetzes, AöR 91 (1966), S. 42 ff.

– Organisierte Einwirkungen auf die Verwaltung. Zur Lage der zweiten Gewalt, VVDStRL 33 (1975), S. 183 ff.

– Verfahrensrechtlich gesicherte Beteiligung an der Entscheidungsvorbereitung, in: D. Posser/R. Wassermann (Hrsg.), Freiheit in der sozialen Demokratie, 1975, S. 291 ff.

– Der Verfassungsvorbehalt der Grundrechte, AöR 106 (1981), S. 497 ff.

Schmidt-Aßmann, Eberhard: Kommentierung des Art. 19 Abs. IV GG, in: Maunz/Dürig, Grundgesetz, Kommentar, 1985/2003.

– Der Rechtsstaat, in: J. Isensee/P. Kirchhof (Hrsg.), Handbuch des Staatsrechts der Bundesrepublik Deutschland, Bd. II, Verfassungsstaat, 3. Aufl. 2004, § 26, S. 541 ff.

Schmidt-Hieber, Werner/ *Kiesewetter*, Ekkehard: Parteigeist und politischer Geist in der Justiz, NJW 1992, 1790 ff.

Schmidt-Rimpler, Walter: Grundfragen einer Erneuerung des Vertragsrechts, AcP 147 (1941), S. 130 ff.

– Zum Vertragsproblem, in: F. Baur/J. Esser/F. Kübler/E. Steindorff (Hrsg.), Funktionenwandel in Privatrechtsinstitutionen, FS L. Raiser, 1974, S. 3 ff.

Schmitt, Carl: Die Diktatur. Von den Anfängen des modernen Souveränitätsgedankens bis zum proletarischen Klassenkampf, 1921, 3. Aufl. 1964.

– Politische Theologie, Band 1: Vier Kapitel zur Lehre von der Souveränität, 1922, 2. Aufl. 1934, Nachdruck 1990.

– Die geistesgeschichtliche Lage des heutigen Parlamentarismus, 1923, 4. Aufl. 1969.

– Verfassungslehre, 1928, 4. Aufl. 1965.

– Das Reichsgericht als Hüter der Verfassung, 1929, in: ders., Verfassungsrechtliche Aufsätze aus den Jahren 1924–1954, 1958, S. 63 ff.

– Staatsethik und pluralistischer Staat, in: Kant-Studien, Bd. 35 (1930), S. 28 ff.

– Inhalt und Bedeutung des zweiten Hauptteils der Reichsverfassung, Handbuch des Deutschen Staatsrechts, Bd. II, 1930, § 101, S. 572 ff.

– Der Hüter der Verfassung, 1931.

– Freiheitsrechte und institutionelle Garantien der Reichsverfassung, 1931, in: ders., Verfassungsrechtliche Aufsätze aus den Jahren 1924–1954, 1958, S. 140 ff.

– Der Begriff des Politischen, 1932, Text von 1932 mit einem Vorwort und drei Corollarien, 1963.

– Grundrechte und Grundpflichten, 1932, in: ders., Verfassungsrechtliche Aufsätze aus den Jahren 1924–1954, 1958, S. 181 ff.

– Staat, Bewegung, Volk. Die Dreigliederung der politischen Einheit, 1933.

– Legalität und Legitimität, 1932, 2. Aufl. 1968.

– Der Leviathan in der Staatslehre des Hobbes, Sinn und Fehlschlag eines politischen Symbols, 1938, 1982.

Schmitt Glaeser, Walter: Partizipation an Verwaltungsentscheidungen, VVDStRL 31 (1973), S. 179 ff.

– Die grundrechtliche Freiheit des Bürgers zur Mitwirkung an der Willensbildung, in: J. Isensee/P. Kirchhof (Hrsg.), Handbuch des Staatsrechts der Bundesrepublik Deutschland, Bd. III, Demokratie –Bundesorgane, 3. Aufl. 2005, § 38, S. 229 ff.

– Schutz der Privatsphäre, in: J. Isensee/P. Kirchhof (Hrsg.), Handbuch des Staatsrechts der Bundesrepublik Deutschland, Bd. VI, Freiheitsrechte, 1989, § 129, S. 41 ff.

Schneider, Hans: Widerstand im Rechtsstaat. Vortrag gehalten vor der Studiengesellschaft in Karlsruhe am 30. Oktober 1969, 1969.

Schneider, Hans-Peter: Art. 12 GG – Freiheit des Berufs und Grundrecht der Arbeit, VVDStRL 43 (1985), S. 7 ff.

– Das parlamentarische System, in: E. Benda/W. Maihofer/H.-J. Vogel (Hrsg.), Handbuch des Verfassungsrechts der Bundesrepublik Deutschland, 2. Aufl. 1994, § 13, S. 537 ff.

Schneider, Ludwig: Der Schutz des Wesensgehalts der Grundrechte nach Art. 19 Abs. 2 GG, 1983.

Schneider, Peter: In dubio pro libertate, in: E. v. Caemmerer/E. Friesenhahn/ R. Lange (Hrsg.), Hundert Jahre Deutsches Rechtsleben, FS zum hundertjährigen Bestehen des Deutschen Juristentages 1860–1960, FS DJT, Bd. 2, 1960, S. 263 ff.

– Rechtsstaat und Unrechtsstaat, 1984.

Schoch, Friedrich: Der Gleichheitssatz, DVBl. 1988, 863 ff.

Scholler, Heinrich: Die Interpretation des Gleichheitssatzes als Willkürverbot oder als Gebot der Chancengleichheit, 1969.

Scholz, Rupert: Wettbewerbsrecht und öffentliche Hand, ZHR 132 (1969), 97 ff.

– Wirtschaftsaufsicht und subjektiver Konkurrentenschutz. Insbesondere dargestellt am Beispiel der Kartellaufsicht, 1971.

– Die Koalitionsfreiheit als Verfassungsproblem, 1971.

– Das Grundrecht der freien Entfaltung der Persönlichkeit in der Rechtsprechung des Bundesverfassungsgerichts, AöR 100 (1975), S. 80 ff., 265 ff.

– Kommentierung der Art. 5 Abs. 3, Art. 9 und Art. 12 GG, in: Maunz/Dürig, Grundgesetz, Kommentar, 1977, 1999, 1981.

– Die Koalitionsfreiheit, in: J. Isensee/P. Kirchhof (Hrsg.), Handbuch des Staatsrechts der Bundesrepublik Deutschland, Bd. VI, Freiheitsrechte, 1989, § 151, S. 1115 ff.

– Deutschland – In guter Verfassung, 2004.

Schüle, Adolf: Demokratie als politische Form und als Lebensform, in: E. Kaufmann/U. Scheuner/W. Weber (Hrsg.), Rechtsprobleme in Staat und Kirche, FS R. Smend (70.), 1952, S. 321 ff.

Schuhmann, Michaela: Negative Freiheitsrechte, Zugleich ein Beitrag zur negativen Koalitionsfreiheit, Diss. Erlangen-Nürnberg 1997.

Schumann, Ekkehard: Verfassungs- und Menschenrechtsbeschwerde gegen richterliche Entscheidungen, 1963.

Schuppert, Gunnar Folke: Bürgerinitiative als Bürgerbeteiligung an staatlichen Entscheidungen, AöR 102 (1977), S. 369 ff.

Schwab, Dieter: Eigentum, in: O. Brunner/W. Conze/R. Koselleck (Hrsg.), Geschichtliche Grundbegriffe. Historisches Lexikon zur politisch-sozialen Sprache in Deutschland, Bd. 2, 1975, S. 65 ff.

– Familie, in: O. Brunner/W. Conze/R. Koselleck (Hrsg.), Geschichtliche Grundbegriffe. Historisches Lexikon zur politisch-sozialen Sprache in Deutschland, Bd. 2, 1975, S. 253 ff.

Schwabe, Jürgen: Die sogenannte Drittwirkung der Grundrechte. Zur Einwirkung der Grundrechte auf den Privatrechtsverkehr, 1971.

– Probleme der Grundrechtsdogmatik, 1977.

– Grundrechtlich begründete Pflichten des Staates zum Schutz gegen staatliche Bau- und Anlagengenehmigungen? NVwZ 1983, 523 ff.

– Anmerkungen zum Verfassungshandwerk, ZRP 1991, 361 ff.

Schwartländer, Johannes: Die Menschenrechte und die Notwendigkeit einer praktischen Weltorientierung, in: H. Kohlenberger/W. Lutterfelds (Hrsg.), Von der Notwendigkeit der Philosophie in der Gegenwart. FS K. Ulmer (60.), 1976, S. 166 ff.

Schwarze, Jürgen: Schutz der Grundrechte in der Europäischen Gemeinschaft, EuGRZ 1986, 293 ff.

– (Hrsg.), Daseinsvorsorge im Licht des Wettbewerbsrechts, 2001.

Schweiger, Karl: Zur Geschichte und Bewertung des Willkürverbots, in: H. Domcke (Hrsg.), Verfassung und Verfassungsrechtsprechung, FS zum 25-jährigen Bestehen des Bayerischen Verfassungsgerichtshofs, 1972, S. 55 ff.

Sellin, Volker: Politik, in: O. Brunner/W. Conze/R. Koselleck (Hrsg.), Geschichtliche Grundbegriffe. Historisches Lexikon zur politisch-sozialen Sprache in Deutschland, Bd. 4, 1978, S. 789 ff.

Selmer, Peter: Grundsätze der Finanzverwaltung des vereinten Deutschlands, VVDStRL 52 (1993), S. 11 ff.

Siebert, Horst: Bürgergeld – ein Fehlanreiz, FAZ vom 14. Januar 1995, Nr. 12, S. 11.

– Disziplinierung der nationalen Wirtschaftspolitik durch die internationale Kapitalmobilität, in: D. Duwendag (Hrsg.), Finanzmärkte im Spannungsfeld von Globalisierung, Regulierung und Geldpolitik, 1998, S. 41 ff.

Siebold, Dagmar I.: Die Ordnung des internationalen Handels. GATT – WTO – GATS, in: K. A. Schachtschneider (Hrsg.), Rechtsfragen der Weltwirtschaft, 2002, S. 47 ff.

– Der Fall Bananenmarktordnung – Die Europäische Gemeinschaft im Streit mit der Welthandelsorganisation, in: K. A. Schachtschneider (Hrsg.), Rechtsfragen der Weltwirtschaft, 2002, S. 211 ff.

– Die Welthandelsorganisation und die Europäische Gemeinschaft. Ein Beitrag zur globalen wirtschaftlichen Integration, 2003.

Sieling-Wendeling, Ulrike: Die Entwicklung des Eigentumsbegriffes vom Inkrafttreten des bürgerlichen Gesetzbuches bis zum Ende des Nationalsozialismus, in: W. Däubler/dies., Eigentum und Recht. Die Entwicklung des Eigentumsbegriffs im Kapitalismus, 1976, S. 75 ff.

Siep, Ludwig: Hegel, in: Görres-Gesellschaft (Hrsg.), Staatslexikon, 2. Bd., 7. Aufl. 1986, Sp. 1218 ff.

Sinn, Hans-Werner: Ist Deutschland noch zu retten? 2004/5.

Smend, Rudolf: Verfassung und Verfassungsrecht, 1928, in: ders., Staatsrechtliche Abhandlungen und andere Aufsätze, 1955, 2. Aufl. 1968, S. 119 ff.

– Bürger und Bourgeois im deutschen Staatsrecht 1933, Rede, gehalten bei der Reichsgründungsfeier der Friedrich-Wilhelms-Universität Berlin am 18. Januar 1933 in: ders., Staatsrechtliche Abhandlungen und andere Aufsätze, 1955, 2. Aufl. 1968, S. 309 ff.

– Staat und Politik, 1945, in: ders., Staatsrechtliche Abhandlungen und andere Aufsätze, 1955, 2. Aufl. 1968, S. 363 ff.

– Festvortrag zur Feier des zehnjährigen Bestehens des Bundesverfassungsgerichts am 26. Januar 1962 (1963/1971), in: P. Häberle (Hrsg.), Verfassungsgerichtsbarkeit, 1976, S. 329 ff.

Smith, Adam: An Inquiry into the Nature and Causes of the Wealth of Nations, 1776, ed. W. B. Todd, Oxford University Press, 1976; Der Wohlstand der Nationen. Vollständige Ausgabe nach der 5. Auflage (letzter Stand) London 1789, übersetzt und hrsg. von H. C. Recktenwald, 6. Aufl. 1993.

Sobota, Katharina: Das Prinzip Rechtsstaat. Verfassungs- und verwaltungsrechtliche Aspekte, 1997.

Sombart, Nikolaus: Die deutschen Männer und ihre Feinde. Carl Schmitt – ein deutsches Schicksal zwischen Männerbund und Matriarchatsmythos, 1991.

Spaemann, Robert: Die Utopie der Herrschaftsfreiheit, 1971, in: ders., Zur Kritik der politischen Utopie, 1977, S. 104 ff.

Spieker, Manfred: Legitimationsprobleme des Sozialstaates – Konkurrierende Sozialstaatskonzeptionen in der Bundesrepublik Deutschland, 1986.

Stahl, Friedrich Julius: Das monarchische Princip, 1845.

– Die Philosophie des Rechts, Zweiter Band, Zweite Abteilung, Viertes Buch: Die Staatslehre und die Principien des Staatsrechts, 5. Aufl. 1878, Nachdruck 1963.

Stammer, Otto: Politische Soziologie, in: A. Gehlen/H. Schelsky (Hrsg.), Soziologie – Ein Lehr- und Handbuch zur modernen Gesellschaftskunde, 1955, S. 256 ff.

Starck, Christian: Der Gesetzesbegriff des Grundgesetzes. Ein Beitrag zum juristischen Gesetzesbegriff, 1970.

– Das „Sittengesetz" als Schranke der freien Entfaltung der Persönlichkeit, in: G. Leibholz/H. J. Faller/P. Mikat/H. Reis (Hrsg.), Menschenwürde und freiheitliche Rechtsordnung, FS W. Geiger, 1974, S. 259 ff.

- Die Bindung des Richters an Gesetz und Verfassung, VVDStRL 34 (1976), S. 43 ff.

- Vom Grund des Grundgesetzes, 1979.

- Frieden als Staatsziel, in: B. Börner/H. Jahrreis/K. Stern (Hrsg.), Einigkeit und Recht und Freiheit, FS K. Carstens (70.), Bd. 2, 1984, S. 867 ff.

- Der Rechtsstaat und die Aufarbeitung der vor-rechtsstaatlichen Vergangenheit, VVDStRL 51 (1992), S. 9 ff.

- Kommentierung der Präambel, Art. 1 Abs. 1, Art. 1 Abs. 3, Art. 2 Abs. 1, Art. 2 Abs. 2, Art. 3 Abs. 1, Art. 5 Abs. 3 GG, in: v. Mangoldt/Klein/Starck, Grundgesetz, Kommentar, Bd. 1, 5. Aufl. 2005, S. 7 ff., 27 ff., 87 ff., 175 ff., 250 ff., 284 ff., 614 ff.

- Grundrechtliche und demokratische Freiheitsidee, in: J. Isensee/P. Kirchhof (Hrsg.), Handbuch des Staatsrechts der Bundesrepublik Deutschland, Bd. III, Demokratie –Bundesorgane, 3. Aufl. 2005, § 33, S. 3 ff.

Steffani, Winfried: Parteienstaat und Opposition, 1965, in: ders., Parlamentarische und präsidentielle Demokratie. Strukturelle Aspekte westlicher Demokratien, 1979, S. 207 ff.

- Mehrheitsentscheidungen und Minderheiten in der pluralistischen Verfassungsdemokratie, ZParl 1986, 569 ff.

Stein, Ekkehart: Staatsrecht, 15. Aufl. 1995.

Stein, Lorenz von: Der Begriff der Gesellschaft und die soziale Geschichte der französischen Revolution bis zum Jahre 1830, 1. Bd. 1849, Neuauflage 1921.

Steinbeiß-Winkelmann, Christine: Grundrechtliche Freiheit und staatliche Freiheitsordnung, Funktion und Regelungsgehalt verfassungsrechtlicher Freiheitsgarantien im Licht neuerer Grundrechtstheorien, 1986.

Steiner, Udo: Kulturauftrag im staatlichen Gemeinwesen, VVDStRL 42 (1984), S. 7 ff.

- Kulturpflege, in: J. Isensee/P. Kirchhof (Hrsg.), Handbuch des Staatsrechts der Bundesrepublik Deutschland, Bd. III, Das Handeln des Staates, 1988, § 86, S. 1235 ff.

Steinmann, Horst: Begründungsprobleme der Unternehmensethik, Vortrag in Zürich vom 18. Mai 2000.

Steinmann, Horst/*Löhr*, Albert: Einleitung: Grundfragen und Problembestände einer Unternehmensethik, in: dies. (Hrsg.): Unternehmensethik, 1989, 2. Aufl. 1991, S. 3 ff.

- Grundlagen der Unternehmensethik, 2. Aufl. 1994.

Steinmann, Horst/*Scherer*, A.: Interkulturelles Management zwischen Universalismus und Relativismus. Kritische Anfragen der Betriebswirtschaftslehre an die Philosophie, in: dies. (Hrsg.), Zwischen Universalismus und Relativismus. Philosophische Grundlagenprobleme des interkulturellen Managements, 1998, S. 23 ff.

Steinmüller, Wilhelm: Moral und Recht in der Philosophie Kants, Diskussion, in: F. Kaulbach, Studien zur späten Rechtsphilosophie Kants und ihrer transzendentalen Methode, 1982, S. 157 f.

Stelzer, Manfred: Das Wesensgehaltsargument und der Grundsatz der Verhältnismäßigkeit, 1991.

Stern, Klaus: Das Staatsrecht der Bundesrepublik Deutschland, Bd. II, Staatsorgane, Staatsfunktionen, Finanz- und Haushaltsverfassung, Notstandsverfassung, 1. Aufl. 1980.

– Verfassungsgerichtsbarkeit zwischen Recht und Politik, 1980.

– Das Staatsrecht der Bundesrepublik Deutschland, Bd. I, Grundbegriffe und Grundlagen des Staatsrechts, Strukturprinzipien der Verfassung, 2. Aufl. 1984.

– Das Staatsrecht der Bundesrepublik Deutschland, Bd. III, 1, Allgemeine Lehren der Grundrechte, 1988, unter Mitwirkung von *Sachs*, Michael.

– Das Staatsrecht der Bundesrepublik Deutschland, Bd. III, 2, Allgemeine Lehren der Grundrechte, 1994, unter Mitwirkung von *Sachs*, Michael.

– Das Staatsrecht der Bundesrepublik Deutschland, Bd. V, Die geschichtlichen Grundlagen des Deutschen Staatsrechts. Die Verfassungsentwicklung vom Alten Reich zur wiedervereinigten Bundesrepublik Deutschland, 2000.

– Kommentierung des Art. 100 GG, Kommentar zum Bonner Grundgesetz (Bonner Kommentar), Zweitbearbeitung, 1967.

Sternberger, Dolf: Edmund Burkes Verteidigung der Repräsentation gegen die Demokratie, 1967, in: ders., Herrschaft und Vereinbarung, Schriften Bd. III, 1980, S. 227 ff.

– Ich wünschte ein Bürger zu sein. Versuche über den Staat, 1967.

– Herrschaft und Vereinbarung. Über bürgerliche Legitimität, in: ders., Herrschaft und Vereinbarung, Schriften Bd. III, 1980, S. 113 ff., auch in: ders., Herrschaft und Vereinbarung, 1986, S. 39 ff.

– Das angebliche Unrecht der Parteienregierung, in: ders., Grund und Abgrund der Macht, 1962, S. 214 ff., auch in: K. Kluxen (Hrsg.), Der Parlamentarismus, 3. Aufl. 1971, S. 374 ff.

– Max Weber und die Demokratie, in: ders., Ich wünschte ein Bürger zu sein, 1967, auch in: ders., Herrschaft und Vereinbarung, Schriften Bd. III, 1980, S. 135 ff., auch in: ders., Herrschaft und Vereinbarung, 1986, S. 54 ff.

– Kritik der dogmatischen Theorie der Repräsentation, 1971, in: ders., Herrschaft und Vereinbarung, Schriften Bd. III, 1980, S. 173 ff.

– Vorschlag und Wahl, 1971, in: ders., Herrschaft und Vereinbarung, 1986, S. 139 ff.

– Macciavellis „Principe" und der Begriff des Politischen, 1974, in: ders., Herrschaft und Vereinbarung, Schriften Bd. III, 1980, S. 29 ff.

– Drei Wurzeln der Politik, Schriften Bd. II, 1 und II, 2, 1978.

- Das Menschenrecht nach Glück zu streben, 1966, in: ders., „Ich wünschte ein Bürger zu sein", 1967, S. 131 ff., auch in: ders., Schriften Bd. IV, 1980, S. 93 ff.

- Der alte Streit um den Ursprung der Herrschaft, 1977, in: ders., Herrschaft und Vereinbarung, Schriften Bd. III, 1980, S. 9 ff., auch in: ders., Herrschaft und Vereinbarung, 1986, S. 26 ff.

Stiglitz, Joseph: Die Schatten der Globalisierung, 6. Aufl. 2002.

Stober, Rolf: Grundpflichten und Grundgesetz, 1979.

- Zur wirtschaftlichen Bedeutung des Demokratie- und Sozialstaatsprinzips, GewArch 1988, 145 ff.

- Grundrechtsschutz der Wirtschaftstätigkeit, 1989.

- Verwaltungsrecht I (H.-J. Wolff/O. Bachof/R. Stober), 11. Aufl. 1999.

Stoll, Peter: Sicherheit als Aufgabe von Staat und Gesellschaft, 2003.

Stolleis, Michael: Parteienstaatlichkeit – Krisensymptome des Verfassungsstaates? VVDStRL 44 (1986), S. 7 ff.

- „Staatsvolk", oder: Vom sittlichen Staat zu den Bürgertugenden, KritV 1995, 58 ff.

Storr, Stefan: Der Staat als Unternehmer, Öffentliche Unternehmen in der Freiheits- und Gleichheitsdogmatik des nationalen Rechts und des Gemeinschaftsrechts, 2001.

Suhr, Dieter: Entfaltung der Menschen durch die Menschen. Zur Grundrechtsdogmatik der Persönlichkeitsentfaltung, der Ausübungseigenschaften und des Eigentums, 1976.

- Gleiche Freiheit. Allgemeine Grundlagen und Reziprozitätsdefizite in der Geldwirtschaft, 1988.

- Eigentumsinstitut und Aktieneigentum: eine verfassungsrechtliche Analyse der Grundstruktur des aktienrechtlich organisierten Eigentums, 1966.

Taylor, Charles: Hegel, 1975.

Teubner, Gunther: Standards und Direktiven in Generalklauseln. Möglichkeiten und Grenzen der empirischen Sozialforschung bei der Präzisierung der Gute-Sitten-Klauseln im Privatrecht, 1971.

- Organisationsdemokratie und Verbandsverfassung. Rechtsmodelle für politisch relevante Verbände, 1978.

Thieme, Werner: Verwaltungslehre, 3. Aufl. 1977.

- Deutsches Hochschulrecht. Das Recht der Universitäten sowie der künstlerischen und Fachhochschulen in der Bundesrepublik Deutschland, 3. Aufl. 2004.

- Demokratie. Ein Staatsziel im Wandel der gelebten Verfassung, DÖV 1998, S. 751 ff.

Thoma, Richard: Grundrechte und Polizeigewalt, in: H. Triepel (Hrsg.), FG Preußisches OVG, 1925, S. 184 ff.

– Die juristische Bedeutung der grundrechtlichen Sätze der deutschen Reichsverfassung im allgemeinen, in: H. C. Nipperdey (Hrsg.), Die Grundrechte und Grundpflichten der Reichsverfassung, Bd. 1, 1929, S. 1 ff.

– Das Reich als Bundesstaat, in: G. Anschütz/R. Thoma (Hrsg.), Handbuch des Deutschen Staatsrechts, Bd. I, 1930, § 15, S. 169 ff.

– Das System der subjektiven öffentlichen Rechte und Pflichten, in: G. Anschütz/ R. Thoma (Hrsg.), Handbuch des Deutschen Staatsrechts, Bd. II, 1932, § 102, S. 607 ff.

Tiefel, Thomas: Von der Offenen in die Abstrakte Gesellschaft. Ein interdisziplinärer Entwurf, 2003.

– Der neue Wettbewerb und die neuen Kriege. Eine vergleichende Analyse, in: ders. (Hrsg.), Patent- und Schutzrechtsmanagement in Zeiten des Hyperwettbewerbs, 2005, S. 1 ff.

Tiefel, Thomas/*Haas*, Philipp: Patentbasierte Strategien zum Einsatz im Hyperwettbewerb, in: ders. (Hrsg.), Patent- und Schutzrechtsmanagement in Zeiten des Hyperwettbewerbs, 2005, S. 33 ff.

Timmermann, Jens: Sittengesetz und Freiheit. Untersuchungen zu Immanuel Kants Theorie des freien Willens, 2003.

Tocqueville, Alexis de: Über die Demokratie in Amerika, 1835/1840, deutsch von H. Zbinden, 1959.

Tönnies, Ferdinand: Das Eigentum, 1926.

– Gemeinschaft und Gesellschaft, 8. Aufl. 1935, Neudruck 1963.

Triepel, Heinrich: Streitigkeiten zwischen Reich und Ländern. Beiträge zur Auslegung des Artikels 19 der Weimarer Reichsverfassung, in: FG W. Kahl, 1923, S. 2 ff., Nachdruck WBG, 1965.

– Goldbilanzverordnung und Vorzugsaktien, 1924.

– Die Gleichheit vor dem Gesetz im Sinne des Art. 109 der Reichsverfassung, Aussprache, VVDStRL 3 (1926), S. 52 f.

– Wesen und Entwicklung der Staatsgerichtsbarkeit, VVDStRL 5 (1929), S. 2 ff.

Tschentscher, Axel: Prozedurale Theorien der Gerechtigkeit. Rationales Entscheiden, Diskursethik und prozedurales Recht, 2000.

Ulrich, Peter: Integrative Wirtschaftsethik. Grundlage einer lebensdienlichen Ökonomie, 1997.

– Der entzauberte Markt. Eine wirtschaftsethische Orientierung, 2002.

Vahlenkamp, Werner/*Knauß*, Ina: Korruption – hinnehmen oder handeln? Mit einem Beitrag von Ernst-Heinrich Ahlf, Bundeskriminalamt, 2. Aufl. 1997.

Verdross, Alfred: Völkerrecht, 5. Aufl. 1964.

– Statisches und dynamisches Naturrecht, 1971.

Verdross, Alfred/*Simma*, Bruno: Universelles Völkerrecht, 1976.

Vogel, Klaus: Gesetzgeber und Verwaltung, VVDStRL 24 (1966), S. 125 ff.

– Der Finanz- und Steuerstaat, in: J. Isensee/P. Kirchhof (Hrsg.), Handbuch des Staatsrechts der Bundesrepublik Deutschland, Bd. II, Verfassungsstaat, 3. Aufl. 2004, § 30, S. 834 ff.

– Grundzüge des Finanzrechts des Grundgesetzes, in: J. Isensee/P. Kirchhof (Hrsg.), Handbuch des Staatsrechts der Bundesrepublik Deutschland, Bd. IV, Finanzverfassung – Bundesstaatliche Ordnung, 1990, § 87, S. 3 ff.

Vollrath, Ernst: Grundlegung einer philosophischen Theorie des Politischen, 1987.

Voßkuhle, Andreas: Kommentierung des Art. 93 GG, in: v. Mangoldt/Klein/Starck, Grundgesetz, Kommentar, Bd. 3, 4. Aufl. 2001.

Wahl, Rainer: Rechtliche Wirkungen und Funktionen der Grundrechte im deutschen Konstitutionalismus des 19. Jahrhunderts, Der Staat 18 (1979), S. 321 ff.

– Die Entwicklung des deutschen Verfassungsstaates bis 1866, in: J. Isensee/P. Kirchhof (Hrsg.), Handbuch des Staatsrechts der Bundesrepublik Deutschland, Bd. I, Historische Grundlagen, 3. Aufl. 2003, § 2, S. 45 ff.

Wassermann, Rudolf: Das Recht auf Widerstand nach dem Grundgesetz, in: A. Randelzhofer/W. Süß (Hrsg.), Konsens und Konflikt: 35 Jahre Grundgesetz, Vorträge und Diskussion einer Veranstaltung der Freien Universität Berlin v. 6.–8. Dezember 1984, 1986, S. 348 ff.

– Die Zuschauerdemokratie, 1986/1989.

Weber, Max: Wissenschaft als Beruf, 1930, Nachdruck 1950, 4. Aufl. 1959.

– Wirtschaft und Gesellschaft. Grundriß der verstehenden Soziologie, ed. Johannes Winckelmann, 1946, 5. Aufl. 1972.

Weber, Wilhelm: Der Mensch: Ein soziales Wesen, in: W. Leisner (Hrsg.), Staatsethik, 1977, S. 24 ff.

Weber-Dürler, Beatrice: Der Grundrechtseingriff, VVDStRL 57 (1998), S. 57 ff.

Weber-Fas, Rudolf: Grundgesetz und Verfassungsentwicklung, in: ders., Freiheitliche Verfassung und sozialer Rechtsstaat, 1976, S. 9 ff.

Weischedel, Wilhelm: Recht und Ethik, Zur Anwendung ethischer Prinzipien in der Rechtsprechung des Bundesgerichtshofs, 1956, 2. Aufl. 1959.

Weiß, Nicole: Liberalisierung der Wasserversorgung, 2004.

Weiß, Wolfgang: Privatisierung und Staatsaufgaben. Privatisierungsentscheidungen im Lichte einer grundrechtlichen Staatsaufgabenlehre unter dem Grundgesetz, 2002.

Weizsäcker, Carl Christian von: Logik der Globalisierung, 1999.

Welkoborsky, Horst: Die Herausbildung des bürgerlichen Eigentumsbegriffs, in: W. Däubler u. a., Eigentum und Recht. Die Entwicklung des Eigentumsbegriffs im Kapitalismus, 1976, S. 11 ff.

Welzel, Hans: Naturrecht und materiale Gerechtigkeit, 4. Aufl. 1962.

– Das deutsche Strafrecht. Eine systematische Darstellung, 11. Aufl. 1969.

Wendt, Rudolf: Eigentum und Gesetzgebung, 1985.

– Der Gleichheitssatz, NVwZ 1988, 778 ff.

– Kommentierung des Art. 14 GG, in: M. Sachs (Hrsg.), Grundgesetz, Kommentar, 1996, S. 482 ff.

– Finanzhoheit und Finanzausgleich, in: J. Isensee/P. Kirchhof (Hrsg.), Handbuch des Staatsrechts der Bundesrepublik Deutschland, HStR, Bd. IV, Finanzverfassung – Bundesstaatliche Ordnung, 1990, § 104, S. 1021 ff.

Weyreuther, Fritz: Die Situationsgebundenheit des Grundeigentums, 1983.

Wieacker, Franz: Rechtsprechung und Sittengesetz, JZ 1961, 337 ff.

Wieland, Joachim: Der Zugang des Bürgers zum Bundesverfassungsgericht und zum U. S. Supreme Court, Der Staat 29 (1990), S. 333 ff.

– Arbeitsmarkt und staatliche Lenkung, VVDStRL 59 (2000), S. 13 ff.

Wiesendahl, Elmar: Der Marsch aus den Institutionen, in: Aus Politik und Zeitgeschichte, B 21/90, S. 3 ff.

Wildenmann, Rudolf: Volksparteien – Ratlose Riesen? 1989.

Willoweit, Dietmar: Die Herausbildung des staatlichen Gewaltmonopols im Entstehungsprozeß des modernen Staates, in: A. Randelzhofer/W. Süß (Hrsg.), Konsens und Konflikt: 35 Jahre Grundgesetz, Vorträge und Diskussionen einer Veranstaltung der Freien Universität Berlin vom 6.–8. Dezember 1984, 1986, S. 313 ff.

Winkler, Günther: Rechtstheorie und Erkenntnislehre. Kritische Anmerkungen zum Dilemma von Sein und Sollen in der reinen Rechtslehre aus geistesgeschichtlicher und erkenntnistheoretischer Sicht, 1990.

Wintrich, Joseph M.: Verfassungsgerichtsbarkeit im Gesamtgefüge der Verfassung, 1956, in: P. Häberle (Hrsg.), Verfassungsgerichtsbarkeit, 1976, S. 214 ff.

– Zur Problematik der Grundrechte, 1957.

– Die Bedeutung der „Menschenwürde" für die Anwendung des Rechts, BayVerwBl. 1957, S. 137 ff.

Wolf, Martin: Rechtsgeschäftliche Entscheidungsfreiheit und vertraglicher Interessenausgleich, 1970.

Wolff, Hans-Julius: Verwaltungsrecht I. Ein Studienbuch, 8. Aufl. 1971.

Wolff, Martin: Das Sachenrecht, 9. Aufl. 1932.

Wolfrum, Edgar: Deutschland, Frankreich, Europa – frühe europapolitische Pläne Carlo Schmids, Symposium anläßlich seines 100. Geburtstags am 7. Oktober 1996 in Mannheim, 1997.

Wollenschläger, Peter: Die Gemeinschaftsaufsicht über die Rechtsprechung der Mitgliedstaaten, 2006.

Würkner, Joachim: Die Freiheit der Kunst in der Rechtsprechung von BVerfG und BVerwG, NVwZ 1992, 1 ff.

Würtenberger, Thomas: Die Legitimität staatlicher Herrschaft. Eine staatsrechtlich-politische Begriffsgeschichte, 1973.

Zacher, Hans F.: Freiheitliche Demokratie, 1969.

– Das demokratische Prinzip im Grundgesetz, Aussprache, VVDStRL 29 (1971), S. 134 f.

– Das soziale Staatsziel, in: J. Isensee/P. Kirchhof (Hrsg.), Handbuch des Staatsrechts der Bundesrepublik Deutschland, Bd. II, Verfassungsstaat, 3. Aufl. 2004, § 28, S. 659 ff.

– Elternrecht, in: J. Isensee/P. Kirchhof (Hrsg.), Handbuch des Staatsrechts der Bundesrepublik Deutschland, Bd. VI, Freiheitsrechte, 1989, § 134, S. 265 ff.

Zeidler, Wolfgang: Ehe und Familie, in: E. Benda/W. Maihofer/H.-J. Vogel (Hrsg.), Handbuch des Verfassungsrechts der Bundesrepublik Deutschland, 1983, S. 555 ff.

Zeuner, Bodo: Wahlen ohne Auswahl – Die Kandidatenaufstellung zum Bundestag, in: W. Steffani (Hrsg.), Parlamentarismus ohne Transparenz, 1971, S. 165 ff.

– Innerparteiliche Demokratie, Zur Politik und Zeitgeschichte, 33/34, 1969.

Zippelius, Reinhold: Zur Rechtfertigung des Mehrheitsprinzips in der Demokratie, 1987.

– Der Gleichheitssatz, VVDStRL 47 (1989), S. 7 ff.

– Kommentierung des Art. 1 GG, Kommentar zum Bonner Grundgesetz (Bonner Kommentar), Drittbearbeitung, 1989.

– Geschichte der Staatsideen, 6. Aufl. 1989.

– Allgemeine Staatslehre. Politikwissenschaft, 14. Aufl. 2003.

– Rechtsphilosophie, 4. Aufl. 2003.

Zippelius, Reinhold/*Würtenberger*, Thomas: Deutsches Staatsrecht, 31. Aufl. 2005.

Zubke-von Thünen, Thomas: Technische Normung in Europa. Mit einem Ausblick auf grundlegende Reformen der Legislative, 1999.

Zuleeg, Manfred: Der rechtliche Zusammenhalt der Europäischen Gemeinschaft, in: W. Blomeyer/K. A. Schachtschneider (Hrsg.), Die Europäische Union als Rechtsgemeinschaft, 1994, S. 9 ff.

– Die Europäische Gemeinschaft als Rechtsgemeinschaft, NJW 1994, 545 ff.

Stichwortverzeichnis

Karl Albrecht Schachtschneider

Prinzipien des Rechtsstaates

IV, 445 S. 2006 ⟨3-428-12206-2⟩ € 48,–

Es gibt keine Freiheit ohne Recht und es gibt kein Recht ohne Staat. Der Rechtsstaat gehört zur Wirklichkeit der allgemeinen Freiheit. Seine Prinzipien sind das Gerüst einer Republik, eines Gemeinwesens freier Menschen, das freilich auch demokratisch und sozial sein muß. „Prinzipien des Rechtsstaates" ist ein Kompendium der Lehre vom Rechtsstaat, das einerseits die republikanische Freiheitslehre umsetzt und andererseits die Rechtsprechung vor allem des Bundesverfassungsgerichts zu den Prinzipien des Rechtsstaates kommentiert. Beides paßt gut zusammen. Die Prinzipien des Rechtsstaates, wie sie in Deutschland praktiziert und gelehrt werden, können für alle Gemeinwesen, welche den Menschenrechten verpflichtet sind, hilfreich sein. Freilich ist auch von den Gefahren der europäischen Integration für den Rechtsstaat zu berichten. Die Mißachtung der Prinzipien des Rechtsstaates verletzt die Menschen in ihrer Würde.

Inhalt:

Grundlegung des Rechtsstaates — Würde, Freiheit, Gleichheit, Rechte, Republik — Staat und Staatlichkeit — Verfassungsprinzip — Gesetzesprinzip — Rechtsschutzprinzip — Gesetzesvollzugsprinzip — Gewaltenteilung — Besondere Organe der Gesetzgebung, der vollziehenden Gewalt und der Rechtsprechung — Verantwortung der Rechtsprechung für die Rechtlichkeit der Gesetze — Verwaltungsverantwortung für die Rechtlichkeit des Gesetzesvollzugs — Bestimmtheitsprinzip — Verfahrensprinzip — Amts- und Dienstprinzip — Willkürverbot — Verhältnismäßigkeitsprinzip — Vertrauensschutzprinzip — Entschädigungsprinzip

Internet: http://www.duncker-humblot.de

Duncker & Humblot · Berlin

Karl Albrecht Schachtschneider

Res publica res populi

Grundlegung einer Allgemeinen Republiklehre

Ein Beitrag zur Freiheits-, Rechts- und Staatslehre

XXXIII, 1 306 S. 1994. Lw. € 62,–
ISBN 3-428-08124-2

„Res publica res populi" ist der ciceronische Leitsatz einer unter dem Grundgesetz noch nicht versuchten republikanischen Dogmatik der politischen Freiheit aller, der Bürgerlichkeit der Bürger, des allgemeinen Rechts auf Recht. Das Grundgesetz ist als Verfassung der Republik eine Verfassung der Nächstenliebe, deren Prinzip im kategorischen Imperativ Kants die bestmögliche Formel gefunden hat. Als Ausdruck der Würde des Menschen definiert Art. 2 Abs. 1 GG die äußere Freiheit als das Recht zur Willkür und die innere Freiheit als die Pflicht zur Sittlichkeit. Diese Freiheit ist als Autonomie des Willens formal. Sie ist politische Freiheit und setzt jede Art von Herrschaft ins Unrecht. Eine Verfassung des kategorischen Imperativs ist eine Verfassung des allgemeinen Diskurses um die Erkenntnis des Richtigen für das gute Leben in allgemeiner Freiheit auf der Grundlage der Wahrheit. Derart erkannte Materie von Gesetzen schafft Recht.

Praxis und Lehre haben demgegenüber den grundgesetzlichen Verfassungsstaat liberalistisch dogmatisiert. Dem herrschaftlichen Staat, verwirklicht als plurale Parteienoligarchie, werden die Grundrechte als materiale Freiheiten der Gesellschaft entgegengestellt. Der formalen Ethik des Grundgesetzes wollen sich der Parteienstaat und der Liberalismus nicht fügen. Das Sittengesetz ist jedoch der Schlüsselbegriff des Grundgesetzes, die Moralität der Bürger und ihrer Vertreter in den staatlichen Organen der Baustein der Republik. Demgemäß versucht Schachtschneider, eine kantianische Allgemeine Republiklehre zu entwerfen, deren Prinzip die allgemeine Freiheit der Bürger ist. Einen sittlichen Parlamentarismus und eine sittliche Verfassungsrechtsprechung stellt er als Stützpfeiler des Rechtsstaates vor, der Gesetzes- und zugleich Gerichtsstaat ist.

Internet: http://www.duncker-humblot.de

Duncker & Humblot · Berlin